제3판

특허와 지식재산권법

고영남 · 송호열

Patent And Intellectual Property Law

탑북스

3판 머리말

4차 산업혁명시대는 특허권으로 개인, 기업, 국가의 경쟁력을 보장받는 지식재산권 시대이다. 2020년 9월 제2판 발행 후 그동안 지식재산권 관련 법률이 개정되어 수정 및 보충하였고 전체적으로 중복과 오자 및 탈자를 바로 잡고 설명이 부족한 부분은 보충하거나 삭제하였다. 그리고 2022년 7월 31일 현재 개정 법률의 내용까지 반영하였다.

제1편 법 기초 원리의 이해에서는 중복된 것과 오자와 탈자를 수정하였으며, 제2편 재산법 원리의 이해에서는 계약의 해제·해지제도에서 보충하였고, 주택임대차보호법과 상가건물임대차보호법의 비교에서 개정된 것을 수정하였다. 제3편 지식재산권법의 이해에서는 특허법의 트리즈(TRIZ)를 활용한 발명기법에서 모순 부분·특허를 받을 수 있는 자·종업원 등의 직무발명의 경우·특허명세서의 작성방법 중 발명의 상세한 발명·특허권의 침해와 구제·특허의 국제적 보호를 수정 보완하였고, 디자인보호법에서는 디자인보호법상 물품인지 여부판단 문제 사례 정리·디자인권 침해의 구제에서 징벌적 손해배상청구권·디자인의 국제적 보호를 개정된 부분을 보완하였고, 상표법에서는 상표의 실체적 등록요건인 식별력·상품의 동일·유사와 상표의 동일·유사·상표검색의 방법·진성상품의 병행수입·상표의 국제적 보호·징벌적 손해배상청구권을 개정된 부분을 보완하였다. 부정경쟁방지법에서는 제2조 제1호 카목을 파목으로 하고 같은 호에 카목 및 타목을 신설하여, 데이터를 부정하게 사용하는 행위와 유명인의 초상·성명 등 인적 식별표지를 무단으로 사용하는 행위를 각각 부정경쟁행위의 유형으로 규정한 것을 개정 보완하였다. 제4장 저작권법의 이해 및 저작권의 국제적 보호에서는 저작물의 성립요건·창작자와 저작자가 다른 경우·저작인접권·데이터베이스제작의 보호·저작권 등의 침해에 대한 모습·저작권의 국제적 보호를 수정 보완하였다.

이 책을 출간하는데 출판업계의 환경변화에 따른 어려움 속에서도 이 책이 나올 수 있도록 배려해 주신 탑북스 김광식 사장님과 출판부 여러 선생님들의 노고에 대해 감사드립니다.

2022년 8월 3일

고영남 · 송호열

2판 머리말

본질적인 대학의 교육은 살아있는 지적 체계로서의 지식교육과 발견으로서의 지식 생산을 견지하는 수준을 유지할 필요가 있다고 본다. 2019년 3월 초판 발행 후 그동안 지식재산권 관련 법률이 개정되어 수정 및 보충하였고 전체적으로 오자와 탈자를 바로 잡고 설명이 부족한 부분을 보충하거나 삭제하였다. 그리고 2020년 7월 13일 현재 개정 법률의 내용까지 반영하였다.

제1편 법 기초 원리의 이해에서는 이해하기 어려운 한자는 가능한 쉬운 우리말로 고쳤으며 중복되고 난해한 문장은 수정하고 삭제하고, 장소적 효력에서 보호주의와 법해석의 필요성 · 계약의 해제 · 해지제도 · 매도인의 (하자)담보책임을 수정 보충하였다. 제2편 재산법 원리의 이해에서는 제조물책임을 수정하거나 보완하고 삭제하였으며, 주택임대차보호법과 상가건물임대차보호법의 비교에서 개정된 것을 수정하였다. 제3편 지식재산권법의 이해에서는 특허법의 실체적 요건 · 선출원의 지위 · 발명자 해당 여부 관련 예시 · 직무발명 · 특허명세서의 기재사항을 수정 보완하고, 특허의 우선 심사의 대상 개정사항과 특허권 침해의 징벌적 손해배상청구권 도입사항을 반영하고, 특허권의 소멸 · 디자인만의 고유한 특성을 보충하고, 글자체 디자인의 중복을 정리하고, 디자인등록을 받을 수 있는 요건(실체적 요건)을 수정 보완하고, 부분디자인 · 상표법의 지위 · 상표권 침해에 대한 구제방법 · 영업비밀의 침해행위에 대한 구제 · 산업기술의 유출방지 및 보호에 관한 법률 개정부분 · 저작권으로서 보호받지 못하는 저작물 · 저작권의 유형 · 저작인격권의 보호기간 · 데이터베이스 보호기간 · 컴퓨터프로그램저작물의 보호기간을 수정 보완하였다.

이 책을 출간하는데 출판업계의 환경변화에 따른 어려움 속에서도 이 책이 나올 수 있도록 배려해 주신 탑북스 김광식 사장님과 출판부 여러 선생님들의 노고에 대해 감사드립니다.

2020년 7월 15일

고영남 · 송호열

초판 머리말

"세계는 지금 총성 없는 전쟁・지식재산 혁명이 시작됐다". "이제는 지식재산이다"라는 말처럼 앞으로 더욱 격화될 지식재산권 전쟁에 효과적으로 대비하기 위해서는 지식재산권의 지식을 습득해야 한다. 단지 누군가가 만들어 놓은 지식을 활용하는 차원에서 한 단계 더 나아가 지식재산을 만드는 차원으로 진일보할 수 있게 하는 것이 중요하다. 발명과 특허 출원만 해도 결코 어렵거나 거창한 것이 아니다. 특허나 발명이라고 하면 뭔가 아주 기발하고 새로운 아이디어나 기술에 관한 것으로 생각하고 자신과는 먼 일이라고 생각하는 경향이 있다. 특허・디자인・상표 등 우수 지식재산의 유통을 촉진하고 지식재산에 대한 이・공학계열 대학생들의 인식을 높일 필요가 있다고 본다.

4차 산업혁명(AR, VR, 드론)을 일자리중심의 선도하는 지식재산정책을 실현하기 위하여 이・공학계열 대학생들에게 법의 기초이론・재산법 기초법리 및 특허법을 비롯한 지식재산 관련법을 쉽게 이해할 수 있게 기본적이고 필수적인 내용을 가급적 실체법적 측면에서 서술하여 전체의 흐름을 파악할 수 있도록 하였다. 또한 지식재산권의 정보를 검색할 수 능력을 기를 수 있도록 구성하였다.

이 책은 저자들이 강의를 듣는 대학생들이 가능한 쉽게 이해하도록 핵심 내용 및 용어를 정리하고, 더욱 더 이해할 수 있도록 하기 위하여 학습 포인트・도해・사례・판례도 첨가하였다. 이 책의 간략한 내용은 다음과 같다. 제1편 법(法) 기초 원리의 이해에서는 법이 무엇인가・법의 이념・법원(法源)・법의 분류・법의 효력・법의 적용과 해석・법률관계의 권리와 의무(권리란 무엇인가・의무가 무엇인가・권리와 의무의 관계)・법의 제재(처벌)・법률정보조사의 방법론, 제2편 재산법 원리의 이해에서는 재산법의 구성(근대민법의 원리와 그 변화)・불법행위법(과실책임・무과실책임)・제조물책임법・계약법(동산과 부동산), 제3편 지식재산권법의 이해에서는 지식재산관련 법령 체계(법의 역할・법의 연관성・법의 역할에 따른 분류)・지식재산기본법・산업재산권법(특허법・특허정보・BM특허・실용신안법・디자인보호법・상표법), 부정경쟁방지법 및 산업기술유출방지 보호에 관한 법률・반도체집적회로 배치설계에 관한 법률, 저작권법의 이해(저작재산권・저작인격권・저작인접권) 및 지식재산권의 국제적 보호(PCT, UCC, WIPO, WTO・TRIPs) 등으로 구성하였다.

이 책을 구성하는데 국내의 여러 자료 및 교재를 참고하였고, 부득이 한 경우에는 많은 부분을 인용했으며 그 분들에게 고마움을 느끼면서 앞으로 여러분들의 충고를 통하여 부족한 점을 더욱 보완해 나갈 것입니다. 출판계의 환경변화에 따른 어려움 속에서도 이 책이 나올 수 있도록 배려해 주신 탑북스 김광식 사장님과 출판부 여러 선생님들의 노고에 대해 특별히 감사드립니다.

2019년 1월 16일

고영남 · 송호열

차 례

제1편 법(法) 기초 원리의 이해

제1장 법이 무엇인가

제2장 법률관계의 권리와 의무·제재

제3장 법률문제의 해결을 위한 방법

제2편 재산법 원리의 이해

제1장 재산법의 구성

제 2장 불법행위법

제 3장 계약법

제3편 지식재산권법의 이해

제1장 지식재산 관련 법령의 체계

제2장 지식재산기본법

제3장 산업재산권법

제7절 반도체집적회로 배치설계에 관한 법률 / 580

제4장 저작권법의 이해 및 저작권의 국제적 보호

제1절 저작권법 / 588

제 1 편
법(法) 기초 원리의 이해

제1장 법이 무엇인가

제1절 법의 본질과 개념

1. 법의 본질

1) 법을 접하고 배우는 이공계 대학생들에게

지식재산권을 배우기 전에 우리는 "법이란 무엇인가" 하는 것을 이해할 필요가 있다. 우리의 생활 속에서 매일 가장 가까이 인식되어야 할 법임에도 불구하고 법률전문가가 아닌 대부분의 사람들은 법은 어렵고 표정도 없고, 감정도 없으며, 무미건조한 것으로 생각하고 있다. 또한 높은 탑에 갇힌 도도한 공주처럼 두렵고 어려우며, 너무 높이 그리고 멀리 있는 것처럼 법에 대한 일반 사람들의 인식이다.

여러분! 과연 법이란 무엇인가 한마디로 **"법은 밥이다"**라고 정의내리고 싶다.[1] 우리가 매일 먹는 밥, 없어서는 안 될 밥, 어찌 보면 그것은 우리의 모습 그 자체인 것이다. 우리의 삶과 떼려야 뗄 수 없는 법은 이제 우리가 그것에 속지 않기 위해서도 그 존재의 필요성을 느낀다. 식사를 함은 단지 배를 채우기 위함이 더 이상 아니다. 물론 인간의 가장 원초적인 본능을 무어라 단정할 수 없지만, 매일 밥을 먹는 우리들은 맛도 느끼지 못한 채 그저 때가 되었으니까 먹으려고 하는지는 않는다. '오늘 반찬은 뭘까?', '이것 정말 맛있다.' '음, 냄새 좋은데……,' 하고 맛을 음미하며 먹는 것이다. 누구나 밥을 먹고 산다. 그것이 윤기가 반지르르 흐르는 찰밥인지 아니면 어제 먹다 남은 찬밥인지 간에 누구나 밥을 먹는다. 하지만 그 찬밥 한 덩어리조차 먹을 수 없다면 삶의 의미는 어디에서 찾아야 할까?

법도 마찬가지라고 생각한다. 우리와 도저히 분리할 수 없는 우리의 생활 그 자체인 법이 존재한다는 것이 중요한 것이 아니라 정말로 어떤 CF의 코멘트처럼 '움직이는 법'이 되어야 한다고 생각한다. 특정계층을 위한 방파제 역할이 아닌 사회적 불평등을 겪는 서민을 위한 이를 테면, '모세의 지팡이' 역할을 해야 한다는 것이다.

---

1) 진영광, 법은 밥이다, 법률시대, 2001, 69면 참조.

물론 만인은 법 앞에 평등하다고 한다. 하지만 그것을 곧이곧대로 믿는 사람은 없다. 가진 자(者)를 위한 특혜 그리고 그로 인한 서민의 불신감은 어떻게 해소할 수 있을지 난감하기만 하다. 자본주의 사회라는 사회적 배경속에서 어쩔 수 없이 내려온 관례라고 하지만, "누구를 위해 법이 존재되어야 하는가"를 생각해 본다면, 지금의 법의 위치를 파악할 수 있는 것이다.

구체적으로 예를 들면, 우리가 혼인을 해서, 가까운 시・군・구에 혼인신고를 하는 것 또한 혼인해서 딸・아들 낳아 어여쁜 아이의 출생신고를 하는 것, 모두 민법의 그림자 안에 놓이게 된다. 그리고 돈 벌어서 집 장만하고, 소유권을 옮기는 '등기'를 하는 것, 집 장만하는데 돈이 모자라 은행에 돈을 빌리는 것, 모두 민법의 영향 아래에 있게 된다. 그리고 이제 막 신혼살림이라, 집 장만 할 형편이 되지 못하면 '보증금 몇 천만원'으로 전셋집을 얻거나, 사글세 집을 얻게 된다. 이때에도 민법과 민법의 특별법인 '주택임대차보호법'이 적용되게 된다. 또한 상가건물을 소유하지 못하여 상가건물을 임차하면 일정한 임차금액 이하에서는 '상가건물임대차보호법'이 적용된다.

이와 같이 법이 우리 생활에 개입하는 곳은 참 많다. 지식재산권에 관한 문제, 보증인의 문제(보증인보호특별법, 신원보증법 등), 교통사고가 발생하여 그에 따른 손해배상을 청구하는 문제 등까지이다.[2] 따라서 사람과 법, 법과 사회, 생활과 법률의 이해가 중요하다. 이・공학도 여러분들의 건투를 빈다.

2) 가정은 사회이다

사람은 누구나 태어나면서부터 부모, 형제들로 구성된 가정의 일원이 된다. 가족들로 이루어진 가정은 우리가 살아가는데 가장 기초사회로서 인간생활의 보금자리인 것이다. 따라서 가정은 일상생활의 터전이며, 생활의 중심인 가정을 어떻게 유지・존속시켜 나아가야 하느냐 하는 것은 매우 중요한 문제이다. 사람은 누구나 행복한 가정을 원한다. 행복한 가정을 이루기 위해서는 경제적・사회적인 여러 가지 여건이 충족되어야 한다. 그러나 무엇보다도 중요한 것은 가정도 사회라는 점을 인식해야 한다. 사회에는 구성원 사이에 갈등과 대립 또는 의견의 불일치 등이 상존하고 있다. 이러한 현상은 가정도 마찬가지이다.

이와 같이 부부(夫婦), 부모(父母)와 자녀(子女), 형제자매(兄弟姉妹)들로 구성된 가정이라는 사회를 어떤 원칙에 따라 이끌어 가야 하는가가 문제된다. 일반 시민사회와 같이 법이나 계약관계로 가정을 이끌어 갈 수는 없다. 그렇다고 아무런 원칙도 없이 살아가는 것도 또한 참된 가정을 존속시키는데 충분한 조건일 수는 더욱 없다.

---

2) 자동차 사고가 나면, <인사 사고(대인(對人) 사고)>: 형법 ➜ 교통사고처리특례법, 특정범죄가중처벌법; <물적 사고(대물(對物) 사고)>: 민법 ➜ 불법행위(손해배상), 자동차손해배상보장법, 도로교통법, 자동차관리법 등

가정도 사회이다. 사회를 유지하기 위해서는 최소한의 규율 내지 규범이 있어야 한다. 그것은 어느 면에서는 법일 수도 있고, 도덕일 수도 있으며, 가풍이나 가훈과 같은 전통적인 관습이 될 수도 있다. 이러한 가정의 규범을 준수하여 구성원간의 이해를 조정하고 의견을 일치하는 것이야말로 조화이고 화합이다. 이것이 가정이라는 사회를 유지하여 가는데 필요한 최소한의 요건이다.[3] 화목한 가정, 건전한 가정은 그 가정의 행복을 가져올 뿐만 아니라, 국가사회를 밝고 튼튼하게 발전시키는 초석이 된다. 이로써 국가사회의 발전을 가져오는 계기가 된다. 이렇게 볼 때, 가정은 국가의 기초이고, 국가의 유지·발전은 한 가정, 한 가정의 건전한 발전에서 기인한다는 상관성을 인식해야 한다.

3) 사람은 사회적 동물이다

사람은 사회생활을 한다. 가정도 사회이고, 학교도 사회이며, 국가도 사회이다. 그러므로 사람은 사회를 떠나서는 살 수 없다. 로빈슨 크루소우(Robinson Crusoe)처럼 완전히 고립하여 생활할 수는 없다. 간혹 무인도 체험을 하는 관광상품이 있기는 하나, 이것은 어디까지나 소설에 의한 픽션에 지나지 않는다.

사람은 사회생활을 하는 본능을 가지고 있다. 이것을 아리스토텔레스(Aristo-teles, BC 384-322)는 "인간은 사회적 동물이다"라고 하였다. 사람의 생활은 사회를 떠나서는 있을 수 없고, 사람은 숙명적으로 사회적인 존재로서 태어난다. 이것은 인간은 인간으로서 존재하는 동시에 단체를 구성한다는 것이다. 사람은 출생하면서 가정이라는 사회의 한 사람으로 가족 공동생활을 한다. 그렇기 때문에 옛날부터 오늘에 이르기까지 인간은 언제나 사회생활을 하여 왔다는 사실을 부정할 수 없다. 이러한 사회생활은 다 같이 공존을 위한 것이다.

본래 사람은 이타적인 면과 이기적인 면을 동시에 가지고 있음을 부인할 수 없다. 이와 같이 사람의 이기적 성격을 홉스(Thomas Hobbes, 1588-1679)는 "사람은 사람에 대한 늑대" 또는 "만인(萬人)의 萬人에 대한 투쟁(鬪爭)"(Bellum omnium contra omnes)이라고 하여, 사람들 사이에 싸움이 전개되고 있음을 지적하였다.[4] 이러한 사람의 양면성이 어느 사회에서나 똑같이 나타나는 것은 아니다. 가족사회인 공동사회에서는 자기희생적인 이타적(利他的)인 면이 주로 지배하지만, 일반사회인 이익사회(利益社會)에서는 이기적(利己的)인 면이 두드러지게 나타난다. 그러나 위 두 가지 모두가 사회에 있음이 틀림없고, 그 사회를 유지하고 그 구성원이 공존하기 위해서는 각자가 넘어서는 안 될 한계가 있고, 지켜야 할 준칙이 있어야 한다.

---

3) 어인의(魚寅義), 生活과 民法, 한올출판사, 2004, 2~4면 참조.

4) 정종휴, 앞의 책, 1995, 4면.

4) 사회있는 곳에 법이 있다

한편, 인간의 마음의 밑바닥에는 질서가 있고, 또 조화가 실현된 사회에의 희구가 뿌리 깊게 존재하는 것도 사실이다. 그리하여 약육강식이 되기 쉬운 인간 사회 속에서 질서를 세워 조화를 실현해 가기 위한 것은 인간사회가 존재한 곳에는 반드시 나타나지 않을 수 없다. “사회 있는 곳에 법이 있다”(Ubi societas, ibi jus)라는 법언(法諺)이 있다. 이 말은 인간에게 주어져 있는 침략적인 자기주장(자기 보존)의 본능과 동시에 소속 사회의 타인과 공동생활을 유지하려 하는 사회적 본성을 조화시키는 것이 곧 법의 임무라는 것이다.[5] 또한 이 말은 법이 널리 사회질서를 유지하는데 기초가 된다는 것을 이해하면 고금을 통하여 적절하다는 것을 알 수 있다.

이와 같이 사회 있는 곳에 법이 있다고 할 때, 법이란 무엇을 뜻하느냐 하는데 관심이 집중된다. 여기서 법은 사회규범의 일반을 뜻한다. 사회규범이란 사회생활의 질서를 유지하기 위하여 지켜야 할 모든 준칙을 말하는 것이다.

2. 법의 개념

1) 법이란 무엇인가

법이 무엇이냐고 정의(定義)를 내리라고 하면, 오랫동안 법을 공부하여 온 법학자・법률가들도 당황하지 않을 수 없다. 하나의 사회를 유지 발전시키기 위해서는 규범(規範), 즉 법이 필요하다. 그러면 법이란 무엇인가를 밝혀야 한다. 이에 대한 명확한 대답을 하기는 매우 어렵다. 인간의 사회생활이 시작되면서 수많은 법이 생성・소멸하여 왔으므로, 법에는 역사적인 의미도 내포되었고, 실제 생활에 적응하여 온 실증적인 의미도 담고 있기 때문이다.

인류가 태어나 사회가 형성되고 생활이 복잡해짐에 따라 법이 필요하게 되었다. 도덕만으로 다스리기 힘들어지기 때문이다. 그래도 법이 만들어진 초기에는 그지없이 공평했다. ‘함무라비 법전’이나 고조선의 ‘팔조금법(八條禁法)’을 보더라도 법은 무척 단순했고, 지은 죄만큼의 벌을 주는 공정함이 있었다. 오죽하면 소크라테스는 ‘악법(惡法)도 법’이라며 독배(毒杯)를 들었을까? 그것은 철학자이자 지식인으로서 인간이 만든 질서를 지키고자 순교에 가까운 행위를 한 것이라 할 수 있다.

사람은 누구나 이 세상에 태어나면서부터 부모와 자(子)의 관계를 맺으며, 가정의 구성원이 되고, 사회의 일원이 되며, 국민의 한 사람이 된다. 좀 더 생각해 보면, 가정에는 가정 나름대로 법이 있고(예를 들면 가훈, 가풍 또는 관습), 국가사회에는 그에 따른 많은 법이

5) 정종휴, 앞의 책, 4~5면 참조.

있다(예를 들면, 헌법, 형법, 민법, 소송법 등). 오늘날 대부분의 국가에서는 법에 따라서 정치를 해야 하고, 법에 따라서 일상생활이 규율되면서 영위되고 있다. 이를 법치주의(法治主義)라고 하고, 법의 지배라고 한다.

이와 같이 우리네의 생활이 법에 따라서 유지되는 밀접한 관계를 맺고 있지만, 법의 의미를 밝히는 것은 쉬운 일이 아니다. 법이란 무엇이냐 하는 것이 법학을 공부하고자 하는 사람이 부딪히는 최초의 문제이고, 법학을 연구한 사람들이 밝혀야 할 최후의 과제라고 할 수 있다.

일반적으로 법의 정의(定義)를 "법이란 사람이 사회생활을 하는데 지켜야 할 행위(行爲)의 준칙(準則)으로서, 자기(自己)의 의사에 관계없이 강행(强行)되는 사회의 규범(規範)"이라고 한다.[6] 그리고 라드부르흐(Gustav Radbruch)는 "법이란 사회생활을 위한 일반적 · 실정적 규범의 총체이다"라고 정의를 내리고 있다.

결론적으로 법이란 국가구성원들의 사회적 지위와 역할을 규정하고 각각의 구성원들이 자신의 지위와 역할에 따른 행위를 수행하도록 함으로써 사회질서를 유지하는 국가의 강제규범이다.[7]

대한민국에도 오랜 옛날부터 고유의 법이 있다

역사서에 기록된 내용을 보면, 최초의 국가인 **고조선은 8조 금법(禁法)**과 **삼국시대**에는 중국의 법률을 참고하여 법률이 제정 · 시행되었고, **고려시대**에는 **당나라의 법률**을 참고로 한 율법 71개조와 **조선시대**에는 우리 고유의 법을 성문화한 **경국대전(經國大典)**이 있었다. 그 후 **일제강점기**에 **서양의 근대적 법률**이 들어오고, 일제강점기에서 **해방 이후**의 급속한 산업화와 세계화로 인해 우리 고유의 법제를 그대로 계승하지 못했다. 하지만 서양의 법제를 우리 실정에 맞도록 **사용(계수)**하고 있다.

대한민국의 최초의 법 고조선의 8조 금법(禁法)

우리나라 최초의 법인 **8조 금법(禁法)**은 8개 조항으로 된 고조선 시대의 법이다. 8개 조항 중 3개 조항만이 중국의 "한서지리지 연조"라는 책에 기록되어 있다. 그 내용은 다음과 같다.

첫째, 남을 죽인 사람은 **사형**에 처한다.
둘째, 남을 때려 다치게 한 사람은 **곡식으로 보상**한다.
셋째, 남의 물건을 훔친 사람은 물건의 주인집에 잡혀가 **노예가 되어야** 한다. 만약 용서를 받고 풀려나고 싶은 사람은 **50만전을 내놓아야** 한다.

이와 같은 내용을 보면, 사람을 죽이면 자신의 생명으로 죄 값을 치르는 고대의 법 원칙이 지켜지고 있었고, 곡식으로 보상한다는 내용으로 보아 당시 사회가 농경사회임을 알 수 있다. 특히 도둑질한 사람은 노예로 만들거나 돈으로 보상한다는 내용으로 보아, 사유재산제도와 노예제도, 그리고 화폐제도가 정착되어 있었음을 알 수 있다.

---

6) 李種河, 새 時代의 法學, 螢雪出版社, 1983, 23면; 박정기 외, 생활과 법률, 법문사, 2002. 4~5면; 魚寅義, 生活과 民法, 한올출판사, 2004, 4면 참조.
7) 한상수, 로스쿨시대 법학의 기초, 인제대학교출판부, 2008, 72면.

2) 법의 어원

법(法)이라는 글자의 모양을 보면, 물 수(水)에 갈 거(去)이니, 물처럼 부드럽게 흘러가는 것이라 해석할 수 있다. 하지만 지엄한 법이 그저 물처럼 부드럽고 유연하기만 해서 될까? 아니다. 현재 우리가 쓰고 있는 법(法)이라는 말은 약자이다. 중국에서 법(法)의 옛글자는 법(灋)이었다.[8] 법(灋)이라는 글자는 중국 한대 이전의 고문에서 본래의 글자는 중국 한자의 물 수(水)와 해태·법 치(廌), 그리고 갈 거(去)라는 세 글자로 이루어진 글자이다. 여기서 '**물**'은 평평함을 의미하며, 이는 곧 평등·공평하다는 뜻과 통하며, '**해태**'는 중국 고대 상상 속의 동물로서, 재판을 할 때 재판석 앞에 앉아 있다가 죄지은 자를 뿔로 받았다고 하며, 선악시비의 준별(峻別)과 정의를 의미한다. 그리고 '**거**(去)'는 악을 제거하는 응징적 요소로서의 의미를 가지며, 국가에 따른 법적용의 강제성을 가리킨다.[9] 이렇게 보면, 결국 법이란 그 글자 자체에 시비 및 선악을 공정하게 판단하여 악과 부정한 것을 응징하고 제거하는 역할을 해야 한다는 의미를 내포하고 있다고 할 수 있다. [그림 1-1]은 법자의 변천과정을 나타낸 것이다.[10]

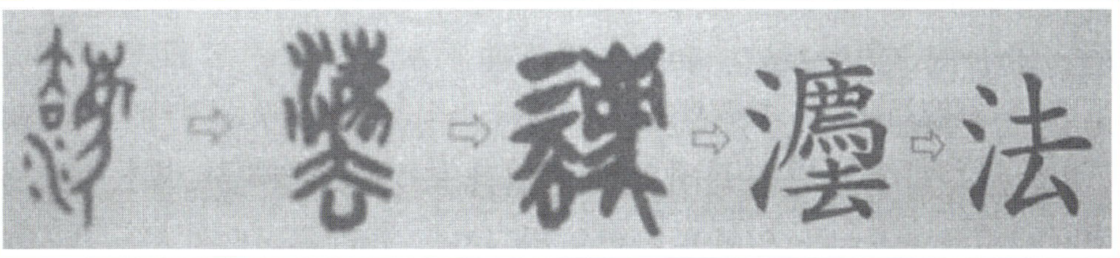

[그림 1-1] 법자의 변천과정

동양에서의 법(灋)은 **해태라는 동물로 상징**된다. 문헌들을 종합해 보면, 해태는 하나의 뿔, 산양 또는 기린의 머리, 양의 발톱, 푸른 비늘과 두툼한 꼬리를 가진 상상속의 동물이다.[11] **해태**는 문헌상으로는 산양이나 기린의 모습이지만, 오늘날 대한민국이나 중국의 해태상은 사자와 비슷한 모습을 하고 있고, 외뿔은 거의 드러나지 않는다. 이것은 아마도 불교의 영향으로 해태를 중국에서는 볼 수 없었던 신비한 동물인 사자의 모습에 가깝도록 신성화시킨 것으로 해석된다.[12] [그림 1-2]에서 보는 바와 같이 해태상은 다양한 모습을 하고 있다.[13]

---

8) 법자(灋字)는 기원전 1000년 무렵에 중국에서 제작된 청동기 그릇인 대우정(大盂鼎, 사발우, 솥뚜껑정)에서 최초로 나타났다. 그 후 후한의 허신이 편찬한 설문해자(說文解字)에서도 그대로 수용되었다. 따라서 법(灋)자 역시 水, 去, 廌로 구성되어 있다. 이와 같이 원래는 水(氵), 去, 廌로 구성되어 있던 법자에서 나중에 廌가 탈락하면서 水(氵), 去만 남게 되었고, 이것이 지금의 법(法)자로 이어진 것이다.

9) 정종휴, 역사속의 민법, 교육과학사, 1995, 1~5면 참조.

10) 손성, 동양법의 상징, 동국대학교출판부, 2007, 73면; 한상수, 법학의 기초, 인제대학교출판부, 2011, 34면.

11) 최종고, 법상징학이란 무엇인가, 아카넷, 2000, 195~196면.

12) 최종고, 앞의 책, 197면.

13) 최종고, 법과미술, 시공사, 1995, 241-261면; 한상수, 앞의 책, 40면.

[그림 1-2] 해태상

한편 서양에서 법의 개념은 "나누어 준다"라는 뜻의 네모(υεμω)에서 유래한 말이다. 그리스어로는 노모스(υομοξ)라고 한다. 라틴어로는 법을 유스(jus)라고 하는데, 이 말의 뜻은 법·권리·옳은 것(올바른 것)이라는 의미를 함축하고 있으며, 정의라는 의미를 함께 내포하고 있다. 독일어로는 레히트(Recht)나 프랑스로는 드로와(droit)라고 하며 이들 용어는 모두 유스(jus)와 같이 옳은 것, 즉 정의(Justice)를 뜻하는 것이다. 그리고 영어의 Law라는 용어는 정하여진 것, 즉 계율을 의미하는 것이다.

[그림 1-3]을 분석해 보면, 서양에서의 법은 그리스 신화에 나오는 정의의 여신 디케(Dike)로 상징된다. 디케 여신상과 해태상이 가지고 있는 각각의 특징들은 법의 본질과 특성을 상징적으로 보여주고 있다.[14)]

[그림 1-3] 디케 정의의 여신상과 대한민국 대법원의 정의의 여신

14) 한상수, 앞의 책, 43~45면 참조.

즉, ① 디케는 여신이라는 점이다. 법이 여성성을 갖는 것을 의미하며, 여성성은 평화와 질서를 상징하고, 법은 무녀에서 기원한다는 사실을 반영하고 있다. ② 디케 여신이 **저울**(**천칭**)을 들고 있다. 이는 선과 악, 옳고 그름을 판단하는 척도이며, 해태는 선과 악을 구별하는 능력을 가지고 있고, 디케 여신이 눈을 가리고 있다. 이는 재판의 공평성과 공정성을 상징하고 있다. 이에 반하여 동양에서는 물을 상징한다.[15] ③ 디케 여신은 칼을 들고 있다. 이는 법의 수단으로서의 강제력을 상징하고 있으며, 동양의 해태는 뿔을 가지고 있다. 대한민국 대법원에 세워진 정의의 여신은 한복을 입고 있는 여신이 저울과 법전을 들고 있는 모습을 하고 있다.

결론적으로 말하면, 법(法)이란 한자의 어원은 氵, 즉 水(물)에서 찾을 수 있다. 물이 높은 곳에서 낮은 곳으로 자연스럽게 흘러가듯이 인간에게도 자연스럽게 지켜야 할 도리가 곧 법이라고 할 수 있다. 즉, 법을 지키면 물이 흘러가듯 공평하게 정의가 실현된다는 뜻이다. 특히 오늘날은 복잡한 사회생활을 원활히 하기 위하여 법의 존재적 가치성이 더욱 절실하다.[16]

한편, 흔히 법과 법률을 혼용하여 쓰는 예가 많다. 그러나 법률은 엄격하게 구별되어야 한다. **법**(law, Recht, droit)이라고 하는 것은 법규범 전체를 포함하여 가리키는 것으로서, 성문법은 물론이고, 판례와 관습법 등의 불문법을 포함하는 개념이다. 반면에 법률(act, Gesetz, loi)이라고 하는 것은 국회의 의결을 통하여 만들어진 성문의 제정법을 가리키는 것으로서, 효력의 측면에서 보면 헌법보다는 약하고 행정부에서 제정되는 명령보다는 강한 효력을 가지는 성문법을 가리키는 것이다.

정리

법이란 무엇인가

법이 무엇인가 : 정의실현

정의가 무엇인가 : 평등실현 = 절대적 평등(인간존엄, 참정권-선거권), 상대적 평등(합리적 차별)

평등 : 권리실현의 평등 = 기회의 평등, 조건의 평등, 결과의 평등 : 우대조치, 할당제(최저 30%), 목표제 등
: 처벌의 평등 = 양형기준, cf : 결과평등
: 의무부과의 평등 = 납세, 국방, 환경보호의무 등, cf : 결과평등

15) 조선시대에 있어서 환향녀(還鄕女)를 생각해 보시기 바란다.

16) 그런데, 오늘날 우리네의 법은 해태의 정확함도 없고, 물의 공평함은 물론 죄인을 벌하는 엄정함도 없다. '유전무죄(有錢無罪) 무전유죄(無錢有罪)'라는 말처럼, 법은 없는 자에게 냉혹하지만, 있는 자에게는 한없이 관대하며, 어쩌다가 있는 자의 죄가 판명되더라도 준엄한 형벌을 집행하지도 않는다. 진정한 법은 물(水)을 따라 흘러가버렸다는(去)말인가?

3) 법은 규범(規範)이다

법의 개념을 파악하는 것은 어려운 일이지만, 앞에서 말한 바와 같이 "법은 사람의 편익을 위해 제정된다"는 법언에 비추어 보면, 법은 사회생활의 필요에 따라 사회가 만들어 놓은 강제규범이라고 할 수 있다. 즉, "법이란 국가권력에 따라서 강제되는 사회규범"이라고 보는 것이 일반적이다. 즉, 법은 지켜야 할 규범인데, 그 중에서도 사회규범이며, 사회규범 중에서도 국가권력에 따라서 강제성을 담보하는 규범이라는 것이다. 법은 일종의 **규범(規範)**이다. 보통 인간의 행위를 규율하는 것을 규범이라고 한다. 이 규범에는 도덕, 윤리, 관습 등이 있으나, 이들은 국가에 따라서 강제되지 않는다는 점에서 차이가 있다. 법의 규범성에는 다음과 같은 측면이 있다.[17)]

(1) 법은 사회규범이다.

법은 사회규범이다. 법의 사회규범성이란 "법은 사회규범의 의미를 갖는다"라는 의미이다. 인간사회는 두 사람 이상이 함께 존재하는 상황을 이루고 있다. 우리는 "**법이 없어도 살 사람**"이라는 말이 있다. 이 말은 "굳이 법으로 강제하지 않아도 인간의 도리를 지키며, 다른 사람과 공동체에 대한 배려를 잊지 않는 사람"을 칭찬하는 말이다. 그런데 모든 사람이 그와 똑같지는 않기 때문에 그런 사람일수록 공동체 안에서 법의 보호없이는 살아가기가 어렵다. 즉, '**법 없어도 살 사람**'**이야 말로 법이 가장 필요한 사람**일 수도 있다. 사람들 사이에 이익투쟁적인 혼란없이 질서가 유지되기 위해서는 서로 모종의 약속이 있어야 한다. 이 질서를 유지를 위한 약속이 바로 법이다. 그러므로 사회규범은 인간의 사회생활에 관한 규범이라는 의미이다. 사회규범은 있는 그대로의 존재(Sein)를 나타내는 것이 아니라 있어야 할 당위(Sollen)의 규범으로서 지켜야 될 것을 내용으로 하고 있다.

(2) 법은 정의라는 법이념을 향한 문화규범이다.

법은 정의(定義)라는 법이념을 향한 문화규범이다. 사회는 개인적으로나 집단적으로 **항상 현재보다도 나은 것을 지향**한다. 이 지향하는 바를 '**가치**'라고 하며, 인간이 현실에서 일정한 가치를 향해 노력하는 가운데서 생성되는 것이 **문화**이다. **정의라는 가치**를 향한 가운데 **생성되는 것이 법**이다. 그러므로 법의 핵심은 **정의**이다. 법의 규범성은 법이 단순히 당위(가치)만을 나타내는 것이 아니라 **존재(현실)를 반영**하는 의미이다. 어느 사회나 독특한 **문화**가 있다. 그러므로 법문화도 그 나라의 특색을 반영하여 독특한 면을 가지고 있다.

(3) 법은 상대적 규범이면서 절대적 규범이다.

법은 상대적 규범이기도 하면서 절대적 규범이기도 한다. 법규범은 존재이면서도 당위

---

17) 한상수, 앞의 책, 72~81면 참조; 김훈, 사회복지법제론, 학지사, 2009, 25~27면 참조

이다. 법은 존재로서의 **시간적 · 공간적 제약**을 받은 상대적인 규범이면서 정의라는 **보편적인 가치**를 지향하는 절대적인 규범이다.

(4) 법은 행위규범 및 재판규범이다.

법은 행위규범이다. 법은 사회구성원의 **행동기준**이다. 어떤 영역에서는 법을 통하여 사람들의 행동이 어떠할 것이라 예정하고, 자신도 그렇게 행동할 것을 예상한다. 또 타인도 그 사람이 그렇게 행동할 것이라고 예상할 수 있다. 그러므로 경쟁적 사회에서 일정한 질서를 예측할 수 있다. 또한 법관은 재판의 과정에서 법을 소송당사자들에게 적용되는 행위규범으로 인정하므로 법을 재판규범이라고도 한다.

(5) 법은 국가권력에 의해 강제되는 규범이다.

법은 사회규범 중에서도 국가권력에 의해 강제되는 강제규범이다. 강제규범이란 규범을 위반한 행위에 대하여 그 규범의 실효성을 보장하기 위해 강제력이 가해지는 규범을 말한다. 법학자 예링(Jhering, Rudolf von)은 "강제없는 법은 타지 않는 불꽃과 같다"고 정의할 정도로 법의 강제적 속성을 중요시하였다. 켈젠(Kelsen, Hans)은 강제는 법의 본질적 속성이라고 하였다. 이처럼 법은 그 내용을 실현하기 위하여 '강제'라는 수단을 갖고 있다. **도덕 · 종교적 명령** 또는 **관습**도 사회규범이지만 강제성은 갖지 못한다. 그러므로 이를 위반한 경우 그 위반자는 '**비난**'을 받을 뿐이다. 그러나 **법의 위반자**는 **강제적 처벌**을 받게 된다. 법의 강제는 인간이 합의한 국가라는 정치적인 조직에 따라서 실시된다. 여기서 강제라는 것은 법의 침범에 대하여 실력으로서 법이 준수된 것과 같은 사실 상태를 현실적으로 실현하기 위하여 위법 행위자에게 형벌 · 징계 · 손해배상과 같은 물리적 제재를 가하는 것을 말한다.

3. 법의 한계

법은 양면적이다. 왜냐하면 법은 사회적 욕구를 발전시키는 데에 반응하지만, 반대로 개인이 추구하는 것을 부정하는 결과를 낼 수도 있기 때문이다. 우리는 보편적으로 인정할 수 있는 법의 사용을 명백히 표현하고자 노력하면서 끊임없이 변화하는 사회환경적 현실을 반영하여야 한다. 법은 변화하는 사회환경의 관점에서 이해되어야 한다. 이 점은 법의 사회적 기능에 관한 문제와 전망에 중요한 논거가 된다.[18]

법은 표면적으로는 **적절한 목적을 달성**하기 위해서 **사용**된다고 하지만, 어떤 결과들은 **법이 의심스러운 목적에 기여한**다는 생각을 갖게 한다. 또한 비판적 법률연구의 관점에서

18) 김훈, 앞의 책, 30면 참조.

처럼 "법은 합리적인 것보다는 **합리화의 실행과정**이고, 법적 원칙은 거의 모든 경우에 **결과들을 정당화**시키기 위해서 **조작**될 수 있다"고 볼 때 **법의 한계를 예상**할 수 있다.

그러므로 **사회적 목적을 달성**하기 위해서 **법을 제정 및 개정**할 경우, 이 **한계를 극복할 수 있는 조건들을 결정할 필요**가 있다. 이에는 법의 사회적 기능에 대한 견해들이 다양하고 시대에 따라 변하기 때문에 실제는 매우 어렵다고 생각되지만, 그 중요성을 간과할 수 없으므로 보편적으로 인정될 수 있는 조건들을 찾아야 할 것이다.

이러한 관점에서 볼 때, 법은 **지속적**으로 **변하는 사회적 환경을 반영**하여야 하고, **해결하려는 문제**들에 대한 **부정적인 선입견을 타파**하여야 한다. 또한 특정문제의 주요 사실들을 **과학적으로 조사**해야 하고, 제시된 법 또는 제시된 결정의 효과가 지닌 한계에 관하여 여러 관점에서 검토해 보아야 할 것이다.

4. 법과 구별되는 사회규범

사회규범에는 법 이외에도 도덕, 관습, 종교, 전통 등 여러 가지가 있다. 사회규범은 본질적으로 '강제성'을 가지고 있다. 대체로 강제성이란 무엇을 하고 싶은 데고 할 수 없는 심리상태, 혹은 무엇을 하기 싫은데도 해야만 하는 심리상태라고 할 수 있다. 사회규범은 이러한 의미의 강제성을 모두 가지고 있다는 뜻이다. 그런데 법이라는 사회규범은 다른 사회규범과 달라서 그 강제성을 국가가 보장해 주고 있다는 점에서 다른 사회규범과 구별이 된다. 법의 개념을 보다 충실하게 이해하기 위하여 여러 가지 사회규범 중에서 특히 도덕, 관습, 종교 등의 사회규범과 법은 어떠한 차이가 있으며, 어떠한 관계가 있는지 살펴볼 필요가 있다고 본다.[19]

1) 법과 도덕

(1) 법과 도덕의 상관성

법과 도덕은 다 같이 사회규범이다. 법과 도덕은 서로 상관성이 밀접하므로 그 개념을 명확히 할 필요가 있다. 법학자 옐리네크(Georg Jellinek)[20]는 "법은 도덕의 최소한"이라고 하듯이 가령 "타인의 물건을 훔치지 말아라", "살인하지 말아라"라고 하는 행위기준은 도덕적 요청이면서 법의 명령이기도 하므로 법과 도덕은 유사점이 많다. 또한 교통질서와 같이 단순히 공동생활의 편리만을 위한 도덕과 관련이 적은 법도 있다. 따라서 이 둘을 구별하

19) 어인의(魚寅義), 앞의 책, 6-11면 참조; 박정기 외, 앞의 책, 7~10면; 강대성, 새 법과생활, 탑북스, 2014, 5~10면 참고.

20) Georg Jellinek, 1851~1911: 독일의 법학자

기란 매우 쉽지 않다.[21)]

고대사회에서는 법과 도덕이 미분화된 상태에서는 도덕적 비난의 대상이 되는 행위를 한 사람에게는 그 사회의 관습이 인정되는 범위 내에서 일정한 제재(制裁)를 가할 수 있었다.[22)] 그러나 21세기 사회는 더욱더 다원화된 산업사회에서는 모든 도덕적 비난의 대상이 되는 행위를 한 사람에게 법적으로 규율하기에는 많은 문제점이 따르게 된다. 따라서 도덕적 영역과 법의 영역은 구별된다.[23)]

(2) 법과 도덕의 구별

법과 도덕에 대하여 토마지우스(Christian Thomasius)[24)]를 비롯하여 칸트(I. Kant)[25)] 등에 따라서 구별하였다.

첫째, 법은 '**경험적 사실**'에 따라서 성립하는데 반하여, 도덕은 '**선험적 이성**'에 따라서 발생하는 점에서 다르다. 그러나 도덕도 사회현실을 반영하는 것이므로 이러한 구별기준은 적합하지 않다.

둘째, 법은 그 대상을 '**평균인**'으로 하는데, 도덕은 평균인이 준수하기 어려운 '**이상적 성인(聖人)**'을 대상으로 하는 것일수록 높은 가치를 부여한다. 그러나 교육법 제1조에서 홍익인간의 이상을 추구하듯이 법도 이상인을 규율대상으로 하고, 도덕도 교통도덕과 같이 평균인을 대상으로 하는 경우가 적지 아니하므로 이 구별 기준도 적합하지 않다.

셋째, 법은 헌법, 법률, 명령 등의 **형식으로 문자에 따라서 표현**되는데, 도덕은 이러한 **형식의 문자로서 나타나지 않는다**는 것이다. 그러나 법도 불문법(관습법이나 판례법) 등과 같이 문자로 표시되지 아니한 경우가 있으며, 도덕도 국민교육헌장 또는 윤리강령과 같은 형식으로 표시되는 경우가 적지 아니하므로 이 구별기준도 적합하지 않다.

넷째, 법은 인간의 '**외면적 행위**'를 규율하는데, 도덕은 인간의 '**내면적 의사(意思)**'를 규율한다는 것이다.[26)] 예를 들면, 법은 살인에 대한 범의(犯意)가 있다고 하여도 실행에 이르지 아니하면, 법적으로 처벌하지 않고, 도덕은 마음의 간음까지도 용서하지 않는다는 것이다. 이것은 의사(意思)의 자유를 보장할 수 있는 실제적 가치는 있으나, 법과 도덕을 구별하는 표준이 될 수는 없다. 또한 법도 고의, 과실, 목적, 선의 및 악의와 같은 내면적 행위를 규율하는 경우가 많으며, 도덕도 도덕적인 행위를 요구함으로써 외면적 행위를 강조한다.

---

21) 어인의(魚寅義), 앞의 책, 7면.

22) 서양의 중세사회에서는 사회규범인 법과 도덕·관습이 미분화한 상태였다. 이로서 오랫동안 전해 내려오는 관습이 법이였다. 동양에서는 "삼강오륜(三綱五倫)"이라는 윤리가 법이었다.

23) 박정기 외, 앞의 책, 7면.

24) Christian Thomasius: 독일의 철학자(1655~1728), 독일 계몽주의의 선구자로, 합리적인 자연법을 제창하였다. 저서에 '자연법 및 국제법의 기초'가 있다.

25) 칸트(Kant, I., 1724~1804), 국적은 독일이고, 서양 근대의 도덕적 이상을 집대성한 철학자로서 대표작은 '순수이성비판', '실천이성비판', '판단력비판' 등을 출간하며 비판철학의 정점에 이르렀다.

26) 이것을 법의 외면성과 도덕의 내면성이라고 한다.

이 구별 기준도 타당하지 않다.

다섯째, 법은 '**타율성**'을 가지는데 반해, 도덕은 '**자율성**'을 본질로 한다는 것이다. 즉, 법은 외부에서 강요하기 때문에 준수되는 규범인데 반하여, 도덕은 외부에서 강요하지 않더라도 스스로 자각하여 실천하는 규범이라는 것이다. 그러나 법과 마찬가지로 도덕도 외부에서 강제하므로, 예를 들면, 교사가 비난받을 것을 두려워하여 스스로 교통규칙을 지키는 것처럼 이 설은 타당하지 않다.

여섯째, 법은 **권리와 의무 · 채권과 채무**처럼 서로 대립하는 '**양면성**'(兩面性)을 규율하는 것인데 반하여, 도덕은 **주로 의무만이 존재**할 뿐 그러한 의무에 대한 반대급부인 권리라는 것이 없다는 '**일면성**'(一面性)만을 가진다는 것이다. 그러나 법에도 권리만이 있거나 의무만이 있는 경우가 있다. 예를 들면, 민법상 친권은 비록 권리처럼 외견상 보이나, 사실은 의무만 규정되어 있다. 그러므로 이러한 구별은 타당하지 않다.

판례

친족관계의 부양의무는 혈연관계에 기초한 부양의 도덕적 의무를 가족법상의 의무로 규정한 것으로서 국민의 국가에 대한 기본적 권리인 생존권을 대체하는 것이므로 노부모가 과거에 미성숙자녀에 대한 양육의무를 다하였는지 여부나 부양권리자가 그 도덕적 의무를 다하였는지 여부에 따라 그 존부가 달라질 것은 아니고, 이는 부양의 정도나 방법을 정하면서 참작함에 그치는 것이라고 할 것이므로 위 주장은 이유없다(청주지법 제천지원 2006.6.31. 2005느단140).

일곱째, 법은 외부에서 이를 일탈한 경우, **강제력**에 따라서 제재를 가하는 '**타율적인 규범**'인데 반하여, 도덕은 그에 위반하여도 **사회의 비난이 가해질** 뿐 이러한 **강제적 제재수단이 없는** '**자율적인 규범**'이라는 데서 근본적인 차이가 있다. 법을 강제규범이라고 하는 것도 여기에서 비롯된다. 이 주장이 타당하다. 그러나 도덕이라 해서 완전히 강제력이 없는 것이 아니라, 심리적 강제라는 내부적 통제에 따라서 어느 정도 도덕적인 제어가 가능하다.

(3) 법과 도덕의 조화

위와 같이 법과 도덕의 구별(차이)을 보았다. 법과 도덕은 인간생활에 관한 사회규범이므로, 서로 관련되거나 중복되는 경우가 적지 않다. 법이 그 기능을 다하기 위해서는 도덕을 바탕으로 해야 한다. 일반적으로 도덕이 전이(轉移)가 되어 법률의 규정으로 되는 것이 많다. 하지만 반대의 상황에서 법률의 내용이 장기간의 집행으로 인해 사회적 도덕규범으로 전이되는 역전된 경우도 발생한다. 대표적인 것이 우측통행(이전에는 좌측통행)인데, 도로교통법상에 보행자의 우측통행을 강제하는 과정에서 이것이 사회적 규범화되어 이제는 우측통행이 당연한 것으로 받아들여지고 있다.

법은 도덕에 따라서 지지되고 있을 때에 가장 강력하다.[27] 예를 들면, "빌린 물건을 갚아야 한다든지", "부부는 서로 동거·부양·협조해야 한다" 등의 민법의 규정은 도덕이 요구하는 바와 일치하는 것이고, "살인·강도"를 처벌하는 형법의 규정 역시 도덕과 합치하는 것이다.

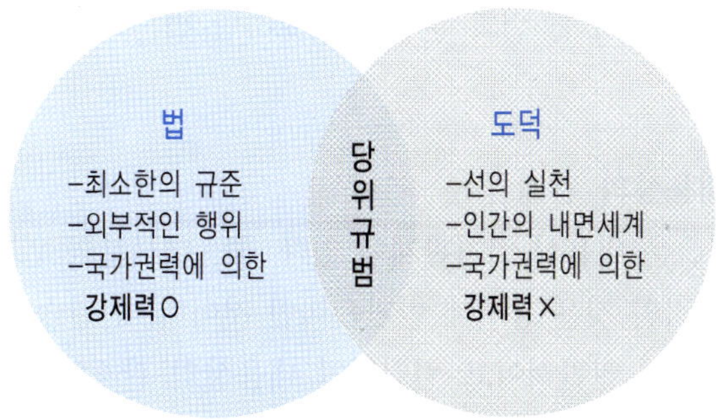

이와 같이 법과 도덕은 서로 보완하는 공집합적 관계에 있다고 할 수 있다. 예를 들면 "부모에게 효도해야 한다", "은혜를 갚아야 한다", "나라에 충성해야 한다" 등은 국가권력에 따라 강제될 수 없는 것으로서 순전히 도덕에 해당되는 것이다. 옐리네크(Georg Jellinek, 1851-1911)는 "법은 도덕의 최소한", 슈뮬러(Gustav Schmoller, 1838-1911)는 "법은 최대한의 도덕"이라고 하였다. 전자는 일반사회에 적용할 수 있다는 것이고, 후자는 가정에서 적용될 수 있는 것이다.

가족 사회인 가정에서는 인간이 한 인간이기에 앞서 가족의 일원이고, 가족의 원리가 가족 내에서 뿐만 아니라 가족 외부에까지 확대되는 것이다. 그 밖에 법의 내용이 도덕의 내용으로 수용되어 법과 도덕이 일치하는 경우가 있다. 예를 들면, 교통법규 및 보건법규가 오랜 시행으로 국민의 생활 속에 깊숙이 자리를 잡아서 교통도덕과 보건도덕으로 전화되어 법과 도덕이 일치하는 경우가 있다.[28]

2) 법과 관습

(1) 법과 관습

관습 역시 법과 함께 사회규범이다. 따라서 이들도 사회질서를 유지하는 구실을 한다. 법은 강제력에 따라서 사회질서를 유지하는데 반하여, 관습은 어떻게 사회질서를 유지하는가 하는 것이 법과 관습의 구별표준이 되고, 상관관계를 이해하는데 필요하다.[29]

27) 김범주, 법과사회, 형설출판사, 2003, 20면 참조.
28) 박정기 외, 앞의 책, 10면; 어인의, 앞의 책, 9면 참조.

관습(慣習, Custom)이란 일정한 사회에서 오랜 기간 계속적이고 반복적으로 관행되어 와서 그 구성원 사이에서 일반적으로 승인되고 있는 행동양식이다. 이것은 일종의 사회적 습관이지만, 그것이 준수되어야 한다는 사회구성원의 의식이 강하게 작용하는 사회규범이다.[30] 예를 들면, 설날에는 어른들께 세배를 하여야 한다는 사회규범, 친구의 부모님이 사망하면 조문(弔問)을 가야 한다는 사회규범, 신랑과 신부는 결혼식에서 혼인서약을 하여야 한다는 사회규범 등이 관습이다. 법과 관습을 비교하면 법은 인위적임에 비해, 관습은 무형의 강제가 뒤따른다.

(2) 법과 관습의 내용상의 관계

원칙적으로 법과 관습은 **내용상 일치관계**에 있다. 즉, 대부분의 법과 관습은 내용상으로 일치한다. 따라서 불법적인 것은 동시에 반관습적인 것이며, 반관습적인 것은 동시에 불법적인 것이며, 법과 관습의 일반적이고 원칙적인 내용상의 관계이다.[31]

예를 들면, "권리와 행사와 의무의 이행은 신의에 따라 성실히 하여야 한다"는 민법 제2조 제1항의 규정, "선량한 풍속 그 밖의 사회질서에 위반한 사항을 내용으로 하는 법률행위는 무효로 한다"는 민법 제103조, 그리고 "전세권자는 전세금을 지급하고 타인의 부동산을 점유하여 그 부동산의 용도에 따라 사용・수익하며, 그 부동산 전부에 대하여 후순위권리자 그 밖의 채권자보다 전세금의 우선변제를 받을 권리가 있다"는 민법 제303조 제1항의 규정은 **관습과 내용상 일치**하는 경우이다.

그러나 예외적으로 법과 관습은 **내용상 불일치관계**에 있다. 즉, 경우에 따라 법과 관습의 내용이 일치하지 아니하는 경우가 있다. 합법적인 것이 관습에 반하고, 불법적인 것이 오히려 관습에 합치하는 경우가 있다. 예를 들면, 가정의례에 관한 법률은 합법적인 것이지만, 관습에 반하는 내용이며, 처의 혈족 중 **처의 부모만**을 **친족**으로 보는 것은 대한민국의 **관습**이므로, 8촌 이내의 모든 혈족을 친족으로 보는 민법 제777조의 규정은 관습에 반하는 경우이다.

(3) 법과 관습의 효력상의 관계

법과 관습은 효력상 **상호 보완관계**에 있다.[32] 법이 규율하지 못하는 영역은 관습이 이를 규율하고, 관습이 규율하지 못하는 영역은 법이 이를 규율하여 법과 관습은 사회질서를 유지하는데 있어서 상호 보완적인 관계에 있다. 그러나 법과 관습은 효력상 **법이 우선**하는 관계에 있다.[33] 즉, 법과 관습의 내용이 일치하지 아니할 경우에 항상 법의 효력이 관습의

29) 김용한・정조근, 법학통론, 교문사, 1976, 24~28면 참조; 어인의, 앞의 책, 9면.
30) 성립면에서 법은 국가권력에 의해 성립하는데, 관습은 다수인의 계속적・반복적인 자발적 행위에 의하여 성립한다.
31) 연기영 외, 스포츠와 법, 형설출판사, 2010, 60~61면 참조.
32) 연기영 외, 앞의 책, 61~62면 참조.

효력에 우선한다. 따라서 법에 저촉하는 관습은 실제생활에 적용되지 아니한다.

(4) 관습과 관습법

관례가 발전하여 관습이 되고, 관습이 발전하여 관습법이 된다. 따라서 관습은 관례가 발전한 규범형태이며, 관습법으로 발전하기 이전의 규범형태이다. 따라서 21세기 사회에서는 관습은 법의 기초가 되고, 법의 내용이 된다. 관습법에 대한 자세한 내용은 제3절 법원에서 다루기로 한다.

3) 법과 종교

(1) 법과 종교

법과 같이 종교도 하나의 사회규범이다. 종교의 본질은 개인적이고 내심적인 신앙에 있는 것이다. 예를 들면, "살인하지 말라", "간음하지 말라" 등이 종교규범이면서 법규범 중복한다. 특히 원시사회에서는 제정일치(祭政一致)사상이 지배하였으므로 법과 종교 구별이 없었다. 중세 유럽에서는 교회법이 실정법으로 작용하였고, 이슬람 국가나 불교국인 태국에서는 종교규범이 사회규범으로서 작용한다.

(2) 법과 종교 구별

법과 종교 구별된다. 첫째, 법은 현실성이 많다는 데 반하여, 종교는 현실성이 적다. 둘째, 법은 사회적 질서와 복리를 위해서 인간의 외면적 행위를 규율하는데, 종교는 인간의 영적 행복을 위해서 인간의 내면적 양심을 규율한다. 셋째, 법은 국가권력에 따라서 강행되는데 반하여, 종교는 신앙심에 따라서 준수된다고 한다. 앞에서 본 바와 같이 각각의 구별은 일면의 타당성을 지니고 있다. 그러나 종교의식의 법규화와 같이 종교규범의 내용이 되는 경우가 있음을 생각할 때[34], 셋째의 견해가 타당하다고 본다.

(3) 법과 종교의 조화

법과 종교는 그 차원이나 적용되는 영역에 있어서 차이가 있지만, 양자는 사회정의와 평화를 구현한다는 측면에서 서로 조화를 이루어야 할 것이다.[35] 문제는 양자가 **서로 충돌**할 경우 **어느 규범이 우선적으로 적용**되어야 하는가 하는 점이다.

예를 들면, 범죄인이 신부에게 **고해성사(告解聖事)**를 한 경우, 신부는 교회법에 따라서 범죄사실에 대한 비밀을 지켜야 할 의무가 있지만, 실정법(제정법, 현행법)에 따르면 범죄사실을

---

33) 효력면에서 법은 국가권력(강제력)에 따라서 실현되는데, 관습은 구속력과 담보력이 없다. 관습이 법적 확신을 얻더라도 성문법에 대해서 보충적 효력을 가질 뿐이다: 곽윤직, 민법총칙, 박영사, 2003, 18면.

34) 최종고, 법과종교와 인간, 삼영사, 1991 참조; 어인의, 앞의 책, 11면 참조.

35) 강대성, 앞의 책, 9~10면 참조.

국가에 고지해야 할 의무가 있는 경우가 있다. 이런 경우 신부는 과연 어느 규범에 따라야 할 것인지 하는 어려운 문제가 발생하게 된다. 만약 신부가 교회법에 따라 범죄사실을 국가에 고지(告知)하지 아니한 경우, 신부를 실정법에 따라 처벌할 수 있는지?

법과 종교는 충돌하지 않도록 사전에 서로 조화를 이루는 일이 중요하겠지만, 실제로 **양자가 충돌**할 경우에는 **특별한 사정이 없는 이상, 법은 종교에게 자리를 양보**해 주어야 한다고 본다. 왜냐하면, **모든 분쟁은 자주적으로 해결하는 것이 이상적**이고, 국가가 강제력을 발동할 수 있는 법규범에 따른 문제해결은 최후의 수단으로 이용되는 것이 바람직할 것이기 때문이다. 그러나 법을 우선적으로 적용해야 할 상황, 예를 들면 전쟁시와 같은 **비상사태**나 특히 국가의 이익에 심대한 지장을 초래할 염려가 있다든지 하는 경우 등에는 **법이 종교에 우선**하여 적용되어도 무방하리라고 본다.

제2절 법의 이념 · 목적 · 기능

1. 법의 이념 → 법의 이념은 무엇인가

1) 법의 이념의 의의

"법이 추구하는 것은 무엇인가"하는 것이 법의 이념에 관한 문제이다. 법의 이념을 통하여 **법의 가치판단, 법의 해석, 집행하는 과정**에 있어서 **중요한 기준**이 된다. 법개념(하나의 문화개념, 즉 가치관계적 개념)을 규정하기 위하여 우리는 법가치 및 법이념을 필요로 한다. 법이란 법이념에 봉사하는 것을 본래의 사명으로 하는 것이다. 법은 자연법칙과 같은 맹목의 법칙이 아니라, **사회질서를 유지하려는 목적의 법칙**이다.

법의 상위에 있는 '법의 이념'이란 **법이 추구해야 할 이념**, 즉 **법이 실현해야 할 궁극적 가치**를 말한다. 법의 이념[36]은 **법의 합리성을 판단한다는 궁극적 가치기준**이다. **법의 목적**은 법의 현실적 가치, 즉 실천적 가치를 의미하지만, **법의 이념**은 법의 궁극적 가치, 즉 이상적 가치를 뜻한다는 점에서 이 둘의 관계는 **구별**된다고 할 수 있다.[37] 법의 이념이란 법의

---

36) 정승재, 법학통론, 형설출판사, 2006, 40~45면 참조.

37) 법의 목적 내지 이념이란 법은 무엇을 위해서 존재하며, 법이 왜 필요한가에 대한 답이다. 이와 같이 법의 목적은 법의 형식적 실현에서 법에 따라 달성하고자 하는 내용을 말한다. 법의 이념은 지금 있는 그대로의 법현실과는 다른 "있어야 할 법의 모습"을 의미한다는 것이다. 법의 이념에 대한 질문은 예컨대, 개별 법률들이 사회분쟁을 올바르게 해결하지 못하는 경우에 법은 무엇을 위해 존재하는가를 물을 때 그 진가가 발휘된다. 그러므로 법의 이념에 대한 물음은 필연적으로 법의 현실과 규범적인 이념간의 괴리를 전제로 하고 있다고 볼 수 있다: 김영환, 법철학의 근본문제, 홍문사, 2006, 40면.

상위에 군림하는 것으로서 법이 실현해야 할 궁극의 가치를 말한다.

법의 이념은 **입법자에게 입법의 방향을 제시하고 행정가와 법관에게 법의 적용과 해석에 관한 집행의 방향을 제시해 주는 역할**을 한다.[38] 따라서 법이 그 이념을 벗어나게 되면 법으로서의 의미도 상실되기 때문에 법의 이념은 **법의 중요한 원리로 작용**한다.

2) 법의 이념의 내용

법이 실현하고자 하는 **궁극적 가치의 내용**은 어떤 것인가? 많은 학자들이 법의 이념의 내용이 무엇인지를 밝히려고 했다. 이를 법가치론이라 부르고 있다.

법의 이념에 관하여는 라드브르흐(Gustav Radbruch ; 1878-1949)[39]의 견해가 일반적으로 널리 알려져 있으므로 이를 중심으로 살펴보도록 한다. 즉, 라드브르흐는 "법이란 **법가치**, 즉, **법이념에 봉사하려는 의미를 가진 실재**"라고 하고, 법의 이념으로는 **정의**,[40] **합목적성**, **법적 안정성**[41]을 들고 있다.[42] 이 경우에 **정의**는 **법의 추상적 목적**이며, **법적 안정성**과 **합목적성**은 추상적 목적을 달성하기 위한 **구체적 목적**이라 할 수 있다.

(1) 정의

(가) 정의의 의의

법은 정의의 실현을 궁극의 목표로 하고 있다. 정의[43]는 법을 특징짓는 결정적인 기준인 동시에 인간사회에서 최고가치의 하나일 것이다. 정의는 **'바른 것'**을 의미하는 인간사회 최고의 가치이며, 진선미(眞善美)와 같이 어떤 가치로부터 도출될 수 없는 독자적인 가치라고 할 수 있다. 정의의 본질은 **평등**이고, 정의의 형식은 **보편**이며, 정의는 법의 이념을 이룬다.

---

38) 법의 이념은 법의 실재이므로, 자기 자신을 현상화하지는 않으나, 현상으로서의 법의 배후에서 법의 방향을 제시해 주는 역할을 한다.

39) 구스타프 라트브루흐(Gustav Radbruch, 1878년 11월 21일 뤼벡 - 1949년 11월 23일 하이델베르크)는 신칸트파의 서남학파에 속하는 독일의 형법·법철학자. 바이마르 공화국 법무장관이였다.

40) 사회의 정의실현

41) 질서유지

42) 라드브르흐가 제시한 법의 이념론은 일반적으로 많은 지지를 받고 있다; 어인의, 앞의 책, 12~14면 참조; 박정기 외, 앞의 책, 10~13면 참조; 이종하, 앞의 책, 35~38면 참조; 김용한·정조근, 앞의 책, 35~39면 참조; 김범주, 앞의 책, 28~31면 참조; 정승재, 앞의 책, 41면 참조.

43) 정의에 의한 법적 정당성을 확보하는 것이다.

일제강점기 위안부 '소녀의 상'[44)]

정의를 위해 불의의 방법을 쓰는 것은 정당한가? 예를 들면, 홍길동 · 의적(義賊) · 복면검사 · 배트맨 · 스파이더맨 등을 들 수 있다.

(나) 정의의 내용

정의의 주요 내용은 **'평등'**[45)]이다. 정의의 개념에 대하여 의견의 일치가 되어 있지 않아 여러 가지로 이해되어 왔다. 전통적 사상에 따르면, 정의는 "인간에 대한 인간의 정당한 관계"라고 하고, "각자에게 그의 것을 가지게 하는 것"(to give everyone his due, Suum suiquetribuere)라고 키케로(Marcus Tullius Cicero, BC. 106~43)와 울피아누스(Domitius Ulpianus)[46)]는 정의하고 있다. 이러한 정의에 대한 개념은 정의의 **공리로서 승인**되어 왔다. 그러나 이는 각자에게 귀속될 '그의 것'의 내용이 제시되지 않은 것이므로, 결국 "정의는 정의이다"라는 답밖에 되지 못한다.

아리스토텔레스(Aristoteles)[47)]는 정의를 사회생활을 영위하고 있는 **각인(各人)의 이해(利害)를 균등히 하는 것**이라고 하고, 이것을 평균적 정의와 배분적 정의로 구별하였다. **평균적 정의**란 모든 사람은 **균등한 능력이 있다**는 것을 전제로 하여, 개인 상호간의 급부 내지 반대급부에 차별이 있어서는 안 된다는 것을 뜻한다. 이 평균적 정의는 '**절대적 평등**', '**형**

44) http://media.daum.net/society/others/newsview?newsid=20140328161512965

45) 법은 정의실현이다. 가장 상위의 개념이다. 정의는 평등을 실현하는 것이다. 평등에는 처벌의 평등, 권리실현의 평등, 의무 부과의 평등이 있다. 평등은 절대적 평등과 상대적 평등(실질적 평등)으로 구별된다. 우리네 사회가 공정한 사회라고 하면, 그것은 정의가 실현된 것이라고 볼 수 있다. 과연 공정한 사회는 무엇인가? 그것은 평등을 실현하는 것이다. 100년 역사를 가진 페미니즘(여성주의, 여성운동)에서는 평등실현은 기회의 평등, 조건의 평등, 결과의 평등(우대조치, 할당제) 등을 실현하도록 운동을 하고 있다.

46) 울피아누스(Domitius Ulpianus), 출생?~228, 국적: 로마, 로마 제국의 법학자 · 관리였다.

47) 아리스토텔레스(Aristoteles, BC 384~BC 322), 고대 그리스의 철학자. 플라톤으로부터 가르침을 받았으며, 페리파토스학파를 창시하였다. 고대에 있어서 최대의 학문적 체계를 세웠으며, 중세의 스콜라 철학을 비롯하여 윤리학, 형이상학, 시학, 논리학, 정치학, 생물학 등 후세의 여러 학문에 큰 영향을 주었다. 저서에 형이상학, 오르가논, 자연학, 시학, 정치학 등이 있다.

식적 평등'을 의미한다.[48] **선거권·국민투표권·피선거권, 공무담임권, 인간존엄 등 참정권**의 경우가 그 대표적인 예이다. 이에 반하여 **배분적 정의**는 **능력에 따른 차별을 인정해야 한다**는 것을 뜻한다.[49] 이는 '**상대적 평등**', '**실질적 평등**'을 의미한다. 임금지불에 있어서 **성과급**에 의하는 경우, **부자에게 세율**을 높이고, 기여상속인에 대하여 **기여분**의 고려, 대학입학시험에서 **학력이 우수한 사람에게만 합격**이라는 몫을 주고 학력이 모자라는 사람에게는 불합격이라는 몫을 주는 것을 그 예라고 할 수 있다.

(다) 정의의 판단자는 누구인가

정의의 판단자는 누구인가? 평균적 정의에서는 판단자가 누구이냐에 따라 그 내용이 달라질 수 없으나, **배분적 정의**에서는 **판단자가 누구**이냐에 따라 **정의의 내용이 달라**지게 된다. 따라서 정의의 판단자가 누구이냐는 **배분적 정의에서 의미**를 갖게 된다. 정의의 판단자는 **시대에 따라 변천**하였다. 중세는 **신**이 판단자였고, 군주국가에서는 **군주**가 판단자였으며, 현대 민주국가에서는 **국민이 판단자**라고 할 수 있다. 신의 판단이나 군주의 판단에 대해서는 어떠한 도전도 허용되지 않으므로 신과 군주는 절대적 판단자였다. 이는 가치절대주의에 입각한 것이기 때문이다. 그러나 **국민의 판단**은 **다수결의 과정에서 승리한 다수자의 판단**이며, 이에 대한 소수자의 도전이 허용되므로 국민은 상대적 판단자이다. 이는 '가치상대주의'를 기반으로 한 것이다.[50]

요컨대, 현대의 민주주의 사회에서 **정의의 내용에 대한 판단자**는 **사회의 모든 구성원**이며, 현실적으로는 **다수결의 과정에서 승리한 다수자**인 것이다.

(라) 정의의 실현모습

정의의 실현모습[51]은 열심히 일한 사람은 많은 대가를 받아 잘 살고, 남에게 손해를 입히거나 남을 다치게 한 사람은 그에 따른 처벌을 받거나 손해를 배상해 주는 것이다. 만약 법적 정의가 실현되지 않을 경우 사람들은 법이 정의 원칙에 어긋난다고 생각하게 되고, 이런 경우 사람들은 법을 지키지 않게 된다.[52]

---

48) 평균적 정의는 급부와 반대급부·범죄와 형벌의 균등을 도모하는 원리이며, 그 적용에 있어서는 개인차를 문제시하지 않는다.

49) 배분적 정의는 각인의 재능 또는 가치에 따라서 명예 및 재화를 공정히 배분함을 뜻한다.

50) 베버(Max Weber)는 "인간의 가치판단은 주관적이고 상대적일 수밖에 없기 때문에 보편타당성을 처음부터 내세우는 것은 학문의 태도가 아니다"라고 가치상대주의를 역설했고, 라드브르흐(Gustav Radbruch)는 "무엇을 정당한 평균적 처우로 볼 것이냐의 구체적인 가치척도는 세계관에 따라 다를 수밖에 없기 때문에 정의에 대한 판단은 각자의 가치관·세계관에 의하여 결정될 수밖에 없다"며 가치상대주의를 주장했다. 또한 켈젠(Hans Kelsen)도 과거의 가치절대주의는 위선에서 유래된 것이라고 비판하면서 "관용만이 나의 정의이다"라고 가치상대주적 가치관을 주장했다.

51) 논어 계씨편에 나오는 '불환과이환불균(不患寡而患不均), 불환빈이환불안(不患貧而患不安)'의 한 대목 이 있다. "백성이 적음을 근심하지 않고 처우가 고르지 못함을 근심하며, 백성이 가난함을 걱정하지 않고 민심이 안정되지 못함을 걱정한다"는 뜻이다. 따라서 백성은 가난한 것에 분노(걱정)하기 보다는 불공정한 것에 분노(걱정)한다는 것으로 공정한 사회의 추구와 맥락을 같이 한다고 본다.

또 사례를 보면, 저는 10세와 8세 된 사내아이의 아빠이다. 사과 10개를 두 아이에게 공평하게 나누어 주고자 한다. 나이에 따라 형에게 6개, 동생에게 4개씩 나누어 주었다. 그랬더니 동생이 따졌다. 다 같이 아빠의 아이들인데 왜 차별을 하느냐는 것이다. 그 말이 일리가 있다고 생각되어 형에게서 사과 1개를 빼앗아서 동생에게 주었다. 그랬더니 이번에는 형이 따졌다. 같은 지식이긴 하지만, 자기는 형으로서 아빠의 심부름도 많이 하고 집안일도 많이 도왔으니 사과를 동생보다 많이 가져야 한다는 것이다. 6개 받았을 때도 오히려 참고 있었는데 집안일을 도운 것으로 치자면 7개를 받아도 모자란다고 주장한다. 저는 아이들에게 공평한 아빠가 되고 싶은데, 그렇다면 과연 사과를 몇 개씩 나누어 주어야 하는가?[53)]

아빠가 사과를 **평균적 정의**(절대적 평등)에 따라 나눌 것인가, 아니면 **배분적 정의**(상대적 평등)에 따라 나눌 것인가가 문제로 된다. 즉, 아이들을 **능력이나 집안일에 기여한 정도**를 묻지 않고, 평등하게 취급할 것인지, 아니면 이러한 기준을 고려하여 합리적인 차별을 하는 것이 오히려 정의관념(평등관념)에 어울리는 처리가 되는 것인지 잘 판단해야 한다. 대개의 경우, 형과 아우를 **합리적으로 차별**하더라도 그 자체가 불평등한 취급이라고 할 수는 없을 것이다. 우리 사회에서도 개인이나 단체들이 서로 자신들의 몫을 많이 차지하려고 하는 갈등을 심심찮게 볼 수 있다. 그럴 때 어떤 정의에 따라 몫을 나눌 지가 항상 문제로 되고 있다.

따라서 정의의 추상성, 상대성, 형식성을 극복하기 위하여, 즉 정의 내용을 보다 객관적으로 규명하기 위하여 라드브루흐는 합목적성이라는 개념을 제시하고 있다.

(2) 합목적성

(가) 합목적성의 의의

합목적성이란 정의의 내용을 구체화시키기 위해서 요구되는 이념이다. 앞에서도 보았지만 정의란 결국 형식적인 이념에 지나지 않는 것이다. 껍데기에 불과한 정의란 이념에 알맹이를 채울 필요성이 있고, 이것이 바로 합목적성에 대한 논의이다.[54)]

합목적성이란 '목적에 합당한 수단을 의미하는 원리'라는 뜻이며, 법에 있어서 합목적성이란 '어느 국가의 법질서가 어떠한 표준과 가치관에 따라서 구체적으로 제정 · 실시되는 원리'라는 뜻이다. 즉, 법이 그 가치관에 구체적으로 합치되는 것을 말한다. 법이 가치관에 충실하다는 것은 법 그 자체의 존재가치를 보존하는 것이다.

---

52) 사회복지사 수험연구소, 사회복지사1급 8 사회복지법제론, 시대고시기획, 2010, 4~5면 참조.

53) 강대성, 앞의 책, 11~12면 참조.

54) 정의의 내용을 결정하는 것은 매우 추상적이고, 상대적일 수밖에 없다. 따라서 정의의 내용을 보다 객관적으로 규명하려면 다른 원칙에 의하여 보충되어져야 하는데, 그것이 합목적성이라는 이념인 것이다.

법의 목적은 국가의 목적에 직결되며, 법의 합목적성은 국가의 목적에 따라 결정되므로 사회의 가치관에 따른 상대적인 개념이다. 정의가 법의 내용을 일반화하는데 반하여, 합목적성은 법을 개별화함으로써 법이 요구하는 가치관에 따라 법의 목적을 현실화한다.

(나) 합목적성의 내용

라드브르흐(Gustav Radbruch)는 정의의 개념은 법철학에 속하는 것이며, 법의 목적이념은 **윤리학**으로부터 나와야 한다고 하면서 "합목적성은 도덕적 선이다"라고 하였다. 합목적성은 법에 의하여 추구되어야 할 도덕적 최고의 선을 의미한다.

합목적성의 내용은 **'도덕적 최고의 선'**이다. 이는 또한 인간이 도달할 수 있는 범위내에서의 선이다. 법규범은 일정한 제약을 제시하고서 그 제약을 지킬 것을 요구하지만, 역설적으로 **위반의 가능성을 전제**로 하고 있다. 따라서 **아무리 강요하더라도 지킬 수 없는 무리한 내용**의 법은 **정당한 목적을 달성할 수 없게 된다.** 법규범이 추상적인 당위로서 요구되는 규범이 아니라 **국민의 사회생활에서 실제로 행해지는 실제규범일 수 있게** 하는 것이 바로 **합목적성의 이념**인 것이다.

어떤 법질서가 **개인주의, 초개인주의(일명 단체주의), 문화주의**의 세 가지 세계관 중에 그 어느 것의 **실현을 목적으로 하는가**에 따라 정의의 내용이 결정된다고 본다.[55)]

개인주의를 지향하는 법질서에 있어서는 개인이 가치의 궁극적인 기준이 되며, 단체는 개인의 행복을 위한 수단에 불과하다고 본다. 따라서 이러한 입장에서는 모든 개인은 아무런 차별이 똑같이 존중되어야 하고, 이른바 **평균적 정의(절대적 평등)**가 정의의 한가운데에 놓이게 된다.

초개인주의(일명, 단체주의)는 단체를 가치의 기준으로 삼으며, 개인은 단체를 위한 한 부분으로 취급한다. 이 입장에서는 단체의 유지 및 강화라는 목적이 중시되며, 이른바 **배분적 정의(상대적 평등)**가 정의에 있어서 가장 중요한 평가를 받게 된다.

문화주의는 개인주의와 사회주의의 중간 정도에 위치하는 입장인데, 이 견해에 따르면 법의 궁극의 목적은 문화라고 것이다. 즉, 개인이 단체속에서 창조하는 문화를 가치의 기준으로 삼는다. 문화주의에 있어서는 **배분적 정의(상대적 평등)**에 의한 개인간의 차이를 인정하지만, 그 차별은 문화업적을 창조하는 데에 어느 정도 공헌을 했느냐에 따라 정해진다고 한다.

법은 자신의 최상위체계로서 **국가이념**에 적합해야 하고, 법은 자신의 **내재적 목적**에 적합해야 한다.[56)] **국가이념**을 보면, 자유주의(자본주의)는 **개인가치를 존중**하고, 사회주의는 **집단가치를 존중**하고 있다. 즉, 전자는 경제적인 측면에서는 **자본주의**를, 정치적인 측면에

55) 강대성, 앞의 책, 13면 참조.
56) 한상수, 로스쿨시대 법학의 기초, 인제대학교출판부, 2008, 244~245면 참조.

서는 **자유민주주의**를 채택하게 된다. 헌법제정권력자가 개인주의적 세계관을 채택한 국가는 자본주의와 자유민주주의가 국가이념이 된다. 이러한 국가에서 법초월적 합목적성을 실현하기 위해서는 법체계 전체가 **자본주의와 자유민주주의라는 국가이념에 따라 규정되고 지배**되게 된다. 따라서 자본주의와 자유민주주의를 **본질적으로 침해하는 법규범이나 제도**는 법초월적 합목적성에 위배되기 때문에 **허용될 수 없다**.

후자는 경제적인 측면에서는 사회주의적 **계획경제**를, 정치적인 측면에서는 프로레타리아독재에 입각한 **인민민주주의** 혹은 사회주의적 민주주의를 내세운다. 만일 특정한 국가의 헌법제정권력자가 마르크스주의적 세계관에 입각하여 국가이념으로 결정하게 되면, 그 국가는 **사회주의와 인민민주주의**를 자신의 **국가이념으로 채택**하게 된다. 이러한 국가에서 법초월적 합목적성이 실현되기 위해서는 법체계 전체가 사회주의와 인민민주주의라는 **국가이념에 적합**하여야 한다. 이러한 국가이념을 본질적으로 침해하는 법규범이나 법제도는 법초월적 합목적성에 위배되기 때문에 허용될 수 없다.

오늘날 사회복지국가에서 법은 개인의 자유와 권리를 우선적 가치로 삼는 개인주의의 사익(私益)과 공공복리의 가치를 추구하는 국가주의의 공익(公益)의 대립과 모순을 법의 합목적성의 실현을 통하여 **개인의 이익**과 **국가**(사회)**의 공공복리**(복지)[57]를 동시에 증진시키는 것을 구체적인 목적으로 삼고 있다.[58]

(다) 합목적성의 판단자는 누구인가

합목적성의 판단기준은 시대와 국가에 따라서 달라질 수 있다. **라드브르흐**(Gustav Radbruch)는 법의 합목적성은 객관적·절대적으로 판단되는 것이 아니라 **주관적·상대적으로 판단**된다고 하여 합목적성의 **판단자**는 '**각자**'라고 하고, 다음과 같이 언급했다. 법의 최고목적과 가치는 민족과 시대의 사회적 정세에 따라 상이(相異)할 뿐만 아니라, 사람들은 또 주관적으로 권리·감정·국가관·정당노선·종교·세계관 등에 따라 각자에 의해 제각기 판단한다. **판단**은 **오직 개개인의 깊숙한 인격으로부터만 유출**될 수 있는 것이며, **양심의 결정**만이 있을 수 있는 것이다.

라드부르흐는 위의 세 가지 입장(개인주의, 초개인주의, 문화주의) 중에서 어느 것을 **가치의 척도**로 삼아야 하느냐, 법은 어느 것의 실현을 목적으로 해야 하느냐에 관하여 그것을 결국 **주관적인 태도 결정의 문제**라고 한다. 이 점에 있어서 그의 견해는 **상대주의라는 비판**을 받고 있다.

(라) 합목적성의 실현과 공공복리의 실현의 예

법의 합목적성의 실현은 민주주의 사회에서는 국가의 질서유지와 발전, 그리고 국민의

---

57) 공익을 말한다.

58) 합목적성은 합목적성으로서 공공복리를 고려하는 것으로, 공익과 사익의 조화를 도모하는 것이다.

자유 및 권리보장을 기초로 한 **사회복지주의적 목적들이 법제정의 원칙**이 되고 있다. 예를 들면, 개인 소유의 땅에 여러 사람이 다닐 수 있는 도로를 내는 것이 법으로 가능한 것은 그것이 **공공복리**를 위한 것이기 때문이다.

(3) 법적 안정성

(가) 법적 안정성의 의의

법은 사회질서를 유지하기 위하여 인간이 만들어 낸 문화현상이다. 법적 안정성(질서유지)이라[59] 함은 어떤 사람이 다른 사람이나 또는 공공의 질서를 침해하지 못하게 하는 것이다. 질서가 유지될 때, 사람은 누구나 가정생활 또는 사회생활을 할 수 있는데 이것을 법적 안정성(legal stability)이라고 한다. 법적 안정성은 법질서가 동요됨이 없이 어느 행위가 옳고, 어떤 권리가 보호되며, 어떤 경우에 어떠한 책임이 추구되느냐 하는 것이 일반에게 확실히 알려져 있어서 사람들이 법의 권위를 믿고 안심하고 행동할 수 있는 상태이다.[60]

(나) 법적 안정성의 내용

법적 안정성[61]은 내용의 정의와 합목적성에 부합하느냐 여부를 묻지 않고, **법 그 자체의 안정성을 의미**한다. 따라서 정의와 합목적성은 법의 실체적 측면에 관한 것이지만, 법적 안정성은 **법의 형식적 측면**에 관한 것이다. 법적 안정성을 **유지**하기 위해서는 **법이 명확**해야 하므로, 법의 의미를 **성문의 법규**에 의하여 확정하고 **성문법**을 정확하고 조리있는 논리에 의하여 해석하는 것이 필요하다. 따라서 법적 안정성을 요구하는 **성문법의 발달**을 가져 왔으며, 법해석학에 있어서 **개념법학의 우위현상**을 가져왔다.

라드브르흐(Gustav Radbruch)는 법적 안정성을 위해서는 다음의 4 **가지의 요건**을 갖추어야 한다.

첫째, **법 자체가 명확**해야 한다. 법의 내용이 명확하지 아니하면 사람들이 안심하고 활동하기 어렵게 될 염려가 있다. 이상적인 법조문은 문자를 해독할 수 있는 사람이라면 누구든지 그 뜻을 이해할 수 있도록 간결하게 되어야 하는데 그 이유가 바로 여기에 있다.

둘째, **법이 효력을 가지고** 있어야 한다. 즉, 법이 아무리 훌륭한 내용으로 되어 있을지라도 그것이 타당성을 상실한다든지 혹은 실효성(實效性)을 상실하여 사실상 행해지고 있지 아니하면 법적 안정성을 확보할 수 없다. 또한 법이 국민의 의식과 동떨어져 있으면 그 효력을 발휘할 수 없으며 법적 안정성은 훼손되고 많다.

셋째, 법 자체가 어느 정도 **고정성**을 지니고 있어야 한다. 즉, 법은 너무 쉽게 변경되어

---

59) 또한, 질서유지란 법에 의하여 보호 또는 보장되는 사회생활의 안전 또는 법의 부동성을 말한다. 즉, 사람들이 법의 권위를 믿고 안심하고 행동할 수 있는 확고한 상태를 보장하는 법의 불변성을 말한다.

60) 어인의, 앞의 책, 14면.

61) 사회질서유지

서는 안 된다.[62] 특히 입법자의 자의에 따라서 법이 조령모개(朝令暮改)식으로 되어서는 사회에 혼란을 초래하게 된다. 따라서 아무리 법을 변경하고자 하는 합리적인 이유가 있다고 하더라도 이를 실현하기 위하여는 신중한 절차가 요구된다. 근대국가가 권력을 분립시키고 있는 중요한 이유 중의 하나는 법의 변경을 어렵게 하여 법적 안정성을 제도적으로 보장하려는 데 있다고 할 수 있다.

넷째, **일반조항은 배제**되어야 한다. 법이 법관에게 너무 많은 재량을 인정하면 법적 안정성은 유지될 수 없다.[63] 이러한 네 가지의 요건을 갖추면 법은 일반적으로 법적 안정성을 확보하고 있다고 할 수 있다.

그러나 사회생활은 끊임없이 변하고 있으므로, 법을 너무 고착시키면 법이 사회생활과 유리되어 결과적으로 법을 무시하는 현상이 나타나 오히려 법적 안정성을 파괴할 우려가 크다. 그러므로 사회현실의 변화에 순응하고, 정의의 요구에 따라 **변화할 수 있는 정도의 탄력성**은 오히려 **법적 안정성을 유지**할 수 있는 **요건**이 될 수 있을 것이다.

(다) 법적 결정의 안정성과 법적 사실의 안정성 실현의 예

법적 결정의 안정성은 법실현적 안정성에 모두 관련되는 것으로서 **국가기관의 법적 결정**은 특별한 사유가 없는 한 **원칙적으로 유효한 것으로 존속되어야 한다는 요청**이다. 국가기관의 법적 결정이 개인이나 다른 국가기관에 따라 임의적으로 그 효력이 부정될 수 있다면, 법에 의한 질서의 확보는 실질적으로 불가능하게 된다.

따라서 **국가기관의 법적 결정**은 특별한 사유가 있을 때 특별한 절차에 따라서만 그 효력을 상실하도록 하여야 한다. 입법기관인 국회가 제정하는 **법률은 원칙적으로 유효한 것으로 추정**되며, **위헌법률심사 등을 통해 헌법재판소에 따라 위헌(違憲)으로 판단된 경우에만 법률은 효력을 상실**하게 된다. 또한 행정기관의 행정행위는 공정력을 갖기 때문에 **행정심판이나 행정소송을 통해 무효로 확인되거나 취소되기 전에는 유효한 것으로 인정**된다. 그리고 **법원의 확정판결**은 기판력(旣判力)을 가지기 때문에 당사자가 더 이상 이를 다툴 수 없을 뿐만 아니라, 모든 국가기관을 구속하게 된다.

법적 사실의 안정성이란 수범자(受範者, 국민일반)들이 일정한 사실상태를 유지하고 있을 때 이에 법적 효력을 부여하여 당사자의 지위를 안정적으로 보호하여야 한다는 요청이다. 예를 들면, 법률불소급원칙, 일사부재리의 원칙, **민법상의 점유권**(민법 제192조), **취득시효**(민법 제245조) **및 소멸시효제도**(민법 제162조), **형법상의 공소시효제도** 등이 이에 해당한다. 이 밖에도 행정법에서의 **신뢰보호의 원칙**, 다양한 법 영역에서 발견되는 **현상유지의 원리** 등도 법적 사실의 안정성을 확보하기 위한 것이다.

---

62) 법의 변경이 어려워야 한다.

63) 이종하, 앞의 책, 37면; 박정기 외, 앞의 책, 12면; 김범주, 앞의 책, 29면 참조.

(라) 법적 안정성에 위반된 사례

'사장님 나빠요' 실제 주인공 티베트인 민수 씨 귀화 좌절법원 "품행 단정 요건 미달"[64] 이라는 법석 안정성에 위반한나는 사례클 보먼, 다음과 길다.

'사장님 나빠요'라는 유행어를 만든 개그 프로그램의 모델이자 박범신 씨의 소설 '나마스테'의 주인공이기도 한 네팔 출신 티베트인 라마 다와 파상(한국명 민수) 씨가 한국 귀화의 꿈을 이루지 못하게 됐다. 서울행정법원 행정1부(이승택 부장판사)는 민수 씨가 귀화 불허가 처분을 취소하라며 법무부 장관을 상대로 낸 소송에서 원고 패소로 판결했다고 10일 밝혔다. 1997년 한국에 들어온 민수 씨는 체류기간 만료 이후 불법체류를 하다 2006년 12월 한국인 여성과 결혼했다. 민수 씨는 이후 결혼이민자격으로 한국에 머물면서 2008년부터는 서울 명동성당 앞에서 네팔·티베트 음식점도 운영했다. 세 아이도 낳았다.

그러나 어렵게 차린 음식점이 재개발로 철거대상이 되면서 문제가 발생했다. 민수 씨는 2011년 9월 강제철거에 맞서다 공무집행방해와 업무방해 혐의 등으로 기소됐고 지난 2월 대법원에서 벌금 500만 원의 확정 판결을 받았다. 이 때문에 지난해 귀화 신청을 한 민수 씨는 올해 3월 법무부로부터 불허 통보를 받았다. 공무집행방해 혐의 등으로 벌금형을 선고받은 전력이 있어 국적법의 귀화요건 가운데 하나인 '품행 단정'을 갖추지 못했다는 이유였다. 민수 씨는 생업이 위협당할 수 있다는 위기감에 방어적이고 소극적으로 음식점 철거작업을 저지하다 벌금형을 선고받았다는 점과 현재 한국인과 결혼해 세 명의 자녀까지 둔 점을 고려해 귀화를 허가해 달라며 소송을 냈다.

그러나 재판부는 이러한 요청을 받아들이지 않았다. 재판부는 "원고는 정당한 절차를 거쳐 이뤄진 재산권 행사를 부당하게 방해하고 불법집회를 했을 뿐 아니라 이를 제지하는 경찰의 공무집행을 방해했다"며 "**대한민국의 법적 안정성과 질서유지를 심각하게 저해한 행위여서 비난 정도가 크다**"고 밝혔다.

(4) 정의 · 합목적성 · 법적 안정성의 상호관계

법의 이념으로서 정의·합목적성·법적 안정성의 관계는 한마디로 상호 모순되면서도 상호보완의 관계에 있다고 할 수 있다.[65] 즉, **극단적으로 정의만**을 강조하는 사람들은 "세상이 망하더라도 정의는 세우라"라고 하며, "정의만이 통치의 기초이다"라고 주장한다. **합목적성을 강조**하면, "민중의 행복이 최고의 법률이다"라고 하며, "국민이 원하는 것이 법이다"라고 주장하게 된다. 또한 **법적 안정성**을 강조하는 사람들은 "악법도 법이다"라고 하며,

64) http://news20.busan.com: 2014-09-11 [10 : 32 : 09] | 수정시간: 2014-09-11 [10 : 32 : 09] | 부산일보 14면

65) 법개념(하나의 문화개념, 즉, 가치관계적 개념)을 규정하기 위하여 우리는 법가치 및 법이념을 필요로 하였다. 법이란 법이념에 봉사하는 것을 본래의 사명으로 하는 것이다. 이렇게 시대에 따라 다르게 강조되는 것은 세 가지의 법이념이 상호 모순된 관계에 있기 때문이다. 즉, 정의와 법적 안정성 사이에는 결정적인 모순·대립이 존재한다. 법적 안정성은 실정법이 비록 부정한 것이라 할지라도 그의 적용을 요구한다. 이 점에서 정의와 법적 안정성은 상호 모순된다. 이른바 악법도 법인가 하는 문제에서 정의와 법적 안정성, 정의와 합목적성에 갈등이 발생하는 것이다.

"정의(법)의 극치는 부정의(불법)의 극치이다"라고 한다.[66)]

이와 같이 **정의, 합목적성, 법적 안정성의 세 이념은 상호모순 되면서도 협력 · 보안하는 관계**라고 할 수 있다. 특히 정의만을 강조하면 법적 안정성이 해쳐지고, 법적 안정성만을 강조하면 정의를 망각하는 경우가 생긴다. 실정법이 아무리 안정적으로 시행될지라도 그것이 부정의(不正義)로 두면 그것은 시체의 정숙과 묘지의 평화에 지나지 않는다. 정의는 일반화하는 경향이 있는데, 합목적성은 개별화하는 경향이 있다. 정의와 합목적성은 이념적인 것인데 대하여 법적 안정성은 실정성을 요구한다.[67)] 정의는 주로 법의 내용에 관한 이념이지만, 법적 안정성은 주로 법의 기능(법질서의 정립)에 관한 이념이다.

법의 이념은 시대에 따라 각각 적용되기도 한다. 자연법 시대에는 정의의 이념이 강조되고, 경찰국가 시대에는 합목적성의 이념이 강조되며, 법실정주의 시대에는 법적 안정성의 이념이 강조되었다. 오늘날에는 **사회복지국가**의 실현이 과제로 부각되면서 **합목적성에 대한 요구가 점증**하고 있다.

헌법 제37조 제2항에서는 "국민의 모든 자유와 권리는 국가안전보장, 질서유지 또는 공공복리를 위하여 필요한 경우에 한하여 법률로써 제한할 수 있으며 제한하는 경우에도 자유와 권리의 본질적인 내용을 침해할 수 없다"라고 규정하고 있다. 이 규정은 **정의, 합목적성, 법적 안정성이 충돌할 때**, 이의 **조화로운 조정을 원칙**으로 하면서 궁극적으로는 **정의의 원칙**인 **인간의 자유와 권리를 우선**한 것이다. **실제로, 법체계**에서도 **형법**에서는 **정의의 이념이 강하게 작용**되지만, **행정법에서는 합목적성이 강하게 작용하고, 민법 및 상법과 소송법에서는 법적 안정성의 이념이 강하게 작용한다.**

2. 법의 목적과 기능

1) 법의 목적 → 법의 목적은 무엇인가

(1) 의의

법의 목적은 법이 실현하려는 **현실적인 가치**를 말한다. 법의 이념은 법이 실천하는 이념적 가치를 의미하는데 대하여, 법의 목적은 법이 실현하려는 현실적 가치를 의미한다. 따라서 법의 목적은 법의 이념의 하위에 위치하며, 법의 목적은 법의 이념에 저촉될 수 없다. **법의 목적**은 **법의 이념으로부터 추출**되는 **하위의 현실적 가치인** 것이다.[68)]

---

66) 김범주, 앞의 책, 30면.

67) 정의의 가장 기본적 개념인 평등은 법규의 일반성을 요구한다. 그러나 합목적성은 모든 인간의 모든 상황의 **차이**를 본질적으로 인정할 때에만 가능하다. 정의와 법적 안정성의 관계도 그렇다. 정의롭지 못한 법은 그 효력을 부인해야 하지만, 법적 안정성은 이를 부인한다.

68) 정승재, 앞의 책, 45~48면 참조.

법의 목적은 일반적인 법의 목적과 개별적인 목적으로 구분된다. 일반적인 법의 목적은 전체로서의 법이 공통적으로 달성하려는 현실적 가치를 말하며, 개별적인 법의 목적에 비해 보다 일반적이고 추상적인 것이며, 보다 상위에 있는 것이다.

(2) 일반적인 법의 목적(법의 이념) : 정의, 합목적성, 법적 안정성

모든 개별적인 법이 **공통적으로 갖는 법의 일반적인 목적**은 시대사조 · 사회구조 · 국가관의 변천에 따라 달라진다. 그러나 학자들은 시대 · 사회 · 국가를 초월하여 보편타당한 법의 목적을 찾으려고 부단히 노력해 왔다. 그 대표적인 예를 들면, 다음과 같다.

플라톤과 아리스토텔레스는 법의 목적을 "정의를 원칙으로 한 도덕생활의 실현"이라고 했고, 루소는 법의 목적을 "개인의 자유와 평등을 확보하고 발전시키는 것", 칸트는 "도덕적 개인 인격의 확보", 벤담은 "최대다수의 최대행복", 예링은 "사회의 제 생활조건의 확보"에 있다고 했다. 그 외 여러 가지가 있으나, 결국 **평화로운 사회질서 유지**를 **목적으로 한다**고 할 수 있겠다.

(3) 개별적인 법의 목적

개별적인 법의 목적이란 **개개의 법의 정립(입법) · 실현(통용)**에서 그 법에 따라 달성하려는 현실적인 가치를 말한다. 일반적으로 개별적인 법의 목적은 "**왜 이 법을 제정하는가**"하는 '**입법목적**'으로 표시된다. 이는 모든 법에 공통된 일반적인 법의 목적과 구별된다.

모든 법은 그 법 특유의 목적을 갖는 것이므로 개별적인 법의 목적은 그 내용을 개별적으로 제시할 수밖에 없다. 법 자체에서 그 법의 목적을 명시적으로 규정하는 경우와 그러한 규정을 하지 않는 경우가 있다. **명시적으로 규정하고 있지 않을 경우**에도 그 법의 목적은 있는 것이며, 개별적인 법의 연구를 통해 찾아진 목적에 적합하도록 그 법을 해석하고 적용해야 한다.

예를 들면, "특허법 제1조(목적) 이 법은 발명을 보호 · 장려하고 그 이용을 도모함으로써 기술의 발전을 촉진하여 산업발전에 이바지함을 목적으로 한다. 실용신안법 제1조(목적) 이 법은 실용적인 고안을 보호 · 장려하고 그 이용을 도모함으로써 기술의 발전을 촉진하여 산업발전에 이바지함을 목적으로 한다. 디자인보호법 제1조(목적) 이 법은 디자인의 보호 및 이용을 도모함으로써 디자인의 창작을 장려하여 산업발전에 이바지함을 목적으로 한다. 상표법 제1조(목적) 이 법은 상표를 보호함으로써 상표사용자의 업무상의 신용유지를 도모하여 산업발전에 이바지함과 아울러 수요자의 이익을 보호함을 목적으로 한다" 등으로 법의 목적을 규정하고 있다.

(4) 소결

법을 정립할 때 그 내용이 그 법이 추구하는 목적에 부합하도록 제정하는 것을 법적 합목적성이라고 한다. 합목적성은 구체적으로 무엇이 정당하고 타당한가를 결정하는 가치기준이다. 따라서 법의 정립은 **목적에 부합**될 것을 요구된다.[69] 그러나 지나치게 목적만을 추구하다 보면, 정의나 법적 안정성을 해치거나 위반하는 법을 만들게 될 것이다. 21세기 사회복지국가에서의 법은 **개인의 이익**(사익, 私益)과 사회(국가)의 **공공복리**(공익, 公益)를 **동시에 증진**시키는 것을 구체적인 목적으로 삼고 있다.

2) 법의 기능

(1) 법의 기능의 의의

법의 기능은 **법이 실행됨으로써 일반적으로 법의 목적이 구현되는 것을 의미한다. 그러므로 법의 기능은 법의 목적에 따라 결정된다고 할 수 있다.** 법은 질서 있고, 평화로운 사회질서유지라는 목적달성을 위하여 일반시민에게 **행위의 기준을 제시**하고, 국가 등 각종 단체에는 **조직의 기준을 제시**하며, 재판 기관에 대해서는 **재판의 기준을 제시**한다. 이 세 가지의 기준(법제도가 하는 일)을 **행위규범, 조직규범, 재판규범**이라고 한다.

이러한 기준(법제도가 하는 일)이 잘 지켜질 때에만 법은 그 기능을 유감없이 발휘할 수 있는 것이다.

(2) 행위규범으로서의 기능

인간조직은 사람이 알 수 있는 세계에서는 **가장 복잡한 시스템**인 것이다. **조직**은 인간이 개발한 **가장 복잡하고 인공물**이고 법에 따라 인격이 부여된 **법인**이다.

행위의 기준을 제시한다는 말은 일반인에 대한 일정한 **요구**와 **금지**를 명하는 정언명령을 말한다.[70] 즉, 재판관이 아니라, 일반시민에게 작위(作爲)를 명령하는 **요구규범**과 부작위(不作爲)를 명하는 **금지규범**을 제시하는 것이다. 예를 들면, "채무를 이행하라", "사람을 살해하지 말라"와 같이 일반인에게 "……하라", "……하지 말라"고 하는 일정한 **작위**와 **부작위**의 행위를 명하는 것이다. 이러한 기존 제시를 **행위규범**이라고 한다. 행위규범은 일정한 요건을 제시함이 없이 일정한 작위·부작위를 명령하는 정언명령의 형식을 취하는 것이 특징이다.

법은 행위규범인 점에서 도덕규범·종교규범·관습규범과 다를 바 없으나, 행위규범을 직접 규정하지 않고 재판규범의 형식을 통해 **간접적으로 규정하는 것이 일반적**이라는 점에서, 직접적으로 행위규범의 형식을 취하는 도덕규범·종교규범·관습규범 등과 구별된다. 예를 들면, 도덕규범인 행위규범은 "도둑질을 하지 말라"로 직접적으로 표시되나, 법규범의 경우에는 "타인의 재물을 절취한 자는 6년 이하의 징역에 처한다"는 재판규범을 통해 간접적으로 표현된다. 이러한 행위규범은 원칙적으로 사회일반인을 대상으로 하는 규범이

69) 따라서 국가의 법질서가 어떤 표준에 따라 구체적으로 제정되고, 시행되는가를 결정하는 실질적 기준이 된다.
70) 사회질서 유지.

다. 따라서 행위규범의 수범자(受範者)는 사회일반인이며, 재판을 하는 법관이나 그 밖의 국가기관이 아니다.

(3) 조직규범으로서의 기능

국가 구성원은 국민(일반 개인)이 기초단위이지만, 국민은 효과적인 사회활동을 위하여 정부・지방자치단체들의 기관을 구성하게 된다. 그 기관은 국민을 위한 조직이므로, 조직에 가담한 자들의 개인적 이익이 아닌 국민의 이익에 봉사할 수 있는 제도적 장치를 마련하여야 한다. 이러한 **조직을 구성하는 기준**을 **조직규범**이라고 한다.[71] 즉, 헌법・국회법・정부조직법・지방자치법 등과 같이 국가와 지방자치단체의 조직・기능 등에 관한 기준을 제시하는 것이다.

조직규범은 일반국민에게 일정한 작위・부작위를 명하는 것이 아니며, 그 **직접 수범자**(受範者)는 **국가** 또는 **지방자치단체의 기관을 구성하는 자**이다. 따라서 조직규범은 일반인을 수범자(受範者)로 하는 행위규범, 법관을 수범자(受範者)로 하는 재판규범과 구별된다.

(4) 재판규범으로서의 기능

재판의 기준을 제시한다는 것은 행위규범에 불복・위반한 행위에 대하여 **제재를 가하는 기준을 제시하**는 것이다. 예를 들면, "타인의 재물을 절취한 자는 6년 이하의 징역에 처한다", "사람을 살해한 자는 사형・무기 또는 5년 이상의 징역에 처한다"와 같이 "……에 처하라"고 **법관에게 제재를 명**하는 것이다. 이것을 **재판규범** 또는 **강제규범**이라 한다.[72] 법은 강제규범인 점에서 도덕규범・종교규범・관습규범과 구별된다.

재판규범은 일정한 요건이 충족되면(예: 살인하면), 일정한 법적 효과(예: 사형)를 부여하라는 '**가언명제**'의 형식을 취하는 것이 특징이다. 이러한 점에서 재판규범은 '정언명령'의 형식을 취하는 행위규범과 구별된다. 또한 재판기준의 수범자는 일반인이 아니라, **법관**이다. 따라서 재판규범은 일반인을 수범자로 하는 행위규범과 구별된다.

(5) 인간의 권리보장으로서의 기능

법은 인간의 자유와 권리를 보장하기 위해서 필요하다.

Q & A

1. 법이란 무엇인가?
2. 법의 이념이란? → 정의, 합목적성, 법적 안정성
3. 법의 기능은?

71) 공공선의 실현
72) 분쟁의 해결

제3절 법률의 계통(법계)과 법원 및 법의 분류

1. 법계(法系)의 개념

법계(法系)란 **법이 적용되고 있는 국가나 민족을 초월하여 존재하는 법의 계통**을 말한다. 여러 국가 또는 여러 민족의 **법이 법의 계수(繼受)** 등에 따라서 동일한 계통에 속하는 경우에 이것을 하나의 **법의 계통 또는 법계**(legal family, legal system)라고 한다.[73]

법은 인간의 사회적 생활관계를 규율하는 규범이므로 각 국가 또는 민족의 생활문화와 밀착하여 발달하지 않을 수 없다. 따라서 그들이 빚어낸 문화나 민족성에 따라서 또는 그 국가나 민족의 정치적 및 사회적 모든 상태 및 관습 등에 따라 법은 각각 특색있는 **법문화권(法文化圈)**을 창조해 왔다. 그것은 마치 인간에게 혈통이 있는 것과 같이 법에도 계통이 있어 국가나 민족에 따라 특색있는 법의 발달을 보게 되었기 때문이다.[74]

2. 법계의 분류

1) 16법계, 서양법계, 동양법계

인류사회의 법은 그 법이 현재 적용되고 있는 민족이나 국가에 관계없이 그 법이 생성 및 발전되어 온 과정에 따라 여러 개의 법계로 구분된다.[75]

미국의 법학자 위그모(John Henry Wigmore)는 인류의 법계를 이집트법계 · 바빌로니아법계 · 중국법계 · 헤브라이법계 · 인도법계 · 그리스법계 · 로마법계 · 일본법계 · 게르만법계 · 켈트법계 · 슬라브법계 · 마호메트법계 · 해법계(海法系) · 유럽법계 · 대륙법계 · 사원법계 및 영미법계의 16법계로 나누고 있다.

또한 인류의 법계를 서양법계 및 동양법계로 크게 분류하고, 서양법계를 다시 대륙법계와 영미법계로 구분하고, **대륙법계**를 **독일법계와 프랑스법계**로 나누고, **영미법계**를 다시 **영국법계와 미국법계**로 나누며, **동양법계**를 **중국법계 · 인도법계 · 일본법계**로 구분하기도 한다. 그러나 가장 대표적인 법계로서는 대륙법계와 영미법계로 구분하는 것이다. 물론 이 두 법계도 상호 영향을 주고받아 차이점이 점차 줄어들고 있다.

---

73) 연기영 외, 스포츠와 법, 형설출판사, 2010, 62면 참조.
74) 이환경, 생활과 법률, 형설출판사, 2006, 36면 참조.
75) 연기영 외, 앞의 책, 63~64면 참조.

2) 대륙법계와 영미법계

(1) 대륙법계

현대의 법계 중에서 가장 광범위한 분포를 갖고 있는 것은 대륙법계이다. 오늘날 대한민국을 비롯하여 세계 대부분의 국가들이 대륙법계에 속한다. 대륙법계라 함은 독일·프랑스를 중심으로 한 유럽대륙 국가의 법계를 의미하는데, 이는 **영미법계와 대립되는 법계**이다. 대륙법계는 로마법과 게르만법의 영향을 받아 성립된 것으로 **성문법주의를 채택**하고 있다.

대륙법계는 다시 독일법계·프랑스법계·슬라브법계로 구분된다. 독일법계에 속하는 국가는 독일·스위스·오스트리아·덴마크·스웨덴·노르웨이·**대한민국**·일본 등이며, 프랑스법계에 속하는 국가는 프랑스·이탈리아·벨기에·네델란드·스페인·포르투갈·남아메리카 등이다.

대륙법계의 특성은 법 실무자 보다는 주로 **법학자들**에 따라서 형성된 점, 시민간의 관계를 규율하기 위하여 사법(私法) 중심으로 발전한 점, 성문법주의에 입각하고 있는 점을 들 수 있다. 그러나 최근 미국의 영향력이 커지면서 대한민국의 법계에도 **영미법계의 침투가 급속히 진행**되고 있다.

(2) 영미법계

영미법계는 영국과 미국을 중심으로 하여 발전한 법계이다. 이는 **대륙법계에 대립되는 법계**이다. 영미법계는 게르만법의 영향을 받아 성립한 것으로 **판례주의를 채택**하고 있다. 영국은 지리적인 관계로 유럽대륙문화의 직접적인 영향을 받는 일이 적었으므로 법도 독자적인 성장을 할 수 있었다. 따라서 영국에서는 유럽대륙과 이질적인 법계가 형성되게 되었다.

오늘날 영국·미국·캐나다·오스트레일리아·뉴질랜드 등이 영미법계에 속한다.

대한민국도 최근에 행정법을 비롯한 많은 법 분야에서 영미법을 계수하고 있다. **영미법계의 특징**으로는 법학자들보다는 **법실무자들(법관들)**에 따라서 개인간의 분쟁을 해결하는 판결을 통하여 형성된 점, 본질적으로 공법적 성격을 띠고 있는 점, **불문법주의에 입각**하고 있는 점을 들 수 있다.

3. 법원(法源) → 법은 어떻게 존재하는가

1) 법원(法源)은 무엇인가

법은 어떻게 존재하면서 우리의 일상생활을 규율하는가 하는 것을 "**법의 존재형식**"이라고 한다. 그것은 바로 법이 **성문법**[76]으로 존재하느냐, **불문법**[77]으로 존재하느냐 하는 것

76) 성문법은 입법기관(국회)에 따라서 만들어진 법

이다. 이와 같은 법의 존재형식을 **법원**(法源, source of law)[78]라고 한다.

법이 어떤 형태로 존재하느냐에 따라 법의 내용을 인식할 수 있는 재료가 다르다. **성문법**이란 **법의 내용이 문자로 표시**되었기 때문에 **법의 내용을 인식**하려면 **성문의 의미·내용을 알**아야 한다. 반면에 **불문법**은 **관습법**과 같이 **법이 문자로 표시되지 않는 것은 관습의 내용**을 이해하는 것이 필요하다.

전자(성문법)에는 **헌법·법률·명령**(~법시행령, ~법시행규칙)·**규칙**(헌법재판소규칙, 대법원규칙, 국회규칙, 중앙선거관리위원회 규칙, 감사원 규칙)·**자치법규**(조례·규칙)·**훈령·예규·예시·조약**(비준동의 된) 등이 속하고, 후자(불문법)에는 **판례법·관습법·조리·학설·자연법**(인권) 등을 들 수 있다.

대한민국은 대부분의 법률을 문자로 표현하고 있는데, 법의 대부분이 성문법에 따라 운영되는 국가를 가리켜 성문법주의 국가라고 한다. 반면에 영국과 같이 관습법이나 판례법과 같이 법이 성문화되지 않은 관습·판례 등에 따라서 운영되는 국가를 불문법주의 국가라고 한다. 그러나 성문법주의와 불문법주의의 구별은 절대적인 것이 아니다. 성문법주의 국가에서도 불문법을 법원으로 하고 있으며, 불문법주의 국가에서도 성문법을 법원으로 인정하고 있기 때문이다. 다만 차이가 있다면, 그것은 성문법과 불문법 가운데 어느 것이 법원으로 더 강조되는가 하는 것이다.

2) 성문법 → 성문법에는 어떤 것이 있는가

성문법(written law)이란 **규범적 의사**(意思)**를 문자**에 따라서 표현하고 **문서의 형식으로 작성되어 일정한 절차와 형식에 따라 제정한 법을 말한다.**[79] 즉, **입법기관에 따라 제정**되므로 제정법(制定法)이라고 한다. 성문법에 대립하는 개념은 불문법이다. 대한민국을 비롯하여 **독일, 프랑스, 일본 등 대륙법계의 국가**들은 성문법 특히 **법전**을 가지고 있다.[80]

이와 같이 성문법을 법체계로 하는 형태를 **대륙법계·성문법주의**라고 한다. **성문법주의**란 성문의 형식으로 표현된 제정법을 제1차적으로 법원으로 하는 주의로 제정법주의라고도 한다. 성문법주의 국가에서는 불문법의 법원성을 인정하지 않거나 인정해도 보충적 효력만을 인정한다. 성문법주의는 **법의 통일정비가 쉽고, 법적 안정성이 보장**되며, **법의 내용을 명확**하게 하는 **장점**을 가지고 있다. 그러나 사회의 **변화에 따라 적절히 적용하기 어려우**므로 법이 딱딱하게 굳어져서 **법과 현실 사이의 괴리현상**을 가져오는 **단점**이 있다. 이

---

77) 불문법은 입법기관에 따르지 않고 만들어진 법

78) 법은 어떻게 존재하는가가 법원(法源)이다. 법원(法源)과 법원(法院)을 혼동하지 말라. 법원(法源)은 법의 생성연원(生成淵源)과 법의 인식연원(認識淵源)의 두 가지 의미가 있는 법의 연원의 줄임말이다. 법원(法院)은 법관으로 구성된 사법관청(司法官廳)을 말하며, 헌법상 사법권(司法權)을 행사하는 기관이다.

79) 성문법은 법전의 형식으로 존재한다.

80) 대한민국은 대륙법계에 속하여 성문법주의를 따르고 있다.

러한 장 · 단점은 반대로 불문법의 장 · 단점이 된다.

(1) 성문법의 종류(내용)

성문법은 효력의 순위를 기준으로 **헌법 · 법률 · 명령 · 규칙 · 자치법규**(조례, 규칙) · **조약** 등과 같이 나눌 수 있다.

현행 대한민국법의 수직적 체계현황

순위			
〈1순위〉	헌 법		
〈2순위〉	법률, 대통령긴급재정경제명령, 대통령긴급명령	조약*	
〈3순위〉	대통령령	국회규칙, 대법원규칙, 헌법재판소규칙, 중앙선거관리위원회규칙 등**	
〈4순위〉	총리령 · 부령***		
〈5순위〉	자치법규 (조례 · 규칙)****	행정규칙(훈령 · 예규 · 지침 · 고시 등)	감사원규칙 등

* 조약 중 일부는 3순위의 대통령령, 4순위의 총리령 · 부령과 같은 효력을 갖는다.
** 중앙선거관리위원회규칙 중 일부는 5순위에 속하는 것이 있다.
*** 총리령 · 부령 중 일부는 3순위의 대통령령과 같은 효력을 갖는다.
**** 규칙 중 일부는 조례의 위임을 받아 제정하기 때문에 조례보다 하위에 놓이게 된다.
〈출처: 조영규, 법령체계 및 입법절차, www.moleg.go.kr〉

(가) 헌법

대한민국헌법

[시행 1988. 2.25] [**헌법 제10호**, 1987.10.29, 전부개정]
국회(법무담당관실), 02-788-2451

성문법 중 **가장 상위의 국내법이 헌법**이다.[81] 헌법은 국가의 근본법으로서 헌법의 기본원리[82]와 국가의 통치조직[83] 및 통치작용[84]의 원리를 정하고 국가에 대한 국민의 지위(국민의 기본권)[85] 등을 규정하는 국가의 기본법이다.[86]

---

81) 헌법은 크게 기본원리와 기본권과 통치기구로 구성하고 있는데, 이는 국민투표로 결정한다.
82) 대한민국 헌법의 기본원리는 국민주권원리, (자유)민주주의 원리, 법치국가의 원리(법치주의), 사회국가원리(사회복지국가원리), 문화국가원리, 국제평화주의 등을 들 수 있다.
83) 통치조직이란 즉, 국가의 기본조직은 입법부, 사법부, 행정부와 같이 국가의 권력을 어떻게 정립할 것인가에 관한 사항을 말한다.
84) 통치작용은 대통령중심제, 의원내각제 등과 같은 통치형태에 관한 사항을 말한다.
85) 기본권은 인간의 권리이고, 인권, 인간에게 가장 기본적인 권리이다. 기본권의 용어는 독일에서 처음 사용한 것이다.

헌법은 관습·판례 등 불문의 형식으로 존재할 수 있고, 성문의 형식으로 존재할 수도 있는데, 영국을 제외하고는 대개의 국가가 성문헌법을 가지고 있다. 성문헌법 중 가장 중요한 것은 '헌법'이라는 이름이 붙은 법전인데, '형식적 의미의 헌법' 또는 '성문헌법'이라고 한다. 대한민국도 성문헌법(**대한민국헌법**)을 가지고 있다. **1948년 7월 12일에 제정**되고, 그 해 **7월 17일에 공포**되어 지금까지 **9차에 걸쳐 개정된 헌법**을 가지고 있다. 그 내용은 전문 및 본문(제10장 제130조)과 부칙으로 구성되어 있다.

헌법은 제10장 제128조에서 제130조까지 **헌법개정을 위한 규정**이다. 즉, **개헌**(헌법개정)에 관한 국회재적의원 과반수의 발의·대통령의 발의 → 20일 이상 대통령이 공고 → 공고된 날부터 60일 이내에 **국회재적위원 2/3이상의 찬성으로 의결** → 의결후 30일 이내에 **국회의원선거권자 과반수투표와 투표자과반수의 찬성** → 확정된 개정헌법을 대통령이 즉시 공포한다.

헌법은 한 국가의 최고의 규범으로서 최상위의 규범적 효력을 갖는다. 따라서 법률이나 명령 등 하위의 법규범은 헌법에 위반하는 경우에는 **헌법재판소**에 따라 무효로 선언되어 효력을 잃게 된다(헌법 제107조, 제111조).[87] 이러한 위헌법률의 무효화는 헌법을 기초로 형성된 전체 법질서의 유지라는 관점에서 볼 때, 당연하고도 필수적인 것이다.

(나) 법률

특허법

[시행 2018. 10. 18.] [법률 제15582호, 2018. 4. 17., 일부개정]

특허청(특허심사제도과), 042-481-5397

성문법 중 헌법보다 바로 하위의 효력을 갖는 법이 법률이다. 법률은 **국회에서 의결**되어 **대통령이 서명·공포**하여 **시행하는 제정법**을 말한다.[88] 따라서 헌법에 위반되는 법률은 그 효력이 무효가 된다. 오늘날의 국가에서는 국민의 기본권에 관한 사항과 그 밖의 중요한 사항은 반드시 법률로서 정하게 되어 있다.[89] 이것을 법률사항 또는 입법사항이라고 하고, 대한민국 헌법상 "법률이 정하는 바에 따라서" 또는 "법률에 따르지 아니하고는"이라는 문언으로 규정되어 있다.

대한민국헌법 제52조와 제53조에 규정되어 있는 법률제정·개정절차를 보면, 국회의원 10인 이상의 발의로 만들어진 **의원입법안**·국무회의 심의를 거친 **정부입법안** → 국회로

86) 김철수, 헌법개설, 박영사, 2003, 6면; * 헌법의 기본원리 : 기본권 + 통치조직과 작용 ➜➜ 국민투표결정, ** 기본권 : 인간의 권리=인권=인간에게 가장 기본적인 권리-독일에서 처음사용.

87) 법률이나 명령 등 하위의 법규범은 헌법에 위반하는 내용을 가질 수 없다는 제약을 받는다.

88) 법(law, Recht)과 법률(act, Gesetz)은 이 점에서 구별된다.

89) 법률은 헌법에 위반되어서는 안 되며, 국민의 자유와 권리를 제한하는 것은 법률로 정해야 한다.

이송 → 국회의장은 제안된 법률안을 본회의에 보고 → 소관 소위원회 → 소관 상임위원회에 회부 → 심사 → 본회의에 회부 → **재적의원 과반수의 출석과 출석의원 과반수의 찬성** → 정부로 이송된 법률안은 15일 이내에 대통령이 서명·공포(특별한 규정이 없는 한 20일이 지나면 효력있음) → 대통령의 법률안거부 → 국회의 재의(再議)(출석의원 2/3 이상의 찬성) → 법률로 확정된다.

그러나 법률이 공포에 따라서 즉시로 법률로서의 **효력이 발생**하는 것은 아니다. 법률이 현실적으로 효력을 발생하는 것은 그 **법률의 시행일부터**이다. 따라서 **공포**는 **시행의 전제조건**이고, 시행하기 위해서는 적어도 동시에 공포되어야 한다. 법률이 실제로 법률로서의 효력을 발휘하는 **시행일**은 법률 스스로 그 법률의 **부칙**에서 정하는 경우도 있고, 명령에 위임해서 정하는 경우도 있다.

법률 상호간에는 우열의 관계가 없으나, 법률의 내용에 모순이 있는 때에는 신법이 구법에 우선하고, 특별법이 일반법에 우선하여 적용된다. 예를 들면, 민법의 임대차에 관한 규정과 주택임대차보호법의 규정이 다를 때에는 특별법인 주택임대차보호법에 따르게 된다.

(다) 명령 → 국회의 위임 → 대통령령: ~법시행령, 부령: ~법시행규칙

특허법 시행령

[시행 2018. 7. 18.] [대통령령 제29050호, 2018. 7. 17., 일부개정]

특허청(특허심사제도과), 042-481-5397

특허법 시행규칙

[시행 2018. 12. 31.] [산업통상자원부령 제323호, 2018. 12. 31., 일부개정]

특허청(특허심사제도과), 042-481-5397

성문법 중 명령은 법률보다 바로 하위의 효력을 갖는 법이다. 명령(order)은 **국회에서 제정된 법률에 근거하여, 국회의 의결을 거치지 아니하고 행정기관이 정하는 것**으로 법률의 하위에 있다.[90] 입법권은 국회에 있는 것이 원칙이지만, 국회는 근본적인 중요한 사항만 법률형식으로 정하고, 실제로 법률을 집행하는데 필요한 세부적인 사항을 각 행정기관으로 하여금 정하도록 하고 있는데 그것이 명령이다(행정입법이라고 한다).

그러므로 명령은 국회의 의결을 거치지 않는 점에서 **법률과 다르고, 국가의 법**이라는 점에서는 **법률과 같다.** 그리고 양자의 형식적 효력에서는 명령은 **법률의 하위**에 위치하므로, **명령에 따라서 법률을 개폐할 수 없다.** 따라서 법률에 위배되는 명령은 무효이다.

명령은 법률보다 하위의 법이며, **대통령령**은 규범의 효력면에서 **총리령과 부령보다 상**

90) 대부분 대통령령은 ~법시행령으로, 부령은 ~법시행규칙으로 규정하고 있다.

위에 있다. 다만 **대통령의 비상조치**에 대한 **긴급명령은 법률의 효력**을 가진다(헌법 제76조). 총리령과 부령은 동위(同位)의 법으로 보는 것이 일반적인 견해이다.

명령은 그 명령을 발하는 기관에 따라 '대통령령', '총리령', '부령' 등으로 구별되고, 또 그 **성질**에 따라 **법규명령**과 **행정명령**으로 나누어지고, 그리고 법규명령은 그 내용에 따라서는 다시 **위임명령과 집행명령**으로 나누어진다. **상위 법률**에 따라 위임된 사항과 그 시행에 관하여 필요한 사항을 규정할 수 있는 **위임명령**[91]과 이러한 **입법권한이 없이 단지 법률을 집행**하기 위한 **구체적인 세칙**을 정하는 **집행명령**이 있다. 여기서 집행명령은 법률규정 또는 상급관청의 명령규정을 집행하기 위해서 발해지는 명령으로 통상 **~법시행령 또는 ~법시행규칙**이라고 불리어지고 있다.

그 밖에도 행정기관이 헌법과 법률에 근거하여 국민의 권리·의무에 관한 사항을 규정한 것으로 대국민적 구속력을 갖는 **법률명령**과 행정기관내에서만 구속력을 갖는 **행정명령**(**예: 훈령, 예규**)이 있다. 즉, 법률이나 명령에 특별한 수권규정 없이 행정기관 내부의 사항을 규율하기 위한 일반적 규범으로서 법규의 성질을 갖지 않는 **행정규칙** 또는 협의의 행정명령이 있다. 이러한 규칙은 보통 훈령, 일일명령, 지시, 예규, 통첩 등의 형식으로 일반권력관계나 다른 행정조직 내부에는 효력이 미치지 않는다.

대부분의 **법률은 명령과 함께 하나의 체제를 형성**하여 관련 대상을 규율한다. 예를 들면, **특허법과 특허법시행령, 특허법시행규칙 사이(위임명령, 집행명령)의** 법률과 명령의 관계를 정리하면 다음과 같다.

① 위임명령의 예시

(ㄱ) 특허법: 특허법 제42조(특허출원)

① 특허를 받으려는 자는 다음 각 호의 사항을 적은 특허출원서를 특허청장에게 제출하여야 한다.

1. 특허출원인의 성명 및 주소(법인인 경우에는 그 명칭 및 영업소의 소재지),
2. 특허출원인의 대리인이 있는 경우에는 그 대리인의 성명 및 주소나 영업소의 소재지[대리인이 특허법인·특허법인(유한)인 경우에는 그 명칭, 사무소의 소재지 및 지정된 변리사의 성명],
3. 발명의 명칭,
4. 발명자의 성명 및 주소

② 제1항에 따른 특허출원서에는 발명의 설명·청구범위를 적은 명세서와 필요한 도면 및 요약서를 첨부하여야 한다.

③ 제2항에 따른 발명의 설명은 다음 각 호의 요건을 모두 충족하여야 한다.

---

91) 위임명령은 대상을 정한 법률의 구체적 세부사항에 관해서 법률 또는 상급관청의 명령의 개별적 위임에 따라서 발해지는 명령이고, 또 법률에 대한 예외규정이나 세부규정을 정하는 경우의 명령이다. 위임명령은 그 성질상 위임된 법률이 정하는 범위를 넘을 수 없다. 따라서 백지위임이나 본질적 부분의 위임은 인정되지 않고, 법률을 시행하기 위한 절차적인 것에 한정되어야 하는 것이다.

1. 그 발명이 속하는 기술분야에서 통상의 지식을 가진 사람이 그 발명을 쉽게 실시할 수 있도록 명확하고 상세하게 적을 것,
2. 그 발명의 배경이 되는 기술을 적을 것

④ 제2항에 따른 청구범위에는 보호받으려는 사항을 적은 항(이하 "청구항"이라 한다)이 하나 이상 있어야 하며, 그 청구항은 다음 각 호의 요건을 모두 충족하여야 한다.
1. 발명의 설명에 의하여 뒷받침될 것,
2. 발명이 명확하고 간결하게 적혀 있을 것

⑤ 삭제

⑥ 제2항에 따른 청구범위에는 보호받으려는 사항을 명확히 할 수 있도록 발명을 특정하는데 필요하다고 인정되는 구조·방법·기능·물질 또는 이들의 결합관계 등을 적어야 한다.

⑦ 삭제

⑧ 제2항에 따른 청구범위의 기재방법에 관하여 필요한 사항은 대통령령으로 정한다.

⑨ 제2항에 따른 발명의 설명, 도면 및 요약서의 기재방법 등에 관하여 필요한 사항은 산업통상자원부령으로 정한다.

(ㄴ) 특허법 시행령: 특허법 시행령 제1조(목적) 이 영은 특허법에서 **위임**된 사항과 그 시행에 관하여 필요한 사항을 규정함을 목적으로 한다.

특허법 시행령 제5조(특허청구범위의 기재방법)

① 법 제42조제8항에 따른 특허청구범위의 청구항(이하 "청구항"이라 한다)을 기재할 때에는 독립청구항(이하 "독립항"이라 한다)을 기재하여야 하며, 그 독립항을 한정하거나 부가하여 구체화하는 종속청구항(이하 "종속항"이라 한다)을 기재할 수 있다. 이 경우 필요한 때에는 그 종속항을 한정하거나 부가하여 구체화하는 다른 종속항을 기재할 수 있다.

② 청구항은 발명의 성질에 따라 적정한 수로 기재하여야 한다.

③ 삭제

④ 다른 청구항을 인용하는 청구항은 인용되는 항의 번호를 적어야 한다.

⑤ 2 이상의 항을 인용하는 청구항은 인용되는 항의 번호를 택일적으로 기재하여야 한다.

⑥ 2 이상의 항을 인용한 청구항에서 그 청구항의 인용된 항은 다시 2 이상의 항을 인용하는 방식을 사용하여서는 아니 된다. 2 이상의 항을 인용한 청구항에서 그 청구항의 인용된 항이 다시 하나의 항을 인용한 후에 그 하나의 항이 결과적으로 2 이상의 항을 인용하는 방식에 대하여도 또한 같다.

⑦ 인용되는 청구항은 인용하는 청구항보다 먼저 기재하여야 한다.

⑧ 각 청구항은 항마다 행을 바꾸어 기재하고, 그 기재하는 순서에 따라 아라비아숫자로 일련번호를 붙여야 한다.

(ㄷ) 특허법 시행규칙: 특허법 시행규칙 제1조(목적) 이 규칙은 특허법 및 동법시행령에서 위임된 사항과 그 시행에 관하여 필요한 사항을 규정함을 목적으로 한다.

특허법 시행규칙 제21조(특허출원서 등)

① 법 제42조 제1항의 규정에 따라 특허출원을 하고자 하는 자는 별지 제14호서식의 특허출원서에 다음 각 호의 서류를 첨부하여 특허청장에게 제출하여야 한다.

1. 명세서·요약서 및 도면 각 1통
2. 대리인에 의하여 절차를 밟는 경우에는 그 대리권을 증명하는 서류 1통
3. 기타 법령의 규정에 의한 증명서류 1통

② 제1항의 명세서는 별지 제15호 서식, 요약서는 별지 제16호 서식, 도면은 별지 제17호 서식에 따른다.

③ 법 제42조 제3항 제1호에 따른 발명의 상세한 설명에는 다음 각 호의 사항이 포함되어야 한다.

1. 기술분야
2. 해결하고자 하는 과제
3. 과제의 해결 수단
4. 그 밖에 그 발명이 속하는 기술분야에서 통상의 지식을 가진 자가 그 발명의 내용을 쉽게 이해하기 위하여 필요한 사항

④ 제3항 각 호의 사항은 해당하는 사항이 없는 경우에는 그 사항을 생략할 수 있다.

② 집행명령의 예시

(ㄱ) 주민등록법: 주민등록법 제7조의2(주민등록번호의 부여)

① 시장·군수 또는 구청장은 주민에게 개인별로 고유한 등록번호(이하 "주민등록번호"라 한다)를 부여하여야 한다. ② 제1항에 따른 주민등록번호의 부여 방법은 대통령령으로 정한다. [본조신설 2016. 5. 29.]

(ㄴ) 주민등록법시행령: 주민등록법시행령 제7조(주민등록번호) ① 시장·군수 또는 구청장은 법 제7조의2 제1항에 따라 주민등록번호를 부여하려면 반드시 등록기준지를 확인하여야 한다. ② 시장·군수 또는 구청장이 법 제7조의2 제1항에 따라 주민등록번호를 부여할 때에는 별지 제6호 서식에 따른 주민등록번호 부여대장에 이를 기록하여야 한다. 〈개정 2017. 5. 8.〉

③ 법 제7조의2 제1항에 따른 주민등록번호의 부여는 전산조직을 이용하여 처리할 수 있다.

④ 주민등록번호의 부여에 필요한 사항은 행정안전부장관이 정한다.

(ㄷ) 주민등록법시행규칙: 제2조(주민등록번호의 부여) 주민등록법 제7조의2 제1항에 따른 주민등록번호는 생년월일·성별·지역 등을 표시할 수 있는 13자리의 숫자로 부여한다.

(라) 규칙 ← 대한민국헌법에서 위임

규칙은 행정부 이외의 **헌법기관**(국회, 대법원, 헌법재판소, 중앙선거관리위원회, 감사원)이 자치적인 입법권에 따라 제정하는 법규를 말한다. 규칙이라 함은 그 법적 성질이 **명령과 같은** 성문법규를 말한다. 독립성을 가지는 특정한 국가기관이 법률이 정하는 사항에 관하여 제정하는 것으로 **규칙**이라는 명칭이 붙은 성문법규를 말한다.

헌법은 행정부에 명령제정권을 부여한 것에 대응하여, 행정부를 제외한 각종의 헌법기관에 내부규율에 관한 규칙제정권을 부여하고 있는데, 규칙은 헌법기관인 국회, 대법원,

헌법재판소, 중앙선거관리위원회, 감사원 등은 **헌법의 위임을 받아 제정**된 것이다. 즉, 국회규칙(대한민국 헌법 제64조 제1항), 대법원규칙(대한민국 헌법 제108조), 헌법재판소규칙(대한민국 헌법 제113조 제2항), 중앙선거관리위원회규칙(대한민국 헌법 제114조 제6항), 감사원규칙(대한민국 헌법 제97조에서 제100조) 등이 있다.

국회규칙은 입법기관에 따른 입법원칙의 중요한 예외의 하나로서 헌법상 직접 명문을 두고 있는 법원이 하나이다. 국회는 법률에 저촉되지 않은 범위 안에서 **의사와 내부규율에 관한 규칙을 제정**할 수 있다. 국회규칙은 입법기관인 **국회의 자율권에 근거**하는 것이므로 **법률의 위임없이**도 **헌법상 당연히 제정**할 수 있다.

공직자윤리법의 시행에 관한 국회규칙
[시행 2017.11.24.] [국회규칙 제211호, 2017.11.24., 일부개정] 국회사무처(감사관실), 02-788-3997

대법원은 법률에 저촉되지 않는 범위 안에서 **소송에 관한 절차, 법원의 내부규율과 사무처리에 관한 규칙, 변호사에 관한 사항을 제정**할 수 있다. 대법원규칙에는 민사소송규칙, 민사집행규칙, 형사소송규칙, 민사소송 등 인지규칙, 가사소송규칙, 민사 및 가사소송의 사물규칙 등을 제정할 수 있다.

민사소송규칙
[시행 2018.1.31.] [대법원규칙 제2771호, 2018.1.31., 일부개정] 법원행정처(사법지원심의관실), 02-3480-1461

한편, **중앙선거관리위원회규칙**은 그 내용이 두 가지 부분으로 나눌 수 있다. 즉, 중앙선거관리위원회의 내부규율에 관한 규칙과 선거관리·국민투표관리·정당사무에 관한 규칙으로 나눌 수가 있다. **중앙선거관리위원회의 내부규율에 관한 규칙**은 법률에만 저촉하지 않으면 되기 때문에 행정부에서 발령하는 명령과 동등한 효력을 가지는 것이다. 그러나, **선거관리·국민투표관리·정당사무에 관한 규칙**은 법률과 명령의 범위 안에서만 제정할 수 있도록 하고 있음으로 인해, 행정부에서 발령하는 명령보다 하위의 효력을 갖는 것으로 이해되어 있다(대한민국 헌법 제114조 제6항).

중앙선거관리위원회규칙의공포에 관한 규칙
[시행 1987.11.7.] [중앙선거관리위원회규칙 제57호, 1987.11.7., 제정] 중앙선거관리위원회(법제과), 02-503-2190

(마) 자치법규 → 조례, 규칙

자치법규는 상위법인 법률이나 명령의 범위내에서 지방자치단체가 그 제정하는 지방자치단체에 관한 법규를 말한다(대한민국 헌법 제117조). 지방자치단체는 중앙의 행정부와 함께 행정조직의 일부를 구성하는 것으로서, 이에 대해 헌법에 따라 자치입법권이 부여되어 있다. 자치법규는 국가 이외의 지방자치단체가 제정하는 자치법으로서 소위 국가법과 대응하는 개념이며, 제정한 지방자치단체의 구역 안에서만 적용되는 것으로서 지방법의 성격(특별법의 성격)을 갖는다.

지방자치단체는 법률에 인정된 자치권에 따라 지방자치단체의 조직, 사무, 주민의 권리의무에 관한 법규를 제정할 수 있다. 현재, 대한민국에서 지방자치단체는 **광역자치단체**(특별시 · 광역시 · 도)와 **기초자치단체**(특별자치도 · 시 · 군 · 구)가 있고, 각각의 지역특성에 따른 자치법규인 **조례와 규칙**이 있다.

조례에는 지방자치단체의 **의회 의결**을 거쳐 제정한 것이고, **규칙은 지방자치단체의 장이 제정한 것**이다. 자치법규는 **법률과 명령 · 규칙보다 하위의 효력**을 가지며, 조례와 규칙의 관계는 상하의 관계에 있다. 예를 들면, 부산광역시 가로수 조성 및 관리 조례와 부산광역시 가로수 조성 및 관리 조례 시행규칙 등을 들 수 있다.

부산광역시 공유재산 및 물품 관리 조례

[시행 2018. 7. 11.] [부산광역시조례 제5788호, 2018. 7. 11., 일부개정]

부산광역시

부산광역시 공유재산 및 물품 관리 조례 시행규칙

[시행 2018. 8. 1.] [부산광역시규칙 제3958호, 2018. 8. 1., 일부개정]

부산광역시

부산광역시 사상구 공유재산 및 물품 관리 조례

[시행 2017. 9. 28.] [부산광역시사상구조례 제871호, 2017. 9. 28., 일부개정]

부산광역시 사상구(회계재산과)

부산광역시 사상구 공유재산 및 물품 관리 조례 시행규칙

[시행 2017.9.28.] [부산광역시사상구규칙 제507호, 2017.9.28., 일부개정]

부산광역시 사상구(회계재산과)

지방의회가 제정한 조례가 **법령에 위반되거나 공익을 현저히 해한다고 판단될 때**에는 **시・도**에 대하여는 **행정안전부장관**이, **시・군 및 자치구**에 대하여는 **시・도지사**가 **재의(再議)를 요구**하게 할 수 있고, 재의의 요구를 받은 지방자치단체의 장은 지방의회에 이유를 붙여 재의를 요구하여야 한다(지방자치법 제159조 제1항). 이 요구에 따른 재의의 결과 **재적의원 과반수의 출석과 출석의원 3분의 2 이상의 찬성**으로 전과 같이 **의결**을 하면 재의 결과된 조례는 **조례로 확정**된다(지방자치법 제159조의 제2항). **재의결**된 **조례가 법령에 위반**된다고 판단될 때에는 지방자치단체의 장은 재의결된 날로부터 20일 이내에 **대법원에 소를 제기**할 수 있다(지방자치법 제159조 제3항). 또 **재의결된 조례**가 법령에 위반된다고 판단됨에도 불구하고 해당 지방자치단체의 장이 대법원에 소를 제기하지 않을 때에는 행정안전부장관 또는 시・도지사는 해당 지방자치단체의 장에게 제소를 지시하거나 직접 제소를 하거나 집행정지결정을 신청할 수 있다(지방자치법 제159조 제4항).

한편 지방자치단체의 장이 제정한 **규칙**이 **법령에 위반되거나 현저히 부당하여 공익을 해한다고 인정될 때**에는 시・도에 대해서는 주무부장관이 시・군 및 자치구에 대해서는 시・도지사가 기간을 정하여 **시정을 명**하고 그 기간 내에 이행하지 아니할 때에는 이를 **취소**하거나 **정지**할 수 있으며, 이 경우 **자치사무에 관한 규칙**일 때에는 법령에 위반하는 것에 한한다(지방자치법 제157조 제1항). **지방자치단체의 장**은 이러한 취소 또는 정지에 대하여 이의가 있는 때에는 그 취소 또는 정지처분을 통보받은 날로부터 15일 이내에 대법원에 소를 제기할 수 있다(지방자치법 제157조 제2항).

☞ 시행규칙과 규칙

대부분 ~법시행규칙과 규칙을 헷갈리는 경우가 있다. ~법시행규칙은 장관령・총리령을 말하는 것이고, 규칙은 자치법규에서 지방자치단체장이 제정한 법규범이다.
또한 규칙은 헌법재판소・대법원・국회・중앙선거관리위원회 등에서도 규칙을 제정한다. 예를 들면 민사소송규칙, 가사소송규칙, 행정소송규칙, 행정심판규칙 등이다.

(바) 조약 → 국회의 동의와 비준 필요

조약은 문서에 따른 국가간의 합의이며, 이것이 국민의 권리의무와 관계있는 경우에는 국내법과 같은 효력을 갖는다(헌법 제6조 제1항). 실제로는 협정, 약정, 협약, 헌장 등 여러 가지 명칭으로 불리어진다. **조약은 국회의 동의와 대통령의 비준 및 공포를 거쳐야 하고, 국내법상 법률과 동일한 효력을 갖는다.**

조약체결은 **국무회의심의**를 거쳐 **대통령이 체결・비준**하는 것으로 **대통령의 전권사항**이다. 그러나 상호원조, 안전보장, 중요한 국제조직, 우호통상항해조약, 주권의 제약에 관한 사항, 강화조약, 국가나 국민에게 중대한 재정적 부담을 주는 조약, 입법사항에 관한 **조약의**

체결 · 비준에 대해서는 **국회의 동의**가 있어야 한다(대한민국헌법 제60조 제1항). 국회는 선전포고, 국군의 외국에의 파견 또는 외국군대의 대한민국 영역안에서의 주둔에 대한 동의권을 가진다(대한민국헌법 제60조 제1항).

조약과 헌법과의 관계에서 **조약우위설과** 헌법우위설이 있다. 헌법과 조약과의 관계를 어떻게 보는가는 해당 국가의 헌법에 관한 문제이다. 대한민국의 경우**에는** 국제협력주의에 입각한 헌법정신 및 헌법 제6조의 제1항의 규정에 비추어 **헌법우위설**로 보는 것이 **타당**하다고 본다.

물새서식처로서 국제적으로 중요한 습지에 관한 협약

(Convention on Wetlands of International Importance Especially Waterfowl Habitat)
[발효일 1975.12.21] [다자조약, 제1415호, 1997.7.23]

☞ **법, 법령, 법규의 개념**

(1) 법 : 국가의 공권력에 따라 그 이행이 강제되는 규범
(2) 법령 : 보통 법률과 명령(대통령령, 총리령, 부령)을 말함
(3) 법규 : 국민의 권리를 제한하거나 의무를 부과하는 내용의 규정을 말함
(4) 지식재산법규 : 지식재산에 관한 사항을 규정하고 있는 모든 법령

(2) 성문법 구성 및 형식의 해설

헌법 · 법률 · 명령 · 규칙 등을 포함하는 성문법의 구성형식이라 함은 법의 형식적 · 수평적 구성을 말한다.[92] 일반적으로 법은 **전문(全文) · 본칙(本則) · 부칙(附則)**의 세 부분으로 구성된다. 그러나 전문이 없는 법, 부칙이 없는 법, 본칙과 부칙의 구별이 없는 법도 있다.[93]

법률은 국회가 제정하는 일반적 및 추상적 규범으로서 전체 법규범 가운데 가장 중심적인 부분이다. **법률**은 법률의 명칭, 공포연월일 및 법률번호, 개정일자 및 법률번호, 본문, 부칙으로 구성된다. **법형식**은 법률, 대통령령, 총리령, 부령 등을 표시하는 것이고, **공포번호**는 법률, 대통령령, 총리령, 부령별로 누적되는 일련번호를 말한다.

제명(題名)이란 법령의 이름으로서 **법령의 내용을 간결하고 함축적으로 표현**함으로써 제명만 보아도 법령의 내용을 짐작할 수 있도록 만든다. **법률의 제명**은 **OO법, OO에 관한 법률** 등의 형식으로 취하고, **대통령령**은 **OO법 시행령, OO령** 또는 **OO규정**의 제명을 가지며, **국무총리령 또는 부령**은 **OO규칙** 또는 **OO시행규칙** 등의 제명을 가지는데, 이는 관례일 뿐 반드시 일치하지는 않으므로, 개별 법령마다 확인이 필요하다. **법령의 제명**은 간결하게 붙여야 부르기 쉽기 때문에 법률의 경우 **OO법**으로 하는 것을 원칙으로 하되, 제명이

92) 따라서 법의 구성은 법의 실질적 · 심층적 구조인 법의 구조와 구별된다.
93) 명순구, 민법학기초원리, 세창출판사, 2003, 3~5면 참조 : 정승재, 법학통론, 형설출판사, 2006, 52~54면 참조.

다소 길어 OO법으로 할 경우 **어감이 어색한 때**에는 **OO에 관한 법률**로도 할 수 있다.

(가) 전문(全文)

성문법의 구성은 일반적으로 **전문 · 본칙 · 부칙**을 그 내용으로 하고 있다. **법의 구성에서 제일 앞 부분**은 **법의 전문**이다. **전문**이라 함은 법의 본칙 앞에 있는 서문(序文)을 의미한다. 즉, 법의 한 구성부분으로 전문은 법의 명칭(예: **대한민국헌법**) 다음에 위치한다.

전문은 본칙과 함께 법의 구성부분이지만, 그 형식에서는 본칙과 달리 조항의 형식을 취하는 것이 아니라 **문장의 형식**을 취하는 것이 특색이다. 일반적으로 헌법에는 전문이 있지만, 법률 · 명령 · 규칙 등에는 전문이 없는 것이 통례이다. 법의 전문에는 제정유래, 법의 제정의 취지, 법의 기본목적, 법의 기본원칙 등을 선언하는 것이 일반적이다.

대한민국헌법 전문은 대한민국헌법의 제정유래와 대한민국헌법의 기본원칙을 적고 있으며, 민주적 기본질서의 확립, 기본권의 존중, 국제평화주의, 그리고 헌법제정권력의 국민소재, 저항권 등을 선언하고 있다.

> 대한민국헌법
>
> [시행 1988.2.25.] [헌법 제10호, 1987.10.29., 전부개정]
>
> 전문
>
> 유구한 역사와 전통에 빛나는 우리 대한국민은 3 · 1운동으로 건립된 대한민국임시정부의 법통과 불의에 항거한 4 · 19민주이념을 계승하고, 조국의 민주개혁과 평화적 통일의 사명에 입각하여 정의 · 인도와 동포애로써 민족의 단결을 공고히 하고, 모든 사회적 폐습과 불의를 타파하며, 자율과 조화를 바탕으로 자유민주적 기본질서를 더욱 확고히 하여 정치 · 경제 · 사회 · 문화의 모든 영역에 있어서 각인의 기회를 균등히 하고, 능력을 최고도로 발휘하게 하며, 자유와 권리에 따르는 책임과 의무를 완수하게 하여, 안으로는 국민생활의 균등한 향상을 기하고 밖으로는 항구적인 세계평화와 인류공영에 이바지함으로써 우리들과 우리들의 자손의 안전과 자유와 행복을 영원히 확보할 것을 다짐하면서 1948년 7월 12일에 제정되고 8차에 걸쳐 개정된 헌법을 이제 국회의 의결을 거쳐 국민투표에 의하여 개정한다.

(나) 본칙(本則)

성문법의 구성에서 두 번째 부분은 **본칙 및 본문**이다.

본칙은 **법의 실질적 구성부**분으로 그 **법의 본질적 내용을 규정한 가장 중요한 부분**이다. 법 자체에 본칙이라는 제목을 붙이거나 어디서부터 어디까지가 본칙이라는 규정을 두는 것이 아니며, **본칙이라는 제목을 붙이지 않는 것이 일반적이다.** 전문을 제외한 **규정부터 부칙의 규정이 시작되기 직전까지의 규정**이 본칙에 해당한다. 그리고 전문이 없는 법은 있어도 본칙이 없는 법은 없다.

본칙은 "편(編) · 장(章) · 절(節) · 관(冠)"으로 구분되고, 또 "조(條) · 항(項) · 호(號) · 목(目)"로 구분된다. 이에 대하여 구체적으로 살펴보면, 다음과 같다.

① 편(編)·장(章)·절(節)·관(冠)의 구분: 많은 조문으로 구성된 본칙은 **공통된 내용의 조항을 묶어 몇 개의 편으로** 구성되고, 다시 그 **편 내에서 공통된 조항을 묶어 장**으로 표시된다. 장을 **다시 세분**할 필요가 있는 경우에는 **절로, 다시 세분**할 필요가 있는 경우에는 **관으로,** 관을 **다시 세분**할 필요가 있는 경우에는 **항을 각각 설치**한다. 그러나 내용이 간단하여 조문수가 적은 본칙은 이런 구분을 하지 않는다. 즉, 대개 **조·항·호·목**으로 표시하고 있다.

민법과 민사소송법은 "편(編)·장(章)·절(節)·관(冠)"으로 구성되어 있으며, 형법과 형사소송법은 "편(編)·장(章)·절(節)"로 구성되어 있다.

② 조(條)·항(項)·호(號)·목(目)의 구분: 본칙의 규정은 그 내용을 간명하게 표시하기 위하여 "조(條)"라는 기본단위를 사용하여 구분하는 것이 통례이다.

(ㄱ) 조(條)·항(項)·호(號)·목(目): 법률의 본문은 **조문의 형식**으로 된다. 조문의 형식은 **제OO조 제O항 제O호 제O목**의 단계로 표현된다.

조(條)는 법률을 구성하는 **원칙적 단위**이다. 즉, 편 · 장 · 절 · 관 등의 구분에 관계없이 **제1조에서부터 시작하여 일련순번**으로 매기고 있다. 그 법의 개정이 있는 경우와 그 법이 다수의 조로 구성되어 있는 경우는 개정 전의 조의 순서를 그대로 유지하기 위하여 새로운 조를 설치하지 않고, '제O조의 1', 또는 '제O조의 2'라는 식으로 표시한다. 즉, 어떤 법률을 개정하면서 전에 없던 조문을 추가하는 경우가 있게 된다. 이 때에 만일 추가하는 조문의 번호를 일렬적으로 쓰게 되면, 그 뒤의 조문번호가 모두 밀리게 되어 실무상 불편을 주게 된다. 이를 해결하기 위하여 법률의 일부 개정에 특정한 조문 다음에 이와 관련이 있는 새로운 조문을 추가하고자 할 때에는 OO조의O이라는 조문을 두는 것이다. 예를 들면, 특허법 제81조의 2는 2002년 12월 11일 개정시 본조를 신설한 규정이다.

> 예: 특허법 제81조의2[특허료의 보전]
> ① 특허청장은 특허권의 설정등록을 받고자 하는 자 또는 특허권자가제79조 제2항 또는 제81조 제1항의 규정에 의한 기간 이내에 특허료의 일부를 납부하지 아니한 경우에 특허료의 보전(補塡)을 명하여야 한다.

본칙의 규정은 조의 내용을 간단하게 표시하기 위하여 **조 아래에 항**이라는 하위단위를 사용하는 것이 일반적이다. **항(項)**은 **어떤 사항을 규율함에 있어서 하나의 문장으로 하기 어렵거나** 또는 **경우를 나누어 규정할 필요**가 있는 등의 **사정이 있는 때**에 사용하는 입법형식이다. 따라서 **수 개의 항은 1개의 조를 구성**하게 된다.

항(項)은 조별로 **일련번호**를 매기며, 그 번호를 위 원문자 ① · ②로 표시된 것이 바로 항(項)이다.

예: 특허법 제32조[특허를 받을 수 있는 者]
① 발명을 한 자 또는 그 승계인은 이 법에서 정하는 바에 의하여 특허를 받을 수 있는 권리를 가진다. 다만, 특허청직원 및 특허심판원직원은 상속 또는 유증의 경우를 제외하고는 재직중 특허를 받을 수 없다.
② 2인 이상이 공동으로 발명한 때에는 특허를 받을 수 있는 권리는 공유로 한다.

호(號)는 조별 또는 항별로 일련번호를 위 숫자 **1·2로 표시**된 것이다. 본칙의 규정은 그 내용을 간명하게 표시하기 위하여 조 또는 항 아래에 호라는 하위 단위를 사용하는 경우가 있다. 호(號)는 일정한 사항을 열거하는 등의 필요가 있는 때에 사용하는 입법형식이다.

예: 특허법 제29조[특허요건]
① 산업상 이용할 수 있는 발명으로서 다음 각호의 1에 해당하는 것을 제외하고는 그 발명에 대하여 특허를 받을 수 있다.
1. 특허출원전에 국내에서 공지되었거나 공연히 실시된 발명
2. 특허출원전에 국내 또는 국외에서 반포된 간행물에 게재되거나 대통령이 정하는 전기통신회선을 통하여 공중이 이용가능하게 된 발명

목(目)은 조별 또는 항, 호별로 일련번호를 위 숫자 **가·나로 표기**된 것이다.

예: 특허법 제2조(정의) 이 법에서 사용하는 용어의 정의는 다음과 같다.
1. 발명이라 함은 자연법칙을 이용한 기술적 사상의 창작으로서 고도한 것을 말한다.
2. 특허발명이라 함은 특허를 받은 발명을 말한다.
3. 실시라 함은 다음 각목의 1에 해당하는 행위를 말한다.
가. 물건의 발명인 경우에는 그 물건을 생산·사용·양도·대여 또는 수입하거나 그 물건의 양도 또는 대여의 청약(양도 또는 대여를 위한 전시를 포함한다. 이하 같다)을 하는 행위
나. 방법의 발명인 경우에는 그 방법을 사용하는 행위
다. 물건을 생산하는 방법의 발명인 경우에는 나목의 행위 외에 그 방법에 의하여 생산한 물건을 사용·양도·대여 또는 수입하거나 그 물건의 양도 또는 대여의 청약을 하는 행위

본칙의 규정은 그 내용을 간명하게 표시하기 위하여 조 또는 항, 호 아래에 목이라는 하위단위를 사용하는 경우가 있다. **목(目)**은 일정한 사항을 열거하는 등의 필요가 있는 때에 사용하는 입법형식이이 호(號)인데, 이 호에 구체적인 사항을 열거하는 등의 필요가 있는 때에 사용하는 입법형식이다.

이와 같이 조문은 조, 항, 호, 목의 **위계구조로 구성**된다.

(ㄴ) 본문(本文)－원칙·단서(但書)－예외: 하나의 조문에서 일정한 사항을 규율하고, 그에 이어서 **반대의 경우**에 대하여 따로 규정하는 경우에 취하는 입법형식이다.

예를 들면, 특허법 제139조에서 "물건을 생산하는 방법의 발명에 관하여 특허가 된 경우 그 물건과 동일한 물건은 그 특허된 방법에 따라 생성된 것으로 추정한다"라는 부분은 **본문(本文)**이고, "다만, 그 물건이 다음 각 호의 1에 해당하는 경우에는 그러하지 아니하다"라는 부분은 **단서(但書)**이다.

예: 특허법 제36조(선출원) ① 동일한 발명에 대하여 다른 날에 둘 이상의 특허출원이 있는 경우에는 먼저 특허출원한 자만이 그 발명에 대하여 특허를 받을 수 있다.
② 동일한 발명에 대하여 같은 날에 둘 이상의 특허출원이 있는 경우에는 특허출원인 간에 협의하여 정한 하나의 특허출원인만이 그 발명에 대하여 특허를 받을 수 있다. 다만, 협의가 성립하지 아니하거나 협의를 할 수 없는 경우에는 어느 특허출원인도 그 발명에 대하여 특허를 받을 수 없다.
③ 특허출원된 발명과 실용신안등록출원된 고안이 동일한 경우 그 특허출원과 실용신안등록출원이 다른 날에 출원된 것이면 제1항을 준용하고, 그 특허출원과 실용신안등록출원이 같은 날에 출원된 것이면 제2항을 준용한다.

(ㄷ) 제1문(第1文)-전문, 전단 · 제2문(第2文)-후문, 후단: 하나의 조문이 2개 이상의 문장으로 되어 있으나, 이들 문장이 본문과 단서의 관계에 있지 않은 경우에 이들 각 규범내용을 가리킬 때 사용하는 용어이다. 예를 들면, 민법 제128조에서 "법률행위에 따라 수여된 대리권은 전조(前條)의 경우 외에 그 원인된 법률관계의 종료에 따라서 소멸한다"는 것이 제1문이고, "법률관계의 종료 전에 본인이 수권행위를 철회한 경우에도 같다"는 것이 제2문이라고 한다.

예: 민법 제128조 [임의대리의 종료] 법률행위에 의하여 수여된 대리권은 전조(前條)의 경우 외에 그 원인된 법률관계의 종료에 의하여 소멸한다. 법률관계의 종료 전에 본인이 수권행위를 철회한 경우에도 같다.

(다) 부칙(附則)

성문법의 구성에서 세 번째의 말미부분은 부칙이다. 부칙은 법의 주된 구성부분인 본칙과 구별되나, 그 **본칙에 부수되는 구성부**분으로 **법의 일부를 구성하는 부분**이다. 부칙에는 본칙이 정하는 주된 사항에 부수되는 필요사항을 규정한다.

일반적으로 법령의 시행일, 경과조치, 적용례, 특칙, 관계법령의 개폐 등에 관한 사항을 규정한다. 부칙은 본칙과 달리 "편 · 장 · 관 · 항"으로 구성되지 아니하는 것이 일반적이며, "조 · 항 · 호 · 목"으로 구성되는 것이 일반적이다. 부칙에서 규정하는 **시행일**은 법률의 **시간적 적용범위를 결정**하기 때문에 법실무에서는 매우 중요한 의미를 갖는다.

부칙 〈법률 제4207호, 1990.1.13.〉

제1조(시행일) 이 법은 1990년 9월 1일부터 시행한다. 다만, 제201조 · 제205조 및 제211조의 특허협력조약 제2장에 관한 사항은 특허협력조약 제2장이 대한민국에 대하여 효력이 발생하는 날부터 시행한다.

부칙 〈법률 제15582호, 2018. 4. 17.〉

이 법은 공포 후 3개월이 경과한 날부터 시행한다. 다만, 제217조의2제7항의 개정규정은 공포 후 6개월이 경과한 날부터 시행한다.

(3) 법의 용어 해설

(가) 이상(以上), 이하(以下), 이전(以前), 이후(以後), 이내(以內)

수(數) 또는 시간 등의 한계를 표현할 때 법조문(法條文)에서 "이(以)"자(字)를 붙여 제한되는 것이 적지 않은데 이것은 기산점(起算點)이 포함된다. 예를 들어 "20m 이상"이라 하면 20m를 포함하고 20m 보다 큰 경우를 가리키며, "10m 이하"라 하면 10m를 포함하고 10m 보다 작은 경우를 가리킨다.

(나) 초과(超過), 미만(未滿), 넘는

이상, 이하와는 달리 기산점(起算點)이 포함되지 않는다. 예를 들어 10m 미만이라 하면 10m는 포함되지 않고 10m 보다 작은 수치를 나타낸다.

(다) 또는, 이거나

명사(名詞) 또는 동사(動詞)를 2개 이상 게기(揭記)하여 선택적으로 연결할 때 쓰는 것으로 게기(揭記)하는 어구(語句)에 어떤 단계를 지우는 경우 큰 뜻의 선택적 연결로서 "이거나"를, 작은 뜻의 선택적 연결로서 "또는"을 쓴다.

(라) 준용(準用)한다.

비슷한 내용의 조문(條文)을 되풀이 하지 않고, 그 조문에 필요한 사항만을 적용한다는 뜻이다.

(마) 각호(各號)에, 각호(各號)의 1

"각호에"라는 것은 게기(揭記)되어 있는 호(號) 전부를 가리키는 병합적 지정이며, "각호의 1"이라 함은 게기(揭記)되어 있는 호 중에서 어느 하나의 호만을 가리키는 선택적 지정이다.

(바) 전2항(前2項), 제2항(第2項)

"전2항"이라 하면 그 항(項)을 포함하지 않은 그 항의 앞서 있는 2개의 항을 가리키며, "제2항"이라 하면 제1항 다음에 오는 제2항만을 가리킨다.

(사) 그러하지 아니하다. 하여서는 아니된다.

"그러하지 아니하다"란 허용(許容)된다는 뜻이며, "하여서는 아니된다"란 불허(不許)한다는 뜻이다.

(아) 내지

내지는 "에서 까지"를 뜻하며, "제2항 내지 제5항이란 제2항에서 제5항까지의 전체를 뜻한다.

(자) 갈음할 수 있다.

갈음할 수 있다는 것은 "대신할 수 있다"는 뜻이다.

3) 불문법(不文法) → 불문법에는 어떤 것이 있는가

(1) 불문법의 의의

불문법(Unwritten Law)은 성문법(成文法)에 반대되는 개념으로서 일정한 형식의 법률형태로 존재하는 것이 아니다. 입법기관인 국회나 의회를 통과하는 것이 아닌 **관습**이나 **판례** 및 **조리** 등을 통해서 법률의 효력을 발휘하는 것을 불문법이라고 부르고 있다.

불문법주의는 관습(법)·판례(법)·조리(법) 등에 제1차적 법원성을 인정하는 주의를 말한다. 이를 관습법주의 또는 **판례법주의**라고도 한다. 판례법주의를 취하는 영미법계에서는 판례법을 **제1차적 법원**(法源)으로 인정하고 있다. 따라서 **불문법**은 **역사적**으로 **성문법보다 앞선 것**이나, 사회가 발전하고 복잡해짐에 따라 질서의 명확화(법적 안정성)를 위하여 **성문법의 중요성이 강화**되고 있다. 불문법주의는 법의 통일과 정비가 어렵고 법의 내용이 불명확하다는 단점이 있으나, 사회의 변천에 신속하게 대응한다는 장점이 있다.[94]

대한민국은 **성문법주의를 원칙**으로 삼고 있어서 국회를 정식적으로 통과하여 법률의 형태를 띠는 경우만을 법으로서 인정하고 있다. 국회의 제정과정, 다시 말해 입법과정을 거치지 않는다는 점에서 **비제정법(非制定法)**으로 부르기도 한다. 반대로 성문법은 국회나 의회를 통과해야 하기 때문에 제정법(制定法)으로 부른다.

성문법주의를 채택하는 국가와 불문법주의를 채택하는 국가는 역사적인 차이로 인해서 법률주의에 대한 선택방식이 변경되게 된 것이다. 불문법주의를 채택한 국가들은 법률의 제정과 법률의 적용, 법률의 폐지에 있어서 상당히 유연한 모습을 보인다. 대신에 법률의 안정성이라는 부분에서는 성문법주의를 따라가지 못하는 단점이 드러나고 있다. 성문법주의와 불문법주의 중에서 어떠한 것이 좋다고 이야기기 하기는 어렵다. 이는 해당 국가의 법률적, 사회적, 문화적, 규범적 환경이 제각기 다르기 때문이다.

대한민국을 비롯한 **성문법주의 국가**에서는 원칙적으로 불문법주의가 아닌 **성문법주의를 채택**하고 있다. 하지만 그렇다 하더라도 성문법이 완벽하게 모든 사회적 현상을 규제하지 못하고 있음으로 인해 **보충적인 성격으로서 불문법을 도입**하고 있다. 대표적으로 관습법을 보충적인 법률로서 활용하고 있는데, 입법상의 미비로 인해 제대로 된 법률이 없어 법의 적용이나 재판의 어려움이 있을 경우에 이에 대한 대안적, 보충적 규정으로서 관습법을 활용하고 있다. 만약 관습법 규정조차도 없을 경우에는 조리도 활용할 수 있다.[95] 예를 들면,

---

94) 보편적으로 성문법주의를 채택하고 있으면서, 성문법규에 없는 경우 불문법을 인정하는 국가가 많다.
95) 노덕선 외, 앞의 책, 103면 참조.

민법 제1조에는 “민사에 관하여 **법률**에 규정이 없으면 **관습법**에 의하고, 관습법이 없으면 **조리**에 의한다”고 하여 보충적 효력을 명시하고 있다.[96]

지식재산권법(산업재산권법과 저작권법)영역에서도 법의 공정한 집행, 명확한 실행근거 등을 성문법에 법원을 두고 있지만, 산업현장은 사회의 관행, 조리 등이 엄연히 존재하는 현장이므로 성문법주의를 중심에 두고 있으나, 불문법이 보충적 규범으로 작용하고 있음을 인정할 수밖에 없다.

(2) 불문법 종류(내용)

불문법에는 관습(법)・판례(법)・조리(법), 학설, 자연법(인간 존엄) 등이 있다. 여기에서는 관습(법), 판례(법), 조리(법)에 대하여 설명한다.

(가) 관습법(慣習法)

관습법(Customary law)은 입법기관의 법정립 행위를 기다리지 않고 사회생활 속에서 관행적으로 행하여지고 있는 법을 말한다.[97] 즉, 현실사회에 존재하는 관습이 성문화됨이 없이 그 사회의 법적 확신에 의하여 혹은 국가의 승인[98]에 따라 법으로서 강행되는 것을 말한다.

관습은 문서로 기록되지 않은 채 항상 같은 의미로 사용되는 관례가 반복되어 국민의 의식에 따라 받아들여질 때 생기는 것으로서 이러한 관례(慣例)가 관습법이 되기 위해서는 같은 사실이 관행(慣行)으로 반복되고 국민일반의 법적 확신(인식)으로 이루어진 법규범을 말한다. **관습법**은 현실사회에 사실로서 존재하는 **사실인 관습과 구별**된다.[99] 사실인 관습은 법적 강제성, 즉, 법적 효력이 없다. 그러나 **관습법**은 성문법과 다를 바 없이 **법적 강제**가 따르는 것으로 법적 효력을 발휘한다.

① 관습법의 성립요건: 관습법(Customary law)으로 성립하려면, 다음과 같은 것이라고 할 수 있다.

첫째, 특정한 사항에 대하여 다수인(국민= 사회구성원)의 동일한 행위가 계속하여 반복된다는 관행 또는 관습이 존재하여야 한다. 따라서 사회에 사실적인 관습이 존재하지 않는다면 관습법은 성립할 수 없는 것이다.

둘째, 특정한 관습에 대한 국민의 **법적 확신**이 존재하여야 한다. 즉, 사실상의 관습이 법으로서의 효력을 취득하기 위해서는 국민의 법적 확신을 획득하여야 한다. 그리고 국민의 법적 확신이라고 하는 것은 특정한 관습을 따라가는 것이 **권리** 또는 **의무**라고 인정하는

96) 곽윤직, 앞의 책, 19면.

97) 관습법은 오랫동안 관행으로 계속적으로 행해짐으로 성립된 법규범을 말한다.

98) 국가의 승인은 대부분 법원(法院)에 따라 인정하고 있다.

99) 여기서 구별해야 하는 것이 있는데, 관습법과 사실인 관습의 차이는 전자는 법적 확신이 있는 하나의 법원(法源)이지만, 후자는 법적 확신이 없는 “관례”로서 법률행위 당사자의 의사를 보충적으로 해석하는 기준이다.

국민의 심리상태를 가리키는 것이다. 실제로 관습법은 법원에서 소송중인 사건에 대하여 적용할 법률이 없는 경우에 법관이 해당사건에 적합한 관습을 발견하여 적용함으로써 성립된다. 즉, **관습법의 성립시기는** 관습에 **법적 확신**이 있다고 인정되는 때이며, 관습법의 인정유무는 최종적으로 **법원의 판결**에 따라 결정된다. 법원의 판결에 따라 구체적인 관습법의 존재가 인정되면 그 관습법은 관습이 법적 확신을 얻어서 사회에서 행하여지고 있었던 때에 **소급**하여 **성립**되었다고 본다. **대한민국 대법원은 관습법을 인정**하고 있다. 예를 들면, 근친상간은 허용되지 않는다. 노인어른을 공경해야 한다는 등을 들 수 있다.

셋째, 관습법의 내용이 **선량한 풍속, 그 밖의 사회질서에 위반하지 않아야** 한다. 법이라는 것은 사회공동체의 유지와 발전을 목적으로 하는 것이므로, 사회질서에 위반하는 내용을 가진 것은 국민의 법적 확신을 취득할 수 없으며, 법규범으로 인정될 수 없다. 따라서 성문법인 제정법은 물론이고 불문법인 관습법도 사회질서에 위반하는 것을 그 내용으로 하여서는 성립될 수 없다.

넷째, 관습법의 내용은 **적극적으로 성문법에 따라 인정**된 것이거나, 또는 **소극적으로 성문법이 규정하지 않은 것**을 그 내용으로 하여야 한다. 먼저 적극적으로 성문법에 따라 인정된 것이어야 한다는 것은 **성문법의 규정에 따라 특정한 관습을 따르도록 명시된 경우**를 말한다. 다음에 **소극적으로 성문법이 규정하고 있지 않은 것**을 그 내용으로 하여야 한다는 것은 성문법에 따라 규정된 내용과 어긋나는 내용을 가진 관습은 관습법이 될 수 없다는 것을 의미한다.

② 관습법의 사례

(ㄱ) 물 사용권: 관습법의 대표적인 사례로서 논농사를 짓는 우리나라의 **물 사용권**을 들 수 있다. 우리나라의 논은 대부분이 **계단식**[100]으로 되어 있거나 강이나 하천을 끼고 조성되어 있는데, 높은 상류지역에서 하류로 물이 흘러가는 과정에서 각 논의 주인들이 물을 끌어서 사용하도록 되어 있다. 비가 많이 내리지 않아서 **가뭄**이 오면 상류의 농부들이 물을 막아 자신들의 논에만 물을 대고 밑에 위치한 논으로 물을 보내지 않는 경우가 있는데, 이는 분**명히 법의 규정에 있지는 않지만, 물길을 막는다는 것**은 **하류지역의 농부들의 물을 사용할 수 있는 권리를 차단**하는 것이기 때문이다.[101]

물의 사용에 대한 권리에 대해서 **법으로 규정한 바가 없다.** 하지만 물가에 있는 농지를 가진 사람들은 누구나 그 물을 공평하게 사용할 수 있는 권리가 있는데, 이는 법률의 규정이 아니라 하더라도 **관습적인 고정화에 따라서 누구나 가지는 권리**이다. 이는 **관습법적인 규정으로서 인정**을 받기 때문에 타인의 물 사용권에 대해서 **방해**하면 이를 기초로 하여 **법**

---

100) 다랭이논은 경사진 산비탈을 개간하여 층층이 만든 계단식 논을 말한다. 남해군, 통영시 등이 다랭이논으로 유명하다.

101) 노덕선 외, 앞의 책, 104면 참조.

원의 판결에 따라서 **손해배상**을 하거나 **형사적인 처벌**까지도 받을 수 있다.

(ㄴ) 약수터에서 나오는 약수 사용권: 약수터에서 나오는 약수(藥水)도 마찬가지로 약수터의 물은 약수터를 이용하는 사람이라면 **누구나 마시는 목적의 한도 내에서 사용이 가능**한다. 이를 한 개인이나 회사가 독점하여 이용하려고 한다면, 이에 대해서 사용자 다수가 반발할 수밖에 없으며, 당연히 다수의 이용자들의 **이용권을 방해하는 불법행위**가 된다. 여기서 불법행위는 성문법적인 차원에서 규정된 것이 아닌 **사회적 관습으로서 불법적인 행위로 인정**되는 것이다.[102]

(ㄷ) 사실혼: 관습법 사례의 또 다른 전형적 예로서 최근 들어 문제가 되는 **사실혼(事實婚)관계**가 있다. 여성과 남성이 가정을 이루기 위해서는 **법률적으로 가족관계등록부의 혼인신고**가 있어야 하는데, 최근 들어 **독신주의와 동거주의가 사회적으로 확산**됨으로 인해 혼인신고 없이 동거의 형태로 살아가는 부부가 많은 실정이다. 외형상으로 분명한 부부이고, 자녀까지 있음에도 불구하고 법률상의 혼인관계가 설정되어 있지 못함으로 인해 많은 부분에 있어서 불합리한 차별이 발생하고 있었다.

하지만, 최근 들어, 국가기관이나 법원은 개인간의 사실혼 관계를 인정하는 쪽으로 변화하고 있다. 가령 혼인신고가 되어 있지 않더라도 **외형상으로 분명히 부부라고 인정**될 수 있는 경우에는 **상대방 배우자의 재산에 대한 상속이나 배우자로서의 권리행사가 가능하도록 인정**하고 있다. 이는 성문법상의 부부관계가 아닌 실제 현상으로서의 부부관계를 관습법적으로 인정하고 있음을 의미한다.[103]

③ 관습법의 효력: 현재 관습법은 영미법계 국가에서는 제1차적 법원(法源)이 되나, 대륙법계 국가에서는 제2차적 법원이 된다. 대륙법계에 속하는 대한민국에서 관습법의 효력은 제2차적 법원이 되는 것이 원칙이다. 즉, 관습법은 원칙적으로 성문법의 규정이 없는 때에만 성문법에 대한 '보충적 효력'이 인정된다(통설). 민법 제1조에도 "민사에 관하여 법률의 규정이 없으면 관습법에 따르고……"[104]라고 규정하여 관습법은 성문법의 규정이 없는 때에 한하여 보충적으로 인정하는 것을 명시하고 있다. 현재 판례도 이를 따르고 있다. 현재 판례가 민법상 인정하는 관습법은 **분묘기지권**[105], **관습법상의 법정지상권**[106], 수목의 집단이나 미분리과실의 소유권 이전에 관한 **명인방법에 따른 매매계약**[107], **동산양도담**

---

102) 노덕선 외, 앞의 책, 104~105면 참조.

103) 노덕선 외, 앞의 책, 105면 참조.

104) 민법 제1조(법원) 민사에 관하여 법률에 규정이 없으면 관습법에 따르고 관습법이 없으면 조리에 따른다.

105) 대판 1994.12.23., 94다5530; 대판 1996.6.14., 96다4036 : 분묘기지권은 타인의 토지에 무덤을 사용하는 것을 말한다. 그 범위는 분묘의 기지 자체뿐만 아니라 그 분묘의 설치 목적인 분묘의 수호 및 제사에 필요한 범위 내에서 분묘의 기지 주위의 공지를 포함한 지역을 말하고, 이는 타인의 토지를 사용할 수 있는 권리 즉, 지상권에 유사한 물권이다.

106) 대판 1960.9.29., 4292민상944; 대판 2000.1.18., 98다58696 : 관습법상의 법정지상권은 타인의 토지 위에 건물이 있는 경우에 건물을 철거하지 못한다는 것을 말한다.

107) 명인방법에 따른 매매계약은 토지와 수목, 과실, 농작물 분리하지 않고 밭떼기 매매를 말한다.

보[108], **명의신탁**[109], **사실혼**[110] 등이 있다.

그러나 **예외적으로 '변경적 효력' 즉, 개폐적 효력**이 있다. 즉, 상법 제1조에는 "상사에 관하여 본법에 규정이 없으면 상관습법에 따르고, 상관습법이 없으면 민법의 규정에 따른다"라고 규정하여 상관습법은 상법에 대하여는 보충적 효력을 갖지만, 민법에 대하여는 우선적 효력을 인정하고 있다.[111]

그리고 **형벌**이라는 강력한 법률효과를 발생시키는 **형사법**에서는 내용이 불명확한 관습법에 따라 범죄를 규정하고 이에 대하여 형벌을 부과하는 것이 **죄형법정주의원칙**(**罪刑法主義定原則**)에 어긋나기 때문에 보충적인 법원도 될 수 없다[**관습형법(형벌)**(적용 · 해석)**금지**]. 따라서 법률에 대한 개폐적 효력은 물론이고 보충적 효력도 인정되지 않는다.

(나) 판례법(case law)

판례(判例)[112]란 법률분쟁에 대하여 법원이 재판에서 법을 해석 및 적용하여 내린 판단을 말하는 것으로서 판례법[113]은 **판결의 형태**로 존재하는 법이다.

법원의 판결은 본래 구체적인 사건의 해결방법으로서 의미를 가질 뿐이다. 그러나 법원의 운영상 **선재판의 판결**이 동일한 사건에서는 이후의 재판의 판결에 강력하게 영향을 미치는 구속력을 갖는다. 판례법(case law)[114]은 이와 같이 **선판례가 후판례를 구속**하는 경우에 생겨나는 불문의 규범을 의미한다.[115]

영미법계 국가에서 선례구속의 원칙이 적용되어 판례의 법원성을 인정하고 있으나, **성문법주의를 채택하고 있는 대륙법계 국가**에서는 판례를 법원으로 인정하는 **명문의 규정이 없어** 원칙적으로는 인정되지 않는다. 따라서 법원은 법의 해석 및 적용을 하는데 있어서 법관의 독자적인 입장에서 이를 해석 및 적용하고, 앞의 동급 및 상급법원의 재판에 아무런 구속도 받지 아니한다. 즉, 판례는 법원이 되지 못한다. 그러나 **대한민국**을 비롯한 대륙법계 국가에서도 상급심의 판결이 실무상 하급심의 판결에 영향을 주기 때문에 실제로는 **판례법처럼 작용**한다고 할 수 있다.[116]

대한민국은 성문법주의를 채택하고 있음으로 인해 판례법은 법원으로서 인정하지 않지

---

108) 동산의 양도담보는 물건을 맡기고 돈을 빌리는 것을 말한다.

109) 명의신탁은 타인을 위하여 나의 이름을 빌려 주는 것을 말한다.

110) 사실혼은 혼인신고를 하여야 부부인데(법률혼), 결혼식 후 신혼여행중에도 부부로서 인정하는 것을 말한다.

111) 상사에 관하여 상관습법과 민법 사이에는 특별법우선의 원칙이 적용되어 상관습법이 민법보다 우선한다.

112) 판례는 재판에서 판결의 선례를 말한다; 법원이 내리는 판결 · 재판의 결과 · 판결사례 · 판결선례; 대법원의 판례에 따라서 형성된 법이다.

113) 판례법은 재판을 통하여 형성되는 법규범이다. 법관이 재판을 함에 있어서 동종의 사건에 관하여 이미 재판례가 있을 때에는 선례에 좇아 판결하는 것이 보통이다. 여기서 판례가 법원으로서 기능을 하게 된다.

114) 판례법은 법원이 내리는 판결을 법으로 보는 경우이며, 상급심의 판례와 선판례가 있다. 재판의 판례가 후에 있는 판례에 구속력을 가지므로 판례도 법원이 된다. 대법원의 판례에 따라 형성된다.

115) 곽윤직, 앞의 책, 20면.

116) 김상겸, 법학입문, 삼영사, 2006, 46면 참조.

만, 실제로는 판례법을 인정하고 있다. 즉, **지방법원과 고등법원, 대법원의 3심제**를 채택하고 있기 때문에 법원조직법 제8조[117]에서는 **예외적으로 상급심 법원의 판결이 하급심 법원의 판결에 영향을 미치도록 하는** 조항을 두고 있다.

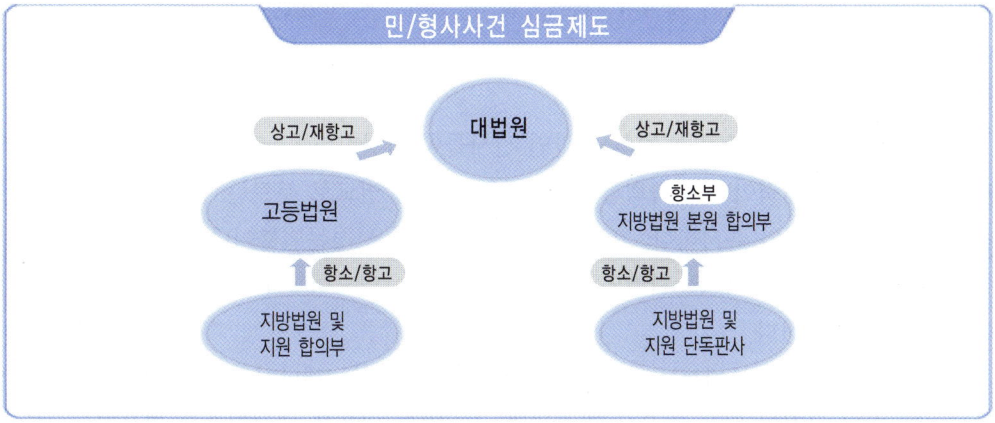

민/형사사건 심급제도

만약 상급심인 대법원에서 특정 형사사건에 대해서 무죄를 선고하였다면, 그 하급심인 고등법원이나 지방법원의 유죄판결은 **무효**가 되도록 하고 있다.

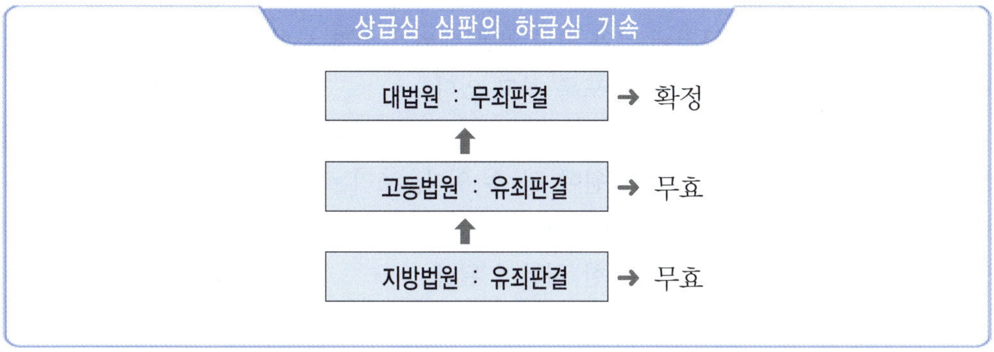

상급심 심판의 하급심 기속

(다) 조리(nature of things)

조리(條理)[118]란 다수인의 건전한 의식으로서 인정하는 공동생활의 원리이며, 사물의 도리, 이치, 경험법칙을 의미한다. 법원(法院)이 재판을 할 경우 신청된 구체적 사건에 **적용할 법이 없는 경우**가 있다. 이 경우 **형사사건**은 죄형법정주의에 따라 **무죄판결**을 하지만, **민사사건**인 경우에는 원고와 피고 중 어느 쪽이 옳다는 것을 **반드시 결정**해 주지 않으면 안 된다.

조리는 법의 불비로 인한 경우 **최후의 재판의 기준이 되는 사물의 본질적 법칙을 말한**

117) 상급법원의 재판에서의 판단은 당해 사건에 관하여 하급심을 기속한다(법원조직법 제8조).
118) 조리는 상식?; -형사사건(형사소송법)은 검사: 죄형법정주의, -민사사건(민사소송법),상사사건, 행정사건 : 재판거부를 하지 못한다; 판사의 고민이 크다.

다. 법에서는 보통 신의성실의 원칙(=신의칙〈경험칙〉) **· 사회통념 · 선량한 풍속 그 밖의 사회질서**(공서양속) **· 형평 · 정의 · 이성 · 법의 일반원칙** 등으로 **표현**되고 있다. 조리는 법의 불비시 불문법으로서 **판례법과 관습법 다음**의 제3차적 법원(法源)이 될 뿐이다. 따라서 법원성은 약하지만, **법률행위 해석의 기준**은 될 수 있다.[119] 대한민국 민법 제1조는 "……법이 없으면 **조리**에 따른다" 라고 규정하고 있어 조리를 민법, 관습법에 이어 **3차적 법원**으로 명시하고 있다.

조리에 대한 해석은 주로 법원의 법관인 판사들이 담당한다. 조리법(law of nature)은 **조리가 법률적인 강제력이나 구속력을 가질 경우**에 이를 별도로 부르는 용어로서 사실인 관습과 관습법의 차이와 유사하다. 조리법을 통해서 법관은 성문법률이나 관습법, 국제법 등에 전혀 규정되어 있지 않은 판결의 기준을 찾아낼 수 있으며, 사회구성원 다수가 타당하다고 인정해야만 한다.

민사나 행정적인 부분에서는 **조리법의 적용이 가능**하다. 왜냐하면 민사나 행정적인 부분에서는 **법의 규정이 없을 경우**에 **관습법과 조리법의 내용을 대체적으로 활용가능하도록 명문화** 하고 있기 때문이다. 그러나 **형사의 경우**에 있어서는 철저하게 **죄형법정주의를 채택**하고 있기 때문에 **형사법의 규정이 없는 내용을 가지고 처벌할 수 없도록 하고** 있다[**조리형법(벌)**(적용 · 해석)**금지**]. 다시 말해서, 형사적인 내용들은 철저하게 성문법주의를 따르고 있음으로 인해 법률상의 규정에 나와 있지 않은 행위가 설령 사회적으로 문제가 있다 하더라도 이를 처벌하는 것은 불가능하도록 하고 있다.

또 **학설**은 그 자체로서는 법원이 되지 못하나, **학설의 내용이 조리를 이루는 경우가 많으며**, 그 경우 학설은 조리로서 **법원**이 될 수 있다. 조리는 특히 **행정법관계에서 대단히 중요한 의의**를 갖는다. **조리에 위반한 행정처분**은 비록 그것이 **재량행위**인 경우라 할지라도 **재량권의 남용에 해당**되어 **위법한 처분**이 된다.

4. 법의 분류(分類)

법은 법의 적용과 해석 및 재판에 있어서 다양하게 분류[120]할 수 있다. 즉, 법의 실정(제정)성 여부에 따라 **자연법과 실정법**, 그 지지하는 주체에 따라 국내법과 국제법, 법이 규율하는 대상인 생활의 실체에 따라 **공법 · 사법 · 사회법**, **법의 적용과 해석 및 재판의** 중요한 원칙에서 **상위법과 하위법**, **적용**범위의 차이에 따라 **일반법과 특별법**, 그리고 **원칙법과 예외법**, 그 **효력**을 기준으로 볼 때에는 **강행법과 임의법**으로 나누어지고 있다. 또한 그 **내용**

119) 곽윤직, 앞의 책, 23면.
120) 법의 분류(종류)는 구별실익이 있다.

을 기준으로 볼 때에는 **실체법과 절차법**, 그 발생하는 관점에서 **고유법과 계수법**, 규율대상의 내용에 따라 **행위법과 조직법** 등으로 나눌 수 있다. 여기에서는 법을 이해하는데 필수적인 법의 분류로 한정한다.

1) 자연법과 실정법

자연법(自然法, Natural Law)은 인간의 본성에서 유래하여 시간과 공간을 초월한 영구불변의 초월법적인 자연헌법(인간존엄과 가치, 행복추구권)을 말한다. 전형적인 예로서 **가족부양**에 관한 자연법을 들 수 있는데, 자녀는 나이가 든 부모를 부양해야 할 법적인 의무를 가진다. 이 내용이 성문법의 내용 안에 들어있기는 하지만, 그 근본에는 인간사회의 기본적 질서인 자연법으로서 규정되어 있다고 볼 수 있다.

실정법(實定法, Positive Law)[121]은 우리가 통상적으로 법이라고 부르는 일반형식의 법을 의미한다. 헌법이나 법률, 관습법, 판례법과 같이 인간이 법률의 형식으로 구성해 놓고 사용하는 법률 전체가 실정법에 포함된다. 실정법은 **자연법과 대비**되는 개념이다. 자연법은 특정한 **법률적 형식**을 가지고 있지 않은 반면에, 실정법은 **법률의 형식**을 가지고 있다. 자연법은 시대와 공간을 초월하여 인간의 사회적 생활을 규율하는 **거대한 규모의 기준**이 되는 반면에, 실정법은 시대와 공간마다 **각기 다른 형태와 내용**을 포함하는 형태를 띤다. 따라서 자연법에 비해서 실정법은 구체성을 가지지만, 그에 상응하는 단점으로서 **생명력이 영원하지 못하다**는 제한성이 있으며, 자연법은 어떤 사회나 국가건 간에 **절대적으로 동질성을** 가진다는 점에서 **분명한 영원성**을 가진다.[122]

2) 공법 · 사법 · 사회법

(1) 공법과 사법

공법과 사법은 인간 생활의 공적(公的) 부분과 사적(私的) 부분을 기준으로 나눈 것이다.[123] **공법**(公法, Public Law)은 공공의 이익 또는 국가나 사회조직과 관련된 내용을 다루는 것을 일반적으로 공법의 부류에 포함시킨다. **헌법 · 행정법 · 형법 · 형사소송법** · 민사소송법 · **국제법** 등의 법률들이 공법에 해당한다. **사법**(私法, Private Law)은 개인의 사적인 생활과

---

121) 실정법은 경험적 사실(제정법, 관습법, 판례법)에 의거하여 현실적으로 제정(제정법)되거나 형성되어 일정한 시대와 일정한 사회에서 시행되는 법을 말한다. 현재 시행되고 있는 실정법을 현행법이라고 한다.

122) 노덕선 외, 앞의 책, 119~120면 참조.

123) 일반적으로 공법(公法, Public Law)은 일반 사인(私人)간의 관계가 아닌 국가기관과 사인 혹은 국가기관간의 관계를 규율하는 법이고, 사법(私法, Private Law)은 개인의 이해관계를 규율하는 법이다. 다만, 공법과 사법의 구별 표준에 대해서는 이익설, 법률주체설, 생활관계설 등으로 나누고 있다. 오늘날의 통설인 생활관계설은 공법과 사법의 구별을 사람의 생활관계를 기준으로 하여 공법(公法)은 국가생활관계를 규율하는 법이고, 사법(私法)은 사회생활관계를 규율하는 법이라고 한다. 즉, 공법은 국가권력이 지배하는 정치적 생활관계를 규율하는 반면에, 사법은 국가권력이 개입하지 않는 사적 · 가족적 생활관계를 규율하는 법이다: 송호열 외, 공학법제, 진원사, 2012, 68면; 노덕선 외, 앞의 책, 120~122면 참조.

인간관계 등과 관련한 내용들을 다루는 법률분야이다. 사법의 대표적인 예로서 민법·상법, 국제사법 등은 대체로 **사법**에 속하는 것이 보통이다. 민법은 사법이고 **민사소송법은 공법인 사실에 대해서 의아해**하는 경우가 많은데, 민법은 개인 간의 재산관계, 금전관계, 가족관계에 관한 내용을 다룬 법률이기 때문에 민법의 분류 안에 들어가며, 민사관계에 관한 **법원의 소송관련 내용**들은 민사소송법이 다루고 있다는 점에서 **소송(訴訟)**이라는 부분을 **공적인 내용으로 보아** 민사소송법은 **공법 분야에 포함**시키고 있는 실정이다.

공법의 주체는 국가 또는 공공기관(지방자치단체 등)이다. 따라서 국가 또는 공공기관 간의 문제뿐만 아니라, 국가나 공공기관, 국가기관과 개인 간의 상호관계를 다루는 법률도 **공법**에 해당할 수밖에 없다. 대표적인 예가 **민사소송법과 형사소송법**이다. **특허법**은 국가나 공공기관을 통한 사무에 관한 내용이 주(특허청의 특허 등의 사무)가 된다는 점에서 **행정법 분야**에 속한다고 할 수 있다. 따라서 공법의 내용들을 기준으로 하는 시각에서 특허법을 공법으로 보아야만 한다. **사법**은 주종관계나 권력관계가 아닌 **평등적 관계**를 기반으로 하여 설정되는 내용들을 주로 다루고 있다. 따라서 국가나 공공기관이 관련된 내용에 관련한 부분들은 원칙적으로 사법에 포함되지 않는다.

공법과 사법을 구별하여야 할 필요성을 들면 다음과 같다.[124)]

첫째, 이익 당사자 상호간에 **법률적인 분쟁이 발생**할 경우에 그 **재판의 관할**을 어디에다 둘 것인가의 문제 때문이다.[125)] 국가나 정부기관과 관련되어 있고, 그 내용에 있어서 권력관계라는 부분이 일정한 작용을 한다면 이에 대해서는 **공적인 부분의 소송이 진행**될 수밖에 없다. 다시 말해, **형사소송이나 행정소송이 진행**되는 것이다. 반대로 평등한 관계에서 일이 발생한다면, 이에 대한 소송은 **민사소송**을 통해서 해결이 가능하다. 재판관할의 구분은 수많은 소송의 원활할 처리를 위해서 반드시 필요한 선행적 절차이다.

대한민국 행정소송법은 민사소송법과 달리 소(訴)의 제기절차[126)] 등에 관하여 특칙을 두고 있다. 따라서 이러한 특칙이 적용되는 **행정사건**인지 또는 **민사사건**인지를 결정하기 위해서는 계쟁(係爭)중인 구체적 법률관계가 공법관계인지 사법관계인지를 결정하지 않으면 아니된다.[127)]

둘째, **적용법규 및 법의 원리의 결정기준이 다르다**(실체법적 의의). 대한민국 실정법은 **공법**이 지배하는 분야와 **사법**이 지배하는 분야로 나누어 법규의 적용을 달리하고 있기 때문

124) 공법과 사법 및 사회법의 구별실익 → 권리구제에서 소제기 시작점이 다르다. 즉 공법: 이의신청 → 행정심판 → 행정소송 → 행정대집행; 사법: 민사소송 → 민사집행; 사회법: ADR 권리구제 → 행정소송/민사소송 → 행정대집행/민사집행

125) 재판관할과 재판절차의 결정기준이 다르다(절차법적 의의)

126) 이의신청 → 행정심판 선택적(임의적) 전치주의

127) 실정법 제도를 운용하는 기술적 필요에서 공사법의 구별이 요청되고 있다. 특히 행정재판제도를 채택하고 있는 국가에서는 행정법원·사법법원의 관할권 분배의 필요상 어떤 기준에 따라 공법·사법의 구별할 필요가 있다. 대한민국에서는 행정소송법과 행정심판법이 공사법을 구별하는 의의는 존재한다. 공법과 사법은 결국 하나의 법규를 중심으로 판단하여야 한다. 동일한 법전속에서도 공법과 사법이 혼합되는 경우가 적지 않다. 대체적으로 공법적 규정으로 되어 있는 법은 공법이고, 사법적 규정으로 되어 있는 법은 사법이다.

에, 특정한 **법률관계에 적용할 법규 및 법원칙을 결정**하기 위하여 공법과 사법의 구별이 필요하다. 예를 들면, 의무불이행의 경우 **집행수단**에 있어서 **행정대집행법**(行政代執行法)에 따르는가, 민사상 집행하는 방법(**민사집행법**)에 따르는가를 결정할 필요가 있다.

(2) 사회법

요즈음 공법도 아니고 사법도 아닌 제3의 영역적인 법률분야가 나타나는데 이를 이른바 사회법(Social Law)이라고 부른다. 자본주의(資本主義)의 발전에 따라 사회적 및 경제적 모순이 심화되고 **사회 · 경제적 약자(弱者)를 보호**해야 할 필요성이 대두함에 따라 종래의 **사법적 영역에 공법적 규제**를 가하는 새로운 법영역이 등장하게 되었다. **사회법**이란 인간의 사법적 생활관계에서 **사회적 약자를 보호**할 목적으로 공법적인 통제를 가하여 사인(私人)의 **실질적 평등을 실현**하려고 하는 법을 말한다. 따라서 사회법은 라드부르흐(G. Radbruch)가 말하는 바와 같이 공법도 사법도 아닌 중간적인 성격을 가지고 있는 **새로운 제3의 법**[128]이라고 할 수 있다.[129]

사회법에 속하는 것으로서는 **노동법**(근로기준법, 노동조합 및 노동관계조정법, 노동위원회법 등), **경제법**(독점규제 및 공정거래에 관한 법률, 물가안정 및 공정거래에 관한 법률, 소비자기본법, 약관규제 등에 관한 법률, 농수산물 유통 및 가격안정에 관한 법률 등), **사회복지법**(국민연금법, 국민건강보험법, 고용보험법, 산업재해보상보험법, 국민기초생활보장법, 공무원연금법 등), **환경법**(환경정책기본법, 자연환경보전법, 습지보전법, 대기환경보전법, 수도법, 먹는물 관리법, 환경분쟁조정법 등), 산업재산권법(특허법, 실용신안법, 디자인보호법, 상표법), 저작권법, 의료분쟁조정법(의료사고 피해구제 및 의료분쟁 조정 등에 관한 법률) 등을 들 수 있다.

사회법상 권리가 침해된 사람은 먼저 국가를 상대하여 ADR 시스템(소송외적 분쟁해결, 대체적 분쟁해결)으로 권리구제를 할 수 있고,[130] 그리하고도 해결되지 않으면 정식으로 **소제기(행정소송/민사소송)**를 할 수 있다.

먼저 근로기준법(**노동법**)을 보면,[131] 근로기준법(노동법)은 노사관계에서 항시 약자에 해당하는 근로자(노동자)들의 정당한 권리를 보호하는 법률이다. 근로기준법(노동법)을 통해 고용주나 사업주, 회사의 경영진 등이 마음대로 직원을 해고하거나 감봉을 단행하는 일들

---

128) 이러한 법의 발생을 사법의 공법화 경향이라고 한다.

129) ADR 시스템(소송외적 분쟁해결, 대체적 분쟁해결)으로 권리구제 시작 → 소제기

130) 사회법: ADR 시스템(소송외적 분쟁해결, 대체적 분쟁해결))으로 권리구제 시작 → 소제기; –경제적 약자보호(경제법, 소비자법, 제조물책임법) → 공정거래위원회/소비자분쟁조정위원회; –노동약자(노동법=근로기준법, 노동조합 및 노동관계조정법, 최저임금법, 임금채권보전법) → 노동분쟁조정위원회; –생존약자(사회복지법, 노인복지법, 아동복지법, 영유아보육법) → 국가와 지방자치단체: 각종 위원회; –환경약자(환경정책기본법, 환경분쟁조정법) → 환경분쟁조정위원회; –산업재산의 약자(특허법) → 특허청 내 산업재산권분쟁위원회; –저작의 약자(저작권법) → 저작권위원회; –교통약자(자동차손해보장보험법, 자동차사고처리특례법) → 보험 → 소제기; –의료사고약자(의료사고 피해구제 및 의료분쟁 조정 등에 관한 법률) → 의료분쟁조정위원회

131) 노덕선 외, 앞의 책, 121면 참조.

을 차단하고 있으며, 일반적인 경영이 아닌 근로자(노동자)와 같이 상생하는 경영을 강요하는 일종의 근로자(노동자) 보호법이라 볼 수 있다. 자유경영체제를 지향하고 있는 자본주의 사회에서 근로자(노동자)의 해고나 쉬운 구조조정은 어쩌면 경영자 측의 정당한 권리로 볼 수 있을 것이다. 하지만 이를 절대적으로 인정하게 되면 다수의 근로자(노동자)들이 경영자들의 통제에서 억압과 착취를 당하는 경우가 발생하기 때문에 이를 미연에 예방하기 위한 차원에서 근로기준법(노동법)을 두어 활용하고 있다.

더 알아봅시다

대안적인 분쟁 해결 방법 (ADR, Alternative Dispute Resolution)

① **협상(Negotiation)**

분쟁 당사자들이 직접 문제를 해결하기 위해 의견을 나누고 모두가 납득할 만한 합의를 도출해 나가는 과정을 말합니다.

② **조정(Mediation)**

제3자인 조정자가 양측의 의견을 검토하고 양측에 합리적인 해결책을 제시하는 방법이지만, 일반적으로 분쟁 당사자들이 반드시 그 조정안을 받아들여야 하는 것은 아닙니다.

③ **중재(Arbitration)**

분쟁의 양 당사자가 자신들의 분쟁 상황을 해결할 일정한 자격이 되는 사람을 중재자로 설정하고, 중재자는 양측의 의견을 충분히 검토한 후에 결정을 내리게 되는데, 양측은 무조건 이 합의안에 따라야 합니다.

또 하나를 더 보면, 장애인고용촉진법이나 청소년보호법, 모성보호에 관한 법령 등도 전부 사회적 소수자 내지는 사회적 약자를 그대로 방치하지 않고 보호하기 위한 목적에서 만들어진 것이기 때문에 공법과 사법이 아닌 사회법 영역에 해당한다고 여겨진다. 그리고 **경제법**은 자유주의 시장경제 체제를 그냥 내버려둘 경우에 2008년도 말의 세계금융위기와 같은 **경제적 위기상황이 발생**할 수 있다는 점에서 **시장에 대한 정부기관의 개입을 합법화**하고 있다. 역시 원론적으로 자본주의 시장경제 체제에서 국가나 정부기관의 개입은 절대로 있어서는 안 된다. 하지만, 사회적 공익의 실현과 다수의 복리증진을 위해서는 반드시 경제법이 수립되어 있어야만 안전하다.[132)]

3) 상위법과 하위법

상위법과 하위법의 분류는 **법의 적용과 해석 및 재판에서 중요한 원칙**을 정하는데 있다. 법률은 **수직적 체계**를 이루고 있다. 대한민국의 법률체계를 보면, **헌법, 법률, 명령(~법시행령, ~법시행규칙, 국회규칙 등), 자치법규(조례, 규칙)의 순서로 위계**를 갖고 있다. 따라서 이 법들은 상위법과 하위법의 관계에 있다. 여기서 지방자치단체의 법률이라고 할 수 있는 **조**

132) 노덕선 외, 앞의 책, 121~122면 참조.

례를 규칙의 상위단계로 본 것은 조례가 지방자치단체 의회의 의결을 통해 미니입법과정을 거쳐 만들어지기 때문이다. **지역주민의 대표**라 할 수 있는 **지방자치단체 의회**에서 의결하여 입법한 부분이기 때문에 각 행정기관이 임의적으로 만들어내는 규칙에 비해서 상위적인 법률로 여긴다는 의미이다. 따라서 지방자치단체 의회에서 만들어진 **조례**는 지방자치단체에서 만든 규칙에 대한 **상위법률**로서의 성격을 가진다.

지식재산권법들(산업재산권법[특허법, 실용신안법, 디자인보호법, 상표법]과 저작권법)도 수직적 체계 속에 있다. 상위법 및 하위법 체계에 따른 법의 적용과 해석 및 재판을 보면, **헌법**은 국가의 기본법으로서 다른 법들의 상위법이다. 따라서 헌법의 규정을 위반한 하위법률은 **위헌법률**이 되며, 그 효력이 상실된다. 이를 "**상위법 우선의 원칙**"이라고 한다. **법의 적용 및 해석**에서 해당규정이 상위법에 근거하는가, 상위법의 **위임**을 받은 것인가, 상위법의 **허용범위 내**에 있는 것인가를 **판단**해야 한다.

따라서 **상위등급의 법률에 저촉**되는 하위 법률은 원칙적으로 **무효**가 되며, 상위 법률에 근거한 내용을 기준으로 하여 하위 법률이 **직접적인 효력**을 가진다고 볼 수 있다. 예를 들면, **특허법**은 그 상위 법률인 **헌법**의 내용으로부터 자유로울 수 없으며, 특허법의 내용이 헌법의 내용에 반하거나 반할 수 가능성이 있다면 그 효력이 제한되거나 정지될 수 있다. 마찬가지로 특허법의 하위법률인 **특허법 시행령**과 **특허법 시행규칙**은 상위 법률인 특허법의 내용을 충실하게 따라야 하며, 상위 법률과 하위 법률 사이에 **상호 충돌**하는 부분이 존재한다면 **상위법 우선의 원칙에** 따라 **특허법의 내용이 우선시** 된다.

현행 대한민국법의 수직적 체계현황

〈1순위〉	헌 법		
〈2순위〉	법률, 대통령긴급재정경제명령, 대통령긴급명령	조약*	
〈3순위〉	대통령령	국회규칙, 대법원규칙, 헌법재판소규칙, 중앙선거관리위원회규칙 등**	
〈4순위〉	총리령 · 부령***		
〈5순위〉	조례 · 규칙****	행정규칙(훈령 · 예규 · 지침 · 고시 등)	감사원규칙 등

* 조약 중 일부는 3순위의 대통령령, 4순위의 총리령 · 부령과 같은 효력을 갖는다.
** 중앙선거관리위원회규칙 중 일부는 5순위에 속하는 것이 있다.
*** 총리령 · 부령 중 일부는 3순위의 대통령령과 같은 효력을 갖는다
**** 규칙 중 일부는 조례의 위임을 받아 제정하기 때문에 조례보다 하위에 놓이게 된다.

생각하기

대한민국헌법의 내용과 역할을 설명하여 봅시다. 헌법이 다른 법들 보다 우선시되는 이유는 무엇일까요?

4) 일반법과 특별법

이 분류도 법의 제정, 법의 적용, 법의 해석, 법의 재판 등에서 **법이 병존**할 경우에는 어느 법률을 우선 할 것인가에 **특별법 우선의 원칙**에 따르는 것이다. 법은 그 **효력이 미치는 범위**를 기준으로 하여 일반법과 특별법으로 나눌 수 있다.

일반법(General Law)은 적용대상에 제한이 없는 법을 말한다. 즉, 법의 효력의 범위가 모든 사람・장소・시간・사항에 미치는 법을 말하며, 법의 효력이 미치는 범위를 넓게 갖는 법이다. 이에 반하여 **특별법**(Special Law)은 적용대상이 특정범위로 제한되어 있는 법을 말한다. 즉, 법의 효력범위가 특별한 사람・장소・시간・사항에 미치는 법을 말한다. 따라서 그 효력이 특수적・부분적으로만 미친다. 원래 **특별법은 정의(正義) 또는 형평(衡平)의 관념에 입각**하여 일반법 중에서 **특수한 사항**을 골라내어, 그것을 **특별히 취급하려고 하는 취지에서 나온 것**이다.

일반법과 특별법을 **구별하는 실익(實益)**은 일정한 사항에 관하여 **적용될 법이 병존**하는 경우에 "특별법은 일반법에 우선한다"는 것이다. 이를 **"특별법우선의 원칙"**이라고 한다.[133] 따라서 일반법과 특별법이 서로 저촉되는 경우에는 **특별법에 따라야** 하며, **일반법**은 특별법에 규정되어 있지 않은 것을 **보충하는 의미에서 적용**된다. 이 두 개념을 구별하는 실익은 **법의 효력 및 적용의 순서를 명확히** 하는데 있다. **그 밖의 실익**은 **법해석상의 원칙**과 관련된 사항으로서, 일반법은 **넓게 해석**하고, 특별법은 **좁게 해석**해야 한다는 점이다.

특별법 우선의 원칙

갑(甲)・을(乙)・병(丙)은 고등학교 친구로서 모임이 있는 자리에서 마치고 난 후 3명이 오랜만이라고 하면서 저녁 8시경에 따로 술을 마시러 가다가, 정(丁)의 어깨가 부딪치자, 갑(甲)・을(乙)・병(丙)은 정(丁)에게 왜 어깨를 치느냐고 하면서 싸움이 벌어지게 되었다. 이때 갑(甲)이 옆에 있던 **몽둥이로 가격**을 함으로써 상처를 입히게 되었다. 마침 이 싸움의 현장을 목격한 디(D)가 경찰서에 신고를 하여 경찰서 연행되어 구속되었다. 이때 이들은 **형법 제261조의 특수폭행죄(일반법)가 적용**되는가? 아니면 **폭력행위 등 처벌에 관한 법률(특별법)이 적용**되는가?

➤ 위 **사례**를 보면, 일반법인 형법 제261조에는 **단체** 또는 다중의 위력을 보이거나 위험한 물건을 휴대하여 폭행죄를 범한 때에는 5년 이하의 징역 또는 1천만원 이하의 벌금에 처하도록 하여, 갑(甲)・을(乙)・병(丙)에게 형법이 적용될 경우에는 가벼운 벌금형도 가능하다.
그러나 야간에 집단적으로 흉기를 들고 폭행을 하게 되면, **일반법인 형법이 적용되지 않고, 특별법인 폭력행위 등 처벌에 관한 법률 제2조가 적용**되어 가중처벌(1/2 가중처벌)하게 되어 5년 이상의 유기징역의 **무거운 처벌**을 받게 된다.

133) 일반법과 특별법을 구별하는 필요성은 법의 효력 및 적용의 순서를 명확히 하는데 있다. 즉, 동일한 사항에 관하여 특별법과 일반법 모두가 적용조항을 갖고 있어서 양자가 서로 충돌할 때(즉, 일반법과 특별법 모두가 해당 조항을 적용하려고 하는 경우) 특별법은 일반법에 우선하여 적용된다.

일반법과 특별법은 다음과 같은 기준으로 구별되고 있다.[134] 이를 구분하는 기준은 크게 세 가지가 있는데, 그 **하나**는 **국민 전체와 특별한 신분적 계층**에 대한 적용을 하는 부분이고, 다른 **하나**는 시역적으로 대한민국 **영도 전체와 특정한 지역**에 한하여 적용하는 부분이다. 그리고 법의 효력이 어떤 **사항 전반과 특정한 사항**에 대해서만 미치는 것이다.

(1) 사람을 기준으로 하는 경우

법이 적용되는 사람의 범위를 표준으로 하여 **전국민**에게 통일적으로 적용되는 법을 **일반법**(헌법, 민법, 형법, 국민건강보험법 등)이라고 하고, **어떤 특정한 직업・신분**을 가진 사람에게만 미치는 법을 **특별법**(국가공무원법, 군형법, 소년법, 경찰관직무집행법, 외국인토지법, 변호사법, 의사법, 법무사법, 공인중개사법 등)이라고 한다.

(2) 지역적인 범위(장소)를 기준으로 하는 경우

지역적인 범위에 따른 분류로서 법의 효력이 **국가의 주권**이 미치는 국토(영토・영해・영공)에 걸쳐서 미치는 법을 일반법(헌법, 민법, 형법, 상법 등)이라고 하고, **국토의 일부분**에만 미치는 법(지방자치단체의 조례・규칙 등)을 특별법이라고 한다. **지방자치단체의 조례나 규칙**은 해당 지역만을 대상으로 하고 있다는 점에서 일반법이 아닌 **특별법**이 된다. 제주특별자치도법과 같이 제주도를 특별자치도로 지정하여 적용하는 법률들이 대표적인 지역적 범위를 기준으로 하는 특별법이 된다.

(3) 사항을 기준으로 하는 경우

법의 효력이 어떤 **사항 전반**에 걸쳐서 미치는 법을 **일반법**이라고 하고, **특정한 사항**에 대해서만 미치는 법을 **특별법**이라고 한다. 예를 들어, **민법**은 **민사**(民事)에 관하여 전반적으로 효력이 미치는, 즉, 사법(私法)상의 일반적 규정이므로 일반법에 속하나, **상법**은 민사 중의 일부인 **상사**(商事)에 관한 규정으로 상사에 관해서만 적용되므로 민법에 대해서는 특별법이 된다. 즉, **일반법은 특별법에 대해 보충관계**에 있다. 군형법은 형법에 대하여 특별법이다. 즉, 군인 또는 군무원이 상관을 살해한 때에는 형법 제250조의 살인죄가 적용되는 것이 아니라, 군형법 제53조의 상관살해죄가 적용된다.

또 하나 더 예를 들면, 우리네 생활에서 가장 많이 일어나는 자동차교통사고가 일어난 경우에는 민법 제750조(불법행위)와 자동차손해배상보장법 제3조(자동차손해배상책임)가 충돌한다. 이 경우에는 자동차사고로 인한 불법행위에 대해 우선 적용하기 위해 제정된 **자동차손해배상보장법**이 먼저 적용된다. 또 공무원이 직무를 하던 중 일반국민에게 손해를 끼친 경우에는 **국가배상법**이 먼저 적용된다.

대부분의 사람들은 매일 버스 및 지하철에 따라서 이동하면서 생활한다. 이때 버스를 타고

---

134) 김상겸, 앞의 책, 52~53면 참조.

가던 중 **버스 내에서 사고가 나서 다치게 된** 경우에는 버스회사를 상대로 **운송계약위반에** 따른 손해배상책임을 묻는다. 따라서 민법 제390조에 따라 손해배상을 청구하는 것이 아니라 **상법 제148조에 따라 손해배상을 청구**하여야 한다.

그러나 일반법과 특별법의 구별은 절대적인 구별이 아니라 **상대적**인 것이다. 이를 테면 상법은 민법에 대해서는 특별법이지만, 은행법 · 보험업법 · 어음법 · 수표법 등 상법내용 중 특수한 사항을 규정하는 법에 대하여는 일반법의 지위에 놓인다. 또한 일반법과 특별법 관계는 법전 사이에만 존재하는 것이 아니라 동일 법전 중의 규정 상호 간에도 존재한다. 예를 들면, 형법 제250조 제2항의 존속살인의 규정은 형법 제250조의 제1항의 보통살인에 대한 특별규정이다.

과학기술기본법과 지식재산기본법 체계에서도 수직적 관계가 아닌 일반법과 특별법의 관계에 있다. 과학기술과 지식재산 전반에 대한 규정인 **과학기술기본법과 지식재산기본법**은 **일반법**이다. 과학기술기본법에서 규정하지 않은 **기초과학연구진흥법 · 나노기술개발촉진법**, 지식재산기본법에서 **특허법 · 실용신안법 · 디자인보호법 · 상표법 · 저작권법**은 **특별법에 해당**된다.

5) 원칙법과 예외법

원칙법(=본문)과 예외법(=단서)은 특정한 법률이 일정한 사항에 관하여 원칙적으로 적용되는지의 여부를 기준으로 한 것이다. 즉, 구체적 법률관계에 **일반적으로 적용**되는 법이 **원칙법**이고, 구체적 법률관계를 해명하는데 있어 법원칙을 적용하면 구체적 타당성을 결할 염려가 있을 때 **구체적 정의를 실현**하기 위하여 예외적으로 적용되는 법이 예외법이다.

원칙법과 예외법을 **구별하는 실익**을 들면, 첫째, 예외법은 **엄격하게 해석**하여야 한다는 법해석의 일반원칙이 있으므로 명백한 예외규정에 대해서는 함부로 확장해석을 하여서는 아니된다고 하는 것이다. 둘째, 입증책임(**거증책임, 擧證責任**)에서 **원칙법**의 전제요건인 사실의 입증책임은 **원고(原告) 또는 청구자**가 지는 데 대하여, **예외법** 적용의 전제요건인 사실의 입증책임은 **피고(被告) 또는 피청구자**가 지는 것이 원칙이다.

예를 들면, 민법 제3조는 "사람은 생존하는 동안 권리와 의무의 주체가 된다"라고 규정하여 권리의무의 주체를 원칙적으로 출생한 사람에 제한하는 원칙규정(원칙법)이다. 그러나 민법 제762조 및 제1000조 제3항에서 "태아는 불법행위에 대한 **손해배상청구권이나 상속의 순위** 등에 관해서는 이미 출생한 것으로 본다"라고 하여 민법 제3조에 대한 예외조항(예외법)을 규정하고 있다. 이와 같이 **일반법과 특별법**의 구별은 **법령과 법령 사이**의 구별이지만, **원칙법과 예외법**은 동일한 **법령 안**에서나 또는 미성년자의 행위능력에 관한 민법 제5조 제1항[135]과 같이 **동일한 조문 안**에서 구별되는 경우도 있다.

6) 실체법과 절차법

실체법과 절차법은 **법률 안에서 규정되어 있는 분야의 내용을 기준**으로 하여 양자로 구분한 것이다. 먼저 간단하게 구분하면 **법률과 관련된 여러 가지 절차내용을 규정**하고 있는 법률들이 **절차법**에 해당하며, **그렇지 않은 나머지 법률** 모두를 **실체법**으로 볼 수 있다. **실체법**(實體法)은 권리의무의 발생·변경·소멸·성질·내용·범위 등 **권리의무의 실체적 내용**을 규율하는 법률(헌법, 민법, 상법, 형법 등)을 말하고, **절차법(節次法)**은 권리의 보전·실현·의무의 이행·강제 등 권리의무의 실체법의 내용을 구체적으로 실현하기 위한 여러 법률적 과정과 절차 등을 담고 있는 **2차적 법률**(민사소송법, 형사소송법 등)을 말한다.

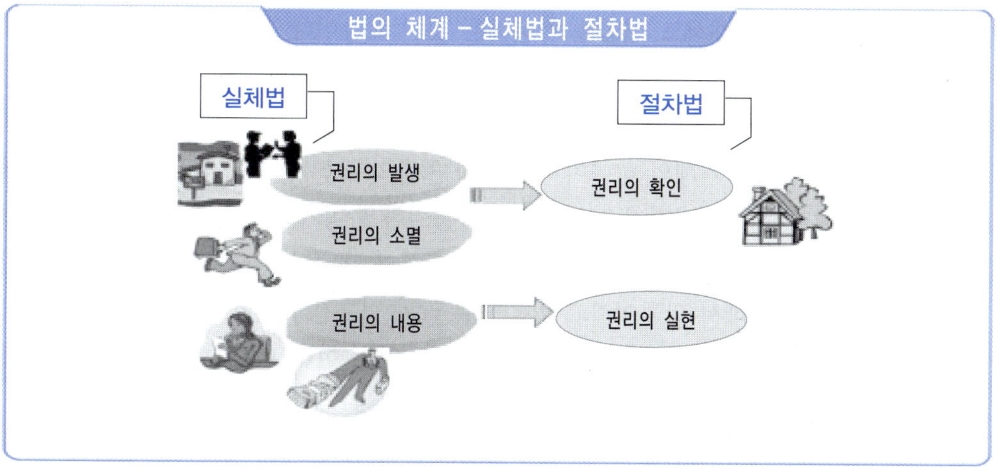

예를 들면, **죄를 범해 형사적인 처벌을 받아야 한다**는 규정이 있다면, 이는 **실체법**에 해당한다. 그리고 이러한 **형사처벌을 법적으로 진행하는 과정을 정리한 형사소송법**의 내용은 **절차법**에 해당한다. **대부분의 법률이 실체법과 절차법의 병행적 수립**이 되어 있는데, 이는 내용과 관계를 규정한 법률이 있다 하더라도 이를 실제적으로 집행하고 구현한 법률 역시 필요한 부분이기 때문이다. 어떤 학자는 실체법을 기차로, 절차법을 기차선로로 비유함으로써 그 관계를 설명하기도 한다.[136]

일반적으로 **'OO소송법'**이라는 이름을 가진 법률이 절차법에 해당하며, 나머지 대부분의 법률은 실체법이다. 소송법은 법률적인 절차의 대표적인 예라고 할 수 있는 소송(訴訟)과 관련된 내용들을 다루고 있다. 따라서 실체법의 내용을 위반하거나 또는 타인이나 국가, 사회에 피해를 입힌 경우에 이를 어떠한 방식으로 처리할 것인지를 규정하고 있다.

절차법은 실체법의 존재를 전제로 할 때에만 의의가 있고, 실체법은 절차법의 존재를 전

135) 민법 제5조(미성년자의 능력) ① 미성년자가 법률행위를 함에는 법정대리인의 동의를 얻어야 한다. 그러나 권리만을 얻거나 의무만을 면하는 행위는 그러하지 아니하다. ② 전항의 규정에 위반한 행위는 취소할 수 있다.

136) 노덕선 외, 앞의 책, 122면 참조.

제로 함으로써만 그 실현이 보장되는 밀접한 관계에 있다. 즉, **실체법**의 **권리실현**은 **절차법에 따라 실현**된다는 것이다. **절차법**은 **소송법**(민사소송법, 형사소송법, 행정소송법)과 **집행법**(민사집행법, 형의 집행 및 수용자의 처우에 관한 법률, 행정대집행법)에 따라 **실현**된다.[137)]

실체법과 절차법의 **구별실익**은 **재판과 법의 개정**에 있다. 첫째, 법원은 **실체법이 없다**고 하여 **재판을 거절할 수 없다.** 그러나 비록 실체법이 있다고 할지라도 재판에 관한 절차법이 없는 경우에는 법원이 임의적인 절차에 따라 재판을 할 수는 없다. 또 실체법과 절차법이 저촉될 경우에는 **실체법에 따라 재판**하여야 한다. 둘째, **실체법이 개정**되었을 때에는 **구법시대(舊法時代)의 법률관계**에 대해서는 **법률불소급(法律不遡及)의 원칙**에 따라 **구법이 적용**되는 것이 원칙인 데 대하여, **절차법이 개정**되었을 때에는 오히려 **소급효가 인정**되어 **구법시대의 법률관계**에 대해서도 **신법을 적용**하는 것이 보통이다.

7) 신법과 구법

법률도 인간이 만드는 기제의 하나이기 때문에 일종의 유통기한을 가진다. 소위 한시법(限時法)이라고 해서 법률의 사회적 표현으로서 유통기한을 명기하는 경우가 있는데 이렇지 않은 경우 법률은 폐기 결정이 국회에서 나가기 전까지 생명력을 유지하게 된다. 무수히 많은 법률이 국회를 통해서 만들어지고 있음으로 인해 법률간에 상호 충돌하는 경우가 발생하는데, 이 경우에 같은 사안에 대해 규정을 하고 있는 여러 법률 가운데 가장 최근에 만들어진 법률이 우선적으로 적용되는 신법(新法)우선의 원칙이 수립되었다.[138)]

신법(新法)은 새로 제정된 법을 말하고, 구법(舊法)은 신법에 따라 폐지되는 법을 말한다. 이때 **신법과 구법이 충돌할 때**에는 신법은 구법을 폐지하고 적용되는 것이다. 이를 "**신법우선의 원칙**"이라고 말한다. 사회현상은 항상 진행과정에 있어 어느 순간에 완벽하게 새로운 법이 적용될 수 있는 변화된 모습으로 나타나는 것은 아니다. 그러므로 신법의 시행시기와 구법의 종료시기에서는 상호불일치가 존재할 수 있다. 이러한 불일치를 해결하기 위하여 **신법**에 **경과 규정 또는 부칙**을 둔다. 이 **경과규정**은 **구법을 준수한 준수자의 권리를 보호**할 뿐만 아니라 **법의 보수성을 유지**(기득권존중의 원칙)하는 데에 도움이 된다. 다만, 신법(新法)이 **일반법이**고, 구법(舊法)이 **특별법**일 경우에는 **신법이 구법의 효력을 소멸시키지 않는다.** 왜냐하면, **특별법우선의 원칙**이 **신법우선의 원칙에 선행**하는 원칙이기 때문이다.

형법에서는 죄형법정주의가 적용되기 때문에 **법률불소급원칙이 절대적**이다. 왜냐하면,

---

137) 실체법의 권리실현은 절차법에 따라 실현된다. -민사문제(사건): 민법/민사특별법 → 민사소송법 → 민사집행법; -상사문제(사건): 상법/상사특별법 → 민사소송법 → 민사집행법; -형사문제(사건): 형법.형사특별법 → 형사소송법 → 형의집행 및 수형자의 처우에 관한 법률(형집행법); -행정문제(사건): 행정법 → 행정심판법 → 행정소송법 → 행정대집행법; -절차법은 소송법(민사소송법, 형사소송법, 행정소송법) + 집행법(민사집행법, 형의집행 및 수형자의 처우에 관한 법률, 행정대집행법)에 따라 실현된다.

138) 노덕선 외, 앞의 책, 111면 참조.

형법은 개인의 생명·자유·재산을 박탈하는 형벌을 부과하는 법으로서 형법의 소급효를 인정하게 되면, 개인에게 예측하지 못했던 치명적인 피해를 줄 수 있기 때문이다. "범죄의 성립과 처벌은 행위시 법률에 따른다"라고 규정하고 있는 형법 제1조 제1항과 "모든 국민은 행위시의 법률에 따라 범죄를 구성하지 아니하는 행위로 소추되지 아니하며……"라고 규정하고 있는 대한민국헌법 제13조 제1항은 **모두 죄형법정주의**와 **형벌불소급의 원칙**을 명문화한 것이다.

8) 강행법과 임의법

(1) 강행법과 임의법의 의의

강행법이란 당사자의 의사를 불문하고 일률적으로 적용되는 법이다. 즉, 당사자가 **법의 규정과 다른 의사표시**를 했다고 하더라도 그 **법규정의 적용을 배제할 수 없는 법규정**을 강행규정이라고 한다.[139] 예를 들면, "사람은 생존하는 동안 권리·의무의 주체가 된다(민법 제3조)는 규정은 당사자가 권리·의무의 주체가 되지 않는다거나 이를 제한하는 내용의 법률행위를 해도 이 법률행위는 **무효**가 된다는 것을 말한다.

그러나 **임의법**은 당사자가 다른 의사표시를 한 경우에는 그 **법규를 적용하지 않는** 법이다. 즉, 당사자가 **법의 규정과 다른 의사표시**를 하여 그 **법규정의 적용을 배제할 수 있는 법**을 말한다. 예를 들면, "변제비용은 **다른 의사표시가 없으면** 채무자의 부담으로 한다(민법 제473조)"라는 규정은 당사자의 **다른 의사**로 그 **적용을 배제**할 수 있다는 것이다. 예를 들면, 빌려 돈을 갚을 때 은행계좌로 송금할 때 **송금수수료의 부담**, 상품대금을 은행 계좌로 송금할 때에는 **송금수수료의 부담** 등을 들 수 있다.

(2) 강행법과 임의법의 구별판단

일반적으로 헌법·행정법·형법·민사소송법·형사소송법 등 **공법(公法)은 강행법**(强行法)에 속하고, 민법·상법 등 **사법(私法)은 임의법(任意法)**에 속한다. 그러나 민사소송법 중 임의관할에 관한 규정은 임의법이며, 민법 중 친족·상속에 관한 규정은 강행법이 속하므로, 반드시 공법은 강행법이고, 사법은 임의법이라고 할 수는 없다.

개개의 법규가 강행법이냐 아니냐의 판단은 법문(法文, 법규정)[140] 중에 명시되고 있는 경우 외에는 그 구별이 쉽지 않다. 법문 중에 "……하여야 한다", "……하지 아니하면, ……하지 못한다"(민법 제31조) 등을 사용하고 있는 경우에는 법문(법규정)상 **강행법임 명백**하다. 법문중에 "**다른 규정이 있는 때**에는 그 규정에 따른다"(민법 제78조), "**다른 의사표시가 없는 때**에는……"(민법 제133조) 등의 문언(규정)을 사용한 경우에는 그것이 법문상 **임의법이 명백**하다.

---

139) 정승재, 앞의 책, 69~70면 참조.
140) 법문(法文): 법규정을 의미한다.

(3) 강행법과 임의법의 유형

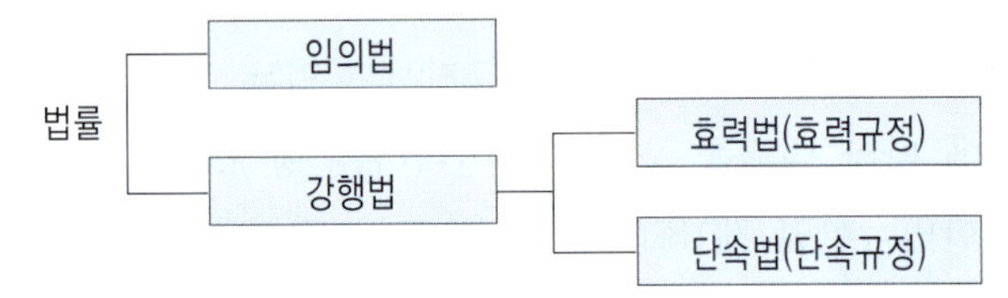

(가) 강행법의 유형

강행법은 효력규정(효력법)과 단속규정(단속법)으로 구분된다. 여기서 **단속법**이라 함은 일정한 **행정상의 목적을 달성**하기 위하여 **일정한 행위를 금지·제한**하고, 이에 위반한 경우에는 **형벌이나 행정상의 불이익**을 가하게 하는 규정을 말한다. **단속법(단속규정)에 위반**한 경우에는 그 **사법상(私法上)의 효력은 유효(有效)**하나, 벌칙(형벌[징역, 금고, 벌금], 행정질서벌[과태료, 범칙금, 과징금]) 적용대상이 되며, 효력법(**효력규정)에 위반시**에는 그 효력은 무효이다(다수설). 이에 대한 **일반적 구별기준은 없다**. 따라서 법규의 입법취지가 **행위만을 금지**하고 있는가 또는 **행위의 결과까지 금지**하고 있는가에 따라 **결정**하여야 한다.[141]

① 강행법의 단속법(단속규정) 위반시[142]: 단속법(단속규정)의 예를 들면, 허가없이 개설된 시장에서의 영업행위(시장법 제4조·제10조), 무허가음식점의 유흥영업행위 또는 음식물판매행위(식품영업법 제20조·제23조(條)·제44조·제45조), 공무원의 영리행위(국가공무원법 제64조), 허가없이 총포·도검·화약류를 판매하는 행위(총포·도검·화약류단속법 제7조·제70조) 등을 들 수 있다. 위의 단속한 **단속법(단속규정)에 위반**한 경우에는 그 **사법상(私法上, 계약상)의 효력은 유효(有效)**하나, 벌칙 적용대상(예: 형벌, 행정질서벌[행정상 불이익=과태료 등])이 된다.

▶ 단속규정위반

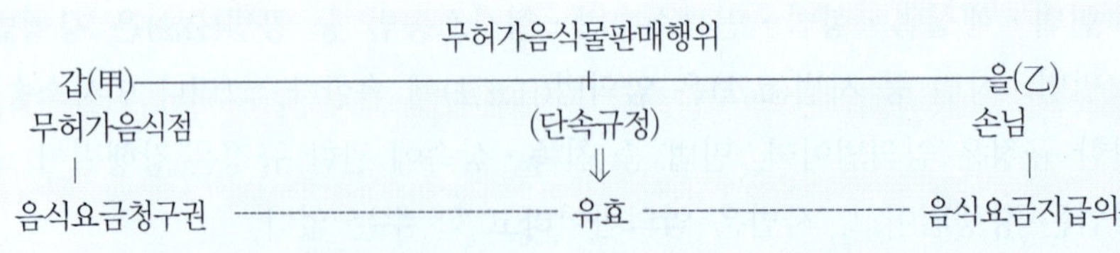

i) 위 그림에서 보는 것처럼 갑(甲)이 행정관청 허가없이 음식물을 판매하는 행위는 식품위생법 제20조의 규정에 위반한 행위이다.

ii) 그러나 이러한 규정은 강행규정이지만 행위를 단속할 목적으로 정한 「단속규정」이기 때문에 이에 위반한 행위(=무허가 음식물판매행위)에 대해서 행정상 제재(=과태료, 영업정지 등) 있게 되나, 그 행위 자체의 사법상(계약상)의 법률효과는 유효하다. 따라서 무허가 음식점 주인 갑(甲)은 그림에서처럼 손님 을(乙)에게 음식요금 청구권을 행사할 수 있다.

---

141) 김진수 외, 민법 및 민사특별법, 한국교육방송공사, 2007, 40~41면.

142) 강행법의 단속법 위반시 : 개인의 간의 거래는 유효이나 벌칙만 받는다.

② 강행법의 효력법(효력규정)의 위반시: 법률이 특히, 엄격한 표준을 정하여 일정한 자격을 구비한 자에 대해서만, 일정한 기업을 허용하는 경우에, 그 규정은 효력법(효력규정)이라고 해석한다(다수설). 따라서 그 사법상(私法上, 계약상)의 효력은 무효(無效)이다. **효력법(효력규정)**의 예를 들면, ① 의사・약사, 어업권자(수산업법 제74조) 등이 그 명의를 대여하는 행위, ② 증권회사가 그 **명의를 대여**하여 증권업을 경영하게 하는 행위(증권거래법 제63조), ③ 건설업의 면허를 받지 않는 자가 맺은 건설공사도급계약(건설업법 제4조) 등을 들 수 있다. 또한 광업권의 임대차계약(덕대계약)에 있어 종래 판례는 무효로 판시하고 있다(대판 1966.7.5., 66다423).

위의 예와 같이, 의사・약사, 어업권 등의 **명의대여계약은 무효**이나, 명의를 빌린 자가 제3자와 맺은 계약은 거래안전보호의 입장에서 **사법상(私法上, 계약상) 유효(有效)**라고 하는 것이 다수설이다.

효력규정위반

甲————————임대차————————乙
임대인　　　　　**차임1기**액연체시　　　　　임차인
해지하기로특약
|
무효← 강행법규(민법 제640조)위반!

* 민법 제640조(임차연체와 해지) 건물 기타 공작물의 임대차에는 임차인의 차임연체액이 「2기의 차임액」에 달할 때에는 임대인은 계약을 해지할 수 있다.
* 제652조(강행규정) 제627조, 제628조, 제631조, 제635조, 제638조, 제640조, 제641조, 제643조에서 제647조까지의 규정에 위반하는 약정으로 임차인이나 전차인에게 불리한 것은 그 효력이 없다.

※ 강행법규 ⇒ 선량한 풍속 기타 사회질서에 관계있는 규정으로서 반드시 그 규정에 따르도록 강요되는 규정
※ 효력규정 ⇒ 강행규정으로서 그 규정내용에 위반되는 경우에 개인간의 법률상의 효력을 인정받지 못하는 규정

(나) 임의법의 유형

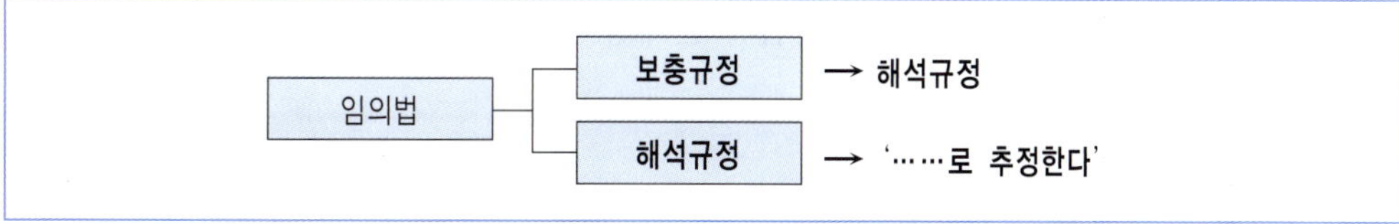

임의법은 다시 **보충규정과 해석규정**으로 구분된다. 양자 모두 당사자의 불완전한 법률행위를 보완한다는 점에서는 같지만, 규정형식이나 기능에서는 중요한 차이가 있다.[143] **보충규정**은 당사자의 **의사표시가 결여된** 경우에 이를 **보충**하는 규정을 말한다. 따라서 보충

143) 한상수, 로스쿨 시대 법학의 기초, 인제대학교출판부, 2008, 203면.

규정은 대체적으로 '**다른 의사표시가 없는 때**에는' 이라는 형식으로 표현된다.[144] 이에 반해, **해석규정**은 당사자의 **의사가 존재**하지만, 그 **의미가 불명확한 경우**에 그 **의미를 결정**하기 위한 규정이다. 따라서 '**……로 추정한다**'라는 형식으로 표현되는 경우가 많다.[145]

(4) 강행법과 임의법의 구별실익

강행법과 임의법을 구별하는 **실익**은 당사자가 법규의 내용과 다른 의사표시 그 밖의 행위를 한 경우에 그 **의사표시 그 밖의 행위의 효력**을 법규와 달리하는 데 있다. 즉, 의사표시 그 밖의 행위가 **강행법에 위반한 경우**에는 **무효**이거나(민법 제103조) **취소**할 수 있거나(민법 제5조 제2항), 또는 **일정한 제재(처벌=형벌, 행정질서법(과태료 등))**를 받게 된다(민법 제97조). 이에 대하여 의사표시 그 밖의 행위가 **임의법에 위반한 경우**에는 **유효**하거나 적어도 **불법한 것으로 되지 않는다.**

이와 같이 명백한 규정이 없는 경우에 강행법과 임의법을 구별하는 것은 쉬운 일이 아니다. 이 경우에는 **각 규정의 내용·성질·입법정신 등을 종합적으로 검토**하여, 해당 규정이 주로 **공익을 목적**으로 하고 있는가 아니면 **사익을 목적**으로 하고 있는가에 따라 **강행법·임의법의 여부를 판정**할 수 있다.

9) 국내법과 국제법

국내법은 한 국가에 따라서 인정되고, 그 국가의 통치권이 미치는 범위 안에서만 효력을 가지는 법으로서 국가와 지방자치단체, 개인과 국가 또는 지방자치단체, 개인과 개인간의 권리·의무관계를 규율하는 법이다. 종래의 국제법은 국가간의 관계를 규율하는 법이었으나, 오늘의 국제법은 국가·국제조직·개인으로 구성되는 국제사회의 법을 말한다. 즉, 국가·국제조직·개인 상호간의 권리와 의무관계를 규율하는 법이다. 국제법의 주체는 국가·국제조직·개인이며, 그 중 국제법을 정립할 할 수 있는 능동적 주체는 국가와 국제조직이며, 개인은 국제법의 수동적 주체에 불과하다. 국제법은 국제법 주체의 문서에 따른 명시적 합의인 "조약"과 법적 확신이 있는 관행인 "국제관습법"의 형식으로 존재한다.[146] 판례는 그것이 '국제관습법'으로는 국제법의 존재형식이 될 수 있으나, 그 자체로는 국제법의 법원이 되지 못한다.

(1) 국내법과 국제법 구별방법

국제법의 주체는 원칙적으로 국가이며, 국가 이외의 국제조직과 개인이 있다. 그러나 국내법의 주체는 국가와 그 국가 내에 있는 지방자치단체와 개인이다. 국제법은 국제법 주체

---

144) "변제비용은 다른 의사표시가 없으면 채무자의 부담으로 한다"고 규정한 민법 제473조가 보충규정에 해당한다.
145) "위약금의 약정은 손해배상액의 약정으로 추정한다"는 민법 제398조 제4항이 해석규정에 해당한다.
146) 정승재, 앞의 책, 66~67면 참조.

간의 명시적인 합의에 따라 정립되는 "국제조약"과 묵시적인 합의 또는 법적 확신에 따라 정립되는 "국제관습법"으로, 국제법 주체간의 '자율적 규범'이다.

이에 반해 국내법은 국가의 제정 또는 승인에 따라 성립되며, 결과적으로 국가의 단독의사에 따른 것이다. 실정법(實定法)의 경우는 제정권력에 따라 만들어진 법규로, 법규 주체인 국민에 대해서는 '타율적 규범'인 것이다.

(2) 국제법과 국제사법

일반적으로 국제법은 '국제공법'과 '국제사법'으로 구분된다고 오해하고 있으나, 국제사법은 국제법과는 성질을 달리한다. 국제법은 국가와 국가의 관계를 규율하는 것이나, 국제사법은 우리네의 생활관계가 법역을 달리하는 여러 나라에 미칠 때, 그 중 어떤 나라의 법을 적용할 것이냐 하는 것을 규정하는 법이다. 국제사법은 세계 각국에 보편적으로 적용되는 것은 없다. 즉, 국제법이 아니라 **국내법의 일부**로서 국가간의 섭외(涉外)적 사법(私法)관계에 관하여 어느 나라의 법을 적용할 것인가를 정하는 법이다. 이에 관한 대한민국의 명칭은 "**섭외사법**(涉外私法)"이었으나, 2001년 7월부터 "**국제사법**(國際私法)"으로 명칭을 개정하고 그 내용도 개정하였다.

예를 들어, 대한인(한국인)과 일본인이 미국의 하와이에 있는 부동산을 매매하는 경우, 국제사법은 어느 나라의 법을 적용할 것인가를 규정하고 있다. 또한 국제사법은 특정한 국가에 거주하는 외국인의 법률관계를 정함에 있어서 외국인의 본국법 또는 자국법 중 어느 것을 적용할 것인가를 다루는 법이다.

10) 고유법과 계수법

고유법은 특정사회에서 고유하게 본래적으로 고유의 도덕・관습 등을 기초로 발생・성립한 법을 말하고(예: 전세권 등), 계수법은 다른 사회에서 발생・성립한 법을 그 사회에 옮겨 수용한 법을 말한다. 계수법의 연원이 된 외국법을 "모법(母法)"이라고 하고, 그것을 계수한 법을 "자법(子法)"이라고 한다. 계수법에는 직접 계수법과 간접계수법이 있다. 전자는 외국법을 그대로 번역하여 도입한 법이며, 후자는 외국법을 자료로 하여 자국에 맞게 변형 도입한 법이다.

서구 근대국가의 법은 대부분의 로마법을 계수한 것이다. 대한민국은 옛날에는 당률・명률 등 중국법을 계수하였으나, 현행법 중에는 일제강점기에 일본을 통해서 독일법・프랑스법을 계수한 것이 많고, 최근에는 영미법을 계수한 법이 늘어나고 있다. 한 나라의 문화발달은 타국의 문화와 밀접한 관계를 가지고 있으며, 교통과 통신의 발달은 각 나라 간의 문화교류뿐만 아니라, 제도・법제까지도 서로 영향을 미치고 있다. 이러한 현상은 더욱 심화될 것이다.

고유법과 계수법을 구별하는 실익은 그 법규가 어느 것에 속하느냐에 따라 법의 해석이나 연구방법에 있어서 상당한 차이를 가져온다는 데 있다. 즉, 고유법은 자국의 법제를 **연**

역적(演繹的)·귀납적(歸納的) 방법에 따라 연구하면 되지만, 계수법은 그 모법을 발달시킨 **국가의 역사적·문화적 제(諸) 특성을 고려**하여 연구하여야 한다는 데 있다.

11) 조직법과 행위법

조직법은 사람의 행위의 기초 또는 수단이 되는 조직·제도를 정하는 법을 말한다. 헌법·법원조직법·형사소송법·민사소송법 등이 이에 해당한다. 이에 대하여 **행위법**은 사회생활에서 사람의 행위 그 자체를 규율하는 법을 말한다. 형법·민법·상법 등이 이에 해당한다. 조직법과 행위법의 **구별실익**은 **조직법**은 **엄격하게**, **행위법**은 **비교적 자유롭게 해석**하여 이론상·실제상 적용할 수 있다는데 있다. 그 **이유**는 조직법은 대체로 **강행법적 성격**을 가지고 있고, 행위법은 대체로 **임의법적 성격**을 가지고 있기 때문이다.

Q & A

1. 법원은?
2. 법원의 큰 종류?
3. 성문법의 종류?
4. 불문법의 종류?
5. 공법·사법·사회법 구별실익은?
6. 일반법과 특별법의 구별실익은?
7. 강행법과 임의법은?
8. 강행법중 효력법(효력규정)과 단속법(단속규정)은?
9. 실체법과 절차법은?

제4절 법의 효력

- 법의 효력
  - 법의 실질적 효력
    - 법의 실효성
    - 법의 타당성
    - 법의 정당성
    - 법의 합법성
  - 법의 형식적 효력
    - 시간(때)에 관한 효력–법률불소급원칙(신법우선)–원칙, 예외
    - 사람에 관한 효력–모든 대한민국의 국민(속인주의)와 대한민국의 영토내의 외국인(속지주의)
    - 장소에 관한 효력–대한민국 전 영토–속지주의–영토고권

법은 사회생활을 규율하는 규범이므로 법의 생명은 그것이 현실사회에서 실현되는데 있고, 실현되려면 그 법이 효력이 있어야 한다.[147] 법의 효력(validity of law)이란 법이 그 규범내용대로 실현될 수 있는 상태를 말한다. 즉, 법이 구속력을 가지고 국민의 형태를 규율하는 규범으로서 그 의미 내용대로 실현할 수 있는 힘을 가지는 것을 말한다. 법은 그의 목적이 현실사회에서 실현되는데 그 가치가 있는 것이다. 따라서 법에 효력이 없다면 그 법은 존재가치를 잃게 될 것이다.

그러나 법규범이 사실상 실현되지 않는다고 하여 당장 법규범으로서의 의미를 상실하여 버리는 것은 아니다. 예를 들면, 형법 제269조(낙태) 제1항은 "부녀가 약물 그 밖의 방법으로 **낙태한 때**에는 1년 이하의 징역 또는 200만원 이하의 벌금에 처한다"라고 하여 낙태죄를 규정하고 있으나, 불가피하게 낙태를 선택하는 임산부의 자기결정권이라는 측면에서 낙태행위는 거의 처벌하지 않는 실정이어서 본조는 사문화(死文化)되고 있다. 따라서 이러한 법규범은 **현실에서 실현되지 못하고 있다.** 그러나 이처럼 사실상 실현되지 않는 법규범이라고 해서 **당장 법규범으로서의 존재의미를 상실하는 것은 아니다.**

이와 같이 그 법규범이 실현되든 되지 아니하든 간에 '법은 준수되어야 한다'는 당위성(Sollen)은 내재하고 있는 것이다. 이것이 '법의 실정성(實定性)'[148]이며, 곧 법의 근거가 되어서 법은 실행되어야 한다는 강제성을 갖게 된다.

법의 효력문제는 두 가지로 나누어진다. 첫째, 법이 현실생활 속에서 실현되는 근거는 어디에 있느냐를 규명하는 문제로서 규범이 실현하려는 이념(**타당성**)과 규범이 현실적으로 실현되고 있는 상태(**실효성**)가 합치되느냐의 문제이다. 이를 **법의 실질적 효력**이라고 한다.

둘째, 실정법의 효과가 어느 때(**시간**)를 기준으로 하여 어떤 범위의 **사람**과 **장소**(곳)에 적용되느냐 하는 것으로서 이를 **법의 형식적 효력**이라 한다.[149]

1. 법의 실질적 효력

법이 실질적으로 효력을 발휘하려면 행위를 마땅히 요구할 수 있어야 하고, 그 불응에 대해서는 그에 상응한 강제 내지 제재가 가능해야 하는데, 이를 **타당성**과 **실효성**이라고 한다.

법의 타당성[150]이란 법이 실현되어야 한다는 **당위성의 요구**[151]를 의미하며, 이것은 **법이 구속력을 행사할 수 있는 정당성을 갖게 하는 법의 가치**를 말하는 것이다. 법의 타당성

---

147) 이환경, 생활과 법률, 형설출판사, 2006, 88면 참조.
148) 법의 실정성을 실질적 효력이라고도 한다.
149) 김용희, 법학개론, 형설출판사, 2006, 48~49면 참조.
150) 법자체가 실현되어야 한다는 당위성의 요구를 타당성이라고 한다.
151) 현실적으로 법규범의 명령이나 금지는 항상 준수되는 것이 아니라 침해되기도 하고 무시되기도 하므로 행위규범으로서의 법이 요구하는 바는 '현실상 그 규정대로 실현되기를 요구하는 것'이다.

의 근거에 대해서는 대체로 법이 지닌 이념(목적)으로 보는 것이 무난하다고 하겠다. 즉, 법에서 이념(목적)이 없는 법은 무의미한 것이며, 이념이야 말로 법의 존재이유이고, 타당성을 갖게 되는 최후의 근거라 할 수 있기 때문이다.

법의 실효성이란 일정한 명령·금지 등을 요구하는 행위규범에 **위반**하는 일이 현실적으로 발생할 때, 그 위반자에 대하여 **강제집행**을 한다거나 **형벌(제재)**을 가하여 강제규범을 발동하는 것을 말한다. 즉, 법이 현실적으로 사람들에 따라 지켜지고 실현되는 것을 의미한다. 법이 실효성을 갖는다고 하는 것은 강제규범으로서 **국가권력에 따라 그 실현을 보장받아 강행**되는 것을 말한다. 예를 들면 형법 제297조(강간)는 "폭행 또는 협박으로 사람을 강간한 자는 3년 이상의 유기징역에 처한다"라고 하여 강간(强姦)행위를 금지하고 있는(**행위규범**) 동시에, 이에 위반하면 3년 이상의 유기징역에 처할 것(**강제규범**)을 규정하고 있다.

이와 같이 일정한 행위에 따라 침해된 행위규범(재판규범)으로서의 법이 강제규범으로서의 법에 따라 회복됨으로써 그것은 법으로서의 실효성을 갖게 된다. 그러므로 법은 규범적 가치를 갖는 것만으로는 실제 효력을 가지는 법이 되지 아니하며, 실제로 사회생활에서 그 내용이 실현될 수 있는 힘, 즉, 실효성을 함께 갖추어야 한다. 그런데 21세기 사회에서 법의 실효성을 보장하는 것은 어디까지나 국가권력이기 때문에(국가구제), 개인의 실력이나 폭력에 따른 자력구제(self-help)는 원칙적으로 인정되지 않는다.

법이 **완전한 효력을 발휘**하려면 **규범적 타당성**과 **사실적 실효성**이 **병존**하여야 한다. 법이 이 중 어느 하나라도 결여되는 경우에는 실정법으로서의 존재가치를 잃게 된다. 따라서 **타당성이 없는 법**은 아무리 **실효성이 있다**고 할지라도 그것은 **악법**이 될 수밖에 없으며, 반대로 **실효성이 확보되지 않는 법**은 아무리 **타당성이 있다**고 평가될지라도 **사문화**(死文化) 되어서 현실적으로 만족할 실정법으로서의 구실을 하지 못하게 될 것이다. 그런데 법은 실효성보다도 **타당성을 중시**하여 **악법을 거부**하는 동시에 **저항권을 강조**하여야 한다.

2. 법의 형식적 효력

법의 형식적 효력이란 법이 적용되는 범위를 말하는데, 법의 효력은 헌법의 효력, 행정법의 효력, 민법의 효력, 소송법의 효력 등 각각의 법의 영역별로 설명할 수 있다. 여기서는 법의 일반효력을 중심으로 시간에 관한 효력·사람에 관한 효력·장소에 관한 효력으로 나누어 설명하기로 한다.

1) 법의 시간적 효력

법의 시간에 관한 **효력**이란[152] 법의 시간적 적용범위를 말한다. 법은 시간적으로 무제

한 효력을 갖는 것이 아니라 **시행일로부터 폐지일까지**만 효력을 갖는다.[153]

(1) 법의 시행

법의 시행이란 유효하게 성립되어 구속력을 발휘하는 법이 **구체적인 실시력**을 갖게 되는 것을 말한다. 법은 성립과 동시에 효력을 발휘하며, 성립된 법은 **시행**에 따라 구체적으로 효력을 발휘하게 된다. 전자(성립, 효력)를 구속력이라 하고, 후자(시행)를 실시력이라고 한다. 성문법이 국회나 지방자치단체 또는 대통령령 등의 제정권자에 따라 제정되면, 그에 따라 일반 국민을 구속하는 법규범으로서의 힘을 확정적으로 갖는다. 그렇지만, 이것이 그 법령이 규율하려는 사항에 대하여 **현실적으로 효력을 발생**하기 위해서는 **시행**할 것을 필요로 한다.

법령이 직접 그 **시행기일**을 정하고 있는 경우(원칙적으로 그 법령의 **부칙**에 표시)에는 그 규정된 날로부터 실시력을 발생하는 것이 당연하지만, 특별한 규정이 **없는** 한, 시행기일을 정하지 않은 법령은 **공포일로부터 20일** 또는 **30일 경과한 날**로부터 **시행**(**실시력**)되는 것으로 하고 있다.[154] 공포일 **또는 공고일은** 관보(官報)[155]에 게재(揭載)하는 방법 또는 신문이 발행된 날로 하고 있다.[156] **시행일**을 개개의 법령에 개별적으로 규정하는 경우에는 대체로 부칙(附則)에 명시한다.

(2) 법의 폐지

법의 폐지란 법이 종래 갖고 있던 구속력과 실시력을 잃게 되는 것을 말한다. 법시행의 경우는 구속력과 실시력이 발생하는 시점이 반드시 일치되는 것이 아니나, 법 폐지의 경우는 구속력과 실시력이 항상 동시에 소멸한다. 법 폐지의 원인은 **명시적**인 것과 **묵시적**인 것이 있다.

(가) 명시적 폐지

명시적 폐지란 **명문의 규정**에 따라 법이 폐지되는 경우이다. 명시적 폐지에는 두 가지

---

152) 때에 관한 효력이다.

153) 정승재, 앞의 책, 77~81면 참조

154) 대통령령, 총리령, 부령은 특별한 규정이 없으면, 공포한 날로부터 20일이 경과함으로써 효력이 생기고(법령 등의 공포에 관한 법률 제13조), 국민의 권리제한 또는 의무부과와 직접 관련되는 법률, 대통령령, 총리령 및 부령은 긴급히 시행되어야 할 특별한 사유가 있는 경우를 제외하고는 공포일로부터 30일이 경과한 날로부터 시행되도록 하여야 한다(동법 제13조의2).

155) 대한민국전자관보: http://gwanbo.mois.go.kr/main.do : 법령 등 공포에 관한 법률 법령 등의 공포 수단으로써의 관보운영 근거와 효력을 규정: 제11조(공포 및 공고의 절차) ① 헌법개정・법률・조약・대통령령・총리령 및 부령의 공포와 헌법개정안・예산 및 예산 외 국고부담계약의 공고는 관보(官報)에 게재함으로써 한다. ② (생 략) ③ 제1항에 따른 관보는 종이로 발행되는 관보(이하 "종이관보"라 한다)와 전자적인 형태로 발행되는 관보(이하 "전자관보"라 한다)로 운영한다. ④ 관보의 내용 해석 및 적용 시기 등에 대하여 종이관보와 전자관보는 동일한 효력을 가진다.

156) 법령 등의 공포에 관한 법률 제12조.

경우가 있다. 첫째, 법령에 그 시행기간, 즉, 유효기간이 정해진 경우 그 기간의 종료로 그 법령이 당연히 폐지되는 경우인데, 이러한 기한부 입법을 **한시법(限時法)**이라 한다. 둘째, 입법기관이 신법(新法)에서 명문규정으로 구법(舊法)의 전부 또는 일부를 폐지한다고 규정한 경우에 구법은 당연히 폐지된다.

(나) 묵시적 폐지

묵시적 폐지에는 **특정사항**을 목적으로 하여 제정된 법은 그 목적사항이 소멸된 때와 **동일한 사항**에 관하여 모순되는 **신법이 제정된 때** 구법은 폐지된다. 묵시적 폐지에는 두 가지 경우가 있다. 첫째, 신법과 구법이 저촉한 경우이다. 즉, 동일사항에 관하여 신법과 구법이 저촉・모순되는 때에는 그 저촉(抵觸)의 한도에서 구법(舊法)은 묵시적으로 당연히 폐지된 것으로 된다. 그 이유는 국가의사는 통일적인 것이어야 하기 때문이다. 이를 "**신법(新法)은 구법(舊法)을 개폐한다**"라는 원칙이다. 그러나 신법이라 하더라도 **일반법인 신법**은 **특별법인 구법**을 **개폐하지 못한**다. 이 원칙을 "**일반신법은 특별구법을 개폐하지 못한다**"는 원칙이라고 한다. 둘째, 법의 목적사항의 소멸로 인하여 법이 폐지되는 경우이다. 이 경우에는 법이 규율한 사항이 완전히 소멸되어 버렸으므로 자연히 법이 폐지되는 경우이다.

(3) 법의 시행과 폐지에 관한 적용 원칙

(가) 법률불소급의 원칙

성문법은 **시행한 날로부터 효력이 발생**한다. 그 시행기일 이전에 발생한 사항에는 적용되지 아니함을 원칙으로 한다. 이를 **법률불소급의 원칙**[157]이라 한다. 이 원칙은 법의 소급으로 인한 **사회생활의 혼란을 막고 법적 안정성을 확보**하기 위하여 인정되는 것이지만, 절대적인 것이 아님에 주의를 요한다. 이 원칙이 특히 중요한 역할을 하는 것은 생명・자유에 가장 밀접한 관계에 있는 형사법(사람을 처벌)이다. 헌법 제13조 제1항에서 **형벌법규의 소급화를 금지와 행위시법주의의 원칙을 채택**하여, 형법 제1조에서도 "범죄의 성립과 처벌은 **행위시의 법률**에 따른다"고 규정하고 있다. 이는 행위시에 처벌법규가 없던 행위에 대해 사후입법으로 처벌하거나 행위시보다 형을 가중하는 것은 소급효금지의 원칙에 위배되므로 허용할 수 없다는 점을 의미한다. 여기서 행위시란 범죄행위의 종료시를 의미한다(대판 1994.5.10., 94도563). 따라서 행위시법이란 실행행위 종료시(범죄행위 종료시)에 유효한 법을 의미한다.

① **사후법(事後法) 제정금지의 원칙**: 법은 일정한 행위가 있기 이전에 그것을 범죄로 규정하고 있어야 범죄성립여부에 관하여 법을 적용할 수 있는지, 행위가 있던 시점에는 법규가 존재하지 않다가 그 이후의 법률로 해당행위로 범죄행위로 규정하는 것이 금지되는

157) 이를 신법우선의 원칙이라고도 한다.

것으로 죄형법정주의의 내용을 이루고 있다.

② 기득권존중의 원칙: 기존에 시행되고 있는 법에 따라서 권리를 얻은 경우, 새로운 법의 시행으로 이미 취득한 기득권을 소급하여 박탈할 수 없다. 이는 자연법론자들이 개인의 재산권에 관하여 주장한데서 유래한 것으로 역사적으로 사유재산의 확립에 이바지한 이론이다. 그러나 이 원칙도 절대적인 것은 아니며, 입법에서 제한할 수 있다.

(나) 법률불소급의 예외 : 법률소급효 인정

그러나 일반적으로 법률불소급의 원칙은 법령적용상의 원칙으로서 **입법까지를 구속하는 것은 아니다.** 따라서 **입법정책상 필요**하거나 **적당하다고 인정될 때**에는 입법에 따라 **소급효(遡及效)가 인정**된다(민법 부칙 제2조 참조). 법률불소급의 원칙은 행위자에게 **불이익을 주는 소급을 금지**하는 것을 내용으로 하는 것이므로, 만일에 **소급효를 인정**하는 것이 행위자에게 오히려 **이익을 주는 경우**에는 **소급효를 인정**하는 것이 타당하다고 본다.

따라서 형법 제1조 제2항 "범죄 후 법률의 변경에 따라서 그 행위가 범죄를 구성하지 아니하거나 형이 구법보다 경한 때에는 신법에 의한다."라고 하여 신법의 소급효를 인정하고 있다. 또 구체적인 경우에 정의를 실현하기 위하여 입법에 따른 예외, 즉 소급효를 인정될 수 있다. 예를 들면, 5·18민주화운동 등에 관한 특별법에 따라서 이미 과거의 사건이 되어버린 5·18관련 헌정(憲政)질서파괴범죄행위를 처벌하는 경우이다.

입법자가 **소급효를 인정하는 이유**를 들면 다음과 같다.[158] 첫째, 법이 그 적용을 받는 자에 대하여 **크게 불이익을 주지 않는 범위 안**에서 법의 획일화를 기하기 위하여 일률적으로 **신법을 적용**하려고 하는 경우이다. 둘째, 법이 도덕적 이상 또는 국민경제의 요구 등의 고려에서 그 **종래의 불건전하고 부적합한 법적 상태를 일소(一掃)**하여 합리화시키려는 경우이다. 셋째, 더욱 유리한 신법에 균점(均霑)시키려는 경우이다.

(4) 경과규정(경과법)

법령의 제정·개폐가 있었을 때에 구법시행시의 사항에 대하여는 구법을 적용하고, 신법시행후의 사항에 대하여는 신법을 적용하는 것이 원칙이다. 그러나 어떤 사항이 구법시에 발생하여 신법시까지 계속하여 진행되고 있을 때(예: 소멸시효의 진행중 법률이 개정된 경우)에 그 사항에 그 구법을 적용할 것인가, 아니면 신법을 적용할 것인가가 문제된다. 이 문제를 해결하기 위하여 만든 법을 **경과규정**[경과법(經過法, transitive law)]이라고 한다.[159] 이것은 대체로 본법의 **부칙에서 규정**하는 것이 보통이나(민법부칙(1990.1.13)제12조, 형법 부칙 제3조), 별도로 시행법 및 시행법령(상법시행법 제4조)에 경과규정을 두는 경우도 있다.[160]

---

158) 이환경, 앞의 책, 94면 참조.

159) 경과규정이란 어떤 사항이 신·구 양법에 걸쳐 생겼을 경우, 즉 구법 시행기간에 발생한 사항이 신법이 시행될 때까지 진행되고 있을 경우에 신·구 양법 중 어떤 법을 적용할 것인가를 정하는 규정을 말한다.

2) 법의 인적 효력

법의 인적효력[161]이란 법이 효력을 미치는 **대인적 범위**를 말한다. 이는 법이 적용되는 **인적 범위**의 문제, 즉 법의 효력이 **누구에 대하여 미치**며, 누구에게 **미치지 아니**하는가의 문제이다. 이는 사람에 관한 일반법과 특별법의 문제로 갈음하여 생각할 수 있다. 어떤 법은 **일반인**에게 공통되게 적용되지만, 어떤 법은 특수한 사람들(예: 군인, 교원, 공무원 등)에게만 적용된다. 다만, 이때에 '일반인'이란 말을 **두 가지 뜻**으로 생각할 수 있다. 하나는 **'있는 곳을 불문하고 모든 대한인(한국인)'**이라는 뜻이고, 또 하나는 **'국적을 불문하고 대한민국 내에 있는 모든 사람'**이라는 뜻이다. 전자를 **'속인주의(屬人主義)'**, 후자를 **'속지주의(屬地主義)'**라고 부른다.[162]

오늘날 국가의 법은 그 국가의 속인주의(대인고권)의 결과로 있는 곳을 불문하고(자국 내에 있거나 외국에 있거나) 자기 나라 국민 전부를 지배하고, 또 속지주의(영토고권)의 결과로 국내에 있는 외국인도 지배하는 것이 원칙이나 법률의 규정에 따라 여러 가지 예외도 인정된다.

(1) 원칙

우리나라 법률은 대부분 대한민국 **국민을 인적인 효력범위**로 삼고 있다. 다만, 외국인이나 대한민국 국민으로서 외국에 일시적으로 나가 있는 사람에 대한 법률의 적용에서 여러 가지 변수가 있을 수 있는데, 이를 정해 놓은 것이 인적 효력에 대한 원칙이다.

(가) 속인주의

옛 부터 **"로마인은 로마법의 지배를 받고, 게르만인은 게르만법의 지배를 받는다"**는 말과 같이 어느 국가의 법은 그 국가의 국민에게 적용된다. 속인주의(屬人主義)라 함은 법이 사람을 따라 다니며 지배하는 것으로 **국내**에 있든 **국외**에 있든 자기가 속하는 나라의 법의 적용을 받는다는 주의를 말하며, 이는 대인고권(對人高權)의 결과에서 오는 효력이다.

형법 제3조(내국인의 국외범) 본법은 대한민국 영역 외에서 죄를 범한 내국인에게 적용한다. 내국인은 범행 당시에 대한민국 국적을 가진 자를 말하며 북한주민도 내국인에 포함된다(대판 1996.11.22., 96도1221). 죄를 범한이란 대한민국 형법상의 범죄를 범한 것을 의미한다. 따라서 대한민국 영역 외에서 대한민국 형법상의 범죄를 범한 경우에는 비록 행위지의 법에 따라 범죄를 구성하지 않더라도 대한민국 형법이 적용된다. 이에 대한 판례(대판 2001.9.25., 99도3337)를 보면, 형법 제3조는 "본법은 대한민국 영역 외에서 죄를 범한 내국인에게 적용한다"고 하여 형법의 적용 범위에 관한 속인주의를 규정하고 있는 바, 필리

---

160) 특허법 부칙 <법률 제15582호, 2018. 4. 17.> 이 법은 공포 후 3개월이 경과한 날부터 시행한다. 다만, 제217조의2제7항의 개정규정은 공포 후 6개월이 경과한 날부터 시행한다.

161) 인적 적용범위, 대인적 한계: 사람에 관한 효력이다.

162) 법의 사람에 대한 법의 적용범위에 관하여 속인주의와 속지주의가 있다.

핀국에서 카지노의 외국인 출입이 허용되어 있다 하여도, 형법 제3조에 따라 필리핀국에서 도박을 한 피고인(내국인)에게 대한민국 형법이 당연히 적용된다.

선거법에도 속지주의가 아닌 **속인주의적 성격**을 보이는데, 속지주의를 기준으로 선거법을 집행한다면, 대한민국 안에 있는 모든 외국인에 대해서도 대한민국 영토 안에 있다는 점을 기준으로 하여 투표권 및 선거권을 부여해야 한다. 하지만, **선거(選擧)라는 것이 대한민국 국민들만을 선거권자**로 하고 있다는 점에서 속지주의가 아닌 **속인주의가 적용**된다. 즉, 국내에 있는 외국인은 대한민국 국민이 아니기 때문에 투표권을 가지지 않으며, 대한민국의 영토안에 없고 외국 영토에 있는 **재외국민**이라 하더라도 **부재자 투표권**을 가짐으로써 국민으로서의 **투표권을 행사**할 수 있도록 하고 있다. 2009년에 재외국민의 **참정권을 인정하는 법률**이 제정됨으로써 외국의 **영주권이나 국적을 가진** 대한민국 동포에 대해서도 **국민으로서의 투표권 및 선거권을 인정**하고 있다.

(나) 속지주의

국가의 속인주의(대인고권, 對人高權)은 타국의 영토주권(영토고권, 領土高權)과 서로 충돌하기 때문에 타국에 있는 자국민은 타국의 영토주권(영토고권)의 행사로 그 재류국(在留國)의 법이 적용되고 본국법은 적용되기 어렵다. 이것은 자국에 있어서도 동일하다. 자국에 있는 타국민은 속인주의에서 벗어나게 되기 때문에 자국의 영토주권(영토고권)을 적용하여 **자국에 있는 타 국민에게도 자국법을 적용**한다. 이를 속지주의(屬地主義)라고 한다. 즉 속지주의(屬地主義)는 영역을 기준으로 하여 법의 사람에 대한 적용범위를 결정하는 것으로 그 나라의 **통치권이 미치는 영역 내에 있는 사람**이며, **누구나 국적을 불문**하고 그 나라에 **법의 따라 지배**되는 것을 말한다[영토고권(領土高權)]. 그러나 타국의 거주자라 하더라도 외교관처럼 치외법권을 가지는 자는 자국법의 적용을 받는 경우가 있다(속지주의 예외-속인주의 적용).[163] 속지주의의 예외에 대하여 구체적인 것은 후술한다.

(다) 속인주의와 속지주의 충돌

법의 적용에 있어서 속지주의와 속인주의가 **상호 충돌**하는 경우가 있다. 즉, 외국에 거주하는 자국인의 경우에는 소재국의 법을 적용하는 속지주의와 자국법을 적용하려는 속인주의가 적용상 저촉될 것이다. 오늘날의 국제사회는 이와 같은 경우에 타국의 영토존중을 근거로 하여 **속지주의를 원칙**으로 하고, 그것만으로 문제가 해결되지 않는 경우에 한해서 **속인주의를 보충적으로 적용**하고 있다.

좀 더 구체적으로 보면, 속지주의와 속인주의가 충돌할 경우 어느 원칙에 따라 법을 적

163) 예를 들면, 몇 년 전에 서울에서 음주단속을 하면서, 중국 대사관 직원에 대하여 음주단속을 실시하여 외교적 문제가 된 적이 있다. 중국 대사관 직원이 차안 운전석에 있는 상태에서 대한민국 경찰이 손을 차안으로 넣어 음주단속을 하였다면, 중국의 영토를 침범한 것이 된다.

용할 것인가 하는 것이 문제된다.[164] 예를 들면, 자국에 존재하는 외국인에 대해서는 속지주의에 따르면 자국법이, 속인주의에 따르면 외국법이 적용되게 되는데 자국법과 외국법 중 어느 국가의 법을 적용할 것인가 하는 문제이다. 현재 국제사회는 법률관계가 공법관계인가 사법관계인가에 따라 그 대체적인 원칙을 달리하고 있다.

우선 **공법관계**의 경우에는 한 국가의 영토주권을 존중하여 **속지주의가 원칙**으로 채용되어 있다. 다만, 속지주의에 따라 불편한 사태가 발생하거나 모순이 발생할 경우에는 **속인주의를 가지고 보충**하고 있다. 일반적으로 그 사람의 참정권 · 청원권 · 병역의무 등에 관해서는 그 사람의 국적에 따라 본국법[165]을 적용하도록 하고 있다.

이에 반해, **사법관계**에 대해서는 한 국가의 영토주권과 직접적인 관계가 없고, 각국의 사법의 내용은 천차만별인 것이 보통이라, 특별한 법률을 제정하여 문제를 해결하는 것이 일반적이다. 대한민국의 경우에도 국제사법을 제정하여 각국의 사법이 충돌하여 이른바 법의 저촉이 발생하는 경우에 이에 적용될 국가의 법, 즉 준거법에 관해서 자세한 규정을 두고 있다. 국제사법의 규정에 따르면, 대체적으로 **신분과 관련된 사항**에 대해서는 **속인주의**에 따라 당사자의 **본국법[166]을 적용**하고, 당사자 사이에 **거래 등 재산적인 법률행위와 관련된 사항**에[167] 대해서는 **속지주의**에 따라 **행위지의 법**[168]을 적용하도록 하고 있다.

(2) 속지주의의 예외

속지주의는 원칙적인 것이지만, 절대적인 것이 아니므로 **예외가 인정**된다.[169] 속지주의에 따르면, 대한민국 영토 내에 있는 모든 사람에 대해 대한민국의 법의 효력이 미쳐야 한다. 그러나 다음과 같은 경우에는 대한민국 영토 내에 있는 사람이라도 대한민국의 법의 적용을 받지 않는다. 속인주의와 속지주의의 원칙에 대하여는 다음과 같은 예외가 있다.

(가) 치외법권(治外法權)을 갖는 자(者)

치외법권(extraterritoriality)이 인정되는 자는 **재류국(在留國)[170]의 법의 적용이 아니라, 본국법(本國法)[171]의 적용**을 받는 **국제법상의 특권**을 갖는다. 예를 들면, 한 국가의 원수(국왕 · 대통령), 외교사절 및 그 가족, 수행원, 군함의 승무원 등은 재류국(在留國)의 과세권 · 경찰권 · 재판권 · 형사재판권 등으로부터 면제된다. 이러한 특별한 신분을 갖는 자들은 국

164) 고명식 · 조규성, 법학개론, 동방문화사, 2012, 80면 참조.
165) 속인주의
166) 속인주의
167) 속지주의의 예외: 치외법권(자)(지역), 면책특권 = 대통령 특권, 국회의원 특권
168) 속지주의
169) 속지주의에 대한 예외이다.
170) 속지주의
171) 속인주의

가예의상 또는 직무수행의 편의상 재류국의 법에 따르지 아니하고 **본국법**에 따른다는 것이 **국제법상 인정**되고 있다.

치외법권자를 국제법상 인정하는 이유를 하나 들면, 지금으로부터 100년 전인 1914년 6월 28일 오전 10시 오스트리아 황태자 부부가 보스니아 육군 사열식에 참석하고, 보스니아의 수도 사라예보에 도착했다. 사라예보의 시청으로 향하던 황태자 부부를 러시아를 등에 업은 세르비아의 비밀결사단체 검은 손이 노리고 있었다. 폭탄투척은 황태자 부부의 환영식을 엉망으로 만들었고, 보스니아에서 탈출하려는 황태자 부부를 저격한 검은 손에 따라 황태자 부부는 운명을 달리했다. 사라예보 사건은 이렇게 세계 1차대전의 발생원인이 되었다.[172)]

또 대한민국과 협정이 체결되어 있는 외국의 군대에 대해서도 대한민국의 형사재판권을 행사할 수 없다. 예를 들면, 대한민국에서 미국의 지위에 관한 한미주둔군지위협정(SOFA)[173)]에서는 공무집행 중의 미군범죄에 대하여는 형법의 적용이 배제된다. 현재 대한민국에서는 주한미군의 재판권에 대하여 논의가 확산되고 있다.

대법원 판례(대판 2006.5.11., 2005도798)에서는 미합중국 군대의 군속 중 '통상적으로 대한민국에 거주하는 자'인 미군 군속은 주한민국지위협정의 대상이 되지 않으므로 한반도의 평시상태에서 미합중국 군 당국은 미합중국 군대의 군속에 대하여 형사재판권을 가지지 않아, 미합중국 군대의 군속이 범한 범죄에 대하여 대한민국의 형사재판권과 미합중국 군 당국의 형사재판권이 경합하는 문제는 발생할 여지가 없고, 대한민국은 협정 제22조 제1항 (나)에 따라 미합중국 군대의 군속이 대한민국 영역 안에서 저지른 범죄로서 대한민국 법령에 따라 처벌할 수 있는 범죄에 대한 형사재판권을 바로 행사할 수 있는 것이다.

(나) 대통령과 국회의원의 특권[174)]

신분적 특성으로 인해 법의 적용이 배제되는 대표적인 경우로서 대통령과 국회의원의 면책특권(免責特權)이 있다. 이는 헌법에서 인정하고 있다. 즉, **대통령**은 대한민국헌법 제84조에 의하여 "내란 또는 외환의 죄를 범한 경우를 제외하고는 **재직 중 형사상의 소추를 받지 아니한다**"라고 하여 대통령의 **형사상의 특권**을 규정하고 있다.[175)] 그러나 대통령직을 그만 둔 뒤에는 **재직** 등의 범죄행위에 대하여 **소추**될 것이고, 비록 재직중이라 하더라도 **민사상의 책임까지 면제**받는 것은 **아니다**. 이것은 대통령이 **임기 중 안심하고 직무를 수행**

---

172) 치외법권은 국가간 전쟁방지하기 위한 국제법상 인정한 것이다.

173) 대한민국과 아메리카 합중국의 상호방위조약 제4조에 따른 시설과 구역 및 대한민국에서의 합중국 군대의 지위에 관한 협정(Agreement under Article 4 of the Mutual Defense Treaty between the Republic of Korea and the United States of America, Regarding Facilities and Areas and the Status of United States Armed Forces in the Republic of Korea 1966.7.9 서명, 1967.2.9. 발효)

174) 인적 적용범위의 예외; 국내법상의 적용 예외

175) 무죄는 아니라는 것이다.

할 수 있도록 위한 것이다.

국회의원은 대한민국헌법 제44조에 따라 현행범인(現行犯人)인 경우를 제외하고는 **회기 중 불체포 · 불구금의 특권**이 있고, 헌법 제45조에 따라 "**국회에서 직무상 행한 발언과 표결**에 관하여 국회 밖에서 책임을 지지 아니한다"라고 하여 **국회의원의 면책특권**을 규정하고 있다. 이것은 국회의원이 **임기 중 안심하고 직무를 수행**할 수 있도록 위한 것이다. 국회의원의 면책특권은 국회의원의 신분을 상실한 이후에도 인정되므로 그 형법적 성격은 인적 처벌조각사유로 파악된다.

(다) 특별법에 따른 인적 효력의 제한

법은 모든 국민에게 평등하게 제한없이 적용하여야 하지만, 일정한 범위의 사람에게만 적용되는 경우가 있다. 국가공무법은 국가공무원에게만, 군형법은 군인 및 군무원에게만, 근로기준법(노동법)은 근로자(노동자)에게만 적용되는 것이 그 대표적인 예이다.

3) 법의 장소적 효력

법의 장소적 효력[176]이란 법이 어떠한 지역적 범위에서 적용되느냐 하는 것을 말한다.[177] 이에 따른 입법주의는 속지주의, 속인주의, 기국주의, 보호주의, 세계주의가 있다.

속지주의	범인의 국적 여하를 불문하고 자국의 영토 안에서 발생한 모든 범죄에 대해서는 자국의 형법을 적용한다는 원칙을 말한다.
속인주의	범죄지를 불문하고 자국민의 범죄에 대해서는 자국의 형법을 적용한다는 원칙을 말한다.
기국주의	기국법에 따라 선박이나 항공기에 대한 관할권 결정하는 원칙을 말한다(속지주의 연장)
보호주의	자국 또는 자국민의 법익을 침해하는 범죄에 대해서는 범죄인의 국적이나 내외국인을 불문하고 자국형법을 적용한다는 원칙을 말한다.
세계주의	범죄지나 행위자의 국적 여하를 불문하고 오늘날 문명국가에서 인정되는 공통적인 법익을 침해하는 행위에 대하여 자국형법을 적용한다는 원칙을 말한다. 예: 항공기 납치, 해적행위, 인신매매, 국제테러 등

(1) 속지주의의 원칙

첫째, 법의 장소(곳)에 관한 적용범위는 그 나라의 **모든 영역**(즉, **영토 · 영해 및 영공의 전반**)에 걸쳐 적용되는 것이 **원칙**이다. 국가의 통치권은 그 나라의 영역 전반에 미치는 것이므로 통치권에 의하여 제정된 법도 **자국인**이건 **외국인**이건 불문하고 그 영역 내에 있는 사람 전체에 일률적으로 적용되는 것이 원칙이다. 이 점에서는 사람에 관한 법의 효력에서 속지

176) 장소적 적용범위, 대공간적 한계; 곳에 관한 효력이다; 법의 장소적 효력은 속지주의 원칙이고, 속지주의가 예외이다(치외법권자, 치외법권지역, 대통령의 면책특권, 국회의원의 면책특권, 자치법규).

177) 법의 장소적 효력이란 법이 실제로 적용되는 지역범위의 문제이다; 전국에 적용되는 법과 한 지역에만 적용되는 법이 있다. 전국에 적용되는 법을 일반법, 어떤 특정한 지역에만 적용되는 법을 특별법이라 한다.

주의가 원칙이다. 따라서 법은 자국의 영역 안에서만 적용되고, 그 영역 밖에서는 적용되지 않는다는 것이 원칙이다.

둘째, 대한민국의 영역은 한반도와 그 부속도서를 의미하고 영토, 영해, 영공을 포함한다. 북한도 대한민국의 영역에 속한다는 것이 판례의 입장이고, 대한민국의 영역 내에 있는 외국의 공관에 관해서는 국제협정이나 관행에 의하여 그 외국의 영토로 본다는 것이 판례의 입장이다.

대한민국 헌법 제3조 대한민국의 영토는 한반도와 그 부속도서로 한다.

셋째, 형법에서는 실행 행위지 또는 결과 발생지 중 어느 하나가 대한민국의 영역이면 충분하다. 따라서 외국인이 외국에서 외국인에 대하여 범죄를 저질렀어도 그 결과가 대한민국에서 발생하였다면 대한민국 형법이 적용된다. 이에 대한 판례(대판 2000.4.21., 99도3403)를 보면, 외국인이 대한민국 공무원에게 알선한다는 명목으로 금품을 수수하는 행위가 대한민국 영역 내에서 이루어진 이상, 비록 금품수수의 명목이 된 알선행위를 하는 장소가 대한민국 영역 외라도 대한민국 영역 내에서 죄를 범한 것이라고 하여야 할 것이므로, 형법 제2조에 따라서 대한민국의 형벌법규인 구 변호사법 제90조 제1호가 적용되어야 한다. 또한 예비·음모가 처벌되는 범죄는 예비·음모지, 공동정범의 경우는 공모지가 대한민국 영역이면 충분하다. 또 이에 대한 판례(대판 1998.11.27., 98도2734)를 보면, 미국인이 대한인(한국인) 등과 서울의 모 커피숍에서, 홍콩에서 히로뽕을 밀수입하여 대한민국을 거쳐 괌에서 판매하기로 공모하고 홍콩에서 구입한 후, 대한인(한국인) 등이 김포공항에 도착하여 괌행 비행기로 옮겨 싣기 위해 히로뽕이 든 가방을 지상으로 반출한 후에 수사관들에 따라 압수된 사안에서 형법 제2조를 적용함에 있어서 공모공동정범의 경우 공모지도 범죄지로 보아야 한다.

(2) 속지주의의 예외(속인주의)

법의 장소적 효력의 원칙에 대한 예외를 들면, 다음과 같다.[178] 첫째, 타국의 영역 안에 있는 자국의 대통령·원수(元首)·외교사절·외국공관·외국선박이나 항공기·외국군의 주둔지·조차지·외국에 따른 점령지역 등은 **자국법이 적용**된다.[179] 그 나라의 법의 적용을 받지 않는 이를 치외법권이라 한다. 둘째, 한 나라의 영토 안의 일부지역에서만 시행되는 법령(예: 지방자치단체의 조례와 규칙)[180]은 그 지방자치단체의 지역에 한하여 적용된다.

178) 국제법상으로 인정되는 예외가 있다.
179) 대한민국의 영토에 외국군의 주둔지, 외교사절, 외국선박, 조차지 등에도 대한민국의 법의 효력이 미치지 않는다.
180) 특히 장소에 관한 특별법이다.

(3) 속지주의의 연장인 기국주의(旗國主義)

형법 제4조는 "본법은 대한민국 영역 외에 있는 대한민국의 선박 또는 항공기 내에서 죄를 범한 외국인에게 적용한다"하여 기국주의[181]를 속지주의 연장으로 채택하고 있다. 대한민국의 선박 또는 항공기란 대한민국이 선적국(船籍國) 또는 등록지국인 선박 또는 항공기를 말한다. 이러한 선박, 항공기 등은 대한민국 영역 외에 있어야 한다.

기국주의(旗國主義)이라 함은 선박(ship)이나 항공기(airplane)는 국적을 가진 국가의 국기(國旗)를 게양하도록 하고, 그 기국법(旗國法)에 따라 선박이나 항공기에 대한 관할권을 결정하는 원칙을 말한다. 기국주의는 법의 효력에 대한 속지주의의 특수한 경우라고 할 수 있다. 어느 국기를 게양(揭揚)할 자격이 있는 선박은 그 국가의 국적을 가진다.[182] 국제조약이나 협약에 명시적으로 규정된 경우를 제외하고 선박은 한 국가의 국기만을 게양하고 항행(航行)하며, 공해에서는 그 국가의 배타적 관할권에 속한다.

두 국가 이상의 국기를 게양하고 항행(航行)하는 선박은 다른 국가에 대하여 그 어느 국적도 주장할 수 없으며, 무국적선(無國籍船)으로 취급될 수 있다.[183] 모든 국가는 자국기(自國旗)를 게양한 선박에 대하여 자국의 국내법에 따라 관할권을 행사하고 통제한다.[184] 충돌 또는 그 밖의 항행사고에 관한 형사관할권은 그 선박의 기국(旗國)이 가지며, 기국(旗國)이 아닌 국가는 그 선박의 나포나 억류를 명령할 수 없다.[185] 그러나 해적행위, 무허가방송에 종사하는 혐의가 있거나 무국적선박을 공해에서 만난 군함은 임검(臨檢)할 수 있다.[186]

항공기는 등록국의 국적을 보유하고,[187] 두 개 이상의 국가에 등록할 수 없다.[188] 국제항공에 종사하는 모든 항공기는 그 적당한 국적과 그 등록의 표지를 게시한다.[189] 항공기의 등록국은 등록된 항공기가 비행 중이거나 공해 수면 상에 있거나 또는 어느 국가의 영토에도 속하지 않는 지역의 표면에 있을 때에 동 항공기 내에서 범하여진 범죄나 행위에 대한 재판관할권을 행사할 권한을 가진다.[190] 등록국이 아닌 국가는 특정한 경우를 제외하고는 기내에서의 범죄에 관한 형사재판관할권의 행사를 위하여 비행 중의 항공기에 간섭하지 못한다.[191]

---

181) 속지주의의 예외: 자국국적의 항공기나 선박이 외국의 영공이나 영해에 있는 경우에도 자국영토의 확장이란 관점에서 자국법을 적용하는데 이를 기국주의(旗國主義)라고 한다; 노덕선 외, 스포츠법학, 진영사, 2009, 134~135면 참조.

182) 해양법에 관한 국제연합협약 제91조.

183) 해양법에 관한 국제연합협약 제92조.

184) 해양법에 관한 국제연합협약 제94조.

185) 해양법에 관한 국제연합협약 제97조.

186) 해양법에 관한 국제연합협약 제110조.

187) 국제민간항공협약 제17조.

188) 국제민간항공협약 제18조.

189) 국제민간항공협약 제20조.

190) 항공기내에서 범한 범죄 및 그 밖의 행위에 관한 협약 제3조.

191) 항공기내에서 범한 범죄 및 그 밖의 행위에 관한 협약 제4조.

국제사법(國際私法)은 해상(海商)에 관한 법률,[192] 공해상의 선박충돌,[193] 공해상의 해양사고구조[194] 등에 대하여 선적국법(船籍國法)에 따르도록 하고 있다. 이 경우에 선적국(船籍國)은 기국(旗國)과 일치하므로, 그 범위에서 기국주의(旗國主義)를 인정하는 결과가 된다.

(4) 보호주의 → 속지주의 연장

보호주의는 행위자의 국적 및 범죄지의 여하를 묻지 않고 자국 또는 자국민에 대한 법익을 침해하는 범죄에 대하여 자국법의 적용을 인정하는 원칙이다. 이 원칙은 자국의 법익, 즉 국가적 법익의 보호가 문제로 되는 이른바 국가보호주의 및 자국민의 법익, 즉 국외에 체류하는 자국민의 보호가 문제로 되는 국민보호주의의 양자를 포함하는데 후자의 경우에는 자국 형법의 적용에 관하여 국적이 기준으로 된다는 점에서 이를 속인주의의 한 형태로서 이해하기도 한다.

형법 제5조(외국인의 국외범) "본법은 대한민국 영역 외에 다음에 기재한 죄를 범한 외국에게 적용한다. 1. 내란의 죄, 2. 외환의 죄, 3. 국기에 관한 죄, 4. 통화에 관한 죄, 5. 유가증권, 우표와 인지에 관한 죄, 6. 문서에 관한 죄 중 제225조 내지 제230조(공문서), 7. 인장에 관한 죄 중 제238조(공 인장)."

형법 제6조(대한민국과 대한민국 국민에 대한 국외범) "본법은 대한민국 영역 외에서 대한민국 또는 대한민국 국민에 대하여 전조에 기재한 이외의 죄를 범한 외국인에게 적용한다. 단 행위지의 법률에 따라 범죄를 구성하지 아니하거나 소추 또는 형의 집행을 면제할 경우에는 예외로 한다." 형법 제5조는 국가보호주의를, 제6조는 국가보호주의와 국민보호주의를 함께 규정한 것이다.

형법 제6조 단서에서는 행위지(범죄장소)의 법률을 구성하지 아니하거나 소추 또는 형의 집행을 면제할 경우에는 형법의 적용을 배제하고 있다. 이에 관한 판례(대판 2011.8.25., 2011도6507)를 보면, 캐나다 시민권자인 피고인이 캐나다에서 위조사문서를 행사한 경우 형법 제234조의 위조사문서행사죄는 형법 제5조 제1호부터 제7호까지 열거된 죄에 해당하지 않고, 위조사문서행사를 형법 제6조의 대한민국 또는 대한민국 국민의 법익을 직접적으로 침해하는 행위라고 볼 수도 없으므로 피고인의 행위에 대하여는 대한민국에 재판권이 없다.

(5) 속지주의를 적용하는 세계주의

세계주의(世界主義)는 평화로운 국제사회의 공존질서를 침해하려는 범죄 또는 반인도적 범죄 등에 대해서는 범죄주체 · 장소 등을 묻지 않고 자국형법을 적용한다는 것을 말한다.

---

192) 국제사법(國際私法) 제60조.
193) 국제사법(國際私法) 제61조.
194) 국제사법(國際私法) 제62조.

형법에서는 세계주의에 관한 일반적인 조항은 존재하지 않으나 형법 제31장(제287조 이하) 약취·유인 및 인신매매의 죄에서 세계주의를 명시하고 있다. 또한 세계주의를 명시하고 있지 않으나 형법 제270조 제3항(외국통용, 외국통화 위조·변조죄)도 세계주의에 관한 규정으로 이해하는 것이 일반적인 입장이다.

(6) 우리나라의 원칙

우리나라는 속지주의를 원칙으로 하면서 속인주의와 보호주의·세계주의 및 기국주의를 가미하고 있다. 속지주의를 철저하게 주장하면 국외에서 발생한 일체의 범죄에 대하여 우리나라 법을 적용할 수 없으므로 속지주의 원칙을 보충하여 속인주의·보호주의·세계주의·기국주의를 가미한 것이다.

따라서 우리나라의 법률은 특별규정을 두어 적용 범위를 한정하지 않는 한, 우리나라 전 영역 내에서 적용된다. 대한민국헌법 제3조는 우리나라의 영토에 관하여 "우리나라의 영토는 한반도와 그 부속도서로 한다"고 규정하고 있다. 그러므로 우리나라의 영역인 영토, 영해, 영공에 적용된다. 또한 공해 또는 외국영역에 있는 자국 국적의 항공기·선박은 자국 영토의 연장이므로 이에도 우리나라의 법률이 적용된다. 그리고 지방자치단체의 조례나 규칙은 해당 지방자치단체에 한하여 적용된다.

제 5 절 법의 적용과 해석

1. 법의 적용

1) 법적용의 의의

법의 적용에서 법규범에 따라 규율 받는 사실이 있으면, 법의 적용을 받는다. 여기서 **법의 적용**이란 **법의 내용** 또는 **효력을 구체적인 사실**에 관하여 **실현하는 작용**을 말한다. 즉, 개별적인 사실에 대하여 **법적 가치판단**(구체적인 법률관계를 해석하여, 확정된 법규에 따라 판단)을 하는 작업이다.

법적용의 가장 전형적인 형태는 **재판**이지만, **행정**에서도 법을 기준으로 하여 판단이 이루어질 때에는 **법의 적용**이 있는 것이다. **행정면**에서 법의 적용을 보통 **법의 집행**이라고 한다. 오늘날 법치주의 아래에서는 모든 사회현상이 법적용의 대상이 된다고 할 수 있다.

2) 법의 적용과정

전형적인 법의 적용과정은 사법의 재판과정을 통하여 나타난다. **재판**은 추상적인 법규를 **대전제**로 하고, 구체적인 사실을 **소전제**로 하여 **판결**이라는 결론을 이끌어 내는 **삼난논법**(Syllogism)적인 논리적 형식으로 행하여진다. 법적용의 관계를 보면, ① 먼저, 법이 적용될 구체적인 사건에 대한 내용을 확정하고(**事實問題, 사실의 확정**), ② 그 확정된 사실에 적용될 법조문을 찾고 해석한다(法律問題, **법의 발견과 해석**), ③ 그리고 그 구체적 사실에 대하여 법을 적용한다(**법의 적용**).

이와 같이 법의 적용은 일반적·추상적인 법규를 **대전제**로 하고, 구체적 사실을 **소전제**로 하여 판단을 내리는 것이다.

예를 들면, “A가 B를 살해하였다”는 사실이 있는 경우에,

↓

먼저 정말 A가 B를 살해한 사실이 있는지의 여부를 정확하게 확정하고,

↓

다음으로 과연 살해한 사실이 드러나면 “사람을 살해한 자는 사형·무기 또는 5년 이상의 징역에 처한다”라는 형법 제250조 제1항을 발견하고 해석하며,

↓

마지막으로 A에 대하여 징역 10년을 적용한다.

예를 들면, 고의 또는 과실로 인한 위법행위로 타인에게 손해를 가한 자(者)는 그 손해를 배상할 책임이 있다(민법 제750조)는 규정을 **대전제**로 하고, A는 과실로 B에게 상해를 입힘으로서 **손해**를 가하였다면, 그것이 **소전제**가 되어 결국 A는 B에게 손해를 배상할 책임이 있다고 판단하는 것이 **법의 적용**이다.

3) 사실의 확정과 재판

(1) 사실의 확정

법규범을 적용하여 **구체적인 법적 판단**을 얻기 위해서는 법규범이 **적용될 사실을 확정**하여야 한다. **대전제**인 법규범의 의미가 밝혀져 있더라도 **소전제**인 사실이 확정되지 못하면, **삼단논법**을 통하여 법적 판단을 얻는 것이 **불가능**하다. 따라서 **사실의 확정**은 **법의 적용**에서 **필수**적인 과정이다.

여기서 **사실**이란 **법적으로 중요한 사실**을 말하며, **법규에 규정되어 있는 사실**에 해당되는 사실이다. 예를 들면, A가 B를 살해한 경우, A를 형법 제250조의 살인죄로 처벌하기 위해서는 A가 B를 **살해**하였다는 **사실을 확정**하면 된다. 물론 여기서 A가 술에 취해 있었다거나, B가 A를 **모욕**했다거나 하는 사실은 A가 자신의 죄에 대한 **판결의 형량을 감**하기 위해서 주장할 수 있는 **사실**이고, 판사는 이러한 주장이 있으면, 이것을 확정하여야 할 것이다. 그러나 A의 나이가 48세라던가, B가 여자였다거나 하는 사실은 **사실의 확정**에 해당하지 않는다.

따라서 **사실의 확정은 법의 적용에서 필수적인 과정**이다. 이러한 사실의 확정 방법으로는 **증거에 따른 입증이 원칙**이다. 그러나 **증거 없이**도 **사실을 확정**하는 **추정**과 **간주**의 방법도 있다. **사실**은 다음과 같은 방법을 통하여 확정되게 된다.

(가) 입증

입증(立證, proof)이란 **증거에 따라 사실을 입증**하는 것을 말한다. 어떤 사실의 존재여부는 원칙적으로 **증거에 따라 증명**되어야 한다. 왜냐하면 사실관계에 관하여 당사자 사이에 다툼이 없거나 누구에게나 명백한 사실일 때에는 그대로 판결의 기초로 사용해도 되지만, 다툼이 있는 경우에는 법관이 그 사실의 존재 여부를 확정하여야 한다. 이때 법관의 사실에 대한 확신이 객관적이고 합리적으로 인정되어야만 재판의 신용이 유지될 수 있기 때문이다.[195]

증거에는 인적증거로서의 **인증**과 물적 증거로서의 **물증**이 있다. 증거는 **사실을 확정하는 근거**가 될 뿐만 아니라 **사실 확정의 객관성을 담보**하는 역할을 한다. 특정한 인적 및 물적 자료가 증거로 되기 위해서는 **반드시 증거력**을 가지고 있어야 한다.

소송에서 **사실을 확정**하기 위해 **증거를 제시해야 할 책임**을 **입증책임**이라고 한다. 입증책임은 어떤 **사실을 주장하는 쪽**에서 지게 된다. 입증책임을 지는 사람이 입증을 하지 못한 경우에는 소송에서의 패소 등 일정한 불이익을 당하게 된다. 예를 들면, 갑이 **사망**했다는 사실은 갑의 **시체의 발견**으로 입증된다. 이 경우 갑의 시체가 증거이다. 소송법상 사실의 인정을 증거에 따라야 하는 주의를 증거재판주의라 한다. 대한민국 형사소송법과 민사소송법은 증거재판주의를 채택하고 있다.

(나) 추정과 간주

사실의 확정에 반드시 증거가 필요한 것은 아니다. 모든 경우에 다 사실을 입증할 수 있는 것도 아니다. 이러한 현실에서 법률은 당사자 어느 일방에게 입증책임을 지우지 않기 위해서 **법률로 사실을 인정하는 간주**[(看做)·의제(擬制)]제도를 두고 있다. 이에는 **추정과 간주**가 있다.

① **추정**: 증거에 따라 **확정하지 못한** 사실을 일단 그런 것으로 **확정하여 법률효과**를 발생시키는 것을 '사실의 추정'(presumption)이다. 추정은 어떤 사실이 명백하지 않은 경우

195) 연기영 외, 앞의 책, 124면 참조.

에 입증의 번거로움을 덜기 위해, 그 사실의 존재 혹은 부존재를 일단 인정하는 것이다.

추정에는 **법률의 규정에 따른 추정**과 **사실의 추정**으로 나눌 수 있다. **법률의 규정에 따른 추정**은 명문의 규정에 따라 일정한 사실을 추정해 내는 것을 말한다. 예를 들면, "2인 이상이 동일한 위난(危難)으로 사망한 경우에는 동시에 사망한 것으로 추정한다"는 민법 제30조의 규정과 같은 것이다. 이 규정에 따라 동일한 사건으로 2인 이상이 사망한 것이 입증되면, 이 사실에 기초하여 그 2인 이상이 동시에 사망하였다는 사실을 추정해 내는 것이다. **사실의 추정**은 법률의 규정이 아닌 **경험법칙에 따라 일정한 사실을 추정**해 내는 것을 말한다. 즉, 일정한 사실이 존재하면, 이에 따라 입증이 필요한 사실도 존재하게 되는 것이 경험상 보통인 경우에 인정되는 추정방법이다. 예를 들면, 환자가 의사에게 수술을 받았는데, 수술을 받은 복부 속에 수술도구가 남아 있는 경우에는 의사에게 과실이 있는 것이 보통이므로, 복부에 수술도구가 남아 있다는 사실에 따라 의사의 과실을 추정해 내는 것이다.

추정은 법률규정에 일반적으로 '…… **추정한다**'라고 표시된다. 추정은 **가정**이다. 따라서 반대의 증거(반증)가 제출되면, 법적용이 배제되고 법률효과는 뒤집어 진다. 예를 들면, 민법 제197조 제1항은 '점유자는 소유의 의사로 선의, 평온 및 공연하게 점유한 것으로 추정한다'라고 규정하고 있다.[196] 이 규정에 따라서 점유라고 하는 사실 상태를 일단 정당한 것으로 추정되기 때문에, 점유물에 대한 권리를 둘러싸고 법적 분쟁이 발생한 경우 점유자는 대단히 유리한 입장에 서게 된다.

② 간주(의제): **사실의 간주**(看做, fiction)란, 사실의 확정이 없더라도 **법률이 정한 대로의 효력**을 당연히 발생하는 것을 말한다. 이를 의제(擬制)라 한다. 간주(의제)는 추정에 비하여 사실을 확정하는 효과가 강력하다. 법의 규정에서 '……**으로 본다**' 또는 '**간주한다**'고 표현하고 있다. 간주는 법의 규정에 따라 증거없이 사실을 인정하는 방법으로 반대증거가 제시되어도 즉시 번복되지 않고, 간주된 사실을 **번복**하기 위해서는 **재판**을 거쳐야 한다. 즉, 사실의 진실 여부를 불문하고 법의 규정에 따라 일정한 사실을 인정하는 것이다. 예를 들면, "실종선고를 받은 자는 실종기간이 만료한 때에 **사망한 것으로 본다**"고 규정하고 있는 민법 제28조의 규정이나, "태아는 손해배상의 청구권에 관하여는 이미 출생한 것으로 본다"고 규정하고 있는 민법 제762조의 규정이 그것이다.

사실의 간주(의제)는 **사실의 추정보다 그 사실 확정의 효력이 강하다**. 따라서 사실의 간주(의제)는 사실의 추정과는 달리 반대증거가 존재한다고 하더라도, 간주(의제)의 효력이 즉시 번복되지 않는다. 예를 들면, 실종선고를 받은 자가 실종기간 만료시에 사망한 것으로

---

196) 예를 들면, A가 특허법이라는 책을 갖고 있으면(점유), 그 위에 행사하는 소유권(所有權)은 우선 적법한 것으로 추정된다. 그러나 이 경우 B가 그 책을 자기의 도난품이라는 것을 입증하여 그 소유권을 주장하면 A의 소유권의 적법성은 박탈된다.

간주(의제)하는 민법 제28조의 규정은 실종선고를 받은 자가 현재 살아 있다는 증거가 있다고 하더라도 그 간주(의제)의 효과가 바로 번복(飜覆)되지 않고, 민법 제29조에 따라 실종선고취소청구를 법원에 제기하여 이에 대한 확정판결이 있어야 비로소 간주사실이 깨트려지게(번복) 된다.

(2) 재판[197)]

사실관계가 명확하게 확정된 후에, 법규를 해석·적용하여 판단을 내리는 것을 재판이라 한다. 재판은 우선, 법관이 지나간 사실에 대한 **입증자료**(증거)를 검토하여 **사실을 확정**하고, 여기에 대전제인 **법규를 해석·적용**하여 결론으로서 **판결**을 도출해 내는 것이다. 이러한 과정은 민사사건이나 형사사건 모두 마찬가지다. 사실을 확정하기 위한 증거로서 증인(證人), 서증(書證), 검증(檢證), 감정(鑑定), 당사자의 심문(審問) 등 5가지 입증방법으로 하고 있다.

2. 법의 해석

1) 법해석의 의의

법의 해석이란 추상적인 법규정의 **의미나 내용을 구체적으로 밝히는 일을 말한다**. 법이 아무리 간단하고 명료하게 되어 있다고 하더라도 본질적으로 법은 추상적일 수밖에 없으므로, **법을 적용**하려면 그 전제가 되는 **법규의 의미·내용을 확정**하는 것이 필요하며, **법규가 제정된 목적을 탐구**하고, 나아가서 법규가 어떠한 사회적 기반에서 발생하였는가 등을 고려하여 법규의 의미·내용을 명확히 하여야 한다.[198)] 환언하면 **법의 해석은 법이 지닌 객관적인 의미를 탐구하는 일**이다. 예를 들면, 형법 제250조에 "**사람**을 **살해**한 자는 사형, 무기 또는 5년 이상의 징역에 처한다"고 규정되어 있는 바, 여기서, **사람**이란 **무엇을 뜻하는가**, **살해**한다는 것은 **무엇인가를 확정**해야 하는 것이다. 특히, **출생**과정에 있는 **생명체**는 **언제부터 사람인가**를 명백히 할 필요가 있다. 그렇지 않으면 **태아를 살해**하는 **낙태죄의** 구분이 어려울 것이다.

2) 법해석의 필요성

법은 구체적인 사실관계에 적용되어야 하는데, 법규정의 대부분이 추상적으로 간결하게

---

197) 재판은 판결을 하는 것이다.

198) 법해석의 대상은 법이다. 해석의 대상이 되는 법은 주로 성문법이지만, 불문법도 해석의 대상이 되는 경우가 있다. 그러나 해석이 특히 문제가 되는 것은 주로 성문법에 관해서이다. 성문법은 원칙적으로 추상적, 일반적인 언어와 문장으로 표현되어 있는 것이므로 그것을 구체적, 개별적인 사실에 적용하기 위해서는 우선 그 의미 내용을 명백하지 않으면 안 된다. 그리고 성문법은 국제법이든 국내법이든 불문하고, 국내법은 헌법, 법률, 명령, 규칙을 불문한다.

되어 있다. 이러한 추상적인 규정을 구체적인 사실관계에 적용하기 위해서는 법규정을 구체화하는 법해석이 필요하다. 그렇다면 왜 법규범은 구체적·개별적으로 유형화되어 있지 않고 법해석이 필요하도록 추상화되어 있는가? 법익 침해의 행위유형을 지나치게 구체화·개별화하면 다음과 같은 문제가 발생할 수 있다. 첫째, 법제정 당시에 예상하지 못한 새로운 유형의 법익 침해에는 대처할 수 없는 경우가 발생하게 된다. 즉 입법자는 전지전능한 신이 아닌 인간이기 때문에 장래에 발생 가능한 모든 경우를 유형화하여 입법할 수 없다. 물론 새로운 유형에 대해서는 개정·수정·보충을 통하여 해결할 수 있지만, 그 공백(법의 흠결)을 충분히 메울 수 없게 된다. 그러므로 그러한 공백을 최소화하기 위해서는 당시의 법규정을 통하여 해결하기 위해서는 법의 해석이 필요하게 된다. 둘째, 구체적 사실관계에 탄력적으로 적용하기 어렵게 된다. 그러므로 이러한 문제의 발생을 회피하기 위하여 추상적인 법규정을 두게 된다. 이러한 규정을 이른바 일반조항이라고 하는데 다음의 규정이 대표적이다. 민법 제103조(반사회질서의 법률행위) 선량한 풍속, 그 밖의 사회질서에 위반한 사항을 내용으로 하는 법률행위는 무효로 한다. 형법 제20조(정당행위) 법령에 따른 행위 또는 업무로 인한 행위, 그 밖의 사회상규에 위배되지 아니하는 행위는 벌하지 아니한다.

3) 법해석의 방법

국가기관이나 법학자가 특정한 법규정을 해석할 때, 사용하는 방법은 매우 다양하다. 현실적으로 법을 해석하는 사람은 법규정의 의미내용을 밝혀내는데 필요한 모든 방법을 동원하게 된다. **법규정을 해석하는데, 객관성이 있어야 한다. 자의적으로 해석하는 것은 공정성을 해하기 쉽다.** 그래서 **법해석(법률해석)의 기준**은 다음과 같다.

법의 해석방법에 구속력이 있느냐, 없느냐에 따라 이 법해석의 방법에는 크게 **유권해석과 학리해석(=학설)**으로 나누고, **유권해석**은 입법해석, 사법해석, 행정해석으로 구분하며, **학리해석**은 문리해석, 논리해석(축소해석, 확장해석, 반대해석, 유추해석) 등으로 구분한다.

(1) 유권해석(有權解釋)

이는 공권해석(公權解釋)인데, 국가의 기관에 따라 법규의 의미나 내용을 확정하는 것이다. 유권해석은 해석의 권한을 갖는 **국가기관이 하는 해석**이라는 점에서 학자들이 학문적인 관점에서 하는 학리해석과 구별된다. 유권해석은 학리해석과는 달리 **법적 구속력을 갖는 해석**이다.

유권해석에는 해석의 권한을 갖는 국가기관에 따라 **입법해석, 행정해석, 사법해석**으로 구분된다.[199]

---

199) 정승재, 법학통론, 형설출판사, 2006, 88~91면 참조.

(가) 입법해석(立法解釋)

이는 입법기관인 **국회가 법률로써 법을 하는 해석하는 방법이다.** 국회는 입법을 담당하는 기관으로서 법의 해석을 전문으로 하는 기관은 아니지만, 입법과 관련하여 해석을 하는 경우가 있다, 이것을 입법해석이라고 한다. 입법해석은 국회가 **법률규정을 통하여 특정한 개념**이나 **용어의 의미를 정하는 방식**으로 이루어진다. 예를 들면, 민법 제98조에서 "본법에서 **물건**이라 함은 유체물 및 전기 그 밖에 관리할 수 있는 자연력을 말한다"는 것이다. 특허법 제2조 제1호에서 "**발명**이란 자연법칙을 이용한 기술적 사상의 창작으로서 고도한 것을 말한다"라고 규정하고 있다.

> 특허법 제2조(정의) 이 법에서 사용하는 용어의 뜻은 다음과 같다.
> 1. "발명"이란 자연법칙을 이용한 기술적 사상의 창작으로서 고도(高度)한 것을 말한다.
> 2. "특허발명"이란 특허를 받은 발명을 말한다.
> 3. "실시"란 다음 각 목의 구분에 따른 행위를 말한다.
>   가. 물건의 발명인 경우: 그 물건을 생산·사용·양도·대여 또는 수입하거나 그 물건의 양도 또는 대여의 청약(양도 또는 대여를 위한 전시를 포함한다. 이하 같다)을 하는 행위
>   나. 방법의 발명인 경우: 그 방법을 사용하는 행위
>   다. 물건을 생산하는 방법의 발명인 경우: 나목의 행위 외에 그 방법에 의하여 생산한 물건을 사용·양도·대여 또는 수입하거나 그 물건의 양도 또는 대여의 청약을 하는 행위

이와 같이 입법해석은 그 자신이 법 자체이므로 본래적 의미의 법해석은 아니므로, 다른 해석과는 달리 **절대적인 구속력**을 가진다. 입법해석은 일반적으로 국회가 특정한 용어를 정의하는 방식을 취하기 때문에 입법해석을 담고 있는 규정을 일반적으로 정의규정 혹은 해석규정이라고 한다. 입법해석은 그 자체가 하나의 법규정으로 나타나기 때문에 이 해석규정에 대하여 달리 학리해석이나 행정해석 혹은 사법해석이 행해지게 되며, **입법해석은 행정해석이나 사법해석의 범위를 확정하고 제한한다는 점에서 중요한 의미**를 갖는다.[200]

(나) 행정해석(行政解釋)

행정해석(行政解釋, administrative interpretation)이라 함은 행정기관이 **법의 집행**을 위하여 하는 **해석**을 말한다. 행정기관이 법을 집행하기 위해서는 먼저 **집행할 법에 대한 해석**이 선행되어야 한다. 행정기관이 스스로 집행할 법에 대하여 하는 해석을 행정해석이라고 한다. 행정해석은 법의 집행을 직접 담당하는 하급행정기관(혹은 행정공무원)이 할 수도 있지만,[201] 일반적으로 행정기관의 해석의 통일성을 기하기 위해 **상급행정기관**이 하급행정기관에 대하여 **예규**(例規, 업무집) · **회답 · 훈령 · 지시 · 통첩 · 고시** 등의 형식으로 행정해석이 이루어지는 경우가 많다. 어느 것이나 행정상의 **유권해석**으로서 **일단의 구속력**이 인정

---

200) 한상수, 앞의 책, 335~336면 참조.
201) 행정기관이 스스로의 판단에 의하여 법을 해석·집행하는 경우도 있다.

된다. 또한 행정해석이 행정처분(행정행위)의 형식으로 행하여질 때는 그 행정처분이 취소되지 않는 한 **일반국민을 구속**하므로, 행정해석도 일종의 유권해석으로 볼 것이다.

그러나 행정해석이 **그릇되었을 경우**에는 해당 관청에 이의신청을 하여야 하고, 소원을 통한 **상급관청의 해석**에 따르거나(임의적 **행정심판**), 행정소송을 통한 법원의 **사법해석**에 따라 바로 잡을 수 있다. 행정해석은 최종적인 것이 아니기 때문에 이처럼 행정해석은 **사법해석보다 하위**에 있다고 볼 수 있다.

(다) 사법해석(司法解釋)

사법해석(judicial interpretation)이라 함은 법에 대한 **최종적인 유권해석**을 담당하는 국가기관인 **법원(法院)이 하는 해석**을 말한다. 즉, 법관이 법을 적용함에 행하는 법해석의 방법이다. 즉, **판결의 형식**이다.[202] 예를 들면, 형법의 유기죄와 관련하여 "보호를 필요로 하는 자를 적극적으로 내다 버리는 것뿐만 아니라, 소극적으로 방치하는 것도 형법 제271조의 '유기(遺棄)에 해당된다"는 대법원의 판결도 사법해석의 일종이다.

> * 몇 년 전에 언론에 방송된 것인데, 삼촌과 그 배우자가, 큰 형님과 그 배우자가 교통사고로 모두 사망한 후, 남은 자(조카)를 키우면서(후견) 매일 밥을 주지 않고, 과자만 주었다고 한다.
> ➜ 부양의무 위반, 유기죄에 해당된다.

사법해석은 재판의 형식으로 나타나므로 **'재판해석'**이라고도 한다. 이 해석은 소송당사자를 구속함은 물론, 그것이 거듭되어 **판례(判例)**로서 굳어지면 **매우 강력한 사실상**의 **구속력**을 가지게 된다. 사법해석은 **최종적인 유권해석**이다. 입법해석은 사법해석의 범위를 확정한다는 의미에서 사법해석에 대하여 일정한 구속력을 가진다. 하지만, 입법해석 역시 법규정의 형식으로 나타나기 때문에 이에 관한 법적 분쟁이 발생했을 때 이에 대한 최종적인 해석권은 법원이 갖게 된다. 행정해석의 경우, 일차적인 해석권은 법의 집행을 담당하는 행정기관이지만, 이에 관한 법적 분쟁이 발생할 경우에 최종적인 해석권은 갖는 국가기관은 역시 법원이다. 이러한 의미에서 법원의 해석은 **최종적인 유권해석**이라고 할 수 있다.[203]

영미법계 국가(판례법주의가 채택한 국가)에서의 사법해석(즉, 법원의 판결)은 선례구속성의 원칙에 따라 장래의 다른 사건을 구속하는 효력을 갖기 때문에 절대적 구속력을 가진다. 해당 사건에 대한 구속을 갖는 성문법주의 국가(대륙법계 국가)의 사법해석[204]에 비해 훨씬 더 중요한 의미를 갖는다. **우리나라 법원조직법 제8조 "대법원의 심판에서 판정한 법령의 해석은 해당 사건에 관하여 하급심을 기속한다."** 이러한 한도 내에서 사법적 해석을 인정

---

202) 구체적인 법적 분쟁이 발생하여 당사자에 따라 소송이 제기된 경우에 법원은 재판절차를 통하여 이에 대한 판결을 내리게 된다. 법원의 판결은 구체적인 사건에 법을 적용하는 방식으로 이루어지게 된다. 따라서 법원은 적용할 법에 대한 해석을 하게 된다. 이것이 사법해석이다.

203) 한상수, 앞의 책, 337면.

204) 상대적 구속을 가진다.

하고 있다. 사법해석은 **최종적인 법적 구속력**이 있다. 따라서 이런 의미에서 유권해석으로 보는 것이 옳을 것이다.[205] 만약 상급심인 **대법원**에서 특정 형사사건에 대해서 **무죄**를 선고하였다면, 그 하급심인 **고등법원이나 지방법원의 유죄판결**은 **무효**가 되도록 하고 있다.

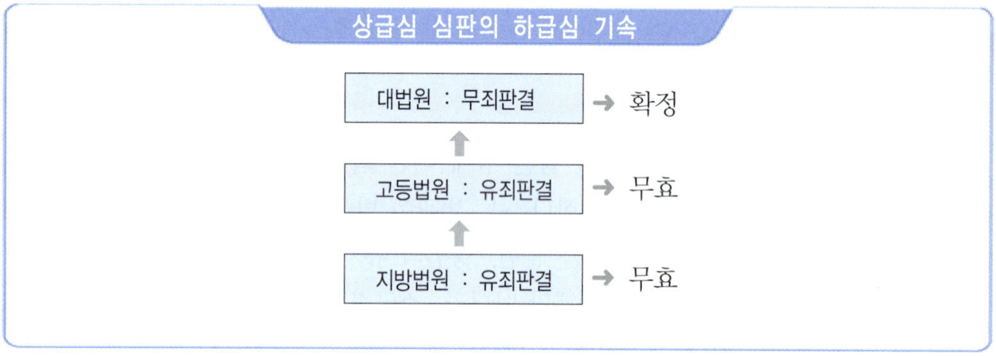

(2) 학리해석(學理解釋)

이는 학리적(학술적) 사고에 따른 해석이다. 즉, 재판을 예측해서 또는 재판을 지도하려는 의도 아래에서 **학문적으로 행하여지는 해석**이다. 법을 적용할 권한을 가진 국가 또는 공공단체의 기관이 아닌 **개인이 법을 해석**하는 경우가 있다. 특히 **법학자들에 따라 학설**(學說)의 형식으로 나타난다. 그래서 이것을 학리해석(學理解釋)=학설(學說)이라고 한다. 이 해석은 **국가권력에 따른 뒷받침이 없으므로** 그 자체로서는 **법적 구속력이 없다.**[206] 그러나 권력에 따라서 좌우되지 않고, 순수한 학문적 입장에서 하는 해석이므로 **일반 여론에 대한 설득력이 강하며, 유권해석에 미치는 영향도 무시할 수 없다.**

보통 법의 해석이라고 함은 학리해석이다. 우리가 중심적으로 **연구**하는 것이 바로 학리해석이다. 학리해석의 내용은 다음과 같다. 학리해석에는 다시 **문리해석**과 **논리해석**으로 나누어진다.

(가) 문리해석(文理解釋)

문리해석(文理解釋)이란 **법문(법조문)의 문자와 문장**을 국어적·문법적으로 해석하는 것을 말한다.[207] 성문법은 문자와 문장으로 표시되므로 문리해석은 가장 중요한 해석방법이다. 법해석의 **제1단계적 해석**이다. 예를 들면, 살인죄의 구성요건 중 '**사람**'의 의미를 국어적으로 해석할 때 **사법(私法)상 완전히 출생한 생명체만**을 **사람**으로 보는 해석은 문리해석이

---

205) 이러한 한도내에서 사법적 해석을 인정하고 있다.
206) 다만, 유권해석을 하는데 참고자료로서 역할을 한다. 학설에는 다수설, 소수설이 있고, 통설은 판례가 다수설을 인용하는 것을 말한다.
207) 이는 법규범의 문자가 가지는 의미(意味)에 충실하여 해석을 하는 것이다.

다.[208] 또한 소유와 점유 또는 질권과 저당권 등 법률혼동, 신의성실, 선량한 풍속 그 밖의 사회질서와 같은 고도의 추상적인 문언은 해석하기 어렵다.

그러나 문리해석만으로 사회의 현실에 맞는 **구체적 타당성**을 갖는 올바른 해석을 기대하기 곤란한 경우가 발생할 수 있다. 즉, 문자에만 얽매여 입법목적을 도외시한다면, 법해석 의미를 가질 수 없을 것이다. **문리해석**은 **논리해석의 절차적 방법으로서만 의의**가 있다.

(나) 논리해석(論理解釋)

논리해석(論理解釋)이란 **법규의 의미를 논리적 법칙에 따라 해석**하는 것을 말한다.[209] 즉, 법규의 문자나 문장의 문법적 의미에 구애받지 않고, 법조문의 **논리적 의미에 중점을 두어 해석**하는 것을 말한다. 이는 법해석의 **제2단계적 해석**이다. 법규범은 고립적으로 존재하는 것이 아니라, 전체적으로 하나의 체계를 이루고 있으며, 개별적인 법규범은 법체계 내에서 일정한 위치를 차지하고 있다. 따라서 특정한 법규범이 **상위법-하위법** 체계에서 어디에 위치하고 있고, **공법-사법-사회법** 가운데 어느 것에 해당하는지를 파악해야 한다. 또 그것이 **일반법-특별법, 원칙법-예외법, 실체법-절차법**, 혹은 **강행법-임의법** 가운데 어느 것에 해당하는지를 파악해야 한다.

이와 같이 논리해석은 법 전체의 조직, 법질서 전체의 유기적·체계적 관계, 입법정신 및 연혁, 법규 적용의 효과 등을 고려하여 논리적으로 법규의 의미를 확정하는 것이다. 그러나 논리해석이라고 해도 그것은 문리해석과의 관련 아래 있는 것이며, 법문(법조문)에서의 자구의 의미를 무시한 자유로운 논리의 전개를 의미하는 것은 아니다. **논리해석에는 확장해석, 축소해석, 반대해석, 보정해석, 물론해석, 유추해석, 연혁해석** 등으로 나누어지고 있다.

① 확장해석(擴張解釋): 확장해석(擴張解釋)이란 **법문(법조문)의 자구 의미보다 확대하여 해석**하는 것이다. 즉, 문리해석에 따른 법규정의 단순한 해석으로는 그 의미가 너무 협소해, 법규정의 의도를 실현할 수 없는 경우에 그 의미를 확장하여 하는 해석이다. 일명 '**확대해석**'이라고도 한다.[210]

예를 들면, 형법 제250조에 "사람을 죽인다"고 하는 것은 반드시 작위에 따른 살인만을 뜻하는 것이 아니며, 부작위에 따른 살인도 포함한다는 것이다. 또 형법상 '흉기'란 사람을 살상하는데 사용되는 물건뿐만 아니라, 사용하기에 따라 살상할 수 있는 물건은 모두 흉기에 포함된다고 해석하는 것이다. 그러나 판례상 마요네즈병은 흉기가 아니다. 또한 형법 366조의 재물손괴죄에서 보통 '손괴'란 물건의 물리적 형태를 파괴하는 것을 의미하나, 판례(법원판결)에서는 이것을 확장해석하여 영업상 내객(來客, 손님)의 음식용에 제공하는 식기에

208) 형사법상은 사람은 진통한 때부터라고 규정하고 있다.

209) 이는 법규정은 그 세분화된 내용이 각각 논리적인 체계를 이루고 있으므로, 이를 전제로 하여 통일된 체계를 이루도록 해석하는 방법이다.

210) 이는 법규문자가 같은 보통의 의미보다 확대해석하는 것이다; 법령의 용어를 보통 뜻보다 넓게 해석하는 방법이다.

방뇨한 것을 식기의 손괴에 해당한다고 판시한 것이 그 예이다. 그리고 "학교내에서 절대 나무가지를 꺽어서는 안된다"라는 것은 당연히 나무가지에서 화초까지 포함하는 해석이다.

② 축소해석(縮小解釋): 축소해석(縮小解釋)이란 확대해석과는 반대로 법문의 자구 의미가 너무 넓어서 법규의 참된 의미를 밝히는 것이 불충분한 경우에, 문리해석에 따르는 것보다 그 **의미를 축소 혹은 한정**하여 이해하는 해석이다.[211] 예를 들면, 재물(財物)이라 하면, 동산과 부동산(不動産)이 포함되는 것으로 이해하지만, 형법 제329조에 규정된 절도죄의 객체인 재물(財物)에는 부동산이 포함되지 않는다고 해석하는 것이다. 즉, 재물의 본래의 의미는 동산과 부동산을 포함하는 개념이지만, 부동산에 대한 절도는 현실성이 없으므로 절도죄의 규정에서 재물이라는 용어에 한해서는 그 의미를 동산(動産)에 국한한다는 것을 말한다. 또한 '제차통행금지'라는 푯말이 붙은 경우에 문면(文面)으로 보아서는 자전거(自轉車)도 제차(諸車)의 차에 포함되지만, 그 입법취지로 보아 자전거라면 통행해도 무방하다는 식으로 해석하는 방법이다. 그리고 차마(車馬)의 통행금지에서 차마에는 유모차는 포함되지 않는다 해석하는 것이다.

③ 반대해석(反對解釋): 반대해석(反對解釋)이란 법문이 일정한 사항에 대하여는 일정한 효과가 귀속된다고 규정한 경우에, **그 이외의 사항에 대하여는 이 규정의 효과와는 반대의 효과를 인정하는 취지로 해석**하는 것이다.[212] 예를 들면, 민법 제4조(성년기) 만 19세에 이른 자는 성년이 된다. 이를 반대해석하면, 만 19세 이르지 않은 자는 미성년자라고 해석하는 것이다. 또한 형법 제366조 규정 "타인(他人)의 재물을 손괴한 자는 손괴죄로 처벌한다"에서 **자기(自己)의 재물을 손괴**한 자는 손괴죄로 처벌하지 않는다는 해석이 반대해석이다.

④ 보정해석: 보정(補正)해석은 법규정의 문언이 법의 원리 목적이나 취지에 명백하게 반할 경우 이를 바로 잡아서 해석하는 방법이다. 이를 일명 변경해석이라고도 한다. 예를 들면, 제7조는 "법정대리인은 미성년자가 아직 법률행위를 하기 전에는 전2조의 동의와 허락을 **취소**할 수 있다"라고 규정하고 있다. 즉, 미성년자가 장래에 단독으로 법률행위를 할 수 있도록 법정대리인이 동의나 허락을 해 주었더라도 아직 미성년자가 법률행위를 하기 전에는 그 동의나 허락을 장래에 효력 없는 것으로 할 수 있다는 취지의 규정이다. 그렇다면 여기서 **'취소'는 '철회'로 보정하여 해석해야 한다는데 학설은 일치하고 있다.** 왜냐하면 취소는 일정한 원인에 기하여 의사표시의 효과를 소급하여 소멸시키는 것인데 대하여, **철회**는 장래에 대해서만 효력을 발생시키지 아니하는 효력만 있을 뿐이기 때문이다.

⑤ 물론해석: 물론(勿論)해석은 법규정에 명시되어 있지 않은 사항에 대하여 사물의 성질상 당연히 그 규정에 해당하는 것으로 해석하는 방법이다. 예를 들면, '10톤 이상 트

---

211) 이는 법규문자가 같은 보통의 의미보다 축소해석하는 것이다; 법령의 용어를 보통의 뜻보다 좁게 해석하는 방법이다.

212) 이는 비슷한 두 가지 사실 중에서 어느 하나에 관해서만 규정하고, 다른 하나에 관해서는 규정이 없을 때에 다른 하나에 대해서는 같은 효과를 인정하는 것으로 반대해석하는 방법이다.

럭통행금지'라는 법이 있다고 하면, 10톤 이상의 탱크는 물론 통행이 금지된다는 해석을 할 수 있다는 것이다.

⑥ 유추해석(類推解釋): 유추해석(類推解釋)이란 **어떤 사항**에 관해 **규정이 없는 경우**에, 이와 **가장 비슷한 사항에 관한 규정을 적용**할 수 있도록 하는 해석을 말한다.[213] 즉, 유사한 A・B 두 개의 사실 중 A에 관해서만 규정이 있고, B에 관해서는 규정이 없는 경우, B에 대해서도 될 수 있는 한 A에 근사한 결과를 인정하는 것이 유추해석이다.

예를 들면 '말을 매지 마시오'라는 법은 있는데, 소를 매어도 되는지에 관해서는 법이 없다고 치자. 그러면 소는 매어도 되는가? 소와 말은 가축이고, 그 성질이 비슷하여 사람들은 주로 그 축력을 이용하며, 덩치도 비슷하며 배설의 습성도 비슷하다는 등의 이유로 말에 관한 법을 소의 경우에도 적용할 수 있고, 따라서 소도 매어도 안 된다고 해석하다면 이러한 해석을 유추해석이라고 한다.

유추해석은 **확장해석과 반대해석 등과 혼동**될 수 있다. 그러나 유추해석과 확장해석의 차이는 **확장해석**은 규정이 **있는** 경우 그 규정에 의미를 확대하여야 하는 해석인 데 반하여, **유추해석**은 규정이 **없는** 경우에 그 규정의 의미를 그 규정 이외의 사항에 적용하는 해석을 말한다. 유추해석은 **반대해석과도 구별**된다. **반대해석**은 규정되지 않은 사항은 **규정된 사항과 반대되는 효과를 인정**하는 해석이므로, **그 법규정에 근거**를 두고서 해석하는 방법인 데 반하여, **유추해석**은 문제된 사항에 관하여 **법규정이 전혀 존재하지 않을 때에** 이와 **유사한 사항에 관한 다른 규정의 효과를 인정**하는 해석이므로 양자는 서로 다르다.

* 준용은 입법기술상의 방법인데 비하여, 유추는 법해석상의 방법이다.

또한 유추(analogie)해석은 **준용**(**準用**: anwendung)과 **구별**된다.[214] **준용**(準用)이란 **입법의 편의상 규정의 중복・번잡을 피하려는 기술적 필요**에서 행하는 방법으로, 실질적으로 각 경우에 관하여 하나하나 따로 규정되어 있는 경우와 같은 것이다. 예를 들면, "민법 제154조(기한부권리와 준용규정) 제148조(조건부권리의 침해금지)와 제149조(조건부권리의 처분 등)의 규정은 기한있는 법률행위에 준용한다"고 규정하고 있는 것은 준용의 한 예이다. **준용**이라는 것은 비슷한 사항에 관하여 법규를 제정할 때에 법률을 간결하게 할 목적으로 다른 유사한 법규를 유추 적용할 것을 명문으로 규정한 것이다. 따라서 전혀 명문의 법규가 없을 때에 다른 법규를 유추하는 것과는 근본적으로 다르다.

유추해석은 이와 같이 법규정이 없을 경우 유용한 해석방법이지만, **형법규정의 해석**에서

213) 이는 유사한 두 개의 사실 중 하나의 사실에 관하여만 규정하고 있는 경우에, 다른 사실에 관해서도 이와 같은 효과를 인정하는 해석방법이다; .법령에 규정없는 사항에 관하여 그와 유사한 성질의 사항에 관한 규정을 적용함을 말한다.

214) 준용은 입법기술상의 방법인데 비하여, 유추는 법해석상의 방법이다.

죄형법정주의의 **원칙상 유추해석이 금지**되는 것이 원칙이다. 만약 유추해석을 허용한다면 **형법에 명시되어 있지 아니한 행위가 처벌**되어 **개인의 지위가 위태롭**게 되기 때문이다.

4) 헌법합치적 법률해석의 원리

헌법합치적 법률해석(또는 합헌적 법률해석)의 원리란 법률이 위헌(違憲)으로 해석될 가능성과 합헌으로 해석될 가능성을 동시에 가지고 있을 때에는 반드시 합헌으로 해석하여야 한다는 해석원리를 말한다.[215] 즉, 헌법합치적 법률해석의 원리란 특정한 법률이나 법률규정이 해석방법이나 해석관점에 따라 합헌(合憲)으로 해석될 가능성과 위헌으로 해석될 가능성을 동시에 가지고 있을 경우에는 법체계의 통일성과 지속성을 확보하기 위해 반드시 합헌으로 해석하여야 한다는 것이다.[216] 이 해석원리는 헌법의 해석방향을 규정하는 원리가 아니라, 일정한 헌법해석을 전제로 하여 특정한 법률을 그러한 헌법해석에 합치하도록 해석할 것을 요구하는 원리이다. 따라서 이 해석원리는 헌법해석에 관한 원리가 아니라 **법률해석에 관한 원리**이다.

미국 연방대법원의 판례를 통해 확립된 헌법합치적 법률해석의 원리는 대한민국의 헌법재판소와 대법원도 수용하고 있다. 헌법합치적 법률해석의 원리는 법체계가 헌법을 정점으로 통일성을 유지해야 한다는 요청, 민주적 정당성을 갖는 국회의 입법권을 존중해야 할 필요성, 그리고 법률의 지속성을 확보해야 한다는 법적 안정성의 요청에 그 근거를 두고 있다. 헌법합치적 법률해석은 법원을 구속한다. 따라서 법원은 재판의 전제가 된 특정한 법률이 합헌과 위헌 양면으로 해석될 가능성이 있을 때에는 합헌으로 해석하여 재판을 하여야 한다.

또 헌법재판소는 양면적 해석가능성이 있는 법률에 대해서는 헌법합치적 법률해석의 원리에 따라 한정위헌결정, 한정합헌결정, 헌법불합치결정, 입법촉구결정 등을 하여야 한다.[217] 헌법합치적 법률해석은 **상위법과 하위법 사이의 규범조화적 해석**에 속한다고 볼 수 있다. 규범조화적 해석이란 범규범이 서로 충돌하는 것처럼 보이는 경우에도 가능하면 이를 조화적으로 해석하여 범규범의 체계성과 정합성을 확보해야 한다는 원리를 말한다. 또 규범조화적 해석의 원리는 상이한 법률사이에 충돌이 발생하는 경우에도 적용할 수 있다. 상위법과 하위법 사이에, 일반법과 특별법 사이에, 실체법과 절차법 사이에 충돌이 발생할 경우에, 규범충돌의 일반원칙에 따라 어느 한쪽이 무효가 되지 않는 이상, 이들을 조화적으로 해석할 필요가 있다.

헌법합치적 법률해석의 원리는 다음과 같은 **한계**를 갖는다.[218] 첫째, 헌법합치적 법률

215) 정종섭, 헌법학원론, 박영사, 2007, 76면.
216) 한상수, 앞의 책, 349~350면 참조.
217) 정종섭, 헌법학원론, 박영사, 2007, 77면.

해석은 법률 문언의 의미를 완전히 변질시키지 않는 범위 내에서만 가능하다. 둘째, 헌법합치적 법률해석이 원래의 입법취지나 목적을 완전히 훼손시키는 것이 되어서는 안 된다. 셋째, 헌법합치적 법률해석이 헌법규범의 의미를 지나치게 확대해석함으로써 헌법규범이 허용하는 한계를 넘어서는 안 된다. 이렇게 되면 헌법합치적 법률해석이 아니라 법률합치적 헌법해석이 되어 버린다.

5) 법해석의 이상

법의 해석이 어려운 것은 해석을 통하여 구체적 사건에 타당한 결과를 가져와야 하기 때문이다. 따라서 법을 해석하는데 있어서 무엇보다도 요구되는 것이 구체적 타당성이 있는 해석을 하는 것이다. 본래 법은 그 가치가 다른 사회현상을 일률적으로 포괄해서 규정하고 있다. 그렇기 때문에 추상적이고 획일적으로 되어 있다.[219] 그래서 법을 해석하는데 구체적 사건에 타당하도록 고려해야 하지만, 이것이 지나치면 법의 일반적 확실성을 해치는 결과가 된다. 따라서 구체적 타당성도 살리고 법적 안정성도 기할 수 있는 해석이 필요하다. 그러나 이 두 가지는 상호 조화하기 어렵다. 이것이 서로 상치될 경우에는 법적 안정성에 기초를 두어야 할 것이다. 그 이유는 법은 사회를 규율하기 위한 것이며, 이를 위하여 형식적 획일성을 갖고 있기 때문이다.

Q & A

1. 법률불소급원칙 · 법률불소급원칙 예외?
2. 속인주의?, 속지주의?
3. 치외법권 · 치외법권자 · 치외법권지역?
4. 기국주의 · 보호주의 · 세계주의?
5. 대통령의 특권?, 국회의원의 특권?
6. 입증?, 추정 · 간주(의제)?
7. 유권해석 · 학리해석?, 입법해석 · 행정해석 · 사법해석?
8. 문리해석 · 논리해석?, 유추해석?, 준용?

218) 권영성, 헌법학원론, 법문사, 2006, 28면.
219) 어인의, 앞의 책, 20~21면 참조.

제2장 법률관계의 권리와 의무 · 제재

제1절 법률관계

1. 법률관계의 의의

법률관계(Juridical relation)란,[1] 법률에 따라 규율되는 사회생활관계를 말한다. 따라서 종교규범이나 도덕규범에 따라 규율되는 생활관계와 구별된다. 예를 들면, A와 B가 아파트 매매계약(민법 563조)을 맺게 되면, 민법 제568조 제1항[2]에 따라, **매도인** A는 매수인 B에게 **대금을 청구할 권리**(대금지급청구권)을 갖게 되고, **매수인** B는 **소유권을 취득할 수 있는 지위가 법**에 따라서 주어진다. 한편, **매도인** A는 **아파트를 인도할 의무**를 지고, **매수인** B는 **대금을 지급할 의무**를 부담하게 된다. 이와 같이 A · **B간의 관계**를 **권리 · 의무의 법률관계**라고 한다.[3] 그러나 친구와 공원에서 만나기로 한 약속이나, 남녀 사이의 데이트 약속은 법률관계가 아니라, **생활관계**이다.[4]

법률관계는 크게 두 가지로 나누어지는데, 그 하나는 국가와 지방자치단체와 국민 사이의 관계인 '**공법상의 법률관계**'이고, 다른 하나는 개인 상호간의 관계인 '**사법상(私法上)의 법률관계**'이다(공법상의 법률관계와 사법상 법률관계는 공법과 사법의 구별내용을 참조하기 바란다). 또한 **사법관계**는 다시 재산권을 기초로 하는 **재산법관계**와 가족이나 친족과 같은 신분법적 측면을 기초로 하는 **가족법관계**로 나눌 수 있다. 나아가 **재산법관계**는 다시 **물권법관계**와 **채권법관계**로 나누는 것이 보통이다. **물권법관계**는 사람과 물건과의 관계를 규율하기 위한 것이고, **채권법관계**는 사람과 사람 사이의 재산적 관계를 문제로 삼는 것이다.

---

1) 법률관계 = 법률행위

2) 민법 제568조 제1항 매도인은 매수인에게 대하여 매매의 목적이 된 권리를 이전하여야 하며, 매수인은 매도인에게 그 대금을 지급하여야 한다.

3) 돈을 빌리거나 주택을 임대하는 관계는 법률관계이다.

4) 친구와 등산하여 정상에서 만나기로 한 약속은 법률관계가 아니다.

우리의 생활관계 중 매매계약 등과 같이 법률의 규정(민법 제568조 제1항)에 따라 규율되는 생활관계를 **법률관계**라 하며, 이는 주로 **권리 · 의무관계**로 나타난다. **권리**라고 하는 것은 국가권력에 따라 보호되는 생활이익을 향유하는 힘을 가리키는 것이고, **의무**라고 하는 것은 권리에 대응하여 권리자에게 일정한 행위를 해 주어야 할 법률상의 구속을 가리킨다. 이런 의미에서 **법률관계**는 다시 **법에 따라 보호되는 권리자**와 **법에 따라 구속되는 의무자 사이의 관계**로 나타난다. 권리와 의무는 동전(銅錢)의 양면(兩面)처럼 법률관계의 양면을 구성하는 것으로서 권리가 있는 곳에 이에 대응하여 의무가 존재하는 것이 원칙이다.

2. 권리 · 의무관계의 발전

이와 같이 법률관계는 권리와 의무로 이루어져 있으므로, 법과 권리는 밀접한 관계에 있다. 권리 · 의무관계 중 어느 것이 주된 관계인가는 시대의 발전에 따라 변천되어 왔다.[5] 상하의 신분적인 지배 · 복종의 체제였던 **중세 봉건사회**의 법률관계는 **의무본위**로 구성되어 있었다. 따라서 법률구조의 형식도 **공법(公法)위주**로 나타났다.

그러나 **근대사회**에 와서는 자연법사상이 대두되면서 상하의 신분적 지배관계는 타파되고, 모든 사람은 평등적 권리자로 인정되었다. 그에 따라서 법률관계도 **권리본위**로 형성되게 되었다. 의무는 권리에 따르는 반사적 효과에 불과한 것으로 인정되었다. 따라서 법률구조의 형식도 **사법(私法)위주**로 변화되었다.

그리고 **현대**의 산업사회에 와서 근대의 개인주의와 자유주의 사상에 입각한 **권리본위의 법구조에 따른 빈부의 편중** 등 각종 폐단을 시정하고자 **권리에 따르는 의무가 다시 강조**되기에 이르렀다. 따라서 법률관계는 역사적으로 보면, 중세는 의무본위의 시대, 근대는 권리본위의 시대이었으나, 현대는 권리 · 의무본위, 즉, **권리 · 의무 조화의 시대**라고 할 수 있다. 특히 독일의 바이마르헌법은 "소유권은 의무를 부담한다. 그 행사는 공공의 이익에 반할 수 없다"고 규정하였고, 대한민국 헌법에서도 "재산권의 행사는 공공복리에 적합하도록 하여야 한다"고 규정하여 권리는 동시에 의무를 수반하는 것으로 하였다. 그런데 20세기부터는 **공공복리사항**에 의하여 **의무를 강조**하는 경향이 있지만, **권리본위(권리중심)**가 기초가 되고 있음은 부인할 수 없다.

5) 연기영 외, 앞의 책, 136~137면 참조.

제2절 권리란 무엇인가?

법률관계는 권리·의무로 되어 있다. 먼저 **권리**가 무엇인가를 알아보고, 제3절에서 **의무**가 무엇인가를 보기로 한다.

1. 권리의 의의

권리(權利, Rights)란 **법익을 향수(享受)하기 위한 법률상의 힘**을 말하지만, 권리 그 자체가 무엇인가에 대해서는 일찍부터 학자들의 논의의 대상이 되어 왔다. 권리가 무엇인가 하는 것은 법학에서 가장 근본적인 과제이다.

권리는 법이 인정하는 의사(意思)의 힘 또는 의사(意思)의 지배라고 하는 의사설(意思說)과 법에 따라 보호되는 이익이 권리라고 하는 이익설, 그리고 **일정한 이익을 향수하기 위하여 법이 인정하는 법률상의 힘**[6]이라고 하는 **권리법력설(통설) 등을 들 수 있다**. 의사설에 따르면, 유아와 같이 의사능력이 없는 자는 권리를 가질 수 없는 모순이 있고, 이익설은 권리 중에서 아무런 이익이 없는 친권과 같은 권리를 합리적으로 설명하기 어렵다. **권리법력설**은 의사능력이 없는 자나 권리의 존재를 알지 못하는 자도 권리의 주체가 될 수 있고, 권리를 생활이익에 한정하지 아니하고, 이것을 보호 또는 향수케 하는 수단으로서, 법에 따라 주어진 힘이라고 함으로서 이를 지지한다.[7]

여기서 **통설인 권리법력설**의 입장에서 권리의 개념을 **구체적으로 설명해** 보기로 한다.[8] 첫째, **권리는 법이 부여한다**. 즉, 권리는 법에 따라 부여된 것으로 권리가 먼저 존재하고 그 권리를 보호하기 위하여 법이 존재하는 것이 아니다. 그러므로 법이 없는 권리는 존재할 수 없다. 예를 들면, 자기의 물건을 판 사람은 그 대금을 산 사람에게 지불하다고 청구할 수 있다든가, 땅을 갖고 있는 사람은 자기 마음대로 그 땅을 사용할 수 있다. 이와 같이 사회생활상의 이익 가운데 국가가 보호할 만한 것이라고 인정한 것이 쉽게 말하면, 권리(權利)이다.

둘째, **권리는 특정의 법적 인격자에게 부여한다**. 즉, 특정의 법적 인격자란 **'인(人)'**을 말하는 것으로, **자연인과 법인이** 여기에 포함되나, 반드시 이익을 향수할 자격이 있는 특정인,

---

6) 권리는 법률상의 힘: 청구력(권)(請求力)→소구력(권)(訴求力)→집행력(권)(執行力); **청구력**: 최고권(독촉권), 손해배상청구권, 전보배상청구권, 소구력: 판결, 가압류, 가처분 제도와 조정제도, 집행력: 부동산-동산==강제집행(强制執行, 공경매, 공매, (법원)경매)....금전집행--강제집행- 가압류-- 추심명령/전부명령

7) 곽윤직, 민법총칙, 박영사, 2003, 48면; 김상용 외, 요해 민법총칙, 법원사, 2001, 24면.

8) 조병철, 생활법률, 형설출판사, 2007, 55~56면 참조.

즉 권리능력자만이 가질 수 있다. 이 특정의 권리를 가질 수 있는 자를 '**권리의 주체**'라고 한다. 주체없는 권리란 있을 수 없다. **권리의 주체에는 자연인(自然人)과 법인(法人)이 있다.**

셋째, **권리는 특정 이익의 향수를 위한 것이다.** 즉, 모든 법적 인격자는 특정이익의 향수를 목적으로 활동하고 있다. 여기에 이익이라 함은 재산적 이익만을 말하는 것이 아니라, 사회생활을 하는데 있어서 가지는 이익으로서 생명 · 신체 · 자유 · 명예 등을 포함한다.

넷째, **권리는 법률상의 힘이다.** 즉, 권리는 이익을 전제로 한다. 특정의 이익에 관하여 권리를 가지는 특정 또는 불특정인에 대하여 작위 또는 부작위를 청구하는 힘을 법에 따라 부여받고 있다.

권리를 가질 수 있는, 누릴 수 있는 자격을 우리는 권리능력이라고 한다. 권리능력이 있다는 말은 실제로 어떠한 권리를 가지고 있다는 말과는 다르다. 실제로 어떤 권리를 가지기 위해서는 일정한 원인이 있어야 한다. 이러한 원인을 법률요건이라고 한다. 법률요건을 원인으로 하여 발생한 결과, 즉 어떠한 권리를 가지고 있다든지 가지게 되었다든지 하는 효과를 법률효과라고 한다. 여러 가지 법률요건 중 가장 전형적인 것이 바로 법률행위이다.[9] 근대 시민사회가 성립된 이후로 권리의 주체는 자유로이 법률행위를 할 수 있게 되었다. 이를 법률행위 자유의 원칙이라 한다. 법률행위자유의 원칙은 자본주의의 발달에 매우 중대한 영향을 끼친 원칙이다.

2. 권리와 구별되는 개념

1) 권한(權限, competence)

권한(權限)이라 함은 **타인이 본인 또는 권리자를 위하여 일정한 법률효과를 발생하게 하는 행위를 할 수 있는 자격**을 말한다.[10] 즉, 국가 또는 공공단체의 기관이 법령의 규정에 따라 직권을 행사할 수 있는 범위를 말한다. 예를 들면, 이사의 권한, 법인 이사의 대표권, 사단법인 사원의 결의권, 대리인의 권한, 대통령의 권한, 선택채권의 선택권 등이 이에 속한다. 권한은 법률상의 일정한 이익이 행위자(권한 행사자)가 아닌 타인에게 귀속된다는 점에서 권리자 자신이 그 이익을 받게 되는 권리와 다르다.

2) 권능(權能, power, authority)

권능(權能)이란, **권리의 내용을 이루는 개개의 법률상의 힘**을 말한다. 즉, 법률상 일정되어 있는 능력 혹은 권리에서 파생하는 개개의 기능을 의미한다. 민법 제211조는 "소유자

9) 강대성, 새 법과생활, 탑북스, 2014, 31면 참조.

10) 권한은 직무(업무)에 따라 행사하는 것이며, 대리권은 법에 따라 주는 것이다; 참고로 권리는 개인의 이익을 추구하는 것이고, 법에 따라 주는 것이다.

는 법률의 범위 내에서 소유물을 사용·수익·처분할 권리를 가진다"고 규정하고 있는데,

여기서 '사용·수익·처분할 권리'란 소유권에 포함되어 있는 개개의 구체적인 **사용권능·수익권능·처분권능**이다.

cf : 물권에 대한 권능
(1) 소유권 ➜ 사용권능 O, 수익권능 O, 처분권능 O
(2) 임차권 ➜ 사용권능 O, 수익권능 O, **처분권능** X
(3) 전세권 ➜ 사용권능 O, 수익권능 O, **처분권능** △

3) 권원(權原, a title)

권원(權原)이라 함은 **어떤 법률적 또는 사실적 행위를 하는 것을 정당**하게 하는 **법률상의 원인**을 말한다. 즉, 어떤 행위를 정당화하는 법률적인 원인을 의미한다. 예를 들면, 타인의 **부동산**에 **무단으로 건물** 등을 지은 경우에는 그것은 **타인의 소유권을 침해**하는 것으로 그 타인은 그 **건물 등의 철거를 청구**할 수 있다(민법 제214조). 그 철거를 당하지 않기 위해서는 그 **토지를 사용할 정당한 권원**이 있어야 하고, 그러한 **권원**으로는 **지상권**(민법 제285조)·**사용대차**(민법 제609조)·**임차권**(민법 제646조·제647조) 등이 있다.

그 권원의 실제 예로서는 매매계약에서 매매사실인 매매계약서, 임대차에서 임차사실인 임대차계약서, 물품매매에서 물품매매사실인 물품계약서, 금전을 차용하는데 차용한 사실인 차용금증서 등을 들 수 있다.

4) 권력(權力, power, authority)

권력(權力)이라 함은 일정한 개인 또는 집단이 다른 개인 또는 집단을 강제하거나 지배하는 힘을 말한다. 권력은 일종의 사회력이다.[11] 다시 말해, 타인과의 관계에 있어서 그 **타인에게 명령**을 내릴 수 있는 힘이다. 권력에는 일정한 **권한이 전제**되어 있다. 따라서 권력은 **권한에서 나오는 것으로서 남을 복종시키거나 지배할 수 있는 공인된 힘**이다. 권한은 어떤 물리적 강제력을 가지고 그를 바탕으로 다른 사람을 그 사람의 뜻에 반하더라도 복종시키는 지배를 위한 힘이다

5) 반사적 이익

반사적 이익이라 함은 **법률이 특정인 또는 일반인에게 어떤 행위**를 명함으로써 **다른 특정인 또는 일반인이 이익을 받게 되는 것**을 말한다. 따라서 이것은 누구에게 적극적으로 어떠한 법률상의 힘을 부여하는 것이 아니라 법률규정의 효과로 제3자가 아무런 이유없이

11) 권력은 어떤 물리적 강제력을 가지고 그를 바탕으로 다른 사람을 그 사람의 뜻에 반하더라도 복종시키는 지배를 위한 힘이다. 즉, 권력은 남을 복종시키거나 지배할 수 있는 공인된 권리와 힘을 말한다.

이익을 누리게 되는 것이다.

교통법규를 위반한 차량을 자연인이 처벌할 수 있는가? 예를 들면, 운전자와 보행자가 도로교통법을 지킴으로써 일반보행자나 다른 운전자가 안전하게 도로를 이용할 수 있다거나 새로운 주유소를 설치하고자 할 경우에 기존의 다른 주유소와 일정한 거리를 두도록 하여 일정한 반경 내에서 독점적 주유소 영업권을 보장받는 경우 등이다. 또 수산업법에 따라 수산자원이 보호됨으로 인하여 어민이 이익을 얻는 것은 반사적 이익에 불과하다.

반사적 이익은 권리의 경우와 같이 어떤 힘이 부여되어 있는 것이 아니기 때문에 그 **반사적 이익이 방해**를 당하더라도 **법원에 소를 제기할 수 없다. 즉**, 반사적 이익은 **청구력은 있으나 이익만을 받는 것으로서 소구력과 집행력이 없다.**

3. 권리의 종류

권리는 그 기준에 따라 여러 가지 종류로 나눌 수 있다.

먼저 법을 **공법(公法)과 사법(私法)**으로 구별함에 따라서 권리도 **공권**(公權, 공법상의 권리)와 **사권**(私權, 사법상의 권리)로 나눌 수 있다. 그리고 중간법 영역인 사회법에 따라 인정되는 **사회권**이 있다.

1) 공권(公權)

공권(公權)이라 함은 공법에 따라 인정되는 권리이다. 공권 가운데 국가가 가지는 것을 **국가공권**이라고 하고, 국민이 가지는 권리를 **국민공권**이라고 한다. 또한 공권이 국내법에 따라 인정된 것이냐, 국제법에 따라 인정된 것이냐에 따라서 **국내법상의 공권**과 **국제법상의 공권**으로 나누어진다.

(1) 국내법상의 공권

국내법상의 공권에는 **국법상의 공권**이라고도 말하며, 국가 및 지방자치단체 및 개인이 공법관계에서 갖는 권리로서 특히 통치관계에서 갖는 권리이다. 국가 및 지방자치단체가 갖는 권리를 **국가적 공권**이라고 하고, 개인이 갖는 공권을 개인적 공권 혹은 **국민적 공권**이라 한다.

(가) 국가적 공권

국가적 공권은 국가나 지방자치단체, 그 밖의 공공단체가 공법인으로서 그 자체의 존립을 위하여 가지는 권리와 국민에 대하여 가지는 권리의 양자를 포함한다. 국가적 공권은 **국가공권의 작용**을 중심으로 하여 '**입법권 · 행정권 · 사법권**' 등 세 가지로 나눌 수 있고,

국민에게 직접 발동되는 것으로서 '**징세권 · 징병권 · 형벌권**' 등으로 나누어진다.

(나) 국민적 공권(개인적 공권)

국민적 공권은 국민이 국가 또는 지방자치단체에 대하여 가지는 공권이다. 이는 피지배자의 권리라는 특색을 갖는다. 이를 개인적 공권이라고도 한다. 이것은 **기본적 인권을 기초**로 하여 성립하는 것이며, '**자유권 · 수익권 · 참정권 · 평등권**' 등이 이에 속한다.

(2) 국제법상의 공권

국가는 국제법상 독립의 법주체이다. 이러한 법주체인 **국가에게 인정되는 권리**가 국제법상의 공권이며, '**독립권 · 평등권 · 자위권 · 외교상의 교통권(交通權)**' 등이 있다. 이러한 공권에 따라 사람의 사회생활과 가정생활이 지배를 받는 것은 말할 것도 없다. 그러나 무엇보다도 사생활에 중요한 영향을 미치는 것은 사권이다.

2) 사권(私權)

사권(私權)이라 함은 사생활관계에서 특정의 생활이익을 향수할 수 있도록 **개인에게 주어진 법률상의 힘**을 말한다. 사권(私權)은 그 기준에 따라 여러 가지로 분류된다. 즉, 내용에 따른 분류, 작용에 따른 분류, 그 밖의 분류 등으로 나누어진다.

사권(私權)의 분류

- 1. 내용에 따른 분류
  - 재산권
    - 물권
    - 채권
    - 지식재산권(산업재산권, 저작권) 등
  - 인격권
  - 가족권
    - 친족권
    - 상속권
  - 사원권
    - 공익권
    - 사익권
- 2. 작용(효력)에 따른 분류
  - 지배권 — 물권, 준물권, 지식재산권(무체재산권)
  - 청구권
    - 물권적 청구권
    - 채권적 청구권
    - 가족권적 청구권
  - 형성권
    - 의사표시에 의한 형성권
    - 법원의 판결에 의한 형성권
  - 항변권
    - 연기적 항변권 : 동시이행항변권
    - 영구적 항변권 : 한정승인

(1) 내용에 따른 분류

(가) 재산권

재산권(財産權)은 경제적 가치가 있는 이익을 누리는 것을 주된 내용으로 하는 권리로서,

물권 · 채권 · 지식재산권(무체재산권) **· 상속권** 등이 이에 속한다.

① **물권**: 물권(物權)은 권리자가 물건을 직접 지배하여 이익을 얻는 것을 내용으로 하는 배타적 권리이다. 이 권리는 권리자가 객체에 직접 지배력을 발휘하는 것이며, 권리를 실현시키기 위하여 다른 사람의 협력을 필요로 하지 않는다. 물권은 법률 또는 관습법에 따라서만 창설될 수 있는데(민법 제185조), 대한민국 민법이 인정하는 **물권(物權)**에는 '**점유권 · 소유권 · 지상권 · 지역권 · 전세권 · 유치권 · 질권 · 저당권**'의 8가지[12]가 있다. 관습법상의 물권으로 판례에 따라 확인된 것으로는 분묘기지권 · 관습법상의 법정지상권이 있다. 또 **법률**의 규정에 따라 물건을 직접 지배하지 않지만, 전속적으로 취득할 수 있는 권리(**광업권, 어업권 등**)를 준물권이라 하며, 물권에 준하여 취급한다.[13]

② **채권**: 채권(債權)은 채권자(특정인)가 채무자(다른 특정인)에 대하여 일정한 행위(급부 또는 급여라고 한다)를 청구하는 권리(이를 보통 급부라고 한다)이다. 매매계약에서 매수인의 **소유권이전채권**과 매도인의 **대금지급채권**, 불법행위에서 피해자의 **손해배상채권** 등이 이에 속한다. 채권은 **채무자의 협력**, 즉 **이행행위**가 있어야 실현된다는 점에서 객체를 직접 지배하는 물권과 다르다.[14]

③ **지식재산권**: 지식재산권(知識財産權)은 발명 · 저작 등의 정신적 · 지능적 창작물을 독점적 · 배타적으로 지배하여 이익을 얻는 권리이다. '**특허권 · 실용신안권 · 디자인권 · 상표권 · 저작권**' 등이 이에 속한다. 지식재산권은 종래에는 지적재산권(또는 무체재산권 · 지적소유권, 공업소유권)이라고 하였다. 2011년 5월 19일 제정되어 2011년 7월 20일 시행된 지식재산기본법이 제정되면서 지적재산권이라는 명칭을 **모두 지식재산권으로 변경**하였다(지식재산기본법 부칙 제1조 및 제2조).

④ **상속권**: 상속권(相續權)은 상속이 개시된 뒤에 상속인이 가지는 권리이다. 사람이 사망하면 그(이를 피상속인이라 함)의 재산이 모두 그와 일정한 친족관계에 있는 자(예: 그의 자녀 · 배우자)에게 한꺼번에 승계되는데, 뒤의 자가 상속인이고, 그가 가지는 권리가 상속권이다.

(나) 인격권

인격권(人格權)은 권리의 주체와 분리할 수 없는 인격적 이익(예: 생명 · 신체 · 명예)을 누리는 것을 내용으로 하는 권리이다. '**생명권 · 신체권 · 자유권 · 명예권 · 성명권 · 초상권 ·**

---

12) 여기서 용익물권은 지상권, 지역권, 전세권이고, 담보물권은 유치권, 질권, 저당권이다.

13) 또 상법상 인정되는 물권으로서는 상사유치권 · 주식질권 · 선박저당권 · 선박채권자의 우선특권 등이 있고, 특별법상 인정되는 물권으로서는 입목저당권(입목에 관한 법률), 공장저당권(공장저당법) · 공장재단저당권(공장저당법) · 광업재단저당권(광업재산저당법) · 자동차저당권(자동차저당법) · 건설기계저당권(건설기계저당법) · 항공기저당권(항공기저당법) · 가등기담보권 및 양도담보권(가등기담보 등에 관한 법률) · 광업권(광업법), 조광권(광업법), 어업권(수산업법) · 댐사용권(댐건설 및 주변지역 지원 등에 관한 법률 제24조) · 대물변제 예약형의 부동산양도담보(가등기담보법의 제정으로 특별법에 따른 물권으로 변화) 등이 있다.

14) 송덕수, 민법입문, 박영사, 2013, 25면 참조.

정조권 · 퍼블리시티권(=상속) · **창작권 · 사생활권'** 등의 보호를 목적으로 하는 권리가 이에 속한다. 이것은 권리의 주체와 분리할 수 없으므로(**일신전속성**) 거래의 대상이 되지 않는다. 다만, 퍼블리시티권은 판례에 따라 상속과 타인에게 상업적으로 이용권을 인정하고 있다. 인격적 이익을 보호하기 위하여 민법은 타인의 생명 · 신체 · 자유 · 명예를 침해는 것을 불법행위로서 손해배상책임을 인정하고 있다(민법 제751조 · 제752조).

(다) 가족권(친족권 · 신분권)

가족권(家族權)이라 함은 가족관계에서 가족 상호간의 지위에 따라 주어진 권리를 말한다. 예를 들면, 부부, 친자, 가족, 친족사이에서 부부로서의 지위, 부모와 자로서의 지위 등에서 이익을 향수할 것을 내용으로 하는 권리이다. 이것은 가족관계와 분리하여 존재할 수 없고, 이러한 가족관계와 함께 하는 것이 많다.[15] 가족권은 **일신전속권**으로서 원칙적으로 양도 · 상속할 수 없다.

가족권에는 **친족권[16]과 상속권**으로 나눠볼 수 있다. **친족권**(親族權)은 친족관계에서의 일정한 지위에 따르는 이익향수를 내용으로 하는 권리로서 **친권 · 징계권 · 부부간의 동거청구권 · 협력부조권 · 친족간의 부양청구권** 등을 말하며, **상속권**(相續權)은 상속개시 후 상속인이 가지는 권리를 의미한다.

(라) 사원권

사원권(社員權)은 **사단법인(社團法人)**의 **사원**(이는 회사원의 의미가 아니며, 주주가 그 예임)이 그 자격에 기인하여 **법인(단체)**에 대하여 가지는 권리의무의 전체를 말한다.[17] **사원권의 내용**은 공익권과 자익권으로 나눌 수 있다. **공익권(共益權)**은 법인 자신의 목적을 달성하기 위하여 사원에게 인정되는 것으로서 **의결권 · 업무집행권 · 소수사원권** 등이 이에 속한다. **자익권(自益權)**은 사원 자신의 이익을 위하여 인정되는 것으로서 **잔여재산분배청구권 · 이익배당청구권 · 설비이용권** 등이 이에 속한다. **공익권**이 비영리 **사단법인**의 **사원에게 중시되는 권리**인데 반하여, **자익권**은 주식회사와 같은 **영리법인**의 사원이 갖는 **중심적 권리(주식회사의 주주가 가지는 권리)**로서 여기에서 공익권은 종속적인 것이다.

(2) 작용에 따른 분류

권리는 그것을 행사하는 경우에 어떻게 작용하는가, 즉 어떤 효력이 생기는가에 따라 **지배권 · 청구권 · 형성권 · 항변권**으로 나누어진다.

---

15) 예를 들면, 친권(親權)

16) 친족권은 혼인할 수 있는 범위, 상속받을 받을 수 있는 범위, 부양을 해야 할 범위, 상복을 입을 수 있는 범위를 정한다.

17) 사원권은 사단법인(비영리, 영리)의 구성원이 가지는 권리를 줄인 말이다.

(가) 지배권

지배권(支配權)이라 함은 타인의 행위를 개입없이 목적물을 **직접적으로 지배**하는 권리이다.[18] **물권**이 전형적인 지배권이다. 가령 소유권자는 다른 사람의 도움을 받지 않고 그의 소유물을 사용 · 수익 · 처분할 수 있다. **인격권 · 지식재산권**(무체재산권) · **가족권**(가족권) · **후견권**의 일부도 이에 속한다. 지배권이 침해되면, 손해배상청구권 이외에 방해배제청구권도 발생한다. 이를 절대권 · 대세권이라고 한다.

(나) 청구권

청구권(請求權)이라 함은 특정인이 다른 특정인에 대하여 일정한 행위(작위 · 부작위)를 요구하는 권리이다. 채권이 그 전형인데, **주택**의 매수인이 매도인에 대하여 주택의 소유권이전을 청구할 수 있는 권리, **금전**을 빌려준 사람이 빌린 사람에 대하여 금전의 지급을 청구할 수 있는 권리 등이다. 이러한 청구권에서는 지배권에서와 달리 **권리자**가 권리의 객체(앞의 예의 경우에는 주택 · 금전)를 직접 지배할 수 없으며, 그는 단지 **의무자**에 대하여 일정한 행위(앞의 예의 경우에는 주택의 소유권이전행위, 금전의 지급행위)를 청구할 수 있을 뿐이다.[19]

청구권은 물권 · 채권과 같은 **기초적인 권리의 효력**으로서 발생하며, 그 대표적인 것은 **채권**에 기초하여 발생하는 **채권적 청구권**이다. 앞의 예들이 그에 해당한다. 채권과 동일물은 아니다. 청구권은 **채권의 본질적 요소**를 이룰 뿐이다. 그러나 청구권은 채권 외에 **물권 · 지식재산권 · 상속권 · 가족권**으로부터도 생길 수 있다. **물권적 청구권 · 상속회복청구권 · 부부의 동거청구권** 등이 그 예이다.

(다) 형성권

A는 토지 소유자 B에게 B의 그 토지가 국가에 따라 강제로 수용될 것이라고 속여 B로부터 그 토지를 헐값에 매수하였다. 그러한 경우에 B는 A와 맺은 매매계약을 취소할 수 있는데(민법 제110조 제1항), B가 매매계약을 취소하면 그 계약은 처음부터 무효였던 것으로 된다. 즉, **B의 일방적인 취소**에 따라 **계약이 무효**로 되는 것이다.[20]

이와 같이 형성권(形成權)은 권리자의 **일방적 의사표시**에 따라 법률관계의 발생 · 변경 · 소멸을 일어나게 하는 권리이다.[21] 이를 가능권이라고도 한다. 예를 들면, **동의권**(민법 제5조 · 제10조) · **취소권**(민법 제140조 이하) · **해제권**(민법 제543조) · **해지권 · 추인권**(민법 제143조) 등이 형성권에 속한다. 또한 권리의 행사가 제3자에 대하여 중대한 영향을 미치기 때문에 **반드시 법원의 판결로서 효과를 발생**시키는 것이 있다. 이에 **채권자취소권**(민법 제406조 1항) ·

---

18) 즉, 타인의 행위의 개입없이 일정한 객체에 대해 직접 지배력을 발휘할 수 있는 권리이다.
19) 송덕수, 앞의 책, 26면 참조.
20) 송덕수, 앞의 책, 27면 참조.
21) 형성권은 일방적 의사표시에 따라 법률효과(법의 규정에 따라)가 발생하는 권리를 말한다.

혼인의 취소(민법 제816조) · **친생부인권**(민법 제846조) · **재판상이혼청구권**(민법 제840조) · **입양취소권 · 재판상파양권** 등이 속한다.

(라) 항변권

항변권(抗辯權)은 상대방이 청구권을 행사해 온 경우에 그 **청구권의 작용을 저지**할 수 있는 권리이다. 즉, 상대방의 청구권을 인정하면서 그 작용만을 일시적으로(연기적 항변권)[22] 또는 영구적으로(영구적 항변권)[23] 저지하는 권리이다. 그러나 청구권의 성립을 부정하거나 소멸을 주장하는 것은 항변권이 아니다(이는 '이의'하고 한다).

항변권의 예를 들어보면, A는 그의 토지를 B에게 5,000만원에 팔기로 하는 내용의 매매계약을 체결하였다. 그러면서 그로부터 1개월 후에 A는 토지의 소유권이전등기 서류를 B에게 넘겨주면서 대금을 전부 받기로 약속하였다. 1개월이 지난 뒤에 A는 등기서류를 준비하지 않은 채 B에게 대금을 지급하라고 하였다. 그러한 경우에 B는 A에게 토지에 대한 등기서류를 넘겨줄 때까지는 대금을 지급하지 않겠다고 항변할 수 있다. 이때 B는 A의 대금지급청구권이라는 채권을 인정하면서, 그 작용을 등기서류 교부시까지만 저지하는 것이다. 이러한 B의 권리는 '쌍무계약의 당사자가 가지는 **동시이행의 항변권**'(민법 제536조)이다. 이 동시이행의 항변권과 '보증인의 최고 · 검색의 항변권'(민법 제437조)은 청구권의 행사를 일시적으로 저지할 수 있는 **연기적 항변권**에 속한다. 또한 상속인이 가지는 한정승인의 항변권(민법 제1028조)은 청구권의 작용을 영구적으로 저지할 수 있는 영구적 항변권에 해당한다.[24]

(3) 그 밖에 법의 분류

(가) 절대권 · 상대권

권리에는 그것에 복종하는 의무자가 있게 된다. 권리는 이러한 의무자의 범위를 표준으로 하여 절대권(絕對權) · 상대권(相對權)으로 나눌 수 있다. 전자는 누구에 대해서나 주장할 수 있는 권리이며, 어떤 사람의 침해도 배제할 수 있다. 여기에 **물권 · 지식재산권 · 인격권 · 친권 · 후견권**이 이에 속한다. 후자는 어느 특정한 사람에게만 주장할 수 있는 권리로서 **채권 등의 청구권**이 이에 속한다.

(나) 일신전속권 · 비전속권

이 구별은 권리와 주체와의 긴밀의 정도, 즉 이전성을 표준으로 한 것이다. **일신전속권**(一身專屬權)은 권리자로부터 분리하여 **양도**하거나 **상속**할 수 **없는 권리**이다. 이에는 **인격권 · 가족권**(신분권)이 대부분이다. 반면에 **비전속권**(非專屬權)은 권리자로부터 분리하여 **양도**하

22) 연기적 항변권의 예로는 쌍무계약상 동시이행의 항변권(민법 제536조), 보증인의 최고 · 검색의 항변권 등을 들 수 있다.
23) 영구적 항변권의 예로는 민법 제1028조의 상속인의 한정승인의 항변권을 들 수 있다.
24) 송덕수, 앞의 책, 28면 참조.

거나 **상속**할 수 **있는 권리**이다. 이에는 대부분 **재산권**이다.

생명 · 신체에 대한 권리, 친권 등은 권리자가 그것을 다른 사람에게 이전해 줄 수 없고, 또 권리자가 사망하더라도 그의 상속인에게 상속되지 않는다. 그것은 권리자 외에 다른 사람에게는 귀속할 수 없는 일신전속권이기 때문이다. 그에 비하여 소유권 · 금전채권과 같은 비전속권은 다른 사람에게 양도할 수도 있고, 또 권리자가 사망하면 당연히 상속인에게 승계된다.[25)]

(다) 주된 권리 · 종된 권리

권리 가운데에는 하나의 권리가 **다른 권리를 전제**로 하여 존재하는 경우가 있다. 이때 전제가 되는 권리가 **주(主)된 권리**이고, 그것에 종속되는 권리가 **종(從)된 권리**이다. 예를 들면, A가 B에게 금전 100만원을 1년간 매달 1퍼센트의 이자를 받기로 하고 빌려준 경우에 A는 B에 대하여 1년 후에 100만원의 금전을 청구할 권리(원본채권)와 1년 동안 매달 만원의 이자를 청구할 권리(이자채권)를 가지게 된다. 이때 뒤의 채권은 앞의 채권을 전제로 하여 성립하며, 따라서 원본채권과 이자채권은 주된 권리 · 종된 권리의 관계에 있다.[26)]

(라) 기성의 권리(완성권) · 기대권

기성(旣成)의 권리(완성권)라 함은 **권리의 성립요건이 모두 실현되어서 성립한 권리**를 말한다. 이에 반하여 아직 실현되지 않았지만, 요건이 이루어지면 장차 취득할 수 있는 이익을 법이 보호하여 주는 것을 **기대권(期待權) 또는 희망권**이라고 한다. 고시에 합격하면 이 차를 주겠다고 하는 **조건부권리, 기한부 권리** 등이 기대권에 속한다.

(마) 사회권

사회권은 **사회법에서 인정되는 권리**이다. 노동자의 단결권 · 단체교섭권 · 단체행동권(헌법 제33조 제1항), 인간다운 생활을 할 권리(헌법 제34조 제1항), 생활무능력자가 국가의 보호를 받을 권리(헌법 제34조 제5항) 등이 이에 속한다. 사회법이 공법 · 사법의 혼합적인 중간영역인 지위에 있는 것이므로, 사회권도 공권 · 사권의 중간적 또는 혼합적 성격을 지니고 있다.

4. 권리의 행사

1) 권리행사의 의의와 방법

권리의 행사는 개인주의 · 자유주의를 기초로 하는 근대사법상 **권리자의 자유에 맡겨져 있는 것을 원칙**으로 한다.[27)] 그러므로 권리를 행사하든 행사하지 아니하든 모두 권리자의

---

25) 송덕수, 앞의 책, 29면 참조.

26) 송덕수, 앞의 책, 29면 참조.

자유이다. 또한 로마법 이래 "자기의 권리를 행사하는 자는 어느 누구도 해하지 않는다"라고 하여 권리행사에는 제한이 없다고 생각되었다.[28] 다만, "권리 위에 잠자는 자는 권리자로서 보호할 가치가 없다"는 예링(Jhering)의 말처럼 권리를 행사하지 않으면 권리가 소멸되어 회득할 수 있는 이익을 빼앗기게 되는 경우가 있다. 예를 들면 권리의 불행사에 따른 소멸시효의 제도(민법 제162조 이하)를 들 수 있다.

권리의 행사라 함은 **권리의 내용을 구체적으로 실현하는 과정이다.**

권리행사의 **방법**은 권리의 종류에 따라 다르다. ① **지배권**은 객체를 지배해서 사실상 이익을 누리는 모습으로 행사되는 것이 보통이다. 소유자가 소유물을 소비하거나 다른 사람에게 파는 것이 그 예이다. ② **청구권**은 특정인에 대하여 일정한 행위를 요구하거나 그에 따른 결과를 받은 방법으로 행사된다. 금전채권자가 금전의 지급을 청구하고 지급된 금전을 받는 것이 그 예이다. ③ **형성권**은 권리자가 일방적인 의사표시를 함으로써 행사된다. 예를 들면, 상대방에게 속아서 토지를 헐값으로 판 사람은 상대방에게 계약을 취소한다는 의사표시를 하는 방법으로 취소권을 행사한다(민법 제110조). 형성권 가운데 법원에 소를 제기하는 방법으로 행사하여도 하는 것도 있음은 앞에서 설명하였다. ④ **항변권**은 청구권자가 이행청구를 할 때 그것을 거절하는 방식으로 행사한다.[29]

2) 권리행사의 한계

권리의 행사는 무제한적으로 행사하는 것을 용인할 수는 없다. 즉, 권리의 행사도 사회가 상당한 것으로 승인하는 한도에서만 보호받을 수 있는 것이다. 그 **근거**로서는 **권리의 사회성 · 공공성**이라는 것이다. 이렇게 볼 때, 권리속에는 **공공의 이익에 의한 제한**이 있다. 특히, 이러한 사상은 **20세기**에 와서 사회공동생활이 강조되면서 권리행사는 개인성과 사회성의 조화를 요구하게 되었고, 이로 인하여 **권리행사의 자유에 제한**을 가하게 되었다.

권리행사의 제약은 **노동법**을 비롯한 사회에서도 그리고 민법을 비롯한 사법(私法)에서도 명문의 규정을 두어 인정하고 있다. 이들 중 민법에서 권리행사에 대한 절대적 자유와 무제약성을 수정하여 권리의 사회적 제약을 입법화한 것이 민법 제2조의 규정이다. 제1항에서는 신의성실의 원칙을, 제2항에서는 권리남용금지의 원칙을 규정하고 있다. 그리고 민법 제103조에서는 **반사회적 법률행위**, 민법 제104조에서는 **불공정한 법률행위**는 **절대적 무효**로 규정하고 있다.

(1) 재산권의 제한

대한민국 헌법이 "재산권의 행사는 **공공복리에 적합**하도록 하여야 한다. 그 내용은 법률

---

27) "자기의 권리를 행사하는 사람은 누구에게도 불법이 되지 않는다" 등의 법언처럼 권리행사는 절대적 자유이다.
28) 연기영 외, 앞의 책, 146면 참조.
29) 송덕수, 앞의 책, 29~30면 참조.

로 정한다"(헌법 제23조 제2항)고 규정한 것은 재산권의 행사의 자유를 제한하기 위한 것이다. 이는 1919년 독일 바이마르헌법이 "소유권은 의무를 부담한다. 그 행사하는 공공의 복리에 부합하도록 한다"고 규정한 것에 영향을 받은 것이다. 또한 21세기 사회에서 모든 권리의 행사는 **공공의 이익을 침해할 수 없는 본래적 한계**가 있다.

(2) 신의성실의 원칙

대한민국 민법 제2조 제1항에서 "**권리의 행사는 신의에 좇아 성실히 하여야 한다**"라고 규정하고 있다. **신의성실**(신의칙)이란 **사회 공동생활의 한 사람으로서 상대방의 신뢰를 헛되이 하지 않도록 성의를 가지고 행동하는 것**을 말한다. **신의와 성실은 본래 도덕적** 또는 **윤리적 평가개념**인데 이것이 **법적 개념으로 도입**된 것이다.

권리자가 권리를 행사할 때에 신의성실(信義誠實)에 좇아야 한다는 것은 **법보다 높은 차원인 윤리 · 도덕에 어긋나지 않아야 한다**는 것을 **권리행사에 대한 사회적 제약**을 의미한다. 민법이 이 원칙을 권리행사의 일반에 관한 원리로서 규정하고 있는 것은 **권리에 대한 공공성의 표현**이라고 할 수 있다.30)

신의성실의 원칙은 일반조항으로서 **채권관계**뿐만 아니라, **물권관계**, **가족관계** 등 법률관계 일반에 적용된다. 그러나 신의성실의 원칙은 **채권법에서 가장 중요한 원칙**이며, 특히 **채무의 이행이나 계속적 채권관계에서 더욱 중요한 역할**을 담당한다. **신의성실의 원칙**은 **구체적으로는 법원의 재판을 통해서 실현**된다.

권리행사가 신의성실에 반하는 때에는 **권리남용**이 되고, 의무이행의 신의성실에 반하는 경우에는 **의무불이행**이 된다. 예를 들면, 한 밤중에 빚을 갚겠다고 하는 것은 신의성실의 원칙에 반하여 채권자가 이를 수령하지 않아도 지체책임을 지지 않는다. 민법 제2조는 강행규정이므로 당사자의 주장이 없더라도 법원이 직권으로 판단할 수 있다.

이에 따른 판례를 보면, 첫째, 원고 소유의 부동산을 2,000만 원에 피고에게 매각하였으나, 대금 중 10만 5,000원을 지급하지 않고 있었는데, 이 미지급금에 월 5%의 지연 이자를 지급하기로 원고, 피고 간에 약속하였다. 그 후 원고가 위의 미지급 금액이 있다는 이유로 매매계약을 해제한 사건에서 대법원은 근소한 금액의 미지급금을 이유로 계약 전체를 해제하는 것은 신의칙에 위배되는 것이므로 계약해제는 효력이 없다고 판시하였다(대판 1971. 3. 31. 71 다 352, 353, 354). 둘째, 100만 원의 채무 변제에 단돈 1만 원이 부족하다고 하여 수령을 거절하고 계약을 해제하거나, 공탁의 무효를 주장하며 채권증서, 담보물의 반환을 거절하는 것은 신의칙에 반한다. 그러나 75만 원의 15분의 1에 해당하는 5만 원이 부족한 경우에는 그것을 이유로 수령을 거절해도 신의칙에 반하지 않는다.

신의성실의 원칙에 따라 **구체화된 원칙**, 즉, **파생원칙**은 다음과 같다.

30) 이것은 선량한 풍속 그 밖의 사회질서와 함께 법과 도덕의 조화를 도모한 것이다.

첫째, **사정변경의 원칙**이다. 이것은 법률행위가 성립될 때, 그 기초가 된 사정이 후에 현저하게 변경되어 당초에 정해진 효과를 그대로 인정하게 되면 부당한 결과를 초래하는 경우에 그 효과를 신의에 맞게 적당히 변경하거나, 계약을 해제·해지할 수 있다는 원칙이다. 예를 들면, A는 X회사의 이사직을 맡고 있었던 관계로 이사의 지위에서 X회사가 B은행으로부터 대출을 받을 때 X회사의 그 채무를 연대보증하였다. 그 후 A는 X회사의 이사직을 사임하였다. 이러한 경우에 A가 계속하여 X회사의 연대보증인으로 되는 것은 타당하다고 할 수 없으며, 따라서 A는 B와의 연대보증계약으로부터 벗어날 수 있어야 한다. 그렇다면 A는 B와의 계약을 해지(계약을 장래에 향하여 무효로 하는 행위)할 수 있게 된다.

이와 같이 계약(법률행위)의 기초가 된 사정(위의 예에서는 회사의 이사라는 사정)이 후에 당사자가 예견하지 못했고, 또 예견할 수도 없게 중대한 변경을 받게 되어, 처음의 효과를 그대로 유지하는 것이 부당한 경우에 계약의 내용을 신의에 맞게 변경하거나 계약을 해제(계약을 소급적으로 무효로 하는 행위)·해지할 수 있다는 원칙이 사정변정의 원칙이다. 민법에는 이 원칙에 입각한 규정이 많이 있는데, 민법 제286조 **지료 증감 청구권**, 민법 제628조 **차임 증감 청구권** 등이 있다. 그런데 일반적으로 인정하는 규정은 두고 있지 않다. 그럼에도 불구하고 통설과 판례(대판 2002.5.31., 2002다1673; 대판 2007.3.29., 2004다31302 등)은 이 원칙을 인정하고 있다.[31]

둘째, **금반언의 원칙**이다. 이것은 권리자는 전에 한 행위에 모순되는 방법으로 권리 행사를 할 수 없다. 선행행위에 모순되는 **후행행위를 금지하는 원칙**이다.

셋째, **실효의 원칙**이다. 이것은 권리자가 상당 기간 권리행사를 하지 않거나, 권리를 포기한 것으로 인정할 만한 행위를 한 경우, 그 권리가 소멸된 것으로 보는 원칙이다. 예를 들면,[32] D는 사용자 E로부터 해고된 근로자이다. 그러한 D는 E가 제공한 퇴직금을 받으면서 이의를 제기하거나 조건을 제시하지 않았다. 그런데 그로부터 여러 해가 지난 뒤에 해고무효의 소를 제기하였다. D의 소제기는 정당한가? 이에 대하여 판례는, 그러한 경우에는 D가 해고의 효력을 인정한 것이고, 그로부터 상당한 기간이 지났기 때문에 E로서는 이제는 D가 권리를 행사하지 않을 것으로 믿을 만한 정당한 기대를 가지게 된 다음에 뒤늦게 해고의 무효를 주장하는 것이므로, 그 소제기는 신의칙에 위배되어 허용될 수 없다(대판 1993.12.28., 92다34858 등).

이와 같이 권리자가 그의 권리를 오랫동안 행사하지 않았기 때문에 상대방이 이제는 더 이상 권리의 행사가 없으리라고 믿은 경우에 그 후에 하는 권리행사가 허용되지 않는다는 원칙을 **실효의 원칙**이라고 한다. 대한민국의 학설과 판례는 실효의 원칙을 인정하고 있다.

31) 송덕수, 앞의 책, 31면 참조.
32) 송덕수, 앞의 책, 31~32면.

(3) 권리남용금지의 원칙

대한민국 민법 제2조 제2항에서 "권리는 남용하지 못한다"라고 규정하고 있다. **권리남용금지의 원칙**이란 신의성실의 원칙에 위반되는 권리의 행사는 허용되지 않는다는 원칙을 말한다. 권리남용이란 외형상으로는 권리의 행사같이 보이지만 구체적, 실질적으로 보면 권리의 **사회성, 공공성**에 반하는 경우, 그러한 **권리 행사의 효과를 부인하는 원칙**이다.

권리남용의 효과는 행사한 권리가 청구권인 경우, 법은 이에 조력하지 않는다 예를 들면, **특허권 침해소송**을 심리하는 법원의 심리결과 그 특허에 **무효사유**가 있음이 분명한 때에 그 특허권에 기초하여 **손해배상을 청구**하는 것은 **권리남용에 해당하여 허용되지 않는다**(대판 2004.10.28., 2000다69194 참조). 권리남용 금지의 원칙도 신의칙의 하부원칙이라고 보아야 한다. 권리행사가 남용으로 인정되면 권리행사의 효과가 발생하지 않는다. 그리하여 위의 예에서 손해배상을 청구하면 법원은 그 청구를 기각하게 된다.[33]

또한 '**합리성 없는 전근명령은 권리남용**'에 해당된다고 판결(서울중앙지법 2003가합61110)이 있다. 즉, 근로자를 적응하기 어려운 부서에 보내 사직을 유도하는 등 '**합리성 없는 전근명령**'은 **인사권 한계를 권리남용**으로서 **무효**라고 한 판결이다. "전보나 전직권한은 원칙적으로 인사권자의 권한에 속하므로 권리남용에 해당되는 등 특별한 사정이 없거나 필요가 있다 하더라도 전근명령이 부당한 동기 · 목적을 갖고 있거나 근로자에게 통상 감수할 수 없는 불이익을 부담시키는 경우에는 권리남용에 해당돼 무효"라고 했다. 또 "이 사건 전근명령은 15명의 명예퇴직과 동시에 이뤄진 점에서 사실상 정리해고와 유사한데, 당시 회사의 매출은 줄었지만, 흑자는 유지됐던 것으로 봐서 원고의 전근이 해고회피노력의 일환으로 보기는 어렵고, 원고를 특별히 필요로 하지도 않는 비연고지에 발령함으로써 업무 부적응 등으로 스스로 사직하게 해 사실상 정리해고의 수단이 됐으므로 권리남용에 해당한다"고 하였다.

3) 사권(私權)의 보호

(1) 사권의 보호의 의의

권리자는 정당한 권리행사를 함으로써 권리의 내용을 실현할 수 있다. 그러나 **권리가 침해**된 때에는 침해에 대한 **구제가 필요**한데, 권리침해에 대한 구제를 사권의 보호라고 한다. 과거에는 권리자가 자기의 힘으로 권리를 보호 및 구제하는 사력구제였으나, 오늘날의 법치국가에 있어 권리의 보호 및 구제는 **국가구제가 원칙**이고, **사력구제는 예외적으로 부득이 한 경우**에 한하여 **인정**된다.

---

33) 송덕수, 앞의 책, 32면 참조.

(2) 사권의 구제방법

사권(私權)의 구제방법으로서는 크게 두 가지로 나눌 수 있다. 즉, **국가구제(공권력)에 따른 구제**와 **사력(私力)구제**이다.

(가) 국가구제(원칙 적용)

권리가 침해되면, 국민은 국가에 대하여 그 보호를 요구하는 **청구권(청구력)**을 갖게 된다. 국가구제에는 **재판제도**(판결, 강제집행, 가압류, 가처분 제도)와 **조정제도 및 중재제도**가 있다.

① **재판제도**: 사권이 침해된 때에는 불법행위가 되어 침해자에게 손해배상의 책임을 물을 수 있다. 이 때에 권리자는 국가기관인 법원에 권리를 구제해 줄 것을 청구하는 **소(訴)를 제기(소구력)**하면, 법원이 권리구제에 적합한 결정을 내리게 된다. 법원의 이러한 결정이 판결(判決)이다. 침해자가 이 판결에 따르지 않을 경우에는 이를 강제적으로 **실현(집행력)**한다. 이러한 강제적 실현을 **강제집행(强制執行, 공경매, 공매, 법원경매)**이라고 한다.

② **조정제도**: 조정은 법관이나 특별한 지식・경험있는 자로서 구성되는 국가기관인 **조정위원회**가 분쟁 당사자를 주선해서 그들의 주장을 서로 양보하게 되고, 필요가 있으면 자기의 중재의견을 내어 당사자를 설득함으로써 합의에 이르게 하여 분쟁을 해결하는 제도이다.[34] 이것은 **분쟁을 간이・신속하게 해결**함으로써 시간과 비용을 절약하고, 당사자 사이에 감정의 대립을 막을 수 있다는 장점이 있다. 그러나 당사자 사이에 합의가 이루어지지 않으면, 재판에 의존해야 한다는 단점이 있다. 이에 관하여 민사집행법・가사소송법・노동조합 및 노동관계조정법 등이 있다.

③ **중재(仲裁)제도**: 조정과 비슷한 제도로서 **중재(仲裁)**가 있다 중재는 당사자가 스스로 선임한 사인(私人)인 제3자에게 분쟁에 대한 판단을 하게 하여, 그 판단에 복종할 것을 약속함으로써 분쟁을 해결하는 자치적 분쟁해결의 방법이다.[35] 중재에 관한 기본법으로 중재법이 있다. 중재판정이 있게 되면 그 판결은 **확정판결**과 동일한 효력이 인정된다(중재법 제12조). 중재는 주로 사법관할에 강제집행력이 인정되기 어려운 **무역거래 등 국제상사거래관계에서 많이 활용**된다. 대한상공회의소 내에 **대한상사중재위원회**가 설치되어 그 기능을 담당하고 있다. **언론중재위원회나 노동중재위원회,** 의료사고 피해구제 및 의료분쟁 조정 등에 관한 법률에 의하여 한국의료분쟁조정중재원에서 **의료분쟁조정위원회** 등 많은 **중재위원회**들이 각각 업무영역에 따라 중재업무를 맡아 하고 있다.[36]

(나) 사력구제(국가구제의 예외 적용)

권리의 침해에 대한 구제는 국가구제가 원칙이며, 사력구제는 **원칙적으로 허용되지 아**

34) 조정의 예로는 한국소비자원의 소비자분쟁조정위원회, 환경분쟁조정위원회 등을 통하여 운영하고 있다.
35) 예를 들면, 상사중재원.
36) 오시영, 민법총칙, 학현사, 2008, 107~108면 참조.

니하나, 국가의 보호를 구하기가 불가능하거나 곤란한 경우에 **예외적으로 허용**된다. 사력(私力)구제에는 **정당방위**(민법 제761조 제1항), **긴급피난**(민법 제761조 제2항), **점유자의 자력구제**(민법 제209조)가 있다.

① **정당방위**: 정당방위(正當防衛)라 함은 타인의 불법행위에 대하여 자기 또는 제3자의 이익[37)]을 방위하기 위하여 부득이 타인에게 손해를 가하는 것을 말한다. 민법 제761조 제1항에는 정당방위는 불법행위를 구성하지 않고, 손해배상 책임을 지지 않는다고 규정하고 있다. 따라서 이로 인한 손해는 배상할 필요가 없다. 또한 자기 또는 타인의 법익에 대한 현재의 부당한 침해를 방위하기 위한 행위는 상당한 이유가 있는 때에는 벌하지 않는다(형법 제21조 제1항).

② **긴급피난**: 긴급피난(緊急避難)이라 함은 급박한 위난(危難)을 피하기 위하여 부득이 타인에게 손해를 가한 경우를 말한다. 민법 제761조 제2항이 이를 규정하고 있다. 긴급피난은 위법성이 조각되어 손해배상의 책임을 지지 않는다. 또한 형법에서도 자기 또는 타인의 법익에 대한 현재의 위난을 피하기 위한 행위는 상당한 이유가 있는 때에는 벌하지 아니한다(형법 제22조 제1항). 예를 들면, 인도를 돌진하는 차를 피하기 위하여 타인의 물건을 파손한 경우에는 인도를 돌진한 차가 손해배상을 해 주어야 하고, 차를 피한 사람은 책임이 없고, 또 미친 개가 물려고 덤벼들 때에 이웃 상점의 유리창을 부수고 피신하는 경우가 긴급피난에 해당한다. 정당방위와의 차이점은 정당방위는 불법행위, 즉 위법한 침해에 대한 반격인데 비하여 긴급피난은 위법하지 않은 침해에 대한 피난이라는 점에 있다.

③ **점유자의 자력구제**: 자력구제(自力救濟)라 함은 청구권을 보전하기 위하여 국가기관의 구제를 기다릴 여유가 없는 경우에, 피해자가 자기의 사력으로 구제하는 것을 말한다. 이러한 자력구제는 현재 이를 인정하지 않게 되면 **장래에 국가의 보호가 불가능**하거나 **현저하게 곤란**하게 되는 경우에만 허용된다. 이에 대해 민법은 일반적인 규정은 없고, **점유의 침탈**에 관해서만 이것을 인정하고 있다(민법 제209조).

점유자의 자력구제는 **자력방위와 자력탈환**이 있는데(민법 제209조), 이것은 점유의 방해 또는 침탈이 현재 진행 중인 경우를 전제로 한다. 자력구제도 위법성이 조각되어 **불법행위가 성립하지 않는다**. 예를 들면, **절도범**이 물건을 절취하여 도주할 경우 그 뒤를 추격하여 이를 **자력으로 탈환**하는 경우이다. 그러나 절취당한 후 상당한 시간이 경과한 경우에는 자력구제가 허용되지 않는다. 정당방위나 긴급피난은 **현재의 침해에 대한 방위수단**인데 비하여, 자력구제는 주로 **과거의 침해에 대한 회복**이라는 데에 차이가 있다.

---

37) 이익에는 제한이 없다.

5. 권리의 충돌과 권리의 경합 및 법규의 경합

1) 권리의 충돌

권리의 충돌이라 함은 하나의 객체에 대하여 **수개의 권리가 존재**하는 경우를 말한다.[38] 권리의 충돌의 모습은 다음의 3가지로 나타난다.

첫째, **물권과 채권이 충돌**하는 경우에는 **물권이 우선**하는 것이 원칙이다. 이것을 "매매는 임대차를 깨뜨린다"라고 한다. 그러나 부동산임차권을 등기한 때(민법 제621조)와 주택임대차보호법상 주거용건물의 임대차에 있어서 임대인으로부터 주택의 인도를 받고 주민등록을 마친 때에는 물권이 우선하지 못한다.

둘째, **물권 상호간의 충돌**이 있는 경우에는 다음의 두 가지로 순위가 정해진다. 하나는, 동일물 위에 **소유권과 제한물권**(권능이 있는 물권을 말함)이 존재하는 경우로서 이때에는 **제한물권**이 소유권에 **우선한**다. 예를 들면, 전세권이 설정되면 전세기간 동안에는 소유자가 그 목적물을 사용할 수 없는데, 이것이 바로 제한물권이 소유권에 우선하게 되는 것이다. 또 하나는, 동일물 위에 **수 개의 제한물권**이 존재하는 경우로서, 이 때는 "**시간에 앞서는 권리가 앞선다**"고 한다.

〈물권〉
*소유권 -- 사용 권능 〈제한물권〉→ 용익물권 : 지상권(법정지상권, 관습법상 지상권), 지역권, 전세권
수익 권능
처분 권능 〈제한물권〉→ 담보물권 : 유치권, 질권(법정질권), 저당권(법정저당권)
* 점유권

셋째, **채권상호간에 충돌**이 있는 경우에는 **채권자평등**의 원칙이 적용된다. 한 사람의 채무자에게 수인의 채권자가 있는 때에는 채권발생의 원인이나 시기의 선후에 관계없이 모든 채권자는 채무자의 총재산으로부터 **균등하게 변제(채권액에 따라 안분비례)를** 받을 수 있다. 그러나 파산의 경우 등과 같이 특별한 규정이 없는 때에는 **선행주의**가 지배한다. 선행주의라 함은 수 개의 채권이 충돌하는 경우에 한 채권자가 만족을 얻으면 다른 채권자는 나머지 재산에 대해서만 만족을 얻을 수 있다는 것이다. 선행주의에 따라 인정되더라도 **채**

38) 참고로 권리의 경합과 법규의 경합을 보면, 권리의 경합이란 1인에게 동일한 목적을 가진 수 개의 권리가 동시에 존재하는 것을 말한다. 예를 들면, A와 B사이에 임대차계약이 종료한 경우에, A는 B에게 임대차에 기한 목적물청구권(민법 제618조)과 소유권에 기한 목적물반환청구권(민법 제213조)을 갖는 것이다. 권리의 경합에는 청구권의 경합(예: 채무불이행에 따른 손해배상청구권과 불법행위에 따른 손해배상청구권이 경합하는 경우), 형성권의 경합(해제권과 취소권이 경합하는 경우), 지배권의 경합(동일채권의 담보를 위하여 수 개의 담보물권이 경합하는 경우) 등이 있다; 법규의 경합이라 함은 동일한 생활사실이 수 개의 법규가 정하는 요건을 충족하지만, 그 중의 한 법규가 다른 법규의 적용을 배제하는 것을 말한다. 예를 들면, 피용자로서의 공무원이 행한 불법행위에 대하여 사용자로서의 국가가 배상책임을 지는데 있어, 국가배상법(제2조)이 민법 제756조의 적용을 배제하여 우선적으로 적용되는 경우이다.

권자취소권 행사에 의하여 구제할 수 있다. 선행주의가 인정되어 채무자가 다른 채권자를 해할 의사를 가지고 특정채권자에게 대하여 우선 변제하면 다른 채권자는 채권자취소권(민법 제406조)을 행사하여 우선변제를 취소하여 공동채권의 담보를 취소하여 재산을 채무자에게 환원시키는 것이다.

2) 권리의 경합

권리의 경합이라 함은 **하나의 생활사실이 여러 개의 법규(法規)가 정한 요건 사실에 동시에 부합**하여 권리가 동시에 발생하는 경우를 말한다. 권리의 경합은 형성권(해제권과 취소권이 병존하는 경우)에서도 발생하는데, 주로 청구권에서 많이 발생한다. 이를 형성권의 경합 또는 청구권의 경합이라고 한다. 하나의 권리에 대한 **목적이 실현**되면 나머지 권리도 실현된 것으로 보아 소멸한다.

권리의 경합에 대하여 **구체적 사례를 검토**하여 그 효력을 보면, 어떤 사람이 집을 구입하려고 계약을 하였다. 그 후 중도금을 지급하고 잔금만 지급하면 된다. 그러나 그 계약을 해제를 할 수밖에 없었다. 이때 매도인은 매수인에게 손해배상을 청구하게 되었다. 이때 ① **계약에 따른 손해배상청구권**(민법 제390조)과 ② **불법행위에 따른 손해배상청구권**(민법 제750조)이 동시에 발생한다. 계약위반에 따른 손해배상청구권은 **의사표시에 따른 법률행위 책임이고,** 불법행위로 인한 손해배상청구권은 **법률의 규정에 따른 법정책임**이다. 이 두 개의 청구권은 병존, 상호간에 경합(두개의 권리 사이에는 우열이 없다)이 발생한다. 두 청구권은 독립적으로 또는 따로 행사하거나 같이 행사해도 된다. 즉, 위 ①의 권리를 주장하다 재판에서 패소하면, 다시 ②의 권리를 주장하여 후소를 제기할 수 있고, 위 ①과 ②의 권리를 한 재판에서 동시에 주장할 수 있다. 또 소멸시효기간도 각각 다르기 때문에 개별적으로 판단한다.

청구권 경합의 경우에 두 개의 **권리가 대등하고 우열이 없기** 때문에 각자 독자적으로 권리를 판단한다. 청구권 경합이 인정하게 되면 채권자는 자기에게 **유리한 청구권을 선택**주장하여 권리보호를 강하게 받을 수 있다. 다만, 피해자(권리자)는 가해자(의무자)로부터 어느 한 청구권에 기하여 손해배상을 받아 목적을 달성하게 되면, 이중으로 변제를 받을 수 없기 때문에 다른 청구권은 더 이상 존재할 이유가 없어 당연히 소멸한다.

양자는 시효기간과 증명책임에서 차이가 있다. 시효기간은 위 ①(**계약에 따른 손해배상청구권**)은 민법에 따르면 10년, 상법은 5년이며, ②(**불법행위에 따른 손해배상청구권**)는 손해배상청구권은 안 날로부터 3년 또는 불법행위가 있는 날로부터 10년 이내에 행사하여야 한다. 또 증명책임에서 위 ①(**계약에 따른 손해배상청구권**)은 채무자가 부존재를 입증해야 하고, 위 ②(**불법행위에 따른 손해배상청구권**)는 채권자가 존재를 증명하여야 한다.

3) 법조경합(법규의 경합)

법조(法條)경합(법규경합)이라 함은 단순히 **법률조문의 경합**을 말한다.[39] 이는 권리경합과 구별된다. 법조경합은 경합하는 법조 상호간에 우열이 있어, 먼저 적용해야 하는 법조를 우선 적용하는데, 이는 특별법 우선의 원칙 · 상위법우선의 원칙 · 신법우선의 원칙에 따라 적용 및 해석하고 있다.

법조경합의 구체적 사례를 검토하면서 그 효력을 보면, 첫째, 불법행위책임이 경합한 경우인데. **교통사고**의 경우에 ㉮ **불법행위**에 관한 민법 제750조(불법행위의 내용)와 ㉯ 자동차손해배상보장법 제3조는 자동차사고로 인한 불법행위책임이 경합한다. 교통사고의 경우에는 자동차사고로 인한 불법행위에 대해 우선적용하기 위해 제정된 민법에 대한 특별법인 **자동차손해배상보장법 제3조**가 먼저 적용된다. 둘째, 공무원의 직무와 관련된 불법행위책임은 **국가배상법**이 먼저 적용한다.

셋째, 채무불이행책임(법률행위)이 경합한 사례를 보면, 운송계약위반에 따른 손해배상책임을 묻을 경우에는 ㉮ 민법에 따른 손해배상청구권(민법 제390조)과 ㉯ **상법**(민법 제148조) **에 따른 손해배상청구권**이 발생한다. 이 규정은 모두 계약(법률행위)책임을 묻는 동질성은 있다. 그러나 상법은 민법에 대한 특별법이므로 **상법에 의한 채무불이행으로 인한 손해배상청구권**이 **우선**한다.

4) 권리경합과 법규경합의 상호관계

권리가 경합한 경우에 **법관은 이에 구속된다.** 즉, 권리가 경합한 경우에 채권자가 앞의 ①(계약에 따른 손해배상청구권)을 주장하면 법관은 앞의 ②(불법행위에 따른 손해배상청구권)를 인정하여 판결할 수 없다. 반대의 경우도 마찬가지다 따라서 **법관은 권리자가 주장한 권리에 구속**한다.

법조가 경합한 경우에 **법관은 우월한 법조규정을 적용할 의무가 있다.** 즉, 법조경합은 우월적 권리에 대한 법률 조항을 **법관이 직권으로 적용할 의무**가 있다. 권리자가 앞의 ㉮의 권리를 주장하면, 법관은 직권으로 **앞 ㉯의** 권리를 근거로 재판하여야 한다. 법관은 당사자의 주장에 구속되지 않고, 우월적으로 **특별법**을 먼저 적용할 의무가 있다.

---

39) 일반법과 특별법의 경합 : 특별법 우선의 원칙을 적용한다.

제3절 의무가 무엇인가

1. 의무의 의의

의무(義務)란 **법률상의 구속으로서**, 의무자가 의무의 내용을 실현하는 행위를 하는 것을 말한다. 이로서 도덕적 의무 등 다른 규범에 따라 과하여진 의무와는 구별된다. 법적 의무는 법에 따라 과하여진 구속을 말하며, 의무자의 의사 여하와는 관계없이 반드시 따라야 하는 것으로서 법에 의하여 강요되는 것이다. 그것은 내용에 따라 **작위행위**(作爲義務)[40]일 수도 있고, **부작위행위**(不作爲義務)일 수도 있다. 예를 들면, 금전채무에서는 금전지급행위가, 다른 집의 전망을 위하여 건축을 하지 않기로 한 채무자는 건축을 하지 않는 부작위행위가 의무이행이다.

2. 의무와 구별되는 개념

또한 의무와 구별해야 하는 것으로서 **책임**(責任)이 있다. **의무**는 일정한 **작위 또는 부작위**를 해야 할 **법률상의 구속**인데 대하여, **책임**은 **의무위반**에 따라 형벌 · 강제집행 · 손해배상 등 이른바 제재를 받는 기초가 되는 것이다. 또한 청약자의 승낙연착의 **통지의무**(민법 제528조), 증여자 · 사용대차의 대주의 **하자 고지의무**(민법 제559조 · 제612조)와 같은 **간접의무**(**책무**)가 있다. 의무위반과는 달리 **간접의무 또는 책무를 불이행한** 경우에는 이를 소(訴)로써 이행을 강제할 수는 없고, 손해배상청구도 할 수 없다. 다만, 법률의 규정에 따른 **일정한 불이익**을 받을 뿐이다.

의무는 **책임**을 수반함으로써 그 구속력이 확보되는 것이므로 책임을 수반하는 것이 보통이지만, 언제나 반드시 그런 것은 아니다. 예를 들면, 소멸시효 완성 후의 채무와 같이 이른바 **자연채무**의 경우 **채무는 존재**하지만 책임이나 **채권은 존재하지 않는다**.

3. 의무의 종류

의무의 이행도 의무의 종류나 내용에 따라 다르다. 의무도 권리와 같이 공의무(公義務)와 사의무(私義務)로 대별된다.

---

40) 예: 부모가 자녀에 대한 부양의무, 생계를 같이 하는 친족에게 부양할 의무.

1) 공의무(公義務)

공의무란 공법관계에서 당사자가 지는 의무를 말한다.

(1) 국내법상의 공의무

국내법상 공의무는 국내법상 공권의 주체인 국가 및 지방자치단체와 개인간의 공법관계에서 부담하는 의무를 말한다. 이는 국가적 공의무와 국민적 공의무로 구분된다.

(가) 국가적 공의무

국가적 공의무는 국가적 공권에 대응하는 의무로서 **국가**가 국민에 대하여 지는 의무이다. 예를 들면, 국민의 자유를 보장하는 의무, 국민의 평등을 확보하는 의무, 참정권을 인정하는 의무, 국민의 사회적 기본권을 확보하는 의무, 국민의 청구권적 기본권을 확보하는 의무 등이 이에 속한다.

(나) 국민적 의무

국민적 공의무는 국가적 공권에 대응하는 의무로서 **국민**이 국가에 대하여 지는 의무이다. 예를 들면, 납세의 의무, 재판복종의 의무, 병역의 의무, 근로의 의무, 공용비용부담의 의무 등이 이에 속한다.

(2) 국제법상 공의무

국제법상 공의무는 국제법의 주체인 국가·국제 조직과 개인 간에 부담하는 국제법 관계에서의 의무를 말한다. 일반 국제법에 의하여 지는 의무와 특수국제법상에 따라 지는 의무로 구별된다. 전자의 예로서 국내문제 불간섭의 의무, 후자의 예로서 한미상호방위조약상 대한민국과 미합중국의 상호원조의무를 들 수 있다.

2) 사의무(私義務)

사의무(私義務)란 사권에 대응하는 사법관계에서 존재하는 사법상의 의무이다. 사의무는 개인 상호간에 존재하는 의무이다. 또한 국가 또는 지방자치단체가 통치관계에서 행동하지 않고 사법상의 주체로서 개인과 대등한 지위에서 행동한 경우에 국가 또는 지방자치단체와 개인의 사이에 존재하는 의무도 사의무이다.

4. 의무의 이행과 그 제한

권리행사와 마찬가지로, **의무이행**도 **신의에 좇아 성실**히 하여야 한다(민법 제2조 제1항). 의무이행이 신의성실의 원칙에 반하는 경우에는 **의무의 이행이 되지 않는**다. 권리의 행사가 신의성실에 반하면, 권리남용이 되고, 불법행위가 되는 것처럼, 의무의 이행이 신의성실에 반하는 경우에는 **이행의 효과가 발생하지 않으며**, **의무불이행 또는 불법행위를 구성**한다. 이와 같이 권리의 행사와 의무의 이행은 다 같이 신의성실에 좇아 행사하고, 이행해야 하는 제한・구속을 받는다. 이와 같이 의무이행을 강제하기 위하여 민법은 제389조에서 **강제이행**을, 제390조에서는 채무불이행에 따른 **손해배상책임**을 규정하고 있다.

제4절 권리와 의무의 관계

권리와 의무는 표리관계(상호 대응관계)에 있다. 즉, 의무는 권리의 반면으로 권리와 의무가 서로 대응하는 것이 보통이다. 예를 들면 채권자 **A의 채권**이라는 권리에 대응하여 **채무자 B의 채무**라는 의무가 있는 것이다. 또 금전을 차용한 자가 채무를 변제해야 할 의무, 국민이 국가에 대하여 세금을 납부해야 할 의무, 부부가 동거하고 협조하며, 일을 해 주기로 한 사람이 노무를 제공하는 행위가 의무 등이다. 그러나 언제나 권리에 대해서는 의무, 의무에 대해서는 권리가 반드시 따르는 것은 아니다. **권리만 있고**, 의무가 대응하지 않는 **형성권**(예: 취소권, 해제권, 추인권 등)이 있고, **의무만 있고** 권리가 대응하지 않는 것(예: 민법 제755조의 감독자의 책임의무, 청산인의 공고의무, 이사 또는 청산인의 등기의무)이 있다.

권리와 의무는 **상호 공존관계**에 있기도 한다. 즉, 권리는 동시에 의무를 포함하고, 의무는 동시에 권리를 포함하는 관계라는 것이다. 모든 국민은 헌법상 근로의 권리와 의무를 지며, 교육을 받을 권리와 의무를 지고, 또 재산권자는 재산을 **공공복리**에 적합하도록 행사해야 할 의무를 진다.

Q & A

1. 권리, 권한, 권력, 반사적 이익, 사회권이란?
2. 신의성실의 원칙, 사정변경의 원칙, 실효의 원칙, 권리남용금지의 원칙?
3. 사권(私權)의 보호는 어떻게 하는가? → 국가구제(재판, 조정, 중재), 사력구제 (정당방위, 긴급피난, 점유자의 자력구제)
4. 권리의 충돌, 권리의 경합, 법조(법규)의 경합?

제5절 법의 제재(처벌)

1. 서설

법의 제재(制裁)은 국가권력을 배경으로 하여 법규위반자에 대하여 과하는 불이익처분을 말한다. 제재는 법규의 실효성을 확보하는 수단이므로, 법이 곧 제재는 아니다. 제재는 필요악으로서 그것이 과하여지지 않더라도 법이 잘 준수되는 사회상태가 바람직하다. 그리고 제재는 이것을 받는 자에는 고통을 가져오며, 그것은 생명의 박탈, 자유의 구속, 재산적 손실, 법인격의 박탈, 강제노역 등으로 나타난다.[41)]

2. 법의 제재의 종류

법의 제재는 국내법상의 제재와 국제법상의 제재로 나누어지고, 국내법상의 제재는 다시 헌법상의 제재, 행정법상의 제재, 형법상의 제재, 사법상의 제재로 나누어진다.

1) 국내법상의 제재

(1) 헌법상의 제재

헌법상의 제재는 헌법에 규정된 제재를 말한다. 이에는 정당해산제도, 탄핵제도 등이 있다. 헌법 제8조 제4항은 "정당의 목적이나 활동이 민주적 기본질서에 위배될 때에는 정부는 헌법재판소에 그 해산을 제소할 수 있고, 정당은 헌법재판소의 심판에 의하여 해산된다"라고 하여 정당해산제도를 규정하고 있다.

탄핵제도는 일반적인 사법절차나 징계절차에 따라 소추하거나 징계하기가 곤란한 행정부의 고위직 공무원이나 신분이 보장된 공무원인 법관・선거관리위원회위원 등이 직무상 중대한 비위(非違)를 범한 경우에 이를 국회가 소추(訴追)하여 처벌하거나 파면하는 제도를 말한다. 현행헌법은 "국회는 탄핵의 소추를 의결할 수 있다"(헌법 제65조 제1항)라고 하여 국회를 탄핵소추기관으로 하고 있다. 현행헌법은 탄핵소추대상자로서 ① 행정부의 주요구성원인 대통령・국무총리・국무위원・행정각부의 장, ② 헌법재판소재판관・법관, ③ 중앙선거관리위원회 위원・감사원장・감사위원, ④ 기타 법률이 정한 공무원을 들고 있다(헌법 제65조 제1항).

---

41) 이환경, 생활과 법률, 형설출판사, 2006, 110~120면 참조.

현행 헌법은 "직무집행에 있어서 헌법이나 법률을 위반한 때"(제65조 제1항)라고 하여 탄핵소추의 사유를 포괄적으로 규정하고 있다. 행정부의 주요구성원인 대통령 · 국무총리 · 국무위원 · 행정각부의 장, 헌법재판소재판관 · 법관, 중앙선거관리위원회 위원 · 감사원장 · 감사위원, 그 밖의 법률이 정한 공무원에 대한 탄핵소추는 **국회재적의원 3분의 1 이상의 발의**가 있어야 하며, 그 의결은 **국회재적의원 과반수의 찬성**이 있어야 한다. 다만, 대통령에 대한 탄핵소추는 국회재적의원 과반수발의와 국회재적의원 3분의 2 이상의 찬성이 있어야 한다(헌법 제65조 제2항).

현행 헌법은 순수한 사법기관인 법원이나 순수한 정치기관인 국회가 아닌, '**정치적 사법기관**'인 **헌법재판소**로 하여금 탄핵심판을 담당하게 하고 있다(헌법 제111조 제1항). 헌법재판소에서 탄핵결정을 할 때에는 9인의 재판관 중 **6인 이상의 찬성**이 있어야 한다(제113조 제1항). 탄핵결정은 공직으로부터 **파면**에 그친다. 그러나 이에 따라 민사상이나 형사상의 책임이 면제되지 아니한다(헌법 제65조 제6항). 헌법재판소법은 "탄핵결정에 따라 파면된 자는 결정 선고가 있는 날로부터 **5년을 경과**하지 아니하면 공무원이 될 수 없다"(헌법재판소법 제54조 제2항)라고 하여 일정기간의 공직취임을 금지하고 있다.

(2) 행정법상의 제재

행정법상의 제재는 행정법규에 위반한 자에 대하여 과하는 제재를 말한다. 이에는 공무원에 대한 제재와 일반국민에 대한 제재가 있다.

공무원의 제재는 공무원의 직무행위에 대한 제재와 공무원에 대한 신분상의 제재가 있다. 공무원의 직무행위에 대한 제재는 공무원의 직무상의 명령 · 처분이 위법 · 부당한 경우에 이를 **취소 · 변경**하는 것을 말한다. 공무원에 대한 신분상의 제재는 **파면 · 해임 · 정직 · 감봉 · 견책(譴責)** 등이 있다.

일반국민에 대한 제재는 **행정벌**과 **행정강제**가 있다. 행정벌은 행정법상의 의무불이행에 대하여 일반통치권에 근거하여 부과하는 제재를 말한다.

행정벌에는 **행정형벌과 행정질서벌**이 있다. **행정형벌**은 행정법상의 의무위반에 대하여 과하는 제재로서 **형법(형사소송법)상의 형**[사형 · 자유형(징역 · 금고 · 구류)] · 명예형(자격상실 · 자격정지) · 재산형(벌금 · 과료 · 몰수)**을 과하는 행정벌**이다. **특허법에 규정된 행정형벌은 징역 또는 벌금**이다. **특허법**은 제22조(침해죄) 제1항 "특허권 또는 전용실시권을 침해한 자는 7년 이하의 징역 또는 1억원 이하의 벌금에 처한다"라고 규정하고 있다. 대부분 특허법은 이와 같은 **징역** 또는 **벌금**을 과하는 규정을 두고 있다.

이에 대하여 **행정질서벌**은 행정법상의 무질서를 야기할 우려가 있는 경미한 의무위반에 대해서 행해지는 제재로서 형법상의 벌(형벌)이 아닌 **과태료(過怠料)**가 부과되는 것을 말한다. **특허법 제232조(과태료)** 제1항은 "다음 각 호의 어느 하나에 해당하는 자에게 50만원

이하의 과태료를 부과한다.

1. 민사소송법 제299조 제1항 및 같은 법 제367조에 따라 선서를 한 자로서 특허심판원에 대하여 거짓 진술한 자,
2. 특허심판원으로부터 증거조사 또는 증거보전에 관하여 서류나 그 밖의 물건 제출 또는 제시의 명령을 받은 자로서 정당한 이유없이 그 명령을 따르지 아니한 자,
3. 특허심판원으로부터 증인·감정인 또는 통역인으로 소환된 자로서 정당한 이유없이 소환에 따르지 아니하거나 선서·진술·증언·감정 또는 통역을 거부한 자"

이 행정질서벌로 과태료처분을 받은 자가 이의를 제기한 때에는 관할 법원에서 **비송사건절차법**[42]에 따라 과태료의 재판이 진행된다(제247조 이하).

행정강제는 행정청이 행정목적의 실현을 확보하기 위하여 사람의 **신체 또는 재산**에 실력을 가하여 **의무를 이행**시키거나 **의무가 이행된 것과 동일한 상태를 실현**하는 사실적 작용을 말한다. 행정강제에는 **행정상 강제집행과 행정상 즉시강제**가 있다. 행정상 강제집행에는 **대집행·집행벌·직접강제·행정상 강제징수**가 있다. **대집행**은 대체적(代替的) 작위의무를 불이행한 경우에 당해 행정청이 의무가 행할 행위를 **스스로 행하거나 제3자**로 하여금 이를 **행하게** 하고 그 비용을 의무자로부터 징수하는 것을 말한다. **집행벌**은 부작위의무 또는 비대체적 작위의무를 불이행한 경우에 그 의무이행을 **간접적**으로 강제하기 위하여 과하는 **과태료**를 말한다. **행정상 강제징수**는 행정법상의 금전납부의무를 불이행한 경우에 행정청이 의무자의 재산에 실력을 가하여 의무가 이행된 것과 동일한 상태를 실현하는 작용을 말한다. **행정상 즉시강제**는 목전(目前)에 급박한 행정상의 장해를 제거할 필요가 있는 경우에 미리 의무를 명할 시간적 여유가 없을 때 또는 그 성질상 의무를 명하여서는 목적달성이 곤란한 때에 즉시 사람의 신체 또는 재산에 실력을 가하여 행정상 필요한 상태를 실현하는 작용을 말한다.

기초질서를 어기면 어떠한 처벌이 있는가요?

기초 질서 중에서도 꼭 지켜야 할 약속들에 대해서는 법으로 정해놓고 있다. 이것들을 어기면 범칙금이나 과태료를 내야 한다(경범죄처벌법 시행령 제2조 별표 범칙행위 및 범칙금액표 참조).

1. 껌, 휴지, 쓰레기를 함부로 버리면?
   → 3만원의 범칙금(경범죄처벌법 제1조 16호)
2. 공원의 꽃을 꺾으면?
   → 5만원의 범칙금(경범죄처벌법 제1조 20호)

---

42) 비송사건절차법은 법원이 사권(私權)의 발생·변경·소멸에 관하여 관여적(關與的) 임무를 수행하는 절차를 규정한 법률이다. 이 법에 의한 비송사건으로는 가족관계등록부와 각종 등기 및 공탁 등 신분 또는 거래관계를 명확하게 하고자 하는 경우, 법인의 면허 및 각종 업무감독, 특정인의 이익을 보호하기 위한 후견인·재산관리인·유언집행자 등의 선임·감독 등이 있다. 비송사건(非訟事件)의 심문은 비공개로 진행되고, 서면주의가 채택되며, 엄격한 증명보다는 자유로운 증명에 의하므로, 탄력적이고 간이·신속한 절차적 특징이 있다.

3. 새치기를 하면?
   → 5만원의 범칙금(경범죄처벌법 제1조 48호)
4. 무단횡단을 하면?
   → 2만원~3만원의 범칙금(도로교통법 제163조, 제10조 제2항)
5. 119에 거짓신고를 하면?
   → 200만원 이하의 과태료(소방기본법 제19조 및 제56조 제3항)

(3) 형법상의 제재

형법상의 제재는 형법 그 밖의 형벌법규에 위반한 자에 대하여 과하는 제재로서의 형벌을 말한다. 이에는 사형 · 자유형 · 명예형 · 재산형이 있다.

사형(死刑)은 수형자(受刑者)의 생명을 박탈하는 것을 내용으로 하는 형벌을 말한다. 생명형이라고도 한다. 현행 형법상 여적죄(與敵罪, 제93조)는 절대적 법정형으로서 사형만을 과할 수 있는 죄이고, 그 밖에 상대적 법정형으로서 법관의 재량에 따라 사형과 자유형을 선택적으로 과할 수 있게 하였다. 사형은 오랜 역사를 가지고 있는 형벌이며, 형벌의 역사는 사형의 역사라고 할 수 있다. 근대 이전에는 사형에 처할 범죄는 살인죄에 한하지 않고, 비교적 경미한 범죄에 있어서도 모두 사형이 인정되었다. 사형의 역사에 비추어 볼 때 살인자에 의하여 살해된 사람보다 법관에 의하여 살해된 수가 많다고까지 할 수 있다. 뿐만 아니라 사형의 집행방법도 대단히 다양하고 잔인하였다. 교수형(絞首刑), 총살형(銃殺刑), 참수형(斬首刑), 익살형(溺殺刑), 생매장 등이 대표적인 예이다. 세계 최초로 사형제도를 폐지한 국가는 포르투갈(형법에 규정)이다. 국제엠네스타(국제사면위원회, The Amnesty International) 보고서에 따르면, 2002년 4월 1일 현재 사형제도를 폐지한 국가는 포르투갈을 비롯하여 111개국이고, 사형제도를 존치시킨 국가는 대한민국을 비롯하여 84개국이다.

자유형은 수형자를 교도소 등의 시설에 구금하여 그 자유를 박탈하는 것을 내용으로 하는 형벌을 말한다. 자유형은 17 · 18세기 이해 형벌체계의 중심을 이루고 있다. 그러나 자유형은 단순히 범죄인을 사회로부터 격리함으로써 사회방위를 목적으로 하는 데 그치지 않고, 원칙적으로 정역(定役)에 복무하게 하여 범죄인의 사회적응성을 회복시키고 악성을 교화 · 개선하여 사회복귀를 목적으로 하는 합목적적 교육형제도로 변천하였다. **자유형(自由刑)**에는 **징역(懲役)** · **금고(禁錮)** · **구류(拘留)**가 있다. **징역(懲役)**은 교도소에 구치하여 정역(定役)에 복무하게 하는 형벌이다. 징역에는 무기징역과 유기징역이 있는데 무기징역은 종신형이고, 유기징역은 1월 이상 15년 이하이다(형법 제42조). 다만 유기징역을 가중할 때에는 25년까지 연장할 수 있고, 감경할 때에는 그 형기의 2분의 1로 할 수 있다(형법 제42조 단서, 제55조 제1항). **금고(禁錮)**도 교도소에 구치하는 형벌로서 정역(定役)에 복부하지 않는 점을 제외하고는 징역과 같다. **구류(拘留)**는 1일 이상 30일 미만의 기간 교도소에 구치하는 형벌이다(형법 제46조, 제68조). 구류는 **자유형**이라는 점에서 징역・금고와 같고, 그 기간이 **단기**라는 점에서 징역・금고와 구별된다. 또한 **정역에 복무하지 않는다**는 점에서 금고와 같고, 징역과 구별된다.

명예형(名譽刑)이라 함은 범죄자의 일정한 **자격을 박탈**하거나 일정기간 **정지**시키는 내용으로 하는 형벌을 말한다. 명예형에는 **자격상실**과 **자격정지**가 있다. **자격상실**은 **사형, 무기징역** 또는 **무기금고**의 판결을 받은 자에 대하여 그 형의 효력으로서 **일정한 자격을 당연히 상실**하게 하는 것이다. 여기서 일정한 자격이라 함은 **공무원이 되는 자격**, 공법상의 **선거권과 피선거권**, 법률로 요건을 정한 **공법상의 업무에 관한 자격**, **법인의 이사, 감사, 지배인, 그 밖에 법인의 업무에 관한 검사역이나 재산관리인**이 되는 자격을 말한다(형법 제43조 제1항). **자격정지**는 **유지징역** 또는 **유기금고**의 판결을 받은 자에 대하여 그 형의 집행이 종료하거나 면제될 때까지 **공무원이 되는 자격**, 공법상의 **선거권과 피선거권**, 법률로 요건을 정한 **공법상의 업무에 관한 자격**을 당연히 **정지**하거나, 따로 판결로서 전기(前記) 자격상실에 관한 일정한 **자격의 전부 또는 일부**를 일정기간(1년 이상 15년 이하) **정지**시키는 것이다(형법 제41조, 제43조 제2항, 제44조 제1항).

재산형(財産刑)이라 함은 재산적 이익을 박탈하는 것을 내용으로 하는 형벌을 말한다. 재산형에는 **벌금, 과료, 몰수**가 있다. **벌금(罰金)**은 재산형의 일종으로서 그 금액은 **5만원 이상**이다. 다만, 감경하는 경우에는 5만원 미만으로 할 수 있다(형법 제45조). 벌금은 판결확정일로부터 **30일 이내에 납입**하여야 한다. 단, 벌금을 선고할 때에는 동시에 그 금액을 완납할 때까지 노역장에 유치할 것을 명할 수 있다(형법 제69조 제1항). 또한 벌금을 납입하지 아니한 자는 1일 이상 3년 이하의 기간 노역장에 유치하여 작업에 복무하게 한다(형법 제69조 제2항). **과료(科料)**는 재산형의 일종으로서 그 금액은 **2천원 이상 5만원 미만**이다. 과료를 납입하지 아니한 자는 1일 이상 30일 미만의 기간 노역장에 유치하여 작업에 복무하게 한다(형법 제69조 제2항). 과료는 그 금액이 적고 비교적 경미한 범죄에 대하여 과하여지는 점을 제외하고는 벌금과 같다. 몰수(沒收)는 재산형의 일종으로서 범죄행위에 대한 제공물(예: 살인에 사용한 권총), 범죄행위로 인한 취득물과 그 대가물을 강제적으로 국가의 소유로 이전하는 형벌이다.

(4) 사법상의 제재

사법상(私法上)의 제재(制裁)라 함은 민법・상법 등의 사법법규(私法法規)에 위반한 자에 대하여 과하는 제재를 말한다. 이에는 **손해배상・강제집행・실권** 등이 있다.

손해배상이라 함은 **채무불이행**(민법 제390조 이하) 또는 **불법행위**(민법 제750조 이하) 등으로 타인에게 손해를 가한 자는 그 손해를 배상하여야 하는 것을 말한다. 손해배상의 방법은 **금전배상**을 원칙으로 하고 있으며(민법 제394조, 민법 제763조), 명예훼손의 경우에는 손해배상과 함께 사죄의 광고 등 적당한 처분을 명할 수 있다(민법 제763조).

강제집행(强制執行)이라 함은 민사상의 채무자가 채무를 이행하지 아니한 경우에 국가가 권리자의 청구에 의하여 공권력으로서 강제적으로 이행하도록 하는 제재를 말한다(민법 제389조, 민사집행법).

실권(失權)이라 함은 일정한 권리를 갖는 자가 법에 위반한 경우에 법률상의 자격 또는 권리를 상실하게 하는 제재를 말한다. **친권이 상실**(민법 제924조), **소멸시효에 의한 권리의 상실**(민법 제162조) 등이 대표적인 예이다.

2) 국제법상의 제재

국제법상의 제재라 함은 국제법을 위반한 국가에 대하여 과하는 제재를 말한다. 이에는 전쟁 · 무력제재 · 경제봉쇄 등이 있다. 국제법은 국제사회에 있어서 여러 가지 분쟁을 규율함으로써 국제질서를 유지하고 있으나, 국제사회는 국가권력과 같은 조직적인 중앙권력이 확립되어 있지 아니하므로 강제규범으로서의 성격이 불완전하다.

그러나 오늘날 대부분의 국가가 국제법을 준수하고 있으며, 국제연합이라는 국제조직이 여러 분야에서 활동하고 있으므로 세계의 평화와 안전이 어느 정도 유지되고 있다고 할 수 있다.

쉬어가기

세상을 긍정적으로 본다는 것의 의미

요즘 하도 긍정적인 태도를 강조하는 분위기이다 보니, 만사를 긍정적으로 받아들이기만 하면 모든 것이 잘 풀릴 것처럼 생각하는 사람들이 많다. 이렇게 생각하는 분들에게는 안 된 이야기지만 긍정적으로 본다고 해서 모든 것이 술술 풀리는 것은 아니다.

우리들의 생각과는 달리 긍정주의가 좋지 않은 결과를 초래할 때가 적지 않다. '다 잘 되겠지'하고 긍정적으로만 생각하다가는 큰 코 다치기 십상이라는 이야기이다. 모든 것이 잘 되겠지 하고 막연하게 생각하다가 대비를 소홀히 한 데에서 비롯되는 결과이다.

비관주의나 현실주의가 매사를 낙관적으로 생각하는 긍정주의보다 더 좋은 결과를 가져온다는 것을 보여주는 연구는 상당히 많다.

가장 대표적인 것으로는 1922년 1천2백16명의 어린이를 대상으로 실시되었던 성격검사 테스트의 결과를 80년 후에 추적 조사했던 연구가 있다. 미국의 심리학자인 마틴(Martin)과 그의 동료들은 이 테스트에 참가했던 어린이들의 일생을 추적해 보았다. 어린 시절의 성격이 장래의 인생에 어떠한 결과를 미쳤는지 조사하기 위해서였다.

결과는 놀라웠다. 긍정적인 사람들이 행복할 것이라는 우리들의 막연한 기대를 완전히 뒤집는 결과가 드러났기 때문이다. 테스트에서 가장 행복했던 아이들은 그렇지 않은 아이들보다 일찍 사망했다. 낙천적이고 쾌활한 아이들일수록 술과 담배를 즐기고,

또 위험한 행동도 현실주의적인 사람들보다 기꺼이 감수하는 경향이 있었다. 이러한 경향이 복합적으로 작용해 결국 짧은 수명(壽命)으로 이어졌던 것이다.

연구자들은 긍정주의는 단기적으로는 효과가 있을지 모르지만, 장기적으로 볼 때는 오히려 해가 된다는 결론을 내리고 있다.

긍정적이고 낙관적인 사람일수록 처해져 있는 상황의 위험성을 낮게 평가하는 경향이 있다. 설사 위험성을 높게 평가하더라도 어떠한 조치를 취하기보다는 '무슨 큰 일이 있겠는가'하는 막연한 희망으로 이어지는 경우가 많다. 그러나 아무런 대책 없는 막연한 희망이 좋은 결과로 이어지는 경우는 드물다. 오히려 닥친 상황을 비관적으로 보면서 나름대로 대처할 보다 바람직한 결과를 얻을 수 있는 법이다.[43)]

Q & A

1. 헌법상 제재(처벌)?
2. 행정법상 제재(처벌)?
3. 형법상 제재(처벌)?
4. 사법상 제재(처벌)?

43) 자료: 사과나무 2010.01, 어린이재단, 90~91면.

제3장 법률문제의 해결을 위한 방법

제1절 법률문제를 위한 법률정보조사의 필요성

정보시대의 특징은 우리에게 필요한 정보가 매일 엄청난 양으로 쏟아져 나온다는 데 있다. 법률정보도 마찬가지인데, 끊임없이 제정・개정・폐지되는 법령들, 새로 쏟아져 나오는 관련문헌, 매주 선고되는 수많은 상・하급심 판결례들이 우리에게 밀려든다. 그 정보들은 모두 우리에게 필요한 값진 정보들이기는 하지만, 그 모든 정보를 우리의 두뇌 속에 담아서 필요할 때 활용한다는 것은 도저히 상상할 수 없는 일이 되어 버렸다.

그러므로 문제 해결에 필요한 정보(know-how) 자체를 소유하는 능력보다 그 정보가 어디에 있는가를 알아내서(know-where) 그것을 신속하고 정확하게 활용하는 능력을 배양하는 것이 매우 중요하게 되었다.[1] 특히 전자화된 법률정보를 자유롭게 검색하여 활용할 수 있는 능력을 갖춘다는 것은 정보시대의 새로운 도전에 슬기롭게 응전하고 발전된 첨단 테크놀로지가 전문가나 시민들에게 주는 무한한 혜택을 받아들일 준비를 갖추는 것이다. 그러한 능력을 키움으로써 우리는 정보화의 거센 흐름 속에서 주어진 모든 임무를 훌륭하게 달성할 수 있게 된다.

제2절 법률정보조사의 기초

1. 법률정보의 종류와 성격

1) 법령, 판례 및 학설의 관계

법률정보는 일반적으로 법령정보, 판례정보, 법률문헌정보 등으로 나뉜다. 성문법국가

1) 문용호, 법률정보 검색의 현황과 장래, 정보화와 재판실무, 1997, 사법연수원 세미나자료 참고.

인 한국에서는 법령이 가장 중요한 전거(典據)가 되고, 다음으로 실무계에 있어서는 판례가 학설보다 더욱 우선적인 전거가 되기도 한다. 그러나 기존 판례를 맹목적으로 추종하는 자세는 반드시 옳지 않다. 사안에 적합한 하나의 판례를 발견하였다고 하여 바로 결론을 내리는 것은 매우 성급하다. 따라서 ① 전원합의체판결에 의하여 변경, 폐기된 판결은 아닌지, ② 공식적으로 변경되지는 않았더라도 그 판례와 모순되는 다른 판례는 없는지(검색된 판례가 이른바 주류적인 판례와 배치되는 것은 아닌지), ③ 학설은 그 판례를 어떻게 분석 평가하고 있는지(학설이 판례보다 우선할 수는 없지만, 학문적 입장에서 판례를 분석하고 그 타당성을 검토한 판례평석 등 문헌은 매우 중요한 참고자료가 된다) 등을 잘 살펴보고 신중하게 결론을 내려야 한다.

판례에 따라서는 구체적인 사건의 결론으로서만 타당하고 성급하게 일반화하여서는 안 되는 것도 있을 수 있으며, 요지로 추출된 사항이 판례의 입장을 정확하게 반영하지 않은 경우도 배제할 수 없으므로 반드시 판례의 전문을 읽어보고 조사하고자 하는 사건과의 유사점과 차이점을 확인할 필요가 있다. 특히 하급심판결의 경우에는 그 데이터베이스(DB)에서 해당 판결이 상급심에서 취소된 것인지 여부를 표시해 주지 않는 예가 많은데, 실제로 상급심에서 취소된 것도 있고 확정된 판결의 경우에도 대법원의 판결과 저촉되는 경우도 있으므로 대법원판결과의 배치 여부를 엄밀하게 확인하여야 한다.

하급심판결은 역시 법원도서관에서 고등법원 및 지방법원에서 선고한 판결들 중 선례로서의 가치가 있는 판결들을 담당 법관들로부터 수집하여 하급심판결집으로 간행함과 동시에 「판례마을」 및 「법고을」 등의 데이터베이스에 통합하고 있으나, 수많은 하급심판결 중 극히 제한된 일부만 수집되고 있는 상황이다.

2) 법령정보의 중요성

일반적으로 컴퓨터로 정보조사를 하는 경우에 빠지기 쉬운 맹점 가운데 하나가 법령을 정확히 조사하지 않고 바로 판례조사만을 하고 결론을 내린다는 점이다. 그렇게 되면 최근의 제·개정 법령에 의하여 더 이상 유지될 수 없는 판례를 그대로 인용하여 잘못된 결론을 내리는 경우가 왕왕 생기게 되므로 반드시 우선적으로 법령조사를 한 다음 판례조사에 들어가는 것이 좋다. 또한 처음에 바로 문헌정보를 조사하여 조사된 문헌자료를 통해 판례의 흐름이나 학설의 동향을 전반적으로 파악한 후 구체적인 판례조사를 하는 것도 경우에 따라서는 좋은 조사요령이 될 수 있지만, 반드시 법령조사를 통해 최근의 입법동향을 확인하여야 한다. 법령정보는 자주 이용하는 현행법령정보 외에 법령의 연혁정보, 법령의 주요 내용 소개, 입법예고정보 등 다양한 정보형태가 있으므로 이러한 점을 유념하여 여러 가지 법령정보DB 중에서 필요한 법령정보를 잘 선택하여야 한다.

3) 중요한 법률문헌 자료

법률문헌정보 가운데 중요시되는 판례평석은 대법원재판연구관들의 세미나자료를 모은 「대법원판례해설」입니다. 각종 학회간행의 판례평석서로는 「민사판례연구」(민사판례연구회), 「민사재판의 제문제」(민사실무연구회), 「형사판례연구」(형사판례연구회), 「형사재판의 제문제」(형사실무연구회), 「특별법연구」(특별실무연구회), 「행정판례연구」(행정판례연구회) 등이 있고, 그 외에도 각급 법원의 연구회에서 발간하는 연구집과 부산, 대구, 광주 등에 근거를 둔 판례연구회 등에서 정기적으로 발간하는 연구집이 대부분 판례평석을 많이 싣고 있습니다. 법원도서관에서 발간하는 「사법논집」, 「재판자료집」, 「사법연구자료」 등의 연구논문집도 실무에 큰 도움이 되고 있습니다. 그 밖에 법조협회가 발간하는 「법조」, 한국법학원의 「저스티스」, 대한변호사회의 「인권과 정의」 등이 실무 종사자들의 중요한 논문을 많이 싣고 있고, 「법률신문」도 판례속보 외에 판례평석을 게재한다.

주석서(註釋書)로는 일반적으로 사법행정학회가 간행하는 민사, 상사, 형사 등 기본법 분야 주석서와 박영사의 「민법주해」가 있다. 컴퓨터를 이용하지 않고 문헌색인집을 이용하여 문헌자료를 조사할 경우에는 법원도서관이 발행하는 『한국법률문헌색인』을 참고하면 된다.

2. 온라인을 이용한 조사방법의 다양성

1) 임의어 조사와 주제어 조사

「법고을 lx」(DVD)의 경우는 판결요지 및 전문을 대상으로 한 임의어조사를 지원하고 사법부전산망을 통해 제공되는 「판례마을」서비스는 원칙적으로 임의어조사를 지원하지 않고 주제어조사를 지원한다. 임의어조사란 따로 주제어로 추출된 단어가 아니라 임의의 단어를 조사어로 입력하여도 전체 자료 중에서 그 단어를 포함하고 있는 모든 자료를 조사결과로 출력해 주는 것을 말하고, 주제어조사란 전문가된 단어가 주제어로 추출되어 있는 단어를 입력하여 조사하였을 때에만 그 단어를 포함한 자료들을 조사결과로 출력하는 것을 말한다. 당연히 임의어조사가 더 많은 조사결과를 출력하게 되나, 조사속도와 조사효율은 주제어조사의 경우가 높다. 따라서 자료조사자의 입장에서는 법률자료에 관한 여러 데이터베이스가 가지고 있는 조사기능의 특성을 이해하고, 필요한 자료의 성격에 따라서 적절하게 취사선택하거나, 상호보완적으로 활용할 필요가 있다.

2) 그 밖의 조사방법

판례조사의 경우 일반적으로 관련 법조문에 의한 조사기능을 지원하고 있는데, 이 법조문에 의한 조사기능을 잘 활용하면, 주제어조사보다 더 정확한 조사결과를 얻을 수 있다. 특히 대법원의 「종합법률정보」서비스는 법령조사와 판례조사를 서로 연계시킴으로써 예컨대 관련되는 법령을 먼저 조사한 후 바로 그곳에서 판례조사를 하면 그 법조문과 관련된 판례를 열람하고, 또 판례에서 인용한 법조문이 있으면 특정한 키를 조작하여 바로 해당 법조문을 열람할 수 있도록 제공하고 있다. 한편 「법고을 lx」(DVD)의 경우는 조사된 판례에서 특정한 키를 누르면 그 판례에 대한 판례평석을 열람할 수 있는 기능도 제공한다. 조사어의 결합방법으로는 일반적으로 AND조건과 OR조건을 동시에 지원하는 예가 많으므로 이를 적절히 활용하기 위하여 각 데이터베이스 프로그램 또는 온라인 서비스의 사용설명을 잘 읽어보고 효과적인 조사요령을 터득한 다음 조사하면 된다.

제3절 법률정보조사의 방법론

1. 국내의 법령 및 판례의 조사방법

1) 법률정보 솔(Sol)

변호사 이해완의 홈페이지로서 법률자료검색프로그램을 다운로드 할 수 있는 솔 자료실, 국내외의 중요한 법률 정보를 자세하게 제공하는 법률 링크 등으로 구성되어 있으며 법률링크의 판례모음에서 국내 및 국외의 판례 및 법령을 쉽게 검색할 수 있다.

2) NETLAW

(주)소프트와이즈와 서울대학교 법과대학교의 산학협동으로 개발된 종합법률서비스로서 법령, 대법원, 하급심, 헌법재판소 판례, 논문 검색을 제공한다.

넷로(www.netlaw.co.kr)는 대법원 사이트의 법률정보검색에서 판결전문을 얻을 수 없다는 것을 해결할 수 있다. 이 사이트는 무료 사이트이므로 회원가입을 요구받는 번거로움이 있다. 여기에서는 'Net-pro메뉴' → '대법원판례'를 클릭하여 검색어를 입력하고 연도별 검색이 가능하다. 예를 들면 "정보통신망이용촉진 및 정보보호등에 관한 법률"을 입력해 보면 검색된 판례 중에서 하나를 선택하면 판례의 전문을 볼 수 있다. 넷로에서는 판례 외 다양한 법률관련 정보를 제공하고 있어서 법학을 하는 학생들에게는 잘 알려진 사이트이므로 이용하면 의외의 많은 정보를 얻을 수 있다.

3) KOLIS종합법률정보

(주)무한정보통신이 개발한 KOLIS종합법률정보 서비스는 5만건 이상의 판례를 제공하는데 최근 대법원판례요지, 최신법령, 법조인의 상세한 프로필, 생활특집코너의 Q&A상담, 임대차, 소비자 피해등의 법률상식과 상담사례 등을 유료로 제공한다.

4) 대한민국법률정보

(주)보인기술에서 개발한 웹사이트로 온라인으로 사용자등록을 하여야 이용할 수 있으며 제공되는 서비스는 대한민국현행법령, 최근개정법령, 입법예고, 조약, 민원사무처리, 법조인회관, 게시판 등의 메뉴로 구성되어 있고 단어검색, 분야검색, 가나다순검색, 하이퍼링크 기능 등의 다양한 검색방법을 무료로 제공한다.

5) HanQ-Lex 법률정보

한솔텔레컴과 ㈜모아소프텍(모아법률정보시스템)이 개발한 인터넷 법률정보서비스로서 판례 및 법률정보를 유료로 제공한다. 법률정보, 사법연수원, 법률뉴스, 고시정보, 법조인소식, 도서정보, 정보마당, 제품안내 등의 메뉴로 구성되어 있다.

6) 법누리

나라법령정보통신(주)(KOLITEL)에서 제공하는 종합법률정보서비스로서 법령정보를 유료로 제공한다.

7) 법제처 국가법령정보센터

신법령 소개, 정부입법계획, 법령안입법예고 등의 유용한 정보를 무료로 제공하고 있는데 법령, 판례 등을 조사할 수 있는 종합법률정보서비스가 제공된다. 특히 법령의 연혁정보가 자세하게 제공되고 있다.

법제처 사이트(www.moleg.go.kr)를 방문해도 현행 실정법규의 상세한 내용을 손쉽게 찾을 수 있다. 구체적으로 보면, 먼저, 법령명을 알고 있을 경우 먼저 사이트 화면에서 '**법령찾기**' → '**법령명 입력**' → '**조회목록**' → '**법령명**' 또는 '**법령의 시행령**' '**법령의 시행규칙**' 클릭 순으로 검색을 할 수 있다. 또한 여기에서는 법조문 상단에 각각 '개정문', '변경조문', '관계법령', '헌재결정', '관보정정', '3단 비교'(법령, 시행령, 시행규칙을 전체적으로 비교하여 볼 수 있음) 등을 클릭하여 해당 법령에 대한 보다 상세한 정보를 찾을 수 있다.

그 다음으로 현행 법령을 정확히 알지 못하는 경우에는 다음의 방법으로 검색할 수 있다. ① '상세검색' → '법령찾기' 또는 '분류검색'을 통해 현행법의 조문을 확인할 수 있다.

특히 '분류검색'에서는 해당 법령명의 첫 단어에 해당하는 단어를 가나다라순으로 입력(예를 들면, 정보통신망이용촉진 및 정보보호등에 관한 법률은 '자'항목을 클릭하면 된다)함으로써 쉽게 찾을 수 있다. ② 법제처 사이트에서 법령의 첫 글자를 모르는 경우라도 법령을 검색할 수 있다. 즉, 주제를 입력함으로써 검색이 가능하다. '법령찾기' → '주제어 입력'(예를 들면 정보통신망이용촉진 및 정보보호등에 관한 법률의 경우 '정보통신망'을 입력하면 관련된 법령들이 모두 조회목록에 표시된다) → '조회목록' 순으로 하여 해당 법령을 찾을 수 있다.

8) 대법원 종합법률정보

대법원이 제공하는 웹사이트(www.scourt.go.kr)로서 현재 국내에서의 이용도가 가장 높은 곳이다. 대법원 사이트 화면에서 '사법정보광장' → '종합법률정보' 순으로 검색하면 된다. 여기에서는 판례와 법령조사뿐만 아니라 규칙, 예규 및 문헌도 광범위하게 조사할 수 있는 장점을 가지고 있다. 검색대상에는 대법원, 헌법재판소, 하급심 등이 포함되어 있다. 먼저 주로 이용되는 것이 '주제어'항목이다. 주제어 검색창에 "정보통신망이용촉진 및 정보보호등에 관한 법률"이라고 입력하면, 정보통신망이용촉진 및 정보보호등에 관한 법률에 대한 대법원의 판결의 경우, 판시사항과 판결요지가 있다. 이것은 그 판결에서의 쟁점사항이 무엇이고, 이에 대하여 법원이 어떠한 결정을 하였는지를 알 수 있다. 대법원의 사이트의 법률정보검색에서는 판결전문을 얻을 수 없다는 단점이 있다.

2. 그 밖의 법률관련 자료 조사방법

'나 홀로 소송'이라고 하여 법률 전문가의 도움이 없이 소송을 제기하여 성공한 사례들이 심심치 않게 보도되고 있다. 현행 오프라인과 온라인상의 사이트 자료들에 의하여 가능하다고 본다. 법률에 대한 연구교재들은 서점을 통해 구입할 수 있다. 그러나 어떠한 교재가 적절한지에 대한 확신이 없다면 역시 온라인상에서 다양한 정보를 얻을 수 있다. 각 도서관마다 '전자도서관'이라는 항목으로 법률도서를 소개하고 있고, 민간단체 중에서도 '**한국교육학술정보원 학술연구서비스**'(www.riss4u.net) 등을 이용하면 방대한 국내외의 연구자료는 물론 외국대학 학위논문까지도 검색이 가능하다. 무료 사이트이므로 회원가입을 강요받는 번거로움이 있고, 약간의 비용만 내면 외국의 자료들도 입수할 수 있다.

3. 해외의 판례 및 법령 등의 조사방법

FindLaw(http://www.findlaw.com)는 미국의 판례, 법령, 법학 논문 등을 조사하여 열람

할 수 있도록 하는 서비스를 제공하고 있고, 그 외에도 USSC플러스(http://www.usscplus.com/online/index.htm) 등에서 판례조사서비스를 무료로 제공하고 있다. 일반적으로 인터넷상의 법률관련 사이트나 정보를 조사할 때는 위 FindLaw 조사서비스와 함께 같은 회사에서 제공하는 LawCrawler 조사서비스(http://www.lawcrawler.com/)를 많이 사용한다. Findlaw 조사서비스가 Yahoo와 같은 디렉토리서비스로서 잘 정리된 소량의 정보를 제공하는 반면에 LawCrawler는 Altavista와 같이 잘 정리되지 않은 다량의 정보를 제공해 주므로 두 조사서비스의 장단점을 고려하여 세밀하고 구체적인 자료는 LawCrawler에 의해서, 일반적인 정보 또는 유명한 사이트는 FindLaw로 조사하는 것이 좋다.

4. 공학관련 법률정보조사

공학관련 법률정보조사 사이트는 다음과 같은데, 이를 통하여 공학법제에 관한 여러 가지 법령, 판례, 자료 등을 찾을 수 있다.

① 지적재산포럼 – 길진오 Kiljinoh's Intellectual Property law Forum
http://www.hitel.net/~kiljinoh

② 정보통신과 법률살롱 – 구티 Gootie's Infomedia Law Salon
http://bora.dacom.co.kr/~gootie

③ 사이버커뮤니케이션학회 Cybercommunication Academic Society
http://midas.hanyang.ac.kr/cybercom/index.html

④ 한국정보법학회 Korea Association For Informedia Law
http://bora.dacom.co.kr/~kafil/index.html

⑤ 지적재산권전문웹진Orizine, Webzine special in Intellectual Property Law
http://www.orizine.net

⑥ CyberLaw Institute of KOREA(CYBIK)
http://www.cybik.com

⑦ ‘Cyberspacelaw World’ – 오기석 Cyverspacelaw World
http://myhome.shinbiro.com/~netlaw/index.html

⑧ 열린 특허와 상표의 공간 – 한인열 변리사
http://www.geocities.com/Tokyo/3015

⑨ 지적재산권법연구회
http://my.netian.com/~iprlaw

⑩ 지적재산권법 교실–서울대 정상조 교수
http://jus.snu.ac.kr/~sjjong/index.html
⑪ **한국저작권위원회** Korea Copyright Commision
http://www.copyright.or.k/
⑫ **특허청** The Korea Industrial Patent Office(KIPO)
http://www.kipo.go.kr
⑬ **산업통상자원부** Ministry of Trade Industry & Energy
http://www.motie.go.kr
⑭ 과학기술정보통신부 Ministry of Science, ICT
https://www.msit.go.kr

제 2 편

재산법 원리의 이해

제1장 재산법의 구성

제1절 근대민법의 원리와 그 변화

재산법(민법)의 기본원리는 재산법(민법) 전반에 통하는 이념이다. 재산법(민법)은 기본원리를 축으로 제정되었으며, 재산법(민법)의 규정을 올바르게 이해하고 타당한 해석을 하기 위해서는 기본원리에 대한 이해가 선행되어야 한다.

1. 근대시민사회의 요청

근대 재산법(민법)은 시민들의 자유로운 의사결정을 존중하고 자본주의적 상품교환을 가능하도록 몇 가지 원리들을 마련하였다.[1] 특히 통설에 따르면, 근대 재산법(민법)은 **자유(개인주의 · 자유주의적 원리)와 평등을 수용**하고 있는데, 그것은 사유재산제도를 주축으로 하는 사회질서 속에서 **사적 자치(私的自治)의 원칙**이라는 모습으로 나타난다.

사적자치의 원칙은 계약법 영역에서 '계약자유의 원칙'으로, 손해배상 영역에서 '과실책임의 원칙'으로 구체화되었다. 즉, 모든 사람은 평등하고 **자유롭게 계약**을 통해서 생활관계를 형성해나갈 수 있어야 한다. 보다 구체적으로는 재산법(민법)이 **권리능력의 평등, 소유권의 보호, 계약의 자유**를 그 기본 골격으로 함으로써 이를 실현하고 있다. 또한 근대 재산법(민법)은 사람의 행위와 관련해서는 **과실책임**의 원칙을 근간으로 하는데, 이는 사람의 자유로운 활동의 한계를 긋는 원칙으로 이해된다.

2. 권리능력의 평등

근대 재산법(민법) 아래에서 모든 개인은 법률상 평등한 권리주체로 인정된다. 즉, 권리를 얻고 의무를 부담하는 데 모든 **자연인**은 평등하게 취급되어야 한다는 생각이 보편적으로

1) 성정엽 외, 법학입문, 개정증보판, 형설출판사, 2008, 100쪽 이하 참고.

받아들여진다. 일정한 국적을 가진 자, 높은 신분을 가진 자, 또는 집안의 가장이 아니면 완전한 권리의 주체가 될 수 없다는 **봉건적 불평등성은 더 이상 존재할 수 없다**. 오늘날 국적·신분·계급·노소·남녀를 불문하고 **모든 자연인**은 권리의 주체가 되는데, 이는 **헌법상 평등권의 발현**이라고 볼 수 있다.

> **헌법 · 대한민국헌법**
>
> 제11조 ① 모든 국민은 법 앞에 평등하다. 누구든지 성별·종교 또는 사회적 신분에 의하여 정치적·경제적·사회적·문화적 생활의 모든 영역에 있어서 차별을 받지 아니한다.

물론, 모든 자연인에게 권리능력이 인정된다고 해서, 자연인에게만 권리능력이 주어지는 것은 아니다. 회사 등 각종 단체에 대하여는 일정한 요건 아래에서 권리능력이 주어지고 있으며, 현실적으로 이와 같은 사단법인 또는 재단법인들이 사회적으로 커다란 역할을 담당하고 있다.

3. 소유권절대의 원칙과 그 수정

> ➤ 소유권 절대의 원칙 ➜ 소유권 상대의 원칙 - 공공복리원리의 적용

소유권은 물건을 배타적으로 지배하는 권리이다. 따라서 소유자는 그의 소유물을 자유로이 사용·수익·처분할 수 있는 권리(권능)를 가진다. 소유권은 1789년 프랑스 인권선언에서 유래된 것이다. 더욱이 다른 시민들은 말할 것도 없고, 국가권력기관도 소유자의 이와 같은 **권리행사를 침해**할 수 **없다**. 이러한 원칙이 지배하는 한, 각 개인은 자기가 지배하는 물건에 자본을 투자함으로써 **사업을 영위**하여 이윤을 얻을 수 있다. 자본주의적 시장경제체제가 발달하고 산업화된 문명이 진보할 수 있었던 물적 토대는 이와 같은 원칙에 힘입은 바가 크다.

> **헌법 · 대한민국헌법**
>
> 제23조 ① 모든 국민의 재산권은 보장된다. 그 내용과 한계는 법률로 정한다.② 재산권의 행사는 공공복리에 적합하도록 하여야 한다.
> ③ 공공필요에 의한 재산권의 수용·사용 또는 제한 및 그에 대한 보상은 법률로써 하되, 정당한 보상을 지급하여야 한다.

이런 원칙 아래에서 자본주의경제가 발전하였지만, 곧 여러 폐단이 발생하게 되었다.

예컨대 도심 중에 공장을 설립하여 소음과 분진을 과도하게 배출하는 경우에 이를 소유권의 보장이라는 이름 아래에 보호할 수는 없다. 즉, 소유권의 행사와 시민들의 건강권 내

지 환경권 사이에는 긴장관계가 생기게 된다.

여기에서 소유권절대의 원칙에 대한 반성이 이어졌고 그 수정이 불가피하게 되었다. 그리하여 소유권은 의무를 수반한다는 바이마르헌법의 규정을 효시로 오늘날 헌법은 대부분 이러한 원리를 수용하고 있다. 더욱이 이러한 반성은 권리의 주체를 인간에 한정하지 않고 자연 내지 생태계에도 인정하는 흐름으로 이어지고 있다.

4. 계약자유[사적(私的)자치]의 원칙과 그 수정

> ➤ 계약자유의 원칙 → 계약공정의 원칙
> ➤ 사적자치의 원칙 → 사적자치제한의 원칙
> ➤ 경제적 및 사회적 약자보호

계약은 개인들의 사적 자치를 형성하기 위하여 그 체결·내용·방식 등 어느 분야에 있어서도 자유롭게 이루어져야 한다는 원칙을 말한다.[2] **계약자유의 원칙은 프랑스 혁명으로 개인이 자기의 생활관계를 그의 자유로운 의사활동으로 승인한 데서 유래된 것이다.** 계약의 자유를 경제적으로 풀이하면, **경쟁의 자유**를 의미한다. 이런 사상은 궁극적으로 모든 개인이 합리적 판단력과 윤리적 자율성을 갖추고 있는 이성적 존재라는 전제를 깔고 있다. 따라서 **인간을 자유로운 방임상태**에 두더라도 사회는 조화롭게 발전할 수 있다는 믿음을 그 기본적 사고로 한다.

자본주의경제는 계약자유의 원칙 아래에서 비약적으로 발전하였지만, **가진 자와 그렇지 못한 사람 사이의 대립은 더욱 심화**되었다. 사람이 **모두 평등하다**는 이념은 이제 형식적인 명제에 불과하고, 실질적으로는 **불평등**한 현실이 사회적으로 커다란 문제로 등장하고 있다. 따라서 국가는 인간의 **평등한 생활을 실질적으로 확보**하기 위하여 **계약자유의 원칙에 적극적으로 개입 내지 간섭**하게 되었다. **이자제한법**(연 30%), **근로기준법**(최저임금제), **주택임대차보호법**(임차인 보호=보증금, 임차계약보장), **상가건물임대차보호법**(임차인 보호=보증금, 임차계약보장) **및 토지거래규제에 관한 일련의 법률**(투기 등 방지)의 제정도 이러한 배경을 기초로 하고 있다.

한편 **거래가 집단적·반복적**으로 이루어지면서 **계약의 내용을 정형화하여 거래**하는 **약관(約款)이 출현**하고 있는데, 이 역시 계약내용을 자유롭게 결정하지 못한다는 점에서 **계약의 자유는 침해**된다. 약관은 **소비자들에게 계약상의 불이익을 가져올** 수 있으므로 **국가**는 이에 강력히 **개입**하고 있다. **약관의 규제에 관한 법률, 소비자기본법 및 전자상거래 등에서의 소비자보호에 관한 법률** 등은 규제적 목적을 가진 법률들이다.

---

2) 계약자유의 원칙은 사회적 형평, 즉 공공복리를 실현한 것이다.

법률 · 소비자기본법

제12조(거래의 적정화) ① 국가는 사업자의 불공정한 거래조건이나 거래방법으로 인하여 소비자가 부당한 피해를 입지 아니하도록 필요한 시책을 수립·실시하여야 한다.
② 국가는 소비자의 합리적인 선택을 방해하고 소비자에게 손해를 끼칠 우려가 있다고 인정되는 사업자의 부당한 행위를 지정·고시할 수 있다.
③ 국가 및 지방자치단체는 약관에 따른 거래 및 방문판매·다단계판매·할부판매·통신판매·전자거래 등 특수한 형태의 거래에 대하여는 소비자의 권익을 위하여 필요한 시책을 강구하여야 한다.

5. 과실책임의 원칙과 그 수정

➤ 과실책임의 원칙 ➜ 무과실책임의 원칙

"과실이 없이는 책임을 부담하지 않는다"는 **과실책임주의**는 개인의 자유로운 활동을 최고의 이상으로 하는 근대법에서 과실과 관련해서 비난받을 만한 상태에 있는 자에 대해서만 책임을 부담케 하는 역설적인 법원리이다. 즉, 자기책임의 원칙이다. 이 원칙은 특히 불법행위와 관련하여 이윤을 지향하는 개인의 자유로운 활동을 보장하는 데 크게 이바지하였다. 비록 타인에게 피해를 주었더라도 행위자에게 과실이 없다면 책임을 부담하지 않기 때문에 자본주의사회에서 **기업들이 이기적인 영업활동**을 할 수 있었던 것도 이 원칙에 **힘입은 바가 크다.**

한편 자본주의에 힘입어 기업이 왕성하게 활동하면서 일반인으로서는 예견하기 어려운 위험으로 인하여 손해를 입는 사람이 생기는가 하면, 이에 반해서 커다란 이익을 보는 기업들이 출현하게 되었다. 그 결과 **과실책임의 원칙**에 대한 **적용범위와 함께 그 타당근거의 한계성**에 관한 문제가 제기되었다. **과실이 없다**고 해서 **기업들이 책임을 부담하지 않는다**는 원칙은 **공평하지 않다**는 반성의 소리가 대두되었다. 예를 들면, 제조공장의 각종사고, 광산업의 광독광갱폭발 등은 사용자의 의사를 매개하지 않아서 책임을 지지 않아 근로자를 보호할 수 없다.

그래서 민법에는 **과실의 구성요건을 완화**하거나, 공작물의 소유자에게 무과실책임을 인정하는 규정들이 있다. 또한 **과실에 관한 입증책임의 전환, 표현증명(表見證明), 고도의 주의의무에 대한 요구** 등을 통하여 과실책임의 원칙이 가지는 **결함을 사실상 시정**하고 있다. 한편 오늘날 **과실책임의 원칙을 애초부터 배제**하는 **특별법도 적지 않게 출현**하고 있다. 예를 들어 자동차사고에서 교통사고의 피해자를 보호하기 위하여 차량 운행자 외 자동차 소유자에게 무과실책임을 묻고 있다.

법률 • 환경정책기본법

제31조(환경오염의 피해에 대한 무과실책임) ① 사업장등에서 발생되는 환경오염 또는 환경훼손으로 인하여 피해가 발생한 때에는 당해 사업자는 그 피해를 배상하여야 한다.〈개정 1999.12.31〉

② 사업장등이 2개 이상 있는 경우에 어느 사업장등에 의하여 제1항의 피해가 발생한 것인지를 알 수 없을 때에는 각 사업자는 연대하여 배상하여야 한다.

6. 정리

우리 재산법(민법)은 자유인격의 원칙과 공공복리의 원칙을 최고원리로 하여, 그 행동원리로서 신의성실, 권리남용의 금지, 사회질서, 거래안전의 여러 기본원칙이 있고, 다시 그 밑에 소유권 절대의 원칙, 계약자유의 원칙, 과실책임의 원칙이라는 근대 재산법(민법)의 3대 원칙이 존재된다고 할 수 있다. 그리고 사회적 약자와 공공복리를 실현하기 위하여 소유권 상대의 원칙, 계약공정의 원칙, 무과실책임의 원칙으로 운영하고 있다.

확인해 봅시다

근대 민법의 3대 원칙과 현대에 수정된 원칙을 비교하여 봅시다. 그런 차이는 왜 발생하게 되었을까요?

제2절 형법과 불법행위법의 분리

의무(채무) 위반 ➡ 책임 ➡ ➡ 형사책임(처벌) : 사형, 징역, 금고, 자격상실, 자격정지, 벌금, 과료, 몰수
➡ 민사책임(처벌) ➡ 손해배상 ➡ 계약에 따른 손해배상
➡ 손해배상 ➡ 불법행위에 따른 손해배상
➡ 행정책임(처벌) : 과태료, 과징금, 범칙금, 운전면허 정지, 운전면허 취소 등
➡ 징계 ➡ 자기 근무지에서 파면, 해임, 정직, 감봉, 견책 : 이중처벌이 아니다(헌법재판소 결정)

** 가해자 범죄 ⇒ 형법에 따라
⇒ 형사소송법에 따라서 국가가 대리(검사) 원고, 피의자(피고)
⇒ 형벌을 부과(사형, 징역(강제노역), 금고, 자격상실, 자격정지, 벌금, 구류, 압수)
⇒ 가해자 범죄의 행위를 제거, 예방
** 피해자에게 남은 재산적 손해, 정신적 손해(위자료)
⇒ 불법행위법(민법 제750조)에 따라 해결
⇒ 손해배상(원상회복)
** 행정벌 : 과태료, 운전면허=벌점, 범칙금, 운전면허정지, 운전면허취소 등
** 징계 : 자기근무지에서 파면, 해임, 정직, 감봉, 견책

형법(刑法)은 가해자의 범죄(犯罪)에 대하여 형벌(刑罰)을 부과함으로써 그의 행위를 제재하거나 예방한다. 따라서 형사소송(刑事訴訟)이라는 절차에서는 국가를 대리하는 검사(檢事)와 피의자(被疑者)가 그 당사자가 된다. 그럼에도 불구하고 피해자에게 남은 재산적 손해 또는 정신적 손해(위자료)를 회복하는 데에는 무기력하다.

따라서 피해자에게 발생한 손해(損害)를 가해자의 책임 아래 이를 원래대로 메우기 위한 규범이 필요한데, 불법행위법(不法行爲法)이 그 역할을 담당한다.

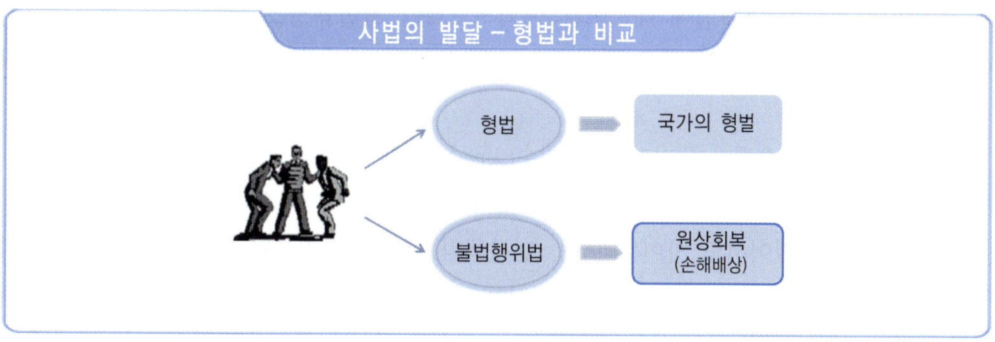

1. 사례

A는 B를 때려 다치게 하였다. 그래서 B는 병원에 입원하여 치료를 받았고, 그 기간 동안 일을 하지 못하여 수입을 얻지 못하였다. 한편 A는 **상해죄로 형사처벌**을 받았다. 이 경우에 A는 B에 대하여 **치료비나 수입결손** 등 B가 입은 **손해를 배상하지 않아**도 되는가? 이것이 **민사책임**과 **형사책임의 문제**이다.

2. 민사책임과 형사책임의 의의

민사책임은 **불법행위에 따른 손해배상책임**이고, **형사책임**은 **형사상의 형벌에 따른 제재**

(처벌)이다. 이들 두 책임은 근대 이전에는 결합되어 있었으나, 근대 이후에는 완전히 나누어져 있다.

3. 민사책임과 형사책임의 차이

민사책임과 형사책임은 근거가 되는 법, 목적, 요건, 효과 등에서 다음과 같이 차이가 있다.

첫째, 민사책임은 사법(私法)상의 제도인데 비하여, 형사책임은 공법상의 제도이다.

둘째, 민사책임은 피해자에게 생긴 손해를 메워주는데(즉, 손해전보) 목적이 있는데 비하여, 형사책임은 행위자에 대한 응보(應報) 또는 장래에 있어서의 해악(害惡) 발생의 방지에 목적이 있다.

셋째, 민사책임은 가해자에게 고의가 있든 과실이 있든(과실이 없는 때는 제외함) 손해를 배상하게 하는데 비하여(실제 손해의 전보를 목적으로 하므로), 형사책임은 고의범만을 처벌하는 것이 원칙이다. 형사책임의 경우에는 죄형법정주의(罪刑法定主義) 때문에 처벌규정이 없으면 무죄인데 형법이 **과실범**에 대하여는 **예외적으로만 처벌규정**을 두고 있다. 예를 들면, 과실로 다른 사람의 **장독**을 깨거나 **과실로 폭행**한 자는 **과실범의 처벌규정이 없어서 무죄**이다.

넷째, 민사책임은 손해가 생기지 않는 **미수(未遂)는 문제가 되지 않으나**, 형사책임은 **미수 · 예비 · 음모도 처벌**한다. 형사책임의 목적상 실제로 침해가 생기지 않아도 처벌하는 것이다.

다섯째, 효과에 있어서도 차이를 보여, 민사책임은 **고의**의 경우와 **과실**의 경우에 **책임의 경중에 차이가 없음**이 원칙인데 비하여, 형사책임은 **고의**의 경우가 과실의 경우보다 **책임이 훨씬 무겁다.** 예를 들면, 갑이 을을 고의로 또는 과실로 다치게 하였다고 하자. 이러한 경우에 갑의 민사책임은 을에게 발생한 손해(치료비, 수입결손 등)를 메워주는 것이기 때문에 그러한 손해가 같다면, 고의의 경우와 과실의 경우가 원칙적으로 차이가 없다(다만 위자료에서는 다소 차이를 보임). 그러나 형사책임은 차이가 크다 고의의 경우에는 7년 이하의 징역, 10년 이하의 자격정지 또는 1,000만원 이하의 벌금에 처해지는데 비하여(형법 제257조 상해죄), 과실의 경우에는 500만원 이하의 벌금, 구류 또는 과료에 처해질 뿐이다(형법 제266조 과실치상죄).

4. 민사책임과 형사책임의 관계

민사책임과 형사책임이 완전히 별개의 것이고, 발생요건이 다르기 때문에 동일한 가해행위에 의하여 두 책임이 **모두 생기는 때**가 있는가 하면, 어느 **하나의 책임**만 생길 수도 있다. 예를 들면, **살인 · 상해 · 사기**의 경우에는 두 책임이 **모두 생기**나, **과실**로 다른 사람의 **장독을 깨뜨린** 경우에는 **민사책임**만 생기고, **고의**로 다른 사람의 장독을 깨뜨리려고 했지만 **미수**에 그친 경우에는 **형사책임**만 생긴다.

이와 같이 제도상 구분되어 있는 민사재판 · 형사재판에 있어서 그 결과가 달라질 수도 있다. **무죄판결**이 선고되지만 손해배상은 인정될 수도 있고, **유죄판결**이 선고되었지만 손해배상은 인정되지 않을 수도 있는 것이다. 또한 두 책임이 **모두 발생**하는 경우에는 **어느 하나의 책임**을 졌다고 하여 **다른 책임을 면하는 것도 아니다. 앞의** (1) **사례에서** A**는** 형사책임을 졌지만 민사책임은 남아 있으며, 따라서 그는 손해배상을 하여야 한다.

현행제도상 **두 책임이 관련**되어 있는 때가 있다. 하나는 **배상명령제도**이다. 이는 제1심 또는 제2심의 형사공판절차에서 일정한 범죄에 관하여 유죄판결을 선고할 경우에 법원이 직권 또는 피해자나 그의 상속인의 신청에 따라 피고사건의 범죄행위로 인하여 발생한 직접적인 물적 피해 · 치료비 손해 · 위자료의 배상을 명할 수 있도록 한 제도이다(소송촉진 등에 관한 특례법 제25조 이하). 또 하나는 **보험 등에 가입된 차의 교통사고**의 경우 형사면책제도이다(교통사고처리특례법 제4조 · 제3조 제2항). 그러나 이것들은 일정한 목적을 위하여 특별히 만들어진 제도일 뿐이며, 두 책임의 합체를 의미하는 것은 아니다.

제3 절 불법행위법과 계약법의 분화

계약법(契約法) 내지 계약의 불이행에 대한 책임은 특정인과 특정인, 즉, 당사자의 특별한 계약관계를 전제로 하는 책임이므로 일반인이 계약규범을 형성하기 위해서는 자신의 특별한 이익에 기초하여 적절한 상대방을 선택하여 계약관계를 만들어야 한다. 따라서 특정한 계약관계에 대한 이해(利害)가 없는 자는 그 특정 계약규범과는 거리를 둘 수밖에 없다. 반면에 불법행위책임은 불특정 다수인 사이에 존재하는 일반적 책임이다. 이는 가해자와 피해자 사이에 존재하는 규범이므로 누구든지 불법행위법의 당사자가 될 수 있다.

무엇보다도 **계약법이 형성하는 규범의 근거**는 원칙적으로 당사자들의 자유로운 의사(意思)에 있다는 태도가 일반적인 생각이다(반대견해 있음). 자유로운 의사에 따라 '사적자치(私的自治)'가 형성됨으로써 당사자들은 자신들의 사회적 · 경제적 목적을 계약규범 속에서 달성할 수 있다. 계약이 체결되었는지, 그 계약이 효력을 갖는지, 그 계약이 내용에 맞게 변제되었는지, 혹시 변제되지 않았다면 어떻게 하여야 구제할 수 있는지, 그리고 구제할 수 없다면 부담해야 할 책임의 내용이 무엇인지를 당사자의 의사에서부터 탐구한다는 말이다.

반면에 **불법행위법의 규범적 근거**는 다름 아닌 법률(法律)에 있다. 사회 속에 존재하는 수많은 사실행위들이 불법행위법의 대상들이다. 그 가운데 불법행위의 요건과 효과를 규정하고 있는 법률(영미법국가에서는 판례도 포함)에 포섭된 사실행위들이 '불법행위'가 된다. 따라서 불법행위법의 궁극적인 규범목적을 달성하기 위해서는 **다양하고 적절한 법률체계가 마련**되어야 한다.

1. 불법행위책임과 채무불이행책임(계약불이행책임)과의 관계

한 개의 구체적인 가해행위가 당사자간의 **계약상의 채무불이행 요건**을 갖춤과 동시에 **다른 불법행위로서의 요건**도 갖추는 경우의 문제이다. 예를 들면,[3] A는 전시를 위하여 B가 소유하고 있는 귀한 도자기 한 점(X도자기라 함)을 대가를 주고 빌렸다. 그런데 A가 전시회를 준비하면서 X도자기를 진열하다가 잘못하여 떨어뜨리는 바람에 X도자기는 완전히 깨져버렸다. 이 경우에 A는 B에게 **임대차계약에 기하여 X도자기의 반환의무**가 있는데, A의 과실로 그 반환의무가 **이행불능**으로 되었다. 그런가 하면 다른 한편으로 A는 **B의 X도자기 소유권을 침해하는 불법행위**를 한 것이 된다.

이와 같이 A가 B에 대하여 동일한 사실로 **계약책임**(정확하게는 채무불이행으로 인한 손해배상책임)의 요건과 **불법행위**의 요건을 모두 충족시킨 경우에, B는 어떤 권리를 행사하여야 하는지가 문제된다. 이것이 **불법행위책임과 계약책임의 관계의 문제**이다.

피해자는 두 권리 중 자신이 원하는 것을 자유롭게 선택하여 행사할 수 있다. 이것이 청구권경합설(권리의 경합)이다. 이렇게 하는 것이 법이론에도 맞고 또 피해자도 더 두텁게 보호할 수 있기 때문이다. 판례도 그러한 입장에 있다. 따라서 앞의 (1)사례에서 B는 A에 대하여 **이행불능**을 이유로 **손해배상을 청구**할 수 있고, **불법행위**를 이유로 하여 **손해배상을 청구**할 수 있다. 물론 어느 하나의 권리를 행사하여 손해배상을 받은 뒤에는 다른 권리는 더 이상 행사하지 못한다.

2. 불법행위책임과 채무불이행책임의 차이점

불법행위의 책임과 계약책임인 채무불이행의 책임의 차이점은 다음의 도표로 정리할 수 있다.

---

3) 송덕수, 앞의 책, 449~450면 참조.

	불법행위의 책임	채무불이행책임
과실의 입증책임	피해자(채권자)가 가해자의 고의, 과실을 입증해야	채무자(가해자)가 자기의 잘못없다고 입증해야
손해배상의 범위	민법 제393조 준용(민법 제763조)	상당인과관계의 범위(민법 제393조)
과실상계	민법 제396조 준용(민법 제763조)	인정(민법 제396조)
연대책임	공동불법행위의 연대책임(민법 제760조)	명문 규정 없음
소멸시효	각 안 날로부터 3년, 10년	10년
상계	채무자(가해자)가 상계 못함(치료비는 물어줘야)	상계가능
특별법 적용	실화책임에 관한 법률 등	운송인의 책임에 관한 특칙(상법 제135조~제138조)

제2장 불법행위법

제1절 불법행위와 그 책임

1. 서설

1) 불법행위의 의의 → 과실책임(자기책임)

불법행위는 고의 또는 과실로 위법하게 타인에게 손해를 가하는 행위를 말한다.[1] 예를 들면, 타인을 때려서 다치게 하거나 타인의 재산을 훼손하는 경우이다. 불법행위가 있으면 민법규정에 따라서 가해자는 피해자에 대하여 손해배상책임을 부담하게 된다(민법 제750조). 따라서 불법행위는 사무관리・부당이득 등과 같이 법정 채권발생원인이다.

2) 불법행위의 성질

전통적으로 불법행위(不法行爲)는 사람이나 그 재산 및 인격 등을 위법하게 침해한 가해자의 과실 또는 고의에 기초하여 그에게 원상회복 내지 손해배상책임을 물리는 법적 원인, 즉 법률요건(法律要件)이다. 즉, 불법행위책임을 묻거나 이에 의한 손해배상청구가 인용되기 위해서는 불법행위라고 하는 법률요건이 마련되어야 한다. 가해자의 행위가 민법이 예정하고 있는 불법행위에 해당한다면 이는 곧 손해배상의무 내지 청구권을 위한 법적 원인으로서의 법률요건이 된다.

따라서 피해자의 손해배상청구 등의 인용 여부를 판단하기 위해서는 가해자의 행위가 불법행위에 해당하는지 여부를 그 근거가 되는 **민법 내지 그 특별법**에 의해 체계적으로 검토하여야 한다. 특히 대한민국은 민법 제750조 이하에서 **일반불법행위의 요건**을 두루 다루고 있다. 이는 **과실책임주의에 입각**한 것이다.[2]

---

1) 불법행위법은 과실책임원칙을 하면서 사회적 약자보호를 위하여(사실상) 무과실책임의 원칙을 보충하고 있다.

2) 과실책임주의: 고의 또는 과실(=귀책사유)에 기인하여 타인에게 손해를 가한 경우에만 가해자에게 배상책임을 지우려는 입법주의이다. 이에 반하여, 무과실책임주의: 고의 또는 과실의 유무와 관계없이 타인에게 준 손해에 대하여 배상책임을 인정하려는 입법주의이다. 이는 사회적 약자를 보호하려는 것이다.

법률 · 민법

제750조(불법행위의 내용) 고의 또는 과실로 인한 위법행위로 타인에게 손해를 가한 자는 그 손해를 배상할 책임이 있다

제751조(재산이외의 손해의 배상) ① 타인의 신체, 자유 또는 명예를 해하거나 기타 정신상고통을 가한 자는 재산이외의 손해에 대하여도 배상할 책임이 있다.

② 법원은 전항의 손해배상을 정기금채무로 지급할 것을 명할 수 있고 그 이행을 확보하기 위하여 상당한 담보의 제공을 명할 수 있다.

제752조(생명침해로 인한 위자료) 타인의 생명을 해한 자는 피해자의 직계존속, 직계비속 및 배우자에 대하여는 재산상의 손해없는 경우에도 손해배상의 책임이 있다.

제753조(미성년자의 책임능력) 미성년자가 타인에게 손해를 가한 경우에 그 행위의 책임을 변식할 지능이 없는 때에는 배상의 책임이 없다.

제754조(심신상실자의 책임능력) 심신상실중에 타인에게 손해를 가한 자는 배상의 책임이 없다. 그러나 고의 또는 과실로 인하여 심신상실을 초래한 때에는 그러하지 아니하다.

3) 과실책임과 무과실책임[3)]

(1) 과실책임의 원칙

과실책임의 원칙은 개인이 타인에게 준 손해에 대하여는 그 행위가 위법할 뿐만 아니라, 동시에 고의 또는 과실에 기한 경우에만 책임을 진다는 것이다. 이 원칙은 **민법의 기본원리** 가운데 하나이며, **민법 제750조에서 불법행위**에 관하여(민법 제390조에서는 채무불이행에 관하여) 이를 규정하고 있다.

(2) 무과실책임론과 그 입법

근대 이후 과학기술이 발달하면서 철도 · 항공기 · 자동차 등의 **고속교통기관**이 등장하였고, 광업 · 전기사업 · 원자력산업과 같은 **위험한 설비를 갖춘 기업**이 나타났다. 이들 경우와 같이 손해배상의 가능성이 매우 크고 그러면서 많은 수익을 올리는 때에는 그에 의하여 생긴 손해를 배상하게 하는 것이 적절하다. 그 결과는 **과실책임의 원칙으로는 실현하기가 어렵다.** 손해발생에 **과실이 없다고 인정**될 경우도 많고, 설사 **과실**이 있어도 그것을 **증명하기가 쉽기 않기 때문**이다. 여기서 과실이 없어도 책임을 져야 한다는 **무과실책임론이 주장**되었다.

무과실책임의 실현은 이론만으로는 **한계**가 있다. 그리하여 필요한 분야에서는 무과실책임을 인정하는 입법을 하고 있다. 예를 들면, 사업장 등에서 발생하는 환경오염 등으로 인하여 피해가 발생한 경우의 사업자의 무과실책임(환경정책기본법 제44조), 원자력손해에 대한 원자력사업자의 무과실책임(원자력손해배상법 제3조), 광해(鑛害)에 대한 광업권자 또는 조

3) 송덕수, 앞의 책, 448~449면 참조.

광권자의 무과실책임(광업법 제75조), 제조물의 결함으로 인한 손해에 대한 제조업자의 무과실책임(제조물책임법 제3조) 등을 들 수 있다. 그리고 자동차의 운행으로 인한 타인의 사망·부상에 대한 자동차운행자의 책임(자동차손해배상보장법 제3조), 특허권의 침해(특허법 제130조) 등의 경우에는 과실의 증명책임을 전환하여 **사실상 무과실책임**으로 하고 있다.

앞으로 무과실책임을 인정하는 입법이 늘어나겠지만, **무과실책임**이 불법행위책임에 있어서 **원칙이 될 수는 없다**. 과실책임의 원칙은 개인의 활동의 자유를 보장하는 것이므로 그러한 자유를 위협하게 하더라도 배상책임을 인정하여야 할 **특별한 사유가 있는 때에만 무과실책임을 인정**하여야 한다.

무과실책임이 인정되면, 책임을 지는 자(특히, 기업)는 손해를 대금·요금 등의 형식으로 소비자나 이용자에게 분담시키거나 책임보험제도에 따라 손실을 같은 위험을 지는 자 사이에 분산시키게 된다. 그 결과 손해가 널리 사회에 분산되는 효과를 가져 온다.

2. 불법행위의 성립요건

민법상의 불법행위는 크게 두 가지로 나누어진다. 하나는 민법 제750조에 의한 **불법행위**(과실책임을 진다)이고, 다른 하나는 민법 제755조부터 제760조까지의 **불법행위**(무과실책임을 진다)이다. 앞의 것을 **일반 불법행위**라고 하고, 뒤의 것을 **특수한 불법행위**라고 한다. **특수한 불법행위**는 일반 불법행위의 요건 외에 **다시 추가적인 요건**이 더 갖추어진 경우에 인정된다. 특수한 불법행위에 대하여는 뒤에서 따로 살펴보고, 여기서는 일반 불법행위의 성립요건만을 설명하기로 한다.

일반 불법행위의 **성립요건**은 ① 가해자의 고의 또는 과실에 따른 행위가 있을 것(가해자의 고의·과실), ② 가해자에게 책임능력이 있을 것(가해자의 책임능력), ③ 가해행위가 위법할 것(가해행위의 위법성), ④ 가해행위에 따라 손해가 발생할 것(가해행위에 따른 손해발생)의 네 가지이다(민법 제750조·제753조·제754조 참조). 이 중에 ①②는 가해자를 표준으로 하여 판단하는 **주관적 요건**이고, ③④는 **객관적 요건**이다.

1) 불법행위의 주관적 요건

(1) 가해자의 고의 또는 과실에 따른 행위

불법행위가 성립하려면 가해자의 고의 또는 과실에 따른 행위가 있어야 한다(민법 제750조). **고의**는 자기의 행위로부터 일정한 결과가 발생할 것을 인식하면서도 그 행위를 하는 심리상태이다.

고의가 인정되기 위하여 결과의 발생을 의욕했을 것까지는 요구되지 않으며, **결과발생**

을 인식하는 것으로 충분하다. 가해자가 특정인에게 손해가 발생하리라는 것을 알면서도 가해행위를 한 경우에 가해자의 고의가 인정되지만, 손해배상책임에서 고의(故意)와 과실(過失)은 동등하게 취급된다. 따라서 행위자에게 고의가 없어도 과실이 있으면 고의가 있는 경우와 마찬가지로 그 행위자에게 손해배상책임이 귀속된다.

과실의 개념은 학설에 따라 다양하게 설명되는데, 특히 과실이 무엇이냐 하는 것은 단순한 과실 개념 자체의 문제에 그치지 않고, 책임귀속체계와 관련된다.

먼저 '객관적 과실설'(=통설)에 따르면, **일정한 결과의 발생을 알고 있어야 함에도 불구하고 주의를 게을리 했기 때문에 그것을 알지 못하고서 행위를 하는 심리상태를 과실이 존재**한다고 한다. 다시 말해서 불법행위에서 **과실**은 **'추상적 · 일반적 경과실'**이 원칙이고, 이는 **보통인(평균인) 또는 표준인의 주의(注意)정도를 기준**(=사회 일반인의 주의 정도: 선량한 관리자의 주의)으로 한다. 그러나 일정한 침해행위의 유형으로 인하여 생기는 위험의 대소(大小) 내지 침해된 이익의 대소(大小)에 따라 주의의무의 정도가 변하게 된다.[4)]

판례

불법행위책임의 요건으로서 '추상적 경과실'의 의미

불법행위에 따른 손해배상의무의 전제가 되는 과실의 유무와 그 과실의 경중에 관한 표준(標準)은 그 개인에 관한 구체적 사정에 따라 결정하는 것이 아니고, 일반적 보통인으로서 할 수 있는 주의의 정도를 표준으로 하여야 한다. 한편 일반적 보통인이라 함은 추상적인 일반인을 말함이 아니고 그와 같은 의무와 직무에 종사하는 사람으로서는 보통 누구나 할 수 있는 주의의 정도를 표준으로 하여 그 과실 유무를 논한다(대판 1967.7.18. 66다1938).

하지만 **'주관적 과실설'**은 달리 파악한다. 과실의 본래적인 개념은 **가해자의 책임능력을 전제로 유책성과 관련하여 이해**되는 주관적 과실이며, 통설이 말하는 객관적 과실은 행위의 위험성, 거래안전의무 또는 거래상의 기대를 기초로 하는 위험성관련의 귀책체계로 이해한다. 따라서 민법이 원래 예정하고 있는 과실의 체계는 주관적 과실이지만, 현대사회에 들어오면서 생활의 안전과 관련된 업무상의 행위 및 위험성이 있는 행위들이 증가됨에 따라 객관적 과실이 적용되는 범위가 확대되었을 뿐이라고 한다.

한편 이러한 **가해자의 고의 · 과실 여부**는 그 **입증책임을 누가 부담**하느냐에 따라 그 결과가 판이하게 달라질 수 있다. 원칙적으로 계약책임 내지 채무불이행책임을 면하기 위해서는 채무자가 자신에게 귀책사유 없음을 적극적으로 입증하여야 하지만, **불법행위법**에서 원칙적으로 고의 · 과실은 불법행위의 성립 내지 그 존재를 주장하는 **피해자(원고)가 가해자(피고)의 고의 혹은 과실을 입증**하여야 한다. 그러나 민법(민법 제755조부터 제759조까지 참

4) 예컨대 생명 내지 신체에 직접 어떤 피해를 줄 위험이 큰 의사, 운송사업자, 식품제조업자 등은 무거운 주의의무를 부담하게 된다. 판례도 같은 태도를 취한다(대판 1979.12.26. 79다1843 참고).

조)이나 특별법에서 가해자(피고)가 고의·과실이 없었음을 증명하지 못하면 책임을 지도록 증명책임을 전환한 경우가 있다.

(2) 가해자의 책임능력

불법행위가 성립하려면, **가해자에게 책임능력**이 있어야 한다(민법 제753조·제754조 참조).

(가) 책임능력의 의의

책임능력은 **자기의 행위에 대한 책임을 인식할 수 있는 지능**이다. 이는 자기의 행위에 의하여 일정한 결과가 발생하는 것을 인식하는 능력(이는 의사능력임)이 아니고, 그 **결과가 위법한 것으로서 법률상 비난받을 것임을 인식하는 정신능력**이다. 책임능력은 **불법행위능력**이라고도 한다. 이 능력이 없으면 불법행위의 성립이 인정되지 않기 때문이다.

대한민국의 민법은 불법행위책임이 성립하더라도 그 책임을 변식할 능력이 없는 미성년자와 심신상실자(心神喪失者)의 손해배상의무를 면제하는 규정(민법 제753조 및 제754조)을 둠으로써 책임능력의 요건을 불법행위책임의 전제로서 **소극적으로 인정**하고 있다. 무엇보다도 다른 책임요건과는 달리 책임능력의 존재 여부에 관해서는 피해자가 아니라, 오히려 **가해자가 자신의 불법행위책임을 면하기 위해 자신에게 책임능력이 결여되었음을 적극적으로 입증**하여야 한다.

책임능력이 있는지 여부는 **행위 당시를 기준**으로 하여 **구체적으로 판단**되며, **연령 등에 따라 획일적으로 결정되지 않는다.** 따라서 동일한 행위에 대하여 동일한 연령의 사람이라도 어떤 자에게는 책임능력이 인정되지만, 다른 사람에게는 인정되지 않을 수도 있고, 또 동일한 사람이라도 행위의 종류에 따라 책임능력의 유무가 달라질 수 있다. 가령 물건파괴와 명예훼손은 요구되는 책임능력의 정도가 달라서 동일한 자인데 앞의 것에 대하여만 책임능력이 인정될 수도 있는 것이다.[5]

한편 책임능력(責任能力)이 무엇인지에 관해서는 견해가 나뉜다. 학설 가운데 지배적인 견해에 따르면, 행위자가 자기의 행위의 책임을 인식할 수 있는 능력을 책임능력이라고 이해한다. 불법행위로 인한 책임을 행위자에게 귀속시킬 수 있는 능력(=불법행위능력)이라고도 하며, 가해자의 고의·과실을 인정하는 전제가 된다. 또한 **판례**도 책임능력을 법률상 불법행위책임을 변식할 지능 또는 능력이라고 하면서(대판 1977.5.24, 77다354), 구체적으로 13세 3개월 된 자의 책임능력을 인정하는가 하면(대판 1969.7.8, 68다2406), 14세 2개월 된 자의 책임능력을 부정하기도 하여(대판 1978.11.28, 78다1805) 개별적 사안에 따라 책임능력을 구체적으로 판단하고 있다.[6] 반면에 유력한 학설에 따르면, 고의·과실의 전제로

5) 송덕수, 앞의 책, 452면 참조.

6) "전쟁놀이를 하던 13세밖에 안 되는 미성년자가 같은 또래의 어린이에게 장난감에 불과한 고무총을 발사하여 상해를 입혔다면 이는 불법행위에 대한 책임을 변식할 지능을 가진 사람의 행위라고 단정할 수 없다"(대판1978.7.11,

서 행위자의 가해행위에 대하여 배상책임을 부과하는 것이 '과연 사회적으로 타당한가' 라는 규범적 판단의 기준을 책임능력으로 이해한다.

(나) 미성년자의 책임능력

책임능력이 없는 미성년자는 불법행위책임을 지지 않는다(민법 제753조). 그러나 미성년자라도 책임능력이 있으면 책임을 지게 된다. 미성년자가 어느 정도의 연령에서 책임능력을 갖추는가에 관한 기준은 없다. 그렇지만 대체로 12세를 전후하여 책임능력을 갖추는 것으로 보아야 할 것이다.

(다) 심신상실자의 책임능력

심신상실 중에 타인에게 손해를 가한 자는 배상의 책임이 없다(민법 제754조 본문). 여기서 심신상실이란 **판단능력이 없는 상태**를 가리킨다. 다만, 심신상실의 상태를 가해자가 **고의 또는 과실로 초래한 때에는 면책되지 않는다**(민법 제754조 단서). 예를 들면, A가 자신이 **술을 마시면 정신을 잃을 것을 알면서** 술을 마시고, 그 후 판단능력이 없는 상태에서 다른 사람을 때려서 다치게 한 경우이다. 이러한 경우의 가해행위를 원인에 있어서 자유로운 행위라고 한다.[7)]

(라) 감독자의 책임 문제

가해행위를 한 자가 책임능력이 없어서 면책되는 경우에 그를 감독할 의무가 있는 자가 책임을 지는 경우가 있다(민법 제755조). 따라서 그를 감독할 의무가 있는 자가 사실상 무과실 책임을 지는 것이다.

2) 불법행위의 객관적 요건

불법행위가 성립하려면, 가해행위는 위법성을 띠어야 하며, 또 가해행위에 의하여 손해가 발생하여야 한다(민법 제750조). 이 요건은 손해의 발생과 가해행위와 손해 사이의 인과관계의 둘로 나누어진다.

(1) 가해행위의 위법성

불법행위가 성립하려면, **가해행위는 위법성(違法性)을 띠어야 한다.**

(가) 위법성의 본질

위법이란 법질서에 반하는 인간의 행위를 말하지만, 민법 제750조가 **가해자의 작위(作爲) 또는 부작위(不作爲)**가 어떠한 경우에 위법성을 갖게 되는지를 구체적으로 정하고 있지

78다729).

7) 송덕수, 앞의 책, 453면 참조.

않다. 따라서 위법성의 판단기준에 대하여는 전통적으로 학설에 맡겨져 있다.

가해행위가 위법한지 여부는 실정법과 선량한 풍속 그 밖의 사회질서를 기준으로 하여 판단하여야 한다(행위불법론, 실질적 위법론). 그리고 침해결과(예: 신체침해, 소유물의 멸실)가 발생하면 그 결과를 야기한 행위는 위법성 조각사유가 없는 한 위법하다고 하여야 한다(결과위법론). 즉, '**결과불법론(結果不法論)**'에 따르면, **타인의 생명, 신체, 건강, 자유, 소유권 기타 권리 등 보호법익의 침해라고 하는 결과, 손해**(발생) **자체가 있을 때**에 행위의 **위법성이 인정**된다. 따라서 손해가 없으면 위법성이 없다고 한다. 반면에 **행위불법론**(行爲不法論)' 에 따르면, 가해자의 행위가 법규범이 정하고 있는 주의의무에 위반된 경우에 위법성이 인정된다고 한다.

그렇다면 우리 학설들은 위법성 판단기준을 어떻게 정하고 있는가?[8] 통설에 따르면 위법성은 사회질서를 해치는 것으로 허용될 수 없는 행위에 대한 평가라고 하며, 그 평가의 기준은 다름 아니라 실정법질서와 사회질서를 표준으로 하여 객관적·실질적으로 행하여져야 한다고 한다. 그리고 위법성판단이 곤란한 경우에는 비교형량이론에 의하여 판단된다고 한다.

(나) 위법행위의 구체적인 예

소유권 그 밖의 물권을 침해하는 것은 위법하다. 광업권·어업권·지식재산권을 침해하는 것도 마찬가지이다. 그리고 채무자가 아닌 자가 채권을 침해하는 것은 일정한 경우에는 위법하며, 타인의 신체·자유·명예·정조·초상 등 인격적 이익의 침해도 위법하다.

가족권(친족권, 상속권)의 침해도 위법하다. 가령 **처(妻)에 대한 강간**은 그 처 자신에 대한 불법행위이기도 하나(정조침해), 남편의 배우자로서의 권리를 침해한 것이 된다. 그리고 **자녀를 유괴**한 것은 친권의 침해로서 위법하다. 타인을 죽게 하는 **생명침해**는 죽은 자에게 부양청구권을 가지고 있는 자에 대하여 불법행위가 성립한다고 하여야 한다.[9]

(다) 위법성이 조각(阻却)[10]

타인에게 손해를 발생시키는 행위라고 하더라도 일정한 사유가 있는 때에는 위법성이 없는 것이 된다. 그러한 사유를 위법성 **조각사유**(阻却事由)라고 한다. 민법은 위법성 조각사유로 **정당방위**(민법 제761조 제1항)와 **긴급피난**(민법 제761조 제2항)을 규정하고 있다. 그러나 그 외에 **자력구제, 피해자의 승낙, 정당행위**도 위법성 조각한다.

---

8) 불법행위를 구성하는 일반조항을 두고 있지 않은 독일민법에서는 민법(BGB)에 따라 절대적 법익(생명, 신체, 건강, 자유, 소유권과 같은 절대권)을 침해한 경우, 타인의 보호를 목적으로 하는 법률(=보호법규)를 위반한 경우, 고의로 良俗에 반하는 행위를 함으로써 타인에게 손해를 가한 경우에 행위의 위법성을 인용하고 있으며, 판례를 통해 거래안전의무를 위반한 경우에도 위법성을 인정하고 있다.

9) 송덕수, 앞의 책, 453~454면 참조.

10) 송덕수, 앞의 책, 454~456면 참조.

① 정당방위: 정당행위란 타인의 불법행위에 대하여 자기 또는 제3자의 이익을 지키기 위하여 부득이 타인에게 손해를 가하는 행위이다(민법 제761조 제1항). 예를 들면, A가 B를 칼로 찌르려고 하여 어쩔 수 없이 B가 A를 밀어 넘어져 다치게 한 경우이다. 정당방위가 성립하면, 위법성이 조각되어 방위행위자는 손해배상책임이 없다(민법 제761조 제1항 본문). 예를 들면 강도를 피하기 위하여 다른 집 거실의 유리창을 깨고 들어간 경우처럼 제3에게 손해를 가한 경우이다. 이때 제3자는 방위행위의 원인이 된 불법행위자(앞의 예에서는 강도)에 대하여 손해배상을 청구할 수 있다(민법 제761조 제1항 단서). 상당한 정도를 넘는 방위행위는 과잉방위로 되어 위법성이 조각되지 않는다. 예를 들면, 빵 하나를 훔치는 자를 칼로 찔러 죽게 한 경우이다. 다만, 그러한 경우에는 과실상계(민법 제763조 · 제396조)에 따라 배상액이 경감될 수 있을 것이다.

② 긴급피난: 긴급피난이란 급박한 위난(危難, 위험한 재난)을 피하기 위하여 부득이 타인에게 손해를 가한 경우를 말한다(민법 제761조 제2항). 예를 들면, A가 산사태로 쏟아져 내리는 흙더미를 피하기 위하여 어쩔 수 없이 B의 집으로 뛰어 들면서 담장을 무너뜨린 경우이다. 긴급피난이 성립하면 긴급피난행위의 위법성이 조각되어 행위자는 손해배상책임이 없다(민법 제761조 제2항 · 제761조 제1항 본문). 그리고 긴급피난이 제3자에 대하여 행하여진 경우에 위난의 원인을 발생시킨 자가 불법행위의 요건을 갖추는 때에는 그 제3자는 불법행위자에게 손해배상을 청구할 수 있다(민법 제761조 제2항 · 제761조 제1항 단서).

③ 자력구제: 자력구제는 청구권을 보전하기 위하여 국가기관의 구제를 기다릴 여유가 없는 경우에 권리자가 스스로 구제하는 행위이다. 예를 들면, 물건을 빼앗아가는 사람을 쫓아가서 되찾아오는 경우이다. 민법은 **점유의 침탈** 또는 **방해가 있는 때**에 관하여서만 이를 인정하는 명문을 두고 있으나(민법 제209조), **통설**은 자력구제를 일반적으로 인정하고 있는데, 정당한 자력구제행위는 위법성이 조각되어 불법행위로 되지 않는다.

④ 피해자의 승낙: 통설은 피해자의 승낙이 있는 경우에도 위법성이 조각된다고 한다. 그리고 묵시의 승낙도 인정될 수 있다고 한다.

⑤ 정당행위: 가해행위 가운데 앞에서 열거되지 않았지만, **법률에 따라 허용**되거나 **사회적 타당성**이 있어서 정당행위로서 위법성이 조각되는 것이 있다. 예를 들면, 권리남용에 이르지 않는 권리행사, 정당한 사무관리(민법 제734조), 친권자(민법 제915조) · 학교의 장(초 · 중등교육법 제18조, 고등교육법 제13조)의 징계행위, 현행범인의 체포(형사소송법 제212조), 의사의 치료행위, 운동경기에서의 가해행위와 같은 정당한 업무행위 등을 들 수 있다.

(2) 가해행위에 따른 손해발생

어떤 가해행위가 불법행위로 되려면, **현실적으로 손해가 생겼어야** 한다. 그리하여 행위자가 손해를 발생시킬 의도로 행위를 하였더라도, 실제로 손해가 생기지 않았으면, 손해배상책임이 인정되지 않는다.

가해자에게 손해배상책임을 묻기 위해서는 **피해자 스스로 자신에게 이미 손해(損害)가 발생하였다는 점 또는 장래에 받았을 이익이 상실한 점을 입증**하여야 한다. **통설과 판례**는 **차액설**(差額說)에 따라 그 손해를 인식한다. 즉, '만일 가해원인인 불법행위가 없었다면 존재하였을 이익상태와 가해행위 때문에 생긴 현재 이익상태 사이의 차이'가 손해 내지 불이익이다.[11] 물론 손해의 모습은 매우 다양하다. 예컨대 물적 손해로서 물건(소유권)의 멸실・훼손, 이용권의 침해, 담보권의 침해, 지식재산권의 침해, 그 밖의 재산권의 침해로 인한 손해가 있는가 하면, 생명・신체・건강의 침해와 정신적 침해에 의한 손해가 있다. 특히 판례는 손해를 **적극적 손해** 이외에, 장차 얻을 수 있는 이익에 대한 **소극적 손해**를 인정한다.

(3) 가해행위와 손해발생 사이의 인과관계

불법행위로 인한 손해배상책임이 인정되려면, 가해행위와 손해발생 사이에 **인과관계가 있어야** 한다. 이와 관련하여 종래 우리의 학설은 **손해배상책임의 성립문제**와 **손해배상범위의 결정의 문제**를 구별하지 않고, **상당인과관계이론**으로 한꺼번에 해결해 왔다. 판례도 같다. 그러나 **손해배상책임의 성립문제**와 **손해배상범위의 결정문제는 구별**하여야 한다. 그럴 경우에 여기의 **인과관계는 앞의 손해배상책임의 성립문제에 한하는 것**이 된다. 그리고 인과관계는 **조건적 인과관계로 충분**하다. 즉, **불법행위가 없으면 손해가 발생하지 않았을 것이라는 관계에 있으면 된다.** 인과관계가 인정되는 손해라고 해도 배상이 인정되지 않을 수 있음을 주의해야 한다. 배상범위의 확정은 다음 단계에서 결정되어야 할 별개의 문제이기 때문이다.[12]

가해행위로 인해 **피해자의 신체가 크게 훼손**되었다는 사실의 경과가 객관적으로 확인될 필요가 있으며, 더욱이 이러한 사실관계에 따라 가해행위를 원인으로 하여 피해자에게 생긴 손해를 가해자에게 배상하도록 하는 것이 법적으로 타당한지를 검토할 필요가 있다. 이처럼 민법 제750조에서 요구하는 인과관계개념은 두 가지 의미를 가지고 있는데, **사실적 인과관계**(事實的 因果關係)와 **법률적 인과관계**(法律的 因果關係)로서 책임설정적 인과관계로 나눌 수 있다. 후자는 행위와 법익침해 사이의 인과관계를 말하며, 책임법상의 요건을 갖춘 인과관계를 말한다.

그러나 책임을 귀속시키기 위한 법률적 인과관계는 **사실적 인과관계의 존재를 전제**한다. 이는 원인행위에 따라 손해결과가 발생하였다는 **사실의 경과가 입증**되어야 함을 말하는데, 인과관계를 입증하는 문제라 할 수 있다. 불법행위법에서 이러한 **증명책임**은 계약책임과는 달리 원고, 즉 **피해자**에게 있음이 통설 및 판례의 태도이다.

---

11) 대판<전원합의체> 1992.6.23, 91다33070 참고. 판례에 의하면, 피해자가 현실적으로 출연한 금액을 손해로 본다.
12) 송덕수, 앞의 책, 456면 참조.

3. 불법행위의 효과

불법행위가 성립하면, 불법행위로 인하여 발생한 손해배상을 청구할 권리가 발생한다. 즉, 피해자는 가해자에 대하여 손해배상청구권이 발생한다(민법 제750조). 손해배상의 방법으로는 원상회복을 하는 방법으로 배상하는 방법이 있는데, 우리나라는 금전으로 배상하는 것을 원칙으로 하고, 원상회복은 명예나 신용의 회복이나 그 밖에 특약이 있는 때에만 예외적으로 인정된다. 뒤에서 구체적으로 기술한다.

제2절 특수한 불법행위와 그 책임 → (사실상) 무과실책임

1. 서설

일반불법행위의 성립요건과 다른 특수한 요건이 정하여져 있는 불법행위를 통틀어서 특수한 불법행위라고 한다. 특수한 불법행위는 민법이나 특별법에 정해져 있기도 하고, 학설・판례에 따라 이론상 인정되기도 한다. 여기서는 민법상의 것만 고찰하고자 한다.

민법이 규정하고 있는 특수한 불법행위에는 책임무능력자의 감독자책임(제755조), 사용자책임(제756조・제757조), 공작물 등의 점유자・소유자의 책임(제758조), 동물점유자의 책임(제759조), 공동불법행위자의 책임(제760조)이 있다. 이 가운데 민법 제760조는 공동행위자 **모두에게 연대책임**을 지우는 점에서 **보통의 불법행위와 다르며**, 나머지는 **타인의** 가해행위 또는 물건에 따른 손해에 대하여 배상책임을 지우는 점에서 **자기의** 가해행위에 따른 손해에 대하여 책임을 지우는 일반 불법행위와 다르다. 그리고 공작물 등의 소유자책임과 공동불법행위자의 책임을 제외하고는 **고의・과실의 증명책임**을 **피해자로부터 가해자에게 전환한 이른바 중간적 책임**이다. 즉, 피해자가 감독자 등의 고의・과실을 증명할 필요가 없으며, 오히려 **감독자 등이 자신에게 고의・과실이 없음을 증명하지 못하면 책임**을 지게 된다. 그 결과 피해자를 두텁게 보호하게 된다.[13]

13) 송덕수, 앞의 책, 457면 참조.

2. 책임무능력자를 감독하는 자의 책임

법률 · 민법

제755조(감독자의 책임)

① 다른 자에게 손해를 가한 사람이 제753조 또는 제754조에 따라 책임이 없는 경우에는 그를 감독할 법정의무가 있는 자가 그 손해를 배상할 책임이 있다. 다만, 감독의무를 게을리하지 아니한 경우에는 그러하지 아니하다.

② 감독의무자를 갈음하여 제753조(미성년자의 책임능력) 또는 제754조(심신상실자의 책임능력)에 따라 책임이 없는 사람을 감독하는 자도 제1항의 책임이 있다. [전문개정 2011.3.7.]

책임무능력자가 책임능력이 없기 때문에(민법 제753조 · 제754조) 불법행위책임을 지지 않을 경우에는 **책임무능력자를 감독할 법정의무가 있는 자**(예: 친권자, 후견인)와 **감독의무자를 갈음하여 책임무능력자를 감독하는 자**(예: 어린이집 원장, 유치원장, 정신병원장, 학교장 등)가 그 책임무능력자가 제3자에게 가한 손해를 배상할 책임이 있다(제755조 제1항 본문 · 제2항).

예를 들면, 9세인 A가 학교에서 같은 반 학생을 때려서 다치게 한 경우에는 A의 부모가 손해배상을 하여야 하며(이 경우 학교장의 배상책임도 생길 수 있음), 유치원생 B가 유치원교사의 감독소홀을 틈타 밖으로 나가 돌을 던져 다른 집 유리창을 깨드린 경우에는 유치원 원장이 손해배상을 하여야 한다(이 경우 부모의 배상책임도 생길 수 있음). 그러나 부모나 유치원 원장과 같은 감독의무자가 감독의무를 게을리 하지 않았음을 증명하면 배상책임을 지지 않는다(민법 제755조 제1항 단서). 즉, 이 경우 감독의무를 게을리 하지 않았음을 입증하면 면책된다.[14]

대법원 1984. 7. 10선고, 84다카 474 판결 §755의 배상책임은, ① 가족적 생활협동체의 단체주의적 책임을 근대적 개인책임 형태로 수정한 것으로 행위자 자신에 책임능력이 있었는지의 여부가 명백하지 않고 행위자에게 책임능력이 있는 경우라 하더라도 자신의 재산을 가지고 있지 않은 때가 많아 소송상의 어려움과 그 실효를 거두기 어렵다는 점에서 인정되는 것이고, 피해자보호를 위해서 불법행위자에게 그 행위 당시에 책임능력이 있었느냐의 여부를 불구하고 감독책임자는 그 배상책임을 지는 것이다. ② 감독의무자의 책임은 피감독자의 책임을 보충하는 것이 아니라 **감독의무자의 책임과 피감독자의 책임은 병존**하는 것이다.

14) 송덕수, 앞의 책, 458면 참조.

3. 사용자책임

법률 · 민법

第756조(사용자의 배상책임)

① 타인을 사용하여 어느 사무에 종사하게 한 자는 피용자가 그 사무집행에 관하여 제삼자에게 가한 손해를 배상할 책임이 있다. 그러나 사용자가 피용자의 선임 및 그 사무감독에 상당한 주의를 한 때 또는 상당한 주의를 하여도 손해가 있을 경우에는 그러하지 아니하다.

② 사용자에 가름하여 그 사무를 감독하는 자도 전항의 책임이 있다.

③ 전2항의 경우에 사용자 또는 감독자는 피용자에 대하여 구상권을 행사할 수 있다.

1) 사용자가 불법행위책임을 지는 이유

사용자(使用者)가 그의 업무 또는 영업에 타인을 사용하여 사업을 수행하게 하던 중에 제3자에게 손해를 발생시킨 때에는 그 타인의 책임과는 별론으로 **피해자에 대한 손해배상책임을 부담**한다(민법 제756조 제1항 본문). 예를 들면 회사 직원이 짐을 옮기다가 떨어뜨려 행인을 다치게 한 경우에 회사가 그에 대하여 손해배상을 하는 것을 말한다.

물론 사용자가 피용자의 선임 및 그 사무감독에 상당한 주의를 다한 때 또는 상당한 주의를 하여도 손해가 발생한 때에는 그렇지 않다(제1항 단서). 무엇보다도 사용자책임의 법적 성질과 관련하여 학설의 다툼이 있지만, **다수설**인 **대위책임설**(代位責任說)에 따르면, **사용자책임의 규범목적은 피용자에 대한 피해자의 손해배상청구권을 법정책적으로 보장**해주는 데 있으며, 사용자의 손해배상의무는 단지 **피용자가 불법행위책임이 적법하게 인용**되는 경우에 한하여 발생한다. 즉, **피용자가 부담하여야 할 손해배상의무를 사용자**가 마치 연대보증인처럼 **대신 변제(배상)해주는 기능**을 한다.[15]

2) 사용자책임의 성립요건

(1) 타인을 사용하여 어느 사무에 종사하게 하였을 것(사용관계)

민법 제756조 1항 본문과 단서에 규정된 사용자책임이 성립하기 위해서는 우선 **가해행위에 대한 가해자의 불법행위책임이 먼저 성립**되어야 한다. 피용자의 위법한 가해행위는 존재하나 그의 과실이 없는 경우에도 사용자책임의 성립을 인정할지에 대해 견해의 대립이 있다.

다음으로, **사용자와 피용자 사이에 사무감독관계 내지 사용관계**(使用關係)가 있어야 한다. 통설(通說)과 판례(判例)의 이해에 따르면, 여기서 **사무**란 일반적으로 말하는 일이며, 매

15) 사용자책임의 법적 성질은 중간책임(보상책임의 일종으로 해석)이라고 보며, 민법 제758조의 책임과 함께 특히 기업손해에 관하여 중요기능을 담당한다.

우 넓은 의미이다. 그것은 법률적·계속적인 것뿐만 아니라 사실적·일시적인 것이어도 무방하고, 영리적이냐 비영리적이냐도 묻지 않는다. 사용관계는 **고용계약(雇傭契約)에 기초한 고용관계** 또는 근로계약관계보다 넓은 개념으로서[16] **사실상의 지시복종관계의 존재**를 의미하며, **반드시 유효한 고용관계에 한하지 않는다**. 따라서 당사자 사이에 **지휘·감독 및 그 의사에 따라 사무를 집행하는 관계에 있으면 족**하다.[17]

(2) 피용자가 그 사무집행에 관하여 손해를 가했을 것

여기서 **어떤 행위가 사무집행에 관한 행위인지**가 문제된다. 그에 관하여 판례는 원칙적으로 피용자의 가해행위가 사용자의 사무를 집행하는 **통상적 행위와 일정한 관련성**을 가져야 한다. 가해행위가 사무집행과 관련되는지를 판단하는 데 있어서 통설과 판례가 줄곧 적용한 **외형이론(外型理論)**에 따르면, 피용자가 '그 사무집행에 관하여' 라는 규정의 의미는 피용자의 행위가 **사무집행의 외형을 갖는 경우로 파악**한다. 즉, 피용자의 가해행위가 외형상 객관적으로 **사용자의 사업활동 내지 사무집행행위** 또는 그와 관련된 것이라고 보일 때에는 행위자의 주관적 사정을 고려함이 없이 이를 **사무집행에 관하여 한 행위**로 본다. 따라서 피용자가 고의에 기하여 다른 사람에게 가해행위를 한 경우에 그 행위가 피용자의 사무집행 그 자체는 아니더라도 사용자의 사업과 시간적·장소적으로 근접하고, 피용자의 사무의 전부 또는 일부를 수행하는 과정에서 이루어지거나 가해행위의 **동기**가 업무처리와 관련된 것일 경우에는 **외형적·객관적으로 사용자의 사무집행행위와 관련**된 것이라고 보아 **사용자책임이 성립**한다는 게 판례의 태도이며, 이 경우에 사용자가 **위험발생 및 방지조치를 결여**하였는지의 여부도 **손해의 공평한 부담**을 위하여 부가적으로 고려할 수 있다고 한다.[18]

(3) 제3자에게 손해를 가했을 것

여기서의 제3자는 사용자와 가해행위를 한 피용자 이외의 자를 가리킨다.

(4) 피용자의 가해행위가 불법행위의 요건을 갖출 것

사용자책임은 사용자 고유의 책임이 아니고 피용자의 불법행위책임을 **사용자가 대신 지는 것**이기 때문에[대위책임(代位責任)], 사용자책임이 성립하기 위해서는 피용자의 가해행위가 고의·과실과 책임능력 등의 불법행위의 성립요건을 갖추어야 한다.

---

16) 대판 1979.7.10, 79다644 참고. 따라서 동업관계라 하더라도 업무집행에 관하여 지휘·감독 아래 집행하는 관계가 있으면 사용관계는 인정된다.

17) 대판 1998.8.21, 97다13702 참고. 따라서 타인에게 위탁하여 계속적으로 사무를 처리하여온 경우에도 객관적으로 보아 그 타인의 행위가 위탁자의 지휘·감독의 범위 내에 속한다고 보이는 경우에는 그 타인은 민법 제756조에 규정된 피용자에 해당한다.

18) 대판 2000.2.11, 99다47297 등 참고.

(5) 사용자가 면책사유 있음을 증명하지 못할 것

사용자가 피용자의 선임 및 그 사무감독에 상당한 주의를 한 때 또는 상당한 주의를 하여도 손해가 있을 경우에는 사용자는 위 책임을 지지 않는다(제756조 1항 단서). 따라서 일반불법행위의 요건과는 달리 사용자가 스스로 **선임·감독상의 주의의무를 다했는지를 입증**하여야 한다. 더욱이 사용자의 선임 및 감독상의 주의의무에 대한 위반 여부를 책임의 요건으로 하고 있음에도 불구하고 **입증책임의 전환과 면책사유의 인정**에 대한 엄격한 제한적 해석은 **사용자책임을 무과실책임에 가깝게** 하고 있다.[19)]

3) 손해배상책임

(1) 손해배상책임자

앞의 요건이 갖추어진 경우에 책임을 지는 자는 **사용자**(민법 제756조 제1항)와 사용자에 갈음하여 그 사무를 감독하는 자, 즉 **대리감독자**이다(민법 제756조 제2항). 대리감독자가 책임을 진다고 하여 사용자가 면책되는 것은 아니다.

(2) 피용자 자신의 책임

사용자책임이 성립하는 경우에 피용자는 이와 별도로 민법 제750조에 따른 불법행위책임을 진다. 그리고 이 두 책임은 부진정연대채무의 관계에 있다.

(3) 피용자 또는 대리감독자에 대한 구상권 → 전액구상청구 여부?

사용자 또는 대리감독자가 **제3자에게 손해배상의 의무를 다한 사용자**는 **피용자에 대해 구상권**(求償權)을 행사할 수 있다(민법 제756조 제3항). 민법은 사용자의 구상권에 대한 법률적 근거를 명문으로 마련하고 있지만, 그 **범위에 대해서는 침묵**하고 있다.

사용자는 **대리감독자**에 대하여는 그의 과실과 손해발생 사이에 직접적인 인과관계가 있는 경우 외에는 구상권을 행사할 수 없다고 하여야 한다. 대리감독자에게 무거운 책임을 인정하는 것은 바람직하지 않기 때문이다. 그러나 계약관계(예: 고용)에 따라서 채무불이행 책임을 지는 것은 별개의 문이다.

따라서 구상청구의 정당한 범위에 관해서는 민법 제756조의 규범목적 및 불법행위법의 규범구조 및 기본원리에 비추어 판단하여야 한다. 그럼에도 불구하고 **종래의 통설**은 **전액구상을 인용**하고 있었다. 즉, 사용자는 피용자가 전부 부담하여야 할 배상액을 **피해자와의 대외적 관계**에서 **부진정연대채무자**로서 책임을 지는 데 불과하므로 그 **배상액의 전체를**

---

19) 이 요건과 관련해서 사용자의 면책을 허용한 판례는 아직 없다. 본질적으로 피해자의 손해배상청구권의 성립 여부를 사용자의 면책입증에 의존하게 하는 입법태도가 과연 정당한 것인가 하는 의문이 제기되고 있다. 예를 들어 프랑스민법 제1384조에 의하면, "가해자가 사용자의 피용자이고, 그 손해가 사무집행중에 발생된 경우에는 피해자에 대한 사용자의 손해배상책임은 확정된다". 즉, 사용자의 면책증명은 인정되지 않는다.

피용자에게 구상할 수 있다고 한다.

하지만 **피용자**는 근로조건 · 작업시설 · 안전장치 등 사고방지를 위한 조건을 스스로 만들 수 없지만 사용자는 위험성이 높은 노동을 피용자에게 요구 및 지시하기 때문에, 손해배상금의 **전액**을 피용자에게 부담시키는 해석은 결국 **사업상 위험**을 **피용자 등 근로자에게 일방적으로 전가하는 결과가 되어 부당**하다는 새로운 견해가 제시되고 있다. 더욱이 사용자는 사업위험을 줄이도록 적절한 조치를 취하거나 보험가입 또는 상품가격의 조정 등을 통하여 위험을 분산시킬 수 있기 때문에 **구상의 범위는 당연히 제한되**어야 한다고 본다(=구상범위제한설).

한편 사용자책임의 법적 성질에 대해 종래의 통설과 마찬가지로 **대위책임설을** 취하던 대법원도 구상의 범위에 관해서는 지난 판결(대판 1987.9.8. 86다카1045) 이후 **구상범위제한설**의 결과와 동일한 태도를 취하고 있다.

판례

구상범위의 제한

일반적으로 사용자가 피용자의 업무수행과 관련하여 행하여진 불법행위로 인하여 직접 손해를 입었거나 그 피해자인 제3자에게 사용자로서의 손해배상책임을 부담한 결과로 손해를 입게 된 경우에, 사용자는 그 사업의 성격과 규모, 시설의 현황, 피용자의 업무내용과 근로조건 및 근무태도, 가해행위의 발생원인과 성격, 가해행위의 예방이나 손실의 분산에 관한 사용자의 배려의 정도, 그 밖의 제반 사정에 비추어 손해의 공평한 분담이라는 견지에서 **신의칙상 상당하다고 인정되는 한도 내에서만** 피용자에 대하여 손해배상을 청구하거나 그 구상권을 행사할 수 있다(대판 1996.4.9. 95다52611).

4. 도급인의 책임

법률 · **민법**

제757조(도급인의 책임) 도급인은 수급인이 그 일에 관하여 제삼자에게 가한 손해를 배상할 책임이 없다. 그러나 도급 또는 지시에 관하여 도급인에게 중대한 과실이 있는 때에는 그러하지 아니하다.

1) 도급인의 제3자에 대한 책임

원칙적으로 **도급인**은 수급인의 제3자에 가한 손해를 배상할 **책임이 없으나 예외적**으로 도급 또는 지시에 관하여 도급인에게 중대한 과실이 있는 때에는 책임진다.

2) 도급인의 사용자책임

도급인은 수급인의 사용자가 아니기 때문에 그 일에 관하여 제3자에게 가한 손해를 배상할 책임이 없다(민법 제757조 본문). 그러나 도급 또는 지시에 관하여 도급인에게 중대한 과실이 있는 때에는 배상책임이 있다(민법 제757조 단서).

도급인이 사용자로서 책임지는 판례를 보면 다음과 같다. ① 도급인이 수급인에 대하여 작업에 관하여 지휘, 감독을 하는 경우(하도급) : 사용관계가 성립되어 도급인은 사용자책임을 지게 된다(대법원 1965. 10. 19.선고, 65다1688판결). ② 건설공사의 도급에 관하여 도급인이 공사현장에서 공사의 운영 및 시공을 직접 지시, 감독한 경우는 사용자책임을 인정한다. 단지 공사의 진행이 설계대로 행해지는 것만을 확정하는 공정의 감독인 경우에는 사용관계가 성립하지 않는다(대법원 1983. 11. 22.선고, 83다카1153판결). ③ 공사하도급 계약서에서 하수급인이 모든 손해배상책임을 단독으로 지겠다고 약정한 경우에는 도급인의 사용자책임 면제의 효과는 생기지 않는다(대법원 83. 5.24.선고, 83다카208판결).

5. 공작물점유자 및 소유자의 불법행위책임

법률 • 민법

제758조(공작물 등의 점유자, 소유자의 책임)
① 공작물의 설치 또는 보존의 하자로 인하여 타인에게 손해를 가한 때에는 공작물점유자가 손해를 배상할 책임이 있다. 그러나 점유자가 손해의 방지에 필요한 주의를 해태하지 아니한 때에는 그 소유자가 손해를 배상할 책임이 있다.
② 전항의 규정은 수목의 재식 또는 보존에 하자있는 경우에 준용한다.
③ 전2항의 경우에 점유자 또는 소유자는 그 손해의 원인에 대한 책임있는 자에 대하여 구상권을 행사할 수 있다.

1) 공작물의 1차적 점유자의 책임 및 2차적 소유자 책임

공작물책임(工作物責任)은 **공작물의 설치 또는 보존의 하자(瑕疵)로 인하여 타인에게 손해가 발생한 경우에 생긴다.** 가해자의 위법한 가해행위를 전혀 매개하지 않는다는 점에서 공작물책임은 가해자의 과실 있는 행위를 요건으로 하는 일반불법행위와는 구별된다. **공작물책임의 귀책근거는 손해발생의 위험성(危險性)을 지닌 하자있는 공작물을 방치**하였다는 데에 있다. 공작물책임은 **점유자가 1차적으로 책임**을 부담한다. 1차 책임자인 점유자는 손해의 방지에 필요한 주의를 다하였음을 입증하여 그 책임을 면할 수 있다. **점유자가 면책**된 경우에 **피해자는 2차 책임자인 소유자에게 배상을 청구**할 수 있다(민법 제758조).[20] 하자있는 **공작물의 소유자에게는 순수한 무과실책임을 지는 바, 면책의 가능성이 없다.**

20) 공작물의 소유자는 절대적 무과실책임이다.

2) 공작물책임의 성립요건

공작물이란 인공적 작업에 따라 제작된 물건이다. 공작물에는 **토지의 공작물**(예: 건물, 도로, 교량, 광고탑, 가스탱크, 가솔린 스탠드, 저수지), **건물 내의 시설**(예: 천정, 계단, 광고판), **동적(動的)인 기업설비**(예: 자동차, 항공기) **등이 있다.** 그러나 공작물이 **국가나 지방자치단체**가 설치하여 관리하는 경우에는 **'국가배상법'이 적용**된다. 그러나 공작물의 개념을 무한히 유추·확대함으로써 제758조의 규정을 위험책임의 일반조항으로 해석해서는 안 된다.

공작물이 그 용도에 따라 객관적으로 요구되는 성질 및 설비를 설치당시부터 갖고 있지 않거나 또는 설치 후 관리소홀로 필요한 안전성이 결여된 상태를 '하자'라고 한다. 하자의 존재에 관해서는 원칙적으로 **피해자가 입증책임**을 진다. 그러나 별도의 원인이 없었음에도 불구하고 **자연적 상황**에서 건물이 무너져 손해가 발생하였다면 **사고발생 그 자체로부터 하자가 추정**된다고 볼 수 있으므로 점유자 또는 소유자가 하자의 부존재를 입증하여야 한다. 또한 하자와 손해 사이에는 인과관계가 존재하여야 한다. 그러나 하자가 존재한다고 판단되는 경우에는 **이미 손해발생의 가능성이 인정**되는 것이고, 이러한 **안전성의 결여**는 점유자 또는 소유자의 과실에 기인한 것이라고 할 수 있다.

따라서 인과관계요건에 대한 입증책임은 완화된다. 즉, **공작물에 하자**가 있다는 것이 인정되면 인과관계는 추정된다. 하자의 개념 속에는 "안전성의 결여가 없으면 손해발생도 없다"는 규범적 판단이 전제되어 있기 때문이다. 판례는 공작물의 설치상의 하자와 그 피용자의 사무상 과실이 경합하여 손해가 발생한 경우에도 **공작물책임**을 인정하고 있다.

3) 공작물책임의 효과 → 공작물의 점유자 · 소유자의 구상권

점유자란 공작물을 사실상 지배하는 자를 말한다. 간접점유자(소유자)가 있는 경우에는 직접점유자가 1차적인 책임을 지고, 다음에 간접점유자(소유자)가 책임을 진다. 점유자가 손해의 방지에 필요한 주의를 해태하지 아니하였음을 입증하면 위 책임을 면한다. 즉, 상당한 주의를 하였더라도 손해가 생겼으리라고 생각되는 경우에 점유자는 면책된다. 점유자가 면책되면 최종적으로 그 소유자가 책임을 져야 한다. 여기서 소유자라 함은 법률상 소유자이다. 매수인이 이전등기를 아직 갖추지 않았다면 매도인이 그 책임을 진다. 소유자가 책임을 지는 경우에는 점유자와는 달리 면책가능성이 전혀 인정되지 않는다.

공작물의 점유자 또는 소유자가 피해자에게 배상한 때에는 그 손해의 원인에 대하여 책임있는 자가 있는 경우 그 자, 즉 공작물을 제작한 자 혹은 관리를 위임받은 자 등에 대하여 구상권을 행사할 수 있다(민법 제758조 제3항). 예를 들면, **엘리베이터**를 설치한 상가건물에서 **오작동**으로 인한 인적 **손해가 발생**하였다면 상가건물의 **점유자**나 그 **소유자**가 피해자에게 먼저 불법행위책임을 지고난 후, 그 엘리베이터를 **제작**하거나 관리할 계약의무를 지고 있는 자에게 구상권을 행사할 수 있다. 이러한 경우에 수급인은 피해자에 대하여 직접 민법 제750조에 따라 책임을 질 수도 있다.

4) 수목에 관한 책임

수목을 심고 기르는 것 또는 보존에 하자가 있는 경우에도 수목의 점유자와 소유자는 공작물에서와 같은 책임을 진다(민법 제758조 제2항). 구상권도 같다(민법 제758조 제3항).

6. 동물점유자의 책임

> **법률 · 민법**
>
> 제759조(동물의 점유자의 책임)
> ① 동물의 점유자는 그 동물이 타인에게 가한 손해를 배상할 책임이 있다. 그러나 동물의 종류와 성질에 따라 그 보관에 상당한 주의를 해태하지 아니한 때에는 그러하지 아니하다.
> ② 점유자에 가름하여 동물을 보관한 자도 전항의 책임이 있다.

동물의 점유자 또는 점유자에 갈음하여 동물을 보관하는 자는 그 동물이 타인에게 가한 손해를 배상할 책임이 있다(민법 제759조 제1항 본문 · 제2항). 그러나 동물의 점유자는 그 동물이 타인에게 입힌 손해를 배상할 책임을 진다. 그러나 동물의 종류와 성질에 따라 그 보관에 상당한 주의를 다한 때는 배상책임이 없다(민법 제759조 제1항 단서 · 제2항).

이에 따른 판례(대법원 1981. 2. 10.선고, 80다 2966판결)에 따르면, "도사견은 성질이 난폭하여 사람에게 피해를 입힐 위험이 크므로, 이를 타인에게 빌려주는 경우에는 그가 도사견을 안전하게 관리할 수 있는 시설을 갖추고 있는지 여부를 확인하여야 할 주의의무가 있다 할 것인데, 도사견을 보관할 별도의 개집도 갖추지 아니한 자에게 빌려주어 낡은 개끈으로 묶어 두었다가 사고를 일으킨 것은 소유자에게 과실이 있다"라고 한다.

7. 공동불법행위

> **법률 · 민법**
>
> 제760조(공동불법행위자의 책임)
> ① 수인이 공동의 불법행위로 타인에게 손해를 가한 때에는 연대하여 그 손해를 배상할 책임이 있다.
> ② 공동 아닌 수인의 행위중 어느 자의 행위가 그 손해를 가한 것인지를 알 수 없는 때에도 전항과 같다.
> ③ 교사자나 방조자는 공동행위자로 본다.

1) 공동불법행위의 의의

공동불법행위는 여러 사람이 공동으로 불법행위를 하여 타인에게 손해를 가하는 경우를 말한다. 민법 제760조에서 공동불법행위로 다음의 세가지를 규정하고 있다.

2) 협의(좁은 의미)의 공동불법행위

협의의 공동불법행위는 여러 사람이 공동의 불법행위로 타인에게 손해를 가한 경우이다(민법 제760조 제1항). 여러 사람이 모의(模擬)하여 다른 사람을 때려서 다치게 한 경우와 같이 각 사람의 행위가 각각 독립하여 일반불법행위의 요건을 갖추어야 하며, 각자의 위법행위가 객관적으로 서로 관련 공동하여 손해의 원인을 이루는 경우 협의의 공동불법행위이다. 이러한 경우에는 그들이 **연대**하여 손해를 배상할 책임이 있다(민법 제760조 제1항). 통설과 판례는 관련공동의 인정에 있어서 행위자들의 **공모** 내지 **의사의 공통이나 공동의 인식을 요하지 않는다**.

3) 가해자 불명(不明)의 공동불법행위

이는 공동 아닌 여러 사람의 행위 중 어느 사람의 행위가 그 손해를 가한 것인지를 알 수 없는 경우이다(민법 제760조 제2항). 예를 들면, 우연히 여러 사람이 돌을 던져 피해자가 그 중 하나의 돌에 맞아 다친 경우이다. 이러한 경우에도 공동행위한 사람은 연대하여 손해를 배상할 책임이 있다(민법 제760조 제2항). 협의의 공동불법행위와 다른 점은 흉기로 상처를 입힌 직접가해행위에 대하여 객관적 공동성이 없다는 데 있다.

4) 교사(教唆) · 방조(傍助)의 경우

교사자와 방조자는 **공동행위자로 본다**(민법 제760조 제3항). 교사(教唆)는 타인으로 하여금 불법행위의 의사를 결정하게 하는 것이다. 그리고 방조는 불법행위의 보조적 행위이다. 즉, 불법행위를 용이하게 하는 직접 · 간접의 모든 행위이다. 예를 들면 망을 보는 것, 조언, 격려, 흉기의 제공 등이다.

교사자나 방조자는 위법행위 자체를 공동으로 하는 것은 아니지만, 피해자를 두텁게 보호하기 위하여 직접 가해행위를 한 자와 **공동불법행위책임**을 진다. 즉, **연대책임**을 인정하고 있다.

제3절 불법행위의 법률효과

> **법률·민법**
>
> 제763조(준용규정) 제393조, 제394조, 제396조, 제399조의 규정은 불법행위로 인한 손해배상에 준용한다.
>
> 제393조(손해배상의 범위)
>
> ① 채무불이행으로 인한 손해배상은 통상의 손해를 그 한도로 한다.
>
> ② 특별한 사정으로 인한 손해는 채무자가 그 사정을 알았거나 알 수 있었을 때에 한하여 배상의 책임이 있다.
>
> 제394조(손해배상의 방법) 다른 의사표시가 없으면 손해는 금전으로 배상한다.
>
> 제396조(과실상계) 채무불이행에 관하여 채권자에게 과실이 있는 때에는 법원은 손해배상의 책임 및 그 금액을 정함에 이를 참작하여야 한다.
>
> 제399조(손해배상자의 대위) 채권자가 그 채권의 목적인 물건 또는 권리의 가액전부를 손해배상으로 받은 때에는 채무자는 그 물건 또는 권리에 관하여 당연히 채권자를 대위한다.

1. 법률효과로서 손해배상청구권

1) 손해배상청구권의 발생

불법행위의 성립요건이 갖추어지면, 민법규정상 그 효과로서 가해자는 피해자의 손해를 원상회복(原狀回復)할 목적으로 그의 손해를 배상하여야 하며, 피해자는 **손해배상청구권(損害賠償請求權)**을 가진다(민법 제750조). 손해배상은 **금전으로 행**하여지는 것이 원칙이나 그 이외의 방법이 가능한 경우도 있다. 손해의 종류와 배상범위, 손해액의 산정은 손해배상과 관련해서 문제된다. 그리하여 불법행위는 **법정채권발생원인에 해당**한다.

2) 손해배상의 청구권자와 의무자

(1) 손해배상의 청구권자

자연인·법인을 불문하고 불법행위에 따라 손해를 입은 자, 즉 **직접적 피해자**가 손해배상청구권을 가지게 된다(민법 제750조 참조). 그에 비하여 다른 자에 대한 침해의 결과로 피해를 입은데 불과한 **간접적 피해자는 법률에 명문규정**(예: 민법 제752조)이 있는 경우에만 **예외적으로 손해배상청구권을 갖는다**고 하여야 한다(다른 견해 있음). 왜냐하면 **간접피해자에게 이를 인정하면 한계를 정할 수 없기 때문**이다. 예를 들면 타인에 따라 상해를 입거나 재산을 멸실당한 자는 손해배상청구권을 가지나, 살해당한 자의 친구는 배상청구권이 없다.

특히 직접적인 피해자가 손해배상청구권을 취득하는 것과는 별도로, **피해자와 일정한 관계에 있는 자** 예컨대, 사망한 교통사고 피해자의 **유족**도 재산상 혹은 정신상 손해를 입었다면 관련 **법률근거**에 따라 가해자에게 손해배상을 청구할 수 있다(민법 제752조). 여기서 주로 문제가 되는 것은 **법인(法人)의 손해배상청구권, 근친자의 위자료청구권, 태아(胎兒)의 배상청구권**(민법 제762조)이라 할 수 있다.

예컨대, 법인에게도 재산상의 손해에 대해서는 당연히 손해배상청구권이 인정된다. 판례는 **법인의 명예나 신용이 침해**되어 그 법인의 목적인 사업수행에 영향을 미치게 될 경우처럼 법인의 사회적 평가가 침해될 때에는 가해자에게 손해배상을 청구할 수 있다고 한다.

법률·민법

제762조(손해배상청구권에 있어서의 태아의 지위) 태아는 손해배상의 청구권에 관하여는 이미 출생한 것으로 본다.

제752조(생명침해로 인한 위자료) 타인의 생명을 해한 자는 피해자의 직계존속, 직계비속 및 배우자에 대하여는 재산상의 손해없는 경우에도 손해배상의 책임이 있다.

(2) 손해배상의 의무자

손해배상의무를 부담하는 자는 **가해자**이다. 그러나 가해자의 위법한 행위로 말미암아 가해자와 일정한 관계에 있는 자, 예컨대 **감독의무자·사용자·도급인** 등이 불법행위책임을 부담하는 경우도 있다. 뿐만 아니라 법인의 대표기관이 불법행위책임을 지는 경우에 있어서도 대표기관이 부담하는 책임과는 별도로 법인 자신이 불법행위책임을 부담하기도 한다(민법 제35조). 더욱이 가해자가 누구인지 명확하지 않은 경우에도 공동불법행위로 평가되어 모두 연대하여 손해배상책임을 진다.

법률·민법

제35조(법인의 불법행위능력) ① 법인은 이사 기타 대표자가 그 직무에 관하여 타인에게 가한 손해를 배상할 책임이 있다. 이사 기타 대표자는 이로 인하여 자기의 손해배상책임을 면하지 못한다.

② 법인의 목적범위외의 행위로 인하여 타인에게 손해를 가한 때에는 그 사항의 의결에 찬성하거나 그 의결을 집행한 사원, 이사 및 기타 대표자가 연대하여 배상하여야 한다.

3) 손해배상청구권의 성질

(1) 양도 및 상속의 가능성

불법행위에 따른 손해배상청구권은 다른 채권(債權)과 마찬가지로 타인에게 양도(讓渡)

할 수 있으며, 상속(相續) 또한 부정되지 않는다(통설 · 판례).

다만 정신적 손해에 대한 손해배상청구권, 즉, 위자료청구권(慰藉料請求權)의 경우에 문제가 있다고 지적되고 있으나, **판례**는 재산상의 손해배상청구권과 다르게 **볼 이유가 전혀 없다**고 한다.

법률 · 민법

제751조(재산이외의 손해의 배상)
① 타인의 신체, 자유 또는 명예를 해하거나 기타 정신상고통을 가한 자는 재산이외의 손해에 대하여도 배상할 책임이 있다.
② 법원은 전항의 손해배상을 정기금채무로 지급할 것을 명할 수 있고 그 이행을 확보하기 위하여 상당한 담보의 제공을 명할 수 있다.

제752조(생명침해로 인한 위자료) 타인의 생명을 해한 자는 피해자의 직계존속, 직계비속 및 배우자에 대하여는 재산상의 손해없는 경우에도 손해배상의 책임이 있다.

피해자가 즉사하더라도 현재 통설 및 판례는 피해자가 치명상을 입은 시점과 사망시점 사이에는 규범적으로 보아 '시간적 간격'이 있다고 평가함으로써, 즉사한 피해자에게도 일단 손해배상청구권이 발생한 것으로 본다.

한편 **생명침해로 인한 정신적 손해의 배상청구권**도 **상속**되는가? 이를 **긍정**하는 견해에 따르면, 피해자의 재산상의 손해인 일실이익(逸失利益)에 대한 손해배상청구권이든, 정신적 고통으로 인한 위자료청구권이든 손해배상청구권은 일단 사망자에게 귀속되었다가 상속인에게 승계(承繼)된다고 한다. 판례도 피해자가 이를 포기하거나 면제했다고 볼 수 있는 특별한 사정이 없는 한 원칙적으로 **상속된다**고 한다. 그러나 상속을 **부정**하는 견해에 따르면, 사망자의 위자료청구권 또는 명예훼손이나 신체상해로 인한 위자료청구권은 피해자 본인에게 지급되어야 할 **일신전속권(一身專屬權)**이므로 상속인에게 상속되지 않는다고 한다.

(2) 상계의 금지

가해자는 자신의 고의로써 불법행위책임을 부담하는 경우에 **피해자**에 대한 별도의 채권을 가지고 **피해자의 손해배상채권을 상계(相計)할 수 없다**(민법 제496조).

이 규정의 입법취지는 현실의 변제에 따라 손해를 **현실적으로 원상회복**함으로써 피해자를 구제하려는 것이고, 아울러 **불법행위의 유발을 방지**하려는 데 있다.

법률 · 민법

제492조(상계의 요건) ① 쌍방이 서로 같은 종류를 목적으로 한 채무를 부담한 경우에 그 쌍방의 채무의 이행기가 도래한 때에는 각 채무자는 대등액에 관하여 상계할 수 있다. 그러나 채무의 성질이 상계를 허용하지 아니할 때에는 그러하지 아니하다.
② 전항의 규정은 당사자가 다른 의사를 표시한 경우에는 적용하지 아니한다. 그러나 그 의사표시로써 선의의 제삼자에게 대항하지 못한다.

제493조(상계의 방법, 효과) ① 상계는 상대방에 대한 의사표시로 한다. 이 의사표시에는 조건 또는 기한을 붙이지 못한다.
② 상계의 의사표시는 각 채무가 상계할 수 있는 때에 대등액에 관하여 소멸한 것으로 본다.
제496조(불법행위채권을 수동채권으로 하는 상계의 금지) 채무가 고의의 불법행위로 인한 것인 때에는 그 채무자는 상계로 채권자에게 대항하지 못한다.

4) 손해배상자의 대위

불법행위자가 훼손되거나 소재불명으로 된 물건에 관하여 피해자에게 그 가액 전부를 배상한 때에는 그 물건에 대한 권리는 손해배상을 한 **불법행위자에게 이전**한다(민법 제763조 · 제399조).

5) 손해배상청구권의 소멸시효

법률 · 민법

제766조(손해배상청구권의 소멸시효)
① 불법행위로 인한 손해배상의 청구권은 피해자나 그 법정대리인이 그 손해 및 가해자를 안 날로부터 3년간 이를 행사하지 아니하면 시효로 인하여 소멸한다.
② 불법행위를 한 날로부터 10년을 경과한 때에도 전항과 같다.

3년간의 시효는 일반채권의 소멸시효가 **10년인 것에 대한 특칙**으로서 그 성질이 소멸시효기간(消滅時效期間)으로 이해하는 데 이견이 없다. 그러나 10년의 기간은 제척기간(除斥期間)이라고 하는 견해가 있다. 다만, 판례는 10년의 기간 역시 소멸시효기간이라고 이해한다.

제766조 제1항에서 그 기산점(起算點)은 피해자나 그 법정대리인이 손해 및 가해자를 안 때이다. 병상의 악화나 후유증으로 인한 예견하지 못한 확대(후속)손해는 그 확대된 손해를 안 날로부터 시효가 진행한다. 손해의 발생을 알아도 그 가해행위가 불법행위임을 알지 못하면 시효는 진행되지 않는다. 피해자나 그 법정대리인이 그 손해 및 가해자를 안 시기에 대해서는 소멸시효의 완성을 주장하는 자가 입증하여야 한다.

한편 10년의 기산점은 '불법행위를 한 날'이다. 판례는 불법행위를 한 날이라 함은 가해행위로 인하여 현실적으로 손해의 결과가 발생된 날로 보고 있다. 더욱이 불법행위가 1회적이 아니고, 불법점유처럼 계속적인 경우에는 나날이 새로운 불법행위에 따른 손해가 발생하는 것으로 보아 나날이 발생한 그 각 손해를 안 날로부터 각각 별개로 소멸시효가 진행된다.

판례

'불법행위를 한 날'의 의미가 가해행위와 그로 인한 현실적인 손해의 발생 사이에 시간적 간격이 있는 불법행위에 기한 손해배상채권이 경우 소멸시효의 기산점이 되는 '불법행위를 한 날'의 의미는 단지 관념적이고 부동적인 상태에서 잠재적으로만 존재하고 있는 손해가 그 후 현실화되었다고 볼 수 있는 때, 다시 말하자면 손해의 결과 발생이 현실적인 것으로 되었다고 할 수 있는 때로 보아야 한다(대판 2007.11.16. 2005다55312).

2. 손해배상의 범위

1) 손해배상과 그 범위

손해배상의 범위는 결국 원인행위와의 인과관계가 인정될 수 있는 거리를 말하며, 특히 통설 및 판례는 (절충적) **'상당인과관계설'**에 따를 것을 요구한다. 그럼에도 불구하고 범위 획정의 근거는 민법 제393조 제1항 및 제2항에 따를 것이며, 다만 통상손해를 해석하는 데 그 기준을 상당인과관계설이라고 하는 학설에 의존할 뿐이다. 각 손해항목에 대해 민법 제393조의 배상범위에 포섭되는지를 검토하면 된다.

2) 배상범위의 규범으로서 민법 제393조

(1) 책임충족적 인과관계의 필요성

불법행위가 성립하면 가해자는 가해행위 **'때문에 생긴'** 손해의 결과에 대하여 배상책임을 부담한다(민법 제750조). 가해행위 때문에 발생한 손해의 결과는 피해자에 따라 그 입증이 성공된 **'사실적 인과관계'**의 관점에서 고찰하면 무한히 연결・확장될 수 있다. 그러나 사실적 인과관계에 있는 모든 후속손해에 대하여 가해자에게 배상책임을 귀속시키는 것은, 다시 말해서 사실적 인과관계가 인용되는 모든 후속손해에 대해 가해자가 배상하여야 한다고 하면 이는 공평한 손해의 분담을 목적으로 하는 불법행위법의 이상(理想)에 반한다. 즉, 불법행위법의 이상에 비추어 볼 때, 사실적 인과관계에 따른 범위를 그대로 규범화하는 **'책임설정적 인과관계'**에는 한계가 있다는 점이다. 따라서 일정한 규범적 판단기준에 따라 이를 한정하고 그 배상범위를 획정할 필요가 있다. 이는 곧 **'책임충족적 인과관계'**의 필요성을 정당화한다.

독일의 입법례[21]와는 달리, 우리 불법행위법은 민법 제763조를 통해 민법 제393조 1항 및 2항을 그대로 준용하고 있다. 즉, **'책임충족적 인과관계'**의 문제를 명시적 입법을 통해서

21) 독일민법은 완전배상주의(독일민법 §249)를 기본으로 하고 있기 때문에 이를 제한하기 위한 이론으로서 「상당인과관계설」이 주장되었다.

해결하는 셈이다. 따라서 불법행위로 인한 손해배상의 범위도 채무불이행의 경우와 마찬가지로 '**통상손해**'를 한도로 하고, 특별한 사정으로 인한 손해는 가해자의 예견가능성을 전제로 결정된다.

(2) '상당인과관계설'에 따른 제393조의 해석

민법 제763조는 채무불이행에 따른 손해배상의 범위를 규정하고 있는 제393조 1항 및 2항을 준용한다. 즉, 입법을 통해 '**책임충족적 인과관계**'의 필요성을 해결하고 있는 대표적 입법례에 속한다. 그럼에도 불구하고 통설과 판례는 민법 제393조는 상당인과관계의 내용을 정확하게 규정한 것이며, 따라서 제393조를 해석하는 데 그 기준은 '**상당인과관계설**'이라고 주장한다.

이를 구체적으로 보면, '**통상의 손해**'를 손해배상의 한도(범위)로 규정하고 있는 제1항은 상당인과관계의 원칙을 규정한 것이라고 한다. 그리고 제2항은 '**특별한 사정으로 인한 손해**'에 대해서는 가해자가 그 사정을 예견할 수 있었던 경우에 한하여 그 손해를 배상하여야 한다고 규정한 것이라고 본다. 따라서 가해자는 자기가 야기한 손해 중에서 그러한 가해행위에 따라서 통상 발생할 수 있는 손해와 특별한 사정에 따른 손해라도 가해자가 그 특별한 사정을 예견할 수 있었던 손해이면 이를 배상하여야 한다. 그러한 손해(결과)는 가해자의 침해행위(원인)와 상당인과관계에 있다고 한다.

3) 통상손해와 그 산정

우리 민법은 손해배상의 방법으로 **금전배상주의**를 택하고 있기 때문에(민법 제763조 및 제394조), 민법 제393조 1항에 따라 통상손해에 포섭되더라도 이를 금전으로 산정한 후 그 금액의 지급을 청구해야 한다. 예를 들어, 소유물이 멸실한 경우에는 원칙적으로 멸실한 당시의 교환가격으로 산정된다. 예를 들어 멸실한 건물을 다시 신축하는 데 소요된 비용이 1억 원이었다면 건물의 멸실에 따른 소유권상실이라는 손해의 산정액은 1억 원이라고 보면 된다. 반면에 멸실 당시의 건물의 감가상가를 고려한 금액이 공제되어야 함은 상당인과관계설의 입장에서도 타당하며, 이에 대해서는 피고(=가해자)가 항변하여야 할 것이다.

또한 신축건물에 대한 소유권취득에 필요한 제비용 역시 실제 소요된 비용으로 산정될 수 있다. 마찬가지로 전파된 건물에 대한 해체 및 소거비용에 대한 산정은 실제 소요된 비용으로 산정될 수 있다고 본다. 또한 예를 들어 식당 건물을 전파할 정도로 큰 사고를 낸 경우에 업소용 냉장고 등 식당운영에 필수적인 기계장치의 파손이라는 후행사실이 발생하는 것은 일반적이라고 판단되므로, 냉장고 소유권의 상실이라는 손해는 통상손해에 포섭된다고 볼 수 있다. 통설 및 판례의 태도에 따라 불법행위 당시를 기준으로 그 교환가격에 따라 손해액을 산정하면 된다.

4) 특별손해

(1) '예견가능성'과 그 입증부담의 문제

특별손해라 함은 가해자의 위법행위로 말미암아 연쇄적으로 발생한 여러 손해항목 가운데 원고에 따라 그 사실적 인과관계가 입증이 되고 더욱이 가해자가 그러한 손해가 발생하리라는 특별한 사정을 알았거나 알 수 있었을 경우에 인용되는 손해범위개념이다(민법 제393조 제2항). 따라서 특별손해는 가해자와 피해자 사이에서 개별적・구체적 사정에 따른 손해에 해당한다. 특히 제393조 2항이 요구하는 '예견'가능성의 내용은 연쇄적으로 발생하는 손해의 원인이라고 할 수 있는 '**특별한 사정**'에 대한 가해자의 '**예견**'이므로 그 **결과인 손해**에 대한 '**예견**'까지 포함하는 것은 **아니다**.[22)]

그렇다면 '예견가능성'의 존부를 판단하는 시기는 언제인가? 채무불이행책임으로서 손해배상의 범위를 검토하는 경우에 통설과 판례가 명확하게 '이행기설'을 취하고 있지만(반대견해: 계약체결시설), 불법행위책임에서 이를 다시 언급하지는 않는데, 이는 계약관계의 존재를 전제하는 채무불이행과는 달리 일정한 법률관계의 존재를 전제하지 않는 불법행위에서 '예견가능성'을 배상범위의 최종적 획정기준으로 제시하는 태도가 바람직하지 않다는 점을 보여주고 있다. 그러므로 가해자의 예견가능성을 엄격하게 해석할 경우에 손해배상을 통해 피해자의 손해를 보전하려는 불법행위법의 규범목적은 달성하기 어렵게 된다. 따라서 '예견가능성'의 내용에 대해서는 배상범위를 합리적으로 획정할 수 있는 기준으로 해석될 필요성이 요구된다.

다음으로 가해자가 특별한 사정을 예견하였거나 예견할 수 있었다는 사실에 대한 입증책임은 누구에게 있는가? 사실적 인과관계의 입증에 성공한 모든 손해항목에 대해 피해자가 손해배상을 청구하면 책임범위에 해당하지 않는 손해항목에 대해 가해자가 이를 면하기 위해서 적극적으로 '통상손해'의 범위에 포섭되지 않는다는 항변을 함으로써 손해배상의 범위를 축소할 수 있으며, 따라서 원고(피해자)로서는 가해자에게 특별한 사정에 대한 '예견가능성'이 있었음을 적극적으로 입증함으로써 통상손해에 한정되었던 손해배상의 범위를 특별손해에까지 확대할 수 있다고 본다.

물론 '통상손해'와 마찬가지로 민법 제393조 제2항 소정의 특별한 사정으로 인한 손해에 포섭되더라도 금전배상원칙 때문에 이를 금액으로 산정하여야 한다.

(2) 위자료의 문제[23)]

정신적 손해를 금전으로 산정한 금액을 별도로 위자료(慰藉料)라고 부른다. 특히 민법 제

22) 대판 1994.11.11, 94다22446도 같은 취지이다.
23) 위자료문제는 계약상 발생보다 대개 불법행위에 따라서 발생한다.

751조 및 제752조는 인격적 이익이 침해되거나 생명권이 침해되었을 때 발생하는 '**정신적 손해**'에 대해 그 배상청구의 근거를 마련하고 있다. 문제는 민법에서 **재산권이 침해**된 경우에도 **위자료배상**이 **가능**한가에 관하여 **침묵**하고 있다는 점이다. 그러나 **재산권 침해에 따른 정신적 손해**도 민법 제750조에 따라 **배상**되어야 한다는 **통설 및 판례의 태도**는 정당하다. 그러나 재산권이 침해된 경우에 가해자로 하여금 그 손해를 배상하도록 하면 일반적으로 **정신적 손해 역시 전보**된다고 본다. 따라서 재산권 침해에 대한 손해배상이 인용되었음에도 불구하고 아직 전보되지 않은 정신적 손해에 대해 그 배상을 주장한다면 이는 **특별한 사정에 따른 손해**라고 보아야 한다(通說).

제4절 제조물책임

차량 급발진 사고 원인 제조업체가 입증해야

"소비자가 결함 입증 어려워" 서울중앙지법 기존 판례 뒤집어

급발진 사고에 대해 차량 판매업체가 사고원인을 입증해야 한다는 판결이 나왔다. 이번 판결은 자동차 제조 및 판매업체의 급발진 사고 책임을 인정하지 않아온 기존 판결을 뒤집은 것이어서 최종 판결이 주목된다.

서울중앙지법 민사83단독 송인권 판사는 30일 조모 씨(62)가 벤츠 차량의 수입·판매업체인 ㈜한성자동차를 상대로 낸 손해배상 청구소송에서 "사고 차량과 동일한 벤츠 차량을 1대 인도하라"며 조 씨에게 승소 판결했다. 재판부는 "기술 집약 제품의 경우 일반 소비자가 제품의 결함과 손해 발생 사이의 인과관계를 입증한다는 것이 어렵다"며 "제조업자 측에서 제품 결함이 아닌 다른 사고 발생 원인을 입증하지 못했다면 제품 결함 때문에 사고가 발생했다고 추정할 수 있어 손해배상 책임을 지울 수 있다"고 밝혔다. 이어 "사고 당시 승용차가 굉음을 내며 30m가량 고속 주행을 했다고 추정할 수 있는데 승용차가 고속 상태여도 엔진에서 굉음이 나지 않고, 조 씨가 실수로 가속기를 밟았다고 해도 사고지점은 브레이크를 밟을 여유가 있는 거리"라고 덧붙였다.

지난해 7월 6400만 원에 벤츠 승용차를 구입한 조 씨는 8일 뒤 서울 강동구 모 빌라 지하주차장에서 도로로 나오려고 우회전 하던 중 차량이 굉음을 내며 약 30m를 질주해 빌라 외벽과 충돌했다. 조 씨는 이 사고로 벤츠 차량 앞면 덮개와 엔진 부분이 파손되자 소송을 냈다.[24]

---

24) http://news.donga.com/fbin/output?n=200910010047: 기사입력 2009-10-01 02:48 기사수정 2009-10-01 02:49: 이종식 기자 bell@donga.com; 부산 지하주차장서 테라칸 급발진 추정..1명 사망, 16일 오후 2시5분께 부산시 해운대구 모 교회 지하주차장에서 테라칸 차량(운전자 권모·51·여)이 후진 중에 갑자기 속도를 내고차량과 기둥을 잇따라 들이받았다.이 사고로 뒷좌석에 타고 있던 A(52·여)씨가 차량 밖으로 튕겨져 나와 병원으로 옮겼으나 숨졌다. 경찰은 후진 중에 차량이 갑자기 속도를 냈다는 운전자의 진술 등을 토대로 급발진 등의 가능성도 있는 것으로 보고 정확한 사고원인을 조사 중이다(연합뉴스, http://news20.busan.com/news/newsController.jsp?newsId=20120516000214, 2012.5.16, 23:00 검색)

상품결함으로 피해를 입었을 때

A는 대형마트에서 온도조절장치가 달린 전기장판을 구입하였다. 그런데 일주일 정도 사용한 후 온노소설기상치가 고장이 났고, 저온으로 맞추었는데도 다리에 화상을 입었다. 그 며칠 뒤에서는 코드를 꽂아 놓고 자리를 비운 사이 전기장판이 고온으로 가열되어 카펫과 이불이 타 버렸다. 하지만, 전기장판의 사용설명서에는 화상이나 화재에 대한 주의문구는 없고, 다만 "가열되면 뜨거우니 어린이들을 주의시켜 주십시오"라고만 기재되어 있었다. A의 경우에 이 손해를 누구에게 어떻게 배상받아야 하나요?

1. 제조물책임의 개념

제조물책임(製造物責任)이란 시장에 유통시킨 **상품의 결함**으로 그의 **이용자나 제3자에게 신체상의 손해** 또는 상품 이외의 **다른 재산에 물적 손해를 입힌 경우**에, 그 **상품의 제조자나 판매업자**에게 **불법행위에 따른 손해배상책임을 부담**하게 하는 것을 말한다.

그러나 **제조물책임**(Product Liability, PL)은 일반 불법행위책임과 달리 **제조자의 과실이 사실상 추정되며, 그 책임의 실질적 근거는 제조자가 결함 있는 제조물을 거래관계에** 유통시킴으로써 위험을 야기했다는 데 있다. 제조자가 매도인인 경우에도 우리나라의 판례는 불완전이행책임 내지 적극적 채권침해로 인한 손해배상책임을 묻지 않고, 불법행위책임을 묻는 것이 일관된 태도이다.

그러나 제조자는 매도인이 아닌 경우가 흔하며, 특히 제조물책임의 대상은 상품 자체가 아니라 주로 상품의 안정성의 하자로 인한 후속손해이다. 또한 제조물책임을 부담하는 자는 완성품을 제조한 자에 한정되지 않고, 원재료·부품을 제조한 자, 상품·상호 등을 붙여 스스로 제조자로 표기한 자, 수입업자, 판매업자 등이 포함된다.

판례

제조물책임의 적용 대상

제조물책임이란 제조물에 통상적으로 기대되는 '안전성'을 결여한 **결함**으로 인하여 **생명, 신체나 제조물 그 자체 외에 다른 재산에 손해가 발생**한 경우에 **제조업자** 등에게 지우는 **손해배상책임**이고, 제조물에 상품적합성이 결여되어 **제조물 그 자체에 발생한 손해**는 제조물책임 이론의 적용대상이 **아니다**(대판 2000.7.28. 98다35525).

2. 제조물책임이 적용되지 않을 경우의 문제점

1) 하자담보책임을 적용하는 데 나타나는 문제

일반적으로 매도된 상품의 하자는 일반적으로 **담보책임(擔保責任)에 따라 해결**된다. 그러나 담보책임은 계약당사자인 매도인과 매수인 사이의 **법률관계에 국한**된다. 그리고 책임 범위도 매수인에게 생긴 직접손해에 한정되어 상품의 안정성의 결여로 발생된 확대손해의 배상이 인용되기 위해서는 매도인의 귀책사유(歸責事由)가 전제되어야 한다. 더욱이 **제조자와 소비자 사이**에는 직접적 계약관계가 존재하지 않는 것이 일반적이기 때문에 **제조자에게는 계약책임, 즉 매도인의 담보책임이나 불완전이행 내지 적극적 채권침해**를 물을 수 **없다.**

2) 민법상 불법행위책임을 적용하는 데 나타나는 문제

제조물의 하자로 인한 손해에 대하여 제조자에게 불법행위책임을 묻기 위해서는 민법 제750조의 요건 즉, 고의·과실, 위법성, 손해의 발생, 인과관계가 갖추어져야 한다. 그러나 이러한 요건 가운데 제조물의 결함, 결함발생에 관한 제조자의 과실, 그리고 결함과 제조사이의 인과관계를 증명한다는 것은 어려운 일이다.

한편 제조물책임과 관련해서 공작물책임규정(민법 제758조)을 검토할 수도 있지만, 제조물책임의 주된 대상인 **식품, 의약품, 전자제품, 자동차, 기계, 가구류** 등을 민법 제758조의 **'공작물(工作物)'의 개념에 포함**시키는 것은 **곤란**하다. 더구나 공작물책임은 공작물의 제조자가 아니라 현재의 점유자 및 소유자에게 책임을 묻는 것이므로 그 취지를 달리한다.

3. 「제조물책임법」의 내용

제조물책임법(2000년 제정)은 제조물의 결함으로 인하여 발생한 손해에 대한 제조업자 등의 손해배상책임을 규정함으로써 피해자의 보호를 도모하는 등의 목적으로 제정되었다. 한편 **미국**에서는 1963년 **그린 맨 사건**에서 재판부가 제조업체의 무과실책임(strict liability)을 **인정한 후** 각종 **판례로 정착**되었다. EU에서는 1985년 「제조물 책임에 관한 EC 지침」을 채택한 후, 1987년부터 영국을 시작으로 거의 모든 회원국이 그 입법을 완료하였다. **다만 1차 농산물과 수렵물의 포함, 개발 위험항변에 대한 인정, 책임 한도액의 설정 여부**는 **각국의 선택사항**으로 남겨 놓았다.

일본은 1994년 제정하여 1995년 7월부터 시행 중이다. 법률 시행 후 공식적으로 보고된 소송이 12건에 그치고 있는데, 이는 일본의 소송법과 법문화의 특수성 때문으로 보인다. 한편 중국, 필리핀, 러시아 등도 이미 제조물책임법을 도입하여 시행중이다.

판례

제조물책임의 효시, 그린 맨 사건

소매상으로부터 목공선반에 사용되는 조립 동력 기계를 구입해 사용 중 기계 결함으로 나무 파편이 튀어 눈에 중상을 입은 **그린 맨**(green man)이라는 소비자가 제조회사 및 소매상을 상대로 소송 제기하였는데, **제조업자의 점검 없이 유통된 제품의 결함**으로 인해 **인체에 상해**를 주었기 때문에 **무과실 책임**을 지게 되었다. 이 판결로 인해 피해자는 제조업자의 과실 유무에 상관없이 제조업자를 상대로 소송을 제기할 수 있게 된다.

1) 적용범위

제조물책임법은 다른 동산이나 부동산의 일부를 구성하는 경우를 포함하여 **제조** 또는 **가공된 동산**(다른 동산이나 부동산의 일부를 구성하는 경우를 포함한다)에 대해서 **적용**된다(제조물책임법 제2조). 동산에 해당하는 한 **완성품**인지 **부품 · 원재료인지를 구별하지 않으며 신제품**은 물론 **중고품 · 재생품, 및 수공업품 · 예술작품**에 대해서도 **적용**된다. 특히 가공이라 함은 동산을 재료로 하여 그 본질은 유지하면서 새로운 속성을 부가하거나 그 가치를 더한 것을 말하고, 제조라 함은 제품의 설계 · 제작 · 검사 · 표시를 포함하는 일련의 행위로, 생산보다는 좁은 개념이고 서비스를 제외한다. 그러나 **무형의 서비스, 부동산, 미가공된 농산물**(임 · 축 · 수산물 포함), **및 소프트웨어 · 정보의 결함으로 인한 손해에는 제조물책임법이 적용되지 않는다.**

한편 제조물책임법은 2002년 7월 1일부터 시행되었지만 시행일 이후에 **제조업자가 최초로 공급한 제품의 결함**으로 인한 **피해**에 대해서부터 적용된다(부칙 제1조 및 제2조). 여기에서 공급이라 함은 소비자에게 인도하는 것을 의미하는 것이 아니라, 제조업자가 자신의 의사에 의거하여 최초로 자기의 지배 밖에 있는 사람에게 해당 제조물을 인도하거나 이용에 제공하는 것을 말한다.

2) 제조물책임법상 책임의 성립요건

제조물의 결함에 따른 손해배상책임에 관하여 제조물책임법에 규정된 것을 제외하고는 **민법의 규정**에 따라야 하므로(제조물책임법 제8조), **결함의 존재, 손해의 입증 및 사실적 인과관계의 입증**에 관해서는 법률요건의 일반론에 따라 **피해자가 부담**해야 한다. **피해자**는 제조물에 존재하는 **결함이 제조업자** 등의 **과실에 기인**하였다는 점에 대한 **입증부담**에서 **해방**되었을 뿐이다.

(1) 책임의 주체

제조물책임법에 따라 손해배상책임을 지는 **제조업자**(1차적 책임을 짐)**는 업(業)**으로 제품을 제조·가공한 자와 수입한 자이다(제조물책임법 제3조 제1항 등. 여기에서 업(業)은 동종의 행위를 반복·계속하여 한 경우로서 비영리목적의 행위도 포함된다). 뿐만 아니라 직접 제품을 제조·가공하지는 않았더라도, 제품에 성명·상호·상표 그 밖의 표시를 하여 **자신을 제조업자로 표시**하고 있거나 오인시킬 수 있는 표시를 하고 있는 자도 제조업자로 간주되어 제조물책임을 진다(제조물책임법 제2조 제3호 나목 참조).

한편 피해자가 결함 있는 제조물의 **제조업자를 알 수 없는 경우**에는 **판매업자**(**유통업자, 2차적 책임을 짐**)가 제조업자를 대신하여 **제조물책임**을 질 수 있는데, 공급업자가 상당한 기간 내에 제조업자 또는 자신에게 공급한 자를 피해자에게 알려준 때에는 책임을 면한다(제조물책임법 제3조 제2항). 특히 동일한 손해에 대하여 배상할 책임이 있는 자가 **2인 이상**인 경우에는 **연대**하여 그 손해를 배상할 **책임**(**연대책임을 짐**)이 있다(제조물책임법 제5조).

(2) 제조물의 결함의 존재

제조물책임에서 핵심적 요소를 이루는 것은 제조물에 존재한 결함이다. 결함이 존재해야 하는데, 결함이라 함은 **통상적으로 기대할 수 있는 안전성이 결여**되어 있는 상태를 말하며,[25] 특히 안전성이라는 개념은 생명, 신체 또는 재산에 대한 피해나 위험을 말하고, 안정성과 관련이 없는 **단순한 품질, 성능의 장애**는 **의미하지 않는다**. 이는 대신 하자담보책임이나 손해배상책임의 대상일 뿐이다.

제조물책임법상 열거된 제조물 **결함의 유형**에는 **세 가지**가 있는데, 먼저 '**제조상 결함**'이라 함은 제조업자의 제조물에 대한 제조·가공상 주의의무의 이행여부에 불구하고 제조물이 원래 의도한 설계와 다르게 제조·가공됨으로써 안전하지 못하게 된 경우를 말한다(제조물책임법 제2조 제2호 가목 = 불량품). 제조자는 제조물에 결함이 생기지 않도록 기술적으로 필요한 재료를 선정·사용하여야 한다. 이용될 생산절차는 충분한 것이어야 하며, 제조물의 생산에 사용된 기계나 생산에 종사하는 근로자에게 과도한 능률을 요구해서는 아니된다. 제조자는 제조물을 출하하기 전에 제조상의 결함이 있는가를 판단하기 위해 적재검사, 마멸검사, 조종검사 등 필요한 검사를 해야 한다.

또한 '**설계상 결함**'이라 함은 제조업자가 합리적인 대체설계를 채용하였더라면 피해나 위험을 줄이거나 피할 수 있었음에도 대체설계를 채용하지 아니하여 해당 제조물이 안전하지 못하게 된 경우를 말한다(제조물책임법 제2조 제2호 나목). 제조자는 제조물이 그 용도에 맞도록 사용되거나 혹은 통상 예견되는 용도 그 밖의 사용에서 위험이 발생하지 않도록 설계하여야 한다. 제조물이 제조당시의 과학수준에 따르면 완전한 것이었으나 그 후의 과학수준의 발달 또는 부작용의 발견 등의 손해발생시에는 결함이 있는 것으로 판정될 경우(예: 신약개발·판매 이후에 부작용이 판명된 경우)를 개발도상의 결함(=개발위험의 항변)이라고 하

25) 결함이란 통상 예견된 제조물의 사용에서 생명, 신체 또는 재산에 부당한 위험을 발생시킨 제조물상의 흠을 말한다.

는데, 이는 제조물책임법의 책임발생 원인(결함)에서 제외되어 있다.

끝으로 '**표시상 결함**'이라 함은 제조업자가 합리적인 설명・지시・경고, 그 밖의 표시를 하였더라면 해당 제조물에 따라 발생될 수 있는 피해나 위험을 줄이거나 피할 수 있었음에도 이를 하지 아니한 경우를 말한다(제조물책임법 제2조 제2호 다목). 즉 표시상 결함은 제조상의 결함과 같이 당초 의도했던 설계와 다르게 제조・가공된 것도 아니고, 설계상의 결함과 같이 설계 자체가 안정성이 결여된 것도 아니지만, 해당 제조물의 사용에 수반되는 위험에 관한 합리적인 설명이나 지시 또는 경고 등의 표시가 이루어지지 않음으로써 안정성이 결여된 것으로 인정되는 경우이다. 따라서 사용에 따라 위험이 수반될 수 있는 상품의 경우에는 안전한 사용방법을 설명하고 부적당한 사용에서 생기는 위험을 경고하여야 한다. 설명과 경고는 그 제조물이 사용되고 있는 환경에서 통상적 이용자의 주의를 집중시킬 수 있는 합리적으로 기대되는 방법으로 행해져야 한다.

그렇다면 제조물 **결함의 존부**를 어떻게 판단할 것인가? 제조물 결함의 존부를 **판단**할 때에는 ① 위험의 빈도・크기와 해당 제품의 유용성, ② 손해발생의 개연성 및 손해의 심각성, ③ 제조업자가 해당 제품을 공급한 시기, ④ 합리적으로 예견할 수 있는 해당 제품의 용도 및 사용형태, ⑤ 위험을 방지하기 위한 설계・표시 등의 기술적・경제적 실현가능성, ⑥ 그 밖의 해당 제품의 안전과 관련된 사항 등을 종합적으로 고려하여야 한다.

제조물 결함의 유형

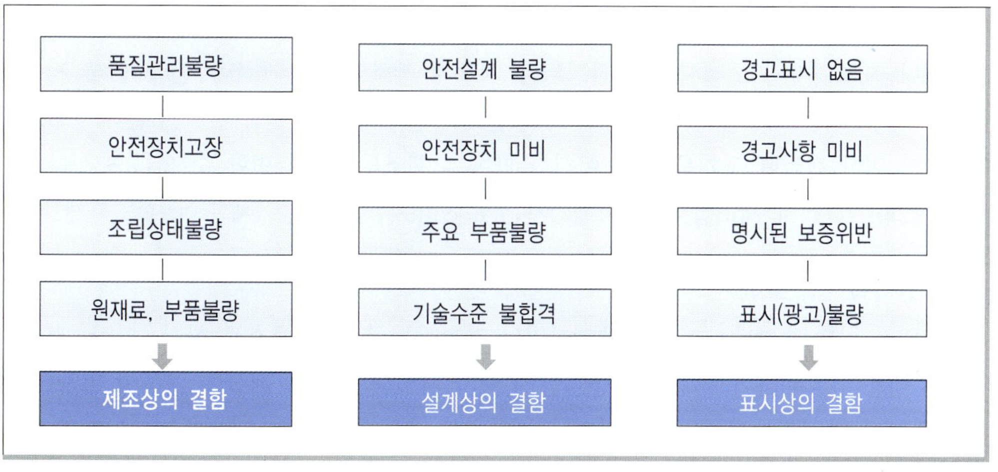

(3) 결함 등의 추정

종전 판례가 민법상 과실책임에 입각하여 과실을 추정했던 것을 제조물책임법상 엄격책임에 입각하여 결함의 추정으로 전환하였다고 할 수 있다. 즉 피해자가 '**제조물이 정상적으로 사용되는 상태에서 손해가 발생하였다는 사실**' 등 위 세 가지 사실을 증명하면, 제조물을 공급할 당시에 해당 제조물에 결함이 있었고, 그 결함으로 인하여 손해가 발생한 것으로 추정하도록 하고 있다. 피해자가 다음 각 호의 사실을 증명한 경우에는 제조물을 공급할 당시 해당 제조물에 결함이 있었고 그 제조물의 결함으로 인하여 손해가 발생한 것으로 추정한다. 다만, 제조업자가 제조물의 결함이 아닌 다른 원인으로 인하여 그 손해가 발생한 사실을 증명한 경우에는 그러하지 아니하다(제조물책임법 제3조의2).

1. 해당 제조물이 정상적으로 사용되는 상태에서 피해자의 손해가 발생하였다는 사실
2. 제1호의 손해가 제조업자의 실질적인 지배영역에 속한 원인으로부터 초래되었다는 사실
3. 제1호의 손해가 해당 제조물의 결함 없이는 통상적으로 발생하지 아니한다는 사실

(4) 면책사유 → 책임을 지지 않는 사유

제조물책임법은 일정한 경우에는 제조업자가 **책임을 면제**받을 수 있는 사유를 규정하고 있다.

① 제조업자가 당해 제품을 **공급하지 아니한** 사실, ② 제조업자가 당해 제품을 공급한 때의 **과학·기술수준으로는 결함의 존재를 발견할 수 없었다는 사실**(이를 흔히 '개발위험의 항변'이라고 함), ③ 제조물의 결함이 제조업자가 해당 제품을 공급할 **당시의 법령이 정하는 기준을 준수**함으로써 발생한 사실, ④ 끝으로 원재료·부품의 경우에는 해당 원재료 또는 부품을 사용한 **완성품 제조업자의 설계** 또는 **제작에 관한 지시**로 인하여 **결함이 발생**하였다는 사실을 입증하면 손해배상책임이 **면제**된다(제조물책임법 제4조 제1항).

그러나 제조업자의 면책사유가 인정되는 경우에 제조업자가 제품을 공급한 후 제품에 **결함이 존재한다는 사실을 알거나 알 수 있었음**에도 불구하고 그 **결함**에 따른 **손해의 발생을 방지**하기 위한 **적절한 조치를 하지 아니한 때**에는 **제조물책임을 면할 수 없다**(제조물책임법 제4조 제2항). 그래서 제조업자 및 판매업자는 Recall(자발적 리콜, 강제적 리콜)을 하게 된다.

(5) 면책특약의 효력

제조업자 등의 손해배상책임을 **배제**하거나 **제한**하는 **특약은 무효로** 한다. 다만, 자신의 영업에 이용하기 위하여 제조물을 공급받은 자가 자신의 영업용 재산에 대하여 발생한 손해에 관하여 손해배상책임을 배제하거나 제한하는 특약을 체결한 경우에는 제3자의 이익이나 소비자의 권익보호와는 직접적으로 관계가 없으므로 면책특약의 효력이 인정된다(제조물책임법 제6조: 강행규정).

3) 징벌적 손해배상의 범위

제조업자 등은 결함과 인과관계가 있는 모든 손해에 대하여 피해자에게 손해를 배상하

여야 한다(민법 제393조 참조). 그러나 피해가 결함이 있는 **제품 자체에만** 그친 경우에는 제조물책임법이 **적용되지 않는다**(제조물책임법 제3조 제1항). 즉, 상품자체의 손해는 보통 매도인의 하자담보책임으로 다루어진다.

제조업자가 제조물의 결함을 알면서도 필요한 조치를 취하지 아니한 결과로 생명 또는 신체에 중대한 손해를 입은 자가 있는 경우, 그 **손해의 3배**를 넘지 아니하는 범위에서 손해배상 책임을 지도록 하고 있다(제조물책임법 제3조제2항). 이 경우 법원은 배상액을 정할 때 "① 고의성의 정도, ② 해당 제조물의 결함으로 인하여 발생한 손해의 정도, ③ 해당 제조물의 공급으로 인하여 제조업자가 취득한 경제적 이익, ④ 해당 제조물의 결함으로 인하여 제조업자가 형사처벌 또는 행정처분을 받은 경우 그 형사처벌 또는 행정처분의 정도, ⑤ 해당 제조물의 공급이 지속된 기간 및 공급 규모, ⑥ 제조업자의 재산상태, ⑦ 제조업자가 피해구제를 위하여 노력한 정도"의 사항을 고려하여야 한다.

또한 제조물을 판매·대여 등의 방법으로 공급한 자가 피해자 또는 법정대리인의 요청을 받고 상당한 기간 내에 그 제조업자 또는 공급한 자를 그 피해자 또는 법정대리인에게 고지(告知)하지 아니한 경우, 손해배상책임을 지도록 하고 있다(제조물책임법 제3조제3항). 그리고 피해자가 '제조물이 정상적으로 사용되는 상태에서 손해가 발생하였다는 사실' 등 세 가지 사실을 증명하면, 제조물을 공급할 당시에 해당 제조물에 결함이 있었고, 그 결함으로 인하여 손해가 발생한 것으로 추정하도록 하고 있다(제조물책임법 제3조의2).

4) 징벌적 손해배상청구권의 소멸시효기간

손해배상청구권은 피해자 또는 그 법정대리인이 손해 및 제조물책임법 제3조의 규정에 의하여 손해배상책임을 지는 자를 안 날부터 **3년간 이를 행사**하지 아니하면 시효로 인하여 소멸한다(제조물책임법 제7조 제1항). 뿐만 아니라 제조업자가 손해를 발생시킨 제조물을 **공급한 날부터 10년 이내**에 이를 행사하여야 한다. 다만, **신체에 누적되어 사람의 건강을 해하는 물질**에 따라서 발생한 **손해** 또는 **일정한 잠복기간이 경과한 후에 증상**이 나타나는 손해에 대하여는 그 **손해가 발생한 날부터 기산**(3년)한다(제조물책임법 제7조 제2항).

위 사례풀기

A는 온도조절장치 고장이 제품 자체의 결함이 아니라는 것을 제조업자가 입증하지 않는 한 전기장판을 판매한 **대형마트**에 대해 하자담보책임을 청구할 수 있고, 몸에 입은 화상과 이불, 카펫에 대한 손해배상은 제조물책임법에 따라서 **전기장판제조사**에 청구할 수 있다. 만약 제조사가 불분명한 경우라면 대형마트에 2차적으로 손해배상책임을 물을 수 있다.

제조물책임법에 의한 피해구제

제품결함
- 제조 · 설계 · 표시 등 기타 결함이 존재
- 결함이 피해의 원인이 됨
- 제품 자체에만 발생한 손해는 제외함

↓

피해발생
- 소비자, 이용자 또는 제3자에게 재산상 손해, 또는 신체생명에 위해 발생

↓

손해배상책임
- 제주자, 판매자 등 그 제품의 제조 · 유통 · 판매과정에 관여한 자
- 징벌적 손해배상책임 → 3배 이내
- 피해자가 손해 및 손해배상책임자를 안 때로부터 3년, 또는 제조업자가 손해를 발생시킨 제조물을 공급한 날로부터 10년 이내에 행사해야 함

Q & A

1. 불법행위란?
2. 과실책임?
3. 무과실책임?
4. 손해배상?
5. 제조물책임?
6. 징벌적 손해배상?

제3장 계약법

우리는 '계약'(contract)이라고 하면 공식적이고 대단한 것처럼 생각한다. 하지만, 우리는 소비자로서 일상적인 삶 속에서 다양한 계약을 맺고, 이를 실행하면서 살고 있다. 계약(契約)이라는 것은 법률 속에서만 등장하는 딱딱한 용어가 아니다. 예를 들면, A가 아침에 등교(登校)하기 위해 900원의 요금을 내고 버스를 탔다. 쉬는 시간에 매점에 들러 1,000원짜리 빵을 사 먹고 여자 친구 B에게 1건당 20원인 문자 메시지를 보냈다. 대부분의 학생들의 일상과 크게 다르지 않지요?

이 생활 속에도 계약이 있을까요? 자세히 살펴보면, A는 900원을 지급하여 버스 이용이라는 서비스를 받는 계약을 맺었고, 1,000원을 지급하여 빵이라는 제품을 소비할 수 있는 계약을 맺었다. 또한 문자 메시지라는 통신 서비스를 이용하기 위하여 20원을 지급하는 계약을 맺었다. 물품과 서비스에 일정한 대금을 지급하고 사용하는 계약이 체결된 것이다. 이렇듯 일상생활의 많은 부분에서 서비스 이용계약 또는 매매계약이 이루어진다.[1)]

이와 같이 계약에 재산관계를 소유관계와 거래관계로 나눌 수도 있고, 물건에 대한 소유권의 변동을 목적으로 하는 재산관계와 그렇지 않은 법률관계[2)]로 나눌 수도 있다. 후자의 경우에도 채무자가 종속적 노무를 제공하느냐에 따라 그 재산관계의 성질이 달라지며, 전자의 경우에도 그 물건이 **부동산**이냐 **동산**이냐에 따라 역시 달리 취급된다. **먼저 동산[3)]**을 대상으로 한 재산관계의 내용을 살펴본다.

법률 · 민법

민법 제99조(부동산, 동산)

① 토지 및 그 정착물은 부동산이다. ② 부동산 이외의 물건은 동산이다.

---

1) 법무부, 청소년법과 생활, 법무부, 2011, 105면 참조.

2) 노동관계, 근로관계, 가족관계(=신분관계, 친족관계, 상속관계) 등

3) 민법 제98조(물건의 정의) 본법에서 물건이라 함은 유체물 및 전기 기타 관리할 수 있는 자연력을 말한다.

제1절 동산의 재산관계

동산의 소유권을 어떻게 취득하는가? 민법의 기본원리에 따르면 개인 또는 법인은 타인과의 **계약**을 통하여 그가 이미 소유하고 있는 **동산소유권을 넘겨받는 것이 원칙**(**점유 이전**)이다. 하지만 그런 계약이 아니더라도 법률의 규정에 따라서 그 소유권(상속, 유증, 경매, 회사의 합병 등)이 변동되는 경우도 있다.[4]

1. 동산매매관계의 내용과 그 이행

계약이 성립되려면 몇 가지 필요한 조건이 있다. 첫 번째 조건은 **나 이외에 상대방이 있어야 한다**는 것이다. 나를 포함하여 2인 이상이면 계약은 성립조건을 갖추게 된다. 계약을 맺을 상대방만 있다고 해서 계약이 성립되는 것은 아니다. 나의 청약을 다른 사람이 받아들이거나 다른 사람의 청약을 내가 받아들여야만 계약이 성립하는 것이기 때문에, 계약이 성립하기 위한 두 번째 조건은 **당사자 사이에 합의**가 있어야 한다는 것이다.[5]

이렇게 계약을 맺을 수 있는 조건이 갖추어지면 자동적으로 계약이 맺어지는 것일까요? 예를 들면, 커피 전문점에 들어가서 커피를 주문하려고 메뉴판을 보니, 여러 가지 메뉴에 가격이 적혀 있다. 3,900원인 카페라테 커피 한잔을 주문했다면, 과연 나는 언제 계약을 맺은 것일까요? 커피 전문점의 메뉴판에 적혀 있는 가격은 예상되는 미래의 고객들에게 제시되는 것이다. 메뉴판을 보고 원하는 커피를 주문한 때, 주문한 사람은 카페라테 한 잔을 3,900원에 구매하기를 원한다는 계약의 의사를 밝힌 것이고, 커피 전문점 직원이 3,900원을 받은 그 때에 계약은 성립하고 효력을 가지게 된다.

계약을 맺을 때 중요한 것은 우리의 자세이다. 계약을 체결할 때에는 계약의 여러 가지 조건을 이해하고 이에 합의해야 한다. 계약은 중대한 이유를 제외하고는 해제 또는 해지할 수가 없기 때문이다.

---

4) 성정엽 외, 법학입문, 개정증보판, 형설출판사, 2008, 104쪽 이하 참고.
5) 법무부, 앞의 책, 105~106면 참고.

Q & A

다음 중에서 맞는 것과 틀린 것을 고르고, 틀린 것은 바르게 고쳐 봅시다.

1. 계약은 2인 사이에서만 이루어진다.

2. 계약은 꼭 문서로만 할 수 있다.

3. 식당에 가서 메뉴판을 볼 때, 그 때 계약은 이루어진 것이다.

1) 동산매매의 법적 성질

매매는 **매도인**이 **재산권을 상대방에게 이전**할 것을 약정하고, **매수인**은 이에 대하여 그 **대금을 지급**할 것을 약정함으로써 성립하는 계약이다(민법 제563조). **매매계약**은 재산권의 이전의무와 대금의 지급의무가 서로 견련관계에 있으므로 **쌍무계약(雙務契約)**이며, 양 급부의 이행은 서로 대가성을 갖는 출연관계에 서 있기 때문에 **유상계약(有償契約)**이다. 특히 **매매는 유상계약** 가운데 **가장 대표적인 계약**으로서 매매에 관한 규정은 성질이 허용하는 한 **다른 유상계약에 준용**된다(민법 제567조). 매매계약은 당사자 사이의 의사의 합치만으로 성립하는 **낙성계약(諾成契約)**이다. 약정한 **재산권의 이전**과 **대금의 지급**은 **매매계약의 이행**에 따라서 실현된다. 또한 매매계약은 어떠한 방식도 요구하지 않는다.

법률 • 민법

제563조(매매의 의의) 매매는 당사자일방이 재산권을 상대방에게 이전할 것을 약정하고 상대방이 그 대금을 지급할 것을 약정함으로써 그 효력이 생긴다.

제567조(유상계약에의 준용) 본절의 규정은 매매이외의 유상계약에 준용한다. 그러나 그 계약의 성질이 이를 허용하지 아니하는 때에는 그러하지 아니하다.

2) 계약금과 그 계약

'**계약금(契約金)**'이란 **계약을 체결할 때**(계약의 성립 후도 무방함)에 당사자 일방이 상대방에 대하여 **교부하는 금전 그 밖의 유가물(有價物)**을 말하며, 그 계약금을 지급하기로 약정하는 합의가 '**계약금계약**'이다. 매매의 경우 계약금은 보통 **매수인이 매도인에게 교부**한다. 계약금은 당사자 사이에 다른 약정이 없는 한 **해제권의 유보**를 위해 수수된 **해약금(解約金)으로 추정**된다. 판례 역시 계약금은 **해약금**의 성질을 가질 뿐이라고 한다. **해약금의 의미**는 무엇인가? 이는 **계약의 해제권을 보류하는 작용**을 하는 계약금이다. 매매관계의 당사자 가운데 어느 일방이라도 **이행에 착수할 때까지 교부자**는 이를 **포기**하고 수령자는 그 **배액을 상환**하여 **계약을 해제**할 수 있다(민법 제565조 제1항). **교부자가** 해제하면 당연히 **계약금 포기의 효력이** 생기며 별도로 포기의 의사표시를 요하지는 않는다.

한편 **수령자**는 그 배액을 **현실적으로 상환**하여야 **계약을 해제**할 수 있다. 해제할 수 있는 기간은 당사자의 **일방이 이행에 착수할 때까지**이다. '**이행의 착수**'란 중도금의 제공 등 채무의 이행행위의 일부를 행하거나 또는 이행하는 데 필요한 전제행위를 하는 것을 의미한다. 한편 당사자일방이 위약(違約)한 경우 그 계약금을 **위약금**으로 하는 특약이 있을 때에 한하여 **손해배상액의 예정**의 성질을 함께 갖는 것으로 해석한다. 따라서 추가적으로 **손해배상을 청구할 수 없다**는 것이다.

계약금은 계약체결의 증거로서의 의미를 가지는 **증약금**, 계약금은 위약, 즉 채무불이행이 있는 경우에 의미를 가지는 **위약계약금**이며, 위약계약금에는 **위약벌(違約罰)**의 성질을 가지는 것과 **손해배상액의 예정**의 성질을 가지는 것이 있다. **전자**는 교부자의 채무불이행이 있을 때 벌로서 몰수하는 계약금이다. 계약금이 위약벌인 경우에 교부자의 상대방에게 손해가 발생하면 그는 계약금과 별도로 손해배상을 청구할 있다. **후자**는 채무불이행의 경우 계약금의 교부자는 그것을 몰수당하고 교부받은 자는 그 배액(2배)을 상환하여야 하는 계약금이다. 이는 손해배상액의 예정으로 추정되는 위약금(민법 제398조 제4항)과 실질적으로 같으나, 이미 교부되어 있는 점에서 단순히 약정만 하고 있는 위약금과는 차이가 있다.

법률・민법

제565조(해약금) ① 매매의 당사자일방이 계약당시에 금전 기타 물건을 계약금, 보증금 등의 명목으로 상대방에게 교부한 때에는 당사자간에 다른 약정이 없는 한 당사자의 일방이 이행에 착수할 때까지 교부자는 이를 포기하고 수령자는 그 배액을 상환하여 매매계약을 해제할 수 있다.

판례 계약금몰취약정의 효력

"**불이행시 계약은 자동무효가 되고 이미 불입된 금액은 일체 반환하지 않는다**"는 약정에 기하여 계약금을 지급하였더라도 매수인은 중도금을 지급기일에 지급하지 아니한 채 이미 지급한 계약금 중 과다한 손해배상예정액으로서 감액되어야 할 부분을 제외한 나머지 금액을 포기하고 해약금으로서의 성질에 기하여 **계약을 해제**한다는 의사표시를 하면서 **감액되어야 할 금액에 해당하는 금원의 반환**을 구할 수 있다. 왜냐하면 그 계약금은 **해약금**으로서의 **성질**과 **손해배상예정액으로서의 성질**을 겸하기 때문이다(대판 1996.10.25. 95다33726).

3) 계약당사자들의 이행의무

체결된 계약의 효력에 문제가 없다면 **매도인**은 **매수인에게 재산권을 이전할 의무**를 부담한다. 따라서 매도인은 **매수인**에 대하여 **재산권이전에 필요한 모든 행위**, 즉 재산권변동에 필요한 급부를 종국적으로 **이행**하여야 한다. 그러므로 **동산의 매매**에서는 그 **목적물의 인도**(현실의 인도…)가 이루어져야 한다. 또한 매도인은 별도의 특약이나 관습이 없는 한 매

수인에게 매매목적물에 대한 **직접점유**를 취득케 할 의무를 부담한다.[6)]

> **법률 • 민법**
>
> 第568조(매매의 효력)
>
> ① 매도인은 매수인에 대하여 매매의 목적이 된 권리를 이전하여야 하며 매수인은 매도인에게 그 대금을 지급하여야 한다.
>
> ② 전항의 쌍방의무는 특별한 약정이나 관습이 없으면 동시에 이행하여야 한다.

한편 **매수인은** 매도인의 재산권이전과 목적물의 인도에 대한 반대급부로서 **대금지급의무**를 부담한다. 특약이 없는 한 대금지급의무는 매도인의 **재산권이전의무와 동시에 이행**되어야 한다. 매도인의 의무이행에 대한 기한의 약정이 있는 때에는 매수인의 대금지급에 대해서도 동일한 기한이 있는 것으로 추정된다. 또한 특약이나 관습이 없는 한 **매매목적물**의 **인도와 동시**에 **대금을 지급**해야 하는 경우에는 목적물의 **인도장소**에서 **대금을 지급**해야 한다.

인도(引渡)에는 물건의 사실상 지배를 현실적으로 이전시키는 '**현실의 인도**'(동산의 매매)에서는 그 **목적물의 인도**(**직접점유**)와 현실의 인도는 없고 물건의 사실상의 지배를 현실적으로 이전시키는 단지 '**의사표시만**'으로, 즉 물건의 장소를 이전함이 없이 사실상의 지배가 이전되는 '**관념적 인도**'가 세 가지가 있다.

첫째, 동산에 관한 물건을 양도하는 경우에 그 동산을 **이미 양수인이 점유하고 있을 때**에는 당사자의 **의사표시만**으로 **인도의 효력이 발생**되며(**간이인도**, 민법 제188조 제2항), 둘째, **당사자의 계약**으로 **양도인**이 그 동산의 **점유를 계속**하는 때에는 **인도**받은 것으로 보고(**점유개정**, 민법 제189조, 점유개정(인도)),[7)] 셋째, **제3자**(**임차인**)**가 점유**하고 있는 동안 동산에 관한 **물건을 양도**하는 경우에는 양도인(임대인)이 그 제3자에 대한 목적물반환청구권을 **양수인에게 양도**함으로써 동산을 **인도**한 것으로 본다(**목적물반환청구권의 양도**, 민법 제190조, 목적물반환청구권의 양도(인도))는 것이다.[8)]

2. 계약위반과 그 책임

매도인의 재산권이전의무 및 목적물인도의무와 매수인의 대금지급의무는 **서로 대가적 견련관계**에 있다. 대가적 견련관계에서 **계약을 위반하는 사태가 발생**하는 경우에 민법은

---

6) 매매계약과 동시에 목적물이 인도되고, 그에 대한 대금이 지급되는 매매를 '현실의 매매'라고 한다(=상점에서 생활필수품을 구입하는 매매). 이러한 현실매매도 낙성계약이다 다만, 채권행위(=매매)와 물권행위(=물건의 인도, 대금지급에 따른 소유권이전합의)가 하나의 행위로 합체되어 행하여질 뿐이다(=물권행위의 유인성=현실매매).

7) 점유개정: 자주점유(소유의 의사로서 점유) ➔➔ 타주점유(소유의 의사없이 점유)

8) 목적반환청구권의 양도인도의 예를 들면, 갑 소유 기계를 을이 임차하고 있던 중, 갑이 병에게 기계를 판 경우(갑이 병에게 인도를 양도한 것) 을은 임차기간이 끝난 후, 병에게 바로 기계를 인도하면 된다.

여러 **구제제도**를 마련해두고 있다. **채무불이행책임(債務不履行責任)제도**(민법 제387조 이하), **위험부담책임제도**(민법 제537조) 및 **하자담보책임제도**(민법 제570조 이하)가 그것이다.

채무불이행(債務不履行)은 상대방의 귀책사유(歸責事由)에 따라 생긴 계약위반에 대한 구제제도이고, 위험부담(危險負擔)은 양 당사자의 귀책사유 없이 일방당사자가 자신의 채무를 이행할 수 없게 된 경우에 대한 처리방법이다.[9] 이에 반하여 하자담보책임(擔保責任)은 매도인의 매매목적물인 물건이나 권리 등에 하자나 흠결이 있는 경우에 매도인의 귀책사유를 묻지 않고 일정한 책임을 매도인에게 부담(무과실책임)시킴으로써 유상계약관계인 매매관계의 균형을 유지하기 위한 제도이다.

1) 계약위반과 채무불이행

계약위반에 대하여 **채무자**가 자신에게 **귀책사유가 없음**을 적극적으로 항변하지 못하는 한 그는 계약위반에 따른 **책임**을 져야 한다. 하지만 그 책임의 내용은 그 원인이 되는 **계약위반이 어떠한 형태**를 띠느냐와 채권자가 어떠한 **책임**을 원하느냐에 따라 달라질 수 있다.[10]

채무자가 자신의 채무를 전혀 이행하지 않은 계약위반 이외에도, **이행을 제공**하였지만 **계약의 목적에 부합하지 않은 불완전한 이행**이 있을 수 있다. 이를 '**불완전이행**'이라고 하는데, 이 경우도 채권자의 입장에서는 계약위반이라고 볼 수 있다.[11] 채무를 **전혀 이행하지 않은** 계약위반에도 두 종류가 있다. 이행하기로 약정한 시기에 객관적으로 **이행이 가능**함에도 불구하고 채무자가 **이행제공을 전혀 하지 않은 경우**인데, 이를 '**이행지체**'(履行遲滯)라고 부른다. 반대로 이행기에 채무자가 주관적으로 이행하고 싶어도 **객관적으로 이행할 수 없는** 상태를 '**이행불능**'(履行不能)이라고 부른다.

2) 강제이행

이행불능의 경우를 제외한다면 채무자가 임의로 **채무를 이행하지 않는 경우**에 **채권자가 국가기관(법원)의 권리승인(소구력)과 협력에 따라** 채무의 내용을 강제적으로 실현할 수 있다(채권의 강제력= 강제이행).[12] 민법은 제389조에서 **강제이행(强制履行)**[13]에 관한 규정을 두

---

9) 위험부담은 매도인에게 손해를 보도록 하는 것이다. 채무자 위험부담이 원칙이고, 예외적으로 채권자 위험부담이다; 민법 제537조(채무자 위험부담)는 "쌍무계약의 당사자 일방의 채무가 당사자 쌍방의 책임없는 사유로 이행할 수 없게 된 때에는 채무자는 상대방의 이행을 청구하지 못한다"다고 규정하고 있다; 민법 제538조(채권자 위험부담) ① 쌍무계약의 당사자 일방의 채무가 채권자의 책임있는 사유로 이행할 수 없게 된 때에는 상대방의 이행을 청구할 수 있다. 채권자의 수령지체 중에 당사자 쌍방의 책임없는 사유로 이행할 수 없게 된 때에도 같다. ② 전항의 경우에 채무자는 자기의 채무를 면함으로써 이익을 얻은 때에는 이를 채권자에게 상환하여야 한다.

10) 불완전한 이행→→ 완전이행 최고(독촉)→ 해제/해지, 이행지체(履行遲滯)→→ 완전이행 최고(독촉)→ 해제/해지, 이행불능(履行不能)→→ 해제/해지

11) 최근의 세계적 경향과는 달리 우리의 민법은 여전히 계약위반을 채무불이행이라고 부르고 있다. 여기에는 반드시 채무자의 귀책사유라는 표지가 전제되어 있다.

12) ⋆ 법원에 청구: 권리 → 청구력→ 소구력→ 집행력(執行力), ⋆ 부동산 및 동산→경매, 공매→ 현금화; ⋆ 금전채권

는 한편, 절차법인 **민사집행법**(民事執行法)에서 상세한 집행절차를 규정하고 있다.

채무의 강제적 실현을 급부를 원래의 내용 그대로 실현하는 현실적 이행강제의 방법으로 하는 것이 원칙이나, 현실적 이행강제의 방법은 채무자 재산을 압류하여 현금화한 후 그 대금을 지급하는 강제집행이 될 것이다. 민법과 민사집행법이 인정하는 **강제이행의 방법**으로 **직접강제**(直接强制), **대체집행**(代替執行) 및 **간접강제**(間接强制)가 있다.

법률 · 민법

제389조(강제이행)

① 채무자가 임의로 채무를 이행하지 아니한 때에는 채권자는 그 강제이행을 법원에 청구할 수 있다. 그러나 채무의 성질이 강제이행을 하지 못할 것인 때에는 그러하지 아니하다.

② 전항의 채무가 법률행위를 목적으로 한 때에는 채무자의 의사표시에 가름할 재판을 청구할 수 있고 채무자의 일신에 전속하지 아니한 작위를 목적으로 한 때에는 채무자의 비용으로 제삼자에게 이를 하게 할 것을 법원에 청구할 수 있다.

③ 그 채무가 부작위를 목적으로 한 경우에 채무자가 이에 위반한 때에는 채무자의 비용으로써 그 위반한 것을 제각하고 장래에 대한 적당한 처분을 법원에 청구할 수 있다.

④ 전3항의 규정은 손해배상의 청구에 영향을 미치지 아니한다.

법률 · 민법

제257조(동산인도청구의 집행) 채무자가 특정한 동산이나 대체물의 일정한 수량을 인도하여야 할 때에는 집행관은 이를 채무자로부터 빼앗아 채권자에게 인도하여야 한다.

제260조(대체집행)

① 민법 제389조제2항 후단과 제3항의 경우에는 제1심 법원은 채권자의 신청에 따라 민법의 규정에 의한 결정을 하여야 한다.

② 채권자는 제1항의 행위에 필요한 비용을 미리 지급할 것을 채무자에게 명하는 결정을 신청할 수 있다. 다만, 뒷날 그 초과비용을 청구할 권리는 영향을 받지 아니한다.

③ 제1항과 제2항의 신청에 관한 재판에 대하여는 즉시항고를 할 수 있다.

제261조(간접강제)

① 채무의 성질이 간접강제를 할 수 있는 경우에 제1심 법원은 채권자의 신청에 따라 간접강제를 명하는 결정을 한다. 그 결정에는 채무의 이행의무 및 상당한 이행기간을 밝히고, 채무자가 그 기간 이내에 이행을 하지 아니하는 때에는 늦어진 기간에 따라 일정한 배상을 하도록 명하거나 즉시 손해배상을 하도록 명할 수 있다.

② 제1항의 신청에 관한 재판에 대하여는 즉시항고를 할 수 있다.

제263조(의사표시의무의 집행)

① 채무자가 권리관계의 성립을 인낙한 때에는 그 조서로, 의사의 진술을 명한 판결이 확정된 때에는 그 판결로 권리관계의 성립을 인낙하거나 의사를 진술한 것으로 본다.

② 반대의무가 이행된 뒤에 권리관계의 성립을 인낙하거나 의사를 진술할 것인 경우에는 제30조와 제32조의 규정에 따라 집행문을 내어 준 때에 그 효력이 생긴다.

→압류통지(송달)-추심명령/전부명령으로 현금을 가져올 수 있음; * 세금(소득세. 지방세, 자동차세, 관세, 국세등)을 내지 않으면 캠코(한국자산관리공사)에 공매

13) 강제이행은 채무불이행에 대한 구제이다. 민사집행법상 강제집행은 직접강제가 원칙이고, 예외적으로 간접강제와 대체집행을 한다.

3) 계약의 해제 · 해지제도

어떠한 형태의 **계약위반**이라도 당사자에게는 **해제권(解除權) · 해지권(解止權)이** 발생한다. 계약위반으로 인하여 계약의 본래 목적을 달성하는 데 어려운 상태에 빠진 계약을 해제 · 해지함으로써 계약의 구속력에서 벗어날 수 있다. 당사자가 단독으로 기존의 계약규범상태를 다른 상태로 변경할 수 있는 권리다.

계약의 해제(解除)란 유효하게 성립한 계약을 당사자의 일방적인 의사표시에 따라 소급적으로 소멸시키는 행위를 말한다. 일방적인 의사표시에 따라 계약을 해제할 수 있는 권리를 해제권이라고 하는데, 이에는 약정해제권과 법정해제권 2가지가 있다. 약정해제권은 당사자의 특약을 기초로 하여 발생한 해제권을 말하고, 법정해제권은 상대방의 채무불이행을 기초로 하며 민법의 규정에 따라 인정된 해제권을 말한다.

계약의 해지(解止)란 계속적인 계약관계에서 당사자의 일방적인 의사표시에 따라 이미 성립한 계약을 장래로 향하여 소멸시키는 행위를 말한다. 계약의 해지가 해제와 다른 점은 다음 2가지에 있다. 먼저, 해제는 소급효가 있으나 해지는 소급효가 없는 것으로, 장래로 향하여 계약을 소멸시킨다. 다음에 해제는 일시적 계약과 계속적 계약 모두에게 인정되나, 해지는 계속적 계약에만 인정된다.

채무가 이행불능에 빠진 이상 이를 치유하여 다시 이행을 요구하거나 이행할 가능성은 없기 때문에, 원칙적으로 **이행불능**으로 **확정**되면 채권자는 **언제든지 해제권 · 해지권을 행사**할 수 있다(민법 제546조). 하지만 **이행지체나 불완전이행**의 경우에는 **계약위반을 치유**하여 **다시 이행제공**에 나설 수 있는 **기회**가 남아 있기 때문에 그러한 **계약위반이 발생**하였다고 하여 **곧장 해제권 · 해지권이 발생되지는 않는다.** 우리 민법은 채무자로 하여금 적법한 이행의 제공을 할 수 있는 **시간적 여유를 한 번 주고(催告=독촉(督促))**, 그렇게 유예된 기간 안에도 채무자가 이행을 제공하지 않은 경우에 **최후의 수단으로 해제권 · 해지권을 행사**할 수 있도록 규정해놓았다(민법 제544조).

해제권 · 해지권의 행사는 기존의 **계약을 해제 · 해지**하여 그 **구속**으로부터 벗어난다는 취지의 의사표시를 상대방에게 하면 된다. 별도의 형식이나 서면이 요구되지는 않는다.

해제(解除) – 일시적 계약

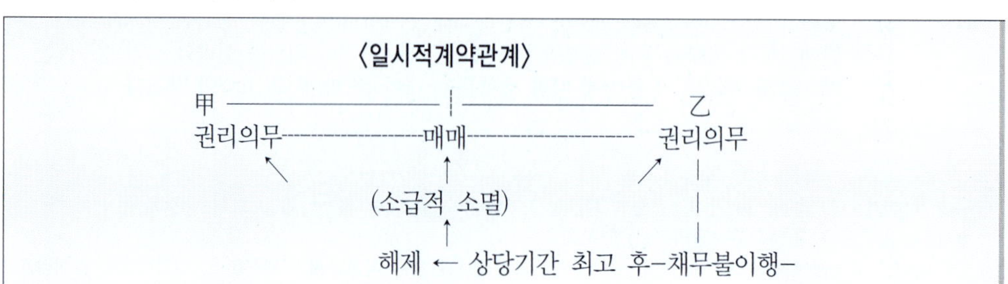

해지(解止) – 계속적 계약

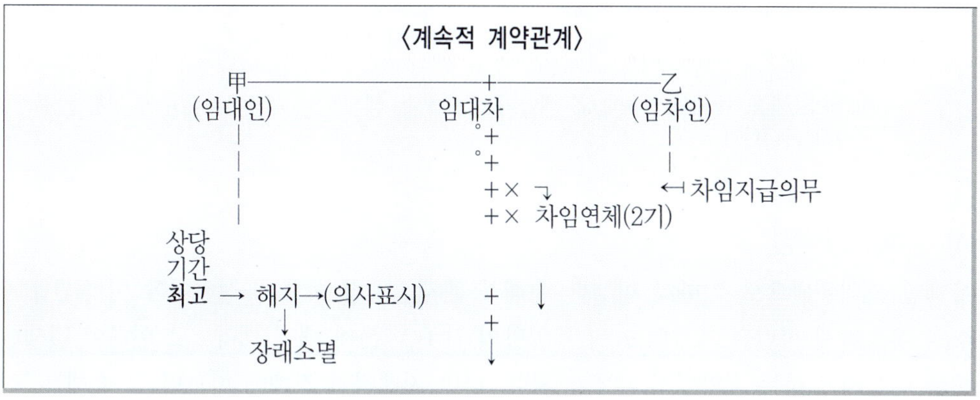

** 고용(노동)계약, 임대차, 프랜차이즈, 신문구독, 휴대폰사용계약... 등

해제한다는 의사표시가 계약을 위반한 **채무자에게 도달**하면 **원상회복의무**(原狀回復義務)와 **손해배상의무**(損害賠償義務)라고 하는 법률효과가 발생한다.[14] **원상회복의무**에 관한 지배적인 학설에 따르면 기존의 계약관계는 **소급적으로 소멸**한다고 지적한다. 따라서 아직 **이행하지 않은 채무**는 **그대로 소멸**하고, **이미 이행**한 채무의 결과는 다시 그 채무를 이행했던 **당사자에게 반환**되어야 한다.

따라서 해지가 있으면 계약은 장래에 향하여 그 효력을 잃으며(민법 제550조), 소급하여 무효로 되지 않는다. 그리고 계속적 계약이 해지되면, 계약관계의 청산의무가 존재한다. 임대차에서 임차인의 목적물 반환의무가 그 예이다. 또한 손해가 있으면 계약을 해지함과 동시에 손해배상도 청구할 수 있다(민법 제551조).

법률 • 민법

제544조(이행지체와 해제) 당사자일방이 그 채무를 이행하지 아니하는 때에는 상대방은 상당한 기간을 정하여 그 이행을 최고하고 그 기간내에 이행하지 아니한 때에는 계약을 해제할 수 있다. 그러나 채무자가 미리 이행하지 아니할 의사를 표시한 경우에는 최고를 요하지 아니한다.

제545조(정기행위와 해제) 계약의 성질 또는 당사자의 의사표시에 의하여 일정한 시일 또는 일정한 기간내에 이행하지 아니하면 계약의 목적을 달성할 수 없을 경우에 당사자일방이 그 시기에 이행하지 아니한 때에는 상대방은 전조의 최고를 하지 아니하고 계약을 해제할 수 있다.

제546조(이행불능과 해제) 채무자의 책임있는 사유로 이행이 불능하게 된 때에는 채권자는 계약을 해제할 수 있다.

14) 손해배상액을 산정하는 시기에 관하여는 학설과 판례가 다르다. 다수설은 변론종결시의 가격을 기준으로 하여 정하여야 한다. 판례는 채무불이행으로서 이행불능이 된 경우에는 불능이 된 때를 기준으로 하고, 이행지체의 경우에는 최고 후 상당한 기간이 경과한 때의 시가 또는 변론종결시의 가격이 기준이 된다고 한다.

제548조(해제의 효과, 원상회복의무)
① 당사자일방이 계약을 해제한 때에는 각 당사자는 그 상대방에 대하여 원상회복의 의무가 있다. 그러나 제삼자의 권리를 해하지 못한다.
② 전항의 경우에 반환할 금전에는 그 받은 날로부터 이자를 가하여야 한다.
제551조(해지, 해제와 손해배상) 계약의 해지 또는 해제는 손해배상의 청구에 영향을 미치지 아니한다.

4) 손해배상책임

유책한 계약위반으로 인하여 발생한 **손해가 존재**한다면 이를 배상하여야 한다(민법 제390조). 유효하게 성립된 계약의 효력은 일방의 잘못 때문에 깨진 계약으로 인하여 발생한 손해를 배상해야 하는 계약법적 기초가 된다. 다만 지배적인 견해에 따르면 그 손해는 '**이행이익**(履行利益)'에 이른다고 한다.

다시 말해서 **계약당사자가 유효한 계약이 만약 약정대로 이행이 되었을 때 얻을 수 있다고 기대되는 이익을 배상**하여야 한다는 말이다. 구체적으로 우리 민법은 제393조에서 이를 자세하게 규정하고 있다.[15] 그 **이행이익** 가운데 '**통상손해**(通常損害)'는 사회일반의 관념에 따라 어떤 선행사실이 있으면 그 후행사실로서 보통 발생되는 손해를 말한다. 그리고 이행이익 가운데 '**특별손해**(特別損害)'는 그 손해가 특별한 사정으로 인한 것이라 하더라도 채무자가 그 사정을 알았거나 알 수 있었을 때의 손해를 의미한다. 특별사정에 대한 그 **사정을 예견** 또는 **예견가능성**에 대해서는 **이행기를 기준**으로 판단한다.

예를 들면, 토지매도인의 소유권이전등기의무가 **이행불능**에 이른 경우 매도인이 매수인에게 배상해야 할 통상의 손해배상액은 그 토지의 채무불이행 당시의 교환가격에 한한다. 그러나 만약 그 매도인이 매매 당시 매수인이 이를 매수하여 그 위에 **건물을 신축**할 것이라는 **사정을 이미 알고** 있었고 매도인의 채무불이행으로 인하여 매수인이 **신축한 건물이 철거될 운명**에 이르렀다면 그 손해는 적어도 '**특별한 사정**'으로 인한 것이고, 나아가 매도인은 이러한 사정을 알고 있었으므로 위 **특별손해를 배상할 의무**가 있다.

법률 • 민법

제390조(채무불이행과 손해배상) 채무자가 채무의 내용에 좇은 이행을 하지 아니한 때에는 채권자는 손해배상을 청구할 수 있다. 그러나 채무자의 고의나 과실없이 이행할 수 없게 된 때에는 그러하지 아니하다.
제391조(이행보조자의 고의, 과실) 채무자의 법정대리인이 채무자를 위하여 이행하거나 채무자가 타인을 사용하여 이행하는 경우에는 법정대리인 또는 피용자의 고의나 과실은 채무자의 고의나 과실로 본다.

15) 손해배상책임은 금전배상이 원칙이고, 이 책임은 통상의 손해인 이행이익(재산적 손해, 정신적 손해(위자료)와 특별손해(예견가능)이다. 이에는 과실상계와 손익상계(생활비 공제, 중간이자공제)을 하여야 한다.

제393条(손해배상의 범위)
① 채무불이행으로 인한 손해배상은 통상의 손해를 그 한도로 한다.
② 특별한 사정으로 인한 손해는 채무자가 그 사정을 알았거나 알 수 있었을 때에 한하여 배상의 책임이 있다.
제394条(손해배상의 방법) 다른 의사표시가 없으면 손해는 금전으로 배상한다.
제396条(과실상계) 채무불이행에 관하여 채권자에게 과실이 있는 때에는 법원은 손해배상의 책임 및 그 금액을 정함에 이를 참작하여야 한다.

손해배상은 **금전으로 함이 원칙**이기 때문에(민법 제394조) 손해배상의 대상이 되는 **통상손해**와 **특별손해**를 금전으로 평가하는 '**손해배상의 산정**'(算定)이 필요하고, 특히 그 산정기준이 문제된다. **손해**가 금전의 형태로 나타나지 않은 경우에는 계약위반의 유형에 따라 그 산정방법이 다르다. **이행지체**의 경우에는 지체된 기간 동안 **목적물의 사용료**에 따라서, **이행불능**으로 인해 목적물이 인도되지 않은 경우에는 불능된 **목적물의 시가**에 따라 손해액이 산출된다. 그리고 **하자 있는** 목적물을 받은 것이 손해인 경우에는 **하자 없는** 목적물과 **하자있는** 목적물의 **시가의 차액**에 따라 손해액을 산출하면 된다.[16)]

그렇다면 손해를 **금전으로 산정하는 시기**는 언제를 **기준**으로 할 것인가? 지배적인 견해에 따르면, **책임원인 발생시**를 기준으로 하여 그 배상액을 산정하고 그 후의 손해에 대해서는 **상당인과관계 범위내의 손해만을 가산**해야 한다고 한다. **책임원인 발생시와 변론종결시 사이**의 **가격변동**을 **특별손해**로 이해하고, 채무자의 **예견** 또는 **예견가능성이 입증**된 경우에만 채권자는 손해배상을 청구할 수 있다는 견해이다.

손해산정을 통하여 손해배상액이 확정되더라도 이것이 손해배상의 최종적인 금액은 아니다. 왜냐하면 계약위반이 발생하거나 그로 인한 손해가 확대되는 데 채권자 측의 잘못이 어느 정도 반영되는 경우가 많으며, 이 경우에 이를 그 책임에 반영해야 하기 때문이다. 이를 '과실상계(過失相計)'라고 한다. 특히 계약위반에 채권자의 과실이 있는 경우에는 법원은 손해배상의 책임 및 그 금액을 정할 때에 이를 반드시 참작하여야 한다. 이는 공평의 원칙과 채권관계를 지배하는 신의성실의 원칙에 적합한 조치이다. 채권자 자신의 과실뿐만 아니라 수령보조자의 고의·과실도 과실상계에서 고려된다. 주의할 것은 채권자의 과실개념은 채무자의 경우와는 달리 법적 의무를 전제로 하는 것이 아니다. 한편 법원(法院)은 채권자의 과실이 인정되는 한 채무자의 주장·입증이 없더라도 반드시 이를 참작하여야 한다. 그러나 어느 정도로 참작할 것인가는 법원의 자유재량에 맡겨져 있다.

또한 유책한 계약위반에 따라 채권자에게 **손해가 발생**함과 동시에 **이익이 생긴 경우**에는 **손해배상액을 산정**함에 있어서 이러한 **이익을 공제**하여야 하는데, 이를 '**손익상계**'(損益

16) 배상액을 정하는 표준이 되는 것은 통상가격(通常價格)이다. 다만, 특별가격이나 감정가격은 그것이 생기게 된 특별한 사정에 관하여 채무자가 그 사정을 알았거나 알 수 있었을 경우에 배상책임을 진다. 통상가격은 이행지의 가격이 표준이 된다.

相計)라고 한다.[17] 민법상 명문규정은 없으나 손해배상법의 취지상 당연히 인정된다. 이는 **공평의 원칙**에 따라 인정하고 있다. 그리고 **장래**의 일정한 **시기에 가액**을 취득할 **채권이 침해**(채무불이행)된 경우에 **장래의 가액**(손해배상액)으로부터 **중간이익**(中間利益)을 **공제**한 것이 **현재의 손해배상액**이 되어야 한다는 것이다.[18]

만약 채무불이행을 **예상하여 미리** 당사자 사이에 **배상액을 정하여 놓았다면**, 채무불이행의 증명만으로써 **예정 배상액을 청구**할 수 있다는 것이다(민법 제398조).[19] 이는 채무불이행의 경우에 있어서 손해의 유무 및 범위에 관한 분쟁을 막으려는데 그 목적이 있다. **금전채무가 불이행**된 경우에 **법정이율**(민사채권 연5%, 상사채권 연6%, 소촉법 : 연 12%) 또는 **약정이율**에 따라 배상액을 정한다(민법 제397조 제2항)는 것이다.[20]

5) 매도인의 (하자)담보책임

우리 민법은 계약위반에 대한 책임을 구성하는 데 위에서 언급한 채무불이행책임을 계약책임으로 정하면서도 동시에 **(하자)담보책임**(瑕疵擔保責任)이라는 **별도**의 **계약책임**을 두는 2원적 책임체계를 구축하고 있다.[21] **채무자의 귀책사유**를 전제한 유책한 계약위반에 대해서는 **채무불이행책임**을 물을 수 있고, 채무자의 **귀책사유가 없더라도 매매목적물의 하자**나 그 목적 **권리의 흠결**을 이유로 (하자)**담보책임**을 물 수도 있다. 따라서 담보책임은 그 근거에 있어서 **법정책임**(法定責任)**이며, 그 요건에서 무과실책임**(無過失責任)**이다.**[22]

매도인이 지는 담보책임에서는 그 하자(瑕疵)가 권리나 물건 가운데 어느 쪽에 존재하는가에 따라 담보책임의 유형이 달리 규정되므로, 하자의 유형과 종류에 따라 책임의 요건과 내용이 달라진다. 매수인은 일정한 요건 아래에 계약해제권・대금감액청구권・손해배상청구권・완전물 급부청구권 가운데 일부를 행사할 수 있다. 매도인이 지는 담보책임의 내용은 다음과 같다.

첫째, 권리의 하자에 대한 담보책임인데, 이는 매도인이 권리이전의 의무를 완전히 이행하지 못하여 지는 책임이다. 이에 대한 담보책임의 내용은 다음과 같다.

ⅰ) 권리의 전부가 타인에게 속한 경우: 매매의 목적이 된 권리의 전부가 타인에게 속하고(타인의 권리를 매매한 경우), 매도인이 그 권리를 취득하여 매수인에게 이전할 수 없는 때에는 매수인은 그가 선의이든 악의이든 계약을 해제할 수 있다(민법 제570조 본문). 매수인이 선의인 때에는 해제를 하면서 동시에 손해배상도 청구할 수 있다(민법 제570조 단서).

---

17) 생활비 공제
18) 이는 중간이자의 공제문제는 손해배상이 후불이 원칙이기 때문에 미리 일시금으로 손해배상액을 받음에 대한 이자를 공제하는 것이다.
19) 이는 손해배상액(損害賠償額)의 예정(豫定) 문제이다.
20) 이는 손해배상에서 금전채권에 대한 특칙이다. 약정이율의 한계는 이자제한법에서 연 24% 이내로 정하고 있다.
21) 매도인의 담보책임은 매도인에게 계약상 무과실 책임을 지게 하는 것이다.
22) 하자담보책임은 매도인에게 계약상 무과실 책임이다.

ⅱ) **권리의 일부가 타인에게 속한 경우**: 매매의 목적이 된 권리의 일부가 타인에게 속함으로 인하여 매도인이 그 권리를 취득하여 매수인에게 이전할 수 없는 경우에는 매수인은 그가 선의이든 악의이든 이전받을 수 없는 부분의 비율로 대금의 감액을 청구할 수 있다(민법 제572조 제1항). 그리고 선의의 매수인은 나머지 부분만이면 매수하지 않았을 때에는 계약 전부를 해제할 수 있고(민법 제572조 제2항), 또 감액청구 또는 계약해제 외에 손해배상도 청구할 수 있다(민법 제572조 제3항). 그런데 매수인의 위의 세 권리는 매수인이 선의인 경우에는 사실을 안 날부터, 악의인 경우에는 계약한 날부터 1년 내에 행사하여야 한다(민법 제573조).

ⅲ) **권리의 일부가 존재하지 않는 경우**(목적물의 수량부족 · 일부멸실): 당사자가 수량을 지정해서 매매하였는데, 그 목적물의 수량이 부족한 경우 또는 매매 목적물의 일부가 계약 당시에 이미 멸실된 경우에는 매수인이 선의인 때에 한하여 위 ⅱ)에서와 같은 권리가 인정된다(민법 제574조).

ⅳ) **재산권이 타인의 용익적 권리에 따라 제한받고 있는 경우**: 매매의 목적물이 지상권 · 지역권 · 전세권 · 질권 · 유치권의 목적이 되어 있는 경우(민법 제575조 제1항), 매매목적 부동산을 위하여 존재할 지역권이 없는 경우(민법 제575조 제2항), 매매목적 부동산에 등기된 임대차계약이 있는 경우(민법 제575조 제2항) 가운데 어느 하나이고, 매수인이 선의인 때에는 그로 인하여 계약의 목적을 달성할 수 없는 때에는 계약해제와 함께 손해배상을 청구할 수 있고, 그렇지 않은 때에는 손해배상만을 청구할 수 있다(민법 제575조 제1항). 그리고 매수인의 이 권리는 매수인이 용익권의 존재 또는 지역권의 부존재를 안 날부터 1년 내에 행사하여야 한다(민법 제575조 제3항).

ⅴ) **재산권이 저당권 · 전세권에 따라 제한받고 있는 경우**: ① 매매의 목적이 된 부동산에 설정된 저당권 또는 전세권의 행사로 인하여 매수인이 그 소유권을 취득할 수 없거나(매매계약 후 소유권 취득 전에 경매된 경우), ② 취득한 소유권을 잃거나(소유권 취득 후 경매된 경우), 또는 ③ 매수인이 출재하여 소유권을 보존한 때에는 매수인은 선의이든 악의이든 위 ① ②의 경우에는 계약을 해제하면서 동시에 손해배상을 청구할 수 있고(민법 제576조 제1항 · 제3항), ③의 경우에는 출재한 것의 상환을 청구할 수 있고, 아울러 손해배상도 청구할 수 있다(민법 제576조 제2항 · 제3항). 민법은 저당권의 목적으로 되어 있는 지상권이나 전세권이 매매의 목적인 경우에는 민법 제576조를 준용한다(민법 제577조).

둘째, 물건의 하자에 대한 담보책임(하자담보책임)인데, 이는 매매의 목적물에 하자가 있는 경우에 매수인이 하자 있는 것을 몰랐고(선의), 또 모르는 데 과실도 없는 때(무과실)에는 매수인은 매도인에게 담보책임을 물을 수 있다(민법 제580조 · 제581조). 이를 보통 매도인의 하자담보책임이라고 한다. 이 책임은 매도인의 고의 · 과실을 요건으로 하지 않는 무과실책임이다. 매도인의 하자담보책임은 특정물매매에서뿐만 아니라 불특정물매매(종류매매)에서도 인정된다(민법 제581조). A가 세탁기 전자매장에서 세탁기를 구입하였는데 세탁기가 작동되지 않은 경우, B가 서점에서 법전을 샀는데 몇 장이 빠져 있는 경우가 그 예이다. 하자담보책임의 내용은 다음과 같다. 목적물의 하자로 인하여 계약의 목적을 달성할 수 없는 때에는 매수인은 계약을 해제함과 동시에 손해배상을 청구할 수 있다(민법 제580조 제1항 본문·제581조 제1항·제575조 제1항 1문). 그리고 불특정물매매에 있어서는 매수인은 계약의 해제 또는 손해배상을 청구하지 않고서 하자 없는 물건, 즉 완전물의 급부를 청구할 수 있다(민법 제581조 제2항). 매수인이 매도인에 대하여 가지는 계약해제권·손해배상청구권·완전물 급부청구권은 매수인이 목적물에 하자가 있다는 사실을 안 날부터 6개월 내에 행사하여야 한다(민법 제582조).

셋째, 채권매도인의 담보책임인데, 채권매도인은 채권의 존재나 채권액에 대하여는 담보책임을 지나, 채무자에게 변제할 자력(資力)이 있는지에 대하여는 책임이 없다. 다만, 채권의 매도인이 매수인에 대하여 채무자의 자력을 담보한다는 특약(무자력으로 변제받지 못하면 배상한다는 특약)을 한 경우에는 책임을 져야 한다. 문제는 그러한 특약이 있는 경우에 어느 시기를 기준으로 하여 매도인이 채무자의 자력을 담보한 것인지이다. 이는 특약의 해석문제인데, 불분명한 때를 위한 해석규정으로 민법 제579조가 있다. 그에 따르면, '변제기가 이미 된 채권'(변제기의 약정이 없는 채권을 포함함)이 매도인이 채무자의 자력을 담보한 때에는 매매계약 당시의 자력을 담보한 것으로 추정한다(민법 제579조 제1항). 그리고 '변제기가 되지 않은 채권'의 매도인이 채무자의 자력을 담보한 때에는 변제기의 자력을 담보한 것으로 추정한다(민법 제579조 제2항).

넷째, 경매에서의 담보책임인데, 채권자가 이행판결에 기하여 채무자의 재산을 경매에 붙이거나(통상의 강제경매) 저당권·질권·전세권을 실행하여 경매에 붙이는 경우(담보권 실행경매=임의경매)와 같이 국가기관이 하는 경매(공경매)는 특수성이 있다. 그러한 경매에서는 재산이 소유자의 의사에 따르지 않고 매각되며, 매각대금으로부터 채권자 등이 우선변제를 받기 때문이다. 따라서 그에 관하여는 특별규정을 두고 있다. 그에 따르면 공경매의 경우에는 매수인은 권리의 하자에 대하여만 담보책임을 물을 수 있고, 물건의 하자에 대하여는 책임을 묻지 못한다(민법 제580조 제2항). 그리고 권리에 하자가 있는 경우에는 앞에서 설명한 민법 제570조부터 제577조까지에 따라 제1차적으로는 채무자가 책임을 지고, 채무자가 무자력인 때에는 제2차적으로는 대금의 배당을 받은 채권자가 배당받은 금액의 한도 내에서 책임을 진다(민법 제578조). 공경매의 경우에는 권리에 하자가 있더라도 손해배상책임을 원칙적으로 지지 않으며, 채무자나 채권자가 악의인 때에만 예외적으로 손해배상책임을 진다(민법 제578조 제3항).

3. 동산의 (유상)선의취득

우리 민법은 부동산등기의 공신력(公信力)을 인정하지 않고 있지만 **동산의 점유**에는 **공신력을 인정**하고 있다. 그 결과 동산물권은 **권리가 없는 자**로부터도 **유효하게 취득**될 수 있다. 예컨대 철수가 만수 소유의 **자전거를 빌려서 타고** 있는데 **철수를 소유자로 믿고** 영희가 철수로부터 그 **자전거를 매수**한 때에는 **영희**는 **자전거의 소유권을 적법**하게 취득하게 된다. 소유권취득의 근거가 바로 유상의 **선의취득(善意取得)이다.**[23] 동산을 점유하고 있는 자를 권리자로 믿고 평온·공연·선의·무과실로 거래하였다면 비록 그 **양도인**이 **정당한 권리자가 아니더라도 양수인**에게 그 **동산에 대한 소유권** 또는 **질권의 취득**을 **인정**하는 제도이다.

동산의 거래는 부동산거래와 달리 매우 빈번하게 이루어지므로 매번 거래를 할 때마다 양수인이 양도인과 그 앞 권리자의 소유권의 유무와 계속성을 확인해야 한다면 **거래의 안전과 신속을 기할 수 없게 되기 때문**이다.

법률·민법

제249조(선의취득) 평온, 공연하게 동산을 양수한 자가 선의이며 과실없이 그 동산을 점유한 경우에는 양도인이 정당한 소유자가 아닌 때에도 즉시 그 동산의 소유권을 취득한다.

제250조(도품, 유실물에 대한 특례) 전조의 경우에 그 동산이 도품이나 유실물인 때에는 피해자 또는 유실자는 도난 또는 유실한 날로부터 2년 내에 그 물건의 반환을 청구할 수 있다. 그러나 도품이나 유실물이 금전인 때에는 그러하지 아니하다.

제251조(도품, 유실물에 대한 특례) 양수인이 도품 또는 유실물을 경매나 공개시장에서 또는 동종류의 물건을 판매하는 상인에게서 선의로 매수한 때에는 피해자 또는 유실자는 양수인이 지급한 대가를 변상하고 그 물건의 반환을 청구할 수 있다.

4. 동산에 대한 담보제도

금전채무 등의 **정상적인 이행을 확보**하기 위하여 **동산을 목적물로 한 담보제도**가 발달하였다. 부동산을 목적물로 하는 담보제도는 주로 고액의 채무를 위하여 발전하였지만 **동산**을 목적물로 하는 담보제도는 **소액의 채무**를 위하여 설정되는 경향이 강하다. 일정한 요건

23) 바로 소유권을 취득한다는 것이다. 참고로 동산의 취득시효를 보면, 무상의 선의 습득시에는 취득시효는 5년, 무상의 악의 습득시에는 취득시효는 10년, 무권리자로부터 유상의 선의 취득시에는 즉시 소유권을 취득한다. 다만, 선의취득시에는 소유권자가 가격보상하고 2년 이내 반환을 청구할 수 있다. 그러나 특별법인 유실물법과 수난구호법에 따라 습득자가 일정한 기간 내에 경찰서나 구청에 신고한 후에 6개월이 경과할 때까지 소유권자가 찾아가지 아니하면 6개월 후에 소유권을 취득한다. 습득자가 3개월이 경과할 때까지 찾아 가지 아니하면 국고로 환수된다.

아래에서 **법률규정**이 당연히 인정하는 **유치권 이**외에도, **당사자의 합의**에 따라 설정되는 **질권 및 비전형담보물권**(양도담보)이 있다.

1) 유치권

타인의 물건(동산, 부동산) 또는 유가증권을 점유한 자가 그 **물건**(부동산도 포함됨)이나 **유가증권**에 관하여 생긴 채권을 가지는 경우에, 그 채권의 **변제를 받을 때**까지[24] 그 물건 또는 유가증권을 **유치**[25]함으로써 채무자의 **변제를 간접적으로 강제**하는 담보물권(擔保物權)을 **유치권**(留置權)이라고 한다(민법 제320조).[26] 예컨대 타인의 **구두를 수선**한 자가 **수선비의 지급을 받을 때까지** 구두를 어느 누구의 방해도 없이 **유치할 수 있는 권리**이다.[27] 또는 임차인이 임차물에 가한 필요비의 상환을 받을 때까지(민법 제626조 참조) 그 물건을 유치할 수 있는 것과 같은 것이다. 물론 그 점유가 불법행위로 인한 경우에는 인정되지 않는다.

유치권은 해당물건에 관해서 생긴 채권의 채권자에게 **법률상 당연히 주어지는 법정담보물권**(法定擔保物權)이며,[28] 이에 의하여 채권자와 채무자 사이의 공평성이 실현된다고 볼 수 있으나, 질권(質權)과는 달리 현금화**(환가)변제권(換價辨濟權)이 인정되지 않으므로** 그러한 한도에서 담보적 효력이 상대적으로 약하다고 할 수 있다. 하지만 **채권의 변제를 받을 때까지 그 물건이나 유가증권의 반환을 거절**(유치적 권능 O, 우선변제적 권능 X)할 수 있으므로 다른 채권자보다 **사실상 우선변제**(優先辨濟)를 받게 된다.

따라서 유치권자는 채권의 **변제를 받을 때까지** 누구에 대해서도, 즉 그 물건의 양수인·매수인(경락인) 등에 대해서도 **목적물의 인도를 거절**할 수 있다. 그러나 유치권은 **그 목적물과 채권 사이에 견련관계가 있는 경우에만 성립**한다. **목적물에 지출한 비용의 상환청구권, 목적물로부터 받은 손해의 배상청구권, 목적물을 인도받은 후 매매계약이 취소된 경우에 매매대금의 상환청구권** 등을 **확보**하기 위하여 **유치권이 인정**된다.

특히 유치권자는 채권의 변제를 받기 위하여 **담보권의 실행을 위한 경매**의 예에 따라 **유치물을 경매(競賣)**할 수 있다. 다만 유치권에 따른 경매는 유치권자의 채권을 위한 환가(현금화)에 그 목적이 있는 것이므로 경매에 따른 **배당절차**에서 유치권자는 다른 담보물권자

24) 변제기 도래

25) 유치권의 유치물은 타인의 물건이나 유가증권이며, 이를 점유하여야 한다. 따라서 점유를 상실하면 유치권은 소멸한다(민법 제328조).

26) 목적물을 유치할 수 있는 권리는 유치권 주장의 상대방에게, 누구에게나 주장(목적물 양수인 또는 매수인에게 까지)할 수 있다. 소송상의 유치권 행사에는 법원이 직권으로 고려하지 않는다. 유치권자가 유치권을 스스로 주장할 수 있고, 이에 상환급부판결을 받을 수 있다.

27) 유치권도 채권소멸시효에 걸립니까? 시계수선을 한 자가 수선료를 지급받을 때까지 시계의 인도를 거절할 수 있는 거구요(동산유치권). 임차인은 필요비를 지출한 경우 필요비를 상환받을 때까지 그 목적 부동산을 유치할 수 있습니다.(부동산유치권). 유가증권에 관해서도 마찬가지구요. 민법 제326조 "유치권의 행사는 채권의 소멸시효의 진행에 영향을 미치지 않는다"고 규정하고 있다.

28) 법정의 유치원은 원칙적으로 약정담보물권인 질권·저당권과 다르다. 즉 당사자의 합의로 유치권은 생기게 하지는 못한다.

와 달리 **우선변제권을 갖지 못한다**. 그러나 채무자나 제3자가 목적물을 인도받으려면 **유치권자에게 일단 변제**해야 하므로 실제로는 **우선변제권이 있는 것과 마찬**가지가 된다. 한편, 유치권자는 **채무자의 승낙이 있는 때**에 한하여 **유치물의 사용·대여 또는 담보제공을 할 수** 있다. 따라서 유치권자는 채무자의 승낙이 없는 이상 유치물을 임대하더라도 그것을 가지고 소유권자나 경매로 인한 매수인에게 대항할 수 없다. 그럼에도 불구하고 유치권자는 승낙을 얻지 않더라도 **보존에 필요한 범위에서 유치물을 사용**할 수 있다.

법률 · 민법

제320조(유치권의 내용)
① 타인의 물건 또는 유가증권을 점유한 자는 그 물건이나 유가증권에 관하여 생긴 채권이 변제기에 있는 경우에는 변제를 받을 때까지 그 물건 또는 유가증권을 유치할 권리가 있다.
② 전항의 규정은 그 점유가 불법행위로 인한 경우에 적용하지 아니한다.

제321조(유치권의 불가분성) 유치권자는 채권전부의 변제를 받을 때까지 유치물 전부에 대하여 그 권리를 행사할 수 있다.

제322조(경매, 간이변제충당)
① 유치권자는 채권의 변제를 받기 위하여 유치물을 경매할 수 있다.
② 정당한 이유있는 때에는 유치권자는 감정인의 평가에 의하여 유치물로 직접변제에 충당할 것을 법원에 청구할 수 있다. 이 경우에는 유치권자는 미리 채무자에게 통지하여야 한다.

제323조(과실수취권)
① 유치권자는 유치물의 과실을 수취하여 다른 채권보다 먼저 그 채권의 변제에 충당할 수 있다. 그러나 과실이 금전이 아닌 때에는 경매하여야 한다.
② 과실은 먼저 채권의 이자에 충당하고 그 잉여가 있으면 원본에 충당한다.

제327조(타담보제공과 유치권소멸) 채무자는 상당한 담보를 제공하고 유치권의 소멸을 청구할 수 있다.

제328조(점유상실과 유치권소멸) 유치권은 점유의 상실로 인하여 소멸한다.

2) 동산질권

질권(質權)이란 채권자가 그의 채권의 담보로서 채무자 또는 제3자인 물상보증인(物上保證人)으로부터 받은 **물건** 또는 **재산권을 채무의 변제가 있을 때까지 유치**함으로써 **채무의 변제를 간접적으로 강제**하는 동시에, **변제가 없는 때**에는 그 **목적물로부터 우선적으로 변제**를 받는 **약정담보물권**(約定擔保物權)이다(민법 제329조, 제345조).[29] **질권의 내용**은 목적물의 점유를 취득하는 것과 목적물의 교환가치로부터 우선변제를 받는다. 그리고 **질권의 목**

---

29) 자금을 차입할 때, 경제적 가치가 있는 동산(動産)이나 권리(權利) 등을 담보로 제공하게 되는데, 채권자는 담보로 제공된 동산이나 권리를 점유하여 채무자의 채권변제를 강제하게 됩니다. 이러한 채권자의 권리를 질권(質權)이라고 하는데, 특허권 또한 권리(權利)로서 질권의 대상이 된다.

적물이 될 수 있는 것은 **동산(動産)**이며 부동산(不動産)은 질권의 목적이 될 수 없다.[30)]

예컨대, 철수가 만수에게 10만원을 빌려주고 그 담보로 만수 소유의 **노트북PC**를 **입질**(入質)받으면, 만수의 차용금변제가 있을 때까지 그 **노트북PC**을 **유치**하여 인도를 거절할 수 있고, 만약 만수가 이행기에 차용금을 변제하지 않는 경우에는 그 **노트북PC**을 경매 그 밖의 방법으로 **매각**하여 그 가액으로부터 다른 채권자에 **우선하여 변제**를 받을 수 있다.

질권의 성립은 당사자 사이의 **합의** 이외에 **목적물을 인도**를 하여야 한다. 다만, 질권설정자는 채무변제기 전의 계약으로 질권자에게 **변제기에 갈음**하여 **질물의 소유권을 취득**하게 하거나, **질물을 처분**할 것을 **약정(約定)하는 유질(流質)계약을 체결할 수 없다**. 이렇게 유질계약을 금지하는 것은 **궁박한 상태**에 있는 채무자가 **폭리행위에 따라 희생**되는 것을 막기 위한 것이다. 하지만 **상행위**에 따라 생긴 채권을 담보하기 위하여 설정된 질권에는 **유질계약금지의 원칙이 적용되지 않으며, 채무의 변제기 후**에 하는 **유질계약** 역시 **유효**하다. 이때에는 채무자의 **궁박을 이용한다는 사정이 없기** 때문이다.

법률 · 민법

제329조(동산질권의 내용) 동산질권자는 채권의 담보로 채무자 또는 제삼자가 제공한 동산을 점유하고 그 동산에 대하여 다른 채권자보다 자기채권의 우선변제를 받을 권리가 있다.

제335조(유치적 효력) 질권자는 전조의 채권의 변제를 받을 때까지 질물을 유치할 수 있다 그러나 자기보다 우선권이 있는 채권자에게 대항하지 못한다.

제338조(경매, 간이변제충당)

① 질권자는 채권의 변제를 받기 위하여 질물을 경매할 수 있다.

② 정당한 이유있는 때에는 질권자는 감정자의 평가에 의하여 질물로 직접변제에 충당할 것을 법원에 청구할 수 있다. 이 경우에는 질권자는 미리 채무자 및 질권설정자에게 통지하여야 한다.

3) 양도담보

동산의 양도담보(讓渡擔保)란 채권담보의 목적으로 **동산의 소유권**을 **채권자에게 이전**하고, 채무자가 **이행하지 아니한 경우**에는 채권자가 그 **목적물로부터 우선변제**를 받게 되지만, 채무자가 **이행**을 하는 경우에는 목적물을 **다시 원소유자에게 반환**함으로써 채권을 담보하는 변칙적 담보물권이다.[31)]

부동산의 양도담보에 관해서는 대부분 '가등기담보법'이 적용된다. **동산의 양도담보가 설정**되기 위해서는 어느 채무를 담보하기 위하여 동산을 담보로 한다는 양 당사자의 **설정계약**과 이에 **기초하여 동산**을 양도담보권자에게 **인도**하면 된다. 질권과는 달리 **점유개정**

30) 질권은 동산(動産)을 담보로 잡고 소액의 돈을 융통해 주는 것이다.

31) 양도담보: 소유권 넘겨 주고 돈(소액)을 빌리는 것 ➜ 받은 사람이 사용할 수 있다.

의 방법에 따른 **인도도 허용**된다고 한다. 양도담보권자가 **양도담보권을 실행**하기 위해서는 피담보채권에 관하여 **'이행지체'**가 성립하여야 한다.

양도담보의 목적물은 피담보채권 전액을 담보하는 것이기 때문에, 그 일부의 변제가 있더라도 채권자는 잔액에 관하여 양도담보권을 행사할 수 있다. 양도담보의 실행도 '실행통지' → '청산' → '소유권취득'의 순서로 진행된다.

제2절 부동산의 재산관계

토지나 집 등의 **부동산**[32]은 그 높은 가치 때문에 거래를 할 때에 더욱 신중해야 한다.[33] 그렇다면 집이나 땅을 사고 팔 때에는 과연 어떤 점을 조심해야 하는 것일까? 부동산을 사면서 **계약금, 중도금, 잔금**을 지급한 경우 각각의 단계에서 어떤 **권리를 행사**할 수 있는 것일까? 부동산을 사고 팔 때에 내야 하는 **세금**은 얼마나 되는 것일까?

1. 부동산소유권의 취득

부동산소유권을 취득하기 위해서는 **부동산**을 **매수**하고자 하는 사람이 **매도인**과의 **계약을 통하여** 종국적으로 그 **소유권을 취득**하는 게 일반적이다. 하지만 당사자끼리의 자유로운 계약이 아니더라도 **법률**이나 **재판**을 통하여 부동산소유권을 **취득**할 수도 있다. 구체적으로 **상속**(相續), **공용징수**(公用徵收), **판결**(判決) 및 **경매**(競賣) 등에 따라 타인의 부동산소유권을 **취득**할 수 있다(민법 제187조). 그 외에도 **취득시효**(取得時效)제도에 따라 **등기**함으로서 타인의 부동산소유권을 취득할 수 있다(민법 제245조).

매매는 매도인이 재산권을 상대방에게 이전할 것을 약정하고, 매수인은 이에 대하여 그 대금을 지급할 것을 약정함으로써 성립하는 계약이다. 매매의 목적이 무엇인가에 따라 매매에 따른 권리의무관계는 상이하게 전개된다. 물건에 대한 매매를 비롯하여 권리의 매매 및 기업양도 등 다양한 매매관계가 성립할 수 있다. 따라서 **부동산의 소유권이전을 목적으로 하는 계약**을 **부동산매매**라고 할 수 있다.

매도인은 매수인에게 재산권을 이전할 의무를 부담한다. 따라서 매도인은 매수인에게 재산권이전에 필요한 모든 행위, 즉 재산권변동에 필요한 자신의 행위를 종국적으로 실현하여야 한다. 그러므로 부동산매매에서는 그 재산권을 **등기**(登記)하는 데 협력하여야 한다

32) 민법 제99조(부동산, 동산) ① 토지 및 그 정착물은 부동산이다. ② 부동산이외의 물건은 동산이다.

33) 참고로 면적을 계산하는 경우: 1평-3.3058㎡, ?㎡ × 0.3025=?평, ?㎡÷3.3058=?평

(민법 제186조 참조).[34] 한편 매수인은 매도인의 재산권이전과 목적물의 인도에 대한 반대급부로서 대금지급의무를 부담한다. 특약이 없는 한 대금지급의무는 매도인의 재산권이전의무와 동시에 이행되어야 한다. 무엇보다도 **부동산에 관한 법률행위로 인한 물권의 득실변경은 등기하여야 효력**이 생긴다(민법 제186조).[35]

따라서 매매계약을 통한 부동산물권변동은 **물권적 합의**와 **등기**의 두 요건을 갖추었을 때 성립 내지 효력이 발생한다. 무엇보다도 등기가 **물권변동의 효과**를 가지려면 등기의 형식적·실질적 유효요건을 갖추어야 한다. **부동산등기법상의 절차**를 밟아 **적법하게 등기**를

알고 넘어가기

지목의 표기방법

* 공간정보의 구축 및 관리 등에 관한 법률(약칭: 공간정보관리법) 시행규칙 제64조: 지목을 지적도 및 임야도에 등록하는 때에는 다음의 부호로 표기하여야 한다.

지목	부호	지목	부호
전	전	철도용지	철
답	답	제방	제
과수원	과	하천	천
목장용지	목	구거	구
임야	임	유지	유
광천지	광	양어장	양
염전	염	수도용지	수
대	대	공원	공
공장용지	장	체육용지	체
학교용지	학	유원지	원
주차장	차	종교용지	종
주유소 용지	주	사적지	사
창고용지	창	묘지	묘
도로	도	잡종지	잡

34) 부동산등기부에 의해 권리관계를 공인(公認) 또는 공시(公示)한다. 부동산 등기부는 토지등기부와 건물등기부로 구성되어 있다. 통상 부동산 등기부는 표제부, 갑구, 을구로 나뉘어 있다. 토지와 관련된 토지등기부, 토지대장, 도면(지적도와 임야도), 토지이용계획확인서 가운데서, 토지대장과 도면을 지적공부(地積公簿)라 한다. 부동산과 관련된 사항을 등기부(登記簿)에 기록하는 것을 등기(登記)라고 하고, 지적공부에 기록하는 것을 등록(登錄)이라고 한다.

35) 권리관계를 나타내는 토지등기부와 건물등기부는 소유권, 저당권 등 권리관계를 나타내는 서류이며, 토지경매에서 권리분석의 기초가 된다. 사실관계를 나타내는 토지대장(土地臺帳) 및 임야대장(林野臺帳)이 있으며, 27개 지목 가운데 번지 앞에 '산'번지 임야는 임야대장에 등록하고, '산'자가 없는 번지의 임야와 나머지 지목은 토지대장에 등록한다. 토지공부의 시작과 끝이라고 할 수 있는 토지이용계획확인서는 도시관리계획의 내용을 확인해 주는 것이고, 시·군의 도시계획에는 도시기본계획과 도시관리계획이 있다. 도시기본계획이란 도시의 기본적인 공간구조와 발전 방향을 제시하는 종합계획으로서 20년 정도의 기간을 바라보고, 수립하고 있으며, 5년마다 재정비하고 있다. 도시관리계획이란 도시기본계획을 기본으로 하여 토지의 용도지역, 용도지구, 용도구역, 도시계획시설, 지구단위계획, 기반시설 부분에 대한 것을 지정하고 변경하는 계획을 말한다.

하는 것이 형식적 유효요건이고, 등기를 물권적 합의와 부합시키는 것이 실질적 유효요건이다. 매도인의 재산권이전의무 및 목적물인도의무와 매수인의 대금지급의무는 서로 대가적 관계에 있다. 대가적 관계가 실현되지 않을 경우에 민법은 여러 구제제도를 마련해두고 있다. **채무불이행책임제도**, **위험부담** 및 **담보책임제도**가 그것이다.

채무불이행책임제도는 상대방의 귀책사유로 인하여 이행으로써 기대되었던 이익의 상실에 대한 구제제도이고, 위험부담은 양 당사자의 귀책사유 없이 일방당사자의 급부가 불가능하게 되었을 경우에 대한 처리방법이다. 이에 반하여 **담보책임**은 매도인의 매매목적물인 물건이나 권리 등에 하자가 있는 경우에 매도인의 과실을 묻지 않고 일정한 책임을 매도인에게 부담시킴으로써 유상계약관계인 매매관계의 대가적 균형을 유지하기 위한 제도이다. 담보책임에서는 그 하자(瑕疵)가 재산권 또는 부동산 가운데 어느 쪽에 존재하는가에 따라 담보책임의 유형이 달리 규정되므로, 하자의 유형과 종류에 따라 책임의 요건과 내용이 달라진다.

〈취득시효에 의한 부동산소유권의 취득〉

20년간 소유의 의사로 평온하고 공연(公然)하게 부동산을 점유하는 자는 등기함으로써 그 소유권을 취득한다. 이를 점유취득시효라고 하는데 그 요건으로서의 점유는 소유의 의사로 하는 점유, 즉 자주점유(自主占有)이어야 한다. 자주점유에 대한 판단은 부동산을 점유하게 된 권원의 성질에 의하여 객관적으로 정하여지고, 권원의 성질이 불분명하여 자주점유인지 타주점유인지 확정하기 어려운 경우에는 자주점유로 추정된다. '평온한 점유'라고 함은 강폭한 점유가 아닌 점유로서 점유자가 그 점유를 취득 또는 보유함에 있어 법률상 허용되지 않는 강폭행위 없이 행한 점유를 말한다. 점유자는 특별한 사정이 없는 한 평온·공연하게 점유하는 것으로 추정된다. 그리고 부동산을 점유시효취득하기 위해서는 20년 동안 점유가 계속되어야 한다. 무엇보다도 부동산의 점유취득시효에 의하여 부동산의 소유권을 최종적으로 취득하기 위해서는 등기를 하여야 한다. 한편 부동산의 소유자로 이미 등기된 사람이 10년간 소유의 의사로 평온·공연하게 선의이며 과실 없이 그 부동산을 점유한 때에는 소유권을 취득한다. 이를 등기부취득시효라고 하는데 앞의 점유취득시효와는 달리 그 점유가 선의·무과실이어야 된다는 특별요건이 요구된다.

법률·민법

제186조(부동산물권변동의 효력) 부동산에 관한 법률행위로 인한 물권의 득실변경은 등기하여야 그 효력이 생긴다.

제187조(등기를 요하지 아니하는 부동산물권취득) 상속, 공용징수, 판결, 경매 기타 법률의 규정에 의한 부동산에 관한 물권의 취득은 등기를 요하지 아니한다. 그러나 등기를 하지 아니하면 이를 처분하지 못한다.

알고 넘어가기

등기부의 종류[36]

구 분		근거법령	등기대상	등록기관
부동산 등기부	토지등기부	부동산등기법	토지	시·군·구 법원행정처-등기
	건물등기부	부동산등기법	건물	시·군·구 법원행정처-등기
입목등기부		입목에관한법률	잣나무, 전나무, 낙엽송, 향나무 등 30수종	산림청, 법무부, 법원행정처
선박등기부		선박등기법	20톤 이상의 기선·범선, 100톤이상의 부선	해양수산부, 법무부
공장재단등기부		공장저당법, 재단저당등기처리규칙	물품의 조제, 가공업에 사용되는 공장	법무부, 법원행정처
광업재단등기부		광업재단저당법, 재단저당등기처리칙	광업권과 광물채굴을 위한 일단의 공업재단	법무부, 법원행정처
법인등기부		법인과부부재산약정등기처리규칙	사단법인, 재단법인, 학교법인	설립허가부처
특수법인등기부		특수법인등기처리규칙	특별법에 따라 설립된 법인(한국은행, 대한주택공사 등)	설립허가부처
상업등기부		상업등기처리규칙	합명회사, 합자회사, 주식회사, 유한회사, 외국회사	법무부, 법원행정처
동산담보등기부 채권담보등기부		동산·채권 등의 담보에 관한 법률	동산·채권을 담보로 제공하는 경우에는 법인 또는 상업등기법에 따라 상호등기를 한 사람으로 한정	법무부, 법원행정처

2. 타인의 부동산에 대한 임대차

내 집을 가진 사람보다는 세를 들어 사람이 더 많다. 그렇기에 실제로 부동산을 사고 파는 거래보다 집을 빌리는 임대차가 빈번하게 일어난다. 임대차 계약을 할 때에는 어떤 점을 조심해야 하는 것일까? 세를 들어 살고 있는 상황에서도 여러 가지 집의 수리비와 관련하여 집주인과 문제가 생길 수 있다. 수리비는 집에 살고 있는 임차인이 전적으로 부담해야 하는 것일까? 아니면 집주인이 내야 하는 것일까? 또 세를 들어 살다가 계약이 끝났는데도 집주인이 보증금을 돌려주지 않는 경우, 어떻게 하면 쉽고 빠르게 보증금을 돌려받을

36) 한국지적학회, 토지등록공시제도의 일원화 방안, 1993, 52면 참조 재작성.

수 있을까? 타인의 부동산을 매매계약을 통하여 구입하지 않더라도 타인과 일정한 법률관계를 맺음으로써 그의 부동산을 이용할 수도 있다. 부동산임대차, 지상권 및 전세권이 그러한 역할을 담당한다.

1) 부동산임대차계약

** 임대인(賃貸人) === 임차인(賃借人) → 전대인(轉貸人) ==== 전차인(轉借人)
↓ 임대차(賃貸借) ↓ 전대차(轉貸借)

임대차는 당사자 일방(임대인)이 상대방(임차인)에게 목적물(임대물)을 사용·수익하게 할 것을 약정하고 상대방이 이에 대하여 차임(借賃)을 지급할 것을 약정함으로써 성립하는 계약이다(민법 제618조). 예를 들면, 건물 또는 기계를 B에게 사용대가(차임)를 받고서 1년간 빌려주는 것이다. 임대차는 임차물 자체를 반환하여야 하는 점에서 소비대차와 다르고 사용대차와 같으며, 사용·수익의 대가를 지급하는 점에서 사용대차와 다르다.

토지·건물과 같은 부동산은 공급이 무한할 수 없다. 그 결과 필요한 부동산을 소유하지 못한 자는 타인의 부동산을 사용할 수밖에 없다. 그래서 부동산임대차는 당사자일방이 상대방에게 **토지** 또는 **건물** 등 부동산을 **사용·수익**하게 할 것을 약정하고, 상대방이 이에 대한 대가로서 **차임을 지급**할 것을 약정함으로써 그 효력이 생기는 계약이다. 이러한 토지나 건물의 임대차에서 **경제적 약자인 임차인**은 불리한 내용의 계약체결을 감수하여야 하는 경우가 많다. 또한 **임대차계약**에 따라 임차인이 취득하는 임차권은 채권(債權)이므로, 부동산의 양도에 따라 **임대인이 바뀌면** 새로운 부동산소유자가 기존 임대인의 임대차관계를 **당연히 승계하지 않는다**. 따라서 임차인은 부동산의 양수인에 대하여 **임차권을 가지고 대항할 수 없다**.

여기서 많은 나라들은 부동산임차인을 보호하는 규정을 민법이나 특별법에 두게 되었다. 이러한 이유에서 부동산임차인의 **법률상 지위를 보호**하기 위하여 **주택임대차보호법**과 **상가건물임대차보호법**을 제정하여 시행하고 있다. 이에 대한 것을 다음에 요약·정리하였다.

법률·민법

제618조(임대차의 의의) 임대차는 당사자일방이 상대방에게 목적물을 사용, 수익하게 할 것을 약정하고 상대방이 이에 대하여 차임을 지급할 것을 약정함으로써 그 효력이 생긴다.

제623조(임대인의 의무) 임대인은 목적물을 임차인에게 인도하고 계약존속중 그 사용, 수익에 필요한 상태를 유지하게 할 의무를 부담한다.

제628조(차임증감청구권) 임대물에 대한 공과부담의 증감 기타 경제사정의 변동으로 인하여 약정한 차임이 상당하지 아니하게 된 때에는 당사자는 장래에 대한 차임의 증감을 청구할 수 있다.

제633조(차임지급의 시기) 차임은 동산, 건물이나 대지에 대하여는 매월말에, 기타 토지에 대하여는 매년 말에 지급하여야 한다. 그러나 수확기 있는 것에 대하여는 그 수확 후 지체없이 지급하여야 한다.

제635조(기간의 약정없는 임대차의 해지통고)

① 임대차기간의 약정이 없는 때에는 당사자는 언제든지 계약해지의 통고를 할 수 있다.

② 상대방이 전항의 통고를 받은 날로부터 다음 각호의 기간이 경과하면 해지의 효력이 생긴다.

1. 토지, 건물 기타 공작물에 대하여는 임대인이 해지를 통고한 경우에는 6월, 임차인이 해지를 통고한 경우에는 1월
2. 동산에 대하여는 5일

제639조(묵시의 갱신)

① 임대차기간이 만료한 후 임차인이 임차물의 사용, 수익을 계속하는 경우에 임대인이 상당한 기간내에 이의를 하지 아니한 때에는 전임대차와 동일한 조건으로 다시 임대차한 것으로 본다. 그러나 당사자는 제635조의 규정에 의하여 해지의 통고를 할 수 있다.

② 전항의 경우에 전임대차에 대하여 제삼자가 제공한 담보는 기간의 만료로 인하여 소멸한다.

주택임대차보호법과 상가건물임대차보호법의 비교

	주택임대차보호법	상가건물임대차보호법	
적용범위 (보호대상건물)	주거용건물의 전부 또는 일부의 임대차 임차인이 법인인 경우 예외적으로 적용 (LH공사, 지방공사, 중소기업사택)	1) 일정한 보증금액을 초과하지 않는 범위내의 사업자등록의 대상이 되는 상가건물의 임대차 2) 서울 : 6억 1천만원 이하 임대차 수도권(인천, 부산 포함) : 5억원 세종특별자치시 · 광역시(인천, 부산 제외) : 3억 9천만원 그 밖의 지역 : 2억 7천만원	상가임대차 = 보증금+월세×100 = 환산보증금
대항력	주택의 인도, 주민등록을 마친(전입신고를 한 때) 그 다음날부터	건물의 인도, 부가가치세법 등에 의한 사업자등록을 신청한 그 다음날부터	그 다음 날부터 제3자에 대항 * 모든 상가건물임대차 적용
보증금의 우선변제권 (1순위)	주택의 인도, 전입신고, 임대차계약서상의 확정일자를 받아야 한다.	상가건물의 점유, 사업자등록의 신청, 임대차계약서상의 확정일자를 받아야 한다.	경매 · 공매시 임차건물의 환가대금에서 후순위권리자, 그 밖의 채권자에 우선

	주택임대차보호법	상가건물임대차보호법	
임대차기간 및 기간의 갱신	1) 2년 미만인 경우는 2년 + 계약갱신요구권(2년, 1회) 임차인은 2년 미만의 기간을 유효로 주장가능 2) 임대인은 기간만료 전 6월부터 2월까지, 임차인은 기간만료 2월까지 갱신거절의 통지하지 않으면 동일조건으로 갱신된다. 3) 묵시적 갱신이 이루어진 경우 임차인은 언제든지 임차를 종료하면 임대인은 3월 이내에 임차보증금 반환해야 함	1) 기간의 정함이 없거나 1년 미만의 기간으로 정한 경우는 1년으로 본다. 임차인은 1년 미만의 기간의 유효성 주장가능 2) 임대인은 임차인의 기간만료 전 6월부터 1월까지 사이의 갱신요구에 정당한 사유없으면 거절 못한다. 3) 임차인의 계약갱신요구권 행사기간 → 10년	임차인의 계약갱신요구권(1회에 한함) * 모든 상가건물임대차 적용 = 계약갱신요구권
계약갱신요구권 거절로 인한 임차인 손배상청구권	임대인이 실거주를 사유로 갱신을 거절, 갱신되었을 기간이 만료되기 전에 정당한 사유 없이 제3자에게 목적 주택을 임대한 경우=손해배상액은 거절 당시 당사자 간에 손해배상액의 예정에 관한 합의가 이루어지지 않는 한 다음 각 호의 금액 중 **큰 금액으로** 한다. 1. 갱신거절 당시 월차임(차임 외에 보증금이 있는 경우에는 그 보증금을 제7조의2 각 호 중 낮은 비율에 따라 월 단위의 차임으로 전환한 금액을 포함한다 = 환산월차임)의 3개월분에 해당하는 금액 2. 임대인이 제3자에게 임대하여 얻은 환산월차임과 갱신거절 당시 환산월차임 간 차액의 2년분에 해당하는 금액 3. 임대인(임대인의 직계존속 · 직계비속을 포함한다)이 목적 주택에 실제 거주하려는 경우의 사유로 인한 갱신거절로 인하여 임차인이 입은 손해액		
기한이익상실 (차임연체와 해지)	차임 2기	차임 3기	* 모든 상가건물임대차 적용
차임증액청구 등의 통제	1) 계약 갱신시 차임이나 보증금의 증액청구는 약정한 차임이나 보증금의 20분의 1 (5%)의 금액 초과못함 2) 월차임 전환시 연1할(연 10%)과 기준금리(2.25%) + 연 2% 중 낮은 비율 (2022.07.13.기준)	1) 계약 또는 증액 후 1년 이후에 가능 차임 등의 5/100(5%) 초과 못함 2) 월차임 전환시 연 1할2푼(연 12%)과 기준금리(2.25%)의 4.5배(10.125%) 중 낮은 비율(2022.07.13.기준)	* 모든 상가건물임대차 적용
소액최우선 변제권 (보증금 중 일정액의 보호, (순위상관없이)	1) 인도와 주민등록(전입신고)를 한 때에, 주택가액(대지가액 포함)의 1/2 범위내에서 2) 4 지역 구분	1) 건물의 인도와 사업자등록신청한 때, 상가건물임대가액(대지가액 포함)의 1/3 범위내에서 2) 4 지역 구분	일정범위내의 보증금 중에서 다른 담보물권자보다 우선하여 변제받을 권리

	주택임대차보호법	상가건물임대차보호법	
	* 서울특별시 : 1억원 이하(3,400만원) * 수도권 인구과밀권역 : 8,000만원 이하계약(2,700만원까지) * 광역시(군지역 제외), 안산시, 용인시, 김포시, 광주시 : 6,000만원 이하 계약(2,000만원까지) * 그 밖의 지역 : 5,000만원 이하계약(1,700만원까지)	* 서울 : 6,500만원 이하 계약(2,200만원까지) * 수도권 인구과밀권역 : 5,500만원 이하 계약(1,900만원까지) * 광역시(인천제외) : 3,800만원 이하 계약(1,300만원까지) * 그 밖의 지역 : 3,000만원 이하 계약(1,000만원까지)	–법무부에 주택임대차위원회: 심의 –가압류 및 압류 금지
배우자에게 임차권승계	사실상의 혼인관계에 있는 배우자는 2촌 이내의 친족과 공동상속한다	–	사실혼관계에서 부부간에는 상속이 이루어지지 않는다.
임차권등기명령제도	대항력의 요건을 대신하여 임차권을 등기하면 대항력의 요건을 충족 ⇒ 이사, 전입신고가능 임차보증금과 임차권등기말소와 동시이행항변권이 적용되지 않는다(판례)	좌동	거주이전의 자유제한 해소 임대인의 동의없이
권리금 회수 (임차인)	–	지역(장소, 바닥)권리금, 영업권리금, 시설권리금 임대인은 임대차기간이 끝나기 6개월 전부터 임대차 종료시까지 … 임차인이 주선한 신규임차인이 되려는 자로부터 권리금을 지급받는 것을 방해해서는 아니된다.	권리금 평가기준의고시 * 모든 상가건물임대차 적용 전통시장내 영세상인의 권리금 회수 기회 보장
권리구제	주택임대차분쟁조정위원회(대한법률구조공단의 지부·한국토지주택공사·한국감정원의 지사 또는 사무소) 특별시·광역시·특별자치시·도 및 특별자치도에 조정위원회	상가건물임대차분쟁조정위원회 (대한법률구조공단의 지부·한국토지주택공사·한국감정원의 지사 또는 사무소) 특별시·광역시·특별자치시·도 및 특별자치도에 조정위원회	

2) 타인의 토지에 대한 지상권

지상권자는 타인의 토지 위에 건물 그 밖의 공작물이나 수목을 소유하기 위하여 그 토지를 사용할 수 있다. 지상권(地上權)은 일반적으로 **토지소유자와 지상권자의 설정계약**, 즉 지상권의 설정을 목적으로 하는 물권적 합의를 하고 이를 **등기**함으로써 취득된다. 지상권은 **타인의 토지에 대한 권리**이다. 지상권의 객체인 토지는 **1필의 토지 전부**뿐만 아니라 그 **일부**라도 무방하며, 지표 내지 지상에 한하지 않고, 지하의 사용을 내용으로 할 수도 있다.

공작물이란 **주택·교량·연못·동상·기념비·광고탑·전주·담·궤도·터널·철도·지하철, 그 밖의 지상·지하 및 공간에 인공적으로 설치된 모든 시설**을 말한다. 공중의 건조물도 여기서 말하는 공작물에 포함된다. 건물 그 밖의 공작물의 소유를 목적으로 하는 경우, 그 지상권은 그 공작물이 점거하고 있는 해당부분의 토지에만 미치는 것이 아니라,

그 **주위의 적당한 범위의 토지에까지 미친다.**

지상권자는 지상권이 설정된 토지를 **사용할 권리**가 있으며 지상권을 **양도**하거나 **임대**하여 투하자본을 회수할 수도 있다. 지료(地料)의 지급은 지상권의 요소가 아니지만 이를 정한 경우에는 지상권자는 지상권설정자에게 **지료를 지급할 의무**를 부담한다. 지상권에는 당사자의 자유로운 **설정계약**에 따라 취득되는 경우 외에도 법률상 당연히 성립되는 **법정 지상권**(法定地上權)이 있다.

법률 · 민법

제279조(지상권의 내용) 지상권자는 타인의 토지에 건물 기타 공작물이나 수목을 소유하기 위하여 그 토지를 사용하는 권리가 있다.

제289조의2(구분지상권) ① 지하 또는 지상의 공간은 상하의 범위를 정하여 건물 기타 공작물을 소유하기 위한 지상권의 목적으로 할 수 있다. 이 경우 설정행위로써 지상권의 행사를 위하여 토지의 사용을 제한할 수 있다.

② 제1항의 규정에 의한 구분지상권은 제3자가 토지를 사용·수익할 권리를 가진 때에도 그 권리자 및 그 권리를 목적으로 하는 권리를 가진 자 전원의 승낙이 있으면 이를 설정할 수 있다. 이 경우 토지를 사용·수익할 권리를 가진 제3자는 그 지상권의 행사를 방해하여서는 아니된다.

3) 타인의 토지나 건물에 대한 전세권

전세권(傳貰權)은 **전세금을 지급**하고 타인의 부동산을 점유하여 그 부동산의 용도에 좇아 **사용·수익하는 용익물권**(用益物權)으로서, 전세권이 소멸하면 목적부동산으로부터 전세권자는 전세금을 다른 채권자나 후순위 담보물권자들보다 우선하여 변제를 받을 수 있다. **전세제도**는 원래 채권관계로서 **관행**되어 온 이른바 **전세(傳貰)를 물권**으로 **성문화한 우리나라의 특유한 제도**이다. 특히 전세권은 타인의 부동산을 사용·수익한다는 **용익물권적 기능**과 함께 전세금반환의 확보를 위한 **담보물권적 기능**이 있다.

전세권은 타인의 부동산을 목적으로 하는 **제한물권**인데, 그 부동산은 반드시 1필의 토지 또는 1동의 건물이어야 할 필요는 없고, 1필의 토지 또는 1동의 건물의 일부라도 가능하다. 전세권은 목적부동산을 점유하여 그 부동산의 **'용도에 좇아' 사용·수익하는 권리**이다. **용도에 좇은 사용·수익**이라 함은 목적물을 경제적 목적에 적합하도록 사용·수익하는 것을 의미하므로, 전세권자는 전세목적물에 대하여 중대한 손해를 가하거나 또는 회복이 어려울 정도로 변경할 수는 없다.

용도에 좇은 사용(使用)인지 여부는 그 부동산의 경제적 효용에 따라 판단하지만, 구체적으로 **설정계약에 따라 결정**되고 그렇지 않으면 그 부동산의 성질에 따라 결정된다. **수익**(收益)은 천연과실 또는 법정과실의 취득을 뜻한다. 그러나 전세권자가 부동산의 용법과 **다**

르게 사용 · 수익을 하는 경우에 전세권설정자는 **전세권의 소멸을 청구**할 수 있을 뿐만 아니라 부동산의 **원상회복** 또는 **손해배상**을 청구할 수 있다.

또한 전세권자는 원칙적으로 전세권을 **타인에게 양도**하거나 **담보로 제공**할 수 있고, 또 존속기간 내에 목적물을 타인에게 **다시 전세권을 설정**해주거나 임대할 수 있다. 그리하여 전세권자는 전세권의 존속기간이 만료하기 전이라도 부동산에 투하한 자금, 즉 **전세금을 회수**할 수 있다. 한편 **전세권이 설정**되기 위해서는 전세권자가 전세권설정자에게 **전세금을 교부**하여야 하므로 전세권이 소멸하게 되면 전세권설정자가 이를 전세권자에게 돌려주어야 한다. 특히 전세금은 **등기**하여야 하며, **등기된 금액**에 한하여 **제3자에게 대항**할 수 있다.

법률 · 민법

제303조(전세권의 내용)
① 전세권자는 전세금을 지급하고 타인의 부동산을 점유하여 그 부동산의 용도에 좇아 사용 · 수익하며, 그 부동산 전부에 대하여 후순위권리자 기타 채권자보다 전세금의 우선변제를 받을 권리가 있다.
② 농경지는 전세권의 목적으로 하지 못한다.

제318조(전세권자의 경매청구권) 전세권설정자가 전세금의 반환을 지체한 때에는 전세권자는 민사집행법의 정한 바에 의하여 전세권의 목적물의 경매를 청구할 수 있다.

제 3 편
지식재산권법의 이해

제1장 지식재산 관련 법령의 체계

1. 과학기술 · 지식재산에서 법의 역할

인간의 과학적 활동의 결과에 대한 **법의 역할**은 과학기술 발전을 위한 제도적 장려, 그 시대의 자유방임적 태도나 활동의 전부 또는 일부에 대한 법적 조절, 과학적 활동의 금지 등이다.[1] 대한민국 헌법 제22조 "모든 국민은 학문과 예술의 자유를 가진다"고 규정하고, "저작자 · 발명가 · 과학기술자와 예술가의 권리는 **법률**로써 보호한다"고 규정하여, 각종 제정법의 근거를 마련해 놓고 있다.

따라서 과학기술 관련법이 이 조항에 근거하여 제정되어 운영되고 있으나, 성문법 제도의 운영과 각 부처간 과학기술관련제도의 운영 등으로 법제 상호간 내용이 중복되고 그 적용에 모순이 생기는 등 폐가 컸으므로 과학기술관련 법제를 기본법을 중심으로 체계화시키기 위하여 2001년 1월 6일 법률 제6353호로 과학기술기본법을 제정하여 운영하고 있다. 그 후에는 지식재산기본법을 제정하여 운영하고 있다.

2. 과학기술 · 지식재산과 법의 연관성

아직까지 과학기술과 법을 아우르는 이른바 **과학기술법**이라는 독립된 법의 체계는 마련되어 있지 않다. 그 이유는 정부 각 부처간 이익을 위해 마련된 법률들이 무수히 많기 때문이다. 따라서 **과학기술과 법**이라는 의제(간주)로 사용되는 것이 일반적이며, 그 의미로는 **과학기술의 창작과 보호 및 관리에 필요한 제반 규정**으로 풀이할 수 있다.

과학기술와 법의 관계를 살펴보면, 과학기술은 **자연과학**으로, 법은 **사회과학**으로 구분할 수 있으므로, 학문적으로 모두 사실을 추구하는 **과학을 공유**하고 있음을 알 수 있다. **과학**이 우리에게 기여하는 것은 배우는 과정을 통해 인간이 알도록 하는 것이며, **법은 아는 과정의 진실 파악에 기여**한다. 과학을 통해 지득한 **자연의 법칙이나 원리**는 반복실행을

---

1) Susan R. Martin, Human Cloning: The role of Law, University of Toledo Law Review, Vol. 32, No. 3, Spring 2001, p375: 정병일, 과학기술과 지식재산, 카우스북, 2013, 62면 재인용.

하더라도 **동일한 결과**를 나타낼 수 있는 **기술**로 증명되므로, 개인의 기예나 무술을 통해 전수되는 **기능과는 구별**되는 개념이다.

결론적으로 과학은 사실을 추구하며, 법은 정의를 추구한다. **과학**은 우리에게 무엇을 할 수 있는가를 말하고, **법**은 우리에게 무엇을 해야 하는가를 말한다. 따라서 **과학이 인간 정신활동을 결정**할 때, **법**은 이를 **비교**하며, **과학이 그 정신활동을 설명**할 때 **법**은 그 **방법을 안내**하게 된다.[2)]

3. 법의 역할에 따른 분류

과학기술법의 범위는 그 정의를 내릴 수 없을 만큼 방대하고 산만하여 아직 단일의 법체제가 구축되어 있지 않다. 과학기술 발달과정에서 보여준 법의 역할, 즉 과학기술의 **육성**, 육성 결과의 **보호**, **금지와 규제** 등의 범위로 규정하여 해당 법 영역에 포함하는 관련 규정 위주로 정리하면 다음과 같이 분류할 수 있다.[3)]

1) 과학기술의 육성에 관한 법률

현행 법령을 부처별로 나눌 때 과학기술에 관련되는 법률은 과학관련 육성법과 과학기술기본법을 비롯하여 각종 ~촉진법, ~진흥법 등 무수히 많은 법률들이 독립 또는 중첩되어 부서의 필요에 따라 마련되어 있다. **과학기술의 육성에 관한 근간이 되는 법률**은 2001년 제정된 **과학기술기본법과 지식재산기본법**이라 할 수 있다.

2) 과학기술 성과의 보호에 관한 법률

과학기술의 성과는 인간의 사고에 대한 결과물이다. 이를 보호하기 위한 법률로는 특허법으로 대표되는 산업재산권법과 저작권법을 포함하는 지식재산권법이 대표적인 예이다. 그 외에 부정경쟁방지 및 영업비밀보호에 관한 법률, 산업기술의 유출방지 및 보호에 관한 법률, 반도체집적회로 배치설계에 관한 법률, 정보통신망 이용 및 정보보호 등에 관한 법률, 콘텐츠산업진흥법 등이 포함된다.

3) 과학기술 성과의 활용에 관한 법률

과학기술 성과의 보호는 그 권리에 안주하려는 권리자의 독점과 미실시로 말미암아 궁극적인 산업발전에 기여하기 어려운 점을 감안하여, 기술이전에 따른 특허발명의 활성화

2) 정병일, 앞의 책, 63면 참조.
3) 정병일, 앞의 책, 63~64면 참조.

벤처기업 육성에 초점을 맞추고 있다. 예를 들어 기술이전 촉진법, 발명진흥법, 벤처기업 육성에 관한 특별조치법 등이다.

4) 과학기술활용의 금지와 규제에 관한 법률

과학기술의 보호와 육성과는 반대로 이를 금지하는 입법화의 가장 큰 이유는 국민의 건강과 국가의 안위, 사회적 특성 때문이다. 이는 과학기술의 실시에 따른 폐해를 줄이거나 없애기 위한 것이다. 이에 관련된 법률은 자연환경보전법, 소음진동규제법, 해양오염방지법, 환경정책기본법, 장기이식 등에 관한 법률, 생명윤리 및 안전에 관한 법률, 오존층 보호를 위한 특정물질의 제조규제 등에 관한 법률, 원자력손해배상법 등을 들 수 있다.

5) 과학기술관련 법령의 체계

현대는 과학기술 경쟁사회이다. 우수한 기술력을 보유한 국가는 다른 국가보다 발전할 수 있고, 우수한 기술력을 보유한 기업은 국제적으로 발전할 수 있다. 그래서 자국의 과학기술을 발전시키려는 노력을 아끼지 않고 기업들도 우수한 기술력을 선점하기 위하여 노력하고 있다. 이러한 상황에 발맞추어 **과학기술기본법**[4]을 비롯하여 다음과 같은 과학기술 관련 법령을 제정·시행하고 있다.

구분	법 률	대통령령	부 령
과학·기술진흥	•**과학기술기본법**	–과학기술기본법 시행령	–과학기술기본법 시행규칙
	•기초연구진흥및기술개발지원에관한법률	–기초연구진흥및기술개발지원에관한법률 시행령	–
	•나노기술개발촉진법	–기술개발촉진법 시행령	–
	•협동연구개발촉진법	–협동연구개발촉진법 시행령	–
	•엔지니어링산업진흥법	–엔지니어링산업진흥법 시행령	–엔지니어링산업진흥법 시행규칙
	•생명공학육성법	–생명공학육성법 시행령	–
	•뇌연구촉진법	–뇌연구촉진법 시행령	–
	•특정연구기관육성법	–특정연구기관육성법 시행령	–
	•산업기술연구조합육성법	–산업기술연구조합육성법 시행령	–산업기술연구조합육성법 시행규칙
	•기술사법	–기술사법 시행령	–기술사법 시행규칙
	•과학관의 설립·운영 및 육성에 관한 법률	–과학관의설립·운영및육성에관한법률 시행령	–과학관의설립·운영 및 육성에 관한법률
	•한국과학기술원법	–한국과학기술원법 시행령 –한국과학기술원학사규정	–

4) 1967년에 제정된 과학기술진흥법과 1997년에 한시법으로 제정된 과학기술혁신을 위한 특별법을 대체할 과학기술기본법을 제정하게 되었다.

구분	법 률	대통령령	부 령
과학·기술진흥	•한국해양과학기술원법	–한한국해양과학기술원법 시행령	–한국해양과학기술원법 시행규칙
	•대구경북과학기술원법	–대구경북과학기술원법 시행령	–
	•광주과학기술원법	–광주과학기술원법 시행령	–
	•울산과학기술원법	–울산과학기술원법 시행령	–
	•한국연구재단법 과학기술인공제회법	–한국연구재단법 시행령	–과학기술인공제회 퇴직연금급여 사업 등 운영규칙
	•여성과학기술인육성및지원에관한법률	–여성과학기술인육성및지원에관한법률 시행령	–
	•국가과학기술경쟁력강화를위한이공계지원특별법	–국가과학기술경쟁력강화를위한이공계지원특별법 시행령	–
	•과학기술분야 정부출연 연구기관등의 설립·운영및육성에관한법률	–과학기술분야정부출연연구기관등의 설립·운영및육성에관한법률 시행령	–
	•숙련기술장려법	–숙련기술장려법 시행령	–숙련기술장려법 시행규칙
	•소프트웨어산업진흥법	–소프트웨어산업진흥법 시행령	–소프트웨어산업진흥법 시행규칙
	•환경기술및환경산업지원법	–환경기술및환경산업지원법 시행령	–환경기술및환경산업지원법 시행규칙
	•산업기술유출방지및보호에관한법률	–산업기술유출방지및보호에관한법률 시행령	–산업기술유출방지및보호에관한법률 시행규칙
	•천연물신약연구개발촉진법	–천연물신약연구개발촉진법 시행령	–
	•우주개발진흥법	–우주개발진흥법 시행령	–우주개발진흥법 시행규칙
	•정보통신산업진흥법	–정보통신산업진흥법 시행령	–정보통신산업진흥법 시행규칙
	•연구실안전환경조성에 관한 법률	–연구실안전환경조성에관한법률 시행령	–연구실안전환경조성에관한법률 시행규칙
	•이동통신단말장치유통구조개선에관한법률	–이동통신단말장치유통구조개선에관한법률 시행령	–이동통신단말장치유통구조개선에관한법률 시행규칙
	•전기통신기본법	–전기통신기본법 시행령	
	•전기통신사업법	–전기통신사업법 시행령	
	•인터넷주소자원에관한법률	–인터넷주소자원에관한법률 시행령	
	•정보통신공사법	–정보통신공사법 시행령	
	•정보통신기반보호법	–정보통신기반보호법 시행령	–정보통신기반보호법 시행규칙
	•전자서명법	–전자서명법 시행령	–전자서명법 시행규칙
	•전자문서및전자거래법	–전자문서및전자거래법 시행령	–전자문서및전자거래법 시행규칙
	•전파법	–전파법 시행령	–전파법 시행규칙
	•정보통신만이용촉진및정보보호등에관한법률	–정보통신만이용촉진및정보보호등에관한법률 시행령	–정보통신만이용촉진및정보보호등에관한법률 시행규칙

구분	법　률	대통령령	부　령
과학·기술진흥	•첨단의료복합단지지정및지원에관한법률	–첨단의료복합단지지정및지원에관한법률 시행령	–첨단의료복합단지지정및지원에관한법률 시행규칙
	•통신비밀보호법	–통신비밀보호법 시행령	
	•협동연구개발촉진법	–협동연구개발촉진법 시행령	
	•국가초고성능컴퓨터활용및육성에관한법률	–국가초고성능컴퓨터활용및육성에관한법률 시행령	–국가초고성능컴퓨터활용및육성에관한법률 시행규칙
	•정보통신진흥및융합활성화등에관한특별법	–정보통신진흥및융합활성화등에관한특별법 시행령	–정보통신진흥및융합활성화등에관한특별법 시행규칙
	•클라우드컴퓨터발전 및 이용자 보호에 관한 법률	–클라우드컴퓨터발전 및 이용자 보호에 관한 법률 시행령	
	•국가과학기술경쟁력 강화를 위한 이공계지원특별법	–국가과학기술경쟁력 강화를 위한 이공계지원특별법 시행령	
	•산학교육진흥 및 산학협력촉진에 관한 법률	–산학교육진흥 및 산학협력촉진에 관한 법률 시행령	–산학교육진흥 및 산학협력촉진에 관한 법률 시행규칙
원자력	•원자력법	–원자력법 시행령 –원자력에 관한 발명특허에 대한 장려금 및 상금교부 규정	–원자로시설 등의 기술기준에 관한 규칙 –방사선안전관리 등의 기술기준에 관한 규칙
	•원자력손해배상법	–원자력손해배상법 시행령	–
	•원자력손해배상보상계약에관한법률	–원자력손해배상보상계약에관한법률 시행령	–
	•한국원자력안전기술원법	–한국원자력안전기술원법 시행령	–
	•방사선 및 방사성 동위원소 이용진흥법	–방사선및방사성동위원소이용진흥법 시행령	–
	•핵융합에너지개발진흥법	–핵융합에너지개발진흥법 시행령	
	•원자력시설등의방사능방호및방재대책법	–원자력시설등의방호및방사능방재대책법 시행령	–원자력시설등의방호및방사능방재대책법 시행규칙
천문·기상	•천문법	–천문법 시행령	
	•표준시에 관한 법률	–	–
	•기상업무법	– 기상업무법 시행령	–기상업무법 시행규칙
행정조직·통칙	•국가과학기술자문회의법	– 국가과학기술자문회의법 시행령	–
	•국가과학 경쟁력 강화를 위한 이공계지원특별법	– 국가과학 경쟁력 강화를 위한 이공계지원특별법 시행령	

제2장 지식재산기본법

제1절 지식재산기본법의 제정이유

발명, 상표, 도서·음반, 게임물, 반도체 설계, 식물의 품종 등 여러 개별 법률에 근거를 두고 있는 지식재산에 관한 **정책이 통일**되고 **일관된 원칙에 따라 추진**될 수 있도록 하기 위하여 정부의 지식재산 관련 정책의 기본 원칙과 주요 정책 방향을 법률에서 직접 제시하는 한편, **정부 차원의 국가지식재산 기본계획을 수립**하고 관련 정책을 **심의·조정**하기 위하여 **국가지식재산위원회**를 **설치**하는 등 추진 체계를 마련함으로써, 우리 사회에서 **지식재산의 가치가 최대한 발휘**될 수 있는 사회적 여건과 제도적 기반을 조성하려는 것이다.

제2절 지식재산기본법의 내용

1. 총칙

1) 지식재산기본법의 목적

이 법은 **지식재산의 창출·보호 및 활용을 촉진**하고 그 기반을 조성하기 위한 정부의 기본 정책과 추진 체계를 마련하여 우리 사회에서 지식재산의 가치가 최대한 발휘될 수 있도록 함으로써 국가의 경제·사회 및 문화 등의 발전과 국민의 삶의 질 향상에 이바지하는 것을 목적으로 한다(법 제1조).

2) 지식재산·신지식재산·지식재산권의 정의

(1) 지식재산

'지식재산'이란 인간의 창조적 활동 또는 경험 등에 따라서 창출되거나 발견된 지식·정보·

기술, 사상이나 감정의 표현, 영업이나 물건의 표시, 생물의 품종이나 유전자원(遺傳資源), 그 밖에 무형적인 것으로서 재산적 가치가 실현될 수 있는 것을 말한다(법 제3조 제1호).

(2) 신지식재산

'신지식재산'이란 경제 · 사회 또는 문화의 변화나 과학기술의 발전에 따라 새로운 분야에서 출현하는 지식재산을 말한다(법 제3조 제2호).

(3) 지식재산권

'지식재산권'이란 법령 또는 조약 등에 따라 인정되거나 보호되는 지식재산에 관한 권리를 말한다(법 제3조 제3호).

3) 기본이념

정부는 지식재산 관련 정책을 다음 각 호의 기본이념에 따라 추진하여야 한다(법 제2조).

1. 저작자, 발명가, 과학기술자 및 예술가 등 지식재산 창출자가 창의적이고 안정적으로 활동할 수 있도록 함으로써 우수한 지식재산의 창출을 촉진한다.
2. 지식재산을 효과적이고 안정적으로 보호하고, 그 활용을 촉진하는 동시에 합리적이고 공정한 이용을 도모한다.
3. 지식재산이 존중되는 사회환경을 조성하고 전문인력과 관련 산업을 육성함으로써 지식재산의 창출 · 보호 및 활용을 촉진하기 위한 기반을 마련한다.
4. 지식재산에 관한 국내규범과 국제규범간의 조화를 도모하고 개발도상국의 지식재산 역량 강화를 지원함으로써 국제사회의 공동 발전에 기여한다.

4) 국가 등의 책무(법 제4조)

국가는 이 법의 목적과 기본이념에 따라 지식재산의 창출 · 보호 및 활용을 촉진하고 그 기반을 조성하기 위한 종합적인 시책을 마련하여 추진하여야 한다. **지방자치단체**는 국가의 시책과 지역적 특성을 고려하여 지역별 지식재산 시책을 마련하여 추진하여야 한다. **공공연구기관과 사업자** 등은 우수한 지식재산의 창출과 적극적인 활용 및 소속 연구자와 창작자의 처우 개선을 위하여 노력하여야 하며, 그 성과에 대한 정당한 보상이 이루어지도록 하여야 한다. **국가, 지방자치단체, 공공연구기관 및 사업자** 등은 지식재산의 창출 · 보호 및 활용 촉진과 그 기반 조성을 위한 정부의 시책이 효과적으로 추진될 수 있도록 서로 협력하여야 한다.

5) 다른 법률과의 관계(법 제5조)

지식재산과 관련되는 다른 법률을 제정하거나 개정하는 경우에는 이 법의 목적과 기본이념에 맞도록 하여야 한다. 지식재산 정책의 추진에 관하여 다른 법률에 특별한 규정이 있는 경우를 제외하고는 이 법에서 정하는 바에 따른다.

2. 지식재산 정책의 수립 및 추진 체계

1) 국가지식재산위원회의 설치 및 기능(법 제6조)

지식재산에 관한 정부의 주요 정책과 계획을 심의·조정하고 그 추진상황을 점검·평가하기 위하여 대통령 소속으로 국가지식재산위원회(이하 "위원회"라 한다)를 두고 있고, 위원회는 "① 법 제8조에 따른 국가지식재산 기본계획 및 법 제9조에 따른 국가지식재산 시행계획의 수립·변경에 관한 사항, ② 법 제10조에 따른 기본계획 및 시행계획의 추진상황에 대한 점검·평가에 관한 사항, ③ 지식재산 관련 재원의 배분방향 및 효율적 운용에 관한 사항, ④ 이 법에 따른 지식재산의 창출·보호 및 활용 촉진과 그 기반 조성을 위한 시책에 관한 사항, ⑤ 그 밖에 지식재산의 창출·보호 및 활용 촉진과 그 기반 조성을 위하여 위원장이 필요하다고 인정하거나 관계 중앙행정기관의 장 또는 특별시장·광역시장·도지사·특별자치도지사(이하 "시·도지사"라 한다)가 요청하는 사항"을 심의·조정한다.

위원회는 위원회가 심의·조정하려는 사항이 다른 법률에 따라 수립된 정책이나 계획과 관련된 경우에는 미리 해당 정책이나 계획을 주관하는 기관과 협의하여야 한다.

2) 국가지식재산위원회의 구성 및 운영(법 제7조)

위원회는 위원장 2명을 포함한 40명 이내의 위원으로 구성한다. 위원장은 국무총리와 제3항 제2호의 위원 중에서 대통령이 지명하는 사람이 된다. 위원은 "① 관계 중앙행정기관의 장 및 정무직 공무원 중에서 대통령령으로 정하는 사람, ② 지식재산에 관한 학식과 경험이 풍부한 사람 중에서 대통령이 위촉하는 사람"이 된다.

지식재산에 관한 학식과 경험이 풍부한 사람 중에서 대통령이 위촉하는 사람인 위원의 임기는 2년으로 하며, 한 차례만 연임할 수 있다. 다만, 위원의 사임 등으로 새로 위촉된 위원의 임기는 전임(前任)위원 임기의 남은 기간으로 한다. 위원장은 각자 위원회를 대표하며, 국무총리인 위원장은 위원회의 회의를 소집하고 그 의장이 되며, 국무총리인 위원장이 부득이한 사유로 직무를 수행할 수 없을 때는 이에 따라 대통령이 지명한 위원장이 그 직무를 대행한다.

위원회의 업무를 효율적으로 수행하기 위하여 위원회에 분야별 전문위원회를 둘 수 있다. 그 밖에 위원회와 전문위원회의 구성 및 운영에 필요한 사항은 대통령령으로 정하고 있다.

3) 국가지식재산 기본계획의 수립(법 제8조)

(1) 국가지식재산 기본계획의 수립

정부는 이 법의 목적을 효율적으로 달성하기 위하여 **5년마다** 지식재산에 관한 **중장기 정책 목표 및 기본방향**을 정하는 국가지식재산 기본계획(이하 "기본계획"이라 한다)을 수립하여야 한다. **정부**는 기본계획을 수립하거나 변경하려는 경우에는 위원회의 심의를 거쳐 확정하고, 지체 없이 이를 공고하여야 한다. 다만, 대통령령으로 정하는 경미한 사항을 변경하려는 경우에는 그러하지 아니하다.

(2) 국가지식재산의 기본계획에 포함될 사항

기본계획에는 "① 지식재산 정책의 목표와 기본방향, ② 지식재산 및 신지식재산의 창출·보호 및 활용 전략, ③ 산업계, 학계, 연구계, 문화예술계 등의 지식재산 창출역량 강화 방안, ④ 외국에서의 대한민국 국민(국내법에 따라 설립된 법인·단체를 포함한다. 이하 같다)의 지식재산 보호에 관한 사항, ⑤ 지식재산 침해행위로 인한 국민의 안전 등에 대한 위해(危害) 방지 방안, ⑥ 지식재산의 공정한 이용 방안, ⑦ 지식재산 친화적 사회환경 조성에 관한 사항, ⑧ 지식재산의 국제표준화에 관한 사항, ⑨ 지식재산 관련 정보의 수집·분석 및 제공에 관한 사항, ⑩ 중소기업, 농어업인 등의 지식재산 역량 강화 방안, ⑪ 경제적·사회적 소외 계층의 지식재산 접근 지원에 관한 사항, ⑫ 지식재산 전문인력의 양성 방안, ⑬ 지식재산 관련 제도의 국제화 방안, ⑭ 지식재산 정책의 추진을 위한 정부예산 투입 계획, ⑮ 지식재산 관련 문화·교육·금융 제도 등의 개선을 위한 법령 정비 계획, ⑯ 그 밖에 지식재산의 창출·보호 및 활용 촉진과 그 기반 조성에 필요한 사항"이 포함되어야 한다.

(3) 기본계획의 수립과 변경

기본계획의 수립과 변경에 관한 세부 절차는 대통령령으로 정하고 있다.

4) 국가지식재산 시행계획의 수립(법 제9조)

정부는 관계 중앙행정기관의 장과 시·도지사로부터 법 제8조의 기본계획에 따른 추진계획을 제출받아 **매년** 국가지식재산 시행계획(이하 "시행계획"이라 한다)을 수립하여야 한다. 정부는 시행계획을 수립하거나 변경하려는 경우에는 위원회의 심의를 거쳐 확정한다. 다만, 대통령령으로 정하는 경미한 사항을 변경하려는 경우에는 그러하지 아니하다. 시행계획의 수립과 변경에 관한 세부 절차는 대통령령으로 정하고 있다.

5) 추진상황의 점검 및 평가(법 제10조)

위원회는 기본계획과 시행계획의 추진상황을 점검·평가하여야 한다. 위원회는 기본계획과 시행계획의 원활한 추진을 위하여 필요한 경우에는 관계 중앙행정기관의 장이나 시·도지사에게 제1항에 따른 점검·평가 결과를 반영한 개선의견을 통보할 수 있다. 이에 따라 개선의견을 통보받은 관계 중앙행정기관의 장이나 시·도지사는 그 개선에 필요한 계획을 수립하여 위원회에 제출하여야 하며, 위원회는 해당 기관이 제출한 계획의 이행상황을 점검하여야 한다. 그 밖에 기본계획 및 시행계획의 추진상황을 점검·평가하기 위하여 필요한 사항은 대통령령으로 정하고 있다.

6) 국가지식재산위원회의 사무기구(법 제11조)

위원회의 업무를 지원하기 위하여 위원회에 사무기구를 둘 수 있다. 이에 따른 사무기구의 구성 및 운영에 필요한 사항은 대통령령으로 정하고 있다. 위원회는 위원회의 업무를 효율적으로 수행하기 위하여 필요한 경우에는 중앙행정기관, 지방자치단체, 그 밖의 관계기관·단체 등의 장에게 그 소속 공무원 또는 임직원의 파견 또는 겸임을 요청할 수 있다.

7) 지식재산정책책임관의 지정(법 제12조)

관계 중앙행정기관의 장과 시·도지사는 해당 기관의 지식재산 정책을 효율적으로 수립·시행하기 위하여 소속 공무원 중에서 지식재산정책책임관을 지정할 수 있다.

8) 관계 법령의 제정·개정 등의 통보(제13조)

중앙행정기관의 장과 시·도지사는 지식재산과 관계된 법령 및 조례를 제정 또는 개정하려거나, 주요 정책 및 계획(이하 이 조에서 "주요정책 등"이라 한다)을 수립 또는 변경하려는 경우에는 위원회에 그 내용을 통보하여야 한다. 위원회는 통보받은 법령, 조례 또는 주요정책 등에 대하여 의견을 제시할 수 있으며, 중앙행정기관의 장이나 시·도지사는 위원회의 의견이 반영될 수 있도록 노력하여야 한다. 그리고 통보 및 의견 제시에 관한 세부 절차는 대통령령으로 정하고 있다.

9) 관계 기관 등에 대한 협조 요청(법 제14조)

위원회는 위원회의 업무수행을 위하여 필요한 경우에는 중앙행정기관, 지방자치단체, 그 밖의 관계 기관·단체나 전문가에게 자료 또는 의견의 제출을 요청하거나 조사 또는 연구를 의뢰할 수 있다. 이 경우 위원회는 예산의 범위에서 필요한 경비를 지급할 수 있다.

10) 연차보고서(법 제15조)

정부는 매 회계연도 경과 후 3개월 이내에 해당 회계연도의 시행계획 추진실적에 대한 연차보고서를 작성하여 국회에 제출하여야 한다. 이에 따른 연차보고서의 작성 등에 필요한 사항은 대통령령으로 정하고 있다.

3. 지식재산의 창출 · 보호 및 활용의 촉진

1) 지식재산의 창출 촉진

정부는 지식재산 및 신 지식재산의 창출을 지원하고, 연구개발의 결과가 우수한 지식재산의 창출로 이어질 수 있도록 지원하여야 하며, 지식재산 창출자가 정당한 보상을 받을 수 있도록 하여야 한다(법 제17조부터 제19조까지).

(1) 지식재산의 창출 촉진(법 제16조)

정부는 우수한 지식재산의 창출을 촉진하기 위하여 "① 지식재산 관련 통계 및 지표의 조사 · 분석, ② 미래 지식재산의 발전 추세 및 관련 산업 · 시장에 대한 전망, ③ 공공연구기관 및 사업자등의 지식재산 역량을 강화하기 위한 지원, ④ 연구자, 창작자 및 지식재산 관리자의 역량을 강화하기 위한 교육, ⑤ 우수한 지식재산의 창출을 촉진하기 위한 법 · 제도 개선, ⑥ 공공연구기관 및 사업자등의 국내외 공동연구개발 활성화 지원, ⑦ 그 밖에 우수한 지식재산의 창출을 촉진하기 위하여 필요한 사항"을 포함하는 시책을 마련하여 추진하여야 한다.

(2) 연구개발과 지식재산 창출의 연계(법 제17조)

정부는 연구개발 결과가 우수한 지식재산의 창출로 이어질 수 있도록 지원하여야 한다. 정부는 연구개발의 기획, 관리, 평가 등의 전 과정에서 관련 지식재산 정보가 활용될 수 있도록 지원하여야 한다. 정부는 연구개발에 대한 평가가 지식재산 창출 성과를 기준으로 이루어질 수 있도록 필요한 조치를 하여야 한다.

(3) 신지식재산 창출 등 지원(법 제18조)

정부는 신지식재산의 창출 · 보호 및 활용을 촉진하여야 한다. 정부는 신지식재산의 창출 · 보호 및 활용 촉진을 위하여 신지식재산의 현황을 조사 · 분석하여야 한다. 정부는 신지식재산이 적절히 보호될 수 있도록 관계 법령을 정비하고, 이와 관련된 기술적 보호수단의 개발과 이용 활성화를 위한 지원 등 필요한 조치를 하여야 한다.

(4) 지식재산 창출자에 대한 보상(법 제19조)

정부는 지식재산을 창출한 개인이 정당한 보상을 받을 수 있는 사회적 환경과 기반을 마련하고, 이에 필요한 시책을 수립하여야 한다.

2) 지식재산의 보호 강화

정부는 지식재산이 신속하고 정확하게 권리로 확정되고 효과적으로 보호될 수 있도록 하여야 하고, 지식재산 관련 분쟁이 보다 빠르고 공정하게 해결될 수 있도록 관련 제도를 정비하며, 외국에서 우리 국민의 지식재산이 보호될 수 있도록 노력하여야 한다(법 제20조부터 제24조까지).

(1) 지식재산의 권리화 및 보호 촉진(법 제20조)

정부는 지식재산이 신속·정확하게 권리로 확정되고 효과적으로 보호될 수 있도록 "① 지식재산의 심사·심판·등록 체계 등의 정비 방안, ② 지식재산의 보호를 위한 법적·행정적 조치 강화 방안, ③ 지식재산의 보호를 위한 보안 체계와 정보시스템 구축 등 기술적 조치 강화 방안, ④ 국내외 지식재산 보호 관계 기관·단체와의 협력 방안, ⑤ 지식재산의 권리화 및 보호 관련 전문인력 확보 방안, ⑥ 그 밖에 지식재산의 권리화 및 보호 촉진을 위하여 필요한 사항"을 포함하는 시책을 마련하여 추진하여야 한다.

(2) 소송 체계의 정비 등(법 제21조)

정부는 지식재산 관련 분쟁이 신속하고 공정하게 해결되어 권리 구제가 충실히 이루어질 수 있도록 소송절차를 간소화하는 등 제도 개선에 노력하여야 한다. 정부는 지식재산 관련 분쟁해결의 전문성을 확보하기 위하여 소송체계를 정비하고 관련 인력의 전문성을 강화하여야 한다.

(3) 재판 외 분쟁해결 절차 활성화(법 제22조)

정부는 지식재산 관련 분쟁이 신속하고 원만하게 해결될 수 있도록 **조정·중재 등 재판 외**의 간단하고 편리한 분쟁해결 절차를 활성화하고, 전문성을 제고하며, 쉽게 이용될 수 있도록 안내와 홍보를 강화하는 등 필요한 조치를 하여야 한다.

(4) 지식재산권 침해행위에 대한 대응(법 제23조)

정부는 지식재산권을 침해하는 행위에 대한 단속, 점검 등 집행 활동을 강화하기 위하여 "① 지식재산 불법 유출과 지식재산권 침해를 방지하기 위한 방안, ② 지식재산권 침해 물품을 제조·유통 또는 수출입하는 행위를 근절하기 위한 방안, ③ 지식재산권 침해를 방지하기 위한 관계 기관 간의 협력 방안, ④ 그 밖에 지식재산권 침해행위에 대응하기 위하여 필요한 사항"을 포함하는 대응방안을 마련하여 추진하여야 한다.

위원회와 관계 중앙행정기관의 장은 대응방안을 마련하기 위하여 정보·수사 기관의 장에게 필요한 정보나 자료의 수집·제공, 그 밖의 협조를 요청할 수 있다.

(5) 외국에서의 지식재산 보호

정부는 대한민국 국민이 보유하는 지식재산이 외국에서 적절하게 보호될 수 있도록 노력하여야 한다. 정부는 대한민국 국민이 보유하는 지식재산이 외국에서 적절하게 보호받지 못하는 경우 직권 또는 당사자의 요청에 따라 그에 대한 현황 조사, 해당 외국정부에 대한 조치 요구, 국제기구 및 관련 단체와의 협력 등 필요한 조치를 하여야 한다(법 제24조).

3) 지식재산의 활용 촉진

정부는 이전, 거래, 사업화 등 지식재산의 활용이 촉진될 수 있도록 하여야 하고, **지식재산서비스산업을 육성**하여야 하며, 공동연구에 따른 지식재산의 공정한 배분 및 대기업과 중소기업의 동반성장 추진 등 지식재산이 합리적이고 공정하게 활용될 수 있도록 하기 위하여 노력하여야 한다(법 제25조부터 제28조까지).

(1) 지식재산의 활용 촉진(법 제25조)

정부는 지식재산의 이전(移轉), 거래, 사업화 등 지식재산의 활용을 촉진하기 위하여 "① 지식재산을 활용한 창업 활성화 방안, ② 지식재산의 수요자와 공급자 간의 연계 활성화 방안, ③ 지식재산의 발굴, 수집, 융합, 추가 개발, 권리화 등 지식재산의 가치 증대 및 그에 필요한 자본 조성 방안, ④ 지식재산의 유동화(流動化) 촉진을 위한 제도 정비 방안, ⑤ 지식재산에 대한 투자, 융자, 신탁, 보증, 보험 등의 활성화 방안, ⑥ 그 밖에 지식재산 활용 촉진을 위하여 필요한 사항"을 포함하는 시책을 마련하여 추진하여야 한다.

정부는 국가, 지방자치단체 또는 공공연구기관이 보유·관리하는 지식재산의 활용을 촉진하기 위하여 노력하여야 한다.

(2) 지식재산서비스산업의 육성

정부는 지식재산 관련 정보의 분석·제공, 지식재산의 평가·거래·관리, 지식재산 경영전략의 수립·자문 등 지식재산에 관련된 서비스 산업(이하 "지식재산서비스산업"이라 한다)을 육성하여야 한다. 정부는 지식재산서비스산업에 대하여 창업 지원, 인력 양성, 정보 제공 등 필요한 지원을 할 수 있다.

정부는 우수한 지식재산 서비스를 제공할 수 있는 역량과 실적을 보유한 사업자등을 선정하여 포상하고, 관련 정부사업의 참여에 대한 혜택을 제공하는 등 필요한 지원을 할 수 있다. 정부는 지식재산서비스산업에 대한 분류 체계를 마련하고, 관련 통계를 수집・분석하여야 한다(법 제26조).

(3) 지식재산의 가치 평가 체계 확립 등

정부는 지식재산에 대한 객관적인 가치 평가를 촉진하기 위하여 지식재산 가치의 평가기법 및 평가 체계를 확립하여야 한다. 정부는 평가기법 및 평가체계가 지식재산 관련 거래・금융 등에 활용될 수 있도록 지원하여야 한다. 정부는 지식재산의 가치 평가를 활성화하기 위하여 관련 인력을 양성하여야 한다(법 제27조).

(4) 지식재산의 공정한 이용 질서 확립

정부는 지식재산의 공정한 이용을 촉진하고, 지식재산권의 남용을 방지하기 위하여 노력하여야 한다. 정부는 공동의 노력으로 창출된 지식재산이 당사자 간에 공정하게 배분될 수 있도록 필요한 조치를 하여야 한다. 정부는 대기업과 중소기업 간의 불공정한 지식재산의 거래를 방지하고 서로 간의 협력을 촉진하여야 한다(법 제28조).

4) 지식재산의 창출・보호 및 활용 촉진을 위한 기반 조성

지식재산이 존중되는 사회환경 조성, 지식재산의 국제표준화 지원지식재산에 관한 정보의 원활한 유통, 지식재산 전문인력과 연구기관 육성 등 지식재산의 창출 및 보호 및 활용 촉진을 위한 기반 조성시책을 추진하도록 하고 있다(법 제29조부터 제35조까지).

지식재산 관련 규범의 국제화와 개발도상국에 대한 지원을 강화하도록 하며, 북한과 지식재산 분야의 상호교류를 증진한다(법 제36조부터 제38조까지).

(1) 지식재산 친화적 사회환경 조성

정부는 지식재산이 존중되는 사회환경을 조성하기 위하여 교육, 홍보, 문화행사 등 지식재산에 대한 국민의 인식 제고를 위한 시책을 마련하여 추진하여야 한다. 정부는 각 지역의 지식재산 경쟁력을 높이기 위하여 지역별 지식재산의 창출・보호 및 활용 촉진을 위한 시책을 마련하여 추진하여야 한다(법 제29조).

(2) 지식재산의 날

지식재산의 창출・보호 및 활용에 대한 국민의 이해와 관심을 높이기 위하여 매년 9월 4일을 지식재산의 날로 정한다. 정부는 지식재산의 날의 취지에 적합한 기념행사를 개최할 수 있다(법 제29조의2).

(3) 지식재산의 국제표준화

정부는 연구개발사업에서 창출 중이거나 창출된 지식재산이 국가표준기본법 제3조제2호에 따른 국제표준과 연계될 수 있도록 연구의 기획 단계에서부터 표준의 획득에 이르는 전 과정에 걸쳐 필요한 지원시책을 마련하여 추진하여야 한다. 정부는 지식재산의 국제표준화를 지원하기 위하여 국제표준 관련 동향 정보를 수집·분석·제공하여야 한다(법 제30조).

(4) 지식재산 정보의 수집·분석 및 제공 등(법 제31조)

정부는 지식재산 정보의 생산·유통 및 활용을 촉진하기 위하여 "① 지식재산 정보의 수집·분석·가공 및 데이터베이스의 구축 방안, ② 지식재산 정보의 분류 체계 마련 및 지식재산 분류표의 작성·보완 등에 관한 사항, ③ 지식재산 정보망의 구축 및 지식재산 전문 도서관의 설립 등 정보에 대한 접근성 제고 방안, ④ 지식재산 정보의 수집·분석 및 제공 활성화를 위하여 필요한 연구개발 방안, ⑤ 지식재산 정보의 관리·유통 전문 기관 육성 방안, ⑥ 그 밖에 지식재산 정보의 수집·분석 및 제공을 위하여 필요한 사항"을 포함하는 시책을 마련하여 추진하여야 한다. 이에 따른 시책을 추진할 때에 정부는 개인정보나 국가기밀 등이 보호될 수 있도록 필요한 조치를 하여야 한다.

(5) 경제적·사회적 약자에 대한 지원

정부는 중소기업, 농어업인, 개인 등의 지식재산 창출·보호 및 활용 역량을 강화하기 위하여 필요한 지원을 하여야 한다. 정부는 지식재산의 창출·보호 및 활용 촉진에 있어서 전략적인 경영활동을 모범적으로 수행하고 있는 중소기업을 대상으로 대통령령으로 정하는 바에 따라 지식재산 경영인증을 할 수 있다. 정부는 장애인, 노인 등 지식재산에 접근하기 어려운 사람들이 지식재산을 쉽게 이용할 수 있도록 필요한 지원을 하여야 한다(법 제32조).

(6) 지식재산 교육 강화(법 제33조)

정부는 국민의 지식재산에 대한 인식과 지식재산 창출 및 활용 역량을 높이기 위하여 지식재산에 관한 교육을 강화하여야 한다. 정부는 **초·중등교육법** 제2조 및 **고등교육법** 제2조에 따른 **학교의 정규 교육과정에 지식재산에 관한 내용이 반영**되도록 하여야 한다.

정부는 지식재산에 특성화된 학교를 육성하고, 지식재산 관련 학과나 강좌가 개설될 수 있도록 하여야 한다. 정부는 평생교육법 제2조에 따른 평생교육기관의 **교육과정에 지식재산에 관한 이해와 관심을 넓힐 수 있는 내용이 포함**될 수 있도록 하여야 한다.

(7) 지식재산 전문인력 양성(법 제34조)

정부는 지식재산의 창출·보호 및 활용과 그 기반 조성에 필요한 전문인력을 양성하여야 한다. 정부는 여성 지식재산 전문인력의 양성 및 활용방안을 마련하고 여성이 지식재산부문에서 그 자질과 능력을 충분히 발휘할 수 있도록 하여야 한다.

정부는 지식재산 전문인력을 양성하기 위하여 산업계, 학계, 연구계 및 문화예술계 등과 협력하여야 한다. 정부는 지식재산 전문인력을 양성하기 위하여 공공연구기관이나 사업자 등에 대하여 교육설비, 교재개발, 교육시행 등에 필요한 비용의 전부 또는 일부를 지원할 수 있다.

(8) 지식재산 연구기관 등의 육성

정부는 지식재산 관련 제도나 정책을 전문적으로 조사·연구하는 연구기관을 육성하여야 한다. 정부는 지식재산의 창출·보호 및 활용과 그 기반 조성을 목적으로 설립된 법인이나 단체를 육성하여야 한다. 정부는 연구기관이나 법인·단체에 대하여 그 운영에 필요한 경비의 전부 또는 일부를 출연하거나 보조할 수 있다(법 제35조).

(9) 지식재산 제도의 국제화

정부는 국내외에서의 지식재산의 창출·보호 및 활용이 효과적으로 이루어질 수 있도록 국내의 지식재산 제도가 국제적 합의사항 및 규범과 조화를 이루는 데 필요한 시책을 마련하여 추진하여야 한다. 정부는 국제적으로 조화될 수 있는 지식재산 제도를 마련하기 위하여 외국정부, 국제기구 등과 협력하여야 한다. 정부는 외국정부, 국제기구 등과의 조약·협약 등 국제적 합의가 국내의 지식재산 관련 제도·정책이나 시장에 미칠 수 있는 영향을 조사·분석하여 적절한 대책을 마련하여야 한다(법 제36조).

(10) 개발도상국에 대한 지원

정부는 개발도상국의 빈곤퇴치, 경제성장 및 문화발전에 기여하기 위하여 개발도상국의 지식재산 창출·활용 역량을 높이는 데 필요한 지원을 할 수 있다(법 제37조) .

(11) 남북 사이에 지식재산의 교류협력

정부는 북한의 지식재산 관련 제도·정책이나 현황 등에 대한 조사·연구 활동을 추진함으로써 남북 간 지식재산 분야의 상호교류와 협력을 증진할 수 있도록 노력하여야 한다(법 제38조).

5) 비밀 누설의 금지 및 벌칙 적용에서의 공무원 의제(간주)

위원회 및 전문위원회의 위원, 사무기구의 직원 및 위원회의 위촉에 따라 위원회의 업무를 수행하는 사람 중에서 공무원이 아닌 사람은 형법 제129조부터 제132조까지의 규정을 적용할 때에는 **공무원으로 간주**한다(법 제40조).

(1) 비밀 누설의 금지

위원회 및 전문위원회의 위원 또는 사무기구의 직원이나 그 직에 있었던 사람, 파견·위촉·위탁 등에 의하여 위원회의 업무를 수행하거나 수행하였던 사람은 업무처리 중 알게 된 비밀을 누설하여서는 아니 된다(법 제39조).

(2) 벌칙 적용에서의 공무원 의제

위원회 및 전문위원회의 위원, 사무기구의 직원 중에서 공무원이 아닌 사람은 형법 제129조부터 제132조까지의 규정을 적용할 때에는 **공무원**으로 본다(법 제40조).

6) 지식재산권 용어 통일

지식재산기본법은 시행시기를 공포 후 2개월이 경과한 날로 규정하고, 타법 개정을 통해 '지적재산권'을 '**지식재산권**'으로 변경함으로써, **법률 용어를 통일**하도록 하고 있다(법 부칙 제1조 및 제2조).

지식재산권의 관련 법령

구분	법 률	대통령령	부 령
지식재산권	지식재산기본법	지식재산기본법시행령	–
	특허법	특허법시행령	특허법시행규칙 특허료 등의 징수규칙 특허법·실용신안법·디자인법·상표법의시행에관한규칙
	실용신안법	실용신안법시행령	실용신안법시행규칙
	상표법	상표법시행령	상표법시행규칙
	디자인보호법	디자인보호법시행령	디자인보호법시행규칙
	발명진흥법	발명진흥법시행령	발명진흥법시행규칙
	저작권법	저작권법시행령	저작권법시행규칙
	음악산업진흥에 관한 법률	음악산업진흥에 관한 법률시행령	음악산업진흥에 관한 법률 시행규칙
	농수산물의 원산지표시에 관한 법률	농수산물의 원산지표시에 관한 법률 시행령	농수산물의 원산지표시에 관한 법률 시행규칙

구분	법 률	대통령령	부 령
지식재산권	종자산업법	종자산업법 시행령	종자산업법 시행규칙
	식물신품종보호법	식물신품종보호법 시행령	식물신품종보호법 시행규칙 식물신품종 보호법에 따른 품종보호료 및 수수료 징수규칙 식물신품종 보호법 제52조에 따른 품종보호 등록에 관한 규칙
	천연물신약 연구개발 촉진법	천연물신약 연구개발 촉진법 시행령	–
	반도체집적회로의 배치설계에 관한 법률	반도체집적회로의 배치설계에 관한 법률 시행령	반도체집적회로의 배치설계에 관한 법률 시행규칙
	산업기술의 유출방지 및 보호에 관한 법률	산업기술의 유출방지 및 보호에 관한 법률 시행령	산업기술의 유출방지 및 보호에 관한 법률 시행규칙
	변리사법	변리사법 시행령	변리사법 시행규칙
	정부조직법	특허청과 그 소속기관직제	특허청과 그 소속기관 직제시행규칙
	부정경쟁방지 및 영업비밀보호에 관한 법률	부정경쟁방지 및 영업비밀보호에 관한 법률 시행령	
	공무원 직무발명의 처분관리 및 보상 등에 관한 규정	공무원 직무·발명의 처분관리 및 보상 등에 관한 규정 시행령	공무원 직무·발명의 처분관리 및 보상 등에 관한 규정 시행규칙
		특허권 등의 등록령 시행령	특허권 등의 등록령 시행규칙
		특허권의 수용·실시 등에 관한 규정 시행령	특허권의 수용·실시 등에 관한 규정 시행규칙
		특허청과 그 소속기관 직제 시행령	특허청과 그 소속기관 직제 시행규칙
	기술의 이전 및 사업화촉진에 관한 법률	기술의 이전 및 사업화촉진에 관한 법률 시행령	기술의 이전 및 사업화촉진에 관한 법률 시행규칙
	부품·소재전문기업 등의 육성에 관한 특별조치법	부품·소재전문기업 등의 육성에 관한 특별조치법 시행령	부품·소재전문기업 등의 육성에 관한 특별조치법 시행규칙
	뿌리산업 진흥과 첨단화에 관한 법률	뿌리산업 진흥과 첨단화에 관한 법률 시행령	뿌리산업 진흥과 첨단화에 관한 법률 시행규칙
	산업기술단지 지원에 관한 특례법	산업기술단지 지원에 관한 특례법 시행령	산업기술단지 지원에 관한 특례법 시행규칙
	산업기술혁신촉진법	산업기술혁신촉진법 시행령	산업기술혁신촉진법 시행규칙
	산업디자인진흥법	산업디자인진흥법 시행령	산업디자인진흥법 시행규칙

구분	법 률	대통령령	부 령
지식재산권	산업발전법	산업발전법 시행령	산업발전법 시행규칙
	산업융합촉진법	산업융합촉진법 시행령	산업융합촉진법 시행규칙
	산업집적활성화 및 공장설립에 관한 법률	산업집적활성화 및 공장설립에 관한 법률 시행령	산업집적활성화 및 공장설립에 관한 법률 시행규칙
	산업표준화법	산업표준화법 시행령	산업표준화법 시행규칙
	신에너지 및 재생에너지 개발·이용·보급촉진법	신에너지 및 재생에너지 개발·이용·보급촉진법 시행령	신에너지 및 재생에너지 개발·이용·보급촉진법 시행규칙
	엔지니어링산업진흥법	엔지니어링산업진흥법 시행령	엔지니어링산업진흥법 시행규칙
	오존층보호를 위한 특성물질의 제조규제 등에 관한 법률	오존층보호를 위한 특성물질의 제조규제 등에 관한 법률 시행령	오존층보호를 위한 특성물질의 제조규제 등에 관한 법률 시행규칙
	이러닝(전자학습) 산업발전 및 이러닝활용촉진에 관한 법률	이러닝(전자학습) 산업발전 및 이러닝활용촉진에 관한 법률 시행령	이러닝(전자학습) 산업발전 및 이러닝활용촉진에 관한 법률 시행규칙
	항공우주산업개발촉진법	항공우주산업개발촉진법 시행령	항공우주산업개발촉진법 시행규칙

제3장 산업재산권법

제1절 지식재산권 및 산업재산권

학습포인트

1. 지식재산권의 종류를 알아본다.
2. 산업재산권의 종류와 보호대상의 차이점에 대해 알아본다.
3. 등록된 특허는 어떠한 효력을 가지는지 알아본다.

1. 지식재산권의 의의

좋은 아이디어나 기술을 가지고도 이를 적절히 보호하지 못함으로써 불의의 일을 당하는 경우를 흔히 볼 수 있다. 아이디어나 기술과 같은 지식재산은 지식재산권으로 보호받을 수 있다. 일반적으로 인간의 **지식**(**정신적**)활동의 성과로 얻어진 정신적 산물로서 재산적 가치가 있는 것을 **지식재산**(知識財産, intellectual property) 또는 무체재산(無體財産)이라고 한다. **지식재산**(**知識財産**)[1]이란 **인간의 창조적 활동** 또는 **경험** 등에 따라 **창출**되거나 **발견된 지식·정보·기술, 사상이나 감정의 표현, 영업이나 물건의 표시, 생물의 품종이나 유전자원**(遺傳資源), 그 밖에 **무형적인 것**으로서 **재산적 가치가 실현될 수 있는 것**을 말한다(지식재산 기본법 제3조 제1호).[2] 여기서 지식재산권이란 생각(mind)에서 비롯된 창작, 표지 및 영업에 관한 무형적인 이익(지식재산)을 객체로 하고, 이를 독점적으로 이용하는 것을 내용으로 하는 권리를 말한다.

1) 즉, 지식재산권(知識財産權)이란 인간의 지적활동으로 얻어진 정신적, 무형적 결과물에 대하여 전통적인 재산권인 물권이나 채권과는 달리 별도의 재산권으로써 법으로 보호받는 권리의 총칭이라고 말할 수 있다. 지식재산권이란 특허권, 실용신안권, 디자인권 및 상표권을 총칭하며 산업활동과 관련된 사람의 정신적 창작물(연구결과)이나 창작된 방법에 대해 인정하는 독점적 권리인 무체재산권을 말한다.

2) 특허청은 1998년 4월부터 지적재산권, 지적소유권을 대체하는 용어로서 지식재산권이라는 용어를 사용하고 있고, 2010년 10월 시행된 "지식재산기본법"에서도 지적재산권 대신 지식재산권이라는 용어를 사용하고 있고, 또한 부칙에서 다른 법률에서의 용어를 지식재산권으로 통일하도록 하고 있다.

세계지식재산권기구(WIPO)설립협약 제2조 제8항에서 "**지식재산권**이란 문학, 예술 및 과학적 저작물, 실연자의 실연, 음반 및 방송, 인간노력에 따른 모든 분야에서의 발명, 과학적 발견, 디자인, 상표, 서비스표, 상호 및 그 밖의 명칭, 부정경쟁으로부터의 보호 등에 관련된 권리와 그 밖에 산업, 과학, 문학 또는 예술분야의 지식(지적, 정신적)활동에서 발생하는 모든 권리를 포함한다"고 규정하고 있다. 즉, 저작권, 저작인접권, 특허권, 실용신안권, 디자인권, 상표권, 상호권이나 서비스표권, 부정경쟁방지법에 따라 보호되는 원산지표시나 영업비밀 등 일체의 것, 소위 종래 산업재산권과 저작권이 **모두 지식재산권에 포함**된다.[3] 예를 들어, 공USB는 개당 1,000원 이하에 구입할 수 있지만, USB에 저장된 프로그램이나 게임 등의 프로그램은 몇 만원에서 몇 백만의 경제적 가치를 갖는 경우가 있는데 이는 금액의 차이가 눈에 보이지 않는 무형자산의 경제적 가치라고 할 수 있다. 따라서 **지식재산권**은 크게 **산업재산권**,[4] 저작권(저작인접권 포함), **신지식재산권**[5]으로 나눌 수 있다. 이에 대한 기술은 뒤에서 설명한다.

2. 지식재산권 보호의 필요성

지식재산권의 보호는 법이 **지식재산권자에게 배타적 권리를 인정**하여 **타인의 모방**이나 **도용으로부터 보호**하는 방법을 취하고 있다. 따라서 **지식재산권자만**이 자기의 지식창작물이나 영업상의 표지를 이용토록 하고, **제3자가 이를 이용**하려면 지식재산권자의 **허락을** 받아야 하며, 이러한 허락없이 **무단으로 이용**하는 것을 **금지**시키는 이유는 어디에 있는가.[6]

1) 시장에서 독점적 지위 확보

특허권 등 산업재산권은 **독점배타적인 지식재산권**으로 신용창출, 소비자와의 신뢰도 향상 및 기술판매를 통한 로열티 수입 기능을 한다.

2) 특허분쟁의 사전 예방

자신의 발명 및 개발기술을 적시에 출원 및 권리화함으로써 타인과의 분쟁을 사전예방하고, 타인이 자신의 권리를 무단 사용시 적극적으로 대응하여 법적보호가 가능하다.

---

3) 송영식 외, 지적재산권, 세창출판사, 2005, 5면 참조.

4) 특허법상 산업재산권은 특허권, 실용신안권, 디자인권, 상표권을 말한다.

5) 신지식재산권은 산업재산권이나 저작권 중 어느 하나로 쉽게 판별될 수 없는 특징을 가지고 있다. 예를 들어, 반도체칩의 배치설계를 들 수 있다.

6) http://www.kipo.go.kr/kpo2/user.tdf?a=user.html.HtmlApp&c=3002&catmenu=m03_02_01_02; 송영식 · 이상정 · 김병일, 지적재산권법, 세창출판사, 2010, 13면 참조.

3) R&D(연구개발) 투자비 회수 및 향후 추가 기술개발의 원천

지식재산권은 막대한 기술개발 투자비를 회수할 수 있는 확실한 수단이며, 확보된 권리를 바탕으로 타인과 분쟁 없이 추가 응용 기술개발이 가능하고, 정부의 각종 정책자금 및 세제지원 혜택을 받을 수 있다.

3. 지식재산권의 법체계

1) 지식재산권의 독자적 법체계의 필요성

지식재산권에 대하여 기존의 법체계인 **민법의 재산권 개념으로는 보호가 상당히 미흡**하다. 지식재산권을 **보다 효과적·체계적으로 보호하**기 위하여 사권(私權)을 보호하는 **민법의 법체계에서 벗어나** 헌법의 근거 아래 **새로운 지식재산권법(知識財産權法)의 정립**이 필요하다. 즉, 지식재산권법은 **인간의 정신적 창조물인 지식을 무체재산권으로 보호하는 사법체계(私法體系)로서 독자성을 인정할 필요**가 있다.[7)]

2) 대한민국헌법의 근거

대한민국헌법 **제22조 제2항**은 "**저작자·발명가·과학기술자와 예술가의 권리**는 법률로써 보호한다"고 규정하고, 대한민국헌법 제127조 "국가는 과학기술의 혁신과 정보 및 인력의 개발을 통하여 국민경제의 발전에 노력하여야 한다"고 규정하여 **지식재산권을 헌법상 기본권으로 인정**하고 있다. 여기서 주의하여야 할 것은 지식재산권 조항은 대한민국헌법 제23조에 규정한 것이다. 즉, 대한민국헌법 **제23조 제1항** "모든 국민의 재산권은 보장된다. 그 내용과 한계는 법률로 정한다", 제2항 "재산권의 행사는 공공복리에 적합하도록 하여야 한다", 제3항 "공공필요에 의한 재산권의 수용·사용 또는 제한 및 그에 대한 보상은 법률로써 하되 정당한 보상을 지급하여야 한다"고 규정하고 있다.

대한민국헌법 제23조 제1항은 모든 국민의 재산권 보장조항이고, 대한민국헌법 제22조 제2항은 모든 국민 중 **저작자·발명가·과학기술자와 예술가**의 지식재산권 보장조항이다. 만약 대한민국헌법 제22조 제2항과 제23조 제1항이 경합하면 **제22조 제2항이 우선하는 특별조항**이다. 즉, **지식재산권**의 대한민국헌법 규정을 일반국민의 재산권보장규정보다 엄격하게 한 것은 학문과 예술의 발전을 위할 수 있는 **지식(정신적, 지식)창작물**을 일반국민의 재산권보장보다 **더 보호받을 가치가 있다**는 점 때문이다. 따라서 대한민국헌법 제23조에 따라 민법의 재산권 해석과 달리하는 **독자적인 지식재산권의 법체계가 필요**한 것이다.[8)]

---

7) 이동훈 외, 지식재산권법, 동방문화사, 2010, 6면 참조.
8) 이동훈 외, 앞의 책, 6~7면 참조.

3) 지식재산권법의 법체계

(1) 서설

현재 대한민국에서는 아이디어를 보호하는 것인 **발명**을 **특허법**에서, **고안**을 **실용신안법**에서, **디자인**을 **디자인보호법** 및 부정경쟁방지법과 저작권법에서, **등록상표**를 **상표법**에서, **저작물과 실연자의 실연(實演)·방송사업자의 방송·음반제작자의 음반 및 컴퓨터프로그램**을 **저작권법**에서 각각 보호하고 있으며, **주지상표나 상호, 영업비밀** 등은 부정경쟁방지법 및 **산업기술유출방지 및 보호에 관한 법률**에서 보호하고 있다.[9)]

이와 같이 지식재산을 보호하는 법을 **총칭**하여 **지식재산권법**이라 할 수 있을 것이나, 민법이나 상법도 보충적으로 지식재산을 보호한다. 이를 다음과 같이 정리할 수 있다.

지식재산권법의 구분(체계)

구분	보호대상	보호법
창작보호	발명	**특허법, 발명진흥법**
	고안	실용신안법
	디자인	디자인보호법
	반도체 집적회로, 레이아웃	반도체 집적회로의 회로배치에 관한 법률
	식물신품종	종자산업법, 특허법
	컴퓨터프로그램	**저작권법**, 특허법(BM특허)
	데이터베이스	저작권법
	저작물	저작권법
표지보호	상표	상표법
	상호	상법
	서비스마크	상표법
	지리적 표시	부정경쟁방지법, 상표법
부정경쟁방지	영업비밀(know how)	부정경쟁방지법, 산업기술유출방지 및 보호에 관한 법률

지식재산권은 기술적 사상의 보호를 목적으로 하는 **산업재산권**과 표현의 보호를 목적으로 하는 **저작권**으로 크게 나눌 수 있고, 여기에 **신지식재산권**을 추가하는 것이 오늘날의 경향이다. 즉, **지식재산권**은 특허, 실용신안, 디자인, 상표 등에 관한 권리인 **산업재산권**,[10)] 문학·예술분야의 창작자 및 음반제작자·방송사업자의 권리인 **저작권**,[11)] 컴퓨터프로그램,

9) 송영식 외2, 지적재산권법, 세창출판사, 2010, 8면 참조.

10) 산업재산권의 주무관청은 특허청이다: 산업재산권에서 특허권(특허법): 기술적 창작으로 고도한 것, 실용신안권(실용신안법): 실용성 있는 개량기술, 디자인권(디자인보호법): 물품의 형상, 모양, 색채 등 심미감을 느낄 수 있는 창작, 상표권(상표법): 타 상품과 식별할 수 있는 기호, 문자, 도형 또는 이들의 결합

11) 저작권은 문학, 음악, 미술, 사진, 영화 등 예술적 창작물이다.

영업비밀 등의 **신지식재산권**[12]으로 크게 나누고 있다. **지식재산권**이란 법령 또는 조약 등에 따라 인정되거나 보호되는 지식재산에 관한 권리를 말한다(지식재산기본법 제3조 제3호).

지식재산권 체계도

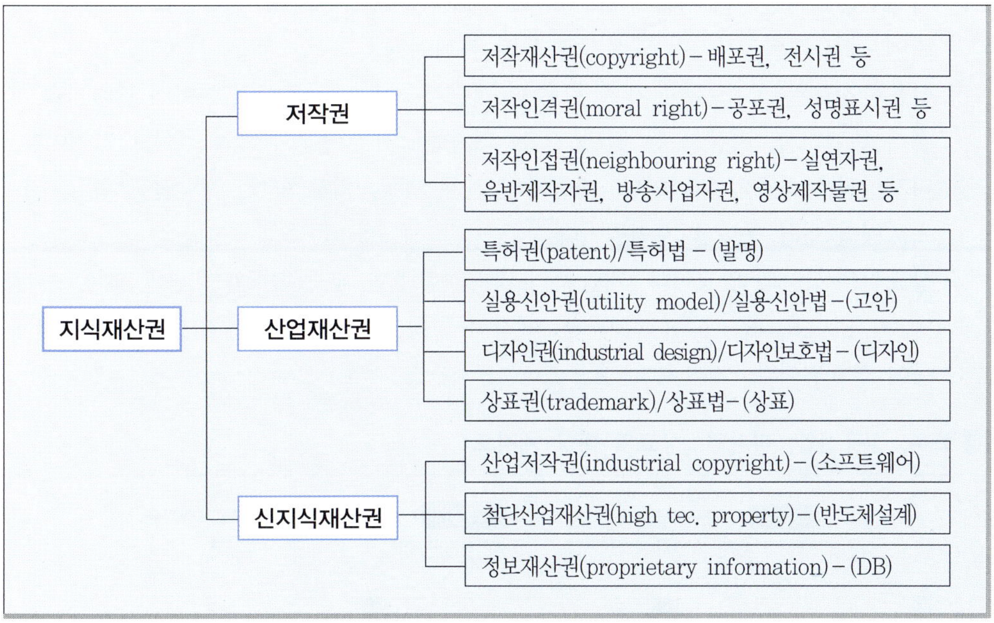

(2) 산업재산권

산업재산권(industrial property)는 **산업에 이용되는 발명을 보호하는 특허권, 고안을 보호하는 실용신안권, 디자인을 보호하는 디자인권, 상표를 보호하는 상표권 등을 말한다.** 이것은 특허청에서 관장하며, 출원과 심사절차를 요구하고, 특허청에 등록됨으로써 비로소 권리가 발생한다.

일반적으로 산업재산권이란 인간의 **정신적 창작물**에 대하여 보호되는 권리 중 산업과 관련한 권리를 지칭하는 것으로, 기술적 사상의 **공개** 대가로 국가가 공권력으로 일정한 기간 동안 독점적 · 배타적 권리를 부여하여 기술적 재산권으로 인정하는 것[13]으로서, 이러한

---

12) 신지식재산권은 전통적인 지식재산권 분류기준인 산업재산권과 저작권 중 어느 하나로 쉽게 판별될 수 없는 특징을 가지고 있다. 최근의 과학발달은 제4차 산업혁명이라고 불릴 만큼 획기적이다. 그 중 컴퓨터프로그램과 같은 이른바 산업상 저작권(industrial copyright), 유전자조작과 세포융합에 따른 동물 및 식물의 신품종이나 생명공학의 산업응용(예: bio-chip)에 따른 첨단산업재산권과 데이터베이스(data base), 뉴미디어, 영업비밀 등 정보산업재산권 등을 신지식재산권이라고 불리고 있다.

13) 산업재산권(産業財産權)의 특허권은 아직까지 없었던 물건 또는 방법을 최초로 발명하였을 경우 그 발명자에게 주어지는 권리이며, 실용신안권은 이미 발명된 것을 개량하여 보다 편리하고 유용하게 사용할 수 있도록 한 물품의 형상, 구조 또는 조합에 부여되는 권리이다. 디자인권은 물품의 형상, 모양이나 색채 또는 이들을 결합한 것으로서 시각을 통하여 미감을 일으키게 하는 것이며, 상표권은 상품을 업(業)으로서 생산 · 가공 · 증명 또는 판매하는 자가 자기의 상품을 타 업자의 상품과 식별하기 위하여 사용하는 기호, 문자, 도형, 입체적 형상 또는 이들의 결합과 이

권리는 특허법에 따른 **특허권**, 실용신안법에 따른 **실용신안권**, 디자인보호법에 따른 **디자인권** 및 상표법에 따른 **상표권**이 보호된다(발명진흥법 제2조 제4호).

산업재산 4권 개념을 자동차로 예를 들어 다음과 같이 설명할 수 있다.[14)]

① **특허권**은 원천 · 핵심기술이다. 자동차의 ABS 기술, 지능형 현가 시스템기술, 변속기에 관한 기술, 저연비 엔진기술 등이 특허이다.

② **실용신안권**은 Life-Cycle가 짧은 주변 개량기술이다. 자동차의 백미러 관련기술, 컵홀더 관련기술, 자동차 문 관련 기술, 의자높낮이 조절기구 등이 실용신안권이다.

③ **디자인권**은 물품의 외관이다. 자동차의 자체 형상, 의자 형상, 전방램프 형상, 리어스포일러 형상 등이 디자인권이다.

④ **상표권**은 상품의 명칭이다. 자동차의 명칭(예를 들면, 무쏘, 그랜저, 아반테, 로체, 카니발, 에쿠스, SM3, SM5, K5, K7, K9 등), 제작사 명칭(현대, 대우, 기아, GM대우, 르노삼성 등) 등이 상표권이다.

특허, 실용신안, 디자인, 상표의 대상 예시도

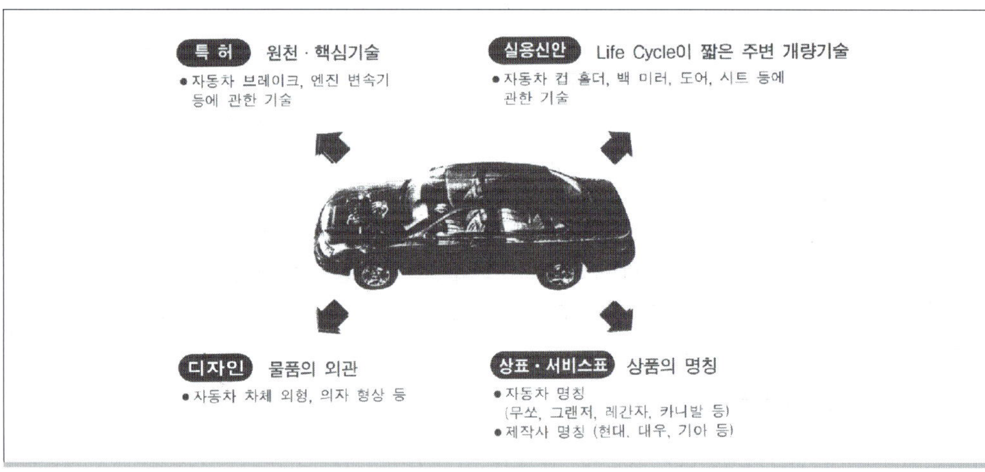

산업재산권의 법적 성질은 발명, 고안 및 디자인에 대한 특허권, 실용신안권 및 디자인권과 상표권은 **법률에 근거**하여 그 취득, 내용 및 소멸이 정당화되는 **배타적(독점적) 법률 규정에 의한 물권(준물권)**이다. 이 권리들은 발명, 고안 및 디자인과 상표에 대하여 사실상 그리고 **법률상 직접 지배**할 수 있으며 **자유롭게 처분**할 수 있다.[15)]

들과 색체가 결합한 것으로서 타인의 것과 명확히 구별되는 것에 부여되는 산업재산권이다(특허청, 앞의 책, 114면 참조). 특허의 대상인 발명과 실용신안의 대상인 고안은 그 고도성 여부에 따라 구별되지만, 미적 창작을 보호하는 디자인과는 달리 기술적 창작이라는 면에서 동일하다. 그럼에도 불구하고 상표사용자의 신용을 보호하고자 하는 상표권과는 달리 발명, 고안 및 디자인은 기술적 창작이다.

14) 박승민, 특허, 성안당, 2007, 2면, 그림2 참조.

15) 즉, 산업재산권은 그 권리를 사용 및 처분하여 경제적 수익을 올릴 수 있으며, 또 동산 및 부동산 등 유체물(有體物)에 대한 재산권과는 달리 인간의 지식, 정신적 산물로써 유형적인 형태가 없는 무체물(無體物)에 대한 재산권이

(3) 저작권

저작권법으로 산업재산권과는 성격을 달리하는 문학과 예술의 범위에 속하는 저작물을 보호한다. 이것은 문화체육관광부에서 관장하고, 출원이나 심사 및 등록절차가 없더라도 창작과 동시에 권리가 발생한다.

(4) 신지식 재산권

신지식재산이란 경제·사회 또는 문화의 변화나 과학기술의 발전에 따라 새로운 분야에서 출현하는 지식재산을 말한다(지식재산기본법 제3조 제2호).[16] 이는 전통적인 지식재산권 분류기준인 **산업재산권과 저작권**중 어느 하나로 쉽게 판별하기 어려움이 있고, 새로운 분야의 지속적 등장, 즉 **영업비밀, 컴퓨터프로그램, 반도체칩 배치설계도, 동식물신품종, 유전자조작기술**(GMO), **퍼블리시티권, 캐릭터권, 데이터베이스**(DB) 등은 머지않아 국제무대에서 지식재산권으로 확고한 위치 차지할 것으로 전망되고 있다.[17] 이것은 과학과 문화의 혼합으로 컴퓨터 프로그램[18]처럼 저작물이면서 제조산업에 직접 이용되기 때문에 기존의 분류로는 나눌 수 없는 신지식재산권법의 체계인 것이다.

(5) 산업재산권의 법령체계

산업재산권에 관련된 **법령 체계**는 다음과 같이 정리할 수 있다.

산업재산권에 관련된 법령 체계

법률	대통령령	부령
특허법	–특허법시행령 –특허등록령 –특허권의 수용·실시 등에 관한 규정	–특허법시행규칙 –특허등록령시행규칙 –특허료 등의 징수규칙
실용신안법	–실용신안법시행령 –실용신안등록령	–실용신안법시행규칙 –실용신안등록령시행규칙
디자인보호법	–디자인보호법시행령 –다자인등록령	–디자인보호법시행규칙 –디자인등록령시행규칙
상표법	–상표법시행령 –상표등록령	–상표법시행규칙 –상표등록령시행규칙
발명진흥법	–발명진흥법시행령 –공무원직무발명의 처분·관리 및 보상등에 관한 규정	–공무원직무발명의 처분·관리 및 보상 등에 관한 규정시행규칙

므로 무체재산권(無體財産權)으로 보는 것이 일반적이다.

16) 신지식재산권이란 과학기술의 급속한 발전과 사회여건의 변화에 따라 종래의 지식재산법규의 보호범주에 포함되지 않으나 경제적 가치를 지닌 지식창작물을 의미한다.

17) http://www.kipo.go.kr/kpo2/user.tdf?a=user.html.HtmlApp&c=3003&catmenu=m03_02_01_03

18) 기존에는 컴퓨터 프로그램은 특허청도 아닌 문화체육관광부도 아닌 정보통신부(지식경제부)가 관장했지만, 지금은 직제 개편으로 문화체육관광부가 관장하고 있고, 식물발명 중 종자산업은 농림수산식품부가 관장하고 있다.

법률	대통령령	부령
부정경쟁방지 및 영업비밀보호에 관한 법률	–부정경쟁방지 및 영업비밀보호에 관한법률 시행령	
산업기술유출방지 및 보호에 관한 법률	–산업기술유출방지 및 보호에 관한 법률 시행령	–산업기술의 유출방지 및 보호에 관한 법률 시행규칙
반도체집적회로의 배치설계에 관한 법률	–반도체집적회로의 배치설계에 관한 법률 시행령	–반도체집적회로의 배치설계에 관한 법률 시행규칙
변리사법	–변리사법시행령	–변리사법시행규칙
정부조직법	–특허청과 그 소속기관직제	–특허청과 그 소속기관 직제시행규칙
국제조약	–세계지식재산권기구(WIPO)설립협약 –특허협력조약(PCT) –특허절차상 미생물기탁의 국제적 승인에 관한 부다페스트 조약규칙 –상표법 조약 –무역관련 지식재산권에 관한 협정 –국제특허 분류에 관한 스트라스부르그 협정 –공업소유권의 보호를 위한 파리협약 –표장의 국제등록에 관한 마드리드 협정에 대한 의정서 –표장의 등록을 위한 상품 및 서비스의 국제분류에 관한 니스협정	

4) 지식재산권법의 요약정리

현행법상 지식재산권의 목적, 대상, 요건 등을 간단하게 **요약**할 수 있다.[19]

대한민국의 지식재산권 보호제도

	특허법 · 실용신안법	디자인보호법	상표법	부정경쟁방지법	저작권법	반도체칩보호법
법의 목적	발명, 실용적 고안의 보호를 통한 기술의 진보발전과 국가산업발전에의 기여	디자인창작의 보호를 통한 디자인 창작의 장려와 국가산업발전에의 기여	상표보호를 통한 상표사용자의 신용보호와 국가산업발전 및 수요자 이익보호	부정한 상업상 경쟁방지를 통한 상거래질서유지	저작자 및 저작인접권자의 보호와 저작물의 공정이용을 통한 문화발전에의 기여	창작의 권리보호와 공정이용을 통한 반도체관련산업 등 국민경제발전 도모
보호 대상	**자연법칙**을 이용한 **기술적 사상의 창작**(발명, 실용신안–물품, 물건에 한함)	**시각**을 통하여 **미감**을 일으키는 물품의 형상, 모양, 색채 또는 이들의 결합 (산업디자인)	상품의 생산, 제조, 가공, 증명, 판매업자가 사용하는 **특별 현저한 기호**, 문자, 도형, 입체적 형상 및 이들의 결합 및 이들의 색채의 결합 •서비스표, 단체표장 등 포함	국내에서 **널리 인식된 상표**, 상호, 그 밖의 상품 및 영업상 표지일체 •영업비밀	문학, 학술 또는 예술의 범위에 속하는 **창작물** •인접권, 출판권 등 포함 •복제권, 전송권, 공연권, 대여권, 방송권, 전시권, 배포권, 2차적 저작물 등의 작성권 •컴퓨터 프로그램, 데이터베이스 포함	반도체집적회의 배치설계(素子(소자) 및 導線(도선)의 **배치설계, 회로배치이용권**

19) 송영식 외, 지적재산법, 세창출판사, 2010, 38~40면 참조하여 재작성.

	특허법 · 실용신안법	디자인보호법	상표법	부정경쟁방지법	저작권법	반도체칩보호법
보기	벨이 전자를 응용하여 처음으로 전화기를 생각해 낸 것과 같은 발명/분리된 송수화기를 하나로 하여 편리하게 한 것과 같은 형상이나 구조에 관한 것	탁상전화기를 반구형이나 네모꼴로 한 것과 같이 물품의 외관에 대한 형상 모양, 색체에 관한 것	전화기 제조회사가 자사제품의 신용을 유지하기 위하여 제품이나 포장 등에 표시하는 표장으로써 상표, 마크 등			
보호요건	산업상 이용 가능성, 신규성, 진보성, 선출원	공업상 이용가능성, 신규성, 창작비용이성	식별가능성 (특별 현저성)	주지성	창작성	창작성
권리내용	독점적 실시(생산, 사용, 판매, 수입, 전시 등의 행위)	독점적 실시(생산, 사용, 판매, 수입, 전시 등의 행위)	독점적 사용	부정경쟁행위의 금지청구(반사적으로 독점적 사용 보장)	재산권으로 복제, 공연 등을 할 수 있는 배타적 권리, 인격권규정 별도로 있음	복제, 제조, 양도, 대여, 전시, 수입할 권리의 독점
보호기간	특허: 등록일부터/출원일로부터 20년 되는 날까지+5년 연장가능(의약, 농약) 실용신안: 등록일로부터/출원일로부터 10년 되는 날까지(연장불가)	등록일로부터 20년(연장불가)	등록일로부터 10년, 계속사용하려는 자는 10년간씩 계속갱신가능, 반영구적 권리	없음(주지성, 비밀성 상실시까지 영구보호)	저작자 생존중과 사후 70년 •인접권은 실연, 방송, 고정시로부터 70년 •영상저작물 및 프로그램은 공포한 때부터 70년	등록시부터 10년
권리의 발생	등록	등록	등록	주지성획득시	창작/등록	등록
출원공개	유(1년6개월)/무	출원인이 공개신청가능	무			
심사청구	유(3년이내)/유(3년 이내)	무	무			
이의신청	유/유	무	유			
권리침해에 대한 보호	금지청구, 징벌적손해배상, 부당이득반환청구, 형사처벌(비친고죄), 반의사불벌죄	금지청구, 징벌적 손해배상, 부당이득반환청구, 형사처벌(비친고죄), 반의사불벌죄	금지청구, 징벌적 손해배상, 부당이득반환청구, 형사처벌(비친고죄), 반의사불벌죄	금지청구, 징벌적 손해배상, 부당이득반환청구, 형사처벌(비친고죄), 반의사불벌죄	금지청구, 손해배상, 부당이득반환청구, 형사처벌(친고죄)	금지청구, 손해배상, 부당이득반환청구, 형사처벌(친고죄)

쉬어가기

징기스칸의 원칙은 강한 기술 존중 사상을 가지고 기술개발과 혁신에 사활을 건다는 점이다. 당시, 징기스칸은 전쟁이 일어나면 두 부류의 사람들은 죽이지 않았는데 바로 여자와 기술자이다. 신기술을 갖고 있는 자만이 세계를 지배 한다는 것을 체험적으로 알고, 주로 초원에서 살았기 때문에 성곽 공격에 익숙지 않았던 점을 극복하기 위해 기술자들을 모아 연구를 시켜 공성용(攻城用) 무기들을 많이 개발할 수 있었다고 한다.

4. 지식재산권법과 다른 법과의 관계[20)]

1) 민법과의 관계

특허법, 실용신안법, 디자인보호법, 상표법, 저작권법 등의 지식재산권법은 특허권, 실용신안권, 디자인권, 상표권, 저작권 등의 재산적 가치가 있는 권리에 대한 요건, 심사절차, 등록, 권리제한, 침해 등을 규정하고 있는데, 그 본질은 배타적 지배권으로서 민법상 물건에 대한 배타적 지배권으로서의 소유권과 유사한 측면을 가지고 있으나, 그 대상에 있어 소유권은 물건을, 지식재산권은 무형의 지식 산물을 각각 권리의 대상으로 하고 있어 차이가 있으므로 그 취득 요건과 절차 및 권리범위가 상이하다.

지식재산권에 대한 모든 법률문제를 지식재산권법으로 규정하지 않고, 민법과 차이가 나는 지식재산권 특유의 부분에 대해서는 지식재산권법에 규정하고, 그 외 재산권 전반에 대해서는 민법 등의 관련 규정을 적용하게 된다. 예를 들어, 특허권이 침해된 경우에 침해자에게 고의 또는 과실이 없었던 것이 증명되면 손해배상을 청구할 수 없다. 그러나 이 경우에도 특허권자는 민법 제741조에 따른 부당이득반환청구권을 가질 수 있다. 즉, 특허권자는 정당한 법률상의 원인없이 특허권자의 재산 또는 노무에 따라 이익을 얻고, 이에 따라서 특허권자에게 손실을 가한 침해자에게 그 이익을 그대로 손실자인 특허권자에게 반환하도록 청구할 수 있다. 또한 실시권 설정계약 등의 계약관계에서 특허법 등에 규정되어 있지 않은 계약법 문제는 결국 일반법(기본법)인 민법의 적용 규정을 찾을 수밖에 없다.

2) 형법과의 관계

특허법 등의 지식재산권법은 특허권 등의 지식재산권을 침해하는 행위를 범죄로 규정하고 있으며, 이에 따라 형법총칙의 규정이 적용된다. 예를 들어, 과실범에 대하여 특허법 등에 별도의 처벌규정이 없는 한 형법총칙에 따라 과실범을 형사처벌할 수 없으며, 민사책임으로만 그 행위를 추궁할 수밖에 없다.

20) 권인희, 지적재산권 입문, 화산미디어, 2014, 25~27면 참조.

3) 행정법과의 관계

특허법 등의 산업재산권법에서는 산업재산권의 취득을 위하여 출원 · 심사 · 등록이라는 절차를 요구할 수 있으며, 이는 행정절차의 일종이다. 또한 등록결정 · 등록거절 등은 행정처분의 일종이기 때문에 각 절차에 대하여 특별히 규정되어 있지 않은 경우에도 행정법의 일반원칙이 적용되게 된다. 저작권법상의 저작물 등록 또는 등록 거절도 마찬가지이다.

4) 독점규제 및 공정거래에 관한 법률과의 관계

산업재산권법은 특허권 등은 일정한 독점적 지위를 인정하고 있다. 이에 그 성질상 지식재산권법과 독점규제 및 공정거래에 관한 법은 상호 모순관계에 있다고 할 수 있으나, 독점규제 및 공정거래에 관한 법률 제59조에서는 "이 법의 규정은 저작권법, 특허법, 실용신안법, 디자인보호법 또는 상표법에 따른 권리의 정당한 행사라고 인정되는 행위에 대하여는 적용하지 아니한다"라고 규정함으로써 양자의 관계를 정하고 있다.

그러나 이는 정당한 권리행사인 경우에 해당하는 것이며, 권리남용의 행위까지 면책되는 것은 아니다. 즉, 특허권은 독점 · 배타적인 권리이기 때문에 특허권자는 이를 자유로이 행사할 수 있으나, 우월적인 지위를 이용하여 부당한 거래 등을 행한 경우에는 민법 제2조의 권리남용에 해당하는 것은 물론이고, 독점규제 및 공정거래에 관한 법률상의 불공정거래행위도 해당된다. 따라서 특허발명의 독점적 실시가 보장된 특허권자라고 하더라도 그 권리를 정당하게 행사하여야 할 의무가 있다.

5) 부정경쟁방지법과의 관계

경제적인 활동에 대하여 지식재산권법으로 충분히 보호받지 못할 경우가 있을 수 있으며, 그런 경우를 그대로 방치해 두면 경제법 질서상 부당함이 발생할 수 있다. 부정경쟁방지법은 비록 지식재산권으로 권리화되지 못한 경우를 보호의 대상으로 함으로써 부정경쟁에 따른 불합리한 경제활동을 방지하기 위한 법제이다. 예를 들어, 타인의 상품이나 서비스로 혼동할 가능성이 있도록 자신의 상품이나 서비스를 표출할 때, 타인의 영업비밀을 침해하는 경우 등이 부정경쟁행위에 해당되고, 산업재산권법 또는 저작권법에 따라 보호받을 수 없는 경우에 부정경쟁방지법이 적용된다.

Q & A

1. 지식재산권의 종류는?
2. 산업재산권의 종류와 대상의 차이점은?
3. 저작권 및 신지식재산권은?

제 2 절 특허법

1. 특허제도의 기원[21)]

1) Patent의 어원(語源)

14세기 영국에서 국왕이 특허권을 부여할 때, 다른 사람이 볼 수 있도록 개봉된 상태로 수여되었으므로 특허증서를 개봉된 문서, 즉 Letters Patent라 하였으며 그 후 "Open"이라는 뜻을 가진 Patent[22)]가 특허권이라는 뜻으로 사용되게 되었다.

2) 연 혁

(1) 최초의 특허법(1474년)

르네상스 이후, 북부 이탈리아 도시국가 **베니스공화국**에서 1474년 3월 19일 **모직물공업 발전**을 위해 **베니스 특허법**을 제정하여 제도적으로 **발명을 보호**하였다. 베니스 특허법은 1550년까지 약 100건의 출원되었으며, 특히 예를 들어, **갈릴레오 갈릴레이**의 **양수·관개용 기계**에 대한 특허(1594년)이다.

(2) 현대적 특허법의 모태

영국의 1623년 전매조례(Statute of Monopolies: 1623~1852)가 현대적 특허법의 모태인데, 그 원칙은 선발명주의, 독점권(14년), 공익위배 대상 특허 불인정이다. 이것이 산업혁명의 근원이 되는 방적기, 증기기관 등이 탄생케 하였다.

(3) 우리나라 특허제도의 연혁

1908년 한국 특허령 공포하였고, 1946년 특허원을 창립하고 및 특허법을 제정하였다. 1961년 특허법을 산업재산권 4법으로 분리하였고, 1977년 특허청을 개청하였으며, 1979년 세계지식재산권기구(WIPO) 가입하였고, 1980년 파리협약(Paris Convention) 가입, 1984년 특허협력조약(Patent Cooperation Treaty) 가입하였다.

---

21) 주로 특허청 홈페이지(http://www.kipo.go.kr)를 참고하였다.
22) Patent의 의미는 공개된 것(be opened)을 뜻하는 라틴어의 'patere'에서 유래한 것이다.

2. 특허제도의 목적

1) 서설

연혁적(沿革的)으로 보면 특허제도는 **산업정책적인 이유**에서 비롯되었으며, **기술적 창작물인 발명**을 일정기간 **독점적으로 이용**할 수 있도록 **허용**하는 특허제도는 헌법에 기초하고 있으며(헌법 제22조), 기술적 발명정신의 보호를 통해서 **기술진보와 국가산업발전**을 도모함을 목적으로 하는 제도이다(특허법 제1조).[23] 이를 달성하기 위하여 **"기술공개의 대가로 특허권을 부여"**하는 것을 구체적인 수단으로 사용하는 것이다.

특허법은 발명의 보호·장려라는 사익적 측면과 발명의 이용 도모라는 공익적 측면을 조화시켜 기술발전이라는 중간목적을 통해 산업발전을 이바지 하는데 궁극적 목적이 있다(특허법 제1조).[24]

2) 발명의 보호

(1) 실체적 보호

발명의 완성과 동시에 특허를 받을 수 있는 권리에 따라 보호를 받고, 특허출원이 설정등록되면 특허권이라는 독점·배타적인 권리에 따라서 보호를 받는다.

(2) 절차적 보호

특허법은 출원인의 이익을 위하여 공지예외주장(특허법 제30조), 정당권리자출원(특허법 제34조, 제35조), 보정(특허법 제47조), 분할출원(특허법 제52조), 변경출원(특허법 제53조), 조약우선권주장(특허법 제54조), 국내우선권주장(특허법 제55조), 의견서제출기회(특허법 제63조 제1항), 재심사청구(특허법 제67조의2), 거절결정불복심판(특허법 제132조의3), 심결취소소송(특허법 제186조)등을 규정하여 절차적 보호를 하고 있다.

---

23) 즉, 발명에 대해 일정의 독점권을 인정하는 특허법의 목적은 발명자의 발명 의욕을 자극함이며, 보호를 위한 조건으로서 해당 발명의 공개를 유도하고 공개된 발명을 이용해 산업발전에 기여하기 위함에 있다: 윤선희, 앞의 책, 27면; 특허법 제1조(목적) 이 법은 발명을 보호·장려하고 그 이용을 도모함으로써 기술의 발전을 촉진하여 산업발전에 이바지함을 목적으로 한다.

24) 즉 기술공개 → 기술축적, 공개기술 활용 → 산업발전; 독점권부여 → 사업화촉진, 발명의욕 고취 → 산업발전을 도모함을 목적으로 하는 것이 특허제도이다. 특허제도는 발명자에게 특허권(特許權)이라는 독점 및 배타적인 재산권(財産權)을 부여하여 발명자를 강력히 보호하고, →제3자(공중)에 그 공표된 발명을 이용할 수 있는 기회를 제공하여, → 발명의 보호와 발명의 이용 간의 조화를 통해 → 법의 궁극적인 목적인 산업발전을 실현하는 원리를 채택하고 있다. 특허법은 발명에 대하여 재산권의 일종으로서 특허권을 인정하고 이를 보호하고 있다. 즉, 특허법은 새로운 발명에 대하여 공개한 대가로 일정 기간의 독점권을 부여하여 그 기술을 중복 연구하지 않도록 하고, 그 공개된 기술을 이용하여 보다 진보된 기술이 나오도록 발명자 또는 그 승계자로 하여금 그 발명에서 생기는 이익을 독점할 수 있도록 하고 있다. 그러나 단지 일정한 재산적 가치를 갖는 발명에 대하여 이를 발명자의 천부적인 인권으로 확인하고 보호하는 것만이 특허법이 의도하는 목적이 아니다: 윤선희, 앞의 책, 27면.

3) 발명의 장려

특허법은 발명의 장려를 위하여 학생이나 개인발명 및 소기업의 발명 등에 대해서 출원료 및 최초 3년분의 특허권 설정등록료를 면제하거나 감면해 주고 있다(특허법 제83조). 발명진흥법에서는 발명 장려 보조금의 지급을 규정(발명진흥법 제4조)하고 있는 한편 우수발명의 발굴 포상과 사회화 지원제도 등을 두고 있다.

4) 발명의 이용을 도모

(1) 실시에 따른 이용

특허권자는 업(業)으로서 자기의 특허발명을 실시할 권리를 독점하고(특허법 제94조), 제3자는 실시권 등의 정당한 권원이 있거나 특허권이 소멸한 경우 특허발명을 자유 실시할 수 있다.

(2) 공개에 따른 이용

특허법은 특허출원 후 일정기간 경과 후, 그 출원내용을 일반 공중에게 공개한다(특허법 제64조 제2항). 이로 인해 중복투자 및 중복연구를 방지하고 제3자가 기술문헌으로 활용할 수 있도록 개량된 기술을 개발하도록 유도하고 있다.[25]

5) 기술발전을 촉진하여 산업발전에 이바지

발명의 보호·장려 및 발명의 이용은 특허제도를 운영하고 있는 두 중심축이나, 이는 목적달성을 위한 수단에 불과하다. 특허법은 산업입법이기에 그 궁극적인 목적은 기술발전을 촉진하여 산업을 발전시키는 것이다.

특허의 원리

특허제도는 **공개**(disclosure)와 **독점**(monopoly)이라는 균형 위에서 성립한다. 따라서 특허출원을 통하여 발명을 **공개**하는 대신에 그에 부합하는 **특허권을 부여**한다는 특허의 원칙이다.

링컨의 표현

The patent system added the fuel of interest to the fire of genius
(특허제도는 천재라는 불꽃에 이익이라는 연료를 첨가한 것이다.)

---

25) 특허제도는 자기기술을 자발적으로 남에게 알리게 하는 교묘한 제도로서 현대문명은 특허제도의 기반 위에서 가능(기술문헌의 99% 이상이 특허기술)하다. 또한 특허법제는 발명이 인간의 지식 창작물이라는 인식과 지식 창작물이 상업적 가치를 갖는다는 인식을 모두 포함하고 있다.

3. 발명의 성립요건(특허의 객체) – 발명의 성립성

발명진흥법에서 **발명**이란 "'**특허법**'·'**실용신안법**' 또는 '**디자인보호법**'에 따라 보호 대상이 되는 **발명, 고안 및 창작**을 말한다(발명진흥법 제2조 제1호)."라고 규정하고 있으며, **특허법**에서 **발명**(invention)이라 함은 "**자연법칙**을 이용한 **기술적 사상의 창작**으로서 **고도한 것**을 말한다"(특허법 제2조 제1호), **특허발명**이라 함은 "**특허를 받는 발명**을 말한다"(특허법 제2조 제2호)라고 규정하고 있다. 따라서 특허법상 **발명**이 되기 위해서는 **자연법칙을 이용할 것, 기술적 사상일 것, 창작일 것, 발명의 고도성일 것을 요구**하고 있다.[26]

1) 자연법칙을 이용하여야 한다.

자연법칙은 **전체**로서 이용하여야 하고, 일정한 **확실성** 및 반복가능성이 있어야 하나 발명자가 자연법칙에 대한 정확한 **인식**을 가질 필요는 없다. **발명은 자연법칙을 이용한 것**이어야 한다. 그러므로 **자연법칙 자체** 또는 **자연법칙 아닌 인간의 정신활동** 또는 **사람의 심리적·생리적 작용을 이용한 것**[27]이나 **자연법칙에 반하는 것**[28]은 **발명이라 할 수 없다. 자연법칙**이라 함은 자연계의 이치나 현상을 경험에 의해 찾아 낸 것을 의미한 것이다. 어떠한 발명이 자연법칙을 이용하였는지의 여부를 판단하는 것은 어려운 문제이다.

그래서 적극적으로 자연법칙을 **이용했는지를 심사하지 않고, 다음 사항에 해당하지 않으면 자연법칙을 이용한 것으로 취급**하는 것이 **실무**이다. 첫째, **자연법칙 자체**[29]**가 아닐** 것, 즉 자연법칙 자체는 자연계에 존재하는 법칙이므로 이를 한 개인에게 독점시키는 것은 불합리하다. 그리고 자연법칙 자체는 자연법칙의 이용이라는 요건에 부적합하다. 그러므로 **특허를 받을 수 없다.** 예를 들어, 자연과학법칙(예: 열역학의 법칙, 에너지보존의 법칙, 만유인력의 법칙, 가속도의 법칙, 에너지 보존의 법칙), 경험칙(예: 물은 높은 곳에서 낮은 곳으로 흐른다. 봄이 가면 여름이 온다) **등 자연법칙 자체**는 **발명이 아니다.**

둘째, **자연법칙에 위반되는 것은 발명이 아니다.** 즉, 발명은 자연법칙을 **이용한 것**이어

---

26) 발명의 성립성 판단을 보면, (1)주체적 기준–심사관, 심판관, 법관이며, (2)객체적 기준으로서 (가)대상: 특허청구범위를 중심으로 명세서 및 도면을 참작하고, (나)범위: 청구항마다 한다. (3)시간적 판단은 (가)원칙: 명문의 규정은 없으나 특허출원시를 기준으로 판단하며, (나)예외: 무권리자에 대한 정당권리자의 출원의 경우– 무권리자의 출원일(특허법 제34조, 제35조), 분할출원(특허법 제52조 제2항), 변경출원(특허법 제53조 제2항)의 경우–원출원일, 조약우선권 주장출원(특허법 제54조 제1항), 국내우선권 주장출원(특허법 제53조 제3항)의 경우– 선출원일, 국제특허출원의 경우–우선일의 출원시를 기준으로 판단하고 있다.

27) 예를 들어, 피로퇴치법, 상품의 진열, 판매법, 암산기억법, 진료행위 등.

28) 예를 들어, 영구운동의 기계장치나 영구발동기 등.

29) 발명은 자연법칙의 이용이므로 자연법칙 등의 원리의 발견은 발명이 아니다. 그러나 발견은 발명의 어머니라는 말과 같이 중요한 발명은 기초적 연구에 따른 과학상의 새로운 법칙이나 원리에 기한 것이다. 따라서 최근 학문상의 발견에 대한 특수한 권리를 승인하려는 움직임이 있고, 이른바 과학적 소유권 혹은 학자의 권리의 문제로 논하여지고 있다: 송영식·이상정, 지적재산법, 세창출판사, 2005, 51면.

야 하므로 자연법칙에 위반되는 것은 발명에 해당되지 않는다. 이 경우에 명세서상 특허청구범위의 청구항에 기재된 발명의 일부라도 자연법칙에 위배되는 부분이 있으면 발명에 해당되지 않는다. 예를 들어 **영구운동의 기계장치**[30]가 이에 해당된다.

셋째, **자연법칙을 이용하지 않는 것은 발명이 아니다.** 즉, 명세서상 특허청구범위의 **청구항에 기재된 발명**이 **인간의 정신적 활동**(감성, 사고력 등)**을 이용하여 산출된 법칙**(예: 암호작성법, 계산법칙, 수학공식, 최면술치료법, 영업계획, 게임규칙, 정관, 경제법칙, 순수한 컴퓨터프로그램 자체 등)은 자연법칙을 이용한 것이 아니기 때문에 **특허법상 발명이 될 수 없다.**

넷째, 자연법칙을 이용한 것이지만, 발명의 과제를 해결하기 위한 **구체적 수단이 결여**되어 있는 **미완성 발명**은 발명에 해당하지 않는다. 뒤에서 구체적으로 살펴본다.

그러나 특허법 제2조 제1호 **발명규정의 단점을 보완**하여 발명정의의 규정을 **탄력적으로 해석**하여 다음과 같은 경우에는 **특허를 인정**하고 있다. 즉, ⅰ) **컴퓨터 프로그램 관련 발명**은 자연법칙을 전체적으로 이용하지 않지만, 시대적 흐름에 부응하고자 **예외적으로 컴퓨터 프로그램이 장치, 기록매체** 등과 **유기적으로 결합한** 경우(BM특허), ⅱ) **식물발명**은 일정한 확실성 및 반복가능성이 문제가 되나, **육종경과를 상세히 기재한** 경우, ⅲ) **미생물발명**은 일정한 확실성 및 반복가능성이 문제가 되나, 당업자가 용이 입수할 수 없는 경우이더라도 **기탁을 통해 이를 보완한 경우**(다만, 당업자가 용이입수할 수 있는 경우에는 입수방법만 기재하면 족하다), ⅳ) **용도발명**[31]은 발견이지만, **새로운 용도를 발견**하고, 이를 새로운 용도로 이용하는 과정에서 존재하는 창작적 요소가 보호할 가치가 있기 때문에 예외적으로 발명의 성립성을 인정하고 있다.

특허법 제2조 제1호를 두고 있는 대한민국 특허법의 단점 보완책

– 특허법 제2조 1호 규정 단점 보완하여 정의규정 탄력적 해석– 특허의 성립을 인정

1. **컴퓨터 프로그램 관련 발명**
   - 자연법칙을 전체적으로 이용하지 않지만, 시대적 흐름에 부응하고자 예외적으로 컴퓨터 프로그램이 장치, 기록매체 등과 **유기적으로 결합한** 경우에는 발명의 성립성을 인정한다.
2. **식물발명**
   - 일정한 확실성 및 반복가능성이 없지만, 육종경과를 상세히 기재할 때에는 발명의 성립성을 인정한다.
3. **미생물발명**
   - 일정한 확실성 및 반복가능성이 없지만, 당업자가 용이입수할 수 없는 경우에는 **기탁**을 통해 이를 보완하면 발명의 성립성을 인정한다. 다만, 당업자가 용이입수할 수 있는 경우에는 입수방법만 기재하면 족함

30) 자연법칙을 이용한 것이 아니기 때문에 반복가능성이 없는 대표적인 것은 소위 영구운동을 전제로 한 영구기관의 발명일 것이다. 영구기관이란 높은 곳으로부터 떨어지는 물로 수차를 돌리고 그 회전력으로 펌프를 움직여서 떨어진 물을 다시 높은 곳으로 퍼올리고, 또 다시 낮은 곳으로 떨어뜨림으로써 이상의 운동을 영구히 계속할 수 있게 하는 것을 말한다: 송영식・이상정, 앞의 책, 51면.

31) 이미 존재하는 천연물을 단순히 발견하는 것도 발명에 해당되지 않는다. 다만, 천연물에서 인위적으로 분리된 새로운 화학물질 또는 미생물 등은 발명에 해당된다.

> 4. **용도발명**
> − 발견에 해당하지만, 새로운 용도를 발견하고, 이를 새로운 용도로 이용하는 과정에서 존재하는 **발견이 창자적 요소를 보호할 가치**가 있기 때문에 예외적으로 발명의 성립성을 인정한다

2) 기술적 사상이어야 한다. → 산업상 이용 가능성

발명이란 기술적 사상이다. 즉, 발명은 **기술**[32]에 관한 것이다. **기술**이라 함은 일반적으로 일정한 목적을 달성하기 위한 구체적인 수단으로서 실제 이용할 수 있는 것을 의미하며,[33] 인간의 정신적 세계에 속하는 것이 아니라 현상의 세계에서 속하는 것이다. **사상**[34]이란 추상적이고 개념적인 **착상**을 말하는 것으로서 특허법상 발명은 반드시 기술일 필요는 없으며 기술적 사상이면 족하다.

특허법에서 보호하는 발명은 **자연법칙을 이용한 기술적 사상이지, 기술 그 자체는 아니다. 기술적 사상과 기술은 구별**한다면 양자 모두 자연법칙을 이용한 수단이라는 점에서 일치하나, **기술적 사상**[35]은 **장차 기술로서 성립**할 수 있는 추상적・관념적인 사상으로서의 수단이고, 기술은 일정한 목적을 달성하기 위한 합리적・구체적 수단 그 자체이다. **그러나 기술**은 **기술적 사상**에 따라 **재생이 가능**하고 보편성・반복성・객관성이 있을 때 **기술적 사상**이 된다.[36]

그러므로 기술은 통상의 지식을 가진 사람이라면 **누가 행하더라도 동일한 결과를 얻을 수 있는 것**이어야 하며, 특별한 재능을 가진 사람만이 행할 수 있는 것이라면 기술이라고 할 수 없다.[37] 즉, **단순한 정보의 제시에 불과**하거나, **개인의 숙련에 따라서만**(달인 등) **달성**될 수 있는 **기능, 미적창조물** 등은 **특허를 받을 수 없다.**

3) 창작이어야 한다. → 신규성

발명은 자연법칙을 이용한 기술적 사상의 **창작**(創作)이다.[38] 창작이 되기 위해서는 **인간**

---

32) 기술이란 실제 이용을 말한다; 일정한 목적을 달성하기 위한 구체적인 수단으로서 실제 이용할 수 있는 것을 의미한다.
33) 기술은 일정한 목적을 달성하기 위한 구체적인 수단으로서 실제 이용할 수 있는 것을 의미, 다만, 제3자에게 그대로 전달될 수 있는 객관성이 있다는 점에서 기능, 기예(악기연주방법, 투구방법)와 구별된다.
34) 사상이란 장차 기술로서 실현(재생, 반복)가능성을 말한다. 추상적이고 개념적인 착상을 말하는 것으로서 특허법상 발명은 반드시 기술일 필요는 없으며, 기술적 사상이면 족하다. 즉, 발명은 기술과 같이 현실적으로 구체성을 띤 것이 아니라, 장차 기술로서 실현가능성이 있으면 된다.
35) 사상은 추상적이고 개념적인 착상을 말하는 것으로서 특허법상 발명은 반드시 기술일 필요는 없으며, 기술적 사상이면 족하다. 즉, 발명은 기술과 같이 현실적으로 구체성을 띤 것이 아니라, 장차 기술로서 실현가능성이 있으면 된다.
36) 기술은 합리적 수단이므로 기술적 사상에 따라 재생이 가능한 것이고, 그것을 반복하여 실시할 수 있는 보편성과 반복성을 가지는 것이 아니면 안 되고, 기술적 효과를 발생하는 것이 아니면 안 된다.
37) 기술과 기능은 다르다. 보통 기술이라고 말하는 것 속에는 지식으로서 전달할 수 있는 객관적인 것과 개인의 숙련을 통해 도달할 수 있는 것이 있다. 이 후자의 것은 기술이라기 보다는 기능이라고 하여야 할 것이다.
38) 창작은 신규성, 진보성은 고도성이다. 만들어 낸 것, 만들어낸 것이 아닌 것은 발견에 불과(cf- 용도발명)하다; 특허법상 고도성(=진보성)은 특허법상의 발명과 실용신안법상의 고안과의 구별기준(다수설)이다.

의 정신활동에 따라 새로이 만들어 내고 그것이 발명이 속하는 기술분야에 종사하는 통상의 지식을 가진 자[당업자(當業者), 실제로는 특허청의 심사관과 특허심판원의 심판관이다]를 기준으로 할 때 자명(自明)하지 않아야 한다. 즉, **발명**은 새로운 것이어야 하며, 종래의 것과 다른 무엇인가를 만들어 내거나 생각하여 내는 것이어야 한다. 그 점에서 **단순한 발견과는 다르다.**[39] 다만 발명과 발견을 명확하게 한계를 지는 것은 상당히 어렵다. **발견**은 **사물의 성질을 찾아내는 것**이지만, 발견이 **바로 발명으로 연결**되는 경우도 있다. 예를 들어, **화학물질**은 그 다면적인 속성으로 인하여 이미 알려진 화합물로부터 **새로운 용도가 발견**되어 용도발명을 이루는 경우가 있다. 용도발명 역시 발명으로서의 요건을 구비하여야 하므로 새로운 것으로서 자명하지 않을 정도의 창작성이 요구된다.

4) 발명의 고도성이 있어야 한다. → 진보성

발명의 **고도성**(高度性)이라 함은 해당 발명이 속하는 **기술분야의 통상의 지식을 가진 자**(당업자, 當業者)를 기준으로 할 때 **자명하지 아니한 것**으로 **창작의 수준이 높은 것**을 의미한다.[40] 판례(83후42)는 이러한 고도성은 특허법상의 발명과 실용신안법상의 고안과의 차이점을 두기 위한 취지라고 하였다. 그러나 발명자가 자신 스스로 고도성에 대한 판단을 하여, 고도성이 없다고 생각을 한 경우에는 실용신안(實用新案)으로 출원할 수 있다(변경출원을 인정한다).

통설은 고도성 여부 판단은 '실용신안의 고안'과 '특허의 발명'을 구별하기 위한 것으로, 비교적 기술의 정도가 높은 것을 발명으로, 그렇지 못한 것을 고안(考案)으로 본다는 취지이지, 그것이 발명의 본질적 특징은 아니라고 해석하고 있다.[41] 일반적으로 설명하자면, 연필에 지우개를 다는 것을 고안이라 할 수 있고, 로켓과 같은 발명은 고도성이 있는 것으로 특허의 대상이라 할 수 있다.

5) 발명의 성립성이 없는 유형

발명의 성립성이 없는 불성립 발명으로는 특허법 제2조 제1호의 발명의 정의규정에 위반된 **비(非)발명**, 아이디어인 사상이 기술로서 구체화되지 못한 **미완성발명**이 있다. **미완성발명**은 장래에 구체성을 갖추는 경우 완성된 발명이 될 수 있다는 점에서 **비발명과 구별**된다. **비발명**에는 자연법칙을 이용하지 않은 것, 반복성이 결여된 것, 정보의 단순한 제시, 미적창작물, 자연법칙 그 자체, 자연법칙에 위배된 것, 발견, 기능, 컴퓨터프로그램 자체 등이 있다.

---

39) 발명은 인간의 인위적인 정신활동에 따라 만들어진 것이어야 하며, 이러한 측면에서 발견과 구별될 수 있다.

40) 기술적 창작이 되기 위해서는 창작의 고도성이 필요하다; ☞ 고도성(=진보성)은 특허법상의 발명과 실용신안법상의 고안과의 구별기준(다수설)이다.

41) 이기수 외 6인 공저, 지적재산권법, 한빛지적소유권센터, 1996, 88~89면; 고도성은 자연법칙을 이용한 기술적 사상으로써 기술적 수준이 높은 것을 말하며, 특허를 받을 수 있는 발명의 본질적 특징은 아니다. 단지 발명과 실용신안권의 대상인 고안을 구별하는 기준에 불과하다: 송인방 · 김기현, 공학과 법률, 형설출판사, 2003, 128면 참조.

발명의 성립성이 없는 예

비발명	1. 자연법칙 그 자체 – 만유인력의 법칙이나 가속도의 법칙, 열역학의 법칙, 에너지 보존의 법칙 2. 자연법칙에 위배된 것 – 영구운동의 기계장치 3. 자연법칙을 이용하지 않는 것 – 자연법칙 이외의 법칙(경제법칙, 수학공식, 논리학적 법칙, 작도법 등), 인위적인 약속(게임의 법칙 등) 또는 인간의 정신활동(영업계획, 금융방법 그 자체 등) 4. 컴퓨터 프로그램 언어 자체, 컴퓨터 프로그램 자체 5. 반복하여 동일한 효과를 얻을 수 없는 것 6. 정보의 단순한 제시 – 녹음된 음악에만 특징이 있는 CD, 컴퓨터 프로그램 리스트 자체 등 7. 미적 창작물 8. 기능 – 악기 연주방법, 공을 손가락으로 잡는 방법과 공을 던지는 방법에 특징이 있는 투구방법 9. 단순한 발견
미완성 발명	1. 목적달성을 위한 수단은 제시되었으나, 그 수단으로 소기의 목적달성이 현저히 의심스러운 경우 2. 목적달성을 위한 수단이 불완전하게 기재되어 있어, 추상적 이론 혹은 희망적 사항을 열거한데 불과한 발명 3. 문제제기와 착상의 제출에 그치고, 어떻게 해서 이것이 실현되는가를 알 수 없는 발명 4. 해결수단이 제시되고 있으나, 막연하게 기재되어 있어 구체화에 대한 상세한 설명이 불분명한 경우 5. 해결수단이 제시되고 있으나, 목적달성이 불가능하다고 인정되는 경우 6. 구성이 구체적으로 제시되고 있어도, 그 구성을 해결수단으로서 인정하기 위해서는 실험결과 등이 구체적인 뒷받침이 요구됨에도 그 뒷받침이 없는 발명의 경우(의약발명 사건(대판 2001후65)– 의약발명의 경우에 약리기전이 명확히 밝혀지지 않는 이상 일정한 확실성 및 반복가능성이 미약하여 목적달성이 현저히 의심스럽기 때문에 특정물질에 그와 같은 약리효과가 있다는 것을 약리데이터 등이 나타난 시험 예로 기재하거나 또는 이에 대신할 수 있을 정도로 구체적으로 기재하여야만 비로소 발명이 완성되었다고 볼 수 있는 동시에 명세서의 기재요건을 충족하였다고 볼 수 있다.

6) 발명의 성립 흠결시 취급

특허를 받을 수 있는 발명은 앞에서 기술한 발명의 성립요건과 같이 특허법 제2조의 발명의 정의[42] 및 제29조 제1항 본문의 요건[43]을 만족할 뿐만 아니라 특허법 제42조 제3

42) 특허법 제2조(정의) 이 법에서 사용하는 용어의 뜻은 다음과 같다. 1. "발명"이란 자연법칙을 이용한 기술적 사상의 창작으로서 고도(高度)한 것을 말한다. 2. "특허발명"이란 특허를 받은 발명을 말한다. 3. "실시"란 다음 각 목의 구분에 따른 행위를 말한다. 가. 물건의 발명인 경우: 그 물건을 생산·사용·도·대여 또는 수입하거나 그 물건의 양도 또는 대여의 청약(양도 또는 대여를 위한 전시를 포함한다. 이하 같다)을 하는 행위, 나. 방법의 발명인 경우: 그 방법을 사용하는 행위, 다. 물건을 생산하는 방법의 발명인 경우: 나목의 행위 외에 그 방법에 의하여 생산한 물건을 사용·양도·대여 또는 수입하거나 그 물건의 양도 또는 대여의 청약을 하는 행위

43) 특허법 제29조(특허요건) ① 산업상 이용할 수 있는 발명으로서 다음 각 호의 어느 하나에 해당하는 것을 제외하고는 그 발명에 대하여 특허를 받을 수 있다. 1. 특허출원 전에 국내 또는 국외에서 공지(公知)되었거나 공연(公然)히 실시된 발명, 2. 특허출원 전에 국내 또는 국외에서 반포된 간행물에 게재되었거나 전기통신회선을 통하여 공중(公衆)이 이용할 수 있는 발명,

항[44]의 명세서 기재요건을 충족하여야 한다.

특허법의 발명(제2조 제1호)은 특허법 제62조[45]의 제한 열거된 거절이유가 아닌 바 심사실무는 불성립발명을 산업상 이용가능성(특허법 제29조 제1항)이 없는 발명임을 근거로 거절하며, 미완성발명을 보정하여 발명을 완성하는 것은 신규사항 추가(특허법 제47조 제2항)로서 부적법한 보정이 된다.

7) 재미있는 발명 이야기[46]

(1) 십자 나사못과 드라이버

조그만 전파상에서 일하던 필립(Henry F. Phillips, 1890~1958)은 어느 날 고장난 라디오를 고치다가 끼워져 있던 일(−)자 나사못의 세로 홈이 마모되어 뺄 수 없었다. 이에 필립은 나사못을 뺄 방법을 찾던 중 무심코 가로로 홈을 하나 더 파 보았는데, 이 가로 홈 덕분에 나사못을 쉽게 뺄 수 있었다. 그때부터 필립은 일자 나사못에 하나의 홈을 더 파 십자(+) 홈으로 바꾸어서 일을 하게 되었다. 드라이버 역시 날 부분을 십자로 만들어 사용하였더니 나사못 홈의 마모도 적어지고, 빼고 끼우는데 소요되는 시간도 줄일 수 있었다. 십자 나사못은 이렇게 발명되었다.

(2) 살갗을 베이지 않는 안전면도기

평범한 새일즈맨이었던 킹 질레트(King C. Gillette, 1855~1932)는 면도를 하다 면도칼에 얼굴을 베인 후, 얼굴이 베이지 않는 안전면도기를 만들어야겠다고 생각했다. 그러나 안전면도기에 대한 아이디어가 떠오르지 않아 실의에 빠져 있던 중, 자신의 머리를 다듬던 이발사가 빗을 이용해 머리카락을 가위로 자르는 모습을 보고 아이디어를 떠올랐다. 즉, 빗을 사용하지 않고 가위를 머리카락에 직접 대고 자르면 다칠 염려가 있으나, 빗을 사용하

---

44) 특허법 제42조(특허출원) ① 특허를 받으려는 자는 다음 각 호의 사항을 적은 특허출원서를 특허청장에게 제출하여야 한다. 1. 특허출원인의 성명 및 주소(법인인 경우에는 그 명칭 및 영업소의 소재지), 2. 특허출원인의 대리인이 있는 경우에는 그 대리인의 성명 및 주소나 영업소의 소재지[대리인이 특허법인·특허법인(유한)인 경우에는 그 명칭, 사무소의 소재지 및 지정된 변리사의 성명], 3. 발명의 명칭, 4. 발명자의 성명 및 주소, ② 제1항에 따른 특허출원서에는 발명의 설명·청구범위를 적은 명세서와 필요한 도면 및 요약서를 첨부하여야 한다. ③ 제2항에 따른 발명의 설명은 다음 각 호의 요건을 모두 충족하여야 한다. 1. 그 발명이 속하는 기술분야에서 통상의 지식을 가진 사람이 그 발명을 쉽게 실시할 수 있도록 명확하고 상세하게 적을 것, 2. 그 발명의 배경이 되는 기술을 적을 것

45) 특허법 제62조(특허거절결정) 심사관은 특허출원이 다음 각 호의 어느 하나의 거절이유(이하 "거절이유"라 한다)에 해당하는 경우에는 특허거절결정을 하여야 한다. 1. 제25조·제29조·제32조·제36조제1항부터 제3항까지 또는 제44조에 따라 특허를 받을 수 없는 경우, 2. 제33조제1항 본문에 따른 특허를 받을 수 있는 권리를 가지지 아니하거나 같은 항 단서에 따라 특허를 받을 수 없는 경우, 3. 조약을 위반한 경우, 4. 제42조제3항·제4항·제8항 또는 제45조에 따른 요건을 갖추지 아니한 경우, 5. 제47조제2항에 따른 범위를 벗어난 보정인 경우, 6. 제52조제1항에 따른 범위를 벗어난 분할출원인 경우, 7. 제53조제1항에 따른 범위를 벗어난 변경출원인 경우

46) 한국발명진흥회 편저, 과학기술과 지식재산, 한국발명진흥회, 2006의 내용에서 발췌; 특허청·한국발명진흥회 편저, 지식재산의 이해, 특허청·한국발명진흥회, 2014, 207~208면 참조.

면 빗이 막아주어 다칠 염려가 없다는 것을 알게 된 것이다. 칼날 옆에 안전대를 붙이고 쓰다가 칼날이 무디어지면 버리고 새것으로 갈아 끼우는 모양의 질레트 안전면도기를 이렇게 이발관에서의 아이디어로 태어났다.

(3) 롤러스케이트

작은 가구공장 외판원이었던 플림톤(James Leonard Plimption)은 허리 치료를 위해 스케이팅을 하였으나, 봄이 오면서 스케이트를 탈 수 없게 되면서 신경통이 재발하였다. '사계절 내내 스케이트를 탈 수는 없을까'를 궁리하던 플림톤은 어느 날 저녁, 어린 아들이 바퀴가 달린 장난감을 타고 집안을 돌며 놀고 있는 모습을 보고 아이디어를 번쩍 떠올렸다. 그는 다음 날 두꺼운 판자와 작은 바퀴를 구해 신발 앞뒤에 두 개씩, 모두 네 개의 바퀴를 달아 바퀴 달린 스케이트를 만들었고, 이것이 세계 최초의 롤러스케이트가 되었다.

8) 지식 늘리기 → 특허와 노하우

(1) 특허와 노하우의 의의

특허는 발명의 공개를 대가로 독점 배타적인 권리를 인정하는 것인데 비해, 노하우는 비밀리에 관리되는 기술적인 지식이나 경험 등을 총칭하는 것으로, 발명도 특허출원 전에는 일종의 노하우로 볼 수 있다.

(2) 특허와 노하우의 비교

구 분	특허	노하우
공개여부	발명의 공개(법 제64조)를 통한 산업발전에 이바지를 함을 목적	노하우는 공개하지 않는다.
특허요건	성립요건이 존재(법 제2조 제1호), 신규성, 진보성 등의 특허요건을 구비해야 보호가능	보호요건을 요하지 않으며, 특허로 보호될 수 없는 기술도 노하우로 보호될 수 있다.
보호기간	존속기간이 있고(법 제88조, 20년 + 5년), 보호범위가 명확함(법 제97조)	비밀이 유지된다면 영구적으로 보호가능하고(단, 공개되더라도 일정한 경우 특허법 제96조 제1항 3호, 제103조에 따라 보호가능하다), 보호범위가 불명확하다
보호범위	**청구범위 기재발명**	불명확
독점배타성	특허는 제3자의 실시를 배제하는 독점・배타성이 있음	노하우는 독점・배타성이 없다.
침해에 대한 구제(보호방법)	특허권의 침해에 대해 특허법상 민・형사상 조치가 가능	계약내용에 따라 보호(단, 일정한 경우 부정경쟁방지법에 따라 보호 가능)

(3) 결어

발명을 공개함으로써 잃은 손해보다 독점적 사용, 실시권 허락, 타인의 특허권에 대한 방어 특허권을 취득하는 이익이 더 크다고 판단되면, 노하우보다 특허권을 보호받는 것이 더 바람직할 것이다.

4. 일반적 발명기법

발명이란 지금까지 존재하지 않았던 것을 새로이 창출해 내는 것이지만, 대부분의 경우에는 완전한 무(無)에서 유(有)를 창조하는 것이 아니라 기존의 제품 등에서 아이디어를 얻어 발명하는 것이 일반적이다.[47)]

가장 일방적인 발명기법에는 더하기, 빼기, 크게 하기, 작게 하기, 모양 바꾸기, 자연을 이용하기, 용도 바꾸기, 재미있게 만들기, 재료 바꾸기, 반대로 생각하기, 폐품 활용하기, 남의 아이디어 빌리기 등이 있으며, 여러 기법을 적용할수록 좋은 발명품이 나올 가능성이 높다.[48)]

1) 더하기 기법

기존의 물건에 물건이나 기능 및 내용을 더하여 새로운 물건이 되도록 하는 기법으로서, 가장 널리 사용된다. 더하기 발명의 효과는 본래의 기능이 더욱 우수해지고,새로운 기능이 더해지며, 새로운 용도로 물건이 만들어지고, 물건의 모양이 변할 수 있다는 등의 다음과 같은 예가 있다. ① 렌즈 + 렌즈 → 망원경 : 멀리 있는 물체를 가가이 볼 수 있음, ② 신발 + 바퀴 → 인라인스케이트 : 땅에서도 스케이트를 타듯 이동할 수 있음, ③ 연필 + 지우개 → 지우개 달린 연필 : 지우개를 따로 챙기지 않아도 됨, ④ 우유 + 초코릿 → 초코릿 우유 : 초코릿 맛이 느껴지는 우유, ⑤ 스팀 + 걸레 → 스팀 청소기 : 허리를 굽히지 않고 깨끗하게 걸레질 할 수 있음.

2) 빼기 기법

기존의 물건에서 물건을 덜어 내거나 기능 또는 내용을 빼내어 새로운 물건이 되도록 하는 기법으로서, 더하기 기법과는 반대의 개념이다. 빼기 발명의 효과는 간단하거나 간편한 발명품을 만들고, 재료를 절약할 수 있으며, 부피를 줄일 수 있고, 기능을 단순화할 수 있다는 점 등으로서, 그 예에는 다음과 같다. ① 유선전화 - 선 → 무선전화기 : 거추장스러

47) 특허청 · 한국발명진흥회 편저, 앞의 책(지식재산의 이해), 208면.
48) 한국발명진흥회 편저, 지식재산능력시험, 한국발명진흥회, 2015, 123~125면 참조.

운 선이 없어 사용하기 편리함, ② 의자 - 다리 → 좌식 의자 : 방다박에 앉아서 생활하는 사람에게 편리함, ③ 4칸 회전문 - 문 1칸 → 3칸 회전문 : 공간의 여유가 생겨 더욱 안전함, ④ 일빈 주스 - 설탕 → 무가당 주스 : 당 성분이 적으면서 맛은 그대로 유지함, ⑤ 카메라 - 필름 → 디지털 카메라 : 필름없이 사진을 찍어 저장하고 바로 컴퓨터에서 볼 수 있음, ⑥ 추 있는 시계 - 추 → 추 없는 시계 : 공간을 적게 차지함.

3) 구멍 뚫기 기법

물건의 적당한 위치에 구멍을 뚫어 재료를 절약하거나 편리한 기능을 더하게 하는 기법으로 모양의 변화나 재료의 절약, 기능의 향상을 위함이다. 구멍 뚫기 발명의 효과는 재료를 절약하고 무게를 줄일 수 있으며, 쉽게 잘라 낼 수 있고, 충격 흡수를 할 수 있으며, 걸어 둘 수 있다는 점 등으로서 다음과 같은 예가 있다. ① 우표 : 절취선에 작은 구멍을 점선처럼 뚫어 손으로 뜯어서 자를 수 있게 함, ② 책상 아래 부분 앞가리개 : 구멍을 뚫어 통풍이 잘 되게 함, ③ 칫솔 : 손잡이 부분에 구멍이 뚫어 걸기 쉽게 함, ④ 신발 : 바닥 밑창에 무수히 많은 작은 구멍을 뚫어 충격 흡수를 하게 하거나, 측면에 구멍을 뚫어 환기가 잘 되고 습기가 차지 않게 함, ⑤ 주전자 뚜껑 : 뚜껑에 구멍을 뚫어 가열시 압력이 구멍으로 일정량 새어 나와 압력을 조절하며, 뚜껑이 덜그럭거리는 소리가 나지 않게 함.

4) 용도 바꾸기 기법

어떤 사물이나 아이디어를 다른 방법으로 활용하는 기법이다. 주전자의 주둥이를 떼어 내서 물뿌리개로 대신 쓴다든가, 전등을 살균 램프로 활용하는 방법, 천막천으로 만든 청바지 등이 용도 바꾸기 기법으로 만든 발명품들이다.[49)]

5) 크기 바꾸기 기법

물건의 크기를 바꾸어 새로운 것을 만들어 내는 기법으로서, 반대로 하기 기법과 관계가 깊다. 특히 최근에는 휴대하기 좋도록 작게, 얇게 만든 제품들이 큰 인기를 끌고 있다. 즉, 크게 하기 발명 ⟷ 작게 하기 발명, 길게 하기 발명 ⟷ 짧게 하기 발명, 두껍게 하기 발명 ⟷ 얇게 하기 발명 등으로 설명할 수 있다. 크기 바꾸기 발명의 효과는 부피를 줄여 자리를 덜 차지할 수 있고, 재료의 낭비를 줄일 수 있으며, 휴대하기 편하게 할 수 있다는 점 등으로서 다음과 같은 예가 있다. ① CRT TV → LCD, LED, OLED TV : 공간을 적게 차지하고 벽에 걸 수도 있음, ② 커다란 다리미 → 미니 다리미 : 여행용으로 사용할 수 있음, ③ 큰 커피포트 → 미니 커피포트 : 개인이나 적은 인원수의 가정에서 사용하기

---

49) 특허청 · 한국발명진흥회 편저, 앞의 책(지식재산의 이해), 209면.

좋음, ④ 대용량 가습기 → 미니 가습기 : 공간을 적게 차지하여 개인 책상에 놓을 수 있음, ⑤ 커다란 카세트 → MP3 플레이어 : 휴대하기 간편함, ⑥ 양산 → 3단 접이 양산 : 휴대하기 간편함, ⑦ 바람개시 → 큰 풍차 : 바람개시의 확장으로서 전기를 생산 및 풍차의 힘을 이용하여 다양하게 사용함.

6) 모양 바꾸기 기법

물건의 일부 또는 전체의 모양을 변형시켜 간단하게 새로운 물건을 만드는 기법이다. 모양 바꾸기 발명의 효과는 사용하기 편리해지고, 성능이 좋아지며, 디자인이 예뻐진다는 점 등으로서 다음과 같은 예가 있다. ① 일회용 종이컵 → 봉투 컵 또는 원뿔형 종이컵 : 쥐기 편함, ② 일자형 빨대 → 구부러진 빨대 : 먹기 편하고, 누워 있는 환자도 사용할 수 있음, ③ 일자형 물파스 → 구부러진 물파스 : 혼자서 등 등 뒤쪽에 바를 수 있음, ④ 버스 손잡이 → 손 모양 손잡기 : 잡기 편함, ⑤ 화장지 → 올록볼록 화장지 : 닿는 면적이 늘어 더 잘 닦임, ⑥ － 자 드라이버 → ＋ 자 드라이버 : 더욱 강력하게 조일 수 있음(일종의 더하기 기법으로 볼 수도 있음), ⑦ 원통형 음료수병 → 콜라병 : 콜라가 적게 들어가면서 손으로 잡기 편함, ⑧ 1회용 반창고 → 골무형 1회용 반창고 : 잘 빠지지 않게 하여 상처를 보호함.

7) 재료 바꾸기 기법

지금 사용하고 있는 재료를 바꾸어 발명하는 방법으로 비교적 손쉬운 발명기법이다. 재료를 바꾸는 발명은 새로운 소재를 개발하는 것(큰 발명)과 이미 발명되어 기존의 다른 곳에 사용되는 재료를 개선하고자 하는 제품에 적용시키는 것(작은 발명)이 있다. 종이컵, 비닐장갑, 연탄재 벽돌 등이 좋은 예이다.[50)]

8) 모방하기 기법

타인의 아이디어를 다른 곳에 효과적으로 이용하는 발명기법으로, 최근 많이 이용되고 있는 기법 중의 하나이다. 이와 같이 남의 아이디어를 빌리는 기법이 성공할 수 있는 비결은 새로운 것을 더한다는 점에 가치가 있기 때문이다. 여기서 주의할 것은 타인의 아이디어가 특허등록된 경우에는 특허권을 침해할 수 있다는 점이다. 따라서 타인의 아이디어를 모방하는 경우에는 타인의 특허권 존재여부 및 권리범위 등을 확인할 필요가 있다. 인라인 스케이트(롤러스케이트 모방), 대나무 침대(건강요 모방), 쥐잡는 끈끈이(파리잡는 끈끈이 모방) 등이 좋은 예이다.[51)]

50) 특허청 · 한국발명진흥회 편저, 앞의 책(지식재산의 이해), 210면.
51) 특허청 · 한국발명진흥회 편저, 앞의 책(지식재산의 이해), 210면.

9) 편리하게 하기 기법

'필요로 발명의 어머니'라는 말처럼 인류는 필요를 충족시키기 위한 새로운 아이디어의 개발과 편리를 추구하는 노력의 결과로 발전을 거듭하고 있다. '불편하다'라고 느끼고 그것을 보다 편리하게 수정, 보완하는 방법을 편리하게 하는 발명기법이다. 길이 조절 줄넘기, 리모컨 등이 좋은 예이다.[52)]

10) 트리즈(TRIZ)를 활용한 발명기법

(1) 트리즈(TRIZ, 창의적 문제해결이론)은 무엇인가

트리즈(TRIZ)란 창의적 문제해결 방법론(TIPS · Theory of Inventive Problem Solving)이란 뜻의 러시아어 약자로서, 발명과 혁신을 달성하기 위한 강력한 구조적인 접근법이다. 구 소련의 헨리 알트슐러(Genrich Altshuller) 박사가 50년간, 200만 건 이상의 특허를 구조적으로 분석, 우수한 발명자가 사용한 문제해결의 원리(패턴)를 도출하고, 이를 활용할 수 있도록 고안된 방법론이다.[53)] 창의적 문제해결이론은 주어진 문제에 대하여 가장 이상적인 결과를 정의하고, 그 결과를 얻는데 관건이 되는 근본 모순을 찾아내 이를 해결하기 위한 혁신적인 아이디어나 해결안을 얻을 수 있도록 생각하는 방법이다. 발명에는 공통의 법칙이나 일정한 패턴이 있다는 것이다.

트리즈(TRIZ) 체계도[54)]

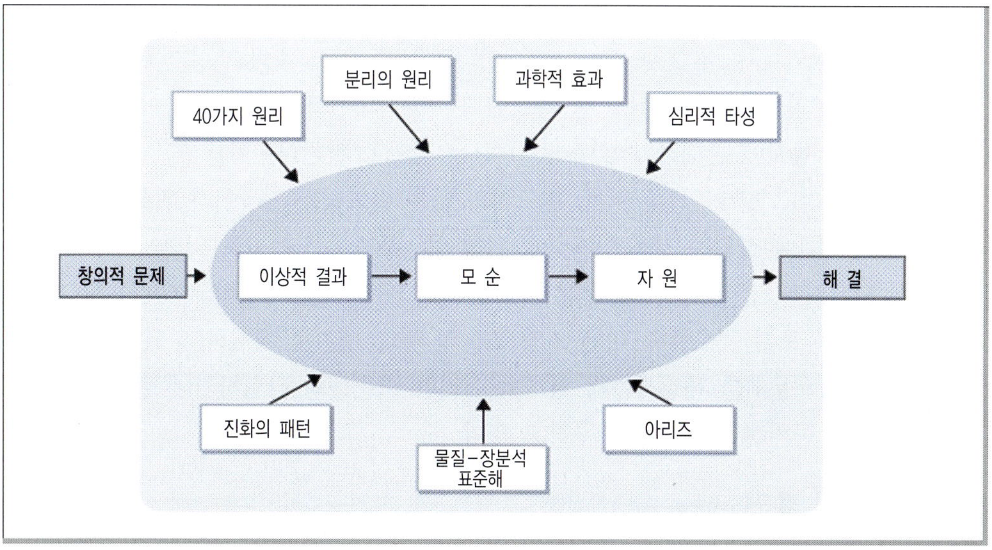

52) 특허청 · 한국발명진흥회 편저, 앞의 책(지식재산의 이해), 211면.
53) 특허청 · 한국발명진흥회 편저, 앞의 책(지식재산의 이해), 212면.
54) https://blog.naver.com/ash1106/67636599 참조.

(2) 트리즈(TRIZ)의 기본요소

트리즈(TRIZ)의 기본요소에는 이상 해결책, 모순, 시스템적 접근의 세 가지 요소가 있다.

(가) 이상 해결책(IFR: Ideal Final Result)

이상 해결책은 시스템의 유용한 기능의 합을 유해한 기능의 합으로 나눈 것이다. 이상 해결책은 분자인 유용한 기능을 증가시키고, 분모의 유해한 기능을 감소시킴으로써 달성할 수 있다. 알트슐러 박사는 이상 해결책을 '필요한 기능을 수행하면서도 존재하지 않는 시스템'이라고 정의했다. 비록 이러한 이상 해결책을 구현하는 것이 불가능할지라도 이러한 이상 해결책의 개념은 문제해결에서 걸림돌이 되는 심리적 타성을 극복하도록 도와준다.

(나) 모순(Contradiction)

모순(Contradiction)이란 두 개의 요구 조건이 서로 상충되는 경우 또는 문제를 해결하는 과정에서 상반되는 요구를 동시에 만족시켜야 하는 것을 의미한다. 모순은 트리즈(TRIZ)의 가장 중요한 개념으로서 알트슐러 박사는 모순을 기술적 모순과 물리적 모순으로 구분했다.

기술적 모순은 두 개의 기술적 변수값이 서로 충돌하는 것을 말한다. 즉 시스템의 어느 한 특성을 개선하고자 할 때 그 시스템의 다른 특성이 악화되는 상황을 말한다. 이를 절충모순(Trade-off Contradiction)이라고 한다. 예를 들어, 자동차의 가속성능을 높이기 위해서는 연료 소모가 증가하므로, 가속성능과 연비사이에는 기술적 모순이 내포되어 있다. 이에 대한 해결 방법론으로 주로 40가지 발명원리(40 inentive Principles)와 함께 모순 행렬(모순테이블)을 제시하고 있다.

물리적 모순(PC: Physical contradiction)은 하나의 변수가 두 개의 특성값을 가져야 하는 것을 말한다. 즉 기술시스템의 어느 한 특성이 높아야 함(+)과 동시에 낮아야 하고(−), 존재해야 함(+)과 동시에 존재하지 말아야(−) 하는 상황을 말한다. 이를 고유모순(Inherent Contradiction)이라고 한다. 예를 들어, 면도기의 날은 면도성능을 높이기 위해서는 날카로워야 하고, 피부가 손상되는 것을 방지하기 위해서는 무뎌야 하는 상황이다. 이에 대한 해결 방법론으로 시간, 공간, 전체와 부분에 따른 분리의 원칙을 제시하고 있다. 또 기술적 모순에서 물리적 모순을 도출해 내는 과정으로 아리즈(ARIZ)를 제시하고 있다.

트리즈(TRIZ)는 문제를 해결하는데 있어서 이러한 모순들과 타협하거나 절충하는 것이 아니라, 모순의 근원적인 해결을 추구하고 있다.

(다) 시스템적 접근(System Approach)

시스템은 독립적으로 격리되어 존재하지 않는다. 각각의 시스템은 다른 시스템과 상호작용하는 상위시스템(supersystem)의 일부분이다. 그리고 각각의 시스템은 상호작용하는 하위시스템(subsystem)으로 구성되어 있다.

전통적으로 시스템에 문제가 발생하면 문제 해결을 위해 현재의 시스템에 초점을 맞춘다. 그러나 유능한 발명가 되기 위해서는 나무(시스템)를 볼 때 숲(상위시스템) 뿐만 아니라, 나무의 각 부분(하위시스템)인 가지, 뿌리, 잎 등도 함께 보아야 한다. 또한 시스템과 상위시스템이 미래에 어떻게 존재할 것인가와 아울러 과거에는 어떻게 존재했는가를 고려해야 한다. 즉, 시스템의 발전과정을 충분히 이해할 필요가 있다.

(3) 트리즈(TRIZ)를 이용한 문제 해결[55)]

(가) 모순행렬을 이용한 기술적 모순의 해결

기술적 모순을 해결하기 위해서는 트리즈(TRIZ)는 모순행렬이라는 것을 제공한다. 모순행렬은 사용하기 쉬운 간단한 도구로, 1956년에서 1975년 사이 알트슐러에 따라 개발되었다. 그 후로 알트슐러와 그의 동료들은 좀 더 새롭고 강력한 도구들을 만들었다.

모순행렬은 39가지의 표준특징과 40가지의 발명원리로 구성되어 있다. 표준특징은 길이, 부피, 힘, 속도 등과 같은 공학적 모수들이다. 기술적 모순을 해결하는데 사용될 수 있는 원리들로서, 알트슐러가 전 세계의 특허들을 조사하면서 도출한 것들이다.

모순행렬의 좌측에서 개선하려는 표준특징들이 놓이고, 상단에는 이로 인해 악화되는 표준특징들이 놓이게 된다. 행렬의 내부에는 이 기술적 모순을 해결하는데 사용될 수 있는 발명원리들이 놓이게 된다.

(나) 분리의 원리를 이용한 물리적 모순의 해결

물리적 모순을 해결하기 위해서 TRIZ는 다음과 같은 네 가지 분리의 원리(separation principle)를 이용한다.

① **시간적 분리**: 하나의 속성이 어떤 때는 높고, 어떤 때에는 낮게 한다. 혹은 하나의 속성이 어떤 때는 존재하고, 어떤 때는 존재하지 않게 한다. 전투기의 날개는 물리적 모순을 시간적 분리로 해결한 예이다. 전투기가 이륙·착륙을 할 때에는 날개를 넓게 펴지만, 비행 중에는 날개를 접는다

② **공간적 분리**: 하나의 속성이 한쪽에서는 높고, 다른 쪽에서는 낮게 한다. 혹은 하나의 속성이 한쪽에서는 존재하고, 다른 쪽에서는 존재하지 않게 한다. 노인들이 주로 사용하는 초점이 두 개인 안경(다초점 안경)이 대표적인 예이다.

③ **부분과 전체를 분리**: 하나의 속성이 전체 시스템의 수준에서는 어떤 하나의 값을 갖고, 부품 수준에서는 다른 값을 갖게 한다. 혹은 하나의 속성이 시스템 수준에서는 존재하지만, 부품 수준에서는 존재하지 않게 한다. 예를 들어, 자전거의 체인은 마이크로 수준

---

55) 한국발명진흥회 편저, 앞의 책(지식재산능력시험), 127~129면 참조.

에서는 단단하지만, 매크로 수준에서는 유연하다. 에폭시 수지와 경화제가 혼합되기 이전에는 액체이지만, 혼합되면 고체로 변한다.

④ 조건에 따른 분리: 하나의 속성이 어떤 조건에서는 높고, 다른 조건에서는 낮다. 혹은 하나의 속성이 어떤 조건에서는 존재하고, 다른 조건에서는 존재하지 않는다. 예를 들어, 가는 체의 틈새들은 물을 통과시키는 구멍의 역할을 하지만, 곡물의 경우는 구멍의 역할을 하지 않는다. 낮은 속도로 물에 들어가면 물은 부드럽지만, 10미터 이상의 높이에서 물에 뛰어들면 물은 매우 딱딱하게 느껴진다.

(다) 효과와 현상을 이용한 문제 해결

문제를 해결하려고 발명가들은 물리, 화학, 기하 효과들을 이용할 필요가 있다. 보통 엔지니어들은 약 50~100개의 물리 효과와 현상들을 이용한다고 한다. 하지만 과학문헌을 조사해 보면, 약 6,000개 이상의 효과가 있다고 한다. 각각의 효과와 현상은 문제를 해결하는데 있어서 매우 중요한 역할을 할 수 있다. 하지만 엔지니어들은 대개 이러한 효과와 현상들을 실제적인 상황에 적용하는 것을 배우지 않았기 때문에 그러한 지식들을 효과적으로 이용하지 못한다.

알트슐러는 문제를 해결하는데 있어서 물리효과와 현상들을 효과적으로 이용할 수 있는 방법을 처음으로 제안한 이래 Y. V. Gorin, Y. P. Salamatov, I. L. Vikentiev와 같은 사람들에 따라 발전되었다. 그들은 이러한 효과와 현상들을 기능에 따라 분류하였다. 즉, 어떠한 기능을 수행하기 위해 이용할 수 있는 여러 가지 효과와 현상들을 제시함으로써 문제를 해결하는데 많은 도움을 줄 수 있었다. 예를 들어, 자기장을 만들고 싶다고 가정하자. TechOptimizer의 Effects 모듈을 이용하면, Barkhausen Effect, Barnet Effect, Inverse Faraday Effect, Magnetohdrodynamic Effect 등의 효과와 그것을 이용하여 문제를 해결한 사례들을 볼 수 있다. TechOptimizer에는 모두 600개의 물리, 화학, 기하 효과들을 기능에 따라 분류하고, 각각의 효과를 이용하여 해결한 사례가 데이터베이스로 저장되어 있다.

(라) 트리즈 발명기법의 정리

트리즈 기법에는 이렇게, 쪼개는 것만 있는 것은 아니다. 트리즈 기법의 원리를 정리해 보자면 다음과 같다. i) 쪼개라, ii) 합쳐라 → 서로 상반된 성질의 것을 합침으로서 시너지를 낼 수 있다, iii) 핵심만 뽑아라 → 효용성이 없거나 해악을 주는 것도 일부만 뽑아서 집약하면 효용성을 갖도록 만들 수 있다, iv) 대칭과 비대칭의 공존 → 때때로 하나의 시스템이어도 다른 시스템을 적용해 문제해결을 해야 하는 게 효율적일 수 있다, v) 똑같은 방식에서 벗어나라

5. 발명의 종류

특허법상 특히 의미있는 발명의 종류에 대해서만 살펴보면 다음과 같다.

1) 물건의 발명과 방법의 발명

물건의 발명이란 기술적 사상의 창작이 물건에 구체화된 발명을 말하며, 즉 기계・기구・장치・시설과 같은 **제품**이나 **화학물질, 조성물**과 같은 물(物) 그 자체에 관한 발명을 말한다. 이에는 제품적인 물건(예: 기계, 장치 등), 재료적인 물건(예: 화학물질, 조성물 등), 어느 물건의 특정성질을 이용하는 물건(용도발명), 미생물, 식물, 방식, 시스템 등이 포함된다. 특히 **화학물질이나 의약품 또는 음식물**에 관한 발명을 **물질발명**이라고도 한다. 그러나 실무상으로는 물질발명과 물건의 발명을 구별하지 않는다.

방법의 발명이란 발명의 목적달성을 위한 **기술적 구성이 시계열적으로 구체화**된 발명이다. 즉, 물건을 생산하는 방법이나 측정방법(온도검사법)・분석방법과 같은 그 밖의 방법 등 일정한 목적을 향한 **계열적으로 관련이 있는 수개의 행위 또는 현상**에 따라 성립한 발명으로 발명의 요건상 **시(時)라는 요소**를 가지고 있는 점에서 **물건의 발명과 구별**된다. 방법의 발명에는 물건의 생산을 수반하지 않는 **단순방법발명**과 물건을 생산하는 방법에 기술사상이 표현되고 이를 보호대상으로 하는 **제법(製法)방법**이 있다.

양자의 구별은 발명의 명칭이나 청구항 범위의 표현에 따라 결정되는 것이 아니라, **발명의 실체**에 따라서 정하여진다. 특허법은 물건의 발명과 방법의 발명을 구분하고(특허법 제2조), 특히 물건을 생산하는 방법의 발명의 경우에는 그 생산방법의 사용만이 아니고, 그 생산방법의 추정규정(특허법 제129조)이 적용된다.[56] 그러나 방법의 발명은 물품의 형상・구조・구조・조합에 관한 고안을 보호대상으로 하는 **실용신안의 대상이 되지 않는다**(실용신안법 제2조 제3호, 실용신안법 제4조 제1항).

2) 기본발명과 개량발명

기본발명은 그 발명분야에 속하는 기술분야에서 문제해결에 기초적인 업적을 달성한 발명이다. 이 점에서 **개척발명**(pioneer invention)이라고도 한다. 그러므로 보호범위가 넓다. 이에 반하여 **개량발명**은 기본발명의 미비점을 해결하기 위한 발명이다. 개량발명 중에 선행특허발명을 그대로 실시하면서 거기에 새로운 발명적 요소를 덧붙인 발명을 이용발명 또는 **종속발명**이라고 하며, 이러한 후속발명에 대하여는 특허를 얻어도 **선행특허권자의 동의를 얻지 못하면**, 해당 특허발명을 업(業)으로서 **실시할 수 없다**(특허법 제98조).

56) 물건을 생산하는 방법의 발명에 관하여 특허가 된 경우에 그 물건이 특허출원 전에 국내에서 공지된 물건이 아닌 때에는 그 물건과 동일한 물건은 그 특허된 방법에 따라서 생산된 것으로 추정하고 있다(특허법 제129조).

발명연습

① 기능적 부가에 의한 발명으로 이루어진 것을 1가지 이상을 생각하여 말하시오
② 휴대폰에 부가 기능한 기능을 50가지를 생각하여 말하시오.

3) 결합발명과 비결합발명

결합발명이란 하나의 문제해결을 위하여 여러 가지의 장치, 기계방법 등의 기술적 사상이 결합된 것을 말한다. 결합되는 기술적 사상(장치 · 수단 · 방법 등)은 공지의 것이라도 무관하지만 결합에 따라서 새로운 효과를 발휘하여야 한다. 그러나 공지공용인 요소의 단순한 집합(aggregation)에 불과하여 상승적 효과가 없고, 각 요소의 작용효과를 단순히 합치는데 지나지 아니한 경우에는 결합발명으로 인정되지 아니한다.[57]

또한 **결합발명과 비결합발명을 구별하는 실익**은 주로 **발명의 요지인정의 기준**에 있다. 예를 들어, 냉동겸용냉장고, 보온겸용밥솥, 시계겸용라디오, 장식 겸용전등, 목걸이 겸용시계, 저고리+치마=원피스, 망치겸용장도리, 만년필겸용라디오, 책장겸용책상, 필터달린 담배, 서서 타는 썰매 '킥슬레트' 등은 대부분이 **단위 요소를 부가**하여 기능을 더한 발명이다.

발명연습

① 구조적 부가에 따른 발명으로 이루어진 것을 한 가지 이상 언급하시오.
② 의자에 구조적으로 부가 가능한 단위요소를 언급하시오.

발명연습

① 구성요소의 구조적 제거로 이루어진 발명을 한 가지 이상 언급하시오.
② 구성요소 제거로 발명이 가능한 것을 한 가지 이상 언급하시오.

4) 직무발명, 업무발명, 자유발명

생각하기

저는 자동차관련학과에서 프로젝트를 수행하고 있는 4학년 학생입니다. 얼마 전 학과에서 신소재를 개발하여 특허를 신청하였는데, 이러한 경우에 저도 특허권을 취득하게 될 수 있을까요?

57) 대판 1968.8.30, 68후10; 대판 1989.11.24, 88후769; 대판 1991.10.11, 90후1284.

직무발명은 사용자의 업무와의 관계, 종업원의 직무와의 관계유무에 따라 직무발명, 업무발명, 자유발명으로 나눌 수 있다. 직무발명은 종업원·법인의 임원 또는 공무원이 그 직무에 관한 발명한 것이 성질상 사용자·법인 또는 국가나 지방자치단체의 업무범위에 속하고, 그 발명을 하게 된 행위가 종업원 등의 현재 또는 과거의 직무에 속하는 발명을 의미한다(발명진흥법 제2조 제2호). 업무발명은 사용자의 업무범위에 속하는 발명이지만 직무발명 이외의 발명을 의미한다. 자유발명은 사용자의 업무범위에 속하지 않는 발명이다.

이 세 가지 발명의 차이점은 **직무발명은 사전승계계약**이나 **근무규칙**에 따라서 **직무발명에 관한 권리가 사용자에게 귀속**되는 것이 가능하지만, **업무발명과 자유발명의 경우에는** 그러한 사전승계계약이나 근무규정의 조항은 **무효**이다(발명진흥법 제10조 제3항). 직무발명에 대하여는 뒤에서 자세하게 설명하고자 한다.

5) 용도발명(발견)과 물질발명

용도발명[58]은 **특정물질의 새로운 성질**(용도)**을 발견해 낸 것**인 반면, **물질발명**은 **새로운 물질 자체를 발명**하는 것을 말한다. 전자의 예로서는 이미 알고 있는 물질 DDT에 살충효과가 있는 것이 발견되면, 이 속성을 이용하여 DDT를 유효성분으로 하는 살충제 또는 DDT를 벌레에 뿌려서 살충하는 방법의 발명이 용도발명에 해당된다. 후자의 예로서는 원소, 화합물, 조성물, 의약품, 미생물 등과 같은 것을 말한다.

후자의 **물질발명**이란 용어는 특허법에서 사용하고 있지 않으나, 1987년 특허법 개정 전까지 있었던 ① 화학물질 및 그 용도발명, ② 의약을 조제하는 방법의 발명, ③ 음식물 또는 기호물의 발명과 1995년 개정시에 삭제된 '원자핵 변환방법에 따라서 제조될 수 있는 물질의 발명' 등이 물질특허로 사용되어 왔던 것을 원용해 보면, 이에 해당된다고 할 수 있다.

의약의 용도발명은 **용도발명의 일종**으로서 특정물질 또는 물질을 조합하여 약리적인 효과를 발견한 발명을 말한다. **특정성분을 발견**하고 **의약으로 이용**하기 위해서는 무수한 노력, 실험 및 투자 등의 요소가 있어야 하는바 **발견임에도 불구**하고 특허법상 **발명의 성립성을 인정**하고 있다. **용도발명의 성립성이 인정**되려면 종래 물질로부터 새로운 속성을 발견, 새로운 용도로 이용, 발견과 발명을 연결하는 창작적 요소가 존재해야 한다.

---

58) 특허법상 용도발명은 예외적으로 발명의 성립을 인정한다. 용도발명은 **발견**이지만, 새로운 용도를 발견하고, 이를 새로운 용도로 이용하는 과정에서 존재하는 창작적 요소가 보호할 가치가 있기 때문에 예외적으로 발명의 성립을 인정하고 있다.

물질특허

화학물질이나 의약품의 특허에는 두 가지의 종류가 있다.[59] 화학물질이나 의약품 그 자체의 특허(물질 특허)와 화학물질이나 의약품의 제조방법에 관한 특허가 그것이다. 대한민국은 미국의 통상 압력 때문에 1987년 7월부터 특허법을 개정하여 물질특허를 인정하게 되었다.

그 차이는 다음과 같다. 예를 들어, 갑 회사가 A소화제의 제조방법에 관한 특허를 취득한 후, 을 회사가 A소화제와 동일한 B소화제를 시판한 경우, 을 회사가 갑회사의 A소화제의 제조법과 다른 방법으로 B소화제를 제조한 사실을 입증하지 못한 한, 을 회사의 B소화제는 갑 회사의 A소화제 제조방법으로 제조되었다고 추정한다.

그러나, 갑 회사가 A소화제에 관한 물질특허를 취득한 경우에는 그 어떤 제조법에 관한 입증 여부와 상관없이 을 회사의 B소화제가 A소화제와 동일하다면 바로 특허권침해가 된다. 따라서, 특히 의약품의 경우, 연구개발비와 안전성 또는 독성 시험에 막대한 비용이 소요되므로, 제조방법의 특허와 함께 물질특허도 취득하게 되면, 더욱 강력한 권리를 행사할 수 있게 된다. 특허권자로서는 매우 유리한 입장이 된다. 즉, 권리를 장악하는 방법은 물질특허를 얻는 것이 더 넓다. 특히 의약품은 많은 연구개발비가 소요되기 때문에 보다 강력한 특허를 확보하고 보호하려는 의도가 강한 분야다.

6) 식물발명

식물발명이란 신품종 식물 자체 또는 그 육종방법의 발명을 말한다.[60] 식물발명에 대한 특허요건에서 생식방법요건을 해제하여[61] 식물발명도 다른 발명과 동일한 특허요건을 적용하고 있다. 이는 기존의 특허법상 **유・무성**번식식물의 유전자, 식물세포, 지배방법의 보호뿐만 아니라 **무성번식방법**만 기재하더라도 **유성번식식물 자체의 보호**도 가능하게 되었다.[62] 예를 들어, 돌배나무에 신품종 배나무를 접붙여 번식시키는 경우 등이다. 여기서 **무성적**(無性的)이라 함은 교배 등의 수단에 따라 신품종을 만들어 낸 다음 자웅의 구별없이 개체가 분열 등으로 새로운 개체를 형성하는 것으로서 아접(芽椄, budding), 접목(接木, grafting), 취목(取木, layering), 분할 등의 방법이 있다. **반복하여 생식할 수 있는 것**이라 함은 **식물의 반복 가능성**을 말하고, **변종식물**은 그 특성인 균일성, 영속성이 보증되어야 한다는 의미이다. 변종식물에 관한 발명이란 유전적으로 발현되는 특성 중 한 가지 이상의 특성이 다른 식물군과 구별되고 안정적으로 증식될 수 있는 식물에 관한 발명을 말한다. **식물의 신품종에 대한 육성자의 권리보호**, 주요작물의 품종・성능의 관리, 종자의 생산・보증 및 유통 등에 관한 사항을 별도의 법, 즉 **종자산업법으로 제정하여 보호**하고 있다.

59) 김명신, 이제는 지식재산이다. 매일경제신문사, 2011, 30~31면.

60) 특허법상 식물발명은 예외적으로 발명의 성립을 인정하고 있다. 식물발명은 일정한 확실성 및 반복가능성이 문제가 되며, 육종경과를 상세히 기재하여야만 발명의 성립을 인정한다. 식물발명은 유성 또는 무성 상관없이 변종식물이면 특허가 가능하다.

61) 특허법 제31조에서는 무성(無性)적으로 반복생식할 수 있는 변종식물으로 한정하고 있다(2006.3.3 삭제)

62) 윤선희, 지적재산권법, 세창출판사, 2009, 35면 참조.

7) 미생물발명

부다페스트조약(Budapest Treaty)은 미생물을 이용한 특허를 인정하는 국제조약이다. 주로 화장품 또는 식품 등에서 이용되는 미생물에 관한 특허는 앞으로도 많이 나올 것이다. 대한민국은 1987년에 이 조약에 가입하였고, 1988년 3월 28일에 그 효력이 발효되었다.

미생물이란 육안으로 식별이 곤란한 미세한 생명체, 즉 바이러스, 세균, 효모, 곰팡이, 원생동물, 동식물의 세포, 조직 배양물 등을 의미하며, 동식물의 분화되지 않은 세포 및 조직 배양물도 포함된다고 한다(1980년 박테리아).[63]

미생물 자체의 발명과 **미생물을 이용한 발명**으로 나눌 수 있는데, 전자는 자연계로부터 분리 또는 변이수단, 유전자공학적 수단 등에 따라 창조한 신규 미생물의 발명을 말한다. 후자는 발효, 분해 등의 기능에 착안한 발효음식물 등의 발명과 미생물의 특정물질의 생산성에 착안한 항생물질, 발효 등의 제조방법 등의 발명으로 다시 구분된다. 전자의 예로서는 특정 미생물에 따른 발효음식물의 제조방법, 특정 미생물에 따른 유해물질의 분해방법, 특정 미생물로부터 화학물질의 변환방법 등이 있고, 후자의 예로서는 특정 미생물에 따른 아미노산, 유기산, 발효, 항생물질 등의 제조방법을 들 수 있다.[64]

미생물에 관한 특허는 출원시에 반드시 미생물을 기탁해야 한다. 각국에서 지정하는 미생물 기탁기관은 조약에서 인정한 조약체결국의 기탁기관에 기탁하면 유효한 것으로 취급한다.[65] 예를 들어, 미생물을 이용한 식품이나 의약품에 관한 특허를 출원하는 경우, 반드시 이 조약과 대한민국 정부가 공인하는 기관에 그 대상 미생물을 기탁하지 않으면 발명이 완성된 것으로 간주하지 않는다. 이 점에 대한 각별한 주의가 필요하다.

대한민국에만 특허출원하려면 국내 기탁기관에만 기탁해도 된다. 그러나 특허협력조약(PCT)에 따른 특허출원이나 외국에 특허출원을 할 때에는 반드시 국제 기탁기관에 기탁해야 한다.

특허출원 기탁기관	국내/국제
한국생명공학연구원・생물자원센터	국내・국제 기탁기관
한국미생물보존센터	국내・국제 기탁기관
한국세포연구재단	국제 기탁기관
국립농업과학원・농업유전자원센터	국내 기탁기관

63) 특허청, 생명공학분야 특허심사기준, 1998, 17면.
64) 미생물발명은 일정한 확실성 및 반복가능성이 문제가 되며, 당업자가 용이입수할 수 없는 경우에는 기탁을 통해 이를 보완가능하면 미생물발명이 가능하다. 다만, 당업자가 용이입수할 수 있는 경우에는 입수방법만 기재하면 족하다.
65) 김명신, 앞의 책, 32~33면 참조.

8) 동물관련 발명

최근 생명공학기술의 급격한 발전으로 동물의 형질전환 기술은 물론 동물복제기술의 출현과 함께 이러한 기술을 이용하여 유용한 물질을 생산하는 발명이 다양하게 출원됨에 따라 특허청이 **생명공학분야의 심사기준**을 만들어 사람을 제외한 다세포 동물에 관하여 동물 자체의 발명, 동물의 일부분에 발명, 동물을 만드는 방법의 발명, 동물의 이용에 관한 발명에 적용되는 심사기준을 만들어 보호하여 주고 있다. 예를 들어 1988년 미국의 '허버드 마우스(종양쥐)'는 암유전자를 가진 형질 전환 동물로서 최초의 동물특허이다.

이 외에도 유전자, 벡터, 재조합 벡터, 형질 전환체, 융합세포, 모노클로날 항체, 단백질, 재조합 단백질 등에 관한 발명은 **유전공학 관련 발명**으로 하여 보호하여 주고 있다.[66]

9) 컴퓨터 프로그램 관련 발명 → BM특허

소프트웨어는 특허가 될 수 있을까? 소프트웨어 개발을 완료하면 그 개발자는 즉시 **저작권법**과 **영업비밀**에 대한 지식재산을 가진다. **소프트웨어**는 명령어들을 이용한 프로그램의 표현 결과이다. 따라서 **타인의 무단복제**에 대해 저작권법의 보호를 받게 된다. 또 **소프트웨어**는 원시코드로 작성된 다음, 다시 기계어로 번역된 상태로 배포되고, 기계어는 거의 판독이 불가능하므로 **소프트웨어의 원시코드**는 자연스럽게 **영업비밀로 보호**된다.

1980년에 들어 소프트에어가 거대 산업화의 길을 걷게 되자 기업들은 소프트웨어에 대하여 특허권을 취득하여 강력한 보호를 받고자 했다. 왜냐하면 소프트웨어는 수많은 알고리즘의 조합으로 이루어져 있는데, 그러한 알고리즘에 대한 기술적 창작에 대하여 지식재산으로 보호받고자 했던 것이다. 소프트웨어 산업의 승부처 중 하나는 독창적이고 우수한 성능을 발휘하는 **알고리즘의 사용 여부**이기 때문이다.

알고리즘이란 수학이나 전산학에서 사용되는 용어이다. 어떤 문제의 해결을 위해 데이터를 변환할 때 사용하는 방법이다. 특히 전산학에서는 문제해결을 위해 실행되는 명령어들의 집합이 알고리즘이고, 이러한 알고리즘의 집합체가 프로그램이다. 많은 국가들은 소프트웨어에 사용된 알고리즘에 대하여 이를 만유인력의 법칙이나 에너지 법칙과 같이 이미 우주에 존재하고 있었던, 그래서 인류의 공동의 자산이 되어야 할 대상으로 보고 있다. 따라서 소프트웨어는 특허 대상이 될 수 없다는 인식을 가졌다. 지금도 이 원칙에는 변함이 없다. 대신 이러한 알고리즘 자체가 아닌, 알고리즘이라는 도구를 이용하여 하드웨어 응용을 독창적으로 나타내는 것들에 대해서는 특허를 부여하고 있다. 예를 들어, "파일의 압축에 이용되는 특정한 A계산을 위한 알고리즘 자체"는 특허대상이 아니지만, A계산 알고리즘을 이용한 파일압축장치를 이용하여 해당 파일을 압축하고 압축된 파일을 저장장치

66) 윤선희 · 김승균, 동물특허보호에 관한 연구, 한국발명진흥회, 지적재산권연구센터, 2000.12. 참조.

에 저장하는 방법은 특허를 받을 수 있다.

소프트웨어에 관한 특허는 미국에서 1981년에 처음으로 인정받았다. 대한민국은 1998년 컴퓨디프로그램 관련 발명의 심사기준을 만들면서 인정하게 되었다. 후에 인터넷 통신기술이 발전함에 따라 인터넷과 소프트웨어를 이용하여 돈을 버는 방법, 소위 BM발명(Business Method)이라는 형태로 발전하게 되었다.[67)]

컴퓨터프로그램 관련발명이라 함은 **발명의 구성요소에 컴퓨터가 관련되어 있는 일체의 발명**으로서 그 실시를 위하여 **소프트웨어, 하드웨어에 따라 실현된 논리단계**들을 필요로 하는 방법을 말한다.[68)] 컴퓨터 프로그램은 하드웨어의 구동이 없어 프로그램만으로 독자적인 작동을 하지 못하는 특성이 있으며, 공개시 이용이 매우 용이하기 때문에 이를 보호하기 위한 법률 및 심사기준을 규정하고 있다.[69)] 즉, 프로그램을 하드웨어와 일체로 하여 그 하드웨어의 성능을 높이거나 제어하는 방법 내지는 장치로서 혹은 프로그램을 기록한 컴퓨터가 독해 가능한 기록매체로서 **출원하면 특허등록**될 수 있다. 이미 실질적으로 소프트웨어이면서 위와 같은 형태로 등록되어 있는 예가 많다. 예를 들어, 이진수 데이터변환처리방법, 의료사무 시스템, 도서관 관리장치 등에 특허를 부여하였다.[70)]

영업방법(Business Method, Business Model: 일명 BM특허라고 한다) 특허라 함은 영업방법특허와 IT기술을 이용한 영업방법특허로 대별할 수 있다. 앞의 것의 **영업방법이**란 경영분야에서 이윤을 발생시키는 구조를 의미하고, 특허분야에서는 IT기술을 이용한 영업방법특허보다는 순수한 영업방법의 특허를 말하며, 뒤의 것은 IT기술을 이용한 영업방법특허는 컴퓨터 및 네트워크 등의 통신기술과 사업 아이디어가 결합된 **영업방법발명**에 대하여 허여된 특허를 말한다.[71)]

이와 관련하여 특허법 제2조 발명의 성립성에 대하여 자연법칙을 이용한 것이 아니면, 특허법상의 보호대상이 되지 않음에도 불구하고, 뒤의 것의 매체와 결합하여 특허출원하면 "전자상거래 관련발명의 심사지침", "컴퓨터 관련발명 심사기준"에 따라 특허등록이 될 수 있다. 이러한 **컴퓨터프로그램 관련발명을 특허법**으로 보호하는 데는 현행 특허법 제2조 제1호에서 정의하고 있는 발명의 개념 중 **'자연법칙을 이용한 것'으로 되어 있는 부분을 재정립**하여야 할 것이다.

---

67) 김명신, 앞의 책, 35~36면.

68) 컴퓨터프로그램 관련발명이란 컴퓨터 내에서 실행되는 발명 및 컴퓨터가 읽을 수 있는 매체를 사용해서 실행되는 발명을 말한다; 컴퓨터 프로그램 관련 발명은 컴퓨터 프로그램 언어는 발명이 되지 않지만, 예외적으로 발명의 성립을 인정한다. 이는 자연법칙을 전체적으로 이용하지 않지만, 시대적 흐름에 부응하고자 예외적으로 컴퓨터 프로그램이 장치, 기록매체 등과 유기적으로 결합한 경우에는 발명의 성립을 인정(BM특허)하고 있다.

69) 저작권법에서는 컴퓨터프로그램이란 특정한 결과를 얻기 위하여 컴퓨터 등 정보처리능력을 가진 장치 내에서 직접, 간접으로 사용되는 일련의 지시, 명령이라고 정의하고 있다(저작권법 제2조 제16호).

70) 中山信弘, 工業所有權法(上), 弘文堂, 2000, 97면~98면.

71) http://www.kipo.go.kr/: 2010년 8월 14일 검색.

6. 법률상 특허를 받을 수 있는 요건(주체적 요건 · 실체적 요건)

생각하기

저는 전자컴퓨터공학부에 다니는 4학년 학생입니다. 평소 컴퓨터 소재에 관심이 많아 여러 가지 소재를 가지고 연습하던 중 새로운 소재를 발견하였는데, 이 소재가 특허를 받기 위해서는 어떠한 요건을 갖추어야 하는가?

학습포인트

1. 특허요건에 대하여 알아본다.
2. 신규성의 상실사유 및 판단기준을 알아본다.
3. 진보성의 판단기준 및 판단방법을 알아본다.
4. 선출원주의 및 확대된 선출원주의에 대해 알아 본다.

법학을 처음 배우던 시절 '**능력**'이란 무엇인가를 할 수 '있다 · 없다'를 지칭하는 것이 아니라, 권리능력, 행위능력, 소송능력 등을 말한다. 특허에서 **특허능력**(Patentability)도 발명이 특허권을 부여받을 수 있는, 즉 특허청에 특허출원해서 일정한 심사를 거친 후 특허권으로 등록받을 수 있는 요건을 의미한다. **모든 발명이 전부 특허의 대상이 되는 것은 아니다.** 특허를 받기 위해서는 다음과 같은 몇 가지 **요건을 갖추어야** 한다.

특허출원한 발명이 특허를 받기 위해서는 **주체적 요건, 실체적(객체적) 요건, 절차적 요건을 갖추어야 한다.**

주체적 요건(누가)	실체적 요건(무엇을)	절차적 요건(어떻게)
권리의 주체가 될 수 있는가? → 자연인 → 승계인	발명 자체의 성질이나 특징과 관련된 요건 → 자연법칙 이용 → 산업상 이용가능성 → 신규성 → 진보성 → 고도성 → 선출원	특허출원의 절차와 관련된 요건 → 심사청구 : 누구든지 → 특허 등록 → 특허기간 : 20년+5년

↓

특허요건 중 어느 하나라도 요건을 충족하지 못하면 특허등록을 받을 수 없음

1) 주체적 요건

주체적 요건이란 권리의 주체가 될 수 있는 자, 즉 특허 출원인이 될 수 있는 요건을 말한다. 권리의 주체는 발명자 또는 그 승계인이 될 수 있다. 즉 주체적 요건이란 특허 출원

인에게 요구되는 일정 구비요건을 의미하고, 독점・배타적인 특허권을 부여받기 위해서는 다음과 같은 필요한 주체적 요건을 **발명자**(출원인)가 갖추어야 할 요건이다. 특허를 받을 수 있는 자는 ① 권리주체의 전제요건인 **권리능력이 있을 것**(특허법 제25조),[72] ② 특허를 받을 수 있는 **권리를 가진 자**일 것(특허법 제33조 등), ③ 선출원자 일 것(특허법 제36조), ④ **정당한 권리자**일 것(특허법 제34조, 제35조),[73] ⑤ 직무발명인 경우에는 특허를 받을 수 있는 권리를 가진 자에 해당할 것(발명진흥법 제10조), ⑥ 공동발명의 경우 전원이 공동출원할 것(특허법 제44조)을 충족하여야 한다. 또한 또 **특허청 직원** 및 **특허심판원직원**은 재직 중 상속 또는 유증의 경우를 제외하고는 특허를 받을 수 **없다**(특허법 제33조 제1항 단서).

주체적 요건은 뒤에서 구체적으로 알아보기로 한다.

2) 실체적(객체적) 요건

실체적 요건이란 **발명 그 자체의 성질이나 특징과 관련된 요건을 말한다. 특허를 받지 못하는 대부분의 출원발명은 실체적 요건을 만족하지 못하기 때문이다.**

실체적(객체적) 요건이란 발명이 갖추어야 할 요건과 해당되어서는 안 될 요건을 포함한다. 전자의 요건을 적극적 특허요건(인정 특허요건)이라 하고, 후자의 요건을 소극적 특허요건(불인정 특허요건)이라 한다. 즉, 특허권을 받기 위해서는 특허법 제29조의 특허요건을 갖추어야 한다. 즉, 첫째 출원발명은 산업에 이용할 수 있어야 하며(산업상 이용가능성), 둘째 출원하기 전에 이미 알려진 기술(선행기술)이 아니어야 하고(신규성), 셋째 선행기술과 다른 것이라 하더라도 그 선행기술로부터 쉽게 생각해 낼 수 없는 것이어야 한다(진보성). 다만, 공서양속을 해할 우려가 있는 발명은 특허를 받을 수 없다. 여기에서는 **산업이용가능성, 신규성, 진보성**에 대하여 알아보기로 한다.

---

72) 발명자(출원자)는 반드시 권리능력이 있어야 한다. 외국인은 대한민국 특허법에 따라 특허를 받을 수 있는 권리능력을 인정받은 자어야 한다. 특허법 제25조(외국인의 권리능력) 재외자 중 외국인은 다음 각 호의 어느 하나에 해당하는 경우를 제외하고는 특허권 또는 특허에 관한 권리를 누릴 수 없다. 1. 그 외국인이 속하는 국가에서 대한민국 국민에 대하여 그 국가의 국민과 같은 조건으로 특허권 또는 특허에 관한 권리를 인정하는 경우, 2. 대한민국이 그 외국인에 대하여 특허권 또는 특허에 관한 권리를 인정하는 경우에는 그 외국인이 속하는 국가에서 대한민국 국민에 대하여 그 국가의 국민과 같은 조건으로 특허권 또는 특허에 관한 권리를 인정하는 경우, 3. 조약 또는 이에 준하는 것(이하 "조약"이라 한다)에 따라 특허권 또는 특허에 관한 권리가 인정되는 경우 즉, ① 국내에 주소 또는 영업소가 있는 경우, ② 대한민국 국민에게 내국민 대우를 인정하는 국가의 국민, ③ 대한민국 국민에게 상호주의에 근거하여 권리를 인정하는 국가의 국민, ④ 조약 및 이에 준하는 것에 의하여 특허권 또는 특허에 관한 권리의 향유를 인정하고 있는 경우, 어느 하나에 해당하면 권리능력이 인정된다(특허법 제25조). 법인은 민법과 마찬가지로 특허법에서도 권리능력이 인정된다. 법인이면 사단법인이든 재단법인이든, 영리법인이든 비영리법인이든 불문한다. 법인이 아닌 단체는 권리능력이 없다. 권리능력이 없는 법인은 일정한 경우 특허에 관한 절차를 밟을 수 있지만 특허에 관한 권리주체가 될 수 없다.

73) 특허출원인은 발명자 또는 그 승계인이어야 하며(특허법 제33조 제1항 본문, 제35조), 타인의 발명을 모인(冒認)한 자는 정당한 발명자가 아니다. 발명자는 실제로 발명을 완성한 자이다. 발명은 법률행위가 아니라 사실행위기 때문에 대리인에 따른 대리발명은 인정되지 않으나, 행위능력이 없는 미성년자, 성년후견개시심판을 받은 자(피성년후견인), 한정심판개시의 심판을 받은 자(피한정후견인)는 발명자가 될 수 있다.

특허를 받을 수 있는 요건

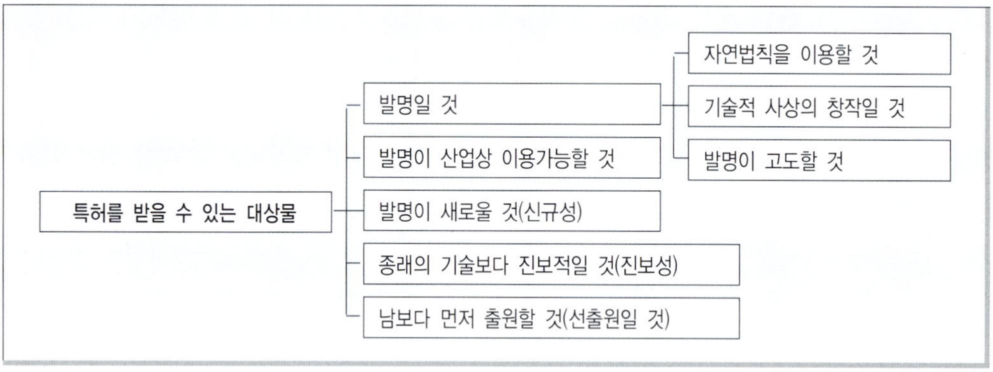

(1) 적극적 특허요건(특허법 제29조)

(가) 산업상 이용가능성(Utility)

① 산업상 이용가능성의 의의: 산업상 이용가능성이란 **발명이 산업에서 실제로 실시될 수 있는 것, 즉 산업과정에서 반복적으로 이용될 수 있는 것을 의미**한다. **특허법**은 산업발전에 이바지함을 목적으로 하는 바 특허법 제29조 제1항에서 특허요건으로서 산업상 이용할 수 있는 발명일 것을 규정하고 있다.

특허법 제1조에 규정된 특허법의 목적을 보더라도 산업발달을 목적으로 하므로 산업상 이용할 수 없는 발명은 특허부여의 가치가 없다고 할 수 있다.[74] 따라서 **발명은 반드시 산업성이 있어야** 하고, 산업성이 없는 발명으로 **현실적으로 명백하게 실시할 수 없거**나 **학술적**으로만 이용될 수 있는 발명은 특허를 받을 수 **없다**.

② 산업의 의미: 여기서 **산업**은 **유용하고 실용적인 기술에 속하는 모든 활동을 포함**하는 가장 넓은 개념으로 해석된다. 이는 파리조약(제1조 제3항) 및 특허협력조약(제33조 제3항)과 같은 취지이다. 즉, **산업의 범위**는 산업재산권의 보호를 위한 파리조약 제1조 제3항의 "본래 공업 및 상업뿐만 아니라 농업 및 채취산업과 포도주 · 곡물 · 가축 · 광물 등과 같은 모든 제조 또는 천연제품에 대해서도 적용된다"라는 규정에 따라 **넓게 해석**하고 있다.[75] 따라서 산업은 **공업 · 임업 · 광업 · 목축업** 등 **생산업 분야**뿐만 아니라 더 나아가 단순한 서비스를 제외한 **운수업 · 교통업 · 금융서비스업 · 광고업 · 세탁업** 등 일체의 산업을 포함한다고 보고 있다.

그러나 여기서 **단순한 서비스업인 보험업, 금융업, 의료업 등은 포함하지 않는다**고 보는 것이 일반적이었으나, **컴퓨터와 결합된 보험방법** 또는 **금융방법발명**의 경우, 특허를 허용

74) 참고로 발명(invention)-새로운 것, 발견(discovery)-자연사실을 처음 발견

75) 파리조약 제1조 제3항에서 규정한 산업의 범위는 공업, 농업, 임업 등의 생산업 또는 제조업뿐만 아니라 천연산물의 채취산업까지 포괄하는 최광의의 산업을 의미한다.

하고 있는 현실을 고려할 때 **보험업·금융업 등의 서비스업을 일률적으로 산업에서 제외하는 것은 타당하지 않다.** 이러한 **서비스업에 사용**하도록 제공되는 **계산기구, 의료기구** 등을 생산하는 것은 산업의 범위에 해당하므로 **특허의 대상**이 된다.

③ 산업상 이용가능성의 의미: 일반적으로 **이용**은 특허법 제2조 제3호의 **실시**[76]를 의미하고, **이용가능성**은 **동일결과를 반복 실시할 수 있는 가능성**으로서 그 **발명이 장래 이용될 가능성만 있으면 족한 것**으로 해석한다. 발명을 산업상 이용할 수 있기 위해서는 그 발명의 성질에 따라 기술적 의미에서 **생산 또는 사용할 수 있는 것이어야 하고**[77] **영구운동**과 같이 **실시 불가능**한 것이어서는 안 된다. 산업상의 이용은 출원당시의 산업적 실시를 의미하는 것이 아니라 **장래 실시할 가능성이 있으면 족하다.**

판례(2001후2801)는 이와 같은 법리는 **해당발명의 산업적 실시화가 장래에 있어도 좋다는 의미**일 뿐, 장래 관련 기술의 발전에 따라 기술적으로 보완되어 장래에 비로소 산업상 이용가능성이 생기는 경우까지 포함되는 것은 아니라고 하였다.

④ 산업상 이용가능성의 판단기준: 심사관은 출원시를 기준으로 특허청구범위의 청구항별로 명세서·도면 전체를 참작하되 기술분야를 고려해서 판단한다.

⑤ 산업상 이용가능성의 판단방법

(ㄱ) 경제성의 유무: 경제성은 사회·경제적 여건에 따라 결정되는 상대적 개념이므로 **고려할 필요가 없다.**

(ㄴ) 기술적 완성 및 경제성: 판례(2004후3270)는 **산업상 이용가능성**과 관련하여 **발명**을 통해서 **경제적으로 이익**을 얻을 수 있어야 한다거나 어떠한 **기술적 문제점도 수반**하여서는 안된다는 것까지 요구하는 것은 **아니**라고 하였다.

(ㄷ) 다른 법과의 관계: 다른 법의 규제를 배제하는 것은 아니나, 다른 법으로 인해 **산업상 이용가능성이 제한받지는 않는다.**

(ㄹ) 결과물과의 관계: 산업상 이용가능성은 **발명 자체를 기준으로 판단**하며, 발명을 이용하여 **생산된 결과물의 활용상태**까지 **고려하지는 않는**다.

⑥ 산업상 이용가능성이 없는 경우에 법적 취급: 특허법 제29조 제1항 본문 위반 시[78]에는 거절이유(특허법 제62조),[79] 정보제공사유(특허법 제63조의2),[80] 특허무효사유(특허

---

76) 특허법 제2조 제3호 "실시"란 다음 각 목의 구분에 따른 행위를 말한다. 가. 물건의 발명인 경우: 그 물건을 생산·사용·양도·대여 또는 수입하거나 그 물건의 양도 또는 대여의 청약(양도 또는 대여를 위한 전시를 포함한다. 이하 같다)을 하는 행위; 나. 방법의 발명인 경우: 그 방법을 사용하는 행위; 다. 물건을 생산하는 방법의 발명인 경우: 나목의 행위 외에 그 방법에 따라서 생산한 물건을 사용·양도·대여 또는 수입하거나 그 물건의 양도 또는 대여의 청약을 하는 행위

77) 이용(실시)가능성이란 동일한 결과를 실시할 수 있는 가능성을 의미하는 것으로 출원시가 아니더라도 장래에 이용될 수 있는 것으로 족하다.

78) 특허법 제29조(특허요건) ① 산업상 이용할 수 있는 발명으로서 다음 각 호의 어느 하나에 해당하는 것을 제외하고는 그 발명에 대하여 특허를 받을 수 있다. 1. 특허출원 전에 국내 또는 국외에서 공지(公知)되었거나 공연(公然)히 실시된 발명, 2. 특허출원 전에 국내 또는 국외에서 반포된 간행물에 게재되었거나 전기통신회선을 통하여 공중(公

법 제133조)[81]에 해당한다.

⑦ **산업상 이용가능성이 문제되는 경우**

(ㄱ) 의료업의 경우

(A) 원칙: 의료업이란 인간의 질병을 진단・치료・예방하는 등 진료행위를 제공하는 업을 말한다. 의료행위의 산업상 이용가능성은 인체를 직접적인 구성요소로 하는지 여부가 판단기준이다. 의료업은 인도적・윤리적 측면에서 인간을 대상으로 인체를 직접적인 구성요소로 하는 **수술방법, 치료방법, 진단방법[82], 인간으로부터 채취한 것을 치료를 위해 채취한 자에게 되돌려 줄 것을 전제로 처리하는 방법(혈액 투석방법)과 같은 의료행위(치료행위)[83]**는 산업상 **이용할 수 없는 발명**에 해당하는 것으로 본다(통설).[84] 실무는 **치료나 진단방법 등 순의료적 발명**은 **산업상 이용가능성이 없다**는 이유로 거절하고 있다.[85] **판례**는 인간으로부터 채취한 것을 그에게 되돌려줄 것을 전제로 하여 처리하는 방법(**혈액 투석방법**)은 순수의료행위로서 산업상 이용가능성이 인정되지 않는다고 하였다.

衆)이 이용할 수 있는 발명

79) 특허법 제62조(특허거절결정) 심사관은 특허출원이 다음 각 호의 어느 하나의 거절이유(이하 "거절이유"라 한다)에 해당하는 경우에는 특허거절결정을 하여야 한다. 1. 제25조・제29조・제32조・제36조제1항부터 제3항까지 또는 제44조에 따라 특허를 받을 수 없는 경우, 2. 제33조제1항 본문에 따른 특허를 받을 수 있는 권리를 가지지 아니하거나 같은 항 단서에 따라 특허를 받을 수 없는 경우, 3. 조약을 위반한 경우, 4. 제42조제3항・제4항・제8항 또는 제45조에 따른 요건을 갖추지 아니한 경우, 5. 제47조제2항에 따른 범위를 벗어난 보정인 경우, 6. 제52조제1항에 따른 범위를 벗어난 분할출원인 경우, 7. 제53조제1항에 따른 범위를 벗어난 변경출원인 경우

80) 특허법 제63조의2(특허출원에 대한 정보제공) 특허출원에 관하여 누구든지 그 특허출원이 거절이유에 해당하여 특허될 수 없다는 취지의 정보를 증거와 함께 특허청장에게 제공할 수 있다. 다만, 제42조제3항제2호, 같은 조 제8항 및 제45조에 따른 요건을 갖추지 아니한 경우에는 그러하지 아니하다.

81) 특허법 제133조(특허의 무효심판) ① 이해관계인 또는 심사관은 특허가 다음 각 호의 어느 하나에 해당하는 경우에는 무효심판을 청구할 수 있다. 이 경우 청구범위의 청구항이 둘 이상인 경우에는 청구항마다 청구할 수 있다. 다만, 특허권의 설정등록일부터 등록공고일 후 3개월 이내에는 누구든지 다음 각 호(제2호는 제외한다)의 어느 하나에 해당한다는 이유로 무효심판을 청구할 수 있다. 1. 제25조, 제29조, 제32조, 제36조제1항부터 제3항까지, 제42조제3항제1호 또는 같은 조 제4항을 위반한 경우, 2. 제33조제1항 본문에 따른 특허를 받을 수 있는 권리를 가지지 아니하거나 제44조를 위반한 경우, 3. 제33조제1항 단서에 따라 특허를 받을 수 없는 경우, 4. 특허된 후 그 특허권자가 제25조에 따라 특허권을 누릴 수 없는 자로 되거나 그 특허가 조약을 위반한 경우, 5. 조약을 위반하여 특허를 받을 수 없는 경우, 6. 제47조제2항 전단에 따른 범위를 벗어난 보정인 경우, 7. 제52조제1항에 따른 범위를 벗어난 분할출원인 경우, 8. 제53조제1항에 따른 범위를 벗어난 변경출원인 경우, ② 제1항에 따른 심판은 특허권이 소멸된 후에도 청구할 수 있다. ③ 특허를 무효로 한다는 심결이 확정된 경우에는 그 특허권은 처음부터 없었던 것으로 본다. 다만, 제1항제4호에 따라 특허를 무효로 한다는 심결이 확정된 경우에는 특허권은 그 특허가 같은 호에 해당하게 된 때부터 없었던 것으로 본다. ④ 심판장은 제1항에 따른 심판이 청구된 경우에는 그 취지를 해당 특허권의 전용실시권자나 그 밖에 특허에 관하여 등록을 한 권리를 가지는 자에게 알려야 한다.

82) 2008년 개정된 의료, 의약분야 심사기준에 따르면 진단방법이 임상적 판단 및 인체에 직접적이면서도 비일시적인 영향을 주는 단계를 포함하지 않으면 산업상 이용가능성을 인정된다고 본다.

83) 의료행위란 의사 또는 의사의 지시를 받은 행위가 아니라도, 의료기기(예: 메스 등)를 이용하여 인간을 수술하거나 의약품을 사용하여 인간을 치료하는 방법을 말한다(심사지침서).

84) 송영식 외 2, 지적재산법, 세창출판사, 2010, 56~57면 참조.

85) 인간을 수술하는 방법(예: 외과적 수술방법, 채혈방법, 수술을 위한 마취방법 등), 인간을 치료방법(예; 병의 경감 및 억제를 위한 환자에게 투약,주사 또는 물리요법 등의 수단을 쓰는 방법 및 인공장기 등을 부착하는 방법, 충치 및 감기의 예방방법 등), 인간을 진단방법(예: X선으로 인간 내부기관의 상태를 측정하는 방법, 피부의 짓무른 정도를 측정하는 법, 심전도를 측정하기 위한 전극의 배치 방법 등) 등은 산업상 이용가능성이 없는 것으로 본다.

(B) 예외: 그러나 인체를 간접적인 구성요소로 하거나 구성요소로 하지 아니한 **인체로부터 분리 및 배출된 물건**(예: 혈액, 인모, 분뇨, 소변, 변, 태반, 모발, 손톱, 피부, 세포, 종양, 조직)에 관한 발명은 **산업상 이용가능성**이 있다. 이것은 인체를 필수의 구성요건으로 하지 않는 것이기 때문이다(즉, 인체의 일부가 아님). 단 공서양속 위반(특허법 제32조)의 적용 여지는 있다. **인체를 구성의 필수요건으로 하지 않는 발명(예: 인공신장 그 자체의 물 또는 그 제조방법)**은 **특허**를 받을 수 있다. 반면에 동물에 대한 치료방법의 발명은 특허대상이 된다.

이와 같이 **사람에 대한 치료방법**(예: 인체의 심장이식수술방법, 뇌수술방법 등) 등의 발명은 **특허성이 부정**되지만, 그 **전단계인 측정**(예: 의료행위에 사용되는 의료기기나 의약품) 또는 **검사방법**(예: 인체에서 분리된 혈액, 타액, 정액 등을 이용한 발명 등) 등은 산업상 이용가능성이 있어서 특허성이 인정된다.[86] 그리고 **신체 각 기관의 구조 및 기능을 측정**하기 위한 데이터 등을 컴퓨터 등을 이용하여 처리하는 **컴퓨터진단방법**은 산업상 이용가능성이 있는 **발명**이다.

판례(90후250)는 **의료기구 · 장치 · 의약품**이나 **인간으로부터 채취**한 것을 처리하거나 **분석하여 데이터를 수집하는 방법**은 **산업상 이용가능성**이 있는 것으로 본다. 그리고 판례(90후250)는 **동물에 한정**한다는 사실이 **특허청구범위에 명시**되어 있는 경우, 인간을 대상으로 하지 않는다는 점에서 **산업상 이용가능성이 인정되어 특허를 받을 수 있다.** 또한 특허법원 판례(2003허6104)는 **모발의 웨이브**에 관한 발명과 관련하여 인체를 필수구성요건으로 하지만, 의료행위가 아닌 **미용행위에 해당**한다는 점에서 **산업상 이용가능성이 인정되어 특허를 받을 수 있다. 다만, 치료효과와 비치료효과(예: 미용효과)를 동시에 가지는 경우 이를 구별 및 분리할 수 없는 방법은 치료방법으로 간주되어 산업상 이용가능성이 없다.**

(C) 등록받기 위한 조치: 신규사항추가가 **아닌** 범위 내에서 의료기구 · 장치 · 의약품 등으로 보정하거나, 특허청구범위를 동물에 한정함으로 보정, 신규사항추가에 해당하는 경우 취하 후 보정하여 재출원하는 등의 조치가 가능하다.

(ㄴ) 업으로서 이용할 수 없는 발명: **개인적 또는 실험적, 학술적으로만 이용**할 수 있고, **업으로서 이용될 가능성이 없는 발명**은 산업상 이용할 수 있는 발명에 **해당하지 않는 것으로 취급**한다. 즉, **흡연방법**처럼 **개인적으로만 이용**할 수 있고, 업으로서 이용될 가능성이 없는 발명은 산업상 이용가능성이 있는 **발명이 아니다.** 또 **학술적 및 실험적으로밖에 이용**할 수 **없는 발명**도 산업상 이용가능성이 **없다.** 다만, 학교에서 사용되는 **이과(理科)의 과학실험세트처럼 시판 또는 영업가능성**이 있는 것은 산업상 이용할 수 있는 **발명**이다.

---

86) 수술에 이용되는 메스에 대한 발명은 수술에 이용되는 기구이므로, 생산업자가 생산, 판매하기 때문에 산업상 이용가능성이 있는 발명이다. 의약자체는 물건이기 때문에 산업상 이용가능성이 있는 발명이다.

의료업과 산업상 이용가능성

의료업

산업상 이용가능성이 없는 경우	산업상 이용가능성 있는 경우
인간을 수술하거나 치료하거나 또는 진단하는 방법을 발명 (의료행위)	* 의료기기 장치 및 의약품 * 인간으로부터 분리하여 채취한 것을 처리하는 방법 * 인간을 수술, 치료, 진단하는 방법에 이용할 수 있는 발명이라도 그것이 인간 이외의 동물에만 한정한다는 사실이 명시되어 있는 경우

(ㄷ) 현실적으로 명백하게 실시할 수 없는 발명: 이론적으로는 그 발명을 실시할 수 있더라도 그 **실시가 현실적으로 전혀 불가능**하다는 사실이 명백한 발명은 산업상 이용할 수 있는 **발명에 해당하지 않는다**. 예를 들어, "**오존층의 감소에 따른 자외선의 증가를 방지하기 위하여 지구표면 전체를 자외선흡수플라스틱 필름으로 둘러싸는 방법**"은 실제로는 실현할 수 없기 때문에 산업상 이용가능성이 **부정**된다. 다만, 그 발명이 실제로 또는 즉시 산업상 이용되는 것이 필요하지는 않고, 장래에 이용될 가능성이 있으면 산업상 이용할 수 있는 발명으로 판단된다.

(ㄹ) 기술적 불이익이 수반되는 발명: 발명에 수반되는 기술적 불이익이 본질적으로 제거 불가능하거나 불이익의 정도가 그 발명의 이익을 훨씬 상회하여 결국 이용가능성이 실질적으로 부정되는 경우는 산업상 이용가능성이 **없다**.

(ㅁ) 안정성 · 위험 방지수단이 확보되지 아니한 발명: **안정성**이 특히 필요한 분야의 발명의 경우, 이를 발명의 **산업상 이용가능성 요건으로 파악**하는 것이 일반적이나 이를 **발명의 완성여부**로 보는 견해도 있다. 일본의 판례는 후자이다.[87)]

판례

판례(대판 1991.3.12, 90후250)는 "사람의 질병을 **진단하고 치료하는 의약**이나 **의약의 제조방법** 및 **의약을 사용한 의료행위**에 관한 발명은 산업에 이용할 수 있는 **발명이라 할 수 없으므로 특허를 받을 수 없다**. 다만, **동물용 의약이나 치료방법**은 산업상 이용가능성이 있어 **특허의 대상**이 된다. 사람과 동물에 동시에 사용되는 의약이나 치료방법은 동물에 한정한 경우에만 특허의 대상이 된다"고 한다. 이는 치료방법은 방법의 발명에 해당하지 않는다는 의미이고, 치료기기나 의약품은 제조되는 것이기 때문에 산업이용가능성이 인정된다.

87) 특허법원 지적재산권소송실무연구회, 재적재산소송실무, 박영사, 2010.

(나) 신규성

① **신규성의 의의**: 신규성(Novelty)이라 함은 **새로운 것**, 즉, 발명의 내용인 기술적 사상이 **종래의 기술적 지식** 및 **신행기술**(prioart)에 따라 **알려지지 않는 것**을 말한다. 특허를 받기 위한 요건으로 신규성을 요구하는 것은 사회일반에게 **이미 공개**되어 공동재산으로 된 기술에 관하여 특허를 주어 이를 한 사람에게만 독점시키는 것은 사회의 기술진보에 해를 끼치는 일이므로 해당 발명이 새로운 것이 아니면 **특허를 부여할 수 없다**.88)

특허권은 **신규한 발명의 공개 대가**이기 때문에 **공지기술과 동일한 발명은 특허를 받을 수 없으며**, **출원시를 기준**으로 **하나의 인용발명과 동일성을 판단**한다.

② **신규성에 대한 특허법 규정**: 특허법은 신규성에 관하여 적극적으로 규정하고 있지 않고, **소극적으로 신규성 상실사유를 규정**하여 이에 **해당하지 않으면** 신규성이 있는 발명이 된다. 즉, 특허법 제29조 제1항 "특허출원 **전**에 국내 또는 국외에서 **공지**(**公知**)되었거나 공연(公然)히 실시된 발명, 특허출원 전에 국내 또는 국외에서 **반포된 간행물에 게재**되었거나 **전기통신회선을 통하여 공중**(**公衆**)**이 이용**할 수 있는 발명"이다. 또한 발명자 스스로 해당 발명이 공지로 되는 일이 없도록 주의하여야 한다. 이 경우는 **자살발명**으로서 특허가 **거절**된다.

③ **신규성의 판단기준**: **신규성의 판단**은 **특허출원 시**(**時**)를 기준으로 한다. 여기서의 시(時)라는 개념은 특허출원의 시점을 말하며, 시, 분, 초까지 포함하는 개념이다. 이는 동일한 발명의 **선출원**(先出願, 특허법 제36조)이나 **이용저촉관계**(특허법 제98조)의 **일**(**日**)**을 기준**으로 하는 것과 차이가 있다.

지역적 기준은 공지(公知)・공연실시 발명 여부뿐만 아니라, 간행물의 기재 및 전기통신회선을 통한 공중이용 가능여부는 국내외를 기준으로 하는 **국제주의**를 채택하고 있다. 이는 교통・통신의 발달과 무역의 활발화 및 국가 경쟁력 강화 등을 고려한 것이다. 따라서 특허출원한 발명이 그 특허출원 전에 **외국**에서 공지되거나 외국에서 반포된 간행물에 기재된 경우에는 신규성을 상실한다.

신규성 판단의 **객체적 기준**은 **특허청구범위**이다. 특허출원전 국내외 공지기술과 특허출원된 발명의 청구범위의 청구항을 비교한다. 출원된 특허청구범위에 기재된 발명과 인용발명(공지・공용발명, 간행물기재발명, 전기통신회선을 통한 공중이용가능성 발명)과의 **구성을 대비하여 판단**하는 것이 **원칙**이며, 이때 **발명의 효과를 참작**할 수 있다. **특허청구범위**를 **기준으로 한 것**은 특허청구범위에 기재된 사항이 **특허권의 부여를 요구하는 범위**이기 때문이다(특허법 제42조 제1항). 신규성의 판단방법은 동일성을 판단한다.

---

88) 특허제도는 새로운 기술을 공개한 자에게 그 보상으로 특허권을 부여하는 것이므로 발명의 특허를 받기 위해서는 신규성이 있어야 한다.

④ 신규성의 상실 사유(특허법 제29조 제1항)

공장에서 물건 제조현장을 견학시킨 경우의 신규성 상실 문제

제조현장을 견학한 사람이 그 물건이 속하는 기술분야에서 보통의 지식을 가진 사람이라서 제조현장을 보면, 쉽게 동일한 물건을 제조할 수 있는 경우에는 신규성이 상실된다. 그러나 제조공장의 일부 또는 장치의 외부만 보아서는 그 기술의 전체적인 구성을 알 수 없는 경우에는 신규성이 상실되지 않는다. 다만, 공장 종업원에게 내부구성에 대한 상세한 설명을 들었을 때에는 신규성이 상실된다.[89)]

(ㄱ) 특허출원 전에 국내 또는 국외에서 공지된 발명: 특허출원 전에 이미 비밀상태에서 벗어나 널리(국내 또는 국외) **불특정 다수인에게 알려진 발명**에는 **특허가 부여되지 않는다**.

공지(公知)란 특허출원 전에 다수는 아니더라도 **비밀유지의무가 없는 불특정다수인**이 발명의 내용을 현실적으로 인식된 것뿐만 아니라, 객관적으로 알 수 있는 상태에 있는 경우를 말한다.[90)] 회사 동료와 같이 비밀유지의무가 있는 자가 알고 있는 것은 공지된 발명상태가 아니다. **공지**(알려져 있는 것)**는 발명의 내용이 기술적으로 이해**될 수 있을 정도로 된 것을 말한다. 따라서 발명의 내용을 거의 알 수 없는 **어린이게만** 발명품을 보여 준 것은 알려져 있는 것에 **해당하지 않는**다. 또한 **내부에 특징이 있는 기계의 발명품**에 대하여 단지 **외형만을 보여**주더라도 그것만으로는 **내부의 기술을 이해할 수 없으므**로 알려져 있는 것에 **해당하지 않는**다. 그러나 일반적으로 알려져 있는 것이라고 해석하면 공지와 공연실시는 중복되는 결과를 가져온다.

불특정 다수인이란 **비밀유지의 의무가 없는 사람**을 가리키며 반드시 일반대중을 의미하는 것은 아니다. 여기서 **비밀유지의 의무가 있는 사람**은 법령상 인정되는 경우(**변리사, 변호사 등**), 관습상 인정되는 경우(**바이어, 운송업자 등**), 계약상 인정되는 경우(**종업원, 용역계약자 등**)에 발생하는 자를 말한다. **판례**는 불특정인이 알 수 있는 상태에 놓인 것으로 족하고 **반드시 불특정 다수인에게 인식되었을 필요는 없다**고 한다. 그리고 판례(96후1804)는 발명의 내용이 계약상 또는 상관습상 비밀유지의무를 부담하는 **특정인에게 배포된 사실만으로는 공지**된 것이라고 볼 수 **없다**고 하였다.

판례

판례(대판 1983.3.8, 81후64; 대판 1996.6.14, 95후19)에서 공지란 객관적으로 **제3자가 인식**할 수 있는 가능성, 즉 이용가능성과 접근가능성을 의미한다고 한다. 그러나 특허심사지침은 공연히 알려진 것이라고 해석하고 있다.

---

89) 특허청, 심사지침서, 참고.

90) 일반적으로 공지(公知)라고 하는 것은 공연히 알려져 있는 것을 말하며, 알려질 수 있는 상태에 놓인 것만으로는 부족하다고 해석되고 있다. 회사 동료와 같이 비밀유지의무가 있는 자가 알고 있는 것은 발명시 공지된 상태가 아니다.

(ㄴ) 특허 출원 전에 국내 또는 국외에서 공연히 실시된 발명: 특허출원 전에 **국내 또는 국외**에서 **공연히 실시된**[실시 · 공용(公用)]된 발명에는 **특허가 부여되지 않는다. 공연히 실시란** 특허출원 전에 관련업자가 그 발명의 내용을 용이하게 할 수 있는 상태에서 실시한 상태를 말한다. 즉, 공연실시란 불특정인이 알 수 있는 상태에서의 **실시**를 의미하며, 실시는 당업자 기준으로 용이하여야 한다.

공연(公然)이라고 하는 것은 **전면적으로 비밀이 공개**된 것을 의미하므로 발명의 내용이 공개되더라도 **중요부분이 비밀상태**라면 이는 **공연히** 실시라 볼 수 **없다**. 따라서 발명의 실시에 있어서 **중요부분에 대해 일부**라도 비밀부분이 있는 경우에는 그 실시는 **공연히 실시에 해당하지 않는다**. 이에 대한 판례(94후1688)는 주요부 일부가 비밀의 유지된 상태에서의 실시는 공연실시가 아니라고 하였다. **실시**라 함은 특허법 제2조 제3호에 규정한 행위[91]를 의미하는데, **실시의 모든 유형**이 포함되지만 **주로 사용**으로 볼 수 있을 것이다. 다만, **실시의 모습**에 있어서는 공연히 실시된 것에 해당하지 않는 경우도 있으므로, **개별 및 구체적으로 판단**할 필요가 있다.

판례

판례(대판 1996.1.23, 95후1688)에서 **공연히 실시된 발명**이란 통상의 지식을 가진 자가 그 발명의 내용을 용이하게 알 수 있는 상태로 실시된 발명이다. 즉, 그 기술사항을 보충 또는 부가하여 다시 발전시킴이 없이 그 실시된 바에 따라 직접 쉽게 반복하여 실시할 수 있는 것임을 요한다. 예를 들어, **자동차 엔진발명**의 경우, **시험주행차가 도로를 달리는 것 자체**를 이미 **공용**(公用)**으로 보지 않는다**고 한다.

(ㄷ) 특허출원 전에 국내 또는 국외에서 반포된 간행물에 게재된 발명: 특허출원 전에 **국내 또는 국외**에서 **반포된 간행물에 게재**된 발명에는 특허가 부여되지 않는다. **반포**는 **불특정인이 간행물에 기재된 내용을 인식할 수 있는 상태**를 말한다. 즉, **반포**는 **불특정 다수인이 열람가능**한 상태가 되도록 **배포**되는 것을 말하며, **판례**는 도서관 사서과에는 **간행물이 도착하였으나 열람실에 비치되는 않는 경우 등은 반포되었다고 할 수 없다. 그러나 도서관 열람실에 비치**되어 있으면 열람할 수 있으므로 아무도 이를 읽지 아니하는 경우라 하더라도 반포된 것으로 본다.

간행물이라 함은 공중에 대하여 반포에 따라서 공개됨을 목적으로 복제된 문서, 도면,

91) 특허법 제2조 제3호 "실시"란 다음 각 목의 구분에 따른 행위를 말한다. 가. 물건의 발명인 경우: 그 물건을 생산 · 사용 · 양도 · 대여 또는 수입하거나 그 물건의 양도 또는 대여의 청약(양도 또는 대여를 위한 전시를 포함한다. 이하 같다)을 하는 행위, 나. 방법의 발명인 경우: 그 방법을 사용하는 행위, 다. 물건을 생산하는 방법의 발명인 경우: 나목의 행위 외에 그 방법에 의하여 생산한 물건을 사용 · 양도 · 대여 또는 수입하거나 그 물건의 양도 또는 대여의 청약을 하는 행위; 양도는 원칙적으로 공연히 실시된 것에 해당한다. 왜냐하면 양수인은 발명품을 자유로이 점검 · 분해 · 파괴 · 분석할 수 있기 때문이다. 반면, 대여는 양도와 동일시할 수 없다. 분해 또는 파괴 등이 금지되는 경우가 일반적이기 때문이다.

사진, 그 밖의 정보전달 매체를 말한다.[92] 인쇄물, 복사물, 내용으로 손으로 쓰거나 타이핑한 것, 한정출판물이나 비매품도 간행물에 포함되며, 마이크로필름, CD롬, 광디스크, 카탈로그, 발표된 연구논문, 고문서 등도 **간행물**에 포함될 수 있다.[93] 그러나 **소송기록의 복사물은 간행물에 해당하지 않는다.** 왜냐하면, 인쇄물은 공개성과 정보성, 반포성의 3가지 요건을 갖추어야 하는데, 소송기록의 복사물은 **정보성이 없**기 때문이다.

간행물 게재에 따라 신규성이 **상실**되는 시기는 **반포일**이다(발행일, 제작일). **게재(揭載)**는 그 발명이 속하는 기술분야에서 통상의 지식을 가진 자가 게재된 **내용에 따라 발명을 용이하게 실시할 수 있을 정도**로 게재되어 있는 것을 말한다.[94]

판례

판례(대판 1985.4.26, 82후84)에서 **반포된 간행물**이라 함은 불특정 다수의 일반 공중이 그 기재내용을 인식할 수 있도록 세상에 널리 퍼뜨린 간행물을 말한다고 하고 있다.

그리고 판례(대판 1996.6.14, 95후19)에서 **박사학위 논문**은 논문심사위원회에서 심사를 받기 위하여 일정한 부수를 인쇄 내지 복사하여 대학원 당국에 제출하는 것이 관례화되어 있는데, 이는 논문심사를 위한 한정된 범위의 사람들에게 배포하기 위한 것에 불과하므로 그 내용이 논문심사 전후에 공개된 장소에서 발표되는 등의 특별한 사정이 없는 한 인쇄시나 대학원 당국에의 제출시 또는 논문심사위원회에서의 인준시에 곧바로 반포된 상태에 놓이거나 논문내용이 공지된다고 보기는 어렵고, 일반적으로 논문이 논문심사에 통과된 이후에 인쇄 등의 방법으로 복제된 다음 **공공도서관** 또는 **대학도서관 등에 입고**되거나 **주위의 불특정 다수인에게 배포**되었을 때 **공지**된 것으로 보고 있다.

또한 판례(대판 1985.12.24, 85후47)에서 **학회지 등의 원고의 경우** 일반적으로 **원고가 접수**되어도 그 원고의 공표시까지는 불특정인이 볼 수 있는 상태에 놓여진 것이 아니므로 공지된 발명으로 인정할 수 없고(발행일이 공지된 것으로 본다), **카탈로그의 경우** 카탈로그란 기업이 자사(自社)의 선전 또는 자사제품의 소개·선전을 위하여 제작하는 것이므로 해당 카탈로그가 반포되지 않았다는 특별한 사정이 있는 경우를 제외하고는 **제작되었으면 반포**된 것으로 **추정**할 수 있다고 한다.

(ㄹ) 전기통신회선을 통하여 공중(公衆)이 이용할 수 있는 발명: **전기통신회선**을 통하여 **공중이 이용가능하게 된 발명**이란 데이터베이스 및 인터넷상에 공개된 기술정보를 말한다. 또한 **공중이 이용가능하게 된** 것이라 함은 공중에 접근가능한 상태일 것 또는 **정보배포의 시점**을 의미한다.

정보전달수단의 발달을 반영하여 **인터넷에 공개된 기술정보**도 **잡지나 도서** 등의 형태로 간행된 기술정보과 같은 정도의 **정보성**을 가지고 있어 **반포된 간행물의 게재**와 같이 **신규성을 상실**하는 것으로 하였다. 왜냐하면 현재 과학·기술계에서는 물론 특허청이 발행하

92) 간행물은 정보성, 공개성을 가진 정보전달매체를 말한다.
93) 간행물은 그 본질상 공개성·정보성·배포성을 가져야 한다.
94) 게재는 당업자가 쉽게 실시할 수 있을 정도로 기재된 것을 의미한다.

는 **특허공보**와 **인터넷 등에 따른 공개**(인터넷공보, 인터넷 기술공지)가 일반적으로 이용되고 있기 때문이다.[95]

전기통신은 유선은 물론 무선, 광선 및 그 밖의 전자적 방식에 따라서 부호·문언·음향 또는 영상을 송신하거나 수신하는 것을 말한다(전기통신기본법 제2조 제1호). 전기통신회선이란 인터넷은 물론 전기통신회선을 통한 공중게시판, 이메일 그룹 등이 포함되며, 앞으로 기술의 발달에 따라 새로이 나타날 수 있는 전기·자기적인 통신방법도 포함한다. **공중의 이용가능성**이 있어야 하므로, 전기통신회선에 공개된 발명이라도 **암호를 부여**하여 **일반인이 접근할 수 없게 한 경우**에는 공중이 이용가능하게 된 **발명으로 볼 수 없다.**

⑤ 공지 등이 되지 아니한 발명으로 보는 경우(신규성 상실의 예외 사유, 신규성 인정)[96]: 특허법은 신규성의 유무를 출원시를 기준으로 하나, 이 원칙을 너무 엄격히 적용하면 오히려 기술발전을 저해할 수 있어 일정한 경우에는 비록 어떤 발명이 공지의 상태로 된 경우에도 해당 발명의 출원에 대하여 **신규성이 상실되지 아니한 것으로 취급**하는 예외 규정을 두고 있다(특허법 제30조).[97]

신규성 **간주**(의제)[98]의 규정은 **선출원주의의 예외는 아니다.** 특허법은 **자기의 의사에 따라서** 또는 **자기의 의사에 반하여 특허출원 전 12월 이내에 특허출원인**이 행한 **모든 공개행위를 예외규정의** 적용대상이 되어, 이에 따라 특허출원인의 **자유로운 연구결과 공개를 촉진하여 연구활동의 활성화 및 기술축척을 지원**할 수 있을 것이다.

(ㄱ) 신규성 상실의 예외사유

(a) 자기의사에 따라 공지된 경우: 특허법 제29조 제1항에 해당하는 **신규성이 없는 발명**은 **특허거절**된다. 그러나 특허법 제30조의 "공지 등이 되지 아니한 발명으로 보는 경우에 해당되는 경우에는 **예외로 신규성을 인정**"하고 있다. 특허법 제30조는 특허를 받을 수 있는 권리를 가진 자의 발명이 **시험**, **간행물**에의 **발표**, **전기통신회선**을 통한 **발표**, 발명자

95) 윤선희, 앞의 책, 43면 참조.

96) 신규성 상실예외 사유란 공지 등이 되지 아니한 발명으로 보는 경우를 말한다. 즉, 신규성을 인정하여 발명을 인정하는 것이다.

97) 윤선희, 앞의 책, 44면 참조; 특허법 제30조(공지 등이 되지 아니한 발명으로 보는 경우) ① 특허를 받을 수 있는 권리를 가진 자의 발명이 다음 각 호의 어느 하나에 해당하게 된 경우 그 날부터 12개월 이내에 특허출원을 하면 그 특허출원된 발명에 대하여 제29조제1항 또는 제2항을 적용할 때에는 그 발명은 같은 조 제1항 각 호의 어느 하나에 해당하지 아니한 것으로 본다. 1. 특허를 받을 수 있는 권리를 가진 자에 따라서 그 발명이 제29조 제1항 각 호의 어느 하나에 해당하게 된 경우. 다만, 조약 또는 법률에 따라 국내 또는 국외에서 출원공개되거나 등록공고된 경우는 제외한다. 2. 특허를 받을 수 있는 권리를 가진 자의 의사에 반하여 그 발명이 제29조 제1항 각 호의 어느 하나에 해당하게 된 경우 ② 제1항 제1호를 적용받으려는 자는 특허출원서에 그 취지를 적어 출원하여야 하고, 이를 증명할 수 있는 서류를 산업통상자원부령으로 정하는 방법에 따라 특허출원일부터 30일 이내에 특허청장에게 제출하여야 한다.

98) 특허를 받을 수 있는 권리를 가진 자의 발명이 신규성을 상실하였다 하더라도 법정된 신규성 상실 사유에 해당되고 일정한 요건 및 절차를 만족하는 경우에는 신규성을 상실하지 않는 것으로 간주(看做, 의제(擬制))하는 것을 말한다.

의 **의사에 반한** 경우 등으로 **공지**가 된 경우에는 **12개월 이내**에 **특허 출원을 하면, 신규성**(특허법 제29조 제1항) 또는 **진보성**(특허법 제29조 제2항)의 규정을 적용함에 있어서는 그 발명은 **신규성 상실에 해당하지 아니한 것**으로 본다. 다만, 조약 또는 법률에 따라 국내 또는 국외에서 출원공개되거나 등록공고된 경우를 제외하고 있다(특허법 제30조 제1항).

(b) 특허를 받을 수 있는 권리를 가진 자의 의사에 반하여 그 발명이 신규성을 상실한 경우(특허법 제30조 제1항 제2호): 출원하기 전에 발명이 **무단반출, 도난, 스파이** 당한 경우(권리자의 의사에 반한 경우)에도 구제를 받을 수 있다. 즉, 발명자가 특허출원 전에는 발명의 내용을 비밀유지하려 하였으나, 타인으로부터의 **협박 · 사기강박 · 산업스파이 행위 · 절취** 등으로 인하여 본인의 의사에 반하여 이루어진 경우에는 **신규성의 의제**(간주)**를 인정**하고 있다. 그러나 출원 전에 공지되어도 특허를 받을 수 있는 것으로 **잘못 알고 공지**한 경우나 **대리인에 따라 이미 출원된 줄 믿고 공표**하였는데 **아직 출원절차를 밟지 않는 경우** 등이라면 **자기 의사에 반한 것**이라고 할 수 **없다.**[99] **무권리자가** 특허출원을 한 후에 정당한 권리자가 특허출원한 경우에는 정당한 권리자의 출원은 무권리자가 특허출원한 때 출원한 것으로 보고 있다.

(ㄴ) 신규성 상실의 예외사유로 인정받기 위한 절차: 신규성 상실의 예외로 인정받기 위하여 특허를 받을 수 있는 권리를 가진 자는 신규성을 상실한 날로부터 **12개월 이내**에 특허출원을 하여야 하며(특허법 제30조 제1항), 특허출원서에 그 **취지**를 기재하여 출원하고, 이를 증명할 수 있는 서류를 **산업통상자원부령으로 정하는 방법**[100]에 따라 특허출원일부터 **30일 이내**에 **특허청장**에게 **제출**하여야 한다(특허법 제30조 제2항). 다만, **특허출원과 동시에 그 증명서류를 제출**하는 때에는 출원서에 증명서류제출의 취지를 기재함으로써 그 **제출서에 갈음**할 수 있다(특허법시행규칙 제20조의2 단서).

자기 의사에 반하여 신규성이 상실된 경우에는 출원시 신규성 상실 예외의 취지나 출원 후 **30일 이내**에 **증명서류를 제출**하지 **않아도 된다.** 그러나 출원 후 신규성 상실로 인한 거절통지이유를 받은 후 **의견서** 제출기간 내에 그 신규성 상실사유가 **자기의사에 반한 것임을 증명하는 서류**를 **제출**하면 된다. 분할출원이나 변경출원시 신규성 상실 예외를 주장하는 경우에는 분할 또는 변경출원서를 제출할 때에 그 취지를 기재하고 분할출원일 또는 변경출원일로부터 30일 이내에 증명서류를 제출하여야 한다(특허법 제52조 제2항, 제53조 제3항).

(ㄷ) 신규성 예외사유(간주, 의제)의 효과: **신규성 간주사유**에 해당하는 **일이 발생한 날**에 **신규성이 소급하여 간주**(의제)된다. 그러나 신규성을 간주(의제)받은 특허출원은 그 출

---

99) 윤선희, 앞의 책, 42면 참조.

100) 특허법 시행규칙 제20조의2(공지 예외적용대상증명서류의 제출) 법 제30조제2항의 규정에 의하여 공지 등이 되지 아니한 것으로 적용받고자 하는 자가 그 증명서류를 제출하는 때에는 별지 제13호서식의 서류제출서에 따른다. 다만, 특허출원과 동시에 그 증명서류를 제출하는 때에는 출원서에 증명서류제출의 취지를 기재함으로써 그 제출서에 갈음할 수 있다.

원일 자체가 소급되는 것이 아니다. 즉, 이 경우는 **신규성 등만이 간주**될 뿐이며, **선출원주의의 예외는 아니므로, 독자적으로 발명한 제3자가 특허를 출원**한 경우는 **최초의 발명자**라도 **특허를 받을 수 없다.**

왜냐하면 최초의 발명자의 **공개로 신규성을 상실**되었기 때문이다. 만약 제3자가 최초의 발명자의 발명을 도용한 것이라면 문제는 다르다. 이러한 경우라면 그 무권리자는 특허를 받을 수 없으며, 특허된 경우에도 무효로 된다(특허법 제34조, 특허법 제133조 제1항 제2호). 무권리자가 특허출원을 한 후에 정당한 권리가 특허출원을 한 경우에는 정당한 권리자의 특허출원은 무권리자가 특허출원을 한 때에 특허출원을 한 것으로 보고 있다(특허법 제34조). 이 예외규정은 발명자가 특허를 받을 수 있는 권리를 타인에게 양도한 경우의 **양수인**도 적용을 받을 수 있다.

⑥ 신규성이 위반시 법적 취급: 신규성 위반시에는 거절이유(특허법 제62조), 정보제공사유(법 제63조의2), 특허무효사유(법 제133조)에 해당한다.

(다) 진보성

① 진보성의 의의: **진보성**이란 **발명의 창작수준의 난이도**를 말하며, 산업상 이용가능하고 신규성을 갖춘 발명이 있을 때 특허를 받기 위한 **마지막 특허요건**이다. 진보성이 없는 발명에 특허를 인정하게 되면 **모방된 기술로 특허권이 남발**되어 산업발전에 저해요인이 될 수 있으므로 **반드시 진보성**(Non-Obviousness)이 있어야 한다.

특허법 제29조 제2항에서 "특허출원전에 그 발명이 속하는 **기술분야에서 통상의 지식을 가진 자가** 제1항 각호의 1에 규정된 발명에 따라 **용이하게 발명**할 수 있는 것일 때에는 그 발명에 대하여는 제1항의 규정에 불구하고 **특허를 받을 수 없다**"고 규정하고 있다. 이는 **진보 정도가 미미한 기술에 특허를 부여**하는 것은 **제3자의 실시를 제한**하여 산업발전에 이바지라는 특허법의 목적에 반하기 때문이다. 그리고 이는 해당 발명의 **산업상 이용가능성**과 **신규성을 만족하는 발명**이 **진보성의 판단대상**이 된다. 따라서 특허출원 전에 공지(公知)・공연(公然)히 실시된 발명[공용(公用)], 또는 간행물에 기재된 내용으로부터 **기술분야에서 통상의 지식을 가진 자가 용이하게 발명**할 수 있는 발명은 진보성이 결여되어 **특허를 받을 수 없다.**[101]

그 발명이 속하는 **기술분야에서 통상의 지식을 가진 자**란 출원시에 해당 기술분야의 기술상식을 보유하고 있고, 연구개발을 위하여 통상의 수단 및 능력을 자유롭게 구사할 수 있으며, 출원시의 기술수준에 있는 모든 것을 입수하여 자신의 지식으로 할 수 있고, 발명의 과제와 관련되는 기술분야의 지식을 자신의 지식으로 할 수 있는 자로 가정한 자이다.

---

101) 진보(進步)란 선행기술에 비추어서 자명한 발명일 경우에는 발명적 보폭(invention step)이 있다고 할 수 없으므로, 특허능력을 인정하지 않는다. 즉, 특허등록을 받을 수 없는 발명은 선행기술로부터 자명하지 않아야 하고, 이를 특허법에서는 비자명(non-obviousness)이라고 한다. 비자명성에 관한 미국특허법의 논쟁은 균등론과 더불어 매우 치열하였다고 한다.

특허법에서 그 발명이 속하는 **기술분야**란 출원발명이 이용되는 그 산업분야로서 그 범위를 정함에 있어서 발명의 목적, 기술적 구성, 작용효과의 면을 종합하여 객관적으로 판단하여야 하고, 출원인이 명세서에 기재되어야 할 발명의 명칭으로서 직접 표현된 것에 구애받지 않는다.[102]

예를 들어, 특정기계장치가 이미 공지되어 있는 경우에, 이 특정기계장치에 사용되는 온도측정 계기를 당업자가 어렵지 않게 습도측정 계기로 교체할 수 있는 정도의 개량이라면 특허를 받을 수 없다. 물론, 온도측정계기를 습도측정 계기로 교체하는 것이 당업자가 쉽게 할 수 있는 일이 아니라면, 진보성이 인정되어 특허를 받을 수 있을 것이다.

만약 **간단한 발명**이라도 특허권을 인정한다면, 일상적으로 행해지는 기술적인 개량에 대해서 자꾸자꾸 출원하지 않으면 다른 사람에게 특허를 빼앗기기 때문에 그때 그때 출원하지 않으면 안 될 것이다.[103] **진보성**은 신규성과 **별개의 특허요건**이다. 즉, 진보성은 신규성과는 독립된 특허요건으로 취급하고, 특허실무에서는 '신규성' 보다 **'진보성' 판단이 더 어렵고**, 주로 많이 문제된다.

② 진보성의 판단기준

(ㄱ) 주체적 기준: 심사관은 해당 발명이 속하는 기술분야에서 통상의 지식을 가진 자[104]의 입장에서 판단한다. 해당 발명이 속하는 기술분야란 원칙적으로 해당 발명이 이용되는 산업분야를 말하는 것이나, 판례는 그 발명의 작용·효과 또는 성질·기능으로부터 파악되는 기술분야도 포함된다고 한다.

(ㄴ) 객체적 기준 및 시기적 기준: **객체적 기준은 특허출원 전 국내외 공지기술과 특허출원된 발명의 청구범위의 청구항을 비교한다.** 진보성 판단의 시간적 기준은 특허법 제29조 제2항에서는 **'특허출원 전에'**라고 규정하고 있지만, 신규성 판단의 경우와 같이 **출원시를 기준**으로 한다. 기준시점은 시·분까지도 구체적으로 고려한다는 의미이다. 우선권 주장이나 분할출원의 경우에는 기본이 되는 **원출원시**가 기준이 된다. 특허발명도 사후적으로는 용이하게 이끌어 낼 수 있는 경우가 많다. 그러므로 특허청의 심사관과 특허심판원의 심판관은 **기술적 전문가로써 특허출원 이전의 상태로 돌아가 존재하는 공지기술의 진보성을 판단**하여야 한다. 즉, 진보성 판단시 **사후 고찰은 금지**된다(판례).[105] 진보성 판단의 기준이 되는 **선행기술**은 **특허출원 전(前)의 기술수준임**은 법규정상 분명하다(특허법 제29조 제2항).

(ㄷ) 지역적 기준: 통상의 지식을 가진 자와 관련하여 기술분야에 따라 국내와 외국의 수준이 차이가 나므로 파리조약의 특허독립의 원칙상 국내로 한정하여 판단하는 것이 타당하다. 다만, 공지기술인지 여부는 **특허법 제29조 제1항 각호**에 따라 판단하므로 **국제**

102) 윤선희, 앞의 책, 44면 참조.
103) 이러한 발명에 특허권을 인정하면, 기업활동을 현저하게 저해하는 결과로 될 것이다.
104) 진보성 판단의 객관성을 위해 상정한 가공의 인물로서 자연인이며, 1인이다.
105) 송인방·김기현, 앞의 책, 134면; 송영식·이상정, 앞의 책, 62면 참조.

주의에 따른다. 통상의 기술자의 수준을 결정함에 있어서는 국내의 기술 수준만을 고려한다.

진보성 판단의 주요내용

판단기준	내 용
시간	특허출원시
판단주체	발명이 속하는 기술분야에서의 통상의 지식이 가진자(당업자)
지역	전 세계(국내외) ➜ 국제주의
판단범위	특허출원된 발명(특허청구범위에 기재된 발명)이 공개된 발명(신규성 상실사유와 동일)으로부터 용이하게 발명할 수 있는지 여부의 판단

③ 진보성의 구체적 판단방법: 진보성의 판단은 가시적 척도에 따른 판단이 아니고 **사유적 판단**이므로 결국 구체적인 판단은 고도의 기술적 지식을 가진 특허청의 **심사관·특허심판원의 심판관의 주관**에 맡겨질 것이나, 이것이 자의적 판단을 의미하는 것은 아니므로 어느 정도 객관 타당성이 요구된다.[106] 실제로는 특허청의 **심사관 및 특허심판원의 심판관** 자신의 전문적 지식 또는 관련분야의 전문가의 조언에 기한 개인적 판단에 맡겨져 있다.

(ㄱ) 일반적인 판단방법: 진보성 유무의 **판단대상**은 **산업상 이용가능성, 신규성이 인정된 발명**으로 **선행의 발명, 고안, 창작, 선행기술 등이 포함**되는 모든 **선행관련기술을 참작**하여 판단한다. 진보성의 판단은 쉽게 발명할 수 있는지 여부, 즉 용이성을 판단한다.

진보성(용이성) 판단시에는 인용발명과 출원발명의 목적·구성·효과를 종합적으로 비교 검토하여 **구성의 곤란성**(난이성)을 **기본**으로 하고, **효과의 현저성과 목적의 특이성**을 참작하여 진보성 유무를 판단한다. 그러므로 해당 발명의 진보성 유무는 해결방법인 **구성의 곤란성에 중점을 두어 결정**하는 것이 **원칙**이다. 그러나 동일한 구성을 하더라도 효과가 뛰어나면 진보성을 인정할 수 있다.[107] 즉, **진보성 판단은 발명의 3요소**라고 할 수 있는 **목적, 구성, 효과** 중에서 **'발명의 구성'에 중점**을 두고, 그 구성이 선행기술로부터 예측 곤란한 것인지, 용이하게 추고(推考)해 낼 수 없는 것인지를 중심으로 판단하게 되는데, 이를 **'구성의 곤란성'**이라고 한다. **구성의 곤란성이 있어야 진보성이 인정**될 수 있다.[108]

출원시를 기준으로 당업자의 입장에서 청구항에 기재된 발명과 특허법 제29조 제1항에 기재된 발명을 비교하여 **구성의 곤란성, 목적의 특이성, 효과의 현저성을 참작**하여 판단한다. 일반적으로 진보성의 판단은 발명의 3요소인 **목적·구성·효과**의 세 가지 측면에서 이루어지며, 목적은 **기술적 과제의 특이성**을, 구성은 **구성요소의 결합에 있어서의 곤란성**을, 효과는 **기술적 효과의 현저성을 위주로 판단**한다.

---

106) 김재욱·허남정, 앞의 책, 83면, 참조.
107) 송인방·김기현, 앞의 책, 134면.
108) 송인방·김기현, 앞의 책, 133~134면.

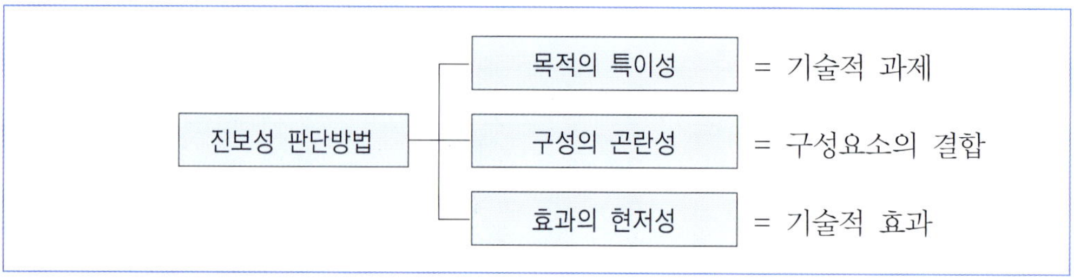

(ㄴ) 심사실무상 진보성(용이성) 판단방법: **출원시**를 기준으로 당업자의 입장에서 인용발명의 내용이 청구항에 기재된 발명에 이를 수 있는 **동기**가 될 수 있는지, 양 발명의 차이가 당업자가 가지는 통상의 **창작능력에 해당**하는지, 인용발명과 비교하여 더 나은 **효과가 있는지를 참작**하여 판단한다. 그 중 실무적으로 양 발명의 구성요소를 대비 판단하여 당업자의 입장에서 **구성의 곤란성이 있으면** 목적과 효과의 현저성이 없다 하더라도 **진보성이 있다**고 판단한다.

(ㄷ) 참고적 진보성(용이성) 판단방법: 진보성의 판단은 신규성의 판단과 달리 사실판단이라기 보다는 가치판단의 문제이므로 주관적이고 심리적인 요소가 개입된 바, 진보성 여부가 자명한 때에는 별 문제이지만, 보통의 경우는 그렇지 못하다. 이때는 진보성 여부의 판단에 대한 추론상의 기초자료(inferential bases)가 되는 보조수단(subtest, secondary method)에 따를 수밖에 없다.[109]

발명의 진보성(용이성)을 **긍정할 수 있는 보조자료**는 ① 기술적 편견·곤란의 제거, ② 미해결인 문제의 놀랄 만한 해결, ③ 문제된 발명이 오랫동안 절실하게 요청되어 온 경우, ④ 공지요소의 새로운 결합(combination), ⑤ 예기하지 못했던 효과, 이점, 경제성, ⑥ 상법상 성공 등을 들 수 있다. 그러나 발명의 완성시까지의 과정이나 외국의 특허여부 등은 판단시 참작하지 않는 것이 원칙이나, 실무상 대응국의 제외국에서 특허된 경우 그 참조 문헌이 심사의 자료가 될 수 있다. 따라서 발명이 오랜 노력의 결과인지 천재의 직관적인 발상의 결과인지의 여부나 외국에서 특허된 사실이 있는지 등은 진보성의 판단의 고려사항이 아니다.[110]

발명의 진보성(용이성)을 **부정할 수 있는 보조자료**는 ① 단순한 숙련에 따른 기계의 배열, 요소 변경, ② 공지기술의 단순한 집합(aggregation, Mosaik), ③ 인접분야에의 전용, ④ 균등물에 따른 치환(置換), ⑤ 배열, 형상, 상태 치환의 변경 또는 한정, ⑥ 특별한 효과가 없는 화학적 유사방법 등을 들 수 있다. 다만, 이러한 참고적 판단방법 자체만으로 진보성이 있는지 여부를 판단해서는 아니 된다. 예를 들어, 상업적 성공은 발명품이 가지는 우수성과는 아무런 상관없이 시장의 판매여건과 적극적인 광고의 전략, 판매자의 독점적

---

109) Goldstein, *Copyright, Patent, Trademark and Related State Doctrines*, p. 410.; 송영식·이상정, 앞의 책, 63면, 각주 8) 재인용 참조.

110) 김재욱·허남정, 앞의 책, 84면, 참조.

지위, 제조설비나 관련 작업자의 우수성 등에 따라 달성될 수도 있기 때문이다.

(ㄹ) 그 밖의 진보성 고려사항

(a) 선행기술 인용시 구체적 고려사항

* 선행기술에 청구항에 기재된 발명에 이를 말한 **동기**가 있는지 중시한다.
* 당업자에게 자명하다면, 2이상의 문헌을 **조합**하여 판단할 수 있다.
* 기술분야의 관련성, 과제해결원리의 동일성, 기능의 동일성이 있는 경우라면 **상이한 기술분야의 선행기술도 인용**할 수 있다.
* 출원인이 공지성을 인정한 **종래기술**도 인용참증으로 할 수 있다.
* 미완성발명도 발명의 정도가 높으면 대비자료로 삼을 수 있다(판례).

(b) 진보성 판단시 유의사항

* 출원발명 **전체**로서 고려되어야 한다.
* **독립항**의 진보성이 있으면, 그 종속항도 진보성이 있다.
* 마쿠쉬(Markush) 청구항[111]은 1요소를 택한 판단 결과 진보성이 없으면 전체가 진보성이 없는 것이다.
* **물건발명**이 진보성이 있으면 제법발명 및 용도발명은 일반적으로 진보성이 있다.
* **상업**적 성공의 경우, 기술적 특징 이외의 요인에 따른 것이 아니라는 사실을 출원인이 주장, 입증하는 경우에는 진보성 인정의 긍정적 근거로 참작할 수 있다.
* **사후**적 고찰을 금지하고, 원인이 해명되면 원인의 해명과정을 중시해야 한다.
* **퇴보**적 발명은 일반적으로 진보성이 없다.

④ 진보성 유무의 효과: 진보성이 있다고 판단되면 특허요건의 일부가 충족되어 특허를 부여할 수 있으나, **진보성이 없는 발명**은 특허법 제62조에 따라 **특허출원**이 **심사관**에 따라 **특허거절결정**을 받는다. 또 특허법 제133조에 따라 특허청 **심사관의 착오로 특허를 부여**받더라도 **이해관계인이나 심사관**에 따라 **무효심판의 대상**이 될 수 있다.

⑤ 진보성과 관련된 문제[112]

(ㄱ) 발명의 고도성과의 관계: **고도성과 진보성**의 개념은 **같은 개념**이다. 다만, 차이가 있다면 고도성은 주관적이고, 진보성은 객관적이며, 고도성은 발명의 완성시이고, 진보성은 출원시라는 점이다. 그러나 이 경우에도 실무상 고도성의 판단은 진보성의 판단에 미루어 처리한다.

---

111) 마쿠쉬 청구항은 발명이 2 이상의 병렬적 개념에 해당하고, 이들을 총괄하는 발명의 개념이 없을 경우, 즉 'A, B, C 또는 D' 혹은 'A, B, C 및 D로부터 구성된 군에서 선택한'의 형태로 표현한 청구항을 말한다. 이는 발명을 각각 개별적으로 출원해야 하는 불합리를 방지하기 위해 인정된 것으로서 화학 관련 발명에서 주로 사용된다. 마쿠쉬 청구항 형태로 기재된 신규화합물의 경우, 그 실체를 파악하는 것에 상당한 시간이 소요되므로, 심사관들이 상당히 실체파악을 어려워하는 청구항의 형태이다.

112) 김재욱·허남정, 앞의 책, 84~85면, 참조.

(ㄴ) 신규성과 진보성의 관계: 신규성 있는 발명은 진보적이 아닌 경우도 있지만, 대부분 진보적 발명이므로 신규성과 진보성의 관계가 문제된다. 그러나 발명의 신규성과 진보성은 양자 모두 특허요건의 하나로서 명확히 구분되어야 할 개념이고 판단방법도 다르다. 신규성은 출원발명이 선행기술과 동일하지 않을 것을 요하며, 동일여부를 판단하기 위해서 공개된 선행기술을 조사한다. 반면, 진보성을 판단하기 위해서는 신규성 판단과 같이 선행기술을 조사하지만 그 판단은 출원발명이 선행기술로부터 용이하게 발명될 수 있는지 여부를 판단하는 것이다.

(ㄷ) 고안의 진보성과의 차이: 실용신안법 제4조 제2항은 "제1항에 기재한 고안에 대하여 극히 용이하게 고안할 수 있는 것은 실용신안 등록을 받을 수 없다"고 하여 발명에 비하여 낮은 정도의 창작성만을 요구하는 것처럼 해석되나, 실무적으로 고안과 발명을 구별하지는 않는다.

(2) 소극적 특허요건 → 특허를 받을 수 없는 발명

발명이 특허를 받기 위한 요건(특허법 제29조 제1항)인 발명의 성립성, 산업상 이용가능하고, 신규성, 진보성을 갖추었더라도 **공공의 질서 또는 선량한 풍속에 어긋나거나 공중의 위생을 해칠 우려가 있는 발명**은 특허를 받을 수 없다(특허법 제32조). 이는 산업정책적인 것도 있고, 국민의 복지와 관련된 것도 있다. 이에 해당되는 경우로서 발명품 자체가 공서양속에 반하는 경우, 국민의 건강에 영향을 미치는 경우, 부작용이 우려되는 의약품이나 화학물질의 경우, 인간에 대한 발명[113]은 **불특허 사유**에 해당한다. 특허를 받을 수 없는 발명의 판단시점은 공서양속의 개념은 시대 및 사회변화에 따라 변화하는 동태적(動態的) 개념이므로 특허여부결정시에 사회통념기준으로 판단한다.

이러한 발명의 예를 들어, 발명의 본래 목적이 반사회질서에 해당하는 것으로는 **위조화폐제조기구나, 아편흡음구(阿片吸飮具)=마약제조기구, 도둑질 잘하는 데 쓰는 만능열쇠** 등과 같은 공서양속(公序良俗)에 반하는 발명, 제조방법에 대한 발명의 경우 그 방법 자체가 공중을 해할 염려가 없어도 그 방법으로 제조된 물건이 공중위생을 해할 염려가 있는 때(예: 인체에 유해한 완구·피임기구 등) 등이 이에 해당한다.

그러나 발명의 목적이 반사회질서에 해당하지 않지만 잘못 사용하여 사회질서를 해칠 염려가 있는 경우에는 특허를 받을 수 있다. 예를 들어, 화폐나 수표의 위조·변조에 사용되는 복사기나 스캐너의 경우 특허를 받을 수 없는 발명에 해당되는 것은 아니다. 그러나 **동물특허**는 공서양속에 반하지만, **사용방법**에 따라 공서양속에 반하는 경우와 다른 단속

113) 의료업의 판단 → 특허법원 판례(2000허 6387)는 인체를 구성요소로 하는 발명으로서 그 발명을 실행할 때 필연적으로 신체를 손상하거나, 신체의 자유를 비인도적으로 구속하는 발명은 특허법 제32조에 해당되어 특허를 부여되지 않는다고 하였다.

법규[114)]에 따라 실시가 부정되는 경우도 **특허의 대상**이 된다.

물건의 발명 그 자체가 공중의 위생을 해할 염려가 있는 것뿐만 아니라 공중의 위생을 해할 염려가 있는 발명을 생산하는 방법인 제법발명의 경우, 예를 들어 유해물을 인징제・착색제・피복제 등으로 사용하는 의약의 제법에 관한 발명, 유해물의 허용량을 초과하여 함유하는 화장품, 어린이의 신체에 유독한 물질을 함유하는 장난감 등은 특허를 받을 수 없다. 다만, 해당 발명의 방법에 따라 얻어진 물(物)이 학술서에서 유해하다고 되어 있는 경우라도 보건복지부가 약사법에 근거해 제조를 허가하고 있는 경우에는 해당 학술서의 기재로 인해 공중위생을 해칠 염려가 있는 것에 해당한다고 할 수 없다.

특허법 제32조 외에도 "정부는 특허출원된 발명이 **국방상 필요한 경우에는 특허를 하지 아니할 수** 있으며, 전시・사변 또는 이에 준하는 비상시에 국방상 필요한 경우에는 특허를 받을 수 있는 권리를 수용할 수 있다"[115)]라고 규정(특허법 제41조 제2항)함으로써 **공용징수**에 해당되는 것도 광의의 **불특허사유**라 할 수 있다. 이러한 경우에는 **정부가 정당한 보상금을 지급**하여야 한다(특허법 제41조 제3항와 제4항). 앞의 불특허사유에 해당하는 발명은 **특허거절결정**(특허법 제62조)의 이유가 될 뿐만 아니라 특허결정 이후에도 **특허의 무효사유**(특허법 제133조 제1항)가 된다.

7. 실체적 특허요건 2 → 선출원주의

벨과 에디슨은 동일한 시기에 전화를 발명했지만 벨이 에디슨보다 먼저 특허를 출원등록하는 바람에 벨이 전화의 발명자로 남게 되었다. 동일한 발명에 대하여 다른 날에 2이상의 출원이 있는 경우에는 가장 먼저 출원한 자에게 특허권을 부여하는 것을 선출원주의(先出願主義, first-inventor-to-file system)이라고 한다. 선출원주의와 대조되는 개념으로서 출원일과 관계없이 진정한 선발명자에게 특허권을 부여하는 '선발명주의(first-to-invent system)가 있다. 미국은 2011년 개정 특허법(America Invents Act, AIA) 이전에 선발명주의를 채택하고 있었으나, 다른 국가들과 마찬가지로 선출원주의로 변경하였다(2013.3. 16.부터 효력 발생). 그 이유는 중복특허를 배제하고, 권리의 안정과 발명의 조기공개를 유도하기 위함이다.

발명이 특허를 받을 수 있기 위해서는 주체적 요건과 객체적 요건을 구비하고 특허법이 요구하는 출원절차에도 적합하여야 한다. 즉, ① 특허출원절차가 방식에 적합할 것, ② 특허출원명세서의 기재가 법규에 적합할 것, ③ 특허출원의 범위에 요건을 충족할 것, ④ 최초 출원(선출원)일 것 등이다.

114) 단속법규로는 약사법, 마약단속법 등이 있다.

115) TRIPs 협정 제73조 반영한 것이다.

1) 하나의 발명 하나의 특허출원의 범위(1발명 1출원의 원칙)

하나의 특허출원의 범위란 하나의 특허출원으로 할 수 있는 발명의 범위를 말하는 것이며, 특허출원은 하나의 발명마다 하나의 특허출원으로 한다. 다만, 하나의 총괄적 발명의 개념을 형성하는 **일 군(群)의 발명**에 대하여 하나의 특허출원으로 할 수 있다(특허법 제45조 제1항). 이에 따라 **일 군의 발명**에 대하여 **하나의 특허출원**으로 할 수 있는 **요건**(특허법 제45조 제2항)은 "① **청구된 발명간에 기술적 상호관련성**이 있을 것, ② **청구된 발명들이 동일하거나 상응하는 기술적 특징**을 가지고 있을 것. 이 경우 기술적 특징은 **발명 전체로 보아 선행기술에 비하여 개선**된 것이어야 한다(특허법시행령 제6조, 1군의 발명에 대한 1특허출원의 요건)". 이는 관련기술을 하나의 특허권으로 취득함으로써 출원인의 편익을 도모하고, 동시에 관련기술을 제3자로 하여금 이용가능하게 하는 한편, 심사의 신속 및 적정화 및 국제화 및 통일화 추세에 부응하기 위해 본 규정을 두고 있다.[116]

하나의 발명 하나의 특허출원 요건에 **위반**하는 특허출원은 **특허거절결정**의 대상이 되지만(특허법 제62조), **정보제공사유**(특허법 제63조의2), **특허무효사유**(특허법 제133조 제1항)에는 **해당하지 않는다**.

2) 선출원의 지위

(1) 선출원 지위의 의의

사람들은 내가 다른 사람보다 먼저 발명을 했어도 다른 사람보다 늦게 출원하면, 특허를 받을 수 없고, 특허거절결정을 받는다. 따라서 발명을 했으면, 되도록 빠른 시일 내로 출원을 하여야 한다. 이러한 시스템을 '**선출원주의**' 또는 '**선원주의**(先願主義)[117]'라고 한다. **선출원주의**란 **동일한 발명**에 대하여 **다른 날에 둘 이상의 특허출원**이 있는 경우에는 **먼저 특허출원한 자만**이 그 발명에 대하여 **특허를 받을 수** 있다(특허법 제36조 제1항)는 것을 의미한다. 선출원주의는 **중복특허배제**(특허권은 독점배타권이기 때문에)[118]와 **발명의 조기 공개 유도 및 권리의 안정성 도모**를 취지로 하고 있으며, **대한민국을 비롯하여 대다수의 국가**에서는 **선출원주의를 채택**하면서 그 결점을 보완하기 위해 **선발명주의적 요소**를 가미하고 있다(특허법 제103조; 선사용에 따른 통상실시권).[119]

---

116) 송영식 외, 앞의 책, 70~71면 참조.

117) 선출원의 지위, 즉, 먼저 출원하는 자의 지위인데, 줄여서 선원(先願)의 지위라고 한다.

118) 특허제도는 동일 내용의 발명에 대하여는 하나의 특허만을 허여하여야 하는 1발명 1특허의 원칙 또는 이중특허배제의 원칙이 적용된다.

119) 특허법 제103조(선사용에 따른 통상실시권) 특허출원 시에 그 특허출원된 발명의 내용을 알지 못하고 그 발명을 하거나 그 발명을 한 사람으로부터 알게 되어 국내에서 그 발명의 실시사업을 하거나 이를 준비하고 있는 자는 그 실시하거나 준비하고 있는 발명 및 사업목적의 범위에서 그 특허출원된 발명의 특허권에 대하여 통상실시권을 가진다. 이는 실질적인 발명의 실시화 준비를 하고 있는 자에게는 일정 조건 아래에서 선사용권을 인정하고 있다.

대한민국은 선출원주의를 채택하고 있어 동일한 발명에 대하여 가장 먼저 특허를 출원한 자가 특허를 받을 수 있고, 가장 먼저 출원하여 특허를 받을 수 있는 자격을 선원의 지위라고 한다. 선원의 지위는 동일한 발명에 대하여 선·후로 출원된 경우에 의미를 갖는다.

(2) 선출원의 지위 입장

만약에 **같은 날**에 똑같은 발명을 동시에 여러 사람이 출원하면 누구의 출원에 대하여 특허를 주어야 하는가? 이때에는 출원인들끼리 **서로 협의를 해서 결정**해야 한다. 협의가 되지 않으면 모두 다 특허를 받을 수 없다. 어쨌든 발명을 했으면, 바로 출원을 해야 한다는 원칙을 명심하여 먼저 발명을 하고도 출원이 늦어 거절되지 않도록 주의하여야 한다. 선출원의 지위입장은 **이일출원이 원칙**이고, **동일출원은 협의**하도록 하고 있다.

(가) 이일출원(異日出願)의 경우 → 원칙

대한민국은 선출원주의(first to file system)를 채택하고 있어 **동일한 발명**에 대하여 **다른 날에 둘 이상의 특허출원**이 있는 경우에는 **먼저 특허출원한 자만**이 그 **발명**에 대하여 **특허**를 받을 수 있다(특허법 제36조 제1항).[120] 또한 선출원주의는 **특허 사이는** 물론 **특허와 실용신안 상호 사이**에도 적용된다(특허법 제36조 제3항). 따라서 대한민국은 선출원의 판단의 시간적 기준에 대하여 시(時)를 기준으로 하는 시각(時刻)주의를 취하는 것이 아니라, **일(日)을 기준으로 하는 역일(曆日)주의**를 취하고 있다.

(나) 동일출원(同日出願)의 경우 → 협의

동일(同一)한 **발명**에 대하여 **같은 날에 둘 이상**의 특허출원이 있는 경우에는 특허출원인 간에 **협의**하여 정한 **하나의 특허출원인만**이 그 발명에 대하여 특허를 받을 수 있다. 다만, **협의가 성립하지 아니**하거나 **협의를 할 수 없는** 경우[121]에는 어느 특허출원인도 그 발명에 대하여 **특허를 받을 수 없다**(특허법 제36조 제2항).[122] 그리고 **실용신안등록출원과 경합**하는 경우에도 준용하고 있다(특허법 제36조 제3항). 단, **동일인에 따른 이중출원의 경우**에는 본 선출원주의의 규정을 적용하지 않는다. 이는 1**발명일** 1**출원** 1**특허의 원칙**, **중복특허금지의 원칙**에 따른 것이다.

특허청장은 동일(同一)한 **발명**에 대하여 **같은 날에 둘 이상**의 특허출원이 있는 경우에(특허법 제36조 제2항) 특허출원인에게 **기간**을 정하여 **협의의 결과를 신고할 것을 명하고**, 그 기간에 **신고가 없으면** 협의는 **성립되지 아니**한 것으로 보고 있다(특허법 제36조 제6항).[123]

---

120) 대한민국의 특허는 출원일을 기준으로 한다. 즉, 특허는 이일출원이 원칙이다.

121) 협의를 할 수 없는 경우에는 상대방이 협의에 응하지 않거나 둘 이상의 출원 중 어느 하나가 등록되거나 특허법 제36조 제2항으로 거절결정확정된 경우가 있다.

122) 협의제이다.

123) 협의명령제이다.

(3) 선출원주의 판단

(가) 출원발명의 동일성의 판단

① **판단의 대상**: 선출원 · 후출원 관계가 문제되는 것은 **둘 이상**의 동일한 발명이 각각 특허출원된 경우이다. 동일한 발명인지의 여부는 출원된 발명의 **특허청구범위가 동일한지의 여부**에 따라 결정되는 것이 **원칙**이다. 따라서 선출원의 특허청구범위에 기재되어 있지 않고 **상세한 설명에만 기재**되어 있는 경우에는 선출원주의를 **적용하지 않는다**.

② **판단범위 및 방법**: 두 출원이 동일한 발명인지를 판단하기 위해, 두 출원의 특허청구범위를 청구항별로 비교한다. 참고로 확대된 선출원주의[124]에서는 해당 특허출원의 특허청구범위에 기재된 발명이 먼저 출원된 출원의 출원서에 기재된 명세서와 도면에 적힌 발명과 동일한지 비교한다(특허법 제29조 제3항). 다만, 선출원과 후출원의 발명자가 동일하거나 후출원의 출원시 선 · 후출원의 출원인이 동일한 경우에는 확대된 선출원주의를 적용하지 않다.

단순히 **특허청구범위에 기재된 문헌**에 따라서 그 **선출원**의 권리범위를 판단하는 것이 아니라 그 발명이 속하는 **기술분야에서 통상의 지식을 가진 자의 입장**에서 그 발명의 **실질적 동일성에 해당하는 영역**까지 판단하게 된다. 다만, 주의할 점은 **진보성의 영역까지 동일성을 판단하는 것은 아니다**. 판단방법에는 실질적 · 내재적 동일판단이 있으나, 필요한 경우에는 청구항 단위로 부분적 동일성 여부를 판단하기도 한다.

선출원주의, 확대된 선출원주의, 신규성 비교

후출원의 출원일	후출원의 특허청구범위와 동일한 부분	선출원주의	확대된 선출원주의	신규성
선출원 공개전	선출원의 특허청구범위	O	O	−
	선출원의 명세서 및 도면	−	O	−
선출원 공개후	선출원의 특허청구범위	O	−	O
	선출원의 명세서 및 도면	−	−	O

(나) 선출원 판단 시기의 기준

특허출원 또는 실용신안등록출원이 "**포기, 무효** 또는 **취하**된 경우, **거절결정**이나 **거절한다는 취지의 심결이 확정**된 경우"에 해당하는 경우 그 특허출원 또는 실용신안등록출원은 **처음부터 없었던 것으로 본다**. 다만, 동일출원에 따라 특허청장이 협의신고를 명하고 **협의**

124) 발명출원(A) 전에 타인이 출원하고 그 출원이 공개되거나 등록공고된 경우 발명출원(A)이 해당 타특허출원의 명세서 또는 도면에 기재된 발명과 동일한 경우에는 그 발명출원(A)는 특허를 받을 수 없다. 다만, 발명자가 동일인이거나 출원인이 동일인이면 거절되지 않는다. 이를 확대된 선출원주의라고 한다(특허법 제36조 제3항).

되지 않을 경우에 그 특허출원 또는 실용신안등록출원에 대하여 **거절결정이나 거절한다는 취지의 심결이 확정**된 경우에는 그러하지 아니하다(특허법 제36조 제4항). 그리고 **발명자 또는 고안자가 아닌 자**로서 특허를 받을 수 있는 권리 또는 실용신안등록을 받을 수 있는 **권리의 승계인이 아닌 자**가 한 특허출원 또는 실용신안등록출원은 **처음부터 없었던** 것으로 본다(특허법 제36조 제5항).

출원의 선·후 판단은 **출원서가 특허청장 또는 특허심판원장에 도달한 날을 기준**으로 한다(특허법 제28조 제1항).[125] 다만, **보정출원, 분할출원, 변경출원, 우선권 주장출원** 등의 경우에는 **최초의 출원일**이 그 기준이 된다. 이에 따른 구체적인 것은 뒤에서 설명한다.

(다) 지역적 기준

특허독립의 원칙상 국내만을 고려하여 판단한다. 예를 들어 일본에서 선출원한 동일한 발명을 우리나라에서 후출원한다고 하더라도 일본 출원과 우리나라 출원 사이에서는 선출원주의가 적용되지 않는다.

(4) 선출원의 위반시 법적 취급

선출원주의의 위반시에는 거절이유(특허법 제62조), 정보제공사유(특허법 제63조의2), 특허무효사유(특허법 제133조)에 해당한다.

8. 특허를 받을 수 있는 자(특허권의 주체)

1) 권리능력이 있을 것

(1) 권리능력의 의의

특허를 받을 수 있는 자가 되기 위해서는 일반적인 권리의 주체가 될 수 있는 능력인 **권리능력**[126]이 있어야 하며, 권리능력이 있는 자라 하더라도 해당 발명에 대한 권리의 주체자가 될 수 있는 **권리적격**[127]이 있어야 한다. 자연인과 법인에 대해서 권리능력이 인정되나, 권리능력 없는 법인(비법인, 법인격 없는 법인)은 원칙적으로 권리능력이 부정된다.[128] 다만, 법인은 권리능력이 인정된다 하더라도 발명능력이 없기 때문에 승계에 따라야만 특허

---

125) 특허법 제28조(서류제출의 효력발생시기) ① 이 법 또는 이 법에 따른 명령에 따라 특허청장 또는 특허심판원장에게 제출하는 출원서, 청구서, 그 밖의 서류(물건을 포함한다. 이하 이 조에서 같다)는 특허청장 또는 특허심판원장에게 도달한 날부터 제출의 효력이 발생한다.

126) 권리능력이란 특허법에 따라 부여되는 일반적인 권리·의무의 주체가 될 수 있는 법률상의 지위 또는 자격을 말한다.

127) 권리적격이란 해당 발명에 대한 권리·의무의 주체가 될 수 있는 법률상의 지위 또는 자격을 말한다.

128) 법인은 특허법상 권리능력이 인정된다 하더라도 발명능력이 없기 때문에 승계에 따라서만 특허를 받을 수 있는 권리 또는 특허권의 권리자가 될 수 있다.

를 받을 수 있는 권리 또는 특허권의 권리자가 될 수 있다. 법률에 특별한 규정은 없지만 국가는 법인으로 의제(간주)되어 권리주체가 된다. 그러나 입법부, 사법부, 행정 각부는 물론, 그 산하기관과 소속기관, 국립연구기관, 국립대학 등은 법인격이 없으므로 특허에 관한 권리의 주체가 될 수 없다. 한편 지방자치법 제2조에 따르면 "지방자치단체는 법인으로 한다"라고 규정되어 있으므로 지방자치단체도 권리의 주체가 될 수 있다.

관련 판례 **대법원 1997.9.26. 선고 96후825**

국가, 지방자치단체, 영조물법인, 공공조합 등은 공법인(公法人)으로서 민법상 권리능력을 갖기 때문에 당사자 능력이 있으나, 국가의 행정기관임에 행정청(농촌진흥청)이나 국가의 입법기관인 국회 등은 당사자 능력이 없다. 따라서 국가기관이 출원하기 위해서는 그 출원인을 대한민국으로 표시하여야 한다.

(2) 외국인의 권리능력

외국인은 국내에 주소 또는 영업소를 가진 자, 평등주의,[129] 상호주의,[130] 조약 등에 따라 인정되는 경우에 한해 권리능력이 인정된다. 즉 외국인 중 우리나라 산업발전에 이바지할 개연성이 높은 재내자[131]의 경우에는 권리능력을 인정하지만, 개연성이 상대적으로 낮은 재외자[132]의 경우에는 원칙적으로 권리능력을 인정하지 않는다. 다만, 재외자라 하더라도 ① 그 외국인이 속하는 국가에서 대한민국 국민에 대하여 그 국민과 같은 조건으로 특허권 또는 특허에 관한 권리를 인정하는 경우, ② 대한민국이 그 외국인에 대하여 특허권 또는 특허에 관한 권리를 인정하는 경우에는 그 외국인이 속하는 국가에서 대한민국 국민에 대하여 그 국가의 국민과 같은 조건으로 특허권 또는 특허에 관한 권리를 인정하는 경우, ③ 조약 또는 이에 준하는 것(이하 조약이라 한다)에 따라 특허권 또는 특허에 관한 권리가 인정되는 경우에 한해서는 예외적으로 권리능력이 인정된다. 여기서 조약에 따라 특허권 또는 특허에 관한 권리가 인정되는 경우란 ㉠ 조약 당사국 국민, ㉡ 당사국 국민이 아닌 자로서 당사국에 주소 또는 영업소가 있는 준당사국 국민(무국적자는 준당사국 국민에 준해서 취급함) 등을 의미한다. 이는 파리조약의 내외국인 평등의 원칙을 반영한 것이다.[133]

129) 그 자가 속하는 국가에서 대한민국 국민에 대하여 그 국민과 동일한 조건으로 특허권 또는 특허에 관한 권리를 향유를 인정하는 경우

130) 대한민국이 그 외국인에 대하여 특허권 또는 특허에 관한 권리를 향유를 인정하는 경우에는 그 자가 속하는 국가에서 대한민국 국민에 대하여 그 국민과 동일한 조건으로 특허권 또는 특허에 관한 권리의 향유를 인정하는 경우

131) 재내자(在內者)란 국내에 주소 또는 영업소를 가지고 있는 자를 말한다.

132) 재외자(在外者)란 국나에 주소 또는 영업소를 가지고 있지 않은 자를 말한다.

133) 한국발명진흥회, 지식재산능력시험①, 한국발명진흥회 · 박문각, 2022, 43면 참조.

2) 발명자일 것

특허를 받을 수 있는 권리는 **특허능력 있는 발명을 한 자에게 원시적으로 귀속**(인정)한다고 할 수 있다. **발명자**라 함은 **발명적 착상**을 하고 이를 **구체화한 사람**, 즉 **과제를 해결한 사람**[134)]을 말한다.[135)] 만약 어떤 연구자의 조수가 과제의 해결에 불가결한 아이디어를 제공하였다면 공동발명이 된다. **판례**(2009후2463)는 **발명자에 해당**하기 위해서는 기술적 사상의 창작에 실질적으로 기여할 것이 요구되나, 이는 발명의 특허요건으로서 요구되는 신규성, 진보성을 갖추어야 한다는 것과는 구분되는 것임에도, 이와 달리 원심이 발명자가 되기 위하여 그 발명이 신규성, 진보성 등의 특허요건까지 구비하여야 한다고 판단한 것은 잘못이라고 하였다.

특허를 받을 수 있는 자는 **발명을 한 사람** 또는 **그 승계인**은 이 법에서 정하는 바에 따라 **특허를 받을 수 있는 권리**를 가진다.

한편, 발명은 법률행위가 아니라 **사실행위**이기 때문에 **법인은 발명자가 될 수 없으**며, 대리인에 따른 발명은 인정되지 않으나, **자연인**은 행위능력의 유무에 상관없이(미성년자, 피한정후견인, 피성년후견인) **발명자**가 될 수 있다.[136)] 그러나 제한능력자의 **출원**은 **법정대리인**(친권자나 후견인)이 하여야 한다.

발명자 게재권은 **일신전속권**이므로 특허를 받을 수 있는 권리의 이전에도 불구하고 **발명자는 특허증서에 발명자로 게재(揭載)될 권리**를 갖는다. **외국인**도 특허를 받을 수 있는 권리를 갖지만, 법은 정책적 규정을 두어 외국인의 권리의 향유에 관한 제한을 두고 있다(특허법 제25조).[137)]

또한 진정한 발명자가 아닌 자(무권리자)에게 특허를 부여하는 것은 부당하므로, 특허법은 무권리자 등이 특허출원에 대해서는 선출원주의 적용시 처음부터 없었던 것으로 보고(특허법 제36조 제5항), 특허무효사유(특허법 제133조 제1항 제2호)로 규정하고 있다.

---

134) 발명자는 자연인을 말하고, 법인은 발명자가 될 수 없다. 법인은 발명자가 될 수 없지만, 자연인인 발명자로부터 특허권을 승계하여 특허권자가 될 수 있다. 행위능력이 없는 자도 발명자는 될 수 있다.

135) 특허를 받을 수 있는 권리는 발명의 완성에 따라서 발명자에게 원시적으로 귀속되는 권리로서 특허출원에 대한 특허여부확정 전까지 인정되는 권리를 말한다. 발명을 보호하기 위한 1차적 보호수단으로서 발명을 한 자 또는 그 승계인은 특허를 받을 수 있는 권리를 가진다.

136) 자연인은 행위능력의 유무에 상관없이 발명자가 될 수 있다; 특허법 제3조(미성년자 등의 행위능력) ① 미성년자·피한정후견인 또는 피성년후견인은 법정대리인에 따르지 아니하면 특허에 관한 출원·청구, 그 밖의 절차(이하 "특허에 관한 절차"라 한다)를 밟을 수 없다. 다만, 미성년자와 피한정후견인이 독립하여 법률행위를 할 수 있는 경우에는 그러하지 아니하다. ② 제1항의 법정대리인은 후견감독인의 동의 없이 상대방이 청구한 심판 또는 재심에 대한 절차를 밟을 수 있다.

137) 특허법 제25조(외국인의 권리능력) 재외자 중 외국인은 다음 각 호의 어느 하나에 해당하는 경우를 제외하고는 특허권 또는 특허에 관한 권리를 누릴 수 없다. "1. 그 외국인이 속하는 국가에서 대한민국 국민에 대하여 그 국가의 국민과 같은 조건으로 특허권 또는 특허에 관한 권리를 인정하는 경우, 2. 대한민국이 그 외국인에 대하여 특허권 또는 특허에 관한 권리를 인정하는 경우에는 그 외국인이 속하는 국가에서 대한민국 국민에 대하여 그 국가의 국민과 같은 조건으로 특허권 또는 특허에 관한 권리를 인정하는 경우, 3. 조약 또는 이에 준하는 것(이하 "조약"이라 한다)에 따라 특허권 또는 특허에 관한 권리가 인정되는 경우"

3) 승계인일 것

특허를 받을 수 있는 권리는 재산권이므로 이전이 가능하므로(특허법 제37조 제1항), 발명자의 **적법한 승계인**도 권리적격자가 된다. 승계인(특허법 제33조 제1항)은 발명자로부터 적법하게 특허를 받을 수 있는 권리를 승계한 자를 말한다. 그리고 이 경우에는 **법인**도 승계인으로서 권리적격자[138]가 될 수 있다. 이러한 특허를 받을 수 있는 권리의 이전은 특허출원의 전후를 불문한다.

(1) 포괄승계인

상속 및 유증 등 그 밖의 일반승계의 경우에는 등록이 없어도 특허를 받을 수 있는 권리가 이전된다. 특허를 받을 수 있는 권리의 상속 그 밖의 일반승계가 있는 경우에는 승계인은 지체없이 그 취지를 특허청장에게 **신고**하여야 한다(특허법 제38조 제4항 및 제5항).

(2) 특정승계인

(가) 특허출원 전의 승계

특허출원 전에 이루어진 특허를 받을 수 있는 **권리의 승계**는 그 **승계인이 특허출원**을 하여야 **제3자에게 대항**할 수 있다. 동일한 자로부터 동일한 특허를 받을 수 있는 **권리를 승계한 자**가 **둘 이상**인 경우 그 승계한 권리에 대하여 **같은 날에 둘 이상의 특허출원**이 있으면 특허출원인 사이에 **협의**하여 정한 자에게만 승계의 효력이 발생한다(특허법 제38조 제1항 및 제2항). 협의가 성립되지 않은 경우 승계의 효력이 발생하지 않으므로(특허법 제38조 제2항 · 제7항) 해당 출원은 무권리자 출원으로 취급되어 거절된다.

(나) 특허출원 후의 승계

특허출원 후에는 특허를 받을 수 있는 권리의 승계는 상속, 그 밖의 일반승계(유증)의 경우를 제외하고는 **특허출원인변경신고**를 하여야만 그 **효력이 발생**한다(특허법 제38조 제4항). 동일한 자로부터 동일한 특허를 받을 수 있는 **권리를 승계한 자가 둘 이상**인 경우 그 승계한 권리에 대하여 **같은 날에 둘 이상의 특허출원인변경신고**가 있으면 신고를 한 자 사이에 협의하여 정한 자에게만 신고의 효력이 발생한다(특허법 제38조 제6항, 제7항). 협의가 성립되지 않은 경우에는 승계의 효력이 발생하지 않으므로 해당 출원은 출원인변경신고 이전의 출원인을 주체로 하여 심사한다.

(3) 무권리자의 특허 출원인이 된 경우

발명자가 아닌 자로서 특허를 받을 수 있는 권리의 **승계인이 아닌 자**가 한 특허출원은

---

138) 권리적격자라 함은 특허를 받을 수 있는 권리에 대하여 관리처분권이 있는 자를 말한다.

선출원주의 적용시 **처음부터 없었던** 것으로 보며(특허법 제36조 제5항), 정당한 권리자는 일정한 요건을 만족시키면 후출원이라도 특허를 받을 수 있다. **판례**(2009후2463)는 발명자가 한 발명의 **구성을 일부 변경함으로써 그 기술적 구성이 발명자의 발명과 상이하게 되었더라도**, 변경이 당업자가 보통으로 채용하는 정도의 기술적 구성의 부가, 삭제, 변경에 지나지 않고, 그로 인하여 발명의 작용효과에 특별한 차이를 일으키지 않는 등 **기술적 사상의 창작에 실질적으로 기여하지 않은 경우에 그 특허발명은 무권리자의 특허출원에 해당하여 등록이 무효**라고 하였다.

특허를 받을 수 있는 권리를 가지지 아니한 자에 대하여 특허법 제33조 제1항 본문에 따른 특허를 받을 수 있는 권리를 가지지 아니한 사유로 특허법 제133조 제1항 제2호에 해당하여 **특허를 무효로 한다는 심결이 확정**된 경우에는 그 **무권리자의 특허출원 후에** 한 정당한 권리자의 특허출원은 무효로 된 그 **특허의 출원 시에 특허출원**한 것으로 본다. 다만, 심결이 확정된 날부터 **30일이 지난 후**에 정당한 권리자가 특허출원을 한 경우에는 그러하지 아니하다(특허법 제35조).

권리능력자와 발명자 또는 승계인

구분	발명자	승계인
자연인	O	O
법인	X (발명행위가 사실행위 O)	O

4) 공동발명자의 경우

(1) 공동발명자의 의의

공동발명자란 2인 이상이 실질적으로 협력하여 발명을 완성시킨 자를 말한다. 공동발명의 여부에 대한 판단이 문제되는데, 발명은 기술적 사상의 창작이므로 발명의 성립과정을 **착상의 제공과 착상의 구체화의 2단계**로 나누어, 각 단계에서의 실질적 협력관계 유무를 구체적으로 고려하여 판단해야 할 것이다. 따라서 발명과정에 참여는 하되 일반적인 조언이나 보조업무에 종사하는 **단순한 보조자·관리자·위탁자·자본주 등은 공동발명자가 되지 못한다.**

(2) 공동발명자의 성립요건

공동발명이 되기 위해서는 2명 이상의 **발명완성에 참여**하고, 동일한 산업분야에서 **기술해결을 위한 연구**를 하고, **실질적 상호협력이라는 공동의 인식**이 있어야 한다. 따라서 단순보조자, 관리자, 자본주 등은 공동발명자가 될 수 없다.

판례(2009다75178)는 **공동발명자가 되기 위해서는 발명의 완성**을 위하여 실질적으로 **상호**

협력하는 관계가 있어야 하므로, 단순히 발명에 대한 기본적인 과제와 아이디어만을 제공하거나, 연구자를 일반적으로 관리하였거나, 연구자의 지시로 데이터의 정리와 실험만을 하였거나, 자금・설비 등을 제공하여 발명의 완성을 후원・위탁하였을 뿐인 정도 등에 그치지 않고, 발명의 기술적 과제를 해결하기 위한 구체적인 착상을 새롭게 제시・부가・보완하거나, 실험 등을 통하여 새로운 착상을 구체화하거나, 발명의 목적 및 효과를 달성하기 위한 구체적인 수단과 방법의 제공 또는 구체적인 조언・지도를 통하여 발명을 가능하게 한 경우 등과 같이 기술적 사상의 창작행위에 실질적으로 기여하기에 이르러야 공동발명자에 해당한다고 하였다.

(3) 공동발명자의 권리 및 지분양도의 제한, 공동출원

2명 이상이 공동으로 발명한 경우에는 특허를 받을 수 있는 권리를 **공유**로 하며(특허법 제33조 제2항), 특허를 받을 수 있는 권리가 공유인 경우에는 각 공유자는 다른 공유자 **모두의 동의**를 받아야만 그 **지분을 양도**할 수 있다(특허법 제37조 제3항).[139] 이는 자본력 차이에 따라 공유자에게 미치는 영향이 높은 점을 고려한 규정이다. 특허를 받을 수 있는 권리 자체의 분할이 불가능하다는 점에서 그 실질적인 공동소유형태는 **합유(合有)**라 할 수 있다. 또한 공유자 모두가 공동으로 특허출원을 하여야 하고(특허법 제44조), 공유자의 일부에 따른 특허출원은 거절된다(특허법 제62조 제1호).

(4) 각자대표의 원칙

2인 이상이 특허에 관한 절차를 밟을 때에는 **각자가 모두를 대표**한다. 다만, **대표자를 선정**하여 특허청장 또는 특허심판원장에게 신고하면 그 대표자만이 모두를 대표할 수 있다. 다만, "**특허출원의 변경・포기・취하, 특허권 존속기간의 연장등록출원의 취하, 신청의 취하, 청구의 취하**, 특허법 제55조 제1항에 따른 **우선권 주장 또는 그 취하**, 특허법 제132조의3에 따른 **심판청구**"의 경우에는 **전원이 공동으로 절차**를 밟아야 한다(특허법 제11조 제1항). 이에 따라 대표자를 선정하여 신고하는 경우에는 대표자로 선임된 사실을 서면으로 증명하여야 한다(특허법 제11조 제2항).

(5) 거절결정불복심판의 청구

특허권 또는 특허를 받을 수 있는 권리의 공유자가 그 공유인 권리에 관하여 심판을 청구할 때에는 **공유자 모두가 공동으로 청구**하여야 한다(특허법 제139조 제3항). 거절결정불복심판을 청구할 때에는 특허를 받을 수 있는 권리의 **공유자 전원이 청구인**이 되어야 한다.

---

139) 공동발명은 지분양도의 제한하고 있다(특허법 제37조 제3항).

발명자 해당 여부 관련 예시

구 분	내 용
발명자에 해당하는 자	* 어떤 문제를 해결하기 위한 기술적 수단을 착상한 자 * 타인의 착상에 따라 연구를 하여 발명을 완성하게 한 자 * 타인의 착상에 대하여 구체화하는 기술적 수단을 부가하여 발명을 완성한 자 * 구체화하기 위해서 약간 불완전한 착상을 하고 타인에게 일반적인 지식의 조언 또는 지도를 얻어 발명을 완성한 자 * 타인의 발명에 힌트를 얻고 다시 그 발명의 범위를 확대하는 발명을 한 자
발명자에 해당하지 않는 자	* 발명자에게 자금을 제공하거나 설비이용의 편의를 주는 등 발명의 완성을 원조하거나 위탁한 자(단순후원자, 위탁자) * 희망 조건만 제시하고 그것을 해결할 착상을 제공하지 않은 자 * 타인이 제시한 착상 속에서 실용성이 있을 것을 선택한 것에 지나지 않은 자 * 해당 발명에 관하여 착상만 하고 구체화하는 과정에서 실질적으로 관여하지 않은 자 * 발명의 과정에서 연구자의 지시로 단순히 데이터를 정리하거나 제시된 제도, 실험 등을 한 것에 지나지 않은 자(단순보조자) * 단지, 일반 지식의 조언 또는 제시를 주기만 한 자

5) 특허청 직원 및 특허심판원 직원이 아닌 것

특허청 직원 및 **특허심판원 직원**은 **상속**이나 **유증(遺贈)**의 경우를 **제외**하고는 **재직 중 특허를 받을 수 없다**(특허법 제33조 제1항). 특허청 직원 및 특허심판원 직원도 발명을 한 경우 자연인이기 때문에 특허를 받을 수 있는 권리를 가질 수 있으나, 특허관계 업무를 다루고 있으므로 타인의 출원내용을 모인할 가능성이 있을뿐더러, 심사관 또는 심판관으로서의 직책을 수행하고 있는 직원은 자기가 출원을 하여 자기에게 특허를 허여**(許與)**할 가능성이 있으므로 이러한 폐해를 방지하기 위해 특허를 받을 수 없도록 하고 있다.[140)]

6) 종업원 등의 직무발명의 경우

직무발명제도는 종업원과 사용자의 권리관계를 조화롭게 조정함으로써 직무발명을 활성화하고, 궁극적으로는 산업발전에 이바지하기 위한 제도로서, 기존에는 직무발명 관련규정이 특허법과 발명진흥법에 산발적으로 규정되어 통일적인 규율에 한계가 있었으나 2006년 9월 4일 시행된 발명진흥법으로 단일화되어 법적 토대가 마련되었다.

---

140) **권리적격이 될 수 없는 자**는 특허청 직원 또는 특허심판원의 직원 및 무권리자이다. **특허청 직원 또는 특허심판원의 직원**은 상속 또는 유증의 경우를 제외하고는 재직 중 특허를 받을 수 없다. 이는 특허를 받을 수 있는 권리는 갖지만 정책상 특허를 받을 수 없도록 하고 있다. 발명자가 아닌 자로서 **특허를 받을 수 있는 권리의 승계인**이 아닌 자가 특허출원한 경우에는 특허를 받을 수 있는 권리를 가지지 아니한다는 이유로 특허법 제33조 제1항 본문에 위반되어 특허를 받을 수 없다.

(1) 직무발명의 의의

직무발명이란 종업원, 법인의 임원 또는 공무원(이하 "종업원등"이라 한다)이 그 **직무**에 관하여 발명한 것이 성질상 사용자・법인 또는 국가나 지방자치단체(이하 "사용자등"이라 한다)의 **업무 범위**에 속하고 그 **발명을 하게 된 행위가 종업원** 등의 **현재** 또는 **과거의 직무에 속하는 발명**을 말한다(발명진흥법 제2조 2호).

직무발명제도는 기술개발에 따라 연구・개발투자를 한 **사용자**와 연구개발을 한 **종업원** 사이에 발명에 관한 권리를 효율적으로 배분함으로써 기술개발을 촉진시키고자 하는 제도이다. 대한민국의 특허법에 규정하지 않고, **발명진흥법**에서 **직무발명**(법 제10조 이하)과 그 **보상**에 대하여 규정하고(법 제15조), 종업원의 비밀유지의무(법 제19조), 직무발명의 출원유보(법 제16조) 등을 규정하고 있다.

(2) 직무발명의 요건

(가) 직무발명의 성립요건

직무발명은 **종업원 등에 따라 이루어져야 한다**. 종업원이란 **사용자와 고용계약 및 그 밖의 관계에서 사용자의 사무에 종사하는 자**를 말한다. 고용계약 및 그 밖의 관계는 엄격하게 해석할 필요가 없고, 사실상 노무제공을 한다는 관계에 있으면 족하다. 즉, 종업원 등이란 종업원, 법인의 임원, 공무원을 말하지만, 보수・임금을 받는 한 촉탁, 계약직, 고문 등을 포함한 상근, 비상근도 이에 해당한다고 보는 것이 통설이다.[141] 법인의 임원이란 법인의 업무를 운영・감독하는 자를 말한다. 법인은 사단법인, 재단법인, 영리법인, 비영리법인을 불문한다. 공무원이란 국가 또는 지방자치단체의 공무에 종사하는 자로서 행정부뿐만 아니라 입법부 또는 사법부에 종사하는 자도 포함하는 넓은 의미의 공무원을 말한다.

(나) 사용자의 업무범위

직무발명은 **사용자** 등의 **업무범위**에 속하여야 한다. 사용자 등이란 **자연인**만이 아니고, **법인**을 포함한다. 법인격이 있는 법인(권리능력 있는 법인)은 종류는 묻지 않는다. 사용자 등이 직무발명 **완성시와 등록시에 변경**된 경우에는 **직무발명 완성시의 사용자** 등을 의미한다.

여기서 **업무범위**란 사용자 등이 수행하는 사업의 범위에 따라, 즉 사용자가 개인인지, 법인 및 국가인지에 따라 각각 달리 해석된다. 사용자가 **개인**일 경우에는 사용자의 업무범위와 관련하여 그 개인이 추구하는 **현실적인 사업내용**(事業內容)**을 중심으로 업무범위를 파악**해야 하고, 사용자가 **법인**일 경우에는 정관의 기재 등에 구애됨이 없이 사용자가 현실적으로 행하고 있거나 장래 행할 구체적인 예정이 있는 업무를 고려하여 판단하여야 한다. 따라서 사용자 등의 **업무범위에 속하지 않는 종업원 등의 발명**은 직무발명이 아니고, **자유**

141) 윤선희, 앞의 책, 56면 참조.

발명이므로 사용자 등의 업무범위는 엄격하게 해석되어야 할 것이다. **직무발명 이외의 발명, 즉 업무발명이나 자유발명의 경우에는 사전승계계약 등은 무효**이다. 여기서 **업무발명**이라 함은 사용자의 업무범위에 속하는 발명 중 직무발명을 제외한 발명이며, **자유발명**은 사업자의 업무범위에도 속하지 아니한 발명이다. 대한민국은 **특허권의 발명자**는 **자연인에 한해 인정**되고, **경영발명, 법인발명의 개념은 부정**된다.

통상 회사는 발명완성 전의 예약승계를 통해 특허권을 취득할 수 있다. 이 점은 **법인 저작을 인정**하는 저작권의 경우와는 다르다. 예를 들어, 다수의 사람이 하나의 공장, 연구소 등에서 협력하여 발명을 완성하였으나 특정의 종업원을 발명자라고 볼 수 없는 경우에는 법인의 발명능력을 인정하면 법인발명이라고도 볼 수 있으나, **현재 법인발명**은 일반적으로 **부정**되고 있으므로 이 경우는 **관여자 전원의 공유**(公有)에 속하며, **직무발명**에 해당한다. 통상 이러한 경우라면 **예약승계를 통해 회사가 특허받을 권리를 취득**한다.

(다) 종업원의 직무범위

첫째, 직무발명은 발명을 하게 된 행위가 **종업원의 직무**에 속하여야 한다. **발명을 하게 된 행위**란 **발명을 착상하여 완성하기까지의 행위**로서 **사색적 행위**(이론적 추구, 문헌조사 등)뿐만 아니라, 이에 부수하는 **육체적 활동**(연구소에서의 실험, 공장에서의 제조작업 등)도 포함되고, **직무**란 종업원 등이 사용자 등의 요구에 따라 사용자의 업무의 일부를 담당하는 것을 말한다. 따라서 발명을 하게 된 행위가 **종업원의 직무에 속하는 발명이라 함**은 종업원 등이 담당하는 직무내용과 책임범위로 보아 발명을 꾀하고, 이를 수행하는 것이 당연히 예정되거나 기대되는 경우를 말한다. 발명을 하는 것이 종업원 등의 직무가 아닌 경우에는 직무발명이라고 할 수 없다.

둘째, 직무발명은 **현재** 또는 **과거의 직무에 속하는 발명**이어야 한다. 즉, 직무발명은 종업원 등이 **현재 담당**하고 있는 직무에 속하는 발명 또는 **과거에 담당**하고 있었던 직무에 속하는 발명도 포함한다. 그러나 여기에서의 **현재 또는 과거의 직무에 속하는 발명이란 동일기업**(同一企業) **내**에서 해당 종업원이 담당하였던 현재 또는 과거의 직무를 말한다. 과거에 속하는 기간의 결정은 종업원이 근무했던 기간과 담당 직무와 관련된 기술의 변화추세 등을 감안해야 할 것이다. **퇴직 후의 발명**에 대해서는 재직 기간의 담당업무와 재직기간에 획득한 **지식이 영향을 미쳤다고 인정**된다면 직무발명이라 할 수 있다.

(3) 직무발명의 판단시점

직무발명의 판단시점에 대하여 판례(91후1113)는 직무범위와 관련하여 종업원 등의 직무범위로 보아 발명을 꾀하고 수행하는 것이 당연히 예정되거나 기대되는 경우를 의미한다고 하였다.

(4) 직무발명에 대한 권리의 귀속

오늘날 많은 발명은 회사에서 이루어진다. 이렇게 회사의 업무에 관계된 발명을 직무발명이라고 한다. 직무발명을 했을 때에 그 발명에 대한 **소유권(所有權)은 누구**한테 갈까? 회사에서 종업원에게 **장비와 설비와 월급을 주었으니까 회사한테** 소유권이 돌아갈까, 아니면, 종업원이 머리를 써서 한 발명이니까 **종업원에게 소유권이 돌아갈까?**[142] 이때에는 당연히 발명자인 **종업원이 발명자**가 되고, 그 **특허의 소유권자**(특허권자)가 된다. 회사는 어떻게 될까? **회사**는 종업원이 한 발명의 소유권자는 아니지만, 발명자에게 **로열티를 내지 않고도 그 발명을 마음대로 실시할 수 있는 권리**를 갖는다(**무상의 통상실시권, 법정통상실시권**). **왜냐하면, 회사도** 종업원이 발명할 수 있는 **여건을 마련하느라 기여**를 하였기 때문이다.

만약에 **종업원이 회사에 입사**하면서 **직무발명의 소유권을 회사에 주겠다고 계약**을 한 경우에는 어떻게 될까? 이때에는 그 발명의 **소유권자는 회사**가 되고, **종업원은 발명자**로만 남게 된다. 그리고 **종업원**은 회사로부터 **보상금을 받을 권리**가 생긴다. 직무발명에 대한 권리의 귀속에 대해 학설이 대립한다. 권리가 사용자에게 기속되어야 한다는 사용자 기여설, 종업원에게 그 권리를 귀속시켜야한다는 발명자설, 공평설로 나누어 볼 수 있다. 원래 특허를 받을 수 있는 자는 발명자인 **종업원**이지만, 직무발명은 발명을 하는 것 그 자체가 특별한 조건 아래에서 완성된 발명이므로, 일반원칙을 그대로 적용시키는 것은 타당하지 않다. 따라서 사용자와 종업원들의 역할을 중시하여(**공평설**), 그 역할에 따라 권리관계를 정할 필요가 있다고 본다. 즉, **사용자 등은 특허 출원권을 종업원으로부터 승계받지 않으면 특허출원을 할 수 없다.**

(가) 종업원의 권리와 의무

① **특허를 받을 수 있는 권리의 원시적 취득**: 대한민국은 발명자주의를 채택하고 있기 때문에 특허를 받을 수 있는 권리는 발명자인 종업원 등에게 **원시적**으로 가진다(특허법 제33조 제1항). 즉 특허를 받을 수 있는 권리는 발명의 완성에 따라 발생하고 발명자에게 원시적으로 귀속되는 권리로서 특허출원에 대한 거절결정이 확정되거나 설정등록되기 전까지 인정되는 권리를 말한다. 특허를 받을 수 있는 권리는 출원전·후를 불문하고 이전할 수 있다. 또한 권리의 지분에 대한 일부 이전도 가능하다. 특허를 받을 수 있는 권리는 질권의 목적이 될 수 없다.

② **보상을 받을 권리**(발명진흥법 제15조): 첫째, 종업원 등은 직무발명에 대하여 특허 등을 받을 수 있는 권리나 특허권 등을 계약이나 근무규정에 따라 사용자 등에게 **승계**하게 하거나 **전용실시권을 설정**한 경우에는 **정당한 보상을 받을 권리**를 가진다.

둘째, 사용자 등은 보상에 대하여 보상형태와 보상액을 결정하기 위한 기준, 지급방법

142) 윤선희, 앞의 책, 59~60면

등이 명시된 보상규정을 작성하고 **종업원 등에게 문서로 알려야** 한다. 사용자 등은 보상규정의 작성 또는 변경에 관하여 종업원 등과 협의하여야 한다. 다만, 보상규정을 종업원 등에게 불리하게 변경하는 경우에는 해당 계약 또는 규정의 적용을 받는 종업원 등의 과반수의 동의를 받아야 한다.

셋째, 사용자 등이 종업원 등에게 보상한 경우에는 정당한 보상을 한 것으로 본다. 다만, 그 보상액이 직무발명에 따라 사용자 등이 얻을 이익과 그 발명의 완성에 사용자 등과 종업원 등이 공헌한 정도를 고려하지 아니한 경우에는 정당한 보상으로 보지 않는다.

넷째, **종업원의 보상방법은** 일반적으로 **금전적 보상**이다. 즉, **종업원 보상의 종류**(직무발명에 대한 인센티브)는 회사마다 다르지만, 보통 보상의 종류는 특허를 받을 수 있다고 생각되는 것을 발명하였을 때 지급한 '**발명보상**(발명보상금),' 출원시에 지급되는 '**출원보상**(출원보상금)', 특허로 등록된 때 지급되는 '**등록보상**(등록보상금)' 그리고 이런 특허발명이 실시되어 이익이 생긴 경우에는 지급되는 '**실시 · 실적보상**(실적(실시)보상금)' 등이 있다.

③ 발명자 게재권: 발명자 게재권(揭載權)은 인격적 권리로서 일신전속적인 성질을 갖기 때문에 종업원 등이 직무발명을 사용자 등에게 이전하였다 하더라도 발명자 게재권은 **항상 발명자인 종업원** 등이 갖는다.

④ 직무발명 완성사실의 통지 의무: **종업원** 등이 직무발명을 완성한 경우에는 **지체 없이** 그 사실을 사용자 등에게 **문서로 알려야** 한다. 2인 이상의 종업원 등이 공동으로 직무발명을 완성한 경우에는 **공동으로** 알려야 한다(발명진흥법 제12조). 이로써 **사용자의 안정적인 권리승계 확보 및 기술유출 우려**를 줄일 수 있다.

직무발명 완성사실의 통지의무는 **직무발명관련** 내부규정이 없는 기업의 경우 통지할 의무가 없어 **기술유출의 우려**가 있으며, 특허를 받은 경우 사용자가 통상실시권을 행사하기 위하여 **종업원의 협조를 강제할 수단**이 없기 때문이다. 본 규정에 대해서는 발명진흥법 제13조의 사용자의 승계여부 통지의무와는 달리 위반시에 제재규정이 없는 바 형평성과 실효성이 문제된다.

⑤ 종업원 등의 비밀유지 의무: 종업원 등은 사용자 등이 직무발명을 **출원할 때**까지 그 발명의 내용에 관한 **비밀을 유지하**여야 한다. 다만, 사용자 등이 승계하지 아니하기로 확정된 경우에는 비밀을 유지하지 않아도 된다(발명진흥법 제19조).

(나) 사용자의 권리와 의무

① 무상의 (법정)통상실시권: 직무발명에 대하여 **종업원 등**이 특허를 받았거나 특허 등을 받을 수 있는 권리를 승계한 자가 특허 등을 받으면 사용자 등은 그 특허권에 대하여 (무상법정)**통상실시권(通常實施權)**을 가진다(**무상의 법정통상실시권**, 발명진흥법 제10조 제1항 본문).

다만, 사용자 등이 중소기업기본법 제2조[143]에 따른 **중소기업이 아닌 기업**(**대기업**)인 경우 종업원 등과의 협의를 거쳐 미리 "㉠ 종업원 등의 직무발명에 대하여 사용자 등에게 특허 등을 받을 수 있는 권리나 특허권 등을 승계시키는 계약 또는 근무규정, ㉡ 종업원 등의 직무발명에 대하여 사용자 등을 위하여 전용실시권을 설정하도록 하는 계약 또는 근무규정"을 체결 또는 작성하지 아니한 경우에는 통상실시권을 가지지 못한다(무상의 법정통상실시권, 발명진흥법 제10조 제1항 단서).

무상의 (법정)**통상실시권은** 회사가 가지는 당연한 권리이다. 이 **무상의 통상실시권은 등록하지 않아도** 그 특허권 또는 전용실시권을 한 후에 취득한 자에 대하여도 **효력이 발생**한다(특허법 제118조 제2항). 그러나 이러한 **무상의 통상실시권**은 **특허권자**(전용실시권에 관한 통상실시권에 있어서는 특허권자 및 전용실시권자)의 **동의를 얻지 아니**하면 이를 **이전할 수 없다**(특허법제102조 제5항). 발명진흥법 제1조 제1항의 반대해석상 이 **통상실시권은 무상(無償)**이다.

② 발명완성 전 예약승계에 따른 특허권 및 전용실시권 약정: 종업원 등이 한 직무발명에 대하여 **미리** 특허를 받을 권리를 **사용자** 등에게 승계시키는 **예약승계**의 경우나, 전용실시권 설정계약 또는 근무규정이 있는 경우에는 **특허권** 또는 **전용실시권**을 **사용자가 취득**할 수 있다. 이러한 경우 사용자는 **발명자에게 정당한 보상**을 하여야 한다(발명진흥법 제15조 제1항).

③ 승계 여부의 통지(발명진흥법 제13조)

(ㄱ) 의의 및 취지: 사용자는 발명완성사실통지를 받은 날로 **4개월 이내**에[144] 그 직무발명에 대한 권리를 승계할 것인지 여부를 종업원에게 **문서로 통지**하여야 하며, 사용자가 승계의사를 통지한 때에는 그 때부터 발명에 대한 **권리가 승계**된다(발명진흥법 제13조). 직무발명에 대한 양자 사이의 **권리 소유관계를 조속히 확정**하여 안정화를 도모하기 위함이다.

(ㄴ) 사전승계 계약이 있는 경우

(a) 4개월 이내에 승계의사를 통지한 경우: 종업원은 보상받을 권리를 갖고, 사용자가 출원할 때까지 비밀유지의무를 갖는다(발명진흥법 제19조). 사용자는 종업원에게 보상해 줄 의무가 있는데(발명진흥법 제158조), 출원 유보시에도 보상의무가 있다(발명진흥법 제16조).

(b) 4개월 이내 불승계의사를 통지한 경우: 사용자는 **무상의 법정실시권을 취득**하고(발

143) 중소기업기본법 제2조(중소기업자의 범위) ① 중소기업을 육성하기 위한 시책(이하 "중소기업시책"이라 한다)의 대상이 되는 중소기업자는 다음 각 호의 어느 하나에 해당하는 기업(이하 "중소기업"이라 한다)을 영위하는 자로 한다. 1. 다음 각 목의 요건을 모두 갖추고 영리를 목적으로 사업을 하는 기업: 가. 업종별로 상시 근로자 수, 자본금, 매출액 또는 자산총액 등이 대통령령으로 정하는 기준에 맞을 것, 나. 지분 소유나 출자 관계 등 소유와 경영의 실질적인 독립성이 대통령령으로 정하는 기준에 맞을 것, 2. 사회적기업 육성법 제2조 제1호에 따른 사회적기업 중에서 대통령령으로 정하는 사회적기업, ② 중소기업은 대통령령으로 정하는 구분기준에 따라 소기업(小企業)과 중기업(中企業)으로 구분한다. ③ 제1항을 적용할 때 중소기업이 그 규모의 확대 등으로 중소기업에 해당하지 아니하게 된 경우 그 사유가 발생한 연도의 다음 연도부터 3년간은 중소기업으로 본다. 다만, 중소기업 외의 기업과 합병하거나 그 밖에 대통령령으로 정하는 사유로 중소기업에 해당하지 아니하게 된 경우에는 그러하지 아니하다. ④ 중소기업시책별 특성에 따라 특히 필요하다고 인정하면 중소기업협동조합법이나 그 밖의 법률에서 정하는 바에 따라 중소기업협동조합이나 그 밖의 법인·단체 등을 중소기업자로 할 수 있다.

144) 발명진흥법 시행령 제7조(승계여부의 통지기간) 법 제13조제1항 본문에서 "대통령령이 정하는 기간 이내"라 함은 법 제12조에 따른 통지를 받은 날부터 4월 이내를 말한다.

명진흥법 제10조 제1항, 대기업은 무상의 법정실시권을 취득하지 못한다), 종업원 등이 특허권의 포기하거나(특허법 제119조 제1항) 정정 청구나(특허법 제136조 제7항) 정정심판을 청구(특허법 제136조 제7항)한 경우에는 사용자 등의 **동의를 얻어야 한다**.

(c) 4개월 이내 통지가 없었던 경우: 사용자 등이 통지를 받은 날로부터 4개월 이내에 **승계여부를 통지하지 아니**한 경우에는 사용자 등은 그 발명에 대한 **권리의 승계를 포기**한 것으로 본다(발명진흥법 제13조 제2항). 이는 사용자의 성실한 통지의무를 이행을 유도하기 위한 제재이다. **주의**할 점은 이 경우 사용자 등은 그 발명을 한 종업원 등의 동의를 얻지 아니하고는 무상의 법정통상실시권을 가질 수 없다(발명진흥법 제13조 제3항). 즉, 승계에 대한 의사통지를 하지 않는 경우에는 승계의 포기뿐만 아니라 종업원의 동의가 없으면 통상실시권을 가질 수 없도록 하여 종업원에게 **자유발명의 효과를 인정**하고 있다. **공무원의 직무발명**의 경우 사전승계계약을 별도로 두지 않더라도 법률에 따라 국가 또는 지방자치단체가 소유하므로, **승계 여부 통지의무가 있는 사용자**에는 **국가와 지방자치단체는 제외**된다(발명진흥법 제13조 제1항).

사전계약 승계규정이 있는 경우 종업원과 사용자의 권리 · 의무

구분		종업원	사용자
의무		직물발명완성의 신고 → 문서로	4개월 내 승계여부통지 → 문서로
권리	승계통지	정당한 보상을 받을 권리	* 발명에 대한 권리 * 정당한 보상의무 → 문서로
	불승계통지	발명에 대한 권리	중소기업, 연구소 등은 무상의 통상실시권 O 대기업은 사전승계계약을 체결해야 무상의 통상실시권 O
	미통지	발명에 대한 권리	–

(ㄷ) 사전승계 계약이 없는 경우: 미리 사용자 등에게 특허 등을 받을 수 있는 권리나 특허권 등을 승계시키거나 사용자 등을 위하여 전용실시권을 설정하도록 하는 계약이나 근무규정이 **없는** 경우에는 사용자 등이 **종업원 등의 의사와 다르게** 그 발명에 대한 **권리의 승계를 주장할 수 없다**(발명진흥법 제13조 제1항). 이때에도 종업원에게 발명 완성사실에 대한 통지의무는 있지만, 사전승계계약의 경우와는 달리 직무발명을 완성한 사실에 대한 단순통지에 불과하며, 그 발명에 대한 권리를 승계할 것인지 여부를 묻는 통지가 아니다. 따라서 사용자는 통지받은 직무발명을 승계할 것인지 여부의 결정권한이 없으며, 직무발명의 승계여부는 **종업원의 직무발명의 권리에 대한 양도 의사표시 여부에 따라 결정**된다. 종업원이 그 발명을 직접 출원하여 특허를 받을 경우, 사용자는 무상의 통상실시권만을 가질 수 있다(대기업은 무상의 통상실시권이 없다).

사전계약 승계규정이 없는 경우 종업원과 사용자의 권리 · 의무

구분	종업원	사용자
의무	직무발명 완성의 문서 신고	–
권리	발명에 대한 권리	무상의 통상실시권(대기업 제외)

(ㄹ) 공동발명에 대한 권리의 승계: 종업원 등의 직무발명이 제삼자(제3자)와 **공동**으로 행하여진 경우 계약이나 근무규정에 따라 사용자 등이 그 발명에 대한 권리를 승계하면 사용자 등은 그 발명에 대하여 종업원 등이 가지는 **권리의 지분**을 갖는다(발명진흥법 제14조).

(ㅁ) 보상금의 지급의무: 종업원 등은 직무발명에 대하여 특허 등을 받을 수 있는 권리나 특허권 등을 **계약**이나 **근무규정**에 따라 사용자 등에게 **승계**하게 하거나 **전용실시권을 설정**한 경우에는 **정당한 보상**을 하여야 한다(발명진흥법 제15조 제1항).

사용자 등은 직무발명에 대한 권리를 **승계한 후 출원(出願)하지 아니하거나 출원을 포기 또는 취하**하는 경우에도 **정당한 보상**을 하여야 한다. 이 경우 그 발명에 대한 보상액을 결정할 때에는 그 발명이 산업재산권으로 보호되었더라면 종업원 등이 받을 수 있었던 경제적 이익을 고려하여야 한다(발명진흥법 제16조).

(5) 직무발명에 대한 보상

(가) 보상에 대한 내부규정이 있는 경우(발명진흥법 제15조 제2항)

보상에 대한 근무규정 등이 ⅰ) 보상형태, 보상액을 결정하기 위한 기준에 대하여 종업원과의 협의상황, ⅱ) 보상기준에 대한 제시사항, ⅲ) 보상형태, 보상액 결정시 종업원의 의견청취상황 등을 고려하여 합리적인 경우에는 정당한 보상으로 본다.

(나) 보상에 대한 내부규정이 없거나 정당한 보상으로 볼 수 없는 경우(발명진흥법 제15조 제3항)

발명에 따라서 사용자 등이 얻을 이익과 그 발명의 완성에 사용자 등 및 종업원 등이 공헌한 정도를 고려하여야 한다.

(다) 사용자가 직무발명을 제3자에게 양도한 경우의 보상금 산정

판례(2010다26769)는 양수인의 이익까지 사용자가 지급해야 할 직무발명 보상금의 산정에 참작하는 것은 불합리하므로, 사용자가 직무발명을 양도한 경우에는 특별한 사정이 없는 한, 그 양도대금을 포함하여 양도시까지 사용자가 얻은 이익액만을 참작하여야 한다고 하였다.

(라) 직무발명보상금청구권의 소멸시효 기간과 기산점

판례(2010다26769)는 직무발명보상금청구권은 일반채권과 마찬가지로 10년간 행사하지 않으면 소멸시효가 완성하고, 기산점은 일반적으로 사용자가 직무발명에 대한 특허를 받을 권리를 종업원한테서 승계한 시점으로 보아야 하나, 회사의 근무규칙 등에 직무발명보

상금 지급시기를 정하고 있는 경우에는 그 시기가 도래할 때까지 보상금청구권 행사에 법률상 장애가 있으므로 근무규칙 등에 따라서 정하여진 지급시기가 소멸시효의 기산점이 된다고 하였다.

(6) 직무발명 심의기구

사용자 등은 종업원등의 직무발명에 관한 "㉠ 직무발명에 관한 규정의 작성·변경 및 운용에 관한 사항, ㉡ 직무발명에 대한 권리 및 보상 등에 관한 종업원등과 사용자등의 이견 조정에 관한 사항, ㉢ 그 밖에 직무발명과 관련하여 필요한 사항"을 심의하기 위하여 직무발명심의위원회를 설치·운영할 수 있다(발명진흥법 제17조 제1항).

직무발명심의위원회는 사용자등과 종업원 등(법인의 임원은 제외한다)을 각각 대표하는 같은 수의 위원으로 구성하되, 필요한 경우에는 관련 분야의 전문가를 자문위원으로 위촉할 수 있다(발명진흥법 제17조 제2항). 그 밖에 심의위원회의 구성 및 운영에 필요한 사항은 대통령령으로 정하고 있다(발명진흥법 제17조 제3항).

(7) 직무발명 관련 분쟁

직무발명심의위원회의 심의 결과에 불복하거나 직무발명과 관련하여 분쟁이 발생하는 경우 사용자 등 또는 종업원 등은 **산업재산분쟁조정위원회에 조정신청 또는** 법원(특허법원)에 소제기를 할 수 있다(발명진흥법 제18조).

(8) 직무발명에 관한 벌칙

종업원 등이 비밀유지 의무를 위반하여 부정한 이익을 얻거나 사용자 등에 손해를 가할 목적으로 직무발명의 내용을 공개한 자에 대하여는 3년 이하의 징역 또는 3천만원 이하의 벌금에 처하고 있다. 이 벌칙은 사용자 등의 고소가 있어야 공소제기를 할 수 있는 친고죄(親告罪)이다.

(9) 대학교수의 발명[145)]

(가) 문제점

대학교수의 발명이 직무발명인지 여부가 문제되는데, 이는 대학교수 직무의 본질에 학생의 교육 이외의 연구의무가 포함되어 있는지와 관련되어 있다.

(나) 일반적 견해

대학에서 이루어지는 연구의 목적은 투하자본(投下資本)에 대한 수익을 얻는 것이 아니

145) 김남혁, 특허법, (주) 한빛지적소유권센터, 2013, 69면 참조.

고, 교육 및 학술연구에 있으며, 대학교수 본래의 직무는 학생의 지도와 학술연구에 있으므로 대학교수가 자신의 전공과 관련된 발명을 한 경우에도 자유발명으로 본다.

(다) 일반적 견해에 대해 비판하는 견해

일반적 견해는 i) 최근 대학교수의 직무가 학생지도·학술연구가 주목적이 아닌 연구중심의 교수들이 많고, ii) 많은 기업체가 대학 내에서 교수와 함께 산학활동을 하고 있는 점을 고려하면 현재 대학의 현실과 부합하지 않는 면이 있다.

또한 이를 직무발명으로 보지 않을 경우 대학은 연구투자를 할 이익을 얻지 못해 연구투자에 소홀해 질수 있고, 이는 산업발전을 저해하는 것이므로, 자신의 전공분야연구에 따른 발명은 이러한 구체적 상황에 따라 직무발명으로 보아야 할 것이다.

(라) 직무발명으로 볼 수 있는 경우

① 대학으로부터 특별연구비를 지급받고, 특별한 연구목적으로 대학설비를 이용한 경우에는 대학에 대해 직무발명이 성립된다고 본다.

② 외부기업체에서 연구비를 받아 연구하는 경우에는 그 기업체에 대한 직무발명으로 성립된다고 본다.

(마) 외국의 입법례

일본국과 독일국에서도 종래에는 대학교수의 발명을 원칙적으로 자유발명으로 보았으나, i) 독일은 2002년 종업원발명법을 개정하여 대학교수의 발명에 대하여 폭넓게 직무발명을 인정하는 방향으로 입법태도를 바꾸었고, ii)일본국은 2004년 국립대학 법인제도의 도입에 따라 대학교원의 직무발명에 관한 기관귀속원칙을 일반화시켰다.

(바) 검토

대학교수의 발명이 직무발명인지는 일률적으로 결정할 것이 아니라, 구체적으로 교수의 연구에 따른 발명으로 대학이 일정한 이익을 받는 것이 정당한지를 기준으로 판단하는 것이 타당할 것이다.

9. 특허를 받기 위한 절차(절차적 요건)[146]

생각하기

특허출원에 필요한 서류는 무엇인가요?

146) 특허출원심사절차

학습포인트

1. 발명이 특허로 등록되기 위하여 어떠한 절차를 거쳐야 하는지 알아본다.
2. 심사청구를 해야 하는 이유에 대해 알아본다.
3. 특허출원된 발명이 일정한 시간 경과 후 출원공개되는 이유를 살펴보고, 출원공개에 따른 효과를 살펴본다.

절차적 요건이란 특허출원의 절차와 관련된 요건을 말한다. 즉 절차적 요건으로는 특허법 제42조 제3항·제4항(발명의 상세한 설명, 특허청구범위 기재방법), 제42조 제5항(다항제 기재방법), 제45조(1특허출원의 범위) 등이 있다.

특허권은 발명의 완성 ➡ 특허청에 특허출원서의 제출 ➡ 특허출원공개 ➡ 심사청구 ➡ 심사관에 따른 심사 ➡ 특허사정 ➡ 특허원부에의 등록이라는 일련의 절차를 거쳐 발생한다. 특허출원절차에 대하여 특허법 제42조 이하에서부터 제68조까지 특허출원과 관련한 규정을 두고 있다.

특허출원이라 함은 **발명**에 대하여 특허를 받을 수 있는 권리를 가진 자가 **국가에 대하여 발명의 공개를 조건으로 특허권의 부여를 요구**하는 의사표시행위이다. 특허출원의 원칙은 서면 및 양식주의, 국어주의, 도달주의, 1발명 1특허출원주의, 선출원주의를 취하고 있다.

1) 출원서 제출

(1) 특허출원서

특허출원서는 발명자, 출원인에 대한 인적사항이나 출원을 하는데 필요한 기초적 사항 그리고 특허법상 제도의 적용을 위한 각종 취지를 기재한 서면이다.

특허를 받고자 하는 자는 일정한 사항, 즉, ① 특허출원인의 성명 및 주소(법인의 경우에는 그 명칭 및 영업소의 소재지), ② 특허출원인의 대리인이 있는 경우에는 그 대리인의 성명 및 주소나 영업소의 소재지(대리인이 특허법인인 경우에는 그 명칭, 사무소의 소재지 및 지정된 변리사의 성명), ③ 발명의 명칭, ④ 발명자의 성명 및 주소나 영업소를 기재한 특허출원서를 특허청장에게 제출하여야 한다.

특허출원서에는 법정사항을 기재한 명세서,[147] 도면(필요한 경우)[148] 및 요약서[149]를 첨부하여야 하고(특허법 제42조), 출원서의 제출에는 수수료(출원료)를 납부할 필요가 있다(특허법 제82조 제1항). 그 이외에 심사청구를 한 경우 심사청구사항, 공지예외적용취지, 조기공

147) 명세서에는 발명의 상세한 설명을 하여야 한다. 즉, 발명의 목적, 구성 및 효과 등을 기재하고, 청구범위는 특허발명의 보호범위이다.
148) 도면은 필요한 경우 기술구성을 도시하여 발명을 명확히 표현하여야 한다.
149) 요약서는 발명을 요약정리(기술정보로 활용)하여야 한다.

개에 관한 취지 등을 기재할 수 있다.

(2) 온라인 전자출원

전자출원제도란 산업재산권에 관련된 문서제출 또는 통지서 등의 수령을 위하여 특허청에 **직접 방문하지 않고 온라인(인터넷)을 통하여 업무를 처리**하는 제도를 말한다. 즉, 민원인과 특허청이 출원, 심사, 등록, 심판 단계에서 요구되는 각종 서류를 전자문서로 작성하고 인터넷을 통해 전송할 수 있도록 한 One-stop 민원처리 절차이다.[150)]

전자문서에 따라 특허에 관한 절차를 밟고자 하는 자는 **미리 특허청장 또는 특허심판원장에게 전자문서 이용신고**를 하여야 하며, 특허청 또는 특허심판원에 제출하는 전자문서에 제출인을 식별할 수 있도록 전자서명을 하도록 하여, 전자서명되어 제출된 전자문서는 전자서명을 한 자가 제출한 것으로 보고 있다(특허법 제28조의4). 즉, **인적사항과 인감이 기재된 전자문서 이용신청서를 제출하고 암호화 키와 관련 소프트웨어를 지급받아 정보통신망을 통하여 절차를 수행**할 수 있다.

일정한 방식에 따라 전자문서화하고 이를 정보전산망을 이용하거나 이동식 저장장치 등 전자적 기록매체에 수록하여 제출한 전자문서에 대하여 일반서류와 동일한 법적 효과를 부여하며(특허법 제28조의3 제1항, 제2항), 이에 따라 정보통신망을 이용하여 제출된 전자문서는 그 문서의 제출인이 정보통신망을 통하여 **접수번호를 확인**할 수 있는 때에 특허청 또는 특허심판원에서 사용하는 접수용 전산정보처리조직의 파일에 기록된 내용으로 **접수**된 것으로 본다(특허법 제28조의3 제3항). 특허청 등도 전자문서 이용신고를 한 자에 대하여는 각종 서류의 통지 및 송달을 정보통신망을 이용하여 할 수 있도록 하고 있다(특허법 제28조5).

또한 전자출원시 야기되는 인증문제와 보안문제를 해결하고자 출원인·대리인 등록신청서에 따르거나, 필요한 경우 직권에 따라 출원인과 대리인의 인적 정보를 등록하고 고유번호를 부여하는 출원인·대리인 등록제도를 도입하고 있다. 절차수행시 부여된 고유번호를 기재토록 하고 있으며(특허법 제28조의2), 고유번호를 신청하지 아니하면 그에게 직권으로 고유번호를 부여하고, 그 사실을 알려야 한다(특허법 제28조의2).

이때 전자문서의 내용은 특허청 또는 특허심판원에서 사용하는 **접수용·발송용** 전산정보처리조직의 파일에 기록된 내용으로 보고, 그 시기에 있어서 출원인 등이 정보통신망을 이용하여 제출한 전자문서는 해당 문서의 제출인이 정보통신망을 통하여 **접수번호를 확인한 때 접수**된 것으로 보며(특허법 제28조의3 제3항), 특허청 등의 정보통신망을 이용한 서류의 통지(송달)는 통지 받은 자가 사용하는 전산정보처리조직의 파일에 기록된 때에 특허청

150) http://www.kipo.go.kr/kpo/user.tdf?a=user.html.HtmlApp&c=8016&catmenu=m06_02_02&catmenu=m06_02_02: 2012.08.06. 검색

또는 특허심판원에서 사용하는 발송용 전산정보처리조직의 파일에 기록된 내용으로 **도달**한 것으로 본다(특허 제28조의5 제3항).

온라인 전자출원절차[151)]

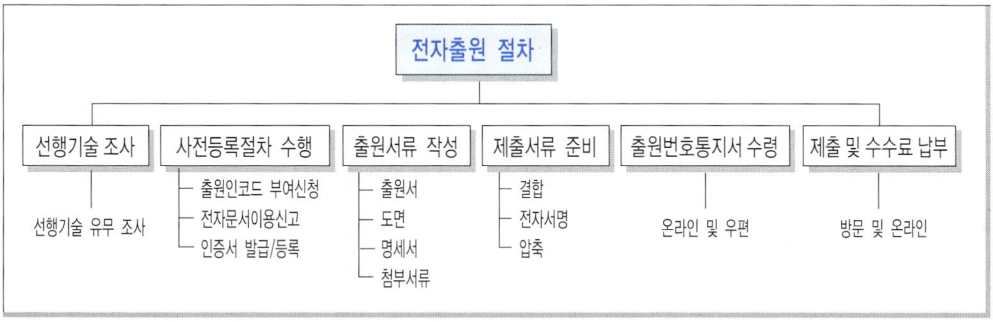

사전등록절차

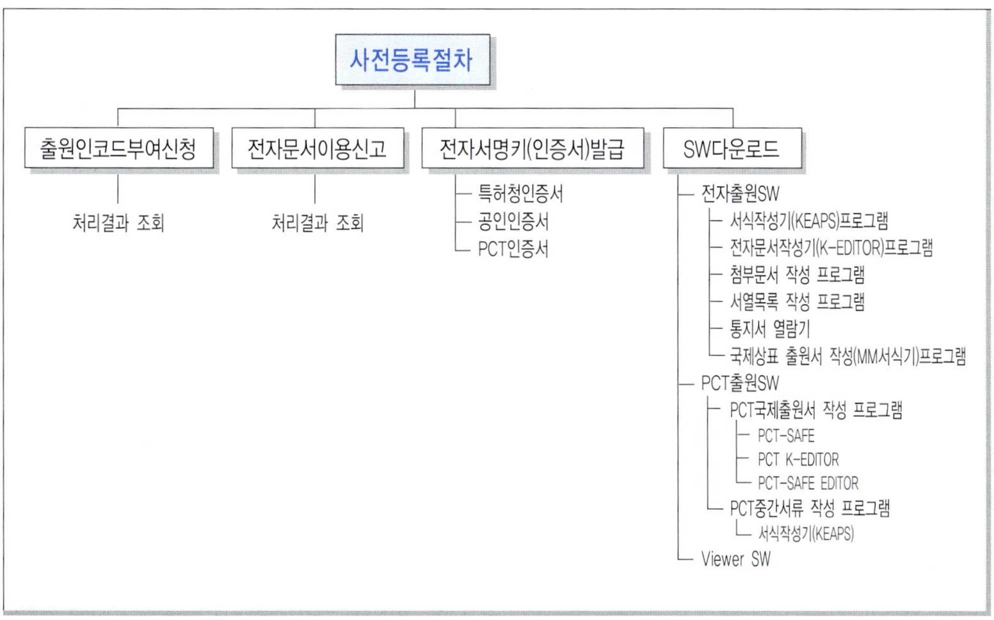

(3) 특허출원서에 첨부되는 특허명세서의 작성과 이해

(가) 특허명세서의 의의 및 역할

특허출원을 하기 위해서 작성되는 명세서는 발명의 기술내용을 상세하게 설명하는 서식이므로 일정한 형식없이 자유롭게 기재되어야 하겠지만 특허출원서에 첨부되는 명세서는

151) http://www.kipo.go.kr/kpo/user.tdf?a=user.html.HtmlApp&c=8016&catmenu=m06_02_02&catmenu=m06_02_02: 2012.08.06. 검색(특허청)

기술문헌으로서 공중에 공개되는 대세적인 기능과 심사의 대상이 되는 발명의 설명서를 겸하는 기능을 하고 있으므로 특허법에서는 명세서에 대해 일정한 형식을 요구하고 있다.

특허명세서란 특허를 받고자 하는 발명의 기술적인 내용을 문장을 통해 명확하고 상세하게 서면을 말한다. **권리서 및 기술문헌으로서의 역할**을 하며, **심사 및 심판대상을 특정**하는 역할을 한다. 즉, 발명의 상세한 설명은 기술문헌으로서 기능하고, 특허청구권범위는 권리로서의 역할을 한다. 특허출원서에 첨부되는 명세서[152]는 발명연구의 성과를 정확하고 명료하게 제3자에게 공개하는 **기술문헌**으로서의 사명과 발명자가 권리로 주장하는 **기술적 범위를 명백히 하는 권리**서로서의 사명을 가진다.[153]

(나) 특허명세서의 기재사항

특허법 제42조에 따르면, 특허명세서의 기재사항은 ① 발명의 명칭, ② 발명에 관한 도면의 간단한 설명, ③ 발명의 상세한 설명, ④ **특허청구의 범위를 기재**하여야 한다. 이는 명세서의 필요적 기재사항이다, **발명의 상세한 설명**은 기술분야·배경기술·발명의 내용·발명의 실시를 위한 구체적인 내용 등을 포함하며, 발명의 내용에는 해결하고자 하는 과제·과제 해결수단·발명의 효과 등을 기재한다. 출원인은 발명의 상세한 설명에 발명의 목적·구성 및 효과의 기재형식에 구애받지 않고 그 발명을 설명하기에 가장 편리한 방법으로 기재할 수 있다.

특허 출원서	명세서
[발명의 명칭] [특허출원인] [대리인] [발명자]	[발명의 명칭] [기술분야] –신규성, 진보성 판단 [발명의 배경이 되는 기술] –신규성, 진보성판단 [발명의 내용]–신규성, 진보성 판단 [해결하고자 하는 과제] –진보성 판단 [과제의 해결 수단] –진보성 판단 [발명의 효과] –진보성 판단 [도면의 간단한 설명]–신규성, 진보성 판단 [발명을 실시하기 위한 구체적인 내용]–산업상이용가능성 판단 **[특허청구범위(claim)]**–발명·특허·선출원 판단 [청구항 1] [청구항 2]

152) 기술적 범위.
153) 명세서의 역할은 심사·심판대상의 특정, 권리로서의 역할, 기술문헌으로서의 역할을 한다.

특허법 시행규칙 제21조 제5항에 따라 특허법 제42조의2 제1항 후단(특허출원일은 명세서 및 필요한 도면을 첨부한 특허출원서가 특허청장에게 도달한 날로 한다. 이 경우 명세서에 청구범위는 적지 아니할 수 있으나, 발명의 설명은 적어야 한다)에 따라 명세시에 청구범위를 적지 않고 출원할 때에는 특허출원서에 발명의 설명을 적은 명세서(이하 '임시 명세서'라 한다)를 첨부하여 제출할 수 있다. 이 경우 임시 명세서를 전자문서로 제출하기 위해서는 특허청장이 정하여 고시하는 파일 형식을 따라야 한다. 이에 따라 임시 명세서를 제출하는 경우에는 특허출원서에 그 취지를 기재해야 하며, 특허법 제47조에 따라 임시 명세서를 보정할 때에는 별지 제9호서식의 보정서에 명세서, 요약서 및 필요한 도면을 첨부하여 특허청장에게 제출해야 한다.

판례

특허발명의 보호범위는 특허청구범위에 기재된 사항에 따라 정하여야 할 것이되, 거기에 기재된 문언의 의미내용을 해석함에 있어서는 문언의 일반적인 의미내용을 기초로 하면서도 발명의 상세한 설명의 기재 및 도면 등을 참작하여 객관적·합리적으로 하여야 하고, **특허청구범위**에 기재된 문언으로부터 기술적 구성의 구체적 내용을 알 수 없는 경우에는 명세서의 따른 기재 및 도면을 보충하여 그 문언이 표현하고자 하는 기술적 구성을 확정하여 특허발명의 보호범위를 정하여야 한다(대법원 2009. 10.15. 선고 2007다45876 판결).

(다) 특허명세서의 작성원칙

① 특허명세서 작성의 기본원칙

특허명세서는 해당 발명의 가치 및 독점권으로서의 특허권의 보호범위를 설명하는 자료이기에 다음과 같은 원칙으로 작성하여야 한다.[154)]

(ㄱ) 문장의 구성은 간결·명료하게 기재할 것: 문장은 너무 길지 않게 기재하고, 주어와 술어의 관계가 불명료하게 기재하거나, 수식어와 피수식어가 불명료하게 되지 않도록 기재한다. 제3자에게 다르게 해석되지 않도록 명료하게 기재한다.

(ㄴ) 표현은 논리적으로 기재할 것: 특허명세서에 기재된 과제 해결수단은 해결하고자 하는 과제와 관련된 어떤 기능 및 작용을 하는지를 기재하는 것이 바람직하다. 해당 발명은 배경기술에 해당하는 종래기술과 어떻게 다르게 과제를 해결하는지 대비가 잘 되도록 기재하는 것이 바람직하다. 용어는 학술용어 또는 학술문헌 등에 관용되고 있는 용어 등 일반화된 용어를 사용하고, 전문기술용어의 사용이 불가피한 경우에는 상세한 설명에서 그 용어에 대한 정의를 기재하고, 명세서 전체에서 용어를 통일되게 사용하여야 한다.

(ㄷ) 기술내용은 명확하고 상세하게 기재할 것: 기술내용은 별도의 자료없이도 실시가 가능할 정도로 상세하게 기재하여야 하며, 실시예가 다수인 경우에는 가능한 한 모두 기재

154) 권인희, 앞의 책, 62~63면 참조.

하는 것이 바람직하다.

② **특허명세서의 기재시 유의사항**: **특허명세서의 기재는 심사의 대상**이 되고, 특허명세서의 발명의 상세한 설명 및 특허청구범위가 일정한 **요건을 갖추고 있지 않을 때에는 특허출원의 거절이유**가 되고, 특허등록 이후에는 **무효의 이유**가 된다. 발명이 속하는 기술분야에서 통상의 지식을 가진 자가 명세서의 기재내용에 따라 용이하게 실시할 수 있을 정도로 발명의 내용을 명확하고 상세하게 기재하여야 한다. 특히, 명세서의 기재내용은 종래의 공지기술과 출원발명의 새로운 기술이 명확하게 구분되도록 기재하여야 한다.

(라) 특허명세서의 작성방법[155)]

① **특허명세서의 작성 순서**: 특허명세서의 작성순서에 대해서 유일한 해법을 제시하기는 어렵고, 다음의 순서를 바람직한 작성순서로 제시할 수 있다. 명세서 작성의 초안단계에서 먼저 발명의 목적, 구성, 효과, 실시방법, 도면 등을 정리하여 발명 내용의 파악이 이루어진다. 다음 단계에서는 특허공보, 외국특허명세서, 학술문헌 등을 조사하여 관련 공지기술을 파악한다. 출원 발명과 공지기술을 대비하여 양자의 유사점과 상이점을 확인하고, 출원발명의 진보성을 확인된다면 이를 바탕으로 하여 보호하고자 하는 권리범위를 작성한다. 출원발명의 성질에 적합한 수로 청구항을 작성한 다음, 청구대상에 적절한 발명의 명칭을 채택한다.

특허명세서의 작성은 단 한 번의 절차로 완성될 수 있는 성질의 것은 아니다. 즉 명세서의 전체적인 내용이 결국 청구범위로 집약되므로, 청구범위가 결정되면 명세서의 다른 부분을 작성하는 것이 용이하다고 하겠으나, 실무에서는 기술내용의 난이도나 기술분야에 따라 초안으로 검토된 청구범위를 근거로 발명의 상세한 설명을 먼저 작성하고, 작성과정에서 파악되는 발명의 특정을 토대로 청구범위 초안을 최종적으로 다듬는 절차를 밟는 방법이 유리할 경우도 있다.

② **발명의 명칭**: 발명의 명칭은 발명의 표제(表題)로서 발명의 분류, 정리, 조사 등을 용이하게 하기 위하여 기재하는 것이므로 발명의 내용에 따라 간명하게 기재하여야 한다. 발명의 명칭은 가장 쉽고 빠르게 발명의 전체를 개략적으로 파악할 수 있도록 하는 역할을 하므로 발명의 내용을 간단·명료하게 표시해야 하며, 영문 명칭을 괄호 안에 입력하여야 한다.

발명의 명칭은 기술의 분류, 선행기술의 조사, 발명의 카테고리를 정해주는 지표가 되므로 특허청구범위에 사용된 용어와 동일한 기술용어를 사용하고 발명의 기술분야 또는 기술내용이 구체적으로 파악 가능한 정도로 기재하여야 한다. 따라서 발명의 명칭은 청구항의 말미에 사용되는 용어와 일치되도록 기재하고, 특허청구범위에 카테고리가 상이한 발명을 2 이상 청구하는 경우(예: 물건, 방법 등)에는 발명의 명칭에도 전부 기재하여야 한다

155) 권인희, 앞의 책, 63~66면 참조.

(예: ~장치 및 방법). 명세서의 보정에 따라서 특허청구범위의 카테고리가 변경되는 경우에는 발명의 명칭도 이에 부합되도록 보정하여야 한다.

발명의 명칭의 기재에서 너무 간단하거나 광범위하게 기재하지 않아야 한다. 공작기계, 로봇, 자동차, 전자자물쇠, 제어장치 등은 잘못 기재된 예이다. 개인의 인명, 상표명, 상품의 애칭, 극히 추상적인 성능만 나타내는 표현(예: 최신식, 문명식 등) 또는 특허라는 용어를 발명의 명칭에 넣어서는 안 된다.

③ 발명의 상세한 설명: 발명의 상세한 설명은 발명의 내용을 제3자에게 공개하는 기술문헌으로서의 역할을 하는 부분이므로 해당 발명이 기술적으로 명확하게 설명될 수 있도록 기재하여야 한다. 또한 발명의 보호범위는 특허청구범위에 기재되어 있는 사항을 기초로 하고, 상세한 설명 및 도면을 참작하여 파악하므로 발명의 상세한 설명의 기재에서 이러한 점을 충분히 주의할 필요가 있다. 발명의 상세한 설명은 해당 발명의 특허 가능성에 대한 이유를 주장하여 입증하는 측면을 가지고 있기 때문에 해당 발명이 어떠한 이유로 종래기술(선행기술)로부터 진보성이 있다고 생각하여 특허출원을 하고 있는가 하는 근거가 이해될 수 있도록 기재하는 것이 필요하다.

발명의 상세한 설명에 출원 당초부터 기재되어 있던 범위 내에서는 특허청구범위를 정정·변경할 수 있기 때문에 발명의 응용 또는 부수적 사항 등 가능한 한 많은 관련사항을 기재하면 청구범위를 변경할 수 있는 자유도가 그 만큼 커지며, 특허권의 취득확률도 높아진다. 특허명세서는 특허청구범위를 해석하는 기준이 되는 권리문헌이고 또한 발명을 제3자에게 공개하는 기술문헌이므로 불명확하게 기재되면 특허심사에서 거절이유가 되고, 특허등록 이후에는 무효사유가 된다. 발명의 상세한 설명은 그 발명이 속하는 기술분야에서 통상의 지식을 가진 자가 용이하게 실시할 수 있을 정도로 명확하고 상세하게 기재되어야 하고, 종래기술과 구별되는 출원발명의 특징적인 기술내용이 명확하게 기재되어야 한다.

(ㄱ) 기술분야: 일반적으로 넓은 범위와 구체적 기술 분야로 나누어 기재한다. 이때, 발명이 속하는 분야를 너무 구체적으로 한정하는 것은 바람직하지 않으며, 가급적 관련 기술 분야까지 넓게 작성하는 것이 좋다.

(ㄴ) 발명의 배경이 되는 기술(종래 기술): 종래 기술(prior art)은 신규성 및 진보성의 판단의 기초가 될 선행기술을 의미한다. 즉, 출원 전에 국내외에서 공지, 공연실시, 반포된 간행물에 기재되거나 전기통신회선에 공개되어 불특정인이 알 수 있는 선행기술을 의미한다. 따라서 회사 내에서만 알려져 있고, 문헌이나 제품으로 알려지지 않은 기술은 종래기술에 해당하지 않으므로 주의해야 한다. 특히, 실제 공개되지 않은 내용을 출원인 스스로가 종래기술로 언급한 경우에는 출원인이 인정한 종래기술로 간주될 수도 있기 때문에 주의가 필요하다. 한편, USA출원시에는 출원 내용과 관련된 선행문헌(Information Disclosure Statement, IDS)제출을 의무화하고 있다.

(ㄷ) 해결하고자 하는 과제: 발명의 목적을 나타내는 것으로서 종래 기술의 문제점을 해결하기 위하여 채택한 기술적 수단을 기재한다.

(ㄹ) 발명의 효과: 발명의 구성을 채용함으로써 얻어지는 유리한 점, 새로운 효과, 특이한 효과, 특유의 효과, 특징이 있는 점, 부가적인 효과를 기재해야 한다. 추상적인 효과가 아닌 본 발명에 따른 기술적 효과를 기재하며, 구성의 차이가 작을 경우 효과의 현저성에 따라 특허 여부가 결정될 수 있으므로 예측 가능한 효과까지 모두 기재하는 것이 바람직하다.

(ㅁ) 도면의 간단한 설명: 도면의 간단한 설명은 출원서에 도면을 첨부하는 경우에만 기재하고, 화학발명 또는 방법발명과 같이 도면 없이도 발명을 표현할 수 있는 경우에는 도면의 간단한 설명을 기재하지 않는다. 첨부된 도면이 발명의 내용 중 무엇을 표현하고 있는지를 쉽게 파악할 수 있도록 도면 중의 기술적 내용을 대표할 수 있는 용어로 기재한다. 또한 도면의 간단한 설명과 구분하여 도면의 주요부분의 설명이라는 제목 아래 도면의 설명부분 하단에 도면에서 사용된 주요부분의 도면부호를 설명하여 기재한다.

도면의 간단한 설명의 기재에서 첨부한 도면 하나하나가 무엇을 나타내는 도면인가를 간단히 기재한다. 유압, 전기·전자회로 관련 출원은 회로도, 흐름도, 특성 그래프 등을 첨부할 수 있다. 기구, 장치 관련 출원은 전체 구조도 및 상세 구조도, 투시도 등을 첨부할 수 있으며, 공정 관련 출원은 전체공정 계통도와 상세 공정도 및 특성 그래프 등을 첨부할 수 있다. 발명의 특징적인 부분에 기대된 주요구성에 대한 도면 부호 및 그 명칭을 도면의 간단한 설명 뒤에 기재한다. 또한 도면이 종래기술의 것인지, 출원발명의 실시예인지 기재하며, 도면의 수는 제한이 없다.

(ㅂ) 발명을 실시하기 위한 구체적 내용: 발명의 목적을 달성하기 위한 개개의 수단 및 그 내용을 구체적으로 기재한다. 발명의 구성인 기술적 수단의 역할, 즉 구성 요소 상호간의 관계를 명확히 기재한다. 필요한 경우에는 발명의 구체적인 실시 예를 적을 수 있다. 일반적으로 발명의 실시예의 경우에는 도면을 이용하여 실시할 수 있을 정도로 상세히 기재하는데, 전체적 동작의 개요를 먼저 쓰고 발명의 특징으로 할 동작을 상세히 설명한다. 그리고 변형 예를 포함해서 가능한 다른 실시 형태가 있으면 모두 기재하는 것이 좋다. 실시예가 다양하면 침해시 쉽게 권리 주장을 할 수 있기 때문이다.

(ㅅ) 특허청구범위: 특허청구범위는 특허등록되었을 때의 특허권의 보호범위를 결정하는 역할을 하는 매우 중요한 부분이다. 특허는 무형의 기술적 사상인 발명에 부여되는 것이기 때문에 그 권리 범위가 어디까지 마치는지를 결정하는 일은 매우 중요하며 어려운 일이다. 이러한 특허의 속성을 감안해서 대한민국을 비롯한 대부분의 국가에서 특허권의 보호범위를 특허청구범위에 기초해서 정하고 있다.

그러나 아직도 많은 사람들이 특허권의 보호범위가 발명의 설명이나 도면에 기재된 내용에 따라 결정되는 것으로 알고 있는 것이 현실이므로 이에 대한 각별한 주의가 필요하다.

일반적으로 특허법에서 규정한 발명은 특허청구범위에 기재된 발명을 말하는 것이며, 이 청구범위에 기재된 발명(발명의 설명이나 도면에 기재된 내용이 아님)을 기초로 특허청에서 심사를 진행한다.

특허청구범위는 다음의 원칙에 따라 작성되어야 한다.

첫째, 발명의 설명에 따라서 뒷받침될 것으로 작성되어야 한다. 즉 특허청구범위가 발명의 설명에 따라서 뒷받침된다고 하기 위해서는 당업자가 보기에 청구항에 기재된 발명에 대응되는 내용이 발명의 설명에 기재되어 있어야 한다. "청구항에 기재된 사항과 대응되는 사항이 발명의 설명에 직접적으로 기재되어 있지 않고 암시도 되어 있지 않는 경우, 발명의 설명과 청구항에 기재된 발명 상호간에 용어가 통일되어 있지 않아서 양자의 대응관계가 불명료한 경우, 청구항에 기재된 특정기능을 수행하기 위한 수단 또는 공정으로 기재되어 있으나 이들 수단 또는 공정에 대응하는 구체적인 구성이 발명의 설명에 기재되어 있으나 이들 수단 또는 공정에 대응하는 구체적인 구성이 발명의 설명에 기재되어 있지 않는 경우"에 해당하는 유형은 발명의 설명에 따라서 뒷받침되지 않은 것으로 인정되어 특허를 받을 수 없다.

둘째, 발명이 명확하고 간결하게 기재되어야 한다. 즉, "청구항의 기재내용이 불명료한 경우, 청구항에 각 구성 요소가 단순하게 나열되어 있을 뿐, 그 결합관계가 기재되어 있지 않아서 발명이 불명확한 경우, 청구항에 기재된 발명의 카테고리가 불명한 경우, 청구항의 기재가 너무 장황하여 보호를 받고자 하는 발명의 구성이 불명확한 경우, 청구항에 발명의 구성을 불명확하게 하는 표현이 기재되어 있는 경우 등"에 해당하는 유형은 발명이 명확하고 간결하게 기재되지 않은 것으로 인정되어 특허를 받을 수 없다.

④ 그 밖의 서류

(ㄱ) 도면: 도면은 명세서에 기재된 발명의 내용을 이해하기 쉽게 하기 위해서 **명세서를 보조**하는 것으로서 사용된다. 방법이나 조성물에 대한 발명의 경우에는 도면을 생략할 수 있으나, 물건이나 장치에 대한 출원인 경우에는 도면을 첨부하지 않으면 특허출원이 불수리 처분된다. 도면은 종래기술과 대비되는 출원발명의 특징부가 명확히 나타날 수 있도록 작성하며, 발명의 특징부가 가장 잘 나타나는 도면을 제1도로 하는 것이 바람직하다. 제도법(製圖法)에 따라 평면도 또는 정면도 등을 그리고, 필요한 경우에는 발명의 이해를 용이하게 하는 사시도, 단면도 등을 사용한다. 공정도는 제조, 가공 등의 공정을 표시하며, 배치도는 부품 또는 장치의 배열상태를 명확히 할 필요가 있을 때 사용하며, 전작 관련 블록도는 구성요소를 블록 단위로 하여 표시한다.

결정구조, 금속조직, 섬유의 형상, 입자의 구조, 생물의 형태, 오실로스코프 등과 제도법(製圖法)에 따라 작도(作圖)하기가 매우 곤란한 경우에는 이들을 표현한 사진으로 도면을 대용할 수 있다. 이 경우 사진은 명료한 것으로 공보에 게재할 수 있는 것에 한하여 인정

하며, 컬러사진은 필수적인 경우에 한하여 인정한다.[156)]

(ㄴ) 요약서: 요약서는 최근에 기술의 고도화 · 복잡화 등으로 필요한 공보에 정확하게 접근하는 것이 곤란하기 때문에 출원인으로 하여금 발명의 내용을 요약하여 제출하게 함으로써 출원된 발명이 기술정보로서의 용도로 쉽게 활용될 수 있게 한다. 그러나 그 기재가 매우 간략히 표현되고 있기 때문에 특허발명의 보호범위를 정하는데 사용되어서는 안 된다(특허법 제43조).[157)] 이러한 요약서의 기재방법은 산업통상자원부령(특허법 제42조 제9항)에 따르고, **특허공보**에 게재하고 있다.[158)]

요약서에는 청구범위에 기재된 발명이 속하는 기술분야, 발명이 해결하고자 하는 기술적 과제, 발명의 요약, 발명의 중요한 용도 등이 포함되어야 한다. 또한 대표도, 색인어 등을 기재하는데 색인어는 5개 이상 10개 이하로 기재하는 것이 바람직하다.

(마) 특허청구범위의 기능 · 기재방법과 해석[159)]

① 특허청구범위의 의의: 특허청구범위는 연구개발한 성과(발명)를 공개하는 대가로 발명자가 독점하는 권리범위의 경계를 명확하게 알려주는 역할을 함으로써 권리자와 제3자의 법적 안정성을 도모한다. 권리자에게는 자기의 권리범위를 설정하여 특허를 받은 후 권리행사를 용이하게 하며, 제3자에게는 특허권의 침해의 범위를 판단할 수 있고, 이로부터 회피설계 또는 개량된 기술을 개발할 수 있다. 특허청구범위에 다수의 청구항을 기재함으로써 기술사상의 다면적인 보호가 가능하며, 청구항마다 권리가 존재한다.[160)]

② 특허청구범위의 기능: 특허청구의 범위는 보호범위적 기능과 구성요건적 기능을 하고 있다.

(ㄱ) 보호범위적 기능: 특허청구범위는 출원인이 특허권으로서 보호를 요구하는 범위, 즉 이를 침범하는 경우에는 특허권을 침해하는 영역으로 되는 금지영역이라고 할 수 있다. 따라서 발명이 상세한 설명에만 기재되고 청구범위에는 기재되지 않은 발명은 특허권으로서 보호를 요구할 수 없으며, 특허청구범위를 원 발명의 크기보다 감축한 범위로 기재한 경우에도 감축된 범위를 넘어서까지 보호를 받을 수 없다.

(ㄴ) 구성요건적 기능: 특허청구범위에 기재할 사항은 발명의 구성에 없어서는 안 되는 사항의 전부를 기재하여야 한다. 즉, 구성요건의 일부만을 기재한 특허청구권범위의 인

---

156) 윤선희, 앞의 책, 78면.

157) 요약서는 발명의 보호범위를 정하는데 이용되는 것은 아니지만, 요약서에는 발명의 개요를 간결하게 기재하여 기술정보로서 활용될 수 있도록 한다.

158) 윤선희, 앞의 책, 78면.

159) 권인희, 앞의 책, 67~73면 참조.

160) 특허청구의 범위는 특허법에 따라 보호를 받고자 하는 사항을 기재한 것으로 발명의 상세한 설명으로 뒷받침되어야 하며, 발명이 명확하고 간단하게 기재되어야 한다. 특허청구범위에는 보호를 받고자 하는 청구항을 1 또는 2 이상으로 기재하며, 발명의 필수 구성요소 포함의 제약없이 물리적 구조나 구체적 수단을 포함하지 않더라도 작용이나 기능 등에 따라 발명을 특정하여 기재할 수 있다.

정은 미완성발명이나 진보성이 없는 발명, 다시 말해서 공지기술에 특허권을 부여하는 결과가 되므로 특허제도의 본질에 반하는 것이다. 일단 특허청구범위에 기재된 구성은 설사 부수적인 사항이라 하더라도 필수구성요건으로 간주되어, 권리범위 해석에서 권리자에게 불이익을 초래하는 경우가 있으므로 주의하여야 한다.

③ 특허청구범위의 기재방법: 특허청구범위는 특허출원인이 특허를 받고자 하는 범위, 즉 특허발명으로서 보호를 요구하는 범위를 말한다. 특허청구범위에는 보호를 받고자 하는 사항을 기재한 사항(청구항)이 1 또는 2 이상 있어야 하며, 그 기재방법은 특허법 제42조제8항에 따라 특허법 시행령 제5조에서 규정하고 있다.

(ㄱ) 청구범위의 청구항(이하 청구항이라 한다)을 기재할 때에는 독립청구항(이하 독립항이라 한다)을 기재하여야 하며, 그 독립항을 한정하거나 부가하여 구체화하는 종속청구항(이하 종속항이라 한다)을 기재할 수 있다. 이 경우 필요한 때에는 그 종속항을 한정하거나 부가하여 구체화하는 다른 종속항을 기재할 수 있다.

(ㄴ) 청구항은 발명의 성질에 따라 적정한 수로 기재하여야 한다.

(ㄷ) 다른 청구항을 인용하는 청구항은 인용되는 항의 번호를 적어야 한다.

(ㄹ) 2 이상의 항을 인용하는 청구항은 인용되는 항의 번호를 택일적으로 기재하여야 한다.

(ㅁ) 2 이상의 항을 인용한 청구항에서 그 청구항의 인용된 항은 다시 2 이상의 항을 인용하는 방식을 사용하여서는 아니 된다. 2 이상의 항을 인용한 청구항에서 그 청구항의 인용된 항이 다시 하나의 항을 인용한 후에 그 하나의 항이 결과적으로 2 이상의 항을 인용하는 방식에 대하여도 또한 같다.

(ㅂ) 인용되는 청구항은 인용하는 청구항보다 먼저 기재하여야 한다.

(ㅅ) 각 청구항은 항마다 행을 바꾸어 기재하고, 그 기재하는 순서에 따라 아라비아숫자로 일련번호를 붙여야 한다.

④ 특허청구범위의 해석[161]

(ㄱ) 특허청구범위 해석의 원칙

(a) 특허청구범위 기준의 해석원칙: 발명의 보호범위는 청구범위에 기재된 사항을 중심으로 결정해야 한다는 것으로 청구범위의 기재와 상세한 설명의 기재가 모순일 경우 청구범위가 우선한다. 만약 상세한 설명에만 기재되어 있고, 청구범위에 기재되지 않은 사항은 특허발명의 기술적 범위에 속하지 않는다.

(b) 발명의 상세한 설명 참작의 원칙: 특허청구범위의 해석을 위하여 보충적으로 상세한 설명 또는 도면을 참작하여야 한다는 것으로 청구범위에 기재되어 있더라도 상세한 설명에 따라 뒷받침되지 않으면 보호되지 않는다. 다만, 청구범위의 기재가 불명료 또는는

161) 권인희, 앞의 책, 69~73면 참조.

명백한 오기가 있을 때에는 상세한 설명의 기재를 참작하여 불명료성을 제거하여 보완적으로 해석할 수 있다. 이 경우에도 확장해석의 금지된다. 특허청구범위가 상세한 설명보다 넓은 경우에는 상세한 설명에 개시된 범위 내에서 보호되고, 청구범위 보다 상세한 설명의 기재내용이 더 넓은 경우에는 청구범위에 기재된 범위 내에서 보호된다.

(c) 구성요소 완비의 원칙: 복수의 구성요소를 가지는 발명의 특허침해를 판단함에 있어서 청구범위에 기재된 구성요소 전부를 실시하는 경우만을 침해로 인정한다는 원칙이다.

(d) 출원경과 금반언의 원칙: 이는 특허소송에서 출원인이 심사과정에서 수행한 행위와 모순되는 주장을 하는 것을 금지하는 원칙으로 출원인이 거절을 피하기 위하여 한 보정행위에 구속력을 부여하여 청구범위를 감축한 부분에 대하여는 권리주장을 못하도록 하고 있다. 균등론과 금반언의 원칙이 모두 적용될 수 있는 경우에는 절대적 원칙인 금반언 원칙이 상대적 원칙인 균등론에 우선한다.

(e) 공지기술 참작 및 제외의 원칙: 공지기술 참작의 원칙은 권리범위를 정함에 있어서 출원 당시의 기술수준을 고려하고 그 작용・효과를 살펴야 한다는 것이다. 또한 공지기술은 특허발명의 보호범위에 포함되지 않는다는 것이 공지기술 제외의 원칙이다.

(f) 내부증거 우선의 원칙: 특허청구범위의 해석은 내부증거(상세한 설명, 청구범위, 도면, 출원결과 기록 등)에 따라야 하고, 이러한 내부증거는 해석의 보충자료인 외부증거(전문가 증언, 사전, 논문 등)에 우선한다는 것이다.

(ㄴ) 특허청구범위의 해석이론: 특허청구범위에 대한 해석방법은 크게 대륙법계의 중심한정주의적 사고방식과 영미법계의 주변한정주의적 사고방식이 존재하며, 발명자의 보호를 위한 청구범위의 해석태도로서 구성요소의 균등물에 대해서까지 보호범위를 인정하는 균등론이 주장되어지고 있다.

(a) 주변한정주의: 주변한정주의는 주로 영미법계에서 유래된 청구범위의 해석방법으로서 특허청구범위에서 출원인 스스로가 한계를 정한 보호영역에만 충실하게 보호해 준다는 해석방법이다. 즉, 특허청구범위에 기재된 문언에 충실하게 권리범위를 해석하는 것이다. 출원인의 발명 내용 중 스스로가 정한 권리영역 외에 이를 확대해석하지 않는다는 해석방법이다. 그러므로 특허청구범위의 해석에 관해서 주변한정주의를 택하고 있는 제도 아래에서는 특허청구범위의 작성은 출원인이 소망하는 최대의 넓은 청구범위로 기재할 수 밖에 없다. 즉 특허청구범위가 가장 상위개념의 구성요소의 결합으로 기재되어야 제대로 된 권리를 얻을 수 있다. 그러나 해당 발명의 기술적 영역을 출원인이 쉽게 정할 수 없으므로 자칫 그 영역을 벗어나서 특허청구범위가 특정되지 않았고 명확하지 않다는 이유로 거절되는 경우가 있을 수 있다.

주변한정주의는 출원인이 발명의 영역을 특허청구범위에 명확하게 한계지어 기재하므로 일반 제3자가 발명의 기술내용과 그 권리범위를 명확하게 파악할 수 있는 장점이 있다. 반면에 특허청구범위의 문언에 충실하게 해석함으로써 출원인이 잘못 확정한 영역에 따라서 거절될 확률이 높다. 그러므로 출원인은 특허청구범위를 작성하는데 많은 노력을 기울어야 하는 단점이 있다. 또 출원인의 빌명을 실질적으로 충분히 보호해 주지 못히는 결함이 있다.

(b) 중심한정주의: 주변한정주의에서 특허청구범위는 발명을 실질적으로 보호한다는 측면보다는 권리범위를 명확하게 확정지어 기재함으로써 제3자에게 불측의 손실을 주지 않고 또한 그 발명의 권리실체를 용의하게 파악할 수 있도록 하는 측면이 강했다고 볼 수 있다. 반면에 독일을 중심으로 하는 대륙법계 유럽 국가들이 채택하고 있는 중심한정주의는 청구범위에 기재된 발명의 기술적 사상인 기술요부가 출원인이 구현한 가장 적합한 모델로 인정하고, 그 밖의 동일목적·동일효과를 구현하는 모델까지도 출원인의 발명내용에 포함되는 것으로 확장해석을 허용하고 있다.

그러므로 중심한정주의에서 특허청구범위의 기재에 대해서는 다음과 같은 특징을 가지고 있다. (i) 출원인이 발명의 내용에 그 구성요소를 최대한까지 넓혀서 기재할 이유가 없다. (ii) 균등물에 따른 실시 예를 일일이 기재하지 않아도 그 보호가 보장된다. (iii) 출원인이 특허청구범위를 기재함에 있어서 보호받을 권리범위의 광협(廣狹)에 대하여 고민하지 않고 본인이 적당하다고 여기는 발명의 실시 예 하나 정도만 기재해도 된다.

한편 주변한정주의에서의 특허청구범위와 비교해 볼 때, 중심한정주의에서는 보호받고자 하는 권리범위가 좁게 기재되어도 그 해석은 최대한 넓은 범위로 해석해 줌으로써 출원인이 특허청구범위를 기재하는데 대한 노력을 경감시켜주는 장점이 있다. 그러므로 명세서상에 나타나는 발명의 실시 예 하나 정도만 특허청구범위에 기재하면 충분하다. 그러나 중심한정주의의 특허청구범위는 특허청구범위에 기재된 사항만으로는 일반 공중(제3자)이 그 특허권을 인식할 수 없으므로 불측의 피해를 입을 수도 있다. 그 결과 특허권의 권리범위에 대한 다툼이 특허권자와 일반 공중(제3자) 사이에 끊이지 않는 중대한 문제점이 있다. 이러한 이유로 미국이 당초 중심한정주의에서 현재 주변한정주의로 해석하고 있다.

(c) 균등론: 균등론(均等論, Docrine of Equivalent)은 특허청구범위를 해석하여 발명의 보호범위를 정함에 있어서 단순히 청구범위의 문언기재에 따른 문리해석의 범위를 넘어 문언과 균등 내지 등가의 발명도 보호범위에 속한다는 침해소송의 경험칙에서 발전한 이론이다. 균등론은 구성요소완비의 원칙(All Elements Rule)의 결점을 보완하려는 이론이다. 구성요소 완비의 원칙은 특허의 청구항(Claim)을 모두 침해해야 특허침해로 인정하는 것이다. 즉 청구항이 ABCD로 구성되어 있다면 ABCD 4개를 모두 침해해야 특허침해로 인정된다는 것이다. ABC나 ABD나 BCD를 침해하면 특허침해가 아닌 것으로 된다. 특허침해에서 구성요소 완비의 원칙을 적용하다 보면 특허침해에서 보호해야 할 만한 법익을 보호하지 못하는 경우가 생긴다. 이것을 소위 사각지대라고 하는데 그 영역이 바로 균등론이

등장하게 된 배경이다.

특허청구범위의 변경된 부분이 있는 경우에도 i) 양 발명의 과제의 해결 원리가 동일하고, ii) 그러한 변경에 따르더라도 특허발명에서 실질적으로 동일한 작용효과를 나타내며, iii) 그와 같은 변경이 그 발명이 속하는 기술분야에서 통상의 지식을 가진 사람이라면 누구나 용이하게 생각해 낼 수 있는 정도인 경우에는 특별한 사정이 없는 한 확인대상 발명은 특허발명의 청구범위에 기재된 구성과 균등한 것으로 보아 특허를 침해한다는 것이다.

특허발명의 구성과 침해대상물의 구성을 비교함에 있어 침해 대상물이 문언상으로는 특허발명의 구성요건과 완전히 일치하지는 않지만 두 구성요소가 실질적으로 균등한 것으로 평가한다. 즉 한 발명이 [A+B+C]이고, 다른 발명이 [A+B+C']일 때, C와 C'을 비교하여 치환(置換)이 자명하면, 일반적 균등론에서는 이를 자명한 기술이고 단순한 설계변경일 뿐이므로 기술사상이 동일하다고 판단하여 구성의 차이에도 불구하고 목적 및 효과가 동일하다고 본다.

이와 같은 균등론을 적용하는데 필요한 요건은 다음과 같은 치환가능성과 치환용이성의 두 가지로 크게 나눌 수 있다.

(i) 치환가능성(객관적 동일설): 특허발명의 구성요건의 일부를 다른 방법이나 물건으로 치환하여도 해당 발명의 목적을 달성하고 동일한 작용효과를 나타낼 수 있는 정도를 의미하며, 침해시점을 판단시점으로 해서 기능, 방법, 결과의 3단계의 동일성 판단방법을 따른다.

(ii) 치환용이성(치환 자명성): 특허발명의 구성요건 중 일부를 다른 방법이나 물건으로 치환(置換)하는 것이 해당 기술분야에서 통상의 지식을 가진 자라면 용이하게 생각해 낼 수 있는 것으로 치환된 수단뿐만 아니라 동일한 효과를 나타낸다는 것에 대해서도 용이성을 요구한다.

한편 균등론 적용과 관련하여 주의하여야 할 사항은 균등여부는 구성요소 대 구성요소로 대비 판단하여야 한다는 점이다. 구성요소로 대비하지 아니하고 발명 전체로서 대비하다 보면 특허청구범위의 기재의 중요성이 손상되고, 중심한정주의적 입장에서 특허청구범위를 해석할 수 있다는 문제점이 있다.

(d) 대한민국 특허법에서의 특허청구범위의 해석방법: 대륙법계 법률을 이어 받은 대한민국 특허법에서는 1980년 이전에는 특허청구범위의 해석에 관한 특허청의 실무나 대법원의 판결경향은 중심한정주의적 경향을 띄워 왔었다. 그러나 1980년 개정 특허법에서는 주변한정주의적 입장에서 더 적합한 미국식 다항제를 도입하였고, 2014년 6월 11일 개정 특허법 제42조(특허출원) 제4항은 청구범위에는 보호받으려는 사항을 적은 항이 하나 이상 있어야 하며, 그 청구항은 '발명의 설명에 따라 뒷받침될 것, 발명이 명확하고 간결하게 적혀 있을 것'의 요건을 모두 충족하여야 한다 라고 규정하고 있다.

(4) 출원분할, 변경출원, 우선권 주장(조약에 따른 우선권, 개량발명에 따른 국내우선권)[162]

(가) 출원분할

① **출원분할의 의의**: **분할출원은 2 이상의 발명**을 포함하는 특허출원의 일부를 1 또는 2이상의 새로운 특허출원으로 분할하는 제도이다.[163] 심사관은 청구범위의 청구항별로 특허요건을 검토하지만, 하나의 청구항이라도 거절이유가 있는 경우에는 특허출원 전체를 특허를 받을 수 없으므로 심사관의 거절이유를 해소할 수 있는 방안으로 분할출원제도를 이용한다. 분할출원은 출원일 소급효과가 부여된다. 예를 들어, 원출원이 2018. 11. 1.이고 분할출원한 날이 2019. 9. 30.인 경우 그 분할출원은 2018.11.1. 출원한 것으로 인정된다. 원특허출원의 특허출원인이 분할출원할 수 있다.

② **출원분할의 시기 및 절차**: 분할출원을 할 수 있는 기간은 "ⅰ) **보정을 할 수 있는 기간**(특허법 제47조 제1항에 따라), ⅱ) 특허거절결정등본을 **송달받은 날부터 30일**(특허법 제15조 제1항에 따라 특허법 제132조의3에 따른 기간이 연장된 경우 그 연장된 기간을 말한다) 이내의 기간, ⅲ) 특허결정(특허법 제66조에 따른) 또는 특허거절결정 취소심결(특허법 제176조 제1항 따른, 특허등록을 결정한 심결에 한정하되, 재심심결을 포함한다)의 등본을 송달받은 날부터 3개월 이내의 기간. 다만, 설정등록을 받으려는 날(특허법 제79조에 따른)이 3개월보다 짧은 경우에는 그 날까지의 기간"에 그 **일부를 하나 이상의 특허출원으로 분할**할 수 있다. 다만, 그 특허출원이 외국어특허출원인 경우에는 그 특허출원에 대한 특허법 제42조의3 제2항에 따른 국어번역문이 제출된 경우에만 분할할 수 있다. 그러나 분할출원의 기초가 되는 원출원이 무효, 취하 또는 포기되거나 거절결정이 확정된 때에는 분할출원을 할 수 없다.

③ **분할출원의 범위**: 분할출원의 발명은 원출원 출원서에 최초로 첨부된 명세서 또는 도면에 기재된 사항의 범위 내이다. 분할출원할 때 분할출원의 청구범위에 기재된 발명이 원출원 청구범위에 기재된 발명과 동일하면, 두 개의 동일한 발명이 존재하게 되므로, 반드시 원출원을 보정하여 원출원과 분할출원의 청구범위를 다르게 해야 한다. 다만, 분할출원의 청구범위에 기재된 발명이 원출원 발명의 상세한 설명이나 도면에만 기재되어 있고, 청구범위에 기재되어 있지 않은 경우에는 원출원을 보정하지 않아도 된다.[164]

예를 들어, 다음의 그림과 같이 원출원의 상세한 설명에 기재된 설명 A,B,C와 청구범위에 기재된 발명 A,B,C로 출원[A,B,C(상세한 설명)/A,B,C(청구범위)]하였다. 이를 분할출원하여 청구범위 B,C로 출원[A,B,C(상세한 설명)/B,C(청구범위)]하고, 원출원은 청구범위를 A로 보정[A,B,C(상세한 설명/A(청구범위)]한다.

---

162) 송영식 외2, 앞의 책(2010), 75~78면 참조.

163) 분할출원은 ⅰ) 출원일체의 원칙을 회피하고자 하는 경우, ⅱ) 특허법 제45조의 위반의 경우, ⅲ) 발명의 상세한 설명에만 기재된 발명을 권리화하고자 하는 경우에 실익이 있다.

164) 김대익 외 5인, 지식재산입문, 마로니에, 2016, 79면 참조

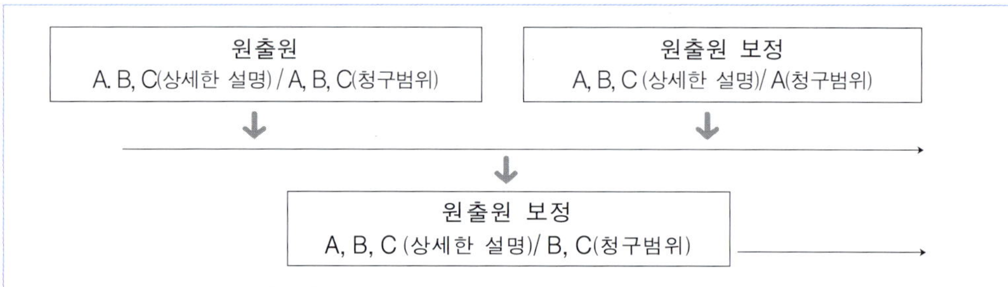

④ **출원분할의 효과**

㉠ **원칙(특허법 제52조 제2항 본문)**: 발명의 보호를 목적으로 하고 특허제도의 취지로 보아 **발명의 단일성을 위반했다는 형식위반**을 이유로 **발명보호를 막는 것은 부당**하다. 따라서 **분할에 따른 개별출원**에 대하여 **출원일의 소급을 인정**하여 **최초에 출원한 때에 출원**한 것으로 보아, **선출원의 지위를 확보**하여 줌으로써 **제3자의 이익을 해치지 아니하는 한도 내**에서 특허출원을 보호하여 주려는 제도이며, 그 성질은 **일종의 보정**이라 할 수 있다. 분할출원은 원출원과는 별개의 특허출원이다.

㉡ **예외(특허법 제52조 제2항 단서)**: 예외적으로 ⅰ) 확대된 선출원주의의 타출원으로서의 지위(특허법 제29조 제3항), ⅱ) 공지예외 주장적용의 취지 및 증명서류 제출기간(특허법 제30조 제2항), ⅲ) 조약우선권 주장의 취지(특허법 제54조 제3항), ⅳ) 국내우선권주장의 취지(특허법 제55조 제2항)의 경우에는 소급되지 않는다.

⑤ **출원분할의 흠결시 취급**: 분할출원의 요건 중 ⅰ) 원출원의 '최초 명세서' 또는 '도면의 범위 내'를 만족하지 못한 경우만 거절이유 등에 해당하고, ⅱ) 나머지 요건은 흠결시 반려사유이다.

⑥ **원출원과의 독립성 및 종속성**

㉠ **독립성**: 분할출원은 원출원과 별개의 새로운 출원이므로 새로 출원서를 제출하여야 하며, 심사청구, 출원공개 및 등록료 납부 등을 별개로 하여야 한다.

㉡ **종속성**: 원출원시 공지예외 주장이나 우선권 주장을 하지 않을 경우에는 분할출원시 이와 같은 주장을 하는 것은 인정되지 않는다.

⑦ **국제특허출원의 경우(특허법 제208조 제1항)**: 수수료의 납부, 번역문의 제출(국어로 출원된 국제특허출원의 경우 제외) 및 기준일을 경과한 후에 분할출원을 할 수 있다.

⑧ **국내우선권의 선출원 지위 불인정(특허법 제55조 제1항)**: 분할·변경출원은 국내우선권주장의 선출원으로서 지위가 인정되지 않는다. 심사의 부담을 경감하기 위함이다. 다만, 국내우선권 주장출원에 대해 분할·변경출원을 할 수 있다.

⑨ **재(再) 분할출원의 가능여부**: 원출원(부(父)출원으로부터 분할출원(자(子)출원)하고, 다시 자(子)출원을 원출원으로 하여 분할출원[손(孫)출원]하였을 때 ⅰ) 손(孫)출원이 자(子)출

원에 대하여 분할출원의 요건을 충족할 것, ⅱ) 자(子)출원이 부(父)출원에 대하여 분할출원의 요건을 만족하는 경우 손(孫)출원의 출원인은 부(父)출원의 출원일로 소급한다.

⑩ 선출원주의 회피: 원출원의 특허청구범위에 기재된 발명을 분할하는 경우에는 협의제[165](특허법 제36조 제2항)를 회피하기 위하여 분할된 발명을 원출원의 특허청구범위에서 삭제보정을 하여야 하나, 원출원의 발명의 상세한 설명 또는 도면에만 기재된 발명을 분할하는 경우에는 원출원에 대한 보정을 하지 않아도 된다.

(나) 변경출원

① 변경출원의 의의 및 취지: 특허출원과 실용신안등록출원 간에 내용의 동일성을 유지한 채, 출원형식을 상호간에 변경하는 제도이다. 이는 출원형식선택의 과오를 수정하기 위해 실용신안등록출원을 기초로 특허출원하는 변경출원(특허법 제53조)와 진보성 위반을 극복하기 위해 특허출원을 기초로 진보성 요구정도가 낮은 실용신안등록출원하는 변경출원이 있다.[166]

② 변경출원의 요건 및 절차: 원출원인과 동일인 또는 적법승계인은 원출원 계속 중 원출원의 최초명세서 또는 도면의 범위 내, 최초의 거절결정등본을 송달받은 날부터 30일 이내에 취지기재 및 원출원을 표시하여 출원서를 제출하여야 한다.

③ 변경출원의 효과

㉠ 원칙: 변경출원은 원칙적으로 출원일에 소급된다(특허법 제53조 제2항 본문).

㉡ 예외: 변경출원은 예외적으로 확대된 선출원주의의 타출원으로서의 지위(특허법 제29조 제3항), 공지예외주장 적용의 취지 및 증명서류 제출기간(특허법 제30조 제2항), 조약우선권주장의 취지(특허법 제54조 제3항), 국내우선권 주장의 취지(특허법 제55조 제2항)의 경우에는 출원일이 소급되지 않는다.

㉢ 원출원의 취하간주: 중복권리의 발생을 방지하기 위해, 변경출원의 적법여부와 관계없이 변경출원시 원출원은 취하된 것으로 본다(특허법 제53조 제4항).

④ 변경출원의 흠결시 취급: 변경출원의 요건 중 원출원의 최초 명세서 또는 도면의 범위 내를 만족하지 못한 경우만 거절이유 등에 해당하고, 나머지 요건은 흠결시에 반려사유이다.

---

165) 원출원의 특허청구범위에 기재된 발명과 분할출원의 특허청구범위에 기재된 발명이 동일한 경우에는 동일자로 동일발명에 관한 출원이 있으므로 협의제가 적용된다.

166) 2007년 개정 특허법은 이중출원제도를 폐지하는 대신에 특허와 실용신안 간에 출원종류를 변경할 수 있도록 하는 변경출원제도를 도입하게 되었다(특허법 제53조). 종전에는 특허출원된 기술내용을 실용신안등록출원으로 다시 출원할 수 있도록 하는 이중출원제도를 두어 권리를 조기에 확보할 수 있도록 하였다. 이중출원제도는 특허제도와 실용신안제도를 병존하고 있는 국가에 한해 인정되고, 또한 실용신안무심사제도를 채용하고 있는 나라에 한해 인정하고 있다. 이중출원제도는 실용신안권의 부실권리, 권리불안정 등에서 오는 폐해방지도 있으나, 출원인이 특허출원과 실용신안 등록출원 2개로 출원하게 함으로써 권리선택의 폭 내지 권리확장의 길을 넓혀 준 것이라 할 수 있다.

(다) 우선권 주장

① **우선권 주장의 의의**: 특허권은 각국의 특허법에 기초하여 **속지주의**를 원칙적으로 적용하고 있다. 하나의 발명을 여러 나라에서 특허권으로 보호받기 위해서는 그 보호를 희망하는 나라마다 출원하여 등록을 받아야 한다. 하나의 발명을 **복수국가에서 특허**를 받으려고 할 때 일반적으로 각 나라의 특허요건을 충족시키기 위해서는 발명가는 각 나라에 거의 동시에 출원해야 한다. 그러나 동시에 출원하는 것은 거리, 언어, 비용, 상이한 절차 등 이유로 사실상 불가능하다.

이에 발명의 국제적 보호를 위해서는 **특허(파리)조약**은 동맹국에서 이루어진 **최초의 출원을 근거**로 하여, 그것과 **동일한 발명을 1년 이내**에 **다른 동맹국가에 출원**하는 경우에는 이를 **최초의 동맹국에서 출원한 날에 출원한 것과 동일**하게 본다는 **'조약에 따른 우선권'**을 규정하고 있다(특허법 제54조). 따라서 대한민국에서의 특허출원 후 타 동맹국으로의 특허출원시의 **우선권 주장**은 물론 타 동맹국에서 최초 출원 후 대한민국에서 특허출원시 **우선권 주장**도 가능하다.

② **우선권 주장의 종류**: 특허의 우선권에는 **특허조약(PCT)에 따른 우선권 주장**(특허법 제54조)와 **특허출원 등을 기초로 한 국내우선권 주장**(국내우선권 주장, 특허법 제55조)이 있다.

(ㄱ) 특허협력조약(PCT)에 따른 우선권: **특허협력조약(PCT)에 따른 우선권**(Right of priority, 파리조약 동맹국, TRIPS 협정회원국, 양자간 조약 당사국)이란 파리조약 **동맹국에서 최초출원(最出願)의 정규출원과 동일한 대상에** 대하여 일정기간 내(1년)에 **다른 동맹국에 출원한 경우 최초의 동맹국 출원시에 주어**지는 것과 **동일한 이익을 부여**하는 파리조약상 특별한 이익을 말한다.

> 오랜 기간의 연구결과 발명한 기술을 대한민국을 비롯한 여러 국가에 출원하고 싶습니다. 특허등록이 가능한지의 여부 등을 대한민국의 특허청으로부터 검증받은 뒤에, 다른 국가에서의 출원을 진행하고 싶은데, 그 동안의 다른 특허출원에 따라 거절되지는 않을까 하는 점도 염려됩니다. 어떻게 해야 할까요?

이 요건 및 효과에 대해서는 파리조약 제4조 및 제4조B의 규정이 그대로 적용된다. **외국인이 자국에 행한 특허출원**에 기초하여 적법하게 우선을 주장하여, **대한민국에 특허출원을 한 경우**에는 파리조약 제4조B의 효과를 얻을 수 있다. 따라서 **신규성**(특허법 제29조 제1항 각호), **진보성**(특허법 제29조 제2항), **선출원**(특허법 제36조) 등의 특허요건 판단은 **제1국 출원시(자국에 행한 출원시)를 기준**으로 하여 판단하게 된다. 선출원자의 지위를 국제적으로 보호하기 위함이다.

이 경우 파리조약 제4조 D 제1항의 규정에 따라, 대한민국 특허법 제54조 제3항에 따라, 특허 출원시 특허출원서에 그 취지, 최초로 출원한 국명(國名) 및 출원의 연월일을 기재하여, 제출하여야 하며, 이 기간은 **최초 출원일로부터 1년 이내**이다. 또한 그 최초 출원일(最先日)로부터 **1년 4월 이내**(특허법 제54조 제5항)에 **우선권증명서**(최초로 출원한 국가의 정보가 인정하는 서류로서 특허출원의 연월일을 기재한 서면, 발명의 명세서 및 도면의 등본, 또는 최초로 출원한 국가의 특허출원의 출원번호를 기재한 서면)를 **특허청장에게 제출**하여야 한다(파리조약 제4조 D 제3항, 특허법 제54조 제4항).

권하고 싶은 사항은 대한민국의 출원에 대한 심사를 거치지 아니하고, 해외에 출원을 하기 보다는, 대한민국의 출원에 대해 **우선심사**를 통하여, 1년 이내에 나오는 심사결과를 본 후에, 해외출원을 하라는 것이다. 특허출원에 대해 우선심사를 신청하면, 보통 1년 이내에 특허여부가 결정되며, 우선권 주장기간(1년) 이내에 결과를 확인함으로써, 거절가능성이 농후한 발명을 많은 비용을 들여 해외 출원하는 우를 피할 수 있다.

(ㄴ) 국내우선권 주장(특허출원 등을 기초로 한 우선권 주장): **특허출원 등을 기초로 한 우선권 주장**(국내우선권)제도는 특허출원 등(선출원)을 기초로 하여 해당 선출원을 보다 **구체화하거나 개량 및 추가하는 발명**을 한 경우에 이들 발명에 대한 **보호의 길**을 마련해 주기 위한 제도이다. **선출원과 동일발명인 경우에는 거절·각하한다.** 이러한 불합리성을 제거하여, 기술개발의 성과물인 발명의 빠짐없는 보호를 가능하게 하기 위하여, 국내우선권 주장을 수반하는 출원은 **선출원에 기재된 사항과 동일한 사항**은 **선출원일**에, 신규사항은 우선권 주장 출원의 출원일에 출원한 것으로 인정하여 주는 제도이다.

> 오랜 연구 끝에 기술을 개발하여, 특허를 출원하였습니다. 그 후 종래의 기술을 개량한 발명을 하게 되어, 이 또한 특허를 출원하고자 합니다. 본인의 종래 기술에 따라 거절될 염려는 없습니까?

국내우선권이란 **대한민국에 특허출원** 또는 실용신안등록출원을 **한 자** 또는 그 승계인이 **선출원을 기초**로 하여 **선출원일로부터 일정기간 동안**(1년 이내) **대한민국에 개량발명이나 관련발명**을 **후출원할 때 가지게** 되는 우선권을 말한다. **국내우선권**이란 기본발명을 출원한 출원인이 그 후 기본발명에 대한 내용을 개량·보충·추가한 경우에, 선출원의 발명에 포함시켜 하나의 특허를 취득할 수 있도록 함으로써 발명자 및 그 승계인의 권익을 보호하는 제도이다.

> 국내우선권을 주장하기 위해서는 어떤 요건을 갖추어야 합니까? 또 그 절차는 어떻습니까?

첫째, 국내우선권으로써 주장하기 위한 선출원은 우선권주장 후출원시에 포기·취하 또는 각하되지 않은, 즉 적법하게 특허청에 계속 중인 출원이어야 한다.

둘째, 선출원과 후출원의 출원인이 동일해야 하고, 후출원은 선출원의 출원일부터 1년 이내에 출원되어야 한다.

셋째, 국내우선권을 주장하고자 하는 자는 특허출원시, 특허출원서에 그 취지 및 선출원의 표시를 하여야 한다.

우선권주장의 요건을 충족하는 선출원 발명부분에 한하여, 특허요건 규정 등의 판단은 **선출원시를 기준으로 판단**한다. 즉, 선**출원의 출원시에 출원된 것으로 인정**한다(소급효를 인정한다). 이에 대하여 **구체적**으로 보면, 특허요건(특허법 제29조 제1항, 제2항 및 제3항 본문), 신규성 등의 간주(의제, 특허법 제30조 제1항), 선출원(특허법 제36조 제1항에서 제3항까지), 특허권의 효력이 미치지 아니하는 범위(특허법 제96조 제1항 제3호), 이용 및 저촉(특허법 제98조), 선사용권(특허법 제103조), 저촉 디자인권 소멸 후 통상실시권(특허법 제105조 제1항 및 제2항), 생산방법추정(특허법 제129조) 또는 정정심판(특허법 제136조 제3항) 등이 그 규정이다.

국내우선권을 주장하는 경우, 어떤 효과가 있습니까?

국내우선권을 주장하는 후, 출원된 발명 중 우선권 주장의 기초가 된 선출원에 포함된 발명에 대해서는 **신규성과 진보성** 등의 특허요건의 판단 및 일정 법규 적용에서 선출원의 **출원시**에 출원된 것으로 인정한다, 즉, 소급효를 인정한다. 그러나 우선권주장에 따른 소급효는 출원일 자체가 소급되는 것이 아니다.[167] 따라서 **심사청구기간** 또는 **특허권의 존속기간 기산**은 **후출원을 기준**으로 하고 있다.

2) 특허출원의 효과

출원이 수리되면 출원은 **출원번호가 부여**되며 **출원번호통지서가 출원인에게 통지**된다. 특허청에 계속되는 동안 그 출원일을 기준으로 하여 출원인은 **선출원의 지위가 생기고** 이에 **후출원 배제**의 효과가 생긴다. 또한 특허출원시는 **신규성 등의 특허요건 판단의 기준시점**이 되고, **출원심사청구기간**(3년: 특허법 제59조 제2항)이나 **특허권의 존속기간**(20년: 특허법 제88조 제1항), 특허협력**조약(PCT)에 따른 우선권 주장**(1년: 특허법 제54조 제2항), 국내우선권 주장(1년) 등의 **기산점**이 된다.

특허출원에 대하여 거절결정 또는 심결이 확정되거나 특허권이 설정등록되면 출원계속의 효과는 소멸한다. 또한 출원의 취하나 포기가 있는 출원의 출원계속의 효과도 소멸한다. 출원에 대한 포기의 경우에는 출원계속의 효과는 장래에 대하여 소멸하므로 선출원의 지위는 인정되고 따라서 동일한 후출원은 거절된다. 반면 출원의 취하는 출원계속의 효과를 소급적으로 소멸시키므로 선출원의 지위는 남지 않고 따라서 해당 발명이 공개되지 않았을 경우에는 재출원이 가능하다.[168]

---

167) 그러나 우선권 주장의 기초가 되는 선출원자체가 또한 우선권을 수반하는 출원인 경우에는 그 선출원의 기초가 되는 출원(최선출원)의 명세서 또는 도면에 기재된 발명에 대해서는 출원일의 소급을 인정하지 않는다.

168) 윤선희, 앞의 책, 80면 참조.

10. 특허출원심사절차

1) 개요

발명이 특허를 받기 위해서는 특허출원심사절차를 거치게 된다. 특허출원의 심사는 출원된 발명에 대해 특허를 받는데 필요한 법률요건을 행정관청인 특허청의 일정자격을 갖춘 **심사관이 심리**하고, 그 심리결과에 따라 **특허의 부여 여부를 심사**하는 것을 **특허심사주의**라고 한다. **특허심사주의**는 특허를 받는데 필요한 **형식적 요건**뿐만 아니라 **실질적 요건**(**산업상 이용가능성, 신규성, 진보성**)을 구비하였는가의 여부를 심사하기 때문에 심사에 많은 인원과 경비를 요하고, 심사에 상당한 시일이 요구되고, 기술공개가 늦어지는 **단점**이 있다. 그러나 특허요건을 구비하였는가의 여부를 철저히 심사하기 때문에 **권리의 신뢰성과 안정성이 높고 부실특허를 예방**할 수 있으므로 **권리의 무효·유효에 관한 분쟁을 감소**시키는 **장점**이 있다.[169)]

대한민국 특허법 제57조에서 **심사관에 따른 특허심사를 규정**하고 있다. 그 내용은 "특허청장은 심사관으로 하여금 **특허출원을 심사**하게 한다(특허법 제57조 제1항). 심사관의 자격에 관하여 필요한 사항은 대통령령으로 정한다(특허법 제57조 제2항)"라고 규정하고 있다. 즉, 대통령령으로 정한 자격을 갖춘 심사관이 주체가 되어 **특허출원 및 특허이의신청**을 **심사**하는 것이다. 문제는 대한민국 특허법은 **완전심사주의를 채택**하고 있기 때문에 **특허출원심사를 받는 것이 지연**된다는데 있다. 따라서 심사제도의 지연을 **개선**하려는 노력이 행하여지고 있다. 그 실례로 **출원공개제도**와 **특허출원심사청구제도**를 **도입**한 것이다.

요약정리

> ➤ **출원공개**: **18개월** 강제공개; 출원일로부터 1년 6개월 후에 출원내용을 **공보에 공개**하는 것; 중복해서 연구방지; 직권공개
> ➤ **조기공개**(출원인)를 신청하면, **출원 후 3개월**이면 출원공개
> ➤ **심사청구**: 3년 이내; 방어출원; 타인의 권리 획득을 막기 위한 출원
> ➤ **출원심사청구자**: 출원인, 이해관계인, 제3자 등 누구든지 → 우선심사: 8월에서 1년 이내 심사종결

---

169) 특허심사주의에 반해, 특허무심사주의는 특허요건 중 실질적 요건은 심사하지 않고, 형식적 요건만을 심사한 후 특허를 부여하고, 특허에 관하여 분쟁이 생긴 경우 특허의 유효·무효를 심사하는 방식이다. 특허무심사주의는 특허의 형식적 요건만을 심사하여 특허를 부여하므로 권리설정이 신속하고, 발명이 사회에 조기공개되고, 심사에 많은 인원과 경비가 소요되지 않는 장점이 있다. 그러나 실질적 요건을 심사하지 않고 특허권을 부여하기 때문에 특허에 관하여 분쟁이 발생할 가능성이 많아 권리의 신뢰성과 법적 안정성이 보장되지 않는 단점이 있다: 이동훈 외, 앞의 책, 84~85면 참조.

2) 특허출원 공개제도 및 특허출원 조기공개제도

생각하기

특허출원된 모든 출원은 그 내용을 공개해야만 하는가?

대한민국의 특허출원공개제도는 출원 후 **1년 6개월이 경과**하면(신청이 있으면 그 전이라도), **모든 출원**에 관하여 그 내용을 **직권에 따른 출원공개**제도(특허법 제64조)와 출원 후 **1년 6월이 경과하기 전**이라도 **출원인이 신청**하면 **공개**할 수 있는 신청에 따른 **출원공개**제도(자발적 조기출원공개제도)가 있다.[170)]

특허출원 및 심사흐름도[171)]

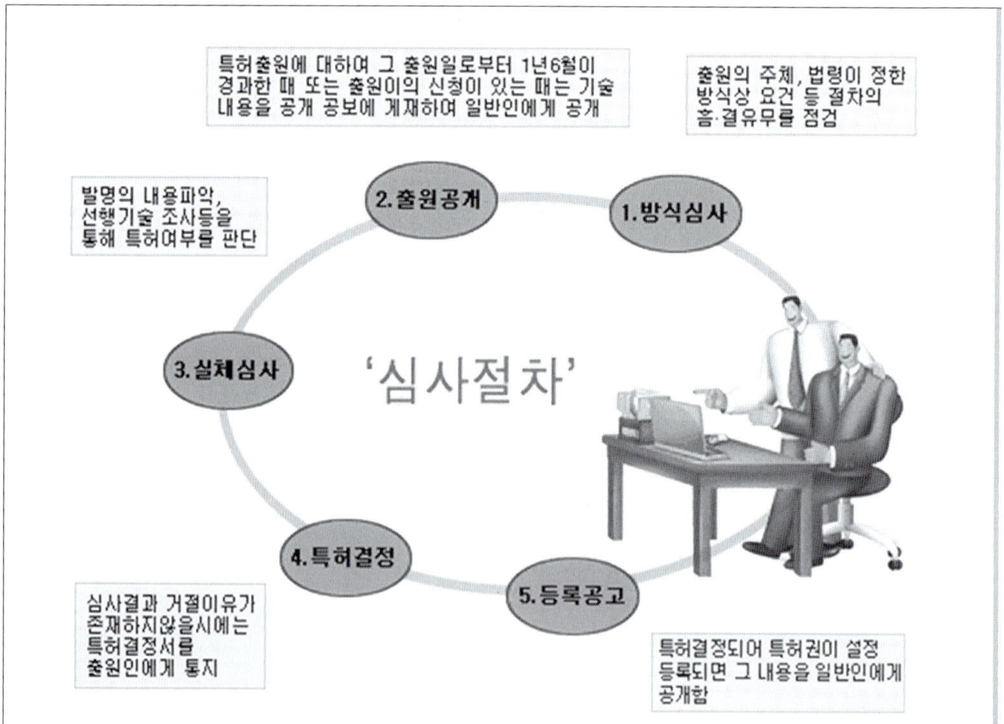

170) 공개특허공보, cf. 등록특허공보.

171) https://www.kipo.go.kr/kpo/HtmlApp?c=10001&catmenu=m06_01_01: 2020. 05.12.12:20 검색

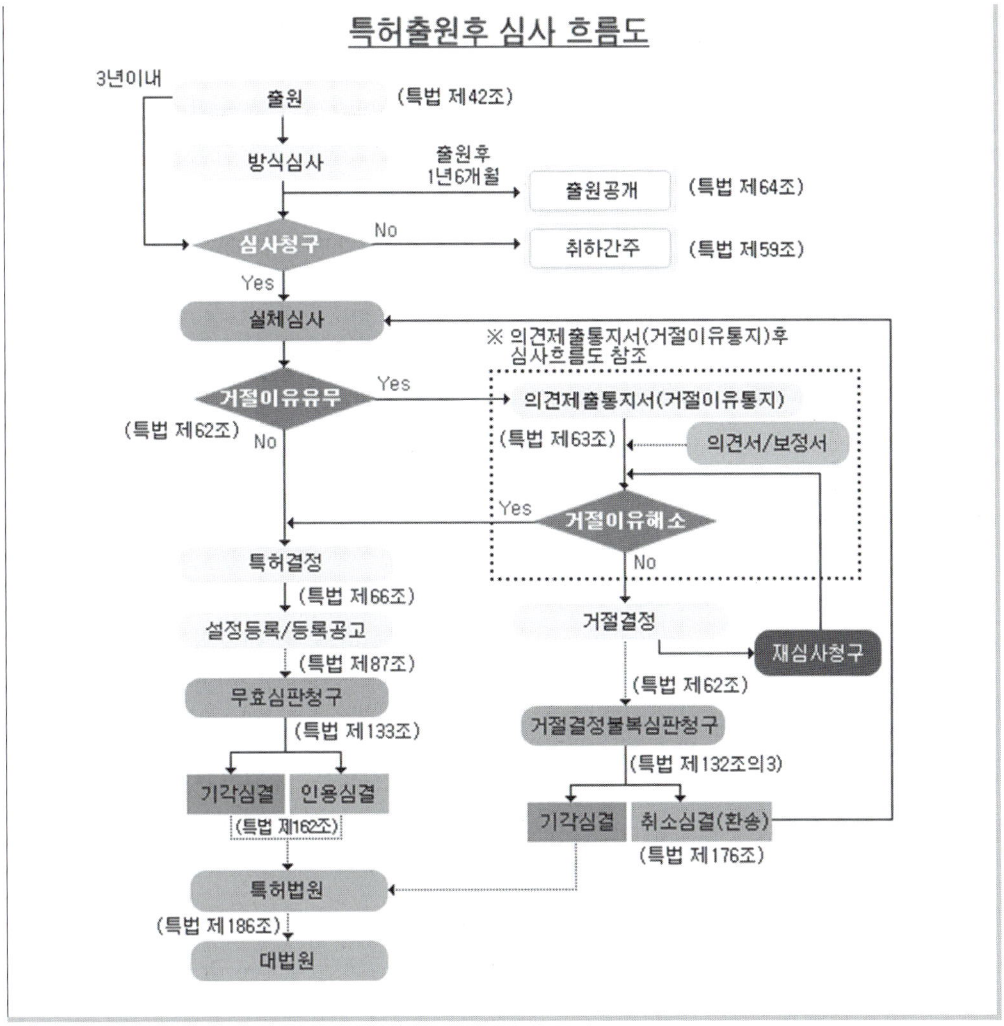

(1) 특허출원 공개제도

(가) 특허출원 공개제도 의의

특허출원공개제도란 특허출원이 된 후, 출원일로부터 **1년 6개월 후**에 출원인의 **의사와 심사절차의 진행현황과 관계없이 일반 공중(일반인)에게 그 특허출원의 내용을 알리는 제도**이다.[172] **조기특허출원공개제도**란 **출원공개기간**(1년 6개월) **내**라도 출원인의 신청에 따라 일반 공중(일반인)에게 그 특허출원을 알리는 제도이다.[173] 이는 특허출원건수가 폭증하고 발명기술내용이 복잡하고 고도화됨에 따라 심사처리가 지연된 결과, 심사 후 발명을 공표

172) 법정(法定) 공개주의: 이는 중복연구방지를 위하여 법에 따라 공개되는 것이다.

173) 이 제도는 특허법에는 있으나, 상표법에는 존재하지 않는다.

하게 되면 공개시기가 상당히 늦어져 일반인 중 출원된 그 발명과 **동일한 연구나 중복투자**가 행하여질 수 있는 사람이나 기업도 있을 것이므로, 이러한 문제를 해결하기 위한 제도이다. 또한 출원 후 1년 6월이 지나서 공개되는 것은 **우선권 주장을 수반하는 외국인의 출원**은 그 우선권 인정의 효과가 출원의 선후 관계 및 특허요건을 적용함에 있어서는 **출원공개시점에 대한 시기의 기준은 최초 출원인**이다. 그러므로 우선권 주장을 수반하는 **출원에 대한 국내출원시기**(우선일로부터 1년 이내)의 **출원 후 우선권증명서류 제출기간**(우선일로부터 1년 4월) 및 **출원 공개를 위한 공개공보의 제작에 소요되는 기간** 등을 감안하여 출원공개의 시기를 출원일(우선일)로부터 1년 6월로 정한 것이다.[174] 특허법 제64조와 제65조에서 특허출원공개제도를 규정하고 있다.

(나) 특허출원 공개제도의 내용

① **특허출원공개시기**: 특허청장은 "㉠ **특허협력조약(PCT)우선권**(특허법 제54조제1항)주장을 수반하는 특허출원에 있어서는 그 우선권주장의 기초가 된 출원일, ㉡ 특허출원 등을 기초로 한 우선권 주장(**국내우선권주장**, 특허법 제55조제1항)을 수반하는 특허출원에 있어서는 **선출원의 출원일**, ㉢ 조약우선권 또는 국내우선권주장에 따른 **둘 이상의 우선권주장**을 수반하는 특허출원에 있어서는 해당 우선권주장의 기초가 된 출원일 중 최초 출원일(**최선일**), ② ㉠ 부터 ㉢까지 해당하지 아니하는 특허출원에 있어서는 그 특허출원일"으로부터 **1년6월이 경과한 때** 또는 특허출원일부터 **1년 6월이 경과하기 전**이라도 **출원인의 신청이 있는 때**에는 그 특허출원에 관하여 **특허공보에 게재하여 출원공개**를 하여야 한다(특허법 제64조 제1항).

② **특허출원공개의 대상**: **출원공개의 대상**은 특허청에 **계속** 중인 **모든 출원**이다. 그러나 출원공개 전 취하·무효·포기·거절결정확정시에는 공개되지 않는다. 그러나 특허청에 계속 중인 특허출원이라고 하더라도 ㉠ **이미 등록공고된 것**, ㉡ **공공질서, 미풍양속, 공중의 위생을 해할 염려**가 있는 것, ㉢ **국방상 비밀**을 요하는 출원 등은 **공개되지 않는다**.

출원공개는 공개용 **특허공보(공개특허공보, 등록특허공보)**[175]에 ㉠ 특허권자의 성명 및 주소(법인인 경우에는 그 명칭 및 영업소의 소재지), ㉡ 출원번호·분류기호 및 출원연월일, ㉢ 발명자의 성명 및 주소, ㉣ 특허출원서에 첨부된 명세서·도면 및 요약서 등에 관한 사항을 게재함으로써 행하여진다(특허법시행령 제19조 제2항). **특허공보**는 산업통상자원부령이 정하는 바에 따라 **전자적 매체로 발행**할 수 있다(특허법 제221조 제2항). 다만, 공공의 질서 또는 선량한 풍속을 문란하게 하거나 공중의 위생을 해할 염려가 있다고 인정되는 사항은 게재하지 아니한다(특허법시행령 제19조 제3항 단서).

174) 권인희, 앞의 책, 82면 참조.
175) 특허공보는 등록공보용 특허공보와 공개용 특허공보로 구분한다(특허법시행령 제19조 제1항).

(다) 특허출원 공개의 효과

특허출원 공개의 법적 효과는 **일반 공중에 대한 효과와 출원인 측에 대한 효과**로 나누어 볼 수 있다. 일반 공중에게는 기술문헌을 일반 공중에게 제공한다는 효과와 공개된 출원에 대하여 심사에 참고가 될 만한 일반 공중에 제공할 수 있는 기회(특허법 제63조의2)를 부여함으로서 일반 공중이 해당 출원에 대한 심사에 간접적으로 참여하도록 하는 효과를 나타낸다.[176)]

출원인 측에게는 공개의 결과 제3자가 업으로서 실시함에 따른 손실을 보상받을 수 있는 **보상금 청구권**과 출원에 대하여 **선출원의 범위가 확대**되는 점 그리고 **우선심사의 전제조건을 만족**하게 되는 것 등이 공개의 효과로 나타난다. 특허출원 공개 후 출원인은 **권원 없이 업으로 실시하는 자에게 특허출원 사실 및 무단실시의 중지를 경고할 수 있는 권리**를 가지는 데, 경고 후부터 특허권의 설정등록 때까지 그 특허발명의 실시에 대하여 통상적으로 받을 수 있는 금액에 상당하는 보상금의 지급을 청구할 수 있는 권리가 **보상금청구권**이다. 보상금청구권은 **출원 기간 중의 실시만을 대상**으로 하는 것이므로 이를 행사하여도 특허 후에 계속 사용하는 자에 대하여 금지청구나 손해배상청구권의 행사도 가능하다.

특허출원공개 후 특허출원이 **포기 · 무효 또는 취하된 때**, 특허출원의 **특허거절결정**이 **확정된 때** 및 **특허를 무효로 한다는 심결**(특허된 후 그 특허권자가 특허권을 향유할 수 없는 자로 되거나 외국인의 권리능력의 규정에 따라 그 특허가 조약에 위반된 경우 제외)**이 확정된 때**에는 **처음부터 발생하지 아니한** 것으로 본다(특허법 제65조 제6항).

특허출원이 있는 때에는 **누구든지 그 특허출원이 거절이유에 해당**되어 **특허될 수 없다는 취지의 정보**를 **증거**와 함께 특허청장에게 제공할 수 있다(특허법 제63조의2 본문). 이를 **정보제공제도**라고 하는데, **부실한 특허권의 발생을 방지하고 심사의 신속을 위하여 인정된 제도**이다. 다만, 특허의 거절 이유 중 특허출원의 내용과 크게 관계없는 특허청구범위의 기재요령(특허법 제42조 제3항 제2호 및 제8항) 및 1특허출원의 범위(특허법 제45조)의 요건을 갖추지 아니한 경우에는 정보제공사유가 되지 않는다(특허법 제63조의2 단서). 특허출원에 대하여 특허청에 계속 중인 경우에는 **언제든지 정보를 제공**할 수 있다. 이는 특허출원에 대한 심사처리기간이 **단축될 경우** 특허출원에 대한 정보제공이 이루어지기 전에 이미 심사가 완료되어 정보제공의 취지를 제대로 살리지 못하는 결과를 가져올 수 있다는 점을 반영한 것이다.

(2) 특허출원 조기공개제도

출원인의 신청에 따른 특허출원 조기공개제도는 특허출원인이 필요하다고 인정되는 경우 **특허출원일로부터 1년 6월이 경과되기 전**이라도 특허청장에게 신청에 따라 **출원의 조**

176) 권인희, 앞의 책, 83~84면 참조.

기공개를 신청할 수 있다(특허법 제64조). **출원인에게 공개시점까지는 권리보호수단이 없기 때문에 제3자가 출원발명을 무단으로 실시하는 경우 적절한 대응수단이 없는 문제점을 보완**하기 위해 출원인의 조기공개신청에 따른 특허출원 공개제도를 도입하고 있다.

특허출원 조기공개제도의 도입으로 **제3자에 대한 경고 · 보상금청구권의 조기 획득, 우선심사 신청의 가능** 등 출원인의 출원발명에 대한 보다 충실한 보호가 가능하다. 다만, 일반 공개보다는 일찍 출원발명이 공개되므로 개량발명 등을 위해 확보할 수 있는 기간이 단축된다는 단점도 있다.

3) 특허출원 심사청구제도

생각하기

A 주식회사의 연구원으로 활동하고 B는, 타 경쟁회사가 특허받는 것을 견제하기 위하여 특허출원만 하고 심사청구를 하지 않았다. 이러한 경우에도 특허청은 특허출원을 심사하는가?

(1) 특허출원 심사청구제도의 의의

특허출원에 대하여 일정기간 내(출원일로부터 3년 이내)에 **심사청구가 있는 출원에 대해서만 심사**하는 제도를 말한다(특허법 제59조 제1항). 출원마다 목적과 경제적 · 기술적 가치가 동일하지 않으므로 특허권을 취득하고자 하는 출원만 **선택적으로 심사**함으로써 **심사촉진을 도모**하기 위한 것이다.

특허출원심사는 **방식심사**[177]와 **실체심사**[178]를 한다. **특허심사청구**는 특허출원과 별도로 **실체적 심사의 개시**를 요구하는 의사표시절차를 말한다. **심사청구란** 말 그대로 **출원된 발명을 심사해 달라고 청구**하는 것이다. 출원서에 **심사청구**를 한다고 체크를 하면, 심사관은 **출원된 발명내용을 검토하여 심사**를 한다. 특허출원에 대한 실체적 심사는 **심사청구가 있을 때** 한하여 그 청구순서에 따라 심사를 행하고 심사청구가 되지 않은 특허출원은 **일정기간(특허출원일로부터 3년)이 경과**하면 **취하로 간주**하여 특허심사대상에서 제외시키는 것이다.[179] 따라서 특허출원을 **모두 심사할 필요가 없고, 출원인이 꼭 원하는 경우에만 특허심사**를 하는 것이 **실질적으로 심사건수를 줄이는 효과**를 얻을 수 있다는 것이 특허출원심사청구제도의 **목적**이다.

특허출원심사청구제도는 **특허출원 이후**의 여건변화에 따라 **심사를 원하지 않는 출원**

177) 방식심사라 함은 서식의 필수사항 기재여부, 기간의 준수여부, 증명서 첨부 여부, 수수료 납부 여부 등 절차상의 흠결을 점검하는 심사를 말한다.

178) 실체심사라 함은 특허요건, 즉 산업상 이용가능성, 신규성 및 진보성을 판단하는 심사를 말한다. 이와 함께 공개의 대가로 특허를 부여하게 되므로 일반인이 알아볼 수 있도록 기재하고 있는가를 동시에 심사(기재요건)를 말한다.

179) 만약, 심사청구를 하지 않으면 출원일로부터 3년 동안 기다리다가 계속 심사청구가 없으면, 출원을 취하처리한다.

도[180] 있을 수 있고,[181] **늦게 권리화를 원하는 출원**도 있을 수 있고, **신속히 심사결과를 원하는 출원**도 있을 수 있기 때문에 심사처리시기 및 순서의 조정을 통하여 전체적인 특허출원에 대한 심사처리의 촉진을 꾀하고자 하는 제도이다.

특허법상 **출원심사청구를 할 수 있는 사람**은 **출원인**뿐만 아니라 그 외의 **'누구든지' 가능하다**(특허법 제59조 제2항). 여기서 **'누구든지'**라는 것은 **출원인과 이해관계인**에 한하지 않고 **제3자**도 포함된다고 본다. 또 특허법은 심사의 질적 향상을 기하고 출원공개에 따르는 폐단을 방지하기 위하여 **우선심사제도**를 둔 것이다.

(2) 특허출원심사청구의 내용

(가) 전문기관의 지정 및 취소 등

① 전문기관의 지정 등: **특허청장**은 출원인이 특허출원할 때 **필요**하거나 특허출원을 **심사**(국제출원에 대한 국제조사 및 국제예비심사를 포함한다)할 때에 **필요하다고 인정하면 전문기관을 지정**하여 **미생물의 기탁·분양, 선행기술의 조사, 특허분류의 부여, 그 밖에 대통령령으로 정하는 업무를 의뢰**할 수 있다(특허법 제58조 제1항). 이에 따른 전문기관의 지정기준, 선행기술의 조사 또는 특허분류의 부여 등의 의뢰에 필요한 사항은 대통령령으로 정하고 있다(특허법 제58조 제3항).

특허청장은 특허출원의 심사에 필요하다고 인정하는 경우에는 관계 행정기관, 해당 기술분야의 전문기관 또는 특허에 관한 지식과 경험이 풍부한 사람에게 협조를 요청하거나 의견을 들을 수 있다. 이 경우 특허청장은 예산의 범위에서 수당 또는 비용을 지급할 수 있다(특허법 제58조 제2항).

② 전문기관 지정의 취소 등(특허법 제58조의2): 특허청장은 특허법 제58조 제1항에 따른 전문기관이 "1. **거짓이나 그 밖의 부정한 방법으로 지정**을 받은 경우, 2. 특허법 제58조 제3항에 따른 **지정기준에 맞지 아니**하게 된 경우"에 해당하는 경우에는 전문기관의 지정을 취소하여야 하며, 제2호에 해당하는 경우에는 그 지정을 취소하거나 6개월 이내의 기간을 정하여 업무의 전부 또는 일부의 정지를 명할 수 있다. 이에 따라 전문기관의 지정을 취소하거나 업무정지를 명하려면 청문을 하여야 한다. 이에 따른 처분의 세부 기준과 절차 등에 관하여 필요한 사항은 산업통상자원부령으로 정하고 있다.

(나) 선행기술의 조사의뢰 등(특허법시행령 제8조의3)

특허청장은 특허법 제58조 제1항에 따라 선행기술의 조사 또는 국제특허분류의 부여가

---

180) 출원인이 특허출원한 후 심사청구를 하지 않는 출원의 대표적인 것으로 방어출원을 들 수 있다. 방어출원이라 함은 특허권을 얻기보다는 타인의 권리 획득을 막기 위한 출원을 말한다.

181) 출원인 중에는 특허출원을 해 놓고 꼭 특허등록을 원치 않는 사람이 있다. 예를 들면, 출원을 한 후에 기술동향이 바뀌어 돈 들어서 특허등록을 할 필요가 없을 때도 있고, 출원을 했지만, 그 사업을 폐지한 경우도 있고, 심지어 출원에만 의의를 둔 경우도 있다.

필요하다고 인정되는 특허출원 또는 국제출원에 대하여는 전문기관에 선행기술의 조사 또는 국제특허분류의 부여를 의뢰할 수 있다.

전문기관의 장은 특허청장으로부터 선행기술의 조사 또는 국제특허분류의 부여를 의뢰받은 경우에는 그 조사결과 또는 그 부여결과를 특허청장에게 신속히 통지하여야 한다. 이에 따른 조사결과 또는 부여결과가 그 특허출원 또는 국제출원에 대한 선행기술 또는 국제특허분류를 파악하기에 미흡하다고 인정되면 조사범위 등을 정하여 그 전문기관의 장에게 선행기술의 조사 또는 국제특허분류의 부여를 재의뢰할 수 있다.

(다) 특허출원심사의 청구(특허법 제59조)

특허출원에 대하여 **심사청구가 있을 때에만** 이를 **심사**하며, **누구든지** 특허출원에 대하여 **특허출원일부터 3년 이내**에 특허청장에게 출원심사의 청구를 할 수 있다. **특허출원심사청구**는 **출원인**은 물론이고 출원발명 때문에 불안한 지위에 놓인 제3자도 가급적 빨리 출원발명의 특허여부를 알 필요가 있기 때문에 **누구든지 청구**할 수 있다. 다만, 특허출원인은 **명세서에 청구범위를 적지 아니한 경우**, 특허법 제42조의3 제2항에 따른 **국어번역문을 제출하지 아니한 경우**(외국어특허출원의 경우로 한정한다)에 해당하는 경우에는 **출원심사의 청구를 할 수 없다.**

특허법 제34조 및 제35조에 따른 **정당한 권리자의 특허출원**, **분할출원** 또는 **변경출원**에 관하여는 **기간이 지난 후**(특허출원일부터 3년)에도 정당한 권리자가 특허출원을 한 날, 분할출원을 한 날 또는 변경출원을 한 날부터 각각 **30일 이내에 출원심사의 청구**를 할 수 있다. 출원심사의 청구는 **취하할 수 없다.** 이에 따라 출원심사의 청구를 할 수 있는 **기간에 출원심사의 청구가 없으면** 그 특허출원은 **취하**한 것으로 본다.

(라) 특허출원심사의 청구절차(특허법 제60조)

출원심사의 청구를 하려는 자는 "청구인의 성명 및 주소(법인인 경우에는 그 명칭 및 영업소의 소재지), 출원심사의 청구대상이 되는 특허출원의 표시"를 적은 **출원심사청구서를 특허청장에게 제출**하여야 한다. 그리고 특허청장은 출원공개 전에 출원심사의 청구가 있으면 출원공개 시에, 출원공개 후에 출원심사의 청구가 있으면 지체 없이 그 취지를 **특허공보에 게재**하여야 한다. 또 특허청장은 **특허출원인이 아닌 자**로부터 **출원심사의 청구**가 있으면 그 취지를 **특허출원인에게 알려야** 한다.

(마) 우선심사(특허법 제61조)

① 우선심사제도의 의의 및 취지: 특허출원은 심사청구에 따라 심사하는 것이 원칙이나, 모든 출원에 대해서 예외없이 이러한 원칙을 적용하다 보면 **공익이나 출원인의 권리를 적절하게 보호**할 수 없는 면이 있어 특허법 제61조(우선심사)에 해당하는 출원에 대해 심사

청구순서에 관계없이 **다른 출원보다 먼저 심사**하는 제도를 **우선심사제도**라고 한다. 이는 **공공의 이익** 및 **출원인의 이익보호**를 위해 **예외적으로 우선심사하여 조기에 권리화가 가능**하도록 것이다.

② 우선심사제도의 대상: 특허청장은 "㉠ 특허법 제64조(출원공개)에 따른 출원공개 후(1년 6개월 / 1년6개월 전 신청에 따른 출원공개) **특허출원인이 아닌 자**가 **업(業)으로서 특허출원된 발명을 실시**하고 있다고 인정되는 경우(제3자의 무단실시), ㉡ **대통령령(시행령) 제9조에서** 정하는 특허출원으로서 **긴급하게 처리**할 필요가 있다고 인정되는 경우, ㉢ 대통령령(시행령) 제9조에서 정하는 특허출원으로서 재난의 예방·대응·복구 등에 필요하다고 인정되는 경우"에 해당하는 특허출원에 대해서는 심사관에게 다른 특허출원에 **우선하여 심사**하게 할 수 있다.

대통령령 제9조(시행령) 제1항에서 정하는 특허출원으로서 긴급처리가 필요하다고 인정되는 경우(특허법 제61조 제2항)는 다음과 같다.

㉠ 방위산업분야의 특허출원
㉡ 기후위기 대응을 위한 탄소중립·녹색성장기본법에 따른 녹색기술과 직접 관련된 특허출원
㉢ 인공지능 또는 사물인터넷 등 4차 산업혁명과 관련된 기술을 활용한 특허출원
㉣ 수출촉진에 직접 관련된 특허출원
㉤ 국가 또는 지방자치단체의 직무에 관한 특허출원(고등교육법에 따른 국·공립학교의 직무에 관한 특허출원으로서 기술의 이전 및 사업화 촉진에 관한 법률 제11조제1항에 따라 국·공립학교 안에 설치된 기술이전·사업화 전담조직에 의한 특허출원을 포함한다)
㉥ 벤처기업육성에 관한 특별조치법 제25조에 따른 벤처기업의 확인을 받은 기업의 특허출원
㉦ 중소기업기술혁신 촉진법 제15조에 따라 기술혁신형 중소기업으로 선정된 기업의 특허출원
㉧ 발명진흥법 제11조의2에 따라 직무발명보상 우수기업으로 선정된 기업의 특허출원
㉨ 발명진흥법 제24조의2에 따라 지식재산 경영인증을 받은 중소기업의 특허출원
㉩ 국가연구개발혁신법 제2조 제1호에 따른 국가연구개발사업의 결과물에 관한 특허출원
㉪ 조약(PCT)에 따른 우선권주장의 기초가 되는 특허출원(해당 특허출원을 기초로 하는 우선권주장에 따라 외국특허청에서 특허에 관한 절차가 진행중인 것에 한정한다)
㉫ 특허법 제198조의2에 따라 특허청이 특허협력조약에 따른 국제조사기관으로서 국제조사를 수행한 국제특허출원
㉬ 특허출원인이 특허출원된 발명을 실시하고 있거나 실시준비중인 특허출원
㉭ 특허청장이 외국특허청장과 우선심사하기로 합의한 특허출원

㉭-1 우선심사의 신청을 하려는 자가 특허출원된 발명에 관하여 특허법 제58조제1항에 따른 **전문기관에 선행기술의 조사**를 의뢰한 경우로서 그 조사결과를 특허청장에게 통지하도록 해당 전문기관에 요청한 특허출원

㉭-2 65세 이상인 사람 또는 건강에 중대한 이상이 있어 우선심사를 받지 아니하면 특허결정 또는 특허거절결정까지 특허에 관한 절차를 밟을 수 없을 것으로 예상되는 사람이 한 특허출원

대통령령(시행령) 제9조 제2항에서 정하는 특허출원으로서 재난의 예방·대응·복구 등에 필요하다고 인정되는 경우는 다음과 같다. ㉠ 감염병의 예방 및 관리에 관한 법률 제2조 제21호에 따른 의료·방역 물품과 직접 관련된 특허출원과 재난 및 안전관리기본법 제73조의4에 따라 인증을 받은 재난안전제품과 직접 관련된 특허출원, ㉡ 재난으로 인한 긴급한 상황에 대응하기 위해 특허청장이 우선심사 신청 기간을 정해 공고한 대상에 해당하는 특허출원

③ 우선심사신청의 요건 및 절차: 우선심사신청은 심사청구와 마찬가지로 **누구든지** 할 수 있음이 원칙이나, 해당 출원에 대해 심사청구가 되어 있어야 한다. 우선심사청구서를 특허청장에게 제출하고 수수료를 납부하여야 한다. **제3자의 무단실시**의 경우(특허법 제61조 제1호)에는 **출원공개 후**에만 신청할 수 있으나, **긴급처리**를 요하는 경우(특허법 제61조 제2호)에는 **출원공개 전**이라도 가능하다. 다만, 국가 또는 지방자치단체의 직무에 관한 특허출원에 대해서는 국가 또는 지방자치단체만이 우선심사를 청구할 수 있다.

④ 우선심사신청의 효과: **우선심사결정**이 있으면 그 출원에 대해서는 심사청구의 순위에 관계없이 **우선적으로 심사에 착수**하며 **우선심사결정의 통지**가 있는 이후에는 우선심사 **신청을 취하할 수 없다**. 우선심사신청에 관한 고시에 따르면 우선심사결정일로부터 4 **개월 이내**에 심사를 완료하는 것으로 규정하고 있다.

4) 특허출원심사 후 특허거절결정 또는 특허결정

특허출원에 대한 심사는 **심사관의 특허여부 결정에 따라 종료**된다. 특허여부결정이란 특허출원이 특허요건을 구비하고 있는지의 여부에 대한 심사관의 최종판단으로서 특허성 구비여부의 확인행위이다. 심사 후 특허성을 **부정**하는 특허**거절**결정(특허법 제62조)과 심사 후 특허성을 **인정**하는 특허**결정**이 있으며(특허법 제66조), 특허결정을 받은 자는 소정 절차에 따라 **특허권설정등록**을 하면 **특허권이 발생**한다.

(1) 특허거절결정인 경우

특허거절결정은 출원인이 제출한 의견서 및 보정서에 따라 **거절이유가 해소되지 않은 경우 특허를 부여하지 않기로 결정하는 행위**이다. 심사관은 특허출원이 다음에 해당하는 경우에는 그 특허출원에 대하여 **특허거절결정**을 하여야 한다(특허법 제62조).

㉠ 특허법 제25조(외국인의 권리능력) · 제29조(특허요건) · 제32조(특허를 받을 수 없는 발명) · 제36조(선출원)제1항부터 제3항까지 또는 제44조(**공동출원**)의 규정에 따라 특허할 수 없는 경우, ㉡ 특허법 제33조(특허를 받을 수 있는 자)제1항 본문의 규정에 따른 특허를 받을 수 있는 권리를 가지지 아니하거나 같은 항 단서의 규정에 의하여 특허를 받을 수 없는 경우, ㉢ 조약의 규정에 위반된 경우, ㉣ 제42조(특허출원)제3항 · 제4항 · 제8항 또는 제45조(특허출원의 범위)에 따른 요건을 갖추지 아니한 경우, ㉤ 제47조(특허출원의 보정)제2항의 규정에 따른 범위를 벗어난 보정인 경우, ㉥ 특허법 제52조(분할출원)제1항의 규정에 따른 범위를 벗어난 분할출원인 경우, ㉦ 특허법 제53조(변경출원)제1항의 규정에 따른 범위를 벗어난 변경출원인 경우

심사관은 특허법 제62조에 따라 특허**거절**결정을 하려면 특허출원인에게 **거절이유를 통지**하고, 기간을 정하여 **의견서를 제출**할 수 있는 기회를 주어야 한다(특허법 제63조 제1항 본문). 그리고 **심사관**은 청구범위에 **둘 이상의 청구항**이 있는 특허출원에 대하여 **거절이유를 통지**할 때에는 그 통지서에 거절되는 청구항을 명확히 밝히고, 그 청구항에 관한 거절이유를 구체적으로 적어야 한다(특허법 제63조 제2항). 일정한 기간(2월)을 정하여 의견서를 제출할 수 있는 **기회를 주지 않고** 이루어진 특허거절결정에 대하여 출원인은 이를 이유로 특허거절결정에 대한 **불복심판을 청구**할 수 있다. 다만, 최후 거절통지에 대한 보정(특허법 제51조 제1항) 각하결정에 대해서는 의견서 제출기회가 주어지지 않는다(특허법 제63조 제1항 단서). 또 특허거절결정 또는 특허권의 존속기간의 연장등록거절결정을 받은 자가 결정에 **불복**할 때에는 그 결정등본을 송달받은 날부터 **30일 이내에 심판**을 청구할 수 있다(특허법 제132조의3).

특허출원의 거절이유(특허법 제62조)

특허법 조문	판단 대상
제25조(외국인의 권리능력)	외국인의 권리 향유요건 충족 여부
제29조 제1항본문(성립성)	발명에 해당하는지 여부, 산업상 이용가능성 여부
제29조 제1항제1호(신규성)	출원전 국내외 공지공용기술인지 여부
제29조 제1항제2호(신규성)	출원전 간행물과 동일한지 여부
제29조 제2항(진보성)	출원전 공지기술로부터 용이하게 발명할 수 있는지
제29조 제3항,제4항(확대된 선출원)	출원전 출원되고 출원후 공개된 타출원과의 동일성 여부
제31조(식물특허발명)	무성반복생식 변종식물 여부(2006.9.30 이전 출원)
제32조(특허받을 수 없는 발명)	공서양속 및 공중위생을 해하는지 여부
제33조 제1항(특허받을 수 있는 자)	정당권리자 인지 여부
제36조(선출원)	두 출원간 청구범위가 동일한지 여부
제42조 제3항(상세한 설명 기재요건)	상세한 설명의 기재불비
제42조 제4항(청구범위 기재요건)	청구범위의 기재불비
제42조 제8항(청구범위 기재방법)	청구범위의 형식적 기재불비
제44조(공동출원)	공유자 전원의 출원인지 여부
제45조(1특허출원의 범위)	단일성 충족 여부
제47조 제2항(특허출원의 보정)	신규사항추가, 보정이 적법 여부
제52조 제1항(분할출원)	분할출원 범위(2006.10.1 이후 출원)
제53조 제1항(변경출원)	변경출원 범위(2006.10.1 이후 출원)
조약	조약의 규정에 위반된 경우

(2) 특허결정인 경우

심사관은 특허출원에 대하여 **거절이유를 발견할 수 없으면** 특허결정을 하여야 한다(특허법 제66조). 특허권의 설정등록을 받으려는 자는 설정등록을 받으려는 날(이하 "설정등록일"이라 한다)부터 3개월 이내에 **3년분의 특허료를 납부**하여야 하고, 특허권자는 그 다음해 분부터의 특허료를 해당 권리의 설정등록일에 해당하는 날을 기준으로 **매년 1년분씩 납부**하여야 하거나(특허법 제79조 제1항), 특허권자는 특허료를 그 납부연차 순서에 따른 수년분 또는 **모든 연차분을 함께 납부**할 수 있다(특허법 제79조 제2항). 이에 따른 특허료, 납부 방법, 납부 기간, 그 밖에 필요한 사항은 **산업통상자원부령**으로 정하고 있다(특허법 제79조 제3항).

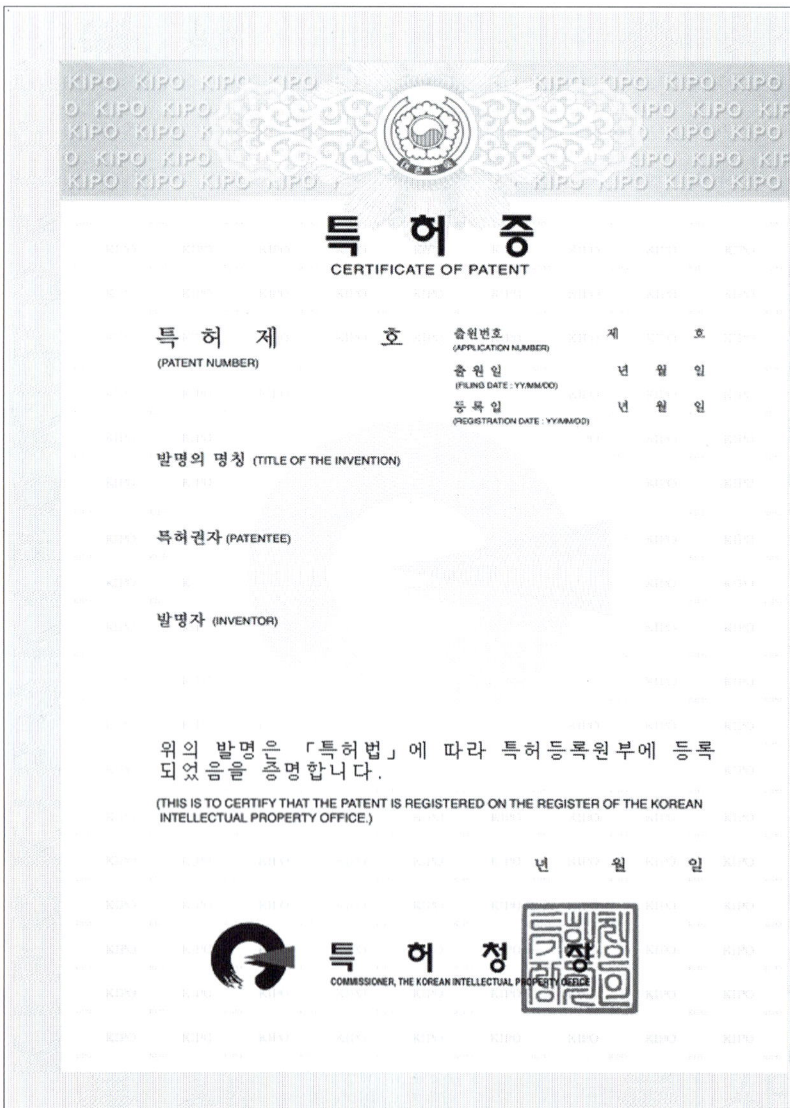

특 허 증
CERTIFICATE OF PATENT

특 허 제 호
(PATENT NUMBER)

출원번호 (APPLICATION NUMBER) 제 호
출원일 (FILING DATE : YY/MM/DD) 년 월 일
등록일 (REGISTRATION DATE : YY/MM/DD) 년 월 일

발명의 명칭 (TITLE OF THE INVENTION)

특허권자 (PATENTEE)

발명자 (INVENTOR)

위의 발명은 「특허법」에 따라 특허등록원부에 등록되었음을 증명합니다.
(THIS IS TO CERTIFY THAT THE PATENT IS REGISTERED ON THE REGISTER OF THE KOREAN INTELLECTUAL PROPERTY OFFICE.)

년 월 일

특 허 청 장
COMMISSIONER, THE KOREAN INTELLECTUAL PROPERTY OFFICE

특허권의 설정등록을 받으려는 자 또는 특허권자는 특허법 제79조 제3항에 따른 **납부기간이 지난 후에도 6개월 이내**(이하 "추가납부기간"이라 한다)에 특허료를 추가로 낼 수 있다(특허법 제81조 제1항). 이에 따라 특허료를 추가로 낼 때에는 내야 할 특허료의 2배의 범위에서 산업통상자원부령으로 정하는 금액을 납부하여야 한다(특허법 제81조 제2항). 따라서 **특허료의 납부**가 있을 때에는 **특허청장의 직권**에 따라 **특허권리설정등록**이 행하여지고 **이때부터 특허권은 정식 발생한다.**

그리고 추가납부기간에 **특허료를 내지 아니한** 경우[추가납부기간이 끝나더라도 특허법 제81조의2 제2항에 따른 보전기간(보전명령을 받은 날부터 1개월 이내)이 끝나지 아니한 경우에는 그 보전기간에 보전하지 아니한 경우를 말한다]에는 특허권의 설정등록을 받으려는 자의 **특허출원은 포기한 것**으로 보며, 특허권자의 특허권은 특허법 제79조 제1항 또는 제2항에 따라 **낸 특허료에 해당되는 기간이 끝나는 날의 다음 날로 소급하여 소멸**된 것으로 본다(특허법 제81조 제3항).

(3) 특허여부 결정방식

특허결정 및 특허거절결정(이하 "특허여부결정"이라 한다)은 **서면**으로 하여야 하며, 그 이유를 붙여야 하며, 특허청장은 특허여부결정이 있는 경우에는 그 결정의 **등본**을 특허출원인에게 **송달**하여야 한다(특허법 제67조).

5) 특허권 설정등록 공고제도

심사관은 특허출원에 대하여 거절이유를 발견할 수 없으면 **특허결정**을 하여야 한다(특허법 제66조). **심사관이 특허결정**을 하였을 때에는 특허청장은 소정의 **특허료를 냈을 때**(특허료를 추가로 냈을 때, 특허료를 보전하였을 때, 특허료를 내거나 보전하였을 때, 그 특허료가 면제되었을 때)에 특허권을 설정하기 위한 **등록**을 하여야 한다(특허법 제87조 제2항).

특허청장은 **특허여부결정**이 있는 경우에는 그 결정의 **등본**을 **특허출원인에게 송달**하여야 하며(특허법 제67조 제2항), 특허권자의 성명·주소 및 특허번호 등 대통령령으로 정하는 사항을 **특허공보에 게재**하여 **등록공고**를 하여야 한다(특허법 제87조 제3항). 그리고 특허청장은 등록공고가 있는 날부터 **3개월 동안** 출원서류 및 그 부속물건을 **공중이 열람**할 수 있도록 하여야 한다(특허법 제87조 제4항). 이는 **일반공중에게 중복연구·중복투자 등을 하지 않도록 함과 동시에 특허분쟁을 미연에 방지하기 위하여 등록을 공고**하는 제도이다.

그러나 **비밀취급이 필요한 특허발명**에 대해서는 그 발명의 비밀취급이 **해제**될 때까지 그 특허의 **등록공고를 보류**하여야 하며, 그 발명의 비밀취급이 해제된 경우에는 지체 없이 **등록공고**를 하여야 한다(특허법 제87조 제4항).

6) 특허출원의 회복(특허법 제67조의3)

특허출원인이 책임질 수 없는 사유로 "㉠ 특허법 제59조 제2항 또는 제3항에 따라 **출원심사의 청구를 할 수 있는 기간**(3년 이내, 30일 이내), ㉡ 특허법 제67조의2 제1항에 따라 **재심사의 청구를 할 수 있는 기간**(3개월 이내)"을 지키지 못하여 **특허출원이 취하**되거나 **특허거절결정이 확정**된 것으로 인정되는 경우에는 그 사유가 **소멸한 날부터 2개월 이내**에 **출원심사의 청구** 또는 **재심사의 청구**를 할 수 있다. 이에 따른 출원심사의 청구 또는 재심사의 청구가 있는 경우에는 특허법 제59조 제5항(특허출원 취하)에도 불구하고 그 특허출원은 **취하되지 아니한 것**으로 보거나 특허**거절결정이 확정되지 아니**한 것으로 본다. 다만, 그 기간의 만료일부터 1년이 지난 때에는 **출원심사의 청구** 또는 **재심사의 청구할 수 없다.**

7) 특허결정의 재심사청구 및 특허무효심판

(1) 특허결정의 재심사청구제도 ← 특허거절결정

기존의 **심사전치주의** 아래에서는 특허출원 심사후 거절결정된 경우 거절결정불복심판을 청구한 후 명세서를 보정한 건에 대해 다시 심사를 하였으나, 이제는 특허법에 따라 **거절결정 후** 심판청구를 하지 않더라도 **보정과 동시에 재심사를 청구**하면 심사관에게 **다시 심사**받을 수 있도록 **재심사청구제도를 도입**한 것이다.[182)]

특허출원인은 그 특허출원에 관하여 특허거절결정등본을 송달받은 날부터 **3개월**(특허법 제15조 제1항에 따라 제132조의3에 따른 기간이 연장된 경우 그 연장된 기간을 말한다) **이내**에 그 특허출원의 **명세서** 또는 **도면을 보정**하여 해당 특허출원에 관한 **재심사**(이하 "재심사"라 한다)를 청구할 수 있다. 다만, 재심사를 청구할 때에 이미 재심사에 따른 특허거절결정이 있거나 특허법 제132조의3(특허취소신청절차에서의 특허의 정정)에 따른 심판청구가 있는 경우에는 해당 특허출원에 관한 **재심사를 청구할 수 없다**(특허법 제67조의2 제1항). 이에 따른 **재심사의 청구**와 **함께 의견서를 제출**할 수 있다(특허법 제67조의2 제2항). 또 이에 따른 **재심사의 청구**는 **취하**할 수 **없다**(특허법 제67조의2 제4항). **재심사가 청구**된 경우 그 특허출원에 대하여 **종전**에 이루어진 특허**거절**결정은 **취소**된 것으로 본다. 다만, 재심사의 청구절차가 특허법 제16조(절차의 무효) 제1항에 따른 특허청장 또는 특허심판원장의 보정명령에 지정 기간 내에 보정하지 않아 **무효**로 된 경우에는 특허출원에 대하여 **종전**에 이루어진 특허**거절**결정은 **취소**된 것으로 보지 아니한다(특허법 제67조의2 제3항).

182) 윤선희, 앞의 책, 99면 참조.

(2) 특허무효심판

생각하기

A는 B가 취득한 컴퓨터 소재 특허에 문제가 있다고 판단되어 특허청에 무효심판을 청구하고자 한다. 이처럼 특허의 무효심판의 사유로는 어떠한 것이 있는가?

일단 **특허등록**이 된다 하더라도 **해당 기술이 특허를 받을 수 없는 것**이었던 경우에 이해관계인 또는 심사관은 특허가 "① 특허법 제25조(외국인의 권리능력), 특허법 제29조(특허요건), 특허법 제32조(특허를 받을 수 없는 발명), 특허법 제36조(선출원) 제1항부터 제3항까지, 특허법 제42조(특허출원) 제3항 제1호 또는 같은 조 제4항을 위반한 경우, ② 특허법 제33조(특허를 받을 수 있는 자) 제1항 본문에 따른 특허를 받을 수 있는 권리를 가지지 아니하거나 특허법 제44조(공동출원)를 위반한 경우, ③ 특허법 제33조(특허를 받을 수 있는 자) 제1항 단서에 따라 특허를 받을 수 없는 경우, ④ 특허된 후 그 특허권자가 특허법 제25조(외국인의 권리능력)에 따라 특허권을 누릴 수 없는 자로 되거나 그 특허가 조약을 위반한 경우, ⑤ 조약을 위반하여 특허를 받을 수 없는 경우, ⑥ 특허법 제47조(특허출원의 보정) 제2항 전단에 따른 범위를 벗어난 보정인 경우, ⑦ 특허법 제52조(분할출원) 제1항에 따른 범위를 벗어난 분할출원 또는 특허법 제52조의2(분리출원) 제1항 각 호외의 부분전단에 따른 범위를 벗어난 분리출원인 경우, ⑧ 특허법 제53조(변경출원) 제1항에 따른 범위를 벗어난 변경출원인 경우"에 해당하는 경우에는 무효심판을 청구할 수 있다. 이 경우 청구범위의 청구항이 둘 이상인 경우에는 청구항마다 청구할 수 있다. 다만, 특허권의 설정등록일부터 등록공고일 후 **3개월 이내**에는 누구든지 앞의 (②는 제외한다)의 어느 하나에 해당한다는 이유로 **무효심판을 청구**할 수 있다(특허법 제133조 제1항).

이에 따른 심판은 **특허권이 소멸된 후에도 청구**할 수 있고(특허법 제133조 제2항), 심판장은 심판이 청구된 경우에는 그 취지를 해당 특허권의 **전용실시권자**나 그 밖에 특허에 관하여 **등록을 한 권리를 가지는 자에게 알려야** 한다(특허법 제133조 제4항).

특허를 **무효로 한다는 심결이 확정**된 경우에는 그 특허권은 **처음부터 없었던 것**으로 본다. 다만, '특허된 후 그 특허권자가 특허법 제25조(외국인의 권리능력)에 따라 특허권을 누릴 수 없는 자로 되거나 그 특허가 조약을 위반한 경우(특허법 제133조 제1항 제4호)'에 따라 특허를 무효로 한다는 심결이 확정된 경우에는 특허권은 그 특허가 없었던 것으로 본다(특허법 제133조 제3항).

11. 특허권

학습포인트

1. 특허권은 어떻게 발생하며, 특허권을 유지하기 위해서는 어떤 절차를 밟아야 하는지 알아본다.
2. 특허권의 존속기간에 대해 알아본다.
3. 특허권이 소멸하는 사유를 알아본다.
4. 등록된 특허는 어떠한 효력을 가지는지 알아본다.

1) 특허권의 의의

특허권은 특허청의 특허결정 3개월 이내에 따라 출원인이 **특허료를 납부**하면 특허청장이 직권으로 **특허등록원부**에 **등록함**으로써 발생한다(특허법 제87조 제1항). **특허권**은 **발명이라는 기술적 사상의 창작**에 대해 **법률**에 따라서 부여된 독점・배타권을 말한다.

이러한 특허권은 **독점성, 배타성, 전면적 지배성, 공익성, 탄력성**이 있다는 점에서 소유권과 유사하지만, 소유권의 특성인 **영구성이 없다**는 점에서 차이가 있다. 그래서 물권에 준하는 **준물권**[183]이라고 한다. 물권에 준하는 권리라는 특성에서 여러 가지 효력이 발생한다.

2) 특허권의 성질

특허권의 성질은 독점권, 경업권, 재산권, 공익성 등을 갖는다.[184]

(1) 독점권

특허권자는 **업으로서 특허발명을 실시할 권리를 독점**한다. 다만, 그 특허권에 관하여 전용실시권을 설정하였을 때에는 특허법 제100조 제2항(전용실시권)에 따라 **전용실시권자**가 그 특허발명을 실시할 권리를 독점하는 범위에서는 **업으로서 특허발명을 실시할 권리를 독점할 수 없다**(특허법 제94조).

특허권자・전용실시권자 또는 통상실시권자는 특허발명이 그 특허발명의 특허출원일 **전**에 출원된 타인의 특허발명・등록실용신안 또는 등록디자인이나 그 디자인과 유사한 디자인을 이용하거나 특허권이 그 특허발명의 특허출원일 전에 출원된 타인의 **디자인권** 또는 **상표권과 저촉**되는 경우에는 그 특허권자・실용신안권자・디자인권자 또는 상표권자의 **허락을 받지 아니**하고는 자기의 특허발명을 **업으로서 실시할 수 없다**(특허법 제98조, 타인의 특허발명 등과의 관계).

---

183) 법에 따라 공시하기에 준물권의 성질을 가진다.
184) 송영식 외2, 앞의 책, 85~86면.

(2) 경업권

특허권은 발명이라고 하는 기술적 사상을 객체로 하므로, 그러한 사상에 대한 직접의 지배 및 점유라는 관념은 생길 여지가 없고, 그러한 기술 사상의 산업상의 이용에 대한 지배라는 형태로 나타난다. 즉, 특허권은 **같은 기술을 이용하는 경쟁업자를 물리칠 수 있는 배타적 효력**을 가지므로, **영업**에 있어서 **우월적 및 독점적 지위**를 누리게 하여 주는 권리인 점에서 경업적 성질을 갖는다.

(3) 재산권

특허권은 **기술에 대한 독점권**을 **산업상의 재산권**으로 구성하여 권리의 **사용권능 · 수익권능 · 처분권능**을 인정하고 있다.

(4) 공익성

특허에 따른 기술의 독점은 국가산업의 원동력이 되는 기술적 창작을 보호 및 육성 및 장려하기 위한 것이므로, 특허권은 **실시되지 아니한 독점** 또는 **영구적인 독점상태를 허용하지 않는다**. 따라서 **특허발명의 불실시, 불성실한 실시 등에 대하여 제3자에게 특허권자의 의사에 관계없이 실시권 제도를 마련**하고 있고, **권리의 존속기간제도**를 두어 일정한 **독점적 이윤을 보장**한 다음에는 해당 특허발명의 기술을 **일반의 공유재산**(public domain)**으로 돌리는 점**에서는 다른 권리와 다른 취급을 하고 있다.

3) 특허권의 효력 및 제한

특허권의 효력에는 특허발명의 독점적 실시를 할 수 있는 적극적 효력과 타인의 실시를 배제할 수 있는 배타권으로서의 소극적 효력이 있다.[185] 다만, 특허권의 성격인 무체성과

185) 특허권은 적극적으로 특허대상인 발명을 독점적으로 이용할 수 있는 전용권(특허법 제94조)이며, 소극적으로는

공익성으로 인하여 일정한 경우에 효력이 제한되거나 확장된다.

(1) 특허권의 효력발생

특허권은 **설정등록**에 따라 그 효력이 발생한다(특허법 제87조 제1항). 특허권의 설정등록은 특허청에 있는 **특허등록원부에 기재**됨과 동시에 **효력이 발생**하고 이러한 효력은 **국내에 한하여 유효한 권리**이다. 특허권의 효력에는 **특허권자가 업**으로서 특허발명을 **독점적**으로 실시·이용할 수 있는 **적극적 효력**과 **타인이 부당**하게 특허발명을 **실시**하는 것을 **금지**시킬 수 있는 **소극적 효력**이 있다.

(가) 특허권의 적극적 효력 – 실시권(이용권)

이에 특허법 제94조는 "특허권자는 **업으로서** 특허발명을 **실시할 권리를 독점**한다"고 규정하여 특허권자는 특허발명을 **독점적으로 실시할 권리**를 갖는다는 적극적 효력을 밝히고 있다.

① 업(業)으로서의 실시(實施): 업(業)으로서의 실시(實施)란 사회적 수요를 충족시키기 위하여 실시하는 것으로서 반드시 **영리**를 목적으로 하는 것이 아니다. **비영리**라고 하더라도 **사회적 수요를 충족시키기 위하여 실시**하는 것은 **업으로서의 실시**에 해당하지만, 개인이나 가정용 목적으로 실시는 해당되지 않는다. 그 이유는 개인 또는 가정용 목적으로 실시하는 것은 공정한 경쟁질서를 저해하지 않는다는 것이다.

② 실시(實施): 특허법 제2조 제3호는 실시를 다음과 같이 나누고 있다. 실시란 발명을 그 발명의 내용에 따라 사용하는 것을 말한다(특허법 제2조 제3호). 무체재산권인 특허권은 사실상 점유가 불가능하고 침해의 형태가 다양하기 때문에 실시의 개념에 대해 법률에서 직접 규정하고 있다.

(ㄱ) 물건의 발명인 경우: 물건의 발명인 경우에는 그 물건을 생산·사용·양도·대여 또는 수입하거나 그 물건의 양도 또는 대여의 청약(양도 또는 대여를 위한 전시를 포함한다. 이하 같다)을 하는 행위를 말한다. **생산**은 무형인 특허발명을 유형화하여 발명의 결과인 물건을 만들어 내는 일체의 행위로서 반드시 완성행위일 것을 요하지 않는다. 그러나 모형의 제작, 설계도의 작성과 같은 준비행위는 포함되지 않는다. **사용**은 발명의 기술적 효과를 실현시키는 일체의 행위를 말한다. 예를 들어, 특허발명품인 제조기계를 사용하여 일정한 제품을 만들어 내는 행위이다. **양도**는 생산된 발명품의 소유권을 타인에게 유상 또는 무상으로 이전하는 것이다. **대여**는 발명품을 일정한 시기에 반환할 것을 조건으로 유상 또는 무상으로 빌려주는 것이다.

수입은 외국에서 생산된 특허품을 국내시장에 반입하는 행위로 단순히 송장(送狀; invoic

제3자에 따른 특허발명의 위법실시(경업권)를 배제할 수 있는 금지권 내지 배타권(재산권)이다.

e)[186]의 도착만으로는 수입행위에 해당되지 않는다. 특허권은 속지주의가 적용되므로 국외에 있는 물건에는 특허권의 효력이 미치지 아니하며 수출은 실시행위로 포함되지 않는다. 단, 수출행위의 전제로서 생산 또는 양도는 실시에 해당된다. **양도 또는 대여의 청약**[187]에서 청약이란 이에 대응하는 승낙과 결합하여 일정한 계약을 성립시킬 것을 목적으로 하는 일방적·확정적 의사표시이다. 양도 또는 대여의 청약에는 팜플렛 배포, 상품판매의 광고, 상품의 전시와 같은 청약의 유인도 포함된다.

실시의 내용

생산	무형의 기술적 사상인 발명을 이용하여 유형화된 물건을 만들어내는 행위
사용	발명이 추구하는 본래의 목적을 달성하거나 작용·효과를 나타내도록 그 발명을 이용하는 것
양도	생산된 발명품의 소유권을 의사표시에 따라 타인에게 유상 또는 무상으로 이전하는 것
대여	발명품을 유상 또는 무상으로 일정한 시기에 반환할 것을 조건으로 타인에게 빌려주는 것
수입	외국에서 생산된 물건을 국내에서 사용·양도·대여의 목적으로 외국에서 들여오는 것
청약	특허품을 양도 또는 대여하기 위하여 계약을 성립시킬 것을 목적으로 하는 의사표시

(ㄴ) 방법의 발명인 경우: 방법의 발명인 경우는 그 방법을 사용하는 행위 또는 그 방법의 사용을 청약[188]하는 행위를 의미한다. 예를 들어, 기계, 설비, 장비 등의 사용방법과 측정방법을 사용하는 행위이다.

(ㄷ) 물건을 생산하는 방법의 발명인 경우: 물건을 생산하는 방법의 발명인 경우는 그 방법을 사용하는 행위 외에 그 방법에 따라서 생산한 물건을 사용·양도·대여 또는 수입하거나 그 물건의 양도 또는 대여의 청약을 하는 행위를 말한다.

(ㄹ) 특허품 구입 後 행위의 적법성: 특허권자 또는 적법한 제조·판매권을 갖는 자가 판매한 특허품을 적법하게 구입한 경우, 그것을 스스로 사용하거나 타인에게 전매하더라도 특허권의 침해가 되지 않는다. 그 이론적 근거에 대해서는 소유권이전설, 묵시적 실시허락설 등이 있으나, 특허품의 판매가 적법하게 이루어진 경우, 특허권의 효력이 소모되어 동일물에 대해 다시 특허권의 효력을 주장할 수 없다는 소모이론(권리소진설)이 유력한

186) 송장(送狀)이란 매매계약의 조건을 정당하게 이용하였음을 매도인이 매수인에게 증명하는 서류로서 물품의 명세 및 계산내역을 상세하고 정확하게 기재하는 서류를 말한다.

187) TRIPs 제28조의 offering for sale을 국내법에 반영한 것이다.

188) 현행법은 소프트웨어 등과 같은 방법의 발명인 경우 그 방법을 사용하는 행위만을 특허를 받은 발명의 실시로 규정하고 있어 소프트웨어 등을 정보통신망을 통하여 전송하는 행위가 특허를 받은 발명의 실시에 해당하는지 불분명하여 보호하기 어려운 측면이 있는바, 방법의 발명인 경우에 그 방법의 사용을 청약하는 행위를 특허를 받은 발명의 실시에 포함되도록 하되, 이로 인한 소프트웨어 산업의 위축을 방지하기 위하여 특허를 받은 발명의 실시가 방법의 사용을 청약하는 행위인 경우 특허권의 효력은 그 방법의 사용이 특허권 또는 전용실시권을 침해한다는 것을 알면서 그 방법의 사용을 청약하는 행위에만 미치도록 한 것이다.

설로 지지받고 있으며, 국제적으로도 정설로 되어 있다.

(ㅁ) 소지 · 구입 · 보관: 특허품의 단순한 소지행위 · 단순구입 · 보관행위는 특허법의 법규정상 실시에 해당하지 않으므로 침해품의 소지 그 자체가 특허권의 침해라고 볼 수 없다. 다만, 소지자 또는 보관자가 물건을 양도 또는 대여할 목적으로 소지하는 것은 특허권을 침해할 개연성이 있으므로 특허권자는 침해예방에 필요한 조치를 취할 수 있다(특허법 제126조).

(ㅂ) 수출: 속지주의 원칙상 대한민국 영토 밖에 있는 물건에 대해서는 특허권의 효력이 미치지 않기 때문에 수출은 실시행위로 보지 않는다. 다만, 수출을 위한 전제행위로서 국내에서 생산 · 사용 등은 실시행위에 해당하므로 침해여부는 수출을 위한 전단계의 행위에 따라 판단하여야 한다.

(ㅅ) 수리 · 개조: 특허품의 단순한 수리 · 개조는 특허법상 실시가 아니나, 특허품의 부품을 교체하는 것이 특허품의 수리 · 개조인지, 재생산으로 볼 것인지가 문제된다. 발명의 본질적인 부분을 교체하였다면 재생산으로 보아 침해로 볼 것이나 그렇지 않다면 단순한 수리 · 개조로 보아야 할 것이다. 예를 들어, 일회용 카메라에 대한 특허권자가 일회용 카메라를 생산 · 판매하였는데, 사용이 끝난 일회용 카메라 본체와 뒷면의 커버 접착부분을 개봉하거나 파괴하여 뒷면 커버를 본체로부터 분리한 뒤 별개의 필름을 갈아 끼우고, 촬영매수의 표시를 영(zero)으로 재조작하는 등의 방법으로 일회용 카메라를 재사용한 제3자의 실시행위는 일회용 카메라의 주요한 구성인 필름을 교환하였기 때문에 재생산이라고 할 수 있다. 따라서 제3자의 필름 교체행위와 재사용에 대해서는 권리소진의 효과가 남아 있지 않아 특허권자의 특허권의 침해이다.

(나) 특허권의 소극적 효력 – 금지권

특허권은 적극적으로 해당 특허발명은 실시할 수 있기 때문에 정당한 이유없이 특허권자 이외의 자는 특허권자의 허락없이 특허를 받은 발명을 업으로 실시할 때에는 특허권의 침해로 보기에 해당 행위를 실시하지 못하게 **금지**할 수 있는 것이 소극적 효력이다.

그 소극적 효력에 관해서는 특허법 제97조에서 "**특허발명의 보호범위**는 **청구범위에 적혀 있는 사항**에 따라 정하여진다"고 규정하고 있다. 이는 특허권의 범위를 명시하여 해당 특허의 기술을 이용하는 일반 공중에게 그 권리의 한계를 명백히 함과 동시에 발명자가 **특허를 청구하지 아니한 것**(**특허청구범위**에 적혀 있지 않은 것)은 비록 **명세서**(주로 발명의 상세한 설명 항목)에 **기재된 신기술이라도 보호되지 아니한다**는 점에 있다. 이 원칙은 오늘날 세계 각국에서 채용되고 있는 보편적 권리범위의 해석방법이다. 대법원 판결도 특허권의 소극적 대해서는 이것과 같은 입장이다.

특허권의 보호대상으로 출원인이 한 해당 특허발명의 정의 내지 발명내용의 집약은 **특**

허청구범위가 된다. 특허권을 침해하는 자에 대하여 특허권자는 민사적으로는 침해금지청구권, 부당이득반환청구권 내지 손해배상청구권, 신용회복청구권 등과 같은 구제수단을 사용할 수 있으며, 형사제재를 가할 수 있다(이 부분은 뒤에서 자세하게 보기로 한다).

(다) 실시행위 독립의 원칙

특허법 제2조 제3호[189]에서 규정하고 있는 **각각의 실시행위**는 **각각 독립적으로 존재**하며, 각각의 실시행위가 **특허권의 침해가 되는지의 여부**는 **각각 독립해서 판단**하여야 한다. 이것을 **실시행위독립의 원칙**이라고 한다. 따라서 한 단계의 실시행위가 적법하다고 하여 다른 단계의 실시행위까지도 적법하게 되는 것은 아니며, 각각의 실시행위가 특허권의 침해가 되는지의 여부는 각각 독립해서 판단하여야 한다.

예를 들어, 정당한 권원이 없는 제3자가 실시행위의 어느 하나라도 실시하는 경우에는 특허권 침해에 해당되고, 선의취득(민법 제249조)에 따라 해당 특허침해제품의 소유권을 취득하였다 하더라도 이를 사용 또는 양도 등의 실시행위를 하는 경우 특허권 침해가 된다.

(2) 특허권의 효력이 미치는 범위

(가) 특허권의 존속기간

① 특허권의 존속기간의 의의: 특허권의 존속기간이란 특허권을 적법하게 행사할 수 있는 법정기간을 말한다. 특허권은 발명을 공개하는 대가로 특허권자가 일정한 기간동안 독점적으로 실시할 수 있지만, 기술발전을 촉진하여 산업발전에 이바지한다는 특허법에 부합될 수 있도록 일정기간이 경과하면 특허권을 소멸시켜 누구나 자유롭게 이용할 수 있게 존속기간을 두고 있다.

② 특허권의 존속기간의 원칙: 특허권의 효력범위는 시간적으로 특허권이 적법하게 존속하는 동안이다. 특허권의 존속기간[190]은 특허권의 존속기간은 특허법 제87조 제1항에 따라 **특허권을 설정등록한 날부터 특허출원일 후 20년이 되는 날까지**이다(특허법 제88조 제1항). 예를 들어, 2009년 7월 1일에 특허출원하여 2012년 3월 2일에 특허등록한 경우, 특허권은 일반적으로 최대 2029년 7월 1일까지 유지될 수 있다. **특허권의 발생**은 설정등록일이지만 그 존속기간의 계산은 **출원일을 기준**으로 한다. 여기서 출원일이란 원칙적으로 출원서가 특허청에 **도달한 날**을 말한다. 그러나 우편에 따른 경우에는 **발신주의**(우편물의 통신일부인에서 표시된 날이 분명한 경우에는 그 표시된 날)를 채택하고 있다(특허법 제28조 제2항).

---

189) 특허법 제3조 제3호 "실시"란 다음 각 목의 구분에 따른 행위를 말한다. 가. 물건의 발명인 경우: 그 물건을 생산·사용·양도·대여 또는 수입하거나 그 물건의 양도 또는 대여의 청약(양도 또는 대여를 위한 전시를 포함한다. 이하 같다)을 하는 행위, 나. 방법의 발명인 경우: 그 방법을 사용하는 행위, 다. 물건을 생산하는 방법의 발명인 경우: 나목의 행위 외에 그 방법에 따라 생산한 물건을 사용·양도·대여 또는 수입하거나 그 물건의 양도 또는 대여의 청약을 하는 행위

190) 특허권의 존속기간이란 특허권을 적법하게 행사할 수 있는 법정기간을 말한다.

③ **특허권의 존속기간의 예외**

(ㄱ) 무권리자에 대한 정당한 권리자의 특허권의 존속기간: 정당한 권리자의 특허출원이 특허법 제34조(무권리자의 특허출원과 정당한 권리자의 보호) 또는 특허법 제35조(무권리자의 특허와 정당한 권리자의 보호)[191][192]에 따라 특허된 경우에는 특허권의 존속기간은 **무권리자의 특허출원일의 다음 날부터 기산하여 20년이 되는 날까지**이다(특허법 제88조 제2항).

(ㄴ) 그 밖의 경우: 적법하게 **분할출원**된 경우에는 **원특허출원(원출원)을 한 때**에 출원한 것으로 보고(특허법 제52조 제2항), **변경출원**이 있는 경우에는 그 특허출원은 **실용신안등록출원을 한 때에 출원한** 것으로 보고, 그 때를 기준으로 특허권의 존속기간을 정한다. 따라서 분할출원 및 변경출원의 존속기간은 **원출원의 다음날로부터 기산**한다. 또, **특허협력조약(PCT)우선권** 주장출원[193] · 국내우선권 주장출원(특허출원 등을 기초로 한 우선권 주장)[194]의 다음날부터 기산하며(특허법 제54조 제1항, 특허법 제55조 제3항), 국제특허출원의 경우에는 국제출원일의 다음날부터 기산한다.

④ **존속기간 만료일이 공휴일인 경우:** 특허권의 존속기간은 **기간 말일의 종료로 만료**하고 말일이 공휴일에 해당하는 경우에도 **그 날로 종료**한다.[195]

(나) 특허권의 존속기간의 연장

이상의 원칙에도 불구하고 존속기간의 연장이 예외적으로 인정되는 경우가 있다. 출원인의 책임이 아닌 일정기간 이내(5년 이내)에 특허권의 설정등록하지 않는 경우, 그 지연기간 만큼 특허권 존속기간을 연장시켜주는 제도로 심사처리기간 지연 등으로 특허권의 설정등록이 늦어지면 특허권의 존속기간이 사실상 줄어드는 불합리가 있기 때문이다. **의약**이나 **농약**의 특허발명을 실시하기 위한 활성 · 안정성을 **시험**하기 위하여 일정한 기간 실

---

191) 특허법 제34조(무권리자의 특허출원과 정당한 권리자의 보호) 발명자가 아닌 자로서 특허를 받을 수 있는 권리의 승계인이 아닌 자(이하 "무권리자"라 한다)가 한 특허출원이 특허법 제33조 제1항 본문에 따른 특허를 받을 수 있는 권리를 가지지 아니한 사유로 특허법 제62조 제2호에 해당하여 특허를 받지 못하게 된 경우에는 그 무권리자의 특허출원 후에 한 정당한 권리자의 특허출원은 무권리자가 특허출원한 때에 특허출원한 것으로 본다. 다만, 무권리자가 특허를 받지 못하게 된 날부터 30일이 지난 후에 정당한 권리자가 특허출원을 한 경우에는 그러하지 아니하다.

192) 특허법 제35조(무권리자의 특허와 정당한 권리자의 보호)특허법 제33조 제1항 본문에 따른 특허를 받을 수 있는 권리를 가지지 아니한 사유로 특허법 제133조 제1항 제2호에 해당하여 특허를 무효로 한다는 심결이 확정된 경우에는 그 무권리자의 특허출원 후에 한 정당한 권리자의 특허출원은 무효로 된 그 특허의 출원 시에 특허출원한 것으로 본다. 다만, 그 특허의 등록공고가 있는 날부터 2년이 지난 후 또는 심결이 확정된 날부터 30일이 지난 후에 정당한 권리자가 특허출원을 한 경우에는 그러하지 아니하다.

193) 조약우선권의 주장출원은 그 당사국에 출원한 날을 대한민국에 특허출원한 날로 본다.

194) 국내우선권 주장출원(특허출원 등을 기초로 한 우선권 주장)의 경우에는 그 특허출원은 그 선출원을 한 때에 특허출원한 것으로 본다.

195) 특허의 절차에 있어서 기간의 말일이 공휴일(근로자의 날 제정에 관한 법률에 따른 근로자의 날 및 토요일을 포함)에 해당하는 때에는 기간은 그 다음날로 만료하지만(제14조 제4호), 이 규정은 특허에 관한 절차의 기간에 대해서만 적용되므로, 특허에 관한 권리의 기간(예: 특허권의 존속기간)은 다음 날로 연장하지 않고 원래 해당일에 종료한다.

시하지 못한 경우나 **등록지연**에 따라서 특허권설정등록이 늦게 이루어진 경우 특허권의 존속기간을 연장하는 제도를 두고 있다. 특허법은 특허권의 존속기간 연장제도에는 **허가** 등에 따른 특허권의 **존속기간연장**과 **등록지연**에 따른 특허권의 **존속기간연장** 2가지 제도를 두고 있다.

① 허가 등에 따른 특허권의 존속기간의 연장

(ㄱ) 의의: 존속기간 중 일정한 사유로 인해 특허발명을 실시하지 못한 경우 5년의 기간 내에서 실시하지 못한 기간만큼 존속기간을 연장시켜 주는 것으로서, 특허권 설정 등록 후 필요한 안정성 등의 시험으로 인해 실시하지 못한 경우에는 실시할 수 없었던 **특허권자의 불이익을 해소**하고 **다른 특허권자의 형평성을 유지**하기 위하여 이 제도를 두고 있다.

(ㄴ) 특허권의 존속기간의 연장등록 출원의 대상: 특허발명을 실시하기 위하여 다른 법령에 따라 허가를 받거나 등록 등을 하여야 하고, 그 허가 또는 등록 등(이하 "허가 등"이라 한다)을 위하여 필요한 **유효성·안전성 등의 시험으로 인하여 장기간이 소요**되는 경우이다(특허법 제89조 제1항). **특허기간이 연장될 수 있는 발명**은 "① 특허발명을 실시하기 위하여 **약사법** 제31조제2항·제3항 또는 제42조제1항에 따라 품목허가를 받아야 하는 **의약품의 발명**, ② 특허발명을 실시하기 위하여 **농약관리법** 제8조제1항, 제16조제1항 및 제17조제1항에 따라 등록하여야 하는 **농약** 또는 **원제의 발명**"이다(특허법시행령 제7조).[196]

오리지널 약과 복제약의 구분

	내용	오리지널 약 (특허를 받아선 만든다)		복제약 (특허가 만료된 후 다른 회사가 만든 약)
의약품	화학 합성 의약품	케미컬 의약품	➜	제네릭
	생물 의약품	바이오 의약품	➜	바이오시밀러

허가, 등록과 연장등록 출원의 대상을 보면 다음과 같다. ⓐ 하나의 특허에 포함된 복수의 유효성분에 대하여 복수의 허가가 있는 경우, 복수의 허가 중에서 하나를 선택하여 1회에 한해 존속기간의 연장이 가능하다. ⓑ 하나의 특허에 포함된 동일한 유효성분에 대하여 복수의 허가가 있는 경우, 최초의 허가에 한해 존속기간연장이 가능하다.ⓒ 하나의 허가에 대하여 복수의 특허가 관련된 경우, 허가와 관련된 특허 각각에 대하여 존속기간 연장등록 출원이 가능하다.

196) 의약품·농약품의 분야에서는 그 특허발명을 실시하기 위하여 다른 법령에 따른 허가·등록을 하여야 하고, 그 허가나 등록을 위해서는 활성(活性)이나 안전성(安全性) 실험을 위하여 시간이 소요되기 때문에 이러한 불이익을 실제적으로 보상하기 위하여 특허권존속기간 연장제도가 마련되어 있다. 존속기간의 연장은 특허권자의 신청에 따라 5년의 범위내에서 허용된다(특허법 제89조); 의약이나 농약과 같은 따로 안전하다는 허가를 받아야 하므로, 특허권이 등록되었다고 하여, 바로 그 허가받지 않은 특허물을 실시할 수는 없다. 그리하여 특허권을 받았음에도 허가를 받기 위하여 소요된 시간만큼 특허권을 5년 이내로 연장해 주겠다는 취지이다. 그 외의 특허권은 20년간만 권리화시킬 수 있다.

(ㄷ) 특허권의 존속기간의 연장등록출원할 수 있는 특허권자와 시기: 특허법상의 특허권의 존속기간연장제도 2가지 모두 존속기간 연장등록출원은 **특허권자만**이 할 수 있으며(특허법 제90조 제1항, 특허법 제92조의4 제2호), 특허권이 공유인 경우에는 전원이 공동으로 출원하여야 한다(특허법 제90조 제3항). 이를 위반한 때에는 거절이유가 된다(특허법 제91조, 특허법 제91조의4).

특허권의 존속기간은 연장등록출원은 특허권자만이 할 수 있고(특허법 제90조 제1항 제4호), 연장등록을 받고자 하는 경우 연장등록출원서를 특허청장에게 제출하여야 한다. 특허권의 존속기간 연장등록출원은 그 발명을 실시하기 위하여 **허가**(약사법 제26조)나 **등록**(농약관리법 제8조)을 받은 날로부터 **3월 이내에 출원**하여야 한다. 이 기간을 경과하여 제출한 경우에는 반려처분의 대상이다. 다만, 특허권의 존속기간 만료 전 6월 이후에는 연장등록출원을 할 수 없다(특허법 제 제90조 제2항).

(ㄹ) 특허권의 존속기간의 연장등록의 가능기간: 존속기간을 연장등록할 수 있는 기간은 그 특허발명을 실시할 수 없었던 기간으로서 **5년의 기간까지**이며, 그 특허권의 존속기간을 **한 차례만 연장**할 수 있다(특허법 제89조 제1항). 이를 적용할 때 허가 등을 받은 자에게 **책임있는 사유로 소요**된 기간은 "실시할 수 없었던 기간"에 포함되지 아니한다(특허법 제89조 제2항).

(ㅁ) 특허권의 존속기간의 연장등록 요건(특허법 제89조, 제91조) **및 무효사유**(특허법 제134조 제1항): 특허발명을 실시하기 위하여 다른 법령에 따라 허가 또는 등록을 받을 필요가 있어야 하며, 특허권자, 전용실시권자, 등록된 통상실시권을 가진 자가 허가 등을 받아야 하며, 연장신청기간이 실시할 수 없었던 기간을 초과하지 않아야 하며, 연장등록출원인이 특허권자이어야 하며, 공유특허권의 경우 공동으로 출원해야 한다.

(ㅂ) 특허권 존속기간의 연장등록출원의 효과: 특허권의 존속기간의 연장등록출원이 있으면 그 존속기간은 **연장**된 것으로 본다(특허법 제90조 제4항 본문). 연장등록출원시에 남아있는 존속기간이 짧은 경우 연장등록 전에 특허권의 존속기간이 만료해 버릴 수 있으므로 연장등록출원이 되면 일단 특허권의 존속기간은 연장된 것으로 본다. **연장간주의 효과가 소급하여 소멸**한다(특허법 제90조 제4항, 단서). 이는 특허권의 효력이 단속적으로 상실되는 것을 방지하기 위함이다.

(ㅅ) 특허권의 존속기간의 연장등록출원서의 보정: 연장등록출원인은 특허청장이 연장등록여부 결정등본을 송달하기 전까지 연장등록출원서에 적혀 있는 사항 중 ① 연장대상특허권의 특허번호 및 연장대상청구범위의 표시,[197] ② 연장신청의 기간, ③ 특허법 제89조 제1항에 따른 허가 등의 내용, ④ 산업통상자원부령으로 정하는 연장이유(이를 증명할

197) 연장대상특허권의 특허번호는 제외한다.

수 있는 자료를 첨부하여야 한다)에 대하여 보정할 수 있다. 다만, 특허법 제93조에 따라 준용되는 거절이유통지를 받은 후에는 해당 거절이유통지에 따른 의견서 제출기간에만 보정할 수 있다(특허법 제90조 제6항).

(ㅇ) 특허권의 존속기간이 연장된 경우의 특허권의 효력: 특허법 제90조 제4항에 따라 특허권의 존속기간이 연장된 특허권의 효력은 그 연장등록의 이유가 된 허가 등의 대상물건(그 허가 등에 있어 물건에 대하여 특정의 용도가 정하여져 있는 경우에는 그 용도에 사용되는 물건)에 관한 그 **특허발명의 실시행위에만 미친다**(특허법 제95조).

② 등록지연에 따른 특허권의 존속기간연장

(ㄱ) 의의 및 취지(특허법 제92조의2): 출원인의 책임이 아닌 사유로 일정기간 이내에 특허권이 설정등록되지 않는 경우에 그 지연기간만큼 특허권 존속기간을 연장시켜 주는 제도로서, 심사처리기간 지연 등으로 특허권의 설정등록이 늦어지면 특허권의 존속기간이 사실상 줄어드는 불합리가 있기 때문이다.

(ㄴ) 대상: 특허출원에 대하여 **특허출원일부터 4년과 출원심사 청구일부터 3년 중 늦은 날보다 지연**되어 특허권의 설정등록이 이루어지는 경우에는 특허법 제88조 제1항(특허권의 존속기간: 20년까지)에도 불구하고 그 지연된 기간만큼 해당 특허권의 **존속기간을 연장**할 수 있다(특허법 제92조의2 제1항).

(ㄷ) 시기: 특허권의 존속기간의 연장등록출원은 특허권의 **설정등록일부터 3개월 이내에 출원**하여야 한다(특허법 제92조의3 제3항). 이 기간을 경과하여 제출한 경우에는 반려처분의 대상이다.

(ㄹ) 연장가능기간: 출원일부터 4년과 심사청구일부터 3년 중 늦은 날보다 지연되어, 특허권의 설정등록이 이루어지는 경우 그 지연된 기간만큼 존속기간을 연장할 수 있다. 다만, **출원인으로 인하여 지연된 기간**은 존속기간의 연장에서 제외된다. 출원인으로 인하여 지연된 기간은 특허법시행령 제7조의2에서 자세하게 규정하고 있다. 그 중 예를 들어, 거절이유통지에 대한 의견서 제출기간, 특허결정의 등본을 송달받은 날로부터 특허법 제87조에 따른 특허권의 설정등록이 있는 날까지의 기간 등을 규정하고 있다.

(ㅁ) 등록요건(특허법 제92조의4) 및 무효사유(특허법 제134조 제2항): 연장신청의 기간이 특허법 제92조의2에 따라 인정되는 연장의 기간을 초과하지 않아야 하며,[198] 연장등록출원인이 특허권자이어야 하며, 공유특허권의 경우에는 공동으로 출원해야 한다.

(ㅂ) 연장등록출원서의 보정(특허법 제92조의 제4항): 연장등록출원인은 심사관이 특허권의 존속기간의 연장등록 여부결정 전까지 연장등록출원서에 기재된 사항 중 ① 연장신청의 기간, ② 연장이유에 대하여 보정할 수 있다. 다만, 특허법 제93조에 따라 준용되는

198) 출원일부터 4년과 심사청구일부터 3년 중 늦은 날보다 지연

거절이유통지를 받은 후에는 해당 거절이유통지에 따른 의견서 제출기간에만 보정할 수 있다.

(다) 특허권의 장소적 효력(특허독립의 원칙)

특허권은 **속지주의** 원칙에 따라 **대한민국의 영토 내에서만** 미친다. 대한민국 내에 있는 자에 대하여는 **대한민국의 국민 · 외국인을 불문**하고 특허권이 효력이 미친다. 즉, 대부분의 국가들은 **속지주의(屬地主義)**를 채택하고 있다. 이것은 일국(一國)의 산업정책과 밀접한 관계가 있으므로 각국은 그 산업정책상 자국(自國)에서 부여하는 권리를 보호하는 것이기 때문에 특허권의 성립 · 소멸 · 이전 등은 각국의 특허법이 별도로 정하여 그에 따르게 하고 있다.[199] 대한민국에서 발명을 완성한 자가 외국에서 특허권을 행사하기 위해서는 그 나라가 정하고 있는 절차에 따라 특허를 출원하고 특허권을 취득하여야 한다.

(라) 특허권의 내용적 효력

① 특허권의 내용적 효력 원칙: 특허발명의 **보호범위**는 **청구범위에 적혀 있는 사항**에 따라 정하여지고(특허법 제97조), 특허법 제42조 제6항[200]을 근거로 모든 구성요소가 완비되어야 보호범위가 실시된 것으로 본다. 이에 따라 특허청구범위에 한정하여 내용적 효력범위를 정하게 되면 법적 안정을 취할 수 있다. 그런데 특허권자를 보호하는 데는 미흡하다. 그래서 **특허청구범위를 원칙**으로 하고, 특허청구범위가 **불명확할 경우**에는 **발명의 상세한 설명을 참작**하여 **특허청구범위를 해석**하여야 한다. 또한 특허출원부터 등록에 이르기까지의 과정을 통하여 **출원인의 의사가 표시된 경우**에는 그 **의사도 참작**하여야 한다. 이를 **출원경과참작의 원리**라 한다.

② 특허권 효력의 제한: 특허권 효력의 **내용적인 제한**은 특허권의 **행사에서의 제한**과 특허권의 **특수성에 근거한 제한**으로 나눌 수 있다. 특허권의 행사는 헌법 제22조 제2항, 제23조 제1항에 근거하여 재산권으로 보호받을 수 있으나, **공공의 복리에 적합지 않는 것**은 **당연히 제한**되고(대한민국헌법 제23조 제2항), 또 신의성실의 원칙에 반하여(민법 제2조 제1항) 행사하는 것은 권리남용이 되므로(민법 제2조 제2항) 당연히 제한된다.

(ㄱ) 적극적 효력의 제한: ① 전용실시권의 설정(특허법 제94조 단서), ② 특허권의 포기(특허법 제119조 제1항), ③ 이용관계 또는 저촉관계(특허법 제98조), ④ 특허권의 공유(특허법 제99조), ⑤ 특허권의 수용(특허법 제106조), ⑥ 타인의 특허발명 등과의 관계(특허법 제98조), ⑦ 정정청구 · 정정심판청구(특허법 제136조 제7항)의 경우에는 특허권의 적극적 효력이 제한된다.

---

199) 윤선희, 앞의 책(2009), 105면.

200) 특허법 제42조 ⑥ 제2항에 따른 청구범위에는 보호받으려는 사항을 명확히 할 수 있도록 발명을 특정하는 데 필요하다고 인정되는 구조 · 방법 · 기능 · 물질 또는 이들의 결합관계 등을 적어야 한다.

(ㄴ) 소극적 효력의 제한: ① 특허권의 효력이 미치지 아니하는 범위(특허법 제96조), ② 실시권이 존재하는 경우, ③ 재심에 따라 회복된 특허권의 효력제한(특허법 제181조), ④ 특허료의 추가납부 또는 보전에 따른 특허출원과 특허권의 회복(특허법 제81조의3), ⑤ 공지기술제외의 원칙(판례), ⑥ 실시불가능한 형태의 기재(판례), ⑦ 발명을 특정할 수 없는 경우(판례), ⑧ 질권자와의 특약(특허법 제121조), ⑨ 소모이론이 적용되는 경우, ⑩ 업으로서의 실시가 아닌 경우, ⑪ 권리남용의 경우에는 특허권의 소극적 효력이 제한된다.

(ㄷ) 특허권의 효력이 미치지 않는 범위(소극적 효력의 제한): 특허권의 효력은 **산업정책상 또는 공익상의 이유로 일정한 제한**을 받는다(특허법 제96조). 즉, 다음의 경우에는 아무리 특허권의 범위 내라 하더라도 그 효력이 미치지 아니한다.

(i) **연구 또는 시험**(약사법에 따른 의약품의 품목허가・품목신고 및 농약관리법에 따른 농약의 등록을 위한 연구 또는 시험을 포함한다)**을 하기 위한 특허발명의 실시**

연구 또는 시험은 **영리를 목적으로 하지 않고 학술의 진보발전에 공헌**하기 때문에 특허권의 효력이 미치지 않게 하고 있다. 이는 특허발명 자체의 시험 또는 연구이어야 하며, 특허발명을 이용한 다른 목적의 시험 또는 연구의 실시는 특허권의 효력이 제한되지 않는다.

(ii) **국내를 통과하는데 불과한 선박・항공기・차량 또는 이에 사용되는 기계・기구・장치, 그 밖의 물건**

파리협약 제5조의3 취지로 국제교통을 원활화를 위함이다.

(iii) **특허출원을 한 때부터 국내에 있는 물건**[201)]

기존의 상태를 보호하여 법적 안정성을 기하기 위한 취지이며, **선사용에 따른 통상실시권**(특허법 제103조)과 같이 **선출원주의의 보완규정**이므로 특허권자의 이익을 해한다고 보기 어렵다.

(iv) **약사법에 따른 조제행위와 그 조제에 따른 의약**(특허법 제96조 제2항)

둘 이상의 의약[사람의 질병의 진단・경감・치료・처치(處置) 또는 예방을 위하여 사용되는 물건을 말한다. 이하 같다]이 혼합되어 제조되는 의약의 발명 또는 둘 이상의 의약을 혼합하여 의약을 제조하는 방법의 발명에 관한 특허권의 효력은 약사법에 따른 **조제행위**와 **그 조제에 따른 의약에는 미치지 아니한다. 의사 등의 조제행위**는 **국민의 보건위생에 중요한 역할**을 하는 것으로서 특허권과 저촉되는지의 여부를 판단하는 것은 곤란하기 때문에 특허권의 효력을 미치지 않는 것으로 하고 있다.

(ㄹ) 이용・저촉관계에 따른 제한(타인의 특허발명 등과의 관계): 특허권자・전용실시권자 또는 통상실시권자는 **특허발명**이 그 특허발명의 **특허출원일 전**에 출원된 타인의 특허

---

201) 이 규정은 특허출원시에 이미 국내에 존재하고 있던 물건(국내에 있는 유체물에 한정된 것으로 본다. 그러므로 방법의 발명은 인정되지 않는다)까지 실시(사용)하지 못하게 하면 선사용권자가 생산한 제품과 설비 등을 사용하지 못하게 되고 또 먼저 발명하여 법을 제대로 알지 못하여 특허출원하지 못한 자는 억울할 것이다. 이를 보완하기 위한 규정이라고 할 수 있다.

발명·등록실용신안 또는 등록디자인이나 그 디자인과 유사한 디자인을 **이용**하거나 특허권이 그 특허발명의 특허출원일 전에 출원된 타인의 디자인권 또는 상표권과 **저촉**되는 경우에는 그 특허권자·실용신안권자·디자인권자 또는 상표권자의 **허락을 받지 아니**하고는 자기의 특허발명을 **업으로서 실시할 수 없다**(특허법 제98조).

통상적으로 발명은 타인의 출원된 특허발명을 개량하는 형식으로 이루어지는 경우가 많지만, 선출원 특허의 존속기간이 만료되지 않는 한 자신의 발명을 실시할 수 없다. 이는 발명을 보호 장려한다는 특허제도의 목적에도 반하는 것이다. 이에 선출원주의에 따라 선출원 권리자를 보호하는 한편, 후출원 특허에게도 그의 실시를 보장하는 것이 특허제도의 목적에 부합하기에 양자의 권리를 조정하기 위한 이용·저촉관계의 규정을 두고 있다. 특허법은 특허발명이 선출원된 타인의 특허발명 및 등록실용신안에 저촉된 경우에는 그 특허는 무효를 이유로 무효심판에서 처리하면 족하기 때문에 이용발명에 대해서만 규정하고 있고(특허법 제98조 전문), 특허권과 디자인권·상표권은 보호 객체가 상이하므로 상호 권리간에 저촉관계를 규정하고 있다(특허법 제98조 후문).

특허권이 선출원된 타권리와 이용·저촉관계가 있을 때에는 선출원의 지위를 보장해 주기 위하여 선출원을 이용하고 있는 특허권자가 해당 특허발명을 실시하고자 할 때에는 이용하고 있는 타특허발명의 특허권자의 동의가 있어야 한다는 의미이다. 다만, 이때 이용관계의 성립을 위하여 이용된 발명과 이용한 발명사이의 관계에 관하여 견해가 나누어지지만, 그대로설[202]이 통설적 지위를 차지하고 있다.

(마) 특허권의 효력확장

시간적 범위의 확장으로 존속기간연장등록제도(특허법 제89조)가 있고, 지역 범위의 확장으로 특허협력조약(PCT)우선권 주장출원제도(특허법 제54조), 국내우선권 주장출원, 국제출원제도가 있으며, 내용적 범위의 확장으로 간접침해(특허법 제127조)를 두고 있다.

4) 특허권의 변동(이용)

특허권의 변동(이용)[203]에는 그 소유주체가 **변동**되어 특허권이 **제3자에게 이전**되는 경우와 특허권 자체가 일정한 사유로 소멸해 버리는 경우가 있다.

(1) 특허권의 이전

특허권의 이전이라 함은 특허권 **주체가 변경**되는 것을 말한다. 특허권은 재산권이므로 이전(양도)할 수 있다(특허권 제99조 제1항). 즉, 특허권자 자신이 실시하는 것보다도 타인에게

---

202) 이용발명이란 선행발명이 구성요소에 새로운 기술적 요소를 부가한 것으로서 그 실시가 당연히 선행발명의 실시를 수반하는 것이므로 선행발명의 특허요지를 전부 포함하고 이를 그대로 이용한 것이어야 하는 설로서 요지공통설이라고도 한다: 황종환·김현호 공저, 특허법, 535면; 대판 2001.9.7, 2001후393

203) 특허권을 변동할 때에는 특허등록원부의 변경이 필요하다. 이로서 공시가 이루어짐으로서 제3자에게 대항할 수 있다.

그 특허발명을 실시케 하거나, 타인과 공동으로 실시하는 것이 득이라고 생각된 경우에 행할 수 있다. 특허권을 이전(양도)204)하기 위해서는 **당사자 사이에 이전**(양도)**의 합의와 특허권 이전등록**이 있어야 한다(특허법 제101조 제1항 제1호). 다만, **상속 그 밖의 일반승계**(유증)가 있는 경우에는 특허청장에게 **신고하지 않아도 이전의 효력이 발생**한다. 그러나 특허권·전용실시권 및 질권의 상속이나 그 밖의 일반승계(유증)의 경우에는 지체 없이 그 취지를 특허청장에게 **신고**하여야 한다(특허법 제101조 제2항).

(2) 특허권의 담보권 설정

특허권은 양도가 있는 재산권이므로 **담보의 대상**이 된다. 권리에 대한 담보방법으로 대한민국 민법은 **질권을 예정**하고 있고, 특허권도 일종의 권리이기 때문에 질권의 대상이 된다. 질권을 설정하기 위해서는 **질권설정의 합의와 질권설정등록**이 있어야 한다. 그 밖에 **양도담보, 가등기담보, 공장저당법에 따른 담보가 가능**하다.

5) 특허법상 특허의 실시권

생각하기

A는 자동차 신소재에 대한 특허권을 가지고 있는데, B에게 이 특허권을 사용할 수 있도록 허용하고 있다. 이와 같이 특허권을 제3자가 실시할 수 있도록 허락하는 것이 어떠한 권리인가?

(1) 실시권의 의의

실시권(實施權, license)이란 특허권자 **이외의 자**가 **업**(業)**으로 특허발명을 적법**하게 **실시할 수 있는 권리**를 말한다. 특허법은 특허권자 이외의 자에게 특허발명을 적법하게 업으로서 실시할 수 있는 권리를 인정하고 있다(특허법 제100조 제1항, 동법 제102조 제1항).

특허권자에게 특허발명을 **실시할 자금이나 시설, 경영능력이 없거나 부족**한 경우에는 **제3자에게 특허발명을 실시할 기회를 부여**하는 것이 발명의 이용을 도모하여 산업발전에 이바지한다는 특허법의 목적에도 부합되고 특허권자는 **실시권자로부터 실시료**(royalty)를 받음으로써 발명에 대한 경제적 이익을 얻을 수 있는 제도적 의의가 있다.

지식재산은 일반 부동산처럼 전세를 얻을 수 있고, 사글세도 얻을 수 있다. 일반적으로 제3자가 지식재산을 소유하고 있는 권리자로부터 세를 얻을 때에는 **전용실시권**(Exclusive License)을 얻을 수 있고, **통상실시권**(Non-Exclusive License)을 얻을 수 있다. 실시권(상품을 제조 및 판매할 권리)의 **종류**에는 그 성질에 따라 **전용실시권과 통상실시권으로 나누어지**

---

204) 특허권의 이전(양도)에는 일부이전(양도)와 전부이전(양도)가 있고, 포괄승계에는 상속과 회사합병에 따라 이루어진다.

고,[205] 그 발생원인에 따라 **허락(약정)실시권**, **법정실시권**, **강제실시권**으로 나누어진다. **허락(약정)실시권**에는 전용실시권과 통상실시권이 있지만, 강제실시권과 법정실시권에는 **통상실시권**만 있다.

(2) 전용실시권(독점실시권)

(가) 전용실시권의 의의

전용실시권(專用實施權, exelusive license)이란 특허권자 이외의 자(사용권자 자신만이)가 특허권자와의 **계약**에 따라 내용·지역 등을 정하여 그 범위 내에서 **특허발명을 독점적으로 실시할 권리**를 말한다(특허법 제100조 제2항). 이는 마치 **전세**를 얻은 것에 비유된다. 따라서 전용실시권은 그 범위 내에서는 **특허권자일지라도 업으로서 실시할 수 없다는 것**이므로 물권적인 성질을 가진다. 전용실시권의 구체적인 내용은 특허법 제100조에 규정되어 있다. 즉 특허권자는 그 특허권에 대하여 타인에게 전용실시권을 설정할 수 있다(특허법 제100조 제1항).

(나) 전용실시권의 발생 및 등록

전용실시권은 특허권자와 실시권자의 **설정계약에만 따라 발생한다**. 전용실시권을 설정받은 전용실시권자는 그 **설정행위로 정한 범위**에서 그 **특허발명을 업으로서 실시할 권리를 독점**한다(특허법 제100조 제2항).

전용실시권은 특허권자와 실시권자의 설정계약에 따라서만 발생하고, 이를 등록하지 아니하면 그 효력이 발생하지 아니한다(특허법 제101조 제1항 제2호). 전용실시권의 **등록을 효력발생요건**으로 규정하고 있다.[206] 등록이 되지 않은 전용실시권은 특허법상 전용실시권은 인정되지 않지만, 특허권자와의 관계에서는 독점적 통상 실시권이 성립되는 것으로 해석된다. 특허권이 **공유**인 경우에는 다른 공유자의 동의가 없으면 전용실시권을 설정할 수 없다(특허법 제99조 제4항).

(다) 전용실시권의 효력

전용실시권자는 특허발명을 **독점적으로 실시**할 수 있기 때문에 원칙적으로 특허권자가

---

205) 전용실시권은 민법상 지상권·전세권 등에 유사한 물권적 성질을 가지고 있고, 통상실시권은 임차권과 비슷한 채권적 성질을 가지고 있다.

206) 특허법 제101조(특허권 및 전용실시권의 등록의 효력) ① 다음 각 호의 어느 하나에 해당하는 사항은 등록하여야만 효력이 발생한다. 1. 특허권의 이전(상속이나 그 밖의 일반승계에 의한 경우는 제외한다), 포기에 따른 소멸 또는 처분의 제한, 2. 전용실시권의 설정·이전(상속이나 그 밖의 일반승계에 따른 경우는 제외한다)·변경·소멸(혼동에 따른 경우는 제외한다) 또는 처분의 제한, 3. 특허권 또는 전용실시권을 목적으로 하는 질권의 설정·이전(상속이나 그 밖의 일반승계에 따른 경우는 제외한다)·변경·소멸(혼동에 따른 경우는 제외한다) 또는 처분의 제한; ② 제1항 각 호에 따른 특허권·전용실시권 및 질권의 상속이나 그 밖의 일반승계의 경우에는 지체 없이 그 취지를 특허청장에게 신고하여야 한다.

갖는 **모든 권리를 행사**할 수 있다. 즉, 전용실시권 설정계약은 특허권자가 타인에게 특허권을 독점적으로 실시할 권리(전용실시권)를 부여하고, 전용실시권자는 특허권자에게 일정한 **실시료**(Royalty)**를 지급**하는 것을 내용으로 하는 **준물권계약**이다. 특허권자는 특허료를 정해진 기간 내에 납부하여 특허권을 존속시켜야 하며 전용실시권자는 **실시료**(實施料, Royalty) **지급의무**를 부담한다.

현재 사용 중인 로또 복권시스템은 그리스의 복권시스템 전문업체인 인트라롯의 제품이다. 이 회사에 지불하는 전용실시권의 로열티가 5년간 약 70억원이다. 한국 마사회가 운영하는 경마 발매시스템과 국민체육진흥공단이 경륜과 경정에 사용하는 발권시스템은 영국의 스포텍 회사의 기술을 전용실시권으로 사용하고 있는데 여기에도 비싼 로열티가 지불되고 있다.

특허권이 **공유**인 경우에는 각 공유자는 계약으로 특별히 약정한 경우를 제외하고는 **다른 공유자의 동의를 얻지 아니**하고 그 특허발명을 자신이 실시할 수 있다(특허법 제99조 제3항). 전용실시권은 **특허권에 부수되는 권리**이므로 특허권의 효력이 제한(특허권의 효력이 미치지 않는 범위[법 제96조], 재심에 따라 회복한 특허권의 효력의 제한[제181조])되는 경우에는 전용실시권의 효력도 제한된다.

(라) 전용실시권의 처분

① **전용실시권의 이전**: 전용실시권자는 "전용실시권을 실시사업(實施事業)과 함께 **이전**하는 경우 또는 상속이나 그 밖의 일반승계(유증)의 경우를 제외하고는 **특허권자의 동의**를 받아야만 전용실시권을 이전할 수 있다(특허법 제100조 제3항).

전용실시권을 **실시사업을 이전**하여도 **실시권을 이전할 수 없다면 실시사업의 설비도 가동할 수 없게** 되어 **국민 경제상으로도 불이익**이 되므로 특허권자의 **동의를 얻지 않도록 한 것**이다. 또 **상속 그 밖의 일반승계**의 경우에는 피승계인의 권리와 의무가 **포괄적으로 이전**되므로 특허권자의 **동의를 요하지 않는 것**이다.

특허권자의 동의를 얻거나 실시사업과 같이 이전하는 경우에는 **등록**하여야만 그 **효력이 발생**하며(특허법 제101조 제1항), 상속 그 밖의 일반승계(유증)의 경우에는 **지체없이 그 취지를 특허청장에게 신고**하여야 한다(특허법 제101조 제2항). 전용실시권이 **공유**인 경우에는 **다른 공유자의 동의**를 얻어야 그 **지분을 양도**할 수 있다(특허법 제100조 제5항).

② **질권 및 재실시권(통상실시권의 허락 여부)**: 전용실시권자는 **특허권자의 동의**를 받아야만 그 **전용실시권**을 목적으로 하는 **질권을 설정**하거나 **통상실시권을 허락**할 수 있다(특허법 제100조 제4항). 전용실시권이 공유인 경우에는 다른 공유자의 동의를 얻어야 한다(특허법 제100조 제5항).

특허권·전용실시권 또는 통상실시권을 목적으로 하는 **질권을 설정**하였을 때에는 **질권**

자는 계약으로 특별히 정한 경우를 제외하고는 **해당 특허발명을 실시할 수 없다**(특허법 제121조). 특허권자의 허락을 얻어 전용실시권에 질권이 설정된 후, **전용실시권자의 채무불이행**에 따라 전용실시권이 **제3자에게 이전**되더라도 **특허권자**는 그 이전에 대하여 **이의를 제기할 수 없다**. 특허법 제100조 제4항은 질권에 관하여만 규정하고 있으나, **양도담보** 등의 다른 담보권에도 **유추적용**된다.

실시권자가 주어진 권한 아래에서 **제3자에게 실시권을 부여**하는 경우의 권리를 **재실시권**(sub-license)이라 한다. 전용실시권자는 **특허권자의 동의**를 얻어야만 제3자에게 **통상실시권을 허락**할 수 있다. 누가 실시하는가에 대하여 특허권자는 중대한 이해관계를 가지므로 그 **동의를 재실시의 요건**으로 하고 있다.[207] 전용실시권은 특허권자에 따라서만 설정될 수 있기 때문에(특허법 제100조), **전용실시권자가 전용실시권을 재실시 허락**은 할 수 없는 것으로 해석되며, 재실시권의 범위는 **원실시권의 범위 내로 한정**되고, 특별한 사유가 없는 한 **원실시권 계약이 종료**되면 재실시권도 소멸한다.

(마) 전용실시권의 소멸

전용실시권은 **특허권에 부수하는 권리**이므로 특허권이 소멸되면 당연히 소멸되고, 특허권이 **수용**된 경우에도 소멸한다(특허법 제106조 제2항). 또한 **설정기간의 만료, 전용실시권의 포기, 설정계약의 해제 · 무효 · 취소, 혼동** 등에 따라 소멸한다.

그러나 전용실시권자는 **질권자** 또는 **통상실시권자의 동의**를 받아야만 전용실시권을 포기할 수 있다(특허법 제119조 제2항). 또한 특허권과 전용실시권이 동일인에게 귀속된 경우에는 전용실시권은 **혼동에 따라 소멸**되지만, 전용실시권이 **질권**의 목적인 경우에는 **본인** 또는 **제3자의 이익**을 위하여 그 한도 내에서 **소멸하지 않는**다.

(3) 통상실시권(비독점실시권)

(가) 통상실시권의 의의

통상실시권(non-exelusive license, 비독점적실시권)은 타인의 특허발명을 일정조건 아래(당사자간의 약정에 따른 약정실시권과 법규정에 따른 법정실시권으로 분류)에서 업으로 실시할 수 있는 권리를 말한다.[208] 즉, 통상실시권(사용권)은 일정기간 동안 특정 지역에서 비독점적으로 사용하는 권리를 얻는 것이다. 따라서 같은 기간 동안 같은 지역에서 다른 사용권자와 같이 사용할 수 있도 있는 권리로 사글세에 비유된다.

통상실시권은 실시권자가 독점적으로 실시할 수 있는 권리가 아니다. 특허권자는 통상

---

207) 이동훈 외, 앞의 책, 127면 참조.

208) 통상실시권(non-exelusive license)이라 함은 특허발명을 실시하고자 하는 자가 특허권자와의 실시계약이나 법률의 규정에 따르거나 또는 행정청의 강제처분에 따라 일정한 범위 내에서 특허발명을 실시할 수 있는 권리를 말한다.

실시권을 설정하였다 하더라도 그 자신이 특허발명을 실시할 수 있고, 제3자에게 또 다른 통상실시권을 설정할 수 있다. 따라서 통상실시권은 전용실시권이 준물권인 것과 달리 채권으로 본다.[209)]

(나) 통상실시권의 실시범위(종류)

특허권자는 타인에게 특허발명을 **실시할 비독점적 권리**를 부여하고 통상실시권자는 특허권자에게 실시료를 지급할 의무를 부담하는 것을 내용으로 하는 **계약을 통상실시권 설정계약**이라고 하고, 이 계약에 따라 **통상실시권이 발생**한다(특허법 제102조).

통상실시권은 "① 특허권자(전용실시권자)의 허락에 따라 발생되는 **허락실시권**, ② 특허법이 정하는 조건에 해당되는 자가 갖게 되는 **법정실시권**, ③ 특수한 목적에 따라 국가의 강제권의 발동에 따라 인정되는 **강제실시권**"이 있다. 통상실시권은 일반적으로 허락에 따라 발생되며 **법정실시권**은 9가지의 법정사유에 따라 성립되고, **강제실시권**은 3가지의 법률원인에 따라 허용된다.

(다) 약정에 따른 통상실시권(허락 · 약정실시권)

특허권자는 그 특허권에 대하여 **타인에게 통상실시권을 허락**할 수 있다(특허법 제102조 제1항). 통상실시권자는 이 **법**에 따라 또는 **설정행위로 정한 범위**에서 업으로서 그 특허발명을 실시할 수 있는 권리를 가진다(특허법 제102조 제2항). 특허법 제107조(통상실시권 설정의 재정)의 규정에 따른 **통상실시권은 실시사업과 같이 이전**하는 경우에 한하여 **이전**할 수 있다(특허법 제102조 제3항). **통상실시권 허여의 심판**(특허법제138조, 실용신안법 제32조 또는 디자인보호법 제70조) 규정에 따른 **통상실시권**은 그 통상실시권자의 해당 특허권 · 실용신안권 또는 디자인권과 **함께 이전**되고 해당 특허권 · 실용신안권 또는 디자인권이 소멸된 때에는 함께 소멸된다(특허법 제102조 제4항). 특허법 제102조 제3항 및 제4항 **외의 통상실시권**은 실시사업과 같이 이전하는 경우 또는 상속 그 밖에 일반승계(유증)의 경우를 제외하고는 **특허권자**(전용실시권에 관한 통상실시권에 있어서는 특허권자 및 전용실시권자)의 **동의를 받아야만 이전할 수 있다**(특허법 제102조 제5항).

(라) 통상실시권에 대한 질권

특허법 제102조 제3항 및 제4항에 따른 **통상실시권 외**의 통상실시권은 **특허권자**(전용실시권에 관한 통상실시권의 경우에는 특허권자 및 전용실시권자)의 **동의**를 받아야만 그 **통상실시권**을 목적으로 하는 **질권을 설정**할 수 있다(특허법 제102조 제6항). 통상실시권에 관하여는 특허법 제99조 제2항 및 제3항(특허권의 양도 및 공유)을 준용한다(특허법 제102조 제7항).

---

209) 통상실시권은 전용실시권과 달리 그 통상실시권을 설정한 후에도 특허권자 자신도 실시할 뿐만 아니라 제3자에게 똑같은 통상실시권을 2 이상 허락할 수도 있다. 이와 같이 통상실시권은 전용실시권과 달리 독점실시할 수 없는 권리이므로 채권적인 성질을 가지고 있다.

(4) 강제실시권(통상실시권의 재정(裁定))

(가) 강제실시권의 의의

특허법의 목적은 발명을 보호하고 그 이용을 도모함으로써 기술발전을 촉진하여 산업발전에 기여함에 있다. 이러한 목적을 달성할 수 있도록 **특허권자는 자신의 특허발명을 성실하게 실시할 의무**가 있다. 그러나 특허권자가 **자신의 특허발명을 실시하지 않는 경우**에 특허발명의 **실시를 타인에게 허락**할 수 있는 법제가 바로 **강제실시권**이다.

특허법상 강제실시권은 **정부 등에 따른 특허발명의 통상실시권**(특허법 제106조의2), **통상실시권 설정의 재정**(특허법 제107조), **통상실시권 허락의 심판**(특허법 제138조)**에 따른 통상실시권**으로 구분된다.

(나) 정부 등에 따른 특허발명의 통상실시권(특허법 제106조의2)

정부는 **특허발명이 국가 비상사태, 극도의 긴급상황** 또는 **공공의 이익**을 위하여 **비상업적(非商業的)으로 실시할 필요**가 있다고 인정하는 경우에는 그 특허발명을 **실시**하거나 **정부 외의 자**에게 **실시**하게 할 수 있다. 2010년 개정된 특허법에서는 특허권 및 전용실시권 등에 미치는 효력에 차이가 있는 **정부에 따른 특허권의 수용**과 특허발명의 **정부실시에 관한 사항**을 **분리하여 규정**하였다. **다만,** 비상시라는 요건과 공공의 이익이라는 요건이 모두 충족되는 경우로 제한하여 운영하던 종전 특허발명의 정부실시요건을 세계무역기구(WTO) 무역관련 지식재산권협정(TRIPS)과 동일하게 국가 비상사태, 극도의 긴급상황 또는 공공의 이익을 위하여 **비상업적으로 실시할 필요**가 있다고 인정되는 경우로 완화하여 규정하였다.

정부 또는 정부 외의 자는 타인의 특허권이 존재한다는 사실을 알았거나 알 수 있을 때에는 **실시 사실을 특허권자, 전용실시권자 또는 통상실시권자에게 신속하게 알려야** 한다. 정부 또는 정부 외의 자는 **특허발명을 실시**하는 경우에는 특허권자, 전용실시권자 또는 통상실시권자에게 **정당한 보상금을 지급**하여야 한다. 특허발명의 실시 및 보상금의 지급에 필요한 사항은 대통령령으로 정하고 있다.

(다) 통상실시권 설정의 재정(裁定)(특허법 제107조)

특허발명을 실시하려는 자는 특허발명이 “① 특허발명이 천재지변이나 그 밖의 불가항력 또는 대통령령으로 정하는 정당한 이유 없이 계속하여 **3년 이상** 국내에서 실시되고 있지 아니한 경우, ② 특허발명이 정당한 이유 없이 계속하여 **3년 이상** 국내에서 상당한 영업적 규모로 실시되고 있지 아니하거나 적당한 정도와 조건으로 국내수요를 충족시키지 못한 경우, ③ 특허발명의 실시가 공공의 이익을 위하여 특히 필요한 경우, ④ 사법적 절차 또는 행정적 절차에 따라 불공정거래행위로 판정된 사항을 바로잡기 위하여 특허발명을 실시할 필요가 있는 경우, ⑤ 자국민 다수의 보건을 위협하는 질병을 치료하기 위하여

의약품(의약품 생산에 필요한 유효성분, 의약품 사용에 필요한 진단키트를 포함한다; **특허된 의약품, 특허된 제조방법으로 생산된 의약품, 의약품 생산에 필요한 특허된 유효성분, 의약품 사용에 필요한 특허된 진단키트**)을 수입하려는 국가(이하 이 조에서 "수입국"이라 한다)에 그 의약품을 수출할 수 있도록 특허발명을 실시할 필요가 있는 경우"에 해당하고, 그 특허발명의 특허권자 또는 전용실시권자와 합리적인 조건으로 통상실시권 허락에 관한 **협의**(이하 이 조에서 "협의"라 한다)를 하였으나 **합의가 이루어지지 아니**하는 경우 또는 **협의를 할 수 없는 경우**에는 **특허청장에게 통상실시권 설정에 관한 재정**(裁定)(이하 "재정"이라 한다)을 **청구**할 수 있다.

다만, **공공의 이익을 위하여 비상업적으로 실시**하려는 경우와 **사법적 절차 또는 행정적 절차에 의하여 불공정거래행위로 판정된 사항을 바로잡기 위하여 특허발명을 실시할 필요가 있는 경우**(앞 ④에 해당)하는 경우에는 **협의 없이도 재정을 청구**할 수 있다(특허법 제107조 제1항).

특허출원일부터 **4년이 지나지 아니한 특허발명**에 관하여는 "특허발명이 천재지변이나 그 밖의 불가항력 또는 대통령령으로 정하는 정당한 이유 없이 계속하여 3년 이상 국내에서 실시되고 있지 아니한 경우 및 특허발명이 정당한 이유 없이 계속하여 3년 이상 국내에서 상당한 영업적 규모로 실시되고 있지 아니하거나 적당한 정도와 조건으로 국내수요를 충족시키지 못한 경우"(특허법 제107조 제1항 제1호 및 제2호)에는 적용하지 아니한다(특허법 제107조 제2항).

특허청장은 재정을 하는 경우 청구별로 통상실시권 설정의 필요성을 검토하여야 한다. 특허청장은 재정을 하는 경우(특허법 제107조 제1항 제1호부터 제3호까지 또는 제5호에 따른) 재정을 받는 자에게 "그 통상실시권을 **국내수요충족을 위한 공급을 주목적으로 실시**할 것(특허법 제107조 제1항 제1호부터 제3호까지의 규정에 따른 재정), **생산된 의약품 전량을 수입국에 수출할 것**"의 조건을 붙여야 한다(특허법 제107조 제1항 제5호에 따른).

특허청장은 재정을 하는 경우 상당한 대가가 지급될 수 있도록 하여야 한다. 이 경우에는 **불공정거래행위를 바로잡기 위한 취지**(특허법 제107조 제1항 제4호에 따른 재정의 경우), 그 특허발명을 실시함으로써 발생하는 **수입국에서의 경제적 가치**(특허법 제107조 제1항 제5호에 따른 재정의 경우)의 사항을 **대가 결정에 고려**할 수 있다.

반도체 기술에 대해서는 **공공의 이익을 위하여 비상업적으로 실시**하는 경우(특허법 제107조 제1항 제3호) 또는 **사법적 절차 또는 행정적 절차에 따라서 불공정거래행위로 판정된 사항을 바로잡기 위하여 특허발명을 실시할 필요**가 있는 경우(특허법 제107조 제1항 제4호)에만 **재정을 청구**할 수 있다.

(라) 통상실시권 허락의 심판에 따른 통상실시권(특허법 제138조)

특허권자, 전용실시권자 또는 통상실시권자는 해당 특허발명이 특허법 제98조에 해당하여 **실시의 허락을 받으려는 경우**에 그 **타인이 정당한 이유 없이 허락하지 아니**하거나 그

타인의 허락을 받을 수 없을 때에는 자기의 특허발명의 실시에 필요한 범위에서 **통상실시권 허락의 심판을 청구**할 수 있다. 이에 따른 청구가 있는 경우에 그 특허발명이 그 특허출원일 전에 출원된 타인의 특허발명 또는 등록실용신안과 **비교**하여 **상당한 경제적 가치가 있는 중요한 기술적 진보를 가져오는 것이 아니면 통상실시권을 허락하여서는 아니** 된다.

이에 따라 통상실시권을 허락받은 자는 특허권자, 실용신안권자, 디자인권자 또는 그 전용실시권자에게 **대가를 지급**하여야 한다. 다만, 자기가 책임질 수 없는 사유로 지급할 수 없는 경우에는 그 **대가를 공탁**하여야 한다. 이에 따른 통상실시권자는 그 **대가를 지급하지 아니**하거나 **공탁을 하지 아니**하면 그 특허발명, 등록실용신안 또는 등록디자인이나 이와 유사한 디자인을 **실시할 수 없다**.

(5) 법정실시권 – 법정에 따른 통상실시권

(가) 법정실시권의 의의 및 변동

① **법정실시권의 의의**: 이 경우에는 다른 사람이 특허발명을 실시하여도 그대로 인정해야 하는 경우이다. 즉, 법정실시권은 **특허권자의 의사와 관계없이 법령의 규**정에 따라 **당연히 발생하는 실시권**이다.[210] 즉, 국민경제상의 필요 또는 특허권자와 제3자와의 이익조정을 위하여 특허권자의 의사와는 무관하게 법률의 규정에 따라 제3자에게 통상실시권을 주고 있다. **특허법상 직무발명에 있어서 사용자 등의 실시권**(발명진흥법 제10조 제1항), 특허료의 추가납부기간경과 후에 회복한 특허권 등에 대한 통상실시권(특허법 제81조의3), 선사용자에 따른 통상실시권(특허법 제103조), 무효심판청구등록전의 실시에 따른 통상실시권(특허법 제104조), 디자인권 존속기간만료 후의 통상실시권(특허법 제105조), 질권행사로 인한 특허권 이전에 따른 통상실시권(특허법 제122조), 재심에 따라 회복한 특허권에 대한 선사용자의 통상실시권(특허법 제182조), 재심에 따라 통상실시권을 상실한 원권리자의 통상실시권(특허법 제183조), 국방상 필요한 경우 특허청장의 결정에 따른 강제실시권(특허법 제106조), 불실시 또는 불공정한 실시인 경우 재정에 따른 강제실시(특허법 제107조) 등이 있다. 그 중에서 몇 가지만 구체적으로 보면 다음과 같다.

② **법정실시권의 발생**: 법정실시권은 법률이 규정하는 성립요건을 완비하였을 때 그 효력이 발생하며, 법률의 규정에 따라 발생하므로 설정등록이 없더라도 그 이후의 특허권・전용실시권을 취득한 제3자에게 대항할 수 있다(특허법 제118조 제2항). 실시권의 성립요건을 완비했음을 해당 실시권자가 입증하여야 한다. 법정실시권은 법률의 규정에 따라 정해진 범위 안에서 업으로서 그 특허발명을 실시할 수 있다(특허법 제102조 제2항).

③ **이전 및 질권의 설정・실시권의 포기**: 법정실시권은 실시사업과 같이 이전하는

---

210) 법에 따라 인정되는 것은 통상실시권이다.

경우 또는 상속 그 밖의 일반승계(유증)의 경우를 제외하고는 특허권자의 동의를 얻지 아니하면 이를 이전할 수 없다(특허법 제102조 제5항). 또한 실시권이 공유인 경우에는 다른 공유자의 동의를 얻어야 한다(특허법 제99조 제7항).

법정실시권은 특허권자의 동의를 얻지 아니하면 그 법정실시권을 목적으로 하는 질권을 설정할 수 없다(특허법 제102조 제6항). 법정실시권자는 질권자의 동의를 얻지 아니하면 법정실시권을 포기할 수 없다(특허법 제119조 제3항). 특허권자는 원칙적으로 법정실시권에 대하여 별도의 동의를 얻지 않아도 정정청구 · 정정심판청구 및 특허권을 포기할 수 있으나, 예외적으로 직무발명의 경우 통상실시권자의 동의를 얻지 않으면 특허권을 포기하거나, 정정청구 · 정정심판청구를 할 수 없다(특허법 제119조 제1항, 제136조 제7항, 제137조 제4항).

④ 소멸: 법정실시권은 특허권의 소멸, 법정실시권의 포기, 특허권의 수용, 혼동 등으로 소멸하고, 또한 실시사업의 폐지에 따라서도 소멸한다.

⑤ 대가: 법정실시권에 대한 대가 지급의 여부는 법정실시권 인정 취지와 관련을 가지고 생각하여야 한다. 법정실시권의 인정취지가 기존의 산업시설을 보호하는데 있다면, 그 실시의 대가를 특허권자에게 지급하여야 하고, 법정실시권의 인정취지가 특허권자와 일정한 관계에 있는 자와의 공평을 도모하는데 있다면, 특허권자에게 대가를 지급하지 않아도 된다.

직무발명에 따른 통상실시권, 선사용에 따른 통상실시권, 디자인권의 존속기간만료 후의 통상실시권, 재심에 따라 회복한 특허권에 대한 선사용자의 통상실시권을 제외하고는 법정실시권자는 대가를 지급하여야 한다.

(나) 직무발명에 대한 사용자 등의 통상실시권

직무발명에 대하여 종업원 등이 특허, 실용신안등록, 디자인등록(이하 "특허 등"이라 한다)을 받았거나 특허등을 받을 수 있는 권리를 승계한 자가 특허 등을 받으면 **사용자** 등은 그 특허권, 실용신안권, 디자인권(이하 "특허권 등"이라 한다)에 대하여 **통상실시권(通常實施權)**을 가진다(발명진흥법 제10조 제1항). 특허법은 노사간의 이익의 균형을 위하여 직무발명에 대한 특허를 받을 수 있는 권리를 종업원에게 원시적으로 귀속시키는 한편, 사용자 등에게는 그 특허발명을 실시할 수 있는 통상실시권을 인정하고 있다.

직무발명에 대한 통상실시권의 효력은 특허권 설정 등록이 있는 때부터 발생하며, 이 실시권은 등록이 없어도 효력이 발생한다.[211] 이 통상실시권은 실시권의 효력발생 당시의 실시 또는 준비하고 있는 발명 및 사업실시에 한정하지 않고 특허발명 전체에 대하여 효력을 갖는다. 또한 산업정책적인 측면보다는 직무발명에 대한 사용자 등의 기여도를 고려한 공

---

211) 즉, 종업원 또는 그의 승계인이 직무발명에 대하여 특허를 받은 경우에 사용자 등은 그 특허발명을 실시할 권리를 갖는다. 이러한 권리는 등록할 필요없이 특허권 설정등록시부터 당연히 갖는다.

평의 견지에서 인정되는 권리이기 때문에 사용자 등은 무상으로 특허발명을 실시할 수 있다. 이러한 실시권은 이전(移轉)하기 위해서는 특허권자의 승낙을 얻어야 한다(상세한 것은 앞의 직무발명을 참조).

(다) 특허료의 추가납부기간경과 후에 회복한 특허권 등에 대한 통상실시권

① 의의: 특허료의 추가납부기간 경과 후에 납부 또는 보전에 따라 회복한 특허출원 또는 특허권의 효력제한 중 국내에서 선의로 그 발명의 실시사업을 하거나 그 사업의 준비를 하고 있는 자는 그 실시 또는 준비를 하고 있는 발명 또는 사업의 목적의 범위 안에서 그 특허출원된 발명에 대한 특허권에 대하여 통상실시권을 가진다(특허법 제81조의3 제5항). 특허료 불납 또는 미납에 따른 특허출원의 포기 또는 특허권의 소멸을 믿고 그 발명을 실시하였는데, 그 후 추가납부에 따라 소멸된 특허권이 회복하여 소급된 경우 그러한 선의의 자를 보호하기 위한 규정이다.

② 성립요건: 특허권의 설정등록을 받고자 하는 자 또는 특허권자가 추가납부기간 이내에 특허료를 납부하지 아니하거나 보전기간 이내에 보전하지 아니한 때에는 특허권의 설정등록을 받고자 하는 자의 특허출원은 이를 포기한 것으로 보며, 특허권자의 특허권은 납부된 특허료에 해당되는 기간이 만료되는 날의 다음날부터 소급하여 소멸된 것으로 본다(특허법 제81조 제3항). 다만, 추가납부를 하지 못하거나 특허료를 보전하지 아니하여 특허발명의 특허권이 소멸하는 경우 그 특허권자는 추가납부기간 또는 보전기간 만료일부터 3개월 이내에 특허료의 2배를 내고, 그 소멸한 권리의 회복을 신청할 수 있다. 이 경우 그 특허권은 계속하여 존속하고 있던 것으로 본다(특허법 제81조의3 제3항).

이와 같이 특허료 추가납부기간이 경과한 날로부터 보전한 날까지의 기간을 효력제한기간이라 하는데, 이 기간 중에 선의로, 즉 특허출원의 포기 또는 특허권의 소멸을 신뢰하고 특허발명을 실시하여야 한다.

③ 범위 및 대가: 효력제한기간 중 국내에서 선의로 그 발명의 실시사업을 하거나, 그 사업의 준비를 하고 있는 자는 그 실시 또는 준비를 하고 있는 발명 또는 사업의 목적의 범위 안에서 그 특허출원된 발명에 대한 특허권에 대하여 통상실시권을 가진다(특허법 제81조의3 제5항). 효력제한기간 중 그 발명의 실시사업을 하거나, 그 사업의 준비를 하고 있는 자를 보호한다는 산업정책적인 측면에서 인정되는 권리이므로, 통상실시권자는 특허권자 또는 전용실시권자에게 상당한 대가를 지급하여야 한다(특허법 제81조의3 제6항).

(라) 선사용자에 따른 통상실시권

① 의의: **선사용권**은 특원출원시에 그 특허출원된 발명의 내용을 알지 못하고 그 발명을 스스로 하여 그 발명의 실시사업을 하는 자가 그 후에 설정된 특허권에 대하여 가질 수 있는 통상실시권을 의미한다.[212] 이러한 선사용권은 **선출원주의**를 취하고 있는 결과 **선**

발명자를 보호하지 못하는 결정을 보완하기 위하여 공평의 원칙에 기하여 무상으로 실시할 수 있는 권리를 주는 것이다.

특허법 제103조에서는 "특허출원시에 그 특허출원된 발명의 내용을 알지 못하고 그 발명을 하거나 그 발명을 한 자로부터 지득하여 국내에서 그 발명의 실시사업을 하거나 그 사업의 준비를 하고 있는 자는 그 실시 또는 준비를 하고 있는 발명 및 사업의 목적의 범위안에서 그 특허출원된 발명에 대한 특허권에 대하여 통상실시권을 가진다"고 규정하여 선의 발명자 등을 보호하고 있다. 따라서 특허출원시 선의로 특허발명을 선점(先占)하고 있는 자에게 무상(無償)으로 주어지는 법정실시권이다.

선사용자의 출원 전의 실시가 공연히 행하여진 경우에는 해당 특허발명은 신규성이 상실된 것으로서 특허무효사유가 되므로, 실시준비 중이거나 공연실시가 아닌 비밀실시의 경우에 주로 실익이 있다고 할 수 있다.[213] 또한 공연실시의 경우에도 무효심판의 심결이 확정되기까지는 특허권이 유효하게 되어 침해가 성립하지만, 선사용권이 존재한다면 무효심결의 확정을 기다리지 않아도 선사용권을 주장할 수 있게 된다.

② 성립요건: 타인의 특허출원된 발명의 내용을 알지 못하고 스스로 발명을 하거나 그 발명을 한 자로부터 지득한 경우이어야 한다. 따라서 특허발명과 선사용권자의 발명은 서로 다른 계통의 발명(이중발명)이 필요하여 타인으로부터 발명을 지득한 경우에는 그 발명의 지득경로는 문제되지 않으나, 동일계통의 발명인 특허출원한 발명자로부터 발명을 지득한 경우에는 제외되는 것으로 해석한다. 특허출원시에 국내에서 실시사업 또는 사업의 준비를 하고 있어야 한다. 특허출원시를 기준으로 함으로 출원공개 전이라고 하더라도 특허출원 후에 발명의 실시사업을 하고 있거나 출원 전에 실시사업을 하고 있었으나 그 후 출원시에 실시가 폐지된 경우에는 선사용권이 인정되지 않는다.

③ 범위 및 대가: 선사용자는 특허권자의 발명 전부에 대하여 실시할 수 있는 것이 아니라, 그 실시 또는 준비를 하고 있는 발명 및 사업의 목적의 범위 내에서 통상실시권을 갖는다. 선사용권은 특허권의 효력에 대한 법정제한사유로서 그 본질은 특허권에 대한 항변권이기 때문에 선사용권에 기하여 제3자에게 권리행사를 할 수는 없다. 선출원주의의 문제점을 보충하고 기존의 실시사업이나 준비하고 있는 사업을 보호한다는 점에서 선사용자는 대가의 지급없이 무상으로 특허발명을 실시할 수 있다.

(마) 무효심판청구등록 전(前)의 실시에 따른 통상실시권

이 실시권은 등록된 특허권에 무효사유가 있는 것을 알지 못하고 특허권자가 그 특허발

212) 특허출원시에 그 특허출원 된 발명의 내용을 알지 못하고 그 발명을 하거나 그 발명을 한 자로부터 지득하여 국내에서 그 발명의 실시사업을 하거나 그 사업의 준비를 하고 있는 자는 그 실시 또는 준비를 하고 있는 발명 및 사업의 목적의 범위 안에서 그 특허출원 된 특허권에 대하여 통상실시권을 갖는다.

213) 황종환 · 김현호 공저, 특허법, 588면.

명의 실시사업을 하거나 사업을 준비 중에 해당 특허권이 무효가 되는 경우에 주어지는 실시권이다. 즉, 특허법 제104조 제1항은 둘 이상의 특허 중 하나가 무효가 된 경우(제1호), 특허와 실용신안이 동일하여 실용신안이 무효로 된 경우(제2호), 특허가 무효로 되고 동일한 발명에 대하여 특허권이 부여된 경우(제3호), 실용신안이 무효로 되고 동일한 발명에 특허권이 부여된 경우(제4호)에 특허나 실용신안의 무효심판청구의 등록전에 선의로 발명이나 고안에 관한 실시사업을 하거나 실시사업을 준비하고 있는 자는 권리가 무효로 되었더라도 **통상실시권**을 갖는다. 또한 무효심판등록전에 전용실시권이나 통상실시권을 취득하고 있는 경우에 무효로 확정되더라도 통상실시권을 주장할 수 있다. 원래는 무권리자이지만 국가의 과실로 권리가 있다고 신뢰한 자의 기존 실시사업이나 준비실시사업을 보호하자는 산업정책적 고려에서 인정된 제도이므로, **통상실시권을 가진 자**는 **특허권자** 또는 **전용실시권자에게 상당한 대가를 지급**하여야 한다(특허법 제104조 제2항).

(바) 디자인권 존속기간만료 후의 통상실시권

특허출원일전 또는 특허출원일과 **같은 날에 출원**되어 등록된 **디자인권**이 그 **특허권과 저촉**되는 경우 그 디자인권의 존속기간이 만료되는 때에는 그 **원디자인권자**는 원디자인권의 범위안에서 해당 특허권 또는 그 디자인권의 존속기간이 만료되는 당시에 존재하는 **전용실시권**에 대하여 **통상실시권**을 가진다(특허법 제105조 제1항). 이 경우 **원(原)디자인권자의 실시권을 박탈**하는 것이 **너무 가혹**하므로 종전의 원디자인권자는 **무상으로 실시권**을 갖는다.

특허출원일전 또는 특허출원일과 같은 날에 출원되어 등록된 디자인권이 그 특허권과 저촉되는 경우 그 디자인권의 존속기간이 만료되는 때에는 그 만료되는 당시에 존재하는 디자인권에 대한 전용실시권 또는 그 디자인권이나 전용실시권에 관한 디자인보호법 제104조 1항에 따라 효력을 가지는 통상실시권을 가진 자는 원권리의 범위 안에서 해당 특허권 또는 디자인권의 존속기간이 만료되는 당시에 존재하는 전용실시권에 대하여 통상실시권을 가진다(특허법 제105조 제2항). 이에 따른 통상실시권을 가진 자는 특허권자 또는 전용실시권자에게 **상당한 대가를 지급**하여야 한다(특허법 제105조 제3항).

(사) 질권행사로 인한 특허권의 이전에 따른 통상실시권

특허권자는 특허권을 목적으로 하는 **질권설정 이전**에 그 **특허발명을 실시**하고 있는 경우에는 그 특허권이 **경매** 등에 따라 **이전**되더라도 그 특허발명에 대하여 **통상실시권**을 가진다. 이 경우에는 특허권자는 경매 등에 따라 **특허권을 이전받은 자에게 상당한 대가를 지급**하여야 한다(특허법 제122조).

(아) 재심에 따라 회복한 특허권에 대한 선사용자의 통상실시권

이 실시권은 심결확정 후 재심청구 전에 선의로 실시하던 자를 보호하기 위한 실시권이다.

즉, 특허법 제181조 제1항 각호의 1에 해당하는 경우에 해당 **심결이 확정된 후 재심청구의 등록전**에 **선의**로 **국내**에서 그 **발명의 실시사업을 하고 있는 자** 또는 그 **사업의 준비를 하고 있는 자**는 그 실시 또는 준비를 하고 있는 발명 및 사업의 목적의 범위안에서 그 특허권에 관하여 **통상실시권**을 가진다(특허법 제182조). 이러한 실시권은 **유상의 통상실시권**이어야 할 것이다.

(자) 재심에 따라 통상실시권을 상실한 원권리자의 통상실시권

통상실시권을 허여한다는 심결이 확정된 후 재심에 따라 이에 **상반되는 심결의 확정이 있는 경우**에는 **재심청구 등록전**에 **선의**로 국내에서 그 발명의 실시사업을 하고 있는 자 또는 그 사업의 준비를 하고 있는 자는 원통상실시권의 사업의 목적 및 발명의 범위안에서 그 특허권 또는 재심의 심결의 확정이 있는 당시에 존재하는 전용실시권에 대하여 **통상실시권**을 가진다(특허법 제183조 제1항). 이는 **확정된 심결을 신뢰**하여 발명의 실시사업 등을 하고 있는 자를 보호하고 사업설비의 유지라고 하는 사회 경제적인 입장을 고려하여 **선의의 실시자에게 통상실시권을 인정**하여 주는 것이다.

특허법 제183조에 따라 발생하는 통상실시권은 **법정의 통상실시권**으로 등록하지 않아도 제3자에게 대항할 수 있으나(특허법 제118조 제2항), 특허권자 또는 전용실시권자에게 상당한 대가(실시료)를 지급하여야 한다(특허법 제183조 제2항). 실시권의 범위는 원통상실시권의 사업의 목적 및 발명의 범위 내이다.

(6) 특허권의 실시허락에 따르는 의무

실시허락 특허권자에게는 **특허실시의무**와 **특허권의 남용금지의무**, **특허료 등의 납부의무**(특허법 제79조), **특허발명실시보고의무**(특허법 제125조) 등이 있다. 여기서는 전 2자에 대해서만 언급하고자 한다.[214]

(가) 특허실시의무

일반적으로 특허권자는 자기의 특허발명을 스스로 또는 제3자에게 실시허락을 주어 실시하려고 하는 것이 보통이지만, 실제로 권리를 실시하지 않고 있는 경우에는 다른 일반의 권리처럼 그대로 방임하여 둘 수가 없다. 왜냐하면 특허권은 배타적인 독점권이므로 다른 사람의 영업자유(기술경쟁)를 배제하는 점에서 일종의 사적 독점이며 이들 독점권의 존재에 따라 다른 영업자는 경업을 제한받는다.[215]

실시허락은 특허발명의 이용을 목적으로 하는 계약이므로, 단순히 실시권자의 실시를 인용하여야 함에 그치는 인용의무, 소극적 의무이라 하더라도 **적극적으로 실시권자**가 계

214) 서거석 외, 기술과 법, 도서출판 피데스, 2006, 138면.
215) 송영식 외, 앞의 책, 97~98면 참조.

약에 따라 실시함에 필요한 명세서·도면의 설명·공정의 지도 등에 **협력할 의무를 부담**한다. 실시계약은 일반적으로 유상계약이므로, 민법상 매매에 관한 담보책임규정이 준용되지만(민법 제567조), 실시계약의 특수성에 비추어 다소의 변경·보충이 필요하다. 따라서 미리 보증조항 등에서 명백히 규정하여 둘 필요가 있다.

(나) 특허권의 정당실시 의무

특허권도 권리행사에 관한 일반원칙에 따라 신의에 좇아 성실하게 행사되어야 하고 이를 남용하여서는 안 된다(민법 제2조). 특허권의 불성실한 실시 또는 우월적 지위를 이용한 특허권자의 독점권에서 또는 공정거래법 등으로 이를 적절하게 규제하기 위한 입법조치를 취하고 있다.[216] 실시계약은 가장 중요한 의무는 **실시료**(實施料, Royalty)**지급**이다. 그리고 전용실시권자·독점적 실시권자가 특허발명을 실시하지 아니하면 특허권의 수용 등 강제조치(특허법 제106조·제107조)를 당할 수는 있으나, 통상실시권자는 원칙적으로 실시의무가 없다. 제품판매가격의 제한·경쟁품의 취급제한 등은 불공정 거래방법에 속하는 경우가 많기 때문에 공정거래법에 따른 제재를 받을 가능성이 크다.

6) 특허권의 소멸

특허권의 소멸이란 유효하게 발생한 특허권이 일정한 법정 사유에 따라 장래를 향하여 효력이 상실되거나 소급하여 처음부터 없었던 것으로 보는 것을 말한다. 특허권이 특허발명을 독점적으로 지배할 수 있는 권리로서 개인에게 주어지는 재산권이기는 하지만 특허권은 발명 공개의 대가로서 주어지는 것임에 비추어 그 권리를 어느 특정인에게 무한정으로 독점시킬 수 없다 할 것이므로 일정한 사유가 있을 경우 특허권을 소멸시킬 필요가 있다. 특허권의 소멸은 특허권 자체가 없어져 버리는 절대적 소멸이라는 점에서 상대적 소멸인 특허권이 이전과 구별된다.

(1) 장래를 향해 소멸

특허권이 장래를 향해 소멸한 경우 소멸되기 전까지는 특허권이 유효하기 때문에 제3자의 실시가 특허권의 침해가 될 수 있다. 장래를 향해 소멸하는 사유로는 ⅰ) 존속기간 만료, ⅱ) 특허료 불납, ⅲ) 상속인 없는 경우, ⅳ) 특허권의 포기 등을 들 수 있다.

(2) 소급하여 소멸

특허권이 소급하여 소멸한 경우, 특허권이 처음부터 발생하지 않은 것으로 보기 때문에 제3자의 실시가 특허권의 침해가 될 수 없다. 특허권이 소급하여 소멸하는 사유로는 특허무효심판에 따른 인용심결의 확정이 있다.

---

216) 송영식 외, 앞의 책, 98면 참조.

12. 특허권의 침해와 구제

학습포인트

1. 특허심판의 진행절차에 대하여 알아본다.
2. 특허소송의 진행절차에 대해 알아본다.

1) 특허권 침해의 의의

특허발명은 특허권자만이 독점적으로 실시할 수 있으므로 타인이 정당한 권원 없이 특허발명을 실시하는 경우에는 특허권의 침해가 된다. 특허권은 무형의 기술창작에 대한 지배권이므로 점유가 불가능하므로 침해가 용이하며, 침해가 있다 하더라도 그 사실의 발견이 어렵고, 또 침해의 판단이 곤란하며, 침해하고 인정되었다 하더라도 그 손해산정액이 곤란하다.

그래서 특허권의 특수성에 따라 특허법에는 특별한 규정을 두고 있다. 즉, 간접침해를 인정하고 손해배상청구권에 대하여 간접침해(특허법 제127조), 과실추정의 규정(특허법 제130조)과 손해액의 추정(특허법 제128조), 생산방법의 추정(특허법 제129조), 손해액 간주(의제), 징벌적 손해배상제도(특허법 제128조 제8항 및 제9항)에 관한 규정을 두고 있다. 그러므로 특허권은 독점적・배타적 성질을 갖는 사법상 재산권의 일종이므로 특허권의 침해는 민법상 불법행위에 해당되고, 특허법의 특별규정이 없는 경우 민법의 법리에 따라 구제받을 수 있다.[217] 특허권의 보호범위는 특허명세서에 기재된 내용을 토대로 **특허청구범위에 따라 결정**된다. 따라서 특허권 침해여부를 결정하는 기초는 특허청구범위이다.

2) 특허권 침해의 성립요건

특허권자는 업으로서 특허발명을 실시할 권리를 독점하는 바(특허법 제94조), 특허권 침해의 성립요건은 첫째, 발명이 동일하여야 한다. 즉 특허권의 침해의 성립은 실시발명과 특허발명의 동일이 전제되며 동일 여부는 발명의 구성・목적・효과를 대비하여 판단한다. 둘째, 업으로서 실시하여야 한다. 즉 타인의 특허발명의 실시는 업으로서의 실시이어야 한다. 셋째, 실시의 위법성이 있어야 한다. 즉 타인의 실시는 정당한 권원이 없는 실시이어야 한다. 이에 따라 특허권의 침해가 성립한다.

217) 특허권은 독점적・배타적 성질을 갖는 재산적 권리이므로 그 침해 여부 및 그 구제방법은 민법이 적용될 것이다.

3) 특허권 침해판단의 순서

특허권 침해 대상물이 특허발명의 권리범위에 속하는지 여부의 판단은 특허발명의 보호범위를 확정하고, 확인대상발명을 특정한 다음, 양 발명을 대비하여 문언침해에 해당하는지 여부를 먼저 검토한다. 균등침해에 대한 판단은 문언침해에 해당되지 않는 경우에 한하여 한다.

4) 특허침해의 유형

(1) 동일영역에서의 침해 — 직접침해

이는 해당 특허발명의 **특허청구 범위에 기재된 구성요건적 특징을 모두 그대로 사용**하는 경우를 말한다. 즉, 문언적으로 **특허청구 범위가 동일**한 경우를 말하는 것으로 고의에 따른 침해의 경우가 많을 것이다. 그러므로 이 경우 위법성 조각사유가 없는 한 특허권 침해를 구성한다.

A + B + C ➡ A + B + C : 대판 99후1584;99후2372등

A + B + C ➡ A + B + C + D : 대판 98후522

(2) 균등영역에서의 침해 — 직접침해

특허청구범위의 문언이 동일하지는 않지만, 침해자의 침해행위가 **특허청구범위**의 **문언적 해석과 균등**하다고 인정되는 경우에 인정되는 침해이다.[218] 즉, 형식적으로는 동일하지 않지만, 핵심적인 특징을 이용하여 실질적으로 동일한 결과를 가져오는 경우에 특허권침해를 인정한다. 이러한 경우에 특허권 침해를 인정하는 이론을 균등론이라고 한다. 예를 들면, 단순한 설계변경, 설계상의 미세한 차이, 우회방법, 재료의 치환, 불완전이용 등의 경우에 특허권침해를 인정할 수 있다.

사례를 보면,[219] A는 석탄을 나르는 트럭의 적재함을 원추형으로 만들어 특허청구범위에 "1. 트럭의 적재함, 2. 원추형 적재함, 3 뿔 끝에 배출구가 있는 적재함"이라고 기재하여 특허를 취득하였다. 그런데 B는 '팔각뿔형 적재함'을 생산하여 판매하였다. B의 트럭적재함 생산행위는 A의 특허권을 침해한 것인가?

특허청구범위의 기재사항을 문언적으로 엄격하게 해석한다면 B는 A의 특허권을 침해한 것은 아니다. 그러나 트럭적재함이 원뿔형인지 또는 팔각뿔인지는 중요하지 않고 뿔이라

218) 실시발명이 특허발명과 완전히 일치하지 않지만, 등가로 평가되는 발명의 실시를 말한다.
219) 송인방·김기현, 앞의 책, 150면 참조.

는 모양이 중요하다. 그러므로 원뿔형과 팔각뿔형은 균등하다고 판단할 수 있고, B는 A의 특허권을 침해한 것이 된다.

A + B + C ➡ A + B + C' : 대판 98후836;298후2016등

A + B + C ➡ A + B + C' + D : 대판 98후522;2001후393

(3) 이용 · 저촉관계에 따른 침해 — 직접침해

선출원 등록된 타인의 권리와 이용 · 저촉관계에 있는 발명의 경우 그 선출원 등록된 권리자의 **동의를 얻지 않고** 실시하는 경우 선출원 등록된 타인의 특허권 · 실용신안권 · 디자인권을 침해가 된다.

(4) 침해행위로 보는 행위(특허법 제127조) — 간접침해

특허발명에만 **사용하는 물건을 실시**[220]하는 경우에 특허권 침해로 인정된다. 즉, 특허가 물건의 발명인 경우에는 그 물건의 생산에만 사용하는 물건을 실시하는 경우와 특허가 방법의 발명인 경우에는 그 방법의 실시에만 사용하는 물건을 실시하는 경우에 특허권침해를 인정한다. 특허발명에만 사용한다는 주장과 입증책임은 특허권자가 부담한다.

침해행위로 보는 행위로서의 사례를 보면,[221] A는 기존의 **레이저프린트의 카트리지를 개선한 레이저 프린트기를 발명**하여 특허를 취득하였다. 그런데 A는 프린트기에 사용되는 카트리지를 B가 생산하여 판매하는 경우에 A는 B에게 특허권 침해를 주장할 수 있는가? A의 프린트기는 카트리지에 특징이 있는 프린트기이므로 A는 B가 생산하여 판매하는 카트리지는 A의 특허발명에만 사용하는 물건이라는 것을 주장하고 입증하여 특허권 침해를 주장할 수 있다.

(5) 생산방법의 추정 — 간접침해

특허법 제129조는 물건을 생산하는 방법의 발명에 관하여 특허가 된 경우에 그 물건이 특허출원 전에 국내에 공지된 물건이 아닌 때에는 그 **물건과 동일한 물건은 그 특허된 방법에 따라 생산된 것으로 추정**한다고 규정하고 있다. 이는 방법의 발명인 경우 특허권 침해는 방법의 사용을 증명하여야 한다. 그러나 생산방법은 침해자의 관리아래에 있기 때문에 침해사실을 증명하는 것은 어렵다. 그래서 경험칙에 비추어 이러한 규정을 두어 입증책임을 경감하고 있다. 즉, 특허권자는 자기가 특허권자라는 것과 국내에서 공지되지 않았음을 주장하여야 한다.

---

220) 실시란 생산 · 대여 또는 수입하거나 그 물건의 양도 또는 대여의 청약을 하는 행위를 말한다.
221) 송인방 · 김기현, 앞의 책, 150~151면 참조.

(6) 특허권 침해의 판단

특허권 침해의 여부는 **특허청구 범위를 기준**으로 하여 판단한다. 그 침해 판단의 수단으로서 침해소송과 권리범위확인심판이 있다. 전자는 특허권 침해소송이 제기되었을 경우 법원이 침해여부를 판단하고, 후자는 특허권 침해소송과 병행하여 또는 침해소송에 앞서 특허청에 권리범위확인심판을 청구할 수 있다.

5) 특허권 침해의 구제방법

생각하기

A는 B가 발명하여 출원등록한 자동차부품을 생산하여 판매하고 있다. 이러한 경우 B는 A의 특허권침해에 대한 어떠한 구제를 받을 수 있는가?

(1) 특허권의 침해금지청구권 · 특허권의 침해예방청구권

특허권 침해가 있는 경우에 특허권자 또는 전용실시권자는 자기의 권리를 침해한 자 또는 침해할 우려가 있는 자에 대하여 그 침해의 금지 또는 예방을 청구할 수 있다(특허법 제126조 제1항). 특허권이 침해되거나 침해될 우려가 있고, 제3자의 실시가 업으로서 무단실시이며, 침해자의 고의 또는 과실을 묻지 않는다. 청구권자는 독점적 · 배타적 권한을 갖는 특허권자 또는 전용실시권자이며 통상실시권자는 제외된다.

(2) 특허권침해물건과 생산설비의 폐기청구권

특허권자 또는 전용실시권자는 침해금지 및 침해예방청구를 할 때에는 침해행위를 조성한 물건(물건을 생산하는 방법의 발명인 경우에는 침해행위로 생긴 물건을 포함한다)의 폐기, 침해행위에 제공된 설비의 제거 그 밖에 침해의 예방에 필요한 행위를 청구할 수 있다(특허법 제2항). 이는 특허권 침해금지청구권이 인정되더라도 침해행위로 조성된 물건이 존재하거나 생산설비를 가지고 있으면 다시 특허권을 침해할 위험이 존재하기 때문에 이러한 위험을 제거하기 위하여 인정된 권리이다. 따라서 침해금지청구권의 실효성을 확보하기 위하여 인정되는 것이다.

> ➤ 특허권의 존속기간이 경과한 후에는 특허권자가 소멸된 특허발명에 터잡아 특허법 제126조에 따른 특허침해금지 및 특허침해제품의 폐기를 주장할 수 없다고 한 사례(대법원 2009. 10. 15. 선고 2007다45876 판결)

(3) 가처분

가처분은 본안소송의 판결의 실효성을 담보하기 위하여 본안소송 전 또는 본안소송과 병행하여 청구하는 것으로 특허권자는 침해금지 · 예방청구권행사 때 가처분을 신청할 수 있다.

(4) 특허권 침해의 징벌적 손해배상청구권

(가) 특허권 침해의 징벌적 손해배상청구권의 의의

특허권은 재산권이므로 특허권의 침해는 민법상 불법행위에 의한 손해배상청구권이 인정된다(민법 제750조). 그런데 특허권침해에서는 침해행위가 침해자의 영역에서 발생하기 때문에 피해자가 침해자의 고의·과실을 입증하기 어렵고, 손해액을 입증하기가 곤란하다. 이러한 점을 고려하여 특허법은 침해자의 과실 추정의 규정과 손해액의 추정 및 의제에 관한 규정을 두고 있고, 서류제출명령제도에 의하여 입증책임을 완화하고 있다.

(나) 불법행위의 성립요건

불법행위가 성립하기 위해서는 ① 가해자에게 고의 또는 과실이 있어야 하고, ② 가해자에게 책임능력이 있어야 하고, ③ 침해행위가 위법해야 하고, ④ 피해자에게 손해가 발생하여야 하고, ⑤ 위법한 행위와 손해발생간에 인과관계가 있어야 한다. 일반불법행위에서 ①, ③, ④, ⑤는 피해자가 입증하여야 하고, ②는 가해자가 입증하여야 한다. 그러나 특허법에서는 피해자의 입증책임을 완화하기 위해서 ①, ④에 대하여 특별규정을 두고 있다.

(다) 과실의 추정

타인의 특허권 또는 전용실시권을 침해한 자는 그 침해행위에 대하여 과실이 있는 것으로 추정한다(특허법 제130조). 그러므로 특허권 침해가 있는 경우에 침해자가 손해배상의무를 면하려면 자신에게 과실이 없다는 것을 입증하여야 한다.

(라) 징벌적 손해액의 입증(=손해액의 추정)

손해는 특허권자가 특허권 침해를 당하지 않았더라면 존재하여야 할 재산상태에서 침해를 당한 후의 재산상태의 차액이다. 손해는 적극적인 재산의 감소를 가져오는 적극적 손해와 증가하여야 할 재산이 증가하지 않는 소극적 손해(일실이익) 그리고 정신적 손해로 구분된다. 이러한 손해액을 입증하는 것은 매우 어렵기 때문에 이에 대한 특별규정을 두고 있다.

첫째, 특허권자 또는 전용실시권자는 고의 또는 과실로 자기의 특허권 또는 전용실시권을 침해한 자에 대하여 침해로 인하여 입은 손해의 배상을 청구할 수 있다(특허법 제128조 제1항). 이에 따라 손해배상을 청구하는 경우 그 권리를 침해한 자가 그 침해행위를 하게 한 물건을 양도하였을 때에는 "① 그 물건의 양도수량(특허권자 또는 전용실시권자가 그 침해행위 외의 사유로 판매할 수 없었던 사정이 있는 경우에는 그 침해행위 외의 사유로 판매할 수 없었던 수량을 뺀 수량) 중 특허권자 또는 전용실시권자가 생산할 수 있었던 물건의 수량에서 실제 판매한 물건의 수량을 뺀 수량을 넘지 않는 수량에 특허권자 또는 전용실시권자가 그 침해행위가 없었다면 판매할 수 있었던 물건의 단위수량당 이익액을 곱한 금액, ② 그 물건의 양도수량 중 특허권자 또는 전용실시권자가 생산할 수 있었던 물건의 수량에서 실제 판매한 물건의 수량을 뺀 수량을 넘는 수량 또는 그 침해행위 외의 사유로 판매할 수 없었던 수량이 있는 경우 이들 수량(특허권자 또는 전용실시권자가 그 특허권자의 특허권에 대한 전용실시권의 설정, 통상실시권의 허락 또는 그 전용실시권자의 전용실시권에 대한 통상실시권의 허락을 할 수 있었다고 인정되지 않는 경우에는 해당 수량을 뺀 수량)에 대해서는 특허발명의 실시에 대하여 합리적으로 받을 수 있는 금액"의 합계액을 특허권자 또는 전용실시권자가 입은 손해액으로 할 수 있다(특허법 제128조 제2항).

둘째, 특허권자 또는 전용실시권자는 고의 또는 과실로 자기의 특허권 또는 전용실시권을 침해한 자에 대하여 침해로 인하여 입은 손해배상을 청구하는 경우 특허권 또는 전용실시권을 침해한 자가 그 침해행위로 인하여 얻은 이익액을 특허권자 또는 전용실시권자가 입은 손해액으로 추정한다(특허법 제128조 제4항).

셋째, 특허권자 또는 전용실시권자는 고의 또는 과실로 자기의 특허권 또는 전용실시권을 침해한 자에 대하여 침해로 인하여 입은 손해배상을 청구하는 경우 그 특허발명의 실시에 대하여 합리적으로 받을 수 있는 금액을 특허권자 또는 전용실시권자가 입은 손해액으로 하여 손해배상을 청구할 수 있다(특허법 제128조 제5항). 이에 손해액이 합리적으로 받을 수 있는 금액을 초과하는 경우에는 그 초과액에 대해서도 손해배상을 청구할 수 있다. 이 경우 특허권 또는 전용실시권을 침해한 자에게 고의 또는 중대한 과실이 없을 때에는 법원은 손해배상액을 산정할 때 그 사실을 고려할 수 있다(특허법 제128조 제6항).

넷째, 법원은 특허권 또는 전용실시권의 침해에 관한 소송에서 손해가 발생된 것은 인정되나 그 손해액을 증명하기 위하여 필요한 사실을 증명하는 것이 해당 사실의 성질상 극히 곤란한 경우에는 변론 전체의 취지와 증거조사의 결과에 기초하여 상당한 손해액을 인정할 수 있다(특허법 제128조 제7항).

다섯째, 법원은 타인의 특허권 또는 전용실시권을 침해한 행위가 고의적인 것으로 인정되는 경우에는 손해로 인정된 금액의 3배를 넘지 아니하는 범위에서 배상액을 정할 수 있다(특허법 제128조 제8항). 이에 따른 배상액을 판단할 때에는 "① 침해행위를 한 자의 우월적 지위 여부, ② 고의 또는 손해 발생의 우려를 인식한 정도, ③ 침해행위로 인하여 특허권자 및 전용실시권자가 입은 피해규모, ④ 침해행위로 인하여 침해한 자가 얻은 경제적 이익, ⑤ 침해행위의 기간·횟수 등, ⑥ 침해행위에 따른 벌금, ⑦ 침해행위를 한 자의 재산상태, ⑧ 침해행위를 한 자의 피해구제 노력의 정도"의 사항을 고려하여야 한다(특허법 제128조 제8항).

(마) 소멸시효

손해배상청구권은 특허권자나 그 법정대리인이 손해 및 침해자를 알았을 때부터 3년간, 불법행위를 한 날로부터 10년간 행사하지 아니하면 시효로 인하여 소멸된다.

(5) 특허권 침해소송의 관할

특허침해소송은 민사법원이 관할한다. 그러므로 침해자의 주소지(영업소 소재지)를 관할하는 지방법원에 소를 제기하면 된다. 또한 불법행위가 발생한 곳을 관할하는 지방법원에 소를 제기하는 것도 가능하다. 그리고 침해자의 주소지 또는 불법행위지를 관할하는 고등법원이 있는 곳의 지방법원에 소를 제기하여도 된다(민사소송법 제24조).

(6) 특허권 침해에 따른 신용회복 청구권

법원은 고의 또는 과실에 따라서 특허권 또는 전용실시권을 침해함으로써 특허권자 또는 전용실시권자의 업무상의 신용을 실추하게 한 자에 대하여는 특허권자 또는 전용실시권자의 청구에 따라서 손해배상에 갈음하거나 손해배상과 함께 특허권자 또는 전용실시권자의 업무상의 신용회복을 위하여 필요한 조치를 명할 수 있다(특허법 제131조). 신용실추는 특허발명을 모방한 조잡한 제품을 생산하여 특허발명의 명성을 실추시키는 것이 일반적인 것이다. 그러므로 침해사실 외에 신용실추에 대한 별도의 입증이 필요하다. 신용회복조치로서는 사죄광고가 일반적으로 사용되어 왔으나, 사죄광고를 명하는 것은 양심의 자유를 침해하는 것으로 위헌판결[222]을 받았으므로 이제 사죄광고를 명할 수 없다. 그러므로 가해자의 비용으로 판결문을 신문 또는 잡지에 게재하도록 하는 등의 방법이 있다.

(7) 서류제출명령

법원은 특허권 또는 전용실시권의 침해에 관한 소송에 있어서 당사자의 신청에 따라 타당사자에 대하여 해당 침해행위로 인한 손해의 계산을 하는 데에 필요한 서류의 제출을 명할 수 있다(특허법 제132조). 서류제출은 가해자뿐만 아니라 침해자도 청구할 수 있다. 그러나 그 서류의 소지자가 그 서류의 제출을 거절할 정당한 이유가 있는 때에는 이를 거절할 수 있다. 단순히 영업비밀에 속한다는 것은 정당한 이유에 해당하지 않는다.

(8) 부당이득반환청구권

특허법에 명문규정은 없으나 일반 민법상의 법리를 특허권침해에 적용하여 제3자가 법률상 원인없이 특허권을 침해하여 부당한 이익을 얻고 있는 경우에 그 이익을 특허권자에게 반환하여야 한다.

(9) 경고장발송

침해에 대한 구제수단을 사용하기 전에 내용증명 등기우편으로 경고장을 발송하여 화해적 해결을 유도하거나 경고 후에도 계속 실시할 경우 침해의 고의성을 입증하는 자료로 활

222) 대판 199.4.1, 89헌마160

용할 수 있다. 경고장 발송에 따른 고의성의 형사적 침해죄와 손해배상청구소송에서 고의 또는 과실이 없었다고 하는 주장을 반박할 유력한 증거가 되기 때문에 침해행위를 당장 중지시키는 데 있어서 효과적인 방법이 될 수 있다.

6) 특허에 관한 형사벌

특허에 관한 범죄로서 특허침해죄(특허법 제225조),[223] 비밀누설죄 등(특허법 제226조), 허위표시의 죄(특허법 제228조), 거짓행위의 죄(특허법 제229조), 비밀유지명령위반죄(특허법 제229조의2)를 규정하고 있다. 위증죄와 비밀누설죄 등은 신분범이고, 특허침해죄는 절도죄와 유사한 자연범이다. 특허침해죄, 거짓행위의 죄 및 허위표시의 죄의 경우 양벌규정을 두고 있고(특허법 제230조), 그 밖에 행정질서벌(과태료)을 규정(특허법 제232조)하고 있다.

특허에 관한 형사벌은 죄형법정주의의 이념상 엄격하게 해석하여야 한다. 그러므로 간접침해, 생산방법의 추정에 관한 규정은 적용되지 아니하고, 과실에 따른 침해의 경우에는 민사책임만 발생할 뿐 형사책임은 발생하지 않는다. 특허침해죄의 경우 비친고죄로써 반의사불벌죄로[224] 하고 있고, 특허침해 형사고소기간(6월)의 제한없이 수사기관이 직법 수사하여 처벌이 가능하다.

13. 특허의 국제적 보호 → 국제특허출원

학습포인트

1. 대한민국 이외의 다른 국가에서 특허를 받기 위해서는 어떠한 절차를 밟아야 하는지 알아본다.
2. 파리조약에 기초하여 해외출원을 하는 것과 특허협력조약에 기초하여 국제특허출원을 하는 것의 차이점과 장단점을 알아본다.

1) 해외출원의 필요성

특허독립(속지주의)의 원칙상 각국의 특허는 서로 독립적으로 반드시 특허권 등을 획득하고자 하는 나라에 출원을 하여 그 나라의 특허권 등을 취득하여야만 해당국에서 독점 배타적 권리를 확보할 수 있다. 따라서 대한민국에서 특허권 등의 권리를 취득하였더라도 다른 나라에서 권리를 취득하지 못하면 그 나라에서는 독점 배타적인 권리를 행사할 수가 없다. 이러한 1국 1특허의 원칙 때문에 해외출원이 필요하며, 해외출원을 하는 방법에는 파리협

223) 특허법 제225조(침해죄) ① 특허권 또는 전용실시권을 침해한 자는 7년 이하의 징역 또는 1억원 이하의 벌금에 처한다. ② 제1항의 죄는 고소가 있어야 논한다.
224) 반의사불벌죄: 권리자가 침해자의 처벌을 원하지 않으면 기소가 불가능하다.

약이나 당사국간의 협정에 따라 양 국가간 직접 출원할 수 있는 이른바 **파리루트**(Paris Route)를 이용하는 **전통적인 국제출원방법**과 1출원 다국가 지정이 가능한 특허협력조약에 따른 PCT (PCT Route)를 이용하는 PCT **국제출원**방법[225)]이 있다.[226)]

2) 해외출원의 방법

(1) 전통적인 국제출원방법(Traditional Patent System)

특허획득을 원하는 **모든 나라에 각각 개별적**으로 특허출원하는 방법으로 Paris루트를 통한 출원이라고도 한다. 다만, 선(先) 출원에 대한 우선권을 주장하여 출원하는 경우 선출원의 출원일로부터 **12개월 이내**에 해당 국가에 출원하여야 우선권을 인정받을 수 있다.[227)]

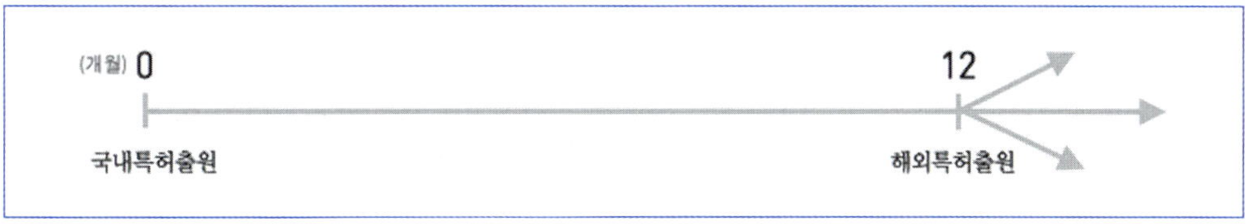

(2) PCT 국제출원에 따른 출원방법(PCT System)

국적국 또는 거주국의 **특허청(수리관청)**에 하나의 PCT 출원서를 제출하고, 그로부터 정해진 기간 이내에 특허획득을 원하는 **국가[지정(선택)국가]**로의 국내단계에 진입할 수 있는 제도로 PCT 국제출원의 출원일이 지정국가에서 출원일로 인정받을 수 있다. 다만, 선(先) 출원에 대한 우선권을 주장하여 출원하는 경우 선출원의 출원일로부터 12개월 이내에 PCT 국제출원을 하여야 우선권주장을 인정받을 수 있다.

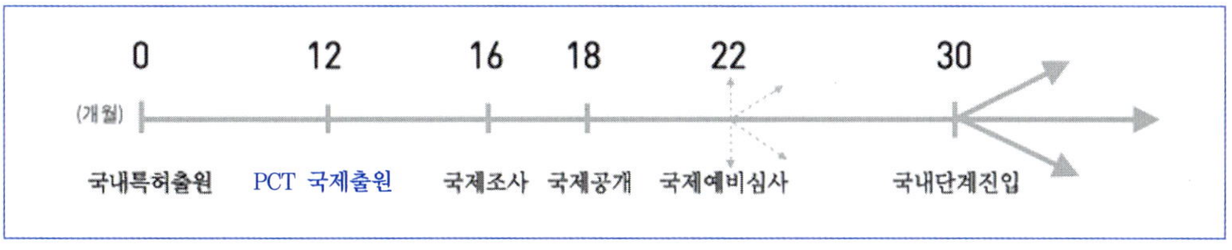

---

225) PCT: Patent Cooperation Treaty(특허협력조약)의 약자

226) 정병일, 과학기술과 지식재산, 커오스북, 2013, 457면 참조.

227) PCT에 따른 국제특허출원 이전에도 1883년 파리에서 국제조약에 가입한 동맹국 간에는 내외국인 평등의 원칙과 우선권제도 그리고 특허독립의 원칙 등 이른바 파리조약의 3대 원칙을 기준으로 자국의 특허법도 운영하면서 동맹국 간에 국제특허출원이 있는 경우에는 외국이라 하여 차별없이 특허권의 이익을 향유할 수 있도록 하였다. 특히 파리조약은 체약국 간 거리가 멀고 언어가 다른 점, 체약국에서 특허권을 부여받을 것인지에 대한 전략적 기획 등을 고려하여 처음 출원일부터 12개월 이내에 동맹국 간에 이루어지는 동일 특허출원에 대해 공지된 것으로 보지 않는 신규성 상실 예외규정을 두었다. 이를 우선권주장제도로 정착시켜 운영함으로써 어느 정도 통일화된 국제적 특허제도의 운영이 이루어지고 있다고 할 수 있다. 그러나 조약에 근거는 하되 각국마다 운영되는 특허제도에 따라 상호 간섭없이 해당국에서의 특허의 생성과 관리 및 소멸이 이루어지게 하는 특허독립의 원칙은 당연히 지켜지고 있다.

특허협력조약(Patent Cooperation Treaty; PCT)에 따른 국제출원은 출원인이 자국 특허청(수리관청)에 특허를 받고자 하는 국가를 지정하여 PCT 국제출원서를 제출하면 각 지정국에서 정규의 국내출원으로 인정해 주는 제도로서, 2019년 10월 2일 현재 153개국이 가입되어 있다.[228)]

3) PCT 국제출원의 절차

국제출원이 접수되면 수리관청에서 서류작성의 적정여부 등에 대한 **방식심사**(접수 후 1월 이내, 우선일부터 13월)를 하고, **국제조사기관**에서 선행기술조사 및 특허성에 관한 검토를 하여 그 결과를 **국제조사보고서** 및 **견해서**로 작성(조사용사본의 수령통지일부터 3월 또는 우선일부터 9월 중 늦은 때까지이며, 통상 우선일 부터 16월)하여 출원인 및 국제사무국에 통보하며, **국제사무국**에서는 우선일 부터 18월 경과 후 국제출원 일체 및 국제조사보고서에 대하여 국제공개를 한다. 별도의 선택적 절차인 **국제예비심사를 청구**하는 경우(통상 우선일부터 22월) **국제예비심사기관**은 특허청에 관한 예비적인 심사를 하여 그 결과를 **특허청에 관한 국제예비보고서**(PCT 제2장)으로 작성하여 출원인에게 통보한다(통상 우선일 부터 28개월 시점).

출원인은 상기 보고서 등을 기초로 실제 특허를 얻고자 하는 국가에 국제출원의 번역문 및 국내수수료 등을 납부하는 국내단계에 진입(통상 우선일 부터 30개월 이내)하여 **해당 지정국**에서 특허 심사절차를 밟게 된다. 대한민국에서는 우선일로부터 31개월 이내에 국내 단계절차를 밟아야 한다.

대한민국 특허청을 수리관청으로 하여 출원하는 출원인은 국제조사기관으로 한국,오스트리아, 호주, 일본 특허청(일본어 출원에 한함)중 하나를 선택할 수 있으며, 국제예비심사기관으로는 한국, 오스트리아, 일본 특허청(일본에서 국제조사를 받은 경우에 한함) 중 하나를 선택할 수 있다. **국외 PCT국제출원** 중 **대한민국을 국제조사기관으로 지정**한 나라는 필리핀, 베트남, 인도, 인도네시아, 몽고, 뉴질랜드, 미국, 싱가포르, 말레이시아가 있다.

4) PCT 국제출원에 필요한 서류

PCT **국제출원**을 하기 위해서는 Request(국제출원서), 명세서, 청구범위, 요약서, 도면(있는 경우), 서열목록(해당하는 경우)으로 이루어진 국제출원 관련 서류를 별도로 제출해야 하고, 국내출원시 제출한 서류를 그대로 제출하는 것이 아님에 유의하여야 한다.

명세서도 국내출원과 달리 PCT규칙에서 규정하는 기술순서에 따라 작성하여야 하며, 국내 출원과 달리 명세서와 청구범위를 구분하여 별도로 작성하여야 한다. 국제출원서(Request)는 반드시 한국어, 영어 또는 일본어(일본어 출원의 경우)로 작성하여야 한다.

228) http://www.wipo.int/pct/en/pct_contracting_states.html, 2020.5.12. 12:00 검색

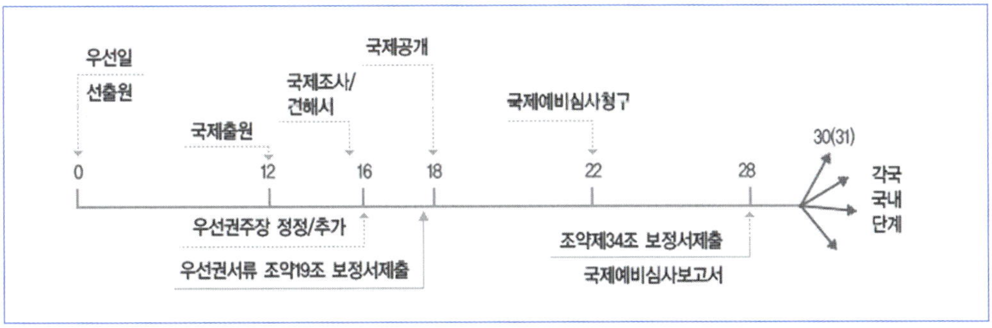

PCT 국제출원절차와 일반 해외출원절차 비교도

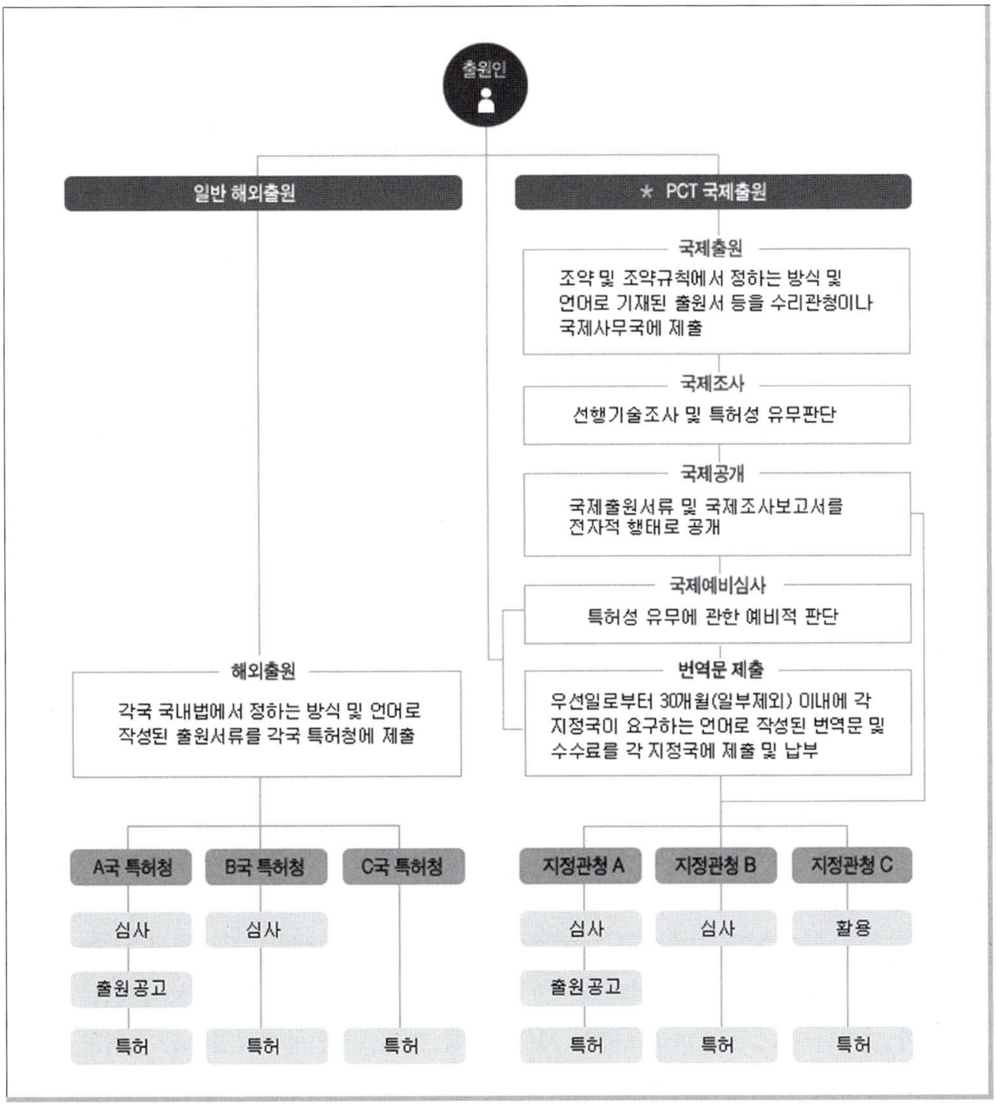

5) 특허에 관련된 조약

산업재산권에 관한 대표적인 것으로서는 산업재산권 보호에 관한 1883년 3월 20일의 파리조약, 1970년 6월 19일에 워싱턴에서 작성된 특허협력조약이 있다. 또한 장래적으로 개발도상국도 받아들일 수 있는 지식재산권보호의 공통 룰을 규정한 것으로서 세계무역기관을 설립하는 마라케슈 협정부속서 IC지식재산권의 무역관련 측면에 관한 협정(1994년)이 있다.

(1) 산업재산권 보호에 관한 파리조약(Paris Convention for Protection of Industrial Property of March 20, 1883)

파리조약은 산업재산권을 국제적으로 보호하기 위하여 1883년 성립한 조약이며, 각국의 산업재산권이 독자적이라는 속지성을 선언 후에 내외국인 평등의 원칙과 우선권제도를 규정하여 외국에서 산업재산권을 보다 용이하게 취득하도록 규정하고 있다. 파리조약의 3대 원칙을 살펴보면 다음과 같다.

(가) 내외국민 평등의 원칙

내외국민 평등의 원칙이란 산업재산권의 보호에 관하여 보호를 청구한 다른 동맹국의 국민에 대해서 각 동맹국의 영역 내에 주소 또는 영업소가 없더라도 내국민에 과하는 조건 및 절차에 따르는 것을 조건으로 산업재산권의 보호에 있어서 자국민과 동등한 이익을 부여하는 원칙을 말하며, 일명 내국민대우의 원칙이라고 한다. 이 원칙에는 동맹국의 국민에 대한 내국민대우, 준동맹 국민에 대한 대우가 포함된다. 파리조약이 내외국인평등의 원칙을 준동맹 국민에게까지 확대하는 것에 비추어 볼 때 동맹국 내에 주소나 영업소를 가진 무국적자에게도 권리능력을 인정하고 있는 것으로 해석되고 있다.

(나) 우선권

우선권이란 어떤 동맹국에서 우선으로 정규의 출원을 한 자 또는 그 승계인이 일정기간 내에 다른 동맹국에 동일목적물에 대하여 출원하는 경우에 주어지는 특별한 이익을 말한다. 특별한 이익이란 제2국에서의 출원의 순위 및 신규성 판단에서 제1국에서의 최선의 출원일을 기준으로 하여 판단한다는 것이다(파리조약 제4조). 예를 들어, 2005.1.1. K국에 자기가 한 발명을 특허출원하고 J국에 동일발명을 2005. 10.30. 특허출원하였다고 하더라도 마치 J국에의 출원을 2005.1.1.에 한 것과 같이 취급하여 준다는 것이다. 이 우선권 제도야말로 동맹각국의 속지주의의 원칙에 대하여 중대한 절차적 예외를 국제협조주의에 의거하여 설치한 것으로서 파리조약을 체결하도록 하게 한 원동력이었다고 하여도 과언이 아니다.

우선권을 주장하기 위해서는 제2국에 우선 기간 내에 출원하여야 한다. 우선기간은 특허·실용신안은 1년이고, 디자인·상표는 6월이다. 다만, 출원일은 기간에 산입하지 않는다. 좀 구체적으로 보면, 우선기간만료 전에 다동맹국에 제출된 후의 출원은 그 사이에 행하여진 각종의 행위, 예를 들어, 다른 출원, 해당 발명의 공표나 실시, 해당 디자인에 관계되는 물품의 판매, 해당 상표의 사용 등에 따라 불리한 취급을 받지 않고, 이들의 행위는 제3자가 어떠한 권리 등을 발생시키지 않는 것으로 된다(파리조약 제4조 B). 이와 같이 사실상 불이익을 발생시키지 않는 효과를 인정하지만, 출원일 자체의 소급이나 1출원으로 복수 국가의 출원을 인정하는 제도는 아니다. 더구나 유사개념으로 하나의 출원서로 복수국가에 출원한 것으로 되는 PCT국제출원이 존재한다.

(다) 각국 특허독립의 원칙

특허독립의 원칙이란 동맹국의 국민이 각 동맹국에 출원한 특허는 그 권리의 발생·변경 및 효력에 관해서 타국에서 취득한 특허에 종속되게 하여서는 아니 된다는 원칙이다. 즉, 동일한 발명에 대해 여러 나라에서 부여된 권리는 서로 관계없이 병존하며, 다른 나라에 권리에 영향을 미치지 아니한다(1국 1특허의 원칙). 파리조약 제4조의2는 동맹국민이 각 동맹국에서 출원된 특허는 다른 국가에서 동일한 발명에 관하여 취득한 특허로부터 독립한 것으로 된다고 규정하고 있다. 여기서 다른 국가는 동맹국인가 어떤가를 묻지 않는다. 이러한 원칙을 명문화한 이유는 속지주의 아래에서는 권리의 성립·효력범위에 관하여 각국이 자유로이 정할 수 있어 자국의 특허를 본국의 특허에 종속시켜 실질적으로 외국인에게 불이익한 사태를 초래케 할 수 있으므로 이를 방지하기 위한 것이다.

(라) 진정상품의 병행수입

병행수입(Parallel Imports)[229]은 국내 독점수입업자에 따라 외국 상품이 수입되는 경우, 제3자가 다른 유통경로를 통하여 권리자가 적법하게 제작한 물품을 국내 독점수입업자의 허락없이 수입하는 것을 말한다. 또한 권리자의 국가 이외의 국가에서 적법하게 제작되거나, 복제된 특허상품, 저작물, 상표부착물이 권리자의 국가로 다시 수입되는 것을 말한다. 즉, 수입총대리점 또는 상표권 전용사용권자를 통한 정상유통경로를 거친 수입과 이를 우회하는 제3자에 따른 수입이 병행하여 일어나는 현상을 말한다. 일본과 유럽에서는 이를 병행수입이라고 하는 반면 미국에서는 일반적으로 Gray Market라고 한다.

병행수입은 일반적으로 국내외간의 가격차에 따라 발생하게 된다. 원권리자는 후진국에 대하여 자기가 거주하는 국가보다 낮은 로열티를 받고 실시권을 설정하는 경우가 많다. 후진국은 이렇게 낮은 로열티를 지불할 뿐만 아니라 임금 등 생산요소가 가격이 저렴하기 때

229) 연기영 외, 공학법제, 동국대학교출판부, 2005, 197면 참조.

문에 낮은 비용으로 제조, 생산, 복제가 가능하다. 또한 원권리자의 국가별 가격차별정책이나 수입국의 상이한 환율정책으로 인하여 같은 제품이라도 국가별로 가격의 격차가 생길 수 있고, 저렴할 수 있다. 이와 같이 적법한 저가품이 원권리자의 국가로 역수출될 경우, 원권리자나 원권리자로부터 사용권을 설정받은 자국기업은 큰 타격을 받게 된다.

병행수입의 적법성에 대해서는 아직 논란의 여지가 많으며, 그 경제적 효과도 아직 확실치 않다. 이에 대한 외국의 사례도 사안에 따라서 결정되고 있고, 서로 상충되는 판결이 나기도 하고, 구체적인 사안에 따라 병행수입의 허용 여부가 달라져 일률적으로 말하기 어려운 상태이다.

(2) 특허협력조약(Patent Cooperation Treaty: PCT)

특허협력조약(PCT)은 파리조약 제19조에 따른 협정의 하나로서 1970년 워싱턴 외교회의에서 조인된 다자간 조약이다. 대한민국은 1984년 5월 10일 36번째로 가입국이 된 조약으로써 PCT의 체약국은 2020년 8월 10일 현재 153개국이다.[230]

특허협력조약의 목적은 특허심사절차에 관한 국제협력이다. 오늘날과 같은 급격한 기술혁신에 따라 특허출원 특히 외국출원이 매년 증가추세에 있고, 그 약 반수가 우선권 주장을 수반하는 외국출원으로써 중복출원 및 중복심사로 야기되는 문제점을 국제적 차원에서 해결하기 위하여 성립된 것이다. 따라서 이와 같은 목적을 통하여 심사관청과 출원인 쌍방을 위하여 심사비용을 경감할 수 있고, 기술의 발전에 따른 심사대상의 확대와 복잡화에 따른 심사관계문헌의 비약적 증대로 각국마다 대응할 필요가 없게 된다.

PCT는 국제출원의 절차에 관해서만 규정한 것으로서 국제출원의 발명이 각국에서 특허를 받을 수 있느냐의 여부에 관한 실체적 요건은 각국의 국내법령에 따라 판단하도록 위임하고 있다(PCT 제27조 제5항). PCT에 따른 국제출원은 수리관청(원칙적으로 자국 특허청)에 특정언어(대한민국은 영어 또는 국어)로 된 출원서에 국제출원임을 명시하여 출원하면, 회원국에 모두 출원한 것으로 본다.[231] 수리관청은 방식요건을 심사하고, 국제조사기관에서 신규성 여부를 조사하여 국제조사보고서를 출원인과 국제사무국에 송부한다.

이와 같이 출원인을 위하여 행해진 국제조사 및 국제예비조사의 결과는 출원인뿐만 아니라 각국의 심사관청도 이용할 수 있어 심사부담을 경감시킬 수 있다. 또한 기술정보를 국제적으로 공유할 수 있게 되면, 개발도상국에 대한 기술원조의 조직적인 협력을 할 수 있어 개발도상국에도 유익하다. 그 이유는 개발도상국을 위한 정보제공의무나 특허제도확충을 위한 조직적 원조를 행하여 지구규모에서의 기술성과보호제도를 구축할 수 있기 때문이다.

---

230) https://www.wipo.int/pct/en/pct_contracting_States.html

231) 전지정의제: 다만 대한민국이나 독일 등 자기지정제도를 가지고 있는 나라에 대한 예외는 있다.

(3) 국제특허분류에 관한 스트라스부르 협정(Strasbourg Agreement, 1971)

기술정보의 체계적 분류, 특허문헌의 검색 등에 있어 국제적인 보편성을 가진 특허분류가 절대적으로 필요하여 체결된 조약이다. 이 조약은 사무직・행정직 성질을 가짐에 그치므로 구속적인 것은 아니다. 대한민국은 1999년 10월 8일에 이 조약에 가입하였다.

14. 산업재산권분쟁조정제도

1) 산업재산권분쟁조정제도의 의의

산업재산권(특허권・실용신안권・디자인권・상표권)에 관한 분쟁이 있는 경우에 법원이나 심판을 통해서 해결하는데 소요되는 비용과 시간 등의 문제를 절약할 수 있도록 특허청에 '산업재산권분쟁조정위원회'을 두고 있다. 이는 당사자가 간단한 절차를 통하여 분쟁을 해결할 수 있도록 도와주는 제도이다. 다만, 산업재산권의 무효 및 취소여부, 권리범위의 확인 등에 대한 판단만을 요청하는 사항은 신청할 수 없다.

2) 산업재산권분쟁조정제도의 장점

쟁송능력이 부족한 중소기업 또는 개인이 편리하게 이용할 수 있고, 수년이 걸린 분쟁이 수개월 내에 해결될 수 있으며, 신청절차가 간편하며, 조정과정에서 비용이 거의 들지 않는다. 신청인이 원하는 경우에 모든 절차를 비공개로 진행하므로 기업 비밀이 공개될 염려가 없다. 합의에 도달하여 조정조서를 작성하면 재판상 화해가 성립되어 확정판결과 동일한 효력을 가지며, 분쟁에 실패하더라도 소제기가 가능하다.

15. 특허심판제도

1) 특허심판제도의 필요성

특허권의 부여란 특허권자에게 **일정기간의 독점권**을 주는 것이지만, 반면, 특허권자 이외의 제3자는 그 범위 내에서 영업의 자유를 제한당하는 불이익을 받는다. 그럼에도 **독점권을 주는 이유**는 일정기간의 독점권이라는 대가를 발명자에게 부여함으로써 창작을 장려하고 기술의 공개를 유도하여 궁극적으로는 산업발전을 도모하기 위한 것이다. 그러므로 특허가 잘못 부여되거나 까닭없이 특허부여가 거절되는 등 심사관의 처분에 하자(흠)가 있는 경우에는 일반 공중 및 출원인의 권리・이익을 해칠 뿐만 아니라 국가의 산업발달에의 기여라고 하는 특허제도의 목적에도 어긋나게 된다. 따라서 특허를 받을 자에게는 반드시 특허를 부여하여야 하는 반면, 법이 규정한 요건에 합치되지 못하는 자가 특허를 받지 못

하도록 여러 가지 장치를 마련하여야 한다는 것은 쉽게 알 수 있다.[232)]

이에 현행 특허법은 특허출원에 대한 심사과정에 있어서 출원인에게는 의견서제출의 기회를 주고, **등록공고 후 3월까지**는 **누구든지 특허무효심판을 청구**할 기회를 줌으로써 심사관에 의한 거절결정 또는 특허결정의 적정을 꾀하고 있다. 더 나아가서 **특허법**은 **특허권의 발생 · 변경(정정) · 소멸(무효 · 취소) 등 일정한 사항에 관한 다툼을 해결**하기 위하여 통상의 민사소송이나 행정소송과는 다른 **특별한 심판절차를 마련**하고 있다. **특허법원의 심판행정은 특허청의 재심사 → 특허심판원(1심) → 특허법원(2심) → 대법원으로 권리를 보호**하고 있다.

특허심판이란 최종심인 대법원과 특허법원의 전심(前審)으로서 특허법상의 분쟁을 해결하는 특별행정심판이다. 일반행정심판과는 달리 특허분쟁에 관하여는 **반드시 특허심판을 거친 후에 특허소송을 제기**할 수 있다. 심판절차는 특허청 심판관의 합의체에 따라 심리결정되는 행정상의 쟁송절차라 할 수 있지만, 민사소송에 준하는 엄격한 절차를 거쳐 판단되는 **준사법적(準司法的) 행정행위의 성격**을 가진다.

2) 특허심판제도의 종류

현행 특허법상 인정되고 있는 기본적인 **심판제도**는 ① 특허취소신청(특허법 제6장의 2, 제132조의2) 또는 특허거절결정심판(특허법 제132조의 17), ② 특허무효심판(특허법 제133조), ③ 권리범위확인심판(특허법 제135조), ④ 정정심판(특허법 제136조), ⑤ 정정무효심판(특허법 제137조), ⑥ 통상실시권 허락심판(특허법 제138조), ⑦ 특허권 존속기간 연장등록무효심판(특허법 제134조) 등 7종이다. 제척 · 기피결정의 심판(특허법 제152조 제1항), 참가신청 및 결정의 심판(특허법 제156조 제3항)등도 있지만, 이들은 위의 기본적인 심판의 부대적인 것에 지나지 아니한다.

3) 특허심판절차

(1) 심판청구 → 심판청구서의 제출

심판을 청구하고자 하는 자는 “① 당사자의 성명 및 주소(법인인 경우에는 그 명칭 및 영업소의 소재지), ② 대리인이 있는 경우에는 그 대리인의 성명 및 주소나 영업소의 소재지(대리인이 특허법인인 경우에는 그 명칭, 사무소의 소재지 및 지정된 변리사의 성명), ③ 심판사건의 표시, ④ 청구의 취지 및 그 이유” 사항을 기재한 심판청구서를 특허심판원장에게 제출하여야 한다(특허법 제140조 제1항).

232) 송영식 외2, 앞의 책(2010), 116~125면 참조

(2) 심리

(가) 방식심리

심판청구서상 법령에 정한 방식(특허법 제140조 제1항 · 제3항 · 제4항 · 제5항)에 위반한 경우에는 심판장은 상당한 기간을 정하여 그 기간내에 **보정**할 것을 명하여야 한다. 소정의 수수료를 납부하지 아니한 경우에도 마찬가지이다(특허법 제141조 제1항). 심판장은 보정명령을 받은 자가 지정된 기간 이내에 **보정을 하지 아니한 경우**에는 결정으로 심판청구서를 **각하**하여야 한다(특허법 제141조 제2항, 제3항). 민사소송법상 재판장의 소장심사권(민사소송법 제254조)과 같은 규정이다. 위 각하결정에 대하여 불복이 있는 자는 특허법원에 소를 제기할 수 있다(특허법 제186조 제1항).

(나) 적법성 심리

심판장의 청구서 심사는 일정한 형식 사항에 한정되어 있으므로 청구서로서 방식을 갖추고 있으면 부적법하거나 이유가 없더라도 수리하여 심리를 하여야 한다. 부적법한 심판청구로서 그 흠결을 보정할 수 없는 때(예: 일사부재리의 원칙에 어긋나는 심판청구)에는 피청구인에게 답변서 제출의 기회를 주지 아니하고 심결로써 이를 각하할 수 있다(특허법 제142조). 이 심결각하에 대하여 불복이 있을 때에는 특허법원에 소를 제기할 수 있다(특허법 제186조 제1항).

(다) 청구서 부본(副本)의 송달과 답변서의 제출 등

심판장이 심판청구서를 수리한 때에는 그 부본을 피청구인게게 송달하고(당사자계 심판의 경우) 기간을 지정하여 답변서제출의 기회를 주어야 한다(특허법 제147조 제1항). 답변서가 제출된 때에는 그 부분을 상대방에게 송달하여 방어의 기회를 주어야 한다(특허법 제147조 제1항).

(라) 심판관

심판은 **특허심판원 심판관**에 따라 행해진다. **심판관**의 자격은 대통령령으로 정하고 있다(특허법 제143조 제2항). **특허심판원장**은 각 심판사건에 대하여 합의체를 구성할 심판관(3인 내지 5인) 및 심판장을 지정한다(특허법 제144조, 제145조, 제146조). 심판관은 직무상 독립하여 심판하되(특허법 제143조 제3항), 결정은 과반수의 합의에 따르고 있다(특허법 제146조 제2항, 제3항).

(마) 구술심리 및 서면심리

심판은 구술심리 또는 서면심리로 한다. 다만, 당사자가 **구술심리를 신청한 때**에는 서면심리만으로 결정할 수 있다고 인정되는 경우 외에는 **구술심리**를 하여야 한다. 구술심리는 이를 공개하여야 한다. 다만, 공공의 질서 또는 선량한 풍속을 문란하게 할 염려가 있는 때에는 그러하지 아니한다(특허법 제154조 제1항, 제3항).

(바) 직권주의

① **직권탐지주의:** 심판에 있어서는 민사소송법상의 원칙인 변론주의(辯論主義)에 따르지 않고, 직권탐지주의를 취하고 있다. 즉, 당사자의 주장에 반드시 구애되지 아니하고 **직권으로 적극적으로 사실을 탐지하고 증거조사**를 할 수 있게 한다. 왜냐하면 심판사건은 민사소송사건과 달리 **당사자뿐만 아니라 널리 제3자의 이해에 관한 문제를 해결함을 목적**으로 하고 공익적·국가산업정책적인 관점에서 대세적 해결을 꾀할 필요가 있기 때문이다.

특허법 제159조(직권심리)는 "심판에서는 **당사자 또는 참가인이 신청하지 아니한 이유**에 대하여도 이를 **심리**할 수 있다. 이 경우 당사자 및 참가인에게 기간을 정하여 그 이유에 대하여 의견을 진술할 수 있는 기회를 주어야 한다(특허법 제159조 제1항). 심판에서는 청구인이 신청하지 아니한 **청구의 취지**에 대하여는 심리할 수 없다(특허법 제159조 제2항)"라고 규정하고 있다.

② **직권진행주의:** 심판절차를 진행함에 있어 많은 사건을 원활하고 능률적으로 처리하기 위해서는 이를 당사자의 자유에 맡겨서는 적당하지 아니하므로 **심판관에게 주도권을 인정**함이 적당하다. 민사소송에서도 마찬가지 이유에서 **절차의 진행**에 관하여는 **직권진행주의**를 취하고 있다.

(3) 심판의 종료와 심결에 대한 불복

심판은 **심결**(특허법 제162조), 심판청구의 **취하**(특허법 제161조) 등에 따라서 **종료**된다. 심결은 일정한 사항(특허법 제162조 제2항)을 기재한 **서면**에 따라야 하며, 심판장은 심결 또는 결정이 있는 때에는 그 **등본**을 당사자 및 참가인에게 **송달**하여야 한다(특허법 제162조 제6항).

심결에 대하여 불복이 있는 자는 법정기간 내에 **특허법원에 심결취소의 소를 제기**할 수 있고, 여기에 불복이 있는 자는 **대법원에 상소(上訴)를 제기**할 수 있다. 법정기간 내에 불복절차를 밟지 않거나 **불복절차**를 밟았으나 심결이 종국적으로 지지를 받아 더 이상 **다툴 수 없게** 되면, **해당 심결은 확정**된다.

* 이상의 절차를 간단히 도시하면 다음과 같다.

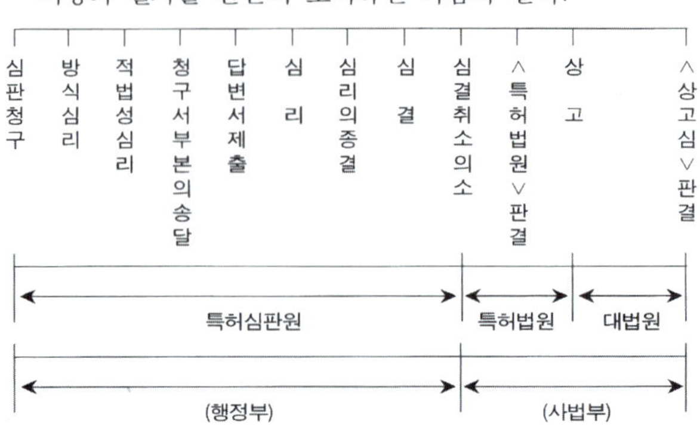

(4) 심결의 효력

심결이 확정되면 일정한 효력이 발생한다.

(가) 일사부재리의 효력

심결이 확정되면 누구든지 동일사실 및 동일증거에 따라서 그 심판을 청구할 수 없다(특허법 제163조). 일정한 쟁송절차를 밟아 심결이 확정된 이상 동일한 절차를 거듭 반복할 번거로움과 모순된 심판을 피하기 위하여 판결의 기판력에 유사한 효력을 인정한 것이다.

그러나 판결의 기판력은 동일사실(소송물)에 관하여 미치므로 증거가 다르더라도 동일소송물에 관한 것인 한 재소할 수 없지만 심판에 있어서는 사건의 특수성에 비추어 동일사실뿐만 아니라 동일증거에 한하여 일사부재리의 효력이 미치므로 **동일사실에 관한 것**이라도 **증거가 다르면 다시 심판을 청구**할 수 있다는 점에서 기판력과는 본질적으로 **다르다.**

(나) 심결의 구속력(대세적 효력)

심결확정되면 **당사자**뿐만 아니라 **일반 제3자**에게도 대세적으로 효력이 미친다. 예를 들어, 특허를 무효로 한다는 심결이 확정되면 해당 특허는 소급적으로 소멸하고(특허법 제133조 제3항), **당사자 · 제3자** 및 **법원**도 이에 **구속**된다.

(다) 심결의 확정력

확정심결은 **재심사유가 없는 한 소멸 · 변경되지 아니한다**(특허법 제178조). 이 점에서 고도의 공익적 요구가 있을 때에는 취소 · 변경이 가능한 일반행정처분보다 강한 확정력이 인정된다.

16. 특허문헌 및 선행기술조사 - 특허정보[233)]

특허정보는 특허권, 실용신안권, 디자인권 및 상표권에 대한 권리정보와 최신기술정보가 수록된 기술개발내용과 기업경영에 필요한 매우 중요한 정보자료이다. 특허정보는 모든 산업분야에 대해 세계적으로 통일된 형태와 체계를 갖추고 있어 접근 및 검색이 쉽다. 또한 특허정보는 연구개발, 특허권 취득, 기술동향 조사에 활용할 수 있다.

학습포인트

1. 특허정보조사가 필요한 이유를 인식하고, 특허정보조사의 개괄적인 내용을 알아본다.
2. 특허정보조사의 유형을 파악함으로써 다양한 상황에 대응할 수 있는 맞춤형 특허정보조사 방법을 알아본다.

233) 특허청 · 한국발명진흥회 편저, 앞의 책(지식재산의 이해), 318~380면을 참조.

1) 특허정보조사의 필요성

특허정보조사는 넓은 의미로는 연구개발(R&D) 효율성 제고, R&D 기획, 특허 침해 리스크 검증 등을 위해 행해지는 경우가 많지만, 좁은 의미로는 간단하게 원하는 특허를 조사하여 그 내용과 서지사항 등을 파악하기 위해 행해지는 조사를 말한다.

한편, 출원 전에 특허정보조사를 통하여 출원 내용의 특허성을 파악하여 거절되지 않도록 명세서 작성 시 참고하거나 신기술 개발을 위해 또는 특허침해소송 등을 당하는 경우, 그 대항 수단으로서 권원이 되는 특허를 무효화하기 위한 특허정보조사 등이 행해지고 있다. 또한, 출원결과를 빨리 확인할 수 있도록 우선심사 신청시에 선행기술조사 결과를 함께 제출하도록 하고 있다(특허법 시행령 제9조·제10조).

2) 특허정보조사의 유형

특허정보조사의 유형은 특허정보조사 목적에 따라 크게 4가지로 나눌 수 있다. 즉, 특허정보조사는 그 목적에 따라 신기술 개발을 위한 조사, 특허권 존재여부 조사, 특허등록가능성 조사, 무효자료 조사로 나눌 수 있다.

(1) 신기술 개발을 위한 조사

사례

대학생인 영희는 교수님과 상의하여 이번 학기에 2차 전지 전극판에 사용되는 활물질에 대한 연구를 진행하기로 하였다. 따라서 영희는 교수님이 알려주신 논문 이외에 관련 선행특허들을 조사하여 현재 2차 전지 전극판용 활물질로 어떠한 소재들이 사용되고 있는지를 예비 파악하고자 한다. 영희가 이러한 정보를 얻을 수 있는 방법은?

(가) 신기술 개발을 위한 조사 개요

특정기술조사는 개발대상 신기술이 있는 경우, 이에 대한 특허정보를 취득하기 위하여 이루어진다. 앞서 설명한 바와 같이 만약 개발대상 신기술에 대한 특허가 이미 존재한다면 이미 그것은 신기술이 아닌 공지(公知)된 기술이므로, 연구대상으로서의 가치가 없다. 또한 개발대상 신기술에 대한 특허가 존재하지 않더라도 이와 유사한 특허가 존재하는 경우, 이로부터 개발대상 신기술에 대한 로드맵 등을 확보할 수 있으므로 특허정보 취득이 필요하다.

(나) 사례분석

다음 그림과 같이 영희는 2차 전지 전극판용 활물질에 대한 모든 선행문헌들을 조사하여 어떠한 유형이 신기술이 있는지 검토할 수 있다. 만약 영희가 조사한 결과, 연구실의 연구 방향과 유사한 선행특허문헌이 있다면, 영희는 이를 참조하여 더욱 구체화된 아이디어를 얻을 수도 있다.

신개술 개발을 위한 조사

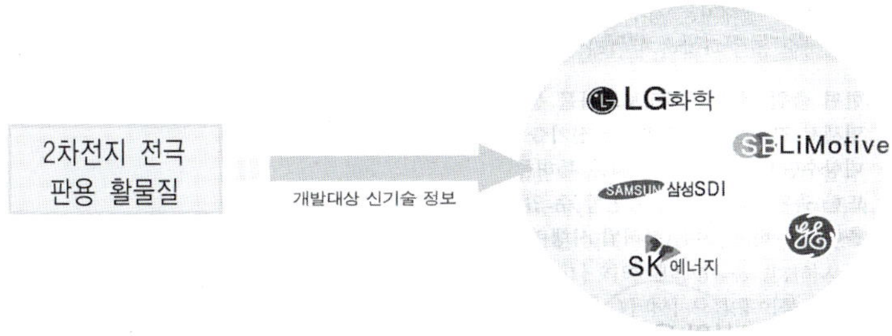

(2) 특허권 존재 여부 조사

사례

대학생인 철수는 이번에 대학교 연구실에서 개발한 신종플루 치료제를 제약업체에 기술 이전하고자 한다. 그런데 철수가 제약업체 담당자와 협의한 결과, 제약업체 담당자는 개발된 신종플루 치료제를 제약시장에 내놓을 경우, 다국적 의약업체에서 특허권 침해를 주장할 수도 있다고 염려하면서 개발한 신종플루 치료제와 관련된 선행특허들을 조사해 달라는 요청을 받았다. 철수는 어떻게 계획을 세워야 할까요?

(가) 특허권 존재여부 조사 개요

특허권 조사 여부 조사는 시장 출시가 예정된 제품이 있는 경우, 제품을 출시하기 전에 특허 침해 가능성이 있는 특허를 서치하여 사전에 특허분쟁을 방지하려는 목적에서 실시한다. 즉 출시예정제품이 있는 경우, 이에 대한 유효특허가 있는지 여부를 청구항(claim)을 중심으로 조사하여 특허권 저촉여부를 검토한다. 따라서 포기, 무효, 취하, 거절, 소멸 등의 특허는 조사대상에서 제외되며, 출원 중이거나 등록된 특허만이 서치대상이 된다.

다음 그림과 같이 출시예정제품이 해당 특허에 저촉되는 경우, 출시예정제품을 회피설계하여 출시예정제품이 해당 특허에 저촉되지 않도록 한다. 이를 위해서는 특허청구범위 해석 등에 있어서 변리사 등 전문가들의 의견을 청취할 필요가 있다. 또한 회피설계가 불가능한 경우에는 정보제출(출원 중인 특허인 경우)을 통하여 등록을 차단하거나 무효심판(등록 특허인 경우)을 통하여 해당 특허를 무효화시키는 방법도 있다.

(나) 사례분석

철수는 신종플루 치료제를 기술이전하고자 하는 경우, 이에 대한 선행문헌을 조사한 후, 만약 유효한 권리로서 존재하는 특허가 존재한다면 이 특허를 침해하지 않는 신종플루 치료제로 기술을 회피설계할 수 있어야 한다.

특허권 존재 여부 조사

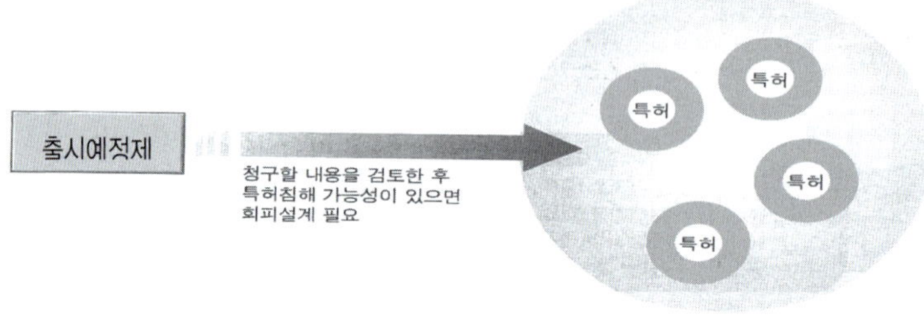

(3) 특허등록 가능성 조사

사례

대학생인 만수는 이번에 대학교 연구실에서 개발한 자동차 매연저감용 필터에 대한 특허출원을 실시하고자 한다. 따라서 만수는 자동차 매연저감용 필터에 대한 발명 내용을 기재하여 만수가 속한 인제대학교 산학협력단에 특허출원을 의뢰하였다. 인제대학교 산학협력단에서 만수의 발명신고에 따라 해당 연구개발내용으로 특허출원시 특허등록이 가능한지 여부를 검토하는 방법은?

(가) 특허등록 가능성 조사 개요

특허등록 가능성 조사는 특허조사 결과를 바탕으로 해당 기술이 과연 특허를 받을 수 있는 기술인지 여부를 판단한다. 즉, 조사대상 기술이 특허등록을 위해 가장 중요한 판단기준인 신규성 및 진보성 등의 특허요건을 구비하고 있는지 여부를 선행기술조사를 통하여 예비적으로 판단할 수 있다. 출원된 발명은 방식심사 및 실체심사를 통과해야 등록될 수 있다. 따라서 출원 전에 선행기술조사를 통하여 해당 기술의 특허등록 가능성이 낮다고 판단되는 경우, 특허등록 가능성을 높일 수 있는 방안을 집중적으로 부각시켜 명세서에 기재한다. 이러한 절차를 거쳐서 특허출원하는 경우, 특허등록 가능성이 높아지는 이점이 있고, 그 결과 특허출원이 거절되어 출원비용이 낭비되는 폐단도 사전에 방지할 수 있다.

(나) 사례 분석

인제대학교 산학협력단은 특허정보분석기관 또는 특허사무소에 해당 발명 내용에 대한 선행문헌 조사를 의뢰할 수 있다. 따라서 만수는 자동차 매연저감용 필터를 제품화하는 것뿐만 아니라 이를 특허출원하는 경우, 특허등록을 받아서 독점적인 권리로서 인정받을 수 있는지 여부를 인제대학교 산학협력단을 통하여 미리 검토해 볼 수 있다.

(4) 무효자료 조사

사례

대학생인 철수는 3년 전에 연구실에서 개발한 나노물질을 이용한 계면활성제 제조기술을 생활용품 제조업체에 기술이전하였고, 생활용품 제조업체는 이 기술을 이용하여 비누를 제조해 판매하고 있었다. 그러던 어느 날 생활용품 제조업체 담당자는 경쟁사로부터 해당 비누가 경쟁사의 등록특허를 침해한다는 경고장을 받았고, 철수는 이에 대한 해결책을 요구하였다. 철수는 이에 대하여 어떻게 대응이 가능한가요?

(가) 무효자료 조사 개요

특허권 침해발생시 특허권자는 특허권 침해자에 대한 침해금지청구권 및 손해배상청구권(특허법 제126조)을 행사할 수 있다. 이 경우, 특허권 침해자, 즉 특허권의 대항을 받는 자는 아래 그림과 같이 이에 대한 반대급부로 선행기술조사를 통하여 등록특허에 대한 무효심판을 청구할 수 있다. 이 경우 선행기술조사를 통해 채택된 선행문헌의 명세서 전문(全文)을 조사하여 무효자료로써 사용한다. 명세서 내용 중에 포함된 일부 내용이라도 무효자료로 사용할 수 있기 때문에 명세서 전문 검색이 바람직하다.

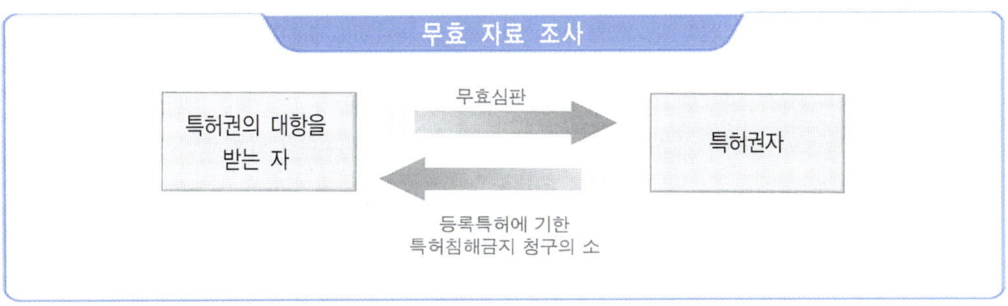

(나) 사례분석

앞에서 기술한 사례에서 철수가 경쟁사의 등록특허 파악시 등록특허의 최초 출원일 전에 공개되고, 등록특허의 특허청구범위와 동일한 내용을 기재한 논문을 알고 있다면, 문제는 쉽게 해결될 수 있다. 즉, 논문을 근거로 등록특허의 특허청구범위에 대한 무효심판을 청구하여 특허침해소송의 권원이 되는 등 등록특허를 무효화시킬 수 있다. 등록특허가 무효화되는 경우, 소제기의 권원이 없어지므로, 소는 각하된다.

3) 특허정보조사의 방법

특허정보조사 방법은 그 유형에 따라 문헌번호조사, 선행기술조사 및 특허맵(PM, Patent Map) 등으로 나눌 수 있다. 문헌번호조사 → 선행기술조사 → 특허맵 → 포트포리오로 갈수록 조사된 데이터의 범위는 점점 더 커진다. 문헌번호조사, 선행기술조사, 특허맵, 포트포리오를 좀 더 상세하게 설명하면 다음과 같다.

(1) 문헌번호 조사

사례

영희는 에센스 화장품 신제품을 사서 사용했는데, 상당히 피부가 좋아지는 것을 느꼈다. 대학교에서 화학을 전공하고 있는 영희는 우연히 화장품 케이스를 보다가 특허출원번호를 발견하였다. 영희는 특허출원번호를 이용하여 명세서를 찾은후, 명세서 내용을 분석하여 화장품에 적용된 발명이 무엇인지 파악하고자 한다.

문헌번호 조사는 특정 티깃에 초점을 맞춘 간단한 조사를 의미한다. 주로 간단한 특허정보를 얻기 위하여 필드 서치를 통하여 특허정보를 조사한다. 예를 들면, 특정 출원인 또는 발명자에 대한 간단한 검색이 가능하다. 또한 출원번호, 공개번호, 등록번호 등의 특허문헌번호를 이용하여 해당 특허문헌을 검색한 후, 명세서를 입수할 수 있다. 그리고 해당 특허문헌의 각국별 법적 상태 또는 패밀리(타국의 대응출원)들을 조사할 수 있다.

(2) 선행기술조사

사례

대학생인 철수는 중소기업과 산학협동과제를 중소기업으로부터 의뢰받아 연구개발지원금 요청을 위한 제안서(RFP: Request For Proposal) 작성에 대해 교수님과 협의하였다. 철수는 중소기업을 방문하여 연구개발과제가 금속기판에 세라믹을 도금한 방열 인쇄회로기판이라는 설명을 듣고, 완벽한 제안서 작성을 통해 본 연구과제가 특허등록가능성이 있어서 연구개발가치가 높다는 점을 강조하기 위해 관련 선행문헌을 조사하기로 하였다.

선행기술조사는 해당 기술에 대하여 10~20건 정도의 관련 특허문헌들을 조사하는 협의의 특허조사를 의미한다. 이 경우, 특허문헌조사 및 보고서 작성에 시간이 소요되므로, 일반적으로 10일 정도의 기한이 주어진다. 해당 기술과 가장 밀접하게 관련된 특허문헌들만 조사하여 보고서를 작성하므로, 해당 기술의 특허등록 가능성을 쉽게 판단할수 있다. 특히 조사대상 기술이 명확히 특정되어야 선행기술조사를 하기에 적합하다.

조사대상 기술이 명확히 특정되지 않는 경우, 선행기술조사를 실시해도 관련되는 선행문헌을 찾았다고 보기 어려워, 선행기술조사가 별다른 의미가 없다. 따라서 이 경우, 선행기술조사보다는 특허맵을 작성하는 것이 바람직하다. 아래의 선행기술조사보고서 양식에 예를 나타낸다.

선행기술조사보고서 예시

선행기술조사 보고서(Search Report)					
학과		학번		성명	
조사대상 기술명					
조사대상 기술개요					
국제특허 분류	IPC	IPC 설명			
조사 개요	조사범위	□한국 □미국 □일본 □EP □PCT □기타			
	조사DB	□KIPRIS □WIPS □JPO □기타			
	조사기간	~○○○○.○○.○○까지의 공개 및 등록건			
키워드					
검색식					
조사분석 결과	관련도	관련자료			
	X				
	Y				
	A				
주요 참증과의 대응내용					
특허등록 가능성 판단					
출원 시 특허등록 가능방안					
특허 침해 가능성 판단 및 회피설계 방안					
조사대상 기술 및 주요 참증의 대비표					
참고참증 리스트					
* 관련도: X-관련 높음, Y-관련 있음, A-관련은 없으나 참고할 자료					

선행기술조사는 검색식을 설정한 후에 관련 선행문헌들을 추출함으로써 이루어진다. 따라서 선행기술조사를 통하여 관련 선행문헌들을 추출한 후에 해당기술의 등록가능성, 등록가능성을 높이기 위한 방안, 특허침해 가능성 판단 및 회피설계 방안, 조사대상 기술과 주요선행문헌의 대비표 그리고 참고참증 리스트 등의 내용을 기재한다.

사례처럼 철수는 연구개발과제 중 단기과제 제안서에 대한 평가를 선행기술조사를 통해 실시할 수 있다. 따라서 철수는 선행기술조사보고서를 통하여 선행문헌들의 내용을 파악한 후, 신청기술이 어떠한 점에 있어서 선행문헌들에 기재된 발명들에 비해 우수한지를 제안서에 효율적으로 기재할 수 있다. 그 결과, 제안서가 받아들여질 가능성을 좀 더 높일 수 있다.

(3) 특허맵(PM · Patent Map)

사례

변리사이자 공학박사인 송동훈 교수는 계면공학을 응용하여 플렉시블 디스플레이(flexible display)에 대한 연구를 하고 있고, 이 기술분야에서 후발업체인 밴드사에 기술자문을 하고 있다. 어느 날 밴드사 최사장이 찾아와 이 기술분야에서 선도업체인 만수디스플레이가 관련특허들을 많이 보유한 것 같이 향후에 특허분쟁이 일어난 가능성이 있을 것으로 염려하면서 어느 분야의 기술이 유망한지와 만수디스플레이 특허들의 대응방안에 대한 자문을 구하였다. 송동훈 교수는 어떠한 방법으로 만수디스플레이에 자문을 줄 수 있는가?

(가) 특허맵 개요

특허맵(PM)은 조사대상 기술에 대하여 200~6000건 정도의 관련 특허문헌들을 조사하는 광의의 특허조사를 의미한다. 필요에 따라 논문도 조사대상에 포함될 수 있다. 이 경우 특허문헌조사, 정량분석, 정성분석 및 결론 도출에 약 2개월부터 6개월의 시간이 소요되는 광범위한 조사가 이루어진다. 특허맵을 통해 해당 기술의 발전동향, 경쟁업체의 기술개발 동향, 경쟁업체의 특허구축현황 및 공백기술 분석 등 다각적인 면에서 분석이 이루어진다. 특허맵 작성에 포함된 각 세부과정을 설명하면 다음과 같다.

단계	작성항목	설명
1	기술분류표 작성	• 특허맵 작성 대상 기술을 세분화 • 대분류, 중분류, 소분류로 구분 가능
2	검색식 작성	• 소분류별 키워드를 선정한 후 이를 기초로 검색식을 작성
3	데이터 추출 및 노이즈 제거	• 검색식을이용해 특허검색DB로부터 데이터를 추출 • 데이터의 내용을 파악하여 관련건만 추출하도록 노이즈 제거를 실시
4	출원인 대표명화	• 정량분석을 위한 예비적인 데이터 가공작업 • 각국별로 출원인명이 다르므로 이를 통일화하는 작업이 필요 • 동일한 출원인이 영문 및 한글로 나누어져 있으므로 이를 통일화
5	정량분석	• 특정 데이터 항목을 추출하여 테이블로 만든 후 도식화 • 출원년도, 출원인, 출원국, 기술분류 등의 필드를 주로 사용하여 그래프를 작성하고 이를 설명
6	정성분석	• 특정 출원인/발명자 또는 특정기술에 대한 기술발전도 작성 • 특정기술에 대한 공백기술 분석 • 출원인별로 출원내용을 분류한 후 이에 대한 특허 포트폴리오를 작성 • 향후에 특허침해 가능성이 있는 특허들을 분석하여 회피설계 방향을 제시 • 주요 특허에 대한 내용을 정리

앞에서 전술한 특허맵 작성과정에 포함될 수 있는 정량분석 그래프의 한 예를 나타낸다. 정량분석에 따라 기술별로 특허출원 수의 증감정보를 파악할 수 있다.

정량분석의 예

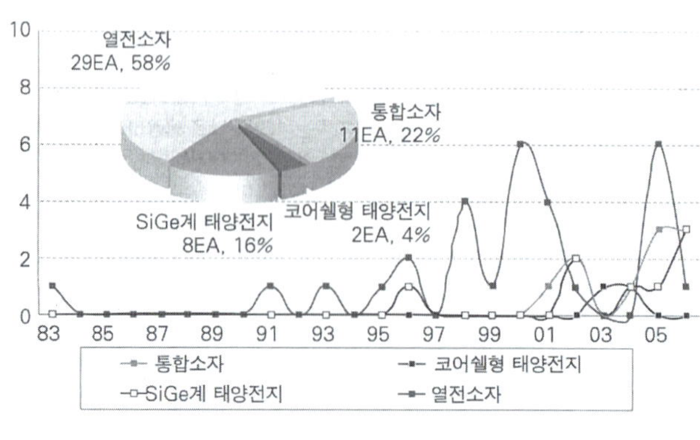

한편, 특허맵 작성시 정성분석의 품질이 특허맵의 완성도에 실질적으로 가장 큰 영향을 미친다. 정성분석에는 기술발전도가 포함될 수 있다. 예를 들면, 경쟁업체의 기술발전도를 작성함으로써 경쟁업체가 시간경과에 따라 어떠한 부분에 초점을 맞추어 기술을 개발하고 있는지와 앞으로 어떤 방향으로 기술을 개발할 시 그 방향을 예측할 수 있다.

기술발전도의 예

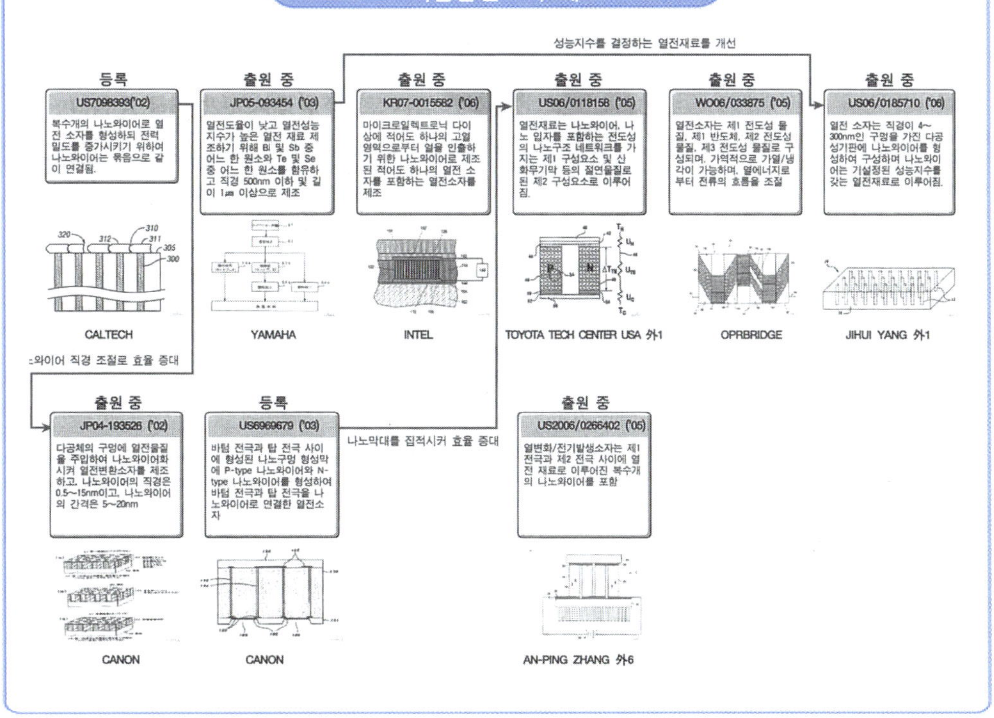

다음의 특허포트폴리오 분석을 통하여 경쟁업체 등에서 특정기술에 대한 특허들을 어떠한 식으로 포진시켰는지를 파악할 수 있다. 특허 포트폴리오 분석은 특정기술에 대한 특허들을 그 주체에 따라 세분화하여 나타낼 수 있다. 만약 경쟁업체가 해당 기술에 대한 선도업체이고, 향후에 경쟁업체와의 특허분쟁이 예상되는 경우, 특허포트폴리오 분석을 통해 경쟁업체의 출원수가 적은 세부기술에 출원을 집중하는 전략을 펼 수 있다. 즉, 다음의 A-3 기술은 그 개발전망이 비교적 밝으면서 경쟁업체의 수는 적으므로 이 부분에 출원을 집중하여 특허등록가능성을 높인다. 따라서 향후에 경쟁업체와의 특허분쟁이 벌어지는 경우, A-3 기술관련 특허들을 이용해 경쟁업체와 크로스 라이선스 계약을 함으로서 특허분쟁을 종결시킬 수 있다.

특허포트폴리오의 예

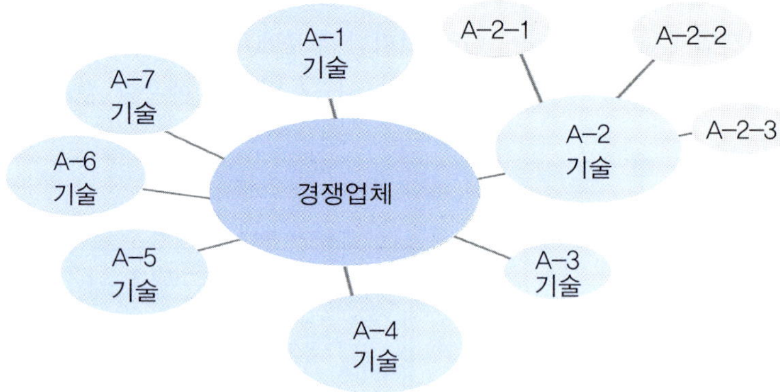

(나) 사례 분석

앞에서 기술한 송동훈 교수는 특허맵(PM)을 작성할 수 있다. 즉, 특허맵을 통하여 송동훈 교수는 기술발전도를 통한 만수 디스플레이의 연구개발 방향을 파악할 수 있다. 또한 만수디스플레이의 특허들을 각 세부기술별로 나누어 특허 포트폴리오를 작성함으로써 출원이 많이 이루어지지 않은 특정분야를 쉽게 파악할 수 있다. 만약 그 특정분야의 향후 전망이 좋다면, 밴드사로 하여금 이 분야에 대한 연구개발 및 특허출원을 많이 하도록 조언할 수 있다. 따라서 밴드사는 특허맵을 통하여 향후 연구개발할 기술에 대한 목표를 좀 더 면밀하게 수립할 수 있다.

4) 특허코드 및 번호체계

특정 특허문헌을 검색하기 위해서는 해당 특허문헌을 대표하는 번호를 알아야 한다. 해당 특허문헌의 번호는 출원번호, 공개번호 및 등록번호 등이 있다. 이 중에서 공개번호 및 등록번호는 해당 특허문헌을 대표하는 번호의 역할을 한다. 즉, 출원번호만을 이용하면 해당 특허문헌을 검색하기 어려울 수 있으므로, 공개번호 또는 등록번호를 인지하는 것이 중요하다. 또한 국가마다 출원번호, 공개번호 및 등록번호 등 특허문헌번호의 표기법이 다르므로, 이를 잘 숙지하고 있어야 특허검색에 소모되는 시간을 최소화할 수 있다.

사례

대학생인 철수는 연구개발을 위해 다수의 특허문헌들을 검색하였다. 그리고 검색된 특허문헌들을 출력하여 명세서 내용을 보던 중에 흥미로운 공통점을 발견하였다. 명세서의 첫 페이지 서지사항의 각 항목 앞에 숫자가 붙여 있었고, 이 숫자들은 각 특허문헌의 동일한 서지항목에 붙여 있는 것 같았다. 또한 철수가 검색한 특허문헌들 중에서 러시아 공보가 포함되어 있어서 러시아어를 모르는 철수는 러시아특허의 출원인이 누군지 파악하기가 어려웠다. 러시아특허의 출원인을 파악할 수 있는 방법은?

(1) 서지적 사항 식별코드(INID) 개요

특허정보는 누구나 쉽게 파악할 수 있도록 위해서 세계 각국은 특허정보를 표준화했다. 이를 서지적 사항 식별코드(INID, Internationally agreed Numbers for the Identification of bibliographic Data Code)라 하며, 조사된 특허문헌의 서지적 사항의 식별기호로 INID 코드가 사용된다. 즉, 외국의 특허문헌 중 그 국가의 언어를 모르는 경우 그 특허문헌의 서지사항 중에서 출원일, 출원인, 출원번호, 등록번호 등을 파악하기 어려울 수 있다. 따라서 특허문헌의 서지사항 중 동일한 항목에 대해서는 동일한 INID 코드를 부여함으로써 그 특허문헌에 기재된 언어를 모르더라도 서지사항을 쉽게 식별할 수 있다.

다음의 (81) 등의 숫자로 표시한 부분은 INID 코드의 예를 나타내고, INID코 드의 상세 내역을 다음과 같다.

(가) 사례 분석

철수는 러시아어를 모르더라도 INID 코드를 통하여 출원인을 확인할 수 있다. 즉, 철수는 러시아 공보에서 INID 코드 (71)번을 찾으면 출원인이 누구인지 알 수 있다.

INID 코드의 예

(19) 대한민국특허청(KR)
(12) 공개특허공보(A)

(51) 。Int. Cl. 7 B60R 25/00		(11) 공개번호 (43) 공개일자	특2001-0072552 2001년07월31일
(21) 출원번호	10-2000-7009860		
(22) 출원일자	2000년08월19일		
번역문 제출일자	2000년08월19일		
(86) 국제출원번호	PCT/EP1999/01082	(87) 국제공개번호	WO 1999/42344
(86) 국제출원출원일자	1999년02월19일	(87) 국제공개일자	1999년08월26일

(81) 지정국	국내특허 : 캐나다, 중국, 체코, 이스라엘, 일본, 대한민국, 멕시코, 폴란드, 슬로바키아, 미국, EA 유라시아특허: 아르메니아, 아제르바이잔, 벨라루스, 키르기즈, 카자흐스탄, 몰도바, 러시아, 타지키스탄, 투르크메니스탄, EP 유럽특허: 오스트리아, 벨기에, 스위스, 독일, 덴마크, 스페인, 프랑스, 영국, 그리스, 아일랜드, 이탈리아, 룩셈부르크, 모나코, 네덜란드, 포르투칼, 스웨덴, 핀랜드, 사이프러스,
(30) 우선권주장	19807066.7 1998년02월20일 독일(DE)
(71) 출원인	메써슈미트, 에른스트 독일 데-72766 로이트링겐 데어 쇠네 베크 6
(72) 발명자	메써슈미트, 에른스트 독일 데-72766 로이트링겐 데어 쇠네 베크 6 후버펠릭스 독일데-70839게링겐간스비젠베크26 쉐퍼볼프강 독일데-71254디칭겐안데어렘그루베7
(74) 대리인	김진희 김승호 김태홍

심사청구 없음

(54) 전자 부품을 구비한 물체를 전 세계적으로 보호하기 위한안전 장치

(나) INID 코드 사용

특허에 표시된 번호의 의미는 다음과 같다.

번호	의 미	번호	의 미
10	특허문헌 식별	11	특허문헌 번호
12	문헌종류 표시	13	문헌종류 식별코드
15	특허연결정보	19	문헌발행국 국명코드 또는 기관코드
20	국내출원 Data	21	출원번호
22	출원일	23	박람회에 출품한 날을 포함하여 가명세서 제출 후의 완전명세서 제출일, 출원에 관한 그 밖의 일
24	산업재산권 효력이 발생한 날	25	공개된 출원이 최초에 제출되었을 때의 언어
26	출원이 공개되었을 때의 언어		
30	파리협약에 따른 우선권 Data	31	우선권 주당 출원번호
32	우선권주장 출원일	33	우선권 주장 국명코드, PCT에 따른 출원된 국제출원에 대하여는 코드 WO사용
34	우선권 기초가 된 지역 또는 국제출원의 파리조약국명		
40	일반인이 이용할 수 있도록 공포한 날	41	심사되지 않은 문헌이 청구에 따라 복제 또는 열람에 따라 일반인이 이용할 수 있도록 공표한 날(단, 그 날까지 권리부여가 되지 않은 문헌에 대해서)
42	심사된 문헌이 청구에 따라 복제 또는 열람에 따라 일반이 이용될 수 있도록 공표한 날(단, 그 날까지 권리부여가 되지 않은 문헌에 대해서)	43	심사되지 않은 문헌이 인쇄 또는 유사한 방법에 따라 발행된 날(단, 그 날까지 권리부여가 되지 않은 문헌에 대해서)
44	심사된 문헌이 인쇄 또는 유사한 방법에 따라 발행된 날(단, 그 날까지 권리부여가 되지 않은 문헌에 대해서)	45	특허문헌 인쇄 또는 유사한 방법에 따라 일반인의 이용에 제공된 날(그 날 또는 그 날 이전에 권리가 부여된 문헌)
50	기술적 정보	51	국제특허분류(IPC)
52	국내분류	53	국내 10진 분류
54	발명의 명칭	55	키워드
56	본문과는 별도로 기재된 선행기술 문헌목록	57	요약 또는 청구범위
58	조사분야		
60	발표되지 않은 출원을 포함한 법률상 또는 절차상 관련된 국내 특허문헌 또는 이전의 국내 특허문헌의 참조	61	현재의 특허문헌을 추가한 선출원의 번호 및 (가능하면) 출원일, 선발표의 번호 또는 선권리가 부여된 특허, 발명자증, 실용신안 등의 번호
62	분할에 따른 관계현재의 특허문헌이 분할된 선출원의 번호	63	현재 특허문헌의 계속적인 선출원번호 및 출원일
64	재발행인 선발표의 번호	65	동일출원에 관해 이전에 공표된 문헌번호
66	동일발명에 대하여 선출원의 포기로 인정받은 현재 특허문헌의 선출원의 번호 및 출원일	67	현재의 실용신안을 출원 또는 등록의 기초가 되는 특허출원의 번호 및 출원일 또는 권리부여된 특허번호
68	기본 특허 번호 및/또는 특허문헌 발표번호		
70	문헌에 관계된 자의 표시	71	출원인명
72	발명자명	73	권리자명
74	대리인명	75	출원인이기도 한 발명자명
76	출원인 및 권리자이기도 한 발명자명		
80	파리협약 이외의 국제조약에 관한 Data의 식별	81	PCT 지정국
83	부다페스트조약 등에 따른 미생물 기탁에 관한 정보	84	특허조약에 따른 지정체약국

번호	의미	번호	의미
85	광역 또는 PCT에 기초한 국내절차를 개시하기 위한 PCT 제22조 및/또는 제39조의 요건을 만족한 날	86	광역 또는 PCT출원의 출원 Date, 즉 출원번호 공개된 출원일 최초로 제출되었을 때의 인어, 출원일
87	광역 또는 PCT 출원의 공개 Date, 즉 공개번호 출원이 공개되었을 때의 언어, 공개일	88	조사보고서 지연공개일
89	발명자증 등의 상호 승인에 관한 CMEA협정에 따른 최초문헌 출원일, 문헌번호 및 국가		
91	PCT에 기초한 국제출원이 1개국 또는 수개국의 지정국 또는 선택국으로, 국내 또는 광역단체로 진입실패로 인하여 효력을 상실한 날, 또는 국내 또는 광역단체의 진입할 수 없게 확정된 날	92	SPC에 관한 의약품으로 시장에 출시하기 위한 국내 최초의 인가번호 및 날
93	SPC에 관한 광역경제공동체내에서 의약품으로 시장에 출시하기 위한 최초의 인가번호 및 날	94	SPC의 소멸예정일, 또는 유효기간
95	기본특허로 보호되어 SPC에 관하여 출원되어 SPC가 부여할 수 있는 대상으로 되는 제품명		

(2) IPC 코드

사례

대학생인 영희는 연구과제인 클라우드 컴퓨터 네크워크 기술에 대한 선행특허문헌들을 검색하던 중 특이한 것을 발견하였다. 모든 특허문헌들의 맨 앞 페이지 중 식별항목 (51)에 붙은 코드들이 전부 G06T-005/20으로 동일하였다. 이에 INID 코드 (51)을 조사한 결과 국제특허분류(IPC)를 나타내는 것임을 알게 되었다. 따라서 영희는 선행특허문헌 검색시 IPC 코드가 G06T-005/20인 것만을 찾아 볼까 고려중이다. 영희가 관련 IPC 코드를 추출할 수 있는 방법은?

(가) IPC 코드 개요

IPC 코드는 국제특허분류코드(Internationa Patent Classification code)라고 하며, 세계 각국이 이용할 수 있는 특허분류체계를 의미한다. 예를 들면, IPC 코드는 특허문헌들의 내용에 특정코드를 붙여서 특허문헌들을 분류하고 있다.

IPC 코드는 1968년 유럽특허조약(EPC)에 따라 제1판이 발행된 후 지속적으로 개정되고 있다. 새로운 기술에 대한 특허출원은 계속되므로, IPC 코드도 기술발전에 따라 계속 개정된다(현재 2012년 1월 개정판이 사용). IPC는 모든 기술분야를 A–H의 8개의 섹션(Section)으로 나누고, 각 섹션을 클래스(Class), 서브클래스(Subclass), 메인그룹(Maingroup), 서브그룹(Subgroup)으로 내림차순 구조에 따라 세분화하고 있다.

IPC 코드의 각 섹션 설명

섹션	내용
A	생활필수품
B	처리조작
C	화학, 야금
D	섬유, 지류
E	고정구조물
F	기계공학, 조명, 가열, 무기, 폭파
G	물리학
H	전기

특허청에서는 특허검색을 위한 도움을 주고자 IPC를 검색할 수 있는 프로그램을 제공하고 있다. 프로그램을 설치하지 않고 엑셀파일로 구성된 분류코드를 다운받아서 엑셀내부에서 검색을 수행할 수도 있다. IPC 분류개수는 약 7만개이지만 융복합기술, 새로운 기술의 출현 등으로 인하여 분류개수가 부족한 실정이다.

(나) 사례 분석

영희가 검색한 IPC 코드 G06T-005/20의 각 코드가 의미하는 내용을 간단하게 정리하면 다음 그림과 같이 IPC 코드의 하위분류로 갈수록 그 내용이 좀 더 구체적으로 세분화되어 나타난다.

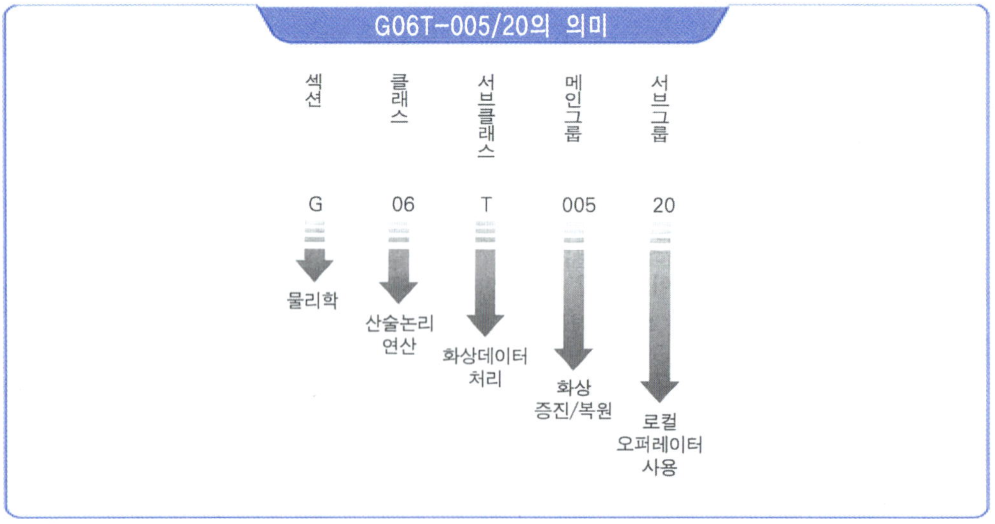

영희처럼 키워드를 이용한 특허검색을 실시하는 경우, 해당 기술에 해당하는 IPC 코드를 and 조합으로 사용하여 관련 건만을 검색할 수 있다. 그러나 검색식으로 삽입된 IPC 코드 이외의 다른 IPC 코드로 분류된 특허문헌들이 전부 노이즈로 처리되므로, 검색시 유

의해야 한다. 왜냐하면 IPC 코드는 사람이 부여하는 것이므로 사람에 따라 해당 기술에 이외의 IPC 코드가 부여될 수도 있기 때문이다.

(3) 국가별 특수 특허분류 코드

(가) USA(USPC 코드)

USPC 코드는 USA특허분류코드(United States Patent Classification Code)로서 IPC 코드 제정 이전이 1831년부터 USA에서 자체적으로 사용하던 특허분류체계이다. USPC 코드는 'electronic, chemical, mechanical'의 3개 분야 그룹으로 구성하고, 약 450개의 클래스 및 약 15만여 개의 서브클래스를 포함한다. USPC 코드는 그 분류기준이 특허청구범위이고, 분류수는 약 15만개이며, 디자인분류를 포함한다. USPC 코드는 http://www.uspto.gov/go/Classification에서 그 전문을 볼 수 있다.

(나) 일본

① FI: FI는 File Index의 약자로서 일본의 독자적인 특허분류체계를 의미한다. FI는 IPC의 분류번호를 세분화하여 나타낸 것이며, 특정분야의 특허문헌이 다량으로 집중되어 구분이 불가능해지지 않도록 균형적으로 분산시키는 것을 목적으로 한다. FI는 IPC 코드의 서브클래스 또는 도트 서브클래스 뒤에 영문자 'I' 및 'O'를 제외한 1자리 영문자로 된 분책식별기호를 사용하여 분류를 세분화한다. 또한 화학제품과 의약품에 한해 IPC의 서브클래스나 도트 서브클래스 뒤에 3자리의 영문자로 된 파세트 분류기호(예: AAV -교감신경억제제)를 사용하여 세분화되어 있다.

② 테마코드 및 F-term: 일본 특허청은 IPC 코드가 단순한 기술적 관점에서 포괄적으로 분류한 것에 지나지 않으므로 특허문헌분류 및 검색에 한계가 있다는 점을 인지하여 테마코드 및 F-term을 별도로 마련하였다. 따라서 일본 특허청은 기술내용의 복잡화 및 제품의 다양화에 부응하면서 검색편의를 도모하고자 하였다.

테마코드 및 F-term은 상호 주종관계를 이루며, 테마코드는 상위 분류의 개념으로 사용된다. F-term은 특정주제 분야를 목적・기능・구조・재료・제법 등의 기술적 관점에 따라 세분화하여 나타낸다.

(다) 유럽(ECLA)

유럽특허분류(ECLA・European Classification System)는 IPC를 기반으로 하여 유럽특허청에 따라 만들어졌다. 즉, ECLA는 IPC 분류체계와 유사하지만, IPC 분류 이하의 부분이 추가되어 각 발명을 좀 더 상세하게 분류하고 있다. 예를 들면, ECLAsms B65D81/00B1B 또는 A23B4/205F4와 같이 IPC 코드 뒤에 각각 'B1B' 또는 '5F4'와 같은 세부분류를 더 부가한다. 세부 분류는 기술별로 다양하며, 특히 ECLA는 수정이 빠르게 이루어진다. 한편 유럽특허청은 IPC 코드분류 이외에 신구개발기술인 나노기술에 대한 Y01N 서브클래스를 보유하고 있다.

(4) 국가별 문헌의 번호검색

(가) 대한민국 문헌의 번호검색

① **대한민국 문헌의 번호 체계**: 지식재산권과 관련된 대한민국 문헌의 번호체계, 즉 출원번호, 공개번호 및 등록번호의 표기체계를 다음과 같이 기재한다.

대한민국의 번호체계

NO	항목	내 용
1	출원번호	OO(10 : 특허, 20 : 실용신안, 30 : 디자인, 40 : 상표) - OOOO(출원년도) - OOOOOOO (PCT 출원인 경우 첫 자리'7')
2	공개번호	상동
3	등록번호	OO(10 : 특허, 20 : 실용신안) - OOOOOOO(일련번호) - OO - OO

위의 도표와 같이 출원번호 및 공개번호의 맨 앞 2자리는 지식재산권 유형을 나타낸다. 그리고 출원번호 및 공개번호의 다음 4자리는 각각 출원년도 및 공개년도를 나타낸다. 출원번호 및 공개번호의 마지막 7자리는 각 연도의 일련번호로서 0000001로부터 시작하여 번호를 계속 붙여 나간다. 다만, PCT출원인 경우, 타 출원과의 구분을 위하여 출원번호의 마지막 7자리 중 맨 앞에 '7'을 붙여서 표기한다. 따라서 일련번호의 맨 앞자리가 7로 시작하는 출원은 PCT 출원 후 대한민국에 국내단계 진입하였다는 것을 의미한다.

한편, 대한민국 문헌의 등록번호는 맨 앞 2자리에 출원번호 및 공개번호와 동일하게 지식재산권 유형을 나타내는데 사용하며, 다음의 7자리는 일련번호로서 연도에 관계없이 계속 누적시키면서 번호를 계속 붙여 나간다.

② **KPA(Korean Patent Abstracts)**: 일본국특허청에서 제공하는 PAJ(Patent Abstract of Japan)와 마찬가지로 대한민국 특허문헌의 초록을 영문으로 번역하여 제공한다. 그러나 최초 출원된 후 조약우선권을 주장하거나 PCT 출원 후 국내단계 진입한 경우에는 원출원에 대한 영문으로 된 해외문헌이 존재하는 경우가 많으므로, 따로 영문초록을 제공하지 않는다. 따라서 영문초록을 제공하지 않는 대한민국 특허문헌의 수가 상당히 많다. KPA는 키프리스(www.kipris.or.kr)에서 검색 가능하다.

③ **출원등록 조회**: 특정 출원의 진행 상황을 보고 싶은 경우, 대한민국 특허청 홈페이지(www.kipi.go.kr)에 디스플레이되는 특허로 특허관리 → 특허보관함에서 관련정보를 입력

하면 해당 건에 대한 정보를 알 수 있다. 다음 도표와 같이 특허보관함을 통하여 출원 이후의 이력사항, 법적 상태, 출원인, 참고문헌정보(인용문헌 및 피인용문헌표시) 등을 확인할 수 있다.

특허보관함 디스플레이 화면 (출처: kipris)

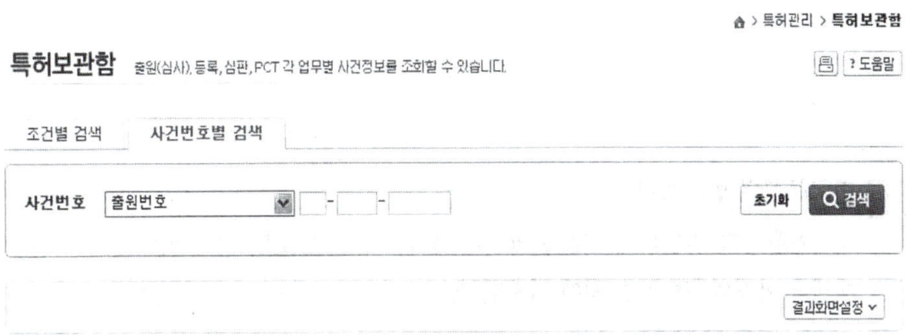

(나) 일본국 문헌의 번호검색

일본 문헌의 번호체계, 즉 출원번호, 공개번호 및 등록번호의 표기 체계를 다음과 같이 나타낸다.

일본 문헌의 번호체계

NO	항목	내 용
1	출원번호	平(昭)OO or OOOO(연도) – OOOOOO(PCT 출원인 경우 첫 자리 '5')
2	공개번호	상동
3	등록번호	OOOOOOO(일련번호)

위와 같이 출원번호 및 공개번호의 맨 앞 2자리 또는 4자리는 각각 출원년도 및 공개년도를 나타낸다. 출원번호 및 공개번호의 마지막 6자리는 각 연도의 일련번호로서 0000001로부터 시작하여 번호를 계속 붙여 나간다. 다만, PCT 출원인 경우, 타 출원과의 구분을 위하여 출원번호 및 공개번호의 마지막 6자리 중 맨 앞에 '5'를 붙여서 표기한다. 따라서 일련번호의 맨 앞자리가 '5'로 시작하는 출원은 PCT 출원 후 일본에 국내단계진입하였다는 것을 의미한다.

특히, 일본은 천왕 승계에 따른 연도 표기방법을 사용하여 왔다. 즉, 1926년부터 시작한 소화(昭和)시대에는 1926년을 S01로 하여 연도를 표기하였고, 1989년부터 시작된 평성(平成)시대에는 H01로 하여 연도를 표기하였다. 따라서 일본특허문헌에는 S00 또는 H00 등의 표기방법을 사용하였다. 그러나 외국으로부터 실제 연도를 인식하기 어렵다는 지적을 받자 일본특허청은 2000년부터는 그대로 연도 4자리를 표기하는 방법을 사용하고 있다. 그러나 1999년 이전의 문헌에는 앞에서 기술한 표기방법을 사용하였으므로, 항상 소화(昭和)시대 및 평성(平成)시대의 실제연도를 계산해야 용이하게 이루어진다.

예를 들어, 일본공개특허 평7-023321은 1995년에 공개된 문헌이고, 일본공개특허 소57-125412는 1982년에 공개된 문헌이다. 1988년에 평성(平成)의 숫자를 더하면 실제연도를 알 수 있고, 1925년에 소화(昭和)의 숫자를 더하면 실제 연도를 알 수 있다.

한편, 일본문헌의 등록번호는 대한민국문헌과 동일하게 7자리를 사용하고, 7자리는 일련번호로서 연도에 관계없이 계속 누적시키면서 번호를 계속 붙여 나간다.

(다) USA 문헌의 번호검색

USA문헌의 번호체계, 즉 출원번호, 공개번호 및 등록번호의 표기 체계는 다음과 같이 기재한다.

USA문헌의 번호체계

NO	항목	내 용
1	출원번호	OO(series code)/OOO,OOO
2	공개번호	OOOO(공개연도)/OOOOOOO(공개일련번호)A
3	등록번호	US Patent No. O,OOO,OOO(일련번호)

앞의 기재와 같이, USA특허출원번호는 맨 앞 2자리에 series code를 기재한다. series code의 상세 내용은 다음의 표에 나타낸다. 다음에 기재된 바와 같이, USA특허출원번호는 디자인, 가출원 및 재심사청구를 포함하며, 연도에 따라 그 series code를 다르게 표시한다. 또한 USA특허출원번호의 다음 6자리는 일련번호로서, 계속 번호를 누적시키면서 붙여 나간다.

USA특허출원번호의 series code

NO	항목	내 용
1	02	~1947.12.31
2	03	1948.01.01~1959.12.31
3	04	1960.01.01~1969.12.31
4	05	1970.01.01~1978.12.31
5	06	1979.01.01~1986.12.31
6	07	1987.01.01~1992.12.31
7	08	1993.01.01~1997.12.29
8	09	1997.12.30~2001.12.31
9	10	2002.01.01~2006.12.31
10	11	2004.01.01~
11	29	디자인 출원
12	60	가출원(PA)
13	70	재심사 청구

한편, 기존에는 USA특허제도에 출원 중인 특허에 대한 공개제도가 없으므로, 특허출원 후 1년 6개월이 지난 시점에 출원내용을 공개하는 타국 특허법과의 형평상 문제점이 제기되었다. 따라서 USA특허공개제도는 2000년 11월 29일부터 시행하여 2001년 6월 15일에 처음 특허공개가 이루어졌다. 그러나 출원인이 원하는 경우, 공개하지 않을 수 있다.

USA특허 공개번호의 맨 앞 4자리는 공개년도를 나타내고, 나머지 7자리는 일련번호를 나타낸다. 또한 USA특허 등록번호는 대한민국문헌과 동일하게 7자리를 사용하고, 7자리는 일련번호로서 연도에 관계없이 계속 누적시키면서 번호를 계속 붙여 나간다.

(라) 유럽 문헌의 번호검색

유럽문헌의 번호체계, 즉 출원번호, 공개번호 및 등록번호의 표기 체계를 다음과 같다.

유럽문헌의 번호체계

NO	항목	내 용
1	출원번호	EP00(출원년도)000000(일련번호)
2	공개번호	EP0000000(공개일련번호)A
3	등록번호	EP0000000(등록일련번호, 공개일련번호와 동일)B

위 표와 같이 출원번호의 맨 앞 2자리는 각각 출원년도를 나타낸다. 출원번호의 마지막 7자리는 각 연도의 일련번호로서 0000001로부터 시작하여 번호를 계속 붙여 나간다.

유럽문헌은 특허공개번호 및 특허등록번호를 동일하게 표기한다. 특허공개번호 및 특허등록번호는 각각 7자리의 일련번호로 0000001로부터 계속하여 붙여 나가고, 각각 일련번호 뒤에 A 및 B로 시작하는 영문자를 붙임으로써 공개 또는 등록건임을 나타낸다. 위 표와 같이 영문자 뒤에 붙는 해당 문헌의 유형을 나타낸다. 한편 유럽특허청에서 발행하는 서치 리포트에 기재된 선행문헌 중 논문에는 XP로 시작하는 번호를 붙이며, 일련번호를 연속하여 붙여 나간다.

(마) PCT문헌의 번호검색

PCT문헌의 번호체계, 즉 출원번호 및 공개번호의 표기체계를 다음과 같이 나타낸다. PCT 출원은 개별국에 진입하여 각 국가별로 등록하므로 PCT문헌의 등록번호는 존재하지 않는다.

PCT문헌의 번호체계

NO	항목	내용
1	출원번호	PCT/AA(수리관청의 국가)00(PCT 출원년도)/000000(일련번호)
2	공개번호	W000(PCT 공개년도)/000000(공개일련번호)

PCT 출원번호는 PCT 수리관청, 즉 PCT 출원을 수리하는 관청이 속하는 국가코드 2자리, PCT 출원년도 2자리, 일련번호 6자리로 이루어진다. WIPO에 바로 PCT 출원을 할 수 있으므로, 이 경우 국가코드 IB(International Bureau, 국제사무국)를 붙인다. 일련번호 6자리는 각 해마다 000001로부터 붙여 나간다. 2002년 이전에는 일련번호를 5자리로 표기하였으나, PCT 출원 물량이 점차 증가되어 2003년부터는 일련번호를 6자리로 늘렸다. PCT 공개번호는 공개년도 2자리 및 일련번호 6자리로 이루어진다. 일련번호 6자리는 각 해마다 000001부터 붙여 나간다.

5) 대한민국 특허검색 DB의 사용방법

특허검색DB를 사용하면 거의 모든 국가들의 특허문헌들을 검색할 수 있다. 그러나 특허검색 DB가 유료이거나 때때로 불통되는 경우가 있으므로, 경우에 따라서는 해당국가의 특허청에 직접 접속하여 특허정보를 알아야 할 필요가 발생한다. 또 해당국가 특허청에서의 특허정보는 특허검색DB에 비해 그 신뢰성이 더 높다고 볼 수 있다. 특허심사에서 주요국을 제외하고는 많은 국가들이 특허검색DB를 보유하고 있지 않으므로 대한민국특허검색DB의 사용방법에 대하여 알아보고자 한다.

(1) KIPRIS(www.kipris.or.kr) 사용법

KIPRIS는 검색 메뉴를 지속적으로 개편하여 사용자 인터페이스를 강화하고 있다. KIPRIS는 검색 메뉴에서 통합검색 기능을 제공한다. KIPRIS는 데이터 신뢰성이 우수하며, 대한민국문헌에 대한 상세한 정보를 제공한다. 이하에서는 KIPRIS 주요 검색에 대하여 설명한다.

(가) 항목별 검색

검색 필드를 이용하여 관련 특허문헌들을 검색하는 경우에 사용한다. 국내특허실용 및 해외 특허실용을 따로 구분하여 검색하도록 되어 있다. 다음과 같이 관련 검색식을 이용해 검색한 간략정보, 초록정보, 대표도면을 볼 수 있다. 또한 법적 상태가 바로 화면에 나타나므로, 대한민국 문헌들의 법적 상태를 쉽게 파악할 수 있다. 국내특허실용 검색화면은 대표도를 디스플레이하지만, 해외특허실용 검색화면은 대표도를 디스플레이 하지 않는다.

KIPRIS의 검색메뉴를 이용하여 검색을 실시하는 경우, 항목별 검색의 초록(AB) 또는 청구범위(CL)에 키워드를 조합해 삽입하면 검색 효율이 크게 증대된다.

(나) 통합검색

KIPRIS는 홈페이지에 통합검색용 창을 제공한다. 따라서 통합검색용 창에 키워드를 넣고 검색하는 경우 특허실용, 디자인, 상표, 해외특허들(US, JP, EP, PCT)이 일괄적으로 검색된다. 또 통합검색 이후에 나타나는 화면에서 결과 내 검색을 실행함으로써 WIPS의 STEP 검색과 유사한 검색방법을 구현할 수 있다.

통합검색에서는 AND(*), OR(+), NOT(!)의 연산자만 사용할 수 있다. 다만, 통합검색의 경우 국내외의 모든 특허·디자인·상표 등 모든 문헌들을 검색하므로, 검색식이 복잡해지면 검색엔진의 검색속도가 매우 느려지는 단점이 있다. 따라서 통합검색보다는 앞에서 기술한 항목별 검색을 이용하는 것이 바람직하다.

(다) 해외특허검색

KIPRIS의 검색필드를 이용하여 해외특허를 검색할 수 있다. 따라서 외국특허청에 접속하지 않더라도 USA, 유럽, 일본 및 중국 등의 특허를 검색할 수 있다.

한편, 검색식을 넣어서 나타나는 화면에서 해외특허실용 검색화면은 대표도를 표시하지 않아 대표도를 표시해 주는 대한민국 특허실용 검색화면과는 차이점이 있다. 다만, 검색된 해당특허를 클릭하면 대표도를 볼 수 있다. 또한 해외특허문헌마다 번호표기방법이 다르고 KIPRIS에 입력하는 방법도 다르므로, 사전에 확인 후 입력해야 에러가 발생하는 것을 방지할 수 있다.

(2) WIPS(www.wips.co.kr) 사용법

디스플레이되는 WIPS는 대한민국의 대표적인 유료특허검색DB로서, 특허사무소 등에서 널리 사용되고 있다. 특히, WIPS는 STEP검색, 인접 연산자, 클러스터링, 선택문헌 일괄보기, 패밀리 등의 편리한 사용자 인터페이스를 제공함으로써 검색 편의성을 매우 높아졌다.

WIPS에서는 기본검색, 필드검색, 번호검색, STEP검색 및 통합검색 메뉴를 제공한다. 여기서 기본검색, 필드검색 및 번호검색은 별론으로 하고, STEP검색 및 통합검색은 각각 키워드를 조합하여 작성한 검색식을 이용해 관련 문헌들을 추출할 수 있도록 해 준다는 공통점을 가진다.

STEP검색은 국가별로 각각의 검색 필드에 해당 항목을 삽입하여 and 조건으로 연결함으로써 실시할 수 있다. 통합검색은 한글검색 메뉴 및 영문검색 메뉴를 제공한다. 통합검색 중 한글검색은 STEP검색의 대한민국 및 일본(1993년 이후에 공개건)을 묶은 것이고, 영문검색은 STEP검색의 USA, 일본(PAJ), PCT, G-Pat, INPADOC, CN을 묶은 것이다. 일본특허문헌의 한국검색이 가능한 이유는 일본특허문헌 중 1993년 이후의 공개건은 일본어 텍스트가 제공되어 기계번역이 가능하기 때문이다. 물론 1992년 이전의 일본특허문헌은 PAJ가 제공되므로, 영문검색을 통하여 검색할 수 있다.

6) 키워드를 이용한 특허정보조사

원하는 특허문헌을 검색하고자 하는 경우, 다양한 방법을 사용할 수 있지만, 일반적으로 키워드를 사용하여 특허문헌을 조사하는 방법이 사용된다. 키워드는 문장이나 문단에서 핵심이 되는 단어 또는 어구를 의미한다. 특허문헌의 검색은 해당 특허기술을 잘 나타내는 핵심적 기술용어 또는 어구(語句)를 찾는 것을 의미하므로, 키워드를 적절히 선정함으로써 원하는 특허문헌을 찾을 수 있다.

(1) 검색식 작성방법

키워드를 선정하여 검색식을 작성함으로써 원하는 특허문헌을 검색할 수 있다. 다음과 같이 검색식을 작성하고자 하는 경우는 먼저, 해당되는 기술 타킷을 선정한 후, 타깃의 핵심이 되는 키워드를 포착한다. 여기서 복수의 키워드들을 추출할 수 있다. 다음으로, 각 키워드에 대한 확장 키워드를 추출하여 각 키워드마다 확장 키워드를 병렬관계로 나열하면서 모든 키워드들을 and 조합으로 묶음으로써 검색식을 작성한다. 작성된 검색식을 이용하여 검색(서치)을 실시하고, 검색한 결과를 바탕으로 검색식을 다시 수정하는 과정을 반복함으로써 검색식을 이용하여 원하는 특허문헌들을 찾을 수 있다.

(2) 검색연산자

다양한 검색 연산자들을 사용하여 키워드를 상호 조합함으로서 원하는 특허문헌들을 좀 더 쉽고 빠르게 검색할 수 있다. 검색 연산자는 특허검색DB마다 그 사용법이 상호 다르므로, 특정 특허검색DB를 사용시 그 특허검색 DB에 사용되는 검색 연산자를 숙지하는 것이 중요하다. 일반적으로 무효특허검색DB는 논리 연산자만 제공하는 반면에, 유로특허검색DB는 논리 연산자 및 구문(口文) 연산자를 전부 제공하여 검색 편의성을 높여준다. 또한 후방절단 검색 연산자를 사용하여 하나의 키워드가 복수의 키워드들에 해당하도록 검색식을 작성할 수 있다.

그러나 후방절단 검색 연산자를 과도하게 사용하는 경우, 검색엔진에 따른 검색 시간이 소요되는 문제점이 있다. 다음은 검색 연산자의 일례(一例)로서, KIPRIS (www.kipris.or.kr)에서 사용되는 검색 연산자들 및 이를 사용한 검색식의 예를 나타낸다.

KIPRIS의 검색 연산자의 예

NO	연산유형		연산자	연산자 설명	검색식 예
1	논리 연산	AND	*	입력된 키워드 2개가 모두 포함된 검색	얼음*진동
2		OR	+	입력된 키워드 중 1개라도 포함된 검색	얼음+진동
3		NOT	!	입력된 키워드 2개 중 1개는 반드시 포함하고, 다른 1개는 포함하지 않는 검색	얼음!진동
4	구문 연산	구문	" "	공란이 포함되고 연속적으로 기재된 구문을 검색	"얼음 진동"
5		인접배열	^#	첫 번째 검색어와 두 번째 검색어의 거리가 #단어 이하로 떨어져 있는 구문을 검색	얼음^#진동

위에서 기재한 각종 연산자들을 함께 조합하여 얼음*(진동+박스) 등의 조합도 가능하다. 그리고 다음은 WIPS(www.wips.co.kr)에서 사용되는 검색 연산자들 및 이를 사용한 검색식의 예를 나타낸다. 무료검색DB인 KIPRIS는 유료검색DB인 WIPS에 비해 제공하는 연산자 수는 적지만 전방절단 및 후방절단을 자동 지원하는 등 나름대로의 편의성을 높였다.

WIPS의 검색 연산자의 예

NO	연산유형		연산자	연산자 설명	검색식 예
1	논리 연산	AND	and	입력된 키워드 2개가 모두 포함된 검색	얼음and진동
2		OR	or, space	입력된 키워드 중 1개라도 포함된 검색	얼음or진동 얼음진동
3		NOT	not	입력된 키워드 2개 중 1개는 반드시 포함하고, 다른 1개는 포함하지 않게 하는 검색	얼음not진동
4		후방절단1	*	-입력된 키워드를 포함한 단어의 검색 -전방절단은 지원하지 않음	얼음*
5		후방절단2	?	-입력된 키워드를 포함하는 단어 중 ?의 개수에 대응하는 철자를 포함하는 단어의 검색 -전방절단은 지원하지 않음	얼음?
6	구문 연산	인접순서	A adj#B	-문장 중 A→B 순서로 기재된 단어들을 포함하는 검색 -구문 중 A, B 단어 사이에 기재된 단어의 수가 # 이하	얼음A adj#B 진동
7		인접배열	A near#B	-문장 중 A→B 순서 또는 B→A 순서로 기재된 단어들을 포함하는 검색 -구문 중 A, B 단어 사이에 기재된 단어의 수가 # 이하	얼음near#진동

(3) 검색식의 작성예

사례

평소 모임을 좋아하는 만수는 친구들을 집으로 불러 술을 마시곤 하였다. 술을 마실 때는 항상 얼음을 비치하여 두었는데, 얼음이 불투명하여 술맛이 잘 안나는 것 같았다. 만수는 투명얼음을 만들 수 있는 방법이 없을까 고민하던 중 인터넷 검색을 통해 물속에 있는 기포로 인해 얼음이 불투명하게 형성된다는 것을 알게 되었다. 따라서 만수는 물속의 기포를 없애기 위한 방법을 생각하다가 진동모터를 얼음용기에 부착하여 물을 얼리는 방법을 생각하였다. 즉, 진동모터의 진동에 따라 물속의 기포가 증발해 버리면서 기포가 없는 얼음을 제조할 수 있다고 생각한 것이다. 만수는 이러한 방법을 사용하여 얼음을 제조하는 특허가 존재하는지 조사하기로 하였다.

검색식을 작성하여 특허문헌들을 검색할 수 있다. 앞에서 기술한 것처럼 먼저, 기술내용으로부터 핵심 키워드를 추출한 후, 유사 키워드를 추출하는 방법을 이용하여 검색식을 작성한다.

먼저, 핵심 키워드를 추출해야 한다. 기술내용, 즉 TAGET이 되는 기술에 반드시 포함되는 단어이다. 여기서 복수의 키워드들을 추출하는 경우, 복수의 키워드들의 카테고리는 서로 달라야 한다. 동일한 카테고리의 키워드를 사용하는 경우, and 조합에 따라 검색한 관련 선행문헌들의 수가 크게 줄어들지 않는다. 예를 들면, '전자'와 '통신'을 각각 키워드로 조합하는 경우, 현재의 통신방법 대부분이 전자통신이므로 대부분의 특허문헌들이 '전자'와 '통신'을 함께 포함한다. 따라서 이와 같은 경우, 효율적인 검색이 이루어지지 어렵다. 추출된 복수의 핵심 키워드들은 기술내용에 반드시 포함되는 단어들이므로, 이들은 and(*)관계로 연결된다.

얼음을 투명하게 만들기 위해 물을 진동시키는 얼음용기는 얼음용기에 진동소자가 부착된 것이고, 얼음용기는 진동소자에 따라 작동된다. 따라서 핵심 키워드로 얼음 및 진동을 추출할 수 있다. 이외에 물 등의 단어도 핵심 키워드로서 추출 가능하므로 검색 결과를 보고 핵심 키워드를 수정할 수 있다.

다음으로, 키워드로서 추출한 얼음 및 진동의 확장 키워드를 추출한다. 확장 키워드는 다음과 같이 그 예를 들 수 있다.

키워드 및 확장 키워드

NO	키워드	확장 키워드
1	얼음	얼음, 수정얼음, 수정어름, 어름, 제빙, 얼음제빙, 어름제빙, 자동제빙, ice
2	진동	진동, 미세진동, 초음파진동, 흔들다, vibrate, oscillate

(4) 확장 키워드의 추출방법

원하는 특허문헌을 정확히 검색하기 위해서는 검색되어야 할 키워드가 어떠한 형태로 표현되었는지 추측하는 것이 필요하다. 따라서 모든 가능한 상황을 고려하여 확장 키워드를 추출해야 한다. 다음은 키워드 표현의 다양성을 나타낸다.

키워드 표현의 다양성

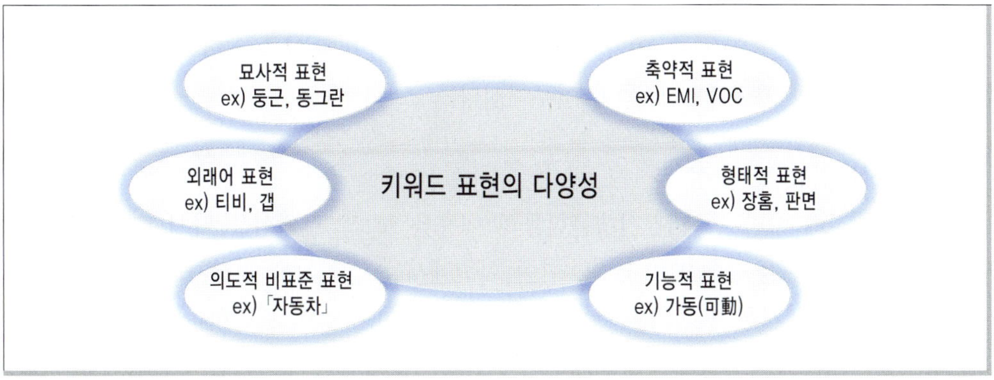

키워드를 추출하고자 하는 경우, 키워드의 표현 방법에서 묘사적 표현, 축약형 표현, 외래어 표현, 형태적 표현, 의도적 비표준 표현, 그리고 기능적 표현을 고려해야 한다. 묘사적 표현에서는 '둥근, 동그란' 등 다양한 표현을 전부 고려하고, 축약형 표현에서는 해당 기술에서 사용되는 특정 약자가 없는지도 확인이 필요하다. 예를 들어, EMI(Electro Magnetic Interference, 전자파 장애) 또는 VOC(Volatile Organic Compoud, 휘발성 유기화합물) 등의 전문기술용어가 없는지 확인이 필요하다.

그리고 외래어 표현시 티브이(TV), 갭(gap) 등 각국별로 사용되는 키워드 형태를 잘 알아야 한다. 예를 들어, 일본에서는 '이모티콘'을 '얼굴문자'로 사용하고, '자전거'를 '자전차'로 표시한다. 또한 형태적 표현으로서 사용되는 '장홈 또는 판면' 등의 키워드 사용에 대한 검토가 필요하다. 또한 객체의 동작 등을 나타내는 기능적 표현이 어떤 것인지를 파악하여 적절한 검색식을 수립하는 것이 필요하다. 예를 들어, 객체가 움직이는 경우, 이를 '가동(可動)'으로 기재할 수 있다.

한편, 의도적 비표준 표현에서는 경쟁업체 등에서 출원하여 공개된 명세서가 검색되지 않도록 일반적으로 잘 쓰지 않는 키워드를 사용할 수도 있으므로, 이를 고려하여 유사 키워드를 설정해야 한다. '자동차'로 기재하지 않고 '자 동 차'로 띄어쓰기를 한 경우를 예로 들 수 있다. 또한, 키워드를 추출하는 경우, 오타나 띄어쓰기의 다양한 가능성도 함께 고려해야 하며, 각종 연산자 및 절단자를 효율적으로 활용하여 모든 가능성을 염두에 둔 유사 키워드를 추출해야 한다. 한 사례로, 영문의 경우, 산업 발전에 따라 처음 생성된 형용사+명사 구조를 가진 단어의 경우 띄어쓰기(예: hard disk)를 하다가 이 단어가 좀 익숙해지면 하이픈 붙여서 표기(예: hard-disk)한다. 그리고 이 단어가 일상화되면 아예 붙여서 표기(예: harddisk) 한다. 따라서 유사 키워드를 추출하는 경우, 이러한 상황들을 전부 고려해야 한다.

그리고 출원인이 의도적으로 업계에서 일반적으로 사용하지 않는 용어를 사용하여 검색이 안 되도록 방법도 많이 사용한다. 예를 들어, 석탄 성형기에 관한 특허를 검색하고자 '석탄' 키워드를 확장하여 coal, 석탄, 코우크스, 미분탄 등의 검색어를 넣었는데도 불구하고, 중요특허가 검색되지 않아 확인하였더니, '석탄'이 아닌 '분체'로 명세서를 기재하여 검색되지 않은 경우가 있을 수 있다. 따라서 출원인이 어떤 용어를 일반적으로 사용하는지를 잘 알고 있어야 효율적인 검색이 이루어진다.

(5) 검색식 편집 및 수정

특히, 검색식에 따라 검색된 선행문헌들의 내용을 보고, 검색식을 다시 수정해야 하기 때문에 동시에 화면을 2개 띄워 놓고, 한쪽 화면에서는 검색식을 편집하고, 다른 쪽 화면에서는 검색식을 복사한 후 삽입하여 선행문헌을 검색하는 것이 편리하다. 다음과 같은 검색식을 엑셀 시트에서 편집하면서 복사한 후, WIPS에 삽입한 후 검색하는 예를 나타낸다.

검색식 편집 및 검색의 예(출처: wips)

NO	키워드	확장 키워드
s1	얼음	얼음* 수정얼음* 수정어름* 어름* 제빙* 얼음제빙* 어름제빙* 자동제빙* ice*
s2	진동	진동* 미세진동* 초음파진동* 흔들다* vibrate* oscillate*

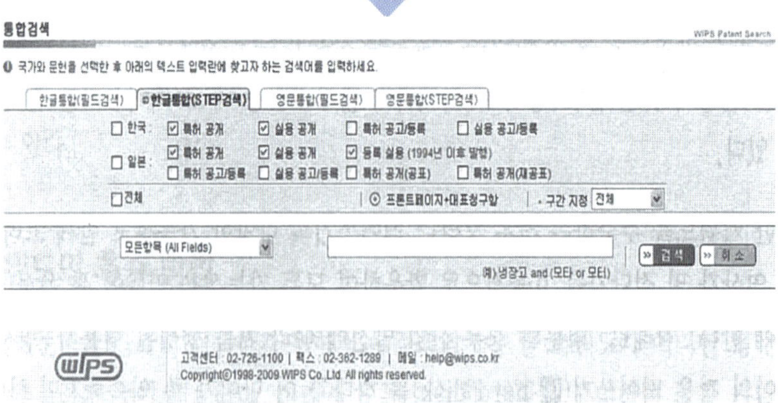

(6) KIPRIS의 STEP검색

앞에서 언급한 바와 같이 검색식은 STEP검색을 이용하면 편하게 실시할 수 있다. STEP검색을 통하여 작성된 검색식으로부터 효율적인 검색이 이루어진다. STEP검색에서는 검색 결과에 따라 국가, 검색 필드 또는 검색식을 조정할 수 있으므로 정확한 검색 결과를 도출할 수 있다. STEP검색은 주로 유료특허검색DB에서 제공하므로, 무료특허검색DB에서는 일반적으로 제공되지 않는다. KIPRIS에서는 통합검색 및 결과 내 검색을 통하여 STEP검색과 유사하게 사용할 수 있다. 이하에서는 앞에서 기술한 신청기술을 KIPRIS에서 STEP검색하는 방법을 단계별로 상세하게 설명한다.

(가) 제1단계

먼저, 아래에 나타낸 바와 같이 제1단계에서는 검색식을 작성한다. 검색식은 엑셀시트에 키워드 및 확장 키워드를 단계별로 나열하여 기재한다. 검색식은 검색 결과에 따라 변경할 수 있다.

KIPRIS 스텝검색 제1단계

NO	구분	키워드	확장 키워드
1	S1	얼음	얼음+수정얼음+수정어름+어름+제빙+얼음제빙+어름제빙+자동제빙+ice
2	S2	진동	진동+미세진동+초음파진동+흔들+흔드+vibrate+oscillate

(나) 제2단계

제2단계에서는 KIPRIS의 홈페이지(www.kipris.or.kr)로 이동한다. KIPRIS의 홈페이지의 중앙에 위치한 빈칸에 먼저 KIPRIS 스템검색 제1단계의 유사 키워드를 먼저 입력한 후 검색탭을 클릭한다.

(다) 제3단계

제2단계의 검색식 입력에 따라 특허문헌들이 검색되어 화면이 나타난다. KIPRIS에서는 한영 자동변환 검색기능을 제공하므로, 한글만 입력하여도 이에 대응하는 영문을 이용한 검색이 이루어져서 외국특허문헌들이 검색된다. 그럼에도 불구하고, 검색 신뢰성을 높이기 위해서 한글 및 영문을 병렬로 연결한 검색식을 사용하는 것이 바람직하다. 제3단계에서는 우측의 결과 내 검색 체크박스에 체크한 후 S2의 확장 키워드를 입력한다. S1 및 S2는 and 조건으로 연결되어야 하고, 확장 키워드들끼리는 or 조건으로 연결되어야 하므로 반드시 괄호를 사용한다. 그리고 검색 탭을 클릭한다.

(라) 제4단계

제3단계의 검색식 입력에 따라 (S1 and S2)의 검색이 이루어지면서 검색된 특허문헌의 수가 더욱 줄어든다. 여기서 여기서 특허문헌의 내용을 검토하여 조사대상기술과 유사한 내용을 가진 특허문헌을 추출한다. 만약 조사된 특허문헌의 수가 너무 많은 경우에는 또 다른 키워드를 사용하여 and 조합을 추가로 실시하여 조사된 특허문헌들의 수를 더 줄일 수도 있다.

앞에서 기술한 바와 같이, KIPRIS의 검색 시스템을 이용하여 관련된 선행특허문헌들을 검색할 수 있다. 다만, 공개일을 검색조건으로 입력하는 것은 불가능하므로, 모든 문헌들의 공개일을 확인해야 한다. KIPRIS의 특허·실용의 항목별 검색 메뉴도 STEP검색과 유사한 검색이 가능하며, 공개일을 이용한 검색이 가능하다. 즉, 필드별로 검색식 입력이 가능하므로 공개일을 입력할 수 있다. 그러나 국내특허문헌 및 해외특허문헌이 별도로 나누어져 있으므로, 각각 별개로 특허검색을 해야 한다.

(7) KIPRIS의 항목별 검색

KIPRIS의 STEP검색은 한번에 데이터를 검색할 수 있지만, 그 결과 검색속도가 느려지는 단점이 있다. 또한 많은 수의 노이즈를 포함하고 있다. 따라서 이 대신에 KIPRIS의 '항목별 검색' 메뉴를 대한민국 선행문헌의 키워드 검색시 그 대체수단으로서 이용할 수 있다. 즉, 앞에서 기술한 검색식을 '초록항목'에 넣어서 관련 대한민국 선행문헌들을 검색할 수 있다. '자유검색(전문)' 항목을 통한 검색은 명세서 전체를 검색하므로, 검색에 장시간이 소요되고 노이즈가 많이 포함된다. 그리고 '발명(고안의 명칭(TL)' 항목을 통한 검색은 발명의 명칭 자체가 단어들의 간단한 조합으로 되어 있으므로, 원하는 선행문헌이 검색되기 어렵다. 그리고 '청구범위(CL)'를 통한 검색은 발명의 구성은 포함되지만 발명의 효과 등은 포함되지 않을 수 있으므로, 원하는 선행문헌이 검색되기 어렵다. 따라서 '초록(AB)' 항목을 이용하여 검색하는 것이 바람직하다. KIPRIS의 해외특허검색도 동일한 방법을 사용하여 검색할 수 있다. 다만, 영문 키워드를 사용해야 하고, 예외적으로 일본특허초록(PAJ · Patent Abstract of Japan)의 검색에만 한글검색을 사용할 수 있다.

(8) WIPS의 STEP검색

유료특허검색DB인 WIPS는 STEP검색 메뉴를 제공하여 검색의 편의성을 높여 준다. 다양한 검색필드를 이용하여 STEP검색을 실시할 수 있으므로, 신청기술과 관련된 특허문헌들을 쉽게 검색할 수 있다. 이하에서는 앞에서 기술한 신청기술을 WIPS에서 STEP검색하는 방법을 단계별로 상세하게 설명한다.

(가) 제1단계

먼저 아래에 기재된 바와 같이, 제1단계에서는 검색식을 작성한다. 검색식은 키워드 및 이에 대응하는 확장 키워드들을 단계별로 나열하여 기재한다. 검색식은 검색 결과에 따라 변경할 수 있다. WIPS의 연산자 사용시, or는 공백으로 표시할 수 있고, 후반절단자로서 *를 사용할 수 있으므로, KIPRIS와는 다소 다른 유사 키워드들을 작성한다. 또한 공개일을 입력할 수 있다는 점에서 KIPRIS보다는 쉽게 검색할 수 있다. 또 한글검색에서는 양자를 전부 인식하고, 영문검색에서는 영문만 인식하고 한글을 무시하므로, 영문 및 한글을 함께 사용하여 검색식을 구성해도 무방하다.

WIPS 스텝검색 제1단계

NO	구분	키워드	확장 키워드
1	S1	얼음	얼음* 수정얼음* 수정어름* 어름* 제빙* 얼음제빙* 어름제빙* 자동제빙* ice*
2	S2	진동	진동* 미세진동* 초음파진동* 흔들* 흔드* vibrate* oscillate*

(나) 제2단계

제2단계에서는 WIPS의 홈페이지(www.wips.co.kr) 또는 윕스온(www.wipson.com)의 통합검색메뉴로 이동한다. 통합검색메뉴 중 한글통합(STEP검색)과 영문통합(STEP검색)을 전부 이용하여 선행특허문헌들을 검색한다. 양자의 검색방법은 동일하므로, 이하에서는 한글통합(STEP검색)에 대해서만 설명한다. 즉, 다음과 같이 한글통합(STEP검색) 탭을 선택하고, 전체 체크박스를 클릭해, 명칭 + 요약 + 대표청구항을 선택한 후 S1에 해당하는 확장 키워드를 입력한 다음 검색 탭을 누른다.

(다) 제3단계

제2단계를 실시하면, S1에 해당되는 특허문헌들의 수가 나타낸다. 특허문헌들의 수를 줄이기 위해 S2의 확장 키워드를 이용하여 검색을 다시 실시한다. 즉, 제3단계에서는 전체 체크박스를 체크한 후, 명칭+요약+대표청구항을 선택한다. 다음으로, S2의 확장 키워드를 입력창에 입력하고 검색 탭을 클릭한다.

(라) 제4단계

검색식 입력에 따른 검색 결과가 디스플레이 된다. 다음으로 S1 검색식 및 S2 검색식을 and 조합하여 조사대상기술과 관련된 선행문헌들을 검색한다. 이는 검색창에 S1 and S2를 입력하면 된다. 이 경우 항목은 모든 항목(All Fields)으로 지정한다.

(마) 제5단계

제2단계(S1) 및 제3단계(S2)의 and 조합검색에 따른 검색 결과가 디스플레이 된다. 여기서 S3의 결과보기 탭을 누르면 조사된 선행문헌들의 리스트를 볼 수 있다.

(바) 제6단계

검색된 특허문헌들이 리스크화 되어 나타난다. 따라서 전체 선택 후에 선택특허 일괄보기 탭을 눌러서 각 건들의 대표도를 확인하여 관련 선행문헌들을 추출할 수 있다. 또한 선행문헌들의 수가 너무 많은 경우에는 우측 상단의 'STEP 목록으로' 탭을 눌러서 이전 화면으로 이동한 후 main IPC를 넣어서 검색 건수를 더욱 줄일 수 있다. 예를 들어, 조사대상기술인 main IPC는 F25C이고, 이는 그림 좌측 상단의 클러스터링을 통해 main IPC를 기준으로 조사된 특허문헌들을 분류함으로써 파악할 수 있다. 또한, 무효자료 조사의 경우 대개 무효화시킬 특허의 최초출원일 전에 공개된 특허문헌들을 검색하는 경우가 많으므로, 공개일을 and 조건으로 넣어서 스템검색을 실시할 수 있다.

(9) 검색필드의 한정

특허검색DB는 명세서에 기재된 내용을 텍스트 마이닝(text mining)함으로써 원하는 특허문헌들을 검색한다. 명세서는 요약서, 발명의 명칭, 발명의 상세한 설명, 특허청구범위, 도면의 간단한 설명 및 도면 등의 항목으로 구분되어 있다. 따라서 대부분의 특허검색DB는 이들 항목, 즉 검색필드를 한정하여 원하는 특허문헌들을 검색할 수 있게 하는 서비스를 제공한다. 검색필드를 한정하여 특허검색을 하는 경우, 원하는 특허문헌들을 좀 더 쉽고 빠르게 찾을 수 있다.

검색필드는 검색 목적에 따라 달리 선택될 수 있다. 일반적으로 특허검색은 요약서+발명의 명칭+청구항 1의 필드를 검색하는 방법이 사용된다. 그러나 원하는 검색대상과 관련된 문헌들을 매우 빠르게 검색하기 위해서는 발명의 명칭필드로 한정하여 검색식을 넣은 후 특허를 검색할 수 있다. 또한 특정기술에 해당하는 특허권이 존재하는지 여부를 확인하기 위해서는 검색필드를 청구항만으로 한정하여 특허검색을 실시할 필요가 있다. 그리고 등록특허를 무효화시키거나 특허출원에 대한 정보 제출을 통해 해당 특허출원의 등록을 방지하기 위해서는 실마리가 될 수 있는 약간의 내용이라도 있으면 좋다. 따라서 이 경우 가장 내용이 많이 포함된 발명의 상세한 설명을 검색필드로 선택하여 특허검색을 실시하는 것이 바람직하다. 다만, 발명의 상세한 설명이 워낙 방대하므로, 검색에 많은 시간이 소요된다.

(10) 검색필드 한정에 따른 검색 예

사례

영희는 손잡이가 달린 프라이팬을 씽크대에 잘 수납할 수 없었다. 또 프라이팬을 오븐에 넣으려고 해도 손잡이 때문에 불편하였다. 따라서 영희는 손잡이를 분리하였다가 다시 부착할 수 있는 프라이팬이 있으면 좋겠다고 생각했다.

(가) 검색대상 기술

위 사례에서 기술한 탈착식 프라이팬은 손잡이를 자유롭게 분리 및 결합할 수 있다. 따라서 손잡이를 떼서 그릇을 차곡차곡 정리할 수 있을 뿐만 아니라, 손잡이를 분리할 수 있으므로, 오븐, 냉장고 또는 식기세척기에서도 사용이 간편하다. 이러한 손잡이 분리형 프라이팬에 대한 선행문헌을 다음과 같은 과정을 거쳐서 검색해 보고자 한다.

(나) 제1단계

먼저, 손잡이 분리형 프라이팬에 대한 선행문헌이 존재하는 경우, 선행문헌에 반드시 나올 만한 키워드를 추출하는 작업이 필요하다. 손잡이 분리형 프라이팬에 대한 선행문헌에는 프라이팬, 손잡이, 착탈 등의 키워드가 언급되었을 가능성이 높다. 따라서 앞에서 기술한 키워드로부터 다음에 기재된 바와 같은 검색식을 유추할 수 있다. 검색식은 KIPRIS 검색을 기준으로 한다.

필드한정검색 제1단계

NO	구분	키워드	확장 키워드
1	S1	프라이팬	프라이팬+후라이팬+프라이팬+후라이팬+frypan
2	S2	손잡이	손잡이+핸들+헨들+handle
3	S3	착탈	탈착+붙었+떨어+분리+separat+remov+detach

다음에는 검색식을 이용하여 항목별 검색을 이용하는 과정을 설명한다. 먼저 KIPRIS 초기화면에서 특허·실용신안 탭의 항목별 검색 탭을 누른다.

(다) 제2단계

항목별 검색 탭을 누른 경우, 특허·실용문헌의 각 필드들이 나타나는 항목별 검색 항목으로 이동한다. 다음으로, 키워드를 어떤 필드에 넣어서 검색을 실시할 것인지의 여부를 고려한다. 대표적인 필드로서 발명의 명칭, 요약서 및 특허청구범위를 예로 들 수 있다. '프라이팬'의 경우 3개의 필드에 전부 포함되어 있을 가능성이 높아서 어떤 필드를 사용해도 무방할 것으로 예상된다. 그러나 '손잡이'의 경우, 발명의 명칭보다는 요약서 및 청구범위에 포함되어 있을 가능성이 높다. 그 이유는 선행문헌에서 '손잡이'를 발명의 명칭에 넣은 경우, 경쟁업체가 쉽게 해당 특허를 검색할 수 있으므로, 선행문헌의 출원인이 발명의 명칭에서 일부러 손잡이를 넣지 않았을 가능성이 있기 때문이다. 따라서 '손잡이'는 발명의 핵심 키워드이므로, 청구범위에 삽입하는 것이 바람직하다. 한편, '프라이팬' 키워드 및 '탈착' 키워드는 발명의 명칭, 초록 및 청구범위를 모두 포함하는 자유검색(전문) 필드를 이용하여 검색하는 것이 바람직하다.

앞에서 기술한 것을 토대로 손잡이 분리형 프라이팬을 검색하는 과정을 보면, 자유검색(전문) 필드에는 '프라이팬' 및 '탈착'의 검색식을 조합해서 넣고, '손잡이'의 검색식은 청구범위 필드에 넣은 후 검색 탭을 클릭한다.

(라) 제3단계

항목별 검색 탭을 누른 경우, 손잡이 분리형 프라이팬과 관련된 선행문헌들이 나타난다. KIPRIS는 출력화면에 법적 상태를 바로 표시하므로, 해당 선행문헌의 법적 상태를 바로 알 수 있는 이점이 있다. 영희는 앞에서 기술한 과정을 거쳐서 손잡이가 분리 가능한 프라이팬에 대한 선행문헌을 검색할 수 있다. 영희는 선행문헌을 검토하여 손잡이와 프라이팬과의 결합구조를 어떻게 하는 것이 좋은지를 검토할 수 있다. 또한 이러한 검토 결과를 토대로 아이디어를 좀 더 개량하여 손잡이의 착탈 구조가 매우 우수한 프라이팬을 고안할 수도 있다.

7) 선행기술조사 실습

앞에서 기술한 키워드를 이용한 특허정보조사 방법을 통하여 해당 주제와 관련된 선행문헌들을 검색할 수 있다. 이를 위해서는 해당 주제와 관련된 키워드를 적절하게 추출하여 검색식을 작성할 수 있어야 하고, 검색 결과를 바탕으로 검색식을 적절하게 조정하여 노이즈 없이 원하는 선행문헌들 위주로 검색되도록 하는 것이 바람직하다. 또 필요한 경우, 검색하여 추출한 선행문헌들을 정리하여 선행기술조사 보고서를 작성할 수 있다.

(1) 안전한 원터치캔 뚜껑

(가) 기술내용

다음의 그림과 같이 보호막을 위에 덧대어 손을 안전하게 보호하는 원터치캔 뚜껑에 대한 선행문헌을 조사하고자 한다. 여기서는 원터치캔 사용시 뚜껑 가장자리가 날카로워 다칠 수 있으므로, 뚜껑 가장자리에 보호막을 덧대 원터치캔 뚜껑이 오픈되면서 보호막에 따라 덮이도록 만든다. 따라서 원터치캔 뚜껑 가장자리에 따라 사람의 손가락이 베이는 사고를 방지한다.

안전한 원터치캔 뚜껑

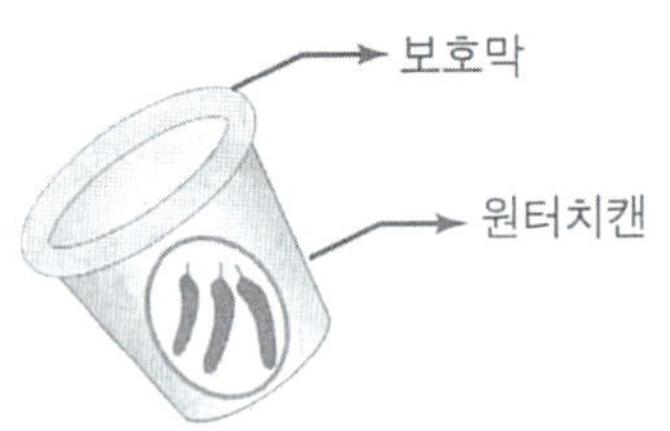

(나) 조사방향

안전한 원터치캔 뚜껑의 경우, 뚜껑 가장자리에 손 보호용 보호막이 형성된 내용을 개시한 선행문헌을 조사하고자 한다. 또한 뚜껑이 오픈되면서 보호막에 따라 덮이도록 한 내용을 개시한 선행문헌을 조사하고자 한다.

(다) 키워드의 선정 예

앞에서 기술한 기술내용을 바탕으로 일단 원터치캔을 따는 것과 관련된 기술이라는 점에서 '원터치캔' 및 '따개' 등의 키워드를 사용할 수 있다. 또한 구체적으로 보호막을 이용하여 안전하게 원터치캔을 따는 기술이라는 점에서 '보호막'과 '안전'을 키워드로 사용할 수 있다. 이와 같이 선정된 키워드를 확장하여 검색식을 작성해 관련되는 선행문헌을 추출할 수 있다.

(라) 키워드의 확장

다음의 표와 같이 안전한 원터치캔 뚜껑에 관련된 키워드들을 확장하여, 해당 키워드의 검색 범위를 넓힐 수 있다. 다양한 가능성을 감안하여 키워드를 확장하므로, 안전한 원터치캔 뚜껑과 매우 유사한 선행문헌들을 추출할 수 있다. 확장 키워드에서 원터치캔에는 '캔'이 포함되어 있으므로, '캔'을 이용하여 '원터치캔'을 함께 검색할 수 있다. 따라서 '원터치캔'은 확장 키워드로 사용하지 않아도 무방하다. 또한 '보호'와 '안전'에 대한 확장 키워드는 상호 유사한 성격을 가지므로, and로 조합하여 사용하지 않고, or로 조합하여 사용할 수도 있다.

확장 키워드의 예

NO	키워드	확장 키워드
1	원터치캔	통조림, 캔, can, tin
2	따개	손잡이, 고리, 링, 따개, 오프너, 원터치, opener, one touch, handle, ring
3	보호막	보호, 고무, 프로텍트, 상해, 부상, protect, rubber, harm
4	안전	안전, 세이프, safe, security

(마) 검색식의 작성 예

앞에서 기술한 확장 키워드들을 이용하여 다음과 같이 다양한 형태의 검색식들을 작성할 수 있다. 하나의 검색식이 아니라, 다양한 유형의 검색식들을 사용해야 안전한 원터치캔 뚜껑과 유사한 선행문헌들을 효율적으로 검색할 수 있다. 다음에서는 KIPRIS에서 사용할 수 있는 형태의 검색식을 예로 기재한다. 검색식 1 및 검색식 2에서는 각각 '보호'에 대한 확장 키워드와 '안전'에 대한 확장 키워드를 사용하여 선행문헌들을 검색하였다.

검색식의 작성 예

NO	검색식의 예
검색식 1	(통조림+캔+can+tin)*(손잡이+고리+링+핸들+따개+오프너+원터치+opener+"one touch"+one-touch+handle+ring)*(보호+고무+프로텍트+상해+부상+protect+rubber+harm)
검색식 2	(통조림+캔+can+tin)*(손잡이+고리+링+핸들+따개+오프너+원터치+opener+"one touch"+one-touch+handle+ring)*(안전+세이프+safe+security)

(바) 선행문헌의 추출

위의 검색식의 작성 예에 기재한 다양한 검색식들을 이용하여 안전한 원터치캔 뚜껑에 대한 선행문헌들을 추출할 수 있다. 검색식을 이용한 선행문헌들의 추출방법은 앞에서 언급한 키워드를 이용한 특허정보조사의 내용을 참고하면 된다. 앞에서 기술한 검색식을 이용하여 선행문헌들을 조사한 결과, '이지 오픈 뚜껑 통조림 안전 커버'를 발명의 명칭으로 하는 일본공개특허 제1999-268748와 '안전막 부착 통조림 캔'을 고안의 명칭으로 하는 대한민국 공개실용 제2011-0000522호가 유사한 선행문헌으로 검색되었다.

일본공개특허 제1999-268748호의 도 1

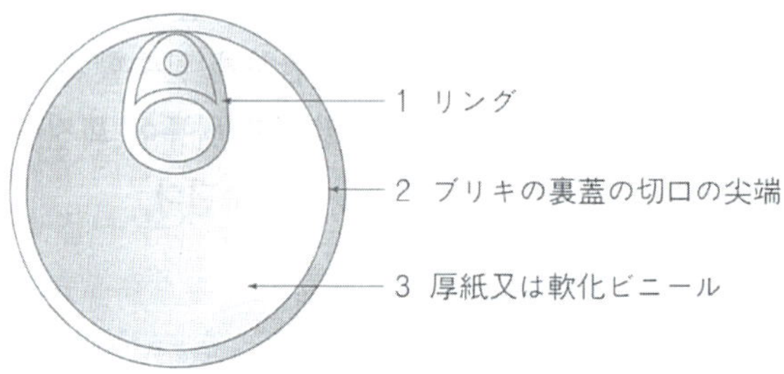

일본공개특허 제1999-268748호는 통조림의 정면에 판지 또는 연화비닐을 씌우는 내용을 개시하고 있다. 여기서는 판지 또는 연화비닐을 붙였던 통조림을 링을 이용해 오프시켜 통조림을 딸 때 손이 다치지 않도록 한다.

대한민국공개 실용 제2011-0000522호의 도 2

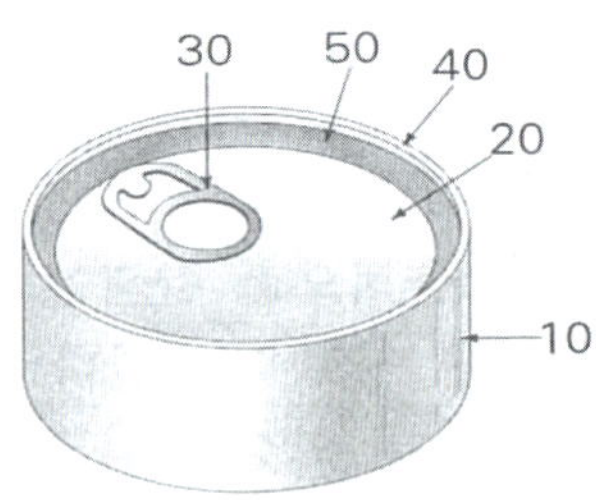

한편, 또 다른 선행문헌으로 검색된 대한민국공개 실용 제2011-0000522호는 뚜껑의 절개부분에 안전막이 씌워져 손가락 등에 상처가 나는 것을 방지하는 내용을 개시하고 있다. 여기서는 캔(10)의 뚜껑부(20)에 안쪽으로 손가락을 끼우는 원터치형의 고리(30)가 구비된다. 그리고 뚜껑부(20) 둘레를 잡아 당기면 갈라지도록 하는 절개선(40)이 형성되고, 이 절개선(40)을 따라 내외측으로 소정 폭을 두고 안전막(50)이 형성되어 손가락에 상처가 나는 것을 방지한다. 앞에서 기술한 선행문헌들의 내용 검토시 안전한 원터치캔 뚜껑은 이미 선행문헌들에 따라서 공지된 기술임을 알 수 있다.

(2) 자동차 속도를 감지하여 돌출하는 과속방지턱

(가) 기술내용

아래와 같이 차량 운행속도에 연동하여 도로 위에 돌출되거나 도로면과 평면 상태를 이루는 과속방지턱에 대한 선행문헌을 조사하고자 한다. 여기서는 센서에 따라 차량의 통과속도를 측정하여 측정된 속도가 설정속도보다 빠른 경우, 과속방지턱을 돌출시켜서 차량의 과속을 방지한다.

자동차 속도를 감지하여 돌출하는 과속방지턱

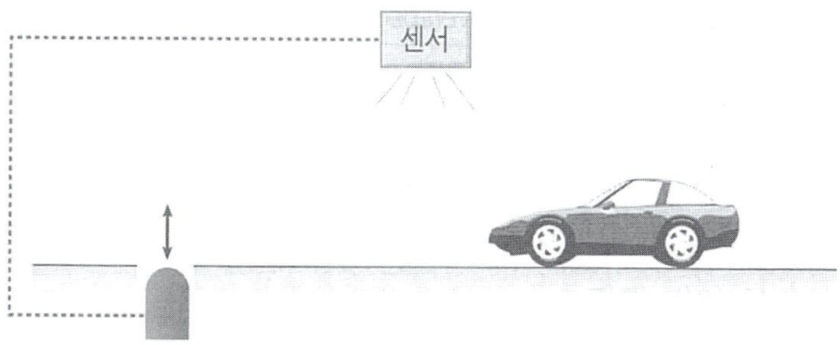

(나) 조사방향

자동차 속도를 감지하여 돌출하는 과속방지턱의 경우, 도로내에 감추어져 있다가 차량 운행 속도에 연동하여 도로 위로 돌출되는 과속방지턱에 대한 내용을 개시한 선행문헌을 조사하고자 한다. 또한 속도센서에 따라 차량의 속도를 측정하여 설정시간에 따른 속도를 기준으로 과속방지턱의 돌출 여부를 결정하는 내용에 대한 선행문헌을 조사하고자 한다.

(다) 키워드의 선정 예

앞에서 기술한 기술내용을 바탕으로 할 때, 일단 차량의 과속을 방지하는 기술이라는 점에서 '차량', '과속', '방지' 등의 키워드를 사용할 수 있다. 또한 구체적으로 차량의 과속을 방지하기 위한 수단으로 센서를 이용해 과속방지턱을 돌출시킨다는 점에서 '센서'와 '돌출'을 키워드로 사용할 수 있다. 이와 같이 선정된 키워드를 확장하여 검색식을 작성해 관련된 선행문헌을 추출할 수 있다. 좀 더 구체적으로 키워드 선정과정을 보면, 키워드는 해당 기술이 속한 기술분야에 속한 키워드와 해당 기술분야 내에서 해당 기술을 한정하는 키워드로 나누어져 있는 것을 알 수 있다. 따라서 키워드 선정시 이러한 점을 고려하여,

① 기술분야를 한정할 수 있는 키워드 및 ② 해당 기술 분야 내의 특정기술만 추출 가능한 키워드를 통하여 키워드들을 좀 더 효율적으로 선택할 수 있다.

(라) 키워드의 확장

다음의 표와 같이 자동차 속도를 감지하여 돌출하는 과속방지턱에 관련된 키워드들을 확장하여 해당 키워드의 검색 범위를 넓힐 수 있다. 다양한 가능성을 감안하여 키워드를 확장하므로, 자동차 속도를 감지하여 돌출하는 과속방지턱과 매우 유사한 선행문헌들을 추출할 수 있다.

확장 키워드의 예

NO	키워드	확장 키워드
1	차량	차량, 자동차, 카, car, vehicle, automobile
2	과속	과속, 속도, 오버스피드, overspeed, overfast
3	방지	방지, 저지, 차단, 블록, 블로킹, prevent, block
4	센서	센서, 센싱, 감지, sensor
5	돌출	턱, 문턱, 돌출, bump, road rise

(마) 검색식의 작성 예

앞에서 기술한 확장 키워드의 예를 이용하여 다음과 같이 다양한 형태의 검색식들을 작성할 수 있다. 하나의 검색식이 아니라 다양한 유형의 검색식들을 사용해야 자동차 속도를 감지하여 돌출하는 과속방지턱과 유사한 선행문헌들을 효율적으로 검색할 수 있다. 여기서는 KIPRIS에서 사용할 수 있는 형태의 검색식을 예로 기재한다.

검색식의 작성 예

NO	검색식의 예
검색식 1	(과속+속도+오버스피드+overspeed+overfast)*(방지+저지+차단+블록+블로킹+prevent+block)*(턱+문턱+돌출+bump+"road rise")
검색식 2	(과속+속도+오버스피드+overspeed+overfast)*(턱+문턱+돌출+bump+"road rise")*(차량+자동차+카+car+vehicle+"automobile")
검색식 3	(과속+속도+오버스피드+overspeed+overfast)*(턱+문턱+돌출+bump+"road rise")*(차량+자동차+카+car+vehicle+"automobile")*(센서+센싱+감지+sensor)

(바) 선행문헌의 추출

USA등록특허 제7645090호는 교통량 제어 과속방지턱에 관한 내용을 개시하고 있다. 여기서는 센서(114)가 차량의 속도와 무게를 측정하고, 제어부(116)가 측정된 속도와 무게를 토대로 과속방지턱(110, 112)을 동작시킨다.

USA등록특허 제7645090호의 도 1

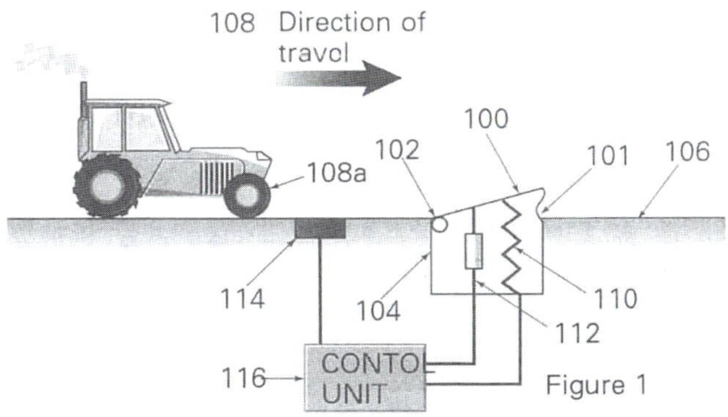

한편, 또 다른 선행문헌으로 검색된 대한민국등록특허 제878984호는 차량이 설정된 제한속도를 벗어나 진입하는 경우, 과속방지턱이 돌출된 상태로 구비되어 안전사고를 방지하는 내용을 개시하고 있다. 여기서는 속도감지센서(30)에 따라서 측정된 진입 차량의 속도가 제한속도를 벗어나는지 여부를 측정한다. 그리고 진입 차량의 속도가 제한속도를 넘는 경우, 과속방지돌출부의 유압실린더(10)를 제어하여 과속방지돌출부를 돌출시키고 있다. 따라서 자동차속도를 감지하여 돌출하는 과속방지턱은 이미 선행문헌들에 따라서 공지된 기술임을 알 수 있다.

대한민국등록특허 제8788984호의 도 2

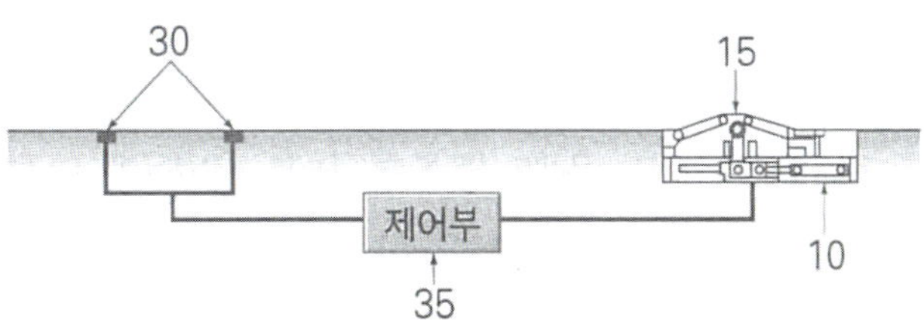

제3절 실용신안법

1. 총 설

학습포인트

1. 실용신안제도의 보호대상에 대해 이해한다.
2. 실용신안제도와 특허제도의 차이점을 이해한다.

실용신안법(實用新案法, Gebrauchsmustergesetz)은 **소발명**의 보호의 요구에 부응할 필요가 있어, 1891년 **독일에서 세계최초로 제정**되었다. 산업재산권법 중 실용신안제도는 특허제도와 비교해 볼 때 그 본질이 유사하다. 기본적으로 실용신안권은 **특허로서 보호받을 정도로는 기술적 수준이 못 미치**는 즉, **고도성이 낮은 기술을 보호**하기 위한 **산업재산권**이다.[234)]

영미법계의 국가들은 기술적 사상의 창작을 **특허법만으로 보호**하고 있다.[235)] 즉, 산업재산권법 중에 실용신안법을 별도로 두지 않고 있으나, **대륙법계 국가**들은 **특허법** 외에도 **실용신안법을 별도**로 두고 있다.[236)] 대한민국은 산업구조의 특수성을 고려하여 혁신적인 발명 외에 **소발명**(small invention)도 보호함으로써 산업발전에 이용하고자 이 제도를 두고 있다. 따라서 특허법과 실용신안법은 **서로 밀접한 관계**에 있으며 법체계도 매우 유사하다.

2. 실용신안법의 정의 및 목적 ☞ 물품/물건에 한하여 인정

실용신안법은 **'실용적인 고안'**을 보호・장려하고 기술의 발전을 촉진하여 산업발전에 이바지함을 목적으로 하는 제도이다(실용신안법 제1조). 그러나 특허법은 '발명'을 보호・장려하고 그 이용을 도모함으로써 기술의 발전을 촉진하여 산업발전에 이바지함을 목적으로 하는 제도이다(특허법 제1조).[237)]

여기서 두 법(특허법과 실용신안법)의 상이한 점은 **'고안'**과 **'발명'**의 차이라고 할 수 있다. **'발명'**이란 자연법칙을 이용한 기술적 사상의 창작으로서 **고도한 것**을 말한다(특허법 제2조 제1호). 그러나 '고안'이라 함은 자연법칙을 이용한 **기술적 사상의 창작**을 말한다(실용신안법

234) 박승민, 앞의 책, 19면.
235) 영미국가에서는 실용신안을 인정하지 않고, 특허만 인정하고 있다.
236) 실용신안권을 채택한 나라는 독일, 프랑스, 이탈리아, 그리스, 스페인, 포르투갈, 일본, 대한민국, 중국, 호주 등 대략 31개국 정도이다.
237) 실용신안권은 물품에 한하여 인정하고 있다.

제2조 제1호). 그래서 **고안의 의미**를 명확히 하는 것이 **실용신안의 실체를 파악**할 수 있는 것이다. 즉, 특허법에서는 기술적 사상의 창작 중 고도한 것을 발명이라고 정의하고 있으나, **실용신안법**에서 **물품의 형상, 구조 또는 조합에 관한 고안**(utility model)은 특허처럼 **고도의 것이 아니더라도 실용신안법으로 보호**받을 수 있다. 단, **방법의 고안은 실용신안법으로 보호를 받을 수 없다.** 고안은 자연법칙을 이용한 기술적 사상이라도 실용성이 없으면 실용신안법의 보호대상이 되지 않는다. 일반적으로 산업상 이용가능성이 인정되면 실용성이 있는 것으로 보고 있다.

실용실안등록의 예를 들어, ① 연필이 굴러가지 않도록 만든 6각형 연필, 연필의 끝에 지우개를 붙여 편리하게 만든 연필, ② 자동차 트렁크 조명장치의 낮과 밤의 자동 센서 기능, ③ 바람에 날아가지 않는 모자, 자동차 백밀러 ④ 휴대전화기의 전자파를 완전히 제기하기 위해 만든 안테나의 형상, ⑤ 폴더식 또는 슬라이더식 휴대전화기, ⑥ 슬라이드식 CD케이스로 기존의 CD케이스에 비해 손쉽게 입출가능하고 또 기존에 CD케이스를 개폐할 때 축이 되는 부분이 파손되는 문제를 해결한 것을 들 수 있다.

3. 실용신안법과 특허법의 차이

1) 동일점(같은 점)

대한민국의 실용신안법은 **기술적 사상의 창작을 보호**한다는 점에서 특허법과 본질적으로 동일하다. 다만, 특허법의 보호대상이 기술적 사상의 창작으로서 **고도한 발명**(Invention)임에 대하여, 실용신안법은 기술적 사상의 창작으로서 발명처럼 **고도하지 않은 고안**(Utility Model)이라는 점이 다르다.

실용신안법은 기술적 사상의 창작을 보호·장려하고 그 이용을 도모함으로써 기술발전을 촉진하여 산업발달에 이바지하는데 있다는 법의 제정·운용목적에서도 동일하다. 그 밖에 특허법이 기본원리로 하고 있는 각종 제도에서도 많은 부분이 완전히 일치하거나 유사하다. 예를 들어, 선출원주의, 도면주의, 보정제한제도, 국내우선권주장제도, 등록공고, 출원분할제도 등이 일치한다. 따라서 실용신안법 규정 중 중요한 것은 특허법과 완전히 일치하거나 대부분 특허법의 규정을 **그대로 준용**하고 있다.

2) 상이점(다른 점, 차이점)

(1) 보호대상

특허법의 보호대상은 발명임에 대하여 실용신안법은 **고안**(考案)이다. 고안은 자연법칙을 이용한 기술적 사상의 창작이고, 이에 고도성(진보성)이 낮으면 고안이 된다. 특허법의 보호대상이 되는 발명에는 물건에 관한 발명과 방법에 관한 발명이 있지만, **실용신안법**은 **물건**(물품)**의 형상 · 구조 · 조합에 관한 고안만을 보호대상**으로 하고,[238] **방법에 관한 고안**은 보호대상으로 하고 있지 **않다.**[239] 물건은 다시 일정한 형태를 가지는 물품과 일정한 형태가 없는 물질로 구분해 볼 수 있다. 물품은 현행 특허법과 실용신안법상 모두 보호대상이 된다. 그러나 **일정한 형태가 없는 물질**, 예를 들어, **농약, 의약**, DNA **구조, 미생물, 유리 조성물, 시멘트조성물, 설탕이나 밀가루 분말** 등은 **특허법의 보호대상**이 되지만, 실용신안법의 보호대상이 되지 않는다.

(2) 등록요건

현행 실용신안법(2006년 개정)은 특허법과 동일하게 출원공개, 심사청구, 실체심사 후 등록 등 심사주의(방식심사, 실체심사)를 도입하여 시행하고 있다.[240] 특허법상의 등록요건과 실용신안법상의 **등록요건**은 **산업상 이용가능성 · 신규성 · 진보성은 동일**하나, 진보성의 요건에서 다수 차이가 있다. 즉, 진보성에 대해 특허법은 그 발명이 속하는 기술분야에서 통상의 지식을 가진 자가 '용의하게' 발명할 수 있을 때에는 특허를 받을 수 없으나(특허법 제29조 제2항), **실용신안법**은 **'극히 용이하게' 고안할 수 있을 때**에는 **실용신안등록을 받을 수 없게** 하고(실용신안법 제2조 제2항) 있어 진보성의 정도에 약간의 차이가 있다.[241] **즉, 해당 고안이 출원시 기술진보 속도에 들어 있으면 족하므로 특허의 진보성 요건보다 완화되어 있다고 볼 수 있다.**

또한 특허법은 특허를 받을 수 없는 발명으로 공공의 질서 또는 선량한 풍속을 문란하게 하거나 공중의 위생을 해할 염려가 있는 발명을 규정하고 있으나(특허법 제32조), 실용신안법은 공공의 질서 또는 선량한 풍속을 문란하게 하거나 공중의 위생을 해할 염려가 있는 **고안**과 **국기 또는 훈장과 동일**하거나 **유사한 고안**에 대하여 실용신안등록을 받을 수 **없다**(실용신안법 제6조).

(3) 권리존속기간 및 그 연장

특허권의 존속기간은 설정등록일로부터 특허출원 후 20년이 되는 날까지이고(특허법 제88조 제1항),[242] 실용신안권은 설정등록일로부터 등록출원 후 **10년이 되는 날**까지로 되어

---

238) 실용신안은 자연법칙을 이용한 기술적 사상의 창작물 중에서도 물품(物品)의 형상, 구조, 조합에 관한 기술에 관해서만 등록받을 수 있다. 따라서 일정한 형체가 없는 의약 · 화학물질 · 유리 · 합금 · 시멘트 등의 조성물(혼합물)은 물품이라 볼 수 없기 때문에 실용신안으로 등록받을 수 없다(방법 또는 물질에 관한 고안은 등록 불가).

239) 예를 들어, 셀룰러 통신방법, 형광등 제조방법 등과 방법도 실용신안으로는 등록받을 수 없고, 또한 방법으로서 표현되는 컴퓨터 프로그램은 원칙적으로 실용신안으로는 등록받을 수 없다.

240) 선등록제도와 관련하여 도입된 기술평가제도 등을 폐지함으로써, 현재의 특허제도와 합치시켰다(실용신안법 제15조: 특허법 준용)

241) 윤선희, 앞의 책, 189~190면 참조.

242) 특허는 출원일로부터 설정등록후 20년(조건하에 5년내 연장가능)

있어(실용신안법 제22조 제1항)[243] 실용신안권의 **존속기간이 짧게** 되어 있다. 이처럼 실용신안권의 존속기간이 짧은 것은 고안이 발명보다 일반적으로 **모방이 용이하여 제품수명이 짧다**는 점에 기인한다고 볼 수 있다.[244] 실용신안권은 특허권처럼 연장시킬 수 있는 대상이 없다.

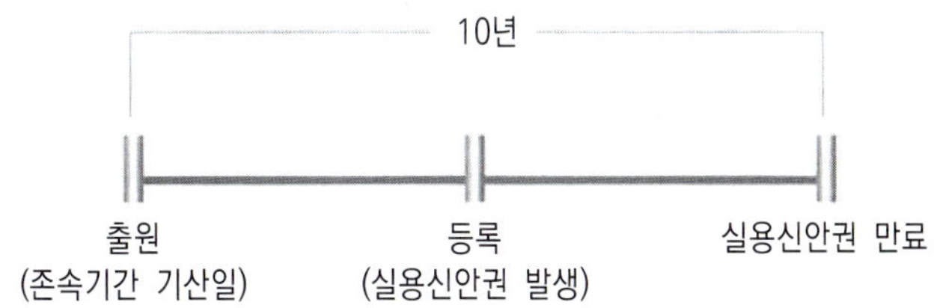

(4) 출원절차

실용신안등록을 받고 하는 자는 그에 필요한 서류를 제출하고 필요한 수수료를 납부하여야 한다. 실용신안등록출원서 및 명세서는 특허출원의 그것들과 비교할 때 그 기재란의 명칭이 다소 상이할 뿐이며 실질은 거의 동일하다.[245]

실용신안법은 출원절차에 있어서도 약간의 차이가 있다. ① 특허법에 따라 특허로 출원할 경우에는 필요한 때에만 도면을 첨부하면 되나(특허법 제42조 제2항), **실용신안법**에 따라 **출원**하는 경우에는 **반드시 도면을 첨부**하여야 한다(실용신안법 제8조 제2항), ② 실용신안이나 특허 모두 심사청구제도가 있으며, 특허출원의 심사청구기간과 실용신안의 심사청구기간은 모두 출원일(우선권 주장이 있는 경우에는 그 우선일)로부터 3년 이내에 출원심사의 청구를 할 수 있다(특허법 제59조, 실용신안법 제12조 제2항). ③ 특허법에서는 존속기간연장 등록제도가 있으나(특허법 제89조), 실용신안법에서는 이러한 제도가 없다. 그러나 특허법 제92조의2와 같은 등록지연에 따른 실용신안권의 존속기간의 연장을 인정하고 있다. 즉, 실용신안출원에 대하여 실용신안출원일부터 4년 또는 출원심사의 청구일부터 3년 중, 늦은 날보다 지연되어 실용신안권의 설정등록이 이루어지는 경우에는 그 지연된 기간만큼 해당 실용신안권의 존속기간을 연장할 수 있다(실용신안법 제22조의2).

현행 **실용신안법**은 심사전 등록제도에서 특허법과 같이 심사후 등록제도로 전환되어 시행되고 있다. 즉, **실체심사를 통해 설정등록되어 등록실용신안**이 되면 실용신안권 또는 전용실시권의 침해자 등에 대하여 그 **권리를 행**사할 수 있다.

---

243) 실용신안은 출원일로부터 설정등록후 10년(연장불가)

244) 실용신안은 특허권처럼 연장시킬 수 있는 대상이 없다. 즉, 도면에 그려낼 수 있는 물품에 관하여만 등록시킬 수 있다. 특허권과 실용신안은 고도성에서 차이가 날 뿐이지만, 존속기간은 10년의 차이를 보인다.

245) 송영식 외2, 앞의 책(2010), 131면 참조.

4. 실용신안법과 디자인보호법과의 차이

1) 정 의

실용신안법과 디자인보호법은 **양자 모두 물품**을 통하여 **사상의 창작을 구현**한다는 점에서는 **동일**하나, 실용신안은 **실용적인 고안**을 보호대상으로 하고 있음에 반해, 디자인은 **심미적 고안**을 보호대상으로 한다. 즉, 실용신안은 발명과 같은 **고안인 기술**을 말하나, 디자인은 아름다움을 주체로 하는 미술과 같은 디자인으로서 **미적으로 창작한 것**을 말한다.

2) 보호대상

실용신안권은 특허권과 마찬가지로 기술에 관한 아이디어를 보호하는 권리이지만, 특허와는 달리 기술과 관련된 아이디어 중에서도 **물품의 형상, 구조 및 조합**에 관한 고안만을 보호대상으로 한다. 따라서 **방법이나 소프트웨어, 물질** 등과 관련된 기술은 **실용신안권**으로 **보호**받을 수 **없으며**, 특허권을 통해서만 보호를 받을 수 있다.[246]

실용신안법에서의 **고안**은 자연법칙을 이용한 기술적 사상의 창작으로서 **물품의 형상, 구조 또는 조합에 관한 것**을 보호대상으로 하고 있으나, **디자인보호법**에서의 **디자인**은 물품의 형상, 모양, 색체 또는 이들을 결합한 것으로서 **시각을 통하여 미감을 일으키게 하는 것**을 보호대상으로 한다(실용신안법 제2조 제1호, 제4조 제1항, 디자인보호법 제2조 제1호). 즉, 전자인 **고안**은 기술적 사상의 창작물로서 **실용적인 효과**를 거둘 수 있는 것이다. 그 예로서 연필에 지우개를 붙인 경우, 원형의 양동이를 하트형으로 만든 경우 등은 **실용상 편리한 실용신안**이고, 후자인 **디자인**은 **미적 외관의 창작물**을 말한다. 그 예로서는 도넛을 동물 모양으로 만드는 경우, 단순한 사각형 지우개를 여러 동물・열매 모양 등으로 만드는 경우, 베개를 토끼모양으로 만드는 경우 등이다.[247]

3) 그 밖의 차이

실용신안법의 보호대상은 고안이므로 특허법과 유사하기 때문에 **심사주의를 채택**하고 있으며 **디자인보호법**은 미적 외관에 관한 창작물을 보호대상으로 하고 있어 타인이 용이하게 모방할 수 있고, 유행에도 민감하므로 무엇보다도 비밀유지 및 등록의 신속성이 요구되어 특허법상 **국내우선권제도, 정정무효심판제도, 재정실시권제도, 불실시에 대한 취소제도, 특허협력조약에 따른 국제출원제도**가 **없다**. 이 외에도 **디자인보호법**에는 관련**디자인제도, 비밀디자인제도, 한 벌 물품의 디자인제도** 등이 존재하지만, **실용신안법**에는 이러한 **제도가 없다**.

---

246) 방법 또는 물질에 관한 고안은 실용신안등록은 불가능하다.
247) 윤선희, 앞의 책(2009), 193면.

5. 실용신안의 실체적 요건

실용신안권의 대상이 되는 고안도 특허와 마찬가지로, **산업적으로 이용가능**하여야 하고, **신규성과 진보성**이 있어야 한다. 그러나 특허와 달리 **진보성의 정도는 낮아도 된다.** 따라서 진보성이 부족하여 특허로 등록받기는 어려워도 실용신안으로는 등록받을 수도 있다. 이를 위해서 특허와 실용신안 간에 출원종류를 변경할 수 있도록 하는 변경출원이 가능하여 실용신안으로 등록을 받을 가능성이 있다.

1) 산업상 이용가능성

산업상 이용가능성이라 함은 출원된 고안이 그 **고안과 관련된 산업분야에서 이용될 가능성**이 있다는 것을 말한다. 산업이용가능성은 실용신안법인 산업발전과도 부합하는 요건이다. 산업의 의미는 최광의로 해석되고, 이용가능성이란 학문적 · 실험적인 것으로만 사용되지 않는다는 의미이다.

2) 물품의 형상 · 구조 · 조합에 관한 고안

자연법칙을 이용한 기술적 사상이 산업상 이용가능성을 구비하였더라도 **물품의 형상 · 구조 · 조합에 관한 것**이어야 실용신안의 보호대상이 된다(실용신안법 제4조). 물품이란 공간적으로 일정한 형태를 가진 것으로 일반 상거래의 대상이 되는 자유롭게 운반 가능한 상품으로서 사용목적이 명확한 것을 말한다.

(1) 물품성

실용신안은 물품에 관한 고안이므로 **유형적인 물건에 구체화되어 일정한 공간을 차지**하고 있어야 한다. 그래서 **방법의 발명**은 물론 **물질발명**은 **물품의 외관을 갖지 않기 때문에** 실용신안의 대상에서 **제외**된다. 그러나 이는 **물품의 이유**에 기인하기 때문에 엄격하게 해석할 필요는 없고, 탄력적으로 운용할 필요가 있다. 그래서 **실무**에서는 **등록청구의 범위**에 **물품의 형태를 실현하는 방법 · 공정 등을 부기하여 등록하는 방법 또는 물질이나 재료를 포함하는 형태로 등록하는 것도 인정**되고 있다.

(2) 형태성

고안이란 물품의 형상 · 구조 또는 조합에 관한 것이다. **형상**이란 **선이나 면 등으로 표현된 외형적 형상**을 의미한다. 예를 들어, 캠의 형상, 톱니바퀴의 치형, 공구의 날과 같은 것이 이에 해당한다. **구조**란 공간적 · 입체적으로 조립된 구성으로서 물품의 외관만이 아니고 **평면도와 입면도**에 따라 **측면도나 단면도를 이용하여 표현**되는 것을 말한다. 구조상의 특징은 외관상 명료할 것을 필요로 하지 않는다. 시각적으로 보아 동일구조라고 인정되는 것이라도 **절단함으로써, 또는 물리적 · 화학적 분석**에 따라서 구별할 수 있는 경우(재료가 상이한 면도칼, 가열 자성을 갖는 면도칼의 날과 자성을 갖지 않은 날)는 **구조상의 차이**가 있는 것으로 본다. **조합**이라 함은 물품의 **사용시 또는 불사용시**에 있어서 그 물품의 **2개 또는 그 이상의 것이 공간적으로 분리된 상태**에 있고, 또한 그것들은 독립하여 일정한 구조 또는 형상을 가지고 있지만, **사용**에 따라서 그것들이 **기능적으로 서로 관련하여 사용가치를 발휘하는 물품**을 말한다. 예를 들어, 볼트와 너트, 바둑판과 바둑돌, 트럼프 등을 들 수 있다.

(3) 물품의 형상 · 구조 또는 조합이 아닌 것 → 고안이 아니다. 실용신안등록을 받을 수 없다.

① **방법, 제조방법**: 실용신안법상 물품이라고 말할 수 있기 위해서는 일정한 형태를 갖는 '물건' 이어야 한다. 따라서 '방법'과 같이 물건과 다른 카테고리에 속하는 것은 실용신안법의 보호대상이 되지 않는다.

② **기능적 표현만으로 기재된 것**: ~하는 것, ~하는 방식 등 기능적 표현만으로 기재되어 형상 · 구조를 특정할 수 없는 것은 실용신안법의 보호대상이 되지 않는다.

③ **조성물, 합금, 화합물 등 물질에 관한 것**: 조성물, 합금, 화합물 등은 일정한 형상 또는 구조를 갖는 것으로 인정되지 아니하므로 실용신안등록을 받을 수 없다.

④ **3차원의 것이 아닌 것**: 모양, 마크, 선, 기호 등은 물품의 형상 · 구조 · 조합에 관한 것이 아니다.

⑤ **시퀀스(sequence)**: 시퀀스(sequence)[248]는 형상 · 구조를 갖는 것이 아니기 때문에 실용신안법의 보호대상이 될 수 없다.

⑥ **기능, 게임 등**: 기능, 게임 등은 그 자체로서는 실용신안법의 보호대상이 되지 않는다. 이와 같은 경우에는 ~을 갖는 장치, 게임기와 같이 고안의 대상이 물품이라는 것을 명확히 하여야만 실용신안등록을 받을 수 있다.

⑦ **일정한 형상 또는 구조를 갖는 것으로 인정되지 아니한 것**: 일반적으로 토양, 점토, 모래, 액체(물, 우유 등), 분체 등은 일정한 형상 또는 구조를 갖는 것으로 인정되지 아니하므로 실용신안등록을 받을 수 없다.

3) 신규성

신규성(novelty)이라 함은 실용신안의 대상인 고안의 내용, 즉 기술적 사상이 종래의 기술적 지식 및 선행기술에 따라서 알려지지 않는 것을 말한다. 실용신안을 받기 위한 요건으로 절대적 신규성을 요구하는 것이 바람직하겠지만, 대한민국 실용신안법은 제4조 제1항에서 국내외에서 공지 · 공연실시, 국내외 간행물 게재, 전기통신회선을 통하여 공중이

---

248) 시퀀스(sequence)란 컴퓨터 용어로 데이터 배열을 의미한다.

이용할 수 있는 고안에만 **신규성이 없는 것**으로 규정하고 있다. 신규성 상실사유(실용신안법 제4조 제1항), 신규성 상실의 예외사유(실용신안법 제11조 특허법 준용)는 특허법에서 설명한 것과 동일하다.

4) 진보성

진보성(inventive step, non-obviousness)이라 함은 출원고안이 그 고안이 속하는 **기술**분야에서 통상의 지식을 가진 자가 출원시의 기술수준에서 **용이하게 착상할 수 없는 정도의 발전**이 있어야 한다는 것이다. 그래서 실용신안법은 신규의 고안일지라도 실용신안등록출원전에 그 고안이 속하는 기술분야에서 통상의 지식을 가진 자가 **공지·공연실시 및 간행물기재의 기술적 사상으로부터 극히 용이하게 고안**할 수 있는 것인 경우에는 그 고안은 **실용신안 등록을 받을 수 없다**고 규정하여 신규성과는 **별개의** 실용신안요건을 두고 있다(실용신안법 제4조 제2항). 다만, 실용신안법상의 진보성의 내용은 특허법과 비교할 때, **극히 용이한 것인지** 또는 **용이한 것인지**에 따라 구별할 수 있지만, 심사실무상 그 **구별은 매우 어려운 일**이다.

5) 선출원의 지위

실용신안등록을 받을 수 있는 권리자 중에 **최초로 출원한 자만**이 **실용신안등록을 받을 수** 있다. 이를 **선출원주의**라고 하고, 이는 특허와 실용신안에도 적용된다. **동일한 고안**에 대하여 **다른 날에 2 이상**의 실용신안등록출원이 있는 때에는 **먼저 실용신안등록출원한 자만**이 그 고안에 대하여 실용신안등록을 받을 수 있고(실용신안법 제7조 제1항), 동일한 고안에 대하여 **같은 날에 2 이상**의 실용신안등록출원이 있는 때에는 실용신안등록출원인 사이의 **협의**에 따라 정하여진 **하나의 실용신안등록출원인만**이 그 고안에 대하여 실용신안등록을 받을 수 있다. **협의가 성립하지 아니**하거나 **협의를 할 수 없는 때**에는 어느 실용신안등록출원인도 그 고안에 대하여 **실용신안등록을 받을 수 없다**(실용신안법 제7조 제2항).

실용신안등록출원된 **고안**과 특허출원된 **발명**이 **동일한 것**으로서 그 실용신안등록출원과 특허출원이 **다른 날에 출원**된 것일 때에는 **선출원한 자만이 등록**을 받을 수 있고, 그 실용신안등록출원과 특허출원이 **같은 날에 출원**된 것일 때에는 협의에 따라 출원인을 결정하거나 협의가 성립되지 않으면 어느 출원인도 등록을 받을 수 없다(실용신안법 제7조 제3항).

6) 분할출원과 변경출원

특허법 제52조를 준용하여 실용신안출원인은 2 이상의 고안을 하나의 실용신안출원으로 한 경우에는 그 실용신안출원의 출원서에 최초로 첨부된 명세서 또는 도면에 기재된 사항의 범위 안에서 보정을 할 수 있는 기간 이내에 그 일부를 하나 이상의 실용신안출원으로 분할할 수 있다(실용신안법 제11조). 특허출원인은 그 특허출원의 출원서에 최초로 첨부된 명세서 또는 도면에 기재된 사항의 범위 안에서 그 특허출원을 실용신안출원으로 변경할 수 있다. 다만, 그 특허출원에 관하여 최초의 거절결정등본을 송달받은 날부터 3개월이 지난 경우에는 실용신안출원으로 변경할 수 없다(실용신안법 제10조 제1항).

6. 실용신안권

절차적 요건과 실체적 요건의 **심사**를 거쳐 **등록**되면 **실용신안권이 발생**한다(실용신안법 제21조). 실용신안권은 물품의 형상, 구조, 조합에 관한 고안(창작의 고도성 정도에 비추어 고안을 '소발명'이라고도 함)에 대하여 부여되는 권리이다. 실용신안권자는 업으로서 그 등록실용신안을 **실시할 권리를 독점**한다(실용신안법 제23조). 등록실용신안이라 함은 실용신안등록을 받은 실용신안을 말하고, **실시**라 함은 고안에 관한 물품을 생산・사용・양도・대여 또는 수입하거나 그 물품의 양도 또는 대여의 청약을 하는 행위를 말한다(실용신안법 제2조 제2호, 제3호). **업**이라 함은 사적・개인적 실시를 제외하는 것이며, **독점**이란 실용신안권자만이 실시할 수 있다는 의미와 타인의 무단실시를 배제할 수 있다는 의미를 갖는다.

실용신안권의 존속기간은 실용신안권의 설정등록이 된 날로부터 실용신안등록출원일 후 **10년이 되는 날까지**로 한다(실용신안법 제22조 제1항). 그 밖에 실용신안권에 관해서는 특허법을 대부분 준용하고 있다(실용신안법 제28조). 실용신안권의 **존속기간이 짧은 이유**는 고안이 발명보다 쉽고 제품수명이 짧기 때문이다. 따라서 출원인이 개발한 기술을 특허출원할 것인가 실용신안출원으로 할 것인가의 선택기준으로 타인에 따른 모방이용성과 그에 따른 제품수명의 장점・단점이 고려된다.

특허법에서는 허가 등에 따른 존속기간 연장제도(특허법 제89조)를 두고 있지만, 실용신안등록 고안에 대해서는 그 성질상 실용신안법에는 특허법 제89조와 같은 실용신안권의 존속기간 연장제도를 두고 있지 않다. 그러나 특허법 제92조의2와 같은 등록지연에 따른 실용신안출원일부터 4년 또는 출원심사의 청구일부터 3년 중 늦은 날보다 지연되어 실용신안권의 설정등록이 이루어지는 경우에는 그 지연된 기간만큼 해당 실용신안권의 존속기간을 연장할 수 있다(실용신안법 제22조의2).

7. 특허와 실용신안 사이의 상호조정장치(변경출원)

발명과 고안은 다른 점도 있지만, 본질적인 면에서는 동일하기 때문에 실용신안법은 대부분 특허법의 규정을 준용하고 있을 뿐만 아니라, **특허제도와 실용신안제도 사이의 조정**

규정을 두고 있다.[249]

첫째, 특허출원인과 실용신안등록출원인은 해당 출원의 **출원서에 최초로 첨부된 명세서 또는 도면에 기재된 사항의 범위 안**에서 특허출원과 실용신안등록출원을 실용신안등록출원과 특허출원으로 **변경(變更)**할 수 있는 **변경출원제도**를 인정하고 있다(실용신안법 제10조, 특허법 제53조). 둘째, 동일한 내용의 특허출원과 실용신안등록이 **경합**하였을 경우, 현행법은 **선출원관계를 적용**하여 양자의 저촉을 피하고 있다(실용신안법 제7조 제3항, 특허법 제36조 제3항).

특허권과 실용신안권의 비교

구 분	특허권	실용신안권
보호의 대상	자연법칙을 이용한 기술적 사상의 창작으로서 고도한 발명(방법발명, 물질발명, 용도발명도 특허가능)	자연법칙을 이용한 기술적 사상의 창작으로서 물품의 형상·구조·조합에 관한 고안(물품성 있어야 하며, 방법 또는 물질에 관한 고안은 등록 불가)
실체요건	산업상 이용가능성, 신규성, 진보성	특허법과 같으나 진보성 요건은 완화(당업자에게 매우 용이하지 않은 것)
성립요건	고도성(진보성)이 필요	고도성(진보성) 불필요
등록요건 - 진보성	쉽게 발명	극히 쉽게 고안(즉, 낮은 수준의 진보성)
등록요건 - 부등록사유	공서양속에 어긋나거나 공중의 위생을 해칠 우려가 있는 발명	국기 또는 훈장과 동일하거나 유사한 고안
기본구조	실체 요건 심사 후 등록	실체 요건 심사 후 등록
권리의 내용	국내에서 특허발명의 실시를 독점	국내에서 등록고안의 실시를 독점
출원 및 심사 - 도면 첨부	필요한 경우에만 첨부	필수적 첨부 미첨부시 불수리
출원 및 심사 - 심사청구기간	출원일로부터 3년	출원일로부터 3년
권리 존속기간	특허권 설정등록을 한 날부터 출원일 후 20년이 되는 날까지, 존속기간 연장 가능(5년)	실용신안권 설정등록을 한 날부터 실용신안등록출원일 후 10년이 되는 날까지 존속기간 연장 불가
허가 등에 따른 존속기간의 연장	가능	불가, 등록지연에 따라 연장가능
효력범위 제한	의약, 의약제법 방법 적용 가능	의약, 의약제법 방법 적용 불가
간접침해	물건발명, 방법발명 모두 적용 가능	방법발명, 물질방명은 적용 불가
생산방법 추정	있음	없음
권리침해시 조치방법	침해로 보는 행위 규정 침해금지 청구, 손해배상청구, 형사고소	침해로 보는 행위 규정 없음 침해금지 청구, 손해배상 청구, 형사고소
영업상 효과	가시효과가 큼	가시효과가 특허보다 적음

249) 송영식 외, 앞의 책, 132~133면 참조.

제4절 디자인 보호법

학습포인트

1. 디자인만의 고유한 특성을 알아본다.
2. 디자인보호법상 디자인의 정의 및 요건을 알아본다.
3. 특허와 비교했을 때 디자인제도의 차이를 알아본다.

1. 디자인보호법의 기원

1) 디자인보호법의 기원

디자인제도는 **1580년 이탈리아의 피렌체**에 있어서 **직물동업자 조합의 신규디자인 보호**제도에서 그 **기원**을 찾는 견해도 있지만, **일반적**으로는 **1711년 프랑스 리용시의 집정관**이 **견직물업체의 도안을 모방하는 등의 부정행위를 금지**하기(도안의 절도금지) 위하여 발한 명령(집정관령)으로 보고 있다.[250] 이 명령의 효력은 리용시에 한정되었고, 오늘날의 독점과는 다른 것이었다. **오늘날과 같은 독점권을 기본으로 하는 디자인보호**제도는 **1787년 프랑스 참사원이 내린 명령**이다. 참사원의 명령은 도안을 창작한 자에 대하여 그 **도안을 견직물 등에 사용할 독점적 권리를 인정**한 것으로 도안을 보호받기 위해서는 **원본 또는 견본을 기탁**하도록 규정하였으며 그 효력은 프랑스 전역에 미쳤다.[251]

1787년 영국에서의 디자인에 대한 보호는 산업화와 대량생산의 발전과 밀접한 관련이 있다. 영국에서의 디자인 보호에 관한 최초의 법은 **'린넨(아마포), 무명 또는 옥양목의 디자인 및 프린팅에 관한 법률'**(The Designing and Printing of Linens, Calicoes and Muslins Act of 1787)이며, 이 법은 발명, 디자인, 프린트(나염)한 자 또는 발명, 디자인, 프린트를 하는데 있어, 원인을 제공한 자, 그리고 린넨, 무명 또는 옥양물의 프린트를 위한 **새롭고 독창적인 모양을 창작한 자**에게 그것의 **공개일로부터 2개월 간 독점적으로 프린트할 수 있는 권리를 부여**하는 것이었다. 권리자는 **프린트한 각 물품에 자신의 이름을 표시**하여야 한다. 당시 성장하고 있던 직물산업에 있어서 디자인의 공헌과 중요성을 인식하기 시작했다고 할 수 있다. 2개월간의 보호기간은 1794년에 3개월로 연장되었다.[252]

---

250) http://www.kipo.go.kr/kpo/user.tdf?a=user.html.HtmlApp&c=10004&catmenu=m07_03_01:2012.08.06.검색 참조.
251) 권인희, 지적재산권입문, 화산미디어, 2014, 114면 참조.
252) 권인희, 앞의 책, 114~115면 참조.

2) 디자인보호법의 유형

18세기 초에 시작된 디자인보호는 크게 두 가지로 그 유형을 나눌 수 있다.[253] 하나는 일정한 **방식적** 또는 **실체적 요건**을 갖추고 **기탁** 또는 **등록**의 질차를 거친 경우에만 난기간 배타적으로 보호하는 **특허권적 보호**이고, 다른 하나는 창작의 완성에 따라서 일정한 방식이나 요건을 필요로 하지 않고, 또는 등록이나 기탁이라는 절차를 거치지 않고 장기간 배타권이 발생하는 **저작권으로 보호**하는 것이다.

특허권적인 보호는 두 가지 형태로 나누어지는데, 하나는 창작된 공업 디자인 또는 응용미술은 일정한 방식을 갖추어 출원을 하여야 하고 심사관청에서는 실체적 등록요건을 심사하여 등록을 허여(許與)하는 **심사주의**(심사등록주의)보호이고, 다른 하나는 일정한 방식을 갖추어 관청에 기탁 또는 등록을 하면 실체적 요건에 대해서는 심사를 하지 않고 형식적 요건이나 부등록사유 등만 심사하여 권리가 발생하는 일부심사등록주의의 보호이다.

영국에서 시작된 **심사주**의에 따른 보호는 일본을 거쳐 대한민국 등 일부 아시아와 미국 등 아메리카 지역으로 전파되었다. 현재 심사주의를 취하고 있는 국가로는 영국, 아일랜드, 스웨던, 노르웨이, 러시아, 미국, 캐나다, 일본, 대한민국, 호주 등이 있다.

일부심사등록(무심사등록)제도는 프랑스의 기탁주의의 보호법제를 출발로 하여 발전하게 되었다. 프랑스의 일부심사등록주의는 유럽 디자인보호의 성립에 큰 영향을 미쳤으며, 이 영향으로 대부분의 유럽국가는 일부심사등록주의를 취하고 있다. 또한 아프리카 대부분의 국가에서도 유럽의 영향으로 일부심사등록주의를 채택하고 있다. 현재 일부심사등록주의를 채택하고 있는 국가로는 프랑스, 이탈리아, 오스트리아, 스페인, 벨기에, 스위스, 네덜란드, 페루 등이 있다.

2. 디자인만의 고유한 특성

디자인제도를 알기 위해서는 우선 디자인만의 고유한 특성에 대해 이해할 할 필요가 있다.[254]

1) 디자인은 수요자의 제품 구매의욕을 자극하는 요소이다.

시장에서 활발히 거래되는 대부분의 제품은 기능적, 브랜드적, 디자인적 가치를 적어도 1개 이상 포함하고 있다. 특히 동일수준의 기능적 가치 및 브랜드 가치를 가진 분야에서는 디자인적 가치가 수요자의 최종적인 구매 결정에 상당한 영향을 미친다. 따라서 독특하고 참신한 디자인을 창작한 자에게 권리를 부여하는 것은 정당성이 있으며, 그러한 디자인적 가치는 디자인보호법을 통해 보호하고 있다.

---

253) 권인희, 앞의 책, 115~116면 참조.
254) 한국발명진흥회, 앞의 책, 127~129면 참조

2) 디자인은 아이디어에 비해 모방이 쉽다.

디자인은 글로 표현하는 발명과는 달리 외형으로 표현되지 때문에 상대적으로 더 쉽게 파악될 수 있어서 모방 가능성이 높다. 따라서 쉬운 모방을 방지하기 위해 특허법에는 없는 별도의 제도를 둘 필요가 있다. 디자인보호법은 모방을 막기 위해 등록된 디자인을 등록 후 3년 이내의 기간 동안 비밀로 유지할 수 있는 비밀디자인제도(디자인보호법 제43조), 제3자에게 잠재적인 침해 경고를 통해 사전에 모방 의지를 꺾는 출원공개의 신청제도(디자인보호법 제52조), 기본디자인과 유사한 디자인을 미리 등록받는 관련디자인제도(디자인보호법 제35조), 제품 또는 제품의 포장에 등록번호를 기재하는 디자인등록 표시제도(디자인보호법 제214조)[255] 등을 두고 있다.

3) 디자인은 유행성이 강하여 수명이 짧다.

디자인은 급변하는 시장 상황 속에서 함께 그 운명을 같이 한다. 예를 들어, 의류제품은 시즌(season)별로 새로운 제품이 출시되고, 그 시즌이 종료하면 재고 물품이 되는데 이러한 경향은 디자인의 짧은 유행성과 수명을 보여 주는 증거라고 할 것이다. 수요자는 제품 출시 초기에는 의류 디자인에 빠르게 반응하지만, 곧 식상해 하여 새로운 디자인을 원하게 된다. 따라서 이와 같이 유행성이 강하고 수명이 짧은 디자인의 특성상 디자인은 권리화 단계에서 더욱 신속하게 보호되어야 한다. 이를 고려하여 디자인보호법은 심사등록제도와 함께 등록요건의 일부만을 신속히 심사하는 일부심사등록제도를 병행 운용하고 있고(디자인보호법 제2조 제6호), 디자인등록출원일부터 1월부터 2월 이내에 등록 여부를 확인할 수 있는 우선심사신청제도를 운영하고 있다(디자인보호법 제61조).

4) 디자인은 권리범위를 늘릴 필요가 있다.

디자인은 발명과 비교했을 때, 상대적으로 모방이 매우 용이하고, 모방과 창작의 경계가 애매하여 침해가 빈번하게 발생한다. 이 경우 제3자가 실시하는 디자인이 등록디자인과 똑같은 경우에만 침해를 인정한다면 사소한 외관 변형만으로도 쉽게 회피 설계가 가능하여 디자인에 대한 권리화가 유명무실하게 된다. 따라서 보호범위가 상대적으로 협소한 특징을 고려하여 디자인보호법은 등록디자인의 보호범위를 유사 영역까지 미칠 수 있도록 규정하고 있다(디자인보호법 제92조). 이 경우 유사 영역이란 등록디자인과 전체적인 외관이 동일하지 않더라도 일반 수요자가 동일한 심미감을 느낄 수 있을 정도의 디자인 영역을 의미하므로 상당한 창작적 요소가 가미되지 않는 한 등록디자인의 권리범위에 속하게 되어 디자인 침해에 해당할 수 있다. 한편 관련디자인제도(디자인보호법 제35조)를 활용하게 되면

255) 디자인보호법 제214조(디자인등록표시) 디자인권자・전용실시권자 또는 통상실시권자는 등록디자인에 관한 물품 또는 그 물품의 용기나 포장 등에 디자인등록의 표시를 할 수 있다.

기본디자인과만 유사한 디자인을 관련디자인으로 등록받을 수 있어서 즉, 기본디자인과 유사한 영역까지도 권리범위를 인정받을 수 있게 되어 기본디자인을 중심으로 상당히 큰 권리범위를 인정받을 수 있다.

3. 디자인보호법상 디자인의 의의

오늘날은 실용품이라 하더라도 그 물건의 미적 형태가 중요시 되었다. 옷의 경우도 예전에는 옷감이 무엇이냐가 관심의 초점이었으나, 오늘날은 디자인이 어떠냐가 관심의 초점이다. **자동차**의 경우에도 과거에는 “어느 차가 성능이 좋다” 더라에서 이제는 **“어느 차가 모양이 좋다”** 더라로 구매동기가 점차 바뀌고 있다.[256] 이러한 추세에 따라 대한민국도 디자인을 법적으로 보호하는 디자인보호법을 규정하고 있다.

디자인보호법 제1조에서 “이 법은 **디자인의 보호와 이용**을 도모함으로써 **디자인의 창작을 장려**하여 **산업발전에 이바지**함을 목적으로 한다”고 규정하고 있다. 이는 디자인권의 보호방법을 저작권적 방법[257]이 아닌 **특허권적 방법[258]으로 보호**한다는 점을 **선언**한 것이다. 대한민국 **판례**도 디자인을 저작권적 방법이 아닌 **특허권적 방법**으로 보호한다고 하였다. 이 법의 목적은 단순히 **창작자보호**에 그치는 것이 아니라 그 이상으로 산업정책적 측면에서 창작자에게 **절대적 독점권을 부여**한다. 이것이야 말로 이 제도의 **핵심**이다.

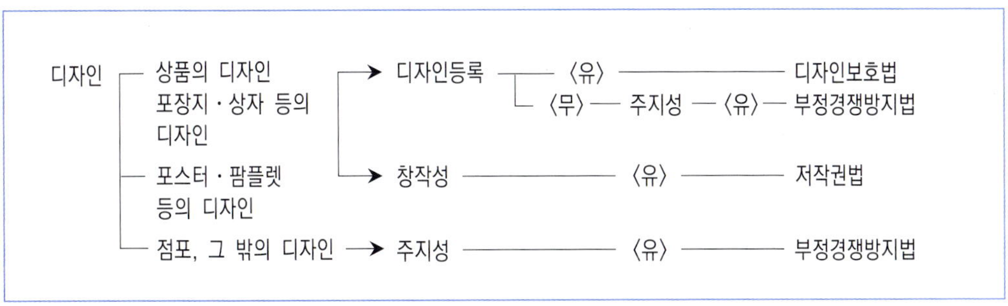

---

256) 제품의 성능이 비슷한 곳에서는 외관, 즉 디자인이 중요시되는 것은 당연하다. 실제로 성숙한 공업사회에서 상품의 경쟁에는 3개의 경쟁이 있다. 가격경쟁과 성능경쟁과 디자인경쟁이 그것이다. 처음에는 가격경쟁이나, 그 다음에는 성능경쟁으로 그리고 마지막으로는 디자인 경쟁으로 이어진다. 그러므로 디자인 경쟁에서 이기기 위한 디자인 개발은 오늘날 국가의 중요한 산업정책의 하나이다.

257) 저작권적 방법이라 함은 등록과 같은 방식을 갖추지 않더라도 법적으로 보호를 받고 또 그 권리 내용도 타인의 모방으로부터만 보호하는 방법(소위 모방금지권)을 말한다: 송영식 · 이상정, 앞의 책, 131~132면 참조; 송영식 · 이상정 · 김병일, 지적재산권법, 세창출판사, 2010, 135~136면 참조.

258) 특허권적 방법이란 디자인이 법적으로 보호받기 위해서 일정한 요건을 설정한 후, 이 요건에 합치하는 디자인만을 등록하도록 하며, 등록된 디자인에 대해서만 디자인권이라는 독점적 배타적 효력(소위 차단효)을 인정하는 방법을 말한다: 송영식 · 이상정, 앞의 책, 131~132면 참조; 송영식 · 이상정 · 김병일, 지적재산권법, 세창출판사, 2010, 135~136면 참조.

4. 디자인보호법상 디자인의 보호대상

디자인은 보통 Design과 같은 의미로 알려져 있지만, Design은 제품에 관한 제품디자인, 광고포스터 · 그래픽디자인 · 디지털디자인 등과 같은 시각디자인, 생활공간이나 환경에 관한 환경디자인 등을 포괄하는 광의의 개념이나, 디자인은 Design의 개념 중 **제품디자인 및 시각디자인** 등의 분야를 **주된 대상**으로 하는 것이다.

디자인이란 **물품**[물품의 부분(제42조(한 벌의 물품의 디자인)는 제외한다) 및 글자체를 포함한다. 이하 같다]의 **형상 · 모양 · 색채** 또는 이들을 **결합**한 것으로서 **시각**을 통하여 **미감(美感)을 일으키게 하는 것**을 말한다(디자인보호법 제2조 제1호). 따라서 독립거래의 대상이 되는 **유체동산인 물품**(또는 동 물품의 부분)의 **외관에 관한 디자인**이라고 할 수 있다. 즉, 디자인보호법상 **디자인**은 그 자체가 제품의 성능이나 기술적 창작효과를 높이는 것이 아니고, 외관상 심미성을 높이기 위한 것이다.[259] 예를 들어, **특정전화기의 내부 기술구성**에 대해 **특허나 실용신안 등록**을 받아 놓은 경우라면, 이 전화기와 아무리 겉모양을 다르게 만들더라도(예: 개구리 전화기, 바이올린 전화기, 피아노 전화기, 바나나 전화기 등) 모두 특허권이나 실용신안권의 침해가 된다. 그러나 반대로 **각각의 전화기에 대해서 디자인등록**을 받아 놓게 되면, 제3자가 전화기 내부의 기술적 구성을 완전하게 다르게 하더라도 **전화기 외관을 동일하게 제작하면 디자인권의 침해**가 된다. 따라서 **기술개발을 한 다음에는 ➜ 그 기술에 대한 특허 또는 실용신안등록과 ➜ 제품의 외관에 대한 디자인등록을 함께 받아 두는 것이 안전**하다. 또한 물품과 불가분의 관계가 없는 **글자체**와 **화상디자인**도 디자인보호법에서 보호하고 있다(디자인보호법 제2조 제1호).

5. 디자인보호법상 디자인의 성립요건

생각하기

A는 자동차 외형을 세련되면서도 공기의 저항을 적게 받는 디자인을 완성하였는데, A가 디자인한 것이 디자인보호법으로 보호받기 위해서는 어떠한 요건을 충족시켜야 하는가?

디자인보호법상 보호되는 디자인이 되기 위해서는 물품성, 형태성, 시각성, 심미성 등이 요구된다. 즉, 디자인으로서 성립하기 위해서는 물품에 표현된 디자인일 것(물품성), 형상과 모양을 갖추고 있을 것(형태성), 시각으로 파악될 것(시각성), 미감을 일으킬 것(심미성)의 요건이 필요하다.

259) 박승민, 앞의 책, 25~26면 참조.

1) 디자인의 물품성

(1) 물품성의 의의

디자인은 **물품의 미적 외관**이고, **물품과 일체불가분의 관계**에 있다.[260] 여기서 **물품**이란 **유체적인 동산**이며, **정형성**과 **시각성**이 있어야 하고 **독립된 거래의 대상**이 되는 것을 말한다(대판 2001.4.27, 98후2900).[261] 즉, 창작된 도안을 보호하는 것이 아니라, 그 **도안이 적용된 물품을 보호**하는 것이다. 물품에 표현되지 않은 단순한 추상적인 모티브만으로는 디자인은 성립하지 않는다. 따라서 형태가 같아도 **물품이 다르면 디자인은 별개**의 것이다. 예를 들어, 자동차와 장난감 자동차, 휴대용 전화기와 장난감 휴대용 전화기, 기차와 장난감 기차는 각각 별개의 디자인을 구성한다.

(2) 물품성의 요건

디자인과 불가분의 관계에 있지만 모든 물품이 디자인보호법의 대상이 되는 것이 아니라 디자인보호법상의 물품은 다음과 같은 요건을 갖추어야 한다.[262]

첫째, **유체물**일 것, 디자인보호법의 **물품은 형상 · 모양 · 색체가 표현**될 수 있어야 하므로, 유체물만 대상이 되고 일정한 형태를 갖추지 않은 무체물은 대상이 될 수 없다. 따라서 밤하늘에 수놓은 불꽃, 레이저 광선에 따른 그림은 디자인보호법상 물품을 구성하지 않는다. 그러나 무체물이라고 하더라도 특정한 방법에 따라 일정한 형태를 파악할 수 있는 경우에는 디자인보호법상 물품의 대상이 된다. 예를 들어, 네온가스는 무체물이지만, 네온관(管)에 따라 형태를 알 수 있는 네온사인은 디자인보호법상 물품이 된다.

둘째, **동산**일 것, 디자인보호법상의 물품은 유체물 중에서 **동산에 한**하고, 토지와 그 정착물인 건물, 교량, 도로 등 **부동산**은 디자인보호법상 물품으로 **인정되지 않는다**. 따라서 토지에 고착되어 있지 않은 조립가옥, 이동판매대, 전화부스와 부동산 구성부분이 되기 전(前)의 문짝, 문손잡이, 타일, 싱크대, 난간 등은 디자인보호법상 물품으로 인정된다.

셋째, **정형성**을 가질 것(즉, 고체(固體)일 것), 디자인은 **물품의 형태로 파악**되기 때문에 **정형성(일정성)**을 가져야 한다. 따라서 동산이라 하더라도 일정한 형태를 갖추지 못하거나 통상의 방법으로 그 형태를 파악할 수 없는 기체인 연기, 액체인 오색주(五色酒), 유동체인 물엿, 반유동체인 잼 등은 디자인보호법상 물품에 해당하지 않는다. 미세한 가루나 입자로 되어 있는 분상물(粉狀物)이나 입상물(粒狀物)은 육안으로 파악할 수 없기 때문에 디자인보

260) 디자인이 물품과 일체불가분의 관계에 있다고 함은 디자인은 물품을 떠나서는 존재하지 않으며, 또 형태가 같아도 물품이 달리지면 다른 디자인으로 취급되는 의미이다.

261) 그러나 디자인보호법상의 물품의 의의를 통상의 개념으로만 해석하는 것은 타당하지 못하다. 왜냐하면 디자인보호법상의 물품은 디자인과 일체불가분성이 있고, 나아가 시각을 통하여 미감을 일으키게 하는 형태가 아니면 안 되고, 미감을 일으키는 것에 따라 수요의 증대기능을 발휘하여 산업발전에 이바지함을 그 목적으로 하고 있기 때문이다.

262) 윤선희, 앞의 책, 205~206면 참조; 이동훈 외, 앞의 책, 134~135면 참조.

호법상 물품으로 **인정되지 않는다**. 예를 들어, 시멘트, 미숫가루, 설탕 등이다. 다만, 각설탕과 같이 설탕의 결정을 특정한 형상으로 고형화한 것은 물품에 해당한다. 또한 아이스크림과 같이 거래시에 일정한 형상을 가지는 것이면 그 후에 일정의 형상을 유지할 수 없는 것이라도 정형성을 가진다고 할 수 있다.[263] 네온사인이나 온도계 같이 기체·액체 등이라도 고체와 결합하여 형상모양 등을 특정시키면 물품으로 본다.

넷째, **독립하여 거래의 대상이 될 것**. 물품 자체의 형태가 아닌 것은 물품성이 없다. 예를 들어, 손수건 또는 타월을 접어서 이루어진 꽃모양처럼 상업적 과정으로 만들어진 디자인으로서 그 물품 자체의 형상으로 볼 수 없는 경우에는 물품성이 없다. 그러나 부품의 경우는 상관행상 독립하여 거래되는 것과 독립하여 거래되지 않는 것이 있다. 그 예로 자동차 타이어는 물품으로 되나, 선풍기의 받침은 물품으로 보지 않는다.[264]

다섯째, **공업상 이용성**(양산성)**이 있을 것**. 이 요건은 **디자인의 성립요건이 아니고** 디자인보호법상의 **등록요건**(디자인보호법 제33조 제1항)으로서 규정하고 있다. 단, 법목적을 고려하면 공업상 이용성은 디자인보호법상의 **물품일 것을 전제조건**으로 하므로 천연물이나 자연물 자체는 실질적으로는 물품이라고 할 수 없다. 그러나 **글 자체**를 디자인의 **물품**으로 보고 디자인보호법에서 **보호**하고 있다(디자인보호법 제2조 1호).

(3) 물품의 종류

디자인보호법상 물품은 **1물품**과 **다물품**으로 나누고 있다. 그 **구별의 실익**은 1물품은 **1디자인 1출원주의의 적용**에 있다.

(가) 1물품

디자인보호법상 1물품은 **단일물, 합성물, 집합물, 한 벌의 물품**으로 구분된다.

① **단일물**: **단일물**은 하나의 형태를 가지고 단독으로 거래될 수 있는 물품이다.

② **합성물**: **합성물**은 둘 이상의 구성물품이 서로 결합하여 하나의 물품으로 구성된다. 그 구성물품은 독자적 개성을 지니지 않는다. 예를 들어, 바둑알, 트럼프 등이다.

③ **집합물**: **집합물**은 둘 이상의 단일물이나 합성물이 집합하여 독립적·경제적 가치를 갖고 있는 물품이다. 예를 들어, 커피세트, 그릇세트 등이다. 집합물은 **원칙적으로 다물품으로 취급**되기에 **1물품의 예외**이다.

④ **한 벌의 물품**: **한 벌의 물품**이란 "2 **이상의 물품**이 **한 벌의 물품**으로 동시에 **사용**되는 경우 그 한 벌의 물품의 디자인이 **한 벌 전체로서 통일성이 있을 때**에는 한 벌의 물품으로 간주하여 **1디자인으로 디자인등록**을 받을 수 있다"(디자인보호법 제42조 제1항). 디자

263) 노태정, 디자인보호법 개설, 세창출판사, 2005, 36면.
264) 선풍기의 받침도 물론 하청업자나 도매업자는 거래의 대상이 되나, 일반 소비자 사이에서는 거래의 대상이 되지 않는 것으로 본다.

인보호법 시행규칙 제38조 4항에 따른 **별표 5**에서 **한 벌의 물품을** 규정하고 있다. 이는 경제사회의 발전과 다양화로 특정용도에 이용되는 **다수 물품을 집합한 시스템디자인이 다양**하게 개발되고 있어 이러한 **시스템디자인에 대한 보호를 강화**하기 위한 것이다.

⑤ 부품: **부품**이란 물품을 구성하는 일부분이고, 물품 전체에서 그것만 분리가 가능하여 독자적으로 거래가 가능한 것을 의미한다. 예를 들어, 카메라의 렌즈·플래쉬, 자동차의 각종 부품 등이다.

⑥ 물품의 구분: 물품의 구분은 물품을 구성하는 일부분이고, 물품 전체에서 그것만 분리가 불가능하고, 분리하면 물품 전체의 형태가 변형되거나 본래의 기능을 발휘하지 못하고, 독립적으로 거래될 수 없는 것을 말한다. 예를 들어, 병의 주둥이, 양말의 뒷굽 모양, 컵의 손잡이 등이다. 디자인보호법에서는 **부품** 뿐만 아니라 **물품의 부분**도 디자인보호법상 **물품**으로 취급한다(디자인보호법 제2조 제1호).

(나) 다물품

다물품이란 집합물로서 한 벌의 물품에 속하지 않는 것으로 각각의 물품의 개성을 잃지 않고 **집합물 자체로도 거래의 객체**가 되는 것을 말한다.

(4) 동일물품과 관련물품 : 물품의 관련여부 판단

물품의 관련여부 판단은 물품의 용도와 기능에 따라 판단한다. 예를 들면, 용도와 기능이 동일하면 **동일물품**으로 보며, **용도가 동일**하고 **기능이 동일하지 않으면 관련물품**으로 본다(예: 볼펜과 만년필). 그리고 **용도가 동일하지 않으면** 기능에 관계없이 **비관련물품**이다. 다만, 비관련물품이지만 양 물품의 형상과 모양, 그리고 색채 또는 그 결합이 관련되고 용도가 혼용될 수 있는 것은 관련물품이다. 예를 들어, 필통(연필통)과 수저통 또는 여행용 화장품 케이스 등이다.[265]

용도의 동일	기능의 동일	물품의 유사여부
○	○	동일 물품
○	×	관련 물품
×	×	비관련 물품

265) 윤선희, 지적재산권법, 세창출판사, 2009, 207면

디자인보호법상 물품인지 여부 판단 문제 사례 정리

포장한 상태의 내의(X), 찹쌀로 만든 떡(O), 입체상 홀로그램(X), 얼음으로 만든 장식물(O), 상품권(O), 향수(X), 판화를 인쇄한 달력(O), 독특한 방식에 따른 포장 형태(X), 도로의 입체교차로(X), 품종을 개량한 장미꽃(X), 토지에 설치한 송전탑(O), 형상이 연속하는 철사(O), 아이스캔디(O), 투명한 용기에 담아 그 전체적인 형상, 모양, 색채 또는 이들의 결합을 파악할 수 있게 한 칵테일 음료(X), 형상이 연속하는 털실(O), 시간의 경과에 따라 변질되어 일정의 형상을 유지할 수 없는 아이스캔디(O), 입상물을 고형화한 고형사탕(O), 사각 형태로 접은 형상 및 모양의 와이셔츠(X), 이동화장실(O), 동물박제(X), 유리공예 작품(X), 냉장고 도어용 손잡이(O), 초콜릿 바(O), 투명한 용기에 담은 음료(X)

2) 디자인의 형태성(형상, 모양, 색채)

(1) 형태성의 의의

디자인의 **형태성**이란 물품에 표현된 **형상, 모양, 색채 또는 이들의 결합**한 형태를 의미한다. 이는 다시 형상, 모양, 색채 또는 형상과 모양의 결합, 형상과 색채의 결합, 모양과 색채의 결합, 형상·모양·색채의 결합 등 7가지의 조합을 형성할 수 있다.[266)]

(2) 형태성의 종류

(가) 형상(Shape)

디자인보호법상 물품의 **형상**(形狀, Shape)이라 함은 **물체가 공간을 점**하고 있는 **물품의 형체**, 물품을 구성하고 있는 **입체적** 또는 **평면적 윤곽**을 말하고, **점, 선, 면**과 이들의 **결합**으로 이루어진다.

입체적 형상과 평면적 형상을 **구별하는 실익**은 **디자인등록출원시 도면작성의 차이**에 있다. 물품은 반드시 형상을 지는 것이 때문에 형상이 없는 디자인은 있을 수 없다. 형상은 **물품의 형상 자체**를 의미하고(예를 들어, 피복지, 모양지, 수건, 비닐지, 포장지, 벽지 등), 그 물품에 따라 만들어진 **2차적인 형상**은 원칙적으로 디자인보호법의 대상이 될 수 **없다**. 예를 들어, **손수건 또는 타월을 접어서 이루어진 꽃모양**과 같이 상업적 과정으로 만들어지는 디자인으로서 그 물품 자체의 형태를 볼 수 없는 것은 디자인 등록을 할 수 **없다**.

(나) 모양(Pattern)

디자인보호법상 **모양**(Pattern)이라 함은 **물품의 외관**에 나타나는 **선도**(線圖),[267)] **색구분**,[268)] **색흐름**[269)], 즉 물품 외관의 무늬를 말한다. 모양은 형상과 다르게 모든 물품이 반

---

266) 송인방·김기현, 앞의 책, 169~170면 참조; 이동훈 외, 앞의 책, 138~139면 참조; 윤선희, 앞의 책, 208면 참조.
267) 선도란 선으로 그린 도형을 말한다.
268) 색구분이란 공간이 아닌 색체로써 구체화되어 있는 것을 말한다.

드시 갖추어야 하는 구성요소는 아니기에 경우에 따라 모양이 없는 물품도 있을 수 있다.

실무상 디자인심사에서 **무채색**(백색, 회색, 흑색)에 따른 모양의 디자인은 형상 및 모양의 **결합디자인**, **유채색**에 따른 색채모양의 디자인은 형상, 모양 및 색채의 **결합디자인으로 취급**한다. 예를 들어, 장미꽃을 쟁반이나 접시에 표현하는 경우 또는 테이블보의 꽃무늬, 손수건의 꽃도형 등이다. 단, 문자의 모양은 원칙적으로 제외되나, 장식 문자와 물품의 기능상 필요불가결한 것은 예외적으로 인정한다.

(다) 색채(Color)

디자인보호법에서 물품의 **색채**(Colour)[270]란 **시각을 통하여 식별**할 수 있도록 **물품에 채색된 빛깔**을 말하며, 색채(色彩)에는 백색・흑색・회색의 무채색과 그 외의 색상・명도・채도의 3요소로 구성된 **유채색**으로 구분된다. 디자인보호법에서는 디자인으로서 보호되는 색채는 **유채색에 한**하며, **무채색**인 경우에는 **보호되지 않는**다. 또한 디자인보호법에서는 색채학상의 색채는 아니나, 색채에 준하여 **금속색**과 **투명색을 인정**하고 있다. **색채**는 물리적 현상이기 때문에 색채 자체에 대한 창작의 여지가 없다. 그러나 많은 종류의 색 중에서 선택과 양을 결정하고 조합하여 그 물품에 유일한 색을 선정하는 행위가 바로 창작행위라고 할 수 있다.[271]

(라) 형상・모양・색채의 결합

디자인보호법은 형상만으로 된 물품도 인정하고, **형상**과 **모양**이 **결합**한 물품도 인정하며, 또 **형상과 색채**가 결합한 **물품과 모양**과 색채가 결합한 **물품도 인정**하고 있다.

① 형상만의 디자인: 도면에 형상만을 그리고 그 밖의 형상 내의 여백부분에 모양이나 색채(色彩)가 전혀 표현되지 않은 디자인을 형상만의 디자인이라 한다. 물론 형상만으로 된 디자인은 현실적으로 존재하지 않으나 디자인보호법은 종래부터 이것을 인정하고 있다. 다만, 그 여백에 관하여는 모양은 존재하지 않고 색채는 구체적으로 한정하지 않은 한 가지 색으로 해석하는 것이 통설적인 입장이다.

② 모양만의 디자인: 모양은 형상과는 달리, 모든 물품이 반드시 갖추어야 하는 요소가 아니고, 모양의 표현은 형상 내에 이루어지므로 모양만의 디자인은 존재할 수 없다. 그러나 실무상 옷감, 벽지 등의 디자인에 관하여는 편의상 형상을 생략하고 단순히 모양만의 디자인으로 취급한다. 모양은 일반적으로 물품의 외부에 나타나지만, 유리와 같은 투명한 제품인 경우에는 물품의 내부에 존재할 수 있다.

③ 형상과 모양의 결합디자인: 형상과 무채색에 따른 모양의 결합디자인을 말한다. 그

---

269) 색흐림이란 색의 경계를 흐리게 하여 색이 자연스럽게 옮아가는 것같이 보이게 한 것을 말한다.
270) 색채란 물체에 반사되는 빛에 따라서 인간의 망막을 자극하는 물체의 성질을 말한다.
271) 정태연 역, 의장법, 세창출판사, 1997, 157면.

러나 유채색에 따른 색채와 모양의 디자인은 형상·모양·색채의 결합디자인이 된다.

④ 형상·모양·색채의 결합디자인: 모든 물품은 재질 자체의 모양과 색채가 있으므로 디자인은 일반적으로 형상·모양·색채의 결합디자인으로 이루어져 있다. 실무상 디자인 심사에서 무채색(백색, 회색, 흑색)에 따른 모양의 디자인은 형상과 모양의 결합디자인으로 취급하고, 유채색에 따른 색채와 모양의 디자인은 형상·모양·색채의 결합디자인으로 취급한다.

(마) 형태성에 따른 관련여부 판단

형태성에 따른 관련여부 판단은 **형상이나 모양** 중 **어느 하나**가 **관련하지 않으**면 비관련 디자인이고, 그 외에는 **종합적**으로 **판단**한다.

(3) 디자인실무상 형태성 논란이 있는 문제

(가) 문자

디자인보호법상 **문자 자체만**으로는 **물품의 모양으로 인정하지 않는 것이 원칙**이다. 왜냐하면 문자 자체는 이미 공지·공용되었으므로 **독창성이 결여**되어 있고, 문자 자체가 상품식별기능을 가지는 경우에는 **상표로 오인될 염려**가 있기 때문이다.

그러나 **현재 사용하고 있지 않은 문자,**[272] **일반인이 모르는 문자, 연속 모양의 모티브로 쓰여진 문자, 장식화된 문자** 등은 모양을 구성하여 **디자인으로 성립**될 수 있다(디자인보호법 제2조 제2호, 글자체로 보호).[273] 오늘날 문자디자인도 산업계에서 중요한 역할을 하고 있다는 점을 감안할 때 문자에 대하여 모양의 구성을 더 많이 인정하여야 할 것이다.

(나) 동적 디자인

동적 디자인이란 물품이 가진 **특별한 기능**에 따라서 **시각**에 따라 **형태성이 변화**하는 디자인을 의미한다. 일반 디자인이 물품의 형상·모양·색채 또는 이들을 결합한 것으로 시각을 통하여 미감을 일으키는 것으로 정적인 상태에서 포착되는 점과 차이가 있다. 그러나 갑자기 튀어나오는 괴물상자와 같이 움직이는 상태가 예측할 수 없으므로 정지상태를 잡아서 디자인으로 출원할 수 없는 것이 있다.

예를 들어, 드럼 치는 원숭이, 춤추는 인형 등을 말한다. 이러한 동적 디자인은 그 창작의 요점이 디자인의 특이한 변화상태에 있고 그 변화의 상태가 예측할 수 없으므로, 변화의 형태마다 별도의 디자인을 구성하기 때문에 디자인출원이 어렵다. 따라서 해당 변화의 전체를 디자인의 창작으로서 보호가치가 있다고 하여, 디자인보호법에서는 동적디자인을 인정하고 있다. 출원서에 디자인의 상세한 설명란에 그 변화상태 및 기능을 기재하고 디자인의 변화 전후 상태를 도면에 표현하여야 한다.

---

272) 고대어, 아랍어와 같이 문자

273) 정태연, 앞의 책, 150~153면 참조.

대한민국 디자인보호법 시행규칙 **별표 제3호 창작내용의 요점란의 기재방법**(6) (움직이는 물품의 디자인인 경우)에 이와 관련한 규정을 두고 있다.[274] **동적 디자인의 성립요건**[275]은 첫째, **물품의 형상** 등이 그 **물품이 가진 기능에 근거하여 변화**하여야 한다. 예를 들어, ① **형상의 변화**는 귀가 상하로 움직이는 코끼리 완구, ② **모양의 변화**는 회전하는 팽이의 모양, ③ **색채의 변화**는 온도로 색이 변하는 물건, ④ **열리는 디자**인은 물건의 성질상 덮개를 열어서 사용하기 때문에 사용시에는 변화하는 디자인을 말한다(예: 피아노, 냉장고), ⑤ **펼치는 디자인**은 거래・수납시에는 접는 것으로 사용시에는 펼치는 디자인을 말한다(예: 우산, 양산).

둘째, **변화의 예측성이 없어야** 한다. 정지상태에서 움직이는 상태를 예측할 수 있는 것은 변화의 상태에 창작적인 가치가 없다. 따라서 동적 디자인으로서 보호의 가치가 없다. 예를 들면, 자동차 핸들이나 라이터의 점화부분은 동적 디자인이 아니다. 이것은 변화가 예측하기 때문이다. 동적 디자인도 물품의 기능에 근거하여 움직이는 디자인을 말한다(예: 갑자기 튀어나오는 상자, 네 다리가 자유롭게 움직이는 동물의 완구).

셋째, **시각을 통하여야 한다**. 즉, 변화가 시각을 통하여야 한다.

넷째, **일정성이 있어야 한다**. 즉, 변화에는 일정성이 있어야 한다.

(다) 화상디자인

과학기술과 정보기술의 발달로 기존의 법으로 보호받을 수 없거나 못하는 보호객체들이 출현하게 되었는데, 그 중의 하나가 화상디자인이다.[276] **화상디자인**이란 **휴대전화, 컴퓨터 모니터, 개인휴대정보단말기**(PDA) **등 정보통신기기의 액정화면 등에 표시되는 도형, 그래픽 등의 디자인**을 말하는데, 그 개념이 명확하지 않다.

디자인 심사실무상은 화상디자인에 관하여 '**물품의 액정화면 등의 표시부에 표시되는 도형**' 등을 의미하는 것으로 하고 있다.[277] 즉, 물리적 표시화면상에 구현되어 **일시적인 발광현상**에 따라 **시각**을 통해서 **인식**되는 **2차원적으로 형**성되는 모양 및 색채로 구성된 디자인을 말한다. 다시 말해, 특정한 물품에 부착된 표시화면을 통하여 표시되는 그 물품의 모양을 의미한다. 이러한 화상디자인의 종류에는 아이콘(Icon), 아이콘set, Website, GUI(Grapic User Interface), S/W GUI, Mobile GUI, 정보가전 GUI, 그 밖의 그래픽 이미지 등이 있다.

이러한 디자인을 창작하는데 많은 시간과 비용이 소요되지만, **화상디자인**은 표시화면상에 나타나는 색채와 모양만으로 구성되어 있어서 **물품성을 전제**로 하는 디자인보호법상의

---

274) 창작내용의 요점란의 기재방법(제35조제4항 관련); 6) 움직이는 물품의 디자인인 경우: (예문) 이 화상디자인은 휴대전화의 액정화면에 연속적으로 구현되는 아이콘으로서 기존의 아이콘은 단순히 커지거나 음영이 변화하는 것에 그쳤으나 이 디자인은 알파벳 'K'자가 사이버 공간상에서 연속하여 일정한 간격으로 도는 변화과정을 나타낸 것이 창작내용의 요점임.

275) 윤선희, 앞의 책, 211면 참조.

276) 이동훈 외, 앞의 책, 141~142면 참조.

277) 디자인심사기준 제3조 제1호 다목

디자인의 **보호대상이 될 수 없었다**. 그러나 2001년 법개정에서 **부분디자인제도를 도입**하여 **부분디자인을 보호**하고 있고, '물품의 액정화면 등의 표시부에 표시되는 도형 등'(화상디자인)에 대해서도 디자인을 구성하는 모양으로 취급하고 있다.[278)]

(라) 글자체 디자인

① 취지: 글자체란 기록이나 표시 또는 인쇄 등에 사용하기 위하여 공통적인 특징을 가진 형태로 만들어진 한 벌의 글자꼴(숫자, 문장부호 및 기호 등의 형태를 포함한다)을 말한다(디자인보호법 제2조 제2호). 종래에는 글자체 개발자는 많은 노력과 자본을 투입하여 이를 개발하였으나, 개발된 글자체를 보호해 줄 수 있는 제도적 장치가 없어서 동종 경쟁업체의 도용 및 모방으로부터 무방비상태에 놓이게 되어 글자체의 개발 의욕이 상실되는 문제점이 있었다. 이에 디자인보호법은 2004년 개정을 통해 디자인의 정의 규정에서 글자체를 물품의 정의에 포함시켜 보호하기에 이르렀고(디자인보호법 제2조 제1호 괄호), 이를 통해 창의적인 글자체 개발을 촉진할 수 있게 되었다.

② 의의: 디자인보호법상 제1조 1호에서 "디자인이란 물품[물품의 부분(제42조 한 벌의 물품의 디자인)는 제외한다) 및 **글자체를 포함**한다. 이하 같다]의 형상・모양・색채 또는 이들을 결합한 것으로서 시각을 통하여 미감(美感)을 일으키게 하는 것을 말한다"라고 규정하여 물품의 개념 속에 **글자체를 포함**하도록 함으로써 글자체에 대해서도 디자인보호법상의 디자인으로 성립되고, 따라서 디자인보호법의 보호대상이 되고 있다. 글자체는 용어상으로 **디자인서체**, **인쇄용서체** 또는 **글꼴** 등으로 불리어진다.

디자인보호법 제2조 2호에서 "**글자체**(Typeface)란 기록이나 표시 또는 인쇄 등에 사용하기 위하여 공통적인 특징을 가진 형태로 만들어진 한 벌의 글자꼴(숫자, 문장부호 및 기호 등의 형태를 포함한다)을 말한다"라고 규정하고 있다. 즉, 글자체란 '한 벌의 문자・서체 등에 대하여 독특한 형태의 디자인을 한 것'을 말하며, 글자 하나하나를 가리키는 것이 아니라, 글자들 간에 통일과 조화를 이루도록 만들어진 **한 벌의 글자들**을 의미한다.[279)]

③ 글자체의 성립요건[280)]: 글자체의 성립요건은 (i) **기록이나 표시 또는 인쇄 등에 사용하기 위한 것일 것**, 글자체는 기록이나 표시 또는 인쇄 등에 사용하기 위한 실용적인 목적으로 창작된 것이어야 하기 때문에, 미적 감상의 목적으로 작성된 서예 또는 상표의 이름을 표상하는 조립문자인 로고타입 등은 여기의 글자체가 아니다.[281)]

(ii) **공통적인 특징을 가진 형태로 만들어진 것일 것**, 공통적인 특징을 가진 형태란 글자꼴이 지니는 형태, 규모, 색채, 질감 등이 서로 비슷한 형태(형태적 유사성의 판단을 기준으

---

278) 디자인심사기준 제13조 제2호 자목.
279) 오승종・이혜완, 저작권법, 박영사, 2004, 160면 참조.
280) 디자인심사기준 제2조 제4항.
281) 노태정, 앞의 책, 50면.

로 하는 형태)를 말한다. 글자체란 글자 하나하나를 가리키는 것이 아니라 글자들 간에 통일과 조화를 이루도록 만들어진 글자들을 의미한다.

(iii) **한 벌의 글자꼴일 것.** 디자인보호법상의 글자체란 숫자, 문장부호 및 기호 등의 형태를 포함하여 하나하나의 글자가 아닌 글자들 간에 통일과 조화를 이루는 공통적인 특징을 갖는 한 벌의 글자들(a set letters, numbers or other symbolic characters)을 의미한다. 한 벌의 글자꼴이 성립하기 위해서는 문자 이외의 숫자, 기호 등이 반드시 포함되어야 하는 것이 아니라, 각각에 대하여 독립적으로 한 벌의 글자꼴이 성립될 수 있다. 한 벌의 한글 글자꼴, 한 벌의 영문자 글자꼴, 한 벌의 그 밖의 외국문자 글자꼴, 한 벌의 숫자 글자꼴, 한 벌의 특수기호 글자꼴 또는 한 벌의 한자 글자꼴이 성립될 수 있다.

(iv) 글자체는 형상을 수반하지 않는 **모양·색채 또는 이들의 결합**으로 이루어진 물품이어야 한다. 글자체도 디자인보호법상의 디자인이므로, 글자체의 형상·모양·색채 또는 이들을 결합한 것이어야 하지만, 글자체는 기록이나 표시 또는 인쇄 등에 사용하기 위한 것이므로 형상을 수반하지 않는 모양·색채 또는 이들의 결합한 것이다.

④ 글자체디자인 출원시 주의 사항: 글자체에 관한 디자인등록출원서류는 심사등록출원서로 하고, 디자인의 대상이 되는 물품란에는 디자인보호법 시행규칙 별표 4의 물품류 구분 중 18류[282]에 포함된 물품명을 기재해야 한다. 이 경우, 글자체는 한글·영문자·그 밖의 외국문자·숫자·특수기호·한자 글자체에 속하는 글자체별로 구분하여 개별적으로 디자인등록출원을 해야 한다. 한편 글자체에 관한 도면은 디자인보호법 시행규칙 별표 1에서 정하는 지정글자 도면, 보기문장 도면, 대표글자 도면을 그 형식에 찾게 표현해야 한다.

【지정글자 도면】	【보기문장 도면】	【대표글자 도면】
ABCDEFG HIJKLMN OPQRSTU VWXYZ abcdefghij klmnopqr stuvwxyz	The quick brown fox jumps over the lazy dog The quick brown fox jumps over the lazy dog	H a R e S g

⑤ 글자체디자인의 효력범위: 글자체에 관한 디자인권자는 업으로서 등록된 글자체디자인 또는 유사한 글자체디자인을 실시할 권리를 독점한다(디자인보호법 제92조). 따라서 원칙적으로 등록된 글자체디자인과 동일 또는 유사한 글자체디자인을 실시하는 행위는 침해를 구성한다. 다만, 타자, 조판 또는 인쇄 등의 통상적인 과정에서 글자체를 사용하는 경

282) 第18류의 범위: 인쇄 및 사무용 기계, 第18류에 속하는 물품군 : 01=타자기 및 계산기, 02=인쇄기계, **03=활자 및 글자체**, 04=제본기, 인쇄기용 스테이플링기, 제본용 재단기 및 트리머, 99=그 밖의 인쇄 및 사무용 기계

우, 상기 글자체의 사용으로 생산된 결과물과 같이 일반 사용자들의 지식 정보교류를 제한할 수 있는 글자체의 실시행위에 대해서는 디자인권의 효력이 미치지 아니함을 유의해야 한다(디자인보호법 제94조 제2항).

⑥ **글자체 디자인 효력의 제한**: 글자체가 디자인권으로 설정등록된 경우에도 ① 타자·조판 또는 인쇄 등의 **통상적인 과정에서 글자체를 사용**하는 경우와 ② **글자체의 사용**으로 생산된 **결과물**인 경우에는 그 디자인권의 효력은 미치지 아니한다(디자인보호법 제94조 제2항).

이는 **글자체의 법적인 보호**가 출판·인쇄업자 및 일반사용자에게 미치는 영향이 큰 점을 고려하여 글자체의 디자인권의 효력은 동일 혹은 유사한 글자체를 만들거나 만든 글자체의 유통행위에는 미치지만, **글자체의 사용**에는 **디자인권의 효력이 미치지 않도록** 하여 **인쇄업체 등 최종 사용자**는 등록된 글자체라고 하더라도 **디자인권자의 허락없이 자유롭게 글자체를 사용**할 수 있도록 한 것이다.

3) 디자인의 시각성

디자인보호법에서 **시각성**(視覺性)이란 디자인보호법 제2조 제1호는 **"시각을 통하여 미감(美感)을 일으키게 하는 것"**의 규정에서 '**시각을 통하여**'를 의미한다.[283] 여기서 '**시각을 통하여**'(시각성)는 **눈으로 보아서 식별할 수 있는 것**만을 말한다. 이러한 시각성은 **인간의 육안으로 식별**할 수 있고, **외부에서 파악할 수 있는 디자인**을 대상으로 하고 있음을 분명히 하고 있다. 따라서 시각 이외의 감각(청각이나 촉각)에 따라서 인식 가능한 것은 디자인의 대상이 되지 않는다.[284]

형상·모양이나 색채를 가지고 있는 경우에도 **분장물(扮狀物)** 또는 **입장물(粒狀物)**의 1단위와 같이 육안으로 그 **형태가 파악되지 않거**나 외부에서 볼 수 없는 **내부의 기술적 구성**은 디자인의 대상이 **되지 않는다.** 다만, **뚜껑을 여는 것과 같은 구조**로 된 것은 그 **내부도 디자인의 대상**이 되지만, 이러한 물품을 디자인출원할 때에는 물품의 사용도와 뚜껑을 열었을 때와 닫았을 때를 구분하여 **도시(圖示)**하여야 한다. 만약 어느 한 상태만을 도시(圖示)하여 출원 등록되면 그 부분에 대하여서만 권리가 미친다.

4) 심미성

디자인보호법에서 **심미성**이란 디자인보호법 제2조 제1호 **"미감(美感)을 일으키게 하는 것"**을 디자인의 물품성, 형태성 그리고 시각성과 함께 디자인의 구성요소 중의 하나로 규정하고 있다. 미감을 일으키게 하는 것이라 함은 **미적 처리가 되어 있는 것**, 즉 해당물품

---

283) 디자인은 인간의 육안으로 식별할 수 있는 것만을 대상으로 한다.

284) 시각 이외의 감각, 예를 들어 촉각이나 청각 등으로 파악되는 것은 디자인이 아니며, 분행하거나 파괴하여야 볼 수 있는 것은 디자인이 아니다.

으로부터 미(美)를 느낄 수 있도록 처리되어 있는 것을 말한다.[285] 디자인은 이러한 **심미성을 요구**하는 점에서 발명・고안・상표와 구분된다.

그러나 미감의 의미는 주관적인 가치판단이 개입되므로 명확한 판단기준을 세우기는 어렵다.[286] 따라서 심사실무에 있어서는 고도의 심미성에 대한 판단보다는 **아름다움을 느낄 수 있을 정도의 형태적 처리**가 된 것이면 **심미감**이 있는 것으로 보고 있다.

디자인은 아름다움을 느낄 수 있도록 물품에 일정한 처리가 되어야 하는데, 심미성 판단은 그 유무(有無)가 문제될 뿐, 고저(高低)가 문제되는 것은 아니다. 따라서 해당 물품으로부터 미를 느낄 수 있도록 처리되어 있는 것은 심미성이 있지만, 기능・작용・효과를 주목적으로 한 것으로서 미감을 거의 일으키게 하지 않는 것이나, 디자인으로서 짜임새가 없고 조잡감만 있어서 미감을 거의 일으키게 하지 않는 것은 심미성이 없는 것으로 본다.[287]

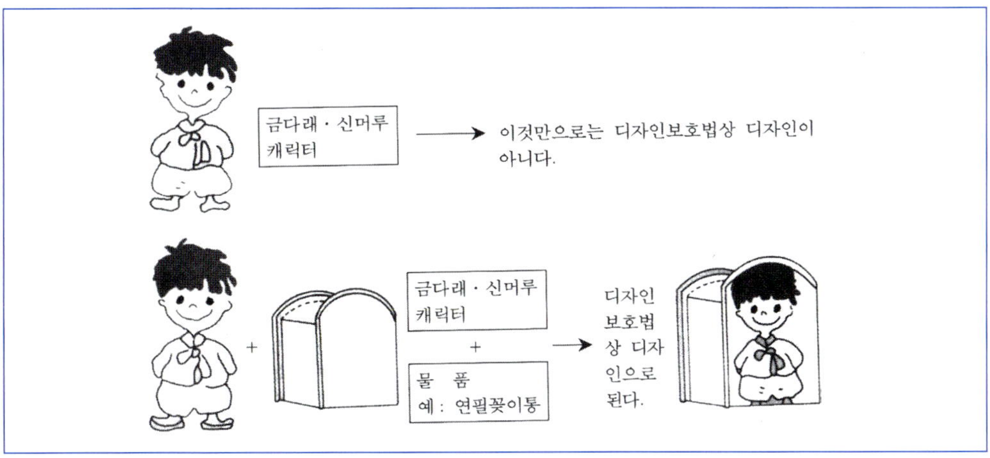

6. 디자인등록을 받을 수 있는 요건(실체적 요건)

학습포인트

디자인등록요건의 취지 및 구체적인 적용 유형에 대해 알아본다.

대한민국 디자인등록제도는 **디자인 심사등록**제도와 **디자인 일부심사등록**제도의 2원적 체계를 취하고 있다. **디자인 심사등록**제도는 등록에 필요한 요건 전부를 심사하여 디자인등록의 허여(許與) 여부를 결정하는 제도이고, **디자인 일부심사등록**제도는 등록요건의 일부

285) 이에 대해 학설이 주의환기설, 취미성설, 심시성설, 미적 처리설로 나누어지고 있다.
286) 송영식 외, 앞의 책, 144면.
287) 한국발명진흥회, 앞의 책, 131면 참조.

만 심사하여 등록허락 여부를 결정하는 제도이다.

디자인등록 출원한 디자인을 등록받기 위해서는 디자인의 성립요건을 충족하여야 하고, ① **신규성**, ② **창작성**, ③ **공업상 이용가능성** 등을 충족하여야 하며(디자인보호법 제5조), ④ **확대된 선출원주의에 위배되지 말아야** 한다. 그러나 이와 같은 요건을 충족한 디자인 또는 동일하거나 유사한 디자인에 대하여 다른 날에 2 이상의 디자인등록출원이 있는 경우에는 먼저 디자인등록출원한 자만이 그 디자인에 관하여 디자인등록을 받을 수 있다(디자인보호법 제46조 제1항). 다만, 디자인 **일부심사**등록출원된 디자인에 대해서는 위의 등록요건 중 ① 신규성, ② 창작성, ③ 확대된 선출원주의, ④ 선출원주의 등을 심사하지 않고, **방식심사**와 ① 성립요건, ② 공업상이용가능성, ③ 부등록사유 해당여부 등만을 심사하여 등록을 하고 있다. 어떤 디자인이 심사등록의 대상인가 일부심사등록의 대상인가는 산업통상자원부령에 따라서 정하여진다.

디자인보호법상의 **디자인등록요건**인 **공업상 이용가능성**, **신규성** 및 **창작성**의 3가지 요건을 요구하고 있다(디자인보호법 제5조).

1) 공업상 이용가능성

공업상 이용할 수 있는 디자인만이 **디자인등록**을 받을 수 있다(디자인보호법 제33조 제1항). 공업상 이용가능성이란 **공업적 생산방법에 따라 동일한 디자인물품이 양산 가**능한 것을 말한다. 공업적 생산방법이란 원자재에 물리화학적 변화 등을 가하여 유용한 물품을 제조하는 것으로서 **기계**에 따른 생산방법 뿐만 아니라 **수공업적** 생산방법도 포함하는 의미한다. 동일물품288)이 양산 가능하다는 것은 물리적으로 완전히 동일한 물품을 의미하는 것이 아니고 **언뜻 보아 동일하게 보이는 정도의 동일성**은 있어야 한다는 의미한다(대판 1994.9.9., 93후1247). 양산가능성이란 물품을 계속하여 반복 생산할 수 있는 가능성을 의미한다. **양산을 요구**한다는 점에서 특허법과 실용신안법의 산업상 이용가능성과 차이가 있다. 특허나 실용신안은 기술의 진보에 따른 산업발달에 이바지함을 목적으로 하는데 있으므로 **양산가능성은 필요 없다**. 그러나 공업상 이용가능성은 **반드시 양산가능성이 있어야 한다**. 디자인의 목적은 **디자인의 보호와 함께 물품에 대한 수요증대로 인한 산업발전에 기여**함에 있으므로 디자인으로서 물품의 양산가능성이 없는 것은 산업발전에 기여할 수 없다. 양산의 정도는 수치에 따라서 결정되는 것은 아니고 사회통념에 따라 판단하여야 할 것이다.

따라서 공업상 이용가능성의 요건을 충족하기 위해서는 출원한 디자인에 관한 물품의 **반복생산이 가능**하여야 하고, **처음부터 양산을 의도**했어야 하며, 단순한 아이디어에 불과한 것이 아니라 **기술적으로 충분히 달성할 수 있을 정도의 물품**이어야 한다는 의미이다.

---

288) 동일물품이란 물리적으로 완전히 같은 물품을 의미하는 것이 아니고, 당업자를 기준으로 합리적으로 해석할 때, 같은 물품으로 보일 수 있는 수준의 동일성을 갖는 물품을 의미한다.

이러한 점에서 자연물을 디자인의 구성주체로 사용한 것으로서 **대량생산할 수 없는 것**(예: 분재, 박제표본 등)**은 공업성이 없다.** 그러나 자연물이라고 하더라도 가공하여 동일하게 보일 정도의 동일물품을 양산할 수 있다면 디자인의 대상이 된다고 보아야 할 것이다(예: 조개인형, 악어가죽의 제품 등).

또한 자연물을 흉내 낸 물건(예: 통나무 모양의 공원벤치, 악어가죽모양의 제품)은 자연물을 어느 정도 이용하여 창작성 있게 창작하였느냐에 따라 공업상이 있느냐가 판가름된다. **순수미술분야에 속하는 저작물**(예: 조각, 회화 등), 공업적 생산과정이 아닌 상업적 과정에서 만들어지는 **서비스디자인**(예: 제품의 포장, 상품의 진열 및 배치 등)은 공업상 이용가능성이 없는 경우이다. 따라서 공업상 이용가능성이 **없는** 경우에는 **저작물**에 해당된다.

2) 신규성

(1) 의 의

디자인의 **신규성**이란 특허법의 신규성과 동일한 취지이다. 신규성이란 그 **디자인이 출원 전**에 **간행물이나 카탈로그 등에 게재**되거나, **판매 · 전시** 등을 통하여 **일반 대중에게 공개**되었거나 또는 **누구든지 알 수 있는 상태**에 **놓여 있는 것이 아니어야 한다**는 것이다(디자인보호법 제33조 제1항). 디자인제도는 새로운 디자인을 창작한 자를 보호하고 **창작한 디자인을 공개한 대가로 일정한 독점권을 부여**하는 것이므로, 이미 사회적으로 알려진 디자인에 대해 독점권을 부여한다는 것은 디자인제도의 목적에 반하게 된다.

(2) 신규성 상실사유

동일 또는 유사한 디자인(객체적 판단기준)에 대하여 디자인 등록출원시(시간적 판단기준)에 **국내 · 국외**(장소적 판단기준)에 **공지 · 공연실시 · 간행물 게재**가 되면 **신규성을 상실**한다. 디자인은 **유행에 민감하고, 라이프 사이클이 짧으며, 교통과 통신의 발달**에 따라 **세계주의**에 따른 것이다. 디자인보호법 제33조 제1항 각호의 1호에 해당하지 않는 것을 말한다. 신규성을 판단하기 위한 기준으로 제33조 제1항에서는 ① 디자인등록출원 전에 국내 또는 국외에서 공지(公知)되었거나 공연(公然)히 실시된 디자인이 아닐 것, ② 디자인등록출원 전에 국내 또는 국외에서 반포된 간행물에 게재되었거나 전기통신회선을 통하여 공중이 이용가능하게 된 디자인이 아닐 것, ③ ① 또는 ②에 해당하는 디자인과 관련(유사)**한 디자인이 아닐 것**을 규정하고 있다.

따라서 특허의 발명과 달리 디자인보호법의 **디자인**은 **물품의 외관적 심미성**을 대상으로 하므로 **공지, 공용 또는 간행물에 기재된 디자인과 동일한 디자인**뿐만 아니라 이와 **유사한 디자인**에 대해서도 **신규성이 상실**된다.[289]

(3) 신규성 판단방법과 기준

(가) 신규성의 판단방법

신규성 유무에 대한 디자인의 동일 관련(유사)여부는 **동일물품, 관련(유사)물품 사이에서만 판단**한다. 관련(유사)여부는 전체적으로 관찰하여 종합적으로 판단한다. 전체적으로 판단한다고 하는 것은 디자인의 요부 판단과 그 비교만으로 디자인의 관련(유사)여부를 판단할 것이 아니라, 디자인을 전체 대 전체로서 대비・관찰한다는 것을 의미한다. 따라서 부분적으로 관련(유사)하더라도 전체적으로 관련(유사)하지 아니하면 비관련(비유사) 디자인으로, 부분적으로 다른 점이 있더라도 전체적으로 관련(유사)하면 관련(유사)디자인으로 판단한다.

(나) 신규성의 판단기준

신규성의 판단의 시간적 기준은 **출원시점**을 기준으로 한다. 출원시점은 시각단위인 시・분・초를 고려한 개념이므로, 일(日)을 기준으로 하는 선출원주의의 판단기준(디자인보호법 제46조)과 다르다. 신규성의 판단의 지역적 기준은 공지・공용된 디자인 또는 반포된 간행물에 게재된 디자인 등 인가의 여부를 판단함에 있어 국내뿐만 아니라 국외도 포함하는 **국제주의**를 취하고 있다.

신규성의 판단의 인적 기준은 일반 수요자를 기준으로 관찰하여 디자인의 대상이 되는 물품이 유통과정에서 **다른 물품과 혼동할 우려**가 있는 경우에는 **유사한 디자인**으로 보며, 또한 혼동할 우려가 있을 정도로 유사하지는 않더라도 그 디자인 분야의 형태적 흐름을 기초로 두 디자인을 관찰하여 **창작의 공통성이 인정**되는 경우에도 관련(**유사)한 디자인**으로 본다(디자인심사기준 제4조 제4항).

(4) 신규성 상실의 예외(신규성 간주)

디자인등록을 받을 수 있는 권리를 가진 자의 "① 디자인이 디자인등록출원 전에 국내 또는 국외에서 **공지(公知)**되었거나 **공연(公然)히 실시**된 디자인, ② 디자인등록출원 전에 국내 또는 국외에서 **반포된 간행물에 게재**되었거나 **전기통신회선**을 통하여 **공중(公衆)이 이용**할 수 있게 된 디자인"은 **그 날부터 12개월 이내**에 **출원**하면 **신규성을 상실하지 아니한 것**으로 보고 있다(디자인보호법 제36조 제1항 본문). 다만, 그 디자인이 조약이나 법률에 따라 국내 또는 국외에서 출원공개 또는 등록공고된 경우에는 그러하지 아니하다(디자인보호법 제36조 제1항 단서). 이러한 혜택을 받으려면 디자인등록출원서에 그러한 취지를 기재하여 특허청장에게 제출하여야 하며 이를 **증명하는 서류**[디자인 등록출원서를 제출할 때, 거절이유통지에 대한 의견서를 제출할 때, 디자인 일부심사등록이의신청에 대한 답변서를 제출할 때, 심판청구(디자인등록무효심판의 경우로 한정한다)에 대한 답변서를 제출할 때]를 **디자인등록출원일로부터 30일내**

---

289) 송영식 외2, 앞의 책(2010), 150면 참조.

에 특허청장 또는 특허심판원장에게 제출하여야 한다(디자인보호법 제36조 제2항). 다만, 자기의 의사에 반하여 신규성이 상실된 경우에는 그러하지 아니한다.

(5) 선출원주의 및 확대된 선출원의 위반 여부 → 선출원의 위반

출원디자인이 등록되기 위해서는 그 출원디자인과 동일 또는 유사한 타인의 디자인보다 먼저 출원되어야 한다. 구체적으로 출원디자인이 이미 출원된 제3자의 출원디자인의 전부와 동일 또는 유사하면 선출원주의 위반으로 등록받을 수 없다(디자인보호법 제46조). **확대된 선출원의 위반**이라 함은 디자인등록 출원한 디자인이 해당 디자인등록출원을 한 날 **전**에 디자인등록출원을 하여 해당 디자인등록출원을 한 후에 출원공개·등록공고 또는 디자인공보에 게재된 **타 디자인** 등록출원의 출원서의 기재사항 및 출원서에 첨부된 도면·사진 또는 견본에 표현된 디자인의 **일부와 동일**하거나 **유사**한 경우에 그 디자인에 대하여는 **디자인등록을 받을 수 없다**(디자인보호법 제33조 제3항)는 것을 말한다.[290] 다만, 확대된 선출원주의는 선출원과 후출원의 출원인이 동일인인 경우에는 적용되지 않기 때문에(디자인보호법 제33조 제3항 단서), 이미 출원된 디자인의 일부와 동일하거나 유사한 디자인을 동일한 출원인이 출원하는 경우에는 등록될 수 있다. 말하자면, 디자인등록출원한 부분디자인, 부품(부속품)디자인 또는 한 벌 물품의 구성물품 디자인이 해당 디자인등록출원을 한 날 전에 디자인등록출원을 하여 해당 디자인등록출원을 한 후에 출원공개, 등록공고 또는 거절결정된 출원의 공보게재에 따른 다른 디자인의 일부와 동일하거나 유사한 경우에 그 부분디자인, 부품(부속품)디자인 또는 한 벌 물품의 구성물품 디자인은 등록받을 수 없도록 하는 것이다.[291] 따라서 동일인이 **부분디자인과 전체디자인**을 모두 등록받고자 하는 경우에는 디자인보호법 제33조 제3항에 해당되지 않도록 **부분디자인을 먼저 출원**하든지 **전체디자인과 동일자에 출원**하여야 한다.

선출원주의 적용 유형

유형	선출원디자인(A)	후출원디자인(A, A')
1	완성품	완성품
2	부품	부품
3	한 벌 물품	한 벌 물품
4	부분디자인	부분디자인

* A디자인과 동일하거나 유사한 타인의 후출원 A,A'디자인은 A디자인이 등록되거나 협의불성립에 따른 거절결정이 확정되는 경우 선출원주의를 적용한다.

* A=A, A≒A'의 관계이다.

290) 디자인보호법은 후출원디자인이 선출원디자인의 전부 또는 일부와 동일하거나 유사한 경우, 먼저 출원한 자에게 디자인권을 부여하는 것이지 먼저 창작한 자에게 디자인권이 부여되는 것이 아니다.

291) 윤선희, 앞의 책(2009), 215~216면 참조.

확대된 선출원주의 적용유형

유형	선출원 디자인(a를 포함하는 A)	후출원 디자인(a, a')
1	완성품	부품
2	완성품	부분 디자인
3	부품	부분디자인
4	한 벌 물품	구성 물품
5	부분디자인	부분디자인

* 선출원 디자인(a를 포함하는 A)이 출원공개 또는 등록공고되거나 협의불성립에 따른 공개 이전에 출원된 후출원 디자인(a, a')은 확대된 선출원으로 거절결정한다.
* A〉a, a≒a'의 관계이다.

3) 창작성(창작 비용이성, 곤란성 또는 구별성)

(1) 의 의

창작성이란 그 디자인이 속하는 분야에서 통상의 지식을 가진 사람이 "① 디자인등록출원 전에 국내 또는 국외에서 공지(公知)되었거나 공연(公然)히 실시된 디자인·디자인등록출원 전에 국내 또는 국외에서 반포된 간행물에 게재되었거나 전기통신회선을 통하여 공중(公衆)이 이용할 수 있게 된 디자인"에 해당하는 디자인 또는 이들의 결합 또는 "② 국내 또는 국외에서 널리 알려진 형상·모양·색채 또는 이들의 결합"에 따라 **쉽게 창작할 수 있는 디자인**등록을 받을 수 없다(디자인보호법 제33조 제2항). 이를 '**창작비용이성**' 또는 '곤란성', '구별성'이라 한다. **창작**이란 미감을 일으키는 물품의 외관을 독창적으로 안출하는 것을 말한다. 그리고 **창작은 용이하지 않아야 한다**. 창작성을 등록요건으로 하는 이유는 출원 전에 이미 공개된 디자인은 타인에게 소유권이 있거나 또는 자유롭게 실시될 수 있는 디자인이기 때문이다. 또한 출원 전에 공개된 디자인 또는 널리 알려진 형태로부터 쉽게 창작할 수 있는 디자인은 이미 공공의 영역에서의 타인의 방해없이 자유롭게 실시할 수 있기 때문이다. 이는 특허, 실용신안에서의 진보성에 해당하나(특허법 제29조 제2항), 공지, 공용 또는 간행물 기재 내용이 아니라 **국내에서 널리 알려진 주지의 형상** 등으로부터 **창작의 곤란성을 규정**하고 있는 점에서 다르다.[292)]

디자인보호법에서 요구하는 디자인은 과거와 현재에 존재하는 모든 것과 유사하지 않을 것을 요구하는 것은 아니고, 이것들을 **결합하여 새로운 미감**을 일으키면 되는 것이다(대판 1991.11.8. 91후288). **용이하게 창작할 수 있는 디자인**은 다음과 같다.

292) 송영식 외2, 앞의 책, 150면 참조.

(2) 적용요건

출원 전에 출원 디자인과 동일하거나 유사한 디자인이 심사관에게 발견되면 그 출원디자인은 거절되고, 설사 등록되더라도 그 등록디자인은 소급적으로 무효 또는 취소될 수 있다. 그리고 출원디자인이 그 출원 전 공개된 디자인과 동일하거나 유사하지 않더라도 그 공개된 디자인으로부터 용이하게 창작할 수 있거나 출원 전에 널리 알려진 형태로부터 용이하게 창작할 수 있으면 그 출원디자인은 거절되고, 설사 등록되더라도 그 등록디자인은 소급적으로 무효 또는 취소될 수 있다.

(3) 디자인의 용이창작 판단기준

용이창작 여부는 일반 수요자를 기준으로 판단하는 디자인의 동일 또는 유사 여부와는 달리, **디자인등록 출원시**(시간적 기준)를 기준으로 **국내**에서 그 디자인이 속하는 분야(장소적 기준)에서의 **통상의 지식을 가진 자**(판단주체)에게 널리 알려진 형상·모양·색채(판단의 객체) 인지의 여부에 따라서 결정된다. '용의하게 창작할 수 있는 정도'란 출원 전 공개 디자인 또는 주지 형태를 거의 그대로 모방하거나 그 가하여진 변화가 단순한 상업적·기능적 변형에 불가하거나 또는 그 디자인 분야에서 흔한 창작수법이나 표현방법에 따라 이를 변경·조합하거나 전용하였음에 불과한 창작 수준이 낮은 경우를 말한다. 따라서 **주지의 형상**[293]이나 **모양을 토대로 한 것**,[294] **자연물이나 유명한 저작물을 그대로 표현한 것, 운동경기나 각종 행사의 모습을 그대로 표현한 것, 상관습상 전용하는 것** 등은 창작이 용이하므로 디자인 등록을 받을 수 **없다**. 그러나 이들을 **결합으로써 새로운 미감을 일으키는 경우**에는 **등록**을 받을 수 있다.

4) 디자인등록을 받을 수 없는 디자인

앞에서 설명한 디자인의 등록요건을 갖춘 디자인(디자인보호법 제33조 해당)이라 할지라도 다음의 경우에는 디자인등록을 받을 수 없다(디자인보호법 제34조).

① 국기, 국장(國章), 군기(軍旗), 훈장, 포장, 기장(記章), 그 밖의 공공기관 등의 표장과 외국의 국기, 국장 또는 국제기관 등의 문자나 표지와 동일하거나 유사한 디자인은 등록을 받을 수 없다. 이러한 디자인은 국내외를 막론하고 그 국가의 존엄성을 유지하고 공공기관 등이 지향하는 이념과 목적을 존중한다는 공익적인 견지에서 등록을 인정하지 않고 있다. 예를 들어 티셔츠에 USA의 국기가 표현되거나 인형에 태극기

293) 당 업계에서 간행물이나 TV 등을 통하여 널리 알려져 있는 디자인을 전용한 경우: 예) 유명한 자동차의 형상, 모양을 완구에 전용한 경우, ET인형의 형상, 모양을 저금통에 전용한 경우, 주지의 라디오 형상과 주지의 시계 형상 모양이 결합된 경우.

294) 삼각형, 사각형, 원, 원기둥, 정다면체 등 주지의 도형의 형상을 그대로 이용한 것에 불과한 경우, 흔한 모양을 단순 배열한 것에 불과한 경우: 바둑판 무늬, 물방울 무늬 등

가 표현된 경우 디자인을 등록받을 수 없다.

② 디자인이 주는 의미나 내용 등이 일반인의 통상적인 도덕관념이나 선량한 풍속에 어긋나거나 공공질서를 해칠 우려가 있는 디자인은 등록을 받을 수 없다. 이러한 디자인을 보호하는 것은 법의 기본적 이념에 반하기 때문이다. 구체적인 유형으로는 인륜에 반하는 것, 사회정의 또는 국민감정에 반하는 것, 특정 국가 또는 그 국민을 모욕하는 것, 국가원수의 초상 및 이에 준한 것(예: 일본인의 치아구조, 한국인의 눈매, 흑인의 피부색깔 등), 그 밖의 국제 신뢰관계 및 공정한 경쟁질서를 문란하게 할 염려가 있는 디자인 등이 있다. 예를 들어 '고 요한 바오르 2세 교황'의 초상을 점퍼에 표현한 경우, 고 요한 바오르 2세 교황은 바티칸 시국의 전 국가원수로서 전직 외국의 국가원수에 해당하는 바, 이 사건 출원 디자인은 공공의 질서나 선량한 풍속을 문란하게 할 염려가 있는 디자인에 해당한다.

③ 타인의 업무와 관련된 물품과 혼동을 가져올 우려가 있는 디자인은 등록을 받을 수 없다. 디자인은 물품의 외관이기 때문에 타인의 업무에 관한 물품에 사용되는 상표 등을 디자인의 주된 구성요소로 할 경우에 타인의 업무에 관계되는 물품과 혼동을 일으킬 염려가 있으므로 부정경쟁방지 및 경업질서를 유지하고 타인의 업무를 보호하기 위하여 등록을 인정하지 않는다. 구체적으로 타인의 저명한 상표, 서비스표, 단체표장 및 업무표장을 디자인으로 표현 한 것(입체상표 포함), 비영리법인의 표장을 디자인으로 표현한 것은 디자인을 등록할 수 없다. 예를 들어 저명한 타인의 상표, 즉 애플사의 '사과모양 로고'를 포장 주머니에 표현한 경우, 코카콜라 병을 디자인을 이용에는 혼동이 발생할 여지가 있으므로 디자인 등록될 수 없다.

④ 물품의 기능을 확보하는 데에 불가결한 형상만으로 된 디자인(기능성 디자인)은 등록을 받을 수 없다. 이러한 디자인은 물품의 미적 창작만을 보호하는 법 목적과 상이하고, 특허법 또는 실용신안법에 따라 보호받는 것이 타당하기 때문이다. 이 경우 물품의 기능이란 그 물품이 발휘하는 기술적인 작용 및 효과를 말하는 것으로 물품에 화체된 형태가 나타내는 미감과는 무관하므로 물품의 형태에서 발휘되는 심리적, 시각적 기능은 포함하지 않는다. 불가결한 형상은 크게 필연적 형상과 준필연적 형상으로 구분된다. 필연적 형상이란 파라볼라 안테나의 원반형상 등과 같이 물품의 기술적 기능을 확보하기 위해 필연적으로 정하여진 형상을 말한다. 필연적 형상에 해당하는지 여부는 그 기능을 확보할 수 있는 대체적인 형상이 존재하는 여부, 필연적 형상 이외의 부분이 디자인의 평가상 고려되어야 할 형상을 포함하는지 여부 등을 고려한다. 준필연적 형상이란 물품의 호환성 확보 등을 위하여 표준화된 규격에 따라서 정하여진 형상을 말한다. 다만, 규격의 주목적이 기능의 발휘에 있지 않은 물품에 대하여는 적용하지 않는다(예: 규격 봉투 등). 준필연적 형상에 해당하는지 여부는 그 형상

이 표준화된 규격에 따라 정해진 것인지 여부, 표준화된 규격에 따라 정해진 형상 이외 부분이 디자인의 평가상 고려되어야 할 형상을 포함하는지 여부를 고려하여야 한다. 이 경우 준필연적 형상에는 KS 규격, ISO 규격 등 공직인 표준과 해당 물품 분야에서 업계 표준으로서 인정되고 있는 사실상의 표준이 있다.[295]

7. 디자인에만 있는 제도

학습포인트

1. 디자인권의 내적 강화 수단인 디자인일부심사등록, 비밀디자인에 대해 알아본다.
2. 디자인권의 외적 강화 수단인 관련디자인에 대해 알아본다.

디자인은 라이프 사이클이 짧고 유행이나 계절에 민감하다. 디자인은 타인이 쉽게 모방한다. 따라서 출원인을 보호하기 위해서 출원의 **비공개를 원칙**으로 하고, 디자인의 존속기간 20년 · 등록공고제도 등을 실시하고, **등록된 기본디자인**과 **유사한 관련디자인**에까지 권리가 보호된다. 디자인제도는 **물품의 외관만**을 보호대상으로 한다는 점에서 다른 산업재산권과 다르고 유행에 민감하며, 타인에 따른 침해의 가능성이 높다.

따라서 부분디자인제도, **관련디자인**(디자인보호법 제35조), **디자인일부심사등록**, **복수디자인등록출원**(디자인보호법 제41조), **한 벌의 물품의 디자인**(디자인보호법 제42조), **비밀디자인**(디자인보호법 제43조), **신청에 따른 출원공개**(디자인보호법 제52조) 등을 두고 있다.

1) 부분디자인제도

(1) 취지

디자인권의 내적 강화 수단인 부분디자인제도가 있다. 원칙적으로 양말의 뒤꿈치 부분, 병 주둥이 부분 등과 같은 물품의 부분은 독립 거래의 대상이 될 수 없어 물품으로 인정되지 않지만, 물품의 부분도 창작의 요점이 될 수 있고, 제3자가 물품의 일부를 모방하는 것을 방지하기 위하여 물품의 부분을 물품으로 간주하여 보호하는 것이 부분디자인이라고 한다. 즉 거래의 독립단위가 되지 못하는 물품의 일부분에 대해서도 그 부분의 형상 · 모양 · 색채 또는 시각적으로 미감을 일으키는 것이라면 디자인 등록을 할 수 있는 부분디자인제도이다(디자인보호법 제2조 제1호).[296] 예를 들어 양말의 뒤꿈치 부분, 컴퓨터 스위치 부분, 컵의 손잡이, 병의 주둥이, 안경의 다리부분 등은 그 자체로 독립 거래의 대상이 아니

295) 한국발명진흥회 편저, 앞의 책(지식재산능력시험), 143면 참조.
296) 부분디자인은 물품의 일부에 창작적 가치가 있는 디자인을 말한다.

므로 물품으로 인정되지 않지만, 독립 거래의 대상이 되는 양말, 컴퓨터, 컵, 병, 안경을 전제로 하는 부분이므로 부분디자인을 통해 등록이 가능한 것이다. 부분디자인을 통해 물품의 전체 외관뿐만 아니라 세세한 부분의 외관들도 보호할 수 있기 때문에 등록디자인의 보호범위를 강화하기 위한 수단으로 활용할 수 있다.

(2) 부분디자인의 성립요건

부분디자인으로 성립하기 위해서는 i) 부분디자인의 대상이 되는 물품이 통상의 물품에 해당해야 하고, ii) 물품의 부분의 형태로 인정되어야 하며, iii) 다른 디자인과 대비의 대상이 될 수 있는 부분으로 하나의 창작단위로 인정되어야 하고, iv) 한 벌의 물품의 디자인에 관한 부분디자인이 아니어야 한다.

(3) 부분디자인의 보호범위

디자인권자는 업(業)으로서 부분디자인 또는 이와 유사한 부분디자인을 실시할 권리를 독점한다. 이 경우 제3자가 부분디자인 이외의 부분(예: 파선부분)의 형태를 달리 하더라도 그 부분디자인과 동일 또는 유사하면 침해가 성립될 수 있다. 따라서 부분디자인제도를 적절히 활용하면, 하나의 물품으로부터 다수의 등록디자인을 확보할 수 있어서 디자인을 강력하게 보호할 수 있다. 다만, 부분디자인에 해당하는 형태가 동일 유사하더라도 디자인의 대상이 되는 **물품이 다르면 침해가 성립되지 않을 수 있음을 유의**해야 한다.297) 예를 들어 **냉장고의 손잡이가 등록된 손잡이**의 부분디자인과 동일한 형태로 실시되더라도 **냉장고와 자동차**는 전혀 다른 물품이므로 침해가 성립되지 않는다.

(4) 부분디자인 출원시 유의사항

부분디자인에 관한 출원시 유의할 사항이 있다.298) 부분디자인은 일반적인 전체디자인과 다르기 때문에 출원서의 '부분디자인 여부'란에 그 취지를 기재해야 한다. 또한 디자인의 대상이 되는 물품란에 물품명을 기재할 때, 그 해당 물품명을 기재해야 하고, 물품의 부분에 관한 명칭을 기재하는 것은 적절하지 않다(예: 양말은 적절하지만, 양말의 뒤꿈치부분은 적절하지 않다). 한편 도면의 작성시 부분디자인으로 등록받고자 하는 부분을 명확하게 도시해야 한다. 예를 들어, 부분디자인으로 등록받고 하는 부분은 '실선'으로, 그 외의 부분은 '파선'으로 표현하여 명확히 구별하고, 만약 경계가 불명확한 경우에는 그 경계를 1점 쇄선으로 표시하는 것이 적절하다. 아울러 도면의 기재 사항 중 디자인의 설명란에는 도면 등에서 등록받고자 하는 부분을 특정하는 방법으로 명확하게 설명해 주는 것이 바람직하다. 예를 들어, 실선으로 표현된 부분이 등록받고자 하는 부분이고, 일점쇄선은 등록받고

297) 한국발명진흥회, 앞의 책, 168면 참조.

298) 한국발명진흥회, 앞의 책, 168면 참조.

자 하는 부분과 그 이외의 부분의 경계이다.

2) 관련디자인

(1) 관련디자인의 의의

디자인보호법은 신규성(디자인보호법 제33조 제1항 각호) 및 선출원주의(디자인보호법 제46조) 등의 요건을 적용할 때 공지 등이 되거나 또는 선출원된 디자인의 동일범위뿐만 아니라 유사범위까지 등록 배제효력을 인정하고 있고, 디자인출원 등록 후 등록디자인의 권리범위를 유사범위까지 인정하고 있다(디자인보호법 제92조). 이는 동일범위만으로는 권리의 실효적 보호가 불가능하기 때문이다. 한편, 디자인보호법은 자기의 기본디자인(이미 등록된 디자인 또는 출원된 디자인)에 형상·모양·색채 등을 변경한 디자인을 독자적인 권리범위가 인정되는 별도 디자인으로 등록하여 디자인권의 모방·도용을 사전에 방지할 수 있는 관련디자인제도를 두고 있다(디자인보호법 제35조). 이는 디자인권의 외적 강화 수단이다. 디자인은 기본디자인이 창작된 이후에 이를 기초로 한 여러 가지 변형디자인이 계속되는 특성이 있다. 예를 들어, 의류 패션 디자이너는 시즌별로 선보일 수 백개의 디자인을 하나의 주제 또는 콘셉트(concept)를 가지고 창작하기 때문에 디자인 간에 유사성과 관련성을 지니게 된다. 따라서 디자인개발은 하나의 디자인 주제를 중심으로 다양한 변형된 관련 디자인을 제작하는 경우가 많다.[299)]

관련디자인이란 **자기의 등록디자인** 또는 디자인등록출원한 **디자인**(이하 "기본디자인"이라 한다. 이미 등록된 디자인 또는 출원된 디자인)과만 **유사한 디자인**(이하 "관련디자인"이라 한다)에 대하여는 그 **기본디자인의 디자인등록출원일부터 1년 이내**에 디자인등록출원된 경우에 한하여 디자인보호법 제33조(디자인등록의 요건) 제1항 각 호 및 디자인보호법 제46조(선출원) 제1항·제2항에도 불구하고 **관련디자인으로 디자인등록**을 받을 수 있다(디자인보호법 제35조 제1항). 이에 따라 디자인등록을 받은 관련디자인 또는 디자인등록출원된 관련디자인과만 유사한 디자인은 디자인등록을 받을 수 없다(디자인보호법 제35조 제2항). 기본디자인의 디자인권에 디자인보호법 제97조에 따른 **전용실시권**(이하 "전용실시권"이라 한다)이 **설정**되어 있는 경우에는 그 기본디자인에 관한 **관련디자인**에 대하여는 디자인등록을 받을 수 **없다**(디자인보호법 제35조 제3항).

관련디자인제도는 최초 디자인을 기초로 변형된 디자인을 관련디자인이라는 이름으로 등록받고, 관련디자인의 독자적인 권리범위를 인정해 주는 것이다. 즉 관련디자인제도는 기존 유사디자인과는 달리 최초 디자인으로부터 일부 변형된 디자인을 그 기본디자인과 별개로 강력하게 보호하는 제도인 것이다.

---

299) 손승우, 지식재산권법의 이해, 동방문화사, 2017, 274면 참조.

(2) 관련디자인의 등록요건

관련(유사)디자인의 등록요건(디자인보호법 제35조 참조)은 ⅰ) 기본디자인권자 또는 그의 정당한 승계인의 관련디자인등록출원이 있어야 한다. ⅱ) **기본디자인이 존재**하여야 한다. 이 경우 기본디자인이란 최초 개발된 디자인으로서 특허청에 디자인등록출원된 것을 말한다. 따라서 최초 개발한 디자인을 먼저 특허청에 출원한 이후에나 비로소 관련디자인 특허를 확보할 수 있는 것이다. 기본디자인이 성립하지 않거나, 성립 후 소멸한 경우에는 관련디자인의 등록은 인정하지 않는다. ⅲ) 관련디자인은 **자기의 기본디자인에만 유사**하여야 한다. 최초 개발된 디자인과 유사한, 즉 미세한 변형에 따라 누구나 혼동을 일으킬 정도로 유사한 디자인에 대해서만 관련디자인출원을 할 수 있다. 만약 최초 개발디자인과 다르게 보이는 것이라면 굳이 관련디자인으로 출원할 필요없이 별개의 디자인을 진행하면 족하기 때문이다.[300] 그러므로 관련디자인 등록출원일을 기준으로 하여 디자인의 등록요건을 구비하고 있어야 한다. 왜냐하면, 관련디자인제도는 **자기의 기본디자인**에 대하여만 **선출원주의의 예외를 인정**한 것이기 때문이다. ⅳ) **관련디자인에만 유사하지 않아야** 한다. 관련디자인에만 유사한 디자인의 등록을 인정하면, **기본디자인의 권리범위가 무한대로 확장**되고 심지어는 기본디자인과 유사하지 않은 디자인에 대하여 선출원주의의 예외를 인정하는 결과를 가져올 것이다. ⅴ) 기본디자인의 물품과 관련디자인의 물품은 **동일 또는 유사**한 것이어야 한다. ⅵ) 기본디자인의 출원일부터 1년 내에 출원해야 한다. 최초 개발된 디자인을 특허청에 출원한 후 1년이 경과해 버리면 관련디자인 특허를 확보할 방법이 없다.

(3) 관련디자인의 권리범위

디자인의 권리범위는 동일 영역뿐만 아니라 유사영역까지 그 효력이 미친다. 관련디자인은 기본디자인의 권리범위와는 별도로 관련디자인만의 권리범위를 가져서, 하나의 콘셉트에서 출발한 디자인의 권리범위를 광범위하게 확보할 수 있다. 만약 최초 디자인에서 변형된 다양한 디자인을 다수의 관련디자인으로 등록받으면, 비록 최초 디자인과 다르더라도 그 콘셉트를 함께 하는 디자인까지도 보호할 수 있다는 점에서 제3자의 모방 의도를 강력하게 억제할 수 있을 것이다.

(4) 관련디자인 출원시 주의사항

관련디자인 출원시 반드시 주의해야 할 사항이 있다. 최초 개발디자인(A)을 특허청에 출원한 후, 이와 유사한 디자인(A')을 관련디자인으로 하여 출원하면, 그 이후 그 관련디자인(A')과만 유사한 디자인(A'')은 아예 디자인등록이 불가능하다(디자인보호법 제35조 제2항). 즉 관련디자인과 유사한 디자인은 등록이 불가능하다는 것이다. 이는 디자이너에게

300) 만약 타인의 디자인과도 유사하면 관련디자인을 인정할 수 없다.

관련디자인 이상의 권리를 추가로 확보할 수 있게 되면, 너무나 강력한 권리를 부여하는 꼴이 되어 그것이 오히려 권리 독점의 폐해라는 새로운 문제를 야기할 수도 있기 때문이다.[301]

(5) 관련디자인 출원의 보정

디자인등록출원인은 관련디자인등록출원을 단독으로 **디자인등록출원**으로, 단독의 디자인등록출원을 **관련디자인등록출원으로 변경**하는 **보정**을 할 수 있다(디자인보호법 제48조 제2항). 앞의 경우 관련디자인등록출원을 단독의 디자인등록출원으로 보정함에 **신규성상실의 예외규정**(디자인보호법 제36조 제1항)을 적용받으려는 자는 디자인보호법 제36조 제2항의 규정에도 불구하고 그 보정을 하는 때에 보정서에 그 취지를 적어 특허청장에게 제출하고 이를 증명할 수 있는 서류를 **보정서 제출일부터 30일 이내**에 특허청장에게 제출하여야 한다(디자인보호법 제48조 제3항).

(6) 관련(유사)디자인등록의 효과

디자인의 효력은 관련(유사)**디자인에 미치기 때문에**(디자인보호법 제33조 제3항) 별도로 관련디자인의 등록을 하지 않아도 보호를 받을 수 있지만, 관련디자인의 범위가 불명확함으로 권리범위를 명확히 하려는 목적에서 관련디자인의 등록을 인정하고 있다. 이 제도는 **신규성 및 선출원주의에 대한 예외**라고 할 수 있다(디자인보호법 제35조 제1항). **관련디자인여부판단**에는 **형상과 모양**이 그 **중심기준**이 되고, **색채**는 **보조적**으로 **형태성의 유사여부를 판단하는 기준**이 된다고 한다. 관련디자인은 **관련디자인권과 기본디자인권이 그 운명을 같이 한다**는 의미이다. 그러므로 **기본디자인권이 소멸**하면, **관련디자인권도 소멸**하고(부종성), **기본디자인권과 분리**하여 관련디자인권만을 **처분할 수 없으**며, **관련디자인에만 담보권이나 실시권의 설정을 할 수 없다**.

관련디자인권도 하나의 디자인권이므로 기본디자인권과의 관계를 제외하고는 독자적인 디자인권의 효력을 갖는다. 관련디자인권도 별도로 등록되기 때문에 권리자가 관련디자인권만을 포기할 수도 있고, 무효심판의 대상이 되기도 한다. 예를 들어, 컵은 각각 형상이 모두 다르지만, 모양이 유사하고 전체적인 미감이 유사하게 느껴지므로 세 가지 모두가 서로 관련한 디자인이다.[302]

3) 디자인일부심사등록

(1) 디자인일부심사등록의 의의

디자인일부심사등록이란 디자인등록출원이 디자인등록요건(디자인등록출원에 필요한 방식을

301) 한국발명진흥회, 앞의 책, 169면 참조.
302) 운종렴, 의장법해설, 삼경당, 1984, 182면.

갖추고 있는지와 디자인의 성립요건, 공업상 이용가능성 및 부등록사유 등) 중 **일부만**을 갖추고 있는지를 **심사하여 등록**하는 것을 말한다(디자인보호법 제2조 제6호). 이 제도는 유행성이 강한 일부 물품(예: 직물지, 벽지 등의 Life-cycle이 짧고 유행성이 강한 평면디자인 등)에 대해서 1998년 3월 1일부터 디자인심사등록주의에서 **무심사등록주의로 변경**하였는데, 디자인무심사등록제도 또한 신규성 · 선출원 요건 및 창작성 요건 일부를 제외하고는 **심사등록제도와 동일하게 실체심사**를 한다. 따라서 디자인등록요건 전부를 심사하지 않는다는 부정적 인식을 없애고자, 2013년 개정법(법률 제11848호, 2013.5.28.)에서 '디자인무심사'의 용어를 '**디자인일부심사**'로 **변경**하게 되었다.

특허청은 **유행성이 강한 디자인**에 대해서는 디자인등록출원이 출원방식에 적합한지 등의 **형식적 요건**과 부실권리의 발생을 최소화하기 위한 **필수적인 사항만을 심사**하여 디자인등록을 허여(許與)함으로써 심사처리기간의 단축과 신속한 권리화를 가능케 하여 권리자의 실질적인 보호와 아울러 행정력의 절감을 도모하고자 도입한 제도이다.[303)]

(2) 디자인일부심사의 등록요건

디자인일부심사등록출원을 할 수 있는 디자인의 요건은 ① 유행성이 강한 물품에 관한 디자인으로서 산업통상자원부령이 정하는 **물품**일 것[304)](디자인보호법 제37조 제4항, 같은 법 제40조 제2항), ② 디자인등록출원에 **필요한 방식**을 갖추고 있을 것(디자인보호법 제47조), ③ 디자인등록을 **받을 수 없는 디자인이 아닐 것**(디자인보호법 제34조), ④ **거절이유**에 해당하지 않을 것(디자인보호법 제33조 제1항 본문, 같은 법 제33조 제2항 중 주지디자인에 의한 용이창작, 같은 법 제39조 등) 등이다.

과거에는 디자인일부심사등록출원에 대해서는 신규성(디자인보호법 제33조 제1항 제1호, 제2호, 제3호), 창작비용이성(같은 법 제33조 제2항), 확대된 선출원(같은 법 제33조 제3항) 및 선출원(같은 법 제46조)은 심사단계에서 판단되지 않았는데, 그러나 **디자인일부심사등록출원**에 대해서도 **출원된 디자인이 신규성 또는 창작성 등이 상실**되었다는 **정보제공이 있는 때**에는 그 **정보 및 증거에 근거**하여 **디자인등록거절결정**을 할 수 있도록 변경되어 부실권리의 발생을 억제하려고 하고 있다(디자인보호법 제62조 제4항). 또한 관련디자인등록출원에 대해

---

303) 윤선희, 지적재산권법, 세창출판사, 2014, 227면 참조.

304) 디자인보호법 제37조제4항 전단에서 "산업통상자원부령으로 정하는 물품"이란 별표 4 중 제2류, 제5류 및 제19류에 속하는 물품을 말한다: 제2류에 속하는 물품군(의류 및 패션잡화 용품): 내의, 란제리, 코르셋, 브래지어, 잠옷(01), 의류(02), 모자류(03), 신발류, 양말 및 스타킹(04), 넥타이, 스카프, 목도리 및 손수건(05), 장갑(06), 패션잡화 및 의류 액세서리(07), 그 밖의 의류 및 패션잡화 용품(99); 제5류에 속하는 물품군(섬유제품, 인조 및 천연 시트직물류): 방사 제품(spun articles)(01), 레이스(02), 자수(03), 리본, 장식용 끈, 그 밖의 장식용 트리밍 직물지(04), 인조 또는 천연 시트직물류(05), 그 밖의 섬유 제품, 인조 및 천연 시트직물류(99); 제19류에 속하는 물품군(문방구, 사무용품, 미술재료, 교재) : 기용지, 서신용 카드 및 알림 카드(01), 사무용품(02), 달력(03), 서적 및 그 밖의 유사한 외관을 가진 물품(04), 필기, 제도, 회화, 조각, 판화 및 그 밖의 미술기법을 위한 재료 및 기구(05), 교재(06), 그 밖의 인쇄물(07), 그 밖의 문방구, 사무용품, 미술재료, 교재(99)

서는 디자인보호법 제35조 관련디자인의 일반규정이 적용되지 아니하고, 별도로 거절이유를 규정하고 있다(디자인보호법 제62조 제3항 제5호).[305)]

(3) 복수디자인 1등록출원(복수디자인등록출원)

(가) 복수디자인 1등록출원의 의의

복수디자인 1등록출원이란 여러 개의 디자인을 한꺼번에 하나의 출원으로 할 수 있는 것을 말한다. 디자인의 출원은 1출원서에 1디자인만을 1디자인등록출원하는 것이 원칙이나, 디자인등록출원인의 편의를 도모하고 출원절차를 간소화하기 위하여 산업통상자원부령으로 정하는 물품류 구분[306)]에서 같은 물품류에 속하는 물품에 대하여는 **100 이내의 디자인을 1디자인등록출원**(이하 "복수디자인등록출원"이라 한다)으로 할 수 있다. 이 경우 **1 디자인마다 분리하여 표현**하여야 한다(디자인보호법 제41조).

(나) 복수디자인 1등록출원의 등록요건

복수디자인등록출원할 수 있는 것은 ① 디자인일부심사등록출원에 한하고, ② 동일물품분류에 속한 것이어야 하고,[307)] ③ 100개 이내의 디자인에 한한 것이어야 한다. ④ 각 디자인이 거절이유에 해당하지 않을 것 등의 요건을 충족시켜야 한다.

(다) 복수디자인 1등록출원의 등록의 효과

복수디자인등록출원은 각 디자인이 일정한 방식 등의 요건을 충족시켜야 등록받을 수 있으며, 한 디자인이라도 거절이유가 있는 경우 등록받을 수 없다. **복수디자인등록출원**에 대한 디자인등록결정을 받은 자는 **등록료를 낼 때**에는 **디자인별로 포기**할 수 있으며(디자인보호법 제80조), 복수디자인등록출원이 등록된 후에는 **각 디자인마다 권리가 발생**하는 것으로 본다. 따라서 **각 권리별로 사용, 수익, 처분이 가능**하다.

---

305) 디자인보호법 제62조 제3항 심사관은 디자인일부심사등록출원으로서 제35조에 따른 관련디자인등록출원이 제2항 각 호의 어느 하나 또는 다음 각 호의 어느 하나에 해당하는 경우에는 디자인등록거절결정을 하여야 한다. 1. 디자인등록을 받은 관련디자인 또는 디자인등록출원된 관련디자인을 기본디자인으로 표시한 경우, 2. 기본디자인의 디자인권이 소멸된 경우, 3. 기본디자인의 디자인등록출원이 무효·취하·포기되거나 디자인등록거절결정이 확정된 경우, 4. 관련디자인의 디자인등록출원인이 기본디자인의 디자인권자 또는 기본디자인의 디자인등록출원인과 다른 경우, 5. 기본디자인과 유사하지 아니한 경우, 6. 기본디자인의 디자인등록출원일부터 1년이 지난 후에 디자인등록출원된 경우, 7. 디자인보호법 제35조제3항에 따라 디자인등록을 받을 수 없는 경우

306) 디자인보호법 시행규칙 제38조(물품류 구분 등) ① 법 제40조제2항에 따른 물품류 구분은 「산업디자인의 국제분류 제정을 위한 로카르노협정」(이하 "로카르노 협정"이라 한다) 제1조(3).(i)(제32류는 제외한다)에 따른다. ② 제1항에 따른 각 물품류에 속하는 구체적인 물품은 특허청장이 정하여 고시한다. ③ 법 제37조제4항 전단에서 "산업통상자원부령으로 정하는 물품"이란 로카르노 협정에 따른 물품류 중 제2류, 제5류 및 제19류에 속하는 물품을 말한다. ④ 디자인보호법 제42조 제2항에 따른 한 벌의 물품의 구분은 별표 5와 같다.

307) 복수디자인등록출원으로 할 수 있는 물품은 디자인일부심사등록 대상물품(디자인보호법 시행규칙 별표4)으로 지정된 물품에 한하며, 이 중 하나의 복수디자인등록출원으로 될 수 있는 물품은 대분류가 동일한 것에 한한다.

(4) 디자인일부심사등록 출원의 보정

디자인등록출원인은 디자인일부심사등록출원을 디자인심사등록출원으로, 디자인심사등록출원을 디자인일부심사등록출원으로 변경하는 **보정**을 할 수 있다(디자인보호법 제48조 제3항). 이에 따른 보정은 ① 디자인보호법 제62조에 따른 **디자인등록거절결정** 또는 디자인보호법 제65조에 따른 **디자인등록결정**(이하 "디자인등록여부결정"이라 한다)의 통지서가 발송되기 전까지, ② 디자인보호법 제64조에 따른 재심사를 청구할 때, ③ 디자인보호법 제120조에 따라 **디자인등록거절결정에 대한 심판을 청구**하는 경우에는 그 **청구일부터 30일 이내에 보정**할 수 있다(디자인보호법 제48조 제4항).

이에 따른 보정이 **최초의 디자인등록출원의 요지를 변경**하는 것으로 디자인권의 설정등록 후에 인정된 경우에는 그 디자인등록출원은 그 **보정서를 제출한 때**에 **디자인등록출원을 한 것으로 본다**(디자인보호법 제48조 제5항).

(5) 디자인일부심사등록의 효과

디자인**일부**심사등록출원은 방식요건 및 일부 실체적 요건을 **충족**한 경우에는 다른 실체적 요건에 대한 심사없이 등록되며, 등록된 디자인권에 대해서는 디자인심사등록에 따른 디자인권과 동일한 **독점배타권**이 주어진다. 그러나 디자인**일부**심사등록디자인의 디자인권자・전용실시권자 또는 통상실시권자가 그 **등록디자인** 또는 이와 **유사한 디자인과 관련**하여 타인의 디자인권 또는 전용실시권을 **침해**한 경우에는 그 침해행위에 대하여 **과실**이 있는 것으로 **추정**된다(디자인보호법 제116조 제2항).

4) 한 벌 물품의 디자인

(1) 의 의

디자인보호법은 한 벌의 끽연용구 세트, **한 벌의 차 세트**와 같이 **2종 이상의 물품**이 **관습상 한 벌의 물품으로 판매되고 사용**되는 경우에 **한 벌 전체**로서 **통일성이 있을 때**에는 **한 벌의 디자인으로 등록 출원**하여 **디자인권의 대상**으로 한 제도이다(디자인보호법 제42조 제1항). 이는 서로 보완관계 있는 **물품을 한 벌로 취급**하여 출원인의 편의와 심사절차의 번잡을 피할 수 있게 한 제도이다. 이러한 한 벌 물품디자인제도를 인정함으로써 **1디자인 1출원주의에 대한 예외**를 인정함과 동시에 1이상의 물품의 조합에 따른 **통합적 미감**과 유행되고 있는 **시스템디자인**을 도모하기 위함이다.[308]

308) 송영식 외2, 앞의 책(2010), 158~159면 참조.

(2) 등록요건

첫째, 한 벌의 물품이어야 한다. 즉, **2종 이상의 물품의 결합**으로 관습상 **한 벌의 물품**으로 다루어지는 것으로 산업통상자원부령(디자인보호법 제42조 제2항, 디자인보호법시행규칙 제38조 제4항 별표 5)으로 정해져 있다. 한 벌의 물품은 시대의 변화에 따라 추가되거나 삭제될 것이다.

둘째, 2종 이상의 **물품이 상호보완적**이어야 할 뿐만 아니라 구성물품의 형태가 동일한 표현방법으로 표현되거나 각 구성물품이 결합되어 **통일된 형태**를 표현하거나(예: 끽연세트 등), 각 구성의 결합이 **관념적으로 통일성**이 인정되어야 한다(예: 토끼와 거북이를 소재로 한 것).

셋째, 각 구성물품은 전체로서도 디자인등록요건을 충족하여야 하고, 각 구성부분 각각도 디자인 등록요건을 충족하여야 한다. 이는 한 벌의 물품의 디자인제도의 이중적 성격 때문이다.

◪ 한 벌 물품의 구분(디자인보호법시행규칙 제38조제4항 별표5 관련, 2014년 12월 31일 현재)

1. 한 벌의 여성용 한복 세트, 2. 한 벌의 남성용 한복 세트, 3. 한 벌의 여성용 속옷 세트, 4. 한 벌의 장신구 세트, 5. 한 벌의 커프스단추 및 넥타이핀 세트, 6. 한 벌의 흡연 용구 세트, 7. 한 벌의 침장 세트, 8. 한 벌의 커피 용구 세트, 9. 한 벌의 화채 용구 세트, 10. 한 벌의 반상기 세트, 11. 한 벌의 다기(茶器) 세트, 12. 한 벌의 양념용기 세트, 13. 한 벌의 밥그릇과 국그릇 세트, 14. 한 벌의 주기(酒器) 세트, 15. 한 벌의 나이프, 포크 및 스푼 세트, 16. 한 벌의 숟가락 및 젓가락 세트, 17. 한 벌의 제기(祭器) 세트, 18. 한 벌의 세면 화장대 세트, 19. 한 벌의 책상과 책꽂이 세트, 20. 한 벌의 거실용 가구 세트, 21. 한 벌의 테이블 세트, 22. 한 벌의 사무용 가구 세트, 23. 한 벌의 응접 세트, 24. 한 벌의 탁자와 의자 세트, 25. 한 벌의 부엌가구 세트, 26. 한 벌의 서도용구(書道用具) 세트, 27. 한 벌의 필기구 세트, 28. 한 벌의 오디오 세트, 29. 한 벌의 개인용 컴퓨터 세트, 30. 한 벌의 텔레비전 수상기와 받침대 세트, 31. 한 벌의 문짝과 문설주 세트, 32. 한 벌의 화장실 청소용구 세트, 33. 한 벌의 세면용구 세트, 34. 한 벌의 전기칫솔 세트, 35. 한 벌의 캠핑용 식기 세트, 36. 한 벌의 자동차용 바닥매트 세트, 37. 한 벌의 야외용 테이블 및 의자 세트, 38. 한 벌의 자동차용 시트커버 세트, 39. 한 벌의 변기용 부속품 세트, 40. 한 벌의 골프클럽 세트, 41. 한 벌의 드럼 세트, 42. 한 벌의 사무용구 세트, 43. 한 벌의 자동차용 페달 세트, 44. 한 벌의 차량용 오디오 기기 세트, 45. 한 벌의 스피커 박스 세트, 46. 한 벌의 태권도복 세트, 47. 한 벌의 유도복 세트, 48. 한 벌의 검도복 세트, 49. 한 벌의 등산복 세트, 50. 한 벌의 스키복 세트, 51. 한 벌의 승마복 세트, 52. 한 벌의 야구복 세트, 53. 한 벌의 손톱·발톱 미용기구 세트, 54. 한 벌의 가방 세트, 55. 한 벌의 지갑 및 벨트 세트, 56. 한 벌의 화장용 브러시 세트, 57. 한 벌의 머리빗 세트, 58. 한 벌의 이발기구 세트, 59. 한 벌의 면도용구 세트, 60. 한 벌의 수유용품 세트, 61. 한 벌의 출산 준비물 세트, 62. 한 벌의 커튼 및 블라인드 세트, 63. 한 벌의 트로피·상패 세트, 64. 한 벌의 액자 세트, 65. 한 벌의 정리용 수납상자 세트, 66. 한 벌의 아이스박스 세트, 67. 한 벌의 주방용 밀폐용기 세트, 68. 한 벌의 와인잔 세트, 69. 한 벌의 주방용 칼 세트, 70. 한 벌의 주방용 국자 및 뒤집개 세트, 71. 한 벌의 남자용 수의(壽衣) 세트, 72. 한 벌의 여자용 수의 세트, 73. 한 벌의 침실용 가구 세트, 74. 한 벌의 가구용 손잡이 세트, 75. 한 벌의 운동용 아령 및 역기 세트, 76. 한 벌의 게임기 세트, 77. 한 벌의 제도용구 세트, 78. 한 벌의 스위치 및 콘센트 세트, 79. 한 벌의 원예용구 세트, 80. 한 벌의 수동공구 세트, 81. 한 벌의 드라이버 세트, 82. 한 벌의 손목시계 세트, 83. 한 벌의 반창고 세트, 84. 한 벌의 부항기 세트, 85. 한 벌의 프라이팬 세트, 86. 한 벌의 선박용 조타실(操舵室) 가구 세트, 87. 한 벌의 선박용 침실 가구 세트, 88. 한 벌의 선박용 휴게실 가구 세트, 89. 한 벌의 선박용 선원식당 가구 세트, 90. 한 벌의 자동차용 대시보드 패널(dashboard panel, center fascia) 세트, 91. 한 벌의 레저자동차의 침실용 가구 세트, 92. 한 벌의 주방용 붙박이(built-in) 물품 세트, 93. 그 밖에 둘 이상의 물품이 한 벌의 물품으로 동시에 사용되는 것으로 인정되는 경우

(3) 한 벌 물품 디자인권의 효과

한 벌의 물품의 디자인은 2 이상의 물품이지만, **한 벌 디자인으로 출원**하게 되면, **하나의 디자인으로 권리가 설정**된다. 따라서 한 벌 물품의 디자인권에 대한 심판, 권리의 이전 및 소멸 등도 분리하여 할 수 없다. 다만, **한 벌로서만 가능하다.**[309)]

5) 비밀디자인

(1) 의 의

비밀디자인제도는 디자인등록출원의 청구에 따라 디자인권 **설정등록일로부터 3년 이내에 기간**을 정하여 그 디자인의 내용을 비밀로 할 수 있는 제도를 말한다(디자인보호법 제43조 제1항). 이는 출원공개제도와 등록공고제도를 인정하지 않는 세계적 추세에서 등록공고제도를 가지고 있는 대한민국에서는 **등록공고주의로부터의 폐단을 개별적으로 방지하기 위한 디자인보호법 특유의 제도**이다. 즉, 디자인은 물품의 미적 외관(미적 외관의 창작)을 보호하는 제도이므로 발명이나 고안과는 달리 손쉽게 타인에게 쉽게 모방이나 침해가 용이하고 유행**에 민감하기 때문에 이를 일정한 기간 비밀로 하여 권리자 및 이해관계인을 보호하기 위하여 설정한 제도이다.**

디자인등록출원인은 디자인비밀청구를 **디자인등록출원을 한 날부터 최초의 디자인등록료를 납부하는 날까지** 할 수 있다. 즉, 국가에 속하는 디자인등록출원 또는 디자인권에 관한 수수료 또는 등록료 및 국민기초생활 보장법에 따른 의료급여 수급권자 및 산업통상자원부령이 정하는 자(者)에게 등록료가 면제된 때에는 디자인권을 설정하기 위한 등록을 하는 때까지 할 수 있다(디자인보호법 제43조 제2항).

(2) 비밀디자인등록의 요건

디자인등록출원인 또는 그의 정당한 승계인 또는 대리인의 **디자인비밀보장청구서**에 따른 **청구가 있어야** 한다. 그리고 청구권자는 **3년 이내의 기간**을 정할 수 있고, 그 기간은 3년의 범위에서 **단축**하거나 **연장**할 수 있다(디자인보호법 제43조 제3항).

(3) 비밀디자인등록의 효과

디자인등록출원이 지정한 비밀기간 동안에는 그 **디자인의 내용을 공포할 수 없다.** 다만, 일반적인 성명・출원 및 등록번호・연월일만 게재되며, 출원서 및 도면 등은 게재되지 않는다. 이를 누설한 특허청 직원은 형사처벌을 받게 된다(디자인보호법 제225조).

그러나 특허청장은 "① 디자인권자의 동의를 받은 자가 열람청구한 경우, ② 그 비밀디

---

309) 윤선희, 앞의 책(2009), 225면.

자인과 동일하거나 유사한 디자인에 관한 심사, 디자인일부심사등록 이의신청, 심판, 재심 또는 소송의 당사자나 참가인이 열람청구한 경우, ③ 디자인권 침해의 경고를 받은 사실을 소명한 자가 열람청구한 경우, ④ 법원 또는 특허심판원이 열람청구한 경우"에는 비밀디자인의 **열람청구에 응하여야** 한다(디자인보호법 제43조 제4항).

비밀디자인의 지정기간이 경과하면 비밀디자인은 디자인공보에 게재하여 공표된다. 또 비밀기간 동안에는 디자인의 내용이 공표되지 않으므로 그 비밀기간 중에 제3자의 침해행위는 **과실추정이 배제**되어(디자인보호법 제116조 제1항 단서), 디자인권자는 침해행위임을 **경고**한 다음에 비로소 침해금지나 손해배상을 **청구**할 수 있다. **출원공개신청**이 있는 경우에는 **비밀디자인의 청구는 철회**된 것으로 본다(디자인보호법 제43조 제5항).

6) 신청에 따른 출원공개

(1) 신청에 따른 출원공개의 의의

특허법·실용신안법은 출원심사의 신속과 이중투자 및 연구를 방지하기 위하여 출원공개제도를 두고 있는데, 디자인보호법은 **디자인의 특수성**(즉, 타인의 모방과 침해) 때문에 출원공개제도를 두지 않았다. 그러나 1995년 개정시 신청에 따른 출원공개제도를 새로 도입하였다(디자인보호법 제52조). 이는 제3자를 위한 공개실익보다는 공개를 따른 출원인의 불이익을 최소화하기 위하여 출원인의 신청에 따라서만 출원디자인을 공개토록하고 있다.

(2) 신청에 따른 출원공개의 요건

디자인등록출원의 공개를 신청할 수 있는 자는 **디자인등록출원인**이며(디자인보호법 제52조 제1항), **공개신청**이 있는 경우에는 그 디자인등록출원에 관하여 디자인보호법 제212조에 따른 **디자인공보**(이하 "디자인공보"라 한다)에 **게재하여 출원공개**를 하여야 한다. 다만, 디자인등록출원된 **"디자인이 주는 의미나 내용 등이 일반인의 통상적인 도덕관념이나 선량한 풍속에 어긋나거나 공공질서를 해칠 우려가 있는 디자인"**에 해당하는 경우에는 **출원공개**를 하지 **아니**할 수 있다(디자인보호법 제52조 제2항). 또한 공개신청은 그 디자인등록출원에 대한 **최초의 디자인등록여부결정의 등본**이 **송달된 후에는 할 수 없다**(디자인보호법 제52조 제3항).

(3) 신청에 따른 출원공개의 효과

디자인등록출원인은 출원공개가 있은 후 그 디자인등록출원된 디자인 또는 이와 유사한 디자인을 **업(業)으로서 실시한 자**에게 디자인등록출원된 디자인임을 **서면으로 경고**할 수 있고(디자인보호법 제53조 제1항), 이에 따라 **경고**를 받거나 **출원공개된 디자인임을 알고** 그 디자인등록출원된 **디자인** 또는 이와 유사한 디자인을 **업으로서 실시한 자**에게 그 **경고**를 받거나 출원공개된 디자인임을 **안 때**부터 디자인권의 **설정등록 시까지**의 기간 동안 그 등록디자인 또는 이와 유사한 디자인의 실시에 대하여 통상적으로 받을 수 있는 금액에 상당하는 **보상금의 지급을 청구**할 수 있다(디자인보호법 제53조 제2항). 이러한 **청구권**은 그 디자인등록출원된 디자인에 대한 디자인권이 **설정등록된 후가 아니면 행사할 수 없다**(디자인보호법 제53조 제3항). 이 외에 **보상금청구권의 소멸 등에 관한 사항**은 특허와 같이 **민법의 규정을 준용**한다.

(4) 정보제공와의 관계

누구든지 디자인등록출원된 디자인이 디자인보호법 제62조(디자인등록거절결정) 제1항 각 호의 어느 하나에 해당되어 **디자인등록될 수 없다는 취지의 정보를 증거**와 함께 특허청장 또는 특허심판원장에게 제공할 수 있다(디자인보호법 제55조).

(5) 우선심사청구

특허청장은 "① 디자인보호법 제52조에 따른 출원공개 후 디자인등록출원인이 아닌 자가 **업으로서 디자인등록출원된 디자인을 실시**하고 있다고 인정되는 경우, ② 대통령령으로 정하는 디자인등록출원으로서 **긴급하게 처리할 필요**가 있다고 인정되는 경우"에 해당하는 디자인등록출원에 대하여는 심사관에게 다른 디자인등록출원에 **우선하여 심사**하게 할 수 있다(디자인보호법 제61조 제1항). 또 특허청장은 **복수디자인등록출원**에 대하여 우선심사를 하는 경우에는 디자인보호법 제61조 제1항 각 호(1. 디자인보호법 제52조에 따른 출원공개 후 디자인등록출원인이 아닌 자가 업으로서 디자인등록출원된 디자인을 실시하고 있다고 인정되는 경우, 2. 대통령령으로 정하는 디자인등록출원으로서 긴급하게 처리할 필요가 있다고 인정되는 경우)의 어느 하나에 해당하는 **일부 디자인만 우선하여 심사**하게 할 수 있다(디자인보호법 제61조 제2항).

여기서 "대통령령으로 정하는 디자인등록출원"이란[디자인보호법 시행령 제6조(우선심사의 대상), 법 제61조 제1항 제2호] "① 방위산업 분야의 디자인등록출원, ② 녹색기술[온실가스 감축기술, 에너지 이용 효율화 기술, 청정생산기술, 청정에너지 기술, 자원순환 및 친환경 기술(관련 융합기술을 포함한다) 등 사회·경제 활동의 전 과정에 걸쳐 에너지와 자원을 절약하고 효율적으로 사용하여 온실가스 및 오염물질의 배출을 최소화하는 기술을 말한다]과 직접 관련된 디자인등록출원, ③ 수출 촉진과 직접 관련된 디자인등록출원, ④ 국가나 지방자치단체의 직무에 관한 디자인등록출원(고등교육법에 따른 국립·공립학교의 직무에 관한 디자인등록출원으로서 기술의 이전 및 사업화 촉진에 관한 법률 제11조 제1항에 따라 국립·공립학교에 설치된 기술이전·사업화에 관한 업무를 전담하는 조직이 낸 디자인등록출원을 포함한다), ⑤ 벤처기업육성에 관한 특별조치법 제25조에 따라 벤처기업 확인을 받은 기업의 디자인등록출원, ⑥ 중소기업 기술혁신 촉진법 제15조에 따라 기술혁신형 중소기업으로 선정된 기업의 디자인등록출원, ⑦ 발명진흥법 제11조의2에 따라 직무발명보상 우수기업으로 선정된 기업의 디자인등록출원, ⑧. 발명진흥법 제24조의2에 따라 지식재산 경영인증을 받은 중소기업의 디자인등록출원, ⑨ 산업디자인진흥법 제6조에 따라 디자인이 우수한 상품으로 선정된 상품에 관한 디자인등록출원, ⑩ 국가의 신기술개발지원사업 또는 품질인증사업의 결과물에 관한 디자인등록출원, ⑪ 조약에 따른 우선권주장의 기초가 되는 디자인등록출원(해당 디자인등록출원을 기초로 하는 우선권주장에 따라 외국 특허청에서 디자인에 관한 절차가 진행 중인 것으로 한정한다), ⑫ 디자인등록출원인이 디자인등록출원된 디자인을 실시하고 있거나 실시를 준비 중인 디자인등록출원, ⑬ 전자거래와 직접 관련된 디자인등록출원, ⑭ 특허청장이 외국 특허청장과 우선심사하기로 합의한 디자인등록출원, ⑮ 우선심사를 신청하려는 자가 디자인등록출원된 디자인에 관하여 전문기관에 선행디자인 조사를 의뢰한 경우로서 조사 결과를 특허청장에게 통지하도록 전문기관에 요청한 디자인등록출원, ⑯ 인공지능, 사물인터넷 등 4차 산업혁명과 관련된 기술을 활용한 디자인등록출원"에 해당하는 것으로서 특허청장이 정하는 디자인등록출원을 말한다.

8. 디자인보호법에 존재하지 아니하는 제도

디자인은 물품의 미적 외관만을 그 보호대상으로 하기 때문에 유행성 및 계절에 대단히 민감하여, 타인이 용이하게 모방하기 쉽고 또한 침해가 쉽다. 따라서 디자인제도에서는 특허 및 실용신안 및 상표 등 제도와는 특유한 "부분디자인(디자인보호법 제2조 제1호), **관련디자인**(디자인보호법 제35조), **복수디자인등록출원**(디자인보호법 제41조), **한 벌의 물품의 디자인**(디자인보호법 제42조), **비밀디자인**(디자인보호법 제43조), **신청에 따른 출원공개**(디자인보호법 제52조)제도"를 두고 있다.

이와 반대로 디자인보호법만이 갖고 있지 않은 제도가 있다. 특허법·실용신안법에서는 출원 후 심사청구가 있어야만 실체를 심사하나, 디자인보호법에서는 원칙적으로 **한 번의 출원의사표시로 실체심사**를 행하고[심사청구제도가 없고, 출원의 순위에 따라 심사가 진행되고 있다. 다만 우선심사신청은 가능하다(디자인보호법 제61조)], **출원공개는 출원인의 신청**이 있어야만 행한다. 이와 같이 디자인보호법에서는 특허법에서 모든 출원에 대하여 모두 공개하는 출원공개제도와 심사청구제도와는 **다르다.** 또 특허법에서는 등록 후 **명세서나 도면을 정정하는 심판제도**가 있으며, 또 정정한 명세서나 도면을 무효로 하는 **무효심판제도**를 두고 있으나, **디자인보호법**은 이러한 제도를 두고 있지 **않다.**[310] 그리고 디자인권은 디자인보호법 제90조 제1항에 따라 설정등록한 날부터 발생하여 디자인등록출원일 후 20년이 되는 날까지 존속한다(디자인보호법 제91조). 다만, 디자인권은 특허권의 존속기간의 연장등록 및 상표권의 존속기간 갱신과는 달리, 존속기간의 연장 또는 갱신할 수 없다.

앞에서 언급한 것 이외에도 디자인보호법은 국내우선권제도, 식물특허제도, 미생물특허

310) 윤선희, 앞의 책(2014), 234면 참조.

제도, 물질특허제도, 제조방법에 따른 특허제도, 불실시에 대한 취소심판 및 통상실시권 설정에 따른 재정청구제도 등을 두고 있지 않다.

9. 디자인의 출원, 심사 및 등록처리절차

학습포인트

디자인등록출원시 제출하는 서류에 대해 알아본다.

디자인권을 받기 위하여 특허청에 서류를 제출하는 것을 디자인출원이라고 한다. 특허나 실용신안출원의 경우에는 기술내용을 상세히 기록한 명세서를 제출하지만, 디자인출원의 경우에는 물품의 도면을 그리거나 사진을 찍어서 제출한다. 도면은 정투상도법에 따른 평면도, 저면도, 좌우측면도, 정면도, 배면도 및 물품을 비스듬히 바라본 사시도가 있어야 한다. 물품이 옷감이나 포장지 등일 때에는 직접 견본을 제출할 수도 있다. 디자인출원은 특허청에서 정해 놓은 출원서 양식에 도면을 첨부하여 제출해야 한다.

디자인출원을 하면, 특허청 심사관이 심사를 하고 나서 보통 **약 10개월에서 1년**이 지나면 등록이 된다. 디자인권의 취득절차는 특허권의 취득절차와 유사하다. 그러나, 의복류, 침구류, 사무용지, 라벨, 포장용지, 직물지 등 유행성이 높은 물품은 실질심사를 하지 않기 때문에 약 **3개월 정도면 등록**될 수 있다.

디자인권도 특허권과 같이 출원 ⇨ 심사 ⇨ 등록의 순서 절차가 진행되는 것을 알 수 있다. 이와 같이 특허청에 권리부여를 신청해서 심사결과에 따라 등록되는 것을 '심사주의'라고 한다. 디자인등록출원에 대하여 디자인보호법에 특별한 규정을 제외하고는 특허법의 경우와 같이 출원절차 · 심사절차 · 등록절차를 밟아야 하며, 그에 필요한 서류는 서면주의 · 양식주의 · 국어주의의 원칙에 따라야 하고, 필요한 비용도 납부하여야 한다.

1) 디자인등록출원

디자인등록을 받으려고 하는 자는 출원요건(디자인보호법 제37조)을 갖추어 소정의 양식에 기재한 출원서 및 도면 등을 특허청장에게 제출해야 한다. 그러면 특허청은 방식심사를 하게 된다(상세한 것은 뒤 도표 〈디자인의 출원 및 심사처리 절차〉를 참조). 여기서는 디자인보호법에 특별히 규정한 것만 설명하고자 한다.

<table><tr><td>
디자인 도면
(【디자인의 일련번호】)
【물품류】
【디자인의 대상이 되는 물품】
【디자인의 설명】
【디자인의 창작내용의 요점】
【도면 1.1】
【도면 1.2】
【도면 1.3】
【도면 1.4】
【도면 1.5】
【도면 1.6】
【도면 1.7】
</td></tr></table>

(1) 디자인등록을 받을 수 있는 자

디자인을 창작한 사람 또는 그 **승계인**은 이 법에서 정하는 바에 따라 **디자인등록을 받을 수 있는 권리**를 가진다. 다만, 특허청 또는 특허심판원 직원은 상속 또는 유증(遺贈)의 경우를 제외하고는 재직 중 디자인등록을 받을 수 없다(디자인보호법 제3조 제1항). 2명 이상이 **공동으로 디자인을 창작**한 경우에는 디자인등록을 받을 수 있는 권리를 **공유(共有)**한다(디자인보호법 제3조 제2항).

(2) 1디자인 1등록출원의 원칙

디자인심사등록출원은 산업통상자원부령으로 정하는 **물품류 구분**에 따라 **1디자인 1디자인등록출원**으로 한다(디자인보호법 제40조). 이것을 **1디자인 1등록출원의 원칙**이라고 한다. 즉, 하나의 출원에는 하나의 디자인만 출원할 수 있으며, 이에 위반하여 출원하면 거절사유가 된다(디자인보호법 제62조). 그러나 디자인**일부**심사등록출원은 일정한 범위에 속한 **100이내의 디자인**을 **1디자인**등록출원으로 할 수 있다(디자인보호법 제41조, 복수디자인등록출원).

(3) 출원의 분할

"① 디자인보호법 제40조(1디자인 1디자인 등록출원)를 위반하여 **2 이상의 디자인**을 **1디자인등록출원으로 출원**한 자, ② **복수디자인등록출원**을 한 자"는 디자인등록출원의 일부를 **1 이상의 새로운** 디자인등록출원으로 **분할**하여 디자인등록출원을 할 수 있다(디자인보호법 제50조 제1항).

출원의 분할의 **요건**은 ⅰ) 하나의 디자인등록출원서에 2 이상의 디자인이 포함되어야 한다. ⅱ) 원(原)출원이 존재하여야 하고, 원출원의 범위 내에서 분할하여야 한다. ⅲ) 원출원인과 분할출원인이 동일하여야 한다.

출원의 분할의 **효과**는 분할된 디자인등록출원(이하 "분할출원"이라 한다)이 있는 경우 그 분할출원은 최초**에 디자인등록출원을 한 때에 출원**한 것으로 본다. 즉, 분할하여 출원한 것의 효력이 **최초에 출원한 때로 소급하여 발생**하는 것으로 **선출원주의의 예외**가 된다. 다만, 디자인보호법 제36조 제2항 제1호(신규성 상실의 예외, 취지기재 및 증명서류 제출) 또는 디자인보호법 제51조(조약에 따른 우선권 주장) 제3항 및 제4항(우선권주장시 출원일로부터 3개월 이내에 최초로 출원한 국가의 정부가 인정하는 출원의 연월일을 기재한 서면 및 도면의 등본을 제출)을 적용할 때에는 그러하지 아니하다(디자인보호법 제50조 제2항 단서).

(4) 출원의 보정과 요지변경(디자인보호법 제48조)

디자인등록출원인은 최초의 디자인등록출원의 **요지를 변경하지 아니하는 범위**에서 디자인등록출원서의 기재사항, 디자인등록출원서에 첨부한 도면, 도면의 기재사항이나 사진 또는 **견본을 보정**할 수 있다. 디자인등록출원인은 관련디자인등록출원을 단독의 디자인등록출원으로, 단독의 디자인등록출원을 관련디자인등록출원으로 **변경하는 보정**을 할 수 있다. 디자인등록출원인은 디자인일부심사등록출원을 디자인심사등록출원으로, 디자인심사등록출원을 디자인일부심사등록출원으로 **변경하는 보정**을 할 수 있다.

이에 따른 **보정**은 "① 디자인등록거절결정(법 제62조) 또는 디자인등록결정(법 제65조)의 통지서가 발송되기 전까지, ② 재심사를 청구할 때(법 제64조), ③ 디자인등록거절결정에 대한 심판을 청구하는 경우에는 그 청구일부터 30일 이내(법 제120조)"에 할 수 있다.

이에 따른 보정이 최초의 디자인등록출원의 **요지를 변경**하는 것으로 디자인권의 설정등록 **후에 인정**된 경우에는 그 디자인등록출원은 그 **보정서를 제출한 때**에 **디자인등록출원을 한 것**으로 본다.

(5) 선출원(디자인보호법 제46조)

동일하거나 유사한 디자인에 대하여 **다른 날에 2 이상**의 디자인등록출원이 있는 경우에는 **먼저 디자인등록출원한 자만**이 그 디자인에 관하여 디자인등록을 받을 수 있다. 동일하거나 유사한 디자인에 대하여 **같은 날에 2 이상**의 디자인등록출원이 있는 경우에는 디자인등록출원인이 **협의**하여 정한 하나의 디자인등록출원인만이 그 디자인에 대하여 디자인등록을 받을 수 있다. 협의가 성립하지 아니하거나 협의를 할 수 없는 경우에는 어느 디자인등록출원인도 그 디자인에 대하여 디자인등록을 받을 수 없다.

디자인등록출원이 **무효 · 취하 · 포기**되거나 디자인보호법 제62조에 따른 **디자인등록거절결정** 또는 **거절한다는 취지의 심결이 확정**된 경우 그 디자인등록출원은 디자인보호법

제62조 제1항 및 제2항을 적용할 때에는 **처음부터 없었던 것으로 본다**. 다만, 디자인보호법 제62조에 따른 **디자인등록거절결정**이나 **거절한다는 취지의 심결이 확정**된 경우에는 그러하지 아니하다.

무권리자가 한 디자인등록출원은 **처음부터 없었던 것**으로 보며, 특허청장은 디자인등록출원인에게 기간을 정하여 **협의의 결과를 신고**할 것을 명하고 그 기간 내에 신고가 없으면 협의는 성립되지 아니한 것으로 본다.

2) 디자인등록심사절차

특허청장은 **심사관**에게 디자인**등록**출원 및 디자인**일부**심사등록 이의신청을 심사하게 한다(디자인보호법 제58조 제1항). 여기서 **심판**이란 일단 특허청에 디자인출원된 것을 등록하여 줄 것인가 아니할 것인가의 판단을 하기 위한 것을 말한다.

현행 대한민국의 디자인보호법은 다른 산업재산권법과 달리 **심사주의와 일부심사주의를 병행**하여 채택하고 있다. 디자인등록출원의 심사절차는 심사청구제도, 출원공개제도가 없는 것 외에는 특허법의 규정과 거의 동일하다. 다만, **신청에 따른 출원공개**제도에 따라 **보상금 청구권의 행사**와 **공개한 디자인을 침해**하는 경우에 한하여 **우선심사청구**가 가능하다.

디자인 등록출원의 심사절차를 도표로 표시하면 다음과 같다.

디자인의 출원 및 심사처리 절차[311]

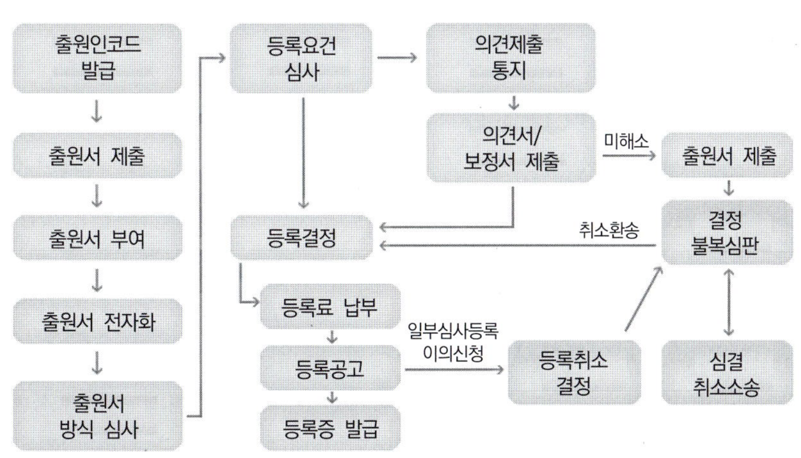

311) http://www.kipo.go.kr/kpo/user.tdf;jsessionid=9863ca6b30d5f0f3f98294884b07bc68916144140453.e34RahyTbxmRb40LaxyPahaRaheMe0?a=user.html.HtmlApp&c=10004&catmenu=m04_01_06, 2014.09.05., 23:00 검색

10. 디자인권

1) 디자인권의 발생 및 존속기간

디자인권은 물품의 외관인 디자인에 대한 아이디어를 보호하는 권리이다.

디자인권자는 **업으로서 등록디자인** 또는 이와 관련(유사)**디자인**을 **실시할 권리를 독점하는 권리**이다(디자인보호법 제90조 제1항). 이러한 디자인권은 등록결정을 받은 후 소정의 등록료를 특허청에 냈을 때에 **디자인등록**함으로써 **발생**한다(디자인보호법 제90조 제2항). 이렇게 설정등록된 것을 **등록디자인**이라고 한다. 디자인권은 독특한 형상, 모양, 색채가 있는 물품의 외관에 부여하는 권리로서 설정등록한 날부터 발생하여 **디자인등록출원일 후 20년이 되는 날까지 존속**한다. 다만, **관련디자인**으로 등록된 디자인권의 존속기간 만료일은 그 **기본디자인의 디자인권 존속기간 만료일**로 한다(디자인보호법 제91조 제1항).

2) 디자인권의 효력

디자인권은 **등록디자인** 또는 이와 관련(**유사**)**디자인**을 독점적으로 지배하고 실시할 수 있는 권리를 말한다. 이 권리에는 **디자인권자**는 자기의 등록디자인을 **업으로서 디자인**(등록디자인 또는 이와 관련(유사)디자인)을 **직접 실시하고 이용할 수 있는 권리**(디자인보호법 제92조, 적극적 권리)와 **타인이 실시하는 것을 배제**할 수 있는 권리(소극적 권리)가 있다.[312)]

(1) 디자인권의 적극적 효력

디자인권의 적극적 효력이란 디자인권자가 업으로서 **등록디자인** 또는 이와 관련(**유사**)**디자인**을 독점적으로 실시할 수 있는 효력을 말한다(디자인보호법 제92조). 디자인권의 효력은 **등록디자인**과 **동일한 디자인**뿐만 아니라 이와 관련(**유사**)**디자인**에도 **효력이 미친다**. 디자인권의 효력을 등록디자인만이 아니고 이와 관련(유사)디자인에까지 미치도록 한 것은 **물품의 미적외관**이기 때문에 **동일성 개념만**으로는 그 **보호범위가 협소**하여 실질적인 보호가 실현되지 않고, 또한 **디자인제도의 목적을 달성할 수 없**기 때문이다.

여기서 **등록디자인**이란 디자인등록을 받은 디자인을 말하며, 이에 관련(**유사**)**디자인**이란 동일·유사한 물품에 동일·유사한 형태가 표현되어 외관상 서로 유사한 미감을 일으키는 디자인을 말한다. **업**이란 일정한 목적 아래에 계속하여 행하는 유기적 활동으로서 사업을 말한다. 사업은 반드시 영리를 목적으로 하는 것만을 의미하는 것이 아니고, 반복하여 계

---

312) 즉, 디자인권자는 적극적으로 자기의 등록디자인과 동일 및 유사한 디자인을 자기의 디자인물품에 사용할 수 있을 뿐만 아니라, 타인이 허락없이 디자인권자의 디자인물품과 동일 및 유사한 물품에 등록디자인과 동일 및 유사한 디자인을 사용하는 것을 금지시킬 수 있다.

속적으로 행하여지는 것을 의미한다. **실시**라 함은 디자인에 관한 물품의 생산·사용·양도·수출 또는 수입하거나 그 물품의 양도 또는 대여의 청약(양도나 대여를 위한 전시를 포함)을 하는 행위를 말한다(디자인보호법 제2조 제6호).

☞ 사용권의 범위
- 동일물품 – 동일디자인
- 동일물품 – 관련디자인

☞ 금지권의 범위
- 동일물품 – 동일디자인
- 동일물품 – 관련디자인
- 관련물품 – 동일디자인
- 관련물품 – 관련디자인

(2) 디자인권의 소극적 효력

디자인권의 소극적 효력이란 **권원없는 제3자의 업으로서 실시를 배제**할 수 있는 효력을 말한다. 디자인권은 독점배타권이기 때문에 제3자에게 디자인권에 대한 불가침 의무가 부여되어 정당한 권원없이 업으로 등록디자인 또는 관련(유사)디자인을 실시하면 디자인권 침해가 된다.

(3) 디자인권의 효력 제한

디자인권은 독점적 권리이지만, **공익상 디자인권의 효력이 미치지 아니**하는 경우가 있다. 또 디자인권과 다른 지식재산권과의 **중복보호 또는 충돌을 방지**하기 위해서도 디자인권의 효력제한이 있을 수 있다.

(가) 공익상 디자인권의 효력이 미치지 않는 범위

디자인권의 효력은 "ⅰ) **연구 또는 시험**을 하기 위한 등록디자인 또는 이와 유사한 디자인의 실시, ⅱ) **국내를 통과**하는 데에 불과한 선박·항공기·차량 또는 이에 사용되는 기계·기구·장치, 그 밖의 물건, ⅲ) 디자인등록출원 시부터 국내에 있던 물건"에 해당하는 사항에는 **미치지 아니**한다(디자인보호법 제94조 제1항).

글자체가 디자인권으로 설정등록된 경우 그 디자인권의 효력은 "ⅰ) 타자·조판 또는 인쇄 등의 통상적인 과정에서 **글자체**를 사용하는 경우, ⅱ) ⅰ)에 따른 글자체의 사용으로 생산된 **결과물**인 경우"에는 **미치지 아니**한다.(디자인보호법 제94조 제2항)

또한 등록료 추가납부에 따라 디자인권 회복에 따른 효력제한기간 중의 실시(디자인보호법 제84조 제4항)과 재심청구등록 전에 선의로 수입 또는 국내에서 생산하거나 취득한 물품(디자인보호법 제161조 제1항)에도 디자인권의 효력이 **미치지 아니**한다.

(나) 이용 · 저촉관계의 따른 제한

디자인권자 · 전용실시권자 또는 통상실시권자는 **등록디자인**이 그 디자인등록출원일 **전**에 출원된 **타인의 등록디자인** 또는 이와 관련(유사)**디자인 · 특허발명 · 등록실용신안** 또는 **등록상표를 이용**하거나 디자인권이 그 디자인권의 디자인등록출원일 전에 출원된 타인의 특허권 · 실용신안권 또는 상표권과 **저촉**되는 경우에는 그 디자인권자 · 특허권자 · 실용신안권자 또는 상표권자의 **허락을 받지 아니**하거나 디자인보호법 제123조(통상실시권 허락의 심판)에 따르지 아니하고는 자기의 등록디자인을 **업으로서 실시할 수 없다**(디자인보호법 제95조 제1항).

(다) 전용실시권의 설정에 따른 제한

디자인권에 대하여 전용실시권을 설정한 때에는 전용실시권자가 등록디자인을 실시할 권리를 독점하는 범위 안에서는 **디자인권자**라도 등록디자인을 **실시할 수 없다**(디자인보호법 제97조 제2항). 이러한 전용실시권의 **설정은 등록**을 하여야만 그 **효력이 발생**한다(디자인보호법 제98조).

3) 디자인권자의 의무

디자인이 등록되면 디자인권자는 법률의 범위 내에서 **정당하게 사용할 의무**를 가진다. 그 이외에도 등록료를 납부하여야 하는 의무도 특허법과 동일하다.

4) 디자인권의 변동

디자인권은 설정등록이 따라서 재산적 가치가 있으므로, **상속**, **일반승계(유증, 계약)**, **양도**, **질권의 실행에 따라 이전**할 수 있다. 이 외에도 디자인권을 포기하는 경우(디자인보호법 제105조), 존속기간이 만료되는 경우(디자인보호법 제91조), 등록료를 납부하지 않은 경우(디자인보호법 제82조 제3항), 상속인 없는 경우(디자인보호법 제111조)에는 독점배타적인 **권리가 소멸**한다.

5) 실시권

등록디자인을 업(業)으로서 실시할 권리를 독점하는 자는 **디자인권자**이지만, 디자인보호법은 디자인권자 **이외의 자**에게도 등록디자인과 이와 관련(유사)디자인을 **적법하게 업으로서 실시**할 수 있다(디자인보호법 제92조 단서, 제97조, 제99조). 이 실시권은 **특허법상의 실시권과 원칙적으로 동일**하다.

11. 디자인권자의 침해보호

디자인권의 침해란 디자인권자 이외의 자가 정당한 권원없이 업(業)으로서 등록디자인 또는 이와 관련(유사)디자인을 실시하는 것을 말한다. 이러한 침해에는 두 가지가 있다.

1) 디자인권 침해

디자인권의 침해에는 직접침해와 간접침해가 있을 수 있다. **직접침해**의 경우에, 디자인권자는 등록디자인과 관련(유사)디자인을 독점적으로 실시할 권리를 갖는다. 그러므로 타인이 디자인권자의 허락없이 등록디자인이나 관련(유사)디자인을 실시하게 되면, 디자인권 침해를 구성한다. 디자인권 침해는 등록디자인과 침해물의 디자인이 동일하거나 관련(유사)하고, 물품이 관련(유사)하거나 동일한 경우, 디자인권 침해가 된다(디자인보호법 제92조).

간접침해의 경우, 등록디자인이나 이와 관련(유사)디자인에 관한 물품의 생산에만 사용하는 물품을 업으로써 생산·양도·대여 또는 수입하거나 업으로써 그 물품의 양도 또는 대여의 청약을 하는 행위는 해당 디자인권 또는 전용실시권을 침해한 것으로 보고 있다(디자인보호법 제114조).

2) 디자인권 침해의 구제

디자인권 침해에 대한 구제 방법으로는 크게 협상, 법적 조치, 산업재산권분쟁조정제도를 이용한 해결 방법이 있다. 디자인권 침해가 있는 경우에는 디자인권자 및 전용실시권자를 보호하기 위하여 민사적 법적 구제(디자인보호법 제113조~제118조)로서 침해자에 대하여 침해금지·예방청구권(디자인보호법 제113조), 디자인권 침해에 따라서 조성된 물품 및 설비의 제거청구권(디자인보호법 제113조 제3항), 징벌적 손해배상청구권(디자인보호법 제115조, 고의적 침해시 손해액의 최대 3배까지 배상(디자인 침해, 아이디어 탈취)), 신용회복청구권(디자인보호법 제117조)을 인정하고 있다. 그리고 손해액의 추정, 과실추정(디자인보호법 제116조), 서류제출명령(디자인보호법 제118조, 특허법 제132조)에 관한 규정을 두고 있다. 또한 형사적 구제수단(디자인보호법 제220조~제229조, 디자인권 침해죄, 위증죄, 허위표시죄, 사해행위죄, 비밀유지명령 위반죄, 비밀누설죄, 몰수, 과태료)을 규정하고 있다.

디자인 침해에 대한 구제

항목	내용	
협상에 따른 해결	화해 또는 조정	
법적 조치에 따른 해결	민사적 구제 방법	침해금지 청구권
		침해금지 가처분 신청
		징벌적 손해배상 또는 부당이득 반환청구권
		신용회복청구권
	형사적 구제 방법	침해죄 고소/고발: 벌금, 징역, 몰수
산업재산권 분쟁조정제도에 따른 해결	민법상 화해 계약과 동일한 효력(확정판결)	

12. 디자인의 국제적 보호 → 산업디자인의 헤이그협정에 따른 국제출원

국내 또는 해외 기업들이 사업화 영역은 국내 시장에 한정하지 않고, 해외 시장까지 넓어지고 있다. 글로벌 기업 간의 디자인권 분쟁 사례에서도 볼 수 있듯이, 기업들은 국내뿐만 아니라 해외에서도 디자인권 확보에 총력을 기울이고 있다. 이와 같이 디자인에 관한 독점배타적인 사업화를 자국에 한정하지 않고, 해외로 확장하기 위해서는 국내뿐만 아니라 해외 각 국가별 디자인에 관한 권리확보가 반드시 필요하다. 디자인권의 효력은 속지주의 원칙상 각 국가별로 효력이 미치고, 해외 각 국가별 디자인에 관한 법률 및 제도는 나라마다 다양한 방식으로 운영되고 있기 때문에 이에 대한 정확한 이해와 대비가 필요하다.[313]

1) 헤이그협정에 따른 국제출원이란?

산업디자인의 국제등록에 관한 헤이그협정의 국내 이행을 위한 절차와 특례(디자인보호법 제173조부터 제205조까지)를 정하고 있다.

헤이그협정에 따른 국제출원이란 디자인 국제출원절차의 단순화, 비용 절감 등을 위해 하나의 출원서류를 세계지식재산기구(WIPO) 국제사무국에 직접 제출하거나 대한민국 특허청을 통해 제출하면 다수의 국가에 출원한 것과 동일한 효과가 생기고, 지정국 영역에서 디자인 권리의 보호를 요청할 수 있는 것을 말한다. 쉽게 말하면, 헤이그협정에 따른 국제출원은 하나의 언어로 하나의 출원서를 작성하여 하나의 기관(국제사무국)에 제출하고, 하나의 통화로 수수료를 납부하는 등 간단한 절차를 통해 다수 국가에 동시에 출원할 수 있는 제도이다. 다만, 대한민국은 2014년 7월 1일부터 하나의 출원으로 다수 해외 국가에 디자인권을 획득할 수 있는 헤이그 협정에 따른 국제출원을 본격적으로 시행했지만, 이 국제출원을 중국 진입시에는 이용할 수 없다는 점을 유념해야 한다(USA, 유럽, 일본은 가능). 그러나 중국도 곧 헤이그협정에 따른 국제출원을 채택할 예정이므로, 그 이후에는 좀 더 편하고 쉽게 해외 디자인권을 확보할 수 있는 방안이 마련될 것이다.[314]

313) 한국발명진흥회, 앞의 책(지식재산능력시험), 148면 참조
314) 한국발명진흥회 편저, 앞의 책(지식재산능력시험), 164면 참조.

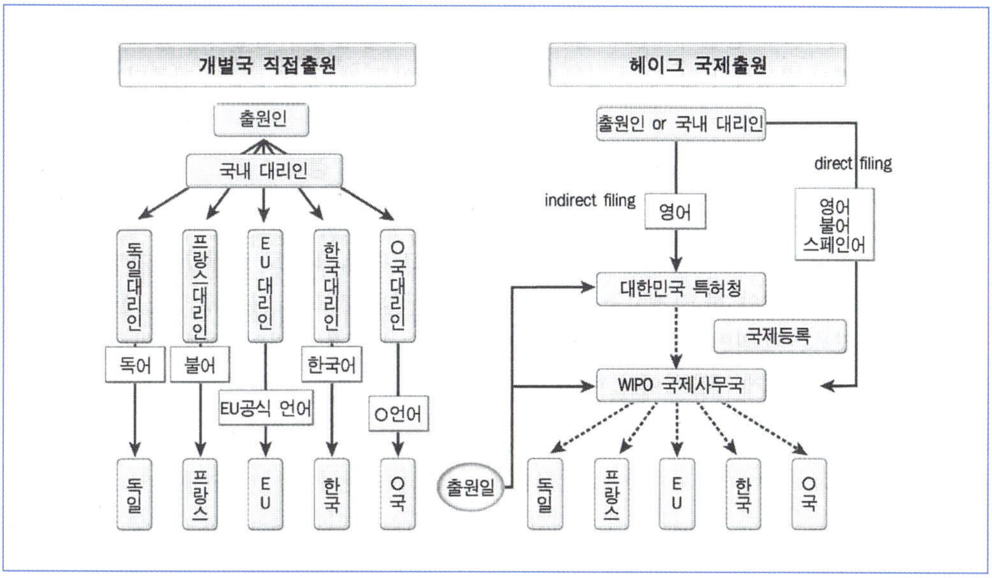

2) 해외 디자인출원시 유의해야 할 사항[315)]

해외에서 디자인권을 획득하고자 한다면, 각 국가의 법률에 따라 보호되는 디자인의 정의 규정을 정확히 이해하고 보호되는 디자인과 보호되지 않는 디자인을 명확히 구별할 줄 알아야 한다. 국가별로 보호되는 디자인과 보호되지 않는 디자인을 구별하여 기억해야 하는 이유는 자칫 해당 국가의 디자인 사업화를 전제하였다가 해당 국가에서 그 디자인이 보호되지 않을 경우 전혀 예측할 수 없었던 피해가 생길 수 있기 때문이다. 예를 들어 부동산, 인테리어에 관한 디자인은 USA, 유럽, 일본에서만 디자인권으로 보호될 수 있다. 또한 국가마다 출원 전 디자인의 공지에 대한 법적 취급도 상당히 다르다.

3) 디자인의 국제분류에 관한 로카르노 협정(Locarno Agreement, 1958)

디자인분류를 위한 국제적 기준을 제시하여 체약국이 국제분류를 주된 체계로서 또는 부차적인 체계로 사용할 권리를 보유한다는 조약이다.

4) 디자인 국제기탁에 관한 헤이그 협정(Hague Agreement, 1925)

체약국의 국민이 일정한 절차를 밟아 디자인을 국제사무국에 기탁하여 국제등록이 되면, 각 체약국 법령에 따른 기탁 또는 출원과 동일한 효과를 가진다는 조약이다. 보호기간은 5~10년이다.

---

315) 한국발명진흥회 편저, 앞의 책(지식재산능력시험), 165면 참조.

Q & A

1. 디자인의 성립요건인 물품성, 형태성, 시각성, 심미성은?
2. 디자인의 등록요건인 신규성 및 진보성은?

제5절 상표법

학습포인트

1. 상표법의 목적과 기능을 이해한다.
2. 상표와 서비스표, 단체표장, 증명표장, 업무표장에 대해서 살펴본다.
3. 상호, 도메인이름 등 상표의 인접 개념에 대해서 알아본다.

상거래의 루트가 오프라인에서 온라인으로 확대되면서 상표의 중요성이 더욱 커지고 있다. 상표는 디자인과 함께 기업 이미지를 형성하는 중요한 자원이자 경쟁수단이며, 수요자 입장에서는 상표를 통해 상품의 출처를 식별하고 원하는 상품을 선택하며, 특정 브랜드의 마니아가 되기도 한다. 최근에는 정보전달수단이 다양해지고 스마트폰 등 휴대용 기기가 일반화됨에 따라 색채상표, 입체상표, 동작상표, 소리상표 등 다양한 유형의 상표가 등장하고 있다.[316] 상표의 보호에 관한 기본법으로는 상표법과 부정경쟁방지 및 영업비밀보호에 관한 법률이 있다.

사례

'세이코'시계의 모닝콜 소리에 눈을 뜬 A는 '오랄B 칫솔'에 '메디안'치약으로 양치질을 한 후 '도브'비누로 세수를 하고 '송월'타월로 닦는다. '고려당' 빵과 '맥심'커피로 아침식사를 간단하게 한 후 'SM5'를 운전하고 회사에 출근한다는 식으로 오늘날 우리가 사용하는 대부분의 상품에는 상표가 부착되어 있다. 이와 같이 상표란 상품을 생산·제조·가공·증명 또는 판매하는 것을 업으로 영위하는 자가 자기의 상품을 타 업자의 상품과 식별하기 위하여 사용하는 표장이다. 즉, 상표는 자기상품과 타인상품(자타상품, 自他商品)의 식별표지이다. 그러므로 상표는 상품의 얼굴이라고 비유적으로 표현하기도 한다.

316) 한국발명진흥회 편저, 앞의 책(지식재산능력시험), 174면 참조.

1. 상표법의 의의

1) 상표의 개념

생각하기

상표, 상호, 브랜드의 차이점은 무엇이라고 생각되는가?

상표는 상표의 표지(標識)로서, 자기의 상품과 타인의 상품을 식별하기 위하여 사용하는 표장(標章)이다. 따라서 상표는 자기상품의 식별표지이기 때문에 상품의 얼굴이라고 한다. 오늘날 상표라는 말을 브랜드(brand)[317]로 불리어지고 있으나, 상표법의 상표는 사회통념상의 상표(사회적 사실로서의 상표)와 동일한 개념은 아니다. 브랜드(brand)라는 단어는 주로 경영학, 특히 마케팅 분야에서 사용되며, 상표(trade mark)라는 단어는 주로 법률분야에서 사용된다.

상표법은 상표의 개념을 제2조 제1항 제1호에서 상표란 상품을 생산·가공 또는 판매하는 것을 업으로 영위하는 자가 자기의 상품(지리적 표시가 사용되는 상품의 경우를 제외하고는 서비스 또는 서비스의 제공에 관련된 물건을 포함한다. 이하 같다)과 타인의 상품을 식별하기 위하여 사용하는 표장(標章)을 말한다. 여기서 상품이란 운반 가능한 유체물로서 독립하여 대량으로 거래될 수 있는 것으로서 그 자체가 교환가치를 가지고 있는 것을 말한다. 상표의 사용이란 "㉠ 상품 또는 상품의 포장에 상표를 표시하는 행위, ㉡ 상품 또는 상품의 포장에 상표를 표시한 것을 양도 또는 인도하거나 전기통신회선을 통하는 행위 또는 이를 목적으로 전시·수출 또는 수입하는 행위, ㉢ 상품에 관한 광고·정가표(定價表)·거래서류, 그 밖의 수단에 상표를 표시하고 전시하거나 널리 알리는 행위"에 해당하는 행위를 말한다(상표법 제2조 제11호). 상표법상 상표는 자기상품과 타인 상품을 식별하기 위해 사용하는 것만을 의미하므로 단순한 상호, 설명적 문구, 디자인 또는 가격표시는 상표가 아니다. 상표를 표시하는 행위에는 "㉠ 표장의 형상이나 소리 또는 냄새로 상표를 표시하는 행위, ㉡ 전기통신회선을 통하여 제공되는 정보에 전자적 방법으로 표시하는 행위"의 방법으로 표시하는 행위가 포함된다(상표법 제2조 제2항). **표장**이란 기호, 문자, 도형, 소리, 냄새, 입체적 형상,

317) 브랜드(brand)의 유래 : 오늘날 상표로서 알려진 브랜드(brand)는 앵글로색슨어의 동사로서 'burn'(태우다)에 상당하는 말에서 유래한 것이다. 소나 말의 엉덩이에 불에 달구어 진 쇠붙이로 낙인(烙印)을 찍는 관행은 오늘날까지도 남아 있다. 낙인 자체는 가축에 한정되지 않았다. 상품이 나무통에 들어 있는 경우나 노예 혹은 죄인에 대해서도 낙인을 찍었다. 표시방법이 소인(燒印)이었는지는 알 수 없으나, 구약 창세기 4:15에는 "the Lord put a mark on Cain"이라는 구절이 있다. 아마 문헌상 최고의 기록일 것이다. 또 수호지 중 '반역시'로 알려진 송강의 시구에도 "불행히 두 볼에 금인 찍히고"라고 하여 낙인 찍힌 이야기가 나온다: 송영식·이상정, 앞의 책, 166~167면 참조.

홀로그램 · 동작 또는 색채 등으로서 그 구성이나 표현방식에 상관없이 상품의 출처(出處)를 나타내기 위하여 사용하는 모든 표시를 말한다(상표법 제2조 제2호).

그리고 같은 조 제3항에서 "**서비스권 · 단체표장 및 업무표장 · 증명표장**에 관하여는 이 법에서 특별히 규정한 것을 제외하고는 상표에 관한 규정을 적용한다." 같은 제4항에서는 "지리적 표시 증명표장에 관하여는 이 법에서 특별히 규정한 것을 제외하고는 지리적 표시 단체표장에 관한 규정을 적용한다"라고 규정하여 상표법상 상표는 **광의의 개념으로 정의**를 내리고 있다. 따라서 자기상품과 타인상품(자타상품)을 식별하기 위하여 사용되는 것이 아닌 표장은 상표가 아니다.

2) 상표의 기능

생각하기

상표는 어떠한 기능을 담당하고 있는가?

상표는 소비자에게는 그 상품이 어느 기업의 어떤 상품이어서 신뢰하고 구매할 수 있게 하고, 기업으로서는 자사의 상품이 품질이나 기능 또는 성능 등이 타사의 상품에 비해 좋은 인식을 가지도록 함으로서 자신의 기업의 상품이라면 믿고 구매하도록 하는 것이 필요하다.[318]

상표는 상품의 **식별기능**(기본적 기능), **출처표시기능**, **품질보증기능**, **광고선전기능**을 가진다. 역사적으로 출처표시기능이 중요시되었지만, 현재는 **광고선전기능이 중시**되고 있다. 이러한 상표의 기능은 사용기간, 범위, 밀도내지 사용자의 노력에 따라서 강화될 수 있다.

(1) 자기상품과 타인상품(자타상품) 식별기능(기본적 기능)

상표법 제2조 제1호의 상표의 정의에서 보는 바와 같이 자기상품과 타인상품(자타상품) 식별기능이 상표기능 중 **가장 본질적인 기능**으로서 동일성질의 내용인 **한 상품**과 **다른 상품을 식별**하게 하는 기능이며, **상품의 동일성을 표시하는 기능**이다.[319] 그러나 상품의 식별기능이 없는 상표도 상표이다. 단, 사표(社標)나 상호(商號) 등의 영업표시는 상표법상의 상표라고 할 수 없다.[320] 따라서 자기상품과 타인상품(자타상품)의 식별의 주관적 의사의 존재는 상표의 구성요건이며(상표법 제2조 제1항), 객관적으로 자기상품과 타인상품(자타상

318) 윤선희, 앞의 책, 250면; 최근 기술의 발달로 인하여 물자가 풍족하여지면서 많은 상품들이 매장에 진열되어 어느 상품이 어느 회사의 상품인지를 식별하기 어렵다. 그리하여 회사들은 다른 회사의 상품보다 자사의 상품을 구매하도록 하기 위하여 여러 가지 판촉활동을 펼치고 있다. 이러한 판촉활동을 하기 위해서는 자사의 상품에 타사와 다른 표식을 사용하여 소비자가 그 상품을 언뜻 보아도 어느 회사의 어떤 상품인지를 알 수 있도록 하고 있다.

319) 상표는 소비자로 하여금 상품을 구비함에 있어 동일 성질의 내용인 K회사의 상품과 M회사의 상품을 구별 또는 식별하게 하는 기본적 기능(즉, 자타(自他)상품의 식별기능이다. 이를 본질적 기능 혹은 본원적 기능이라고도 한다)이다.

320) 윤선희, 앞의 책 251면 참조.

품)의 식별력을 결한 상표는 상표등록을 받지 못한다(상표법 제33조 제1항 제7호).

(2) 출처표시기능

상표의 출처표시기능이란 동일한 상표를 표시한 상품 또는 서비스(상표품)는 동일한 출처(source)에서 나온다는 것을 수요자에게 나타내는 기능이다. 즉, 상품이 어느 회사에서 제공되고, 어떠한 유통과정을 거쳐 소비자에게 전달되는가를 알려 주는 기능이다. 이는 자기 **상품의 우수성이나 특이성을 인식시켜 신용축척을 통한 시장을 확보·유지하려는 의미**가 있다. 기술의 진보가 보잘 것 없었던 사회에서는 상품의 품질은 특정인이나 기업의 숙련된 기술·명성과 밀접한 관계에 있었으므로, 출처가 달라지면 상품의 품질도 차이가 나게 마련이어서 상표에 대한 출처표시기능은 **생산자**에게는 물론 **소비자에게도 매우 중요한 것**으로 **상표 본래의 기능**이라 할 수 있다.[321)]

(3) 품질보증기능

상표의 품질보증기능이란 동일한 상표를 표시한 상품은 **동일한 품질**을 가지고 있다는 것을 나타내는 기능을 말한다. 동일상품이 반복적으로 생산됨에 따라 일정한 상표가 부착된 상품은 동일한 품질을 갖는 것으로 일반 소비자에게 인식되고 있다. 그러므로 소비자는 **일정한 상표에 일정한 품질이 있을 것이라는 기대**를 갖게 된다. 상품출처기능은 주로 상표사용자 쪽에서 본 상표의 기능이며, 품질보증기능은 주로 **소비자 쪽에서 본 상표의 기능**이라 할 수 있다. 전자의 기능보호는 상표사용자의 이익을 위한 사익적 측면에서 본 것이라면 후자의 기능보호는 **일반소비자의 이익을 위한 공익적 측면**에서 본 것이다. 따라서 품질보증기능은 상품의 품질에 대한 일반소비자의 신뢰를 통하여 상표사용자에 대한 신뢰를 두텁게 함은 물론 고객흡인력을 강하게 하는 중요한 기능을 하게 한다.

(4) 광고선전기능

상표의 광고선전기능이란 상표를 표시한 상품의 광고·선전 효과를 높이는 기능을 말한다. 매스미디어의 발달로 인하여 광고·선전은 판매경쟁의 주요수단이다. 따라서 앞으로 더욱 상표가 광고·선전에 있어서 행하는 역할이 커지게 될 것이다.

상표는 단순하고 인상적으로 표현된 것이므로 사용자는 상표를 통하여 상품 자체의 우수성, 상표소유자에 대한 신용을 소비자에게 준다. 상품의 균질화에 따라 상표의 기능은 광고선전기능에 치우치고 있다. 그러므로 광고선전기능을 침해하는 행위는 상표권 침해가 된다. 동종상품에 유사상품을 사용하는 경우뿐만 아니라 저명 상표를 전혀 다른 제품에 사용하는 것도 상표권의 침해이다. 부정경쟁방지법은 저명상표의 희석행위를 규제하고 있다.

---

321) 이동훈 외, 앞의 책, 171면 참조.

(5) 재산적 기능

생산자는 상표를 통하여 자기 상품의 우수성 내지 특이성을 수요자에게 쉽게 전달하여 수요자의 상품에 대한 신용이 객관화되고, 상품의 거래가 증가하고 상품이 선전될수록 **상표의 고객획득능력은 증대**되어 **상표의 재산적 가치도 따라 증대**한다. 이 점에서 시간이 경과하면 재산적 가치가 하락하는 다른 산업재산권과는 다르다.

(6) 그 밖의 기능

상표의 기능은 **신용**(Good Will)**보증기능**, **소비자보호기능**, **보호적 기능**, **경쟁적 기능** 등이 있다. 이러한 상표의 기능이 있으므로 생산자 및 제조자는 자기의 상품을 타인의 것과 비교하여 우수성 내지 특이성을 소비자에게 쉽게 전달할 수 있으며, 소비자 역시 비슷한 상품들 사이에서 자신이 원하는 상품을 용이하게 식별할 수 있을 것이다. 이로서 시장질서가 확립되어 소비자는 상표를 통한 상품의 신뢰이익을 보호받게 된다.

2. 상표의 종류

1) 상표법상 분류

상표법은 상거래에서 상품이나 서비스 제공의 출처를 표시하기 위하여 사용되는 표장(標章, mark, sign)을 보호하기 위한 법률이다. 현재 상표법에 따라 보호되는 표장으로서는 상표, 서비스표, 단체표장(지리적 표시 단체표장 포함), 업무표장, 증명표장(지리적 표시 증명표장 포함)이 있다. 상표법은 제2조 제1항 제1호에서 상표를 정의하고 있으며, 서비스표, 단체표장, 증명표장에 관하여 상표법에서 특별히 규정한 것을 제외하고는 상표에 관한 규정을 적용하도록 하고 있다.

(1) 상품상표(trade mark)

상표란 자기의 상품(지리적 표시가 사용되는 상품의 경우를 제외하고는 서비스 또는 서비스의 제공에 관련된 물건을 포함한다. 이하 같다)과 타인의 상품을 식별하기 위하여 사용하는 표장(標章)을 말한다(상표법 제2조 제1호). 표장이란 기호, 문자, 도형, 소리, 냄새, 입체적 형상, 홀로그램·동작 또는 색채 등으로서 그 구성이나 표현방식에 상관없이 상품의 출처(出處)를 나타내기 위하여 사용하는 모든 표시를 말한다(상표법 제2조 제1항 제2호).

상품을 식별하기 위하여 상품에 사용하는 것이 **상표**이다. 즉, 활명수, 그랜저, 에쿠스 등이다. 상품상표는 **상품의 식별표지**가 된다. 상품상표는 해당 **상표가 부착되어 사용될 상품이 지정된 상태로 등록**될 수 있고, 상품의 지정은 상표법시행규칙에서 정한 상품류 구분에 따라 지정하게 된다.

(2) 서비스표

상표는 상품에 사용되는 것이고, 서비스표는 서비스업(용역)에 관하여 사용되는 것이다. 즉 서비스표는 광고업, 통신업, 은행업, 운송업, 요식업과 같은 서비스업을 영위하는 자가 자기의 서비스업을 타인의 서비스업과 식별되도록 하기 위하여 사용되는 표장을 말하며, 상표법상 원칙적으로 상표에 관한 규정이 그대로 적용된다.

서비스표의 예

(3) 단체표장(collective mark)

단체표장이란 상품을 생산・제조・가공・판매하거나 서비스를 제공하는 자가 공동으로 설립한 법인이 직접 사용하거나 그 소속 단체원에게 사용하게 하기 위한 표장을 말한다(상표법 제2조 제1항 제3호). 단체표장에서는 **통상의 단체표장**과 **지리적 표시 단체표장** 등 2가지가 있다.

(가) 통상의 단체표장

단체표장(collective mark)이란 상품을 생산・제조・가공・판매하거나 서비스를 제공하는 자가 공동으로 설립한 법인(조합, 협회)이 직접 사용하거나 그 소속 단체원에게 사용하게 하기 위한 표장을 말한다(상표법 제2조 제1항 제3호). 예를 들어, 사단법인 대한병원협회, 사단법인 국제청소년연합, 사단법인 대한약사회 등을 들 수 있다.

동종업자가 설립한 법인이 아닌 경우에도 단체표장을 등록받을 수 있다. **소속단체원**뿐만 아니라, **그 법인**이 직접 사용하기 위한 경우에도 단체표장을 받을 수 있다. 단체표장을 활성화하기 위하여 단체표장의 홍보나 광고 등에 있어서 단체가 직접 그 표장을 사용할 필요성이 있으므로 단체도 직접 단체표장을 사용할 수 있도록 현실화하였다. 단체표장은 지리적 표시 단체표장과는 달리 상품뿐만 아니라 서비스업도 등록받을 수 있다.

단체표장의 예

(나) 지리적 표시 단체표장

지리적 표시 단체표장이라 함은 **지리적 표시를 사용할 수 있는 상품을 생산・제조 또는**

가공하는 자가 공동으로 설립한 법인이 직접 사용하거나 그 소속 단체원에게 사용하게 하기 위한 표장을 말한다(상표법 제2조 제1항 제6호).[322] 예를 들어, 안동찜닭, 대구 팔공산미나리, 문경 오미자, 안동 간고등어, 안동한지, 춘천막국수 등을 들 수 있다.

상표법은 WTO TRIPs협정[323]의 지리적 표시 보호 의무를 이행하기 위하여 대한민국도 '지리적 표시단체표장'제도를 도입하여, 상품의 산지 또는 현저한 지리적 명칭에 해당하는 표장이라도 그것이 특정상품의 지리적 표시에 해당하는 경우에는 '지리적 표시단체표장'으로 등록하여 독점배타적으로 보호받을 수 있도록 하였다. 지리적 표시 단체표장은 통상의 단체표장과는 달리 **상품에 한하여 인정**되지만, 상품의 종류에는 제한이 없으므로 **농수산물** 및 그 **가공품**뿐만 아니라 **공산품**도 그 대상이 된다. 특정 지역의 생산자 등에게만 사용을 인정하는 지리적 표시의 특성상 그 지리적 표시를 사용할 수 있는 상품을 생산·제조 또는 가공하는 자가 공동으로 설립한 법인에 한하여 지리적 표시 단체표장을 등록받을 수 있다.

상품의 산지(産地) 또는 현저한 지리적 명칭·그 약어 또는 지도만으로 된 상표에 해당하는 표장이라도 그 표장이 특정 상품에 대한 지리적 표시인 경우에는 그 지리적 표시를 사용한 상품을 지정상품으로 하여 지리적 표시 단체표장등록을 받을 수 있다(상표법 제33조 제3항). 동일한 상품에 대한 지리적 표시에 있어서 타인의 지리적 표시와 발음은 동일하지만, 서로 다른 지역에 해당하는 동음이의어(同音異議語) 지리적 표시에는 선출원주의가 적용되지 않고 다른 거절이유가 없는 한 모두 등록받을 수 있도록 하되, 지리적 출처에 소비자의 혼동을 방지하기 위한 표시를 함께 사용하도록 하고 있다(상표법 제223조). 지리적 표시인 경우에는 선출원 규정이 적용되지 않는다. 즉 "① 동일(동일하다고 인정되는 경우를 포함한다)하지 아니한 상품에 대하여 동일·유사한 표장으로 둘 이상의 지리적 표시 단체표장등록출원 또는 지리적 표시 단체표장등록출원과 상표등록출원이 있는 경우, ② 서로 동음이의어 지리적 표시에 해당하는 표장으로 둘 이상의 지리적 표시 단체표장등록출원이 있는 경우"에는 선출원규정이 적용되지 않는다(상표법 제35조 제5항).

---

322) 2005년 7월 1일부터는 지리적 표시 단체표장을 인정하여, 그 표장이 특정 상품에 대한 지리적 표시인 경우에도 등록을 받을 수 있다. 예를 들어, 춘천막국수는 지리적 표시 단체표장을 등록하였다: 강원 춘천시의 대표적인 향토음식인 '춘천막국수' 브랜드를 앞으로 함부로 쓸 수 없게 된다. 춘천시는 춘천막국수협의회 영농조합법인이 최근 특허청으로부터 춘천막국수에 대한 지리적 표시단체표장 등록을 받아 국내외에서 춘천막국수 브랜드에 대한 독점적 권리를 행사할 수 있게 된다고 2009년 10월 18일 밝혔다. 상표법에 따라 권리가 보장되는 상품은 막국수와 메밀가루, 메밀차 등 춘천지역에서 생산·가공된 메밀 관련제품이다. 이에 따라 앞으로 다른 지역에서 춘천막국수 브랜드를 사용하려면 춘천시와 영농조합법인이 제시하는 막국수 제조 기준에 맞추거나 영농조합법인이 생산하는 원료를 사용해야 한다. 현재 영농조합법인은 막국수의 메밀함량을 60%이상으로 정해 놓았다. 춘천막국수 브랜드를 임의로 상호나 차림표 등에서 사용하는 업소에 대해서는 법적 조치를 취하는 방안을 논의하고 있다. 영농조합법인은 2003년 설립됐으며, 지역 내 막국수 판매업소와 메밀관련제품을 생산하는 업체는 60여 곳이 참여하고 있다. 춘천=이인모 기자; 동아일보, 2009.10.19. A14.

323) TRIPs 제24조 제9항: 원산지 국가에서 보호되지 아니하거나 보호가 중단되거나 또는 그 나라에서 사용되지 아니하게 된 지리적 표시는 이 협정에 따라 보호할 의무가 없다(There shall be no obligation under this Agreement to protect geographical indications which are not or cease to be protected in their country of origin, or which have fallen intodisuse in that country).

지리적 표시 단체표장의 예

춘천막국수 협의회영농조합법인
안동간고등어 Andong Salted Mackerel Co., Ltd.
팔공산 마시는 미나리

(다) 단체표장의 효력

단체표장은 원칙적으로 권리주체와 사용주체가 분리되어, 단체표장권은 **법인**에 있고 **사용권은 단체구성원**에게 있다. 따라서 단체표장의 사용금지청구 또는 손해배상청구는 단체구성원이 행사할 수 없고, 법인만이 행사할 수 있다. 그러나 단체표장권자인 법인도 단체원을 위하여 단체표장을 부착한 상품의 광고 등의 행위를 할 수 있다.

지리적 표시 등록단체표장의 지정상품과 동일하거나 동일하다고 인식되어 있는 상품에 사용하는 지리적 표시로서 해당 지역에서 그 상품을 생산・제조 또는 가공하는 것을 업으로 영위하는 자가 사용하는 지리적 표시 또는 동음이의어(同音異議語) 지리적 표시 또는 선출원에 따른 등록상표가 지리적 표시 등록단체표장과 동일 또는 유사한 지리적 표시를 포함하고 있는 경우에 상표권자 등이 지정상품에 사용하는 등록상표에는 지리적 표시 단체표장권의 효력이 미치지 않는다(상표법 제90조 제2항). 단체표장은 **특허청에 등록에 따라 보호**된다. 이러한 단체표장은 **품질보증, 기업의 신용확보, 고객흡입력 획득기능**을 한다.

(4) 업무표장(business emblem)

업무표장(business emblem)이라 영리를 목적으로 하지 아니하는 업무를 하는 자가 그 업무를 나타내기 위하여 사용하는 표장을 말한다(상표법 제2조 제1항 제9호). 예를 들어, 한국발명진흥회, 한국철도공사, 서울특별시, YMCA, IOC, 월드컵 조직위원회, 대한적십자사, 청년회의소, 로타리 클럽, 한국소비자원, 각종의 조합, 상공회의소, 병원, 농협협동조합 등 각종 조합, **사립학교** 등이 그것이다.

대한민국 상표법 특유의 제도인 업무표장은 비영리 목적의 업무를 표시하기 위하여 사용하는 것이라는 특색이 있으며, 출원인은 업무가 비영리임을 입증하기 위하여 출원서에 업무의 경영사실을 입증하는 서면을 첨부하여야 한다. 업무표장은 업무의 구별이 없다는 점, 양도할 수 없다는 점, 사용권이나 질권을 설정할 수 없다는 점 등의 특징이 있다. 업무표장등록출원은 이를 양도할 수 없다. 다만, 업무와 함께 양도하는 경우에는 양도할 수 있다(상표법 제93조 제4항). 업무표장에 관해서는 미국 및 프랑스 등을 비롯한 많은 국가가 **등록제도**를 두어 **상표와 같은 차원에서 보호**하고 있다.

업무표장의 예

(5) 증명표장(certification marks)

(가) 증명표장의 의의

증명표장이란 상품의 품질, 원산지, 생산방법 또는 그 밖의 특성을 증명하고 관리하는 것을 업(業)으로 하는 자가 타인의 상품에 대하여 그 상품이 품질, 원산지, 생산방법 또는 그 밖의 특성을 충족한다는 것을 증명하는 데 사용하는 표장을 말한다(상표법 제2조 제1항 제7호). 예를 들어, 상품위해요소 중점관리기준, 양모제품의 품질보증, 농산물우수관리인증 등을 들 수 있다. 이 제도는 증명표장권자가 자기의 상품 또는 서비스업을 식별하기 위하여 사용하는 것이 아니라, **상품이나 서비스업의 품질, 원산지, 생산방법 등의 특성을 증명**하기 위하여 사용된다는 점에서 **품질보증적 기능을 주된 기능**으로 한다. 또한, 지리적 표시를 증명하는 것을 업으로 하는 자가 타인의 상품에 대하여 그 상품이 정해진 지리적 특성을 충족한다는 것을 증명하는 데 사용하는 표장인 **지리적 표시 증명표장**이 있다(상표법 제2조 제1항 제8호)이 있다.

증명표장의 예

〈위해요소중점관리기준〉 〈양모제품의 품질보증〉 〈농산물우수관리인증〉

(나) 증명표장의 등록요건

증명표장의 등록을 받기 위해서는 출원인이 품질·원산지 등을 증명하고 관리할 수 있는 능력이 있어야 한다. 증명표장등록을 받으려는 자는 대통령령으로 정하는 증명표장의 사용에 관한 사항을 정한 서류(법인인 경우에는 정관을 말하고, 법인이 아닌 경우에는 규약을 말한다. 이하 "정관 또는 규약"이라 한다)와 증명하려는 상품 또는 서비스업의 품질, 원산지, 생산방법이나 그 밖의 특성을 증명하고 관리할 수 있음을 입증하는 서류를 첨부한 증명표장등록출원서를 제출하여야 한다(상표법 제36조 제4항). 증명표장은 상표·서비스표·단체표장 등록출원과는 출원변경이 가능하나, 지리적 표시 증명표장과는 출원변경이 되지 않는다(상표법 제44조 제1항).

(다) 주체적 요건

증명표장은 증명표장권자가 자기의 상품 또는 서비스업을 식별하기 위하여 사용하는 것이 아니라, 일반적으로 증명표장권자가 요구하는 사용조건과 사용절차에 따라 제3자가 그 표장을 사용하고 증명표장권자는 그 사용을 감시, 감독하는 역할을 한다는 점에서 통상의 상표와는 차이가 난다.

상품의 품질, 원산지, 생산방법 또는 그 밖의 특성을 증명하고 관리하는 것을 업으로 할 수 있는 자는 타인의 상품에 대하여 그 상품이 정해진 품질, 원산지, 생산방법 또는 그 밖의 특성을 충족하는 것을 증명하는 데 사용하기 위해서만 증명표장을 등록받을 수 있다(상표법 제3조 제3항 본문). 법인만이 출원인이 될 수 있는 단체표장과 달리, 증명표장은 개인도 출원이 될 수 있다. 다만, 자기의 영업에 관한 상품에 사용하려는 경우에는 증명표장의 등록을 받을 수 없다(상표법 제3조 제3항 단서). 이는 증명표장 소유자에게 표장을 사용할 수 있는 권한을 부여하면 품질에 대한 관리·통제가 곤란해질 수 있고, 일반적인 상표와 다를 것이 없으므로 증명표장권자에 따른 사용은 인정하지 않는 것이다.

상표·단체표장 또는 업무표장을 출원(出願)하거나 등록을 받은 자는 그 상표 등과 동일·유사한 표장을 증명표장으로 등록받을 수 없고(상표법 제3조 제4항), 증명표장을 출원하거나 등록을 받은 자는 그 증명표장과 동일·유사한 표장을 상표·단체표장 또는 업무표장으로 등록을 받을 수 없다(상표법 제3조 제5항).

(라) 증명표장의 효력

증명표장등록출원은 이를 이전할 수 없다. 다만, 해당 증명표장에 대하여 증명표장을 등록받을 수 있는 자에게 그 업무와 함께 이전하는 경우에는 특허청장의 허가를 받아 이전할 수 있다(상표법 제93조 제7항). 업무표장권·단체표장권과 마찬가지로 증명표장권은 전용사용권과 통상사용권을 설정할 수 없다(상표법 제95조 제2항, 제97조 제5항). 또한 질권의 대상이 될 수 없다(상표법 제93조 제8항).

(마) 단체표장과의 구별

단체표장은 단체 구성원이 사용하고, 증명표장은 증명표장의 사용요건을 충족하고 증명표장권자의 사용허락을 받은 자라면 누구든지, 즉 복수(複數)의 자가 사용한다는 점에서는 유사하다. 그러나 단체표장은 단체원의 공동이익을 위하여 단체원들이 생산 제공하는 상품이나 서비스업에 사용하는 표장이지만, 증명표장은 생산업자가 아닌 증명업자가 상품 자체에 일정한 품질성능을 갖추고 있음을 증명하는 표장이다. 따라서 증명표장은 품질보증기능이 강한 반면, 단체표장은 출처표시기능이 강한 표장이라고 할 수 있다.

2) 구성요소에 따른 분류

상표는 기호 · 문자 · 도형 · 입체적 형상 · 색채 · 홀로그램 · 동작 또는 이들을 결합한 것이나 그 밖에 시각적으로 인식할 수 있는 것에 해당하는 것이라고 규정하고 있다. 이것을 분설하면 **기호상표, 문자상표, 도형상표, 입체적 형상상표**(입체상표), **기호 · 문자 · 도형 · 형상을 결합한 결합상표, 이들을 결합한 색채상표, 홀로그램상표, 동작상표, 소리상표, 냄새상표** 등으로 나눌 수 있다.

(1) 기호상표

어떤 사항을 표시하는 기호로 구성되는데, 통상적으로 문자나 도형 등을 간략하게 하여 **문장이나 옥호** 등으로 사용되어 왔다.

(2) 문자상표

한글, 한자, 로마자, 영어, 독일어, 숫자 등 문자로 구성된 상표이다. 예를 들어, Kodak, sony, IBM, HITE, 하이트 등이다.

(3) 도형상표

천체, 동물, 식물 등 실물을 도형화한 것과 기하하적 도형 등으로 구성된 상표이다. 예를 들어, 해태를 이용한 상표(해태제과), 오대양 육대주를 상징한 상표(주식회사 대우) 등이다.

(4) 입체상표

입체상표라 함은 입체적 형상 자체 또는 입체적 형상에 기호, 문자 등 다른 구성요소가 결합된 상표를 말한다. 입체상표도 통상의 상표와 마찬가지로 상표법 제54조 각호에 규정된 거절이유에 해당하지 않은 경우에 한하여 등록이 가능하다. 다만, 식별력의 존부와 가능성의 부존재 여부가 특히 문제된다. 입체상표는 국제적으로 계속 증가하고 있다(예: KFC의 할아버지 인형, 맥도널드 햄버거의 노란 M자, 빙그레 바나나맛 우유통).

일반적으로 상품과 관련 있는 입체적 형상은 상표의 기능을 효과적으로 발휘시키거나 또는 심미감을 일으켜 소비자의 구매의욕을 돋우기 위한 의도 등으로 창안되는 것이지, 자타상품을 식별하기 위한 기능을 하기 위한 것은 아니다. 따라서 이 점을 고려하여 입체상표의 식별력은 제한적으로 인정된다. 그리고 입체적 형상에 기호, 문자 등이 결합된 경우 결합된 표장 전체로서 식별력 유무를 판단하고 있다.

그러나 입체상표를 인정하면 다른 산업재산권과 충돌이 불가피하므로 이에 대한 조정이 필요하다. 예를 들어, 상품 및 포장의 기능에 필연적인 형상인 경우에 등록을 배제하고, 상품 및 포장의 형상을 보통으로 사용하는 경우 상표권의 효력이 미치지 않는다. 또한 선출원된 타인의 산업재산권과의 충돌시 권리자의 허락을 얻도록 하고 있다

(상표법 제92조).

(5) 결합상표

기호·문자·도형·입체적 형상·색채·홀로그램동작 또는 이들을 결합한 형태의 상표이다.

(6) 색채상표

색채상표란 색채나 색채의 조합만으로 된 **협의의 색채상표**와 기호·문자·도형 등 다른 구성요소에 색채가 결합된 **광의의 색채상표**를 말한다. **협의의 색채상표**는 원이나 삼각형과 같이 그 자체만으로는 흔히 있는 도형으로서 식별력이 없는 경우라도 여기에 특정한 색을 입힘으로써 식별력을 취득하여 등록할 수 있는 경우를 말하고, **광의의 색채상표**는 자주색의 LG상표나 빨간색의 코카콜라 상표를 말한다. 색채와 색채의 조합으로 된 상표를 인정함으로써 독립적 구성요소라 할 수 있다. 다른 요소는 동일하고 색채만 다른 상표인 경우에는 유사상표로 인정된다.

(7) 홀로그램상표 · 동작상표

홀로그램상표란 두 개의 레이저광이 서로 만나 일으키는 빛의 간섭효과를 이용하여 사진용 필름과 유사한 표면에 3차원적인 이미지를 기록한 상표를 말한다. 홀로그램은 제작에 사용되는 여러 가지 기술에 따라 시각적으로 다양한 입체적 효과를 갖게 되고 보는 각도에 따라 다양한 문자나 모양 등을 나타내게 된다.

동작상표란 일정한 시간의 흐름에 따라서 변화하는 일련의 그림이나 동적 이미지 등을 기록한 상표이다. 실거래 사회에서는 영화나 TV, 컴퓨터 스크린 등의 매체를 통하여 새로운 상표의 유형으로 많이 사용되고 있다.[324)]

홀로그램상표 및 동작상표를 등록받기 위해서는 해당 출원상표에 대한 설명서 및 각 상표의 특징을 충분히 나타내는 총 5매 이내의 도면 또는 사진으로 작성된 상표견본을 첨부하여야 한다.

(8) 소리상표 · 냄새상표

소리상표 또는 냄새상표란 상품·서비스의 출처를 표시하기 위해 사용하는 소리 또는 냄새를 기호·문자·도형 또는 그 밖의 시각적인 방법으로 사실적으로 표현한 상표를 말한다. 예를 들어, 미국에서는 마이크로소프트사의 윈도우 시작음이나 인텔의 효과음, MGM 영화사의 사자울음소리, 소리연출가 김벌래의 펩시콜라병 따는 소리, 장수침대의

---

324) 영화가 시작될 때 제작사나 보급사의 고유영상인 콜롬비아 트라이스타나 20세기 FOX 시작화면이 동작화면의 예이다.

별이 5섯개 등이 소리상표로 등록되어 있고, 레이저 프린터 토너의 아몬드향이 냄새상표로 등록되어 있다.

소리·냄새상표가 지정상품의 품질·원재료·효능·용도 등을 직접적으로 나타낸다고 인정되는 경우에는 상표등록이 거절된다(상표법 제33조 제1항 제3호). 이러한 상표의 경우에는 통상 상품의 유통과정에서 필요한 표시여서 누구라도 이를 사용할 필요가 있고, 그 사용을 원하기 때문에 이를 특정인에게 독점배타적으로 사용하게 할 수 없다는 공익상의 요청이 있으며, 이를 허용할 경우에는 타인의 동종 상품과의 관계에서 식별이 어렵기 때문이다. 이러한 소리·냄새의 예를 들어, 벌목서비스에 있어서의 체인톱소리, 소매업에 있어서의 현금출납기 소리, 자동차 판매·수리업에 있어서의 자동차의 시동소리, 목재가공업에서의 나무냄새, 타이어의 고무형 등이 있다. 그러나 맛이나 냄새같은 잘 잊혀지는 감각적 요소가 상표로서 기능하기 위해서는 생산품 그 자체로부터 분리된 인상을 창조하여야 한다는 요건을 충족하기 어렵고, 상품과 관련된 냄새의 고정문제, 냄새의 고갈, 혼동가능성의 입증곤란 등의 문제가 있다.

3) 기능에 따른 분류

(1) 상품상표

상품상표는 자기 상품을 타인의 상품과 식별되도록 하기 위해 사용되는 표장이므로 상품의 동일성을 표시하는 표장이다.

(2) 영업표

영업표는 상호 또는 상호의 약칭으로 사용되거나 사표(社標)로 사용되는 상표이다. 영업표도 상품에 사용되면 상품상표가 된다(예: 대우, 현대, IBM, GM 등). 상표는 상표법에 따라 보호되지만, 영업표는 **부정경쟁방지법**에 따라 보호되는 경향이 강하다. 상호는 상법에 따라 그 밖의 표지는 부정경쟁방지법에 따라 보호하고 있다.

4) 특허청 등록 여부에 따른 분류

상표를 등록의 유무에 따라 등록상표와 미등록상표로 나누어 볼 수 있으나, **등록주의를 철저히 관철**하고 있는 대한민국 상표법상으로 **미등록상표**는 원칙적으로 상표법에 따른 **보호가 주어지지 않는다.**

(1) 등록상표

등록상표라 함은 상표등록을 받은 상표를 말한다. 상표등록을 받으면 독점배타적 권리가 있어 침해당하면 **상표법상의 구제수단**을 받을 수 있다.

(2) 미등록상표

미등록상표는 상표등록을 받지 않은 상표를 말한다. 미등록상표가 주지상표인 경우에는 **부정경쟁방지 및 영업비밀보호에 관한 법률의 보호**를 받을 수 있으나, 그렇지 않은 경우에는 상표법상 보호를 받을 수 없다.

3. 상표의 인접개념

1) 상표와 상호

상표법상의 상표(商標)와 상법상의 상호(商號)를 살펴보면, **상표**는 상품의 식별표지의 표장이고, **상호**(trade name, firm name)는 상인(법인・개인)이 영업에 관하여 자기를 표창하는 명칭(상법 제18조)이라는 점에서 양자는 차이점이 있다. 예를 들면, ‘삼성전자주식회사’는 상호이고, ‘갤럭시 7’, ‘지펠’, ‘Sens’는 상표이며, ‘SAMSUNG’처럼 상호를 상표로 사용하는 것도 가능하다.

상표는 상표등록심사를 거쳐 등록상표가 되는데, 상호는 등기 여부와 상관없이 상법상 일정한 보호대상이 된다는 점에서도 양자는 다르다. 또 **등록상표**는 **지역적 제한없이 상표 사용에 대한 배타적・독점적 권리가 부여**되는데, **상호**는 **등기를 한 특별시, 광역시, 시・군내에 한정**되어 보호를 받는다. **상호**는 상법이나 부정경쟁방지법에 따라 보호된다. 그리고 상인이 어떤 명칭을 상호로서 사용하면 권리가 자동적으로 발생하며(사용주의), 등록이나 등기를 마쳐야만 상호권이 발생하는 것이 아니다. 상호를 등기가 되면 두터운 보호가 이루어진다. 그러나 현실적으로는 자기의 상호를 상표 또는 자기의 상표를 상호로 사용하는 경우도 빈번하다. 그런데 사회에 널리 알려진 타인의 상호를 자기의 상표로 출원하여 등록받을 수는 없다. 상호는 문자만으로 표현되므로 문자상표로서 사용할 수도 있으나, 상표는 문자상표 이외의 기호・도형 등으로 상호가 될 수 없다.

다만, **기업이미지 통일화 전략**(Corporate Identification Program)**에 따라 상호와 상표를 일치**시키고 있는 것이 국제적 추세인 점(상표의 상호화 또는 상호의 상표화 현상)과 상호가 상품표지로 사용되고 상표로서 등록요건을 갖추어 등록된 경우에는 법률상 상표로서 보호되는 상호상표가 점차 늘고 있어 양자간의 기능이 중첩되는 경우가 많다.

2) 상표와 도메인 이름

상표는 자기상품을 타인의 상품과 식별하기 위하여 **상품에 부착**하는 표장이며, **도메인 이름**[325]의 경우에는 인터넷상 호스트컴퓨터의 주소에 해당하는 숫자로 된 **주소**(IP Address)

---

325) 도메인네임의 법률상 용어는 도메인 이름이다. 부정경쟁방지법이나 인터넷주소자원에 관한 법률은 ‘도메인 이름’이라는 용어를 사용한다.

에 해당하는 알파벳 및 숫자의 일련의 결합을 의미한다.[326] 따라서 **상표**의 경우 상품출처 표시의 기능, **도메인 이름**의 경우 **인터넷상 호스트컴퓨터의 장소표시의 기능**이라는 별개의 기능에서 출발되었지만, **전자상거래의 활성화**로 **도메인 이름** 그 자체가 **상품이나 서비스업의 출처표시로서의 기능**도 하게 되었으며, 타인의 상표를 부정한 목적으로 등록하여 정당한 상표권자에게 비싼 값에 되팔려는 **사이버스쿼팅**(Cybersquatting) 행위가 증가함에 따라 상표와 도메인 이름간의 분쟁이 증가하고 있는 추세에 있다. 원칙적으로 **국내에 상표를 등록**하였다고 하여 해당 **상표에 상당하는 도메인 이름을 등록할 권리가 부여되지 않으며, 도메인 이름을 등록**하였다고 하여 **해당 상표를 등록할 권리를 부여하지는 않고 있다**. 다만, 국내에 널리 알려진 주지·저명상표가 도메인이름에 사용되는 경우, 부정경쟁방지법상의 상품주체 혼동행위 또는 영업주체 혼동행위에 해당하여 해당 도메인이름의 사용이 금지될 수 있으며, 등록된 상표와 동일하거나 유사한 도메인이름으로 등록된 상표의 지정상품과 동일하거나 유사한 상품과 관련된 영업행위를 할 경우 상표권 침해에 해당될 수 있다.[327]

상표는 특허청에서 관할하지만, **도메인 네임의 등록기관**은 도메인 네임의 종류에 따라 다르다. 일반 최상위도메인(Top Level Domain: TLD)인 .com, .net 등은 미국 통신망정보센터(Inter Network Information Center: Inter NIC)의 **네트워크 솔루션사**(Network Solutions Inc: NSI)가 등록관리하고, 대한민국(.kr)는 한국전산원 내 **한국인터넷정보센터**(KRNIC)가 등록관리한다. 인터넷 도메인 네임 사용이 **상표권 침해**가 되기 위해서는 상표와 도메인 네임간에 유사성이 있어야 하고, 상품의 동일, 유사성에 기인한 출처의 오인 혼동성의 우려가 있어야 한다. 그리고 타인의 등록상표를 사용하는 행위가 상표법상의 상표의 사용으로 볼 수 있어야 한다.[328] 이러한 분쟁이 발생하면 **법원에서 해결**하는 방법 외에도 **인터넷주소분쟁조정위원회**와 **WIPO중재센터** 등의 기관에서 **분쟁을 해결**할 수 있다.

4. 상표법의 목적

상표법의 목적은 상표를 보호함으로써 **상표 사용자의 업무상 신용 유지를 도모하여 산업발전에 이바지하고 수요자의 이익을 보호함을 목적으로 한다**(상표법 제1조). 즉 상표법은 상표를 보호함으로써 상표사용자의 재산적, 경쟁우위적인 이익을 보호하고, 수요자가 원하는 상품을 손쉽고 정확하게 선택할 수 있게 하며, 국가적으로는 상거래 질서를 유지하게 함으로써 산업발전에 기여한다. 대한민국 상표법은 상표사용자의 **신용유지**라는 사익적인 측면과 **수요자의 이익보호**라는 공익적인 측면을 모두 고려하고 있다.

326) 도메인이름은 컴퓨터 IP 주소를 이용자가 알기 쉽게 문자와 숫자로 표현한 것을 말한다.
327) 특허청·한국발명진흥회 편저, 앞의 책(지식재산의 이해), 52면 참조.
328) 정상조, 인터넷과 법률, 현암사, 2000, 130면.

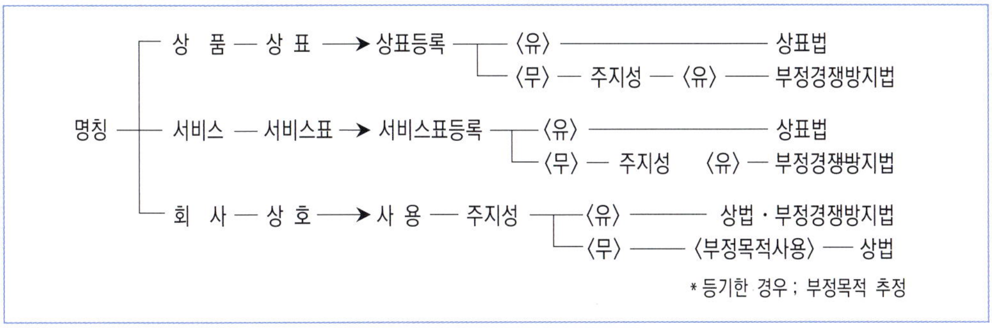

5. 상표법의 지위

상표법은 특허법 · 실용신안법 · 디자인보호법 · 저작권법 등과 함께 지식재산권법의 일부를 이룬다. 특허법 등은 발명 · 고안 · 디자인 · 저작물이라는 인간의 정신적 창작물 그 자체의 가치를 인정하여 보호하는 것임에 반하여, 상표법은 상표 그 자체를 보호하기 위한 것이 아니라 상표가 상품의 출처와 품질을 표시하는 기능을 보호하기 위하여 그 수단으로 상표를 보호한다는 점에서 차이가 있다.

상표법과 부정경쟁방지법은 영업상 표지(標識)에 따른 혼동 초래행위를 저지하고 공정한 경쟁을 유도하는 기능을 수행한다는 점에서 공통점을 가진다. 그러나 상표법은 상표등록에 따라 상표권이라는 독점배타권을 부여하고 타인이 등록상표과 동일 · 유사한 상표를 사용하는 것을 일률적으로 금지하는 것임에 반하여(권리부여형 입법), 부정경쟁방지법은 상표등록과 관계없이 수요자 간에 널리 알려진 표지(標識)와 혼동이 발생하는 행위를 개별적으로 금지하는 것이라는 점에서 차이가 있다(행위규제형 입법).[329)]

6. 상표의 실체적 등록요건

상표등록을 받기 위하여 상표법상 요구되는 요건으로 **출원인**은 국**내에서 상표를 사용하는 자** 또는 **사용하고자 하는 자**(상표법 제3조)이며, **출원인이 권리능력자**(자연인 또는 법인)이어야 한다. 상표권을 취득하기 위해서는 상표법이 정하는 **상표의 개념에 포함**되어야 하고(상표법 제2조 제1항 제1호), 상표를 사용하는 자의 **사용의사**가 있어야 하며(상표법 제3조), 상표로서 **상표의 등록요건을 갖추**어야 하며(상표법 제33조), **부등록사유에 해당하지 않아야** 한다(상표법 제34조).[330)]

329) 한국발명진흥회 편저, 앞의 책(지식재산능력시험), 175면 참조.

330) 상표의 등록요건은 출원의 형식 등 절차적 요건과 상표의 구성자체가 자타상품의 식별력을 가진 것인지 부등록사유에 해당되지 않는지에 관한 실체적 요건(적극적 요건, 소극적 요건)으로 나누는데 상표법상 중요한 것은 실체적 요건이다.

상표의 등록은 심사주의를 채택하고 있다. 심사주의란 상표권의 발생에 관하여 법정요건이 구비되어 있는지의 여부를 행정관청인 특허청이 심사한 후 등록을 인정하는 주의이다. 심사하는데 상당한 시간과 비용을 요하며 권리화까지 장시간을 요한다는 단점이 있으나, 심사관이 처음부터 실질적 요건을 심사하여 등록여부를 결정함으로써 등록에 대한 신뢰도가 높고 권리의 안정성을 도모할 수 있다는 장점이 있으므로 대한민국 법은 **심사주의를 채용**하고 있다(상표법 제50조).

대한민국 상표법은 **등록주의를 채용**하고 있으며, 상표권은 **설정등록**에 따라 발생한다(상표법 제82조)고 규정하여 설정등록에 따라 권리가 발생하는 **등록주의를 채택**하고 있다. 다만, 등록주의의 단점을 보완하기 위하여 일정한 범위 내에서 **사용주의**를 채택하고 있다. 사용주의의 예로는 i) 국내에서 상표를 사용하는 자 또는 사용하려는 자는 자기의 상표를 등록받을 수 있다. 다만, 특허청 직원과 특허심판원 직원은 상속 또는 유증(遺贈)의 경우를 제외하고는 재직 중에 상표를 등록받을 수 없다(상표법 제3조 1항). ii) 자기의 상품이 타인의 상품과 식별력이 없는 상표라도 상표등록출원 전부터 그 상표를 사용한 결과 수요자 간에 특정인의 상품에 관한 출처를 표시하는 것으로 식별할 수 있게 된 경우에는 그 상표를 사용한 상품에 한정하여 상표등록을 받을 수 있다(상표법 제33조 제2항). iii) 등록상표를 정당한 이유없이 국내에서 계속하여 3년 이상 사용하지 아니한 경우에는 취소의 사유에 해당한다(상표법 제119조 제1항 제3호).

1) 식별력이 있을 것

(1) 상표의 식별력

상표의 가장 중요한 기능은 타인의 상품과 식별기능이기 때문에 상표로 등록되기 위해서는 **우선 식별력을 가져야** 한다. 상표법상 식별력이라 함은 거래자나 일반 수요자로 하여금 상표를 표시한 상품이 누구의 상품인가를 알 수 있도록 인식시켜 주는 것을 말한다. 발명이 신규성과 진보성이 있어야 특허를 받을 수 있는 것과 마찬가지로 식별력은 상표등록을 받기 위한 가장 기본적인 요건이다.

상품의 식별력에서 ① 어떤 상품의 보통명사나 그 상품의 관용적인 명칭(generic mark)은 무조건 상표등록을 받을 없고, ② 어떤 상품의 품질 · 효능 · 원재료 같은 특성을 직감으로 하는 표장(기술적 상표, descriptive mark)은 원칙적으로 상표등록을 받을 수 없지만 예외적으로 사용에 따른 식별력을 취득하면 상표등록이 가능할 수 있다. ③ 어떤 상품의 특성을 암시하는 정도의 표장(임시적 상표, suggestive mark)은 상표등록이 가능하다. ④ 해당 상품과 관련이 없는 단어나 도형 등으로 된 상표(임의선택 상표, arbitrary mark)나 조어상표(coined mark)는 상표등록이 가능하다. 이것을 식별력 스펙트럼이라고 한다.

샴푸의 상표를 예를 들어 울샴푸, 퍼품샴푸, 한방샴푸, 발모샴푸 등은 보통명칭상표이므로 결코 상표등록을 받을 수 없고, 케라틴, 비타민, 진보, no more tears, no more tangles, 2in1(린스 겸용 샴푸) 등은 상품의 특징이나 원재료 등을 설명하는 것이므로 원칙적으로 상표등록을 받을 수 없다. 그러나 하나로, 랑데부, 헤드&숄더는 상품의 특성을 암시하는 정도의 상표이고, Dove, 아이보리, 미쟝센(mise en scène), 댕기머리, 비달사순(Vidal Sassoon)등은 임의선택적인 상표로서 식별력이 강하며, P&G, 팬틴(Pantene), 케라시스(kerasys), 리언 등은 조어상표로서 식별력이 크기 때문에 상표등록이 가능한 데다, 상표권의 효력 범위가 상대적으로 넓어 강한 보고가 가능하다.

(2) 식별력이 없는 상표의 예시

일반적으로 식별력 유무의 판단은 지정상품과 관련하여 판단하고 있으며 상표법 제33조 제1항 각호(제1호부터 제7호까지)에서는 타인의 **상품과 식별력이 없는 상표**들로서 **상표등록이 불허되는 사유를 다음과 같이 제한적으로 열거하고 있다.** 상표법 제33조 제1항 제1호부터 제7호에 해당하는 경우는 타인의 상품과 **식별력이 없기 때문에 상표권을 인정할 수 없다.**

(가) 그 상품의 보통명칭만으로 구성된 상표: 상품의 보통명칭(제1호)

"그 상품의 보통명칭을 보통으로 사용하는 방법으로 표시한 표장만으로 된 상표"는 타인의 상품과 **식별력이 없다**(상표법 제33조 제1항 제1호). 상품의 보통명칭이란 처음에는 타인의 상품과 식별하는 특정인의 상표이었던 것이 소비자 및 동종업자들이 그 상표를 자유롭게 사용한 결과, 그 상품이 보통명칭화되어 타인의 상품과 식별력을 상실하게 된 것을 말한다.[331] 예를 들어, 나일론, 아스피린, 청바지 등의 보통명칭을 상표로 쓰면 타인의 상품과 식별력이 없어지기 때문에 상품에 보통명칭화된 상표를 표시할 수 없다.[332]

그러나 **보통명칭 앞에 회사명**이나 **별도의 이름을 덧붙이는 것**은 **상표로 등록**받을 수 있다. 예를 들어, **동양** 나일론, **바이엘** 아스피린, **리바이스** 청바지 또는 **백화** 정종, **보해** 정종과 같이 사용함으로써 자기상품과 타인상품(**자타상품)과 식별이 가능**하다. 보통명칭과 유사한 상표는 원칙적으로 등록을 불허하지만, 전체적 식별력을 갖춘 경우에는 등록이 허용된다.

(나) 그 상품에 대하여 관용적으로 사용하는 표장: 관용상표(제2호)

"그 상품에 대하여 관용(慣用)하는 상표"는 타인의 상품과 식별력이 없다(상표법 제33조 제1항 제2호).[333] 여기서 **관용상표**[334]는 청주에 관하여 **정종**, 직물에 TEX-LON, 콜드크림에

331) 이러한 상표를 특정인에게 독점배타적인 권리를 부여한다면 소비자들은 오인·혼동을 초래할 뿐만 아니라 상표법의 목적에도 반하게 될 것이다.

332) 예를 들어, 스낵제품-Corn Chip, 과자-호도과자, 자동차-Car, 복사기에 코피아, 가구 또는 농에 호마이카, 과일에 홍옥·신고·백도·거봉, 구레오소드 함유 위장약에 정로환, 유산균 발효유에 YOGURT, 광고업에 라디오 광고업·TV광고업, 요식업에 레스토랑·카페·그릴, 나일론, 아스피린, 정종 등

VASELINE, 유산균 음료에 **요구르트** 등[335]으로 **처음에는 등록상표로서 타인의 상품과 식별력이 있었지만**, 그 상표와 동일 또는 유사한 상표를 **타인이 사용하는 것을 그대로 방치**함으로써 **같은 업계의 동업자들이 사용**하게 되어 타인의 상품과 식별력과 출처표시기능이 없어져서 **관용상표화**가 된다. 이렇게 관용상표화되면 맨 처음 등록된 상표는 존속기간 10년이 지나면 갱신등록을 할 수 없게 된다. 이런 경우 그 등록상표는 **무효심판대상**이 된다(상표법 제117조 제1항).

참고로, 관용표장과 보통명칭의 차이를 보면, **상품의 관용표장**은 **처음에는 특정인의 상표**였던 것이 주지저명의 상표로 되었다가 상표권자가 상표관리를 허술히 함으로써 **동업자들** 사이에 자유롭고 관용적으로 사용하게 된 상표를 말하는 것이고, 상품의 **보통명칭**은 그 동업자들만이 아니라 **실제거래에서 일반소비자**들까지도 지정상품의 **보통명칭**으로서 그와 같은 보통으로 사용하고 있는 것을 말한다고 할 것이다(대판 1992.1.21, 91후882).

저명상표(Famous Mark)와 주지상표(Well-Known Mark) 구별[336]

> 저명상표는 어떤 상품이나 서비스업에 사용해도 소비자가 출처를 혼동할 정도의 상표를 말하는 것이고, 주지상표는 이보다는 덜 유명하여 특정분야의 상품이나 서비스업에서만 소비자가 출처를 혼동하는 상표이다.
>
> 예를 들어, 샤넬(Chanel)은 향수, 화장품, 가방, 의류, 안경, 모자, 엑세서리에 사용하는 상표이나, 제3자가 양산, 우산, 골프화 등에 사용해도 일반소비자들은 이것 역시 Chanel의 제품으로 알고 그 출처를 혼동하게 된다. 제3자가 골프화에 Chanel 상표를 등록하고자 해도 소비자의 혼동이 야기된다는 이유로 등록을 시켜주지 않는데, 그 이유는 Chanel 상표가 저명상표이기 때문이다.
>
> 그러나, 주지상표는 특정분야에서만 혼동의 문제가 야기되므로 그 분야를 벗어나면 제3자가 이를 사용할 수 있고 등록도 시켜준다. 예를 들어, 1982년 영국의 닥스 심슨그룹과 DAKS 상표의 사용허락계약을 체결한 주식회사 LG패션은 그 후 남·여 정장복, 골프복, 엑세서리, 패션잡화 등에 모조리 DARS 상표를 붙였다. 그러나 2007년 경에 이르러서는 이미 특정인의 상품 또는 영업을 표시하는 것으로 현저하게 인식되어 주지상표로 국내에서 인정되었다. 2010년 8월 대법원의 판결의 내용이다. 따라서, 전혀 다른 상품인 비료에 제3자가 DARKS 상표를 등록하고자 하는 경우에는 등록이 가능하다는 이야기이다.

(다) 그 상품의 특징을 직감할 수 있게 표현한 표장-기술적 상표(표장): 성질 표시적 명칭의 상표(3호)

---

333) 동종업자들 사이에서 특정 종류의 상품에 관용적으로 쓰이는 상표는 상품의 식별력이 없는 상표라고 한다.

334) 관용상표란 전국 또는 한 지역의 동업자가 장기간 사용함으로써 동업자의 상품과 타종류의 상품과의 구별은 가능하나, 자타상품의 식별력이 없는 상표를 말한다. 즉, 원래는 특정인의 상표였으나 해당 상품을 취급하는 동종업자들 사이에서 특정 종류의 상품의 명칭으로 일반적으로 사용된 결과 식별력을 상실한 표장을 말한다.

335) 예를 들어 청주에 대하여 정종, 직물에 TEX·LON·RAN, 콜드크림에 VASE- LINE, 브랜디에 관하여 나폴레옹, 과자에 깡, 구중청량제에 인단, 통신업에 Cyber, Wep, Tel, Com, Net, 숙박업에 관광호텔, 파크, 요식업에 가든·각·장·성·원, 금융업에 Homebanking, Passcard, Cashcard 등이 자타상품의 식별력이 없어진 것이다.

336) 김명신, 이제는 지식재산이다. 매일경제신문사, 2011, 287~288.

"그 상품의 산지・품질・원재료・효능・용도・수량・형상(포장의 형상을 포함한다)・가격・생산방법・가공방법・사용방법 또는 시기를 보통으로 사용하는 방법으로 표시한 표장만으로 된 상표"는 **상품의 식별력이 없는 상표**로 등록되지 않는다(상표법 제33조 제1항 제3호). 이처럼 **상품의 특성을 설명**하거나 **품질내용을 기술**할 목적으로 **표시된 표장**을 **성질표시적 명칭의 상표**(기술적 상표)라고 한다. 예를 들어, 상품의 **산지**(영양–고추, 대구–사과 등), 상품의 **품질**(KS, 품, 우수, 딜럭스 등), 상품의 **원재료**(두부–콩, 양복–wool 등) 등이다.[337]

성질표시적 명칭의 상표는 일반 상거래에서 식별력이 없거나 식별력이 있더라도 이를 **특정인에게 독점**하게 하는 것이 **부당**하므로 **등록을 할 수 없다.** 그러나 이러한 성질표시적 내용이 결합하여 새로운 의미를 갖는 경우 상표등록은 허용된다(상표법 제33조 제2항).

(라) 현저한 지리적 명칭・그 약어 또는 지도만으로 된 상표

"현저한 지리적 명칭・그 약어 또는 지도만으로 된 상표"는 **자타상품식별력이 없어 상표로 등록할 수 없다**(상표법 제33조 제1항 제4호). 이에 속하는 국가명, 저명한 지명, 유명한 국내외 관광지, 각국의 수도명이나 도시명, 행정구역, 현저하게 알려진 고적지, 번화가 등의 명칭과 이들의 약칭 및 지리적 장소를 나타내는 지도 등의 **상표**는 타인의 상품과 **식별력이 없다.** 예를 들어, 금강산, 백두산, **한국**, KOREA, R.O.K, **런던**, London, **뉴욕** 등이다.

337) 좀 더 구체적인 것을 보면 다음과 같다. ㉠ 산지표시 : 해당 상품의 생산지를 표시하는 것을 말한다. 예를 들어, 사과-대구, 모시-한산, 굴비-영광, 풍기-인삼, 울릉도-오징어, 안경-VIENNA, 한식점경영업(해장국)-청진동, 간이식당업(막국수와 닭갈비)-춘천, 한식점경영업(아구탕)-마산 등이다. ㉡ 품질표시 : 해당 상품의 품질의 상태, 우수성 등을 표시하는 것을 말한다. 예를 들어, 上, 中, 下, 특선, Super, KS, JIS, 대, 중소, 품질보증, 우・양・가, 원조, 우수, 디럭스, NEW, COMPLETE, STAN, DARD, GENUINE, 으뜸, 환경관련상품인 청정, 무공해, GREEN, BIO, 녹차 등인 생명물, 런닌샤쓰-하이러닝, 의류-ELEGANCE BOUTIQUE, SHEER ELEGANCE, 기술관련상품-Hitec, 호텔 등 경영업-TRAVEL LODGE 또는 트래블로지 등이다. ㉢ 원재료표시 : 해당 상품의 원재료로 쓰이는 상품의 명칭을 표시하는 것을 말한다. 예를 들어, 양복-Wool, 넥타이-Silk, 두부-콩, 블라우스-Silk, 창문틀-알미늄, 금고-STEEL 등이다. ㉣ 효능표시 : 해당 상품의 효과나 성능 등을 표시하는 상표를 말한다. 예를 들어, TV-HITEK, 복사기-Quick Copy, 약품-잘나, 차류-생명물, 화장품-보들보들, 가구-우아미, 전자렌지-원터치, 전기냉장고-Hitek, 본드-강력, 서적-산업재산권법・경제학・민법총칙・행정학・영한사전(단, 빙점, 토지, 매일경제, 일간스포츠 등은 식별력이 있는 것으로 본다) 등이다. ㉤ 용도표시 : 해당 상품의 쓰임새를 나타내는 상표를 말한다. 예를 들어, 가방-학생, 의류-Lady, 비료-원예, 콜라-DIET SOLA, 축구화-KICKERS, 의류-베이비, 운동용품-프로용, 서적-상가록 등이다. ㉥ 수량표시 : 신발-1켤레, 100미터, 연필-1다스, 100그램, 10봉지, 3꾸러미, 325미터 등이다. ㉦ 형상표시 : 해당 상품의 평상・모양・크기 등을 표시하는 것을 말한다. 예를 들어, 일반상품-소형, 대형, SLIM, 연필-4각표, 의류-POP MODE, 의약품 상품의 형상-캡슐, 포장의 형상-약병 등이다. ㉧ 생산방법・가공방법・사업방법표시 : 해당 상품의 생산・가공・사용방법을 표시하는 상표를 말한다. 예를 들어, 농산물-자연농법, 구두-수제, 책상-조립, 햄-훈제, 시계-정밀가공, 치킨전문점-맥시칸 등이다. ㉨ 시기표시 : 해당 상품의 사용시기 등을 표시하는 것을 말한다. 예를 들어, 타이어-전천후, 의류-봄・여름・가을・겨울, 약품-식전, 식후, 케이크, 크리스마스 등이다. ㉩ 현저한 지리적 명칭, 그 약어 또는 지도 : 수요자에게 현저하게 인식된 지리적인 명칭을 말한다. 예를 들어, 금강산, 백두산, 뉴욕 등이다. ㉪ 흔한 성 또는 명칭 : 흔히 있는 자연인의 성 또는 법인, 단체, 상호임을 표시하는 명칭을 말한다. 예를 들어, 이씨, 김씨, 사장, 상사, 조합, 총장 등이다. ㉫ 간단하고 흔히 있는 표장 : 상표의 구성이 간단하고 또한 흔히 있는 표장을 말한다. 예를 들어, 123, ONE, TWO, ß 등이다. ㉬ 그 밖에 식별력이 없는 표장 : 일반적으로 쓰이는 구호, 표어, 인사말 등을 말한다. 예를 들어, Believe it or not, I can do,www 등이다.

현저한 지리적 명칭만으로 된 상표를 상표등록의 소극적 요건으로 규정하고 있는 취지는 이와 같은 상표는 그 현저성과 주지성 때문에 **식별력을 인정할 수 없어서** 누구에게나 자유로운 사용을 허용하고 어느 특정인에게 독점사용권을 부여하지 않으려는데 있다. **현저한 지리적 명칭**이라 함은 그 용어자체가 특정상품과 관련하여 일반소비자들에게 즉각적인 지리적 감각을 전달할 수 있는 표장을 말하므로 그 상표를 보고 직관적으로 깨달을 수 있는 것이어야 하고, 심사숙고하거나 사전을 찾아보고서 비로소 그 뜻을 알 수 있는 것은 고려 대상이 되지 않는다(특허법원 1998.8.12, 99허4583 판결).

현저한 지리적 명칭 · 그 약어 또는 지도만으로 된 상표라고 하더라도 그 표장이 특정상품에 대한 **지리적 표시**인 경우에는 그 지리적 표시를 사용한 상품을 **지정상품**으로 하여 지리적 표시 **단체표장등록**(지리적 표시 단체표장, 지리적 표시 증명표장)**을 받을 수 있다**(상표법 제33조 제3항).

(마) 흔히 있는 성 또는 명칭을 보통으로 사용하는 방법으로 표시한 표장만으로 된 상표

"흔히 있는 성 또는 명칭을 보통으로 사용하는 방법으로 표시한 표장만으로 된 상표"는 자기상품과 타인상품(자타상품) 식별력이 없어 상표로 등록할 수 없다(예: 윤씨농방, 상표법 제33조 제1항 제5호). 흔히 있는 성 또는 명칭은 **김, 이, 장 등의** 성과 **회사, 상회, 복덕방, 중개소** 등의 명칭을 지칭한다. 다만, 외국인의 성이나 외국에 흔히 있는 명칭은 대한민국에서는 흔한 것으로 보지 않는다(예: Johnson, Valentine).

(바) 간단하고 흔히 있는 표장만으로 된 상표

"간단하고 흔히 있는 표장만으로 된 상표"는 타인의 상품과 **식별력이 없어** 상표로 등록할 수 없다(예: 123, ONE, TWO 등, 상표법 제33조 제1항 제6호). 문자상표인 경우에는 1자의 한글로 구성되었거나 2자 이내의 알파벳으로 구성된 표장은 상표등록을 받을 수 없다. 즉 간단하고 흔히 있는 표장인 A, R, 김 Ltd 등의 경우와 1, 2, +, -, **사각형, 네모형** 등의 경우는 식별력이 없다. 그러나 간단한 표장이 결합한 상표는 식별력이 있다고 하여 상표등록을 허용하고 있다(예: A&R, 김과 이 Ltd).

(사) 수요자가 누구의 업무에 관련된 상품을 표시하는 것인가를 식별할 수 없는 상표

"상표법 제33조 제1항 제1호부터 제6호까지에 해당하는 상표 외에 수요자가 누구의 업무에 관련된 상품을 표시하는 것인가를 식별할 수 없는 상표"는 타인의 상품과 식별력이 없어 상표로 등록할 수 없다(특허법 제33조 제1항 제7호). 이것은 **일반적 표어를 표시한 상표, 세간(世間)의 유행어로 표시한 상표, 연도로 기술된 상표, 인간문화재 사진, 자연물 사진 ,** 우리은행, Believe it or not, I can do, www 등은 상표심사기준에서 식별력이 없는 것으로 본다.

상표법 제33조 제1항 제1호부터 제6호까지에 해당하는 상표 외에 수요자가 누구의 업무에 관련된 상품을 표시하는 것인가를 **식별할 수 없는 상표**라 함은 같은 상표법 제33조 제1항 제1호부터 제6까지에 해당하지 아니하는 상표라도 **지기의 상품**과 **다인의 싱품** 사이의 **출처를 식별할 수 없는**, 즉, **특별 현저성이 없는 상표는 등록을 받을 수 없다는 의미**이다. 어떤 상표가 특별 현저성을 가진 상표인지 여부는 그 상표가 지니고 있는 관념, 지정상품과의 관계 및 거래사회의 실정 등을 감안하여 객관적으로 결정하여야 한다(대판 1997.2.28., 96후979).

(2) 상표의 식별력의 판단 기준

상표의 식별력은 원칙적으로 지정상품과의 관계에서 상대적으로 판단하여야 한다. 예를 들어, Apple은 사과의 보통명칭이고, 사과주스의 원재료 표시이지만, 컴퓨터, 스마트폰에 대해서는 식별력이 있는 상표일 수 있다. 그렇지만 현저한 지리적 명칭, 흔히 있는 성 또는 명칭, 간단하고 흔히 있는 표장은 성질상 상품과의 관계를 반드시 고려해야 하는 것은 아니다.

식별력은 상표의 구성 부분 전체를 기준으로 판단해야 한다. 예를 들어, CocaCola라는 상표는 Coca와 Cola로 하나하나 떼어서 식별력을 판단할 것이 아니라 그 전체를 기준으로 식별력을 판단하여야 한다.

심사단계에서 상표등록의 가부(可否)는 출원서에 기재된 내용에 따라 결정되는 것이므로 실제의 사용 상태는 고려 대상이 되지 아니한다(판례). 그리고 식별력은 상표로서 갖추어야 할 가장 기본적인 요건이라는 점에서 그 출원에 관한 등록여부결정시를 기준으로 판단한다. 따라서 출원시에 식별력이 약했던 상표라도 상표등록여부결정시까지 식별력이 강해졌으면 상표등록이 가능할 수 있고, 반대로 출원시에 식별력이 강했던 상표라도 잘못된 사용으로 인하여 상표등록여부결정시에 식별력이 약해졌다고 판단되면 상표등록이 거절된다.

(3) 상표의 식별력이 없는 경우의 효과

(가) 상표권의 설정등록 전

식별력이 없거나 약한 상표는 상표등록요건을 흠결한 것이므로 거절이유, 정보제공 이유 및 이의신청이유에 해당하여 상표등록이 거절된다.

(나) 상표권의 설정등록 후

처음부터 착오로 상표등록된 경우에는 상표등록 무효사유에 해당한다. 상표등록 후에 식별력을 취득했어도 무효사유가 치유되지 않으며, 제척기간이 없기 때문에 상표등록 후 언제든지 무효심판의 청구가 가능하다.

적법하게 등록된 상표가 등록 후 식별력을 상실하게 된 경우에는 상표등록이 후발적 무효로 된다. 이 경우에는 상표가 다시 식별력을 회복하면 상표등록무효를 면할 수 있다.

보통명칭이나 기술적 표장 등 식별력이 없거나 약한 부분은 상표의 유사 여부를 판단함에서 그 부분을 제외한 나머지 부분만을 대비하여 관찰함이 원칙이다. 따라서 상표의 구성 중 식별력이 없거나 약한 부분은 그 부분을 포함한 타인의 상표등록을 배제하거나 타인이 그 부분을 사용하는 것을 금지하지 못한다.

상표법 제90조 제1항에서 상표법 제33조 제1항 제1호부터 제4호까지 해당하는 것은 타인이 그것을 상표로 사용하더라도 상표권의 효력이 미치지 않는다고 규정하여 식별력이 없는 상표의 자유로운 사용을 보장하고 있다.

(4) 사용에 따른 식별력 취득 예외 : 상표등록 인정

상표법 "제33조 제1항 제3호부터 제6호까지에 해당하는 상표라도 제9조의 규정에 따른 상표등록출원전에 **상표를 사용한 결과** 수요자간에 그 **상표가 누구의 업무에 관련된 상품을 표시**하는 것인가 **현저하게 인식**되어 있는 것은 그 **상표를 사용**한 상품을 **지정상품**(제38조 제1항 및 제86조 제2항 제3호의 규정에 따라서 지정한 상품 및 추가로 지정한 상품을 말한다. 이하 같다)으로 하여 **상표등록**을 **받을 수 있다**(상표법 제33조 제2항). 이는 상품의 식별력이 없더라도 **특정인**이 특정상품을 **오랫동안 사용**하면 **일반수요자**는 그 상표가 **누구의 상표라고 알게** 되는 경우에 **주지된 그 상표**는 등록될 수 있다. 예를 들어, 자동차 포드(인명), 현대자동차 엑셀, K2(등산복), 하이포크(돼지고기) 등이 있다.

이러한 제도는 여러 국가에서 두고 있다. **식별력을 취득**하기 위해서는 ① 특정인이 오랫동안 독점적·계속적으로 사용함으로서 특정의 상품표지로 인식될 것을 요한다. 미국은 5년을 요구한다. ② 상표사용의 결과 수요자에게 그 상표가 누구의 상표인지가 현저하게 인식되어 있는 것을 요한다. ③ 식별력을 취득한 상표에 대해서만 적용이 있고, 유사상표의 등록은 인정하지 않는다. ④ 사용에 따라 식별력을 취득하여 상품에 사용하는 경우에 한한다. ⑤ 기술적 상표가 식별력을 취득하여 등록된 경우 기술적 내용을 타인이 사용하는 경우 상표권 침해가 되는가? 침해가 된다고 본다. **상표가 식별력을 취득하였는지의 여부**는 일률적으로 판단기준을 정할 수는 없고, 거래의 실정에 따라 상대적으로 결정된다. 그리고 **식별력을 취득**하였다고 **주장하는 자가 입증책임을 부담**한다(대판 1998.12.22, 89후438).

(5) 지리적 표시 단체표장 등의 예외

산지 표시(상표법 제33조 제1항 제3호) 또는 현저한 지리적 명칭(상표법 제33조 제1항 제4호)이라도 그 표장이 특정 상품에 대한 지리적 표시인 경우에는 그 지리적 표시를 사용한 상품을 지정하여 지리적 표시 단체표장으로 등록받을 수 있다. 또한 지리적 표시 증명표장에 관하여는 지리적 표시 단체표장에 관한 규정이 적용되므로 위 내용은 지리적 표시증명에 대해서도 그대로 적용된다.

지리적 표시 단체표장권자나 지리적 표시 증명표장권자는 산지표시나 현저한 지리적 명칭으로 된 상표, 단체표장, 증명표장의 사용에 대해서도 그 권리의 효력을 주장할 수 있다.

2) 등록을 받을 수 없는 상표 : 부등록사유(소극적 요건)

(1) 상표법 제34조 제1항 각 호의 부등록 사유

비록 상표가 적극적 요건으로서의 식별력을 가지고 있다 하더라도 그 상표를 등록하여 독점배타적 성질의 상표권을 부여하는 경우 **공익상 또는 타인의 이익을 침해하는 경우** 해당 상표의 **등록을 거절**하도록 하는 규정을 **상표법 제34조**에서 제한 열거적으로 규정하고 있다.

(1) 대한민국의 국기(國旗), 국장(國章), 군기(軍旗), 훈장, 포장(褒章), 기장(記章), 대한민국 또는 공공기관의 감독용이나 증명용 인장(印章)·기호와 동일·유사한 **상표**[예: 무궁화 도형, IMF, WTO, UN, OPEC, IAEA, BIRPI(지식재산권보호 합동국제사무국), ILO, WIPO 등]

(2) 지식재산권의 보호를 위한 파리협약(이하 파리협약이라 한다) 동맹국, 세계무역기구 회원국 또는 상표법조약 체약국(이하 이 항에서 동맹국 등이라 한다)의 **국기와 동일·유사한 상표**

(3) 국제적십자, 국제올림픽위원회 또는 저명한 국제기관의 명칭, 약칭, 표장과 **동일·유사한 상표**. 다만, 국제적십자, 국제올림픽위원회 또는 저명한 국제기관이 자기의 명칭, 약칭 또는 표장을 상표등록출원한 경우에는 상표등록을 받을 수 있다.

(4) 파리협약 제6조의3에 따라 세계지식재산권기구로부터 **통지**받아 특허청장이 지정한 동맹국 등의 문장(紋章), 기(旗), 훈장, 포장 또는 기장이나 동맹국 등이 가입한 정부 간 국제기구의 명칭, 약칭, 문장, 기, 훈장, 포장 또는 기장과 **동일·유사한 상표**. 다만, 동맹국 등이 가입한 정부 간 국제기구가 자기의 명칭·약칭(동맹국 등이 가입한 정부 간 국제기구에 한정한다), 표장을 상표등록출원한 경우에는 상표등록을 받을 수 있다.

(5) 파리협약 제6조의3에 따라 세계지식재산권기구로부터 통지받아 특허청장이 지정한 동맹국 등이나 그 공공기관의 감독용 또는 증명용 인장·기호와 동일·유사한 상표로서 그 인장 또는 기호가 사용되고 있는 **상품과 동일·유사한 상품**에 대하여 사용하는 상표

(6) 국가·인종·민족·공공단체·종교 또는 저명한 고인(故人)과의 관계를 허위로 표시하거나 이들을 비방 또는 모욕하거나 이들에 대하여 평판을 나쁘게 할 우려가 있는 상표 [예: 양키, 쪽바리, Negro 등 그러나 흑인, 백인, 건과자에 인디언, 의류업에 제임스딘(JAMES DEAN), 다방업에서 모차르트 등은 상표등록이 가능하다]

(7) 국가·공공단체 또는 이들의 기관과 공익법인의 비영리 업무나 공익사업을 표시하는 표장으로서 저명한 것과 동일·유사한 상표. 다만, 국가 등이 자기의 표장을 상표등록

출원한 경우에는 상표등록을 할 수 있다(예: YMCA, KBS, 적십자, Boyscout 등).

(8) 상표 그 자체 또는 상표가 상품에 사용되는 경우 수요자에게 주는 의미와 내용 등이 일반인의 통상적인 도덕관념인 **선량한 풍속에 어긋나는 등 공공의 질서를 해칠 우려**가 있는 상표(예: 외설적인 도형이나 문자, 사기꾼, 소매치기, 새치기, 뇌물, 가로채기, 성적 흥분을 유발시키는 상표, 사이비종교·부적 등 미신을 조장하거나 국민간의 불신과 지역감정을 조장하는 문자나 도형으로 된 상표, 타인의 저명한 저작권을 침해하거나 저명한 고인의 성명 등을 도용하여 출원한 상표 등)

(9) 정부가 개최하거나 정부의 승인을 받아 개최하는 **박람회**[338] 또는 외국정부가 개최하거나 외국정부의 승인을 받아 개최하는 박람회의 상패·상장 또는 포장과 동일·유사한 표장이 있는 상표. 다만, 그 박람회에서 수상한 자가 그 수상한 상품에 관하여 상표의 일부로서 그 표장을 사용할 경우에는 상표등록을 받을 수 있다.

(10) 저명한 타인의 성명·명칭 또는 상호·초상·서명·인장·아호(雅號)·예명(藝名)·필명(筆名) 또는 이들의 약칭을 포함하는 상표. 다만, 그 타인의 승낙을 얻은 경우에는 상표등록을 할 수 있다(예 : DJ, JP, 한국전력주식회사→한전, 대한주택공사→주공, CHANNEL, Cardin 등).

(11) **선출원**에 따른 타인의 등록상표(등록된 지리적 표시 단체표장은 제외한다)와 동일·유사한 상표로서 그 지정상품과 동일·유사한 상품에 사용하는 상표[예: 외관유사는 백화(白花)→백화(百花), HOP→HCP, 관념유사는 임금과 왕(王)과 King, 지리적 명칭이 결합된 상호상표로서 유사한 것은 주식회사 대성(大成)→대성 또는 대성공업사, 서울전선(주)와 서울전기(주), 삼성중공업주식회사와 삼성공업사, 칭호유사는 천년(千年)→천연(天然), TVC와 TBC, 光盛과 광성, 三星과 SAMSUNG(칭호유사) 등]

(12) 선출원에 따른 **타인의** 등록된 **지리적 표시 단체표장**과 동일·유사한 상표로서 그 지정상품과 동일·유사한 상품에 사용하는 상표

(13) 특정 지역의 상품을 표시하는 것이라고 수요자들에게 널리 인식되어 있는 **타인의 지리적 표시**와 동일·유사한 상표로서 그 지리적 표시를 사용하는 상품과 동일하다고 인정되어 있는 상품에 사용하는 상표

(14) 수요자들에게 현저하게 인식되어 있는 **타인의 상품이나 영업과 혼동**을 일으키게 하거나 그 식별력 또는 명성을 손상시킬 염려가 있는 상표

(15) 상품의 품질을 오인하게 하거나 수요자를 기만할 염려가 있는 상표[(예: '**모시메리**' 라는 상표는 모시를 함유하고 있는 상품)으로 오인케 하거나 수요자를 기만하게 할 염려가 있다(대판 1994.3.11, 94후527)].

(16) 국내 또는 외국의 수요자들에게 특정인의 상품을 표시하는 것이라고 인식되어 있는 상표(지리적 표시를 제외한다)와 동일·유사한 상표로서 부당한 이익을 얻으려 하거나 그

338) 박람회라 함은 전시회, 전람회, 품평회, 경진대회 등 그 용어를 불문하고 넓게 해석한다.

지리적 표시의 정당한 사용자에게 손해를 입히려고 하는 등 부정한 목적을 가지고 사용하는 상표(이에는 외국에서 주지·저명한 상표도 대상이 되고, 오인 혼동뿐만 아니라 무임승차 내지 희석화도 포함된다)

(17) 상품의 품질을 오인하게 하거나 수요자를 기만할 염려가 있는 상표

(18) 국내 또는 외국의 수요자들에게 특정인의 상품을 표시하는 것이라고 인식되어 있는 상표와(지리적 표시는 제외한다) 동일·유사한 상표로서 부당한 이익을 얻거나 그 지리적 표시의 정당한 사용자에게 손해를 입히려고 하는 등 부정한 목적을 가지고 사용하는 상표

(19) 상표등록을 받으려는 상품 또는 그 상품의 포장의 기능을 확보하는 데 꼭 필요한(서비스업의 경우에는 그 이용과 목적에 불가결한 경우를 말한다) 입체적 형상, 색채, 색채의 조합, 소리 또는 냄새만으로 된 상표

(20) 세계무역기구 회원국내의 포도주 및 증류주의 산지에 관한 지리적 표시로서 구성되거나 그 지리적 표시를 포함하는 상표로서 포도주·증류주에 사용하려는 상표(예: 보르도). 다만, 지리적 표시의 정당한 사용자가 해당 상품을 지정상품으로 하여 상표법 제36조 제5항에 따른 지리적 표시 단체표장등록출원을 한 경우에는 상표등록을 받을 수 있다(예: 보르도, 샴페인, 코냑 등).

(21) **식물신품종 보호법** 제109조에 따라 등록된 품종명칭과 동일·유사한 상표로서 그 품종명칭과 동일·유사한 상품에 대하여 사용하는 상표

(22) **농산물품질관리법** 제32조에 따라 등록된 타인의 지리적 표시와 동일·유사한 상표로서 그 지리적 표시를 사용하는 상품과 동일하다고 인정되는 상품에 사용하는 상표

(23) 대한민국이 외국과 양자간(兩者間) 또는 다자간(多者間)으로 체결하여 발효된 자유무역협정에 따라 보호하는 타인의 지리적 표시와 동일·유사한 상표 또는 그 지리적 표시로 구성되거나 그 지리적 표시를 포함하는 상표로서 지리적 표시를 사용하는 상품과 동일하다고 인정되는 상품에 사용하는 상표

(24) 동업·고용 등 계약관계나 업무상 거래관계 또는 그 밖의 관계를 통하여 타인이 사용하거나 사용을 준비 중인 상표임을 알면서 그 상표와 동일·유사한 상표를 동일·유사한 상품에 등록출원한 상표

(25) 조약당사국에 등록된 상표와 동일·유사한 상표로서 그 등록된 상표에 관한 권리를 가진 자와의 동업·고용 등 계약관계나 업무상 거래관계 또는 그 밖의 관계에 있거나 있었던 자가 그 상표에 관한 권리를 가진 자의 동의를 받지 아니하고 그 상표의 지정상품과 동일·유사한 상품을 지정상품으로 하여 등록출원한 상표

(2) 상표법 제34조 제3항의 부등록사유

상표등록의 취소심판이 청구되고 그 청구일 이후에 상표권이 소멸하였거나 상표등록 취소의 심결이 확정된 경우에 상표권자 및 그 상표를 사용한 자는 상표권이 소멸하였거나 취

소심결이 확정된 날부터 3년이 경과한 후에 상표등록출원을 하지 아니하면 소멸된 등록상표와 동일 또는 유사한 상표를 그 지정상품과 동일 또는 유사한 상품에 대하여 상표등록을 받을 수 없다.

이 규정은 상표의 정당사용 의무를 위반한 상표권자 및 그 상표를 사용한 자에 대한 제재로서 3년간 상표등록출원을 금지한 것이다.

(3) 부등록사유에 해당하는 경우의 법적 효과

(가) 상표권의 설정등록 전

부등록사유에 해당하는 것이므로 상표등록 거절이유, 정보제공이유 및 상표등록 이의신청이유에 해당한다.

(나) 상표권의 설정등록 후

착오로 등록되더라도 상표등록 무효사유에 해당하며, 등록이 무효로 되면 그 상표권은 처음부터 없었던 것으로 간주된다. 상표법 제34조 제1항 제6호, 제7호, 제8호, 제9호, 제10호, 제16호 및 제35조에 해당하는 것을 사유로 하는 상표등록 무효심판은 등록일부터 5년이 경과한 후에는 청구하지 못한다.

7. 상품의 동일 · 유사와 상표의 동일 · 유사

1) 서설

상표법에서 해당 상표의 사용으로 실제로 등록상표와 상품 출처의 혼동을 일으킨 사실이 있는지가 아니라, **혼동의 가능성만 있으면 사용을 금지할 수 있는 권리**가 있다고 본다. 또한 상표법에서는 추상적인 개념인 **혼동을 판단**하기 위하여 **유사**라는 개념을 도입하고 있다.

상표의 유사는 상표의 출원 심사 시뿐만 아니라, **침해소송에서 침해 여부를 판단**하는데도 기준이 되는 중요한 개념이다. 여기서는 어느 상표가 서로 유사한지, 어떤 지정상품까지 유사하다고 보는지를 판단하는 기준에 대하여 알아보고자 한다.[339)]

2) 상품의 동일 · 유사판단

(1) 상품의 유사 판단

상품의 유사란 대비되는 두 상품이 동일한 정도는 아니지만, 거래사회에 오인 · 혼동을 일으킬 정도로 비슷한 것을 말한다.

---

339) 특허청 · 한국발명진흥회, 지식재산의 이해, 박문각, 2019, 194-201면 참조; 한국발명진흥회, 지식재산능력시험, 2022, 박문각, 206-209면 참조.

(가) 심사단계

특허청 심사 단계에서는 심사의 신속성과 공정성 및 통일성 등을 기하기 위해 유사상품 및 서비스업에 대한 판단기준으로 유사상품·서비스업 심사기준에서 정하고 있는 유사군 코드를 활용하여 심사하고 있다. 특허청은 유사상품 심사기준에 따라 상품의 유사 여부를 판단한다. 실무상 유사군 코드를 이용되는데, 유사군 코드는 니스분류에 따른 상품이 대한민국분류의 어떤 상품류 및 상품군에 속하는지를 기호화한 것이다. 유사군 코드는 상품과 서비스업을 구분하는 영문자(상품은 G, 서비스업은 S)와 4~6자리의 아라비아 숫자로 구성된다. 니스분류에 따른 상품류가 다르더라도 유사군 코드가 같은 상품이나 서비스는 원칙적으로 서로 유사한 것으로 보고 심사하며, 상품류가 같더라도 유사군 코드가 다르면 서로 비유사한 것으로 보고 심사한다.

(나) 판례

유사군 코드에 따라서 상품의 동일·유사를 판단하는 것은 심사의 편의를 위한 것에 불과하다. 따라서 심판이나 소송 단계에서는 유사군 코드에 구애받는 것이 아니라 구체적인 실정을 따져 상품의 동일·유사 여부를 개별적으로 판단하게 된다.

판례(대법원 2000. 10. 27. 선고 2000후815 판결)에 따르면 "지정상품의 유사여부는 대비되는 상품에 동일 또는 유사한 상표를 사용할 경우 동일 업체에 따라서 제조 또는 판매되는 상품으로 오인될 우려가 있는지 여부를 기준으로 하여 판단하되, 상품 자체의 속성인 품질, 형상, 용도와 생산부문, 판매부문, 수요자의 범위 등 거래의 실정 등을 종합적으로 고려하여 거래사회의 통념에 따라 판단하여야 한다"라고 하였다.

사례

(1) 고추와 고추가루는 유사한 상품이나 고추와 고추장은 비유사 상품(특허법원 2006.4.26. 선고 2005허9664 판결)

전북 무주군은 지난 1997년부터 반딧불이라는 상표를 등록한 뒤 고추와 사과, 배추 등에 붙여 사용해 오던 중, 영양군이 2002년 영양 반딧불이라는 상표를 만들어 고추장과 된장 등에 사용하자 특허심판원에 상표등록무효심판을 냈고, 심판원이 무주군 손을 들어주자 영양군이 이에 불복, 소송을 냈다. 특허법원은 이 사건에서 고춧가루는 고추를 별다른 가공 절차 없이 절단하거나 빻기만 하면 만들어지는 것으로 그 형상과 품질이 유사하고 유통경로, 용도, 수요자층 등 거래 실정도 공통점이 많아 유사한 상품이지만, 고추장은 야채류에 속하는 고추와 달리 장류에 속하고 상품의 성질과 유통경로 등이 많이 달라 수요자 등 일부 공통점이 있더라도 유사하지 않은 상품이라고 판단하였다.

(2) 죽염성분 치약과 소금성분 치약은 동일 범주에 속하는 상품이다(대법원 2011.7.28. 선고 2010후3622 판결)

대법원은 3년 이상 지정상품에 사용되지 않은 인산죽염의 상표 등록을 취소하라며 LG생활건강이 인산죽염촌(주)를 상대로 낸 소송에서 인산죽염촌이 해당 등록상표를 사용한 치약상품에는 죽염이라는 성분표시는 없고, 염화나트륨이 주성분으로 기재되어 있으나 염화나트륨의 사전적 의미는 소금이고 죽염은 가공소금의 일종이라 지정상품인 죽염성분이 함유된 치약과 동일성 있는 제품에 등록상표를 사용한 것이라고 할 수 있다고 밝혔다.

(다) 상품과 서비스

상품과 서비스 간에 동종성 내지 견련관계가 있어 동일한 표장을 상품과 서비스에 함께 사용할 경우에는 수요자로 하여금 출처의 혼동을 일으킬 염려가 있다고 판단되면 상품과 서비스 간에도 동일한 법리가 적용된다.

사례

산후조리업과 산모도우미 파견업은 유사(특허법원 2014.1.16. 선고 2013허8048 판결)

이 사건 등록서비스표는 친정 맘(지정서비스업 : 35류 산모도우미 파견업 등)이고, 선출원서비스표는 친정맘(지정서비스업 : 제44류 산후조리업 등)이다. 원고는 이 사건 등록서비스표는 선출원서비스표와 유사하므로 그 등록이 무효로 되어야 한다고 주장하며 등록무효심판을 청구하였다.

이에 법원의 판단은 산후조리업과 산모도우미 파견업 등은 적용법령과 인적·물적 구비요건, 서비스 방법 등에 다소 차이가 있다. 그러나 실질적으로 산모들에게 산후관리서비스를 제공하게 된다는 점에서 매우 유사하고, 서비스의 수요자가 동일하며 서비스의 제공자도 동일하거나 매우 밀접한 관계에 있을 뿐만 아니라, 양 서비스업이 동일한 수요자가 동일한 기회에 동일하거나 매우 밀접한 관계를 맺고 있는 공급자로부터 거의 유사한 서비스를 경쟁적으로 제공하는 것이라는 점을 고려하면, 양 서비스의 제공장소나 적용법령의 차이에도 불구하고 일반 수요자는 양 서비스업이 동일한 사업자에 따라서 제공되는 것으로 혼동할 우려가 많다고 보인다. 그러므로 이 사건 등록서비스표의 지정서비스업들은 선출원서비스표의 지정서비스업 중 산후조리업과 유사한 서비스업에 해당한다고 할 것이다.

3) 상표의 동일·유사판단

(1) 상표의 동일

등록상표를 확대·축소한 상표는 물론이고 사회통념상 거래사회에서 일치하는 것으로 인식되는 정도의 상표를 말한다. 상표의 소극적 효력은 유사범위까지 미치므로 그 경우에는 상표의 유사가 문제되는 경우가 많지만, 조약우선권주장, 요지변경, 상표권자의 불사용 또는 부정사용을 이유로 하는 취소심판 등에서는 상표의 동일 내지 동일성이 문제되는 경우가 많다.

(2) 상표의 유사

상표는 시각적인 요소가 강하고 모방이 다소 용이하기 때문에 상표법에서는 상품 출처의 혼동을 방지하기 위해 상표권의 보호범위를 유사의 영역까지 확장하고 있다. 혼동이라는 것은 매우 주관적이고 추상적인 것이어서 이를 일반적으로 객관화시킨 것이 **유사**라는 개념이다. 즉 상표법에서는 동일·유사한 상표를 동일·유사한 **상품에 사용**할 경우 일반 수요자가 **혼동할 가능성**이 있다고 본다.

(가) 판단의 원칙

상표의 유사 여부는 동일 또는 유사한 상품에 사용되는 두 개의 상표의 외관·호칭·관념 등을 객관적, 전체적, 이격적으로 관찰하였을 때 일반 수요자나 거래자가 상표에 대하여 느끼는 직관적 인식을 기준으로 어느 한 가지 면에서라도 거래상 상품의 출처에 관한 오인 · 혼동을 초래할 우려가 있는지에 따라 판단한다. 상표의 유사 여부의 판단은 때와 장소를 달리하여 양 상표를 대하는 거래자나 일반 수요자가 상품 출처에 관하여 오인 · 혼동을 일으킬 우려가 있는지의 관점에서 이루어져야 한다(이격적 관찰).

(나) 외관유사

외관유사란 대비되는 상표들의 외관상 구성이 근사하기 때문에 상품 출처의 오인 · 혼동을 일으키는 시각적 요인의 유사를 말한다. 예를 들어, HOP → HCP, 白花 → 百花 등이다. 도형상표에서는 그 외관이 지배적인 인상을 남긴다 할 것이므로 외관의 유사 여부가 중요하다.

(다) 칭호유사

칭호유사란 상표를 호칭하는 발음이 근사하여 상품 출처의 오인 · 혼동을 일으키게 하는 청각적 요인의 유사를 말한다. 예를 들어, GEVRIN과 GEWORIN은 유사하고, Solar와 Polar는 비유사이다. TV, 라디오 등 광고선전 매체의 광범위한 보급에 따라 문자상표의 유사 여부는 칭호가 가장 중요한 요소이며, 특히 조어상표의 경우에는 관념에 따른 판단이 거의 고려되지 않으므로 칭호의 판단이 가장 중요한 경우가 많다.

(라) 관념유사

관념유사란 대비되는 상표가 가지는 의미, 관념, 사상이 서로 비슷하기 때문에 상품 출처의 오인 · 혼동을 일으키게 하는 지각적 요인의 유사를 말한다. 예를 들어, 와 천마(天馬)는 유사하고, SUNSHINE과 일광은 비유사이다. 이는 상표의 의미가 언어학적으로 동일하다는 것이 아니고, 하나의 상표에서 다른 상표를 직감할 수 있는 정도를 의미한다.

(3) 사례

다국적 커피 전문업체인 스타벅스는 국내업체인 엘프레야가 자신들이 사용하는 로고와 유사한 색체의 초록색 원 중간에 사람 형상 도형을 배치하고 'STARPREYA COFFEE'라는 문자를 원 주위에 둘러 언뜻 보았을 때의 자사 표장과 유사한 느낌을 주는 상표를 사용하여 커피전문점을 운영하고 있는 것을 발견하였다. 이에 엘프레야의 상표 등록을 무효로 해달라는 취지의 심판을 특허심판원에 청구하였다.

이에 대하여 대법원(대법원 2007.1.11. 선고 2005후926 판결)은 엘프레야의 상표는 스타벅스의 로고와 유사하지 않다고 판단하였다. 재판부는 판결문에서 스타벅스와 엘프레야의 상표 또는 서비스표는 외관, 호칭 등에서 달라 전체적으로 유사하지 않다고 판시했다. 특허법원도 두 상표의 '스타' 부분은 일반적 단어로 식별력이 상당히 약하며, 로고도 스타벅스는 '인어공주' 형상인 반면, 엘프레야 로고는 '여신' 모양이어서 유사상표로 볼 수 없다고 판단했었다.

8. 상표의 절차적 등록요건

소정의 방식에 따른 출원절차를 거쳐, 실체적인 등록요건을 갖추고 있는지 여부를 심사받아야 한다. 대한민국 상표법은 **등록주의를 취하고** 있어 상표의 사용여부를 불문하고 가장 **먼저 출원한 자가 상표등록원부에 등록**함으로서 상표권을 취득한다(선출원주의를 채택).

상표의 절차적 등록요건은 1상표 1출원주의에 합치될 것, 선출원일 것, 대리인 또는 대표자에 따라 출원의 경우 외국의 정당권리자의 동의가 있을 것 등을 요구된다.[340]

1) 선출원주의

상표법은 절차적 요건으로 **선출원주의를 채택**하고 있다(상표법 제35조 제1항). 선출원주의란 동일 · 유사한 **상표**가 동일 · 유사한 **상품**에 대하여 경합출원된 경우에 **가장 먼저 출원**한 것이 등록을 받을 수 있도록 하는 것을 말한다. 선후원(先後願)의 판단은 **출원일을 기준**으로 하고 있으며, 출원된 상표와 지정상품의 동일 또는 유사범위 내에서 선후원관계를 판단한다.

이일출원(異日出願)의 경우에는 **먼저 상표등록출원자 만**이 그 상표에 관하여 상표등록을 받을 수 있다(상표법 제35조 제1항). **동일출원**(同日出願)의 경우에는 출원인의 **협의**에 따라 정하여진 **하나의 출원인만**이 그 상표에 대해 상표등록을 받을 수 있는 것을 원칙으로 하며, **협의가 불성립한 때**에는 특허청장이 행하는 **추첨에 따라** 등록받을 **출원인을 결정**한다(상표

340) 송영식 외, 앞의 책, 214~215면 참조.

법 제35조 제2항). 특허와 달리 **추첨**에 따라서라도 **1인의 출원인에게 등록하게 하도록 한 이유**는 출원의 포기나 상표등록거절결정・심결이 확정된 경우에는 출원이 처음부터 없었던 것이 되어 선출원의 지위가 상실되므로, 경합된 출원에 대하여 협의가 성립되지 않을 경우 경합된 상표등록출원인 전원이 등록받지 못하는 반면, 그 보다 후출원이 등록되는 모순이 생기기 때문이다. 또 **하나의 이유**는 상표등록출원은 발명과 같이 신규에 따라서 결정되는 것이 아니고 오로지 출원 선후에 따라 결정되기 때문에 선출원자 중 어느 한 사람에게 등록을 해 주는 것이 후출원자가 등록이 되는 불합리성을 막는다.[341]

"동일(동일하다고 인정되는 경우를 포함한다)하지 아니한 상품에 대하여 동일・유사한 표장으로 둘 이상의 지리적 표시 단체표장등록출원 또는 지리적 표시 단체표장등록출원과 상표등록출원이 있는 경우"에는 선출원을 적용하지 아니한다(상표법 제35조 제5항).

상표등록출원이 **포기・취하** 또는 **무효**가 된 경우 또는 상표등록**거절**결정이나 거절한다는 취지의 심결이 확정된 경우에는 그 상표등록출원은 **처음부터 없었던 것으로 본다**(상표법 제35조 제3항). 즉, 후출원의 등록여부결정시까지 선출원이 취하・무효・포기된 경우 또는 거절결정(심결)이 확정된 경우에는 선출원이 처음부터 없었던 것으로 간주되기 때문에 후출원이 등록을 받게 된다.

법률적으로 선출원(先出願)에 해당하나, **먼저 사용**한 경우에는 선출원(先願)의 **출원일에 우선하여 취급**하는 예외적인 경우가 있다. 즉, 출원일의 소급효가 인정되는 경우, 즉 출원의 보정, 분할, 변경, 조약우선권주장 및 출원시의 특례 주장에서는 원출원일, 제1국 출원인, 박람회출품일을 기준으로 선출원에 관한 규정을 적용한다. 예를 들어, 출원보정의 경우(상표법 제40조, 제41조), 출원분할의 경우(상표법 제45조 제2항), 출원변경의 경우(상표법 제44조), 박람회 출품한 상품에 사용한 상표를 출원한 경우(상표법 제47조)[342] 등이 있다.

2) 1상표 1출원

상표등록출원을 하려는 자는 상품류의 구분에 따라 1류 이상의 상품을 지정하여 1상표마다 1출원을 하여야 한다(상표법 제38조 제1항). 이를 **1상표 1출원의 원칙**이라고 한다. 이에 따른 상품류에 속하는 구체적인 상품은 특허청장이 정하여 고시한다(상표법 제38조 제2항).[343] 또 상표법 제38조 제1항에 따른 상품류의 구분은 상품의 유사범위를 정하는 것은

---

341) 이동훈 외, 앞의 책, 249~250면 참조.

342) 상표법 제47조(출원 시의 특례) ① 상표등록을 받을 수 있는 자가 다음 각 호의 어느 하나에 해당하는 박람회에 출품한 상품에 사용한 상표를 그 출품일부터 6개월 이내에 그 상품을 지정상품으로 하여 상표등록출원을 한 경우에는 그 상표등록출원은 그 출품을 한 때에 출원한 것으로 본다. 1. 정부 또는 지방자치단체가 개최하는 박람회, 2. 정부 또는 지방자치단체의 승인을 받은 자가 개최하는 박람회, 3. 정부의 승인을 받아 국외에서 개최하는 박람회, 4. 조약당사국의 영역(領域)에서 그 정부나 그 정부로부터 승인을 받은 자가 개최하는 국제박람회, ② 제1항을 적용받으려는 자는 그 취지를 적은 상표등록출원서를 특허청장에게 제출하고, 이를 증명할 수 있는 서류를 상표등록출원일부터 30일 이내에 특허청장에게 제출하여야 한다.

아니다(상표법 제38조 제3항).

하나의 출원서에 표장은 1개만 기재해야 하지만, 상품은 2 이상의 류구분에 속하는 여러 개의 상품을 함께 지정할 수 있으며, 상품과 서비스업을 동시에 지정하는 것도 가능하다. 1상표 1출원의 원칙에 **위반된 때**에는 **상표등록출원은 거절**된다(상표법 제54조 제1항). 그러나 이에 위반되어 잘못 등록되었다 하더라도 무효로 되는 것은 아니라고 본다(상표법 제117조). 왜냐하면 1상표 1출원주의는 절차상의 요청에 따른 것이지 권리의 실체적 요건이 아니기 때문이다.

9. 상표권의 주체

1) 상표등록을 받을 수 있는 자

대한민국에서 상표권자가 될 수 있는 자격을 갖는 자(개인 또는 법인)로서 **국내에서 상표를 사용하는 자**(법인 · 개인 · 공동사업자) 또는 **사용하고자 하는 자**는 상표법 제3조가 정하는 바에 따라서 **자기의 상표를 등록**받을 수 있다. 다만, 특허청 직원과 특허심판원 직원은 상속 또는 유증(遺贈)의 경우를 제외하고는 재직 중에 상표를 등록받을 수 없다.

국내에서 **영리를 목적으로 하지 아니하는 업무**를 영위하는 자는 자기의 **업무표장을 등록**받을 수 있다(상표법 제3조 제6항). 상표권자가 될 수 있는 **자격**은 **대한민국의 국민 또는 법인**이며, 외국인인 경우에는 상호주의 원칙에 따라서 대한민국에서도 상표등록을 받을 수 있다(상표법 제3조, 특허법 제27조).

2) 상표등록을 받을 수 있는 권리

상표등록을 받을 수 있는 권리는 특허를 받을 수 있는 권리와 달리 **상표등록출원 한 후에만 발생한다**(상표법 제82조, 동법 제33조). 그러므로 상표를 창출하더라도 출원하기 전까지는 상표법에 따라서 보호되는 것은 아니다. 그 이유는 상표는 상표를 창안하였다는 창작에 대하여 보호를 주는 것이 아니라 상표에 화체된 신용에 대한 보호를 주는 법이기 때문이다.

3) 상표등록 출원의 승계

상표등록출원은 **이전**할 수 있고, 이전은 **명의변경신고**를 하여야 **효력이 발생**한다(상표법 제48조 제1항). **상속 그 밖의 일반승계의 경우에 승계인**은 지체없이 특허청장에게 **신고**하여야 한다(상표법 제48조 제3항). 상표등록출원은 상표와 지정상품을 일괄하여 양도할 수도 있

343) 유사상품 심사기준, [시행 2017.1.1.] [특허청예규 제95호, 2016.12.20., 일부개정], 특허청(상표심사정책과), 042-481-5267; 제1조(목적) 이 기준은 상표법 제38조 제2항 및 같은 법 시행규칙 제28조 제1항에 따라 고시한 상품의 유사범위에 대한 판단기준을 정함으로써 상품심사의 신속성, 객관성 및 공정성을 유지함을 목적으로 한다.

고, 지정상품마다 분할하여 이전할 수 있다(상표법 제48조 제2항). 분할하여 이전한 경우, 출원일은 분할 전의 출원일에 출원한 것으로 본다(상표법 제48조 제5항). 상표등록출원이 공유인 경우 각 공유자는 다른 공유자 전원의 동의를 얻지 않으면 그 지분을 양노할 수 없다(상표법 제48조 제4항). 업무표장등록출원은 양도할 수 없다. 그러나 업무와 함께 이전하는 것은 가능하다(상표법 제48조 제6항). 단체표장등록출원은 양도할 수 없다. 그러나 법인 합병의 경우 특허청장의 허가를 받아 양도할 수 있다(상표법 제48조 제7항).

증명표장등록출원은 이를 **이전할 수 없다**. 다만, 해당 증명표장에 대하여 **증명표장을 등록받을 수 있는 자**에게 그 **업무와 함께 이전**하는 경우에는 특허청장의 **허가를 받아 이전**할 수 있다(상표법 제48조 제8항).

10. 상표의 검색[344)]

1) 상표검색의 필요성

출원에 앞서 상표검색을 해 볼 필요가 있다. 상표검색을 통해 출원하고자 하는 상표가 등록을 받을 수 있는지 또는 등록 전에 그 상표를 사용해도 타인의 사용권을 침해할 가능성이 없는지를 가늠해 볼 수 있기 때문이다.

상표검색의 주된 목적은 출원 또는 사용하고자 하는 상표와 동일하거나 유사한 상표가 선출원 또는 선등록되어 있는지를 조사함으로써 등록가능성이나 사용가능성을 확인하는데 있다. 또한 신상품의 브랜드 네이밍을 하거나 경쟁사의 출원 동향을 파악, 상표권을 둘러싼 분쟁에 대처하기 위하여 상표검색을 하기도 한다.

2) 상표검색의 방법

상표검색은 유로 데이터베이스(DB)를 이용하기도 하지만, 무료 DB를 제공하는 특허정보넷 키프리스(www.kipris.or.kr)를 이용하는 경우가 많다.

상표검색 과정을 간단히 보면 다음과 같다.

① 검색하고자 하는 상표를 사용할 상품을 결정한다.

② 그 상품이 상품류 구분표의 어떤 류구분에 속하는지 확정한다.[345)] 즉, 상품류 구분은 국제분류 니스(NICE) 제11판에 따르고 있으며, 상품과 서비스를 유사한 것끼리 묶어 크게 1류~45류로 나누어 분류하고 있다. 상품 출원시에도 상품분류를 지정하여야 한다. 따라서 출원하고자 하는 상품이 몇 류에 속하는지 확인하여 분류별로 검색해 볼 수 있다.

344) 한국발명진흥회 편저, 앞의 책(지식재산능력시험), 204~206면 참조.
345) 정확하게는 상표를 사용하고자 하는 상품의 유사군코드를 기준으로 검색하여야 한다.

③ 검색하고자 하는 상품의 구성요소를 고려하여 검색어를 결정한다.[346] 즉, 선행상표 검색시에는 검색하고자 하는 상품이나 서비스의 범위를 정하고, 검색키워드를 선정하여야 한다. 상표는 문자뿐만 아니라 도형을 포함할 수 있고 도형만을 구성된 상표도 있을 수 있으므로 도형상표에 대한 별도 검색이 필요하다. 베엔나 분류한 상표의 도형요소에 대한 국제분류체계로서 비엔나 협정에 따라 만들어진 것이다. 도형분류코드의 구성은 도형요소를 류(대분류), 군(중분류), 항(세분류)으로 구분하고 각각 두 자리씩 숫자를 부여하되, 일반적인 것에서 구체적인 것으로 계층적으로 구성한다.

④ 검색어(상표명)와 상품분류 등을 입력하여 검색을 실시한다.

KIPRIS에서 상품 명칭을 검색하기 위해 사용되는 검색 연산자를 다음과 같이 나타낸다.

구분	연산자	입력방법	검색결과	결과예시
포함상표	단어입력	사랑	'사랑'을 포함하는 상표	아이사랑, 美사랑
완전일치	'완전일치검색'체크	사랑	한글이 '사랑'만으로 된 상표	사랑, PC사랑
전방절단	?	?사랑	'사랑'으로 끝나는 상표	아이사랑, 나라사랑
후방절단	?	사랑?	'사랑'으로 시작하는 상표	사랑할 때, 사랑방
양방절단	?	?사랑?	'사랑'이 포함되어 있는 상표	아이사랑, 사랑할 때, 내고장사랑카드
구문검색	" "	"희망의 전화"	'희망의 전화'라는 구문상표	희망의 전화 한국통신
AND	*	사랑*희망	입력된 키워드 2개가 모두 포함된 상표	사랑과 희망, 희망의 사랑방
OR	+	사랑+희망	입력된 키워드 중 한 개라도 포함된 상표	아이사랑, 사랑과 희망
NOT	!	사랑*!희망	키워드 2개 중 한 개는 반드시 포함하고 한 개는 불포함	아이사랑, 사랑과 희망(X)

⑤ 검색 결과를 보면서 권리자, 상표권의 존속기간, 권리의 소멸 여부 등을 체크한다.

⑥ 문제의 소지가 있다고 판단되는 상표와 출원하고자 하는 상표를 대비하여 상표의 유사여부와 상품의 유사 여부를 판단한다. 즉, 상표 조사 결과 동일한 선행상표가 검색되지 않더라도 유사한 선행상표가 있는지 확인이 필요하다. 특허청 심사단계에서는 지정상품의 유사여부는 원칙적으로 동일 유사군 코드에 해당하는지 여부를 기준으로 판단하고 있다. 신속하고 획일적인 사무처리가 요청되는 심사실무의 특성상 지정상품의 유사여부 판단에 유사군 코드를 이용한다.

346) 대개는 상표를 구성하는 문자의 전부 또는 일부를 검색을 하지만, 도형상표의 경우에는 비엔나분류에 따른 도형코드를 이용해서 검색을 한다.

⑦ 심사례, 심결례 및 판례 등을 감안하여 출원하고자 하는 상표가 등록 가능한지 또는 등록 전에 사용해도 문제가 없을지를 판단한다. 즉, 상품, 서비스업 간 유사판단에 대한 심결, 판결 등을 반영하여 매년 1회 이상 변경되고 있으며, 심판단계에서 동일 유사군 코드의 상품이라도 비유사 주장을 통해 극복이 가능하기도 한다.

3) 상표검색시 유의사항

개인적인 수준에서 간단하게나마 상표를 검색함으로써 개략적으로 결과를 예측해 볼 필요가 있다. 그러나 상표검색은 전문적인 지식과 실무 경험이 뒷받침되어야만 정확한 결과를 얻을 수 있다. 상표검색 및 판단이 잘못되면 출원상표의 등록이 거절되거나 상표권 침해분쟁에 휘말릴 수 있다. 따라서 중요한 상표인 경우에는 변리사 등 전문가들의 도움을 받아 상표검색을 철저히 하고 확실한 검토 의견을 받아 둘 필요가 있다.

5) 상표 조사 실습[347)]

사례연구

A씨는 부탄가스에 애니파워라는 상표를 사용하려고 한다. 저촉되는 동일상표가 있는지 검색해 보시오.

(1) KIPRIS 상표 검색틀[348)]

스마트 검색은 상표 명칭, 출원번호, 출원일자, 출원인 등 총 19개의 다양한 검색항목(Field) 중에서 선별하거나 다수의 검색항목을 이용하여 검색할 수 있다.

각 검색항목 중 분류정보, 번호정보, 일자정보, 이름/코드/주소 등으로 그룹화하여 찾기가 편리하다. 그룹명의 우측 도우미 버튼을 클릭하면 상세한 입력을 위한 도우미창이 열린다. 각 항목 옆에는 AND 또는 OR 버튼을 선택하면 AND 선택 항목이 모두 AND 연산자로 연결하고 OR 선택 항목이 모두 OR 연산자로 연결되어 AND 연산과 OR 연산이 OR 검색된다. 즉 상품분류와 지정상품 항목을 AND로 선택하고 출원인과 대리인에 OR 항목을 선택하면(상품분류 AND 지정상품) OR(출원인 OR 대리인)로 검색이 된다.

(2) 상품유사군 확인

검색하려는 상품의 상품류와 유사군을 알기 위해서 분류정보 옆 도우미 버튼을 불러보면 상품분류 및 유사군을 확인할 수 있는 검색입력도우미 화면이 나온다. 여기서 유사군을 선택한 뒤, 명칭 : 부탄가스를 입력해 보면, 아래와 같이 부탄가스는 상품분류 제4류,

347) 특허청·한국발명진흥회 편저, 지식재산의 이해, 박문각, 2019, 446-452면 참조.
348) http://kdtj.kipris.or.kr/kdtj/searchLogina.do?method=loginTM

유사군 G4002에 해당하는 상품임을 확인할 수 있다.

KIPRIS의 상표 검색 예시

(3) 상표명칭 및 유사군 코드를 입력하여 검색

확인한 상품유사군 G4002를 스마트 검색 화면의 유사군에 입력하고 검색하려는 상표 애니파워를 상표명칭란에 입력하여 검색하기 버튼을 눌러 검색을 실행한다.

(4) 검색결과 확인/출원, 등록 내역 확인

검색 결과 다음과 같은 상표가 검색됨을 확인할 수 있다. 검색된 상표는 2007년 8월 22일 출원되어 2008년 6월 27일에 등록된 상표이다. 이 상표는 등록 상태로 현재 유효한 상태이다.

KIPRISS의 상표 검색 결과 화면

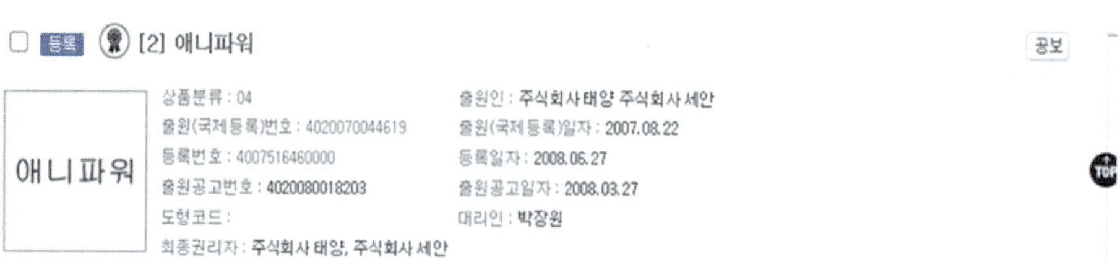

11. 상표등록출원절차

상표등록을 받고자 하는 자는 특허청장에게 출원서를 제출하여야 한다. 그러면 특허청장은 심사관을 지정하여 출원상표가 등록에 적합한지를 심사하게 된다. 출원인은 의견서를 제출하거나 출원을 보정, 분할, 변경, 우선권 주장 등의 절차를 통해 보호받을 수 있다. 한편, 출원에 거절이유가 없다고 판단되어 그 출원이 출원공고되면, 누구든지 2개월 이내에 이의신청을 제기하여 그 출원이 등록받을 수 없음을 주장할 수 있다. 상표권은 상표등록을 함으로서 발생한다.

1) 상표등록출원

상표의 등록을 받고자 하는 자는 상표법에 규정된 일정한 형식을 갖추어 일정한 절차를 이행함으로써 상표등록을 받을 수 있다. 즉, 일정한 자격을 갖춘 자가 **서면(출원서)**으로 **하나의 상표**에 대하여 **하나의 출원**(상표법 제38조 제1항, 1상표 1출원주의)을 하면, 특허청은 심사를 거쳐 **식별력이 있다고 판단**된 경우에는 **독점배타적인 권리를 부여**한다.[349] 이때 제출하는 서류는 특허청이 정한 양식에 맞추어 우리말로 작성하여야 하고, 소정의 수수료를 납부하여야 한다.

2) 상표등록출원의 적법요건

상표등록을 받으려고 하는 자는 소정의 양식에 기재된 **상표등록출원서**를 **특허청장에게 제출하여야 한다**(상표법 제36조). 이처럼 등록을 받기 위해서는 필요한 절차(뒤의 상표등록심사절차도 참조)와 요건을 갖추어야 한다.

상표등록출원요건으로는 ① **출원이 유효한 것일 것**, 즉 출원인이 행위능력이 있어야 하고, 국내에 주소나 영업소를 가지지 않은 자가 직접 외국으로부터 출원한 것이 아니어야 한다. ② **당사자 적격이 있을 것**, 즉 상표를 정당히 사용하려고 하는 자와 사용하고 있는 자만 출원할 수 있다. ③ **부적법한 출원서류등의 반려**(상표법시행규칙 제25조 제1항)에 **해당하지 않을 것** 등이 적법한 요건이다.[350]

3) 상표등록출원서류

상표등록을 받고자 하는 자는 "① 출원인의 성명 및 주소(법인인 경우에는 그 명칭 및 영업소

349) 상표 1출원주의 원칙이라 함은 상표등록출원은 산업통상자원부령이 정하는 상품류 구분내에서 상표를 사용할 1 또는 2개 이상의 상품을 지정하여 상표마다 출원하여야 하는데 이를 1상표 1출원주의 원칙이라고 하며, 하나의 출원서로 동시에 2이상의 상표를 출원하는 것이 허용되지 않는다는 의미한다. 1상표 1출원주의 원칙은 신규 상표 등록출원, 지정상품의 추가등록출원, 상표권의 존속기간갱신등록출원에 적용되는 기본 원칙이다.

350) 윤선희, 앞의 책(2009), 312면 참조.

의 소재지), ② 출원인의 대리인이 있는 경우에는 그 대리인의 성명 및 주소나 영업소의 소재지(대리인이 특허법인인 경우에는 그 명칭, 사무소의 소재지 및 지정된 변리사의 성명), ③ 상표, ④ 지정상품 및 산업통상자원부령(상표법시행규칙 제28조)으로 정하는 상품류(이하 상품류라 한다), ⑤ 상표법 제46조제3항(조약에 따른 우선권 주장)에 따른 사항(우선권을 주장하는 경우만 해당한다) 즉, 우선권을 주장하려는 자는 상표등록출원 시 상표등록출원서에 그 취지, 최초로 출원한 국가명 및 출원 연월일을 적어야 한다(상표법 제46조 제3항). ⑥ 그 밖에 산업통상자원부령(상표법시행규칙 제28조(상표등록출원))으로 정하는 사항"을 서식에 따른 기재를 하여야 한다(상표법 제36조 제1항).

4) 상표등록출원의 효과

상표등록출원서류가 특허청에 제출되면 상표등록**출원**은 특허청에 **계속**하고, 제출시기에 상표등록**출원의 효과가 발생**하며, 방식불비의 경우에는 그 불비를 보정하는 것을 조건으로 하여 상표등록출원의 **실체적 요건 심사를 받는 효력** 등이 발생한다. 또한 상표등록출원에 따라서 **상표등록을 받을 수 있는 권리가 발생**한다. 이 권리는 상표등록출원에 따라서 발생하는 것이며, 국가에 대해서 독점권인 상표권의 부여를 청구할 수 있는 권리로서 **이전가능한 재산권**이다.

상표는 독창성을 문제로 하지 않기 때문에 상표자체에 창작적 가치는 인정하지 않고 있으며, 상표법은 등록주의를 채택하고 있기 때문에 특허를 받을 수 있는 권리와는 달리 **상표등록을 받을 수 있는 권리는 출원 전에 인정할 필요는 없다**. 그러나 **출원 후**에는 **상표등록을 받을 수 있다**고 하는 **출원인의 기대권을 보호**할 필요가 있고, 이러한 **기대권을 이전**할 수 있도록 하는 개념도 필요한 것이다. 따라서 상표법은 **상표등록출원에 따라 발생하는 권리를 인정**하고 있다.[351] 그 외에 출원에 따라서 **선출원권의 발생**, 파리협약상의 **우선권의 발생** 및 그 밖의 **절차상의 효과가 발생**한다.

5) 상표등록출원시 특례

상표등록을 받을 수 있는 자가 **박람회에 출품**한 상품에 사용한 상표를 그 출품일부터 **6월 이내**에 그 상품을 지정상품으로 하여 **상표등록출원**을 한 경우에는 그 상표등록출원은 그 **출품을 한 때에 출원**한 것으로 본다(상표법 제47조). 본 규정은 파리협약 제11조의 규정을 준수하고 박람회에 출품한 상품에 사용한 **상표에 대한 선출원주의의 예외를 인정**하여 상표법 제34조 제1호에서 제5호와 더불어 **박람회 출품자를 보호**하기 위한 것이다.

여기서 **박람회**란 ① 정부 또는 지방자치단체가 개최하는 박람회, ② 정부 또는 지방자

---

351) 송영식 외, 앞의 책, 218면 참조.

치단체의 승인을 받은 자가 개최하는 박람회, ③ 정부의 승인을 받아 국외에서 개최하는 박람회, ④ 조약의 당사국 영역(領域)에서 그 정부나 그 정부로부터 승인을 받은 자가 개최하는 국제박람회를 말한다(상표법 제47조 제1항). 이 박람회 규정을 적용받으려는 자는 그 취지를 기재한 상표등록출원서를 특허청장에게 제출하고, 이를 증명할 수 있는 서류를 상표등록출원일부터 **30일 이내**에 특허청장에게 제출하여야 한다(특허법 제47조 제2항).

12. 상표등록심사절차

대한민국은 **심사주의를 채택**하고 있어 상표등록출원을 하면 모두 심사하게 된다. 이때 심사는 형식적인 구비서류(출원서 양식, 첨부서류 등)의 불비(不備)만을 점검하는 **방식심사**와 출원한 내용의 절차적 요건과 실체적 요건을 심사하는 **실체심사**로 나누어진다.[352]

상표등록심사절차도[353]

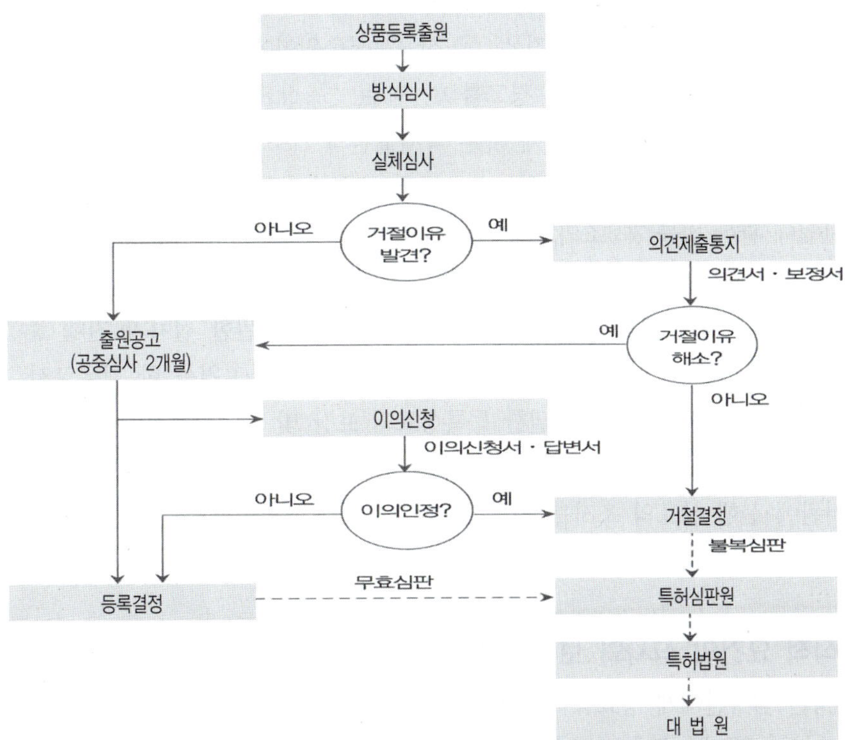

352) 송영식 외, 앞의 책, 221~222면 참조.
353) 김대익 외 6인, 앞의 책(지식재산), 239면 참조.

1) 우선심사

상표등록출원에 대한 **심사는 출원의 순위에 따른다**(상표법 제53조 제1항). 특허청장은 "① 상표등록출원 후 출원인이 아닌 자가 상표등록출원된 상표와 동일·유사한 상표를 동일·유사한 지정상품에 정당한 사유 없이 업으로서 사용하고 있다고 인정되는 경우, ② 출원인이 상표등록출원한 상표를 지정상품의 전부에 사용하고 있는 등 대통령령으로 정하는 상표등록출원으로서 긴급한 처리가 필요하다고 인정되는 경우"에 해당하는 상표등록출원에 대해서는 심사관으로 하여금 다른 상표등록출원보다 우선하여 심사하게 할 수 있다(상표법 제53조 제2항). 다만, 국제상표등록출원에 관하여는 우선심사가 적용하지 아니한다(상표법 제189조 제2항).

여기서 출원인이 상표등록출원한 상표를 지정상품의 전부에 사용하고 있는 등 대통령령으로 정하는 상표등록출원으로서 긴급한 처리가 필요하다고 인정되는 경우(상표법 제53조 제2항 제2호)에 우선심사를 하는 경우는 "① 상표등록출원인이 상표등록출원한 상표를 지정상품 전부에 대하여 사용하고 있거나 사용할 준비를 하고 있음이 명백한 경우, ② 상표등록출원인이 그 상표등록출원과 관련하여 다른 상표등록출원인으로부터 상표법 제58조 제1항에 따른 서면 경고를 받은 경우, ③ 상표등록출원인이 그 상표등록출원과 관련하여 다른 상표권자로부터 이의를 제기 받은 경우, ④ 상표등록출원인이 그 상표등록출원과 관련하여 상표법 제58조 제1항에 따른 서면 경고를 한 경우, ⑤ 상표법 제167조에 따른 마드리드 의정서(이하 "마드리드 의정서"라 한다)에 따른 국제출원의 기초가 되는 상표등록출원을 한 경우로서 마드리드 의정서에 따른 국제등록일 또는 사후지정일이 국제등록부에 등록된 경우, ⑥ 조달사업에 관한 법률 제9조의2 제1항 제2호에 따른 중소기업자가 공동으로 설립한 법인이 출원한 단체표장인 경우, ⑦ 조약에 따른 우선권 주장의 기초가 되는 상표등록출원을 한 경우로서 외국 특허기관에서 우선권 주장을 수반한 출원에 관한 절차가 진행 중인 경우, ⑧ 존속기간 만료로 소멸한 등록상표의 상표권자가 상표등록출원을 한 경우로서 그 표장과 지정상품이 존속기간 만료로 소멸한 등록상표의 표장 및 지정상품과 전부 동일한 경우, ⑨ 우선심사를 신청하려는 자가 상표등록출원된 상표에 관하여 특허청장이 정하여 고시하는 전문기관에 선행 상표의 조사를 의뢰한 경우로서 그 조사 결과를 특허청장에게 통지하도록 해당 전문기관에 요청한 경우"이다(상표법 시행령 제12조).

2) 형식적 요건의 심사와 보정명령

특허청장은 심사관에게 상표등록출원을 심사하게 한다(상표법 제50조 제1항). 심사관은 출원절차에 관한 서류가 적법하게 작성된 여부, 즉 형식적 요건에 관하여 심사한 후 이에 불비가 있는 경우에 보정을 명할 수 있다.

3) 실질적 요건의 심사와 거절이유통지

심사관은 상표등록출원의 형식적 요건을 심사한 결과 그 요건을 구비된 때에는 그 실질적 요건에 대하여 심사한다. 그러나 심사관은 상표등록출원이 "① 상표법 제2조 제1항에 따른 상표, 단체표장, 지리적 표시, 지리적 표시 단체표장, 증명표장, 지리적 표시 증명표장 또는 업무표장의 정의에 맞지 아니하는 경우, ② 조약에 위반된 경우, ③ 상표법 제3조, 제27조, 제33조부터 제35조까지, 제38조제1항, 제48조제2항 후단, 같은 조 제4항 또는 제6항부터 제8항까지의 규정에 따라 상표등록을 할 수 없는 경우, ④ 상표법 제3조에 따른 단체표장, 증명표장 및 업무표장의 등록을 받을 수 있는 자에 해당하지 아니한 경우, ⑤ 지리적 표시 단체표장등록출원의 경우에 그 소속 단체원의 가입에 관하여 정관에 따라서 단체의 가입을 금지하거나 정관에 충족하기 어려운 가입조건을 규정하는 등 단체의 가입을 실질적으로 허용하지 아니한 경우, ⑥ 상표법 제36조 제3항에 따른 정관에 대통령령으로 정하는 단체표장의 사용에 관한 사항의 전부 또는 일부를 적지 아니하였거나 같은 조 제4항에 따른 정관 또는 규약에 대통령령으로 정하는 증명표장의 사용에 관한 사항의 전부 또는 일부를 적지 아니한 경우, ⑦ 증명표장등록출원의 경우에 그 증명표장을 사용할 수 있는 자에 대하여 정당한 사유 없이 정관 또는 규약으로 사용을 허락하지 아니하거나 정관 또는 규약에 충족하기 어려운 사용조건을 규정하는 등 실질적으로 사용을 허락하지 아니한 경우"에는 상표등록거절결정을 하여야 한다. 이 경우 상표등록출원의 지정상품 일부가 거절사유에 해당하는 경우에는 그 지정상품에 대해서만 상표등록 거절결정을 하여야 한다(상표법 54조 제1항).

심사관은 상표등록거절결정(상표법 제54조에 따라)을 하려는 경우에는 출원인에게 미리 거절이유(같은 조 각 호의 어느 하나에 해당하는 이유를 말하며, 이하 "거절이유"라 한다)를 통지하여야 한다. 이 경우 출원인은 산업통상자원부령으로 정하는 기간 내(2개월 이내에서 심사관이 정하는 기간을 말한다: 상표법시행규칙 제50조 제2항)에 거절이유에 대한 의견서를 제출할 수 있다(상표법 제55조 제1항). 심사관은 거절이유를 통지하는 경우에 지정상품별로 거절이유와 근거를 구체적으로 적어야 한다(상표법 제55조 제2항). 이에 따른 기간 내에 의견서를 제출하지 못한 출원인은 그 기간의 만료일부터 **2개월 내**에 상표에 관한 절차를 계속 진행할 것을 신청하고, 거절이유에 대한 의견서를 제출할 수 있다(상표법 제55조 제3항).

4) 출원공고제도

상표의 출원공고는 **심사관이** 상표등록출원에 대하여 **거절이유를 발견할 수 없는 경우**에는 **출원공고결정**을 하여야 한다(상표법 제57조 제1항 본문). 상표의 출원공고제도는 상표의 공익성과 출원상표의 다양성에 비추어 특허청 내부 심사관의 심사만으로는 부족하다는 입장에서 상표로서의 권리를 설정등록하기 전에 이를 **일반에게 공개**하여 공중심사에 회부함으로써 각계의 의견을 듣고 이의가 있으면 **이의신청**을 할 수 있게 하여 심사관의 심사의 공정을 기함과 동시에 등록 후에 있어서의 **상표분쟁을 미연에 방지**하고자 하는 제도이다. 특허청장은 **출원공고가 있는 날부터 2개월간** 상표등록출원서류 및 그 부속서류를 특허청에서 일반인이 열람할 수 있게 하여야 한다(상표법 제57조 제3항).

출원인은 출원공고[제57조 제2항(제88조 제2항 및 제123조 제1항에 따라 준용되는 경우를 포함한다)에 따른]가 있은 후 해당 상표등록출원에 관한 지정상품과 동일·유사한 상품에 대하여 해당 상표등록출원에 관한 상표와 동일·유사한 상표를 사용하는 자에게 서면으로 경고할 수 있다. 다만, 출원인이 해당 상표등록출원의 사본을 제시하는 경우에는 출원공고 전이라도 서면으로 경고할 수 있다(상표법 제58조 제1항). 이에 따라 경고를 한 출원인은 경고 후 상표권을 설정등록할 때까지의 기간에 발생한 해당 상표의 사용에 관한 업무상 손실에 상당하는 보상금의 지급을 청구할 수 있다(상표법 제58조 제2항). 이에 따른 청구권은 해당 상표등록출원에 대한 상표권의 설정등록 전까지는 행사할 수 없다(상표법 제58조 제3항). 청구권의 행사는 상표권의 행사에 영향을 미치지 아니한다(상표법 제58조 제4항).

한편, **출원공고된 상표에 대하여 이의가 있을 때**에는 누구든지 출원공고일로부터 **2개월 이내에 이의신청**을 할 수 있고, 이의신청서는 소정의 양식에 따라 작성하되 반드시 이의신청의 이유를 기재하고 이에 필요한 증거를 첨부하여 특허청장에게 제출하여여야 한다(상표법 제60조). **이의신청 기간의 경과 후 30일 이내에 그 이의신청서에 기재한 이유 및 증거를 보정**할 수 있다(상표법 제61조). 이의신청을 할 수 있는 사유는 출원 공고된 상표가 상표법 제54조(상품등록거절결정) 제1항 각호[354]에 규정된 거절이유에 해당하는 경우이다(상표법 제60조 제1항).

5) 상표등록결정

심사관은 상표등록출원에 대하여 **거절이유를 발견할 수 없는 경우**에는 **상표등록결정**을 하여야 한다(상표법 제68조). 상표등록여부결정은 서면으로 하여야 하며 그 이유를 붙여야 하고, 특허청장은 상표등록여부결정이 있는 경우에는 그 결정의 등본을 출원인에게 송달하여야 한다(상표법 제69조).

---

354) 제54조(상표등록거절결정) 심사관은 상표등록출원이 다음 각 호의 어느 하나에 해당하는 경우에는 상표등록거절결정을 하여야 한다. 이 경우 상표등록출원의 지정상품 일부가 다음 각 호의 어느 하나에 해당하는 경우에는 그 지정상품에 대하여만 상표등록거절결정을 하여야 한다. <개정 2022. 2. 3.> 1. 제2조 제1항에 따른 상표, 단체표장, 지리적 표시, 지리적 표시 단체표장, 증명표장, 지리적 표시 증명표장 또는 업무표장의 정의에 맞지 아니하는 경우, 2. 조약에 위반된 경우, 3. 제3조, 제27조, 제33조부터 제35조까지, 제38조 제1항, 제48조 제2항 후단, 같은 조 제4항 또는 제6항부터 제8항까지의 규정에 따라 상표등록을 할 수 없는 경우, 4. 제3조에 따른 단체표장, 증명표장 및 업무표장의 등록을 받을 수 있는 자에 해당하지 아니한 경우, 5. 지리적 표시 단체표장등록출원의 경우에 그 소속 단체원의 가입에 관하여 정관에 의하여 단체의 가입을 금지하거나 정관에 충족하기 어려운 가입조건을 규정하는 등 단체의 가입을 실질적으로 허용하지 아니한 경우, 6. 제36조 제3항에 따른 정관에 대통령령으로 정하는 단체표장의 사용에 관한 사항의 전부 또는 일부를 적지 아니하였거나 같은 조 제4항에 따른 정관 또는 규약에 대통령령으로 정하는 증명표장의 사용에 관한 사항의 전부 또는 일부를 적지 아니한 경우, 7. 증명표장등록출원의 경우에 그 증명표장을 사용할 수 있는 자에 대하여 정당한 사유 없이 정관 또는 규약으로 사용을 허락하지 아니하거나 정관 또는 규약에 충족하기 어려운 사용조건을 규정하는 등 실질적으로 사용을 허락하지 아니한 경우

6) 상표권설정등록

상표등록결정이 끝나면 소정의 상표등록료를 납부하고(상표법 제72조), 상표등록료를 납부한 때에는 특허청장은 직권으로 설정등록을 하여야 한다(상표법 제82조 제2항). 상표권은 설정등록에 따라서 발생한다(상표법 제82조 제1항).

13. 상표권

1) 상표권의 의의

상표권은 식별력있는 상표 또는 서비스표에 부여되는 권리이며, 상표권은 설정등록에 따라서 발생한다(상표법 제82조)라고 규정하여 설정등록된 상표만이 상표법이 정한 범위 내에서 독점·배타적으로 사용할 수 있는 권리가 발생한다. 대한민국 상표법은 상표권자가 먼저 출원하여 등록된 상표만을 보호하는 등록주의를 원칙으로 하되, 예외적으로 사용주의를 채택하고 있다. 사용주의의 예는 상표법 제3조(상표등록을 받을 수 있는 자), 제33조(상표등록의 요건) 제2항, 제73조(상표등록의 취소심판) 제1항 제3호(존속기간갱신등록신청을 한 자) 등이 있다.

에프킬라의 상표가격은 297억원[355]

에프킬라는 한국인이라면, 모르는 사람이 없을 정도로 브랜드 파워가 막강함에도 불구하고, 정작 에프킬라의 상표권자이자 판매처가 글로벌 생활용품업체 SC존슨앤드선의 국내법인인 한국존슨이라는 사실을 아는 사람이 거의 없다

당초 에프킬라는 삼성제약의 상표였다. 그러나 IMF외환위기의 여파로 삼성제약이 파산하자, 한국존슨이 1998년 5월 삼성제약으로부터 살충제 사업본부 및 관련공장 영업권을 387억원에 인수하여 한국존슨의 상표가 되었다. 한국존슨이 삼성제약을 인수할 당시 삼성제약의 자산가치는 90억원에 불과했다. 이는 곧 에프킬라의 브랜드 가격이 297억원이었다는 의미이다. 에프킬라는 당시나 지금이나 한국인이라면 누구나 아는 브랜드로 살충제 시장에서 브랜드 파워가 막강하다. 때문에 자금난에 허덕이던 삼성제약의 사정을 잘 알고 있던 한국존슨이 에프킬라를 탐낸 것은 지극히 당연한 일이라고 할 수 있다.

만일, 한국존슨이 에프킬라를 인수하는 대신 대한민국에서 자신의 독자브랜드를 키우고자 했다면, 상당한 규모의 초기 비용 지출과 지속적인 투자를 감수해야 했을 것이다. 따라서 한국존슨은 독자적인 브랜드 파워를 구축하기 위해 막대한 비용과 노력을 투자하는 대신, 비싼 값을 지불하더라도 손쉽게 브랜드 가치가 높은 에프킬라를 인수하는 전략을 선택한 것이다.

355) 전기억 외, 특허부자들, 타커스, 2013, 209~210면 참조.

2) 존속기간 및 갱신, 지역적 범위, 내용적 범위, 상표의 불사용 취소

(1) 존속기간 및 갱신

상표권은 설정등록에 따라서 발생하는데 상표권의 존속기간은 **설정등록이 있는 날로부터 10년**이며(상표법 제83조 제1항), 상표권의 존속기간갱신등록신청에 따라 **10년씩** 그 기간을 **갱신하여 연장할** 수 있다(상표법 제83조 제2항).[356] 다만, 상표등록료를 분할납부할 경우 상표등록료의 1회차 등록료만 납부한 자가 법정기간 내에 2회차 등록료를 납부하지 않은 때에는 그 상표권은 상표권의 설정등록일 또는 존속기간갱신등록일부터 **5년이 지나면 소멸한다**(상표법 제83조 제3항). 다른 산업재산권(특허권, 실용신안권, 디자인권)과 달리 갱신제도를 가지고 있다. 그리고 갱신회수의 제한이 없기 때문에 **반영구적으로 존속**할 수 있다. 이는 등록된 상표가 상거래 과정에서 계속하여 사용된다면 보호기간을 제한하여 그 권리를 소멸시킬 이유가 없기 때문이다.

상표권의 존속기간을 갱신하기 위해서는 원 상표권자와 동일성이 있는 자가 동일한 지정상품에 대하여 상표권의 존속기간갱신등록신청서는 상표권의 존속기간 **만료 전 1년 이내에 제출**하여야 한다(상표법 제84조 제2항 본문). 다만, 이 기간에 상표권의 존속기간갱신등록신청을 하지 아니한 자는 상표권의 **존속기간이 끝난 후 6개월 이내**에 상표권의 **존속기간갱신등록신청**을 할 수 있다(상표법 제84조 제2항 단서).

상표권의 **존속기간갱신등록신청을** 하면 상표권의 존속기간이 **갱신된 것으로 본다**. 상표권의 존속기간갱신등록은 **원등록의 효력이 끝나는** 날의 **다음 날부터 효력이 발생**한다(상표법 제85조). 따라서 갱신등록일과 무관하게 상표권은 원상표권의 존속기간이 만료되는 날의 다음날부터 다시 10년의 존속기간이 진행된다. 상표권의 존속기간 갱신등록은 그 등록에 따라서 새로운 상표권이 발생하는 것이 아니라, 존속기간이 만료하게 된 상표권이 상표권자와 지정상품의 동일성을 유지하면서 그 존속기간만을 연장하는 것이다.

(2) 지역적 범위

상표권은 속지주의 원칙상 대한민국 영토 내에만 미친다. 그러나 진정상품의 병행수입 등과 관련하여 일부 예외가 인정되고 있다.

(3) 내용적 범위

상표권의 보호범위는 출원서에 적은 상표와 출원서 또는 상품분류전환등록신청서에 기재된 상품에 따라서 정해진다(상표법 제91조). 다만, 소리상표나 냄새상표처럼 비시각적 상표인 경우에는 상표 견본이 없기 때문에 출원서에 기재한 시각적 표현에 따라서 보호범위

356) 상표는 특허, 디자인, 저작물과 같은 정신적 창작물이 아니라, 상거래에서 출처를 식별하는 기능을 수행하기 때문에 법적 보호를 인정하는 것이다.

가 정해진다.

(4) 상표의 불사용 취소

등록된 상표가 최근 3년간 사용된 사실이 없는 경우, 이해관계인은 특허심판원에 상표의 취소를 청구할 수 있다(상표법 제119조 제1항 제3호). 이 때 상표권자는 등록상표와 유사한 상표를 사용하는 것만으로는 안 되고, 동일한 범위 내의 상표를 사용해야만 취소를 면할 수 있다. 상표가 취소된 경우 6개월간은 취소를 청구한 자만이 취소된 상표와 동일하거나 유사한 상표를 출원할 수 있다. 이는 불필요하게 상표를 선점하여 사용하지 않으면서 타인조차도 그 상표를 사용하지 못하게 하는 폐단을 막기 위한 제도이다.

3) 상표권의 효력

(1) 상표권의 적극적 효력

상표를 등록(상표법 제82조)할 경우 상표권자는 지정상품에 관하여 그 등록상표를 사용할 권리를 독점한다(상표법 제89조 본문). 다만, 그 상표권에 관하여 전용사용권을 설정한 때에는 제95조(전용사용권) 제3항에 따라 전용사용권자가 등록상표를 사용할 권리를 독점하는 범위에서는 그러하지 아니하다(상표법 제89조 단서).

(2) 상표권의 소극적 효력

타인이 등록상표와 동일 또는 유사한 상표를 사용하는 경우 그 **사용을 금지할 수 있는 금지권**을 행사할 수 있으며 아울러 타인이 자기의 등록상표 또는 등록상표와 유사한 상표를 사용하는 등 상표권을 침해하는 경우 상표권자는 그 자를 상대로 하여 **침해금지청구권・손해배상청구권** 등을 행사할 수 있는 소극적인 효력을 갖는다.

(가) 상표권의 효력이 미치지 아니하는 범위(상표법 제90조)

상표법은 상표권자 아닌 자가 사용하는 상표가 소정의 요건에 해당하는 경우 그 상표의 사용에 대하여 상표권의 효력이 미치지 않는 것으로 함으로써 상표의 자유로운 사용을 인정하는 예외 규정을 두고 있다. 이와 같은 상표는 상표 보호의 목적 및 공익적인 견지에 비추어 상표법 제33조 제1항에서 상표 등록을 불허하는 한편, 자유사용의 필요성이 크다는 점을 고려하여 상표법 제90조 제1항에서 상표권의 금지적인 효력이 미치지 않도록 한 것이다.

상표권은 다음의 사용에 대해서는 그 효력이 미치지 아니한다. ① 자기의 성명・명칭 또는 상호・초상・서명・인장 또는 저명한 아호・예명・필명과 이들의 저명한 약칭을 상거래 관행에 따라 사용하는 상표, ② 등록상표의 지정상품과 동일・유사한 상품의 보통명칭・산지・품질・원재료・효능・용도・수량・형상・가격 또는 생산방법・가공방법・사용방법 및 시기를 보통으로 사용하는 방법으로 표시하는 상표, ③ 입체적 형상으로 된 등록상표의 경우에는 그 입체적 형상이 누구의 업무에 관련된 상품을 표시하는 것인지 식별할 수 없는 경우에 등록상표의 지정상품과 동일·유사한 상품에 사용하는 등록상표의 입체적 형상과 동일·유사한 형상으로 된 상표, ④ 등록상표의 지정상품과 동일·유사한 상품에 대하여 관용하는 상표와 현저한 지리적 명칭 및 그 약어 또는 지도로 된 상표, ⑤ 등록상표의 지정상품 또는 그 지정상품 포장의 기능을 확보하는 데 불가결한 형상, 색채, 색채의 조합, 소리 또는 냄새로 된 상표.

그러나 예외적으로 상표권 설정등록이 있은 후에 부정경쟁의 목적으로 자기의 성명·명칭 또는 상호·초상·서명·인장 또는 저명한 아호·예명·필명과 이들의 저명한 약칭을 사용하는 경우에는 적용하지 않는다(상표법 제90조 제3항).

(나) 진정상품의 병행수입(parallel importation of the genuine goods)에 대한 효력제한

상표권은 속지주의 원칙상 대한민국 영토 내에서만 미친다. 그러나 진정상품의 병행수입 등과 관련하여 일부 예외가 인정되고 있다. 즉 병행수입 그 자체는 **위법성이 없는 정당한 행위**로서 상표권 침해를 구성하지 아니한다는 것이 판례이다.

진정상품의 병행수입이란 동일한 상표가 외국과 국내에 등록되어 있고, 국내 상표권자 또는 그 전용사용권자에 따라서 국내에서 상품이 판매되고 있는데, 외국 상표권자가 동일한 상표를 부착을 허락하여 제조된 진정상품이 제3자에 따라서 국내로 병행해서 또는 경쟁적으로 수입되어 오는 것을 말하며, 이러한 현상은 수입국 상품가격이 타국보다 현저히 높을 때 발생한다. 이러한 경우 상표권자가 자기의 국내 상표권에 기하여 그 **수입을 저지**할 수 있는가 하는 것이 문제이다.[357)]

이 문제는 **상표권의 지역적 범위, 상표기능론, 권리소진론** 등과 밀접한 관계가 있다. 상표권도 다른 산업재산권과 마찬가지로 **속지주의** 원칙에 따라 국내에서만 효력을 가진다. 따라서 동일상품에 관한 보호를 받기 위해서는 그 나라 법률이 정하는 것에 따라 권리를 취득하여야 하고(1국 1상표의 원칙), 각 나라에서 상표권의 성립·소멸도 그 나라의 법률에 따르고, 상표권은 서로 독립하여 **병존**하는 상태에 있다(상표권 독립의 원칙).

속지주의에 근거할 때 1국에서 인정된 상표권의 효력은 그 국가의 영역 내에서만 미치므로, **외국에서 상표가 적법하게 부착된 상품**이라 하더라도 **병행수입은 국내의 상표권의 침해가 구성**된다. 권리소진이론은 권리자에 따라서 적법하게 상표가 부착된 상품이 **일단 거래**된 경우, 상표권에 내재되어 있는 **이익**을 얻었으므로 상표권은 **완전히 사용**된 것으로 보아, 상표권자가 재차 해당 상품에 대하여 권리를 행사할 수 없고, 그 후의 제3자에 따른 전매를 국내 또는 국외를 막론하고 더 이상 **상표권의 침해가 되지 않는다**는 입장이다. **상표의 본질**은 그 지정상품의 출처표시 및 품질보증기능이므로, 출처의 오인이나 혼동의 우

357) 이동훈 외, 앞의 책, 300~302면 참조.

려가 없고, **동일성만 유지**된다면 해당 상품의 **병행수입은 상표권의 침해가 되지 않는다.**

이러한 진정상품 병행수입이 허용되는지 여부에 대하여 대한민국 상표법은 명문의 규정을 두고 있지 않으며, 이에 따라 그 허용 여부는 학설·판례에 일임되어 있는데 진정상품 수입의 허용 여부는 상표법의 목적이나 기능과의 관계에서 구체적 사안에서의 해석을 통하여 그 허용여부를 판단하여야 한다.

판례는 국내에 등록된 상표와 동일·유사한 상표가 부착된 지정상품과 동일·유사한 상품을 수입하는 행위가 그 등록상표권의 **침해 등을 구성하지 않는다는 요건**을 살펴보면, ① 외국의 상표권자 내지 정당한 사용권자가 그 수입된 상품에 상표를 부착하였어야 하고, ② 국내외의 상표가 동일한 출처를 표시하여야 한다. 즉, 그 외국 상표권자와 대한민국의 등록상표권자가 법적 또는 경제적으로 밀접한 관계에 있거나 그 밖의 사정에 따라 위와 같은 수입상품에 부착된 상표가 우리나라의 등록상품과 동일한 출처를 표시하는 것으로 볼 수 있는 경우이어야 한다. ③ 그 수입된 상품과 우리나라의 상표권자가 등록상표를 부착한 상품 사이에 **품질에 있어 실질적인 차이**가 없어야 한다. 여기에서 품질의 차이란 제품 자체의 성능, 내구성 등의 차이를 의미하는 것이지, 그에 부수되는 서비스로서의 고객지원, 무상수리, 부품교체 등의 유무에 따른 차이를 말하는 것이 아니다(대판 2006.10.13., 2006다40423).

진정상품의 병행수입이 허용된다고 하더라도 과연 상표법상 **병행수입업자**가 상표권자의 상표를 사용할 수 있는 범위는 어디까지 **허용**할 것인가가 문제된다. 상표법의 목적이나 상표의 기능에 비추어 볼 때, 병행수입업자가 **소극적으로 상표를 사용**하는 것에 그치지 아니하고 나아가 **적극적으로 상표권자의 상표를 사용**하여 광고·선전행위를 하더라도 그로 인하여 **상표의 기능을 훼손할 우려가 없**고, 국내 일반 수요자들에게 상품의 출처나 품질에 관하여 **오인·혼동을 불러일으킬 가능성도 없다**면, 이러한 행위는 실질적으로 상표권 침해의 **위법성**이 있다고 **볼 수 없을 것**이다.

병행수입업자가 적극적으로 상표권자의 상표를 사용하여 광고·선전행위를 한 것이 실질적으로 상표권 **침해가 성립하지 아니한다**고 하더라도 그 사용 모습 등에 비추어 영업표지로서의 기능을 갖는 경우에는 일반 수요자들로 하여금 병행수입업자가 **외국 본사의 국내 공인 대리점 등으로 오인하게 할 우려**가 있으므로, 부정경쟁방지법 제2조 제1호 나목의 **영업주체혼동행위에 해당**되어 **허용**될 수 **없다.** 따라서 매장 내부, 간판, 포장지 및 대리점인 것처럼 오인하게 할 염려가 없다고 보아 이 사건 표장의 사용이 허용되는 반면에, 사무소, 영업소, 매장의 외부 간판 및 명함은 영업표지로 사용한 것이어서 사용이 허용될 수 없다고 한다(대판 2002.9.24., 99다42322).

진정상품 병행수입의 구체적인 적용을 살펴보면 다음과 같이 정리할 수 있을 것이다.[358)]

---

358) 김대익 외, 앞의 책(지식재산), 271면 참조.

① 국내 · 국외 상표권이 동일인인 경우: ⅰ) 상표권자가 타국에 유통시킨 상품을 제3자가 수입하는 것을 그 상표권자가 반대하는 경우에는 일반적으로 병행수입이 허용될 것이다.

ⅱ) 상표 · 상품을 수입하기만 하는 상표권자의 국내 상표사용권자가 상표권자나 타국의 상표사용권자가 외국에서 생산한 상품의 수입을 금지시키고자 하는 경우, 국내 상표사용권자는 외국상표 · 상품을 수입하기만 하므로 상품간의 품질은 동일한 경우가 대부분이기 때문에 일반적으로 병행수입이 허용될 것이다.

ⅲ) 상표 · 상품을 국내에서 생산하는 국내 사용권자가 상표권자나 타국의 상표사용권자가 외국에서 생산한 상품의 수입을 금지시키고자 하는 경우, 판례는 국외에서 제조 · 판매되는 상품과 국내 전용사용권자가 제조 · 판매하는 상품사이에 품질상 차이가 없다거나 출처가 동일하다고 볼 수 없고, 국내 · 외 상표권자가 공동지배 통제관계에 있지도 아니한 경우는 진정상품의 병행수입이 허용되지 않는다고 하였다(Polo 사건).

② 국내 · 국외 상표권자가 타인인 경우: ⅰ) 국내 · 외 상표권자가 타인이나 이들 간에 법적 · 경제적 관계가 있는 경우, 상품 품질이 동일한 경우에는 병행수입이 인정될 가능성이 있으나, 일반적으로 제조자가 상이하여 품질이 상이한 경우에는 병행수입이 허용되지 않을 것이다.

ⅱ) 국내 · 외 상표권자가 전혀 별개인 경우, 동일상표에 관한 국내 · 외의 상표권자가 법적으로 완전히 별개의 독립한 자로서 그 사이에 어떠한 계약상 · 경제상의 결합관계도 존재하지 않는 경우이기 때문에, 원칙적으로 속지주의 원칙이 적용되어 진정상품의 병행수입이 허용되지 않는다.

(다) 법정사용권에 따른 제한

① 특허권 등의 존속기간 만료 후 상표를 사용하는 권리(상표법 제98조)

상표등록출원일 전 또는 상표등록출원일과 동일한 날에 출원되어 등록된 특허권이 그 상표권과 저촉되는 경우 그 특허권의 존속기간이 만료되는 때에는 그 원특허권자는 원특허권의 범위에서 그 등록상표의 지정상품과 동일 · 유사한 상품에 대하여 그 등록상표와 동일 · 유사한 상표를 사용할 권리를 가진다. 다만, 부정경쟁의 목적으로 그 상표를 사용하는 경우에는 그러하지 아니하다.

② 선사용에 따른 상표를 계속 사용할 권리(상표법 제99조)

㉠ 타인의 등록상표와 동일 · 유사한 상표를 그 지정상품과 동일 · 유사한 상품에 사용하는 자로서 다음 각 호의 요건을 모두 갖춘 자(그 지위를 승계한 자를 포함한다)는 해당 상표를 그 사용하는 상품에 대하여 계속하여 사용할 권리를 가진다. i) 부정경쟁의 목적이 없이 타인의 상표등록출원 전부터 국내에서 계속하여 사용하고 있을 것, ii) i)에 따라 상표를 사용한 결과 타인의 상표등록출원 시에 국내 수요자 간에 그 상표가 특정인의 상품을 표시하는 것이라고 인식되어 있을 것

ⓛ 자기의 성명·상호 등 인격의 동일성을 표시하는 수단을 상거래 관행에 따라 상표로 사용하는 자로서 앞의 i)의 요건을 갖춘 자는 해당 상표를 그 사용하는 상품에 대하여 계속 사용힌 권리를 가진다.

4) 상표권의 이전

상표권의 이전이라 함은 **상표권의 내용의 동일성을 유지**하면서 **소유주체만을 교체**하는 것을 말한다. 상표권도 지식재산권의 일종으로 일반재산권과 마찬가지로 자유로운 이전이 허용되어야 할 것이나, 상표법의 목적에 비추어 수요자 이익 보호 등을 위해 필요한 경우에 일정한 제한이 가해지고 있다.

일반적으로 상표권은 그 자체만을 특정하여 영업과 함께하지 아니하고도 매매, 증여 등에 따라서 **자유롭게 양도**될 수 있고, 또한 **지정상품마다 분할이전** 할 수도 있다(상표법 제93조 제1항). 그러나 **지정상품과 유사상품만을 분리하여 양도할 수는 없다**. 상표권이 공유인 경우에는 각 공유자는 다른 공유자 모두의 동의를 받지 아니하면 그 지분을 양도하거나 그 지분을 목적으로 질권을 설정할 수 없다(상표법 제93조 제2항).

업무표장은 양도할 수 없지만 그 업무와 함께 이전하는 것은 가능하고, **단체표장**도 이전할 수 없지만 법인합병의 경우에는 특허청장의 허가를 받아 이전할 수 있다(상표법 제93조 제4항, 제6항). **증명표장권**은 이전할 수 없다. 다만, 해당 증명표장에 대하여 등록받을 수 있는 자에게 그 **업무와 함께 이전**할 경우에는 특허청장의 허가를 받아 이전할 수 있다(상표법 제93조 제7항). **업무표장권, 단체표장권, 증명표장권**, 상표법 제34조 제1항 제1호 다목 단서, 같은 호 라목 단서 또는 같은 항 제3호 단서에 따른 상표권을 목적으로 하는 **질권은 설정할 수 없다**(상표법 제93조 제8항).

5) 상표사용권

상표 상표권자는 설정등록된 상표를 자기 자신이 **직접 사용**할 수도 있고, **타인에게** 설정등록된 상표의 **사용을 허락**할 수도 있다. 후자의 경우에 상표사용을 허락받은 자의 입장에서 본 상표사용의 권리를 **상표사용권**이라 한다.[359] 이러한 사용권은 상표권을 전제로 하여 성립하며, 상표권이 소멸하면 함께 소멸한다. 상표사용권에는 **전용사용권**(상표법 제95조)과 **통상사용권**(상표법 제97조)이 있다.

(1) 전용사용권

전용사용권은 상표권자와의 **계약**에 따라서 그 상표권에 관하여 타인에게 설정할 수 있다(상표법 제95조 제1항). 이에 따라 전용사용권의 설정을 받은 전용사용권자는 그 설정행위

359) 윤선희, 앞의 책(2009), 247면 참조.

로 정한 범위에서 **지정상품**에 관하여 **등록상표를 사용할 권리를 독점한다**(상표법 제95조 제3항). 이는 **물권적인 성질**을 가진다. 따라서 전용사용권자는 상표권자와 마찬가지로 타인이 등록상표와 동일·유사한 상표를 그 지정상품과 동일·유사한 상품에 사용하는 등의 권리침해에 대하여 **금지** 또는 **예방을 청구**할 수 있다. 또한 상표권자의 동의를 받아 그 전용사용권을 타인에게 이전하거나 통상사용권을 설정할 수 있다.

전용사용권의 설정·이전 등은 **등록**하여야 효력이 발생하며(등록은 효력발생요건), 전용사용권자는 등록상표를 사용하는 상품에 자기의 성명 또는 명칭을 표시하여야 한다. 그러나 **업무표장권·단체표장권 또는 증명표장권**에 관하여는 **전용사용권을 설정할 수 없다**(상표법 제95조 제2항).

(2) 통상사용권

통상사용권은 상표권자는 그 상표권에 관하여 타인에게 통상사용권을 설정할 수 있다. **이에 따른 통상사용권의 설정을 받은 통상사용권자는 그 설정행위로 정한 범위에서 지정상품에 관하여 등록상표를 사용할 권리를 가진다**(상표법 제97조 제1항·제2항). 통상사용권은 상표권을 독점적으로 사용할 수 있는 권리가 아니라, 상표권자·전용사용권자 및 타통상사용권자와 함께 사용할 수 있는 권리이다. 따라서 침해금지청구권 등의 소권(訴權)이 인정되지 않는 **채권적인 성질을 가진 권리**이다.[360)]

통상사용권은 상속이나 그 밖의 일반승계(유증)의 경우를 제외하고는 상표권자(전용사용권에 관한 통상사용권의 경우에는 상표권자 및 전용사용권자를 말한다)의 동의를 받지 아니하면 이전할 수 없고(상표권 제97조 제3항), 통상사용권은 상표권자(전용사용권에 관한 통상사용권의 경우에는 상표권자 및 전용사용권자를 말한다)의 동의를 받지 아니하면 그 통상사용권을 목적으로 하는 질권을 설정할 수 없다(상표권 제97조 제4항). 통상사용권의 설정·이전 등은 등록하지 아니하면 제3자에게 대항할 수 없으며(상표법 제100조 제1항, 등록은 대항요건), 통상사용권을 등록한 때에는 그 **등록** 한 후에 상표권 또는 전용사용권을 취득한 자에 대하여도 그 **효력이 발생**한다(상표법 제100조 제2항). 통상사용권의 설정·이전(상속 그 밖의 일반승계에 의한 경우는 제외)·변경·포기에 따른 소멸, 처분의 제한은 **등록이 대항요건**이다.

6) 상표권의 소멸

상표권의 소멸이란 일단 설정등록에 따라서 유효하게 발생된 상표권이 일정한 사실의 발생으로 인해 그 후 효력이 상실되는 것을 말한다. 상표권의 소멸원인으로는 **존속기간의 만료, 권리의 포기, 상속인의 부존재, 상속인의 이전 등록불이행, 상표등록의 취소** 및 **상표등록의 무효** 등이 있다.[361)]

---

360) 윤선희, 앞의 책(2009), 349면 참조.

14. 상표의 국제적 보호 → 상표의 국제출원[362)]

1) 서설

오늘날 상품은 오프라인 또는 온라인 마켓을 통해 국경을 넘어 거래되고 있으며, 상품이 수출입되지 않는 경우에도 그상품에 관한 정보가 인터넷을 통해 국외로 잘 알려지게 되었다. 따라서 해외진출을 예정하는 기업이라면 글로벌 브랜드를 염두에 두고 상표를 개발하고 상표의 국제적인 보호를 준비할 필요가 있다. 특히, 중국 등 한류의 영향이 강한 국가에서는 대한민국 기업들의 상표를 선점하거나 모방하는 사례가 적지 않기 때문에 국내출원 단계에서 해외출원까지 함께 검토하는 것이 바람직하다. 상표의 보호에 있어서 조약 및 대부분의 국가는 속지주의를 원칙으로 하고 있다. 따라서 자국에 등록된 상표라도 외국에서 상표권을 확보하기 위해서는 그 나라의 법과 절차에 따라 상표등록출원을 하여야 한다. 해외출원은 개별국가 또는 지역공동체기구에 출원하는 경우와 국제등록 시스템을 이용하여 출원하는 경우의 두 가지로 크게 나눌 수 있다.

2) 개별출원 → 파리루트에 따른 상표출원

보호받고자 하는 국가 또는 지역공동체기구에 직접 출원하는 경우이다. 국가마다 별개로 출원하여야 하며, 개별출원은 보호를 받고자 하는 국가나 지역기구에 해당국의 대리인을 통해 출원서를 제출하여야 하고, 각국별로 심사와 등록이 진행된다는 점에서 시간과 비용이 많이 소요되는 단점이 있다. 독자의 상표청이 없고 조약에 따라 공동체 상표청만 운영하는 경우(베네룩스 상표청과 아프리카 지식재산권기구(OAPI))에는 해당 상표청에 출원하여야 하고, 국내에 독자의 상표청을 가지면서 동시에 지역 간 공동체 상표청을 두고 있는 경우(유럽상표청(OHIM), 아프리카지역 산업재산권기구(ARIPO)에는 해당 국가에 직접 출원하거나 또는 지역 간 공동체 상표청에 출원하여 보호받을 수 있다.

또한 파리협약에 따른 우선권을 주장하여 출원하는 경우가 많이 있다. 파리협약에 따른 절차를 선택하는 경우, 출원인은 대한민국에 상표등록출원을 하고 6개월 이내에 대한민국 출원을 기초로 우선권을 주장하면서 외국에 출원하는 경우 출원일 선후원판단과 관련하여 6개월 이내의 기간이 소급되는 이익을 취할 수 있다. 따라서 국내상표등록출원 후 6개월이 지난 후에도 외국에 출원할 수 있지만, 우선권을 주장할 수 없게 되므로 외국에 상표등록을 하고자 하는 경우에는 반드시 국내출원 후 6개월 이내에 하여야 함을 유념해야 한다.

파리협약을 통한 국제출원은 출원인이 출원하고자 하는 각국에 그 나라의 고유언어로 출원서를 작성해야 하며, 각국 대리인에 따라서 각국의 고유화폐로 수수료를 납부해야 하

361) 송영식 외2, 앞의 책, 228면 참조.

362) 한국발명진흥회 편저, 앞의 책(지식재산능력시험), 222~225면 참조; 김대익 외, 앞의 책(지식재산), 263~267면 참조.

고, 각국별 절차에 따라 진행(1국가 1출원시스템)된다는 점에서 비용과 시간이 많이 소요되는 단점이 있다.

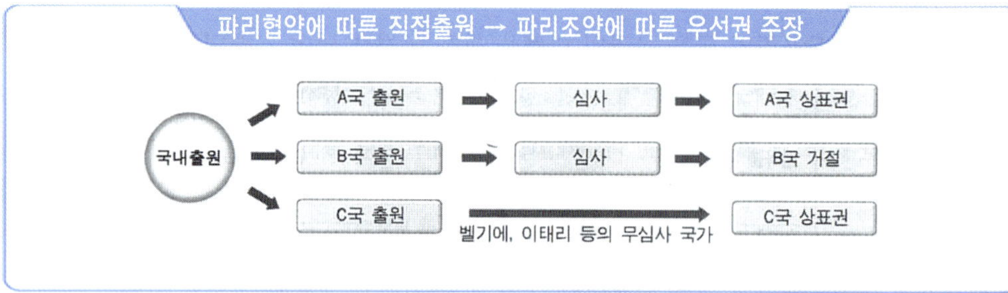

3) 마드리드 시스템에 따른 국제상표출원

'표장의 국제등록에 관한 마드리드협정에 대한 의정서'에 따라 국제지식재산권기구(WIPO)의 국제사무국에 국제출원을 하면서 보호를 받고자 하는 국가를 지정하면 자동적으로 해당 국가별로 심사를 하여 상표권을 부여 여부를 결정하는 일종의 국제출원·등록시스템이다(다국가 1출원 시스템).

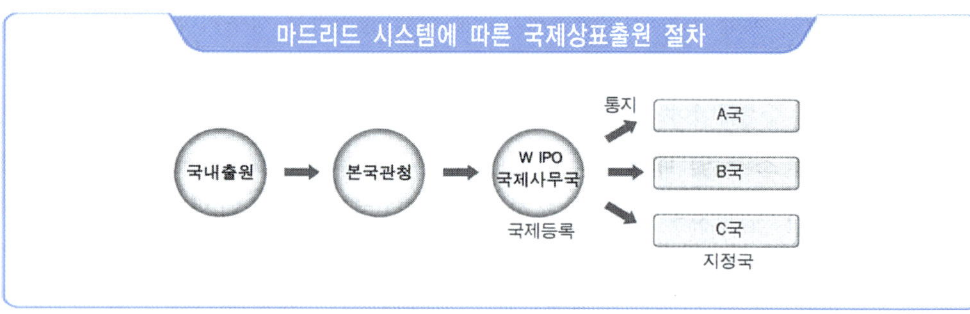

(1) 마드리드 의정서(시스템)에 따른 국제출원의 장점

마드리드 의정서 체계는 다국가 1출원 시스템이다. 1개의 언어[363]로 작성된 1건의 국제출원을 하고 단일의 통화로 된 수수료를 납부하면 각 지정국에 한꺼번에 출원한 것과 같은 효과가 인정되며, 등록 후에는 단일의 국제등록부에 따라서 모든 국가에서 효력이 발생하는 권리의 이전, 존속기간의 갱신을 일원적으로 관리할 수 있는 장점이 있다.

(2) 마드리드 의정서(시스템)에 따른 국제상표출원의 절차

마드리드 의정서(시스템)에 따른 국제상표출원의 절차는 다음과 같이 요약할 수 있다.

첫째, 체약국의 국민은 해당 국가의 관청(본국관청)에 한 국내출원 또는 국내등록을 기초

363) 영어, 프랑스어, 스페인어 중 택일, 다만 한국특허청을 본국관청으로 하는 경우에는 영어에 한함.

로 하여, 본국관청을 경유해서 국제사무국에 국제출원을 하여야 한다. 본국관청이 국제출원서를 수리한 날로부터 2개월 이내에 국제사무국이 국제출원서를 수령한 경우에는 본국관청이 국제출원서를 수리한 날이 국제등록일로 된다.

둘째, 국제사무국(WIPO)은 국제상표출원을 방식심사한 후에 국제등록부에 표장을 국제등록하고, 각 지정국의 관청에 지정사실을 통보한다. 통보를 받은 지정국 관청들은 자국의 법령과 절차에 따라 심사를 진행하며, 국제사무국으로부터 통보를 받은 날로부터 1년 또는 1년 6개월 이내에 거절을 통보하지 않으면 해당국에서 상표권의 보호가 부여된다.

셋째, 국제상표등록은 국제상표등록일로부터 10년 유효하며, 지정국마다 갱신등록신청을 할 필요가 없이 국제사무국에 수수료를 납부하면 10년씩 존속기간이 갱신된다.

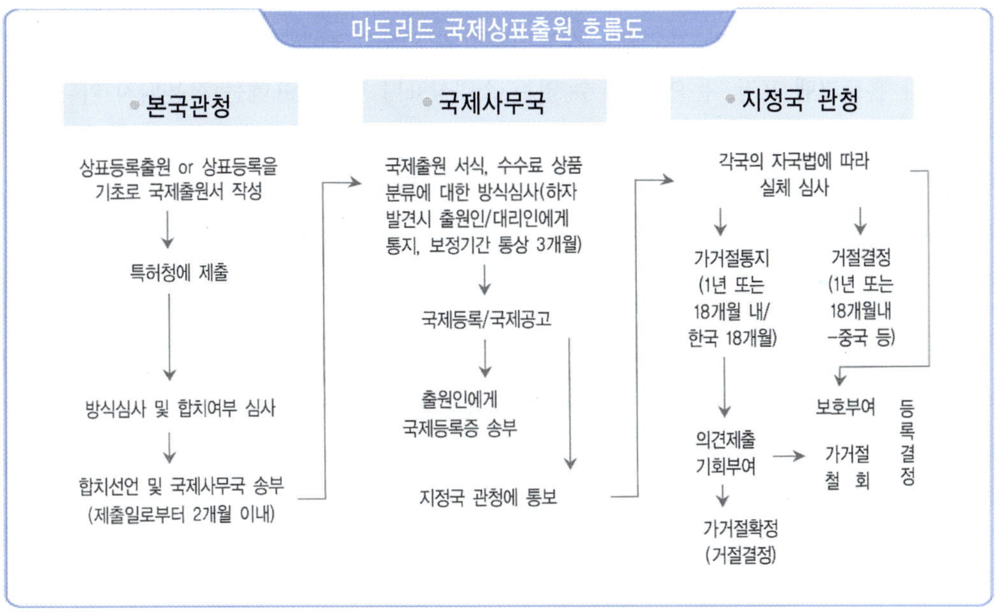

(3) 마드리드 의정서(시스템)에 따른 국제출원 시의 유의점

마드리드 의정서에 따른 국제상표출원은 본국에서의 출원 또는 등록을 기초로 진행되는 것으로서, 국제상표등록 후 5년간은 본국에서의 기초출원 또는 기초등록에 종속된다. 이것을 국제상표등록의 종속성이라고 하는데, 기초출원이 거절되거나 기초등록이 존속기간의 미갱신 또는 등록무효 등으로 소멸하면 국제상표등록과 지정국에서의 권리도 함께 소멸하게 될 위험성이 있다. 따라서 국제출원 전에 기초출원 또는 기초등록의안정성에 대해서 충분히 검토할 필요가 있다. 또한 국제상표출원은 지정국의 숫자가 많지 않는 경우, 보호받고자 하는 국가가 체약국이 아닌 경우에는 오히려 개별국 상표출원이 유리한 경우도 있다.

4) 상표법 조약

1994년 10월 27일 스위스 제네바에서 세계지식재산권기구 외교회의는 상표법 조약을 채택하였다. 1989년부터 WIPO 전문가회의에서 상표제도의 국제적인 조화와 통일화를 위해 실체적·절차적 측면에서 여러 가지 검토가 이루어졌으나, 각국의 의견이 달라 우선 절차적 측면에서의 국제적 조화와 표준화가 시급하다는 인식에 따라 절차의 간소화를 목적으로 이루어진 조약이다. 상표법조약은 1996년 8월 1일 발효되었으며, 대한민국은 2003년 2월 25일 가입하였다. 상표법조약에 대한 주요한 내용은 다음과 같다.

(1) 조약이 적용하는 표장

색채표장을 포함하여 시각적으로 인식할 수 있는 표지로 구성된 표장은 적용하고, 입체표장의 등록을 허용국가의 경우에는 상표법조약을 입체표장에도 적용한다.

그러나 홀로그램 표장, 눈으로 볼 수 없는 소리상표나 냄새상표에는 적용되지 아니하고, 서비스표에도 적용되나 단체표장, 증명표장 및 보증표장에는 상표법조약을 적용하지 아니하며, 연합상표나 방호표장 등에는 적용하지 아니한다고 하여 유보할 수 있다(TLT 제2조, 제21조)

(2) 국제분류의 사용

출원 및 등록에서 상품 및 서비스의 분류로 니스협정에 따른 분류를 사용토록 규정하고 있다(TLT 제3조, 제9조). 대한민국도 현재 니스협정분류를 채택하고 있다.

(3) 포괄위임장제도

하나의 위임장이 위임장에 명시된 하나 이상의 출원 및 등록과 관련되거나 하나의 위임장이 위임자가 표시하는 예외를 제외하고, 위임자의 현재와 장래의 모든 출원 및 등록과 관련될 수 있도록 하고 있다(TLT 제4조).

(4) 다류일출원제도

니스협정분류상 하나의 류(類) 또는 다류(多類)에 속하는가에 관계없이 여러 상품 또는 서비스를 하나의 동일한 출원에 포함된 경우 그 출원은 하나의 동일한 등록이 된다. 종래 대한민국은 1류1출원(1출원 1구분)만 가능하였으나, 1998년 3월 1일부터는 다류일출원[多類一登錄(一出願 多區分)]도 가능하다.

(5) 서명에 대한 증명요구금지제도

서명에 대한 증명을 요구할 수 없도록 하고 있으며, 다만, 체약국 법률에 따라 그 서명이 등록포기에 관련한 경우에만 예외로 하고 있다(TLT 제8조). 각국에 따라서는 위임장 등에 공증, 영사인증 등을 요구하고 하고 있고, 대한민국은 많은 경우에 인감증명서[364)]의 제출을 의무화하고 있어 이에 대한 검토가 필요하다.

(6) 상표권 이전시 절차 간소화

상표권 이전시 등록권리자만이 신청으로 가능하고(단독신청주의), 이전공고를 요구할 수 없다. 대한민국 상표법도 상표권 이전시 일간신문 등에 이전사실을 공고하고 난 후 이전등록신청을 하도록 하는 규정을 폐지하였다(1997년 개정).

(7) 갱신출원시 견본제출요구 금지 및 실체심사금지제도

표장의 갱신출원시 그 표장의 견본제출요구를 금지하고 있으며, 실체심사를 금지하고 있다(TLT 제13조). 대한민국 상표법도 갱신출원에 대한 실체심사제도와 상표견본제출제도를 폐지하고(1997년 개정), 갱신출원시 다류(多類)에 속한 상품의 1출원서 제출이 가능하다.

5) 그 밖의 상표 조약

대한민국이 가입한 조약이 있는가 하면, 그렇지 아니한 것도 있다. 이에 대한 조약을 간단하게 소개한다.

(1) 표장(標章)의 국제등록에 관한 마드리드 협정(Madrid Agreement, Mark, 1891) 및 마드리드 의정서

마드리드 협정은 상표판 PCT이며, 체약국의 국민이 본국에 등록한 상표 또는 서비스마크를 일정한 절차를 거쳐 국제등록하면, 각 체약국에 직접 출원한 것으로 보며, 각 국내관청은 파리조약에 기한 이유 이외에는 등록을 거부할 수 없다.

국제등록의 존속기간은 20년이다. 이 마드리드 의정서는 가입하지 아니한 덴마크, 그리스, 아일랜드, 영국의 가입을 보다 용이하도록 하기 위한 것이었고, 1995년 12월 1일 발효되었으며, 대한민국은 2003년 1월 10일에 가입하였다.

(2) 상품, 서비스의 국제분류에 관한 니스 협정(Nice Agreement, 1957)

각국에서 채용되는 상품, 서비스의 분류를 통일하여 공통적인 국제분류를 정하기 위한 조약이다. 대한민국은 이 조약에 1999년 1월 8일에 가입하였다.

(3) 식물의 신품종보호에 관한 국제조약(UPOV Convention, 1961)

새로운 식물의 종(種)과 속(屬)을 보호하기 위한 조약으로 실제 재배심사에 의하여 보호요건을 갖춘 경우에 보호되며, 보호기간은 15년이다. 최근 유전공학의발달로 세포융합에

364) 인감제도가 없는 외국인은 이에 준하는 증명서.

의한 신품종 등도 보호하기 위한 개정이 있었다(1991.3.). 대한민국은 2002년 1월 17일에 이 조약에 가입하였다.

(4) 원산지 명칭 보호와 국제등록에 관한 리스본 협정(Lisbon Agreement, 1958)

생산물에 관하여 명성을 가진 국 또는 지방 등 원산지 명칭을 국제등록하면, 체약국이 이를 보호하고 보통명칭화되었다고 주장할 수 없도록 하는 조약이다.

(5) 출처 허위표시 방지에 관한 마드리드 협정(Madrid Agreement Indication of Source, 1981)

허위 또는 오인을 초래케 하는 출처표시를 한 생산물에 관하여 수입을 금지, 규제함으로써 출처표시를 보호하기 위한 조약이다.

(6) 상표등록조약(TRT, 1973)

마드리드협정을 전세계적으로 확장하기 위해 본 조약이 추진되다가 별개 조약으로 성립된 것이다. 이 조약에는 표장이 본국 내에서 등록됨을 요건으로 하지 아니하는 점에서 마드리드 조약과 다르다. 조약에서 정한 절차에 따른 표장의 국제등록은 각 지정국의 국내등록과 동일한 효과를 가지며, 존속기간은 10년이다(갱신가능).

(7) 표장의 원형요소의 국제분류에 관한 빈 협정(Vienna Agreement, 1973)

니스협정이 상품, 서비스를 분류하는 것임에 대하여, 이 조약은 상표, 서비스마크로 사용되는 표장 자체의 분류에 관한 것이다. 표장이 도형인 경우 도형요소를 국제적으로 통일적인 분류를 위한 조약이다.

(8) 올림픽 마크 보호조약(Nairobi Treaty, 1981)

이른바 오륜기 마크를 상표나 상호 등 상업적으로 사용하거나 등록하는 것을 금지시키기 위한 조약이다.

(9) Type-Face에 관한 빈 협정(Agreement for the Protection of Type and Their International Deposit, 1973)

신규의 독창적인 인쇄체와 같은 타이프 페이스를 국제기탁하여 그 도용·모방으로부터 방지하기 위한 조약이다. 보호기간은 10년이다(갱신 15년).

(10) 과학적 발견의 국제기탁에 관한 제네바 조약(1978)

과학기술 발달을 촉진시키기 위해 과학적 발견의 국제기탁을 위한 조약이 구소련의 제의로 작성되었으나 현재 발효되지 못하고 있다.

15. 상표권의 침해와 구제

1) 상표권의 침해

상표권은 독점적 권리이므로 타인이 상표권자의 허락없이 등록상표를 사용하게 되면, 상표권 침해를 구성한다.

(1) 동일영역의 침해

상표권침해는 상표등록출원서에 기재된 상표를 상표등록출원서에 기재된 지정상품에 사용하는 방법으로 행하는 침해이다.

(2) 유사영역의 침해

동일상품을 유사상품에 사용하거나 유사상표를 동일상품에 사용하는 방법으로 행하는 침해이다.

(3) 침해행위로 보는 행위

"① 타인의 등록상표와 동일한 상표를 그 지정상품과 유사한 상품에 사용하거나 타인의 등록상표와 유사한 상표를 그 지정상품과 동일·유사한 상품에 사용하는 행위, ② 타인의 등록상표와 동일·유사한 상표를 그 지정상품과 동일·유사한 상품에 사용하거나 사용하게 할 목적으로 교부·판매·위조·모조 또는 소지하는 행위, ③ 타인의 등록상표를 위조 또는 모조하거나 위조 또는 모조하게 할 목적으로 그 용구를 제작·교부·판매 또는 소지하는 행위, ④ 타인의 등록상표 또는 이와 유사한 상표가 표시된 지정상품과 동일·유사한 상품을 양도 또는 인도하기 위하여 소지하는 행위"에 해당하는 행위는 **상표권** 또는 **전용사용권을 침해**한 것으로 본다(상표법 제108조 제1항).

2) 상표권 침해에 대한 구제방법

타인이 자기의 등록된 상표와 동일하거나 이와 유사한 상표를 동일하거나 이와 유사한 상품에 사용하고 있음이 명백하여 사업상의 손해를 입었을 경우에는 상표권자는 상표법이 정하는 바에 따라 정당한 보호를 받을 수 있다. 즉, 상표권이나 전용사용권의 침해에 대하여는 협상에 따른 해결과 법적 조치에 따른 해결로 **민사적인 구제방법**과 **형사적인 구제방법**이 있다.

(1) 협상에 따른 해결

침해자에게 경고장을 발송해 협상을 시도한다. 경고장은 침해사실과 함께 로열티 요구나 침해중지 같은 요구사항을 알리는 문서이다. 보통은 경고장을 받은 순간부터 고의로 추정되어 침해자의 책임이 더 커진다. 만약 먼저 등록상표임을 표시한 타인의 상표권을 침해한 경우에는 경고장과 상관없이 고의로 추정된다. 등록하지 않은 상표를 등록상표인 것처럼 허위로 표시하는 것은 허위표시의 죄에 해당한다.

특허청은 산업재산권 분야 전문가로 구성된 산업재산권분쟁조정위원회를 설치·운영하여 쟁송능력이 부족한 개인발명가와 중소기업의 지식재산 분쟁협상을 중재·조정하고 있다. 산업재산권 분쟁조정은 신청비용이 무료이고, 절차가 간편하고 신속하며, 비공개로 모든 절차를 진행하여 기업의 비밀이 공개되지 않는다. 산업재산권분쟁조정위원회가 분쟁사건을 조사한 후 작성한 조정안을 양 당사자가 수락하면, 조정조서가 작성되고 민법상 화해계약의 효력이 발생한다.

(2) 민사적인 구제방법

(가) 상표권 침해금지 또는 예방청구권

상표권자 또는 전용사용권자는 자기의 권리를 침해한 자 또는 침해할 우려가 있는 자에 대하여 그 침해의 금지 또는 예방을 청구할 수 있다(상표법 제107조 제1항). 이에 따른 침해의 금지 또는 예방을 청구하는 소가 제기된 경우 법원은 원고 또는 고소인(이 법에 따른 공소가 제기된 경우만 해당한다)의 신청에 따라 임시로 침해행위의 금지, 침해행위에 사용된 물건 등의 압류나 그 밖에 필요한 조치를 명할 수 있다. 이 경우 법원은 원고 또는 고소인에게 담보를 제공하게 할 수 있다(상표법 제107조 제3항).

(나) 조성물 폐기청구권

상표권자 또는 전용사용권자가 상표권 침해금지 또는 예방청구를 한 경우에는 침해행위를 조성한 물건의 폐기, 침해행위에 제공된 설비의 제거나 그 밖에 필요한 조치를 청구할 수 있다(상표법 제107조 제2항).

(다) 징벌적 손해배상청구권

상표권자 또는 전용사용권자는 자기의 상표권 또는 전용사용권을 고의 또는 과실로 침해한 자에 대하여 그 침해에 따라 자기가 받은 손해의 배상(고의 침해시 손해액의 최대 3배까지 배상)을 청구할 수 있다(상표법 제109조). 상표권자의 손해배상청구권을 용의하게 하기 위해서 상표법은 손해액의 추정(상표법 제110조), 고의의 추정(상표법 제112조), 서류제출명령(상표법 제114조)을 규정하고 있다.

(라) 신용회복청구권

법원은 고의 또는 과실로 상표권 또는 전용사용권을 침해함으로써 상표권자 또는 전용사용권자의 업무상의 신용을 떨어뜨린 자에 대해서는 상표권자 또는 전용사용권자의 청구에 따라서 손해배상에 갈음하거나 손해배상과 함께 상표권자 또는 전용사용권자의 업무상 신용회복을 위하여 필요한 조치를 명할 수 있다(상표법 제113조).

(마) 법정손해배상의 청구

상표권자 또는 전용사용권자는 자기가 사용하고 있는 등록상표와 같거나 동일성이 있는 상표를 그 지정상품과 같거나 동일성이 있는 상품에 사용하여 자기의 상표권 또는 전용사용권을 고의나 과실로 침해한 자에 대하여 상표법 제109조에 따른 손해배상을 청구하는 대신 1억원(고의적으로 침해한 경우에는 3억원) 이하의 범위에서 상당한 금액을 손해액으로 하여 배상을 청구할 수 있다. 이 경우 법원은 변론 전체의 취지와 증거조사의 결과를 고려하여 상당한 손해액을 인정할 수 있다(상표법 제111조 제1항). 이에 해당하는 침해행위에 대하여 상표법 제109조에 따라 손해배상을 청구한 상표권자 또는 전용사용권자는 법원이 변론을 종결할 때까지 그 청구를 법정손해배상 청구로 변경할 수 있다(상표법 제111조 제2항).[365)]

(3) 형사적인 구제방법(형벌)

상표권의 침해가 있을 때에는 민사적인 구제방법 외에도 형사적인 구제방법이 있다. 이를 형벌이라고 한다. 예를 들면, 침해죄(상표법 제230조),[366)] 위증죄(상표법 제232조), 거짓표시의 죄(상표법 제233조), 거짓행위의 죄(상표법 제234조), 몰수(상표법 제236조) 등이 있으며, 당사자의 거짓진술에 대한 과태료(상표법 제237조 제1항 제1호), 서류 등의 부제출에 대한 과태료(상표법 제237조 제1항 제2호), 불출석 등의 과태료(상표법 제237조 제1항 제3호) 등이 있다. 특히 **가처분**이 실무상 중요한 비중을 차지함은 특허와 마찬가지이다. 또 **상표권 침해물**도 다른 지식재산권 침해물과 마찬가지로 **몰수의 대상**이 된다(상표법 제236조). 다른 지식재산권 침해죄와 같이 **비친고죄**이다.

상표권 침해에 대한 구제

항목		내용	결과
협상에 따른 해결		경고장 발송	화해 또는 조정
		산업재산권 분쟁조정 신청	
법적 조치에 따른 해결	형사고발	침해죄 고소/고발	벌금, 징역, 몰수
	민사소송	침해금지 청구(침해금지 가처분)	침해 중지(침해물 보존)
		징벌적 손해배상 청구(고의시 최대 3배까지), 법정 손해배상청구(1억 이하, 고의시 3억 이하) 또는 부당 이득반환 청구	금전적 배상
		신용회복조치 청구	신용회복조치

365) 일반 손해배상청구는 상표권자가 침해와 손해액을 증명해야 하나, 법정손해배상은 침해만 입증하면 법원이 법정액 이내에서 손해액을 산정할 수 있는 제도를 말한다. 법정손해배상청구는 상표권자의 입증책임을 완화한 것이다.

366) 상표법 제230조(침해죄) 상표권 또는 전용사용권의 침해행위를 한 자는 7년 이하의 징역 또는 1억원 이하의 벌금에 처한다.

Q&A

1. 상표의 기능은?
2. 상표법상 보호되는 표장의 종류는?
3. 상호, 도메인 이름 등 인접개념과 상표와의 차이점은?

제6절 부정경쟁방지 및 산업기술 유출방지 보호

요즈음은 문자, 도형, 기호(로고, 심벌)와 같은 전통적인 상표뿐만 아니라 상품이나 용기・포장의 특이한 형태, 트레이드 드레스와 같은 전체적인 디자인에 따라서 상품의 출처나 서비스 제공의 출처를 표시하는 경우가 적지 않다. 상표법은 등록을 통해서 상표를 보호하는데, 법기술상 등록대상에 제한이 있을 수밖에 없고, 등록을 받지 않았더라도 수요자간에 널리 알려진 상표는 그 사용자 및 수요자 모두를 위해서 보호할 필요가 있다. 상거래에서 사용되는 다양한 표지는 상표법, 디자인보호법, 저작권법, 상법, 표시・광고의 공정화에 관한 법률, 인터넷주소자원에 관한 법률, 민법 등 다양한 법률에 따라 보호되는데, 부정경쟁방지법은 상표등록 또는 디자인등록을 받지 않았더라도 상품이나 서비스 제공의 출처를 표시하는 일체의 표지를 구체적, 개별적으로 보호하는 법률이라는 점에서 등록주의에 입각한 법률을 보완하는 기능을 하고 있다.

1. 상표의 부정경쟁방지법에 따른 보호

학습포인트

1. 부정경쟁보호법의 법적 지위와 부정경쟁행위의 종류에 대하여 알아본다.
2. 상표법과 부정경쟁방지법의 차이점을 이해한다.

부정경쟁방지 및 영업비밀보호에 관한 법률(이하에서는 부정경쟁방지법이라고 한다)은 넓게는 지식재산권법 일부를 구성하며, 상표법・상호에 관한 법 등과 더불어 시장의 경쟁질서를 깨끗하게 유지하고, 독점규제(공정거래)법과 함께 자유시장 경제 질서에서 경쟁의 자유를 보장하기 위한 체제를 형성하고 있으며, 부정경쟁행위는 불법행위의 특수한 유형에 속한다고 할 수 있다.

1) 부정경쟁방지 및 영업비밀보호에 관한 법률의 의의

우리의 경제질서는 자유경쟁을 전제로 하나, 거기에는 일정한 한계가 있고, 적어도 공서양속 내지 신의성실의 원칙에 어긋나는 경쟁은 원래 허용될 수 없는 것이다. **자기의 경업**(競業, 영업에 있어서 경쟁)상의 지위를 유리하게 하기 위하여 다른 사람의 **창작**(발명・고안・저작물 등)을 **몰래 훔쳐 쓰거나** 널리 알려진 타인의 영업상 표지(標識)(상표・상호・영업표 등)와 비슷한 표지를 사용하여 그가 힘들어 쌓아 올린 경제상의 유리한 지위 내지 경쟁력을 **부정이용**하거나 거기에 **기생하는 행위**는 물론 그 밖에도 부실광고・영업비방・피용자매수・산업스파이・덤핑 등은 어느 것이나 **경업상 지켜져야 할 경쟁윤리 내지 Fair Play 정신에 어긋나는 불공정한 경쟁행위**에 속한다고 할 수 있다.[367)]

그러므로 세계 여러 나라의 입법・판례는 이러한 **비건설적 내지 비기여적 경업을 금압**함으로써 **경업에서 공정**을 꾀하려고 하고 있다. 다만 발명・실용신안・디자인・저작물은 각각 특별법에 따라 보호되고 있으므로 부정경쟁방지법의 영역에서는 이들은 보호되지 아니하지만, 경업상 보호받을 만한 가치있는 이익이 존재하는 경우에 특히 문제된다. 따라서 **부정경쟁방지법**은 지식재산권 보호측면에서는 특허법이나 상표법 등에 따라 보호되지 아니하는 '**주지상표 등의 보호**'나 '**영업비밀의 보호**'에서 **커다란 역할**을 하고 있다.

부정경쟁방지 및 영업비밀보호에 관한 법률(이하에서는 부정경쟁방지법이라고 한다)은 특허법, 실용신안법, 디자인보호법, 상표법, 상법상의 상호 등과 같이 **지식재산권법의 한 부분**이다. 예컨대 부정경쟁방지법에 규정하고 있는 부정경쟁행위 중 **혼동야기행위의 규제**는 상표법과 함께 **영업상의 신용에 화체**(化體)**된 재산을 보호**하는 것이며, **영업비밀의 보호**는 특허법 등과 함께 **사람의 창작활동**(創作活動)**을 보호**하는 것이다. 다만, 특허법・상표법 등은 객체에 권리를 부여하여 지식재산의 보호를 하려는 것에 반해, 부정경쟁방지법은 **부정경쟁행위의 규제를 통하여 지식재산을 보호**하려고 하는 점에서 차이가 난다. 또한 부정경쟁방지법은 지식재산권법으로서 특히 상표법이나 특허법 등의 다른 산업재산권이 미치지 않는 영역의 지식재산권까지를 포함하는 **지식재산권법의 일반법**이라고 할 수 있다.[368)]

2) 부정경쟁방지 및 영업비밀보호에 관한 법률의 목적

부정경쟁방지 및 영업비밀보호에 관한 법률은 기업이 보유하고 있는 기술의 정보・경영정보를 법적으로 보호한다. 이 법은 "국내에 널리 알려진 타인의 **상표・상호 등을 부정**하게 사용하는 등의 **부정경쟁행위**와 **타인의 영업비밀을 침해하는 행위를 방지**하여 건전한 거래질서를 유지함을 목적"으로 하고 있다(동법 제1조). 이 법은 표면적으로 자유경쟁을 내세우면서 실질적으로는 공서양속이나 신의성실에 위반하는 행위를 **불공정한 경쟁**이라 하

367) 윤선희, 앞의 책(2009), 296~297면 참조.
368) 송영식・이상정・김병일, 앞의 책(2010), 509~510면 참조.

여 규제하는 법이다.

이와 같은 부정경쟁방지법의 일반적 목적은 부정경쟁방지법을 제정하는 나라에 있어서나 또는 일반불법행위법에 따라서 부정경쟁행위를 규율하는 나라의 경우에 있어서나 차이가 있지 아니하다. 모든 나라에서 부정경쟁방지법은 **시장경제 내에서 경쟁의 품질, 즉 경쟁의 공정성**에 이바지하는 데 그 목적을 두고 있기 때문이다.

한편, 건전한 거래질서의 유지라는 공익의 보호와 함께 개인의 인격권 내지 기업의 영업권의 침해로부터의 보호라는 역할을 수행하기도 한다. 특히, 일체의 법률효과가 부정경쟁행위 내지 영업비밀 침해행위의 객관적 실제보다는 피침해자의 권리주장을 요건으로 한다는 점에서 비록 공익의 보호라는 역할이 강조되는 것이 현재의 추세이나, 사권(私權)의 보호라는 목적 역시 간과될 수 없다.

3) 부정경쟁방지 및 영업비밀보호에 관한 법률이 인정하는 부정경쟁행위

대한민국의 부정경쟁방지법은 상표와 관련된 부정경쟁행위의 유형으로 경쟁에서 신의칙에 어긋나는 모든 행위를 규율하는 것이 아니라 오직 다음의 행위만을 **한정적으로 열거하여 규율**하고 있다(한정열거주의).

(1) 부정경쟁행위의 유형

부정경쟁방지 및 영업비밀보호에 관한 법률(이하에서는 부정경쟁방지법이라고 한다)은 부정경쟁행위의 일반을 규제할 수 있는 일반조항을 두지 아니하고, **제2조 제1호**에서 부정경쟁행위의 **유형**을 ① 상품주체 혼동야기행위, ② 영업주체 혼동야기행위, ③ 유명상표의 식별력·명성 손상행위, ④ 원산지 허위표시 행위, ⑤ 상품출처지 등 오인야기행위, ⑥ 상품의 품질·내용·수량의 오인야기행위, ⑦ 상표권자의 동의없는 대리인의 상표사용행위, ⑧ 정당한 권한이 없는 자의 도메인 이름 선점행위, ⑨ 타인이 제작한 상품의 형태를 모방한 상품의 사용행위, ⑩ 사업제안, 입찰, 공모 등 거래교섭 또는 거래과정에서 경제적 가치를 가지는 타인의 기술적 또는 영업상의 아이디어가 포함된 정보를 그 제공목적에 위반하여 자신 또는 제3자의 영업상 이익을 위하여 부정하게 사용하거나 타인에게 제공하여 사용하게 하는 행위, ⑪ 데이터를 부정하게 사용하는 행위를 부정경쟁행위, ⑫ 유명인의 초상·성명 등 타인을 식별할 수 있는 표지를 공정한 상거래 관행이나 경쟁질서에 반하는 방법으로 자신의 영업을 위하여 무단으로 사용함으로써 타인의 경제적 이익을 침해하는 행위, ⑬ 그 밖에 타인의 상당한 투자나 노력으로 만들어진 성과 등을 공정한 상거래 관행이나 경쟁질서에 반하는 방법으로 자신의 영업을 위하여 무단으로 사용함으로써 타인의 경제적 이익을 침해하는 행위[369] 등으로 **열거하고** 있으며, 일정한 유형의 영업비밀 침해행위

369) 부정경쟁행위에 관한 보충적 일반조항이 마련된 것이다.

(제2조 제3호 가목부터 바목까지)를 보호대상으로 하고 있다. 이 외의 부정경쟁행위에 대해서는 민법, 형법, 상법 등 다른 법률에 따라 규제하고 있다.

따라서 여기서는 위의 **13가지 유형만**을 살펴보며, **영업비밀에 대한 침해행위는 뒤에서 따로 설명**하기로 한다.

(가) 상품주체 혼동야기행위

이는 국내에 널리 인식된 타인의 성명·상호·상표·상품의 용기·포장 그 밖에 타인의 상품임을 표시한 표지(標識)와 동일하거나 이와 유사한 것을 사용하거나 이러한 것을 사용한 상품을 판매·반포 또는 수입·수출하여 타인의 상품과 혼동을 하게 하는 행위를 말한다. 이는 **영업주체 혼동야기행위**와 더불어 사칭통용(詐稱通用: passing off)의 전형적인 형태로 타인의 신용을 부당하게 이용하여 자기의 영업상 지위를 유리하게 하는 동시에 그 타인의 고객을 탈취하여 영업상의 이익을 침해하는 행위이다.

이러한 **혼동초래행위의 금지**는 단순한 사적 이익의 보호는 물론 더 나아가서 공정경쟁질서의 유지에도 봉사하고 있다고 볼 수 있다. 그러나 개인보호가 현재 대한민국 부정경쟁방지법의 기본적인 보호법익임을 잊어서는 안 된다.

부정경쟁방지법에서 보호되는 **상표나 상호는 주지성을 취득하여 거래계에 공시되어 있으면 충분하고, 등록·등기되어 있음을 요하지 않는다.** 주지, 즉 널리 알려진 상품표지(상표가 대표적임), 영업표지(상호가 대표적임) 등 영업상 사용되는 표지는 상표법이나 상법 그 밖에 법령에 따른 등록이나 등기 등의 여부에 불문하고 부정경쟁방지법의 보호를 받으므로 등록된 상표나 서비스표, 등기된 상호와 같은 영업상 사용되는 표지가 주지로 되면, 상표법, 상법 등과 부정경쟁방지법에 따라 중복적으로 보호를 받게 된다.

(나) 영업주체의 혼동야기행위

이는 국내에 널리 인식된 타인의 성명·상호·표장(標章), 그 밖에 타인의 영업임을 표시하는 표지(상품 판매, 서비스 제공방법 또는 간판·외관·실내장식 등 영업제공 장소의 전체적인 외관을 포함)와 동일하거나 이와 유사한 것을 사용하여 타인의 영업상의 시설 또는 활동과 혼동을 하게 하는 행위를 말한다.

여기서 규정하는 성명, 상호, 표장[370]은 영업표지의 예시에 불과하며, 기업표나 영업표장 등 그것이 영업을 나타내는 표지인 이상 모두 이에 포함된다. 영업표지 중에서는 상호가 주요한 것이나 여기에 있어서 상호는 약칭·애칭을 포함하며, 상법에 따른 상호보호의 대상보다 넓고 탄력적인 개념이다. **등기상호일 필요는 없다. 등록되지 아니한 서비스 마크, 프랜차이즈, 연쇄점, 상품화권자 등도 주지성을 획득하여 영업표지화된 경우**에는 여기에

370) 표장은 일정한 표지를 위하여 사용되는 형상으로서 예를 들어, 가게 앞의 입상(立像)(KFC 치킨집의 할아버지), 명멸(明滅)하는 전기장치 그 밖의 방법 등이 있다.

해당한다. 또한 영세·소상공인 등이 일정기간 노력을 기울인 결과 일반 소비자에게 알려지게 된 **매장의 실내·외 장식 등 영업의 종합적 외관을 무단으로 사용**하여 영세·소상공인의 영업에 심대한 손해를 끼치는 불공정한 행위가 다양한 형태로 발생함에도 불구하고 현행 영업표지를 보호하는 규정은 이에 대한 보호 여부가 불분명한 부분이 있어 이를 명확히 규정하여 수요자의 이익을 보호한 것이다. 즉, 국내에 널리 인식된 타인의 상품 판매·서비스 제공방법 또는 간판·외관·실내장식 등 영업제공 장소의 전체적인 외관과 동일하거나 유사한 것을 사용하여 타인의 영업상의 시설 또는 활동과 혼동하게 하는 행위를 금지한 것이다.

(다) 유명상표의 식별력·명성 손상행위

이는 상품주체 및 영업주체의 혼동야기행위 외에 비상업적 사용 등 대통령령이 정하는 정당한 사유[371]없이 국내에 널리 인식된 타인의 성명·상호·상표·상품의 용기·포장 그 밖에 타인의 상품 또는 영업임을 표시한 표지(상품 판매, 서비스 제공방법 또는 간판·외관·실내장식 등 영업제공 장소의 전체적인 외관을 포함)와 동일하거나 이와 유사한 것을 사용하거나 이러한 것을 사용한 **상품을 판매·반포 또는 수입·수출**하여 **타인의 표지의 식별력이나 명성을 손상**하게 하는 행위를 말한다.

저명상표와의 혼동 외에 비상업적 사용 등 정당한 사유 없이 저명(유명)상표의 표지의 식별력이나 명성을 손상시키는 행위를 부정경쟁행위의 유형이다. 이는 전국적으로 널리 인식된 저명상표의 식별력이나 명성을 손상시키는 행위를 부정경쟁행위 유형인데, 이러한 행위는 소비자에게 직접적인 손해를 가져오는 다른 부정경쟁행위와 다르므로 고의가 있는 경우에만 **손해배상과 신용회복의 책임**을 묻도록 규정하고 있다(부정경쟁방지법 제5조와 제6조).

또한 인터넷 사용의 급증과 전자상거래의 활성화로 인하여 **타인의 저명(유명)상표**를 도메인 네임으로 선점하여 등록·사용함으로써 저명(유명)상표의 식별력이나 신용을 손상시키는 행위가 빈발하고 있으나, 기존의 혼동이론을 근간으로 하는 규정만으로는 저명(유명)상표에 대한 충분한 보호가 이루어지지 않아 이에 대한 적절한 규제책을 마련하고자 저명(유명)상표의 희석화방지 규정을 새로 규정하게 된 것이다.[372]

---

371) 부정경쟁방지 및 영업비밀보호에 관한 법률 시행령 제1조의2(정당한 사유) 부정경쟁방지 및 영업비밀보호에 관한 법률(이하 "법"이라 한다) 제2조 제1호 다목에서 "비상업적 사용 등 대통령령으로 정하는 정당한 사유"란 다음 각 호의 어느 하나에 해당하는 경우를 말한다. 1. 비상업적으로 사용하는 경우, 2. 뉴스보도 및 뉴스논평에 사용하는 경우, 3. 타인의 성명, 상호, 상표, 상품의 용기·포장, 그 밖에 타인의 상품 또는 영업임을 표시한 표지(이하 "표지"라 한다)가 국내에 널리 인식되기 전에 그 표지와 동일하거나 유사한 표지를 사용해온 자(그 승계인을 포함한다)가 이를 부정한 목적 없이 사용하는 경우, 4. 그 밖에 해당 표지의 사용이 공정한 상거래 관행에 어긋나지 아니한다고 인정되는 경우

372) 허청, 개정 상표법·디자인법 및 부정경쟁방지 및 영업비밀보호에 관한 법률의 주요내용, 2001.2, 61~62면.

(라) 원산지 허위표시 행위

이는 상품이나 그 광고에 따라서 또는 공중이 알 수 있는 방법으로 거래상의 서류 또는 통신에 허위의 원산지의 표지를 하거나 또는 이러한 표지를 한 상품을 판매・반포 또는 수입・수출하여 원산지의 오인을 일으키게 하는 행위를 말한다. **원산지**(origin, Ursprung, origine)는 원래 포도주, 치즈 등과 같이 특정 토지의 자연적 조건과 생산물의 특성, 품질과의 사이에 밀접한 관련이 있는 경우, 주로 농업생산물의 원래의 산지명칭(좁은 의미의 원산지명칭)을 보호하기 위하여 프랑스 등 유럽에서 발전된 개념이다.

원산지는 **특정 생산물과 관련**하여 **널리 알려지고 특별 현저성을 취득한 일정한 장소**[예: 코냑(술), 뮌헨(맥주) 등, 지방(예: 샴페인(술), 라인(술) 등), 국(國): 스위스(시계), Korea(인삼)]을 포함하며, 행정구획명이라도 지장이 없으나, **가공(架空)의 지명은 포함되지 않는다**. **원산지**는 천연의 산출물(농산물・수산물 등)을 생산하는 지명만이 아니고, **가공・제조된 상품**(예: 술, 섬유, 화학제품, 기계류)**을 산출하는 지명도 포함**하는 것으로 해석되고 있다.

(마) 상품출처지 등 오인야기행위

이는 상품이나 그 광고에 따라서 또는 공중이 알 수 있는 방법으로 거래상의 서류 또는 통신에 그 상품이 생산・제조 또는 가공된 지역 이외의 곳에서 생산 또는 가공된 듯이 오인을 일으키게 하는 표지를 하거나 또는 이러한 표지를 한 상품을 판매・반포 또는 수입・수출하는 행위를 말한다.

여기서 출처지는 생산지, 제조지, 가공지를 의미하며, 원산지보다 넓은 개념이다. 유명한 생산지는 원산지 명칭에 해당하는 경우가 전형적이고, 유명한 제조・가공지의 예로는 Solinger(독일 철강제품), 런던(바바리 코트), 파리(향수) 등이다.

이러한 출처지 표지는 허위일 필요는 없고, 오인을 일으키면 충분하므로 예를 들면, 국산품을 외제라고 표시한 것 또는 Made in U.S.A라고 표시한 것은 물론 일본의 유명한 후지산의 배경을 넣어 마치 일본제품인 것처럼 가공・암시적인 표시를 하는 것 등에까지 널리 적용되고, "-식, -스타일, -풍"(type, kind, nature) 등 용어를 사용하는 경우에도 소비자에게 인식가능성이 있는 한 여기에 해당한다고 보아야 할 것이다.

(바) 상품의 품질・내용・수량의 오인야기행위

이는 타인의 상품을 사칭하거나 상품 또는 그 광고에 상품의 품질・내용・제조방법・용도 또는 수량의 오인을 일으키게 하는 선전 또는 표지를 하거나 이러한 방법이나 표지로써 상품을 판매・반포 또는 수입・수출하는 행위를 말한다.

상품의 품질・내용・수량의 오인야기행위는 수요자에 대한 부정수요 조종행위의 하나로서 **허위사기광고**가 전형적인 것이다. 이는 경쟁자 개인의 이익을 해치는 행위라기 보다는 정당하게 영업 중인 경쟁자 전체에 대한 이미지 훼손, 고객획득가능성의 훼손을 초래하는 행위이자 시장의 일반적 파괴를 가져오는 행위이며, 그 직접적 · 1차적 피해자는 일반소비자이므로 일반 소비자에게 금지청구권을 인정할 필요성이 있다.

(사) 상표권자의 동의없는 대리인의 상표사용행위

이는 지식재산권의 보호를 위한 파리협약(이하 "파리협약"이라 한다) 당사국, 세계무역기구 회원국 또는 상표법조약의 체약국에 등록된 상표 또는 이와 유사한 상표에 관한 권리를 가진 자의 **대리인이나 대표자** 또는 **그 행위를 한 날부터 1년 이전에 대리인**이나 **대표자**이었던 자가 **정당한 사유 없이 해당 상표**를 그 상표의 지정상품과 **동일**하거나 이와 **유사한 상품에 사용**하거나 그 상표를 사용한 **상품을 판매 · 반포** 또는 **수입 · 수출하는 행위**를 말한다. 이를 부정경쟁행위 유형에 추가하고 있다.

이는 파리협약 제6조의7 제2항의 내용을 반영하여 WTO · TRIPs 협정 제2조 제1항의 파리협약 이행의무 및 상표법 조약 제15조 상의 의무를 이행하기 위함이다. 즉, 대한민국의 경우 권한이 없는 자의 상표출원과 등록을 방지하는 규정은 상표법에 반영하고 있으나, **상표권자의 허락을 받지 않은 대리인** 등의 **상표사용행위를 저지**하는 규정은 그 동안 **국내법**에 **이행규정이 없었다.** 그래서 2001년 개정법에 이를 반영한 것이다.

(아) 정당한 권한이 없는 자의 도메인 이름 선점행위

이는 정당한 권원이 없는 자가 "① 상표 등 표지에 대하여 정당한 권원이 있는 자 또는 제3자에게 판매하거나 대여할 목적, ② 정당한 권원이 있는 자의 도메인이름의 등록 및 사용을 방해할 목적, ③ 그 밖의 상업적 이익을 얻을 목적"으로 국내에 널리 인식된 타인의 성명 · 상호 · 상표 그 밖의 표지와 동일하거나 유사한 도메인이름을 등록 · 보유 · 이전 또는 사용하는 행위를 말한다. 종래 타인의 주지 · 저명상표 등을 미리 선점하여(소위 cyber-squarting) 부정한 이익을 꾀하려는 시도가 많았던 바 이를 정면으로 규제하기 위한 것이다.

(자) 타인이 제작한 상품의 형태를 모방한 상품의 사용행위

이는 타인이 제작한 상품의 형태(형상 · 모양 · 색채 · 광택 또는 이들을 결합한 것을 말하며, 시제품 또는 상품소개서상의 형태를 포함한다. 이하 같다)를 모방한 상품을 양도 · 대여 또는 이를 위한 전시를 하거나 수입 · 수출하는 행위를 말한다. 이는 이른바 **데드카피**(형태모방)**행위**를 막기 위한 규정이다. 다만, ① 상품의 시제품 제작 등 상품의 형태가 갖추어진 날부터 3년이 경과된 상품의 형태를 모방한 상품을 양도 · 대여 또는 이를 위한 전시를 하거나 수입 · 수출하는 행위, ② 타인이 제작한 상품과 동종의 상품(동종의 상품이 없는 경우에는 그 상품과 기능 및 효용이 동일 또는 유사한 상품을 말한다)이 통상적으로 갖는 형태를 모방한 상품을 양도 · 대여 또는 이를 위한 전시를 하거나 수입 · 수출하는 행위는 예외로 하고 있다.

(차) 사업제안, 입찰, 공모 등 거래교섭 또는 거래과정에서 경제적 가치를 가지는 타인

의 기술적 또는 영업상의 아이디어가 포함된 정보를 그 제공목적에 위반하여 자신 또는 제3자의 영업상 이익을 위하여 부정하게 사용하거나 타인에게 제공하여 사용하게 하는 행위. 다만, 아이디어를 제공받은 자가 제공받을 당시 이미 그 아이디어를 알고 있었거나 그 아이디어가 동종 업계에서 널리 알려진 경우에는 사용할 수 있다.

이는 중소·벤처기업 또는 개발자 등의 경제적 가치를 가지는 아이디어를 거래상담, 입찰, 공모전 등을 통하여 취득하고 이를 아무런 보상 없이 사업화하여 막대한 경제적 이익을 얻으면서도 개발자는 오히려 폐업에 이르게 하는 등 기업의 영업활동에 심각한 폐해를 야기하고 있었다. 그런데 아이디어 사용에 대한 명시적 계약을 체결하지 않았거나 특허 등 등록에 따른 보호를 위한 구체적 요건을 구비하지 못한 경우 상당한 피해를 입더라도 구제해 줄 명확한 규정이 없어 손해배상은 물론 사용금지를 요청하기도 어려운 실정에 있었으므로, 중소·벤처기업 및 개발자의 참신한 아이디어를 적극 보호하고, 이를 위반한 행위에 대하여 특허청장이 조사·시정권고를 함으로써 건전한 거래질서가 유지되도록 하려는 것이다.

(카) 데이터[373]를 부정하게 사용하는 행위를 부정경쟁행위

이는 4차 산업혁명, 인공지능 등 디지털시대의 근간인 데이터의 중요성이 날로 커지고 있고 빅데이터를 활용하여 경제적 부가가치를 창출하고 있으나, 데이터를 보호할 수 있는 법적 기반이 미비하여 양질의 데이터가 원활하게 이용·유통되는 것을 저해하고 있었고, 데이터는 민법상 물건에 해당하지 않아 소유권이 인정되기 어렵고, 대법원은 타인이 영업목적으로 공개한 데이터 등이 지닌 경제적 가치를 상당한 투자와 노력의 성과로 인정하여 이를 무단사용한 행위를 부정경쟁행위로 제재한 바를 반영하여 부정경쟁행위의 유형으로 규정한 것이다. 그 구체적인 금지행위로 '①접근권한이 없는 자가 데이터를 부정하게 취득하거나 그 취득한 데이터를 사용·공개하는 행위', '②접근권한이 있는 자가 부정한 목적으로 데이터를 제3자에게 제공하거나 사용·공개하는 행위', '③무권한자의 데이터 부정취득 등 행위 또는 접근권한 있는 자의 부정 목적 데이터 제공 등 행위가 개입된 사실을 알고 데이터를 취득하거나 그 취득한 데이터를 사용·공개하는 행위', 및 '④데이터의 기술적 보호조치를 무력화하는 행위의 4가지 부정경쟁행위로 규정하여 금지하고 있다.

(타) 국내에 널리 인식되고 경제적 가치를 가지는 타인의 성명, 초상, 음성, 서명 등 그 타인을 식별할 수 있는 표지를 공정한 상거래 관행이나 경쟁질서에 반하는 방법으로 자신의 영업을 위하여 무단으로 사용함으로써 타인의 경제적 이익을 침해하는 행위

이는 한류의 영향력이 확대되고 유명인의 초상·성명 등을 사용하는 제품·서비스가 다

373) 데이터란 데이터 산업진흥 및 이용촉진에 관한 기본법 제2조 제1호에 따른 데이터 중 업(業)으로서 특정인 또는 특정 다수에게 제공되는 것으로 전자적 방법으로 상당량 축척·관리되고 있으며 비밀로서 관리되지 아니한 기술상 또는 영업상의 정보를 말한다.

양해지면서 관련 불법 상품의 제작 · 판매 행위도 증가하고 있으나, 유명인 등의 재산적 손실이나 소비자에게 발생한 피해를 적절히 보호하는 데 한계가 있는 실정에 있었고, 유명인의 초상 · 성명 등 인적 식별표지를 무단사용하는 행위를 각각 부정경쟁행위의 유형으로 명확히 규정하여 제재함으로써 건전한 거래 질서를 확립하고, 부당한 피해로부터 소비자를 보호하려는 것이다.

(파) 그 밖에 타인의 상당한 투자나 노력으로 만들어진 성과 등을 공정한 상거래 관행이나 경쟁질서에 반하는 방법으로 자신의 영업을 위하여 무단으로 사용함으로써 타인의 경제적 이익을 침해하는 행위

이는 부정경쟁행위에 관한 보충적 일반조항을 마련한 것이다. 즉, 기술의 변화 등으로 나타나는 새롭고 다양한 유형의 부정경쟁행위에 적절하게 대응하기 위하여 타인의 상당한 투자나 노력으로 만들어진 성과 등을 공정한 상거래 관행이나 경쟁질서에 반하는 방법으로 자신의 영업을 위하여 무단으로 사용함으로써 타인의 경제적 이익을 침해하는 행위를 부정경쟁행위에 관한 보충적 일반조항이다.

(2) 국기 · 국장 등의 사용 금지

부정경쟁방지 및 영업비밀보호에 관한 법률 제3조에서 국기 · 국장 등의 사용 금지를 규정하고 있다. 즉, 파리협약 당사국, **세계무역기구 회원국** 또는 상표법 조약 **체약국의 국기 · 국장(國章), 그 밖의 휘장**이나 **국제기구의 표지**와 동일하거나 유사한 것은 **상표로 사용할 수 없다.** 다만, 해당 국가 또는 국제기구의 허락을 받은 경우에는 상표로 사용할 수 있다. 파리협약 당사국, 세계무역기구 회원국 또는 상표법 조약 체약국 정부의 **감독용** 또는 **증명용 표지**와 동일하거나 유사한 것은 **상표로 사용할 수 없다.** 다만, 해당 정부의 허락을 받은 경우에는 상표로 사용할 수 있다.

(3) 자유무역협정(FTA)에 따라 보호하는 지리적 표시의 사용금지 등

부정경쟁방지 및 영업비밀보호에 관한 법률 제3조의2에서 **자유무역협정에 따라 보호하는 지리적 표시의 사용금지**를 규정하고 있다. 즉, 정당한 권원이 없는 자는 대한민국이 외국과 양자간(兩者間) 또는 다자간(多者間)으로 체결하여 발효된 **자유무역협정**에 따라 보호하는 지리적 표시(이하 이 조에서 지리적 표시라 한다)에 대하여는 제2조 제1호 라목 및 마목의 부정경쟁행위 이외에도 **지리적 표시에 나타난 장소를 원산지로 하지 아니하는 상품**(지리적 표시를 사용하는 상품과 동일하거나 동일하다고 인식되는 상품으로 한정한다)에 관하여 "① 진정한 원산지 표시 이외에 별도로 지리적 표시를 사용하는 행위, ② 지리적 표시를 번역 또는 음역하여 사용하는 행위, ③ 종류, 유형, 양식 또는 모조품 등의 표현을 수반하여 지리적 표시를 사용하는 행위"를 할 수 없다. **정당한 권원이 없는 자**는 "① **지**리적 표시를 사용한 상품을 양도·인도 또는 이를 위하여 전시하거나 수입·수출하는 행위, ② 지리적 표시를 사용한 상품을 인도하거나 이를 위하여 전시하는 행위"를 할 수 **없다**.

그러나 **상표를 사용하는 자**로서 "① 국내에서 지리적 표시의 보호개시일 이전부터 해당 상표를 사용하고 있을 것, ② 상표를 사용한 결과 해당 지리적 표시의 보호개시일에 국내 수요자 간에 그 상표가 특정인의 상품을 표시하는 것이라고 인식되어 있을 것"의 요건을 모두 갖춘 자는 **해당 상표**를 그 **사용하는 상품에 계속 사용**할 수 있다.

(4) 부정경쟁행위에 대한 구제책

현행 부정경쟁방지법 제2조 제1호에서 열거된 행위에 의하여 자신의 영업상의 이익이 침해될 우려가 있다고 인정되는 영업자에 대하여 민사적 구제로서 **금지청구권**(동법 제4조), **손해배상청구권**(동법 제5조), **신용회복조치청구권**(동법 제6조) 등을 인정하고 있다. 또한 이러한 부정경쟁행위를 행하는 자에 대하여 특허청장의 **시정권고**(동법 제8조, 시정권고 불이행시에 시정권고 사실을 공포: 행정조사 및 시정권고의 실효성 제고)와 **과태료**(동법 제20조)라는 행정규제를 인정하고 있다. 그리고 형사적 제재(처벌)로서는 비친고죄로서 3년 이하의 징역 또는 3천만원 이하의 벌금에 처하며, 행위자를 벌하는 외에 그 사용자로서의 법인 또는 개인에 대해서도 벌금형이 과하도록 하고 있다(동법 18조(벌칙)와 제19조(양벌규정)).

4) 영업비밀침해행위

코카콜라의 제조비법이 엄청난 재산적 가치를 가지고 있음을 널리 알려져 있지만, 고객명부나 판매계획 등의 영업상의 비밀이나 설계도면이나 제조기술 등 기술자료 등은 사업경영상 대단히 중요한 재산이다.

(1) 영업비밀의 정의

영업비밀이라 함은 공연히 알려져 있지 아니하고 독립된 경제적 가치를 가지는 것으로서, 합리적인 노력에 따라서 비밀로 유지된 생산방법·판매방법 그 밖에 영업활동에 유용한 기술상 또는 경영상의 정보를 말한다(부정경쟁방지법 제2조 제2호). 이를 테면, 손님을 접대하는 방법, 재료를 사들이고 납품하는 방법, 사원을 채용하는 방법, 코카콜라의 배합방법 등이다. 어느 식당에서는 손님에게 수표를 받아도 이서(移書)를 요구하지 않는다. 우리 가게를 찾아주는 손님을 믿는다는 뜻이다. 이런 작은 정성이 그 가게를 기억하고 다시 찾게 만드는 전략인 것이다. 이는 영업비밀에 해당한다.[374)]

영업비밀과 비슷한 개념으로서 **노하우**(Know-how)가 있다.[375)] 노하우는 영미법계의 법

374) 김명신, 이제는 지식재산이다. 매일경제신문사, 2011, 22~23면 참조.
375) 노하우(Know-How)는 크게 영업비밀(Business Know-How)과 기술비밀(Technica Know-How)로 구별된다.

영역 및 실무에서 형성된 개념으로서 기술적 노하우와 영업적 노하우로 구별하기도 한다. 이 경우 영업비밀과 유사한 개념이나 일반적으로는 노하우라고 하면 **기술적 노하우**(technological Know-how)를 의미한다. 즉, 영업비밀 중 경영정보를 제외한 기술정보만을 지칭하는 경우가 많고, 이 점에서 영업비밀의 일종이며, 영업비밀보다 좁은 개념이라 할 수 있다. 다만, 노하우는 비밀성을 갖추지 아니한 기술비결도 포함하므로 이 점에서는 **영업비밀보다 넓은 개념**이다.

(2) 영업비밀의 유형

영업비밀에 해당되는 정보로서 거론되는 것은 매우 다양하며 그 내용 또한 풍부하여 예를 들어, 부정경쟁방지 및 영업비밀보호에 관한 법은 영업비밀을 **기술상의 정보**와 **영업상의 정보**로 나누고 **생산방법**과 **판매방법**을 각각 그 예로서 제시하고 있다.[376)]

기술상의 정보로서는 성분, 처방(formula), 제조방법, 복합방법, 제조공정, 훈련방법, 청사진, 도면, 검사방법, 시험 및 실험방법, 편집기술, 미공표된 신제품의 정보, 기계의 사양, 조리법 등을 들 수 있다. **영업상의 정보(경영상 정보)**로서는 고객명부, 대리점 명부, 재료의 구입처(원자재 구입처), 가격표, 입찰계획, 판매계획, 판매통계, 미발표의 대차대조표 및 재산목록, 합병계획, 광고계획, 제품 견적에 대한 노하우 등을 들 수 있다.

영업비밀은 인적 기업비밀, 물적 기업비밀 및 재무적 기업비밀로 구분하기도 한다. **인적 기업비밀**은 최고 매니지먼트로서의 경영관리층, 중간 매니지먼트로서의 일반관리층, 그 외 모든 종업원의 인사재료에서 인사분배계획까지의 인사관리상 노무관리를 포함하는 것으로 연구개발, M&A, 분리 등 기업의 조직변동을 담당하는 부서의 업무내용도 포함한다. **물적 기업비밀**은 기업시설이나 중요한 서류, 문서, 견본품 등에 관한 비밀, 생산기술이나 연구개발 등에 관한 비밀, 판매계획, 고객리스트 등이 있다. **재무적 기업비밀**로는 기업의 자금・자산・설비투자나 예산분배 등의 계획 등이 포함된다.

(3) 영업비밀의 성립요건

부정경쟁방지법 제2조 제2호에서 영업비밀의 성립요건은 공공연히 알려져 있지 아니하고(비공지성 또는 비밀성), 생산방법 또는 판매방법 그 밖의 영업활동에 유용한 기술상 또는 경영상의 정보로서 독립된 경제적 가치를 가지며(경제적 유용성), 합리적 노력에 따라서 비밀로 유지된 것(비밀유지성 또는 비밀관리성)이라는 세 가지 개념 요소를 두고 있다.

(4) 영업비밀 침해행위의 유형

부정경쟁방지법 제2조 제3호에서는 **6가지**의 영업비밀침해행위의 **유형을 한정적으로 열거**

376) 윤선희, 앞의 책, 543~544면 참조; 윤선희, 앞의 책(2010), 537~538면 참조

하고 있다. 즉, ① 절취 · 기망 · 협박 그 밖에 부정한 수단[377]으로 영업비밀을 취득하는 행위(이하 "부정취득행위"라 한다)[378] 또는 그 취득한 영업비밀을 사용[379]하거나 공개[380](비밀을 유지하면서 특정인에게 알리는 것을 포함한다. 이하 같다)하는 행위, ② 영업비밀에 대하여 부정취득행위가 개입된 사실을 알거나 중대한 과실[381]로 알지 못하고 그 영업비밀을 취득하는 행위 또는 그 취득한 영업비밀을 사용하거나 공개하는 행위, ③ 영업비밀을 취득한 후에 그 영업비밀에 대하여 부정취득행위가 개입된 사실을 알거나 중대한 과실로 알지 못하고 그 영업비밀을 사용하거나 공개하는 행위, ④ 계약관계 등에 따라서 영업비밀을 비밀로서 유지하여야 할 의무가 있는 자가 부정한 이익을 얻거나 그 영업비밀의 보유자에게 손해를 가할 목적으로 그 영업비밀을 사용하거나 공개하는 행위, ⑤ 영업비밀이 위 ④의 규정에 따라서 공개된 사실 또는 그러한 공개행위가 개입된 사실을 알거나 중대한 과실로 알지 못하고 그 영업비밀을 취득하는 행위 또는 그 취득한 영업비밀을 사용하거나 공개하는 행위, ⑥ 영업비밀을 취득한 후에 그 영업비밀이 위 ④의 규정에 따라서 공개된 사실 또는 그러한 공개행위가 개입된 사실을 알거나 중대한 과실로 알지 못하고 그 영업비밀을 사용하거나 공개하는 행위 등이 그것이다.

(5) 영업비밀의 침해행위에 대한 구제 → 징벌적 손해배상청구권

부정경쟁방지법은 영업비밀 침해행위에 대하여 민사적 구제수단으로 **영업비밀에 대한 침해행위 금지청구권**(동법 제10조), 영업비밀 침해에 대한 **손해배상청구권**(동법 제11조), 영업비밀 침해행위가 고의적인 것으로 인정되는 경우에는 손해로 인정된 금액의 3배를 넘지 아니하는 범위에서 배상액을 정할 수 있는 징벌적 손해배상청구권(동법 제14조의2 제6항과 제

---

377) 그 밖에 부정한 수단이란 형벌법규 위반행위 및 그와 동등의 위법성을 가졌다고 판단되는 일체의 반사회적 수단을 포함하는 개념이다. 금전에 따른 매수, 지위제공에 따른 고용계약 파기유인, 고객을 가장한 방법에 따른 생산시설 침입, 영업비밀보유 매체(예: 문서, 디스켓 등)취득, 영업비밀 보유매체 복사, 영업비밀 내용을 기억하여 취득하는 행위, 도청이나 전파탐지 등 신의성실에 반하는 방법에 따른 영업비밀 침해행위 등을 들 수 있다.

378) 부정취득행위는 전형적인 산업스파이 행위로서 절취, 기망, 협박은 부정취득행위의 예를 든 것이고, 반드시 이에 한하지 않는다.

379) 부정취득한 영업비밀의 사용행위란 영업비밀을 그 고유의 용도 내지 사용목적에 따라 활용하는 행위이다. 부정취득한 영업비밀을 제품의 제조 또는 영업활동 등에 직접 사용하는 행위는 물론이고, 연구개발이나 영업활동 등을 함에 있어서 취득한 영업비밀을 참고하는 행위 등이다.

380) 부정취득한 영업비밀의 공개행위는 영업비밀을 불특정인에게 공개하는 행위 및 비밀로 유지하면서 특정인에게 알리는 행위를 말하며, 제3자에게 매각 또는 라이센스 계약 등의 방법으로 공개하는 경우 등이다. 부정공개행위는 말, 서면뿐만 아니라 도면, 모형의 전시에 따라서도 가능하며, 제3자가 영업비밀을 알려고 하는 것을 저지하지 않고 방치하는 행위 등이다.

381) 중대한 과실로 취득이란 영업비밀 취득자가 부정취득자 또는 부정취득자로부터 영업비밀을 전달받은 전득자로부터 영업비밀을 취득함에 있어서 사회적 지위, 종사하는 직업 등에 따라 평균적으로 요구되는 주의를 현저하게 게을리 하였기 때문에 부정취득행위가 개입된 사실을 알지 못한 것을 말한다. 이는 부정취득행위를 전제로 해당 영업비밀의 유통과정에서 부정취득이 개인된 사실에 관하여 악의 또는 중과실인 채 이를 전득하는 경우를 금지하기 위한 것이다. 부정취득자로부터 직접 취득한 자 뿐만 아니라 전득자로부터 취득한 자도 포함한다. 단순히 영업비밀 부정취득행위가 개입된 사실을 인식하면서 또는 인식하지 못한 가운데 중대한 과실이 있으면 영업비밀을 취득하거나 그것을 사용, 공개하는 행위가 여기에 해당한다.

7항: 아이디어 탈취행위에도 적용), 영업비밀 보유자의 **신용회복조치청구권**(동법 제12조) 등을 인정하고 있고, 또한 영업비밀을 외국에서 사용하거나 외국에서 사용될 것임을 알면서도 "① 부정한 이익을 얻거나 영업비밀 보유자에 손해를 입힐 목적으로 한 '㉮ 영업비밀을 취득·사용하거나 제3자에게 누설하는 행위, ㉯ 영업비밀을 지정된 장소 밖으로 무단으로 유출하는 행위, ㉰ 영업비밀 보유자로부터 영업비밀을 삭제하거나 반환할 것을 요구받고도 이를 계속 보유하는 행위'에 해당하는 행위, ② 절취·기망·협박, 그 밖의 부정한 수단으로 영업비밀을 취득하는 행위, ③ ① 또는 ②에 해당하는 행위가 개입된 사실을 알면서도 그 영업비밀을 취득하거나 사용(동법 제13조 제1항에 따라 허용된 범위에서의 사용은 제외한다)하는 행위"에 해당하는 행위를 한 자는 15년 이하의 징역 또는 15억원 이하의 벌금에 처하고 있다. 다만, 벌금형에 처하는 경우 위반행위로 인한 재산상 이득액의 10배에 해당하는 금액이 15억원을 초과하면 그 재산상 이득액의 2배 이상 10배 이하의 벌금에 처하고 있다(동법 제18조 제1항). 나아가 **형사적 처벌대상**도 부정한 이익을 얻거나 기업에 손해를 가할 목적으로 영업상의 **비밀을 침해**하면 **누구든지 처벌**할 수 있고, 조직차원의 침해에 대하여 행위자 외에 **법인도 처벌**할 수 있도록 규정하고 있다(제18조 제1항·제2항, 제19조: 징역, 벌금). 또한 **미수**(동법 제18조의2)와 **예비 및 음모**(동법 제18조의3)의 경우에도 **처벌**하는 규정을 두고 있다.

5) 부정경쟁방지법과 상표법의 비교

부정경쟁방지법과 상표법은 모두 영업상 혼동 초래행위를 금지시켜 공정한 경쟁을 보장하기 위한 경쟁법의 일부를 구성한다. 그러나 상표법은 상표등록이라고 하는 절차를 통하여 독점배타권을 창설·부여함으로써 등록권리자의 보호를 꾀하는 반면, 부정경쟁방지법은 등록 유무를 불문하고 상거래계에서 주지로 된 표지의 모용행위를 금지함으로써 부정한 경쟁행위를 억제하여 수요자 보호를 꾀한다는 점에서 근본적인 차이를 보인다.

구분	상표법	부정경쟁방지법
보호의 주된 목적	등록상표의 보호	부정경쟁의 방지
보호대상	상표법에서 정의하는 상표와 서비스표	상품이나 영업출처를 표시하는 일체의 표지
	기술적 표장 또는 현저한 지리적 명칭만으로 된 상표는 사용에 따라 식별력을 취득한 경우에 한하여 예외적으로 상표등록이 허용된다.	상표법상 등록받지 못하는 표지이더라도 거래자나 일반 수요자들에게 상품 또는 영업을 표시하는 것으로 널리 인식되면 부정경쟁방지법상 보호된다.
보호의 조건	등록	주지성의 획득
금지의 대상	상표권·전용사용권 침해행위	개별적인 부정경쟁행위

구분	상표법	부정경쟁방지법
침해 여부의 판단요소	원칙적으로 상표의 구성상의 동일·유사와 상품의 동일·유사를 기준으로 판단하지만 그 과정에서 출처 혼동 염려를 고려하고 있다.	출처의 혼동가능성을 기준으로 판단하며, 상표와 상품의 유사는 혼동가능성을 판단하는 하나의 자료에 불과하다.
보호의 방법	민사적·형사적 구제	민사적·형사적·행정적 구제

2. 산업기술의 유출방지 및 보호에 관한 법률

1) 제정이유

이 법은 법률 제8062호, 2006년 10월 27일 제정(시행 2007.4.28.)된 이유는 산업기술의 불법 해외유출이 심각한 수준에 있으나 "부정경쟁방지 및 영업비밀보호에 관한 법률"에 따른 처벌대상이 민간 기업비밀 누설의 경우로 한정되어 있고, 각종 법률에 산재하여 있는 관련 규정으로는 산업기술유출 방지 및 근절에 큰 효과를 내지 못하고 있으므로 이 법을 제정하여 국내 핵심기술을 보호하고, 국가산업경쟁력을 강화하며, 국가의 안전과 국민경제의 안정을 보장할 수 있도록 하려는 것이다.

그리고 이 법은 최근 국가핵심기술의 유출이 불법적인 방법 외에도 국가핵심기술을 보유한 국내기업과 **국외 인수·합병** 등을 통해 **국가핵심기술을 간접적으로 이전받으려는 시도가 빈번히 발생**하는 등 산업기술을 둘러싼 보호환경이 변화함에 따라, 관련 **국가핵심기술의 유출을 효과적으로 방지·차단할 수 있는 법적 수**단을 마련하고, 변화된 환경에 맞추어 산업기술보호를 위한 새로운 관리체계를 강화하는 한편, 산업기술의 정의를 명확히 하는 등 현행 제도의 운용상 나타난 미비점 등을 개선·보완하고 있다.

2) 주요내용

이 법은 '산업기술' 및 '국가핵심기술'을 그 보호대상으로 하고 있다.

(1) 산업기술의 범위

산업기술이라 함은 제품 또는 용역의 개발·생산·보급 및 사용에 필요한 제반 방법 내지 기술상의 정보 중에서 행정기관의 장(해당 업무가 위임 또는 위탁된 경우에는 그 위임 또는 위탁받은 기관이나 법인·단체의 장을 말한다)이 산업경쟁력 제고나 유출방지 등을 위하여 이 법 또는 다른 법률이나 이 법 또는 다른 법률에서 위임한 명령(대통령령·총리령·부령에 한정한다. 이하 이 조에서 같다)에 따라 지정·고시·공고·인증하는 "① 산업기술의 유출방지 및 보호에 관한 법률 제9조에 따라 고시된 국가핵심기술, ② 산업발전법 제5조에 따라 고시된 첨단기술의 범위에 속하는 기술, ③ 산업기술혁신 촉진법 제15조의2에 따라 인증된 신기술, ④ 전력기술관리법 제6조의2에 따라 지정·고시된 새로운 전력기술, ⑤ 환경기술 및 환경산업 지원법 제7조에 따라 인증된 신기술, ⑥ 건설기술 진흥법 제14조에 따라 지정·고시된 새로운 건설기술, ⑦ 보건의료기술 진흥법 제8조에 따라 인증된 보건신기술, ⑧ 뿌리산업 진흥과 첨단화에 관한 법률 제14조에 따라 지정된 핵심 뿌리기술, ⑨ 그 밖의 법률 또는 해당 법률에서 위임한 명령에 따라 지정·고시·공고·인증하는 기술 중 산업통상자원부장관이 관보에 고시하는 기술"의 어느 하나에 해당하는 기술을 말한다(법 제2조 제1호).

국가핵심기술이라 함은 국내외 시장에서 차지하는 기술적·경제적 가치가 높거나 관련 산업의 성장잠재력이 높아 해외로 유출될 경우에 국가의 안전보장 및 국민경제의 발전에 중대한 악영향을 줄 우려가 있는 기술로서 법 제9조의 규정에 따라 지정된 산업기술을 말한다(법 제2조 제2호).

따라서 산업기술의 적용대상을 명확하게 하기 위하여 산업기술을 법률 또는 해당 법률에서 위임한 명령에 따라 지정·고시·공고·인증한 기술로 한정하고, 국가핵심기술을 현행 법령에서 지정·고시·공고·인증한 산업기술뿐만 아니라 그 밖의 중요한 기술 중에서도 선정할 수 있도록 하여 그 지정범위를 확대하고 있다.

(2) 국가 등의 책무(법 제3조)

국가는 산업기술의 유출방지와 보호에 필요한 종합적인 시책을 수립·추진하여야 하고, 국가·기업·연구기관 및 대학 등 산업기술의 개발·보급 및 활용에 관련된 모든 기관은 이 법의 적용에 있어 산업기술의 연구개발자 등 관련 종사자들이 부당한 처우와 선의의 피해를 받지 아니하도록 하고, 산업기술 및 지식의 확산과 활용이 제약되지 아니하도록 노력하여야 한다. 또한 모든 국민은 산업기술의 유출방지에 대한 관심과 인식을 높이고, 각자의 직업윤리의식을 배양하기 위하여 노력하여야 한다.

(3) 산업기술의 유출방지 및 보호 정책의 수립·추진

(가) 종합계획의 수립·시행(법 제5조)

산업통상자원부장관은 산업기술의 유출방지 및 보호에 관한 종합계획(이하 "종합계획"이라 한다)을 수립·시행하여야 하고, 산업통상자원부장관은 종합계획을 수립함에 있어서 미리 관계중앙행정기관의 장과 협의한 후 법 제7조의 규정에 따른 산업기술보호위원회의 심의를 거쳐야 한다.

종합계획에는 "① 산업기술의 유출방지 및 보호에 관한 기본목표와 추진방향, ② 산업기술의 유출방지 및 보호에 관한 단계별 목표와 추진방안, ③ 산업기술의 유출방지 및 보호에 대한 홍보와 교육에 관한 사항, ④ 산업기술의 유출방지 및 보호의 기반구축에 관한 사항, ⑤ 산업기술의 유출방지 및 보호를 위한 기술의 연구개발에 관한 사항, ⑥ 산업기술의 유출방지 및 보호에 관한 정보의 수집 · 분석 · 가공과 보급에 관한 사항, ⑦ 산업기술의 유출방지 및 보호를 위한 국제협력에 관한 사항, ⑧ 그 밖에 산업기술의 유출방지 및 보호를 위하여 필요한 사항"이 포함되어야 한다.

산업통상자원부장관은 종합계획의 수립을 위하여 관계중앙행정기관의 장 및 산업기술을 보유한 기업 · 연구기관 · 전문기관 · 대학 등(이하 "대상기관"이라 한다)의 장에게 필요한 자료의 제출을 요청할 수 있다. 이 경우 자료제출을 요청받은 기관의 장은 특별한 사유가 없는 한 이에 협조하여야 한다.

(나) 시행계획의 수립 · 시행(법 제6조)

관계중앙행정기관의 장은 종합계획에 따라 매년 산업기술의 유출방지 및 보호에 관한 시행계획(이하 "시행계획"이라 한다)을 수립 · 시행하여야 하고, 시행계획의 수립 · 시행에 관하여 필요한 사항은 대통령령으로 정하고 있다.

(다) 산업기술보호위원회의 설치(법 제7조)

산업기술의 유출방지 및 보호에 관한 "① 종합계획의 수립 및 시행에 관한 사항, ② 법 제9조의 규정에 따른 국가핵심기술의 지정 · 변경 및 해제에 관한 사항, ③ 법 제11조의 규정에 따른 국가핵심기술의 수출 등에 관한 사항, ④ 법 제11조의2에 따른 국가핵심기술을 보유하는 대상기관의 **해외인수 · 합병 등**에 관한 사항, ⑤ 그 밖에 산업기술의 유출방지 및 보호를 위하여 필요한 것으로서 대통령령으로 정하는 사항"을 심의하기 위하여 산업통상자원부장관 소속으로 산업기술보호위원회(이하 "위원회"라 한다)를 둔다(법 제7조).

산업기술보호위원회는 위원장 1인을 포함한 25인 이내의 위원으로 구성한다. 이 경우 위원 중에는 제3항제3호의 규정에 해당하는 자가 5인 이상 포함되어야 하고, 위원장은 산업통산자원부장관이 되고, 위원은 "① 관계중앙행정기관의 장으로서 대통령령으로 정하는 자(기획재정부 제1차관, 교육부차관, 과학기술정보통신부 제1차관, 외교부 제2차관, 법무부차관, 국방부차관, 농림축산식품부차관, 보건복지부차관, 환경부차관, 국토교통부 제1차관, 해양수산부차관 및 중소벤처기업부차관, 특허청장), ② 산업기술의 유출방지업무를 수행하는 정보수사기관의 장, ③ 산업기술의 유출방지 및 보호에 관한 학식과 경험이 풍부한 자로서 위원장이 위촉하는 자"가 된다.

산업기술보호위원회에 간사 1명을 두되, 간사는 산업통상자원부 소속 공무원 중에서 위원장이 지명하는 자가 되며, 산업기술의 유출방지 및 보호에 관한 "① 위원회의 심의사항에 대한 사전검토, ② 대통령령으로 정하는 바에 따라 위원회로부터 위임받은 사항, ③ 그 밖에 산업기술의 유출방지 및 보호를 위하여 필요한 실무적 사항으로서 대통령령으로 정하는 사항(전기전자, 정보통신, 자동차, 철강, 조선, 원자력, 우주, 생명공학 등의 분야)"을 사전에 전문적으로 검토하기 위하여 위원회에 분야별 전문위원회를 두고 있다. 그 밖에 위원회 및 분야별 전문위원회의 구성·운영 등에 관하여 필요한 사항은 대통령령으로 정하고 있다.

(4) 산업기술의 유출방지 및 관리

(가) 보호지침의 제정(법 제8조)

산업통상자원부장관은 산업기술의 유출을 방지하고 산업기술을 보호하기 위하여 필요한 방법·절차 등에 관한 지침(이하 "보호지침"이라 한다)을 관계 중앙행정기관의 장과 협의하여 제정하고 이를 대상기관이 활용할 수 있도록 하여야 하며, 산업통상자원부장관은 산업기술의 발전추세 및 국내외 시장환경 등을 감안하여 관계 중앙행정기관의 장과 협의하여 보호지침을 수정 또는 보완할 수 있다.

(나) 국가핵심기술의 지정·변경 및 해제(법 제9조)

산업통상자원부장관은 관계중앙행정기관의 장으로부터 그 소관의 국가핵심기술로 지정되어야 할 대상기술(이하 이 조에서 "지정대상기술"이라 한다)을 통보받아 위원회의 심의를 거쳐 국가핵심기술로 지정할 수 있다. 관계중앙행정기관의 장은 지정대상기술을 선정함에 있어서 해당기술이 국가안보 및 국민경제에 미치는 파급효과, 관련 제품의 국내외 시장점유율, 해당 분야의 연구동향 및 기술 확산과의 조화 등을 종합적으로 고려하여 필요최소한의 범위 안에서 선정하여야 한다.

산업통상자원부장관은 관계중앙행정기관의 장으로부터 그 소관의 국가핵심기술의 범위 또는 내용의 변경이나 지정의 해제를 요청받은 경우에는 위원회의 심의를 거쳐 변경 또는 해제할 수 있고, 산업통상자원부장관은 국가핵심기술을 지정하거나 국가핵심기술의 범위 또는 내용을 변경 또는 지정을 해제한 경우에는 이를 고시하여야 한다.

(다) 국가핵심기술의 정보 비공개(법 제9조의2)

국가기관, 지방자치단체, 공공기관의 운영에 관한 법률 제2조에 따른 공공기관 및 그 밖에 대통령령으로 정하는 기관은 국가핵심기술에 관한 정보를 공개해서는 아니 된다. 다만, 국가의 안전보장 및 국민경제의 발전에 악영향을 줄 우려가 없는 경우에는 공개할 수 있다. 이에 따라 국가핵심기술에 관한 정보를 공개하려는 경우에는 정보공개의 신청을 받은 날부터 20일 이내에 서면 또는 전자문서로 이해관계인의 의견을 듣고 산업통상자원부장관 및 관계 부처의 장의 동의를 받은 후 위원회의 심의를 거쳐야 한다.

(라) 국가핵심기술의 보호조치(법 제10조)

국가핵심기술을 보유·관리하고 있는 대상기관의 장은 보호구역의 설정·출입허가 또는 출입시 휴대품 검사 등 국가핵심기술의 유출을 방지하기 위한 기반구축에 필요한 조치를 하여야 한다. 이에 따른 조치에 관하여 필요한 사항은 대통령령으로 정하고 있다. 누구든지 정당한 사유 없이 보호조치를 거부·방해 또는 기피하여서는 아니 된다.

(마) 국가핵심기술의 수출 등(법 제11조)

국가로부터 연구개발비를 지원받아 개발한 국가핵심기술을 보유한 대상기관이 해당**국가핵심기술을 외국기업 등에 매각 또는 이전 등의 방법으로 수출**(이하 "국가핵심기술의 수출"이라 한다)하고자 하는 경우에는 **산업통상자원부장관의 승인을 얻어야** 한다. 이에 따른 승인 신청에 대하여 국가핵심기술의 수출에 따른 국가안보 및 국민경제적 파급효과 등을 검토하여 관계중앙행정기관의 장과 협의한 후 산업기술보호위원회의 심의를 거쳐 승인할 수 있다. 이에 따라 승인을 얻은 국가핵심기술이 대외무역법 제19조 제1항의 기술인 경우에는 같은 조 제2항에 따라 허가를 받은 것으로 보며, 국방과학기술혁신 촉진법 제2조 제2호에 따른 국방과학기술 및 방위사업법 제34조에 따른 방산물자인 경우에는 방위사업법 제57조 제2항에 따라 허가를 받은 것으로 본다. 이 경우 산업통상자원부장관은 사전에 관계중앙행정기관의 장과 협의를 하여야 한다. 그리고 이에 따른 승인대상 외의 국가핵심기술을 보유·관리하고 있는 대상기관이 국가핵심기술의 수출을 하고자 하는 경우에는 산업통상자원부장관에게 사전에 신고를 하여야 한다.

산업통상자원부장관은 신고대상인 국가핵심기술의 수출이 국가안보에 심각한 영향을 줄 수 있다고 판단하는 경우에는 관계중앙행정기관의 장과 협의한 후 산업기술보호위원회의 심의를 거쳐 **국가핵심기술의 수출중지·수출금지·원상회복 등의 조치**를 명령할 수 있다. 신고대상 국가핵심기술의 수출을 하고자 하는 자는 해당 국가핵심기술이 국가안보와 관련되는지 여부에 대하여 산업통상자원부장관에게 사전검토를 신청할 수 있다.

산업통상자원부장관은 국가핵심기술을 보유한 대상기관이 승인을 얻지 아니하거나 부정한 방법으로 승인을 얻어 국가핵심기술의 수출을 한 경우 또는 신고대상 국가핵심기술을 신고하지 아니하거나 허위로 신고하고 국가핵심기술의 수출을 한 경우에는 정보수사기관의 장에게 조사를 의뢰하고, 조사결과를 산업기술보호위원회에 보고한 후 산업기술보호위원회의 심의를 거쳐 **해당 국가핵심기술의 수출중지·수출금지·원상회복 등의 조치를 명령**할 수 있다.

(바) 국가핵심기술을 보유하는 대상기관의 해외인수·합병 등(법 제11조의2)

국가로부터 연구개발비를 지원받아 개발한 국가핵심기술을 보유한 대상기관이 대통령령으로 정하는 해외 인수·합병, 합작투자 등 외국인투자(이하 "해외인수·합병등"이라 한다)를 진행하려는 경우에는 **산업통상자원부장관에게 미리 승인**하여야 한다. **대상기관**은 대통령령으로 정하는 **외국인에 따라 해외인수·합병 등이 진행되는 것을 알게 된 경우 지체 없이 산업통상자원부장관에게 신고**하여야 한다.

산업통상자원부장관은 국가핵심기술의 유출이 국가안보에 심각한 영향을 줄 수 있다고 판단하는 경우에는 관계 중앙행정기관의 장과 협의한 후 산업기술보호위원회의 심의를 거쳐 해외인수·합병등에 대하여 중지·금지·원상회복 등의 조치를 명령할 수 있다. 이에 따라 해외인수·합병등을 진행하려는 자는 해당 해외인수·합병등과 관련하여 "① 해당 국가핵심기술이 국가안보와 관련되는지 여부, ② 해당 해외인수·합병 등이 신고대상인지 여부, ③ 그 밖에 해당 해외인수·합병등과 관련하여 의문이 있는 사항"에 관하여 의문이 있는 때에는 대통령령으로 정하는 바에 따라 **산업통상자원부장관에게 미리 검토하여 줄 것을 신청**할 수 있다.

산업통상자원부장관은 국가핵심기술을 보유한 대상기관이 신고를 하지 아니하거나 거짓이나 그 밖의 부정한 방법으로 신고를 하고서 해외인수·합병 등을 한 경우에는 정보수사기관의 장에게 조사를 의뢰하고, 조사결과를 산업기술보호위원회에 보고한 후 산업기술보호위원회의 심의를 거쳐 해당 해외인수·합병등에 대하여 중지·금지 등 필요한 조치를 명령할 수 있다.

(사) 국가연구개발사업의 보호관리(법 제12조)

대상기관의 장은 산업기술과 관련된 국가연구개발사업을 수행하는 과정에서 개발성과물이 외부로 유출되지 아니하도록 필요한 대책을 수립·시행하여야 한다.

(아) 개선권고(법 제13조)

산업통상자원부장관은 **국가핵심기술의 보호조치** 및 **국가연구개발사업의 보호관리**와 관련하여 필요하다고 인정되는 경우 대상기관의 장에 대하여 개선을 권고할 수 있다. 이에 따라 개선권고를 받은 대상기관의 장은 개선대책을 수립·시행하고 그 결과를 산업통상자원부장관에게 통보하여야 한다. 산업통상자원부장관은 대상기관의 장에게 개선권고를 한 경우 해당 개선권고의 주요 내용 및 이유, 대상기관의 조치결과 등을 위원회에 보고하여야 한다. 이에 따른 개선권고 및 개선대책의 수립·시행 및 산업기술보호위원회에 보고하기 위하여 필요한 사항은 대통령령으로 정하고 있다.

(자) 산업기술의 유출 및 침해행위 금지(법 제14조)

누구든지 "① 절취·기망·협박 그 밖의 부정한 방법으로 대상기관의 산업기술을 취득하는 행위 또는 그 취득한 산업기술을 사용하거나 공개(비밀을 유지하면서 특정인에게 알리는 것을 포함한다. 이하 같다)하는 행위, ② 법 제34조의 규정 또는 대상기관과의 계약 등에 따라 산업기술에 대한 비밀유지의무가 있는 자가 부정한 이익을 얻거나 그 대상기관에게 손해를 가할 목적으로 유출하거나 그 유출한 산업기술을 사용 또는 공개하거나 제3자가 사용하게 하는 행위, ③ ① 또는 ② 의 규정에 해당하는 행위가 개입된 사실을 알고 그 산업기술을 취득·사용 및 공개하거나 산업기술을 취득한 후에 그 산업기술에 대하여 제1호 또는 제2호의 규정에 해당하는 행위가 개입된 사실을 알고 그 산업기술을 사용하거나 공개하는 행위, ④ ① 또는 ② 의 규정에 해당하는 행위가 개입된 사실을 중대한 과실로 알지 못하고 그 산업기술을 취득·사용 및 공개하거나 산업기술을 취득한 후에 그 산업기술에 대하여 ① 또는 ② 의 규정에 해당하는 행위가 개입된 사실을 중대한 과실로 알지 못하고 그 산업기술을 사용하거나 공개하는 행위, ⑤ 법 제11조 제1항의 규정에 따른 승인을 얻지 아니하거나 부정한 방법으로 승인을 얻어 국가핵심기술을 수출하는 행위, ⑥ 국가핵심기술을 외국에서 사용하거나 사용되게 할 목적으로 법 제11조의2 제1항 및 제2항에 따른 신고를 하지 아니하거나 거짓이나 그 밖의 부정한 방법으로 신고를 하고서 해외인수·합병등을 하는 행위, ⑦ 법 제11조 제5항·제7항 및 제11조의2 제3항·제5항에 따른 산업통상자원부장관의 명령을 이행하지 아니하는 행위"를 하여서는 아니 된다.

(차) 산업기술 침해행위에 대한 금지청구권 등(법 제14조의2)

대상기관은 산업기술 침해행위를 하거나 하려는 자에 대하여 그 행위에 따라 영업상의 이익이 침해되거나 침해될 우려가 있는 경우에는 법원에 그 행위의 금지 또는 예방을 청구할 수 있다. 대상기관이 청구를 할 때에는 침해행위를 조성한 물건의 폐기, 침해행위에 제공된 설비의 제거, 그 밖에 침해행위의 금지 또는 예방을 위하여 필요한 조치를 함께 청구할 수 있다. 이에 따라 산업기술 침해행위의 금지 또는 예방을 청구할 수 있는 권리는 산업기술 침해행위가 계속되는 경우에 대상기관이 그 침해행위에 의하여 영업상의 이익이 침해되거나 침해될 우려가 있다는 사실 및 침해행위자를 안 날부터 3년간 행사하지 아니하면 시효의 완성으로 소멸한다. 그 침해행위가 시작된 날부터 10년이 지난 때에도 또한 같다.

(파) 산업기술 침해신고 등(법 제15조)

국가핵심기술 및 국가연구개발사업으로 개발한 산업기술을 보유한 대상기관의 장은 제14조(산업기술의 유출 및 침해행위금지)각 호의 어느 하나에 해당하는 행위가 발생할 우려가 있거나 발생한 때에는 즉시 산업통상자원부장관 및 정보수사기관의 장에게 그 사실을 신고하여야 하고, 필요한 조치를 요청할 수 있다. 산업통상자원부장관 및 정보수사기관의 장은 요청을 받은 경우 또는 법 제14조에 따른 금지행위를 인지한 경우에는 그 필요한 조치를 하여야 한다.

(5) 산업기술보호의 기반구축 및 산업보안기술의 개발·지원 등

(가) 산업기술보호협회의 설립 등(법 제16조)

대상기관은 산업기술의 유출방지 및 보호에 관한 시책을 효율적으로 추진하기 위하여 산업통상자원부장관의 인가를 받아 산업기술보호협회(이하 "협회"라 한다)를 설립할 수 있다.

협회는 법인으로 하고, 그 주된 사무소의 소재지에서 설립등기를 함으로써 성립한다. 설립등기 외의 등기를 필요로 하는 사항은 그 등기 후가 아니면 제3자에게 대항하지 못한다.

협회는 "① 산업기술보호를 위한 정책의 개발 및 협력, ② 산업기술의 해외유출 관련 정보전파, ③ 산업기술의 유출방지를 위한 상담·홍보·교육·실태조사, ④ 국가핵심기술의 보호·관리 등에 관한 지원 업무, ⑤ 국내외 산업기술보호 관련 자료 수집·분석 및 발간, ⑥ 법 제22조 제1항에 따른 산업기술의 보호를 위한 지원업무, ⑦ 법 제23조의 규정에 따른 산업기술분쟁조정위원회의 업무지원, ⑧ 그 밖에 산업통상자원부장관이 필요하다고 인정하여 위탁하거나 협회의 정관이 정한 사업"의 업무를 행한다.

(나) 산업기술보호를 위한 실태조사(법 제17조)

산업통상자원부장관은 필요한 경우 대상기관의 산업기술의 보호 및 관리 현황에 대한 실태조사를 실시할 수 있다. 산업통상자원부장관은 실태조사를 위하여 산업기술을 보유하고 있는 대상기관 및 관련 단체에 대하여 관련 자료의 제출이나 조사업무의 수행에 필요한 협조를 요청할 수 있다. 이 경우 그 요청을 받은 자는 특별한 사유가 없는 한 이에 응하여야 한다. 이에 따른 실태조사의 대상·범위·방법 등에 관하여 필요한 사항은 대통령령으로 정하고 있다.

(다) 국제협력(법 제18조)

정부는 산업기술의 보호에 관한 국제협력을 촉진하기 위하여 관련 산업보안기술 및 전문인력의 국제교류, 산업보안기술의 국제표준화 및 국제공동연구개발 등에 관하여 필요한 국제협력사업을 추진할 수 있다.

정부는 "① 산업보안기술 및 보안산업의 국제적 차원의 조사·연구, ② 산업보안기술 및 보안산업에 관한 국제적 차원의 인력·정보의 교류, ③ 산업보안기술 및 보안산업에 관한 국제적 전시회·학술회의 등의 개최, ④ 그 밖에 국제적 차원의 대책을 수립하고 추진하기 위하여 필요하다고 인정하여 대통령령이 정하는 사업"을 지원할 수 있다.

(라) 산업기술보호교육(법 제19조)

산업통상자원부장관은 산업기술의 유출방지 및 보호를 위하여 대상기관의 임·직원을 대상으로 교육을 실시할 수 있다. 이에 따른 교육의 내용·기간·주기 등에 관하여 필요한 사항은 대통령령으로 정하고 있다.

(마) 산업보안기술의 개발지원 등(법 제21조)

정부는 산업기술을 보호하기 위하여 산업보안기술의 개발 및 전문인력의 양성에 관한 시책을 수립하여 추진할 수 있다. 정부는 산업기술보호에 필요한 기술개발을 효율적으로 추진하기 위하여 대상기관으로 하여금 산업보안기술의 개발 등을 실시하게 할 수 있다. 정부는 산업보안기술 개발사업 등을 실시하는 자에게 그 사업에 소요되는 비용을 출연 또는 보조할 수 있다. 이에 따른 출연금의 지급·사용 및 관리 등에 관하여 필요한 사항은 대통령령으로 정하고 있다.

(바) 산업기술보호 포상 및 보호 등(법 제21조)

정부는 산업보안기술의 개발 등 산업기술의 유출방지 및 보호에 기여한 공이 큰 자 또는 이 법의 규정을 위반하여 산업기술을 해외로 유출한 사실을 신고한 자 등에 대하여 예산의 범위 내에서 포상 및 포상금을 지급할 수 있다. 정부는 이 법의 규정을 위반하여 산업기술을 해외로 유출한 사실을 신고한 자로부터 요청이 있는 경우 그에 대하여 신변보호 등 필요한 조치를 취하여야 한다. 정부는 산업보안기술의 개발 등 산업기술의 유출방지 및 보호에 기여한 공이 큰 외국인에 대하여 국내정착 및 국적취득을 지원할 수 있다. 이에 따른 포상·포상금 지급, 신변보호 등의 기준·방법 및 절차에 관하여 필요한 사항은 대통령령으로 정하고 있다.

(사) 산업기술의 보호를 위한 지원(법 제22조)

정부는 산업기술의 보호를 촉진하기 위하여 필요하다고 인정하면 "① 산업기술 보안에 대한 자문, ② 산업기술의 보안시설을 설치·운영하는 기술지원, ③ 산업기술보호를 위한 교육 및 인력양성을 위한 지원, ④ 그 밖에 산업기술보호를 위하여 필요한 사항"을 대상기관 등에게 지원할 수 있다. 이에 따른 지원에 관하여 필요한 사항은 대통령령으로 정하고 있다.

(6) 산업기술분쟁조정위원회(법 제23조)**와 분쟁조정신청**

산업기술의 유출에 대한 분쟁을 신속하게 조정하기 위하여 산업통상자원부장관 소속하에 산업기술분쟁조정위원회(이하 "조정위원회"라 한다)를 두며, 조정위원회는 위원장 1인을 포함한 15인 이내의 위원으로 구성한다.

조정위원회의 위원은 "① 대학이나 공인된 연구기관에서 부교수 이상 또는 이에 상당하는 직에 있거나 있었던 자로서 기술 또는 정보의 보호 관련 분야를 전공한 자, ② 4급 또는 4급 상당 이상의 공무원 또는 이에 상당하는 공공기관의 직에 있거나 있었던 자로서 산업기술유출의 방지업무에 관한 경험이 있는 자, ③ 산업기술의 보호사업을 영위하고 있는 기업 또는 산업기술의 보호업무를 수행하는 단체의 임원직에 있는 자, ④ 판사·검사 또는 변호사의 자격이 있는 자" 중에서 대통령령이 정하는 바에 따라 산업통상자원부장관이 임명 또는 위촉한다. 위원의 임기는 3년으로 하되, 연임할 수 있고, 위원장은 위원 중에서 산업통상자원부장관이 임명한다.

산업기술유출과 관련한 분쟁의 조정을 원하는 자는 신청취지와 원인을 기재한 조정신청서를 조정위원회에 제출하여 분쟁의 조정을 신청할 수 있다(법 제26조 제1항). 이에 따른 분쟁의 조정신청을 받은 조정위원회는 신청을 받은 날부터 3월 이내에 이를 심사하여 조정안을 작성하여야 한다. 다만, 정당한 사유가 있는 경우에는 조정위원회의 의결로 1개월 단위로 3회에 한정하여 조정기간을 연장할 수 있고, 이 경우 사건의 당사자에게 연장 기간 및 사유를 통지하여야 한다(법 제26조 제2항). 조정기간이 경과하는 경우에는 조정이 성립되지 아니한 것으로 본다(법 제26조 제3항). 조정이 신청된 경우 피신청인은 이에 성실하게 응하여야 한다(법 제26조 제4항).

(7) 비밀유지의무

“① 대상기관의 임·직원(교수·연구원·학생을 포함한다), ② 법 제9조의 규정에 따라 국가핵심기술의 지정·변경 및 해제 업무를 수행하는 자, ③ 법 제11조 및 제11조의2에 따라 국가핵심기술의 수출 및 해외인수·합병등에 관한 사항을 검토하거나 사전검토, 조사업무를 수행하는 자, ④ 법 제15조의 규정에 따라 침해행위의 접수 및 방지 등의 업무를 수행하는 자, ⑤ 법 제16조 제4항 제3호의 규정에 따라 상담업무 또는 실태조사에 종사하는 자, ⑥ 법 제17조 제1항의 규정에 따라 산업기술의 보호 및 관리 현황에 대한 실태조사업무를 수행하는 자, ⑦ 법 제20조 제2항의 규정에 따라 산업보안기술 개발사업자에게 고용되어 산업보안기술 연구개발업무를 수행하는 자, ⑧ 법 제23조의 규정에 따라 산업기술 분쟁조정업무를 수행하는 자, ⑨ 법 제33조의 규정에 따라 산업통상자원부장관의 권한의 일부를 위임·위탁받아 업무를 수행하는 자”에 해당하거나 해당하였던 자는 그 직무상 알게 된 비밀을 누설하거나 도용하여서는 아니 된다(법 제34조).

(8) 벌칙 적용에서의 공무원 의제

“① 법 제9조의 규정에 따라 국가핵심기술의 지정·변경 및 해제 업무를 수행하는 자, ② 법 제11조 및 제11조의2에 따라 국가핵심기술의 수출 및 해외인수·합병등에 관한 사항을 검토하거나 조사업무를 수행하는 자, ③ 법 제15조의 규정에 따라 침해행위의 접수 및 방지 등의 업무를 수행하는 자, ④ 법 제17조의 규정에 따라 산업기술의 보호 및 관리 현황에 대한 실태조사업무를 수행하는 자, ⑤ 법 제23조의 규정에 따라 산업기술 분쟁조정업무를 수행하는 자, ⑥ 법 제33조의 규정에 따라 산업통상자원부장관의 권한의 일부를 위임·위탁받아 업무를 수행하는 자”는 형법 제129조 내지 제132조를 적용함에 있어서는 이를 **공무원**으로 본다(법 제35조).

(9) 산업기술의 유출 및 침해행위에 대한 징벌적 손해배상책임(법 제22조의2)

① 법 제14조에 따른 산업기술의 유출 및 침해행위(이하 이 조에서 “산업기술침해행위”라 한다)를 함으로써 대상기관에 손해를 입힌 자는 그 손해를 배상할 책임을 진다. ② 법원은 산업기술침해행위가 고의적인 것으로 인정되는 경우에는 “① 산업기술침해행위를 한 자의

우월적 지위 여부, ② 고의 또는 손해 발생의 우려를 인식한 정도, ③ 산업기술침해행위로 인하여 대상기관이 입은 피해 규모, ④ 산업기술침해행위를 한 자가 해당 침해행위로 인하여 취득한 경제적 이익, ⑤ 산업기술침해행위의 기간·횟수 등, ⑥ 산업기술침해행위에 따른 벌금, ⑦ 산업기술침해행위를 한 자의 재산상태, ⑧ 산업기술침해행위를 한 자의 피해구제 노력의 정도"의 사항을 고려하여 손해로 인정되는 금액의 3배를 넘지 아니하는 범위에서 배상액을 정할 수 있다.

(10) 산업기술의 유출행위 등에 대한 벌칙(법 제36조)

① 국가핵심기술을 외국에서 사용하거나 사용되게 할 목적으로 법 제14조 제1호부터 제3호까지[1. 절취·기망·협박 그 밖의 부정한 방법으로 대상기관의 산업기술을 취득하는 행위 또는 그 취득한 산업기술을 사용하거나 공개(비밀을 유지하면서 특정인에게 알리는 것을 포함한다. 이하 같다)하는 행위, 2. 법 제34조의 규정 또는 대상기관과의 계약 등에 따라 산업기술에 대한 비밀유지의무가 있는 자가 부정한 이익을 얻거나 그 대상기관에게 손해를 가할 목적으로 유출하거나 그 유출한 산업기술을 사용 또는 공개하거나 제3자가 사용하게 하는 행위, 3. 제1호 또는 제2호의 규정에 해당하는 행위가 개입된 사실을 알고 그 산업기술을 취득·사용 및 공개하거나 산업기술을 취득한 후에 그 산업기술에 대하여 제1호 또는 제2호의 규정에 해당하는 행위가 개입된 사실을 알고 그 산업기술을 사용하거나 공개하는 행위]에 해당하는 행위를 한 자는 3년 이상의 유기징역에 처한다. 이 경우 15억원 이하의 벌금을 병과한다. ② 산업기술을 외국에서 사용하거나 사용되게 할 목적으로 제14조 각 호(제4호를 제외한다)의 어느 하나에 해당하는 행위를 한 자(제1항에 해당하는 행위를 한 자는 제외한다)는 15년 이하의 징역 또는 15억원 이하의 벌금에 처한다. ③ 법 제14조 각 호(제4호·제6호·제6호의2 및 제8호는 제외한다)의 어느 하나에 해당하는 행위를 한 자는 10년 이하의 징역 또는 10억원 이하의 벌금에 처한다. ④ 법 제14조 제4호 및 제8호의 어느 하나에 해당하는 행위를 한 자는 3년 이하의 징역 또는 3억원 이하의 벌금에 처한다. ⑤ 법 제36조 제1항부터 제4항까지의 죄를 범한 자가 그 범죄행위로 인하여 얻은 재산은 이를 몰수한다. 다만, 그 전부 또는 일부를 몰수할 수 없는 때에는 그 가액을 추징한다. ⑥ 법 제34조의 규정을 위반하여 비밀을 누설하거나 도용한 자는 5년 이하의 징역이나 10년 이하의 자격정지 또는 5천만원 이하의 벌금에 처한다. ⑦ 법 36조 제3항까지의 미수범은 처벌한다. ⑧ 법 제36조 4항까지의 규정에 따른 징역형과 벌금형은 이를 병과할 수 있다.

(11) 과태료

"① 법 제10조 제3항을 위반하여 국가핵심기술의 보호조치를 거부·방해 또는 기피한 자, ② 법 제15조제1항의 규정에 따른 산업기술 침해신고를 하지 아니한 자, ③ 법 제17조 제2항의 규정을 위반하여 관련 자료를 제출하지 아니하거나 허위로 제출한 자"는 1천만원 이하의 과태료에 처한다(법 제39조).

제7절 반도체집적회로 배치설계에 관한 법률

1. 반도체집적회로 배치설계의 의의 및 필요성

반도체칩 또는 반도체집적회로란 한 변이 수 ㎜에 불과한 반도체 위에 트랜지스터, 콘덴서, 저항 등의 회로소자들을 도선으로 연결하여 집적시킨 전자회로이다. **반도체집적회로(IC) 배치설계**(layout, maskwork, pattern artwork)에 관한 법률에 따르면, **반도체집적회로**라 함은 반도체재료 또는 절연재료의 표면이나 반도체재료의 내부에 한개 이상의 능동소자를 포함한 회로소자들과 그들을 연결하는 도선(導線)이 분리될 수 없는 상태로 동시에 형성되어 전자회로의 기능을 가지도록 제조된 중간 및 최종단계의 제품을 말한다(반도체집적회로 배치설계에 관한 법률 제2조 제1호). **배치설계**라 함은 반도체집적회로를 제조하기 위하여 각종 회로소자 및 그들을 연결하는 도선을 평면적 또는 입체적으로 배치한 설계를 말한다(동법 제2조 제2호).[382] 반도체집적회로의 출현은 겨우 30여년 전이다. 오늘날 반도체칩의 집적도가 높아 감에 따라 설계비용도 더욱 더 증가하고 있다. 그러나 일단 개발된 칩을 복제하는 것은 **기술적으로도 매우 용이**하며, **비용도 극히 적게 들어 복제의 유혹**은 더욱 커지고 있다.[383] 그러한 **복제를 무한정 용인**(容認)한다면, **새로운 반도체칩의 개발을 위한 투자는 위축**될 것이다.

또한 반도체집적회로배치설계의 보호에서 **기존의 특허법으로 보호하는 데는 문제**가 있어 **특별법**으로 보호하게 되었다. 특허법으로 보호하기 위해서 가장 문제가 되는 부분은 특허법 제29조 제1항 및 제2항에 규정된 **신규성 및 진보성**에 대한 판단문제이다.[384] 출원된 회로소자의 배치가 공지된 배치에 비해 과연 새롭다고 할 수 있는 것인지(신규성 문제), 혹은 기존의 배치를 이용하면 쉽게 만들 수 있는 것인지(진보성 문제) 등의 판단이 용이하지 않다. **반도체집적회로 배치설계는** 대부분의 경우, 통상의 지식을 가진 자가 특허출원시의

382) 우수한 반도체란 좀 더 많은 기능을 한 개의 칩에 넣었는가, 작동속도가 빠른가, 고장률은 작은가? 에너지 절약이 되는가 등으로 평가될 수 있다. 예를 들어, A회사가 VTR용의 우수한 반도체소자를 개발해 기계의 작동에서부터 색상조절 등 모든 기능을 하나로 집적시켰다고 가정하고, B회사는 동일한 효과를 내기 위해서 재래식 반도체 수십 개를 써서 제품을 만들었다고 가정하면, 아마도 B회사는 경쟁에서 살아남기 힘들 것이다. 이것을 지도제작에 비유한다면, 서울특별시의 자동차운전자들이 참고로 하는 교통지도를 A회사는 1장의 종이에 건물의 위치까지 일목요연(一目瞭然)하게 만들고, B회사는 엉성하게 그려 1권의 책으로 만든 것과 같다. 지도를 사는 사람이라면 자연히 값도 싸고 찾기도 쉬운 A회사의 것을 사게 된다. B회사의 것은 값이 비쌀 뿐만 아니라 한 지점에서 다른 지점으로 가려면 여러 장을 넘겨 가면서 찾아야 하기 때문이다. 반도체의 설계는 이처럼 사활을 좌우할 수 있는 가장 중요한 요소가 된다: 중앙일보 사설, 중앙신서 106, 알기 쉬운 반도체이야기, 123면.

383) 배치설계를 창작하는 경우, 기간은 3년-5년 반이 걸리고, 비용은 400만 달러 이상 소요되는데 비해, 복제하는 데는 3개월-5개월의 시간과 5만 달러 이하의 비용이면 족하다고 한다: 김호원, 반도체칩 보호법의 입법추진방향과 우리의 대응, 월간 공업소유권, 1990.3, 65면: 송영식 · 이상정, 앞의 책, 295면, 주)28 재인용.

384) 윤선희, 앞의 책, 590면.

공지발명으로부터 용이하게 발명할 수 없는 정도의 **창작의 난이도를 갖춘 진보성 요건을 충족할 수 없기 때문**에 기존의 특허법으로는 보호할 수 없다.

이러한 문제의 발생원인은 특정한 기술적 사상을 보호대상으로 하는 특허권의 보호범위로는 **반도체칩 전체의 배치**(layout)**설계를 보호**하는데 일정한 **한계**가 있기 때문이다. 이러한 것을 **보완**하기 위하여 특별법을 제정한 것이 **반도체집적회로 배치설계에 관한 법률**(약칭 : 반도체설계법)이다. 특허법적 보호방법도 저작권법적 방법도 아닌 **제3의 보호방법을 채택**하고 있다. 즉, ① 배치설계권은 **등록을 하여야만** 권리가 발생하며, ② 기본적으로 **창작성을 요구**하고 특허법과 같은 신규성이나 진보성을 요구하지 아니하며, ③ 동일 유사한 배치설계라 하더라도 모방한 것이 아니면, 권리의 병존을 인정하며, ④ 보호기간이 단기간이며, ⑤ **리버스 엔지니어링을 정면으로 인정**한다. 이와 같이 이 법은 지식재산의 보호를 위한 **새로운 보호방법을 개척하였다는 커다란 의미**를 가지고 있다.

2. 반도체집적회로 배치설계의 보호대상

반도체집적회로 배치설계에 관한 법률상 권리의 대상은 **독자적으로 창작된 반도체집적회로(IC)의 배치설계**이다. 배치설계라 함은 반도체집적회로를 제조하기 위하여 각종 회로 소자 및 그들을 연결하는 도선을 평면적 또는 입체적으로 배치한 설계를 말한다(동법 제2조 제2호). 이와 같이 보호의 대상은 **소자 및 도선의 배치설계**이며, 소자나 도선 그 자체는 아니다. 개개의 소자나 도선 그 자체의 형상은 특허나 실용신안의 객체는 될 수 있어도 반도체집적회로 배치설계에 관한 법률(이하 반도체칩법이라고 한다)의 보호대상인 배치설계는 아니다.

요컨대, 반도체칩법이 보호하는 집적회로(IC)는 **소규모 집적회로(SSI)에서부터 중규모 집적회로(MSI), 대규모 집적회로**(LSI=Large Scale Integration), VLSI(Very Large Scale Integration) 등에 이르기까지 **회로의 배치(layout)**를 말하며, 이러한 **집적회로**를 보호하고, 그것이 메모리 회로이든 비메모리 회로이든 구별하지 않는다. 즉, **일반 PGB의 패턴 설계**는 반도체칩법에 의해서 보호받을 수 없고, 모놀리틱 IC가 아닌 **하이브리드 IC의 패턴설계**도 반도체칩법에 의해서 **보호**받을 수 **없다**고 생각된다.

3. 반도체집적회로 배치설계 권리의 주체

회로배치권의 주체는 국가·법인·단체 및 그 밖의 사용자(이하 법인 등이라 한다)의 업무에 종사하는 자가 업무상 창작한 배치설계는 계약이나 근무규칙 등에 달리 정함이 없는 한 그 법인 등을 해당 **배치설계의 창작자**이다(반도체칩법 제5조). 이 규정은 직무상 발명의 경우에 발명을 한 개인이 특허받을 권리를 가지며, 사용자는 그 통상실시권만 갖도록 규정한 특허법(특허법 제39조)과는 대조적이다. 또 이 규정은 저작권법상 업무상 저작물에 관한 것과 유사하다.

4. 반도체집적회로 배치설계 보호의 요건

배치설계법의 보호를 받기 위해서는 해당 배치설계가 **독창성**을 가지고 있을 것, 즉 타인이 창작한 배치설계의 **모방이 아닐 것** 및 **설정등록**이다(동법 제6조).

1) 독창성

독창성이란 스스로 창작한 것으로 타인의 배치설계의 모방이 아니라는 것이며, **저작권법상**의 그것과 **기본적으로는 같으나**, 특허법상의 신규성이나 진보성과는 다르다. 다만, 배치설계의 보호도 그것이 기술의 보호라면, 이미 공지로 된 배치설계와 동일·유사한 것까지 보호할 필요는 없다. 반도체칩법도 이러한 취지에서 통상적이 아닌 경우에만 **독창성**을 인정하고 있다(동법 제2조 제3호).[385)]

2) 설정등록

등록은 **배치설계권의 발생요건**이다. 배치설계권의 **설정등록을 신청**하고자 하는 자는 대통령령이 정하는 바에 따라 **설정등록신청서**와 이에 첨부되는 자료(이하 신청서등이라 한다)를 제출하여야 한다(동법 제19조 제2항). 그러나 **설정등록 이전**에 **최대한 2년간**은 **상업적 이용**을 통해서 **기술적인 면**뿐만 아니라 **시장성 등 경제적인 면**에서 그 **배치설계의 가능성을 확인해** 볼 수 있는 **기회를 허용**하고 있는 점 및 **형식적 심사주의에 그치고 있는 점**이 특허법 등 산업재산권과 다르다.

(1) 시간적 한계

반도체집적회로배치설계는 등록요건을 하고 있으나 심사를 요하지 않는다. 따라서 배치설계를 창작한 자 또는 그 승계인(이하 "창작자"라 한다)은 영리를 목적으로 그 배치설계를 **최초로 이용한 날부터 2년 이내**에 **특허청장**에게 그 **배치설계권의 설정등록**을 **신청**할 수 있다(동법 제19조 제1항). **2년이 경과한 후**에는 **등록을 할 수 없으**며, 해당 배치설계는 공유(公有, public domain)로 되어 누구나 자유롭게 이용할 수 있다.

---

385) 반도체칩법 제2조 제3호 "창작"이라 함은 배치설계 제작자의 지적노력의 결과로서 통상적이 아닌 배치설계를 제작하는 행위를 말한다. 이 경우 통상적인 요소의 조합으로 구성된 때에도 전체적으로 보아 창작성이 있는 배치설계를 제작하는 행위는 이를 창작으로 본다.

(2) 형식적 심사주의

특허청장은 배치설계권 설정등록의 신청이 있는 경우에 신청인이 창작자가 아닌 경우, 배치실계권이 2인 이상의 공유인 경우에 공유자 전원이 공동으로 배치설계권 설정등록의 신청을 하지 아니한 경우, 영리를 목적으로 그 배치설계를 최초로 이용한 날로부터 **2년이 지난 후**에 등록신청을 하는 경우, 그 밖에 대통령령이 정하는 사유에 해당하는 경우를 제외하고는 설정등록을 하여야 한다(동법 제20조 제1항, 제2항).

배치설계의 등록은 특허법 등에서와 같이 **엄밀한 심사**가 사전에 행하여지는 것은 **아니**며, 신청서 및 첨부서류로부터 설정등록을 하여서는 안 되는 것이 명백한 경우가 아닌 한 등록 할 수 있도록 하여 **신속한 등록을 보장**하고 있다.

5. 배치설치권의 효력

배치설계의 **창작자**는 **등록설정**을 함으로써 **배치설치권이라는 배타적 권리**를 갖게 된다. **배치설치권**이란 영리를 목적으로 등록배치설계를 독점적으로 이용하는 권리이다(반도체칩법 제8조). **배치설계의 이용**이라 함은 배치설계를 복제하는 행위, 배치설계에 따라 반도체집적회로를 제조하는 행위, 배치설계, 그 배치설계에 따라 제조된 반도체집적회로 또는 그 반도체집적회로를 사용하여 제조된 물품(이하 반도체집적회로등이라고 한다)을 양도 · 대여하거나 전시(양도 · 대여를 위한 경우에 한한다) 또는 수입하는 행위를 말한다(동법 제2조 제4호).

배치설계권의 존속기간은 **설정등록일부터 10년**이다(동법 제7조 제1항). 배치설계권의 존속기간은 영리를 목적으로 그 배치설계를 최초로 이용한 날부터 10년 또는 그 배치설계의 창작일부터 **15년을 초과**할 수 없다(동법 제7조 제2항).

6. 배치설계이용권의 효력이 미치지 아니하는 범위

반도체칩법은 배치설계권의 **효력이 미치지 아니하는 범위**를 다음과 같이 규정하고 있다(동법 제9조).

첫째, 교육 · 연구 · 분석 또는 평가 등의 목적이나 개인이 비영리적으로 사용하기 위한 배치설계의 복제 또는 그 복제의 대행에는 미치지 아니하며(동조 제1항 제1호), 이러한 연구 · 분석 또는 평가 등의 결과에 따라 제작된 것으로서 창작성이 있는 배치설계에는 권리의 효력이 미치지 아니한다(동조 제1항 제2호). 이것은 소위 **리버스 엔지니어링**(reverse engineering, 역분석)[386]이 산업계에서 **정당한 관행으로 인정**되고 있는 것을 법이 그대로 승

386) 리버스 엔지니어링이란 제품의 해석에 따라서 제품에 구현되어 있는 제조방법, 기술수준, 노하우 등을 평가하여

인하여 규정한 것이다.

둘째, 배치설계권은 **창작성이 있는 동일한 배치설계**에는 미치지 아니한다(동조 제1항 제3호). 이것은 독립적으로 창작된 배치설계는 아무리 동일하다 하더라도 **각각 보호**되는 것을 의미한다. 즉, 배치설계권에는 **차단효**가 인정되지 **아니한다**. 이 점에서 저작권법과 유사하나, 특허법 등 산업재산권법과는 다르다.

셋째, 배치설계권의 효력은 **적법**하게 제조된 반도체집적회로 등을 **인도받은 자**가 그 반도체집적회로 등(반도체집적회로 또는 그 반도체집적회로를 사용하여 제조된 물품)에 대하여 **영리를 목적으로 양도 · 대여 · 전시 · 수입**하는 행위에는 미치지 아니한다(동법 제9조 제2항). 이것은 권리자가 그 권리의 객체인 물품을 타인에게 양도한 때에는 그 이상은 권리행사를 할 수 없다는 특허법에서 확립된 소모이론을 명문화한 것이다.

넷째, 배치설계권의 효력은 타인의 등록된 배치설계를 **불법으로 복제**하여 제조된 반도체집적회로 등을 **선의**이며 **과실없이 인도받은 자**(이하 선의자라 한다)가 그 반도체집적회로 등에 대하여 **영리를 목적으로 양도 · 대여 · 전시 · 수입하는 행위**에는 미치지 아니한다(동법 제9조 제3항). 다만, 선의자라 하더라도 자신이 구입한 반도체집적회로 등이 타인의 등록된 배치설계를 **불법으로 복제**하여 **제조되었다는 사실을 안 이후**에는 통상의 **사용료 상당액을 지급**하여야 한다(동법 제38조).

반도체칩법과 저작권법 및 특허법과의 비교[387)]

구 분	반도체칩법	저작권법	특허법	비 고
보호대상	IC를 제조하기 위한 회로소자와 연결도선의 배치설계	문학, 학술 또는 예술적 창작물 아이디어의 표현	자연법칙을 이용한 기술적 사상의 창작	설계도면의 일종 (저작권적 성격)
권리	이용권, 배치설계, 배치설계에 따라 제조된 IC, IC내장 제품	저작인격권, 저작재산권 및 저작인접권	실시권, 물건의 발명, 방법이 발명	보호범위의 확장, 설정등록에 따른 발생 (특허권적 성격)
발생	등록(방식검사)	창작(무심사)	등록(실체검사)	
등록	방식심사 후 등록, 창작성은 무심사, 권리발생요건	무심사주의, 등록은 제3자에의 대항요건	실체검사 후 등록, 신규성, 진보성, 산업상이용가능성, 권리발생요건	창작성여부의 무심사 (저작권적 성격), 등록 (특허권적 성격)

자신의 기술수준의 향상을 도모하는 행위이다. 종래 리버스 엔지니어링 문제는 ① 해석이나 평가를 위한 전제로서 분해하는 행위 자체가 침해행위로 되는지 여부, ② 해석이나 평가행위가 위법으로 되는지 여부, ③ 더 나아가서 그 결과 얻어진 정보를 기초로 하여 자사제품을 개발하는 행위가 허용되는가 하는 3가지 문제로 대별할 수 있었다. 일본 반도체칩법 제12조 제2항은 2단계까지를 허용하는 듯한 표현을 사용하고 있음에 대하여, 미국 반도체칩법 제906조(a)(2)는 명백히 3단계까지 허용하고 있다. 대한민국 반도체칩법은 3단계까지 허용하고 있다: 송영식, 외, 앞의 책, 316면.

387) 유한열, 우리나라의 반도체칩 보존제도, 특허정보, 1995년 1월호, 77면.

구 분	반도체칩법	저작권법	특허법	비 고
존속기간	설정등록일부터 10년	저작재산권은 생존기간 및 사망 후 50년, 저작인격권은 저작자일신귀속	출원일부터 20년	독점배타적 기간의 제한(특허권적 성격)

7. 배치설계권의 양도 및 공유

배치설계권은 **양도**할 수 있다. 2명 이상이 공동으로 창작한 배치설계의 배치설계권은 **공동으로 창작한 자가 공유**하며, 공동창작자 사이에 특약이 없으면 **공유자의 지분은 균등**한 것으로 본다. 배치설계권이 **공유인 경우** 공유자는 다른 공유자의 **동의 없이** 그 지분을 양도하거나 그 지분을 목적으로 하는 **질권을 설정할 수 없다.** 배치설계권이 공유인 경우 공유자는 특약이 없으면 다른 공유자의 동의 없이 그 배치설계를 이용할 수 있다. 배치설계권이 공유인 경우 공유자는 다른 공유자의 동의 없이 그 배치설계권에 대하여 제11조제1항에 따른 **전용이용권**이나 제12조제1항에 따른 **통상이용권을 설정할 수 없다**(동법 제10조).

8. 배치설계권의 이용

1) 전용이용권

배치설계권자는 다른 사람에게 그 배치설계를 **독점적으로 이용할 수 있는 권리**(이하 전용이용권이라 한다)를 **설정**할 수 있다. 이에 따라 전용이용권을 설정 받은 자(이하 전용이용권자라 한다)는 그 **설정행위로 정한 범위에서 영리를 목적**으로 그 배치설계를 **이용할 권리를 독점**한다. **전용이용권자**는 "① 배치설계를 이용하는 사업과 같이 이전하는 경우, ② 상속이나 그 밖에 일반승계(유증)의 경우, ③ 배치설계권자의 동의를 받은 경우"에 해당하는 경우에만 그 **전용이용권을 이전**할 수 있다(동법 제11조 제1항, 제2항, 제3항).

전용이용권자는 **배치설계권자의 동의 없이** 그 전용이용권을 목적으로 하는 **질권을 설정할 수 없다.** 전용이용권이 **공유인 경우** 공유자는 **다른 공유자의 동의 없이** 다른 사람에게 제12조제1항에 따른 **통상이용권을 설정할 수 없다.** 전용이용권에 관하여는 제10조제3항 및 제4항을 준용한다. 이 경우 **배치설계권**은 각각 **전용이용권**으로 본다(동법 제11조 제4항, 제5항, 제6항).

2) 통상이용권

배치설계권자 또는 전용이용권자는 **다른 사람에게 그 배치설계를 이용**할 수 있는 권리(이하 통상이용권이라 한다)를 **설정**할 수 있다. 다만, 전용이용권자가 통상이용권을 설정하는 경우에는 배치설계권자의 동의가 있어야 한다. 이에 따라 통상이용권을 설정 받은 자(이하 통상이용권자라 한다)는 그 **설정행위로 정한 범위에서 영리를 목적**으로 그 배치설계를 **이용할 수 있는 권리**를 가진다(동법 제12조 제1항 제2항).

통상이용권자는 "① 배치설계를 이용하는 사업과 같이 이전하는 경우, ② 상속이나 그 밖에 일반승계(유증)의 경우, ③ 배치설계권자(전용이용권자가 설정한 통상이용권인 경우에는 배치설계권자 및 전용이용권자를 말한다. 이하 이 조에서 같다)의 **동의**를 받은 경우"에 해당하는 경우에만 그 **통상이용권을 이전**할 수 있다(동법 제12조 제3항). 통상이용권자는 배치설계권자의 **동의 없이** 그 통상이용권을 목적으로 하는 **질권을 설정할 수 없다**(동법 제12조 제4항). 통상이용권에 관하여는 제10조제3항 및 제4항을 준용한다. 이 경우 배치설계권은 각각 **통상이용권**으로 본다(동법 제12조 제5항).

9. 배치설계권의 소멸

배치설계권은 "① 배치설계권자인 **법인·단체 등이 해산**되어 그 배치설계권이 민법이나 그 밖의 법률에 따라 **국가에 귀속**되는 경우, ② 배치설계권자인 **개인이 상속인 없이 사망**하여 그 배치설계권이 민법이나 그 밖의 법률에 따라 **국가에 귀속**되는 경우"에 해당하는 경우에는 **소멸**한다(동법 제17조).

10. 권리침해에 대한 구제

1) 침해금지청구권 등

배치설계권자 또는 전용이용권자는 그의 배치설계권 또는 전용이용권을 침해하거나 침해할 우려가 있는 자에 대하여 그 침해의 정지 또는 예방을 청구할 수 있으며, 배치설계권자 또는 전용이용권자는 침해행위에 따라 만들어진 반도체집적회로 등의 폐기 그 밖에 침해의 예방에 필요한 조치를 함께 청구할 수 있다(반도체집법 제35조).

2) 손해배상청구권

배치설계권자 또는 전용이용권자는 고의 또는 과실로 그 권리를 침해한 자에 대하여 손해의 배상을 청구할 수 있다(반도체집법 제36조).

3) 보상금청구권

배치설계의 설정등록 전에 영리를 목적으로 그 배치설계를 이용한 배치설계의 창작자는 그 이용 후 해당 배치설계에 대한 등록이 완료되기까지의 기간 동안 해당 배치설계를 복제한 배치설계임을 알고 영리를 목적으로 그 복제된 배치설계를 이용한 자에게 해당 배치설계의 이용에 대하여 통상 지급하여야 할 금액에 상당하는 보상금의 지급을 청구할 수 있다. 다만, 복제된 배치설계를 이용하여 제조된 반도체집적회로 등을 선의이며 과실없이 인도받은 자에 대하여는 이를 청구할 수 없다(반도체칩법 제37조).

4) 사용료 청구권

선의・무과실로 침해품인 반도체집적회로를 인도받은 자에 대해서는 권리의 효력이 미치지 아니하나, 배치설계권자 또는 전용이용권자는 선의자가 반도체집적회로 등이 배치설계를 불법으로 복제하여 제조된 것이라는 사실을 안 후에 영리를 목적으로 그 반도체집적회로 등에 대하여 영리목적으로 이를 이용하거나 이용하기 위하여 그 반도체집적회로 등을 보유하고 있거나 운송중에 있는 경우에는 통상의 이용료에 상당하는 금액(이하 이용료라 한다)의 지급을 청구할 수 있다(반도체칩법 제38조 제1항).

5) 형사처벌

권리를 침해한 자는 **3년 이하의 징역** 또는 **5천만원 이하**의 **벌금**에 처하거나 이를 병과할 수 있다(반도체칩법 제45조 제1항). 법인의 대표자 또는 법인이나 개인의 대리인・사용인 그 밖에 종업원이 그 법인 또는 개인의 업무에 관하여 본죄를 범한 경우에는 행위자를 벌하는 외에 그 법인 또는 개인에 대하여도 각 해당 조의 벌금형을 과한다(동법 제49조). 본죄는 **친고죄**이다(동법 제45조 제2항). 이 외에도 반도체칩법 제44조 소정의 비밀유지의무를 위반한 죄 등이 있다.

제4장 저작권법의 이해 및 저작권의 국제적 보호

제1절 저작권법

학습포인트

1. 저작권의 개념을 알아본다.
2. 저작권의 보호대상인 저작물에 대하여 알아본다.
3. 저작권의 귀속 주체인 저작자에 대하여 알아본다.

중요 내용

- 저작물은 인간의 사실 또는 감정을 표현한 창작물을 가리킨다.
- 저작물은 남의 것을 베끼거나 모방하지 않은 정도이면 충분하다.
- 저작물의 종류는 어문저작물, 음악저작물, 연극저작물, 미술저작물, 건축저작물, 사진저작물, 영상저작물, 도형저작물, 컴퓨터프로그램저작물, 2차적 저작물, 편집저작물 등이 있다.
- 법령, 정부의 고시, 법원의 판결, 사실 전달에 불과한 시사보도는 저작물로 보호받지 못한다.

1. 저작권법의 의의

저작권이란 시·소설·미술·영화 등과 같은 저작물에 대하여 창작자가 가지는 배타적이고 독점적인 권리로서 **지식재산권의 일종**이다. 이러한 저작권을 규정하고 있는 법률을 저작권법이라고 한다.[1] 특허권이나 실용신안권, 디자인 등과 같은 산업재산권이 발명, 고안 등의 기술적 사상 내지 산업디자인의 창작에 대하여 인정되는 권리라면, 저작권은 문예·학술저작물, 미술품, 음악 등과 같이 문학, 학술, 예술의 범주에 속하는 창작물에 대하여 인정되는 권리이다. 이러한 점에서 산업재산권이 '물질문화의 발전'에 기여하는 창작에 대하여 부여되는 권리라면, 저작권은 '정신문화의 발전'에 기여하는 창작에 대하여 부여되

1) 저작권법은 학문이나 예술과 같은 정신문화의 영역에 속하는 권리로서 인간의 정신생활을 풍요롭게 하고 인류의 정신문화의 발달에 기여하여 왔기 때문에 문화기본법이라고 불리어 왔다.

는 권리라고 할 수 있다.

저작권에 대한 보호는 **대한민국헌법 제22조에 제2항**에서 "저작자…예술가의 권리는 법률로써 보호한다"고 규정하여 저작권제도를 적극적으로 보장하고 있다. 이 규정에 따라서 저작권법 제1조는 **저작자의 권리**와 이에 **인접하는 권리를 보호**하고 **저작물의 공정한 이용을 도모**함으로써 문화의 향상발전에 이바지함을 목적으로 한다고 규정하고 있다. 따라서 저작권법은 일차적으로 **저작자를 보호하는 법**이다.

저작자란 저작물을 창작한 자를 말한다(저작권법 제2조 제2호). 저작자라고 하면, **시인·소설가·화가** 등이 쉽게 머리에 떠오른다. 그러나 실은 명절 때 가족이 모여 찍은 **가족사진**도 저작물이고, 틈틈이 써 보는 **일기**도 저작물이다. 그러므로 우리 모두가 **저작자인 셈**이다. 저작권법만큼 우리네 가까이 있은 법도 드물다. 한편 저작권법은 이러한 **저작자** 이외에도 **가수나 무용수·배우**와 같은 **실연자나 레코드제작자, 방송사업자**도 아울러 보호한다.

만든 사람의 권리, 저작권(著作權)은 다음과 같은 창작물에 주어진다.

1. 사람의 생각이나 감정을 담은 것으로 문학·예술·학술의 범위에 속해야 하고,
2. 다른 사람이 느껴서 알 수 있을 정도로(그림, 소리, 글자 등으로) 표현되어야 하고,
3. 다른 사람의 것과 구별되는 정도로 표현에 독창성이 있어야 한다.

⇒ 이와 같은 창작물은 만든 사람이 가지는 권리가 바로 **저작권**(著作權)이라고 한다.

2. 저작권법의 연혁

15세기 중반인 1450년 독일의 구텐베르크가 금속활자를 발명하면서부터 원작의 사본이나 복제물의 대량배포가 가능하여지고 여기서부터 저작권의 권리개념이 형성되었다.[2] 1684년 독일황제의 칙령의 출판특허시대를 거쳐서 1709년 세계 최초로 영국의 엔 여왕법(Statute of Anne)이 제정되어, 저작권 보호가 입법화되었고, 이 법은 많은 국가의 저작권법을 제정하도록 영향을 미쳤다. 또 미국에서는 1790년에 연방저작권법이 제정되었고, 프랑스에서는 1791년 저작물의 공연권에 관한 법률과 1793년 저작물의 복제권에 관한 법률을 제정하였고, 독일은 1870년 연방저작권법을 제정하였다. 이러한 저작권법은 인쇄술의 발명에 따른 무단복제의 방지가 주된 점이었으나, 기술의 진보에 따라 저작권제도의 디지털화가 되어 정보고속도로를 통한 통신망을 통해 저작물의 국경이 없는 인터넷 시대가 도래되었다. 이에 따라 저작권법은 국제적으로 통일화되는 과정까지 발전되었다.

2) 한승헌 편, 정보화시대의 저작권, 나남출판, 1996, 23면.

3. 저작권의 보호범위

1) 저작물의 의의

저작권법의 보호를 받는 대상(객체)은 **저작물**이다. 대한민국 저작권법 제2조 제1호에서는 "저작물은 **인간의 사상 또는 감정을 표현한 창작물**을 말한다"라고 규정하고 있다. 이에는 문학·학술·예술의 범주에 속하지 않는 데이터베이스, 컴퓨터프로그램 등이 포함된다. 소설이나 작곡과 같이 저작권의 보호대상이 되는 것을 저작물이라고 한다. 따라서 저작권으로 보호되는 것은 저작자의 사상 그 자체가 아니라 **사상의 표현**이다. 그러나 **사상**(idea), **사실, 짧은 문구, 활자, 산업제조물** 등은 저작권법에서 보호대상으로 하지 **않는다.**

2) 저작물의 성립요건[3)]

저작물로 성립(인정)되기 위해서는 저작권법 제2조 제1호에 따라 ⅰ) 인간의 사상 또는 감정에 관한 것, ⅱ) 표현, ⅲ) 창작적인 것의 세 가지 요건을 갖추어야 한다.

(1) 사상 또는 감정을 표현할 것

판례[4)]와 외국 입법례[5)]를 받아들어 저작물은 인간의 사상 또는 감정을 표현한 창작물이라고 규정하고 있다. 사상 또는 감정을 표현한 것이 아니라, 단순히 사실을 나열한 것에 지나지 않는 것은 저작물이 아니다. 또한 서적의 제호(題號) '행복은 성적순이 아니잖아요,[6)] 운전학과시험 문제집'[7)]이나 제명(題名)만화 제명 '또복이'[8)]는 사상 또는 감정의 표현이라고 볼 수 없어 저작물로 보호받을 수 없다. 사상 또는 감정은 인간의 것이어야 한다. 침팬지가 그린 그림이나 컴퓨터가 자동적으로 작곡한 음악은 저작권법이 보호하는 사상이나 감정의 표현이라고 볼 수 없다.[9)] 사상 또는 감정은 철학적이거나 숭고한 것을 요하지 않고 지식 창조물로서 저작물에 정신적인 내용이 표현되면 족하다.

저작물은 사상 또는 감정을 **표현**(expression)한 것이어야 한다. 표현이란 저작권법의 보호를 받기 위해서는 인간의 사상이나 감정이 언어·문자·음(音)·색채(色彩) 등에 따라 구체적으로 외부에 표현되어야 한다는 것을 의미한다. 저작물은 사상이나 감정을 색채나 언어 등으로 외부에 표현한 것이어야 한다. 저작물로 성립하기 위해서는 사상이나 감정이

3) 이동훈 외, 앞의 책, 362~364면 참조.
4) 대법원 1999.10.12. 판결 98도112: 저작권법상의 저작물은 사상 또는 감정의 표현물을 가리킨다.
5) 일본 저작권법 제2조 제1항 제1호 : 저작물이란 사상 또는 감정을 창작적으로 표현한 것으로 문예, 학술, 미술 또는 음악의 범위에 속하는 것을 말한다.
6) 서울민사지법 1990.8.23, 89가합62247.
7) 대판 1996.8.23, 96다273.
8) 대판 1997.7.12, 77다90.
9) 오승종·이해완 공저, 앞의 책, 37면.

어떤 형태나 방법으로 외부에 표현되어야 하고, 그 방법이나 형태에는 아무런 제한이 없다. 일반적으로 원고지, 도화지, 악보, 레코드에 표현하게 되는데 반드시 유체물에 고정될 필요는 없다. 따라서 외부로 표현된 것이면 족하기 때문에 일기처럼 공표되지 않은 것도 저작물로 보호되며, 원고없이 이루어지는 강연이나 연설, 즉흥적인 연주처럼 유형물에 고정되지 않은 것이라도 저작물로 인정된다. 다만 영상저작물(저작권법 제2조 제10호)의 경우에는 기계 또는 전자장치에 따른 재생은 유체물에의 고정 요건을 필요로 한다.

저작권을 제대로 이해하기 위해서는 아이디어와 표현을 구별할 수 있어야 한다. "저적권법이 보호하는 것은 사상이나 감정을 문자·음·색(色) 등에 따라서 구체적으로 외부에 표현한 창작적인 표현 형식이다. 그 표현되어 있는 내용, 즉 아이디어나 이론 등의 사상 및 감정 그 자체는 설사 그것이 창작성이 있다 하더라도 저작권법에서 정하는 저작권의 보호대상이 되지 않는다(대법원 1999.11.26. 선고 98다46259 판결). 이것을 **아이디어·표현 이분법**(ideal expression dichotomy)라고 한다. 예를 들어, 발명은 기술적 사상, 즉 아이디어인데 그것을 특허명세서로 작성한 것과 논문으로 작성한 것은 별개의 표현이므로 각각 저작물로 보호될 수 있다. 표현의 내용이 된 사상 및 감정 그 자체가 설사 독창성·신규성이 있다 하더라도 저작권의 보호대상이 되지 않는다.[10] 사상과 감정은 만인의 공통되는 것이고 누구에게 대하여도 자유로운 이용이 허용되어야 하는 것이므로[11] 독점권을 인정할 수 없다. 그러나 창작적인 표현이더라도 아이디어가 오직 그 표현방법 외에는 달리 표현할 방법이 없는 경우에는 보호되지 않는다. 아이디어와 표현이 밀접하게 연관되어 서로 분리할 수 없게 된 것을 아이디어와 표현의 합체라고 하는데, 이 경우 표현을 보호하면 합체되어 있는 아이디어까지 보호하는 결과가 되기 때문이다.

(2) 표현에 창작성이 있을 것

저작권법이 보호하는 것은 표현되어 있는 내용이 아니라, 창작적인 표현형식이다. 창작성이란 저작자 자신의 작품으로서 남의 것을 베낀 것이 아니라는 것을 의미한다.[12] 창작성은 상대적 개념으로 전혀 새로운 것을 요하는 신규성과는 달리 스스로의 능력과 노력에 따른 것이면 기존의 유사한 작품이나 심지어 동일한 작품이 존재하는 경우라 하더라도 창작성이 인정된다. 예를 들어, "나 여기 있고 너 거기 있어"라는 대사는 일상생활에 흔히 쓰이는 표현으로 저작권법에 따라 보호받을 수 있는 창작성 있는 표현이라고 볼 수 없다.[13] 창작성의 개념은 상대적·주관적인 것이므로 저작자 본인의 객관적 능력을 기준으로 판단하여야 한다. 따라서 어린이의 작품이라 하더라도 독자적인 사상과 감정을 표현한 것이라면

10) 대판 1999.10.22, 98도112; 대판 1999.11.26, 98다46259.
11) 대판 1993.6.8, 93다3073.
12) 대판 1999.11.26, 98다46259.
13) 서울고법 2006.11.14, 2006라503결정.

저작물성이 인정된다. 또한 밑그림이나 데생 또는 미완성작품도 작가의 사상·감정이 창작적으로 표현된 것이면 저작물이라 할 수 있다.[14)]

(3) 윤리성 여부

비윤리적이고 더욱이 음란성을 띠는 저작물의 경우 제작 유포되는 것을 제재할 필요성은 있지만, 그 제재의 수단으로 저작물성을 부인하는 것은 적절하지 않다. 윤리성의 개념은 상대적이고 유동적이기 때문에 시대와 장소에 따라 변한다. 저작권법의 보호대상인 저작물이라 함은 사상 또는 감정을 창작적으로 표현한 것이면 되고, 윤리성 여하는 문제되지 아니하므로 설사 그 내용 중에 부도덕하거나 위법한 부분이 표현되어 있다 하더라도 저작권법상 저작물로 보호된다 할 것이다.[15)]

3) 저작물의 종류

현행 저작권법 제4조에서는 저작물을 종류별로 알기 쉽게 예시한 데 불과하므로 이 규정에 예시되지 않는 것도 **저작물의 성립요건을 갖추면 저작물이 된다**고 본다

여기서는 저작권법에서 **예시**하고 있는 것을 중심으로 기술하고자 한다.

(1) 1차적 저작물(원 저작물)

저작권법 제4조에서는 "① 소설·시·논문·강연·연설·각본 그 밖의 **어문저작물**, ② **음악저작물**, ③ 연극 및 무용·무언극 그 밖의 **연극저작물**, ④ 회화·서예·조각·판화·공예·**응용미술저작물** 그 밖의 **미술저작물**, ⑤ 건축물·건축을 위한 모형 및 설계도서 그 밖의 **건축저작물**, ⑥ **사진저작물**(이와 유사한 방법으로 제작된 것을 포함한다), ⑦ **영상저작물**, ⑧ 지도·도표·설계도·약도·모형 그 밖의 **도형저작물**, **⑨ 컴퓨터프로그램저작물**"등을 **제1차적 저작물**(원저작물)이라고 **예시적으로** 규정하고 있다.

판례(대판 2004.7.22, 2003도7572)는 일명 **'히딩크 넥타이'**의 도안이 우리 민족 전래의 태극문양 및 팔괘문양을 상하좌우 연속 반복한 넥타이 도안으로서 응용미술품작품의 일종이라면 위 도안은 **'물품에 동일한 형상으로 복제될 수 있는 미술저작물'**에 해당한다고 할 것이며, 또한 그 **이용된 물품과 구분되어 독자성을 인정**할 수 있는 것이라면 저작권법 제4조 제1항 4호에서 정하는 **응용저작물에 해당**한다고 하였다.

14) 서울고법 1995.5.19, 95나8746.
15) 대판 1990.10.23, 90다카8845.

저작물 분류표

분류	종 류	복제물 형태	비 고
어문저작물	문자 또는 구술로 표현된 저작물 시(현대시, 시조, 동시), 소설, 수필(에세이, 기행문, 서간문, 일기, 콩트), 교양물, 평론, 논문, 학습물(교과서, 참고서, 시험문제), 기사, 칼럼, 연설(강연, 설교, 설법), 희곡, 시나리오, 시놉시스, 트리트먼트, 각본, TV대본, 라디오대본, 가사, 사용설명서, 브로셔, 기획안 등	인쇄물, 책, 디스켓, CD 등	
음악저작물	소리에 따라서 표현되는 저작물 대중가요, 순수음악, 국악, 동요, 가곡, 오페라, 관현악, 기악, 종교음악, 주제가 등	Tape, CD 등	작사 – 어문 작곡 – 음악 편곡 – 2차적 작사·작곡–음악
연극저작물	사람의 말과 몸짓에 따라서 표현되는 저작물 무용, 발레, 무언극, 뮤지컬, 오페라, 마당극, 인형극, 즉흥극, 창극 등	비디오테이프, CD, DVD 등	
미술저작물	시각적 미를 형상이나 색채에 따라서 평면적 또는 입체적으로 표현되는 저작물 회화(서양화, 동양화), 서예, 조소(조각, 소조), 판화, 모자이크, 공예, 응용미술(디자인, 삽화, 캐릭터, 도안, 그래픽), 만화, 로고, 포스트, 그림동화, 캐리커쳐, 십자수 도안 등	인쇄물, 사진, 디스켓, CD 등	
건축저작물	건축과 관련된 저작물 건축물, 건축설계도, 건축물 모형	설계도서, CD 등	
사진저작물	인물이나 풍경 그 밖의 형상을 사진기 등의 기계적 장비에 따라서 필름이나 인화지 또는 직물 등에 평면적으로 표현한 저작물 일반, 누드, 풍경, 인물, 광고 등	사진, CD 등	
영상저작물	영상을 기계 또는 전자장치에 따라서 재생하여 볼 수 있거나 보고 들을 수 있는 연속적 영상으로 표현된 저작물 극영화, 애니메이션, 방송프로그램, 기록필름, 광고, 게임 영상, 뮤직비디오, 교육용 동영상 등	비디오테이프, CD, DVD 등	
도형저작물	어떤 형태나 모양을 표현하는 저작물 (특수목적)지도, 도표, 설계도(건축설계도 제외), 모형, 지구의, 약도 등	인쇄물, 책, 디스켓, CD 등	
편집저작물	사전, 홈페이지, 문학전집, 시집, 신문, 잡지, 악보집, 논문집, 백과사전, 교육교재, 카탈로그, 단어집, 문제집, 설문지, 인명부, 전단, 데이터베이스 등	인쇄물, 책, 디스켓, CD 등	
2차적저작물	원저작물을 번역·편곡·변형·각색·영상제작 그 밖의 방법으로 작성한 창작물	위 복제물 중 해당 유형	
컴퓨터프로그램저작물	특정한 결과를 얻기 위하여 컴퓨터 등 정보처리능력을 가진 장치 내에서 직접 또는 간접으로 사용되는 일련의 지시·명령으로 표현된 창작물 운영체제, 응용 프로그램, 게임(컴퓨터 작동용), 임베디드 소프트웨어		

(2) 2차적 저작물

원 저작물	→ (창작성) →	2차적 저작물

2차적 저작물이란 **원자작물**을 토대로 이것에 **새로운 창작성**을 가하여서 **새로운 창작물**이 작성된 저작물을 말한다. **저작권법** 제5조 제1항에서 "**원저작물을 번역**(국어↔외국어)·**편곡**(피아노용↔바이올린용)·**변형**16)·**각색**17)·**영상제작 그 밖의 방법으로 작성한 창작물**(이하 2차적 저작물이라 한다)은 **독자적인 저작물로서 보호된다**"고 **2차적 저작물을 규정**하고 있다. 2차적 저작물을 토대로 다시 번역·편곡 등을 한 경우에도 3차적 저작물이 아니라 2차적 저작물이다.

2차적 저작물의 작성자는 원 저작자의 2차적 저작물의 이용·작성권(저작권법 제22조)의 범위에 속하기 때문에 원 저작자의 허락을 필요로 한다. 그러나 저작행위의 적법성이 저작권 발생요건이 아니기 때문에 원저작자의 허락을 받지 않고 작성된 저작물일지라도 저작권은 발생한다. 다만, 원저작자의 저작권 침해행위에 대한 책임문제는 별개이다.

2차적 저작물의 보호는 **그 원 저작물의 저작자의 권리에 영향을 미치지 않으므로**(저작권법 제5조 제2항) 제3자가 2차적 저작물을 이용하려는 경우에는 2차적 저작물의 저작권자는 물론 원 저작권자의 허락도 얻어야 한다. 즉, 쌍방의 허락을 필요로 한다. 또한 2차적 저작물도 독자적인 저작물로서 보호받기 때문에 어떠한 절차나 형식의 이행도 필요없이 독자적인 저작물의 완성과 동시에 저작권은 성립한다(대판 1994.9.22, 91다39092). 또한 원저작물의 권리가 소멸되었다 하여 2차적 저작물의 권리가 소멸하는 것은 아니다.

(3) 편집저작물

편집저작물이란 편집물로서 그 소재의 **선택·배열** 또는 **구성에 창작성**이 있는 것을 말하고(저작권법 제2조 제18호),18) **편집물**이란 저작물이나 부호·문자·음·영상 그 밖의 형태의 자료(이하 소재라 한다)의 **집합물**을 말하며, **데이터베이스**(Database: DB)**를 포함**한다(저작권법 제2조 제17호). 2차적 저작물은 원저작물에 변형을 가하는 것이지만, **편집저작물**은 **원저작물에는 변형을 가하지 않고 그대로 수록**하면서 **소재** 또는 **자료의 선택·배열** 또는 **구성에 창작성**이 있는 저작물이다. **편집저작물을 독자적인 저작물로서 보호한다는 것**은 순수한 편집방법 그 자체인 아이디어를 보호하는 것이 아니라 그것이 구체적으로 편집저작

16) 변형이란 미술저작물 등을 다른 형식에 의해 표현하는 것을 말한다. 예를 들면, 그림을 조각으로, 조작을 그림으로, 성인용을 어린이용으로, 소설을 만화로, 만화를 소설로 바꾸는 것을 말한다.

17) 각색(脚色)이란 기존의 저적물을 번안하거나, 영화화하는 등 원저작물의 틀이나 주(主)되는 구성 등이 내면형식을 유지하면서 외면형식을 변화시키는 것을 말한다.

18) 편집저작물이란 백과사전, 문학전집, 판례집, 신문, 잡지 혹은 영어단어장, 직업별 전화번호부 등과 같이 소재의 저작물성을 묻지 않고, 소재의 창작적인 선택·배열에 의해 이루어지는 편집물을 말한다.

물에 구현된 **편집방법을 보호**하는 것이다.[19] 예를 들어, 백과사전, 사전, 연감, 잡지 등을 들 수 있다.

편집저작물은 **독자적인 저작물로서 보호**된다(저작권법 제6조 제1항). **편집저작물의 보호**는 그 편집저작물의 구성부분이 되는 소재의 저작권 그 밖에 이 법에 따라 보호되는 권리에 영향을 미치지 아니하므로 당연히 구성부분저작물의 저작권은 해당 부분의 저작자에게 있다(저작권법 제6조 제2항). 따라서 구성부분 저작물의 저작권은 그 **구성부분의 저작자**에게 속하므로, 편집저작물의 구성부분 저작물을 이용하려고 하는 경우 그 구성부분 저작물의 **저작자의 허락**을 받으면 족하고 **편집자의 허락까지 받을 필요가 없다.**[20] 그러나 **편집물 전체를 복제**하는 등 **이용**하는 경우에는 **편집자와 저작자** 양자의 **허락**을 얻어야 한다.[21]

(4) 데이터 베이스(Data base: DB)

편집저작물의 특수한 형태로서 데이터 베이스(Data base: DB)가 있다. **데이터베이스**는 소재를 체계적으로 **배열** 또는 **구성한 편집물**로서 **개별적**으로 그 **소재에 접근**하거나 그 **소재를 검색**할 수 있도록 한 것을 말한다(저작권법 제2조 제19호).

데이터베이스제작자로 보호받기 위해서는 **데이터베이스의 제작** 또는 그 **소재의 갱신·검증** 또는 **보충**(이하 갱신 등이라 한다)에 **인적** 또는 **물적으로 상당한 투자를 한 자일 것**을 요구한다(저작권법 제2조 제20호). 제작뿐만 아니라 소재의 갱신 또는 보충에 **투자한 경우에도 보호**되고, 데이터 베이스의 **체계적 구성** 등에 **창작성이 있을 것을 요구하지 않는다.** 그러나 ① 데이터베이스의 제작·갱신 등 또는 운영에 이용되는 **컴퓨터프로그램**, ② **무선** 또는 **유선통신을 기술적**으로 가능하게 하기 위하여 제작되거나 갱신 등이 되는 데이터베이스의 경우에는 **적용하지 않는다**(저작권법 제92조).

데이터베이스제작자는 그의 데이터베이스의 전부 또는 상당한 부분을 복제·배포·방송 또는 전송(이하 이 조에서 복제 등이라 한다)할 권리를 가진다(저작권법 제93조 제1항). 데이터베이스의 개별 소재는 해당 데이터베이스의 상당한 부분으로 간주되지 아니한다. 다만, 데이터베이스의 개별 소재 또는 그 상당한 부분에 이르지 못하는 부분의 복제 등이라 하더라도 반복적이거나 특정한 목적을 위하여 체계적으로 함으로써 해당 데이터베이스의 통상적인 이용과 충돌하거나 데이터베이스제작자의 이익을 부당하게 해치는 경우에는 당해 데이터베이스의 상당한 부분의 복제 등으로 본다(저작권법 제93조 제2항). 데이터베이스제작자의 보호는 데이터베이스의 구성부분이 되는 소재의 저작권 그 밖에 이 법에 따라 보호되는 권리에 영향을 미치지 아니한다(저작권법 제93조 제3항). 이에 따른 보호는 데이터베이스의 구

19) 오승종·이해완 공저, 앞의 책, 115면.
20) 잡지에 게재되어 있는 하나의 논문을 이용하는 경우에는 개개 논문 집필자의 허락을 얻으면 족하고 편집자의 허락은 얻을 필요가 없다.
21) 송영식·이상정, 저작권법개설, 2009, 97면.

성부분이 되는 소재 그 자체에는 미치지 아니한다(저작권법 제93조 제4항).

데이터베이스제작자의 권리는 데이터베이스의 제작을 완료한 때부터 발생하며, 그 다음 해부터 기산하여 5년간 존속한다(저작권법 제95조 제1항). 데이터베이스의 갱신 등을 위하여 인적 또는 물적으로 상당한 투자가 이루어진 경우에 해당 부분에 대한 데이터베이스제작자의 권리는 그 갱신 등을 한 때부터 발생하며, 그 다음 해부터 기산하여 5년간 존속한다(저작권법 제95조 제2항). 데이터 베이스 제작자의 권리보호기간은 다른 일반저작물보다 라이프 사이클이 짧다는 점을 고려하여 그 원활한 이용도모를 위하여 다른 일반저작물의 보호기간보다 훨씬 짧다.[22)]

(5) 공동저작물, 결합저작물

공동저작물은 **2인 이상**이 공동으로 창작한 저작물로서 각자의 이바지한 부분을 분리하여 이용할 수 없는 것을 말한다(저작권법 제2조 제21호). 즉, 저작자는 공동하여 창작한 전원을 의미한다. 공동저작권은 공동저작자의 공유가 되므로, 그 권리행사는 원칙적으로 전원의 합의가 필요하고(저작권법 제15조, 제48조), 공동저작물의 저작재산권은 맨 마지막으로 사망한 저작자의 사망 후 70년간 존속한다(저작권법 제39조 제2항). 공동저작물의 각 저작자 또는 각 저작재산권자는 다른 저작자 또는 다른 저작재산권자의 동의없이 침해정지 등의 청구(저작권법 제91조)를 할 수 있으며, 그 저작재산권의 침해에 관하여 자신의 지분비율에 따라 손해배상을 청구할 수 있다(저작권법 제123조).

또한, **공동저작물과 비슷**하지만 법적 효과가 다른 것으로 결합저작물이 있다. 결합저작물은 공동으로 창작한 공동행위가 없고, 분리해서 개별적으로 이용할 수 있는 저작물이 결합저작물이다. 예를 들면, 저자가 다른 옴니버스형식의 소설이나 드라마, 신문의 연재소설의 삽화 등은 분리이용할 수 있는 것이므로 결합저작물이다. **결합저작물**은 공동저작물과 다르게 각 저작자는 단독저작물의 저작자로 취급되며, 각자는 조합관계에 있다. 따라서 결합저작권은 저작권법 제15조(공동저작물의 저작인격권), 제48조(공동저작물의 저작재산권의 행사), 제39조의 제2항(공동저작물의 저작재산권의 보호기간) 등의 규정은 당연히 적용할 수는 없다.

(6) 업무상 저작물

저작자는 원래 실제 창작활동을 행한 자연인만이 될 수 있지만, 저작권법에 따라 법인 등도 저작권자가 될 수 있다. 업무상저작물은 법인·단체 그 밖의 사용자(이하 법인 등이라 한다)의 기획 아래에 법인 등의 업무에 종사하는 자가 업무상 작성하는 저작물을 말한다(저작권법 제2조 제31호). 법인 등의 명의로 공표되는 업무상 저작물의 저작자는 계약 또는 근무규칙 등에 다른 정함이 없는 때에는 그 법인 등이 된다. 다만, 컴퓨터프로그램저작물의

22) 이동훈, 앞의 책, 247면 참조.

경우 공표될 것을 요하지 아니한다(저작권법 제9조). 업무상 저작물의 저작재산권은 공표한 때부터 70년간 존속한다(저작권법 제41조 제1항).

4. 저작권으로서 보호받지 못하는 저작물

인간의 사상 또는 감정을 표현한 창작물이라고 해서 다 보호받을 수 있는 것은 아니다. 저작물의 성립요건을 갖추더라도 국가정책상 국민에게 널리 알려져야 할 저작물은 저작권법상 보호를 받을 수 없다. 이러한 것들을 이용하고자 하는 자는 **자유로이 이용**할 수 있다.

1) 국민에게 널리 알려져야 할 저작물

저작권법 제7조에서 "① 헌법 · 법률 · 조약 · 명령 · 조례 및 규칙, ② 국가 또는 지방자치단체의 고시 · 공고 · 훈령 그 밖에 이와 유사한 것, ③ 법원의 판결 · 결정 · 명령 및 심판이나 행정심판절차 그 밖에 이와 유사한 절차에 따른 의결 · 결정 등, ④ 국가 또는 지방자치단체가 작성한 것으로서 위 ①부터 위③까지에 규정된 것의 편집물 또는 번역물, ⑤ 사실의 전달에 불과한 시사보도"에 해당하는 것은 이 법에 따른 보호를 받지 못한다(저작권법 제7조). 이에 대하여 좀 더 구체적으로 살펴보고자 한다.

(1) 헌법 · 법률 · 조약 · 명령 · 조례 및 규칙

헌법 · 법률 · 조약 · 명령 · 조례 및 규칙 및 그 밖에 각종 규정과 국제조약이나 지침 및 외국의 법령은 보호받지 못하는 저작물이다. 이러한 법령의 제정이나 개정을 위하여 만들어진 초안이나 폐지된 법령도 보호받지 못한다.

(2) 국가 또는 지방자치단체의 고시 · 공고 · 훈령 그 밖에 이와 유사한 것

국가기관은 각종 정보의 제공자로서 여러 가지 자료집이나 연감, 백서, 통계자료, 정책연구자료, 연구보고서 등을 발간하고 있다. 국가나 지방자치단체가 국민이나 주민에게 내용을 알리기 위하여 발표하는 각종 공문서 및 국가 또는 지방자치단체가 작성한 편집물 또는 번역물 등이 이에 해당한다. 이러한 것들은 보호받지 못하는 저작물이다. 그러나 연감, 백서, 정책보고서 등은 보호받는 저작물에 해당한다.

(3) 법원의 판결 · 결정 · 명령 및 심판이나 행정심판절차 그 밖에 이와 유사한 절차에 따른 의결 · 결정 등

법원의 판결문, 결정문, 명령문, 행정심판절차 및 그 밖에 유사한 절차를 통한 의결문 및 결정문 등이다. 그러나 법인, 단체, 개인들이 작성한 판결문 등의 번역물 또는 편집물은 보호받는 저작물이다.

(4) 국가 또는 지방자치단체가 작성한 것으로서 위 (1)부터 위 (3)까지에 규정된 것의 편집물 또는 번역물

국가나 지방자치단체가 작성한 법령의 번역물 또는 편집물도 보호받지 못하는 저작물이다. 그러나 법인이나 단체 또는 개인들이 작성한 법령의 번역물 혹은 편집물은 저작물로 보호받는다.

(5) 사실의 전달에 불과한 시사보도

육하원칙에 따라서 짧고 간결하게 작성한 각종 보도기사 및 정형적이고 간결한 문체로 짤막하게 작성한 정치계나 경제계의 동향, 연예, 스포츠, 각종 사건사고, 수사나 재판 상황, 판결내용, 기상정보 및 인사발명 기사 등은 사실전달에 불과한 시사보도로서 보호받지 못한다. 즉 인사왕래 · 사망기사 · 화재 · 교통사고 등 **단순한 전달**에 불과한 잡지기사 및 시사 보도는 사상 · 감정의 창작적 표현은 아니므로 이들은 **어문저작물로서 보호를 받지 못한다**(저작권법 제7조 제5호).[23] 이는 **사실 자체**는 **누가 표현해도 똑같이 될 수밖에 없으며** 그 **표현내용도 흔한 것**이기 때문에 **창작성이 인정되지 않는다**는 것을 정한 것이다.[24] 또 이것은 **베른조약 제2조 제8항을 수용**한 것이다. 그러나 **보도사진**은 이에 **포함하지 아니하며**, 또 **기자의 사상 · 감정이 표출된 보도기사**는 저작물로서 **저작권법의 보호**를 받는다.

2) 짧은 문구[25]

책제목, 광고카피, 행사표어, 슬로건 등 종류의 글은 대부분 짧은 문구로 표현하는 것이 일반적이다. 이러한 단문들도 저작권법의 일반원칙에 따라 그 표현에서 창작성이 인정되면 저작물로 보호가 가능하다. 하지만, 보통 몇 개의 단어 등으로 조합된 간략한 문장은 그 자체로 창작성이 있는 표현이라 보기 어렵다. 따라서 출판물의 제목을 영화로 사용하거나 영화제목을 출판물의 제목으로 사용하는 것은 저작권 침해가 아니다. '또복이'라는 만화제목을 제빵에 사용한 사건에서 저작권 침해를 인정하지 않은 판례도 있다. 또한 '自由人'이란 이름으로 발행한 자서전의 제목을 다른 출판사가 사상서적의 제목으로 '自由人, 자유인'이라고 표시하여 사용한 사건에서도 저작물의 제목이 저작물로 보호되지 않는다는 판례도 있다.

저작물의 제목은 저작물의 내용과 분리되어 하나의 독자적인 저작물로서 보호받지는 못

23) 저작권법 제7조 제5호: 사실의 전달에 불과한 시사보도.
24) 윤선희, 앞의 책(2009), 425면.
25) 김대익 외, 앞의 책, 275~276면 참조

하지만, 저작물의 내용과 함께 하나의 저작물이 된다. 따라서 저작물을 이용하면서 제목을 바꾸거나 변경하여 이용하면 저작인격권 중 동일성 유지권 침해가 된다. 저작물의 제목은 상표로서 보호받을 수 있다. 사전류, 연감류, 중고생 하습도서, 문고류, 전집류 등이 제목은 상표로서 가능을 한다는 판례가 있다.

최근 SNS(예: 카톡, 밴드, 트위터 등)상에서 작성한 글에 대한 저작권법의 보호가 가능한가에 대한 논란이 있다. SNS이라는 매체의 특성상 대개 200자 이내의 짧고, 이미 공개되고, 리트 이 가능한 글에 대해서는 글의 분량이 짧진 하지만, 200자 안에 저작권법상 보호대상인 인간의 사상이나 감정의 창작적인 표현이 이루어졌다면 저작물로서 보호가 가능하다. 다만, 일상생활에서 평이하게 쓰는 언어로 이루어진 것이라면 저작권 보호는 어렵다.

3) 프로그램 언어, 규약, 및 해법

저작권법은 **프로그램을 작성**하기 위하여 **프로그램 언어, 규약 및 해법**에는 **적용하지 아니한다**고 규정하고 있다(저작권법 제101조의2). 여기서 **프로그램 언어**란 프로그램을 표현하는 수단으로서 문자·기호 및 그 체계(FORTRAN, COBOL, BASIC)이고,[26] **규약**이라 함은 특정한 프로그램에서 프로그램 언어의 용법에 관한 **특별한 약속**이며, **해법**이란 프로그램에서 **지시·명령의 조합방법**을 말한다.[27] 그러므로 해법이라 함은 소위 **알고리즘**(algorithm)이며,[28] 문제처리의 논리수준을 가리킨다.

따라서 어떤 문제를 해결하도록 컴퓨터에게 지시하는 과정이 명확하여야 하며 반드시 특정한 해답에 도달하는 **알고리즘이 성립**되어야 이 알고리즘에 따라 **프로그램작성이 가능**해지는 것이다. 그러므로 프로그램을 보호하는 법에서 그 **해법을 보호하지 않는다**는 것을 이상하게 느껴질지 모르나, **입법자는 아이디어·표현의 2분법에 기해 아이디어 부분에 속하는 알고리즘은 저작권법으로 보호되지 아니한**다고 규정하고 있다.[29]

5. 외국인의 저작물

외국인의 저작물은 대한민국이 **가입** 또는 **체결한 조약에 따라 보호**된다. **대한민국 내에**

26) 이들 범용성이 있는 프로그램 언어에 저작권을 줄 수 없는 것은 마치 어느 사람이 에스페란토어를 고안했다 하더라도 이를 저작권으로 보호할 수 없는 것과 같다.

27) 예: 프로그램의 인터페이스(interface)나 통신규약(protocol)

28) 알고리즘이란 어떤 문제를 유한개의 절차로 풀기 위해 주어진 입력으로부터 원하는 출력을 유도해 내는 정해진 일련의 과정이나 규칙들의 집합이라고 할 있다. 예: π의 값을 어느 일정한 단위까지 구하는 연산절차의 완전한 기술내역(또는 계산방식)이 π값을 구하는 알고리즘이다. 그리고 이 알고리즘을 컴퓨터 언어로 표현하는 것을 프로그램이라고 한다.; 미국 판례에서 Lotus의 메뉴명령체계는 저작권 보호를 받을 수 없는 운영방법(Method of Operation)이라고 판시했다.

29) 송영식·이상정·김병일, 앞의 책, 250면 참조.

상시 거주하는 외국인(무국적자 및 대한민국 내에 주된 사무소가 있는 외국법인을 포함한다)**의 저작물과 맨 처음** 대한민국 내에서 **공표된 외국인의 저작물**(외국에서 공표된 날로부터 30일 이내에 대한민국 내에서 공표된 저작물을 포함한다)은 이 법에 따라 **보호**된다. 다만, **보호되는 외국인**(대한민국 내에 상시 거주하는 외국인 및 무국적자는 제외한다. 이하 이 조에서 같다)**의 저작물**이라도 그 **외국**에서 **대한민국 국민의 저작물을 보호하지 아니하는 경우**에는 그에 상응하게 **조약** 및 이 법에 따른 **보호를 제한**할 수 있도록 하여 **상호주의**를 취하고 있다. 그리고 **보호되는 외국인의 저작물**이라도 그 **외국에서 보호기간이 만료된 경우**에는 이 법에 따른 **보호기간을 인정하지 아니한다.**

6. 저작권의 주체

1) 저작자

(1) 저작자의 의의

저작권의 주체는 **저작자**이다. 저작자란 **저작물을 창작**이다. **원저작자이든 원저작물을 번역·편곡·변형·각색·영상제작 그 밖의 방법으로 작성한 창작자**(이하 2차적 저작물의 작성자)**이든 묻지 않는다. 또 자연인이든 법인이든 불문한다.**

법인 등의 명의로 공표되는 업무상저작물의 저작자는 계약 또는 근무규칙 등에 다른 정함이 없는 때에는 그 **법인** 등이 된다고 규정하고 있다. 다만, **컴퓨터프로그램저작물**(이하 "프로그램"이라 한다)**의 경우 공표될 것을 요하지 아니한다**(저작권법 제9조).[30]

저작자로서 저작권법의 보호를 받기 위해서는 창작한 사실만 있으면 된다. 그러나 창작에 힌트나 아이디어와 같은 동인(動因)을 준 데 불과한 자는 저작자가 안 된다. 또 저작자의 지휘·감독 아래에 그의 손발이 되어 작업에 종사한 저작자의 조수나 단순보조자도 저작자가 아니다. 의뢰자는 단순히 창작을 의뢰하고 제작자가 스스로의 능력과 창의에 따라 창작한 경우, 저작자는 의뢰자가 아니고, **제작자**이다. 번역사무실에 고용되어 번역한 경우 저작자는 해당 번역을 한 번역자이며, 번역사무실의 운영자가 아니다. 저작 내용의 권위를 높이기 위하여 저명인의 이름을 차용하고 저작물 내용의 잘못을 단순히 지적하거나 조언하는 경우에 불과한 **감수자**는 저작자로 보기 어렵지만, 감수자가 내용을 검토하고 상당부분을 보완하여 가필한 경우에는 **공동저작자**가 될 수 있다.[31]

저작물의 창작행위는 법률행위가 아닌 사실행위이므로 저작자가 되기 위해서는 권리능

30) 저작권법상 저작자는 자연인이 되는 것을 원칙으로 하고, 있으며, 예외적으로 법인 등(법인, 단체, 그 밖의 사용자)을 저작자로 간주(의제)하고 있다. 이처럼 법인 등이 저작자인 저작물을 '업무상저작물'이라고 한다.

31) 오승종·이해완 공저, 저작권법, 박영사, 2001, 192면.

력만 있으면 되고, 행위능력까지 요하는 것은 아니다. 따라서 미성년자나 피성년후견인, 피한정후견인도 저작자가 될 수 있다.

판례

번역의 완성과 동시에 그 번역저작권을 출판사에 귀속시키는 합의는 저작물의 저작권을 그와 동시에 저작자 일신에 전속하도록 한 저작권법에 위배되어 무효이다.[32)]

(2) 저작자의 추정

누가 진정한 저작자인가에 대해서 분쟁이 생긴 경우에 제3자로서는 이를 용이하게 판단하기 힘들고 그리 쉬운 일이 아니다. 이에 대하여 저작권법은 입증을 용이하게 하기 위하여 **저작자 추정규정**을 두고 있다.[33)] 즉, ① **저작물의 원본**이나 그 **복제물에 저작자**로서의 **실명** 또는 **이명**(예명·아호·약칭 등을 말한다. 이하 같다)으로서 널리 알려진 것이 일반적인 방법으로 **표시된 자**, ② 저작물을 **공연** 또는 **공중 송신**하는 경우에 **저작자**로서의 **실명** 또는 저작자의 널리 알려진 **이명**으로서 **표시된 자**, ③ **저작자의 표시가 없는** 저작물의 경우에는 **발행자·공연자** 또는 **공표자로 표시된 자**가 **저작자로 추정**하고 있다(저작권법 제8조). **대작**(代作)의 경우 저작자는 그 명의인으로 추정되나, 대작자가 저작자로 판명되면 대작자가 저작자가 된다.[34)]

판례

논문작성자가 지도교수의 지도에 따라 논문의 제목, 주제, 목차 등을 직접 작성하였다고 하더라도 자료를 분석·정리하여 논문의 내용을 완성하는 일 대부분을 타인에게 의존하였다면 그 논문은 논문작성자가 주체적으로 작성한 논문이 아니라, 타인에 따라 대작된 것이라고 보아야 할 것이다.[35)]

(3) 저작권자의 추정

저작권자란 저작권의 귀속주체를 말하고, 원칙적으로 저작자가 저작권자가 된다. 그러나 저작재산권의 양도·상속에 따른 이전에 따라서 저작자와 저작재산권자가 분리될 수 있다. 그리고 저작권법상 저작물을 창작을 의뢰한 사람은 저작자가 아니다. 예를 들어, 사진촬영이나 건축 또는 연구용역을 의뢰하는 경우에 저작자는 사진작가나 건축가 또는 연구자이지 이를 의뢰한 사람이 아니다.

저작권법 제8조 제1항 각호의 1의 규정에 따른 저작자의 표시가 없는 저작물에서는 발

32) 서울민사지법, 1994.6.1, 94카합3724
33) 송영식·이상정, 앞의 책(저작권법개설), 108면 참조.
34) 황종환 저, 지식재산권법, 한빛지적소유권센터, 1999, 499면.
35) 대판 1996.7.30, 94도2708.

행자 · 공연자 또는 공표자로 표시된 자가 저작권을 가지는 것으로 추정한다(저작권법 제8조 제2항). 다만, 이들이 저작자로까지 추정되는 것은 아니다. 대작에 따른 저작물의 저작권자는 누구인가 하는 문제는 대작의 계약내용에 따라 결정하여야 할 것이다.

(4) 저작자 및 저작권자 추정의 효과

이 추정의 효과는 저작자 · 저작권자로 추정되고 있는 자가 **반증이 없는 한**, 그 **저작물의 저작자 · 저작권자로서 취급**되는 것이다. 저작권자는 저작권의 귀속주체를 말한다. 따라서 저작자와 저작권자가 일치하는 것이 일반적이지만, 저작권의 양도 등으로 인하여 분리되는 경우도 있다.

2) 특수한 저작자

(1) 공동저작물

저작물은 저작자가 1인 인가 2인 인가에 따라 단독저작물과 공동저작물로 구분할 수 있고, 공동저작물은 각자의 기여한 부분을 분리 · 이용할 수 없는 공동저작물과 분리하여 개별적인 이용이 가능한 결합저작물로 나눌 수 있다. 이 구별의 실익은 권리행사방법(저작권법 제15조, 제48조), 보호기간의 기산점(저작권법 제39조의 제2항), 권리침해시의 구제방법(저작권법 제123조) 등이 있다.

(가) 공동저작물의 저작자

공동저작물은 2인 이상이 공동으로 창작한 저작물로서 각자의 기여한 부분을 분리하여 이용할 수 없는 것을 말한다(저작권법 제2조 제1호)라는 규정에 따라 저작자는 공동하여 창작한 전원을 의미한다. 공동저작권은 공동저작자의 공유가 되므로, 그 권리행사는 원칙적으로 전원의 합의가 필요하고(저작권법 제15조, 제48조), 공동저작물의 저작재산권은 맨 마지막으로 사망한 저작자의 사망 후 70년간 존속한다(저작권법 제39조 제2항).

공동저작물의 각 저작자 또는 각 저작재산권자는 다른 저작자 또는 다른 저작재산권자의 동의없이 침해정지 등의 청구(저작권법 제91조)를 할 수 있으며, 그 저작재산권의 침해에 관하여 자신의 지분비율의 따라 손해배상을 청구할 수 있다(저작권법 제123조).

(나) 결합저작물의 저작자

공동저작물과 비슷하지만, 법적 효과가 다른 것으로 결합저작물이 있다. 결합저작물은 공동으로 창작한 공동행위가 없고, 각자 분리해서 개별적으로 이용할 수 있는 저작물의 결합저작물이다. 예를 들면, 저자가 다른 옴니버스 형식의 소설이나 드라마, 신문의 연재소설의 삽화 등은 분리이용할 수 있는 것이므로 결합저작물이다.

결합저작물은 공동저작물과 다르게 각 저작자는 단독저작물의 저작자로 취급되며, 각자는 조합관계에 있다. 따라서 결합저작권은 저작권법 제15조(공동저작물의 저작인격권), 제48조(공동저작물의 지식재산권의 행사), 제39조 제2항(공동저작물의 저작재산권의 보호기산) 등의 규정은 당연히 적용될 수 없다.

(2) 대작

대작(代作)의 경우 저작권법 제8조가 적용되어 일응 저작자 및 저작권자는 대작자가 아니라 저작명의인이다. 그러나 대작자는 자기가 저작자임을 입증함으로써 저작물의 저작시에 소급하여 저작자 지위를 갖는다.

3) 창작자와 저작자가 다른 경우[36)]

(1) 회사 등에서 업무상 만들어낸 저작물의 경우

실제 창작자와 작품에 표시된 저작자가 다른 경우가 있다. 대표적인 예를 보면, 회사 등에서 업무상 만들어 낸 저작물로서 법인 등의 명의로 공표되는 경우이다. 저작권법에서는 이를 업무상 저작물이라고 하는데, 회사 단체 등의 기획 아래에서 작성되고 회사 등의 명의로 공표된 업무상 저작물의 저작자는 계약 또는 근무규칙 등에 다른 정함이 없는 때에는 회사 등이 된다.

(2) 영화, 광고영상, 뮤직비디오와 같은 영상저작물의 경우

영화와 같은 영상저작물도 실제의 창작자와 저작권자가 다른 경우에 해당한다. 영상저작물은 원작자, 시나리오작가, 감독, 배우, 촬영자, 작곡자, 미술가 등 많은 사람들의 공동작업에 따라 만들어지는 종합예술작품이므로, 실제의 창작자 모두가 저작자로 권리를 행사하게 되면 영상저작물의 유통이 매우 어렵게 된다. 이 때문에 영상저작물의 경우에는 원칙적으로 영상제작자가 영상저작물의 이용에 필요한 권리를 행사한다(저작권법 제2조 제14호, 제100조).

4) 저작권과 소유권

저작물을 이용하는 사람들, 특히 인터넷을 이용하는 청소년들이 혼동하기 쉬운 개념이 **저작권**과 **소유권**이다. 소유권이나 저작권 모두 권리자의 허락을 받아야 한다는 점에서는 같지만, 소유권을 갖게 되었다고 자동적으로 저작권까지 갖게 되는 것은 아니다.[37)]

인터넷을 통해 합법적으로 유료사이트에서 영화를 구입하여 파일을 다운받았다가 카페

---

36) 특허청 · 한국발명진흥회, 앞의 책(지식재산의 이해), 244면 참조.
37) 특허청 · 한국발명진흥회, 앞의 책(지식재산의 이해), 244면 참조.

등에 다시 업로드하거나 서점에서 책을 구입하여 자신의 카페나 블로그에 구입한 자료의 내용을 다시 올리는 경우가 있다. 이 경우는 영화 파일이나 책을 판매한 사람은 디지털 방식이나 책이라는 매체로 소장을 허락한 것이다. 즉, 책과 같이 눈으로 볼 수 있는 형식을 갖춘 유체물에 대한 소유권을 허락한 것이지 무체물인 저작권의 이용까지 허락한 것은 아니라는 것이다. 따라서 영화 파일을 다시 올리거나 책의 내용을 허락받지 않고 다른 사람들이 마음대로 볼 수 있는 인터넷 사이트에 올린다면 이는 저작권을 침해한 것이 된다.

알아두기

Q. 스튜디오에서 촬영한 돌사진의 원판을 돌려 받을 수 있을까?

A. A씨는 아이의 돌찬치를 기념하기 위해 돌사진 전문 스튜디오에서 100만원을 들어 사진 촬영을 하였다. 그 사진이 예쁘게 잘 찍혀서 영구 보존하기 위해 B씨는 그 돌사진의 원판을 돌려달라고 사진관에 요구하였다. 그러나 사진관에서는 돌사진의 저작권을 자신들이 가지고 있으므로 돌사진의 원판을 반환할 수 없다고 거절하고 있다. 시진관의 행위는 정당할까? 돌사진은 창작성이 가미된 사진저작물에 해당하고, 저작권법에 따를 때 저작자는 사진저작물을 촬영한 사진관(사진작가)이 된다. 그러나 저작권법에 따르면 사진관은 A씨의 동의가 없으면 이를 이용할 수 없다. 또한 저작권의 법적 효력은 해당 저작물에 한정되고 그것이 녹화되거나 수록된 매체까지 미치는 것은 아니다. 따라서 사진작품 자체는 저작권의 대상이지만, 사진이 녹화된 원판은 유체물로 물권의 대상이다. 즉, A씨는 사진관과 원판의 소유권을 비롯한 제작물 공급계약을 체결한 것이므로, 사진관은 돌사진 원판의 소유권을 B씨에게 이전할 의무를 지며, 원판의 소유자는 A씨가 된다. 즉, 사진원판의 소유권자와 사진저작물의 저작자가 달라지게 되는 경우이다.

7. 저작자의 권리(저작권)

1) 저작권의 의의

저작권이란 저작자가 그 자신이 창작한 저작물에 대해서 갖는 권리로서 크게 **저작인격권**과 **저작재산권, 저작인접권**으로 구분된다(저작권법 제10조). 저작인격권은 공표권・성명표시권・동일성 유지권으로 나누어지고, 저작재산권은 복제권・공연권・공중송신권・전시권・배포권・2차적 저작물 작성권 등으로 나누어지고, 저작인접권은 실연자의 권리(성명표시권, 동일성 유지권, 복제권, 배포권, 음반대여권, 공연권, 방송권, 전송권, 방송 및 디지털음성송신의 음반사용에 대한 보상청구권, 판매용 음반을 사용하여 공연하는 자에 대한 보상청구권)・음반제작자의 권리(복제권, 배포권, 음반대여권, 전송권, 방송 및 디지털음성송신의 음반사용에 대한 보상청구권, 판매용 음반을 사용하여 공연하는 자에 대한 보상청구권)・방송사업자의 권리(복제권, 동시중계방송권, 공연권) 등으로 나누어진다.

2) 저작권의 법적 성질[38)]

(1) 저작권은 지식재산권의 일종이다.

저작권은 그 객체가 관념적 무체물이라는 점에서 동산, 부동산 등 유체물을 객체로 하는 소유권 등과 구별되나, 그의 두뇌의 소산(brain child)인 저작물을 완전히 매각하거나(저작권의 양도) 사용허락에 따라 처분할 수 있다는 점에서 **일반소유권 등과 크게 바를 바 없다.** 다만, 인간의 정신에서 기원되었다는 점에서 지식재산권이다. 또 동일한 지식재산권의 범주에 속하는 산업재산권과는 권리의 발생, 성격, 유지, 존속기간, 속지성 등에서 차이가 난다.

(2) 저작권은 유한한 권리이다.

유체물의 소유권은 목적물이 존재하는 한 존속(소유권의 항구성)하나, 저작재산권의 존속기간은 유한하다. 예를 들면, 대한민국 저작권법은 저작자의 **생존기간** 및 상속인이 있는 경우 저작자 **사망 후 70년간 존속**한다고 규정하고 있으며, 그 이후에는 공유(公有, public domain)로 되어 누구라도 자유로이 이용할 수 있다.

(3) 저작권은 배타적(독점적) 권리이다

저작자는 자기의 저작물을 타인의 허락없이 이용하는 것을 금지시킬 수 있는 배타적 권리를 가지고 있다. 그러나 저작권은 산업재산권과 같은 차단효가 있는 독점적 권리가 아니므로, 우연히 동일내용의 저작물이 다수 작성된 경우에도 **작성 선후에 관계없**이 모두 저작권을 향유한다. **따라서 저작물을 이용하는 사람은 반드시 권리자에게 사전 허락을 받아야 한다.**

(4) 저작권은 권리의 다발(bundle of rights)이다.

저작권은 예를 들면, 복제권, 방송권, 공연권 등과 같은 다수 권리의 집합이며, 권리의 다발이다[학자에 따라서 전자를 모권(母權), 후자들을 지분권(持分權)이라 부르기도 한다]. 저작권으로 보호받는 저작물의 카테고리 및 저작권의 범위로 알려진 권리의 다발을 이루고 있는 개개의 권리(지분권)는 기술의 진보에 따라 점차 확장되고 있는 추세이다. 컴퓨터프로그램이나 데이터베이스가 저작권에 따라 보호되기 시작했으며, 유선방송권, 음악저작물 등의 대여권이 많은 나라에서 입법화된 것은 그 좋은 예이다.

---

38) 송영식 외, 앞의 책(2010), 257~258면 참조: 문화체육관광부(저작권정책과) · 한국저작권위원회(정책연구실), 개정 저작권법해설, 문화체육관광부 · 한국저작권위원회, 2009, 10면 참조.

3) 저작권의 발생

저작권은 저작물을 **창작한 때부터 발생**하며 어떠한 **절차나 형식의 이행을 필요로 하지 아니한다**(저작권법 제10조 제2항).[39] 이는 저작자의 권리는 창작과 동시에 발생되고 어떠한 절차나 등록 등의 형식의 이행을 필요로 하지 아니한다. 이러한 입법주의를 **무방식주의**[40]라 하며, 대한민국, 일본, 독일, 프랑스 등과 **베른협약**이 취하고 있다. 예를 들어, 특허권이나 상표권과 같은 권리는 특허청에 신청절차를 거쳐 권리가 발생하지만, 저작권은 저작권등록과 상관없이 저작물을 창작한 시점에 발생한다. 하지만, 저작권을 등록부에 게재(揭載)된 대로 저작자와 창작일, 공표일이 추정되는 법적 효과가 있다. 또한 양도 등 권리 변동사항은 등록해야만 제3자에게 법률적으로 대항(주장)할 수 있다. 이에 반해, 라틴아메리카의 여러 나라는 저작권의 발생에 **저작물의 납본**이나 **등록 등을 필요**로 한다. 이러한 국가들은 **방식주의국가**라고 한다. UCC(Universal Copyright Convention)는 가입국 국민이 방식주의국가에서 저작권 향유를 보다 손쉽게 하도록 표시제도를 마련하고 있다. 이 표시방법은 관행적으로 세계저작권협약의 요구에 따라 Copyright ⓒ 2019 저작권위원회. All rights reserved으로 하고 있다.

4) 저작권의 소멸

저작재산권은 그 **보호기간이 만료**하면 소멸하여 **공동재산**(共同財産)이 되므로 **누구라도 자유롭게 이용**할 수 있다. 저작재산권은 **문화자산**으로서의 저작물의 특수성이 있기에 ① 저작재산권자가 상속인 없이 사망한 경우에 그 권리가 민법 그 밖에 법률의 규정에 따라 국가에 귀속되는 경우, ② 저작재산권자인 법인 또는 단체가 해산되어 그 권리가 민법 그 밖의 법률의 규정에 따라 국가에 귀속되는 경우에 해당하는 경우에는 소멸한다(저작권법 제49조 제1호, 제2호 참조).

5) 저작권의 유형

저작자가 되면 복제권을 비롯하여 다양한 권리를 가지게 된다. 저작권은 크게 저작권은 저작인격권과 저작재산권 및 저작인접권으로 나눈다. 이 세 권리는 다시 세분화된 권리들을 포함한다. 저작인격권은 저작자의 명예와 인격적 이익을 보호하기 위한 권리로서 공표권, 성명표시권, 동일성유지권, 명예권으로 나누고, 저작재산권은 경제적 이익을 추구할 수 있는 권리로서 저작물의 이용방법에 따라 복제권, 공연권, 공중송신권, 전시권,

---

39) 이러한 저작권(광의)은 특허권·디자인권 등의 산업재산권과 같이 일정한 요건을 갖추어 특허청에 출원하여 등록함으로써 권리가 발생하는 것이 아니라, 저작자가 저작한 때(즉, 소설을 쓰거나 그림을 그리거나 작곡을 하거나 번역을 한 때)부터 권리가 자동적으로(어떠한 절차나 형식의 이행을 필요로 하지 않고) 저작자에게 저작인격권과 저작재산권이 발생한다(저작권법 제10조 제2항).

40) 저작의 사실로부터 저작권이 발생하며, 특별한 절차를 밟거나 형식을 요하지 아니한다는 것이다.

배포권, 대여권, 2차적 저작물 작성권으로 나눈다. 또한 저작물을 직접 창작한 자는 아니지만, 가수, 음반제작자, 방송사와 같이 저작물에 대한 해석 및 전달자로서 창작의 가치를 승진시키는 자들에게 주어지는 권리인 저작인접권이 있다. 그리고 프로그램저작권도 저작인격권과 저작재산권을 포함하나 저작인접권은 존재하지 않는다.

저작인격권 · 지적재산권 · 저작인접권의 종류

<table>
<tr><th>저작인격권</th><th>저작재산권</th><th>저작인접권</th></tr>
<tr><td rowspan="3">공표권
성명표시권
동일성유지권
명예권</td><td rowspan="3">복제권
공연권
대여권
전시권
배포권
공중송신권
(방송권, 전송권,
디지털음성송신권)
2차적 저작물의 작성권</td><td>* 실연자의 권리
–성명표시권, 동일성유지권, 복제권, 배포권, 음반대여권, 공연권, 방송권, 전송권
–방송 및 디지털음성송신의 음반사용에 대한 보상청구권
–판매용 음반을 사용하여 공연하는 자에 대한 보상청구권</td></tr>
<tr><td>* 음반제작자의 권리
–복제권, 배포권, 음반대여권, 전송권
–방송 및 디지털음성송신의 음반사용에 대한 보상청구권
–판매용 음반을 사용하여 공연하는 자에 대한 보상청구권</td></tr>
<tr><td>* 방송사업자의 권리
–복제권, 동시중계방송권, 공연권</td></tr>
</table>

(1) 저작인격권

저작인격권(moral right)이란 저작자가 자기의 **저작물**에 대하여 갖는 **인격적 이익의 보호**를 목적으로 하는 권리이다. 저작재산권과는 달리 그 성질상 **일신전속권**(一身專屬權)이다(저작권법 제14조 제1항 참조). 따라서 저작인격권은 양도가 불가능하다. 저작인격권은 **공표권, 성명표시권, 동일성유지권, 명예권**의 4종으로 나누고 있다. 예를 들어, 내가 만든 영상물을 누가 사 갔어도 여러 가지 형태로 이용하는 과정에서 내 영상물의 제목, 내용 등이 바뀌지 않도록 하는 **동일성유지권**, 영상물에 만든 이의 이름을 자막으로 입힐 수 있는 **성명표시권**, 내 영상물을 극장에 개봉할 것인지 아닐지에 관한 **공표권**을 가진다.

(가) 공표권

공표는 저작물을 **공연, 공중송신** 또는 **전시** 그 밖의 방법으로 **공중에게 공개**하는 경우와 저작물을 **발행**하는 경우를 말한다(저작권법 제2조 제25호). **저작자**는 "그의 **저작물을 공표하거나 공표하지 아니할 것을 결정할 권리**를 가진다"다는 것을 **공표권**(right of disclosure, right of divulgation, 저작권법 제11조 제1항)이라 한다. 이는 **저작자만**이 자신의 저작물에 대한 **공표여부 결정권**을 갖게 하여 저작자의 **인격적 이익을 보호**하는 취지이다. 공표방법으로는 저작물의 출판, 인터넷 게재, 낭독, 낭송, 가창 등 어떤 방법이든 가능하다. 저작자가 공표하지 않은 저작물을 공표하면 공표권 침해이다. 예를 들어 공모전에 응모하였으나 입상하지 못한 작품을 공모주체가 공개하면 공표권 침해이다. 공표권은 공표되지 않은 저작물에만 적용되며 저작자의 허락과 관계없이 일단 저작물이 공표되었다면 그 저작물에 대한 공표권은 소멸된다.

저작자가 공표되지 아니한 저작물의 저작재산권을 제45조에 따른 **양도**, 제46조에 따른 **이용허락**, 제57조에 따른 **배타적발행권의 설정** 또는 제63조에 따른 **출판권의 설정**을 한 경우에는 그 상대방에게 저작물의 **공표를 동의한 것으로 추정**하고(저작권법 제11조 제2항), 저작자가 공표되지 아니한 **미술저작물·건축저작물** 또는 **사진저작물**(이하 미술저작물 등이라 한다)의 **원본을 양도**한 경우에는 그 상대방에게 저작물의 원본의 전시방식에 따른 **공표를 동의**한 것으로 **추정**하고 있다(저작권법 제11조 제3항). 또한 원 저작자의 동의를 얻어 작성된 **2차적 저작물** 또는 **편집저작물이 공표**된 경우에는 그 **원저작물도 공표**된 것으로 보고 있다(저작권법 제11조 제4항). 그리고 **공표하지 아니한 저작물**을 저작자가 제31조의 **도서관 등에 기증**한 경우 별도의 의사를 표시하지 않는 한 **기증한 때**에 **공표에 동의**한 것으로 **추정**한다(저작권법 제11조 제5항).

(나) 성명표시권

저작자는 저작물의 **원본**이나 그 **복제물**에 또는 저작물의 공표 매체에 그의 **실명** 또는 **이명**(예: 펜네임, 예명)을 **표시할 권리**를 가진다(저작권법 제12조 제1항). 이를 **성명표시권**(right of paternity, right to claim authorship)이라고 한다. 성명표시권은 저작자가 자신이 그 저작물의 창작자임을 주장할 수 있는 권리이다. 실명이나 이명을 표시할 권리뿐만 아니라 무명으로 할 권리도 포함한다. 타인이 자신의 저작물을 이용할 때 저작자의 이름을 빼거나 다른 이름으로 바꾸거나 필명을 실명으로 바꾸는 것 등을 금지할 권리이다. 따라서 타인의 저작물을 이용할 때에는 저작물에 표기된 이름을 그대로 표시해야 한다.

성명표시권은 공표권과는 달리 이미 공표된 저작물에 대하여도 인정된다. 성명을 표시하는 방법에는 회화에 낙관을 찍는 것과 같이 직접 저작물에 표시하거나 인쇄출판물에 표시 또는 연주에 있어서 사회자가 발표하는 등이 모두 해당한다. **저작물을 이용하는 자**는 그 저작자의 특별한 의사표시가 없는 때에는 저작자가 그의 실명 또는 이명을 **표시한 바에 따라 이를 표시**하여야 한다. 다만, 저작물의 성질이나 그 이용의 목적 및 형태 등에 비추어 부득이하다고 인정되는 경우에는 달리 표시할 수 있다(저작권법 제12조 제2항).

(다) 동일성유지권

저작자는 그 저작물의 **내용·형식** 및 **제호**의 **동일성을 유지할 권리**를 가진다(저작권법 제13조 제1항). 저작물은 원형 그대로 존재하여야 하고 제3자에 따라 무단변경·삭제·개변

등에 따라서 손상되지 않도록 이의를 할 권리가 저작자에게 보장되어 있다. 이를 동일성유지권(right of integrity, 저작물존중권 · 저작물의 불가침권)이라 한다. 예를 들어, 저작물을 이용하면서 제목을 빼거나 바꾸는 행위 또는 저작물 전체나 일부를 변경하는 행위 등이 여기에 해당한다. 저작물은 저작자의 사상이나 감정이 표현된 것이므로 저작자만이 변경할 수 있는 것이다. 내용 · 형식 및 제호를 고쳐서 설사 원래의 것보다 저작물의 가치가 높아진 경우라 하더라도 저작자의 동의가 없는 개변은 동일성유지권 침해이다. 저작물의 일부를 삭제하여 방송하거나 저작물의 제목을 변경하여 이용하는 것에 대하여 동일성유지권 침해를 인정한 판례도 있다. 그러나 영화의 대사를 번역하여 더빙하거나 자막을 넣은 것은 동일성유지권 침해로 보지 않는다.

동일성유지권은 오자(誤字)나 탈자의 정정처럼 내용이 조금 변경되거나 내용이나 형식이 완전히 바뀌어서 원래의 저작물을 인식할 수 없을 정도가 되는 경우에는 문제가 되지 않는다. 미세한 변경이라면 동일성이 손상되었다고 보기 어렵고, 거꾸로 너무 많이 바뀌어서 원래 저작물과의 관계를 알아볼 수 없는 경우 원작과의 동일성 문제를 거론하기 어렵기 때문에 동일성이 손상되었다고 보기 어렵다.

2차적 저작물은 원저작물에 수정 개변을 가하여 작성되는 새로운 저작물이기 때문에 언제나 동일성유지권의 침해를 수반한다. 그러나 2차적 저작물 작성을 동의한 경우에는 그 의사표시에는 원저작물의 비본질적인 개변에 대한 동의까지 포함된 것으로 봄이 상당하므로 동일성 유지권이 미치지 않는다. 허락을 받지 않고 2차적 저작물을 작성했을 때 2차적 저작물 작성권 침해와 별도로 동일성 유지권 침해가 성립할 것인가에 관하여 양 권리는 취지, 내용, 효과 등이 전혀 다른 별개의 권리이기 때문에 양 권리의 침해가 양립한다고 보아야 한다.[41] 따라서 타인이 저작자의 동의없이 변경하는 것은 인정되지 않는다.

동일성유지권은 저작자의 인격을 보호하기 위한 것이지만, 이를 지나치게 엄격하게 적용하면 저작물의 이용이 크게 제약될 가능성이 있어서 다음과 같은 경우 동일성유지권의 적용을 받지 않는다. 저작자는 "① 저작권법 제25조의 규정에 따라 저작물을 이용하는 경우에 학교교육 목적상 부득이하다고 인정되는 범위 안에서의 표현의 변경할 수 있다. 예를 들어 학생들의 학습능력에 맞추어 저작물의 표현을 쉽게 변경할 수 있다. ② 건축저작물의 경우 본질적인 내용 변경이 아닌 한 증축 · 개축 그 밖의 변형할 수 있다. ③ 특정한 컴퓨터 외에는 이용할 수 없는 프로그램을 다른 컴퓨터에 이용할 수 있도록 하기 위하여 필요한 범위 안에서는 저작자의 허락없이 변경이 가능하다. ④ 프로그램을 특정한 컴퓨터에 보다 효과적으로 이용할 수 있도록 하기 위하여 필요한 범위 안에서는 저작자의 허락없이 변경이 가능하다. ⑤ 그 밖에 저작물의 성질이나 그 이용의 목적 및 형태 등에

41) 오승종 · 이해완, 앞의 책, 259면.

비추어 부득이하다고 인정되는 범위 안에서의 변경에 대해서는 동일성유지권이 제한된다. 다만, 본질적인 내용의 변경은 그러하지 아니하다(저작권법 제13조 제2항). 그러나 예를 들면, 극장용 영화를 텔레비전 방영을 위하여 필요한 단축・재편집 등을 위해서는 **저작자의 동의를 받아야** 한다. 문학작품에 있어서는 구두점이나 느낌표 또는 단어들을 고치는 것도 동일성 유지권의 침해가 된다. 컴퓨터프로그램에 있어서는 실제사용에 따르는 필연적인 개작, 변형은 허용된다. 이와 같이 동일성유지권의 한계는 각 저작물의 성격에 따라 달라진다.[42]

(라) 명예권

저작자의 명예를 훼손하는 방법으로 저작물을 이용하는 행위는 저작인격권의 침해로 본다. 저작물 자체를 변경하지 않았어도 특정한 이용행위가 사회통념상 저작자의 명예를 훼손한 것으로 인식되는 경우 저작인격권의 침해로 본다(저작권법 제124조 제2항). 예를 들어, 저작물을 외설적인 상품의 판매나 공연을 위해 활용하거나 명화를 술집의 간판으로 이용하거나 예술적인 누드 사진을 포르노 사진으로 둔갑시켜 이용하는 등의 방법으로 저작자의 명예를 훼손하는 경우이다.

(마) 공동저작물의 저작인격권

공동저작물의 저작인격권은 저작자 **전원의 합의**에 따르지 아니하고는 이를 행사할 수 없다. 이 경우 각 저작자는 신의에 반하여 합의의 성립을 방해할 수 없다(저작권법 제15조 제1항). 공동저작물의 저작자는 그들 중에서 저작인격권을 **대표하여 행사할 수 있는 자**를 정할 수 있다(저작권법 제15조 제2항). 이에 따라 권리를 대표하여 행사하는 자의 대표권에 가하여진 제한이 있을 때에 그 제한은 선의의 제3자에게 대항(주장)할 수 없다(저작권법 제15조 제3항).

(바) 저작자 사망 후의 저작인격권 보호

저작인격권은 일신전속적 권리이므로 양도할 수 없을 뿐만 아니라, 저작자가 사망하면 그와 동시에 소멸하게 된다(대법원 2008.11.20. 선고 2007다27670 판결). 즉 저작인격권은 저작물을 창작한 자에게만 보장되는 권리이므로 타인에게 양도하거나 상속되지 않는다. 그리고 저작자의 사망 후에도 저작자의 명예를 위하여 일정한 보호를 받는다. 따라서 사망한 저작자의 명예를 훼손하여서는 아니되고(저작권법 제14조 제2항), **유족**(사망한 저작자의 배우자, 자, 부모, 손, 조부모 또는 형제자매를 말한다)이나 **유언집행자**는 **침해금지**나 **명예회복을 청구**할 수 있고(저작권법 제128조), 손해배상은 인정되지 않는다. 이는(저작권법 제14조 제2항) 비친고죄로 1년 이하의 징역 또는 1천만원 이하의 벌금을 처벌하고 있다(저작권법 제137조 제1항 제3호).

---

42) 송영식・이상정・김병일, 앞의 책, 261면 참조.

(2) 저작재산권

저작재산권이라 함은 저작자가 저작물을 **경제적 목적으로 이용**하거나 **타인에게 이용하게 할 수 있는 권리**(재산적 이익의 보호를 목적으로 하는 권리)를 말한다.[43] 저작재산권은 경세적인 권리로서 소유권과 같이 배타적인 권리이며, 누구라도 저작권자의 허락없이 그 저작물을 이용할 수 없다. 이러한 저작재산권은 성질상 저작인격권과 달리 양도 및 상속이 가능하며, **물권유사의 배타적 지배권**을 갖는다. 따라서 저작재산권의 양수인 및 상속자도 저작재산권자가 될 수 있다. 이러한 저작재산권은 원 저작물을 그대로 사용하는 **복제권**(저작권법 제16조), **공연권**(법 제17조), **공중송신권**(법 18조), **전시권**(법 제19조), **배포권**(법 제20조), **대여권**(법 제21조)과 **2차적 저작물** 등의 **작성권**(법 제22조) 등으로 나누고 있다. 이 권리들은 기술의 발달에 따라 저작물의 이용형태가 다양해지면서 그 범위가 지속적으로 확대되고 있다. 이 권리들은 전체 저작권을 구성하는 일종의 지분권으로서 저작권자는 각각의 권리들을 나누어서 개별적으로 행사하거나 양도 또는 상속할 수 있는 등 각각 독자적으로 의미를 갖는다. 어떤 일정한 행위가 여러 권리 범위에 해당한다면 해당하는 모든 권리에 대해 이용허락을 받아야 한다. 예를 들면, 음악저작물의 공연에 해당하는 노래방 영업을 하는 경우 음악저작물의 복제에 대한 허락을 받은 음악이 저장된 노래방 기기를 합법적으로 구입했을지라도 이를 활용하여 영업을 하는 행위는 공연에 해당되므로 한국음악저작권협회가 정한 이용료를 내는 방법으로 허락을 받을 필요가 있다.[44]

(가) 복제권

저작자는 그의 저작물을 **복제할 권리**를 가진다(저작권법 제16조).[45] 복제권은 저작권 가운데 **가장 기본적인 권리**이다. 왜냐하면 저작권(copyright)은 **불법복제를 방지**하는 **복제권(copyright)에서 출발**하였기 때문이다. **복제권은** 인쇄 · 사진촬영 · 복사 · 녹음 · 녹화 그 밖의 방법에 따라서 유형물에 고정하거나 유형물로 다시 제작하는 것을 말하며, 자신의 허락없는 복제를 금지할 권리이다. 예를 들어 원고의 출판, 그림의 촬영, 책 복사, CD음악을 디지털 파일로 변환, 프로그램의 녹음이나 녹화, 인터넷에서 자료나 이미지 다운로드 등이다. 건축물의 경우에는 그 건축을 위한 모형 또는 설계도서에 따라 이를 시공하는 것을 포함하고 있다(저작권법 제2조 제22호). 따라서 강연을 무단으로 녹음하거나 P2P를 통해 소프트웨어, 게임, MP3 파일을 다운로드 받아 PC에 저장하거나 또는 자신의 홈피를 꾸미기

---

43) 저작권자(창작자)는 자신의 저작물에 대해 여러 가지 권리를 가지게 된다. 대표적으로 저작물을 함으로 이용하지 못하게 할 권리와 다른 사람에게 이용을 허락할 권리를 가지게 된다. 저작물의 이용을 허락할 경우에 그에 대한 대가를 받을 수 있다. 이런 것을 행할 수 있는 권리를 '저작재산권'이라고 한다.

44) 김대익 외, 앞의 책, 286면 참조.

45) 복제권은 인쇄 · 사진 등의 방법에 의한 고정 또는 유형물로 다시 제작할 수 있는 권리를 말한다. ※유형의 매체에 담는 것(서적, CD, 컴퓨터 하드디스크 등)뿐만 아니라 디지털화(digitization)도 복제이며, 건축물의 경우는 건축 모형 또는 설계도서에 따라 시공하는 권리가 포함된다.

위하여 타인의 웹사이트상의 이미지나 사진 등을 무단으로 복제하는 것은 저작권법상 복제행위에 해당된다. **건축저작물의 복제**는 설계도를 인쇄・출판, 그 건축을 위한 모형 또는 설계도서에 따라 이를 시공을 포함하고 있다.

그리고 저작권법상의 복제는 유형물로 다시 제작하는 것에 한하므로 공연, 방송 등의 무형적 복제는 포함되지 않으므로 공연권, 공중송신권으로 보호하고 있다. 이 외에도 정보통신기술의 발달로 인터넷 등을 통하여 서버(server)의 자료에 접속하여 업로드(upload)나 다운로드(download)없이 컴퓨터 모니터상에서 디스플레이(display), 즉 열람 또는 감상만 하는 경우에 전시로 볼 것인지 아니면 복제로 볼 것인가 문제된다.[46] 이에 대하여 **컴퓨터에서 저작물을 이용**하는 경우에는 원활하고 효율적인 정보처리를 위하여 **필요하다고 인정되는 범위 안**에서 그 저작물을 그 **컴퓨터에 일시적으로 복제**할 수 있다. 다만, 그 저작물의 이용이 저작권을 침해하는 경우에는 그러하지 아니하다(저작권법 제35조의2). 또한 초상권(프라이버시권), 퍼블리시티권(right of publicity), 캐릭터(character) 등의 보호문제이다. 여기서 **캐릭터**에 대해서만 보면, **텔레비전 만화 주인공 등**(예: ET, 스타에이스 등)**을 인형으로 만든다든지 각종의 상품에 표시**하는 등 캐릭터가 저작물의 일부라고 생각되는 경우에는 저작권자의 허락없이 이것을 상품화하는 것은 **복제권 침해**로 될 것이다.

(나) 공연권

저작자는 그 저작물을 **공연할 권리**를 가진다(저작권법 제17조). **공연권**은 저작물 또는 **실연・음반・방송**을 **상연・연주・가창・구연・낭독・상영・재생** 그 밖의 방법으로 **공중에게 공개**하는 것을 말하며, 저작자 자신의 허락 없는 공연을 금지할 권리이다. 동일인의 점유에 속하는 연결된 장소 안에서 이루어지는 **송신**(전송을 제외한다)을 포함한다(저작권법 제2조 제3호).

공연의 예로서는 이벤트회장에서 음악을 연주하는 것(이를 연주권이라 한다), 이벤트회장에서 영화를 상영하는 것(이를 상영권) 등이며, 판매용 음반이나 비디오 테이프를 구입하여 음악감상실, 백화점, 음식점에서 시청자나 손님에게 들려주거나 단란주점 등에서 손님에게 노래반주기를 틀어 주는 것[47]도 공연의 범위에 해당하므로 저작권자의 허락을 받아야 한다.[48] 그러나 공연권에 대하여 비영리적 이용 등의 경우에는 저작권법 제29조에 따라서 제한적으로 공연이 가능하다.[49]

---

46) 윤선희, 앞의 책(2009), 437면 참조.

47) 대법원 판례는 "노래방에서 영상반주기를 이용, 손님이 노래를 부를 수 있도록 한 것은 저작물의 공영행위에 해당하므로, 노래방업주는 이에 따른 사용료를 지급하여야 한다(대판 1999.3.22, 95다1288)"라고 판시하였다.

48) 尹宣熙, 앞의 책(2009), 438~439면 참조: 그러나 가족・친지 등으로 참석범위가 한정되는 통상의 결혼식이나 피로연에서 연주 등에는 공연권이 미치지 않는다고 본다.

49) 저작권법 제29조(영리를 목적으로 하지 아니하는 공연・방송) ① 영리를 목적으로 하지 아니하고 청중이나 관중 또는 제3자로부터 어떤 명목으로든지 반대급부를 받지 아니하는 경우에는 공표된 저작물을 공연 또는 방송할 수 있다. 다만, 실연자에게 통상의 보수를 지급하는 경우에는 그러하지 아니하다. ② 청중이나 관중으로부터 해당 공연에 대한 반대급부를 받지 아니하는 경우에는 판매용 음반 또는 판매용 영상저작물을 재생하여 공중에게 공연할 수 있다.

공연권과 복제권은 서로 별개의 권리이므로 저작권자로부터 저작물의 복제만을 허락받은 경우에 그 저작물을 공연하기 위해서는 다시 저작권자의 허락을 얻어야 한다. 대법원 판례는 노래방에서 영상반주기를 이용, 손님이 노래를 부를 수 있도록 한 것은 저작물의 공연행위에 해당하므로 노래방 업주는 이에 따른 사용료를 지급하여야 한다[50]고 판시하였다.

(다) 공중송신권

저작자는 그의 저작물을 **공중송신할 권리**를 가진다(저작권법 제18조). **공중송신**은 저작물, 실연・음반・방송 또는 데이터베이스(이하 저작물 등이라 한다)를 **공중이 수신**하거나 접근하게 할 목적으로 무선 또는 유선통신의 방법에 따라서 **송신**하거나 **이용에 제공**하는 것을 말한다(저작권법 제2조 제7호). **공중**은 불특정 다수인(특정 다수인을 포함한다)을 말한다(저작권법 제2조 제32호). 따라서 공중송신권은 저작권자가 자신의 저작물을 공중이 수신하거나 접근하게 할 목적으로 무선 또는 유선 통신으로 송신하거나 이에 제공할 권리이기에, 자신의 허락없는 공중송신을 금지할 권리이다. 그 동안 방송인지 전송인지 구별이 모호함을 해결하기 위하여 양자를 포함하는 **최상위 개념인 공중송신권을 신설**함으로서 저작자는 어떠한 형태의 저작물 사용형태가 등장하더라도 확실하게 보호받을 수 있도록 하였다. 공중송신권의 하위 개념으로는 방송권, 전송권, 디지털 음성송신권 등이 있다. **방송권은** 공중송신 중 공중이 동시에 수신하게 할 목적으로 음・영상 또는 음과 영상 등을 송신할 권리를 말하고(저작권법 제2조 제8호), 자신의 허락없는 방송을 금지할 권리이다. 방송의 예로서 지상파방송, 케이블방송, 위성방송, DMB 등이 있다. 또 지상파방송을 유선이나 무선 통신으로 동시 또는 다른 시간에 중계하는 것은 방송에 해당하지만, 지상파방송을 인터넷을 통해 실시간 중계하는 것은 방송이 아닌 공중송신에 해당한다. 그러나 'VOD' 또는 'AOD'를 인터넷 방송이라고 부르고 있으나 방송의 성질을 가지고 있지 아니므로 전송에 해당한다. **전송권**은 공중송신 중 공중의 구성원이 개별적으로 선택한 시간과 장소에서 접근할 수 있도록 저작물 등을 이용자에게 제공(그에 따라 이루어지는 송신을 포함한다. 저작권법 제2조 제10호)할 권리 및 자신의 허락없는 전송을 금지하는 권리이다. 전송의 예로서 인터넷 방송 다시보기, 스트리밍 방식의 인터넷 영화보기, 주문형 음악서비스, 인터넷 업로드 등이 있다. **전송권**은 WIPO 저작권조약의 공중전달권의 개념을 국내법에 수용함과 아울러 디지털 기술환경의 변화에 따라 통신망을 통하여 이루어지는 저작물의 전송이용에 대응하기 위하여 만들어졌던 권리이다.

방송은 1대 다수 및 동시성을 띤 공중에 대한 일방향적 송신이지만, 전송은 저작물을 파일의 형태로 등록・송신・다운로드받는 형태, 1대 1 송신 및 1대 다수 송신, 쌍방향적 유

다만, 대통령령이 정하는 경우에는 그러하지 아니하다.

50) 대판 1999. 3. 22, 95도1288.

통형태, 수신자가 선택한 시간과 장소에서 수신 또는 이용할 수 있도록 이시성(異時性)의 특징을 가지고 있다. **디지털음성송신**은 공중송신 중 음반을 공중으로 하여금 동시에 수신하게 할 목적으로 인터넷 스트리밍 기술을 활용하여 공중의 구성원의 요청에 따라서 개시된 디지털 방식의 실시간으로 송신을 말하며, 전송을 제외한다(저작권법 제2조 제11호). 인터넷 방송(웹캐스팅) 중에서 음반의 송신을 지칭하는 개념이다. 특히 공중송신 중 공중의 구성원의 요청에 따라서 개시되는 디지털 방식의 음의 송신(전송 제외)으로 공종송신권의 일종인 **디지털음성송신을 신설**(저작권법 제2조 제11호)함으로서 **인터넷상의 음악 웹캐스팅**은 디지털음성송신에 따른 권리보호를 받게 되며, 영상물을 포함하는 웹케스팅(예: TV+라디오)은 **방송의 범주에 포함**시켜 보호받을 수 있게 되었다.[51)]

(라) 전시권

저작자는 미술저작물 등(예: 미술저작물, 사진저작물, 건축저작물)의 원본이나 그 복제물을 **전시할 권리**를 가진다(저작권법 제19조). 즉 전시권은 저작권자가 자신의 원 작품이나 그 복제물을 공중에 직접 보여줄 권리이며 자신의 허락없는 전시를 금지하는 권리이다. **원본(원작품)**은 예를 들면, 화가가 그린 그림을 말하며, 복제품이 아닌 것을 말한다. 예를 들어 그림이나 사진을 전시하는 것이다. 전시권은 미술저작물, 사진저작물, 건축저작물 등이 있다. 저작권법상 전시는 공중에 전시할 목적의 것으로만 한정되므로 가정 등과 같이 한정된 범위에서 이루어지는 전시는 포함되지 않는다.

미술저작물 등의 원본을 소유하고 있거나 소유자의 동의를 얻은 사람은 저작권자의 허락을 받지 않고도 그 미술품 원본에 출처를 명시하여 전시할 수 있고, 그 전시를 위해서나 또는 그 미술품을 판매하기 위해서 해설이나 소개를 목적으로 하는 카탈로그 등 목록형태의 책자를 제작하여 배포할 수 있다. 다만, 가로 · 공원 · 건축물의 외벽 그 밖에 공중에게 **개방된 장소**에 항시 전시하는 경우에는 저작권자의 허락을 받아야 한다(저작권법 제35조 제1항). **개방된 장소**에 항시 전시되어 있는 미술저작물 등은 어떠한 방법으로든지 이를 **복제하여 이용**할 수 있다. 다만, "① 건축물을 건축물로 복제하는 경우, ② 조각 또는 회화를 조각 또는 회화로 복제하는 경우, 저작권법 제35조 제1항 단서의 규정에 따른 개방된 장소 등에 항시 전시하기 위하여 복제하는 경우, ③ 판매의 목적으로 복제하는 경우"에 해당하는 경우에는 저작권자의 허락을 받아야 복제 이용할 수 있다(저작권법 제35조 제2항). 이러한 **전시권**은 저작물이 **양도**된 경우에는 전람회나 옥외 등 일반 공중에게 개방된 장소에서 항상 전시하는 경우에만 그 효력이 미친다.[52)] 즉, 미술저작물 등의 소유자는 자유로이 전시할 수 있되, 일반 공중에게 **항상 공개된 장소에 전시**하기 위해서는 저작권자의 허락을

51) 윤선희, 앞의 책(2009), 439~440면 참조.

52) 저작권법 제35조 참조.

얻어야 한다.[53)]

(마) 배포권

배포권은 저작권자가 저작물의 원본(원 작품)이나 그 복제물을 대가를 받거나 받지 아니하고 공중에게 양도하거나 대여할 권리이며(저작권법 제20조 본문, 저작권법 제2조 제23호), 자신의 허락 없는 배포를 금지할 권리이다. 저작자는 저작물의 원본이나 그 복제물을 배포할 권리를 가진다. 다만, 판매된 저작물에 대해서는 저작자가 아니라 구매자가 배포권을 가진다(저작권법 제20조 단서). 이를 **최초판매의 원칙**(First Sale Doctrine)[54)]이라 한다. 즉, 저작권자나 그로부터 배포권을 **양수한 자**가 일단 타인에게 양도한 원본 또는 복제물은 그 원본이나 복제물을 **마음대로 처분**할 수 있다. 어느 의미에서는 소유권자의 권리행사라고 할 것이다.[55)] 예를 들어 소설책을 구입하여 친구들에게 선물하는 것에 대해서는 배포권이 적용되지 않는다. 소설책의 경우에 이를 판매하는 것은 저작권법상 배포에 해당하므로 그 소설의 저작권자에게 허락을 받아야 한다. 하지만 누군가 그 소설책을 사서 다른 사람에게 선물하거나 빌려주는 경우에도 모두 허락을 받아야 한다면, 그 책에 대한 소유권이 지나치게 제약받게 된다. 이런 불합리한 것을 피하기 위해 그 책을 처음으로 판매 등의 방법으로 배포할 때에만 저작권자의 허락을 받으면 되도록 저작권법에 규정되어 있다.[56)]

(바) 대여권

저작권법 제20조 단서의 규정(최초판매의 원칙)에도 불구하고 WTO/TRIPs에 따라 저작자는 **판매용 음반**이나 **판매용 프로그램**을 **영리를 목적**으로 **대여할 권리**를 가진다(저작권법 제21조)고 규정하고 있다. 즉 대여권은 저작권자가 자신의 원 작품(원본)이나 그 복제물을 돌려받을 것을 전제로 빌려 줄 권리이며, 자신의 허락없는 대여를 금지할 권리이다. 대여권은 배포권에서 파생된 권리로서 **음반이나 컴퓨터프로그램**에 대해서는 **대여권이 인정**(저작권법 제71조)되므로 음반이나 컴퓨터프로그램을 대여하는 경우에는 권리자에게 일정한 **대가를 지급**하여야 한다. 이 **대여권은 최초판매이론에 대한 하나의 예외**라고 할 것이다.[57)] 따라서 **비영리를 목적**으로 하는 음반이나 프로그램은 본조에 **해당하지 않는다.**

---

53) 송영식 · 이상정, 앞의 책(저작권법개설), 164면.

54) 이는 복제권자가 정당한 방법으로 복제물을 판매한 경우, 이후에 전전 배포는 자유이고, 배포권은 최초의 판매(first sale)에 따라 소멸하는 원칙을 말한다. 이 원칙은 특허권이나 상표권의 소모이론과 마찬가지의 법리이다.

55) 송영식 · 이상정, 앞의 책(저작권법개설), 165면 참조.

56) 김대익 외, 앞의 책, 288면 참조.

57) 대여권과 공공대출권(공대권): 대여권(rental right)이란 대여에 대해서 저작권자가 가지는 권리이다. 대여(rental)이란 영리목적으로 일정기간 이용제공을 말한다. 공대권(public lending right)이란 공공대출에 대하여 저작권자가 가지는 권리이다. 공공대출(public lending)이란 공중이 접근할 수 있는 기관을 통해서 행해지는 직접적인 영리 이외의 목적으로 일정기간 이용을 제공을 의미한다. 쉽게 말하면, 도서관에서 책을 빌려 주는 것은 lending이고, 비디오가게에서 테이프를 빌려 주는 것은 rental인 것이다: 송영식 · 이상정, 앞의 책, 247면.

(사) 2차적 저작물 작성권

2차적 저작물 작성권은 저작권자가 자신의 원 작품을 번역, 편곡, 변형, 각색, 영상제작 및 그 밖의 방법으로 작성할 권리이며(저작권법 제22조, 저작권법 제5조 참조), 자신의 허락 없는 2차적 저작물 작성을 금지할 권리이다. 예를 들면, 영어로 된 글을 한글로 번역하거나 입체적 작품을 평면적 작품으로 만들거나 소설을 영화화거나 장문을 단문으로 요약하는 것 등이다. 2차적 저작물은 원 작품을 기초로 만들어지기 때문에 2차적 저작물을 이용할 때에는 항상 2차적 저작물 작성권자 외에 원 작품의 저작권자 허락도 함께 받아야 한다. 원 작품의 보호기간은 2차적 저작물의 보호기간에 영향을 미치지 않는다. 즉 원 작품의 보호기간이 끝나더라도 2차적 저작물의 보호기간이 끝나는 것이 아니다. 원 작품과 2차적 저작물은 각각의 보호기간을 가진다.

(3) 저작인접권

(가) 저작인접권의 의의

저작인접권이란 저작권에 인접하는(이웃하는) 권리를 말한다.[58] 즉, 저작인접권이란 저작권 제도에 따른 저작물의 보호를 전제로 하면서 저작권과는 별개 독립적으로 저작물의 내용을 공중에게 전달하는 매체로서 **실연, 음반, 방송에 저작물의 창작에 준한 일종의 문화적 창작 가치를 인정**하고, 이것을 보호하기 위하여 그것을 행한 **실연자, 음반제작자, 방송사업자, 데이터베이스제작자** 등에게 인정된 **저작권에 유사한 배타적 권리**를 말한다(저작권법 제64조).[59] 즉, 가수・연주자・무용가・배우 등 실연자들은 가창력이나 연주실력, 연기력에 대해 음반제작자와 방송사업자 등에게 새로운 저작물을 창작하는 것은 아니지만, 저작물의 전달자로서 저작물의 가치를 증가시킨다는 점에서 저작물에 준하는 일종의 정신적 가치를 인정하는 권리이다. 저작물을 실현하기 위해서는 저작자 이외에도 여러 사람이 관여한다. 예를 들어, 음악을 실현하기 위해서는 음악을 녹음하고, 방송하고, 배포하는 등의 보조자가 필요하다. 이렇게 저작물의 실연에 관여하는 자의 정당한 이익을 권리로써 보호할 필요에서 인정된 것이 저작인접권이다. 저작인접권도 저작권과 같이 어떤 절차・방식을 필요로 하지 않고 발생하고 보호된다.

한편, 이들 3자(실연자, 음반제작자, 방송사업자)가 저작인접권으로 보호되기는 하지만, 실연자의 권리는 특히 복제기술의 발달에 수반하는 **실연자**의 기술적 실업을 구제한다고 하는 생활보장적 목적이 강한 데 비해, **음반제작자** 및 **방송사업자의 권**리는 주로 독점적 이익의 확보에 따른 기업유지라고 하는 측면이 강조되고 있다.[60] 저작인접권은 1961년 로

58) 저작인접권이란 저작물을 해석하고 전달하는 사람에게 부여되는 권리이다. 즉 저작물을 공중에 전달하는데 예능이나 재정적으로 상당한 기여를 한 자에게 부여되는 권리이다.

59) 저작권이 저작물의 창작자에게 부여하는 권리인 반면에 저작인접권은 저작물의 매개자에게 부여하는 권리이다.

마에서 성립된 “실연자 음반제작자 및 방송사업자의 보호를 위한 국제협약”(약칭, 로마협약 Internatonal Convention for the Protection of Performers, Producers of Phonograms and Broadcasting Organisations)을 기초로 하여 1986년 저작권법에서 도입한 제도이다. 저작인접권은 저작권과 마찬가지로 배타적 지배권의 성질을 가지고 있다. 즉, 저작인접권은 저작인접권자가 자기의 실연, 음반 또는 방송 등 저작인접물을 사용하거나, 타인에게 그 이용을 허락함으로써 경제적 이익을 얻을 수 있는 물권에 유사한 배타적 지배권이다.

(나) 저작인접권의 주체

저작인접권을 갖는 자는 **실연자, 음반제작자, 방송사업자, 데이터베이스제작자**이다(저작권법 제3장 제2절, 제3절, 제4절 참조). **실연자**는 저작물을 연기・무용・연주・가창・구연・낭독 그 밖의 **예능적 방법**으로 **표현**하거나 저작물이 아닌 것을 이와 유사한 방법으로 표현하는 실연을 하는 자를 말하며, 실연을 지휘, 연출 또는 감독하는 자를 말한다(저작권법 제2조 제4호). 이는 실연 자체를 하는 것과 동일한 평가를 할 수 있는 사람을 말한다. 예를 들어, 교향악단・합창단의 지휘자나 무대의 연출가와 같이 실연자를 지도하고 스스로 실연의 주체로서 실연을 행하게 하는 자, 또는 실연을 행하고 있는 것과 같은 상태에 있는 자를 말한다. 여기서 지휘란 교향악단이나 음악연주단의 지휘자를, 연출자란 연극이나 무용의 연출자를, 그리고 감독은 영화의 감독을 상정한 것이다.

음반제작자는 음을 음반에 고정하는데 있어 전체적으로 기획하고 책임을 지는 자를 말한다(동조 제6호). **방송사업자**는 방송을 업으로 하는 자를 말한다(동조 제9호). 데이터베이스제작자는 데이터베이스의 제작 또는 그 소재의 갱신, 검증 또는 보충에 인적 또는 물적으로 상당한 투자를 한 자이다.

(다) 저작인접권의 객체

저작인접권의 객체는 **실연, 음반, 방송, 데이버베이스제작**이다(저작권법 제64조). 실연자는 저작물을 연기・무용・연주・가창・구연・낭독 그 밖의 예능적 방법으로 표현하거나 저작물이 아닌 것을 이와 유사한 방법으로 표현하는 실연을 하는 것을 말한다(저작권법 제2조 제4호 참조). 음반은 음(음성・음향을 말한다. 이하 같다)이 유형물에 고정된 것(음을 디지털화한 것을 포함한다)을 말한다. 다만, 음이 영상과 함께 고정된 것을 제외한다(동조 제5호). 방송은 공중송신 중 공중이 동시에 수신하게 할 목적으로 음・영상 또는 음과 영상 등을 송신하는 것을 말한다(동조 제8호). 데이터베이스제작은 데이터베이스의 제작 또는 그 소재의 갱신, 검증 또는 보충에 인적 또는 물적으로 상당한 투자를 하는 것이다.

60) 송영식・이상정, 앞의 책(저작권법개설), 241면.

(라) 저작인접권의 종류

① 실연자의 권리

(ㄱ) 실연자의 의의: 실연자(實演者)는 저작물을 연기・무용・연주・가창・구연・낭독 그 밖의 예능적 방법으로 표현하거나 저작물이 아닌 것을 이와 유사한 방법으로 표현하는 실연을 하는 것을 말하며(저작권법 제2조 제4호 참조), 실연을 지휘, 연출 또는 감독하는 자를 포함한다(저작권법 제2조 제4호 참조). 저작물이 아닌 것을 예능적 방법과 유사한 방법으로 표현한 것도 실연에 해당한다. 따라서 마술이나 서커스와 같이 저작물이 아닌 것을 실연하는 자도 실연자의 권리에 따라서 보호를 받을 수 있다.

보호대상이 되는지의 여부는 예능적 방법으로 표현한 것인가의 여부에 달려 있다. 야구나 축구와 같은 운동경기는 여기서 제외되는 것으로 보는 것이 일반적이지만, 스포츠 중 예능적 성질을 가진 리듬체조나 피겨스케이팅 등과 같은 것은 실연에 해당할 수 있다.[61)] 저작권과 저작인접권은 별개의 권리이므로, 즉흥적으로 자작시(自作詩)를 낭독(朗讀)한 경우나 즉흥적으로 음악을 연주하는 경우에는 시(詩)나 음악(音樂)에 대한 저작권과 저작인접권을 함께 가지게 된다.

(ㄴ) 실연자 등의 추정: 이 법에 따라 보호되는 실연・음반・방송과 관련하여 실연자, 음반제작자 또는 방송사업자로서의 실명 또는 널리 알려진 이명이 일반적인 방법으로 표시된 자는 실연자, 음반제작자 또는 방송사업자로서 그 실연・음반・방송에 대하여 각각 실연자의 권리, 음반제작자의 권리 또는 방송사업자의 권리를 가지는 것으로 추정한다(저작권법 제64조의2). 이 규정에 따라 저작인접물의 이용허락 또는 권리 침해시 누가 저작인접권자인지를 입증하는 것이 용이해졌다. 이로서 저작인접물의 이용활성화 및 저작인접권자의 권리구제와 보호가 강화될 것이다.

② 실연자의 권리: 저작권법은 실연자에게 저작재산권뿐만 아니라 저작인격권에 유사한 소정의 권리를 인정하고 있다. 즉, 실연자는 성명표시권(저작권법 제66조), 동일성유지권(저작권법 제67조), 실연자의 인격권의 일신전속성(저작권법 제68조), 복제권(저작권법 제69조), 배포권(저작권법 제70조), 대여권(저작권법 제71조), 공연권(저작권법 제72조), 방송권(저작권법 제73조), 전송권(저작권법 제74조) 등의 권리를 갖는다. 공동실연(2인 이상이 공동으로 합창, 합주, 연극 등을 실연하는 경우)의 경우에는 공동실연의 대표자가 실연자의 권리를 행사한다(저작권법 제77조). 다만, 대표자의 선출이 없는 경우에는 지휘자 또는 연출자 등이 이를 행사한다. 독창 또는 독주가 포함된 공동실연에 대해 실연자의 권리를 행사하는 경우에는 독창자 또는 독주자의 동의도 필요하다(저작권법 제77조). 또한 방송사업자가 **실연이 녹음된 판매용 음반을 사용하여 방송**하는 경우에는 상당한 보상금을

61) 오승종・이해완 공저, 앞의 책, 390면 참조.

그 실연자에게 지급하여야 하며(저작권법 제75조), 디지털음성송신사업자가 **실연이 녹음된 음반을 사용하여 송신**하는 경우에는 상당한 보상금을 그 실연자에게 지급하여야 한다(저작권법 제76조). **실연이 녹음된 판매용 음반을 사용하여 공연**을 하는 자는 상당한 보상금을 해당 실연자에게 지급하여야 한다(저작권법 제76조의2).

③ 음반제작자의 권리: 음반제작자란 마스터 음반을 제작하는 것처럼 제작을 기획하고 음을 음반에 최초로 고정하는데 있어서 전체적으로 책임을 지는 자이다.[62] 저작권법상의 음반이란 우리가 일반적으로 말하는 CD 등의 매체가 아니라, 이에 수록된 콘텐츠를 말한다. MP3 등 일정한 포맷으로 디지털화된 파일들도 음반에 해당한다. 음반제작은 음을 최초로 마스터테이프에 고정하는 것을 말한다.

음반제작자는 복제권(저작권법 제78조), 배포권(저작권법 제79조), 대여권(저작권법 제80조), 전송권(저작권법 제81조), 방송사용에 대한 보상금청구권, 디지털음성송신에 대한 보상청구권 등의 권리를 가지며, 방송사업자가 판매용 음반을 사용하여 방송하는 경우에는 상당한 보상금을 그 음반제작자에게 지급하여야 하고(저작권법 제82조), 디지털음성송신사업자가 음반을 사용하여 송신하는 경우에는 상당한 보상금을 그 음반제작자에게 지급하여야 한다(저작권법 제83조). 또한 판매용 음반을 사용하여 공연을 하는 자는 상당한 보상금을 해당 음반제작자에게 지급하여야 한다(저작권법 제83조의2). 개별 음반제작자로부터 일일이 허락을 받을 필요 없이 일괄해서 (사)한국음원제작자협회에 보상금을 지급하면 된다. 다만, 음반제작자가 외국인인 경우에는 상호주의에 따라 보호가 부여된다.

④ 방송사업자의 권리: 방송사업자란 방송을 업으로 하는 자를 말한다. 방송은 그 방송되는 내용이 반드시 저작물일 필요가 없다. 방송사업자는 지상파방송사업자, 유선방송사업자, 위성방송사업자 등이며, 재산적인 권리만 가지며, 복제권과 동시중계방송권 또는 방송권이 있다(저작권법 제84조, 제85조). 동시중계방송권은 방송 신호를 즉시 재송신하는 것으로서 지상파 방송을 유선방송업자들이 수신한 즉시 송신하는 것을 말한다. 그러나 지상파방송을 인터넷으로 동시에 송신하는 것에 대해서는 방송사업자의 동시중계방송권이 적용되지 못한다. 인터넷을 통한 저작물의 송신은 방송 이외의 공중송신에 해당하기 때문이다. 또 방송사업자는 **공중의 접근이 가능한 장소**에서 방송의 시청과 관련하여 **입장료를 받는 경우**에 그 **방송을 공연할 권리**를 가진다(저작권법 제85조의2). 그러나 음식점이나 호프집과 같은 일반 영업장에서 TV를 시청할 수 있도록 하는 것에 대해서는 공연권을 적용하지 않는다.

62) 음반제작자는 최초로 마스터테이프에 고정하는 것을 녹음을 주도하고 그에 책임을 지는 사람을 말한다. 즉 음반제작자란 흔히 말하는 음반사와 차이가 있다.

알아두기

Q. 방송사업자가 방송한 영상물을 동영상으로 촬영하여 개인 블로그에 올리는 것은 방송사업자의 저작인접권 침해인가?

A. 방송사업자는 저작권법상 저작인접권의 하나인 방송사업자의 권리를 가지고 있고, 그 권리에는 방송에 대하여 복제를 허락하거나 금지할 수 있는 권리인 복제권도 포함된다. 따라서 방송사업자의 허락없이 방송을 복제할 경우에는 원칙적으로 방송사업자의 저작인접권 중 복제권을 침해하는 것이 된다. 타인이 무단으로 방송사업자의 방송내용을 블로그에 동영상 파일로 올리는 과정에서 디지털형태의 복제가 수반될 것이고, 이는 저작권법상 복제의 개념에 해당한다. 따라서 방송사업자가 방송한 영상물을 블로그에 업로드하기 위해 복제한 것은 방송사업자의 권리 중 복제권을 침해한 것으로 볼 수 있다.

⑤ 데이터베이스제작자 권리: 데이터베이스제작자란 데이터베이스의 제작 또는 그 소재의 갱신, 검증 또는 보충에 인적 또는 물적으로 상당한 투자를 한 자이다. 데이터베이스란 소재를 체계적으로 배열 또는 구성한 편집물로서 개별적으로 그 소재에 접근하거나 그 소재를 검색할 수 있도록 한 것을 말한다(저작권법 제2조 제19호). 창작성이 있는 데이터베이스제작자는 편집저작물작성자, 즉 저작권자로서 보호를 받고, 창작성이 없는 데이터베이스제작자는 저작인접권자로서 보호를 받는다. 데이터베이스제작자는 재산적인 권리로서 데이터베이스 전부나 상당한 부분을 복제, 배포, 방송 또는 전송할 권리를 가진다(저작권법 제93조 제1항). 또 한 번에 이용하는 데이터베이스 수량이 상당한 부분에 이르지 못하지만, 그것을 반복적으로 이용하거나 특정한 목적을 위하여 체계적으로 이용함으로써 데이터베이스의 통상적인 이용과 충돌하거나 데이터베이스제작자의 이익을 부당하게 해치는 경우에는 상당한 부분을 이용한 것으로 본다(저작권법 제93조 제2항).

저작인접권

실연자	인격적 권리	성명표시권, 동일성유지권
	재산적 권리	복제권, 배포권, 대여권, 공연권, 방송권, 전송권 방송사업자의 실연에 대한 보상 디지털음성송신사업자의 실연자에 대한 보상
음반제작자		복제권, 배포권, 대여권, 전송권 방송사업자의 실연에 대한 보상 디지털음성송신사업자의 실연자에 대한 보상
방송사업자		복제권, 동시중계방송권, 공연권(입장료를 받는 경우에 한함)

※ 음반제작자와 방송사업자는 실연자와 달리 인격적 권리(저작인격권)가 인정되지 않는다.

(마) 저작인접권의 발생과 보호기간

① 저작인접권의 발생: 저작인접권은 "① 실연의 경우에는 그 실연을 한 때, ② 음반의 경우에는 그 음을 맨 처음 음반에 고정한 때, ③ 방송의 경우에는 그 방송을 한 때"에 해당하는 때부터 발생하며, 어떠한 절차나 형식의 이행을 필요로 하지 아니한다(저작권법 제86조 제1항).

② 저작인접권의 보호기간: 저작인접권(실연자의 인격권은 제외한다. 이하 같다)은 "① 실연의 경우에는 그 실연을 한 때. 다만, 실연을 한 때부터 **50년 이내**에 실연이 고정된 음반이 발행된 경우에는 음반을 발행한 때, ② 음반의 경우에는 그 음반을 발행한 때. 다만, 음을 음반에 맨 처음 고정한 때의 다음 해부터 기산하여 50년이 경과한 때까지 음반을 발행하지 아니한 경우에는 음을 음반에 맨 처음 고정한 때, ③ 방송의 경우에는 그 방송을 한 때에 해당하는 때"의 **다음 해부터 기산하여 70년(방송의 경우에는 50년)간 존속**한다(저작권법 제86조 제2항).

(바) 저작인접권의 제한 · 양도 · 행사 등

저작인접권의 목적이 된 실연 · 음반 또는 방송의 이용에 관하여는 저작재산권의 제한에 관한 대부분의 규정이 준용된다. 저작인접권은 저작재산권과 마찬가지로 전부 또는 일부를 양도할 수 있다. 저작인접권자는 다른 사람에게 그 저작인접물의 이용을 허락할 수 있으며, 허락을 받은 자는 그 허락받은 이용방법 및 조건의 범위 안에서 그 저작인접물을 이용할 수 있다. 저작권의 등록에 관한 사항은 저작인접권 및 저작인접권의 배타적발행권의 등록에 관하여 준용된다.

6) 저작권의 이용

저작권 제도가 발생한 초기에는 절대적 권리로서 보호되었지만, 현재는 저작권에 내재한 제한, 법령에 따른 제한, 국제협약(조약: 베른협약 제9조 제2항, WTO/TRIPS 제13조)에 따른 제한을 받고 있다. 그리고 이들 규정은 성질상 대부분 저작인접권의 제한에도 준용된다.

(1) 일정한 경우 저작물 자유이용원칙

저작권법에서는 일정한 경우에 대하여 저작권을 제한하여 저작권자에게 허락을 받지 않고 자유로이 이용할 수 있는 경우를 정하고 있다. 이를 **자유사용**(free use)이라고 한다. 그러나 저작물을 사용하는 모든 경우마다 사용허락을 받는다면 학문이나 문학, 예술의 분야뿐만 아니라 국가의 문화향상을 위해서라도 불편한 경우가 오히려 생길 수 있다.[63)]

이런 점에서 일정한 경우에 **일정한 조건 아래**에서 저작권자의 **사용허락없이 자유롭게**

63) 이동훈 외, 앞의 책, 274면.

이용할 수 있다. **저작물의 자유이용**은 "재판절차의 복제, 정치적 연설 등의 이용, 학교교육목적 등에의 이용, 시사보도를 위한 이용, 시사적인 기사 및 논설의 복제, 공표된 저작물의 인용, 영리를 목적으로 하지 아니하는 공연·방송, 사적 이용을 위한 복제, 도서관 등에서의 복제, 시험문제로서의 복제, 시각장애인 등을 위한 복제, 방송사업자의 일시적 녹음·녹화, 미술저작물 등의 전시 또는 복제, 저작물 이용과정에서의 일시적 복제, 번역 등에 의한 이용" 등의 경우이다[저작권법 제2장 제4절 제2관(제23조~제38조)].

(2) 저작물 자유이용의 내용

(가) 재판절차 등에서의 복제

재판절차를 위하여 **필요한 경우**이거나 **입법·행정의 목적**을 위한 **내부자료**로서 필요한 경우에는 그 **한도 안에서 저작물을 복제**할 수 있다(저작권법 제23조 본문). **재판절차에서의 복제**란 판결문이나 소송자료에 필요한 경우 타인의 저작물을 복제하는 것을 말한다. 법원이나 검찰청뿐만 아니라 소송당사자인 원고, 피고 및 변호사, 감정인도 복제를 할 수 있다. **입법목적을 위한 복제**는 국회 또는 지방자치단체 의회에서 법안 그 밖에 안건의 심의를 위하여 필요한 경우 타인의 저작물을 복제하는 것을 말한다. **행정목적을 위한 복제**는 행정청이 소관 사무를 수행하기 위하여 필요한 경우에 타인의 저작물을 복제하는 것을 말한다. 입법·행정의 목적으로 작성된 복제물은 **내부자료로서만 이용**하여야 한다. 따라서 타인의 저작물을 복제하여 행정기관의 **홍보용 자료로서 외부에 배포**하는 것은 **허용**되지 **않는다.**[64)]

다만, 그 저작물의 종류와 복제의 부수 및 형태 등에 비추어 해당 저작재산권자의 이익을 부당하게 침해하는 경우에는 그러하지 아니하다(저작권법 제23조 단서). 그러므로 내부자료라 하더라도 **행정청 직원 전원에게 배포**하기 위하여 **저작물 전체를 복제**하여 **배포**하는 것은 **허용**되지 **않는다.**

이 규정은 특별히 공표된 저작물에 한정하고 있지 않으므로 **미공표저작물도 복제**할 수 있다. 그러나 저작인격권이 제한되는 것은 아니므로(저작권법 제38조), 미공표저작물을 복제하여 **외부에 공표**하게 되는 경우에는 **저작자의 허락**을 받을 **필요**가 있다. 이 규정에 따라 **저작물을 이용하는 경우**에는 그 저작물을 **번역하여 이용**할 수 있고(저작권법 제36조 제2항), 저작물의 이용 상황에 따라 합리적이라고 인정되는 방법으로 그 **출처를 명시**하여야 한다(저작권법 제37조). 저작권법 제23조(재판 등에서의 복제)는 **프로그램에는 적용하지 않는다**(저작권법 제37조의2).

---

64) 윤선희, 앞의 책(2009), 445면 참조.

재판절차 등에서의 복제 제한

> 저작권법은 제23조(재판절차 등에서의 복제) "**재판절차**를 위하여 **필요**한 경우이거나 **입법·행정의 목적**을 위한 **내부자료로서 필요**한 경우에는 그 한도 안에서 **저작물을 복제**할 수 있다. 다만, 그 저작물의 종류와 복제의 부수 및 형태 등에 비추어 당해 **저작재산권자의 이익을 부당하게 침해**하는 경우에는 그러하지 아니하다"라고 하여 보호받는 저작물을 전제하면 그 **저작재산권을 제한**하고 있다.

(나) 정치적 연설 등의 이용

공개적으로 행한 정치적 연설 및 법정·국회 또는 지방의회에서 공개적으로 행한 진술은 어떠한 방법으로도 **이용**할 수 있다. 다만, 동일한 저작자의 연설이나 진술을 편집하여 이용하는 경우에는 그러하지 아니하다(저작권법 제24조). **이 규정**은 **공개적으로 행한 정치적 연설**(연설자와 진술자의 사상·감정을 표현한 것이므로)자의 저작물이기는 하되, **국민의 알 권리를 충족**시키기 위하여 **자유롭게 이용**할 수 있도록 하였다. 다만, 공개적으로 행한 정치적 연설 및 법정·국회 또는 지방의회에서 공개적으로 행한 진술이라 하더라도 동일한 저작자의 연설이나 진술을 **편집하여 이용**하는 경우에는 보호받는 저작물로 인정된다.[65] 이는 해당 **저작자의 인격적 이익도 고려**한 것이다.[66]

공개한 법정·국회 또는 지방의회에서의 진술 제한

> 저작권법 제24조(정치적 연설 등의 이용) 공개적으로 행한 정치적 연설 및 법정·국회 또는 지방의회에서 공개적으로 행한 진술은 어떠한 방법으로도 **이용**할 수 있다. 다만, **동일한 저작자의 연설이나 진술을 편집**하여 이용하는 경우에는 그러하지 아니하다.

(다) 공공저작물의 자유이용(법 제24조의2)

국가 또는 지방자치단체가 업무상 작성하여 공표한 저작물이나 계약에 따라 저작재산권의 전부를 보유한 저작물은 허락 없이 이용할 수 있다. 다만, 저작물이 "① 국가안전보장에 관련되는 정보를 포함하는 경우, ② 개인의 사생활 또는 사업상 비밀에 해당하는 경우, ③ 다른 법률에 따라 공개가 제한되는 정보를 포함하는 경우, ④ 저작권법 제112조에 따른 한국저작권위원회에 등록된 저작물로서 국유재산법에 따른 국유재산 또는 공유재산 및 물품 관리법에 따른 공유재산으로 관리되는 경우"에는 자유스럽게 이용할 수 없다.

(라) 학교교육목적 등에의 이용

이 규정은 공표된 저작물을 **학교교육 목적을 위하여 자유롭게 이용**할 수 있도록 하기 위한 것이다. 공표된 저작물을 **교육목적** 등을 위하여 **이용**하는 경우에는 부득이 한 범위 안

---

65) 당해 저작자의 허락을 얻도록 하고 있다.

66) 송영식·이상정, 앞의 책(저작권법개설), 193면 참조; 尹宣熙, 앞의 책(2009), 446면 참조.

에서 **표현의 변경은 가능**하나[67](저작권법 제13조 참조), **출처는 명시**하여야 한다(저작권법 제37조 참조).

① **교과용 도서 등에의 게재**: **고등학교 및 이에 준하는 학교 이하의 학교**의 교육 목적상 필요한 **교과용 도서**에는 공표된 **저작물을 게재**할 수 있다(저작권법 제25조 제1항). 따라서 **대학이나 전문대학** 등에서 사용하는 **교과용 도서**는 여기에 **포함되지 않는다**. 교과용 도서란 정규학교의 교육과정에서 사용하기 위하여 특별히 제작한 도서로서 교과서・지도서를 말하는데, 여기에는 국정도서, 검정도서, 인정도서 등이 모두 포함된다.[68] 따라서 시중에서 판매되고 있는 학습참고서는 교과용 도서가 아니다. 교과용 도서에 자유롭게 게재할 수 있는 저작물의 종류는 가리지 않지만 공표된 저작물에 한한다. 예를 들면, 저작권자가 교과서에 수록을 한 경우 이를 저작권자의 허락없이 참고서(예: 표준전과)에 내용을 수록하였다면 이는 저작권침해가 된다.

② **교육기관의 복제・방송・전송 등**: 특별법에 따라 설립되었거나 유아교육법[69], 초・중등교육법 또는 고등교육법에 따른 학교, 국가나 지방자치단체가 운영하는 교육기관 및 이들 교육기관의 수업을 지원하기 위하여 국가나 지방자치단체에 소속된 교육지원기관[70][71]은 그 수업 또는 지원 목적상 필요하다고 인정되는 경우에는 공표된 저작물의 일부분을 복제・배포・공연・전시 또는 공중송신(인터넷 환경 아래에서 원격교육을 위한 것이다)할 수 있다. 다만, 저작물의 성질이나 그 이용의 목적 및 형태 등에 비추어 **저작물의 전부를 이용**하는 것이 부득이한 경우에는 전부를 이용할 수 있다(저작권법 제25조 제2항).

교육기관이 전송(인터넷 상 원격교육을 위한 전송)을 하는 경우에는 저작권 그 밖에 이 법에 따라서 보호되는 권리의 침해를 방지하기 위하여 **복제방지조치** 등 대통령령이 정하는 필요한 조치[72]를 하여야 한다(저작권법 제25조 제10항). 그런데 교육은 피동적으로 교사의 자료제공만으로 한정될 수 없고 수업을 받는 학생 각자의 자료제공도 포섭하는 **쌍방적인 성**

---

67) 동일성유지권의 침해가 되지 않는다.

68) 교과용도서에 관한 규정 제2조

69) 유아교육법에 따른 학교란 유아의 교육을 위하여 유치원법에 따라 설립・운영되는 학교는 유치원을 말하며, 유치원에는 국립유치원(국가가 설립・경영), 공립유치원(지방자치단체가 설립・경영, 설립주체에 따라 시립과 도립으로 구분), 사립유치권(법인 또는 사인(私人)이 설립・경영)이 있다.

70) 국가나 지방자치단체에 소속된 교육지원기관의 범위는 각급학교 또는 국가나 지방자치단체가 운영하는 교육지원기관의 '수업지원'을 목적으로 하여야 한다. 또한 해당 교육지원기관 구성원의 신분은 국가공무원법 또는 지방공무원법상의 공무원에 해당되어야 한다. 예를 들면, 학교나 중앙공무원교육원 등 교육기관의 '수업지원'을 위한 학습지원센터 등이 이에 해당된다. 따라서 공무원신분이 아닌 한국교육개발원이나 한국교육학술정보, 그리고 한국교육과정평가원 등은 이에 해당하지 않는다.

71) 이로써 교육지원을 의하여 설립된 국공립연구소 등에서도 교육지원자료를 작성하는데 필요한 범위에서 저작물 이용이 가능하게 되었다.

72) 저작권법 시행령 제9조(교육기관의 복제방지조치 등 필요한 조치) 법 제25조제10항에서 "대통령령이 정하는 필요한 조치"란 다음 각 호의 조치를 말한다. 1. 불법 이용을 방지하기 위하여 필요한 다음 각 목에 해당하는 기술적 조치, 가. 전송하는 저작물을 수업을 받는 자 외에는 이용할 수 없도록 하는 접근제한조치, 나. 전송하는 저작물을 수업을 받는 자 외에는 복제할 수 없도록 하는 복제방지조치, 2. 저작물에 저작권 보호 관련 경고문구의 표시, 3. 전송과 관련한 보상금을 산정하기 위한 장치의 설치

격을 가지는 것이 이상적[73]이므로 "교육기관에서 교육을 받는 자는 **수업목적상 필요**하다고 인정되는 경우에는 저작권법 제25조 제2항의 범위 내에서 **공표된 저작물**을 **복제하거나 전송**할 수 있도록 하고 있다"(저작권법 제25조 제3항). 이는 **교사**뿐만 아니라 **학생**도 **복제하거나 전송**할 수 있다는 의미이다. 즉, **교육을 받는 학생**도 **수업과 관계된 저작물**이나 **리포트** 등을 **복제**하거나 **전송**할 수 있다.

③ 보상금지급 의무: **저작물을 이용하려는 자**는 문화체육관광부장관이 정하여 고시하는 기준에 따른 **보상금**을 해당 **저작 재산권자에게 지급**하여야 한다. 다만, **고등학교** 및 이에 준하는 학교 이하의 학교에서 저작권법 제25조 제2항에 따른 복제・배포・공연・방송 또는 전송을 하는 경우에는 **보상금을 지급**하지 **아니한다**(저작권법 제25조 제4항). 이 규정은 **교과용 도서**라고 규정하고 있어 이른바 학습참고서류는 포함하지 아니한다.

이에 따른 **보상을 받을 권리**는 ① 대한민국 내에서 보상을 받을 권리를 가진 자(이하 보상권리자라 한다)로 구성된 **단체**, ② 영리를 목적으로 하지 아니할 것, ③ 보상금의 징수 및 분배 등의 업무를 수행하기에 충분한 능력이 있을 것이라는 요건을 갖춘 단체로서 문화체육관광부장관이 지정하는 단체를 통하여 행사되어야 한다. 문화체육관광부장관이 그 **단체를 지정**할 때에는 미리 그 **단체의 동의**를 얻어야 한다(저작권법 제25조 제5항). 그리고 이 **단체**는 그 구성원이 아니라도 **보상권리자로부터 신청이 있을 때**에는 그 자를 위하여 그 **권리행사를 거부할 수 없다**. 이 경우 그 단체는 자기의 명의로 그 권리에 관한 재판상 또는 재판 외의 행위를 할 권한을 가진다(저작권법 제25조 제6항). 만약 위 **단체**는 **보상금 분배 공고를 한 날부터 5년이 경과**한 **미분배 보상금**에 대하여 문화체육관광부장관의 승인을 얻어 **공익목적을 위하여 사용**할 수 있다(저작권법 제25조 제8항). 이는 교과용 도서에 실리는 저작물의 저작자를 찾지 못해 법원에 공탁하는 보상금액은 결국 익명의 저작자의 보상금이므로, 법원 공탁기간이 끝나 국고로 수납되기보다는 대한민국 저작권발전을 위해 사용하는 것이 보다 합리적이라는 판단에 따른 것이다.

보상금 지급에 관한 규정은 도서관의 보상금(저작권법 제31조 제6항), 방송사업자의 실연자에 대한 보상(저작권법 제75조 제2항), 디지털음성방송사업자의 실연자에 대한 보상(저작권법 제76조 제2항), 방송사업자의 음반제작자에 대한 보상(저작권법 제82조 제2항), 디지털음성송신사업자의 음반제작자에 보상(저작권법 제83조 제2항)에 대해서도 준용하고 있다.

④ 효과: 이 규정에 따라 저작물을 이용하는 경우에는 그 저작물을 번역・편곡 또는 개작하여 이용할 수 있고(저작권법 제36조 제1항), 저작물의 이용 상황에 따라 합리적이라고 인정되는 방법으로 그 출처를 명시하여야 한다(저작권법 제37조). 저작권법 제25조(학교교육 목적 등에의 이용)는 프로그램에는 적용하지 않는다(저작권법 제37조의2).

---

73) 임원선, 실무자를 위한 저작권법, 저작권심의조정위원회, 2006, 189면 참조.

(마) 시사보도를 위한 이용

방송 · 신문 그 밖의 방법에 따라 **시사보도**를 하는 경우에 그 과정에서 보이거나 들리는 저작물은 **보도를 위한 정당한 범위 안**에서 **복제 · 배포 · 공연** 또는 **공중송신**할 수 있다(저작권법 제26조). 이 규정의 **이용 객체**가 되는 저작물은 시사보도를 하는 과정에서 보이거나 들리는 저작물이다. 시사보도를 위한 경우에 한하므로 시사보도의 목적이 아닌 감상의 목적인 경우이거나 다큐멘터리 등의 제작이 목적인 경우에는 적용되지 않는다. 예를 들면, TV뉴스시간에서 내일 보는 **조간신문**을 방영할 때 **신문의 논설**(論說)이나 **사진** 등이 방영되는 경우, 월드컵 개막식, 올림픽경기나 아시안게임의 개회식을 뉴스시간에 보도할 때 들리는 입장행진곡이나 대화와 관련된 노래 등의 것을 방송할 수 있다. 이 허용되는 범위는 정당한 범위 내에 속한다.[74] **시사보도의 저작물을 이용**하는 경우에는 그 저작물을 **번역하여 이용**할 수 있으며(저작권법 제36조 제2항), 시사보도를 위한 이용(저작권법 제26조)에서 우연히 또는 부득이하게 보이거나 들리는 저작물에 대하여 출처를 명시한다는 것은 어려우므로 **출처명시의무가 면제**된다(저작권법 제37조 제1항 단서 참조).[75][76]

(바) 시사적인 기사 및 논설의 복제 등

정치 · 경제 · 사회 · 문화 · 종교에 관하여 신문 등의 진흥에 관한 법률 제2조의 규정에 따른 **신문** 및 **인터넷신문** 또는 뉴스통신진흥에 관한 법률 제2조의 규정에 따른 **뉴스통신**에 게재된 **시사적인 기사나 논설**은 이용을 금지하는 표시가 없는 한 **다른 언론기관이 복제 · 배포 또는 방송**할 수 있다(저작권법 제27조). 이 규정은 전재(轉載)규정(베른협약 제10조 제1항을 본 받은 도입한 것이다)으로서 기사 등은 **국민의 알 권리 충족**을 위해 **국민에게 원활하게 전달될 필요**가 있다는 점이 고려된 것이다. **외국의 시사적인 기사 및 논설**에 대해서 이용할 때에는 타 언론사의 기사를 번역하여 전재할 수 있으며(저작권법 제36조 제2항) 기사 전재의 경우에는 **반드시 출처를 표시**하도록 하고 있다(저작권법 제37조).

(사) 공표된 저작물의 인용

① 의의: 공표된 저작물은 **보도 · 비평 · 교육 · 연구** 등을 위하여는 **정당한 범위 안에서 공정한 관행에 합치**되게 이를 **인용**할 수 있다(저작권법 제28조). 이 규정은 자신의 저작물 중에 타인의 저작물을 사용하는 경우에 적용된다. 예를 들면, 자기 자신의 설(說)을 뒷받침하기 위하여 **논문 중에 타인의 학설을 인용**하거나 소설 중에서 **타인의 시가(詩歌)**를

---

74) 윤선희(尹宣熙), 앞의 책(2009), 448면 참조.

75) 시사보도를 위한 이용(저작권법 제26조), 영리를 목적으로 하지 아니하는 공연 · 방송(저작권법 제29조), 사적이용을 위한 복제(저작권법 제30조), 도서관등에서의 복제 등(저작권법 제31조), 시험문제로서의 복제(저작권법 제32조), 방송사업자의 일시적 녹음 · 녹화(저작권법 제34조), 컴퓨터에서 저작물 이용과정에서의 일시적 복제(저작권법 제35조2)에는 출처명시의무가 면제된다(저작권법 제37조 제1항 단서).

76) 저작권법 26조(시사보도를 위한 이용) 방송 · 신문 그 밖의 방법에 의하여 시사보도를 하는 경우에 그 과정에서 보이거나 들리는 저작물은 보도를 위한 정당한 범위 안에서 복제 · 배포 · 공연 또는 공중송신할 수 있다.

사용하는 것이다.[77] 원래 인용은 타인의 저작물을 복제하는 것과 다름이 없어 원저적물의 저작재산권에 대한 침해가 될 것이지만, 새로운 문화를 향상 발전시킨다는 **공익적인 이유에서 자유로운 이용을 허용**하는 것이다. 우리나라에서는 아직까지 상품 광고 등 영리목적을 위한 경우에는 저작물의 인용을 인정하지 않고 있는 입장이다. 예를 들면, 드라마의 한 장면을 캡처하여 영리적 목적으로 사용한다면 드라마에 대한 저작권의 침해가 되겠지만, 드라마 작품에 대한 비평을 쓰기 위해 드라마의 한 장면을 인용하는 것은 허용된다.

② 인용요건

(ㄱ) 공표된 저작물: 인용의 객체는 공표된 저작물에 한한다. 공표된 저작물이면 종류를 불문한다.

(ㄴ) 인용목적: 인용하는 목적이 보도・비평・교육・연구 등을 위한 것이어야 한다. 보도・비평・교육・연구 등은 예시에 불과하며, 이에 상당하는 것이라고 인정되면 충분하다. 저작권법 제24조에 따라 본 규정과 마찬가지로 보도의 목적으로 저작물의 자유이용이 가능하지만, 저작권법 제24조는 보도의 과정에서 우발적으로 저작물이 이용되는 경우와는 구별된다. 저작권법 제25조 제1항의 소정의 교과서에 해당하지 않는 학생용 참고서 또는 저작권법 제25조 제2항의 소정의 교육기관이 아닌 그 밖의 교육기관, 가령 영리를 목적으로 설립된 사설학원에서 강의교재를 만드는 과정에서 타인의 저작물을 인용하게 되면, 본 조에 따른 자유이용의 허용여부를 판단하여야 한다.[78]

(ㄷ) 정당범위 내일 것: 정당한 범위 내의 인용이어야 한다. 정당한 범위 내인가 아닌가의 판단여부는 인용의 목적, 인용된 부분의 분량 및 상당성, 인용된 저작물의 잠재적 시장이나 가치에 미치는 영향을 종합하여 개별적으로 판단하여야 한다.[79]

(ㄹ) 주종관계: 인용저작물의 표현형식상 피인용저작물의 보족, 부연, 예증, 참고자료 등으로 이용되어 인용저작물에 대하여 **부종적 성질을 가지는 관계**(즉, 인용저작물이 주이고, 피인용저작물이 종인 관계)에 있다고 **인정**되어야 하며(대판 1990.10.23., 90다카8845), 이러한 주종관계는 단순히 양적인 면에서만 판단할 것이 아니라 내용상의 주종관계, 즉 질적인 면에서의 주종관계도 아울러 검토하여야 한다.

(ㅁ) 공정한 관행에 합치될 것: 인용이 정당한 것으로 인정되기 위해서는 그 목적과 방법이 공정한 관행에 합치되어야 한다. 공정한 관행이 합치되는지 여부를 판단하기 위해서는 먼저 그러한 관행이 실제로 존재하고 있는지 살펴보아야 한다. 관행의 존재여부는 저작물의 성질, 인용의 목적 등을 종합적으로 고려하여 사회통념에 따라 판단하여야 한다. 또한 인용하는 방법이 공정한 관행에 합치하여야 한다. **저작물을 자유이용하는 자**는 저작

77) 윤선희(尹宣熙), 앞의 책(2009), 448면 참조.
78) 이형하, 앞의 책, 360, 361면.
79) 정상조 편, 저작권법 주해, 박영사, 2007, 515면.

물의 이용 상황에 따라 합리적이라고 인정되는 방식으로 **출처를 명시**하여야 한다(저작권법 제37조).

출처표시를 위해 명시할 내용

종류	명시할 내용
공통	제목, 저작자명
신문, 잡지	신문, 잡지명, 날짜, 호수
연설	연설할 때와 장소
2차적 저작물(번역물, 편곡)	2차적 저작물의 저작자명, 원저작물 및 원저작물의 저작자명
개정판	몇 판인지 명시

(아) 영리를 목적으로 하지 아니하는 공연 · 방송

① 비영리 목적의 공연과 방송: 영리를 목적으로 하지 아니하고 청중이나 관중 또는 제3자로부터 어떤 명목으로든지 반대급부를 받지 아니하는 경우에는 공표된 저작물을 공연 또는 방송할 수 있다. 다만, 실연자에게 통상의 보수를 지급하는 경우에는 그러하지 아니하다(저작권법 제29조 제1항).

이미 공표된 저작물은 "① 영리를 목적으로 하지 아니하고 ② 청중이나 관중 또는 제3자로부터 어떤 명목으로든지 반대급부를 받지 아니하고, ③ 실연자에게 통상의 보수를 지급하지 않는 경우"에는 **공개적으로 연극 · 연주 · 상영** 등을 할 수 있다(저작권법 제29조 제1항). 예를 들면, **학예회에서의 연극**이나 **군악대의 야외연주회**, **양로원**, **고아원 등에서의 연주**가 전형적인 것이다. 여기서 문제되는 것으로써 **자선쇼**(charity show) 등은 위 요건에 **해당되지 않는다**. 왜냐하면 자선쇼는 수익 전부가 공익에 기부되어 영리목적이 아니라고 하지만 청중이나 관중으로부터 **요금**을 거두어서 그것을 기부하기 때문이다.[80]

② 반대급부 없는 판매용 음반 등의 공연: **분위기 조성을 위하여 음반에 수록된 음악을 이용하는 경우** 등과 같이 청중이나 관중으로부터 해당 공연에 대한 **반대급부를 받지 아니**하는 경우에는 **판매용 음반** 또는 **판매용 영상저작물을 재생**하여 **공중에게 공연**할 수 있다.

그러나 여기에는 다음의 경우에는 **반드시 대가를 지급**하여야 한다(저작권법 제29조 제2항 단서; 저작권법 시행령 제11조). 즉, 저작권법 시행령 제11조에서 규정하는 "① 식품위생법 시행령 제21조제8호에 따른 영업소에서 하는 다음 각 목의 **공연**(가. 식품위생법 시행령 제21조 제8호 다목에 따른 단란주점과 같은 호 라목에 따른 유흥주점에서 하는 공연, 나. 가목에 해당하지 아니하는 영업소에서 하는 공연으로서 음악 또는 영상저작물을 감상하는 설비를 갖추고 음악이나 영상저작물을 감상하게 하는 것을 영업의 주요 내용의 일부로 하는 공연), ② 한국마사회법에 따른 경마장,

80) 윤선희(尹宣熙), 앞의 책(2009), 449면 참조.

경륜・경정법에 따른 **경륜장 또는 경정장에서 하는 공연**, ③ 체육시설의 설치・이용에 관한 법률에 따른 골프장・스키장・에어로빅장・무도장・무도학원 또는 전문체육시설 중 문화체육관광부령으로 정하는 **전문체육시설에서 하는 공연**, ④ 항공법에 따른 항공운송사업용 **여객용 항공기**, 해운법에 따른 **해상여객운송사업용** 선박 또는 철도사업법에 따른 **여객용 열차에서 하는 공연**, ⑤ 관광진흥법에 따른 호텔・휴양콘도미니엄・카지노 또는 **유원시설에서 하는 공연**, ⑥ 유통산업발전법 시행령 제3조에 따른 **대형마트・전문점・백화점 또는 쇼핑센터에서 하는 공연**, ⑦ 공중위생관리법 제2조 제1항 제2호 **숙박업** 및 같은 항 제3호 나목의 **목욕장에서 영상저작물을 감상하게 하기 위한 설비를 갖추고 하는 판매용 영상저작물의 공연**, ⑧ 다음 각 목의 어느 하나에 해당하는 시설에서 영상저작물을 감상하게 하기 위한 설비를 갖추고 발행일부터 6개월이 지나지 아니한 판매용 영상저작물을 재생하는 형태의 공연[가. 국가・지방자치단체(그 소속기관을 포함한다)의 **청사 및 그 부속시설**, 나. 공연법에 따른 **공연장**, 다. 박물관 및 미술관 진흥법에 따른 **박물관・미술관**, 라. 도서관법에 따른 **도서관**, 마. 지방문화원진흥법에 따른 **지방문화원**, 바. 사회복지사업법에 따른 **사회복지관**, 사. 여성발전기본법 제2조제3호에 따른 **여성관련 시설**, 아. 청소년활동진흥법 제10조 제1호 가목에 따른 **청소년수련관**, 자. 지방자치법 제144조에 따른 공공시설 중 **시・군・구민회관**)]"에는 **자유사용을 할 수 없다.**[81)]

(자) 사적 이용을 위한 복제

공표된 저작물을 **영리를 목적으로 하지 아니**하고 **개인적으로 이용**하거나 **가정** 및 이에 준하는 **한정된 범위 안에서 이용**하는 경우에는 그 이용자는 이를 **복제**할 수 있다. 다만, 복사집과 같이 **공중이 사용하는 복사기**에 따른 **복제**는 허용되지 않는다(저작권법 제30조). 컴퓨터프로그램에 대해서는 가정과 같은 한정된 장소에서만 개인적인 목적(영리 목적의 경우 제외)으로 복제할 수 있다. 즉 컴퓨터프로그램의 경우 개인적으로 이용하려는 경우에도 가정과 같은 한정된 공간에서만 복제가 가능하고, 가정에 준하는 장소 이외에서는 허용되지 않으며, 그 프로그램을 이용해서 회사의 업무를 하는 것은 영리목적의 이용으로 보고 허용되지 않는다. 예를 들면, **강의나 강연을 필기**하거나 **음악방송을 가정 내에서 녹음**하는 경우를 들 수 있다. 그러나 **회사 등의 단체내부에서 업무상 이용**하기 위하여 **복제**하는 경우에는 **사적 이용이라고 볼 수 없다**. 또 **사용자 본인이 복제하여야 한다**. 따라서 **복제업자 등에게 복제를 의뢰**하는 경우에는 아무리 사적인 목적이라고 해도 **사적 이용을 위한 복제**라고 **볼 수 없을** 것이다.

(차) 도서관 등에서의 복제

① 일반 도서관의 경우: 도서관법에 따른 **도서관**과 도서・문서・기록 그 밖의 자료(이하 도서 등이라 한다)를 공중의 이용에 제공하는 시설 중 대통령령이 정하는 시설(해당시설

81) 이러한 경우에는 저작권자의 동의가 없으면 저작재산권의 침해가 된다.

의 장을 포함한다. 이하 도서관 등이라 한다)은 "① **조사·연구를 목적**으로 하는 **이용자의 요구**에 따라 공표된 도서 등의 **일부분의 복제물**을 **1인 1부에 한하여 제공**하는 경우, ② 도서 등의 **자체보존**을 위하여 필요한 경우, ③ 다른 도서관 등의 요구에 따라 **절판** 그 밖에 이에 준하는 사유로 **구하기 어려운 도서** 등의 **복제물을 보존용으로 제공**하는 경우"에는 그 도서관 등에 보관된 도서 등(앞의 ①의 경우에는 제3항의 규정에 따라 해당 도서관 등이 복제·전송받은 도서 등을 포함한다)을 사용하여 **저작물을 복제**할 수 있다. 다만, 앞의 ① 및 ③의 경우에는 **디지털 형태로 복제할 수 없다**(저작권법 제31조 제1항).

위의 규정은 도서관 등에서 **일정한 요건** 아래에서 저작권자의 **동의없이도 저작물**을 **복제**할 수 있다는 것이다. 복제의 대상은 도서관 등이 스스로 보관하고 있는 도서 등을 원칙으로 하고, 이용자가 외부에서 가지고 온 도서 등은 여기에 해당하지 않는다. 명문의 규정은 없지만 영리를 목적으로 하지 않아야 한다.

(ㄱ) 이용자의 요구에 따른 복제(제1항 제1호): 이용자의 복제요구가 연구·조사를 목적으로 하는 것이어야 하지만, 좁게 해석할 필요는 없다. 복제의 대상은 도서관이 스스로 보관하고 있는 공표된 저작물이어야 하고, 미공표저작물은 복제의 대상이 아니다. 저작권법 제31조 제3항의 규정에 따라서 해당 도서관 등이 복제·전송받은 도서 등이 포함된다. 이용자의 요구에 따라 복제하여야 한다. 따라서 미리 수요를 예측하여 복제를 해 놓고 제공하는 것은 허용되지 않는다.

복제의 범위는 도서 등의 일부분이다. 따라서 논문집에 수록되어 있는 한 편(一編)의 논문 전체는 도서 등의 일부분에 해당하므로 이를 복제할 수 있다. 여러 사람이 서로 부담하여 하나의 저작물을 일부분씩을 복제함으로써, 결국 저작물 전체를 복제하는 것은 허용되지 않는다. 1인 1부에 한하여 제공하여야 한다. 이 경우에 도서 등을 복제할 때 디지털 형태로 되어 있는 도서를 복제할 수 있으나, 디지털 형태로 복제할 수 없다(저작권법 제31조 제1항 단서).

(ㄴ) 도서관 등의 자료보존을 위한 복제(제1항 제2호): 소장 공간의 협소를 이유로 마이크로 필름화하는 경우나, 소장하고 있는 도서 등의 손상이나 분실을 대비하여 복제할 수 있다. 복제의 범위는 필요한 부분을 벗어나서는 안 된다. 이 경우에 도서 등을 복제할 때 디지털 형태로 복제할 수 있으나, 그 도서 등이 디지털 형태로 판매되고 있는 때에는 그 도서 등을 디지털 형태로 복제할 수 없다(저작권법 제31조 제4항).

(ㄷ) 다른 도서관의 요구에 따른 복제(제1항 제3호): 저작권법 제31조 제1항 본문에서 정하는 시설에서 해당하는 다른 도서관의 요구가 있어야 한다. 그 도서관의 요구에 따라 **절판** 그 밖에 이에 준하는 사유로 **구하기 어려운 도서 등의 복제물을 보존용**으로 제공하기 위하여 복제할 수 있다. 따라서 고가라든지 외국도서이어서 구입이 어렵다는 사정은 고려되지 않는다. 이 경우에 도서 등을 복제할 때 디지털 형태로 되어 있는 도서를 복제할 수

있으나, 디지털 형태로 복제할 수 없다(저작권법 제31조 제1항 단서).

② 전자도서관의 경우: 오늘날 과학과 컴퓨터 기술을 이용하여 기존의 정보와 자료를 디지털화하고, 이러한 정보와 자료를 쉽고 빠르고 정확하게 사용자가 이용할 수 있는 도서관의 형태가 생겼는데, 이러한 도서관을 전자도서관이라고 한다. 대한민국도 디지털 환경의 전자도서관을 지원하기 위하여 2000년에 전자도서관에 관한 규정을 신설하였으나, 내용이 다소 추상적이라는 **저작권자와 출판업자들의 반발**로 2003년에 관련 규정을 보완하였다.

(ㄱ) 도서관 등의 안에서 열람하는 경우: 도서관 등은 컴퓨터를 이용하여 이용자가 그 도서관 등의 안에서 **열람**할 수 있도록 보관된 도서 등을 **복제**하거나 **전송**할 수 있다. 이 경우 동시에 열람할 수 있는 이용자의 수는 그 도서관 등에서 보관하고 있거나 저작권 그 밖에 이 법에 따라 보호되는 권리를 가진 자로부터 이용허락을 받은 그 도서 등의 부수를 초과할 수 없다(저작권법 제31조 제2항). 따라서 도서관 등이 보관하고 있는 도서의 부수보다 더 많은 이용자가 동시에 열람하려면 보다 많은 부수의 도서를 구입하거나 이용허락을 함으로써 저작권자와 출판업자 등의 권리를 보호하고 있다.

(ㄴ) 다른 도서관 등의 안에서 열람하는 경우: 도서관 등은 컴퓨터를 이용하여 이용자가 다른 도서관 등의 안에서 열람할 수 있도록 보관된 도서 등을 복제하거나 전송할 수 있다. 다만, 그 전부 또는 일부가 판매용으로 발행된 도서 등은 그 발행일로부터 5년이 경과하지 아니한 경우에는 그러하지 아니하다(저작권법 제31조 제3항). 전자도서관의 경우(저작권법 제31조 제2항, 제3항)에 도서 등을 복제할 때 디지털 형태로 복제할 수 있으나, 그 도서 등이 디지털 형태로 판매되고 있는 때에는 그 도서 등을 디지털 형태로 복제할 수 없다(저작권법 제31조 제4항).

(ㄷ) 보상금의 지급: 도서관 등은 저작권법 제31조 제1항 제1호의 규정에 따라 디지털 형태의 도서 등을 복제하는 경우 및 저작권법 제31조 제3항의 규정에 따라 도서 등을 다른 도서관 등의 안에서 열람할 수 있도록 복제하거나 전송하는 경우에는 문화체육관광부장관이 정하여 고시하는 기준에 따른 **보상금을 해당 저작재산권자에게 지급**하여야 한다. 다만, 국가, 지방자치단체 또는 고등교육법 제2조의 규정에 따른 학교를 저작재산권자로 하는 도서 등(그 전부 또는 일부가 판매용으로 발행된 도서 등을 제외한다)의 경우에는 그러하지 아니하다(저작권법 제31조 제5항).

저작권법 제25조 제5항 내지 제9항(학교교육 목적 등에의 이용에 관한 보상금 지급)의 규정은 저작권법 제31조 제5항의 보상금의 지급 등에 관하여 준용한다(저작권법 제31조 제6항). 저작권법 제31조 제1항 내지 제3항의 규정에 따라 도서 등을 디지털 형태로 복제하거나 전송하는 경우에 도서관 등은 저작권 그 밖에 이 법에 따라 보호되는 권리의 침해를 방지하기 위하여 복제방지조치 등 대통령령[82]이 정하는 필요한 조치를 하여야 한다(저작권법 제31조

제5항).

③ 국립중앙도서관의 복제: 도서관법 제20조의2[83]에 따라 국립중앙도서관이 온라인 자료의 보존을 위하여 수집하는 경우에는 해당 자료를 복제할 수 있다(저작권법 제31조 제8항). 정보기술의 비약적 발달에 따라 지식정보의 생산 및 이용환경이 온라인으로 급속히 확산되고 있으나, 온라인 자료에 대한 관리가 미흡한 실정이므로, 국립중앙도서관으로 하여금 온라인 자료를 체계적으로 수집・관리하도록 복제근거를 마련하고 있다.

(카) 시험문제로서의 복제

학교의 **입학시험** 그 밖에 **학식 및 기능에 관한 시험** 또는 **검정**을 위하여 필요한 경우에는 그 목적을 위하여 정당한 범위에서 공표된 저작물을 **복제・배포**할 수 있다. 다만, **영리를 목적**으로 하는 경우에는 그러하지 아니하다(저작권법 제32조). 저작권법 제32조는 프로그램에는 적용하지 않는다(저작권법 제37조의2).

(타) 시각장애인 등을 위한 복제

공표된 저작물은 시각장애인 등을 위하여 **점자로 복제・배포**할 수 있다(저작권법 제33조 제1항). 시각장애인 등의 복리증진을 목적으로 하는 시설 중 대통령령이 정하는 시설(해당 시설의 장을 포함한다)은 **영리를 목적으로 하지 아니**하고 **시각장애인 등의 이용에 제공**하기 위하여 **공표된 어문저작물을 녹음**하거나 대통령령으로 정하는 시각장애인 등을 위한 전용 기록방식으로 **복제・배포 또는 전송**할 수 있다(저작권법 제33조 제2항). 시각장애인 등 전용 기록방식에는 ① 점자로 나타나게 하는 것을 목적으로 하는 전자적 형태의 정보기록방식, ② 인쇄물을 음성으로 변환하는 것을 목적으로 하는 정보기록방식, ③ 시각장애인을 위하여 표준화된 디지털음성 정보기록방식, ④ 시작장애인 외에는 이용할 수 없도록 기술적 정

---

82) 저작권법 시행령 제13조(도서관등의 복제방지조치 등 필요한 조치) 법 제31조제7항에서 "대통령령이 정하는 필요한 조치"란 다음 각 호의 조치를 말한다. 1. 불법 이용을 방지하기 위하여 필요한 다음 각 목에 해당하는 기술적 조치(가. 제12조에 따른 시설(이하 "도서관등"이라 한다)의 이용자가 도서관등의 안에서 열람하는 것 외의 방법으로는 도서 등을 이용할 수 없도록 하는 복제방지조치, 나. 도서관등의 이용자 외에는 도서 등을 이용할 수 없도록 하는 접근제한 조치, 다. 도서관등의 이용자가 도서관등의 안에서 열람하는 것 외의 방법으로 도서 등을 이용하거나 그 내용을 변경한 경우 이를 확인할 수 있는 조치, 라. 판매용으로 제작된 전자기록매체의 이용을 방지할 수 있는 장치의 설치, 2. 저작권 침해를 방지하기 위한 도서관 직원 교육, 3. 컴퓨터 등에 저작권 보호 관련 경고표지의 부착, 4. 법 제31조제5항에 따른 보상금을 산정하기 위한 장치의 설치

83) 저작권법시행령 제20조의2(온라인 자료의 수집) ① 국립중앙도서관은 대한민국에서 서비스되는 온라인 자료 중에서 보존가치가 높은 온라인 자료를 선정하여 수집・보존하여야 한다. ② 국립중앙도서관은 온라인 자료가 기술적 보호조치 등에 의하여 수집이 제한되는 경우 해당 온라인 자료 제공자에게 협조를 요청할 수 있다. 요청을 받은 온라인 자료 제공자는 특별한 사유가 없는 한 이에 응하여야 한다. ③ 수집된 온라인 자료에 본인의 개인정보가 포함된 사실을 알게 된 자는 대통령령으로 정하는 방식에 따라 국립중앙도서관장에게 해당 정보의 정정 또는 삭제 등을 청구할 수 있다. ④ 제3항에 따른 청구에 대하여 국립중앙도서관장이 행한 처분 또는 부작위로 인하여 권리 또는 이익의 침해를 받은 자는 「행정심판법」에서 정하는 바에 따라 행정심판을 청구하거나 「행정소송법」에서 정하는 바에 따라 행정소송을 제기할 수 있다. ⑤ 국립중앙도서관은 제1항에 따라 수집하는 온라인 자료의 전부 또는 일부가 판매용인 경우에는 그 온라인 자료에 대하여 정당한 보상을 하여야 한다. ⑥ 수집대상 온라인 자료의 선정·종류·형태와 수집 절차 및 보상 등에 관하여 필요한 사항은 대통령령으로 정한다.

보조치가 적용된 정보기록방식을 말한다(저작권법시행령 제14조 제2항). 따라서 **맹인용 점자로 복제**할 경우에는 그것이 **영리**를 위하여 한 것이라도 **저작자의 동의를 요하지 않는다.** 시각장애인 등의 **범위**는 대통령령[84]으로 정하고 있다(저작권법 제33조 제3항). 이 규정은 **잎을 못 보는 사람**뿐만 아니라 **독서장애인도 포함**된다. 그래서 표현을 시각장애인이라고 하였다.

(파) 청각장애인 등을 위한 복제 등(법 제33조의2)

누구든지 청각장애인 등을 위하여 공표된 저작물을 수화로 변환할 수 있고, 이러한 수화를 복제・배포・공연 또는 공중송수신할 수 있다. 청각장애인 등의 복리증진을 목적으로 하는 시설 중 대통령령으로 정하는 시설(해당 시설의 장을 포함한다)은 영리를 목적으로 하지 아니하고 청각장애인 등의 이용에 제공하기 위하여 필요한 범위에서 공표된 저작물 등에 포함된 음성 및 음향 등을 자막 등 청각장애인이 인지할 수 있는 방식으로 변환할 수 있고, 이러한 자막 등을 청각장애인 등이 이용할 수 있도록 복제・배포・공연 또는 공중송신할 수 있다. 이에 따른 청각장애인 등의 범위는 대통령령으로 정하고 있다.

(하) 방송사업자의 일시적 녹음・녹화

저작물을 방송할 권한을 가지는 방송사업자는 **자신의 방송**을 위하여 **자체의 수단으로 저작물**을 **일시적으로 녹음**하거나 **녹화**할 수 있다(저작권법 제34조 제1항). 이에 따라 만들어진 **녹음물** 또는 **녹화물**은 **녹음일 또는 녹화일로부터 1년을 초과하여 보존할 수 없다.** 다만, 그 녹음물 또는 녹화물이 기록의 자료로서 대통령령이 정하는 **장소에 보존**되는 경우에는 **그러하지 아니하다**(저작권법 제34조 제2항). 저작권법 시행령 제16조에서 대통령령이 정하는 **장소**는 ① **기록의 보존을 목적으로 국가나 지방자치단체가 설치・운영하는 시설,** ② 방송용으로 제공된 녹음물이나 녹화물을 기록 자료로 수집・보존하기 위하여 방송법 제2조 제3호에 따른 **방송사업자가 운영하거나 그의 위탁을 받아 녹음물** 등을 **보존하는 시설에 해당하는 시설 내**를 말한다.

녹음・녹화의 주체는 방송사업자이고, 방송사업자 스스로의 방송을 위한 것이어야 한다. 방송을 위한 것이어야 하므로 다른 용도, 즉 시청이나 보관, 감상, 판매 등을 위한 녹음・녹화는 이에 해당하지 않는다. 그리고 스스로의 방송을 위한 것이므로 타인의 방송을 위하거나 타인으로 하여금 방송하게 하기 위한 녹음・녹화도 이에 해당하지 않는다. 방송사업자 자체 수단으로 녹음・녹화하여야 하고, 일시적인 녹음・녹화이어야 한다. 녹음・녹화일로

84) 저작권법 시행령 제15조(시각장애인 등의 범위) 법 제33조에 따른 시각장애인 등의 범위는 다음 각 호와 같다. 1. 장애인복지법 시행령 별표 1 제3호에 따른 시각장애인 중 다음 각 목의 어느 하나에 해당하는 사람, 가. 좋은 눈의 시력(만국식 시력표에 따라 측정된 교정시력을 말한다)이 0.2 이하인 사람, 나. 두 눈의 시야가 각각 주시점(注視點)에서 10도 이하로 남은 사람, 2. 신체적 또는 정신적 장애로 인하여 도서를 다루지 못하거나 독서 능력이 뚜렷하게 손상되어 정상적인 독서를 할 수 없는 사람

부터 1년을 초과하여 보존하는 경우에는 방송업자는 저작권자로부터 허락을 받아야 한다.

(거) 미술저작물 등의 전시 또는 복제

① 미술저작물 등의 소유자나 그의 동의를 얻은 자의 전시: 미술저작물 등의 **원본의 소유자**나 그의 **동의를 얻은 자**는 그 **저작물을 원본에 따라서 출처를 표시하여 전시**할 수 있다. 다만, 가로 · 공원 · 건축물의 외벽 그 밖에 공중에게 개방된 장소에 항시 전시하는 경우에는 **저작권자의 허락**을 받아야 한다(저작권법 제35조 제1항).

② 공개된 미술 저작 등의 이용: 저작권법 제35조 제1항 단서의 규정에 따른(이렇게 허락받아) 개방된 장소에 항시 전시되어 있는 미술저작물 등은 어떠한 방법으로든지(예: 사진촬영, TV방영) 이를 **복제**할 수 있다(저작권법 제35조 제2항 본문). 다만, ① 건축물을 건축물로 복제하는 경우, ② 조각 또는 회화를 조각 또는 회화로 복제하는 경우, ③ 개방된 장소 등에 항시 전시하기 위하여 복제하는 경우, ④ 판매의 목적으로 복제하는 경우에는 **저작권자의 허락을 필요**로 한다(저작권법 제35조 제2항).

③ 미술저작물 등의 전시에 따른 복제: 저작권법 제35조 제1항의 규정에 따라 전시를 하는 자 또는 미술저작물 등의 **원본을 판매**하고자 하는 자는 그 저작물의 해설이나 소개를 목적으로 하는 **목록 형태의 책자에 이를 복제하여 배포**할 수 있다(저작권법 제35조 제3항). 단 일반인에게 판매 또는 배포할 목적으로 그림엽서나 복제그림 등으로 만들어 판매 또는 배포하는 것은 허용되지 않는다.

④ 위탁에 따른 초상화 또는 유사한 사진저작물의 경우에는 위탁자의 동의가 필요: 위탁에 따른 초상화 또는 이와 유사한 사진저작물의 경우에는 위탁자의 동의가 없는 때에는 이를 이용할 수 없다(저작권법 제35조 제4항).

(너) 저작물 이용과정에서의 일시적 복제

컴퓨터에서 저작물을 이용하는 경우에는 원활하고 효율적인 정보처리를 위하여 필요하다고 인정되는 범위 안에서 그 저작물을 그 **컴퓨터에 일시적으로 복제**할 수 있다. 다만 그 저작물의 이용이 저작권을 침해하는 경우에는 그러하지 아니한다(저작권법 제35조의2).

디지털 환경에서 저작권자의 권리를 균형 있게 보호하기 위하여 일시적 저장을 복제의 범위에서 명시하되, 원활하고 효율적인 정보처리를 위하여 필요하다고 인정되는 범위에서 일시적 복제에 대하여 포괄적으로 예외를 인정하고 있다.

(더) 저작물의 공정한 이용

저작권법 제23조부터 제35조의4까지, 저작권법 제101조의3부터 제101조의5까지의 경우 외에 저작물의 통상적인 이용 방법과 충돌하지 아니하고 저작자의 정당한 이익을 부당하게 해치지 아니하는 경우에는 **보도 · 비평 · 교육 · 연구 등을 위하여 저작물을 이용**할 수 있다(저작권법 제35조의3 제1항). 저작물 이용 행위가 저작권법 제35조의3 제1항에 해당하는지를 판단할 때에는 "영리성 또는 비영리성 등 이용의 목적 및 성격, 저작물의 종류 및 용도, 이용된 부분이 저작물 전체에서 차지하는 비중과 그 중요성, 저작물의 이용이 그 저작물의 현재 시장 또는 가치나 잠재적인 시장 또는 가치에 미치는 영향"의 사항 등을 고려하여야 한다(저작권법 제35조의3 제2항). 저작물의 디지털화와 유통환경의 변화에 따라 기존 저작권법상의 열거적인 저작재산권 제한규정으로는 제한규정이 필요한 다양한 상황을 모두 포괄하기 어려운 한계가 있어서 기존에 제한적으로 열거되어 있는 저작권 제한 사유 이외에도 환경변화에 적극 대응할 수 있는 포괄적인 저작재산권 제한 규정이 필요하여 2011년 개정법에서 신설한 것이다.

(러) 번역 등에 따른 이용

학교교육목적 등에의 이용(저작권법 제25조), 비영리의 공연·방송(저작권법 제29조), 사적이용을 위한 복제(저작권법 제30조), 저작권법 제35조의3부터 제35조의5까지의 규정에 따라 저작물을 이용하는 경우에는 그 저작물을 **번역·편곡 또는 개작하여 이용**할 수 있다(저작권법 제36조 제1항). 또한 **재판절차** 등에서의 복제(저작권법 제23조), 정치적 연설 등의 이용(저작권법 제24조), 시사보도를 위한 이용(저작권법 제26조), 시사적인 기사 및 논설의 복제(저작권법 제27조), 공표된 저작물의 인용(저작권법 제28조), 시험문제로서의 복제(저작권법 제32조) 또는 시각장애인 등을 위한 복제(저작권법 제33조) 청각장애인 등을 위한 복제 등에 따라 저작물을 이용하는 경우에는 그 **저작물을 번역**하여 **이용**할 수 있다(저작권법 제36조 제2항).

(머) 저작권 제한과 출처의 명시

저작물을 **자유이용**할 수 있는 경우라 하더라도 저작물을 이용하는 자는 그 **출처를 명시**하여야 한다. 다만, 저작권법 제26조(시사보도를 위한 이용)·제29조(영리를 목적으로 하지 아니하는 공연·방송), 제30조(사적이용을 위한 복제), 제31조(도서관 등에서의 복제 등), 제32조(시험문제로서의 복제)및 제34조(방송사업자의 일시적 녹음·녹화)의 경우에는 출처를 명시하지 않아도 된다(저작권법 제37조 제1항). 출처의 명시는 저작물의 이용 상황에 따라 합리적이라고 인정되는 방법으로 하여야 하며, 저작자의 실명 또는 이명이 표시된 저작물인 경우에는 그 실명 또는 이명을 명시하여야 한다(저작권법 제37조 제2항).

(3) 저작재산권의 제한과 저작인격권

저작재산권을 제한하는 규정은 저작인격권에 영향을 미치는 것으로 해석되어서는 아니된다(저작권법 제38조). 이 규정은 저작재산권 제한에 관한 규정(저작권법 제2장 제4절 제2관)은 오로지 **저작재산권만을 제한**할 뿐이며, **저작인격권**까지 제한하거나 또는 저작인격권이 영향을 받거나 하는 것은 아님을 **주의적으로 규정**한 것이다.

7) 저작권의 보호기간

(1) 기산(起算)주의

(가) 사망시 기산주의

저작자가 사망한 때를 기준으로 하여 보호기간을 계산하는 원칙이다. 사망시 기산이라 하여 사망한 이후부터 저작권이 보호된다는 것이 아니고, 저작물을 창작한 때부터 그 이후의 저작자 생존기간과 저작자 사망 후 일정한 기간 동안 보호된다는 의미이다.

(나) 공표시 기산주의

저작물의 공표된 때를 기준으로 하여 보호기간을 계산하는 원칙이다. 공표시 기산이라 하여 공표된 이후부터 저작권을 보호한다는 것이 아니고, 종기(終期)를 결정하는 기산점이라고 할 수 있다. 사망시 기산주의를 적용할 수 없거나 적당하지 않을 경우에 채택하고 있다. 대한민국은 사망시 기산주의를 원칙으로 하고, 공표시 기산주의를 특례로 규정하고 있다.

(2) 저작인격권의 보호기간

저작인격권은 저작자의 일신에 전속하는 권리이기 때문에 그 보호기간은 저작자의 생존기간이고, 저작자가 사망한 후에는 소멸하지만, 저작인격권(예: 명예권)에서 파생되는 인격적 이익을 보호한다. 즉 사망한 저작자의 저작인격권을 침해한 경우에는 유족은 침해자에 대해서 침해 정지를 청구할 수 있고, 고의나 과실로 저작인격권을 침해하여 고인의 명예를 훼손한 자에 대해서는 명예회복 및 손해배상을 청구할 수 있다. 여기서 유족은 사망한 저작자의 배우자, 자녀, 부모, 손자, 조부모, 형제자매 및 유언집행인이다. 따라서 이들 유족이 생존하는 동안 사망한 저작자의 저작인격권도 보호되는 셈이다.

(3) 저작인접권의 보호기간

저작인접권은 실연, 녹음, 방송을 한 때부터 발생하고, 그 다음 해부터 70년(방송의 경우 50년)간 보호된다(저작권법 제86조 제2항). 다만, 실연자에게 주어진 재산적 권리 외에 성명표시권과 동일성유지권이라는 인격적 권리는 실연자가 생존하는 동안만 보호된다.

(4) 저작재산권 보호기간

(가) 저작재산권 보호기간의 기산방법

저작재산권의 보호기간을 계산하는 경우에는 저작자가 **사망**하거나 저작물을 **창작** 또는 **공표한 다음 해**부터 **기산**하고 있다(저작권법 제44조). 이 규정은 보호기간의 계산을 간명하고 용이하게 하기 위하여 그 **기준점이 되는 해**의 **다음 해부터 기산**하기로 한 것이다.[85)]

(나) 저작재산권 보호기간의 원칙

저작권법상 저작재산권은 저작물의 **창작시를 시기**로 하여(저작권법 제10조 제2항) 원칙적으로 저작권법 제3관(저작재산권의 보호기간)에 특별한 규정이 있는 경우를 제외하고는 **저작자의 생존하는 동안**과 **사망 후 70년간 존속**한다(저작권법 제39조 제1항 본문 참조). **공동저작물**의 저작재산권은 **맨 마지막으로 사망한 저작자**가 사망한 후 **70년간** 존속한다(저작권법 제39조 제2항).

(다) 저작재산권의 보호기간의 특례규정

그러나 다음과 같은 경우에는 예외(저작재산권의 보호기간의 특례)로 하여 보호하고 있다.

① **무명 또는 이명 저작물의 보호기간**: 무명 또는 널리 알려지지 아니한 이명이 표시된 저작물의 저작재산권은 **공표된 때부터 70년간** 존속한다. 다만, 이 기간 내에 **저작자가 사망한지 70년이 지났다고 인정할 만한 정당한 사유가 발생한 경우**에는 그 저작재산권은 **저작자가 사망한 후 70년이 지났다고 인정되는 때**에 소멸한 것으로 본다(저작권법 제40조 제1항). 그러나 "저작자의 실명 또는 널리 알려진 이명이 **밝혀진 경우**, 저작자의 **실명등록이 있는 경우**"에 해당하는 경우에는 제1항의 규정은 이를 적용하지 아니한다(저작권법 제40조 제2항).

② **업무상저작물의 보호기간**: 업무상저작물의 저작재산권은 **공표한 때부터** 70년간 **존속**한다. 다만, **창작한 때부터** 50년 **이내**에 **공표되지 아니**한 경우에는 **창작한 때부터** 70 **년간** 존속한다(저작권법 제41조).

③ **영상저작물의 보호기간**: **영상저작물**의 저작재산권은 저작권법 제39조 및 저작권법 제40조에도 불구하고 **공표한 때부터 70년간 존속**한다. 다만, 창작한 때부터 50년 이내에 공표되지 아니한 경우에는 창작한 때부터 **70년간 존속**한다(저작권법 제42조).

④ **계속적간행물 등의 공표시기**: 저작권법 제40조 제1항(무명 또는 이명 저작물의 보호기간) 또는 저작권법 제41조(업무상저작물의 보호기간)에 따른 **공표시기**는 책·호 또는 회 등으로 공표하는 저작물의 경우에는 **매책·매호 또는 매회** 등의 **공표 시**로 하고, **일부분씩 순차적**으로 공표하여 완성하는 저작물의 경우에는 **최종부분의 공표 시**로 한다(저작권법 제43조 제1항). **일부분씩 순차적으로 공표**하여 **전부를 완성하는 저작물의 계속되어야 할 부분**이 **최근의 공표시기부터 3년이 경과**되어도 **공표되지 아니하는 경우**에는 이미 공표된 **맨 뒤의 부분**을 이에 따른 **최종부분**으로 본다(저작권법 제43조 제2항).

⑤ **데이터베이스 보호기간**: 저작권 데이터베이스 제작자의 권리는 데이터베이스 제작을 완료한 때부터 발생하며, 그 다음 해부터 계산하여 5년간 존속한다(저작권법 제95조 제1항). 데이터베이스의 갱신등을 위하여 인적 또는 물적으로 상당한 투자가 이루어진 경우에

85) 윤선희, 앞의 책(2009), 444면 참조.

해당 부분에 대한 데이터베이스제작자의 권리는 그 갱신 등을 한 때부터 발생하며, 그 다음 해부터 기산하여 5년간 존속한다(저작권법 제95조 제2항).

⑥ **컴퓨터프로그램저작물의 보호기간**: 베른협약에 따라 컴퓨터프로그램저작물은 어문저작물의 일종으로 보호하고 있다. 대한민국은 일반저작물과 동일하게 공표기준을 저작자 사후 기준으로 변경하여 컴퓨터프로그램저작물의 보호기간은 저작자 사후 70년간 존속한다.

저작물의 형태에 따른 보호기간

구분	내용	
저작인격권	* 저작자의 생존기간 * 저작자 사후의 인격적 이익의 보호에 관한 별도의 규정을 두고 있음 = 명예권	
저작재산권	원칙	저작자의 생존하는 동안 + 사망 후 다음해부터 70년간
	공동저작물	저작자의 생존하는 동안 + 맨 마지막으로 사망한 저작자의 사망 후 다음해부터 70년간
	무명·이명저작물	공표된 때부터 70년간
	업무상저작물	
	영상저작물	
	프로그램저작물	
저작인접권	데이터베이스저작물	제작을 완료한 때부터 그 다음 해부터 계산하여 5년간 존속
	* 실연을 한 때, 음반을 발행한 때, 방송한 때부터 다음해 기산하여 70년간(방송의 경우 50년간)	

8) 저작재산권의 변동(활용)

저작권 중 저작인격권은 양도가 되지 않는 일신전속적인 성격을 갖고 있으나, 저작재산권의 경우에는 양도와 이용을 위한 허락이 인정된다. 특히, 저작권의 활용이 저작권자 자신에 따른 이용보다는 제3자에 대한 이용허락을 통하여 이루어진다는 점에서 저작물의 이용허락은 저작권 활용의 핵심 요소라 평가할 수 있다. 또한 저작물의 양도나 이용허락을 제한하기 위하여 질권을 설정할 수 있으며, 특정한 경우에는 이용허락이 법적으로 강제된다. 저작권법에서는 저작자 또는 저작권자의 이익 보호를 위하여 저작재산권의 이전 등 소정의 사항에 대한 등록제도를 두고 있다.

(1) 저작재산권의 변동의 의의

저작권은 저작권자 자신이 갖는 독점적·배타적 권리이므로, 저작권 중 저작인격권은 양도가 허락되지 않지만, 저작재산권은 **양도**(저작권법 제45조)나 **이용허락**(저작권법 제46조),

법정허락(저작권법 제51조, 제52조) 및 **배타적 발행권설정계약**(저작권법 제57조) 등을 체결하여 저**작물을 변동하거나 이용**할 수 있다. 또한 저작권자가 누구인가 판명되지 않는 경우에는 **법정허락**(저작권법 제50조)에 따른 저작물의 이용이 가능하다.

(2) 저작재산권의 양도 · 행사 · 소멸

(가) 저작재산권의 양도성

저작재산권은 **전부** 또는 **일부를 양도**할 수 있다(저작권법 제45조 제1항). 저작재산권의 일부분을 양도할 수도 있고, 지역적 · 장소적으로 제한하여 양도할 수 있다. 장래에 발생할 저작재산권도 양도가 가능하다. 양도의 방식에는 제한이 없다. 등록은 단지 대항요건이다.

전부양도는 일반재산권과 마찬가지로 양도인에게 귀속되어 있던 저작재산권 전부를 양수인에게 이전하는 것이다. 저작재산권의 전부를 양도하는 경우에 특약이 없는 때에는 저작권법 제22조에 따른 **2차적 저작물을 작성하여 이용할 권리**는 **포함되지 아니한 것으로 추정**하고 있다(저작권법 제45조 제2항 본문). 다만, **프로그램의 경우** 특약이 없는 한 **2차적 저작물작성권**도 함께 **양도**된 것으로 **추정**하고 있다(저작권법 제45조 제2항 단서).

저작재산권은 일부양도도 허용된다. 저작권 자체에 분할성이 있어서 저작권 속에 있는 권리의 다발(bundle of rights)은 작은 다발로 나눌 수 있고, 각 다발은 별개로 양도될 수 있다. 따라서 저작재산권의 내용인 복제권, 공중송신권, 전시권, 배포권 및 제2차적 저작물 등의 작성권, 대여권 등의 권리를 별개로 양도할 수 있다.[86)]

(나) 저작권의 질권설정

저작재산권을 목적으로 하는 **질권**은 그 저작재산권의 양도 또는 그 저작물의 이용에 따라 저작재산권자가 받을 금전 그 밖의 물건(출판권 및 프로그램배타적발행권 설정의 대가를 포함한다)에 대하여도 **행사**할 수 있다. 다만, 이들의 지급 또는 인도전에 이를 **압류하**여야 한다(저작권법 제47조 제1항). 질권의 목적으로 된 저작재산권은 설정행위에 특약이 없는 한 **저작재산권자가 이를 행사**한다(저작권법 제47조 제2항). 저작재산권을 목적으로 하는 질권의 설정 · 이전 · 변경 · 소멸 또는 처분제한은 등록하지 아니하면 제3자에게 대항할 수 없다(저작권법 제54조 제2호 참조).

(다) 공동저작물의 저작재산권의 행사

① **의의**: 공동저작물의 저작재산권은 그 저작재산권자 전원의 합의에 따르지 아니하고는 이를 행사할 수 없으며, 다른 저작재산권자의 동의가 없으면 그 지분을 양도하거나 질권의 목적으로 할 수 없다. 이 경우 각 저작재산권자는 신의에 반하여 합의의 성립을 방

86) 이기수 외 6인 공저, 앞의 책, 963면 참조.

해거나 동의를 거절 수 없다(저작권법 제48조 제1항).

② **이익배분**: 공동저작물의 이용에 따른 공동저작자간에 특약이 없는 때에는 그 저작물의 창작에 이바지한 정도에 따라 각자에게 배분된다. 이 경우 각자의 이바지한 정도가 명확하지 아니한 때에는 균등한 것으로 추정한다(저작권법 제48조 제2항). 공동저작물의 저작재산권자는 그 공동저작물에 대한 자신의 지분을 포기할 수 있으며, 포기하거나 상속인이 없이 사망한 경우에 그 지분은 다른 저작재산권자에게 그 지분의 비율에 따라 배분된다(저작권법 제48조 제3항).

(라) 저작재산권 등의 기증

저작재산권자 등은 자신의 권리를 문화체육관광부장관에게 기증할 수 있다(저작권법 제135조 제1항). 저작자가 자신이 창작한 저작물을 일반국민들이 이용할 수 있도록 저작재산권 등을 국가에 기증함으로써 사회적 나눔과 문화적 소통을 원활하여 보다 나은 창작 환경 조성에 기여하기 위한 것이다. 기증할 수 있는 저작재산권은 어문, 음악, 연극, 미술, 사진, 건축, 영상, 도형, 컴퓨터프로그램 등 저작물(인접저작물 포함)에 대한 저작재산권 등이다.

‘애국가’의 저작권은 누구에게 있을까? 저작권도 기증하는 시대…‘애국가’ 포함 55건 · 신청하면 자유 이용

문화체육관광부장관은 저작재산권자 등으로부터 기증된 저작물 등의 권리를 공정하게 관리할 수 있는 단체를 지정(현재, 한국저작권위원회를 지정)할 수 있다(저작권법 제135조 제2항). 이렇게 지정된 단체는 영리 목적으로 또는 해당 저작재산권자 등의 의사에 반하여 저작물 등을 이용할 수 없다(저작권법 제135조 제3항). 기증저작물은 이용허락 신청절차 없이 자유이용 할 수 있다. 다만, 기증자가 기증권리범위를 정한 기증저작물을 이용하고자 하는 경우에는 이름, 연락처, 이용목적 등의 내용을 기재한 이용허락 신청서를 한국저작권위원회에 제출하여 이용승인을 받은 후 이용할 수 있다(기증업무처리규정 제17조). 기증저작물 등에 관한 정보는 저작권위원회 자유이용허락사이트(http://freeuse.copyright.or.kr)를 통해 디지털 파일형태로 공개하고 있고, 해당 저작물을 이용하고자 하는 사람은 저작권위원회에 이용허락을 받아 사용하면 된다.

(마) 저작재산권의 소멸

저작재산권자가 상속인 없이 사망한 경우에 그 권리가 민법 그 밖에 법률의 규정에 따라서 국가에 귀속하는 경우(저작권법 제49조 제1호)에 저작재산권은 소멸되며, 저작재산권자인 법인 또는 단체가 해산되어 그 권리가 민법 그 밖의 법률에 따라서 국가에 귀속되는 경우(저작권법 제49조 제2호)에도 저작재산권은 소멸된다.

(3) 저작물의 이용허락

(가) 저작권의 이용허락(보통허락)

① **의의**: 저작재산권자는 다른 사람에게 그 **저작물의 이용을 허락**할 수 있다(저작권법 제46조 제1항). **허락**은 저작재산권자의 이용승낙의 의사표시이며, 이용권은 계약에 따라서 발생한다. 저작권에 관한 계약을 해석함에 있어 과연 그것이 저작권 양도계약인지, 이용허락계약인지는 명백하지 아니한 경우 저작권 양도 또는 이용허락 되었음이 외부적으로 표현되지 아니한 경우에는 저작자에게 권리가 유보된 것으로 유리하게 추정함이 상당하며, 계약내용이 불분명한 경우 구체적인 의미를 해석함에 있어 거래 관행이나 당사자의 지식, 행동 등을 종합하여 해석하여야 한다(대판 1996.7.30, 95다29130).

② **이용범위 및 법적 성질, 양도**: 저작물의 이용허락을 받은 자는 허락받은 이용 방법 및 조건의 범위 안에서 그 저작물을 이용할 수 있다(저작권법 제46조 제2항). **피허락자의 이용권의 법적 성질**은 **채권**이다.

③ **이용의 제한**: 저작재산권이 **제3자에게 양도**될 때에는 이용권자는 **양수인에게** 자기의 **이용권**을 **주장**할 수 **없다**. 그리고 저작물을 이용할 수 있는 권리는 신의성실의 원칙에 입각한 것이므로 허락에 따라서 저작물을 이용할 수 있는 권리는 **저작재산권자의 동의 없이 제3자에게** 이를 **양도**할 수 **없다**(저작권법 제46조 제3항).

(나) 간주(의제)으로서의 법정허락

① **의의**: 타인의 저작물을 이용하기 위해서는 저작권자의 허락을 받는 것이 원칙이다. 그러나 상당한 노력을 기울였어도 권리자를 알 수 없거나 권리자의 소재를 파악할 수 없는 경우 등 일정한 경우에는 법으로서 그 이용을 허락하는 제도가 있는데 이를 법정허락 제도라고 한다. 예를 들면, 영화를 제작할 때 영화제작자는 동 영화가 타인의 저작물을 침해하지는 않는지, 타인의 저작물을 이용하는 경우에는 허락을 받았는지, 받아야 하는지 등의 조사를 해야 한다.[87]

저작권법상 법정허락이 인정되는 경우는 다음과 같다. ① 공표된 저작물(외국인의 제작물을 제외한다)의 저작재산권자나 그의 거소를 알 수 없어 그 저작물의 이용허락을 받을 수 없는 경우, ② 공표된 저작물을 공익상 필요에 따라서 방송하고자 하는 방송사업자가 그 저작재산권자와 협의하였으나 협의가 성립되지 않은 경우, ③ 판매용 음반이 우리나라에서 처음으로 판매되어 3년이 경과한 경우 그 음반에 녹음된 저작물을 녹음하여 다른 판매용 음반을 제작하고자 하는 자가 그 저작재산권자와 협의하였으나 협의가 성립되지 않은 때

위의 경우에는 대통령령이 정하는 바에 따라 문화체육관광부장관의 승인을 얻은 후 문

87) 특허청·한국발명진흥회 편저, 앞의 책, 177면 참조.

화체육관광부장관이 정하는 기준에 따른 보상금을 해당 저작권자에게 지급하거나 공탁하고 저작물을 이용할 수 있다. 저작물의 법정허락에 관한 규정은 실연·음반 및 방송 이용과 관련하여 준용된다(저작권법 제89조).

② 저작재산권자 불명인 저작물의 이용: 누구든지 대통령령이 정하는 기준에 해당하는 상당한 노력을 기울였어도 공표된 저작물의 저작재산권자나 그의 거소를 알 수 없어 그 저작물의 이용허락을 받을 수 없는 경우에는 대통령령이 정하는 바에 따라 문화체육관광부장관의 승인을 얻은 후 문화체육관광부장관이 정하는 기준에 따른 보상금을 제112조에 따른 한국저작권위원회에 지급하고 이를 이용할 수 있다(저작권법 제50조 제1항). 저작권법 제50조제1항에서 "대통령령이 정하는 기준에 해당하는 상당한 노력"이란 "① 저작권법 제55조 제3항에 따른 저작권등록부의 열람 또는 그 사본의 교부 신청을 통하여 해당 저작물의 저작재산권자나 그의 거소를 조회할 것, ② 해당 저작물을 취급하는 저작권법 제105조 제1항에 따른 **저작권신탁관리업자**(해당 저작물이 속하는 분야의 저작물을 취급하는 저작권신탁관리업자가 없는 경우에는 저작권법 제105조 제1항에 따른 저작권대리중개업자 또는 해당 저작물에 대한 이용을 허락받은 사실이 있는 이용자 중 2명 이상)에게 저작재산권자나 그의 거소를 조회하는 확정일자 있는 문서를 보냈으나 이를 알 수 없다는 회신을 받거나 문서를 발송한 날부터 1개월이 지났는데도 회신이 없을 것, ③ 저작재산권자나 그의 거소 등 문화체육관광부령으로 정하는 사항을 "㉮ 신문 등의 진흥에 관한 법률 제9조 제1항에 따라 보급지역을 전국으로 하여 등록한 일반일간신문 ㉯ 문화체육관광부의 인터넷 홈페이지와 저작권법 제73조 제2항에 따른 권리자가 불명인 저작물 등의 권리자 찾기 정보시스템(이하 "권리자 찾기 정보시스템"이라 한다)"에 공고한 날부터 10일이 지났을 것"의 요건을 모두 충족하는 것을 말한다(저작권법시행령 제18조 제1항).

저작권법 제50조에 따라 이용하려는 저작물이 저작권법 제25조 제8항(저작권법 제31조 제6항에서 준용하는 경우를 포함한다)에 따른 보상금 분배 공고를 한 날부터 5년이 경과한 미분배 보상금 관련 저작물, 그 밖에 저작재산권자나 그의 거소가 명확하지 않은 저작물에 해당하고 문화체육관광부장관이 그 저작물에 대하여 "① 저작권법 제55조에 따른 저작권등록부를 통한 해당 저작물의 저작재산권자나 그의 거소의 조회, ② 저작권법 제52조 제3항에 따라 저작권위탁관리업자가 보고한 사항을 통한 해당 저작물의 저작재산권자나 그의 거소의 조회, ③ 권리자 찾기 정보시스템에 저작재산권자나 그의 거소 등 문화체육관광부령으로 정하는 사항을 공고한 날부터 3개월 이상이 지났을 것"의 모든 노력을 한 경우에는 상당한 노력의 모든 요건을 충족한 것으로 본다(저작권법시행령 제18조 제2항).

이에 따라 **저작물을 이용하는 자는 그 뜻과 승인연월일을 표시**하여야 한다(저작권법 제50조 제2항). 법정허락된 저작물이 다시 법정허락의 대상이 되는 때에는 대통령령이 정하는 기준에 해당하는 상당한 노력의 절차를 생략할 수 있다. 이는 후발 사용자의 신속한 법정허락을 가능하게 하고 있다. 다만, 그 저작물에 대한 법정허락의 승인 이전에 저작재산권자가 대통령령이 정하는 절차에 따라 이의를 제기하는 때에는 그러하지 아니하다(저작권법 제50조 제3항).

문화체육관광부장관은 대통령령이 정하는 바에 따라 법정허락 내용을 정보통신망에 게시하여야 한다(저작권법 제50조 제4항). 문화체육관광부장관은 저작권법 제50조부터 제52조까지의 규정에 따른 승인을 하는 경우에는 그 내용을 신청인과 해당 저작재산권자에게 알려야 한다. 이 경우 저작재산권자나 그의 거소를 알 수 없는 경우에는 관보 및 권리자 찾기 정보시스템에 공고하여야 한다(저작권법시행령 제21조 제1항). 문화체육관광부장관은 저작권법 제50조 제1항에 따른 승인을 한 경우에는 저작권 법 제50조 제4항에 따라 "1. 저작물의 제호 및 공표연월일, 2. 저작자 또는 저작재산권자의 성명, 3. 이용 승인을 받은 자의 성명, 4. 저작물의 이용 승인 조건(이용허락기간 및 보상금), 5. 저작물의 이용 방법 및 형태"의 내용을 문화체육관광부의 인터넷 홈페이지와 권리자 찾기 정보시스템에 1개월 이상 게시하여야 한다(저작권법시행령 제21조 제2항).

③ 공표된 저작물의 방송: 공표된 저작물을 공익상 필요에 따라서 방송하고자 하는 방송사업자가 그 저작재산권자와 협의하였으나 협의가 성립되지 아니하는 경우에는 대통령령이 정하는 바에 따라 문화체육관광부장관의 승인을 얻은 후 문화체육관광부장관이 정하는 기준에 따른 보상금을 해당 저작재산권자에게 지급하거나 공탁하고 이를 방송할 수 있다(저작권법 제51조).

④ 판매용 음반의 제작: 판매용 음반이 우리나라에서 처음으로 판매되어 **3년이 경과**한 경우 그 음반에 녹음된 저작물을 녹음하여 다른 판매용 음반을 제작하고자 하는 자가 그 저작재산권자와 협의하였으나 협의가 성립되지 아니하는 때에는 대통령령이 정하는 바에 따라 문화체육관광부장관의 승인을 얻은 후 문화체육관광부장관이 정하는 기준에 따른 보상금을 해당 저작재산권자에게 지급하거나 공탁하고 다른 판매용 음반을 제작할 수 있다(저작권법 제52조).

9) 배타적 발행권

(1) 배타적 발행권의 의의와 설정

(가) 배타적 발행권의 의의

저작물을 발행하거나 복제 · 전송할 권리를 가진 자는 그 저작물을 발행 등에 이용하고자 하는 자에 대하여 설정행위에 따라서 배타적 권리를 설정할 수 있다(저작권법 제57조). 이것을 배타적 발행권이라 한다.[88] 이러한 배타적 발행권은 산업재산권상의 전용실시권과

88) 배타적발행권은 한미 FTA를 이행할 목적으로 2011년 개정 신설된 것이다. 사실적으로 배타적발행권이나 출판권은 같은 내용으로 종이책을 출판하려면 출판권을 획득하여야 하고, 전자책을 내려면 배타적발행권을 획득하여야 한다.

유사한 성질을 가지는 권리라고 볼 수 있다. 이에는 컴퓨터프로그램의 배타적 발행과 다른 형태의 저작물 발행을 포함하고 있다. 발행에는 전송까지 포괄하고 있다. 다만, 프로그램 배타적 발행권은 배타적 발행권의 하나의 유형이므로, 이를 배타적 발행권에 포섭하고, 출판권은 출판업계의 의견을 반영하여 배타적 발행권에서 출판권을 제외하여, 출판권 설정에 대해서만 별도 특례를 유지하고 있다.

(나) 배타적 발행권의 설정

저작물을 발행하거나 복제·전송(이하 "발행등 "이라 한다)할 권리를 가진 자는 그 저작물을 발행 등에 이용하고자 하는 자에 대하여 배타적 권리(이하 "배타적발행권"이라 하며, 저작권법 제63조에 따른 출판권은 제외한다. 이하 같다)를 설정할 수 있다(저작권법 제57조 제1항). 배타적 발행권은 저작재산권자만 설정할 수 있는 것이 아니라, 발행 등의 권리를 가진 제3자도 설정할 수 있다. 또한 저작재산권자는 그 저작물에 대하여 발행 등의 방법 및 조건이 중첩되지 않는 범위 내에서 새로운 배타적발행권을 설정할 수 있다(저작권법 제57조 제2항). 다만, 저작재산권자는 그 저작물의 복제권·배포권·전송권을 목적으로 하는 질권이 설정되어 있는 경우에는 그 질권자의 허락이 있어야 배타적발행권을 설정할 수 있다(저작권법 제57조 제4항).

(2) 배타적 발행권자의 권리와 의무

(가) 저작물 이용권

배타적발행권을 설정받은 자(이하 "배타적발행권자"라 한다)는 그 설정행위에서 정하는 바에 따라 그 배타적발행권의 목적인 저작물을 **발행** 등의 방법으로 이용할 권리를 가진다(저작권법 제57조 제3항). 발행이란 저작물 또는 음반을 공중의 수요를 충족시키기 위해 복제·배포·전송하는 것을 말한다(저작권법 제2조 제24호).

(나) 9개월 이내에 발행할 의무

배타적발행권자는 그 설정행위에 특약이 없는 때에는 배타적발행권의 목적인 저작물을 복제하기 위하여 필요한 원고 또는 이에 상당하는 물건을 받은 날부터 9월 이내에 이를 발행 등의 방법으로 이용하여야 한다(저작권법 제58조 제1항).

(다) 계속 발행의무

배타적발행권자는 그 설정행위에 특약이 없는 때에는 관행에 따라 그 저작물을 계속하여 발행 등의 방법으로 이용하여야 한다(저작권법 제58조 제2항). 계속하여 발행 등의 방법으로 이용이라는 것은 저작물이 항상 복제·배포·전송 등의 방법으로 항상 시중에 유통 상태에 있도록 발행 등의 행위를 반복하는 것을 의미한다.

(라) 저작재산권자의 표지(標紙)의무

배타적발행권자는 특약이 없는 때에는 각 복제물에 대통령령이 정하는 바에 따라 저작재산권자의 표지를 하여야 한다(저작권법 제58조 제3항). 저작권법 제58조 제3항에 따른 저작재산권자의 표지에 수록되는 사항은 "① 복제의 대상이 외국인의 저작물일 경우에는 저작재산권자의 성명 및 맨 처음의 발행연도의 표지, ② 복제의 대상이 대한민국 국민의 저작물일 경우에는 ①에 따른 표지 및 저작재산권자의 **검인**, ③ 배타적발행권자가 복제권의 양도를 받은 경우에는 그 취지의 표시"를 수록하여야 한다. 다만, 신문 등의 진흥에 관한 법률 제9조 제1항에 따라 등록된 신문 및 잡지 등 정기간행물의 진흥에 관한 법률 제15조 및 제16조에 따라 등록 또는 신고된 정기간행물의 경우에는 저작재산권자의 표지를 하지 아니한다(저작권법시행령 제38조). 저작재산권자의 표지의무는 저작권자의 보호와 밀접한 관련이 있는 것으로 검인(檢印)첨부에서 비롯된 것이다. 검인첨부는 배타적발행권의 발행부수를 확인할 수 있는 유일한 수단으로서 1957년 저작권법에서는 저작재산권자(복제권자)의 표지의무규정이 강행규정이었으나, 현행법은 임의규정으로 당사자의 특약으로 이 의무를 면제할 수 있다.

(마) 재발행 통지의무

배타적발행권자는 배타적발행권의 목적인 저작물을 발행 등의 방법으로 다시 이용하고자 하는 경우에 특약이 없는 때에는 그때마다 미리 저작자에게 그 사실을 알려야 한다(저작권법 제58조의1 제2항).

(바) 원고반환의무

배타적 발행권 설정계약에 따라 원고(原稿)가 배타적 발행권자에게 인도된 경우, 점유만 이전한 것이고, 원고의 소유권은 여전히 저작권자가 가지고 있다. 따라서 저작권자의 반환청구가 있으면 배타적발행권자는 원고를 반환하여야 한다.

(3) 저작자의 권리

(가) 저작물의 수정증감권

배타적발행권자가 배타적발행권의 목적인 저작물을 발행 등의 방법으로 다시 이용하는 경우에 **저작자**는 정당한 범위 안에서 그 저작물의 내용을 수정하거나 증감할 수 있다(저작권법 제58조의1 제1항).

(나) 배타적발행권 소멸통고권

저작재산권자는 배타적발행권자가 원고 또는 이에 상당한 물건을 받은 날로부터 9개월 이내에 출판하지 아니하거나, 그 저작물을 계속하여 발행하는 방법으로 이용하지 않는 경우(저작권법 제58조 제1항 또는 제2항을 위반한 경우)에는 6월 이상의 기간을 정하여 그 이행을 최고하고 그 기간 내에 이행하지 아니하는 때에는 배타적발행권의 소멸을 통고할 수 있다(저작권법 제60조 제1항). 저작재산권자는 배타적발행권자가 그 저작물을 발행 등의 방법으로 이용하는 것이 불가능하거나 이용할 의사가 없음이 명백한 경우에는 즉시 배타적발행권의 소멸을 통고할 수 있다(저작권법 제60조 제2항).

배타적발행권의 소멸을 통고한 경우에는 배타적발행권자가 통고를 받은 때에 배타적발행권이 소멸한 것으로 본다(저작권법 제60조 제3항). 배타적발행권 소멸통고에 따라서 배타적발행권이 소멸한 경우에, 저작재산권자는 배타적발행권자에 대하여 언제든지 원상회복을 청구하거나 발행 등을 중지함으로 인한 손해의 배상을 청구할 수 있다(저작권법 제60조 제4항).

(다) 배타적발행권 소멸 후의 복제물의 배포금지요구권

배타적발행권이 그 존속기간의 만료 그 밖의 사유로 소멸된 경우에는 그 배타적발행권을 가지고 있던 자는 "① 배타적발행권 설정행위에 특약이 있는 경우, ② 배타적발행권의 존속기간 중 저작재산권자에게 그 저작물의 발행에 따른 대가를 지급하고 그 대가에 상응하는 부수의 복제물을 배포하는 경우"에 해당하는 경우를 제외하고는 그 배타적발행권의 존속기간 중 만들어진 복제물을 배포할 수 없다(저작권법 제61조).

(라) 저작자 사후의 권리

저작재산권자는 배타적발행권 존속기간 중 그 배타적발행권의 목적인 저작물의 저작자가 사망한 때에는 저작자를 위하여 저작물을 전집 그 밖의 편집물에 수록하거나 전집 그 밖의 편집물의 일부인 저작물을 분리하여 이를 따로 발행 등의 방법으로 이용할 수 있다(저작권법 제59조 제2항).

(4) 배타적발행권의 존속기간 및 양도 · 제한 등

배타적발행권은 그 설정행위에 특약이 없는 때에는 맨 처음 발행 등을 한 날로부터 3년간 존속한다. 다만, 저작물의 영상화를 위하여 배타적발행권을 설정하는 경우에는 5년으로 한다(저작권법 제58조 제1항). 배타적발행권자는 저작재산권자의 동의 없이 배타적발행권을 양도하거나 또는 질권의 목적으로 할 수 없다(저작권법 제62조 제1항).

배타적발행권의 목적으로 되어 있는 저작물의 복제 등에 관하여는 저작권법 제23조, 제24조, 제25조제1항부터 제3항까지, 제26조부터 제28조까지, 제30조부터 제33조까지, 제35조제2항 및 제3항, 제35조의2, 제35조의3, 제36조 및 제37조를 준용한다(저작권법 제62조 제2항).

8. 출판에 관한 특례

2011년 저작권법이 개정되어 배타적발행권이 신설됨에 따라, **출판권 관련규정이 배타적발행권으로 편입**되었고, 출판권 설정에 관한 규정만 출판에 관한 특례에 남았다. 배타적발행권에서 출판권을 제외함으로써 설정행위에 따라 권리관계가 불명확해질 가능성을 배제하고 불필요한 혼돈을 미연에 방지하였다. 출판권 설정에 대하여는 기존 출판권 규정이 그대로 적용된다.

출판이란 개인의 사상과 감정의 기록을 인쇄 그 밖의 방법으로 타인에게 전달하기 위하여 문서 또는 도서로써 복제 배포하는 것을 말한다. 이러한 출판권은 본래 저작권의 일부로서 저작자만이 행사할 수 있다. 그러나 일반적으로 저작권자가 이러한 출판의 권능을 제3자에게 맡길 경우가 많다. 즉, 저작권법 제63조 제1항은 “출판저작물을 복제・배포할 권리를 가진 자(이하 복제권자라 한다)는 그 저작물을 인쇄 그 밖에 이와 유사한 방법으로 문서 또는 도화로 발행하고자 하는 자에 대하여 이를 출판할 권리(이하 출판권이라 한다)를 설정할 수 있다”라고 규정하고 있다.

출판권을 설정받은 자(이하 출판권자라 한다)는 그 설정행위에서 정하는 바에 따라 그 출판권의 목적인 저작물을 원작 그대로 출판할 권리를 가진다(저작권법 제63조 제2항). 따라서 원작을 개변(改變)하는 것은 허용하지 않으나, **오자(誤字)나 탈자(脫字)를 고치거나 맞춤법이 틀린 것을 수정하는 것은 가능**하다. 출판권자가 출판권 설정을 받더라도 저작자의 동일성유지권 등 저작인격권을 침해서는 아니된다. 또한 출판권은 저작권에 속하는 권리로서 저작자가 갖는 것이지만, 복제권자는 그 저작물의 복제권을 목적으로 하는 질권이 설정되어 있는 경우에는 그 질권자의 허락이 있어야 출판권을 설정할 수 있다(저작권법 제63조 제3항).

전자출판의 경우 복제・전송할 권리에 대한 계약이 있어야 하므로, 별도의 배타적 발행권 설정계약 없이 기존의 출판계약만으로는 전자출판을 할 수 없다. 출판권 설정에 대하여는 기존 출판권 규정이 그대로 적용되므로, 기존 출판권 설정내용이 그대로 적용된다. 비록 조문의 규정형식은 달라졌으나, 출판권과 관련하여서는 기존 출판권자의 권리 및 의무에 관한 규정을 모두 배타적발행권 규정에 준용(저작권법 제63조2)하도록 하고 있으므로 아무런 차이가 없다. 즉, 배타적 발행권자의 의무(저작권법 제58조), 저작물의 수정증감(저작권법 제58조의2), 배타적발행권의 존속기간 등(저작권법 제59조), 배타적 발행권의 소멸통고(저작권법 제60조), 배타적 발행권 소멸 후의 복제물 배포(저작권법 제61조), 배타적 발행권의 양도・제한 등(저작권법 제62조)의 규정은 출판권에 관하여 준용하고 있다. 이 경우 배타적 발행권은 출판권으로, 저작재산권자는 복제권자로 본다(저작권법 제63조의2).

9. 영상저작물에 관한 특례

1) 영상저작물의 의의

영상저작물은 연속적인 영상(음의 수반여부는 가리지 아니한다)이 수록된 창작물로서 그 영상을 기계 또는 전자장치에 따라서 **재생**하여 볼 수 있거나 보고 들을 수 있는 것을 말한다(저작권법 제2조 제13호). 따라서 영화, 비디오, 영상이 나오는 레이저 디스크 등이 영상저작물이다. **영상제작자**는 영상저작물의 제작에 있어 그 전체를 기획하고 책임을 지는 자를 말한다(저작권법 제2조 제14호).

2) 영상저작물에 관한 특례

(1) 영상저작물에 관한 특례 취지

영상저작물에 관한 특례를 둔 취지는 영상전체를 기획하고 책임을 지는 영상저작물의 **제작자의 지원 아래**에 **원작자, 시나리오작가, 감독, 배우, 촬영기사, 미술제작자, 장치나 의상담당자** 등이 **제각각 관여**하여 **창작적 기여**를 하는 **복합적 종합예술**의 영상저작물이다. 문제는 영상저작물의 창작과정에 관여한 사람들이 **모두 저작자로 권리를 행사**하게 되면, **영상제작자**는 영상저작물을 **원활히 유통시킬 수 없게 된다**. 바로 이러한 문제를 해결하기 위해 특례규정을 두게 된 것이다.[89)]

(2) 영상저작물에 관한 특례의 내용

(가) 저작물의 영상화에 관한 특약이 없는 경우

저작재산권자가 저작물의 **영상화**를 다른 사람에게 **허락한 경우**에 특약이 없는 때에는 "① 영상저작물을 제작하기 위하여 저작물을 각색하는 것, ② 공개상영을 목적으로 한 영상저작물을 공개상영하는 것, ③ 방송을 목적으로 한 영상저작물을 방송하는 것, ④ 전송을 목적으로 한 영상저작물을 전송하는 것, ⑤ 영상저작물을 그 본래의 목적으로 복제・배포하는 것, ⑥ 영상저작물의 번역물을 그 영상저작물과 같은 방법으로 이용하는 것"의 권리를 포함하여 **허락한 것으로 추정**한다(저작권법 제99조 제1항). 또 **저작재산권자**는 그 저작물의 **영상화를 허락**한 경우에 특약이 없는 때에는 허락한 날부터 **5년이 경과한 때**에 그 저작물을 다른 영상저작물로 영상화하는 것을 허락할 수 있다(저작권법 제99조 제2항).

(나) 영상저작물에 대한 권리

영상제작자와 영상저작물의 **제작에 협력**할 것을 약정한 자가 그 영상저작물에 대하여

---

89) 이동훈 외, 앞의 책, 318면 참조.

저작권을 취득한 경우 특약이 없는 한 그 영상저작물의 이용을 위하여 필요한 권리는 **영상제작자**가 이를 **양도 받은 것**으로 **추정**한다(저작권법 제100조 제1항). 또 영상저작물의 제작에 사용되는 소설·각본·미술저작물 또는 음악저작물 등의 지적재산권은 저작권법 제100조 제1항의 규정으로 인하여 영향을 받지 아니한다(저작권법 제100조 제2항). 그리고 영상제작자와 영상저작물의 **제작에 협력**할 것을 **약정한 실연자**의 그 영상저작물의 이용에 관한 저작권법 제69조의 규정에 따른 **복제권**, 저작권법 제70조의 규정에 따른 **배포권**, 저작권법 제73조의 규정에 따른 **방송권** 및 저작권법 제74조의 규정에 따른 **전송권**은 특약이 없는 한 **영상제작자**가 이를 **양도 받은 것**으로 **추정**한다(저작권법 제100조 제3항).

3) 영상제작자의 권리의 질권설정·양도

영상제작물의 **제작에 협력**할 것을 약정한 자로부터 **영상제작자가 양도** 받는 영상저작물의 이용을 위하여 필요한 권리는 영상저작물을 복제·배포·공개상영·방송·전송 그 밖의 방법으로 **이용할 권리**로 하며, 이를 **양도**하거나 **질권**의 목적으로 할 수 있다(저작권법 제101조 제1항). 또 **실연자**로부터 영상제작자가 양도 받는 권리는 그 영상저작물을 복제·배포·방송 또는 전송할 권리로 하며, 이를 양도하거나 **질권**의 목적으로 할 수 있다(저작권법 제101조 제2항).

4) 영상저작물의 보호기간

영상저작물의 저작재산권은 저작권법 제39조 및 저작권법 제40조에도 불구하고 공표한 때부터 **70년간 존속**한다. 다만, **창작한 때**부터 50년 이내에 공표되지 아니한 경우에는 창작한 때부터 **70년간 존속**한다(저작권법 제42조).

10. (컴퓨터) 프로그램에 관한 특례

1) 서설

현재 세계는 컴퓨터혁명으로 인터넷시대가 되었다. 컴퓨터는 정보화사회의 중추적인 역할을 하고 있다. 이러한 컴퓨터는 기계부분인 하드웨어(hardware)와 이를 효과적으로 활용하는 프로그램 부분인 소프트웨어(software)로 나누어진다. 컴퓨터가 처음 등장하였을 때 소프트웨어 분야는 하드웨어에 제공되는 서비스로 생각되어 중요성이 거의 없었다. 그러나 소프트웨어에 관한 기술이 발전하고 경제적 가치가 높아지면서 컴퓨터프로그램의 중요성이 인식되기 시작하였고, 1969년 IBM사가 가격분리정책을 채택하여 소프트웨어에 별도의 가격을 매기기 시작하면서 독립된 상품으로서 인식되었다. 그 후로 소프트웨어가 크게 발전하고 그것이 컴퓨터 이용의 효율에 미치는 영향이 하드웨어의 영향을 앞질러서 이제는 대단히 중요시되었다. 오늘날 컴퓨터 산업의 투자액의 거의 80%가 소프트웨어에 대한 투자이다. 이렇듯 컴퓨터 프로그램 개발에 많은 비용과 노력이 드는데 비하여, 소프트웨어의 복제는 기존의 녹음테이프나 VTR 녹화보다도 더 쉽게 할 수 있고 복제된 소프트웨어는 원본과 동일한 기능을 발휘한다. 바로 이러한 소프트웨어의 중요성과 복제의 용이성 때문에 특허권이나 저작권처럼 보호하자는 것이지만, 그러나 여기서 보호하고자 하는 것은 소프트웨어가 아닌 프로그램이다. 컴퓨터프로그램과 같은 기능적 저작물을 과연 어떠한 방법으로 보호할 것인가가 문제이다.

2009년 개정을 통해 저작권 보호정책의 일관성 유지와 효율적인 집행을 도모하기 위하여 일반저작물 보호 등에 관한 저작권법과 컴퓨터프로그램저작물 보호 등에 관한 컴퓨터프로그램보호법을 폐지하고, 프로그램에 대한 보호를 저작권법으로 통합하였다. 그런데 프로그램에 대한 특수성을 감안하여 기존 법에 따른 보호수준을 유지하고자 **저작권법에 제5장의 2 프로그램에 관한 특례 규정**을 도입하였다. 여기서는 저작권법상의 프로그램 특례에 대해 알아본다.

2) (컴퓨터) 프로그램 보호대상

컴퓨터프로그램저작물은 특정한 결과를 얻기 위하여 컴퓨터 등 정보처리능력을 가진 장치(이하 "컴퓨터"라 한다) 내에서 직접 또는 간접으로 사용되는 일련의 지시·명령으로 표현된 창작물을 말한다(저작권법 제2조 제16호). 저작권법 제101조의2(보호의 대상) 프로그램을 작성하기 위하여 사용하는 "① **프로그램 언어·규약·해법**의 사항에는 **저작권법을 적용하지 아니한다**고 규정하고 있다. 이렇게 규정한 이유는 프로그램의 범용성과 표준화의 필요성 때문이다.[90]

(1) 프로그램 언어

프로그램 언어란 **프로그램을 표현하는 수단**으로서의 **문자·기호 및 그 체계**를 말한다(저작권법 제102조의2). 프로그램을 작성하기 위하여 사용되는 프로그램언어는 **저작권법의 보호대상이 아니다.** 예를 들면, C언어나 FORTRAN, BASIC 등이다. 일반저작물에서 사용되는 **언어 문자**는 수백 종이고 언어별로 모두 특이한 특색을 가지고 있다. 따라서 언어의 변환을 번역이라고 하여 **번역**도 저작권 중 **중요한 권리**의 하나로 **인정**하고 있다. 그러나 프로그램을 표현하기 위하여 사용되는 **프로그램 언어는 대부분 공통적**이고, 현재 이들 언어는 모든 프로그램머(Programmer)들이 **공동으로 이용**하고 있다. 그래서 프로그램에 **절대적 독점권을 인정**할 경우 **프로그램 산업의 발전을 기대할 수 없고**, 프로그램의 **호환성도**

90) 윤선희, 앞의 책(2014), 501면.

유지하기 어렵다. 그러나 프로그램언어 자체가 아니라 **프로그램언어인 C언어를 사용**하여 프로그램을 제작하는 도구인 경우, 즉 프로그램화한 Visual C, Borland C, Turbo C 3.0 등은 **프로그램 언어 자체가 독창적인 기능**을 갖고 있어 그 **언어의 기능을 사용**하고사 할 때는 적용제외가 아니고 **보호대상**이 된다고 보아야 할 것이다.[91]

(2) 규약

규약이란 특정한 프로그램에서 **프로그램 언어의 용법**에 관한 **특별한 약속**을 말한다(저작권법 제102조의2). 즉, 규약은 프로그램 언어의 사용방법을 기술한 사용설명서, 규칙 또는 규약으로서 프로그램과 시스템분석에 있어서 인정되는 표준적 약속들이다. 구체적으로는 약어 · 기호 등과 프로그램을 개발하기 위하여 만들어지는 **특별한 약속**을 말한다. 예를 들면, interface나 protocol 등이다. 이러한 규약은 **스포츠의 룰과 같은 것**이기 때문에 아무리 독창적이라 하더라도 **저작물이 아닌 것은 당연**하다. 다만, 프로그램의 경우는 스포츠의 룰과 달리 **네트워크화를 위하여 혹은 호완성을 유지**하기 위하여 규약에 저작권보호를 **인정하지 않는 것**이다.

(3) 해법(알고리즘)

해법은 프로그램에서 **지시 · 명령의 조합방법**을 말한다(저작권법 제102조의2). 예를 들면 **알고리즘**이다. 알고리즘이란 어떤 문제를 유한개의 절차로 풀기 위해 주어진 입력으로부터 원하는 출력을 유도해 내는 정해진 일련의 과정이나 규칙들의 집합이다. 그리고 이 **알고리즘을 컴퓨터언어로 표현**한 것을 **프로그램**이라 부른다.

해법은 설정된 문제를 해결하기 위한 일련의 명령 또는 순서로서 **알고리즘**(algorithm)을 포함하여 프로그램의 배후에 있는 **원리 · 논리 등 아이디어**는 보호대상에서 **제외**시키고 있다. 이 알고리즘이 프로그램에 있어 필수불가결한 것임에 틀림없으나, 표현만을 보호하는 현행법상 **아이디어에 가까운 알고리즘은 보호되지 않는다**. 이 법리를 이용하여 소위 리버스 엔지니어링(reverse engineering)을 통한 **기존 프로그램의 알고리즘 분석그룹**과 그 알고리즘을 이용한 **새 프로그램의 개발그룹**을 분리하여 프로그램 개발에 활용하기도 한다.[92] 이런 방법은 기술수준이 낮은 후발 프로그램업자에게는 꼭 필요한 방법으로서 한 때 구(舊) 컴퓨터프로그램보호법 1995년 개정안에 명시적으로 인정규정을 두었으나 선진국 등의 압력의 대상이 되어 입법화되지 못하였다. 이후 2000년에서야 비로소 리버스 엔지니어링에 관한 규정이 구(舊) 컴퓨터프로그램보호법 제12조 제6호에 신설되었고, 저작권법 제101조의4(**프로그램코드 역분석**)에 규정하고 있다. 이 알고리즘이 프로그램에 있어 필수불가결한 것

91) 신각철, 최신 컴퓨터프로그램보호법, 법영사, 2001, 27면; 윤선희, 앞의 책(2014), 501면.

92) 이를 Isolation Booth기법이라고 한다: 윤선희, 앞의 책(2014), 502면 참조.

임에 틀림이 없으나, 표현만을 보호하는 현행 저작권법상 아이디어인 알고리즘은 보호하지 않고, **표현인 프로그램은 보호**한다.

3) (컴퓨터) 프로그램의 저작재산권의 제한

저작권법 제101조의3에서는 프로그램 저작재산권에 대한 제한규정을 두고 있다. 이런 제한규정을 둔 목적은 저작권자의 권리만을 절대적으로 보호하게 될 경우 일반인들에게 프로그램의 접촉기회를 줄이며 산업발전에도 도움이 되지 않는 등 공익적인 입장에서 도움이 되지 않기 때문이다. 그러나 이러한 제한의 경우에도 정당한 권리자의 피해를 최소화하기 위해 한정적으로 해석하여야 한다.[93)]

(1) 프로그램 저작재산권의 제한 범위

프로그램 저작재산권이 제한된다고 하더라도 전부가 제한되는 것은 아니고 재판 또는 수사를 위하여 복제하는 경우, 수업과정에 제공할 목적으로 복제 또는 배포하는 경우, 학교의 교육목적을 위한 교과용 도서에 게재하기 위하여 복제하는 경우, 가정과 같은 한정된 장소에서 개인적인 목적(영리를 목적으로 하는 경우를 제외한다)으로 복제하는 경우, 프로그램의 기초를 이루는 아이디어 및 원리를 확인하기 위하여 프로그램의 기능을 조사·연구·시험할 목적으로 복제하는 경우, 컴퓨터의 유지·보수를 위하여 그 컴퓨터를 이용하는 과정에서 프로그램(정당하게 취득한 경우에 한한다)을 일시적으로 복제에 그 **목적상 필요한 범위에서 배포**할 수 있다(저작권법 제101조3 제1항 본문 참조). 다만, 프로그램의 종류·용도, 프로그램에서 복제된 부분이 차지하는 비중 및 복제의 부수 등에 비추어 프로그램의 저작재산권자의 이익을 부당하게 해치는 경우에는 그러하지 아니하다(저작권법 제101조3 제1항 단서).

(2) 프로그램 저작재산권의 제한 사유

(가) 재판 또는 수사를 위하여 복제하는 경우

재판 또는 수사를 위하여 복제하는 경우에는 프로그램 저작재산권이 제한된다(저작권법 제101조3 제1항 제1호). 이는 저작권법 제23조의 재판절차 등에서의 복제에 대한 특별규정이라고 할 수 있을 것이다. 일반저작물은 재판절차를 위하여 필요한 경우나 입법·행정목적을 위한 내부자료로서 필요한 경우에는 그 한도 안에서 저작물을 복제할 수 있고, 미공표저작물도 복제할 수 있지만(저작권법 제23조), **프로그램은 재판 또는 수사를 위하여 복제하는 경우에 한정**하고 있으므로, 입법·행정목적을 위한 내부자료로서 필요한 경우에도 이를 복제하여 사용할 수 없고, 또한 **공표된 프로그램에 한정**하고 있으므로 재판 또는 수

93) 윤선희, 앞의 책(2014), 502면 참조.

사를 위한 경우라고 하더라도 미공표된 프로그램은 복제할 수 없다.

(나) 교육을 담당하는 자가 수업과정에 제공할 목적으로 복제 또는 배포하는 경우

유아교육법, 초·중등교육법, **고등교육법**에 따른 학교 및 다른 법률에 따라 설립된 교육기관(상급학교 입학을 위한 학력이 인정되거나 학위를 수여하는 교육기관에 한한다)에서 교육을 담당하는 자가 수업과정에 제공할 목적으로 복제 또는 배포하는 경우(저작권법 제101조3 제1항 제2호)에는 프로그램 저작재산권이 제한된다. 이 경우 **다른 법률에 따라 설립된 교육기관**은 교육법에 따라서 설립된 것뿐만 아니라 경찰대학, 세무대학, 과학기술원 등 다른 법률에 따라 설립된 것도 포함한다.[94] 그러나 대학 부설연수원 등은 포함되지 않는다. **다른 법률에 따라 설립된 교육기관의 범위**를 "**상급학교 입학을 위한 학력이 인정**되거나 **학위를 수여하는 교육기관**에 한한다"고 명시하고 있으므로 학원의 설립·운영에 관한 법률에 따라서 설립된 **학원**(사설학원)은 이에 **해당하지 않는다**.

(다) 학교의 교육목적을 위한 교과용 도서에 게재하기 위하여 복제하는 경우

초·중등교육법에 따른 학교 및 이에 준하는 학교의 **교육목적을 위한** 교과용 도서에 게재하기 위하여 복제하는 경우(저작권법 제101조3 제1항 제3호)에는 프로그램 저작재산권이 제한된다. 이때 교육목적을 위한이라는 조건이 붙는다. 여기서는 영리성 여부가 문제되지 않아 사기업이 발행한 월간학습지도 포함된다는 판례[95]가 있으나, 이는 일반저작물에 관한 것이다. 프로그램을 교과용 도서에 게재하려는 자는 문화체육관광부장관이 정하여 고시하는 기준에 따른 **보상금**을 해당 저작재산권자에게 **지급**하여야 한다. 보상금 지급에 대하여는 저작권법 제25조 제5항부터 제9항까지의 규정을 준용한다(저작권법 제101조3 제3항).

(라) 가정과 같은 한정된 장소에서 개인적인 목적으로 복제하는 경우

가정과 같은 한정된 장소에서 개인적인 목적(영리를 목적으로 하는 경우를 제외한다)으로 복제하는 경우에는 프로그램 저작재산권이 제한된다(저작권법 제101조3 제1항 제4호). 일반저작물은 영리를 목적으로 하지 아니하고 개인적으로 이용하거나 가정 및 이에 준하는 한정된 범위 안에서 이용하는 경우에는 그 이용자는 **복제**할 수 있는데(저작권법 제27조), 이에 반하여 **프로그램은 목적과 장소를 더욱 제한적으로 규정**하고 있다.

프로그램 자체가 가정용으로서 개인적인 목적으로 사용하여야 할 게임 프로그램이나 홈소프트웨어의 경우, 그 복제권 및 사용권이 무한히 확대될 여지가 있는데, 가정과 같은 한정된 장소의 범위는 ① 공표된 프로그램이어야 하며, ② 가정과 같은 한정된 장소에서의 복제 또는 사용이어야 하며, ③ 비영리이며 영업목적이 아니어야 하고, ④ 이용자 자신이

---

94) 통신과학기술위원회, 컴퓨터프로그램보호법 중 개정법률안 심사보고서, 1995.11, 11면.

95) 대판 1979.6.26., 75도1505; 임준호, 지적소유권에 관한 제문제(하), 재판자료 제57집, 법원행정처, 1992, 517면.

직접 복제하여야 한다. ⑤ 노트북 컴퓨터의 경우 개인목적을 위하여 항시 휴대할 경우 한정된 장소의 개념에서 제외하여 해당하지 않는다고 새겨야 한다.[96]

(마) 학교의 입학시험이나 그 밖의 학식 및 기능에 관한 시험 또는 검정을 목적으로 복제 또는 배포하는 경우

초·중등교육법, 고등교육법에 따른 학교 및 이에 준하는 **학교의 입학시험**이나 그 밖의 학식 및 **기능에 관한 시험** 또는 **검정을 목적**(영리를 목적으로 하는 경우를 제외한다)으로 **복제 또는 배포**하는 경우에는 저작재산권이 제한된다(저작권법 제101조3 제1항 제5호). 이 규정은 저작권법 제32조(시험문제로서의 복제)의 균형을 유지하고 워드프로세서 검정 등에서 제기되었던 침해논의를 배경으로 제정되었다.[97] 단 시험 또는 검정은 반드시 비영리를 목적으로 하는 것이어야 한다.

(바) 프로그램의 기능을 조사 · 연구 · 시험할 목적으로 복제하는 경우

프로그램의 기초를 이루는 아이디어 및 원리를 확인하기 위하여 프로그램의 기능을 조사·연구·시험할 목적으로 복제하는 경우(정당한 권한에 의하여 프로그램을 이용하는 자가 해당 프로그램을 이용 중인 때에 한한다)에는 프로그램 저작재산권이 제한된다(저작권법 제101조3 제1항 제6호). 이는 프로그램의 기능 알고리즘 아이디어를 찾아내고 이를 이용하여 새로운 프로그램의 창작을 목적으로 하는 일정한 범위(분석·교육·연구)에서 프로그램 산업의 발전과 저작물의 공정사용이라는 공익적 차원에서 **역분석(리버스 엔지니어링)을 할 수 있는 것**이다. 따라서 프로그램의 기초를 이루는 아이디어 및 원리를 확인하기 위하여 프로그램의 기능을 **조사·연구·시험**할 목적으로 복제하는 경우에는 그 목적상 필요한 안에서 공표된 프로그램을 복제 또는 사용할 수 있다. 그러나 정당한 권원(權原)에 따라서 당해 프로그램을 사용하는 자가 해당 프로그램을 **사용중인 때**에 한한다.

(사) 컴퓨터의 유지 · 보수를 위하여 일시적 복제

컴퓨터의 유지·보수를 위하여 그 **컴퓨터를 이용하는 과정**에서 프로그램(정당하게 취득한 경우에 한한다)을 **일시적으로 복제**할 수 있다(저작권법 제101조3 제2).

(아) 프로그램코드역분석

프로그램코드역분석은 독립적으로 창작된 컴퓨터프로그램저작물과 다른 컴퓨터프로그램과의 호환에 필요한 정보를 얻기 위하여 컴퓨터프로그램저작물코드를 복제 또는 변환하는 것을 말한다(저작권법 제2조 제34호). 역분석이란 일반적으로 **리버스 엔지니어링(Reverse Engineering)** 이라고 하는 것으로 어떤 공정의 진행과정을 역으로 추론하여 원리를 추출하는 역공정을 의

96) 윤선희, 앞의 책(2014), 504면 참조.
97) 윤선희, 앞의 책(2014), 505면.

미하는 것이다. 컴퓨터프로그램을 제작할 때 **원시코드**(source code)를 기계가 이해할 수 있는 기계어인 **목적코드**(object code)**로 변환**하게 되는데, 이러한 **목적코드**로 되어 있는 프로그램의 기능과 해법을 알기 위해서는 역으로 목적코드를 **원시코드로 변환할 필요**가 있다.

저작권자의 **허락없이** 프로그램 코드 역분석이 이루어지는 경우 **복제권**과 **동일성 유지권이 침해**되게 되고, 또한 아이디어와 표현의 2분법에 따른 프로그램 자체가 가지고 있는 기능과 아이디어가 역분석이라는 미명아래에 마구 파헤쳐져 **기존의 프로그램이 사장될 우려**가 있다. 그러한 이유로 역분석을 **전혀 허용하지 않을 경우**에는 컴퓨터 산업발전의 생명이라 할 수 있는 **호환성이 있는 프로그램의 개발이 저해**되는 등의 문제가 발생될 수 있다. 따라서 리버스 엔지니어링은 일정한 범위 안에서 **프로그램 산업의 발전과 저작물의 공정한 이유**(fair use)이라는 **공익적 차원에서 허용**된다는 것이 미국의 판례와 학설에서 통설이라고 한다.[98]

정당한 권한에 따라서 프로그램을 이용하는 자 또는 그의 허락을 받은 자는 **호환에 필요한 정보를 쉽게 얻을 수 없고** 그 **획득이 불가피한 경우**에는 해당 **프로그램의 호환에 필요한 부분**에 한하여 프로그램의 저작재산권자의 허락을 받지 아니하고 **프로그램코드역분석**을 할 수 있다(저작권법 제101조의4 제1항). 이에 따른 프로그램코드역분석을 통하여 얻은 정보는 "① 호환 목적 외의 **다른 목적을 위하여 이용**하거나 **제3자에게 제공**하는 경우, ② 프로그램코드역분석의 대상이 되는 **프로그램과 표현이 실질적으로 유사한 프로그램을 개발·제작·판매**하거나 그 밖에 **프로그램의 저작권을 침해하는 행위**에 이용하는 경우"에는 이를 **이용할 수 없다**(저작권법 제101조의4 제2항).

(자) 정당한 이용자에 따른 보존을 위한 복제 등

프로그램의 복제물을 정당한 권한에 따라 소지·이용하는 자는 그 **복제물의 멸실·훼손 또는 변질 등에 대비**하기 위하여 필요한 범위에서 **해당 복제물을 복제**할 수 있다(저작권법 제101조의5 제1항). 만약, 프로그램의 복제물을 소지·이용하는 자는 해당 프로그램의 **복제물을 소지·이용할 권리를 상실한 때**에는 그 프로그램의 저작재산권자의 특별한 의사표시가 없는 한 **복제한 것을 폐기**하여야 한다. 다만, 프로그램의 복제물을 소지·이용할 권리가 해당 복제물이 멸실됨으로 인하여 상실된 경우에는 그러하지 아니하다(저작권법 제101조의5 제2항). 컴퓨터 프로그램저작물의 경우 일반 저작물과는 달리 컴퓨터에서 사용할 때 **바이러스** 등에 의하여 그 **복제물의 멸실·훼손 또는 변질**될 수 있기 때문에 이를 대비하여 필요한 범위 안에서 **해당 복제물을 복제**할 수 있다. 단 이 규정에 의해 인정되는 것은 **보존용에 한**하며, 대여 또는 양도할 수 없다. 보존목적인 한 그 부수에는 제한이 없으나 물리적 멸실이 아닌 권리의 상실이 있게 되면 모든 보존용 복제물은 폐기하여야 한다.

---

98) 신각철, 최신 컴퓨터프로그램보호법, 법영사, 2001, 119면 참조.

4) 프로그램의 임치

프로그램의 저작재산권자와 프로그램의 이용허락을 받은 자는 대통령령으로 정하는 자(이하 이 조에서 "수치인"이라 한다)와 **서로 합의**하여 프로그램의 원시코드 및 기술정보 등을 수치인에게 임치할 수 있다(저작권법 제101조의7 제1항). 프로그램의 이용허락을 받은 자는 합의에서 정한 사유가 발생한 때에 수치인에게 프로그램의 원시코드 및 기술정보 등의 제공을 요구할 수 있다(저작권법 제101조의7 제2항). 이러한 프로그램의 임치는 프로그램저작권자와 프로그램의 사용허락을 받은 자가 프로그램 거래시 그 원시코드 및 기술정보 등을 제3자(수치인)에게 위탁해 두고 저작권자가 폐업 그 밖의 불가피한 사유로 사업을 계속할 수 없을 경우, 미리 정해진 일정의 조건(개시조건) 아래에 그 원시코드 등을 사용자에게 공개함으로써 사용자의 보호와 소프트웨어의 사장화를 방지하기 위한 것이다.[99] 따라서 프로그램 저작자와 프로그램의 사용을 허락받은 자 그리고 프로그램 이용자들과의 관계에 있어 이용자들이 **안정적으로 프로그램 이용서비스**를 받도록 하기 위해 프로그램 임치제도를 도입한 것이다.

11. 데이터베이스제작자 및 온라인서비스제공자의 보호

1) 데이터베이스제작자의 보호

(1) 의의

데이터베이스란 소재를 체계적으로 배열 또는 편집물로서 개별적으로 그 소재에 접근하거나 그 소재를 검색할 수 있도록 한 것을 말한다(저작권법 제2조 제19호). 2003. 5. 27. 법률 제6881호 이전의 저작권법에서 데이터베이스는 편집저작물인 경우에 한하여 보호받을 수 있었다. 따라서 편집물로서 창작성이 인정되지 않으면 아무리 자본을 투자하여 데이터베이스를 구축해도 아무런 보호를 받지 못하였지만 현행 저작권법은 데이터베이스의 구축 및 이용을 활성화하기 위하여 데이터베이스제작자를 보호하는 별도의 규정을 두고 운영하고 있다.

(2) 데이터베이스제작자의 권리와 제한

데이터베이스제작자는 그의 데이터베이스의 전부 또는 상당한 부분을 복제·배포·방송 또는 전송할 권리를 가진다(저작권법 제93조). 그리고 데이터베이스의 개별 소재 또는 그 상당한 부분에 이르지 못하는 부분의 복제 등이라 하더라도 반복적이거나 특정한 목적을 위하여 체계적으로 함으로써 해당 데이터베이스의 통상적인 이용과 충돌하거나 데이터베이스제작자의 이익을 부당하게 해치는 경우에는 해당 데이터베이스의 상당한 부분의 복제로

---

99) 유인식, 컴퓨터프로그램보호법의 개정과 의의(2), Enter 2003년 2월호, 프로그램심의조정위원회, 9면.

보아 보호가 인정된다. 또한 데이터베이스제작자의 권리 보호는 데이터의 구성이 되는 소재 그 자체 및 저작권 등의 권리에는 영향을 미치지 아니한다.

저작재산권의 제한과 마찬가지로 비영리적으로 교육·학술 또는 연구를 위하여 이용하는 경우 또는 시사보도를 위하여 이용하는 경우에는 누구든지 데이터베이스의 전부 또는 그 상당한 부분을 복제·배포·방송 또는 전송할 수 있다.

2) 온라인서비스제공자의 보호

현재 통신망상에서 많은 저작권 침해가 일어나고 있다. 통신망을 이용한 저작권 침해에 대해서는 타인의 저작물을 무단으로 전송한 직접 침해자가 책임을 짐은 당연하나, 많은 경우에 직접적 침해자는 배상능력이 없는 개인이므로 실효성 있는 배상을 위해서는 전자게시판 운영자나 통신망 사업자(OLSPs: On-Line Service Providers)에게 가입자에 따른 저작권침해방지의무를 부과하는 문제가 중요하게 떠오르고 있다.[100)]

(1) 의의

온라인서비스제공자(OSP: Online Service Provider)란 이용자가 선택한 저작물 등을 그 내용의 수정 없이 이용자가 지정한 지점 사이에서 정보통신망(정보통신망 이용촉진 및 정보보호 등에 관한 법률 제2조 제1항 제1호의 정보통신망을 말한다. 이하 같다)을 통하여 전달하기 위하여 송신하거나 경로를 지정하거나 연결을 제공하는 자, 또는 이용자들이 정보통신망에 접속하거나 정보통신망을 통하여 저작물 등을 복제·전송할 수 있도록 서비스를 제공하거나 그를 위한 설비를 제공 또는 운영하는 자를 말한다(저작권법 제2조 30호).

(2) 온라인서비스 제공자의 책임제한

저작권법은 온라인에서의 저작권 침해행위에 간접적으로 관여하게 되는 온라인서비스제공자에게 일정한 의무를 부여하고 그 의무를 이행하는 경우에는 원칙적으로 책임을 질 수 있지만, 그 **책임을 면제**하기 위한 두 가지 조건을 규정하고 있다.

첫째, **온라인서비스제공자**는 저작권법 제102조 제1항 각 호의 행위와 관련하여 저작권, 그 밖에 이 법에 따라 보호되는 **권리가 침해**되더라도 저작권법 제102조 제1항 각 호의 분류(OSP의 네가지 유형)에 따라 **각 목의 요건을 모두 갖춘 경우에는 그 침해**에 대하여 **책임을 지지 아니한다.** 이에 따른 책임 제한과 관련하여 온라인서비스제공자는 자신의 서비스 안에서 침해행위가 일어나는지를 모니터링하거나 그 침해행위에 관하여 적극적으로 조사할 의무를 지지 아니한다(저작권법 제102조 제3항). 둘째, **온라인서비스제공자**가 저작권법 제102조 제1항에 따른 조치를 취하는 것이 **기술적으로 불가능한 경우**에는 다른 사람에 따른

100) 송영식·이상정, 앞의 책(저작권법개설), 436면 참조.

저작물 등의 복제·전송으로 인한 저작권, 그 밖에 이 법에 따라 보호되는 권리의 침해에 대하여 **책임을 지지 아니**한다(저작권법 제102조 제2항).

OSP 서비스 4가지 유형

NO	OSP의 서비스 유형	특징
1	인터넷접속 서비스 (mere conduit)	네트워크와 네트워크 사이에 통신을 하기 위해서 서버까지 경로를 설정하고 이를 연결해 주는 서비스(**예**: KT, SK브로드밴드, LG 데이콤 등)
2	캐싱(cashing) 서비스	OSP가 일정한 콘텐츠를 중앙서버와 별도로 구축된 캐시서버에 자동적으로 임시 저장하여 이용자가 캐시서버를 통해 콘텐츠를 이용할 수 있도록 하는 서비스
3	저장 서비스	카페, 블로그, 웹하드 등 일정한 자료를 하드디스크나 서버에 저장·사용할 수 있게 하는 서비스(**예**: 인터넷 게시판 등)
4	정보검색도구 서비스	인터넷에서 정보를 검색하여 정보를 제공하여 주는 서비스(**예**; 네이버, 다음, 구글 등의 검색서비스)

(3) 권리주장자의 복제·전송의 중단요구

권리침해를 주장하는 자는 침해저작물 등의 **복제·중단을 요구**할 수 있고, **온라인서비스 제공자**는 그에 **상응하는 의무를 이행**한 경우에는 **권리침해**에 대하여 **면책**과 동시에 **서비스 이용자에 대한 책임**도 **지지 아니한다**고 규정하고 있다.

(가) 권리주장자의 복제·전송 중단요구권

온라인서비스제공자(저작권법 제102조 제1항 제1호의 경우는 제외한다. 이하 이 조에서 같다)의 **서비스를 이용한 저작물** 등의 **복제·전송**에 따라 저작권, 그 밖에 이 법에 따라 보호되는 자신의 **권리가 침해됨을 주장하는 자**(이하 이 조에서 권리주장자라 한다)는 그 **사실을 소명**하여 **온라인서비스제공자**에게 그 **저작물 등의 복제·전송을 중단시킬 것을 요구**할 수 있다(저작권법 제103조 제1항).

(나) 온라인서비스 제공자의 조치의무

온라인서비스제공자는 **권리주장자**가 **복제·전송의 중단요구**를 받은 경우에는 **즉시 그 저작물등의 복제·전송을 중단**시키고 권리주장자에게 그 **사실을 통보**하여야 한다(저작권법 제103조 제2항). 이에 따른 통보를 받은 복제·전송자가 자신의 복제·전송이 정당한 권리에 따른 것임을 소명하여 그 복제·전송의 재개를 요구하는 경우 온라인서비스제공자는 재개요구사실 및 재개예정일을 권리주장자에게 지체 없이 통보하고 그 예정일에 복제·전송을 재개시켜야 한다(저작권법 제103조 제3항). 이를 위하여 **온라인서비스제공자**는 복제·전송의 중단 및 그 재개의 요구를 받을 자(이하 이 조에서 수령인이라 한다)를 지정하여 자신의 설비 또는 서비스를 이용하는 자들이 쉽게 알 수 있도록 공지하여야 한다(저작권법 제103조 제4항).

다른 사람들 상호간에 컴퓨터를 이용하여 저작물 등을 전송하도록 하는 것을 주된 목적으로 하는 온라인서비스제공자(이하 특수한 유형의 온라인서비스제공자라 한다)는 권리자의 요청이 있는 경우 해당 **저작물 등의 불법적인 전송을 차단하는 기술적인 조치** 등 필요한 조치를 하여야 한다. 이 경우 권리자의 요청 및 필요한 조치에 관한 사항은 대통령령으로 정하고 있다(저작권법 제104조 제1항). 이 규정은 주로 P2P나 웹하드 등의 서비스업자에 따라서 사용자들간의 자유로운 저작물의 전송을 주된 목적으로 하고 있으므로 권리자들의 요청이 있을 경우 **자신의 저작물이 더 이상 공유되지 못하도록 보호조치**를 취하도록 강제한 것이다. 문화체육관광부장관은 특수한 유형의 온라인서비스제공자의 범위를 정하여 고시할 수 있다(저작권법 제104조 제2항).

(다) 온라인서비스 제공자의 책임감경 및 면책

온라인서비스제공자가 저작권법 제103조 제4항에 따른 **공지**를 하고 저작권법 제103조 제2항과 제3항에 따라 그 **저작물 등의 복제·전송을 중단**시키거나 재개시킨 경우에는 다른 사람에 따른 저작권 그 밖에 이 법에 따라 보호되는 권리의 침해에 대한 온라인서비스제공자의 책임 및 복제·전송자에게 발생하는 손해에 대한 온라인서비스제공자의 **책임을 면제**한다. 다만, 온라인서비스제공자가 다른 사람에 따른 저작물 등의 복제·전송으로 인하여 그 저작권 그 밖에 이 법에 따라 보호되는 권리가 침해된다는 사실을 안 때부터 **중단을 요구받기 전까지 발생한 책임에는 면책되지 않는다**(저작권법 제103조 제5항). **정당한 권리 없이** 그 저작물 등의 **복제·전송의 중단이나 재개**를 요구하는 자는 그로 인하여 발생하는 **손해를 배상**하여야 한다(저작권법 제103조 제6항).

(4) 온라인서비스제공자에 대한 법원 명령의 범위

법원은 제102조 제1항 제1호에 따른 요건을 충족한 온라인서비스제공자에게 제123조 제3항에 따라 필요한 조치를 명하는 경우에는 "① **특정 계정의 해지**, ② **특정 해외 인터넷 사이트에 대한 접근을 막기 위한 합리적 조치**"만을 명할 수 있다(저작권법 제103조의2 제1항). 또한 법원은 제102조 제1항 제2호부터 제4호까지의 요건을 충족한 온라인서비스제공자에게 제123조 제3항에 따라 필요한 조치를 명하는 경우에는 "① **불법복제물의 삭제**, ② **불법복제물에 대한 접근을 막기 위한 조치**, ③ **특정 계정의 해지**, ④ 그 밖에 온라인서비스제공자에게 최소한의 부담이 되는 범위에서 법원이 필요하다고 판단하는 조치"만을 명할 수 있다(저작권법 제103조의2 제2항).

(5) 복제 · 전송자에 관한 정보 제공의 청구

권리주장자가 민사상의 소제기 및 형사상의 고소를 위하여 해당 온라인서비스제공자에게 그 온라인서비스제공자가 가지고 있는 해당 복제 · 전송자의 성명과 주소 등 필요한 최소한의 정보 제공을 요청하였으나 온라인서비스제공자가 이를 거절한 경우 권리주장자는 문화체육관광부장관에게 해당 온라인서비스제공자에 대하여 그 정보의 제공을 명령하여 줄 것을 청구할 수 있다. 문화체육관광부장관은 이에 따른 청구가 있으면 저작권법 제112조에 따른 한국저작권위원회의 심의를 거쳐 온라인서비스제공자에게 해당 복제 · 전송자의 정보를 제출하도록 명할 수 있다. 온라인서비스제공자는 명령을 받은 날부터 7일 이내에 그 정보를 문화체육관광부장관에게 제출하여야 하며, 문화체육관광부장관은 그 정보를 청구를 한 자에게 지체 없이 제공하여야 한다. 이에 따라 해당 복제 · 전송자의 정보를 제공받은 자는 해당 정보를 청구 목적 외의 용도로 사용하여서는 아니 된다. 그 밖에 복제 · 전송자에 관한 정보의 제공에 필요한 사항은 대통령령으로 정하고 있다(저작권법 제103조의3 제1항부터 제5항까지).

(6) 불법복제물에 대한 삭제명령과 시정권고

문화체육관광부장관은 정보통신망을 통하여 저작권이나 그 밖에 이 법에 따라 보호되는 권리를 침해하는 복제물 또는 정보, 기술적 보호조치를 무력하게 하는 프로그램 또는 정보(이하 불법복제물 등이라 한다)가 전송되는 경우에 한국저작권위원회의 심의를 거쳐 대통령령으로 정하는 바에 따라 **온라인서비스제공자**에게 **"불법복제물 등의 복제 · 전송자에 대한 경고, 불법복제물 등의 삭제 또는 전송 중단"**의 조치를 할 것을 명할 수 있다(저작권법 제133조의2 제1항).

문화체육관광부장관은 불법복제물 등의 복제 · 전송자에 대한 경고를 3회 이상 받은 복제 · 전송자가 불법복제물 등을 전송한 경우에는 한국저작권위원회의 심의를 거쳐 대통령령으로 정하는 바에 따라 온라인서비스제공자에게 6개월 이내의 기간을 정하여 해당 복제 · 전송자의 계정(이메일 전용 계정은 제외하며, 해당 온라인서비스제공자가 부여한 다른 계정을 포함한다. 이하 같다)을 정지할 것을 명할 수 있다(저작권법 제133조의2 제2항). 이에 따른 명령을 받은 온라인서비스제공자는 해당 복제 · 전송자의 계정을 정지하기 7일 전에 대통령령으로 정하는 바에 따라 해당 계정이 정지된다는 사실을 해당 복제 · 전송자에게 통지하여야 한다(저작권법 제133조의2 제3항).

문화체육관광부장관은 온라인서비스제공자의 정보통신망에 개설된 게시판(정보통신망 이용촉진 및 정보보호 등에 관한 법률 제2조 제1항 제9호의 게시판 중 상업적 이익 또는 이용 편의를 제공하는 게시판을 말한다. 이하 같다) 중 불법복제물 등의 삭제 또는 전송 중단에 따른 명령이 3회 이상 내려진 게시판으로서 해당 게시판의 형태, 게시되는 복제물의 양이나 성격 등에 비추어 해당 게시판이 저작권 등의 이용질서를 심각하게 훼손한다고 판단되는 경우에는 한국저작권위원회의 심의를 거쳐 대통령령으로 정하는 바에 따라 온라인서비스제공자에게 6개월 이내의 기간을 정하여 해당 게시판 서비스의 전부 또는 일부의 정지를 명할 수 있다(저작권법 제133조의2 제4항). 이에 따른 명령을 받은 온라인서비스제공자는 해당 게시판의 서비스를 정지하기 10일 전부터 대통령령으로 정하는 바에 따라 해당 게시판의 서비스가 정지된다는 사실을 해당 온라인서비스제공자의 인터넷 홈페이지 및 해당 게시판에 게시하여야 한다(저작권법 제133조의2 제5항).

온라인서비스제공자는 저작권법 제133조2 제1항에 따른 명령을 받은 경우에는 명령을 받은 날부터 5일 이내에, 저작권법 제133조2 제2항에 따른 명령을 받은 경우에는 명령을 받은 날부터 10일 이내에, 이에 따른 명령을 받은 경우에는 명령을 받은 날부터 15일 이내에 그 조치결과를 대통령령으로 정하는 바에 따라 문화체육관광부장관에게 통보하여야 한다(저작권법 제133조의2 제6항).

문화체육관광부장관은 저작권법 제133조2 제1항, 저작권법 제133조2 제2항 및 저작권법 제133조2 제4항의 명령의 대상이 되는 온라인서비스제공자와 저작권법 제133조2 제2항에 따른 명령과 직접적인 이해관계가 있는 복제·전송자 및 저작권법 제133조2 제4항에 따른 게시판의 운영자에게 사전에 의견 제출의 기회를 주어야 한다. 이 경우 행정절차법 제22조 제4항부터 제6항까지 및 제27조를 의견 제출에 관하여 준용한다(저작권법 제133조의2 제7항).

12. 저작권의 등록 및 인증

저작권 등록이 안 된 저작물은 법적인 보호를 받을 수 없을까?

> 저작권이라는 게 엄청 애매한 거 같아요. 저작권이라고 하면은 등록도 하고 그렇게 복잡한 거 아닌가요? 저 몰래 제가 올린 이미지나 글 같은 게 떠돌며는 엄청 불쾌 할꺼 같은데 …… 제가 저작권을 등록 안했다면 법적인 보호를 받을 수 없게 되는 건지요 …… 궁금합니다.

1) 저작권의 등록신청

(1) 저작권의 등록 및 등록기관

저작권의 등록은 저작권법상 일정한 사항에 관하여 저작권 등록부(프로그램등록부), 출판권 등록부, 저작인접권 등록부 또는 데이터베이스제작자 권리등록부에 그 사실을 기재하는 행위 또는 그러한 기재를 말한다(저작권법 제55조, 제63조, 제90조, 제98조). 대한민국의 저작권은 **무방식주의를 채택**하고 있으므로(저작권법 제10조 제2항) 저작권의 등록은 권리발생의 요건이 아님은 물론 저작재산권의 이전 등에 있어서도 효력발생요건이 아니라 대항요건으로 되어 있다. 그 외에도 저작권법은 저작자 이익보호를 위한 특별한 등록제도를 가지고 있다. 저작권법이 인정하는 등록에는 "① 저작자 관련 등록, ② 저작물 관련 등록, ③ 최초발행 및 공표일의 등록, ④ 저작재산권의 변동 등에 관한 등록, ⑤ 그 밖에 대통령령으로 정한 사항에 대한 등록"이 있다. 한편 이러한 등록은 문화체육관광부장관이 행하는 것이나 문화체육관광부장관은 대통령령이 정하는 바에 따라서 이 법에 따른 권한의 일부를 특별시장·광역시장·도지사·특별자치도지사에게 위임하거나 한국저작권위원회 또는 저작권 관련 단체에 위탁할 수 있다(저작권법 제130조). 현재는 **한국저작권위원회가 그 위탁**을 받아 업무를 수행하고 있다.

(2) 등록의 절차 등

저작권법 제53조 및 제54조에 따른 등록은 문화체육관광부장관이 **저작권 등록부**(프로그램의 경우에는 프로그램등록부를 말한다)에 기재하여 행한다(저작권법 제55조 제1항). 문화체육관광부장관은 "① 등록 신청한 사항이 등록할 것이 아닌 때, ② 등록 신청이 문화체육관광부령으로 정한 서식에 적합하지 아니하거나 그 밖의 필요한 자료 또는 서류를 첨부하지 아니한 때"에는 신청을 반려할 수 있다. 다만, 신청의 흠결이 보정될 수 있는 경우에 신청인이 당일 이를 보정하였을 때에는 반려하지 않는다(저작권법 제55조 제2항). 즉, 문화체육관광부장관은 저작권 등록 신청시 관련서류가 미비할 경우에도 반려할 수 없었으나, 반려가 가능하다. 문화체육관광부장관은 저작권등록부에 기재한 등록에 대하여 등록공보를 발행하거나 정보통신망에 게시하여야 하며, 신청한 자가 있는 경우에는 저작권등록부를 열람하게 하거나 그 사본을 교부하여야 한다(저작권법 제55조 제3항). 저작권 등의 등록, 등록신청의 반려, 등록공보의 발행 또는 게시, 저작권등록부의 열람 및 사본의 교부 등에 관하여 필요한 사항은 대통령령으로 정하고 있다(저작권법 제55조 제4항).

(3) 등록업무 수행자 등의 비밀유지의무

저작권 등록업무(저작권법 제53조부터 제55조까지)의 규정에 따른 등록 업무를 수행하는 자 및 그 직에 있었던 자는 직무상 알게 된 비밀을 다른 사람에게 누설하여서는 아니 된다(저작권법 제55조의2).

(4) 권리자 등의 인증

문화체육관광부장관은 저작물 등의 거래의 안전과 신뢰보호를 위하여 인증기관을 지정할 수 있다(저작권법 제56조 제1항). 인증기관의 지정과 지정취소 및 인증절차 등에 관하여 필요한 사항은 대통령령으로 정하고 있으며(저작권법 제56조 제2항), 현재 인증기관으로 지정받을 수 있는 기관은 "① 저작권위원회, ② 저작권신탁관리업자, ③ 그 밖에 문화체육관광부 장관이 인증업무를 수행할 능력이 있다고 인정하는 법인이나 단체" 등이다(저작권법 시행령 제36조). 인증기관은 인증과 관련한 수수료를 받을 수 있으며 그 금액은 문화체육관광부 장관이 정하ㄱ 있다(저작권법 제56조 제3항). 인증은 확인적 효력만을 있을 뿐이고, 권리창설적 효력이 있는 것은 아니다. 따라서 인증기관의 인증을 믿고 거래하였더라도 그것이 실체관계와 부합하지 않는 잘못된 인증인 경우에는 저작권의 침해로 된다.

(5) 등록증의 발급 등

문화체육관광부장관은 등록신청을 받아 이를 **저작권등록부에 기재**한 경우에는 신청인에게 문화체육관광부령으로 정하는 바에 따라 등록증을 발급하여야 한다(저작권법 시행령 제28조 제1항). 분실・멸실 또는 훼손으로 인하여 등록증을 재발급 받으려는 자는 문화체육관광부령으로 정하는 신청서를 문화체육관광부장관에게 제출하여야 한다(저작권법 시행령 제28조 제2항).

[별지 제25호 서식]

제 C-2009-003870 호

저 작 권 등 록 증

1. 저작물의 명칭 및 제호	영어의 문장구성(접철, 절)		
2. 저작물의 종류	편집저작물		
3. 저작자 성명(법인명)	임국준	4. 생년월일 (법인등록번호)	[illegible]-5[illegible]
5. 저작재산권자 성명(법인명)		6. 생년월일 (법인등록번호)	
7. 창작연월일	2009.04.30		
8. 공표연월일			
9. 등록사항	성명 : 임국준, 창작 : 2009.04.30		
10. 등록연월일	2009.05.04		

「저작권법」 제53조에 따라 위와 같이 등록되었음을 증명합니다.

2009 년 05 월 04 일

저작권위원회 위원장

위 사례풀기

저작권의 발생에 어떠한 절차나 형식을 필요로 하는 것을 '방식주의'라고 하고, 그렇지 않은 것을 '무방식주의'라고 한다. 베른국제협약이 무방식주의를 취한 이래 세계 대부분의 국가에선 **무방식주의**를 따르고 있다. 우리나라도 무방식주의를 취하기에 저작권은 해당 저작물을 창작하면 바로 발생하고 보호되며, 어떠한 절차나 표시 또는 형식의 이행을 필요로 하지 않는다.

저작권법 제10조 제2항에서 "저작권은 저작물을 창작한 때부터 발생하며 어떠한 절차나 형식의 이행을 필요로 하지 아니한다"고 규정하고 있다. 좀 더 쉽게 말하자면, 질문자가 나중에 작가가 되서 소설을 한편 창작한다면, 그 내용이 완성된 시점에서 질문자가 자동으로 해당 소설에 대한 저작권을 갖게 된다.

물론 그 소설을 정식으로 출판하려면 출판사측과 구체적으로 판권계약이나 저작권 양도계약 등을 맺으셔야 할 것이다(참고로, 특허권, 실용신안권, 상표권, 의장권 등의 산업재산권의 경우는 특허청 같은 기관에 정식으로 등록하여야 비로소 권리가 발생한다).

그런데, **저작권을 정식으로 등록**하는 경우에는 그렇지 않은 경우보다 여러모로 **유리한 건 사실**이다. 즉, **저작권을 등록**함으로써 기존에 발생한 **저작권의 효력을 강화**하는 효과를 얻을 수 있다. **저작권 등록**이란 저작자의 성명 등 저작물에 관한 일정한 사실관계와 법률관계를 '**저작권 등록부**'라는 공적인 장부에 등재하여 일반인들에게 널리 알리는 제도를 말한다. 원칙적으로 저작권은 창작과 동시에 발생하나 일단 등록을 해 두면 등록한 연월일에 저작물을 창작, 공표한 것으로 추정을 받으며, 성명이 등록된 저작자가 진정한 저작자인 것으로 추정을 받는 효과가 발생한다. 이렇게 등록되어 있는 저작권, 출판권 또는 저작인접권을 침해한 자는 그 침해행위에 과실이 있는 것으로 추정 받는다. 만약, 분쟁발생시엔 저작권자(작가) 측이 크게 유리해 진다. 또한 **등록을 해두**면 만약 **작가가 사망한 뒤에**라도 **저작권의 침해**에 대하여 **쉽게 대항**할 수 있다.

13. 저작권 분쟁의 조정 및 심의

저작권법상 권리침해에 대한 법적 조치로서 침해행위의 형태에 따라 민사상의 구제규정(저작권법 제9장) 및 형사상의 제재규정(저작권법 제11장)하고 있으나, 저작권법제와 이론의 발전이 미약하고 국민의 저작물 보호인식도 크지 못한 국가에서는 전문가로 구성된 위원회에서 저작권분쟁을 사전에 알선, 조정해 주는 제도가 효과적이라는 취지에서 현행 저작권법은 **한국저작권위원회의 권한으로 저작권분쟁 알선 및 조정제도**를 두고 있다(저작권법 제112조; 동법 제113조 제1호). 이 제도는 저작권에 대한 분쟁 등에 관하여 한국저작권위원회에 알선이나 조정신청을 하고, 여기에서 알선 및 조정을 하여 당사자간에 합의가 성립된 경우 화해(알선의 경우) 또는 재판상 화해(조정의 경우)와 같은 효력을 인정하는 것이다.[101] 따라서 저작권에 대한 분쟁을 간편하고, 신속한 해결을 도모하기 위하여 한국저작권위원회(Korea Copyright Commission)를 두고 있다(저작권법 제112조).

101) 송영식 · 이상정, 앞의 책(저작권법개설), 304면 참조.

1) 조정의 의의 및 신청 등

저작권법상의 분쟁조정은 소송 이외의 분쟁해결방식의 하나이다. 저작권법에 따라 보호되는 권리에 관한 분쟁에 대하여 **한국저작권위원회**(http://www.copyright.or.kr; 저작권법 제112조 이하)가 간단한 절차에 따라 분쟁 당사자들로부터 각자의 주장을 듣고, 그들에게 서로 양보하고 타협하여 합의를 하도록 주선·권고함으로서 이들로 하여금 종국적 화해에 이르게 하는 법적 절차를 말한다. 이러한 분쟁의 조정을 받으려는 자는 신청취지와 원인을 기재한 조정신청서를 위원회에 제출하여 그 분쟁의 조정을 신청할 수 있다(저작권법 제114조2 제1항). 이러한 분쟁의 조정은 조정부가 행하고 있다(저작권법 제114조2 제1항).

2) 저작권 분쟁조정 대상

조정을 받을 수 있는 분쟁은 **저작인격권, 저작재산권, 저작인접권, 보상금에 관한 분쟁**으로 나눌 수 있다.[102)]

(1) 저작인격권에 관한 분쟁

저작자의 허락 없이 미공표 저작물을 공표한 경우, 저작자의 허락 없이 저작자의 성명을 표시하지 않거나 다르게 표시한 경우, 저작자의 허락 없이 저작물의 제호나 형식 및 내용을 변경한 경우에는 저작인격권(著作人格權)의 침해로 조정의 대상이 된다.

(2) 저작재산권에 관한 분쟁

저작권자의 허락 없이 저작물을 인쇄, 복사, 녹음·녹화 등의 방법으로 복제한 경우, 저작권자의 허락 없이 저작물을 연기, 연주, 가창, 상영 등의 방법으로 공연한 경우, 저작권자의 허락 없이 저작물을 유선 또는 무선통신의 방법으로 방송한 경우, 저작권자의 허락없이 그림, 사진 등을 전시한 경우, 저작권자의 허락 없이 번역, 편곡, 각색 또는 영화로 제작한 경우에는 저작재산권(著作財産權)의 침해로 조정의 대상이 된다.

(3) 저작인접권에 관한 분쟁

가수, 연주자 등 실연자의 허락없이 그의 실연을 사진촬영, 녹음·녹화 또는 방송하거나 그의 실연이 녹음된 판매용 음반을 영리목적으로 대여한 경우, 음반제작자의 허락 없이 그의 음반을 복제 및 배포한 경우와 영리목적으로 대여한 경우, 방송사업자의 허락없이 그의 방송을 동시 중계방송하거나, 녹음·녹화 또는 사진으로 촬영한 경우, 저작인접권(著作隣接權)의 침해로 이유로 조정의 대상이 된다.

102) 윤선희, 앞의 책, 470~471면 참조.

(4) 보상금에 관한 분쟁

판매용 음반을 사용하여 방송함에 있어 방송사업자가 실연자와 음반제작자에게 지급하는 보상금에 관하여 합의가 되지 않는 경우에는 보상금에 관한 분쟁을 이유로 조정의 대상이 된다.

3) 한국저작권위원회의 구성 및 조정

저작권과 그 밖에 이 법에 따라 보호되는 권리에 관한 사항을 심의하고 저작권에 관한 분쟁을 알선·조정하며, 저작권의 보호 및 공정한 이용에 필요한 사업을 수행하기 위하여 한국저작권위원회(이하 위원회라 한다)를 두고 있다(저작권법 제112조). 위원회의 분쟁조정업무를 효율적으로 수행하기 위하여 위원회에 1인 또는 3인 이상의 위원으로 구성된 조정부를 두되, 그 중 1인은 변호사의 자격이 있는 자이어야 한다(저작권법 제114조 제1항). 이러한 조정부의 구성 및 운영 등에 관하여 필요한 사항은 대통령령으로 정한다(저작권법 제114조 제2항). 조정부가 진행하는 조정절차는 비공개를 원칙으로 한다. 다만, 조정부장은 당사자의 동의를 얻어 적당하다고 인정하는 자에게 방청을 허가할 수 있다(저작권법 제115조). 또 조정절차에서 당사자 또는 이해관계인이 한 진술은 소송 또는 중재절차에서 원용하지 못한다(저작권법 제116조).

4) 조정의 성립 및 불성립

조정은 당사자 간에 합의된 사항을 조서에 기재함으로써 성립되고, 조정조서는 재판상의 화해와 동일한 효력이 있다. 다만, 당사자가 임의로 처분할 수 없는 사항에 관한 것은 그러하지 아니하다(저작권법 제117조). 당사자가 정당한 사유 없이 저작권법 시행령 제62조(7일 전에 서면통보)에 따른 출석 요구에 응하지 아니하는 경우, 조정신청이 있는 날부터 저작권법 시행령 제61조 제5항에 따른 기간(3개월 이내, 연장 1개월)이 지난 경우, 당사자 간에 합의가 성립되지 아니한 경우에는 조정이 성립되지 아니한 것으로 보며, 조정이 성립되지 아니한 경우에는 그 사유를 조서에 적어야 한다(저작권법 시행령 제63조).

5) 조정비용 등

조정비용은 신청인이 부담한다. 다만, 조정이 성립된 경우로서 특약이 없는 때에는 당사자 각자가 균등하게 부담하며(저작권법 제118조 제1항), 조정의 신청 및 절차, 조정비용의 납부방법에 관하여 필요한 사항은 대통령령으로 정하고 있다(저작권법 제118조 제2항). 조정비용의 금액은 위원회가 정하고 있다(저작권법 제118조 제3항).

14. 저작권 등의 침해에 대한 구제와 벌칙

1) 저작권 등 권리침해의 의의

권한 권리침해는 권원없이 권리목적물을 이용해서 타인의 권리를 해하는 것을 말한다. 이용한다는 것은 저작권자 등의 승낙 그 밖에 정당한 권한없이 이용한다는 의미이며, 저작권 제한규정에 따라 자유이용이 인정되는 경우나 법정허락규정에 따라 권한 있는 기관의 허락을 받은 경우 등은 권원있는 이용이고, 저작권의 침해가 되지 않는다. 권리목적물은 저작물, 2차적 저작물 등과 실연·음반·방송 등 저작인접권의 대상을 말한다. 또 저작자의 저작물을 자기 마음대로 실명(實名)을 붙여 발행하게 되면 저작인격권의 침해가 된다.

2) 저작권 등의 침해에 대한 모습

저작권법상의 권리침해는 "① 저작재산권 침해, ② 저작인격권 침해, ③ 저작인접권 침해, ④ 배타적 발행권, ⑤ 출판권의 침해 "의 5가지의 형태로 분류할 수 있다. 또 저작권자 등의 권리보호에 만전을 기하기 위하여 이들 분류에는 직접 해당하지 아니하나 실질적으로는 이들 침해행위와 동일시할 수 있는 일정한 행위에 대해서도 저작권법 제124조에서는 "① 수입 시에 대한민국 내에서 만들어졌더라면 저작권 그 밖에 이 법에 따라 보호되는 권리의 침해로 될 물건을 대한민국 내에서 배포할 목적으로 수입하는 행위, ② 저작권 그 밖에 이 법에 따라 보호되는 권리를 침해하는 행위에 의하여 만들어진 물건(①의 수입물건을 포함한다)을 그 사실을 알고 배포할 목적으로 소지하는 행위, ③ 프로그램의 저작권을 침해하여 만들어진 프로그램의 복제물(①에 따른 수입 물건을 포함한다)을 그 사실을 알면서 취득한 자가 이를 업무상 이용하는 행위"를 권리침해행위로 보고 있다(저작권법 제124조 참조).

3) 저작권 등의 침해에 대한 구제

저작권 등의 침해가 있었을 경우에 저작권자 등이 취할 수 있는 법률상의 수단으로는 민사상 구제와 형사상 구제로 나눌 수 있다.

(1) 민사상의 구제

저작권 등의 침해에 대하여 민사적 구제는 침해금지청권과 손해배상청구권이다. 저작권법상 부당이득반환청구권에 관한 규정을 두고 있지 않으나, 부당이득반환청구권을 부정하는 것이 아니고, 민법의 부당이득반환에 관한 규정(민법 제741조)에 따라서 동 권리를 행사할 수 있다.

(가) 저작권 침해행위 금지청구권

저작권 그 밖에 이 법에 따라 보호되는 권리(저작권법 第25조·第31조·第75조·第76조·第76조의2·第82조·第83조 및 第83조의2의 규정에 따른 보상을 받을 권리를 제외한다)를 가진 자는 그 권리를 침해하는 자에 대하여 침해의 정지를 청구할 수 있으며, 그 권리를 침해할 우려가 있는 자에 대하여 침해의 예방 또는 손해배상의 담보를 청구할 수 있다(저작권법 第123조 第1항). 이 권리는 저작권의 준물권적 성질에 유래한 일종의 물권적 청구권이며 침해자의 고의 및 과실을 묻지 않는다. 저작권 그 밖에 이 법에 따라 보호되는 권리를 가진 자는 침해행위에 의하여 만들어진 물건의 폐기나 그 밖의 필요한 조치를 청구할 수 있다(저작권법 第123조 第2항). 저작권법에 따른 형사의 기소가 있는 때에는 법원은 원고 또는 고소인의 신청에 따라 담보를 제공하거나 제공하지 아니하게 하고, 임시로 침해행위의 정지 또는 침해행위로 말미암아 만들어진 물건의 압류 그 밖의 필요한 조치를 명할 수 있다(저작권법 第123조 第3항). 이 경우에 저작권 그 밖에 이 법에 따라 보호되는 권리의 침해가 없다는 뜻의 판결이 확정된 때에는 신청자는 그 신청으로 인하여 발생한 손해를 배상하여야 한다(저작권법 第123조 第4항).

(나) 손해배상청구권

타인이 고의 또는 과실에 따라서 위법하게 저작권 등을 침해하여 손해가 발생한 경우에 저작권자는 손해배상을 청구할 수 있다. 저작권법은 저작권자를 보호하기 위하여 손해배상청구권의 행사를 용이하게 할 목적으로 다음과 같은 특별한 규정을 두고 있다. 저작재산권 그 밖에 이 법에 따라 보호되는 권리(저작인격권 및 실연자의 인격권을 제외한다)를 가진 자(이하 저작재산권자 등이라 한다)가 고의 또는 과실로 권리를 침해한 자에 대하여 그 침해행위에 따라서 자기가 받은 손해의 배상을 청구하는 경우에 그 권리를 침해한 자가 그 침해행위에 따라서 이익을 받은 때에는 그 이익의 액을 저작재산권자등이 받은 손해의 액으로 추정한다(저작권법 第125조 第1항).

저작재산권자 등이 고의 또는 과실로 그 권리를 침해한 자에 대하여 그 침해행위에 의하여 자기가 받은 손해의 배상을 청구하는 경우에 그 권리의 행사로 통상 받을 수 있는 금액에 상당하는 액을 저작재산권자 등이 받은 손해의 액으로 하여 그 손해배상을 청구할 수 있다(저작권법 第125조 第2항). 이에 저작재산권자 등이 받은 손해의 액이 통상받을 수 있는 금액을 초과하는 경우에는 그 초과액에 대하여도 손해배상을 청구할 수 있다(저작권법 第125조 第3항). 등록되어 있는 저작권·출판권·배타적발행권·저작인접권 또는 데이터베이스제작자의 권리를 침해한 자는 그 침해행위에 과실이 있는 것으로 추정한다(저작권법 第125조 第4항). 또 저작인격권의 침해에 대하여는 손해배상청구와 함께 또는 이에 갈음하여 명예회복을 위한 필요한 조치를 청구할 수도 있다(저작권법 第127조). 그리고 부당이득반환청구권(민법 第741조)도 인정된다.

(2) 형사상의 제재(처벌)

권리 저작권법이 규정하는 특정사항에 관한 의무위반에 대해서 저작권법은 벌칙으로 제재를 가하고 있다. 벌칙의 적용에 대해서 형법총칙 및 형사소송법상의 제 규정의 적용이 되며, 저작권 범죄에 대해서는 과실범 및 미수범은 존재하지 아니하며 고의범만 처벌된다. 저작권 범죄에 대한 공소는 원칙적으로 고소가 있어야 한다(친고죄). 다만 현행 저작권법 제140조에서는 영리 및 상습적인 저작권 침해시 비친고죄를 적용하고 있다. 저작재산권 그 밖에 이 법에 따라 보호되는 재산적 권리(제93조의 규정에 따른 권리를 제외한다)를 복제·공연·공중송신·전시·배포·대여·2차적 저작물 작성의 방법으로 침해한 자는 5년 이하의 징역 또는 5천만원 이하의 벌금에 처하거나 이를 병과할 수 있어(저작권법 제136조 제1항) 그 강도가 크게 강화되었다고 할 수 있다. 즉, 저작권법은 권리침해죄(법 제136조 제1항), 허위등록죄(법 제136조 제2항 제2호), 데이터베이스제작자의 권리침해죄(법 제136조 제2항 제3호), 온라인서비스제공자의 업무방해죄(법 제137조 제6호), 저작자의 성명 등 사칭죄(법 제137조 제1호), 저작자 사후의 인격이익침해죄(법 제137조 제3호), 무허가 신탁관리사업(법 제137조 제4호), 부정발행 등의 죄(법 제137조), 침해행위간주죄로서 배포목적 수입 및 소지죄, 저작인격권 침해죄, 기술적 보호조치 침해죄, 권리관리정보 침해죄, 출처명시위반죄(법 제138조), 복제권자 표지불이행죄(법 제138조), 행정규칙 및 명령위반죄(법 제138조), 비밀유지위반죄(법 제137조), 몰수(법 제139조), 친고죄(법 제140조), 양벌규정(법 제141조)을 두어 저작권 등의 침해에 대하여 형사적 처벌을 하고 있다.

(3) 행정적 제재(처벌)

특수한 유형의 온라인 서비스제공자가 불법적인 저작물 등의 전송을 차단하기 위한 기술적 조치 등(저작권법 제104조 제1항)에 따른 필요한 조치를 하지 아니한 자에게는 3천만원 이하의 과태료를 부과한다(저작권법 제142조 제1항). 문화체육관광부장관, 특별시장·광역시장·도지사·특별자치도지사 또는 시장·군수·구청장(자치구의 구청장을 말한다)은 이른바 오프라인상에서의 불법복제물의 단속 등(예: 수거·폐기 또는 삭제; 저작권법 제133조 제1항), 이른바 온라인상에서의 불법복제물의 단속 등(불법복제물 등의 복제 및 전송자에 대한 경고, 불법복제물 등의 삭제 또는 전송 중단;저작권법 제133조2 제1항)을 할 수 있고, 문화체육관광부 장관은 온라인서비스제공자의 정보통신망에 개설된 게시판서비스 정지(저작권법 제133조의2 제4항), 온라인서비스제공자는 경고, 삭제 또는 전송 중단명령을 받은 날로부터 5일 이내에 그 조치결과를 문화체육관광부 장관에게 통보, 한국저작권위원회는 온라인서비스제공자에 대한 시정권고(저작권법 제133조의2 제1항)를 할 수 있다.

15. 저작권 특유의 문제[103)]

1) UCC와 저작권

최근 **인터넷 사용자들이 직접 제작한 콘텐츠 UCC**(User Created Content)가 사이버 공간간에 봇물처럼 쏟아져 나오면서 저작권에 관한 논의가 중요한 이슈(issue)가 되고 있다. 한 개인이 만든 창의적인 UCC가 **대기업의 마케팅, 홍보전력 등으로 활용**되는 등 UCC는 다양하게 발전해 가고 있다. 그런데 많은 **UCC가 타인의 저작물의 전부 또는 일부를 그대로 인용**한 경우인데, 저작권 침해에 해당될 가능성이 높다.

UCC 중에서 **가장 논란**이 되고 있는 대상은 **패러디와 2차적 저작물**이다. 패러디란 대중에게 널리 알려진 원저작물의 어구, 영상, 음악 등 표현을 흉내 내거나 고의로 과장·왜곡하면서 원저작물과는 별개의 다른 내용으로 재구성하여 풍자나 비평을 표현한 것으로, 그러한 풍자나 비평에 고유의 창작성이 인정되는 것을 말한다. 패러디는 풍자나 비평의 대상이 된 원저작물을 명시적으로 드러내어 보는 사람들이 이를 쉽게 인식하게 되기를 의도하고 있고, 패러디 저작자에게는 원저작물의 문화예술적·경제적 가치에 편승하여 원저작권을 침해하고자 하는 의도가 없으며, 원저작물에 대한 새로운 시각을 제공하여 신선한 지적·감각적 충격을 전해 주어 문화발전에 기여하는 순기능이 있다.

패러디는 그 특성상 원저작물의 이용을 전제로 하므로 일반적으로 2차적 저작물에 해당되나, **원저작물의 본질적인 부분 또는 상당한 양을 재제(再製)하였다면 복제로 볼 수 있는 경우도 있다.** 어느 경우이든 패러디의 특성상 **원저작자의 2차적 저작물작성권 또는 동일성유지권 침해문제가 필연적으로 수반**되는데, **원저작자로부터 이용허락을 받기는 어려워서** 패러디의 창작 또는 유통 자체가 지나치게 제한될 가능성이 크다는 문제가 있다. 일반적으로 **원작이 존재한다는 사실과 패러디라는 사실이 동시에 패러디 속에 포함**되어 있다면, 저작권 침해를 구성하지 않을 수 있다. 만약 원작의 존재만 알 수 있고 패러디가 느껴지지 않는다면 저작권 침해를 구성할 수 있다.

기존의 방송물, 음악 등을 편집, 편곡, 변형, 각색 등을 하여 **어느 정도의 창작성을 가미한 UCC의 법적 문제**가 있다. 저작권법상 **저작권자**는 자신의 저작물을 번역, 편곡, 변형, 각색, 영상제작 등의 방법으로 **2차적 저작물을 작성할 권리**가 있다. 따라서 **저작권자의 허락없이 기존 저작물을 변형**하여 **2차적 저작물을 작성**하게 되면 **저작권을 침해**하게 된다. 그런데 2차적 저작물은 독자적인 저작물로서 보호되며, 2차적 저작물의 보호는 원저작물의 저작권자의 권리에 영향을 미치지 아니하므로 **원저작물에 새롭게 첨삭된 창작부분은 2차적 저작물의 작성자에게 귀속**된다.

---

103) 권인희, 앞의 책, 257~264면 참조.

2차적 저작물의 문제의 해결책으로 최근 '**저작물이용허락표시**'(Creative Commons License: CCL)가 제시되고 있다. CCL은 저작권자가 자신의 저작물에 대한 이용방법 및 조건을 표시하여 이용자들이 그 방법과 조건 내에서 자유롭게 저작물을 이용할 수 있도록 하는 방법이다. 예를 들면, **상업적 이용금지, 변경 금지** 등과 같은 규정을 붙여 놓는 것으로 저작권자는 그 중에 **필요한 라이선스 유형을 선택하여 저작물에 표시**함으로써 자신의 저작물에 대한 이용범위를 설정하여 **자유롭게 공유**할 수 있도록 할 수 있다.

2) 링크와 저작권

인터넷 공간에서 자유롭고 다양한 정보의 공유는 다른 웹사이트 정보와의 자유로운 연결을 전제로 한다. **하이퍼링크 기술**은 사이버 공간에 있는 누구나 공개된 다른 웹사이트와의 연결을 가능하게 함으로서 정보의 공유를 실현하고 있다. 하이퍼링크를 위하여 두 웹사이트 운영자들은 상호 협조할 필요가 없으며, 링크를 원하는 일방에 따라 공개된 웹사이트 정보라면 어떤 것이든 연결할 수 있다.

인터넷 웹사이트 문제를 만들 때 사용되는 프로그래밍 언어인 HTML(Hyper Text Markup Language)에서 하이퍼링크 태그를 이용하여 만들어진 링크를 웹페이지 상에서 마우스로 클릭하면 다른 웹사이트 장소로 이용하게 해 준다. 링크 행위 자체가 목표로 하는 **웹사이트의 저작물의 복제를 수반하지는 않는다.** 따라서 **단순한 링크 행위**는 저작권법상의 **복제권, 전송권 등의 침해를 수반하지 않는다.** 그러나 링크 중에서 직접 링크나 프레이밍(framing)의 경우에는 **저작권 관련 법적 문제를 발생**시킬 수 있다.

(1) 직접 링크

직접 링크(심층 링크, deep link)는 다른 웹사이트의 초기 화면이나 메인 화면으로 연결하지 않고 홈페이지의 구성상 하위에 있는 **세부적인 페이지에 직접 연결**하는 것을 말한다. 직접 링크가 문제될 수 있는 경우는 대개 초기 홈페이지에 게재된 공고 배너를 통해 얻을 수 있는 타인의 수익을 직접 링크를 통해 **무임승차**하는 경우 등이다. 예를 들면, **인터넷 뉴스를 제공**하는 **웹사이트 서비스 사업자**가 **주요 신문사의 웹사이트로부터 매일 정기적으로 헤드라인만을 수집**하여 **자신의 웹사이트에 정치, 경제, 문화, 사회 등 분야별로 게재**해 놓고, 이 사이트의 이용자가 특정 헤드라인을 클릭하면 해당 신문사의 해당 신문기사에 직접 링크되도록 하여 기사를 볼 수 있도록 하는 등 이를 통해 **광고수익**을 얻고 반면에 웹사이트 사업자의 **링크행위로 인하여 주요 신문사들이 광고 수익에 손실**을 보았다면, 민법상 **불법행위책임의 문제가 발생**할 수 있다.

(2) 프레이밍

대부분의 인터넷 웹사이트들은 한 화면 전체에 문서 하나로 채우지 않고 화면을 2개 내지 4개로 나누어 상단 또는 측면에 메뉴를 구성하는 등 각각의 화면에 상이한 내용을 담고 있다. 이와 같이 하나의 웹사이트 문서 안에 여러 개의 창을 만들어 각각의 다양한 정보를 제공하는 홈페이지 제작기법을 **프레이밍**이라고 한다. 통상의 웹사이트의 화면을 보면 메뉴화면을 고정시켜 둔 채로 중앙의 화면(브라우징 프레임)에서 링크된 다른 웹페이지를 불러온다. 프레이밍이 문제가 되는 것은 자신의 메뉴화면을 그대로 둔 채 브라우징 프레임에 타인의 웹페이지를 불러오고 마치 그 내용이 자신의 홈페이지의 일부인 것처럼 오인시켜 타인의 경제적 이익을 가로채는 경우이다. 이는 자신의 웹사이트와 타인의 웹사이트가 하나의 동일한 주체이거나 후원관계에 있는 것으로 오해하게 하므로 일정한 경우에 불법행위 책임이나 부정경쟁방지법상 책임을 질 수 있다.

3) 초상권과 퍼블리시티권 · 음성권

(1) 퍼블리시티권

퍼블리시티권(right of publicity)에 대해 아직 공식적인 정의는 없지만, **성명이나 초상 등을 상업적으로 이용할 수 있는 권리**라고 할 수 있다. 성문법주의를 취하고 있는 대한민국에서 퍼블리시티권에 대한 정확한 법률상의 규정이 없기 때문에 이를 인정할 것인지 여부를 두고 논란이 많다. 법원의 판결도 일관되게 인정하거나 부정하지 아니하고, 사안에 따라 다른 결정을 내리고 있다.

저명한 연예인, 영화배우, 스포츠 선수, 정치인 등의 성명 및 초상 등이 상품의 광고나 영업적 표장에 사용될 경우 그 **유명인들이 쌓아 올린 저명성**으로 인하여 이를 사용한 상품 등은 소비자들 사이에 **월등한 광고효과와 고객흡인력을 발휘**하기 때문에 이를 **무단으로 사용**하는 것은 그 유명인들에 대한 정신적 침해라기보다는 정상적인 계약을 통해 얻을 수 있는 그들의 **경제적 이익을 박탈**한 것으로 이해할 수 있다. 따라서 퍼블리시티권은 인격적 권리인 초상권과는 구별되는 **재산적 권리**라고 볼 수 있다. 한편, 퍼블리시티권은 헌법이 보장하는 **언론의 자유에 따라 제약**을 받는다. 신문, 잡지, 방송 등에서 **보도를 위하여 필요한 범위**에서 타인의 성명, 초상을 사용하는 것이 영리를 목적으로 하는 보도라고 하더라도 퍼블리시티권의 **침해에 해당되지 않는다.**

(2) 초상권

사람은 누구나 자신의 얼굴 그 밖에 사회 통념상 특정인임을 식별할 수 있는 신체적 특징에 관하여 함부로 촬영 또는 그림 · 묘사되거나 공표되지 아니하며 영리적으로 이용당하지 않을 권리를 가지는 데, 이러한 권리를 초상권이라 한다. 초상권은 대한민국헌법 제10조 제1문에 따라서 보장되는 권리이다. 초상권은 **인격적 권리**로서 자신의 신체적 특징에 관하여 촬영 등을 거절하거나 초상의 이용을 거절할 수 있는 권리이다. 배타적 재산권으로서 양도성이 인정되는 퍼블리시티권과는 달리 초상권은 권리자의 **일신전속적 권리**로서 양도가 되지 않는다. 최근 인터넷상에서 초상권 침해가 심각한 문제로 대두되고 있다. 예를 들면, 개인의 홈페이지나 블로그에 올린 사진이 자신도 모르게 영화 포스터에 우스꽝스럽게 패러디되어 다른 유머 게시판 등에 옮겨지면서 개인정보와 사생활 침해 및 정신적 피해를 발생시키고 있다. 이와 같이 **다른 사이트에 있는 사진을 복사해서 옮기면 저작권 침해는 물론 초상권 침해까지 발생**될 수 있다.

(3) 음성권

최근 인기를 끈 방송에서 나온 유행어를 모방하여 광고, 휴대전화 벨소리에 이용하거나 유명 가수의 노래를 모창하여 **상업적으로 이용**하는 사례가 늘고 있다. 타인 목소리의 모든 모방에 대해서 법적 책임을 부여할 수는 없지만, 유명 개그맨이나 가수의 특색있는 목소리를 흉내 내어 이를 상업적으로 이용할 경우에는 **저작권 침해** 또는 **퍼블리시티권 침해를 구성**할 수 있다. 짧고 단순한 표현의 경우에는 저작물성을 인정하기 어려울 수 있으나, 그 **특색있는 목소리를 무단으로 모방하여 상업적으로 사용**할 경우에는 **퍼블리시티권 침해의 문제가 발생**할 수 있다.

제2절 저작권의 국제적 보호

저작권에 관한 것으로서는 문화적 및 미술적 저작물에 관한 베른조약(기원은 1886년에 서명), 만국저작권 조약(1962년에 쥬네브에서 서명되고 1971년에 파리에서 개정), 양자를 통합관리하는 조직을 규정한 조약으로서 1967년 7월 14일에 스톡홀름에서 서명된 세계지식재산권기관을 설립하는 조약이 있다.

1. 문화적 및 예술적 저작물의 보호에 관한 베른조약

문화적 및 예술적 저작물의 보호에 관한 베른조약(Berne Convention for Protection of Literary and Artistic Works)은 1886년 9월 9일에 체결된 이래 7차 개정을 거쳐 오늘에 이르고 있고, 대한민국은 1996년 5월 21일에 가입서를 WIPO에 제출하여 3개월 후(1996년

8월 21일)에 발효되었다. 2020년 8월 10일 현재 가입국 수는 179개국이다.[104)]

베른조약의 기본원칙은 다음과 같다.

① **내국민대우와 동맹국민대우**(베른조약 제5조 제1항): 자국민에게 현재 주어지고 있는 또는 장래 주어질 권리와 동등한 권리 및 조약에서 특히 정한 권리를 동맹국민에게도 주어야 한다는 원칙이다.

② **무방식주의**(베른조약 제5조 제2항 전단): 저작자의 권리 향유에는 등록, 납입, 저작권 유보의 표시와 같은 어떠한 방식절차도 필요로 하지 아니한다는 원칙이다.

③ **법정지법**(베른조약 제5조 제2항 후단): 저작권의 보호범위 및 구제방법에 대해서는 조약의 규정에 의하는 외에 보호가 요구된 국가의 법령, 즉 법정지법에 의한다는 원칙이다.

④ **저작권의 존속기간을 저작자의 생존기간 및 그 사망 후 50년으로 하고 소급효**(베른조약 제18조): 소급보호의 원칙을 규정하고 있다. 이는 조약이 발효되기 전에 창작된 저작물이라 하다라도 조약 발효시에 저작물 본국에서 보호기간이 만료되어 공유로 된 것을 제외하고는 모든 저작물에 조약이 적용된다는 원칙이다.

그러나 이러한 책임 소급 일반원칙에 대한 예외가 있다(베른조약 제18조). 무명이나 익명 저작물의 경우, 보호기간은 저작물이 적법하게 공중에 제공된 때로부터 50년 후에 소멸한다. 다만, 저작자가 이명사용시에도 저작자의 신원에 의심이 가지 않는 경우(즉, 저작자를 알 수 있는 경우), 또는 보호기간 동안 저작자가 자신의 신원을 밝힌 경우에는 일반기준에 따른다(베른조약 제7조 제3항).

베른 조약은 소급권리를 인정하고 있어 새로이 협약의 회원국이 되는 경우 다른 모든 가맹국 내에서 아직 소멸되지 않고, 유효한 채로 남아 있는 저작권의 잔존 존속기간 동안 모든 저작권을 보호해 주어야 하며, 이 점에서 소급효를 인정하지 않고 있는 세계저작권협약과 다른 특징을 가지고 있다.

베른조약이 보호하는 10대 권리로서는 인격권, 복제권, 번역권, 공연권, 낭독권, 번안권, 영화화권, 방송권, 녹음권, 추구권 등을 보호하고 있다.

2. 세계저작권협약(UCC)

세계저작권협약(Universal Copyright Convention: UCC)은 1947년 UNESCO총회에서 저작권보호제도의 개선필요성이 크게 제기됨에 따라 그 해부터 1952년까지 오랜 토의를 거쳐 체결된 국제협약이다. 동 협약은 1947년부터 1951년까지 유네스코 산하의 4개의 전문가 위원회가 협약의 초안을 작성한 결과 1952년 8월 18일부터 6일까지 제네바에서 개최된 정부간 저작권회의에 새로운 국제협력초안을 이 회의에 참가한 50개국이 이를 채택함

104) https://www.wipo.int/treaties/en/ShowResults.jsp?lang=en&treaty_id=15

으로써 세계저작권협약(UCC)이 체결되었다. 그 후 1971년에 개발도상국 특혜규정을 추가하기 위하여 일부 개정되었다.

UCC는 저작자의 권리보호를 최소한도로 보장하면서 국내적 · 국제적 사용과 공중의 이익을 존중하는 것으로서 현재 이 분야의 국제협약 중 가장 자유롭다고 하는 저작권보호의 정도는 베른협약만큼 높은 수준이 아니다.[105)]

UCC의 주요내용은 호혜주의 원칙에 입각하여 무방식주의와 등록주의의 중간입장을 따라 모든 복제물과 저작자의 성명이나 명칭, 저작물의 최초제작연도가 표시되어 있으면 등록한 것과 같이 보호하도록 하고(UCC 제3조), 저작권의 존속기간은 모든 저작자의 생존기간과 그 사후 25년 보다 길어야 하고(UCC 제4조), 불소급의 원칙에 따라 새로 가입하는 나라는 각 가맹국에서의 기존의 저작권을 보호할 책임이 없도록 규정하고 있다.

3. 저작인접권 보호에 관한 협약(일명 로마협약)

실연자, 음반제작자 및 방송사업자의 보호에 관한 국제협약(일명 로마협약, 1961년)은 2020년 8월 10일 현재 95개국 가입하였고, 대한민국은 2008년 12월 18일 가입하여 2009년 3월 18일부터 발효되었다.

음반의 무단복제에 관한 음반제작자의 보호에 관한 협약(일명 음반제작자보호협약, 1971년)은 2020년 8월 10일 현재 기준 80개국이 가입하고 있고, 대한민국은 1987년 7월 1일 가입하여 1987년 10월 1일 발효되었고, 위성으로 송신되는 프로그램신호 배포에 관한 브뤼셀 협약(일명 위성송신신호 보호조약, 1979년)은 2020년 8월 10일 현재 38개국이 가입하고 있고 대한민국은 2011년 12월 19일 가입하여 2012년 3월 19일 발효되었다.

시청각 저작물의 국제등록에 관한 협정(1989)은 대한민국은 가입하지 않고 있고, 저작권 사용료의 이중과세방지에 관한 다국간협약도 대한민국은 가입하지 않고 있다. 또한 집적회로에 관한 지적재산권 조약(1989), WIPO 저작권 조약(WCT), WIPO 실연 · 음반조약(WPPT) 등의 협약이 있다.

4. 세계지식재산권기구(WIPO) 저작권 조약 및 실연 · 음반조약

1) 성립 경위

WTO/TRIPs 이후, WIPO의 최대관심사항은 디지털기술과 인터넷으로 야기된 저작물의 창작 · 이용환경의 변화에 대한 법제도적 대응방안을 모색하고자 하여 그 결과 WIPO 저작권 조약(WIPO Copyright Treaty: WCT)과 WIPO 실연 · 음반조약(WIPO Performances and

105) UCC 제17조 및 제17조에 관한 부속선언(UCC와 베른조약에 가입한 경우에는 베른조약이 우선하여 적용된다).

Ponograms Treaty: WPPT)[106]이 체결되었다. 이들은 모두 인터넷 시대를 대비하기 위한 것이라는 점에서 인터넷 협약이라고도 한다.

이 양 조약은 저작권과 저작인접권 보호에 관한 양대 조약인 베른협약과 로마협약의 미비점을 보완하면서 그 동안의 환경변화에 대처하는 성격을 가진다. 이 양 조약은 기존의 조약 미비점을 보완하는 것 이외에 기술의 발전에 적응하기 위한 주요한 목적을 가지고 있다. 오늘날 디지털기술 및 정보통신망의 발달에 힘입어 저작물을 포함한 각종 정보가 시간적·공간적 한계에 구애됨이 없이 자유롭게 이용되고 또한 그 기능적 특징인 쌍방향에 따라 정보의 편집·가공·변형이 매우 용이해져, 결국 기존의 법제도만으로는 저작권자들의 권리보호가 불가능하게 이르렀다. 이러한 현상은 아날로그 시대의 저작권법으로는 해결할 수 없는 문제를 다수 야기하고 있었고, WCT와 WPPT는 이러한 문제를 일부나마 해결하고자 한 것이다.

우리나라는 WCT에 2004년 3월 24일 가입하여 2004년 6월 24일 효력이 발생하였고, WPPT에 2008년 12월 8일에 가입하여 2009년 3월 18일 효력이 발생하였다.

2) WIPO 저작권 조약의 주요내용

WCT 제1조 제1항의 전단은 WCT가 베른조약 제20조가 예정하고 있는 특별협정의 하나임을 밝히면서 또한 WCT 제1조 제4항은 회원국은 베른협약 제1조 sow; 제21조 및 부속서를 준수하여야 한다고 규정하고 있다.[107] 그러나 WCT는 베른조약을 제외한 그 밖의 다른 국제협약과는 아무런 관련이 없다.

제4조에서 컴퓨터프로그램은 베른조약 제2조에서 규정한 어문저작물로서 보호되며, 그 보호는 표현방식이나 형태에 관계없이 보호된다고 규정하고 있다. 그리고 WCT 제5조에서 데이터베이스가 독창적인 저작물로서 보호된다고 규정하고 있다.

제6조 제1항에는 문학·예술 저작물의 저작자는 판매 또는 기타 소유권의 이전을 통하여 저작물의 원본이나 복제물을 공중이 이용할 수 있도록 제공할 것을 허락할 배타적인 권리를 향유한다고 규정하여 '배포권'을 신설하였다. 한편 전통적으로 배포권은 이른바 권리소진의 원칙[108]이 적용되는 것으로 이해되고 있다. 이와 관련하여 제6조 제2항은 저작물의 원작품 및 그 복제물을 최초 판매하였거나 또는 기타 소유권을 이전한 이후 권리소진의 원칙이 적용되는 조건에 대해서는 회원국 스스로 결정하도록 규정하고 있다.

WCT 제7조 '대여권'에 따르면, 대여권의 대상은 컴퓨터프로그램, 영상저작물, 음반에

---

106) 윤선희, 앞의 책, 15~18면 참조.

107) 즉, WCT는 베른조약에 종속된 부속협정의 하나이다.

108) 권리소진의 이론(the principle of exhaustion of rights) 또는 최초판매이론(the first sale doctrine)이라 함은 적법하게 권리의 양수 또는 이용허락을 받아 제작된 복제물이 일단 적법하게 시장의 거래에 제공된 때에는 저작권자라 하더라도 차후 복제물 그 자체의 배포에 대해서는 더 이상 관여하지 못한다는 원칙이다.

수록된 저작물이다. 그러나 컴퓨터프로그램 그 자체가 대여의 본질적 대상이 아니거나 영상저작물의 상업적인 대여가 복제권을 실질적으로는 침해하는 광범위한 복제를 초래하지 않는 경우에는 대여권을 적용하지 않을 수 없도록 규정하고 있다.

베른조약상 저작물의 보호기간은 원칙적으로 저작자의 사후 50년이나, 사진저작물은 예외적으로 25년간 보호하고 있다. 다른 저작물과의 형평성 문제와 관련하여 제9조에서는 베른협약 제7조 제4항의 규정을 적용하지 않는다 하여 사진저작물도 다른 저작물과 마찬가지로 저작자의 사후 50년까지 보호된다고 규정하고 있다.

3) WIPO 실연 · 음반조약의 주요내용

WPPT 제1조 제3항은 이 조약은 어떠한 국제협약과도 관련이 없으며, 그러한 협약에 따른 권리와 의무에 영향을 미치지 아니한다고 규정하여 다른 협약과 무관함을 명시하고 있다. 즉, WPPT는 로마협약의 특별협정이 아니다. 다만, 동조 제1항 이 조약은 회원국이 로마협약에 따라 부담해야 하는 기존의 의무를 약화시키지 아니한다고 규정하여 로마협약과의 관련성을 간접적으로 인정하고 있다.

음반의 정의와 관련하여 제2조(b)에서 음반이란 실연의 소리나 그 밖의 소리, 또는 소리의 표현을 고정하는 것으로서 영상저작물이나 그 밖의 시청각저작물에 수록된 형태 이외의 고정물을 말한다고 하고 있어 로마협약처럼 오르지 청각실연에 한정하지 않고, 디지털 데이터로의 표현을 포함하기 위하여 소리의 표현이라는 요소를 추가적으로 반영해 정의하고 있다.

한편 디지털 기술이 발달하면서 실연의 왜곡, 변경 등을 통해서 실연자의 명예를 해칠 우려가 존재하게 되어 WPPT에서는 실연자에게 성명표시권과 동일성유지권을 부여하였다. 실연자의 인격권은 실연자가 사망한 후라 하더라도 적어도 경제적 권리의 만료시점까지는 보호될 것을 요구하고 있다. 실연자는 방송된 실연을 제외하고는 그 실연의 방송권과 공중에의 전달권 및 그 실연을 고정할 수 있는 배타적인 권리를 가진다. 그리고 실연자와 음반제작자는 복제권, 배포권 및 대여권을 가진다.

4) WIPO 저작권 조약 · WIPO 실연 · 음반조약(Agreed Statement)의 권리 · 보호조치

(가) 복제권

WCT에서 그간 논란이 많았던 일시적 저장(temporary storage)과 관련하여 이를 복제라고 규정하는 것 대신 디지털 형태로 보호저작물을 저장하는 것은 베른협약 제9조의 의미상 **"복제이다"**라는 합의록을 채택하였다.[109] 한편 WPPT에서는 디지털 복제를 포함하는 개념을 포함한 복제권에 관한 규정을 별도로 두고 있었다. 그리고 이러한 복제권의 권리의

109) 저작권조약 제1조 제4항에 관한 합의록 참조.

범위 또는 권리의 제한과 예외에 대하여 일시적 저장(기술적인 과정의 일환으로서)이 오르지 저작물을 지각하기 위한 목적으로 행해지는 경우와 순간적이거나 부수적인 성격을 갖는 경우는 복제권이 미치지 않거나 복제권에 대한 예외로서 인정될 수 있다고 하여 외교회의 과정에서 대부분의 국가들이 동의한 사항이다.[110] 합의문 제1문은 이에 대한 적절한 근거를 제시하고 있다.

실연자는 음반에 고정된 실연에 관해서 그 복제를 허락할 배타적인 권리를 가진다(조약 제7조). 음반제작자는 그 음반을 복제할 수 있는 배타적인 권리를 가진다(조약 제11조).

(나) 공중전달권 및 이용제공권

공중전달에 관한 합의록은 전달을 위한 물리적 설비나 또는 전달을 가능하게 하는 물리적 설비를 단순히 제공하는 것은 그 자체로 이 조약 또는 베른조약이 의미하는 전달에 해당하지 않는 것으로 본다. 아울러 제8조의 어떤 규정도 체약 당사자가 베른조약 제11조의2 제2항을 적용하는 것을 배제하지 못하는 것으로 본다고 하였다. 이것은 인터넷과 같은 디지털 네트워크상의 서비스나 접속의 책임문제를 명확히 하기 위하여 채택된 것이다.

WPPT 제10조[111] 및 제14조[112]는 각각 실연자 및 음반제작자에게 이러한 이용제공권을 인정하고 있다. 따라서 실연자 및 음반제작자는 예를 들어, 인터넷상에 음반에 고정되어 있는 실연 또는 음반을 업로드 하는 행위에 대해서는 배타적인 권리를 가지지만, 그것의 방송 및 공중전달에 대해서는 보상금청구권만을 행사할 수 있을 뿐이다(제14조).[113]

(다) 기술조치와 권리관리정보

체약국은 법에서 허용하지 아니하는 행위를 제한하는 기술장치를 무력화시키는 기술회피행위를 금지하기 위한 효과적인 법적 규제를 하여야 한다(조약 제18조).[114] 체약국은 전자적 권리관리정보의 삭제・변경행위 및 전자적 권리관리정보가 삭제・변경된 저작물의 배포・배포목적 수입・공중전달행위가 권리침해를 유인・허용・조장・은닉할 수 있다는 것을 알면서 행한 경우(민사적 구제에서는 이를 알 만한 상당한 이유가 있음에도 행한 경우)에 대한 규제하여야 한다(조약 제19조). 기술조치에 관한 보호의무 및 권리관리정보에 관한 의무를 규정한 것은 WIPO 저작권조약 제11조, 제12조와 동일한 취지이다.

---

110) 싱가포르, 이스라엘, 노르웨이, 호주, 아프리카 제국, 라틴 아메리카 제국의 제안서 참조.

111) 조약 제10조 실연자는 음반에 고정된 실연에 대하여 무선 또는 유선의 방법으로 그리고 공중의 구성원이 개별적으로 선택한 시간과 장소에 공중의 이용에 제공할 배타적인 권리를 가진다.

112) 조약 제14조 음반제작자는 무선 또는 유선의 방법으로 그리고 공중의 구성원이 개별적으로 선택한 장소와 시간에 그의 음반에 접근할 수 있는 방법으로 그 음반의 공중이용에 제공할 수 있는 배타적 권리를 가진다.

113) 조약 제15조 실연자 및 음반제작자는 상업용 음반의 방송 또는 공중전달에의 이용에 대해서 보상청구권을 가진다.

114) 기술조치란 저작자 등 권리자가 자신의 저작물 보호를 위하여 자구의 수단으로 강구하는 접근 내지 이용통제를 말한다.

5. WTO · TRIPs(Agreement on Trade Related Aspect of Intellectual Property Rights)

UR에서 논의된 TRIPs협정은 UR의 체결과 동시에 출범한 WTO협정의 일부로서 그 부속협정의 하나이다. TRIPs협정은 1994년 4월 15일 마라케시에서 작성되어 대한민국은 1995년 1월 1일 발효된 것으로서 동협정은 저작권, 특허권, 컴퓨터프로그램 등 8개 분야의 지식재산권의 보호기준과 시행절차를 정한 다자간 조약으로서 지적재산권에 관련된 기존 조약 등의 규정을 최저보호수준으로 국제협약 플러스 방식으로 채택되어 세계무역기구 설립을 위한 마라케시 협정의 부속서1(Appendix 1)에 규정되었다.

1) 기본원칙

TRIPs협정의 기본원칙은 내국민 대우의 원칙(제3조 제1항, National Treatment)과 최혜국 대우의 원칙(제4조, MFN: Most Favoured Nation Treatment), 최소보호의 원칙, 권리소진의 원칙[115] 등을 규정하고 있다.

2) 내 용

TRIPs협정은 총 7개 장 73개 조항으로 구성되고 있고, 제1장은 일반규정과 기본원칙을 제2장은 지식재산권의 효력, 범위 및 이용에 대한 기준으로서 주요 내용으로 컴퓨터프로그램의 보호, 대여권의 설정, 색체상표나 등록여부에 관계없이 널리 알려진 유명상표의 보호, 디자인 및 실용신안의 보호, 지리적 표시의 보호, 물질특허를 포함한 특허의 보호, IC 배치설계의 보호, 미공개정보(영업비밀)의 보호, 반경쟁적 행위에 대한 조치 등에 대하여 규정하고 있다. 그리고 제3장부터 제7장까지는 형식적인(절차적)인 사항을 규정하고 있다.

3) 시행절차

TRIPs협정에서 지식재산권의 침해물품의 처리와 단속절차에는 국내절차와 국경조치를 규정하고 있다. 국내절차에는 민・형사 및 행정절차, 임시 보호 절차 등이 있으며, 국경조치에는 수출입 단계에서 세관이 침해 물품의 통관을 보류하는 조치로서 상표권과 저작권 침해 물품은 필요적 통관보류조치를 적용하고, 그 밖의 지식재산권 물품에 대해서는 임의적 조치를 적용하되, 이와 별도로 수출업자를 보호하기 위한 보호 규정을 두고 있다.

---

115) 권리소진이란 특허권자 또는 상표권자에 따라 일단 사용・실시된 제품・상품에 대해서는 특허권자 또는 상표권자의 허락없이 사용・실시하더라도 특허권・상표권의 침해가 되지 않는다는 것을 말한다. 권리소진 중에 국내소진을 인정되고 있는 것이 통설이며, 국제소진은 학설대립이 있다. 다만, EU 공동체 내의 국제소진은 인정하고 있다.

4) 분쟁예방 및 해결절차

TRIPs협정에서 분쟁예방을 위하여 회원국은 자국의 법·규정·결정 등에 대한 명료성을 보장하여야 하며, 각종 법규 및 결정 등을 공개·발간하여야 한다(동 협정 제63조). 분쟁 야기시 해결방법은 GATT 제22조부터 제23조까지 규정된 분쟁 해결절차를 준용하고 있다. 분쟁해결은 단기적으로는 TRIPs 패널이 담당하고, 장기적으로는 TRIPs 이사회가 내용을 검토하는 책임을 지게 하고 있다. 명확한 의무의 불이행은 아니지만, 간접적으로 회원국의 이익을 침해한 경우에는 5년간의 유예기간을 적용하고 있다(동 협정 제64조 제2항).

5) 경과조치

내국민 대우와 최혜국 대우 등의 기본원칙을 제외하고는 유예기간으로서 선진국의 경우에는 1년, 개발도상국의 경우에는 5년을 부여하였다(동 협정 제65조). 선진국과 개도국의 결정은 자기선언(Self-declaration)에 따라 이루어진다.

찾 아 보 기

ㄱ

ㄴ

ㄷ

ㅇ

ㅍ

ㅎ

저자약력

• 고영남

- 현(現) 인제대학교 공공인재학부 부교수 · 법학박사
- 「계약법에서 손해의 성질결정」(「민사법학」 33호, 2006) 외 다수 논문
- 「민법연습」(한국방송통신대학교 출판부, 2016) 외 다수 단행본

• 송호열

- 현(現) 인제대학교 공공인재학부 객원교수 · 법학박사
- 현(現) 재단법인 북한인권과 민주화 실천운동연합 이사
- 사단법인 행복부산포럼 감사
- 법무부 Law Educator
- 바른기업법률연구소 민사법소장
- 「집합건물에서 구분 소유의 성립에 관한 고찰」(「토지법학」 제24-1호, 2008) 외 다수 논문
- 「공학법제」(진원사, 2008) · 지식재산권법의 이해(탑북스, 2017) 외 다수 단행본

저자와의 협의하에 인지생략

특허와 지식재산권법 [제3판]

2019년 3월 2일 제1판 1쇄 발행
2020년 9월 1일 제2판 1쇄 발행
2022년 9월 1일 제3판 1쇄 인쇄
2022년 9월 10일 제3판 1쇄 발행

저 자 고 영 남 · 송 호 열
발행인 김 학 민
조 판 아 람 기 획

07285
발행처 서울특별시 영등포구 선유로3길 10, 617호
도서출판 **탑 북 스**
등 록 2009.12.21 제 2016-000101 호
전 화 **02)365-2223** 팩스 **02)365-2224**

정가 35,000 원

ISBN 979-11-90247-66-5-93360